현대 정치철학의 이해 [개정판]

–공리주의, 자유주의, 마르크스주의, 공동체주의, 시민덕성이론, 다문화주의, 페미니즘–

CONTEMPORARY POLITICAL PHILOSOPHY
by
WILL KYMLICKA

현대 정치철학의 이해 [개정판]

-공리주의, 자유주의, 마르크스주의, 공동체주의, 시민덕성이론, 다문화주의, 페미니즘-

저자 소개

윌 킴리카(Will Kymlicka)는 캐나다 퀸스 대학(Queen's University)에서 철학과 정치학 전공으로 학사학위를 받고, 옥스퍼드 대학에서 철학 박사학위를 받았다. 현재 그는 퀸스 대학의 철학과 교수로서, 퀸스 대학 철학과의 캐나다연구 교수(the Canada Research Chair in Philosophy at Queen's University), 캐나다 왕립협회 및 캐나다 고등연구원의 연구위원(a Fellow of the Royal Society of Canada and of the Canadian Institute for Advanced Research), 부다페스트의 중유럽대학(Central European University) 민족주의 연구 프로그램의 방문교수이다. 미국 정치 및 법철학 학회(The American Society for Political and Legal Philosophy) 회장을 역임하였다. 대표적 저서로, *Liberalism, Community, and Culture*(1989), *Contemporary Political Philosophy*(1990, Second Edition 2002), *Multicultural Citizenship*(1995), *Politics in the Vernacular: Nationalism, Multiculturalism, and Citizenship*(2001), *Multicultural Odysseys: Navigating the New International Politics of Diversity*(2007) 등이 있다.

역자 소개

책임번역

장동진(張東震, Dong-Jin Jang)은 현재 연세대학교 정치외교학과 교수이다. 연세대학교 정치외교학과와 동 대학원을 졸업하고, 텍사스 주립대학교(The University of Texas at Austin) 정치학과에서 정치철학 전공으로 박사학위를 받았다. 한국정치사상학회장, 연세대학교 사회과학연구소장, 그리고 연세대학교 사회과학대학장과 행정대학원장을 역임하였다. 정의론과 현대 자유주의 정치철학에 관심을 가지고 연구하고 있다. 지은 책으로 『현대 자유주의 정치철학의 이해』(2001), 『심의민주주의: 공적 이성과 공동선』(2012)외 다수의 공저가 있다. 옮긴 책으로 John Rawls의 『정치적 자유주의』와 『만민법』(공역) 등이 있다.

공동번역

장 휘(張 輝, Whi Chang)은 연세대학교 정치외교학과와 동 대학원을 졸업하고, 미국 하와이 대학 정치학과에서 박사학위를 받았다. 현재 연세대학교 통일연구원 전문연구원으로 재직 중이다.

우정렬(禹貞烈, Jeong Ryeol Woo)은 연세대학교 정치외교학과와 동 대학원을 졸업하고, 미국 뉴욕 주립대학(State University of New York at Stony Brook)에서 석사 과정(기술경영)을 마쳤다. 동아일보 문화부에서 학술과 문학 담당 기자로 일했다.

백성욱(白晟煜, Sung-Wook Paik)은 연세대학교 정치외교학과와 동 대학원을 졸업하고, 미국 메릴랜드 주립대학(University of Maryland, College Park)에서 정치철학과 공법 전공으로 박사학위를 받았다. 현재는 펜실베니아 요크 칼리지(York College of Pennsylvania)에서 정치학과 조교수로 재직 중이다.

현대 정치철학의 이해 [개정판]

－공리주의, 자유주의, 마르크스주의, 공동체주의, 시민덕성이론, 다문화주의, 페미니즘

초판 인쇄 2006년 1월 15일
개정판 2018년 4월 10일
지은이 Will Kymlicka
책임번역 장동진
공동번역 장휘, 우정열, 백성욱
펴낸이 최국주
펴낸곳 동명사
출판등록 1950년 11월 1일(제1-76호)
주소 (우 10881) 경기도 파주시 회동길 50(문발동)
전화 031-955-7200(대표)~2, 7203(편집부), 7204(물류)
팩스 031-955-7205
전자우편 webmaster@dmsbook.com
홈페이지 www.dmsbook.com

東明社

ISBN 978-89-411-8188-0 93340
값 35,000원

역자 서문

이 책은 킴리카(Will Kymlicka)의 *Contemporary Political Philosophy: An Introduction*, Second Edition(Oxford University Press, 2002)의 우리말 번역본 『현대정치철학의 이해』(동명사, 2006)를 수정한 것이다. 이 처음의 번역본을 출판한 이래, 번역자들은 번역 상 미진한 점은 물론 오류가 있음을 인지하고 있었음에도 불구하고, 각자의 긴급하게 돌아가는 현대의 삶속에서 이 번역을 수정할 적정한 시간을 찾지 못하였다. 이 초판 번역이 이루어진 이후 10년 정도의 시간이 경과한 재작년 2016년에야, 책임번역자는 번역 전체를 검토 수정할 시간을 겨우 발견할 수 있게 되었다.

킴리카의 『현대정치철학의 이해』는 공리주의, 자유적 평등주의, 자유지상주의, 마르크스주의, 공동체주의, 시민덕성이론, 다문화주의, 페미니즘의 정치이론을 중심으로 다루면서, 우선 현대 정치철학의 이론적 지형을 균형있고 심도 있게 독자들에게 전달해 준다는 점에 그 장점이 있다. 그리고 이러한 현대정치철학의 이론적 지형을 조망해 줌에 있어, 다른 이론들과의 연관성을 통해 각 이론의 내재적 논리와 주요 개념 및 주장에 대한 심층적 분석은 찬탄을 금할 수 없게 한다. 이것이 일견 개론서 같이 보이지만, 그 내용과 분석은 고도의 전문성을 띠고 있는 것으로 평가된다. 다만 킴리카의 저술이 현대정치철학 논의에서 진전되고 있는 중요 주제이지만 다루고 있지 못한 것으로 공화주의(republicanism)–시민덕성이론에서 부분적으로 다루고 있긴 하지만–, 또 저자 자신이 인정하듯이, 심의민주주의, 국제정의와 세계정의(international and global justice), 그리고 동아시아 학자들에게는 아쉽다고 할 수 있는 유교정치관(Confucianism) 논의가 생략되어 있다.

이 책의 번역 수정작업은 1차적으로 2016. 2. 16일에 시작되어 2017. 2. 9일에야 마무리 되었다. 물론 번역수정에 전념할 시간을 할애하는 데에 많은 어려움이 있었던 것도 사실이지만, 막대한 번역 분량으로 인하여 상당한 시간을 투여하였음에도 불구하고 약 1년의 시간이 소요되었다. 그리고 이후 출판준비 편집본에 대한 2차 수정확인 작업은 2018. 1. 3-2. 10일 사이에, 3차 출판본 최종 확인작업은 2018. 2. 19-3. 26일 기간에 이루어졌다.

이러한 번역 수정 작업을 진행하면서, 때로는 시간을 쪼개어서 긴급한 마음으로, 때로는 주말 연구실의 조용함과 한가로움을 즐기면서, 여러 가지 생각을 하게 되었다. 우선 2006년 초판 번역 작업을 하는 동안 당시는 대부분 대학원생들이었던 공동번역자들과 함께 풋풋한 기대와 의욕을 가지고 공동 작업을 진행하면서 보낸 시간이 지금 되돌려 생각하면 너무나 즐겁고 또한 행복한 시간이었다는 것을 느끼게 되었다. 특히 번역을 검토하고 종합하는데 있어 보여준 장휘의 열정은 아직도 생생히 기억난다. 또한 그간 초판 번역의 미진함과 오류에 대해 독자들의 불편에 대해 마음의 죄를 진 것 같아 깊은 사과를 드림과 동시에 넓은 이해를 바라고 싶다. 이제 번역수정본을 출판함에 있어 다소 마음의 짐을 덜 수 있으리라는 생각을 처음에는 하였으나, 상당한 고심과 시간을 투여했음에도 불구하고 다시 또 깨닫지 못한 미진함과 오류가 있을 것으로 생각하며, 또 다시 넓은 아량의 이해를 부탁한다.

이제 지난번 초판 번역본 보다는 많이 개선되었다는 생각을 가지는 번역수정본이 많이 읽혀져서, 자유민주정체 속에 살고 있는 한국 사람들이 우리의 정치현실 및 정치체제에 대한 이해와 비판의 수준과 능력이 성숙될 수 있는 계기가 되었으면 한다. 인간이 이 우주 속에 태어나고 또 특정 사회에 소속되어 삶을 유지하고 있는 것은 운명이기도 하지만, 보다 나은 자신의 삶을 개척하고, 보다 나은 사회를 만들어 가는 것은 개인으로서의 인간과 집단의 한 성원으로서 인간이 추구할 수 있는 인간 고유의 자유의 영역이다. 보다 성숙된 인간이 보다 나은 삶을 살게 되고 또 보다 나은 사람들의 집단체가 보다 나은 사회적 및 정치적 여건을 창출해 나가는 것은 인간역사를 본다면 하나의 진리라는 것을 확인하게 된다.

통털어 거의 2년여 간 진행된 번역수정 작업을 함에 있어, 늘 번역 언어는 물론 사례에 관한 자료를 즉각 확인하여 주었던 대학원생, 김선길 군과 김범석 군, 그리고 뒤늦게 도움을 준 김태민 군에게 감사를 표한다. 특히 번역수정 작업이 진행되는 동안 김선길과 김범석은 이미 2017년 2월 정치학과 대학원을 마무리 하여 석사학위를 취득하고 사회에 진출하였다. 이 귀중한 책을 지속적으로 출판할 수 있게 하여준 동명사의 최국주 사장님, 김급태 상무님, 그리고 편집부 직원들에게 감사를 드린다.

2018년 3월 31일

연세대 연희관 119호실에서

공동번역자 대표 장 동 진

차 례

제2판 서문

이 책의 초판은 내가 대학원을 졸업한 직후에 완성되었다. 그 당시에 나는, 이 주제와 관련해서 수년 동안 축적되어 작업에 사용할 수 있는 강의 노트를 가지고 있을 만한 선배 교수들이나, 그보다 훨씬 더 강의와 연구 경험이 많은 교수들에 의해 쓰여진 정치철학 교과서가 많지 않다는 사실에 당혹스러웠다. 그리고 12년이 지난 지금 돌이켜보면, 그 당시에 나는 새롭게 찾아낸 지식과 신념에 과도한 확신을 갖고 있었던 열성적인 대학원 졸업생이었기 때문에 그런 야심적인 책을 쓰겠다고 생각할 수 있었던 것 같다. 사실 이 책에는 두 가지 야심이 있었다. 첫번째는 현대 영미정치철학(Anglo-American political philosophy)에서 가장 중요한 이론들을 합당하게 포괄적으로 개괄하는 것이었다. 두 번째는 이러한 다양한 이론들 간의 상호연관성을 보여주는 것이었다. 나는 각 이론이 어떤 공통적 질문에 답하고 있음을, 그리고 이전의 이론들이 그 질문에 대답한 방식의 약점 및 한계에 대해 응답하고 있음을 보여 주려 했다. 이를 통해서 우리가 정치철학 분야의 발전에 따라 시간적으로 진행되는 진전을 볼 수 있기를 원했다.

지금 생각해 보면 이 두 가지 모두 어느 정도는 지나치게 야심적이었다. 이 분야에서 진행된 폭발적인 연구의 증가로 인해, 포괄적 개괄을 제시하려 했던 첫번째 과제는 그 당시에는 아마도 비현실적이었고, 지난 10년 동안에 그것은 더욱 어려워졌다. 이러한 현상을 반증해 주는 하나의 예가 바로 이 분야를 다루는 전문학술지의 기하급수적인 성장이다. 내가 논의의 출발점으로 삼았던 시기인, 롤즈(John Rawls)의

『정의론』(*A Theory of Justice*)이 출간된 1971년만 하더라도, *Ethics*라는 하나의 학술지만이 정치철학 분야를 전문적으로 다루고 있었지만 그나마도 활동이 거의 없었다. 내가 이 책의 초판을 썼을 때, 다시 활성화된 *Ethics*에 이어, *Philosophy and Public Affairs*와 *Political Theory*와 같은 일부 새로운 학술지들이 출현하여 함께 하고 있었다. 오늘날 우리는 *Journal of Political Philosophy, Critical Review of International Social and Political Philosophy, Journal of Political Ideologies*를 포함하는 새로운 학술지들의 또 다른 물결을 보고 있다. 그리고 이 분야를 다루는 새로운 총서들의 탄생도 보았다. 가장 현저히 눈에 띄는 것은 옥스퍼드대학 출판부(Oxford University Press)의 『옥스퍼드 정치이론』(*Oxford Political Theory*) 총서와 캠브리지대학 출판부(Cambridge University Press)의 『현대정치이론』(*Contemporary Political Theory*) 총서이다.

요약하자면, 과거에 비해 훨씬 더 많은 사람들이 더 많은 논문과 책들을 출판해가며 이 분야에 종사하고 있다. 그리고 이러한 출판물은 단지 옛 접근법을 새롭게 할 뿐만 아니라, 1970년대나 1980년대에는 볼 수 없었던 완전히 새로운 주제들을 다루고 있다—예를 들어, 다문화주의(multiculturalism)와 심의민주주의(deliberative democracy)가 있다.

따라서 내가 일일이 따라잡기에는 너무나도 많은 문헌들이 있으며, 완전한 종합적 입문서의 외양을 유지하는 것조차 사실상 불가능하다. 물론 가끔 이 분야에 있어 완전히 새로운 방식의 입문서가 필요하다고도 생각한다. 가령, 분야 전체를 아우르기보다는 몇 가지 연구 사례만을 선정해서 다룬다거나, 실질적인 이론보다는 방법론에 더욱 초점을 맞추는 입문서가 필요하다. 그렇다 하더라도 내 마음 한 구석에는 이 책에 대한 애착이 자리잡고 있으며, 이 책이 새로운 독자에게 내가 매우 중요하다고 굳게 믿는 발상들을 소개하는 데 도움이 되었다는 생각에 즐거워했음을 고백한다. 나는 여전히 이 분야의 연구들을 최소한 개괄적으로라도 보여줄 수 있는 무언가가 필요하다고 생각한다.

작업의 편의를 위해, 나는 지난 10년 동안 나온 문헌 중 어떤 것을 제2판에 포함시켜야 할지에 대해서 어려운 결단을 내려야 했다. 이 책에서는 1990년대 가장 결실이 많았던 논쟁의 주제들 중 하나라고 생각되는 시민권(citizenship) 문제에 주로 초점을 맞추었다. 마치 1970년대에는 '정의'(justice)가, 그리고 1980년대에는 '공동체'(community)가 시대를 풍미한 개념이었듯이, 1990년대에는 '시민권'이 주요 개념이라고 몇몇 비평가들은 말해 왔다. 그런 이유로 시민권에 관한 새로운 장 두 개를 추가했다. 하나는 민주주의 정체를 효과적이고, 안정적이고, 정의롭게 만들기 위해 시민들에게 요구되는 기술(skills), 덕성(virtues), 그리고 활동(activities)의 종류들에 초점을 맞추고 있다. 이는 많은 사상 학파에 의해 주장되었지만, 시민적 공화주의자들(civic republicans)에 의해 가장 강력하게 제기되고 있는 쟁점으로써, 시민적 덕성(civic virtue), 시민권 교육(citizenship education), 공적 이성(public reason), 그리고 심의민주주의(deliberative democracy)에 대한 최근 논의들의 기저를 형성하고 있다.

새로 추가된 두 번째 장은 시민권과 집단의 차이(group difference)의 관계에 초점을 맞추고 있다. 보통 시민권은 모두가 공유해야 하는 지위로 간주되지만, 많은 집단들은 '차이의 정치'(politics of difference)나 '인정의 정치'(politics of recognition)와 같은 특정한 형태의 주장을 통해 자신들의 상이한 정체성에 대한 법적이고 정치적인 인정을 추구한다. 이는 다문화주의(multiculturalism) 이론가들에 의해 가장 강력하게 제기되고 있는 쟁점이지만, 이는 개인 대 집단의 권리(individual versus group rights), 민족주의(nationalism), 인종주의(racism), 이민(immigration), 그리고 집단 대표(group representation)와 같은 보다 일반적인 쟁점들도 제기한다.

1990년대에 새로이 제기된 중요한 쟁점은 이것들만이 아니다. 구체적으로는 환경이나 동물에 대한 우리의 도덕적 의무와 관련된 논쟁들이 증대하는 것을 다루는 장이 없다는 점을 안타깝게 생각한다. 이 논쟁은 정치적 도덕성이나 정치공동체의 본성에 대해 우리가 가지고 있는 가장 기본적인 직관의 핵심을 다룬다는 점에서 매우 중요하다.[1)]

---

1) 예를 들어, 몇몇 기본적인 '인간'의 권리를 유인원(類人猿)에게 확장시키고자 하는 국제적 운동으로서 중요한 의미를 지니고 있는 유인원 프로젝트(Great Ape Project)를 고려해 보도록 하자(Cavalieri and Singer 1993). 도덕공동체가 인간이 아닌 동물까지 포함시키도록 확장시키는 것과 관련된 추가적인 논의 일반은 DeGrazia 1995; Regan 2001을 보라. 환경이 지니는 도덕적 지위에 대한 논의들을 위해서는 Eckersley 1992; Dobson 1990; Zimmerman 1993; Goodin 1992a; De-Shalit 2000을 보라.

그러나 그 이전 장들에 대한 광범위한 갱신과 더불어, 시민권을 다루는 추가된 두 장이 완전히 포괄적이지는 못하더라도, 독자들에게 이 분야가 현재 자리잡고 있는 지점에 대한 훌륭한 입문이 될 수 있기를 바란다.

앞서 언급했듯이, 초판에서 내 포부 중 하나는 새로운 이론이 과거 이론의 강점을 발전시키고, 약점을 교정함으로써 그것과 관련을 맺고 있는 방식들을 밝혀내는 것이었다. 이 분야에서 주제와 접근방식의 다양성이 점증하고 있음을 고려했을 때, 이 과제 역시 오늘날 더욱 복잡해졌다. 이 분야에서의 다채로운 발전들을 설명하거나 망라하는 일관된 논리나 줄거리를 발견해내거나, 문헌에 있어서의 '진전'을 측정할 수 있는 방식을 찾기가 힘들어졌다.

사실, 각각 고유한 용어와 관심 영역을 갖는 접근방식들의 다양성이 점증하는 측면에 직면한다면, 현대정치철학은 각각의 이론이 나머지 이론들과 무관하게 고유의 내부 논리에 따라 발전을 하는, 단지 분리된 일련의 주장이나 논쟁들처럼 보일 수 있다. 지난 10년간 발생한 새로운 이론들의 현기증 나는 군상(群像)은 바로 이러한 파편화 및 혼란의 느낌을 가중시킬 뿐이다. 그러나 내 관점에서 본다면, 독자적인 필요, 열망, 그리고 복잡성을 수반하는 근대적 삶의 공통된 현실들에 비추어보았을 때, 이처럼 점증하는 이론들과 용어들이 모든 정치철학자가 공유하는 특정한 문제들과 씨름해야 한다는 사실을 흐려놓을 수가 있다. 이론가들은 이러한 문제나 현실을 어떻게 해석해야 되는지에 대해서는 동의하지 않겠지만, 그들이 공통적으로 다루고 있는 문제가 무엇인지를 주시하지 않는다면 이러한 상이한 이론의 의미 및 목적을 놓치게 된다. 그리고 일단 이러한 공통된 목적을 찾게 된다면, 비로소 각각의 이론이 그 목적을 향해 진전을 이루고 있는지에 대해서 판단을 내릴 수 있게 된다.

만일 이러한 쟁점들에 대해서 우리가 진전을 볼 수 있다고 믿지 않는다면, 그 사람이 왜 정치철학의 기획에 몰두하려고 하는 것인지 나로서는 이해하기가 어렵다. 이러한 진전에 대한 기대가 정치철학을 하는 데 있어서 필수적이라고 생각하는 만큼, 새로운 이론은 그와 같은 공통된 문제에 단지 상이한 답뿐만 아니라 보다 나은 답을 제시한다고 생각하는 사례들을 밝히는 것을 주저하지 않았다. 그렇다면 이런 다양한 이론들이 다루고자 하는 공통된 주제나 문제는 무엇인가? 내가 초판에서 강조했었던 하나의 주제는 바로 각각의 이론이 정부가 자국의 시민들에게 '평등한 고려와 존중'(equal concern and respect)을 보여준다는 것이 무엇을 의미하는 지에 대해 해석하고자 하는 방식이었다. 나는 서문에서 이 발상과 이것이 어떻게 경쟁적인 이론들을 평가할 수 있게 만들어 주는지에 대해서 길게 논의하고 있으므로 여기서는 반복하지 않을 것이다.

하지만 내가 초판에서도 암묵적으로 다루고 있으며, 여기 제2판에서 보다 강력하게 부각시키려고 하는 두 개의 또 다른 공통된 주제가 있다.

첫째는 현대정치철학에 있어서 자유민주주의가 지니는 중심성이다. 과도하게 단순화시켜 보면, 우리는 현대정치철학자들이 두 개의 부류로 나뉜다고 할 수 있다. 한편에는 자유민주주의의 기본 원칙에 찬성하고 이러한 가치들에 대한 가장 강력한 철학적 방어를 제공하려는 사람들이 있다. 현재까지 본다면 자유민주주의를 방어하는 세 가지 주요 접근방식이 있다—그것들은 공리주의(utilitarianism), 자유적 평등(liberal equality), 그리고 자유지상주의(libertarianism)이다. 이들은 합쳐져서 영미 자유민주주의 국가들에서의 정치적 논쟁의 언어를 이루고 있다. 이 세 가지 접근방식과 관련된 일련의 개념군—'권리', '자유', '최대 다수의 최대 행복', '기회평등' 등등—은 이론적인 수준과 실제적인 수준 양자 모두에서 정치담론을 지배한다. 이러한 이론의 헤게모니는 너무나도 강력한 나머지, 일부의 사람들은 이러한 것들이 '공적 영역에서 설득력 있는 도덕적 음성을 낼 수 있는 유일한 정치적 언어'를 제공한다고 생각한다(Grant 1974: 5).

이 책의 앞부분에 배치되어 있는 세 개의 장은 자유민주주의에 관한 영향력 있는 세 가지 논변을 평가하고 있다. 우리는 이 세 가지 이론이 현대정치철학의 '주류'를 차지한다고 묘사할 수 있다. 하지만 자유민주주의를 부분적으로나 전체적으로 거부하고, 자유민주주의적 언어를 보충하거나 대체하려는 대안적인 개념과 원칙을 제시하려는 사람들은 언제나 있어 왔다. 제4장~제9장까지는 이러한 비판을 제기하는 다섯 가지 학파를 살펴볼 것이다—그것들은 마르크시즘, 공동체주의, 페미니즘, 시민적 공화주의, 그리고 다문화주의이다. 우리는 이러한 이론들이 주류 자유민주주의적 이론들(liberal-democratic theories)에 대해서 '비판과 대안'을 형성하고 있다고 묘사할 수 있다. 그러나 우리가 보게 되겠듯이, 이러한 다섯 가지 접근방식은 각기 자유민주주의의 발상에 대해 이중적 입장을 보이고 있다. 한편으로 이들은 주류 이론이 임금노동자에 대한 착취와 소외(마르크시즘), 사회적 원자주의(social atomism, 공동체주의), 여성의 종속(페미니즘), 문화적 주변부화 내지는 동화(cultural marginalization or assimilation, 다문화주의) 혹은 정치적 무관심(시민적 공화주의)과 같이 사회에서 발생하는 근본적인 문제들을 정당화시키거나 모호하게 만들도록 작동한다는 점에서 비판한다. 하지만 이들은 다른 한편으로는, 이것들이 자유민주주의의 원칙 자체로부터 발생하는 문제라기보다는, 그것의 불완전한 시행 혹은 그것을 시행하기 위한 적절한 전제조건의 결여 때문에 발생하는 문제라고 주장하기도 한다. 이러한 문제들을 해결하기 위해 우리는 자유민주주의적 원칙(liberal-democratic principles)을 폐기해야 하는가, 아니면 그것들을 보다 잘 구현해야 하는가? 이러한 원칙들은 충분한가, 아니면 보충되어야 하는가?

이러한 각각의 이론들이 자유민주주의에 대하여 상이한 형태의 변론 내지는 비판을 제시하고 있는 것을 살펴 본다면, 그러한 이론들이 공유하고 있는 것은 무엇이고, 또 어디서 달라지는지 정확하게 파악하는 데 도움이 될 것이라고 나는 생각한다.

둘째, 책의 전반에 걸쳐 나타나고 있는 보다 구체적인 주제는 책임(responsibility)의 개념과 관련되어 있다. '책임'이 정치사상의 중심항목이어야 한다는 발상은 때로는 페미니즘과 시민적 공화주의와 연관되어 있다. 이 두 이론 모두 자유주의자들의 가설적인 '권리'에 대한 몰두를 질책한다. 하지만 우리가 보게 되듯이, 책임의 개념은 여기서 다루는 이론 모두에 중심적이다. 이것은 어떤 필요나 비용이나 선택을 충족시키는데 있어 누가 책임이 있는지에 대한 설명으로 바꾸어서 말할 수 있다. 이러한 이론들이 차이를 보이는 지점은 책임의 중심성 그 자체에 대한 것이 아니라, 개인적 책임과 집단적 책임과 관련된 보다 구체적인 질문에 대해서이다. 예를 들어, 우리가 스스로의 선택에 대한 비용을 부담해야 하고, 우리가 자발적으로 초래한 비용에 대해 다른 사람이 보조해 줄 것을 기대하지 말아야 된다는 의미에서, 스스로의 선택에 대해 책임을 져야 하는가? 그 누구도 인생선택에 있어 마땅히 받을 만한 것이 아니고 선택에 의한 것도 아닌 불평등으로부터 불리함을 겪지 않도록, 우리들은 다른 사람들이 직면하게 되는 비자발적 불리함을 교정해야 될 만한 책임이 있는가? 자신이나 다른 사람에 대한 책임은 그 어느 이론에 있어서도 기본적이라는 점에서, 책임이라는 개념을 통해 이들 이론을 살펴본다면, 그들 간의 동의하는 지점 또는 동의하지 않는 지점을 명확하게 하는 데 도움이 된다.

사람들을 평등한 고려와 존중으로 대우하는 것, 자유민주주의에 대한 옹호와 비판, 그리고 자신과 다른 사람에 대한 책임−이 세 가지는 모두 본문의 전체에 걸쳐서 내가 엮으려고 노력한 공통된 주제이다. 이것들은 이 분야에서 확장되고 있는 이론들의 범위나 다양성을 이해하고 평가하는 데 있어 유용한 기본 틀을 제공한다고 생각한다.

나의 바람은 독자들이 이 책을 끝까지 읽고 나서, 내가 앞서 언급한 학술지들 중 하나를 집어서 그 안에 담긴 논문들을 편안하게 읽을 수 있게 되는 것이다. 내 책이 그와 같은 학술지에서 접할 수 있는 모든 개념을 정의하거나 설명하지는 않겠지만, 적어도 오늘날의 학술지들에서 논의되고 있는 주요 화제와 접근방식들을 설명해 줄 수 있게 되기를 희망한다. 또한 그러한 화제와 접근방식들이 왜 논쟁거리가 되었는지 설명해 줄 수 있게 되기를 희망한다. 나는 독자들이 왜 어떤 화제들은 특정한 접근방식에 있어 약점으로 간주되는지, 그리고 이러한 약점을 교정하기 위해 다른 접근방식들이 어떻게 출현하게 되었는지 알게 되기를 희망한다.[2)]

이 책이 가벼운 읽을거리가 아님을 강조해야 할 것 같다. 비록 입문서의 성격을 띠고 있지만, 내 목표는 이 분야에서 이루어지고 있는 최첨단의 작업을 사람들에게 소개하는 데 있다. 초판의 서문에도 내가 언급하고 있듯이, 나는 이 분야에서 정말 대단한 작업들이 이루어져 왔다고 믿고 있으며, 이를 사람들에게 이야기해 주고 싶다.

이러한 최첨단의 논의는 많은 경우에 상당히 정교하다. 여기 등장하는 개념들은 여

---

2) 물론 영미전통 외부에서도 정치철학에 대한 흥미 있는 작업들이 수없이 많이 있다. 이러한 작업은 주로 관심의 초점이 영미전통과는 매우 다르다. 전후 유럽에서의 '정치철학의 회귀'(the return of political philosophy)에 대한 설명은 Manent 2000을 참조하라.

러 가지 측면을 지니고 있고, 그 주장들 또한 상당히 미묘한 구분이나 예시에 의거하고 있다. 나는 이러한 문헌을 새로이 접하는 사람들을 위해 개념이나 구분을 최대한 명확하게 설명하려고 노력했지만, 그렇다고 해서 그 복잡성이나 미묘함을 회피하려고 하지도 않았다.

다른 식으로 말한다면, 이 책은 단지 현대정치철학에서 다루고 있는 주요 질문에 대한 소개가 아니라, 그러한 질문에 대해서 우리가 갖고 있는 최선의 답변에 대한 소개이기도 하다. 여기 등장하는 주장들을 이해하기 위해서는 다소 집중할 필요가 있겠지만, 그 대가가 노력을 들인 만큼의 가치가 있는 것으로 동의하게 되기를 희망한다.

제2판 감사의 글

초판에 대한 유용한 논평, 그리고 제2판에 대한 제안들에 대해 잉그리드 로베인스(Ingrid Robeyns), 베이트 베이더(Veit Bader), 데이비드 슈미츠(David Schmidtz), 매트 매트래버스(Matt Matravers), 폴 워렌(Paul Warren), 스티븐 레이버(Steven Reiber), 사무엘 프리만(Samuel Freeman), 셸리 트레망(Shelley Tremain), 신디 스타크(Cindy Stark), 그리고 옥스퍼드대 출판부(Oxford University Press)의 익명의 심사위원 여섯 분에게 감사한다.

내가 깊게 알지 못하는 주제에 대해서 비상시에 몇 번의 전화를 걸어 도움을 청한 것에 대한 답변을 포함해, 광범위한 논평을 해준 콜린 매클레오드(Colin Macleod)와 제이콥 레비(Jacob Levy), 그리고 초판에 이어 다시 한번 새 원고를 나와 함께 한 줄 한 줄 검토해 준 수 도널드슨(Sue Donaldson)에게 심심한 사의를 표한다.

나는 또한 훌륭한 연구보조를 해준 아이들 보란(Idil Boran), 참고도서목록 작성에 도움을 준 새러 올리어리(Sarah O'Leary), 그리고 열의와 인내심으로 도움을 준 옥스퍼드대 출판부의 팀 바턴(Tim Barton)과 안젤라 그리핀(Angela Griffin)에게도 감사의 말을 전한다.

초판 감사의 글

나는 이 책의 부분 혹은 전체에 대한 유용한 논평을 해준 리처드 아네슨(Richard Arneson), 이안 카터(Ian Carter), 제임스 그리핀(James Griffin), 샐리 하스랭거(Sally Haslanger), 브래드 후커(Brad Hooker), 앤드류 커노한(Andrew Kernohan), 데이비드 노트(David Knott), 헨리 레이콕(Henry Laycock), 콜린 매클레오드(Colin Macleod), 수잔 몰러 오킨(Susan Moller Okin), 아서 립스타인(Arthur Ripstein), 웨인 섬머(Wayne Summer), 그리고 피터 발렌틴(Peter Vallentyne)에게 감사한다. 정치철학의 목적이나 방법에 대해 내가 알고 있는 것의 대부분을 가르쳐 준 코헨(G. A. Cohen)에게는 특별한 신세를 지고 있다. 나는 한번도 아니라 여러 번에 걸쳐 나와 함께 책을 한 줄 한 줄 검토해 준 수 도널드슨(Sue Donaldson)에게 가장 큰 신세를 지고 있다.

제1장

서론(INTRODUCTION)

1. 기획

이 책은 정치철학의 최근의 논쟁들을 지배하고 있는 주요한 사상의 학파들에 대한 소개와 비판적인 평가를 제공하는 데 목적이 있다. 이 책이 다루는 대상은 규범적 정치철학에서 나온 최근의 연구들, 좀더 세부적으로는 정의로운 사회, 자유로운 사회 또는 좋은 사회에 대한 최근의 이론들로 이루어져 있다. 우연한 경우를 제외한다면, 이 책은 주요한 역사적 인물에 대해서는 다루지 않는다. 또한 권력이나 주권의 의미 또는 법의 본질에 대한 개념적 분석과 같이 한때는 정치철학의 초점이었던 그 밖의 많은 주제들 역시 다루지 않는다. 35년 전에는 그와 같은 주제들이 인기가 있었다. 그러나 최근에는 정치제도와 정책을 평가할 때 호소되는 정의, 자유, 그리고 공동체의 이상이 강조되어 왔다. 물론 나는 이러한 영역에서 있었던 최근의 모든 발전을 다루려고 시도하지는 않지만, 특정한 신뢰성을 불러일으켰고, 정치적 이상에 대해서 다소 포괄적인 전망을 제공해 주는 그와 같은 이론들에 집중할 것이다.

이 책을 쓰는 이유 중 하나는 이 분야에서 현저히 많은 양의 흥미롭고 중요한 연구들이 수행되었다는 나의 믿음 때문이다. 간단하게 말하면, 오늘날 정치철학의 지적 풍경은 20년, 심지어는 10년 전과는 상당히 다르다. 진전된 논의들은 과거의 주제에 대한 새로운 변형된 이해[예를 들어, 로크(John Locke)의 자연권 이론에 대한 노직(Robert Nozick)의 발전]를 발전시키는 데 뿐 아니라, 새로운 관점을 발전(예를 들어, 페미니즘)시키는 데도 대개 철저하게 독창적이다. 정치이론이 논의되고 평가되어 왔던 전통적인 범주들이 점차적으로 부적절해지고 있다는 점이 이러한 발전의 결과 중 하나이다.

정치지형에 대한 우리의 전통적 묘사는 정치원칙들이 좌파에서 우파에까지 이어지는 단일한 직선 위 어딘가에 속한다고 바라본다. 이 전통적 묘사에 따르면, 좌파에 속하는 사람들은 평등을 믿고, 그런 이유로 사회주의의 특정한 형식을 지지하는 반면, 우파에 속하는 사람들은 자유를 믿고, 그런 이유로 자유시장 자본주의의 특정한 형식을 지지한다. 가운데에 있는 사람들은 평등과 자유의 어정쩡한 혼합을 믿는 자유주의자들인데, 그런 이유로 이들은 복지국가 자본주의의 특정한 형식을 지지한다. 물론 이 세 지점 사이에 많은 입장들이 존재하고 있으며, 많은 사람들이 상이한 이론에서 상이한 부분을 받아들인다. 그러나 종종 누군가의 정치원리를 이해하거나 기술하는 최선의 방법은 그들을 이 선 위에 위치 시키는 것이라고 여겨지곤 한다.

서구 정치이론에 대한 이와 같은 사고방식이 어느 정도는 진실이기도 하다. 그러나 이런 방식은 점진적으로 부적절해지고 있다. 첫째, 이런 방식은 수많은 중요한 쟁점들을 무시한다. 예를 들어, 좌파와 우파는 전통적으로 남성이 지배적이었던 정부와 경제 영역에서의 자유와 정의에 대한 그들의 관점에 따라서 구분된다. 그러나 전통적으로 여성의 영역이었던 가정과 가족에서의 공정성 또는 자유에 대해서는 어떤가? 좌파로부터 우파에 이르는 주류 정치이론가들은 그와 같은 다른 영역들을 소홀히 하거나, 그 영역들이 정의와 자유의 문제를 제기하지 못한다고 주장하는 경향이 있다. 성적 평등에 대한 적절한 이론은 전통적인 좌파와 우파의 논쟁에서는 분명히 소개되지 않았던 고려들과 관련될 것이다. 전통적 묘사는 역사적 맥락에서 일어나는 쟁점들을 무시한다는 점에서도 비판을 받는다. 좌파와 우파에 대한 이론 양자 모두 우리가 역사적 전통과 문화적 실천을 검증하거나 비판하는 데 사용할 수 있는 원칙들을 제공하기를 추구한다. 그러나 공동체주의자들은 정치제도의 평가가 어떤 독립적인 비역사적 기준으로 정치제도를 판단하는 문제가 될 수 없다고 믿는다. 그들은 정치적 판단은 이미 우리 자신들이 처해 있는 전통과 실천들을 해석하는 문제라고 믿는다. 그래서 전통적인 좌파와 우파의 논쟁에서는 언급되지 않는, 역사적이고 공동체적 '각인'(embeddedness)의 문제가 대두된다. 만약 우리가 페미니즘이나 공동체주의를 좌파와 우파의 단일한 연속선상에 위치시켜야 한다고 주장한다면, 우리는 이 입장들을 이해하기 시작할 수 없을 것이다.

그러므로 전통적인 묘사의 협소함은 하나의 문제가 된다. 이러한 반대는 이제는 상당히 일반적인 것이며, 이 분야의 대부분의 비평가들은 정치 논쟁에서 호소할 보다 넓은 범위의 원칙들을 이끌어 내려고 노력해 왔다. 그러나 나는 전통적 묘사에는 이와 동등하게 수정될 필요가 있는 또 다른 특징이 있다고 생각한다. 전통적 묘사는 상이한 이론들은 상이한 근본적 가치에 기반을 두기 때문이라고 설명한다. 예를 들어 좌파와 우파가 자본주의에 대해 서로 이견을 보이는 이유는 좌파는 평등을 믿고 우파는 자유를 믿기 때문이다. 그들이 근본적 가치에 대해 갈등하기 때문에 그들의 차이는 합리적으로 해결될 수 없다. 좌파는 당신이 평등을 믿는다면 사회주의를 지지해야만 한다고 주장할 수 있다. 반면 우파는 당신이 자유를 믿는다면 자본주의를 지지해야만 한다고 주장할 수 있다. 그러나, 이 가치들은 양자가 공동으로 호소할 수 있는 더 높은 가치 또는 전제를 갖지 않는 근본적 가치들이기 때문에, 자유에 대한 평등의 우위, 또는 평등에 대한 자유의 우위를 주장할 수 있는 길이 없다. 우리가 이러한 정치적 논쟁들을 더욱 깊이 증명하려면 할수록 그것들은 더욱더 다루기 힘든 문제가 된다. 이유를 들자면, 궁극적이며 또한 궁극적으로 상반된 가치들에 대한 상충적인 호소를 할 수 밖에 없는 상태에 우리가 처하게 되기 때문이다.

전통적 묘사의 이러한 특징은 심지어는 전통적인 좌파와 우파의 구분을 거부하는 비평가들에게 조차도 대체로 문제시되지 않은 채 방치되어 왔다. 각각의 새로운 이론들 역시 또 다른 궁극적 가치에 호소하려는 것으로 생각된다. 그래서 '평등'(사회주의, socialism)과 '자유'(자유지상주의, libertarianism)에 대한 오래된 호소와 나란히 더불어서, 정치이론들은 이제 '계약적 동의'(contractual agreement, 롤즈(John Rawls), '공동선'(the common good, 공동체주의 communitarianism), '효용'(utility, 공리주의 utilitarianism), '권리'(rights, 드워킨 Ronald Dworkin), '양성주의'(androgyny, 페미니즘)와 같은 궁극적 가치들에 호소한다.[1] 이제 우리는 심지어 더 많은 수의 궁극적 가치

1) 이러한 '궁극적 가치'의 목록에 대한 변형된 견해들은 아주 근소한 차이만을 보이고 있으며, 근래 정의이론에 관한 개관을 하고 있는 대부분의 책들에서 찾아볼 수 있다(예컨대 Brown 1986; Pettit 1980; Sterba 1988; Campbell 1988; Miller 1976).

들을 가지게 되고, 이들간에는 어떤 합리적 합의를 찾아 볼 수 없게 되었다. 이러한 잠재적인 궁극적 가치의 폭발은 단일한 포괄적 정의이론을 발전시키려는 전체 기획에서 명백한 문제를 일으킨다. 만약 이토록 많은 잠재적인 궁극적 가치들이 존재한다면, 우리는 왜 적절한 정치이론이 궁극적 가치들 중 단 하나에만 근거할 수 있다고 지속적으로 생각해야 하는가? 제시된 궁극적 가치들의 다원성에 대한 유일한 상식적인 반응은 '단일한'(monistic) 정의이론을 발전시키려는 발상 자체를 포기하는 것이 분명하다. 단일한 최상위의 가치에 다른 모든 가치를 종속시키는 것은 거의 광신적인 것처럼 보인다.

그러므로 성공적인 정의이론은 현존하는 대부분의 이론들로부터 일부분씩 받아들여야만 한다. 그러나 만일 이러한 가치들 간의 불일치가 진정으로 근본적이라고 한다면, 이러한 가치들이 어떻게 단일한 이론으로 통합될 수 있겠는가? 정치철학의 전통적인 목적 중의 하나는 갈등하는 정치적 가치들 사이에서 결정을 내리기 위해 일관되고 포괄적인 법칙을 찾아내는 것이었다. 그러나 만약 갈등하는 가치들을 판단할 수 있는 더욱 심오한 가치가 없다고 한다면, 우리는 어떻게 포괄적 기준을 가질 수 있는가? 그러한 심오한 가치 없이는 임시방편적이거나 지엽적인 갈등의 해결만이 있을 것이다. 우리는 포괄적 방향을 제공하는 어떤 하나의 이론을 희망하기보다는, 이론들 사이에서 요구되는 불가피한 화해를 받아들여야만 할 것이다. 그리고 실제 이것이 많은 비평가들이 믿고 있는 정의에 대한 현대적 이론화의 운명이다. 이러한 견해에서 보자면, 정치철학은 그 자체의 성공에 익사하고 있다. 하나의 진정한 정의이론을 발견하려는 전통적인 목적에 대한 관심은 폭발적이었지만, 이러한 폭발의 결과는 전통적인 목표를 전체적으로 받아들이기 어려운 것으로 여겨지게 만들었다.

이것이 정치 지평에 대한 정확한 묘사인가? 현대 정치이론은 갈등하는 궁극적 가치들에 호소하고 있는가? 나는 현대 정치이론은 상이한 근본 가치들을 가지지 않는다는 로널드 드워킨에 의해 제시된 주장을 탐구해 보고자 한다. 드워킨의 견해에 따르면, 모든 설득력 있는 정치이론은 평등이라는 동일한 궁극적 가치를 가지고 있다. 이런 점에서 모든 이론은 '평등주의적'(egalitarian) 이론이다(Dworkin 1977: 179~183; 1983: 24; 1986: 296~301; 1987: 7~8; cf. Nagel 1979: 111). '평등주의 이론'이 소득의 평등한 분배를 지지하는 이론을 의미하는 것이라고 한다면, 이러한 주장은 명백하게 틀렸다. 그러나 정치이론에는 더욱 추상적이고 근본적인 또 다른 평등 개념이 있다. 이는 '평등한 존재'로 사람을 다룬다는 개념이다. 이러한 평등에 대한 보다 기본적인 발상을 표현하는 데는 다양한 방식이 있다. 만약 공동체의 각 구성원의 이익이 중요하고 동시에 평등하게 중요하다는 점을 받아들인다면, 그 이론은 평등주의 이론이다. 다른 방식으로 본다면, 평등주의 이론은 정부가 시민들을 평등한 고려로 평등하게 대하기를 바란다. 즉, 각 시민들에게는 동등한 고려와 존경을 받을 권리가 부여되어 있다. 평등에 대한 이러한 보다 기본적인 견해는 마르크스의 공산주의만큼이나 노직의 자유지상주의에서도 발견이 된다. 좌파들이 소득 또는 부의 평등이 사람을 평등하게 대하는 전제조건이라고 믿는 반면, 우파들은 사람의 노동과 재산에 대한 평등한 권리가 인간을 평등하게 대하는 전제조건이라고 믿는다.

반드시 어떤 특정한 영역에서의 평등을 선호하지 않고도 평등의 추상적 개념이 다양한 방식으로 해석될 수 있기에, 이러한 평등 개념은 소득, 부, 기회 또는 자유도 될 수 있다. 사람을 평등하게 다룬다는 보다 추상적인 개념에 의해 요구되는 구체적 종류의 평등이 이러한 이론들 사이의 논쟁에서 중요하다. 지금까지 만들어진 정치이론이 이러한 광의의 측면에서 모두 평등주의적이지는 않았다. 그러나 어떤 사람들은 정부로부터 평등한 고려를 받을 권리가 없다고, 그리고 특정한 종류의 사람은 다른 이들만큼 중요하지 않다고 어떤 이론이 주장한다면, 현대 세계에 살고 있는 대부분의 사람은 즉시 이 이론을 거부할 것이다. 드워킨은 각 개인이 평등하게 중요하다는 발상이 가능한 모든 정치이론의 핵심이라고 주장한다.

이 책에서 내가 탐구하려고 하는 주장이 바로 이것이다. 왜냐하면 나는 이 주장이 해석하려는 어떤 특정한 이론들만큼이나 이 주장 자체가 중요하다고 믿기 때문이다(이것의 장점 중 하나는 단일한 포괄적 정의이론에 대한 탐구를 더욱 명료하게 한다는 것이다). 모든 사람이 이러한 이론 각각이 평등의 원리에 근거하고 있다는데 동의하지는 않기 때문에, 나는 그 이론들을 해석하는 다른 방법을 찾으려 할 것이다. 예를 들어, 자유지상주의에서 자유를 근본 가치로 삼는 것이 의미하는 바 또는 공리주의에서 효용을 근본 가치로 삼는 것이 의미하는 바에 대해 논의할 것이다. 각 경우마다 나는 어느 편이 해당되는 이론에 대해 가장 일관되고 매력적인 설명을 제시하는지 알아내기 위해 상이한 해석들을 비교할 것이다.

만약 드워킨의 주장이 옳다고 한다면, 정의이론들 사이의 논쟁을 합리적으로 해결할 가능성에 대해 많은 사람들이 느끼는 회의주의는 잘못된 것이거나, 적어도 너무 성급한 것이다. 각각의 이론이 같은 '평등주의적 전제'(egalitarian plateau)를 공유하고 있다면—다시 말해, 각각의 이론이 공동체의 구성원이 평등하게 대우받아야 한다는 사회적·경제적·정치적 조건들을 정의하려고 시도한다면—우리는 이러한 여러 이론들 중 어느 하나가 모두가 인정하는 그와 같은 기준에 부응해서 보다 나은 작업을 수행하고 있는지를 보여주는 것이 가능할지도 모른다. 전통적 관점에서는 평등을 하나의 가치로 받아들일지의 여부가 정치이론에서 핵심 쟁점이었던 것에 반해, 이러한 수정된 시각에 따르면 핵심 쟁점은 평등을 받아들일지의 여부가 아니라 그것을 어떻게 가장 잘 해석할 수 있는지의 문제라고 말해 준다. 그리고 이것은 심지어는 전통적인 좌우 구분에 해당되지 않는 사람들까지도 같은 연속선상에서 논쟁하는 것을 의미한다. 그러므로 정치적 주장에 대한 평등주의적 전제의 발상은 잠재적으로 현대정치철학의 다원성과 통일성 양자 모두를 더 잘 수용할 수 있게 한다.

2. 방법론에 대한 설명

이런 종류의 책에서는 저자가 쓰고 있는 방법론, 저자가 정치철학의 기획을 어떻게 이해하는지, 도덕철학과 같은 다른 지적 기획으로부터 정치철학의 기획이 어떻게 구분되는지, 그리고 그것의 성공을 어떻게 판단할 수 있는지에 대해서 이야기하는 것은 흔한 일이다. 나는 여기에서 이러한 문제들에 대하여 많은 것을 언급하지 않을 것이다. 부분적으로 그 이유는 일반적 수준에서 그것에 대해 이야기할 것이 많지 않다고 생각하기 때문이다. 아래에 살펴보게 될 각각의 이론들은 상이한 방식으로 이런 문제에 대답한다. 각각의 이론은 도덕철학과 정치철학의 구분에 대한 설명을 따로 제공하고 있으며, 성공적인 주장의 기준에 대한 설명 역시 따로 제공하고 있다. 그러므로 정치철학의 본질에 대한 특정한 설명방식의 평가는 실질적인 정의이론들의 평가로부터 분리될 수 없거나, 이에 앞서서 행해질 수 없다.

그러나 뒤의 장들에서 논의하게 될 일부 요점들에 대하여 미리 예시하는 것은 도움이 될 것이다. 나는 적어도 두 가지 측면에서 도덕철학과 정치철학 사이에 근본적인 연속성이 있다고 믿는다. 우선 로버트 노직이 주장하듯이, '도덕철학은 정치철학의 배경을 마련하고 그 경계를 정한다. 한 개인이 다른 개인에게 할 수 있는 것과 할 수 없는 것은 그들이 국가라는 장치를 사용해 또는 그 장치를 세우기 위해 할 수 있는 것들의 경계를 정한다. 그것이 강제할 수 있는 도덕적 금지사항들은 국가의 근본적인 강제력이 가지는 정당성의 근원이다'(Nozick 1974: 6). 우리는 서로에 대해 도덕적 의무를 가지고 있는데, 일부는 공공제도에 의해 강제되는 공적 책임의 문제이며, 다른 것들은 개인적 행위의 원칙과 관련된 사적 책임의 문제이다. 정치철학은 공적 제도의 사용을 정당화하는 그러한 의무에 초점을 맞춘다. 상이한 이론들은 상이한 방식으로 공적 책임과 사적 책임을 구분하지만, 나는 그러한 책임의 내용과 그 사이에 놓여진 경계는 더욱 심오한 도덕원칙들에 호소함으로써 결정되어야만 한다는 노직의 말에 동의한다.

이와 관련되어, 둘째로, 우리의 공적 책임에 대한 어떠한 설명도 우리의 사적 책임에 대한 공간을 만들어 주고 그것이 이치에 맞도록 만드는 보다 폭넓은 도덕적 틀에 적절해야 한다. 심지어 정치이론이 공적 책임과 사적 책임에 대한 날카로운 구분을 함으로써 그래서 그 정치이론이 지지하는 정치적 원칙들이 개인의 행동 법칙에 별 즉각적인 영향을 미치지 않는 곳에 있어서도, 정치이론은 친구를 돕는 일, 약속을 지키는 일, 계획을 추구하는 일과 같은 개인적 책임에 대한 우리의 감각의 여지를 (이론과 실천 모두에서) 완전히 밀쳐내서는 안된다. 나는 바로 이것이 정의에 대한 공리주의적 설명 방식에 대한 문제점이라고 생각한다(제2장). 다른 한편으로, 우리의 개인적 의무에 대한 그 어떠한 설명방식도 롤즈가 민주주의, 평등, 관용 등과 같이 '정치제도에 적용되는 위대한 가치들'이라고 부르는 것에 대한 여지를 남겨놓아야 한다는 것 역시 마찬가지로 맞는 말이다. 예를 들어, 이것은 정치적 가치들이 작동할 여지를 남겨놓지 않는 '배려의 윤리'(ethics of care)에 대한 중요한 비판이다—여기서 정치적 가치들은 윤리적 배려의 역학에 의해 밀려나 버렸다(제9장).

이것은 도덕철학과 정치철학 사이의 관계에 대하여, 그리고 개인적 가치와 정치적 가치 사이에서 우리가 기대하고 관용할 수 있는 종류의 수렴이나 갈등에 대하여 해결되지 않은 많은 의문들을 우리에게 남겨놓고 있다. 그러나 이러한 것들은 단지 특정한 이론의 맥락 안에서만 논의되어질 수 있는 사안들이다.

우리가 정치철학의 기획에서 성공을 판단하는 기준에 관해서 본다면, 나는 정의이론이 정의에 대한 우리의 숙고된 신념(considered convictions of justice)과 논리적인 일관성을 갖고, 또 그러한 신념을 밝히는 데 도움을 주는 것이 그 궁극적 관문이라고 믿는다. 우리가 숙고를 통해서 만약 노예제도가 정당하지 못하다는 직관을 공유하고 있다면, 이는 노예제도를 지지하는 특정한 정의이론에 대한 강력한 반대의견이 될 것이다. 역으로 만약 어떤 정의이론이 우리의 숙고된 직관과 일치되고, 우리의 직관을 그 내부적 논리를 이끌어내는 방식으로 구성한다면, 우리는 그 이론에 찬성하는 강력한 주장을 갖게 된다. 물론 이러한 직관들이 기반을 결여하고 있을 수도 있으며, 마찬가지로 철학의 역사는 옳고 그름에 대한 우리의 직관적 인식에 아무런 호소도 하지 않은 채 이론을 옹호하려는 시도로 가득 차 있기도 하다. 그러나 나는 다른 가능한 진행 방법이 있다고 믿지 않는다. 어쨌든 간에, 우리가 옳고 그름에 대한 직관적 인식을 가지고 있다는 것은 사실이며, 우리가 그것의 함의를 풀려고 노력하는 것은 당연할 뿐 아니라, 사실상 피할 수 없는 문제이다. 즉, '사회정의에 대한 우리의 신념을 일관되게 하고 정당화시키기 위해 우리가 할 수 있는 것'을 모색하는 것은 당연하다(Rawls 1971: 21).[2)]

상이한 이론들은 우리의 숙고된 신념들에 대해 상이한 방식으로 호소한다. 예를 들어, 공리주의자들과 자유지상주의자들은 자유주의자들이나 페미니스트들의 방식보다는 더욱 간접적인 방식으로 우리의 직관에 응답하며, 공동체주의자들은 우리의 직관에 마르크스주의자들과는 매우 다른 지위를 부여한다. 그러나 다시 이러한 것들은 모두 특정한 이론의 맥락에서 논의될 수 있는 문제들이다.

따라서 내가 이해하는 바에 따르면, 정치철학은 도덕적 주장의 문제이며, 도덕적 주장은 우리의 숙고된 신념들에 대한 호소의 문제이다. 이러한 주장을 함에 있어, 나는

2) 이러한 종류의 '방법론적 롤즈주의'(methodological Rawlsianism)와 현대 영미 정치철학 내에서의 그 지배적 지위에 관한 유용한 설명을 위해서는 Norman 1998을 보라.

도덕적이며 정치적인 주장들에 대한 일상적 견해로 내가 받아들이는 것에 의존하고 있다. 다시 말해, 우리는 모두 도덕적 믿음들을 가지고 있으며, 이러한 믿음들은 옳을 수도 그를 수도 있고, 우리는 각자 그것들이 옳거나 그르다고 생각할 만한 근거를 가지고 있으며, 이러한 근거와 믿음은 체계적 도덕원리와 정의이론으로 조직화될 수 있다. 그러므로 정치철학의 중심 목적은, 도덕적 믿음들이 취하는 견해의 옳음에 대한 그들 주장의 강점과 일관성을 평가하기 위해, 경쟁하는 정의이론들을 비교 검토해 보는 것이다.

이것은 많은 사람들에게 희망이 없는 목적처럼 보일 것이다. 일부 사람들은 도덕적 가치들이 실제로는 존재하지 않으며, 이러한 가치에 대한 우리의 믿음은 실은 개인적 선호에 대한 단순한 진술에 지나지 않는다고 믿는다. 이들에 따르면 그러한 가치는 그 자체로서 옳거나 그른 것이 될 수 없으며, 합리적으로 그것들을 평가할 여지가 존재하지 않는다. [다른 일부 사람들은 도덕적 믿음이 옳거나 그를 수도 있긴 하지만, 그것들을 체계적 원칙으로 조직화할 수 있는 방법은 없다고 믿는다. 정의에 대한 우리의 판단은 특정한 상황들에 어떻게 대응할 것인가를 말해 주는 적절성에 대한 우리의 암묵적 이해나 감각으로부터 온다. 정의에 관한 판단들을 추상적 법칙과 원칙들로 정식화하려는 어떠한 시도도 그러한 판단을 왜곡하게 되고 공허한 정식들을 만들어 낼 뿐이라고 한다.] 그럼에도 불구하고 또 다른 일부 사람들은 정의에 대한 믿음은 근거가 있고, 이러한 근거들이 체계적인 원칙들로 조직화될 수 있지만, 우리가 알 수 있는 유일한 종류의 근거와 원리는 오로지 우리의 역사적 전통에 대한 호소를 통해 획득되는 것이라고 믿는다. 이들에게 정의는 철학적 주장이라기보다는 문화적 해석의 문제이다.

나는 뒤에 이어지는 장들에서 정치철학의 기획을 이해하는 이러한 대안적 방식들 중 몇 가지를 살펴보려 한다. 그러나 나는 정치철학의 전통적 목적에 대한 이러한 (또는 다른) 비판들이 성공적이라고 믿지 않는다. 나는 포괄적 정의이론을 합리적으로 옹호하는 가능성을 수립하려고 시도하지 않을 것이며, 포괄적 정의이론에 대한 다양한 반대의견을 반박하려 하지 않을 것이다. 사실 나는 특정한 이론을 위한 특정한 주장을 제공하는 방식 이외에, 그러한 가능성을 옹호하는 다른 방법이 있다는데 대해 의혹을 품고 있다. 정의원칙들의 옳고 그름에 대한 강력한 주장(compelling arguments for the rightness or wrongness of principles of justice)을 진척시키는 것이 가능하다는 것을 보여주는 유일한 길은 실제로 몇몇의 강력한 주장들을 진척시키는 길뿐이다. 그러므로 이 책의 나머지는 나의 방법적 가정들의 유용성에 대해 내가 가지고 있는 유일한 주장일 뿐이다. 이것이 좋은 주장인지 아닌지는 독자들의 결정에 달려 있다.

심화된 독서를 위한 안내

정치철학에 대해서는 몇몇의 다른 입문서들이 있지만, 이들은 현대논의뿐만 아니라, 아리스토텔레스(Aristotle), 홉스(Thomas Hobbes), 그리고 칸트(Immanuel Kant)와 같은 대표적인 역사적 인물들을 소개한다는 점에서 대부분 내 책보다 광범위한 역사적 개관을 제공하고 있다. 이러한 방향을 따르고 있는 네 권의 유용한 입문서는 Jean Hampton, *Political Philosophy* (Westview, 1997); Jonathan Wolff, *An Introduction to Political Philosophy*(Oxford University Press, 1996); Raymond Plant, *Modern Political Thought* (Blackwell, 1991); Dudley Knowles, *Political Philosophy* (McGill-Queen's University Press, 2001)이다.

나의 책과 마찬가지로 현대 논의에 초점을 맞추고 있는 입문서로는 Lesley Jacobs, *An Introduction to Modern Political Philosophy: The Democratic Vision of Politics* (Prentice-Hall, 1997); 그리고 Tom Campbell, *Justice*, 2nd edn. (Palgrave, 2000)을 참조하라.

그 명칭에서도 알 수 있듯이, 정치철학이라는 분야는 철학이라는 분야와 정치학이라는 분야 간의 중첩된 영역을 구성한다. 정치학의 다른 분야들과 관련해서 현대정치이론에 대한 개관을 위해서는 Robert Goodin and Hans-Dieter Klingeman (eds.), *A New Handbook of Political Science* (Oxford University Press, 1997)에 수록되어 있는 Iris Young, 'Political Theory: An Overview'와 Bhikhu Parekh, 'Political Theory: Traditions in Political Philosophy', 그리고 Ada Finifter (ed.), *Political Science: The State of the Discipline 2* (American Political Science Association, 1993)에 수록되어 있는 William Galston, 'Political Theory in the 1980s'를 보라.

Robert Goodin and Philip Pettit (eds.), *A Companion to Contemporary Political Philosophy* (Blackwell, 1993)는 학생이나 학자 모두에게 매우 중요한 참고 서적이다. 이 책은 현대정치철학에서의 주요 개념과 주요 사상 학파에 대해 탐구하는 41개의 글들이 각기 선별적인 참고문헌 목록을 갖고 수록되어 있다. Blackwell Companion 시리즈에서 또 하나의 책–Peter Singer (ed.), *A Companion to Ethics* (Blackwell, 1991)–역시 중요한 여러 글들을 싣고 있다.

현대정치철학에서 가장 중요한 문헌들을 발췌해 담고 있는 몇몇 선집들도 있다. 그 중 가장 좋은 두 권은 Robert Goodin and Philip Pettit (eds.), *Contemporary Political Philosophy: An Anthology* (Blackwell, 1997)와 George Sher and Baruch Brody (eds.), *Social and Political Philosophy: Contemporary Readings* (Harcourt Brace, 1999)이다. 나 또한 *Justice in Political Philosophy* (Edward Elgar, 1992)라는 제목의 두 권짜리 선집을 엮었는데, 이는 1971년부터 1990년 사이에 쓰인 가장 영향력 있는 55개의 논문들을 수록하고 있다.

새로운 연구들을 따라잡고자 희망하는 사람들을 위해서는, 영미정치철학의 분야에 대해 광범위하게 출판되고 있는 여러 개의 저널들이 있다. 가장 잘 알려져 있고, 가장 잘 확립된 것으로는 *Ethics, Political Theory*, 그리고 *Philosophy and Public Affairs*가 있다. 이와 관련된 다른 저널들(이 중에서 몇몇은 상당히 최근의 것들이다)로는 *Journal of Political Philosophy; Critical Review of International Social and Political Philosophy; Social Theory and Practice; Public Affairs Quarterly; Journal of Political Ideologies; Journal of Applied Philosophy; Ethical Theory and Moral Practice; Philosophy, Politics and Economics*가 있다. 이에 대한 유용한 개관을 위해서는 David McCabe의 'New Journals in Political Philosophy and Related Fields', *Ethics*, 106/4 (1996), 800~816을 보라.

비록 이 책이 다루고 있는 범위를 다소 넘어서지만 *Review of Politics; Interpretation; Constellations* 그리고 *Philosophy and Social Criticism*과 같이 정치철학에 관련된 다른 중요한 저널들도 있다. 전자의 두 개는 정치사상사를 전문적으로 다루고, 후자의 두 개는 대륙정치철학을 전문적으로 다룬다.

다른 분야와 비교했을 때, 정치철학분야가 인터넷에서는 아직 덜 부각되고 있다. 가장 중요한 웹사이트는 미국정치학회(American Political Science Association) 홈페이지 중 '정치이론의 기초'(Foundations of Political Theory) 부분이다(www.political–theory.org). 여기에는 최근의 출판물, 관련 학술회의, 견본수업 요강, 온라인 문헌에 대한 목록 및 다른 관련 단체들의 웹페이지에 대한 관련정보가 나와 있다. 여기 나와 있는 관련 사이트 정보 중 하나는 바로 정치철학에 관한 특정주제에 초점을 둔 *NOMOS*라는 중요한 연간 시리즈를 발행하고 있는 미국 정치 및 법철학 연구(American Society for Political and Legal Philosophy)에 대한 것이다(www.political-theory.org/asplp.html).

또 다른 유용한 사이트는 바로 로렌스 힌만(Lawrence Hinman)의 윤리학 웹페이지이다(ethics.sandiego.edu/index.html). 여기에는 윤리학, 정치철학과 관련해서 학생이나 교수 모두를 위한 많은 자료들(주석이 달린 참고문헌목록, 온라인 문헌, 샘플 질문들)이 나와 있다.

한번쯤 확인해 볼 만한 세 번째 사이트는 브라운 전자저널 서평 서비스(Brown Electronic Article Review Service: BEARS)인데, 여기서는 최근에 발표된 윤리학과 철학에 관한 논문들에 대한 짤막한 전자서평을 제공하고 있다(www.brown.edu/Departments/Philosophy/bears/homepage.html).

많은 각각의 국가들은 정치철학분야에 종사하는 사람들을 위한 전문적 협회를 가지고 있다. 하지만 이 중에서 진정으로 국제적인 단체 중 하나는 바로 정치사상연구회의(Conference for the Study of Political Thought)이다. 이 단체는 북미, 유럽, 그리고 아시아의 많은 국가들에 지부를 두고 있으며, 유용한 회보를 발행하고 있다. 그 사이트 주소는 다음과 같다: www.cspt.tulane.edu

제2장

공리주의(UTILITARIANISM)

최근 들어 규범적인 정치철학의 부활이 1971년 존 롤즈(John Rawls)의 『정의론』(*A Theory of Justice*) 출간과 더불어 촉발된 것이라 널리 인정되고 있는 만큼, 바로 여기서부터 현대 정의이론들에 대한 개관을 시작하는 것은 자연스러운 일이다. 그의 이론이 탁월하다고 인정받는 이유는, 모든 사람이 그것에 수긍하기 때문이라기보다는, 여타의 대안적인 시각들이 그것에 대한 반론의 형식으로 제기되고 있기 때문이다. 하지만 마치 이러한 대안적인 시각들이 롤즈와의 대비를 통해 가장 잘 이해될 수 있듯이, 롤즈를 이해하기 위해서는 그가 당초에 논박하고자 했던 이론-즉 공리주의(utilitarianism)-에 대한 고찰이 요구된다. 롤즈는 공리주의가 우리 사회에서 여타 이론들이 이에 대항하여 자신의 입장을 주장하고 변론을 해야 할 일종의 암묵적인 배경으로 작동한다고 믿었다고 나는 생각한다. 그러므로 나 또한 여기서부터 이야기를 전개시켜 나가고자 한다.

간단히 말해서, 공리주의는 도덕적으로 올바른 행위나 정책이란 사회구성원들에게 최대의 행복(the greatest happiness)을 창출해 줄 수 있어야 한다고 주장한다. 물론 경우에 따라서는 공리주의가 포괄적인 도덕이론으로 제시되기도 하지만, 여기서 나는 보다 엄밀한 의미에서 정치도덕(political morality)으로서의 공리주의에 초점을 맞추고자 한다. 이러한 시각에서 보았을 때, 공리주의 원칙은 개인들의 개인적인 행위양식에 적용되지 않고, 롤즈가 이야기하는 사회의 '기본구조'(the basic structure)에 적용된다고 할 수 있다. 그러나 정치도덕으로서의 공리주의가 가지는 흡인력의 상당부분은 그것이 유일한 논리적이고 체계적인 도덕철학이라는 믿음으로부터 파생되는 만큼, 나는 제3절에서 포괄적인 도덕원칙으로서 공리주의가 지니는 몇 가지 특징에 대해서도 간략히 언급할 것이다. 구체적인 형태로든, 포괄적인 형태로든, 공리주의는 지지자들과 거센 반대자들 양자 모두를 가지고 있다. 반대하는 자들의 경우에는 공리주의가 지니는 오류는 셀 수 없을 정도로 많기 때문에 결국에는 정치지평에서 사라질 수밖에 없을 것이라고 주장한다(예컨대 Williams1973). 반면에, 옹호자들은 도덕이 인간행복의 극대화에 관한 것이 아니고서는 도대체 무엇일 수 있겠냐는 반문을 제기하기도 한다(예컨대 Hare 1984).

1. 두 가지 매력

나는 공리주의가 지니고 있는 매력에 대한 이야기에서부터 출발하고자 한다. 공리주의가 정치도덕으로서 매력적인 이론이라는 사실은 두 가지 특징에 의해 뒷받침될 수 있다. 첫째로, 공리주의자들이 추구하고자 하는 목표가 신의 존재나 영혼 또는 여타의 모호한 형이상학적 실체에 의존하지 않는다는 점이다. 어떤 도덕이론들은 사람들의 영혼의 상태가 중요하다든가, 사람들이 하느님의 신성한 의지에 의해 살아야 한다든가, 사람들의 인생이란 다른 존재의 영역에서 영혼불멸의 삶을 추구했을 때 가장 나아진다고 이야기한다. 많은 사람들은 도덕성이란 이러한 종교적인 관념으로부터 유리되어서는 논리가 서지 않는다고 생각해 왔다. 신의 존재를 상정하지 않았을 때, 우리에게는 어떠한 목적이나 의도를 결여한 일련의 법칙들–'이것을 해라', '저것은 하지 말라'–만이 남을 뿐이라는 이야기이다.

공리주의에 관해 이렇게 생각하는 사람이 있을 지에 관해서는 분명치가 않다. 공리주의가 증진하고자 하는 가치–행복, 복지(welfare) 내지는 복리(well–being)–는 우리 모두가 우리의 삶 또는 우리가 사랑하는 사람들의 삶 속에서 추구하는 것이다. 공리주의자들은 다만 이러한 인간 복지(human welfare) 내지는 효용(공리, utility)(나는 앞으로 이 두 개념을 뒤섞어서 사용할 것이다)에 대한 추구가 공정하게 모든 사회성원을 대상으로 이루어져야 한다고 주장한다. 우리가 하느님의 자녀이든 아니든, 혹은 영혼이 있든 자유의지가 있든, 우리 모두는 고통을 겪거나 행복할 수 있고, 부유하거나 가난할 수 있다. 우리가 얼마나 세속적이든 간에, 우리가 삶 속에서 행복을 소중하다고 여기기 때문에 행복이 가치 있다는 사실을 부인할 수 없다.

이러한 점과는 구분되기도 하면서 다른 한편으로는 관련되어 있는 공리주의의 또다른 매력은 바로 '결과주의'(consequentialism)이다. 이것이 정확히 무엇을 의미하는지에 대해서는 나중에 살펴보기로 하자. 그러나 지금 이 순간에는 공리주의의 중요성은 어떤 상황에서의 행위나 정책이 실제로 식별할 수 있는 선(good)을 가져올 수 있는지의 여부를 확인할 것을 요구한다는 점에 있다. 우리 모두 주변에서 어떠한 무엇이–가령, 동성애(혹은 도박, 춤, 음주, 욕을 하는 것 등)–도덕적으로 옳지 못하다고 이야기하면서 그것으로부터 초래되는 나쁜 결과들을 보여주지 못하는 사람들을 상대해 본 경험이 있을 것이다. 결과주의는 이렇게 명백하게 임의적인 도덕적 금지를 금하고 있다. 그것은 그 어느 누가 무엇을 도덕적으로 옳지 못하다고 비난하기 위해서는 누가 피해를 입었는지(who is wronged)를 보여줄 것을 요구한다. 즉, 그들은 그것으로 인해서 누구의 인생에 어떠한 나쁜 영향을 미쳤는지를 증명해야만 한다. 인간복지에 대한 관심을 동기로 삼고 있는 이론들까지 포함해, 수많은 다른 도덕이론들은 결과와는 무관하게 추구해야 되는 일련의 법칙으로만 이루어져 있는 것으로 여겨진다. 반면, 공리주의는 다른 이론들처럼 단지 일련의 법칙, 일련의 '해라'(dos)와 '하지 말라'(don'ts)가 아니라는 것이다. 공리주의는 그러한 법칙들이 어떠한 유용한 기능을 수행한다는 것을 확인해 볼 수 있는 평가 기준을 제공해 준다.

결과주의는 도덕과 다른 영역들 간의 차이에 관한 우리의 직관과 합치된다는 점에서 또한 매력적이다. 만약 누군가가 특정 종류의 합의에 의한 성행위가 '부적절하다'(improper)는 이유로 도덕적으로 옳지 못하다고 말하면서도, 그 행위로 인해 고통을 받고 있는 사람 어느 누구도 지적해 낼 수 없다면, 우리는 여기서 사용되고 있는 '적절한'(proper) 행위의 개념이 *도덕적인* 것이 아니라고 반문할 수 있다. 적절한 행위에 관한 이러한 주장들은 도덕적인 것이라기보다는 미학적인 요구 혹은 사회적 예법 또는 관습에 대한 호소라고 볼 수 있다. 어떤 사람은 펑크록이 '부적절'하다거나, 아예 정통적인 음악이 아니라고도 이야기할 수 있다. 하지만 그것은 미학적인 비판일 뿐, 도덕적인 것은 아니다. 동성연애가 초래하는 나쁜 결과를 제시하지 못한 채 '부적절'하다고 이야기하는 것은, 마치 밥 딜런(Bob Dylan)이 노래를 부적절하게 부른다고 말하는 것과 다를 바가 없다—즉, 그것이 비록 사실일지는 몰라도 도덕적인 비판은 아니다. 결과주의적이지 않은 적절함의 기준도 있을 수 있지만, 우리들은 도덕성이란 단순한 예법보다 더욱 중요하다고 생각하며, 결과주의란 그러한 차이를 설명해 주는데 도움이 된다.

결과주의는 또한 도덕적인 문제들을 해결하는 데 있어서도 간단한 방법을 제시해 준다. 도덕적으로 올바른 해답을 찾는 것은, 영적인 지도자들과 상담하거나 모호한 전통에 의지하는 것이 아니라, 인간복지에 있어서의 변화를 측정하는 문제로 귀결이 된다.

따라서 공리주의는 역사적으로 상당히 진보적이었다. 그것은 오랜 세월 동안 사람들을 억눌러왔던 관습 및 권위들이 인간의 진보라는 기준에서 재평가받을 것을 요구했다('인간은 만물의 척도이다'). 전성기 때의 공리주의는 편견과 미신에 대항하는 가장 강력한 무기였으며, 사람들에게 도덕성이라는 미명 아래 권위를 주장해 온 자들에게 도전할 수 있는 기준 및 절차를 제공해 주었다.

이처럼 공리주의의 두 가지 매력은, 그것이 인간의 복지가 중요하다는 우리들의 직관과 합치된다는 점과 함께, 도덕법칙들이 이러한 직관에 비추어서 인간의 복지에 미치는 결과에 따라 평가받아야 한다는 점에 있다. 그리고 우리가 이러한 두 가지 사안을 수용한다면 공리주의는 거의 필연적으로 수반되는 것으로 생각된다. 만약 인간의 복지가 도덕성과 관계하는 선이라면, 도덕적으로 최선인 행동은 틀림없이 각자의 복지에 평등한 비중을 둔 상태에서 이를 극대화시키는 일일 것이다. 공리주의가 옳을 수밖에 없다고 믿는 사람들은 이러한 두 가지 직관을 부정하는 그 어떤 이론도 참일 수 없다고 확신한다.

나는 이 두 가지 핵심적인 직관에 동의한다. 만일 공리주의에 도전할 수 있는 방법이 있다면, 그것은 이러한 직관들을 부인하는 형태를 띠지는 않을 것이다. 공리주의에 성공적으로 도전을 하기 위해서는 동일한 사안을 더욱 명확하게 설명할 수 있는 보다 나은 이론이 있다는 점을 보여 주어야 한다. 나는 뒤에 가서 다른 이론들이 바로 이렇게 할 수 있다고 주장할 것이다. 하지만 우리들은 우선 공리주의가 해당되는 지점이 어디까지인지 보다 자세히 살펴보아야 할 것이다. 공리주의는 두 가지 부분으로 분리될 수 있다.

① 인간복지(human welfare) 내지는 '효용'(utility)에 관한 설명이다.

② 각자의 효용에 평등한 비중을 두면서, 정의한 바의 효용을 극대화 하는 지침이다.

바로 두 번째 주장이 공리주의의 독특한 특징이며, 이것은 첫번째 질문에 대한 다양한 답변들과 조합될 수 있다. 따라서 공리주의에 관한 우리들의 최종판단은 두 번째 주장에 대한 평가에 의해 좌우된다. 그러나 이를 위해서는 일단 첫번째 질문에 대한 다양한 답변들부터 살펴보아야 한다.

2. 효용의 정의

우리들은 인간의 복지 내지는 효용을 어떻게 정의할 수 있을 것인가? 공리주의자들은 전통적으로 효용을 행복이라는 개념을 통해 정의해 왔다–바로 여기서부터 일반적이면서도 종종 오해를 불러일으키는 '최대다수의 최대행복'이라는 슬로건이 비롯된다.[1] 하지만 모든 공리주의자들이 인간의 복지에 관한 이러한 '쾌락주의적'(hedonistic) 설명방식을 수용하지는 않는다. 실제로 이 질문에 대해서는 최소한 네 가지의 구분 가능한 입장들이 존재한다.

(a) 복지 쾌락주의(Welfare hedonism)

첫번째 입장은, 아마 공리주의적 전통에 있어서도 가장 영향력이 있는 것으로, 쾌락의 경험 내지는 감각이 가장 으뜸가는 가치라는 입장이다. 이것은 유일한 선으로서

1) 이 일반적인 슬로건은 두 가지 별개의 극대화에 대한 요구를 내포하고 있다는 점에서 종종 오해를 불러 일으킨다–그 두 가지는 바로 '최대행복'과 '최대다수'의 개념이다. 그 어떤 이론도 두 가지 극대화에 대한 요구를 모두 내포한다는 것은 불가능하고, 이를 어떠한 식으로라도 이행하려는 시도는 즉시 난관에 부딪히게 된다(예를 들어, 만약 10:10:10과 20:20:0이라는 두 개의 분배방식만이 존재한다고 한다면, 우리는 최대행복과 최대다수의 행복 양자 모두를 동시에 충족시키지 못한다). Griffin 1986: 151~154; Rescher 1966: 25~28을 참조하라.

목적 그 자체(end-in-itslef)를 의미하며, 다른 모든 가치들은 이의 실현을 위한 수단이 될 뿐이다. 공리주의의 선구자 중 한 사람인 벤담(Jeremy Bentham)은 쾌락의 강도나 지속기간이 동일하다면 '푸시핀 놀이가 시를 짓는 것만큼이나 좋다'(pushpin is as good as poetry)라는 유명한 구절을 남겼다. 우리들이 만일 시를 짓는 일을 푸시핀 놀이보다 선호한다면, 즉 만일 그것이 시간을 투자해서 할 수 있는 더욱 가치 있는 일이라고 생각한다면, 이는 그것이 더욱 많은 쾌락을 주기 때문일 것이다.

이것은 우리들이 왜 어떤 활동들을 다른 활동들에 비해 선호하는지에 대한 애매한 설명이다. 시인들이 시를 지을 때 고통과 좌절을 느끼면서도 보다 가치 있는 일이라 생각하는 것은, 상투적이지만 아마 사실일 것이다. 이는 시를 읽을 때에 있어서도 마찬가지이다–우리들은 일반적으로 시를 즐겁다기보다는 혼란스럽다고 느낀다. 이에 대해서 벤담은 작가의 행복은, 마치 매저키스트(masochist)의 그것처럼, 바로 이러한 불쾌한 감각에 있다고 설명할지도 모른다. 시인들은 혹시 고통 받고 좌절하는 과정 속에서 진정으로 쾌락을 찾는 것일지도 모른다.

나는 이에 대해 의혹을 가진다. 하지만 로버트 노직(Robert Nozick)이 여기서 우리가 복지 쾌락주의에 대해 제기하고 있는 의문보다도 강력한 반론을 제기하였으므로, 여기서 이 의문을 해결할 필요는 없다(Nozick 1974: 42~45; cf. Smart 1973: 18~23). 그는 신경심리학자들이 우리를 약물을 투여하는 기계에 연결시킬 수 있다고 상상해보라고 한다. 이러한 약물들은 우리가 상상할 수 있는 가장 유쾌한 의식상태를 만들어준다. 만일 쾌락이 가장 으뜸가는 선이라면, 우리는 모두 영구적으로 약물을 투여받음으로써 행복만을 느낄 수 있도록 평생 동안 그러한 기계에 연결되기를 자발적으로 원할 것이다. 그러나 실제로는 이에 자원할 사람은 아주 소수에 불과할 것이다. 이러한 삶의 방식은 우리들이 이끌 수 있는 최선의 삶은 커녕 삶 자체를 영위하는 것으로도 보기 어렵기 때문이다. 많은 이들은 그것이 우리들이 추구할 만한 가치 있는 삶이기는 커녕, 가치가 결여된 불모의 삶이라고 이야기할 것이다.

실제로 어떤 사람들은 그러한 식의 삶을 살 바에야 차라리 죽음을 선호할 것이다. 미국에서 많은 사람들은 회복의 여지가 없다면 생명유지장치가 비록 고통을 제거하고 쾌락을 일으킬 수 있다 하더라도 그 생명유지장치를 제거할 것을 요구하는 '생전(生前)

유언'(living wills)에 서명한다. 죽는 것이 더 나을지의 여부를 떠나서 확실한 것은 우리들이 약물을 투여받지 않으면서 삶에서 가치 있다고 느끼는 일들을 추구하는 것이 더 낫다는 것이다. 우리들이 비록 그러한 일들(약물을 투여받지 않고 가치있다고 생각하는 삶을 추구하는 것)을 함에 있어서도 행복해 지기를 바라긴 하겠지만, 보장된 행복을 위해서 조차도 그러한 가치있다고 생각하는 삶을 추구하는 것을 포기하지는 않을 것이다.

(b) 비쾌락주의적인 정신상태의 효용(Non-hedonistic mental-state utility)

삶에 있어서 가치 있는 것들이 행복과 같은 하나의 정신상태로 축소될 수 없다는 점에서 효용에 관한 쾌락주의적 설명방식은 잘못됐다. 이에 대한 한 가지 응답은 수많은 다른 종류의 경험들도 가치가 있고 전 범위에 걸쳐 그러한 가치 있는 정신상태들을 모두 장려해야 한다는 것이다. 이러한 방식의 설명을 채택하는 공리주의자들은 시를 짓는 경험과 그것이 수반하는 정신적 상태가 반드시 쾌락적이지 않고도 보람 있을 수 있다는 점을 수용한다. 공리주의는 그것이 무엇이든 간에 모든 가치 있는 경험들과 관계하고 있다는 것이다.

하지만 이것 역시 노직의 반론을 피할 수는 없다. 노직의 발명품은 실은 '경험기계'(experience machine)라 불리는 것으로서 이 약물들은 원하는 그 어떠한 종류의 정신상태-가령, 사랑의 황홀함, 시를 짓는데 있어서의 성취감, 종교적 사색에 있어서의 평화의 느낌 등-도 만들어 낼 수 있다. 이러한 모든 경험들은 기계에 의해 복제되어질 수 있다. 그렇다면 이제 우리는 경험기계에 연결시켜 달라고 자원할 것인가? 대답은 명백하게도 여전히 아니라는 것이다.

우리들이 삶에 있어서 추구하는 것은, 그것이 즐거운 것이든 아니면 다른 것이든, 어떠한 정신적 상태의 획득, 어떠한 종류의 '내부적 공명'(inner glow)과는 다르거나 그 이상의 무엇이다. 우리들은 단지 시를 짓는 경험을 원하는 것이 아니라 실제로 시를 짓기를 원하고, 단지 사랑에 빠지는 경험을 원하는 것이 아니라 실제로 사랑에 빠지기를 바라고, 단지 무언가를 성취하는 느낌을 원하는 것이 아니라 실제로 무언가를 성취하기를 바란다. 사랑에 빠지거나 무언가를 성취할 때 우리는 그것을 실제로 경험하고 싶어 한다는 것은 사실이다. 그리고 우리는 그러한 경험들 중 일부는 행복일 것으로 바란다. 경험기계 속에서의 보장된 경험을 위해서 실제 사랑에 빠지거나 무언가를 성취하는 기회를 포기하지는 않을 것이다(Lomasky 1987: 231~233; Larmore 1987: 48~49; Griffin 1986: 13~23; Finnis 1981: 85~88).

우리가 때로는 단순히 특정 경험만을 원할 때가 있다는 점은 사실이다. 이것이 사람들이 약물을 복용하는 한 가지 이유이다. 하지만 약물을 투여하지 않은 상태에서의 우리의 활동이 약물이 직접적으로 줄 수 있는 것들에 대한 비루한 대용품은 아니다. 경험기계에 연결된 채 삶의 모든 목표를 실현할 수 있다는 주장과 마찬가지로, 오직 정신적 상태만이 중요하다는 주장에 대해서도 역시 그 누구도 수용하지 않을 것이다.

(c) 선호의 충족(Preference satisfaction)

인간의 복지는 정신상태의 단순한 연속과는 다르거나 그 이상의 것이다. 효용에 관한 세 번째 옵션은 바로 '선호–충족'(preference–satisfaction) 설명방식이다. 이 시각에 의하면, 사람들의 효용을 증진시키는 일은 그것이 무엇이 되었든 그들의 선호를 충족시키는 것이다. 사람들은 경험기계에 의해서도 충족될 수 있는 선호인 시를 짓는 경험을 원할 수도 있을 것이다. 하지만 그들은 시를 직접 지음으로써 기계 없이 지내기를 원할 수도 있다. 이러한 설명방식을 채택하는 공리주의자들은 복지를 선호의 충족과 동일시하기 때문에, 모든 종류의 선호를 평등하게 충족시킬 것을 주장한다.

그러나 만약 앞서 나왔던 두 가지 입장이 복지를 설명하는데 있어서 너무 많은 것을 제외시켰다면, 이 세 번째 입장은 너무 많은 것을 포함시킨다. 선호를 충족시키는 것이 항상 복지에 기여하는 것은 아니다. 가령 점심식사를 할 때, 몇몇 사람은 피자를 원하는 반면, 나머지는 중국 음식을 원한다고 하자. 만일 가장 많은 선호를 충족시키기 위해서는 피자를 주문해야만 한다면, 이러한 종류의 공리주의는 그렇게 하라고 이야기할 것이다. 하지만 만일 우리들은 미처 몰랐지만, 주문한 피자 속에 독이 들어있다거나 아니면 고약한 냄새가 난다면 어떠할까? 이때는 그것을 주문하는 것이 복지를 증진시키지 못할 것이다. 우리가 적절한 정보를 결여하거나, 특정 행동의 비용과 혜택을 계산하는 과정에 오류를 범한다면, 우리에게 실질적으로 좋은 것은 우리가 현재 가지고 있는 선호와 달라질 수 있다.

그러므로 선호는 우리에게 무엇이 좋은지 규정하지 못한다. 선호란 우리의 선에 대한 예측이라고 이야기하는 것이 보다 정확할 것이다. 우리가 가치 있는 것들을 추구한다고 했을 때, 현재의 선호는 바로 우리들에게 현재 가치 있는 것이 무엇인지에 대한 믿음을 반영한다. 하지만 무엇이 가치 있는지에 대해 이야기하기는 쉽지도 않을 뿐더러, 우리들의 믿음이 잘못 되었을 수도 있다. 우리들은 무엇을 구입하거나 해야겠다는 선호에 바탕을 두고 행동하고 나서 나중에 그것이 가치 있는 일이 아니라는 사실을 깨달을 수도 있다. 우리들은 어떤 음식을 주문할 것인지와 같은 구체적인 결정에 있어서나, 어떠한 삶을 추구해야 할 것인지와 같은 '전체적 선호'(global preference)에 있어서나 모두, 이러한 종류의 실수를 흔히 저지른다. 몇 년 동안이나 변호사가 되기를 계획했던 누군가가 막상 법학전문대학원(law school)에 입학하고 나서 실수를 저질렀음을 깨달을 수도 있다. 그는 그 직업이 수반하는 경쟁과 단조로움을 무시한 채 낭만적인 시각만을 가지고 있었을지도 모른다. 또한 고향에 머무르기로 계획했던 누군가는 그것이 좁고 도전적이지 못한 편협한 삶의 방식이라는 점을 깨달을지도 모른다. 이러한 사람들은 그들이 어떤 특정한 삶의 방식을 준비해 왔거나 살아왔다는 점을 후회할지도 모른다. 사람은 누구나 가치 있는 것을 추구하는데, 그것은 자신이 현재 선호하는 것과 다를 수 있다는 점에서 여태까지 해온 일에 대해서 후회하게 되는 것이다. 여기서 후자가 아닌 전자가 우리에게 중요한 것이다(Dworkin 1983: 24~30; 2000: 242~254).

선호-충족 계통의 공리주의는 많은 사람들이 무언가를 욕구한다는 사실로 인해 그것이 가치 있게 된다고 이야기한다. 하지만 이것은 잘못 되었고, 실제로는 그 반대이다. 선호를 갖는 것이 그것을 가치 있게 만들지는 않는다. 반대로 무언가가 가치 있다는 점이 그것을 선호하게 만드는 좋은 이유가 되는 것이다. 그리고 그것이 가치 있지 않다면, 그것을 향한 나의 잘못된 선호를 만족시키는 것이 나의 복지에 기여하지 않을 것이다. 그렇다면 나의 효용은 내가 어떤 선호를 가지고 있는지에 의해서가 아니라, 잘못된 믿음에 근거하지 않은 선호를 충족시킴으로써 증진되는 것이다.

선호-충족 접근방식과 관련된 다른 문제는 바로 욕구하는 목표를 성취하지 못했을 때 사람들이 그것에 대해 점점 욕구를 잃어갈 때 발생하는 '적응된 선호'(adaptive preferences) 현상이다. 이는 '신포도'(sour grapes) 문제라고도 알려진 것으로, 이솝우화 중 여우가 머리 위의 포도를 따는데 실패를 반복하고 나서 그 포도는 아마도 신 것이기 때문에 그것을 원치 않는다고 선언하는 이야기에서 비롯된다. 충족되지 못한 선호로부터 비롯되는 좌절을 안고 사는 것은 힘들기 때문에, 이러한 좌절을 다루는 한 가지 방법이 바로 성취할 수 없는 목표가 본래 추구할 만한 가치가 없다고 스스로를 설득하는 것이다. 이러한 현상의 극단적인 예는 바로 '만족하는 노예'(contented slave)의 경우인데, 자신이 자유를 원치 않는다고 주장함으로써 자기 스스로 노예가 되어 버린 상황에 적응하는 것을 말한다. 이와 같은 만족하는 노예들이 실제로 존재했었는지에 대해서는 논란이 있으나, 이런 방식으로 선호를 적응시키는 일반적인 현상에 대해서는 심리학적으로나 사회과학적으로 잘 정립이 되어 있다(Elster 1982b, 1983a). 예를 들어, 전통적 성 역할에 대한 태도를 설명하는 데 있어서도 이러한 현상은 발생한다. 사람들이 역할을 바꾸는 것을 상상하기 어려울수록, 사람들이 주어진 역할에 부합하는 선호에 적응할 가능성이 높다.[2)]

이것은 사람들의 선호를 충족시키는 능력이라는 관점에서 정치제도를 평가하는데 있어 심각한 문제를 야기한다. 만약 사람들이 자신이 현실적으로 성취할 수 있는 것에 자신들의 선호를 적응시켜 나간다면, 사회의 다수 사람의 인생 성취의 중요한 기회들을 무시하는 억압적 사회마저도 사람들의 (적응된) 선호를 충족시키는 데 있어 훌륭한 역할을 수행할 수 있을 것이다. 실제로 이러한 억압적 사회가 모든 시민들에게 자유와 기회를 최대한 존중한다고 자부하는 개방된 민주주의 사회보다도 오히려 선호를 보다 잘 충족시킬 수도 있다. 사회구성원들에게 출생 때부터 특정한 것들을 욕구하지 않도록 가르치는 억압적 사회 보다 자유로운 사회에서 충족되지 못한 선호들이 더욱 많으리라는 것도 꽤나 가능한 일이다.

2) 적응된 선호(adaptive preferences)와 관련된 논의는 Elster 1982b, 1983b; Barry 1989b; Sunstein 1991; Sunstein 1997: chs.,1~2를 참조하라. 성문제의 적용을 위해서는 Sunstein 1999; Okin 1999; Nussbaum 2000을 참조하라. 이는 물론 노동자들이 사회주의에 있어서 자신들의 진정한 이익을 보지 못하게끔 사회화되었다는 마르크스주의 이론에서의 허위의식(false consciousness)과 관련되어 있다.

(d) 충분한 정보에 바탕을 둔 선호들(Informed preferences)

효용에 관한 네 번째 설명은 복지를 '합리적'(rational)이거나 '충분한 정보에 바탕을 둔'(informed) 선호의 만족이라고 정의함으로써 잘못된, 그리고 적응된 선호의 문제를 조정시키려 한다. 이러한 입장에서의 공리주의는 틀렸거나 비합리적인 것들을 걸러내면서 완전한 정보와 올바른 판단에 바탕을 둔 선호를 만족시키는 것을 목적으로 삼는다. 우리는 사람들이 선호할 만한 좋은 이유를 가지고 또한 이들의 삶을 실제로 윤택하게 해 줄 수 있는 그러한 것들을 제공해 주는 것을 추구한다.

네 번째 설명은 올바른 듯 보인다–가장 으뜸가는 선은 합리적 선호들의 만족이다.[3] 비록 여기에 대해 이의를 제기할 수는 없지만, 이는 극도로 막연할 뿐 아니라 현실에 적용하거나 측정하기가 어렵다. 행복은 적어도 원칙적으로는 측정 가능하다는 장점을 가지고 있었다. 우리들은 무엇이 행복을 증진시키고, 무엇이 고통 대 쾌락의 비율을 증가시킬 것인지에 대한 막연한 이해를 가지고 있다. 쾌락기계(pleasure machine)는 이를 가장 잘 실현할 수 있을 것이다. 하지만 일단 효용을 충분한 정보에 바탕을 둔 선호의 충족이라는 관점에서 보게 되면, 우리가 따를 수 있는 지침은 적다.

일단 사람들이 충분한 정보를 가지고 있고, 합리적이라면 어떤 선호를 가질지 어떻게 알 수 있는가? 가령 충분한 정보를 가진 사람들은 어떠한 종교적 신념을 가질 것인가? 단지 적응된 선호를 따르는 것과 비교해서 전통적인 성 역할을 따르고자 하는 욕구가 사람의 선에 대한 진정한 표현인지 어떻게 알 수 있는가? 어떠한 식의 '시간효용감소 선택'(time–discounting)이 합리적인가?–가령 내일 일어날 일보다 오늘 일어나는 일에 더욱 신경 쓰는 것은 비합리적인가? 이와 관련된 사안들은 복잡하지만, 공리주의적 계산을 시작하기 위해서는 이에 대한 대답이 필요하다. 더욱이 우리들이 어떤

---

3) 내가 물론 충분한 정보를 가지고 있다면 A를 선택할지도 모르지만, 그것은 충분한 정보를 가지고 있지 못한 현재 상황에서 A가 나에게 이익을 가져다 준다는 것을 의미하지는 않는다. 이것은 효용을 충분한 정보에 입각한 선호라고 정의내리는 설명방식을 보다 복잡하게 만들기는 하지만, 그것을 완전히 뒤엎는 것은 아니다. 비록 나의 복지를 증진시키는 것이 이상적으로 충분한 정보에 바탕을 둔 선호를 만족시키는 것과는 별개의 문제라고 할지라도, 나의 복지를 증진시키는 것 역시 나의 현존하는 선호를 만족시키는 것과는 별개이다(Griffin 1986: 11~12, 32~33). 그러나 이러한 설명방식을 충분히 발전시킨다면 때에 따라서는 '목표 목록'(Objective List)이라고도 불리는 것과 유사해질 가능성도 있다(Parfit 1984: 493~502).

선호들이 합리적인지 안다고 하더라도 충분한 정보에 바탕을 둔 선호에는 여러 가지 종류가 있으며 이를 집합할 수 있는 명백한 방법이 없다. 만일 행복과 같은 단일한 상위의 가치가 없다면, 어떻게 낭만적 사랑과 직업성취감을 비교할 수 있겠는가? 이 두 가지 선은 서로 '비교할 수 없는 것'(incommensurable)일지도 모른다—즉, 그 어떤 단일한 기준으로도 비교가 불가능하다는 것이다.[4)]

더욱 놀라운 사실은 여기서 우리가 '경험조건'(experience requirement)을 버렸다는 것이다—즉, 이 네 번째 설명방식에 의하면 충분한 정보에 바탕을 둔 선호들은 우리의 의식적 경험에 아무런 영향을 미치지 않고도 만족될 수 있다는 점에서 효용을 증진시킨다는 것이다. 예를 들어, 리처드 헤어(Richard Hare)는 어떤 사람의 배우자가 간통을 저질렀을 때, 그가 설사 그 사실을 모른다고 하더라도 그 사람의 삶은 더 악화된다고 주장한다. 그가 일어나지 않기를 바라던 일이 벌어졌기 때문에 그의 삶은 악화된다는 것이다. 이는 철저하게 합리적이고 충분한 정보에 바탕을 둔 선호임에도 불구하고, 그의 의식적인 경험은 그것이 만족되든, 만족되지 않든 변하지 않을 수 있다(Hare 1971: 131).

나는 '경험되지 않은' 선호들도 복지를 결정하는 데 고려되어야 한다는 헤어의 견해에 동의한다. 내가 알지 못하는 상태에서 나의 선호가 침해받는 것은 정말로 나의 삶을 악화시킨다. 가령, 내가 배우자가 간통을 저지르지 않았다는 믿음으로 계속 배우자를 대한다면, 허위에 입각해 행동하는 것이 된다. 나는 속고 사는 것이 되어 버리는데, 우리는 이러한 삶을 원하지 않는다(Raz 1986: 300~301). 우리는 흔히 사람들에 대해서 그들이 알지 못하는 것은 그들을 해치지 않을 것이라고 이야기한다. 하지만 자기 스스로의 선에 대해서는 이런 방식으로 생각하기 어렵다. 자신이 훌륭한 철학자가 아니면서 스스로를 훌륭한 철학자라고 생각하거나, 사랑스러운 가정이 없으면서 훌륭한 가족이 있다고 생각하기를 바라지 않는다. 나에게서 진실을 숨기는 누군가는 내가 어떤 불편한 의식적 경험을 당하지 않게 할 수는 있지만, 그 대가는 내 활동의 모든 의미가 훼손되는 것일지도 모른다. 누군가가 철학을 하는 이유는 스스로가 그것을 잘한

---

4) '비교불가능성'(incommensurability)에 대한 논의와 그것이 공리주의에 대해 제기하는 문제점을 위해서는 Finnis 1983: 86~93; Raz 1986: 321~368; George 1993: 88~90을 참조하라.

다고 생각하기 때문이다. 만일 그것을 잘하지 못한다면, 차라리 다른 일을 선택할 것이다. 우리는 무언가를 잘한다는 잘못된 믿음을 계속 가지고 있기를 원하지 않는데, 그 이유는 그랬을 경우에 우리가 시간을 낭비하고 있을 뿐만 아니라, 속고 산다는 점에서 원치 않는 일을 하는 것이 되어 버리기 때문이다. 만일 우리의 믿음이 거짓임을 발견하게 된다면, 우리의 활동은 그 의미를 상실해 버리게 된다. 그리고 그것이 의미를 잃는 것은 우리의 믿음이 거짓이라는 사실을 발견했을 때가 아니라 그것이 진실이기를 그쳤을 때인 것이다. 바로 그 시점부터 우리가 추구하는 목표들을 더 이상 성취할 수 없다는 점에서 우리의 삶은 악화되는 것이다.

다른 예로 자녀들에 대한 부모들의 욕심을 고려해 보자. 제임스 그리핀(James Griffin)이 이야기 하듯이, '만일 아버지가 자녀가 행복하기를 바란다면, 그가 원하는 것, 그에게 소중한 것은 세상에서의 실질적인 상태이지, 단순히 마음의 상태는 아니다. 단지 자기 자녀들이 잘 살고 있다고 스스로를 기만하는 것은 그가 가치있다고 생각하는 것을 가져다주지 못한다'(Griffin 1986: 13). 만일 자녀들이 고통 받고 있다면, 그가 다행스럽게도 그 사실에 대해서 모른다고 하더라도, 그의 삶은 악화되는 것이다.

우리는 비록 의식적 경험이 영향 받지 않는다 하더라도 우리의 삶이 악화될 수 있다는 사실을 인정해야만 한다. 하지만 이것은 이상한 결론으로 이어질 수 있다. 가령, 헤어는 효용의 개념을 죽은 자들의 선호까지도 포함시키는 것으로 연장시키고 있다. 사람은 죽은 이후에 자신의 평판이 욕되지 않기를 바라거나, 자신의 육체가 아무데서나 썩도록 내 버려지지 않기를 바라는 합리적 선호를 가질 수 있다. 효용 계산에 죽은 자들의 선호를 포함시키는 것은 이상해 보일 수 있으나, 이것이 배우자가 자신에게는 알려지지 않은 채 간통을 저지르는 것을 바라지 않는 선호와는 어떻게 구분될 수 있는가? 두 경우 모두에 있어서 우리들은 의식적 상태에는 영향을 미치지 않는 합리적 선호를 가진다. 죽은자의 선호에 어긋나는 모든 행동이 그들의 삶을 악화시키는 것은 아니겠지만, 그렇다면 과연 어디서 선을 그을 수 있을 것인가? 그리고 살아있는 사람들의 선호와 죽은 사람들의 선호를 어떻게 비교할 수 있겠는가?[5]

---

5) 그렇다고 나는 죽은 자들의 선호가 언제나 도덕적 비중을 지니지 않는다고 생각하는 것은 아니다. 사후에 일어

간략히 말하면, '충분한 정보에 바탕을 둔 선호'라는 설명방식은 이론적으로는 설득력이 있을 수 있지만, 실생활에 적용하기가 매우 어렵다. 어떠한 선호가 만족되었을 때 복지를 증진시킬 수 있는지 결정할 때는 물론(즉, 어떠한 선호들이 '합리적'인지 혹은 '충분한 정보에 바탕을 둔' 것인지 결정할 때), 어떠한 선호들이 합리적인지 안다고 하더라도 그들 간의 복지의 수준을 측정할 때[즉, '비교불가능한'(incommensurable) 형태의 효용을 비교할 때], 두 가지 경우 모두에 있어서 어려움이 있다. 결과적으로 우리는 어떤 특정한 개인을 위해서든, 사회전반을 위해서든 어떠한 행동이 효용을 극대화시킬 수 있는지 알 수 없는 상황에 처해 있는 자신을 발견하게 될지도 모른다.

이러한 사실들로부터 어떤 사람들은 공리주의는 폐기되어야 한다는 결론을 내려 왔다. 만일 충분한 정보에 바탕을 둔 선호의 만족이라는 복지에 관한 네 번째 시각을 수용하더라도 이러한 시각에서 복지를 명백하게 식별하거나 결집시킬 수 없다면, 결국에는 어떠한 행동이 복지를 극대화시킬 수 있는지 알 수 없는 것이나 다름없다. 따라서 도덕적으로 올바른 행동을 규명해 줄 수 있는 어떤 다른 설명방식이 요구된다.

하지만 이러한 주장은, 어떠한 경우에서든, 너무 지나치다. 무엇보다도 충분한 정보에 바탕을 둔 선호를 식별하고 이들 간의 균형을 맞추는 데서 오는 어려움은 공리주의적인 도덕적 사유에서뿐만 아니라, 삶을 어떻게 살아나가야 하는지에 관한 그 어떤 형태의 숙고된 사유에서도 발견이 된다(Bailey 1997: 18~19). 우리들은 상이한 시간대에 걸쳐 다른 종류의 선들 간의 균형을 잡는데 있어서 지속적으로 결단을 내려야 하고, 우리의 삶이 어떻게 하면 좋아지거나 나빠질 수 있는지에 대한 판단을 내려야 한다. 만일 우리들이 정보의 부족이나 가치들 간의 비교불가능성(incommensurability)으로 인해 판단을 내릴 수 있는 합리적인 기반을 결여한다면, 단지 공리주의뿐만 아니라 숙고적 사유의 전체 구조가 위태롭게 된다. 그러나 현실에서는 우리들의 선호가 진정으로

나는 일들은 우리가 인생을 얼마나 잘 살았는지에 영향을 미칠 수 있고, 사후 특정 사물에 대해서 가지는 갈망은 삶에 있어서 중요한 초점이 될 수 있다. 만일 죽은 자들의 선호가 때때로 도덕적 비중을 지니지 않는다고 하면, 우리들이 유언을 대하는 방식을 설명하기가 불가능할 것이다. Lomasky 1987: 231~233; Hanser 1990, 그리고 Feinberg 1980: 173~176에 나오는 논의들을 참조하라. 또한 '경험조건' 전반에 대해서는 Scanlon 1991: 22~23; Larmore 1987: 48~49; Lomasky 1987: 231~233; Griffin 1986: 13~23; Parfit 1984: 149~1.

충분한 정보에 바탕을 두고 있다는 것을 보장하는 절차가 없고, 일생에 있어서 상이한 종류의 선들을 결집시키는 산술적 공식이 없다하더라도 우리는 어느 정도 성공적으로 이러한 결정들을 내리고 있다.

확실하게 이야기하자면, 정치철학으로서의 공리주의는 단순히 특정 삶 속에서뿐만 아니라 상이한 삶들 간에 있어서도 효용의 이익과 손해를 비교할 수 있기를 요구한다. 누구에게 희소한 자원이 주어져야 하는가를 결정하기 위해서 우리는 A의 잠재적 성취가 B의 실망을 능가하는지를 판단할 필요가 있을지도 모른다. 이것이 바로 효용에 있어서 제기되는 '개인 상호간의 비교가능성'(interpersonal comparability)의 문제이다. 이에 대해서 몇몇 사람들은 우리들이 단일한 삶 속에서는 효용을 극대화시키기 위한 합리적 판단을 내릴 수는 있지만 상이한 삶들 상호간에 있어서는 그럴 수 없다고 생각한다. 즉, 우리가 다른 사람의 머리 속에 들어가 우리들의 성취와 실망이 그들의 것보다 크거나 작은지 알 수 없다는 것이다.[6)]

하지만 또 다시, 이러한 결론은 지나치게 성급하다. 만일 상이한 삶들 간의 효용을 비교하는 것이 가능하지 않다면, 우리들은 친구들, 이웃들, 심지어는 우리의 자녀들마저도 도와줄 것인지, 도와준다면 언제 도와줄 것인지에 관한 합리적 결정을 내리는 것이 불가능하다. 그럼에도 불구하고 부모들은 한 명의 자녀 이익이 다른 자녀나 부모 자신들에게 부과된 부담이나 실망을 능가하는 것인지에 관해 지속적인 판단을 내리고 있다. 우리들이 상이한 삶들 간 효용을 비교하는 데 있어서 합리적 판단을 내릴 수 없다고 주장하기 위해서는 극단적인 유아론(solipsism)이 요구된다.

더욱이, 이러한 어려움을 극복하기 위한 여러 가지 간접적인 방법들이 있다. 예를 들어, 충분한 정보에 바탕을 둔 선호라는 접근방식은 적응되거나 비합리적인 선호들을 걸러낼 것을 요구한다. 하지만 실제로는 정부가 이러한 결정을 직접적으로 내릴 현실적인 방법이 없다. 그것은 사람들 각자의 배경, 능력, 감정 구조에 대한 방대한 양의 정보를 요할 것이다. 당연히 정부가 자신에 대한 이러한 종류의 정보를 수집하기를 원하는 사람은 거의 없을 것이다. 그러나 정부는 보다 간접적인 방식으로 비합리적이거나

6) 이 문제에 대한 보다 상세한 탐색을 위해서는 Elster and Roemer 1991에 실려 있는 논문들을 참조하라.

적응된 선호의 문제를 다룰 수 있다. 개인들의 구체적인 선호를 일일이 살펴봄으로서가 아니라, 차라리 그러한 선호들의 발생(genesis)에 필요한 적절한 조건들을 보장하려고 노력하는 것이다. 우리는 구체적으로 어떤 선호가 잘못된 믿음이나 적응된 선호에 의해 왜곡되었는지 식별할 수 없을지는 몰라도, 사람들이 선호를 형성하고 수정하는 사회적, 문화적 조건들을 조사함으로써 그들이 적절한 정보에 대한 접근, 그리고(혹은) 대안적인 삶의 방식들을 시험해 볼 수 있는 기회, 그리고(혹은) 거짓되거나 왜곡된 이미지나 선동으로부터의 보호를 보장받고 있는지를 확인할 수 있을 것이다. 즉, 거짓되거나 적응된 선호의 문제를 다루는 데 있어서, 그것들을 직접 걸러내는 방식이 아니라 그러한 선호들이 형성되는 배경조건들을 제거해 나가는 방식으로 대응하는 것이다. 뒤에서 특히, 공동체주의(communitarianism)나 페미니즘(feminism)에 관한 장에서도 보겠지만, 현대 정치철학에 있어서의 많은 논쟁들은 바로 이러한 선호의 발생에 관한 적절한 배경조건을 둘러싸고 일어난다.

마찬가지로 선호의 개인 상호간 비교가능성의 문제를 해결하는 데 있어서도 간접적인 방법들이 존재할 수 있다. 이론적으로, 공리주의는 상이한 사람들 간 복지의 이익과 손해를 직접 비교해야 한다고 주장한다. 이는 현실에서는 불가능하다—정부가 시민들의 머리 속으로 들어가 그들이 느끼는 즐거움이나 실망의 상대적 강도를 비교할 수 없다. 그러나 우리는 여기서 공공정책의 목적으로 보다 간접적인 전략을 채택할 수 있다. 개인들의 선호에 관한 세부적인 사항들은 무시하고, 대신 보다 구체적인 사람들의 선호에 상관없이 자유나 자원과 같은 누구에게나 유용한 전목적적 가치(all-purpose goods)에 집중할 수 있다. 우리는 이러한 전목적적 가치의 분배를 선호만족의 분배에 대한 합당한 대리물로 이용할 수 있다(Goodin 1995: 13, 20~21). 이렇다고 했을 때, 우리는 개별적인 선호만족 수준에 있어서의 증감을 측정하는 것이 아니라, 전목적적 수단(all-purpose means)의 수준에 있어서의 증감을 측정함으로써 개인의 이익과 손해를 계산하는 것이다.

이러한 시각에서의 공리주의는 사람들의 선호만족을 직접적으로 극대화시키기 보다는, 사람들이 자신들의 선호를 만족시키는 데 이용할 수 있는 전목적적 가치의 종합적인 양을 간접적으로 극대화시키는 것을 목표로 삼는다. 앞으로도 등장하겠지만, 효용에 대한 개인 간 비교가능성의 문제에 대한 이러한 자원주의적(resourcist) 해법은 대부분의 자유주의 정의이론들에 의해 채택되고 있으며, 이는 실로 편리성과 실행가능성이라는 근거에 있어서뿐만 아니라, 책임성이라는 근거에 있어서도 선호된다(제3장 제3절 (b) ii)를 보시오).

따라서 공리주의가 직면하고 있는 논리적인 문제들은 심각하지만, 치명적이지는 않다. 물론 공리주의적 원칙들에 의거했을 때, 단순히 어떤 행동이 효용을 극대화시킬 수 있는지 결정하지 못하고, 어떤 행동이 도덕적으로 옳은지 결정할 수 없는 경우도 있다는 점에 있어서는 의문의 여지가 없다. 하지만 앞으로도 살펴 보겠지만, 이것은 대부분의 정치이론들에서도 발생하는 문제이다. 인간이 항상 도덕적으로 올바른 행동을 결정할 수는 없을 것이라는 가능성을 굳이 제외시킬 이유는 없다. 어떠한 경우에 있어서든, 상이한 종류의 가치들 간의 내재적인 비교불가능성으로 인해 여러 범주의 가치증진행위 중 하나만이 가치를 극대화시킬 수 있다고 할 수 없을지라도, 그 안에서 다소 정제된 가치의 순위는 매길 수 있으며, 이에 따라 더 나은 내지는 더 못한 행동이 무엇인지에 대한 판단을 내릴 수 있다(Griffin 1986: 75~92).

따라서 공리주의는 복지 쾌락주의와의 전통적인 연계에도 불구하고 효용에 관한 네 가지 설명방식 중 그 어떤 것과도 호환이 가능하다. 물론, 공리주의는 쾌락주의를 포기했을 때 그 매력요인 중 한 가지를 상실하게 된다. 일단 복지가 행복 내지는 선호의 만족이라는 간단한 설명방식을 거부했을 때, 효용을 측정할 수 있는 간단한 방법은 없다. 이 경우에 무엇이 옳고 그른지를 결정하는 데 있어서 공리주의는 그것만의 간단한 기준이나 과학적 방법을 제공하지 못한다. 하지만 공리주의가 인간의 복지를 측정하는 데 있어서 다른 이론들과 비교했을 때 유리하지 않다 하더라도, 굳이 불리하지도 않다. 모든 설득력 있는 정치이론들은 인간의 복지에 대한 타당한 설명에 있어 이러한 어려움에 직면해 있기 때문에, 공리주의 역시 그 비평가들이 선호하는 효용에 대한 그 어떠한 설명 방식을 채택해도 문제가 되지 않는다.[7] 따라서 공리주의를 거부한다면, 그것은

7) 자원이 각자의 복지에 미치는 영향을 고려하지 않으면서 자원의 분배에 관심을 가지는 정치이론들은 이러한 일반적 주장에 대한 예외처럼 보일 수 있다. 하지만, 내가 제3장에서도 다루겠지만, 자원중심(resource-based) 이론들 역시 사람들의 '가장 포괄적으로 해석된 근본적 이익'(essential interests, most

이론의 두 번째 부분–즉, 효용에 관한 어떤 정의를 채택하든 간에 그것을 극대화시켜야한 한다는 지침–때문이어야 할 것이다.

3. 효용의 극대화

효용에 관한 설명방식에 동의했다고 가정한다면, 우리는 효용의 극대화라는 공리주의적 원리를 수용해야 하는가? 이것이 '결과주의'(consequentialism)에 대한 우리들의 직관적 신념을 가장 잘 해석한 것인가? 결과주의는 사람들이 효용을 증진하는 데 관심을 가지라고 주장하는데, 이에 따른다면 이상적으로는 모든 사람들의 충분한 정보에 바탕을 둔 선호를 모두 만족시켜야 한다. 하지만 불행하게도 그것은 불가능하다. 사람들의 선호를 만족시키는데 있어서 이용가능한 자원은 제한되어 있다. 더욱이 사람들의 선호는 서로 충돌할 수도 있다. 그렇다면 누구의 선호를 만족시켜야 하는가? 결과주의는 인간의 복지를 위한 결과에 관심을 가지라고 하지만, 만일 한 사람의 복지가 다른 사람의 그것과 충돌하면 어떻게 하는가? 이러한 질문에 답하기 위해서는 결과주의에 대한 보다 명확한 설명이 필요하다.

공리주의는 사람들의 효용을 증진시켜야 한다는 견해에 대해 어떻게 설명하는가? 공리주의자들은 올바른 행동이란 효용을 극대화시키는 것–예컨대, 가능한 많은 사람들의 선호를 충족시키는 것이라 이야기한다. 어떤 사람들의 선호들이 전체 효용의 극대화와 충돌한다면, 그것은 충족될 수 없을 것이다. 이는 유감스러운 일이다. 하지만 승자는 필연적으로 패자보다 수가 많기 때문에, 패자들의 선호가 더욱 다수인(혹은 더욱 강렬한) 승자들의 선호보다 우위를 점해야 할 이유가 없다. 공리주의자들에게 있어, 동일한 양의 효용은 그것이 누구의 것이든 간에 관계없이 평등하게 중요시된다. 그 누구도 효용의 계산에 있어서 특권적 입장에 있지 않고, 어떠한 행동에 대해 다른 사람보

---

comprehensively construed)에 대해서 어떠한 식으로든 설명을 할 수 있어야 한다는 점에서 위와 같은 생각은 잘못된 것이다(Dworkin 1983: 24).

다 더욱 많은 혜택을 누릴 것을 주장할 수 없다. 그러므로 우리들은 사회 내 최대다수 사람들의 (충분한 정보에 바탕을 둔) 선호를 만족시키는 결과를 발생시켜야 한다(이것은 물론 결과주의에 대한 공리주의적 설명의 가장 대략적인 밑그림일 뿐이다–나는 다음 절에서 이를 도출해낼 수 있는 두 가지 방법에 대해 이야기할 것이다).

인간의 복지를 위한 결과를 탐색하고자 하는 이러한 신념은, 결과와는 관계없이 전통이나 신성법(divine law)을 따라야 한다고 주장하는 이론들과 비교했을 때, 공리주의가 가지는 매력 중 하나이다. 하지만 공리주의에서 이야기하는 특수한 형태의 결과주의는 내가 생각했을 때 매력적이지 못하다. 모든 선호를 만족시키기는 것이 불가능할 때, 우리의 직관은 동일한 양의 효용이 항상 똑같은 비중을 지녀야 한다고 말하지 않는다. 공리주의는 결과주의에 관한 우리들의 신념을 지나치게 간소화시킨 설명방식을 제시한다.

그러나 이러한 논쟁을 탐색하기에 앞서, 공리주의 내에서의 중요한 차이들에 대해 먼저 이야기할 필요가 있다. 나는 방금 공리주의자들은 최대다수의 선호(the greatest number of preferences)를 만족시킬 것을 추구해야 한다고 이야기했다. 하지만 앞서 언급했듯이, 공리주의 내에 관련된 '우리'가 누구인지와 관련해서는 두 가지 상이한 설명방식이 있다–하나의 시각은 사람들 모두가 개인적 행동에서마저도 공리주의적 원칙들에 의해 행동할 의무가 있다는 것이고(포괄적인 도덕적 공리주의, comprehensive moral utilitarianism), 다른 하나의 시각은 공리주의적 원칙들에 의해 행동할 의무가 있는 것은 특히 주요 사회제도라는 것이다(정치적 공리주의, political utilitarianism). 또한 '공리주의적 원칙에 의해 행동하는 것'이 무엇을 의미하는지에 있어서도 두 가지 다른 설명방식이 있다. 하나는, 상이한 행위들이 충분한 정보에 근거한 선호에 어떠한 영향을 미치는지 평가하려고 노력함으로써, 행위자가 의식적으로 공리주의적 계산을 통해 어떻게 행동해야 하는지를 결정해야 한다는 것이다(직접적 공리주의, direct utilitarianism). 다른 하나는, 효용을 극대화시켜야 한다는 발상은 행위자의 의사결정에 간접적으로만 반영된다는 것이다. 도덕적으로 올바른 행위는 효용을 극대화시키는 것이기는 하지만, 행위자들은 공리주의적 사고보다는 비공리주의적 규범이나 습관을 따름으로써 효용을 극대화시킬 가능성이 보다 높다는 것이다(간접적 공리주의, indirect utilitarianism).

이 두 가지 구별을 결합시킴으로써 상이한 형태의 공리주의를 만들어낼 수 있다. 공리주의적 원칙들은 다소 포괄적으로, 그리고 다소 직접적으로 적용될 수 있다. 공리주의에 관한 근래의 작업들은 대부분 이러한 변형들을 탐색하는 데 관계하고 있고, 명백히도 각각의 형태는 상이한 결과들을 만들어낸다. 그러나 나는 그 어떤 형태이든 간에 근본적으로 같은 오류를 공유하고 있다고 믿는다. 나는 효용의 극대화에 대한 공리주의적 신뢰가 본래 매력이지 못하고, 이러한 오류는 그런 신뢰가 어떻게(직접적으로 혹은 간접적으로) 내지는 어디에(포괄적으로 혹은 정치적으로) 적용되는지에 본질적으로 영향을 받지 않는다고 주장할 것이다.[8)]

나는 일단 포괄적 의사결정과정으로서의 공리주의가 지니는 문제점들을 고찰하면서 논의를 시작할 것이다. 이러한 관점에서 공리주의를 본다면, 도덕적으로 책임 있는 행위자(morally responsible agent)는 데이비드 브링크(David Brink)가 '공리주의적 행위자'(U–agent)라 부르는 것이 될 것이다–이는 자신이 할 수 있는 다양한 행동의 종합적인 효용의 효과를 계산함으로써 자신의 시간과 자원을 어떻게 사용할지 결정하는 사람을 말한다(Brink 1986: 425). 이러한 종류의 공리주의에 대해서는 현재 소수의 지지자들만이 있으며, 많은 공리주의자들은 내가 앞으로 제기할 비판에 동의할 것이다. 그럼에도 불구하고 나는 포괄적인 의사결정과정으로서의 공리주의에서 논의를 시작하려 한다. 그 이유는 이것이 보다 간접적이고 정치적인 형태의 공리주의에도 현존하는 문제들을 명백하게 보여주고 있기 때문이다(제5절). 더욱이 이 부분에서 제기되는 개인적 관계의 적절한 범위와 관련되는 문제들은, 뒤에도 다시 등장할 것이다.

그렇다면 우리가 공리주의적 행위자로서 어떤 행동이 가장 많은 효용을 창출할 수

---

8) 공리주의가 자체적으로 사회의 기본구조나 정치적 의사결정에만 제한될 수 있는지의 여부는 불투명하다. 공리주의가 첫번째 경우에서처럼 개인의 행위가 아닌 정책결정 내지는 사회제도에만 적용된다 할지라도, 정부가 내려야 하는 결정 중의 하나는 바로 개인의 애착에 대한 합법적인 범위를 판별하는 것이다. 만약 사람들이 자신의 사적인 삶에 있어서 효용을 극대화시키고 있지 못하다면, 사적인 삶의 영역을 줄이게끔 기본구조를 재조직하는 것은 효용을 증가시킬 수 있다. 만일 포괄적인 도덕적 공리주의가 개인적인 애착의 가치에 대해서 우리가 가지는 느낌을 수용하지 못한다면, 정치적 공리주의가 견고한 사적 영역을 보존할 이유가 없다. 어떠한 경우에 있어서든, 정치철학에서 공리주의가 지니는 우월성은 주로 그것이 유일한 일관적이고 체계적인 도덕철학이라는 믿음으로부터 파생된다(Rawls 1971: vii~viii). 따라서 포괄적인 도덕적 공리주의가 옹호될 수 없다는 사실을 보여줄 수 있다면 정치적 공리주의가 지니는 입지 역시 축소될 것이다.

있는지 계산할 수 있다고 상상해 보자.[9] 우리는 이러한 공리주의적 계산에 행동의 근거를 두어야 하는가? 공리주의적 의사결정에는 크게 두 가지 반론이 있다–그것은 우리들이 특정 사람들에게 지니는 특수한 의무들을 제외시키고, 고려되지 말아야 할 선호들마저도 포함시킨다는 것이다. 이 두 가지 문제는 기본적으로 동일한 오류로부터 파생되지만, 나는 이들을 개별적으로 살펴볼 것이다.

(a) 특수한 관계들

공리주의적 계산에 행위의 근거를 두는 공리주의적 행위자는 각각의 사람이 자신과 동일한 도덕적 관계를 맺고 있다고 가정한다. 하지만 이것은 내가 친구, 가족, 채권자 등과 특수한 도덕적 관계를 맺고 있을 가능성, 즉 내 행동에 대한 다른 존재 가능한 수혜자들보다도 이들에게 보다 강한 의무를 지닐 수도 있다는 사실을 허용하지 않는다. 우리의 직관은 이러한 특수한 의무들이 명백히 존재하고, 설사 특별히 의무를 지고 있지 않은 자들이 더욱 이익을 본다고 할지라도 이 특수한 의무들을 충족시켜야 한다고 말해 준다.

채무의 경우를 생각해 보자. 사람들이 과거에 빌린 돈에 따라 상이한 소유권리(entitlements)를 지니게 된다는 것은 우리들의 일상적인 도덕의 일부이다. 누가 내게 10달러를 빌려준다면, 다른 누군가가 그 돈을 보다 잘 활용할 수 있다 하더라도 그는 10달러를 돌려받을 권리가 있다. 공리주의적 사고는 단지 미래 지향적 결과만을 중시하기 때문에, 이와 같은 과거 지향적 권리를 무시한다. 공리주의적 행위자(the U–agent)에게 있어서 어떤 행동의 도덕적 가치는 오로지 바람직한 일의 상태(desirable state of affairs)를

9) 공리주의적 행위자는 직접적으로 효용의 계산에 근거해서 행동하기 때문에 주로 '행위공리주의자'(act utilitarian)로 묘사된다. 하지만 '행위공리주의자'는 보통 '규칙공리주의자'(rule utilitarian)와 대조된다는 점에서 이러한 식의 묘사는 오해의 소지가 있다. 공리주의적 행위자를 규정하는 것은 그가 의사결정과정으로서 효용의 극대화를 직접적으로(directly) 사용한다는 것이다. 그리고 앞으로 더 자세히 보겠지만, 그는 행위보다는 규칙에 초점을 맞추면서도 이를 행할 수 있다. 직접적 공리주의와 간접적 공리주의의 구분은 행위공리주의와 규칙공리주의의 구분을 가로지른다(Railton 1984: 156~157). 전자의 대조는 효용의 극대화라는 원칙을 의사결정절차(decision–procedure)로 볼 것인지, 옳음의 기준(standard of rightness)으로 볼 것인지에 대한 것이다. 그것은 (옳음의 기준으로서든, 의사결정절차로서든) 효용극대화의 원칙을 행위에 적용할 것인지, 규범에 적용할 것인지 구분하는 것과는 별개의 문제이다.

창출할 수 있는 우연적인 소유에 있다. 그러므로 내가 해야 하는 일은 체제 전체로서의 최대 양의 효용을 창출할 수 있는 우연의 레버를 당기는 것이다. 10달러를 어떻게 쓸 것인지 결정하는 데 있어서, 나는 (나를 포함한) 모든 사람의 잠재적인 선호만족을 살펴보고, 어떤 행동이 이를 극대화시킬 것인지 결정해야만 한다. 공리주의적 행위자에게는 누군가가 나에게 10달러를 빌려 주었다거나, 누군가가 나에게 나중에 돈을 돌려받을 것을 전제로 어떤 서비스를 행했다는 것은 그 자체로는 고려의 대상이 되지 않는다. 물론 효용이 특정 방향으로 잘 성립된다면, 나는 대부금을 돌려주거나, 계약을 이행해야 할 것이다. 하지만 무엇을 할 것인지 결정하는 과정은 마치 내가 돈을 꾸거나 갚을 것을 약속하지 않았을 때와 똑같이 이루어질 것이다.

대부분의 사람들이 '과거의 상황이나 사람들의 과거행위가 사물에 대한 차별적인 소유권리나 응분의 자격을 창조한다'(Nozick 1974: 155)고 말한다는 점에서 이러한 사고 방식은 우리의 직관에 어긋난다. 나에게 10달러를 빌려준 사람은, 그것이 다른 용도로 쓰였을 때 행복을 극대화시킨다 할지라도, 빌려준 행위 자체만으로 내가 지금 쓰기를 고려하는 10달러에 대한 소유권리를 갖는다. 이것은 도덕이 인간복지의 극대화에 대한 것이어야 한다는 시각과 충돌하는가? 나의 채무이행은 이 시점에서는 단지 다른 사람들을 돕기보다는 돈을 빌려준 사람의 복지를 증진시켜야 할 더 큰 의무를 지닌다고 이야기하는 것이라는 점에서 충돌하지 않는다. 우리가 돈을 갚아야 하는 것은, 그 행동으로부터 발생하는 손해와 이익에 관심이 없어서가 아니라, 하나의 특수한 이익이 특별한 비중을 가지기 때문이다.

강경한 비결과주의자(non-consequentialist)와는 달리, 우리는 이러한 소유권리가 그 어떠한 종합적인 사회적 결과의 계산으로부터 침해받을 수 없다고 이야기할 필요는 없다. 채무의 이행이 만일 어떤 식으로 해서 핵에 의한 세계의 파멸로 이어진다면, 우리들은 명백히 돈을 갚을 필요가 없다. 하지만 종합적인 사회이익들의 도덕적 비중과 나란히 고려해서 어느 정도의 독립적인 비중을 지니는 대부나 계약은 갚거나 이행해야 할 의무가 있다고 이야기할 수 있다. 특정 사람에게 있어서의 과거 소유권리의 존재는 일반선을 극대화시키고자 하는 공리주의적 탐색에 부분적으로 선행하거나 이를 제한한다. 복지의 참담한 하락을 피하는 것은 돈을 다른 용도로 쓰는 것에 대한 좋은 이유가 될 수 있지만, 단지 복지를 최대한으로 증진시키지 못하기 때문에 돈을 갚지 않아도 된다는 것은 좋은 이유가 되지 못한다. 단지 효용을 최대한도로 증진시키지 못한다는 이유로 채무를 불이행한다면, 우리가 채권자에게 지니는 의무의 특수한 성질을 무시하는 것이다.

이것은 우리들의 도덕의식에 너무나도 확고하게 자리를 잡고 있는 관계로, 많은 공리주의자들은 우리들이 약속에 부과하는 비중에 대해서 공리주의적인 설명을 제시하려고 노력했다. 그들은 약속을 어기는 것에 대한 많은 부작용들을 지적한다. 예를 들어, 돈을 빌려준 사람이 아닌 다른 사람이 돈을 더욱 유용하게 쓸 수 있을지 모르지만, 이 때 돈을 빌려준 사람은 약속된 이익을 박탈당한 것에 대한 원한(resentment)을 느끼게 되는데, 그 비효용은 너무나도 커서 돈을 다른 사람에게 줌으로써 발생하는 증가된 효용을 능가하게 된다(Hare 1971: 134). 하지만 이것은 문제를 거꾸로 보는 것이다. 우리들은 약속을 어기는 행위가 원한의 감정을 발생시키기 때문에 옳지 않다고 여기지 않는다. 오히려 약속을 어기는 행위가 옳지 않기 때문에 원한의 감정을 발생시킨다(cf. Williams 1973:143). 이에 대한 또 다른 공리주의적 전략은 약속이 사람들이 의존하려는 기대감을 만들어준다는 것이다. 더욱이 채무의 불이행은 채권자의 미래의 채무의사를 위태롭게 하기 때문에 소중한 사회제도를 위태롭게 만드는 것이 되어 버린다. 공리주의자들은 따라서 채무의 이행이 애초에 생각하는 것보다 효용을 극대화시킬 가능성이 높다고 지적한다.

이는 사실일 수 있으나, 문제를 해결하지는 못한다. 이는 여전히 예를 들어, '네가 풀베기를 하려고 아이를 고용했고, 그가 그 일을 수행한 다음에 돈을 달라고 요구한다면, 너는 그 돈을 더 유용하게 쓸 수 있는 방안을 찾지 못하는 한, 그에게 약속한 돈을 줘야 한다'(Sartorius 1969: 79)는 것을 의미한다. 공리주의적 행위자의 사고는, 애초에 생각하던 것보다는 복잡할지 몰라도, 여전히 고용인과 피고용인 내지는 채권자와 채무자 사이의 특수한 관계를 인지하지 못한다. 물론 몇몇 공리주의자들은 이러한 결과를 받아들인다. 가령, 롤프 사르토리우스(Rolf Sartorius)는 통상적 요인들이 돈을 지불하는 것의 효용 극대화를 보장하지 않는다면, 즉 만약 그 아이가 '내가 약속을 어기는 것을 너무 크게 광고하고 다니지 않고, 일반적으로 인류에 대한 신용의 축적이 유지되는 것으로 여겨지고, 내가 그에게 지불하는 돈이 유니세프(UNICEF)에 기부되었을 때 실제 더욱 많은 선을 창출할 수 있다면, 행위공리주의적(act-utilitarian) 근거에서의 결론은 내가 유니세프에 돈을 기부해야 된다는 것이다. 이것이 그렇게도 맞지 않는가?'(Sartorius 1969: 80) 그렇다. 이것은 사리에 맞지 않는다. 이것이 사리에 맞지 않는 것은 반드시 그 결론 때문이 아니라, 그 아이가 실제 일을 수행했다는 사실이나 내가 실제로 그에게 일에 대한 대가로 돈을 지불하기로 약속한 사실이 그 자체로서 결정에 반영된 적이 없다는 점에 있다. 만일 그 아이가 실제 풀을 베지 않았는데 내가 그렇게 했다고 단순히 (허위로) 믿고 있다거나, 내가 돈을 지불하기로 약속했다는 것을 허위로 믿고 있더라도 사토리우스가 언급하는 결과는 변함이 없을 것이라는 점에 주목하자. 그 아이가 실제 풀을 베었다는 사실이나, 내가 그에게 돈을 지불하기로 약속했다는 사실은 공리주의적 행위자에게는 중요하지 않다. 왜냐하면, 우리들이 행하거나 말하는 그 무엇도 그에 대한 의무가 타자에 대한 의무보다 클 정도로 공리주의적 행위자와 특수한 도덕적 관계에 놓여 있게 만들어주지 못하기 때문이다. 아이가 무엇을 했건, 내가 무슨 약속을 했건, 그는 나의 행동에 대해 다른 누구보다 큰 권리를 요구할 수 없다.

우리들의 일상적인 시각에 의하면, 약속의 존재는 두 사람 간에 특수한 의무를 만들어낸다. 반면에, 공리주의적 행위자는 약속이나 계약을 한 사람과 특수한 도덕적 연계를 맺는 것이 아니라, 단순히 종합적 효용에 있어서 새로운 요소들을 첨가하는 것으로 여긴다. 일상적인 시각에 의하면, 효용의 극대화와 관계없이 돈은 갚아야 한다. 반면에, 공리주의적 행위자는 그것이 효용을 극대화시키기 때문에 돈을 갚아야 한다고 말한다. 그 아이는 다른 사람보다 나에게 더 큰 요구를 할 권리를 가지고 있지 않으며, 그가 단지 다른 사람보다 더 큰 이익을 가져올 가능성이 높기 때문에, 그래서 돈을 갚는 것은 나의 공리주의적 의무를 수행하는 최선의 방법이 되는 것이다.

하지만 약속은 그러한 것이 아니다—'약속을 하는 것은 단지 일반적인 복지를 증진하는 독창적인 장치를 채택하는 것이 아니라 특정 사람과 새로운 관계에 돌입하는 것이다. 이러한 관계는 그에게 언뜻 보기에도 특수하고 새로운 의무를 발생시키고 이는 사회의 일반적인 복지의 증진이라는 의무에 의해 축소될 수 없다'(Ross 1930: 38). 공리주의적 행위자에게 있어서는 모든 사람이(자신을 포함) 정확히 같은 도덕적 위치에서 있다—즉, 모든 사람은 어떤 행동에 대해 평등하게 보상받을 가능성이 있는 수혜자이다. 하지만 이것은 도덕지평에 대한 지나치게 평면적인 묘사이다. 왜냐하면, 어떤 사람이 '다른 사람에 대해 약속자와 피약속자, 채무자와 채권자, 남편과 아내, 부모와 자녀, 친구와 친구, 동료국민 상호간 관계와 같은 수많은 관계들에 처해 있을 수 있으며, 각각의 관계는 언뜻 보기에도 의무에 대한 토대가 되기 때문이다'(Ross 1930: 19).

여기서의 문제는 약속에 대한 부적절한 설명보다도 더욱 심각해진다. 공리주의적 행위자는 그 어떠한 신념의 중요성도 수용하지 못한다. 우리 모두는 일생에 초점이 되고, 존재에 정체성을 부여하는–가족, 정치적인 목적, 일 등에 대한–신념을 갖는다. 하지만 내가 공리주의적 행위자로 행동한다고 했을 때는, 각각의 결정에 있어서 나의 신념은 단순히 다른 사람들의 계획들에 합산되고, 다른 누군가의 계획을 장려함으로써 더 많은 효용을 발생시킬 수 있다면 희생되어질 것이다. 이는 존경스러울 정도로 이타적으로 들릴 수 있지만, 사실은 터무니없다. 왜냐하면 무언가에 진정으로 헌신하면서 그럼에도 효용을 극대화시킬 수 있는 다른 무언가가 일어났을 때, 그러한 신념을 자발적으로 희생하는 것은 불가능하기 때문이다. 공리주의적 의사결정은 나의 계획 및 애정이 다른 사람들의 그것들에 비교해서 특별히 더 이상 내가 신경을 써야 할 만한 가치가 없는 것으로 간주할 것을 내게 요구한다. 그것은 결과적으로 내가 더 이상 다른 사람들의 것과 비교해서 나의 신념에 더 이상의 애착을 가지지 말라고 요구하는 셈이다. 하지만 이는 내가 나의 계획들에 아예 애착을 가지지 말아야 한다고 말하는 것과 다를 바가 없다. 버나드 윌리엄스(Bernard Williams)의 말을 인용해 본다. 따라서 공리주의는 우리들의 삶에 의미를 부여해 주는 신념과 계획들로부터 거리를 둘 것을 강제한다는 측면에서 사람들을 '소외시킨다'(alienating)는 평가를 자주 받는다.[10]

> 만일 당신이 성심성의를 다해 진정으로 이러한 감복할 만한 '계획, 애정, 그리고 신념'을 지녔다면, 당신은 그와 동시에 공리주의에서 요구하는 생각과 행동이 확실하게 투영되어 있는 사람일 수 없을 뿐더러, 또한 그러한 사람이 되기를 희망할 수도 없을 것이다.…… 공리주의는

10) 공리주의가 사람들을 '소외시킨다'는 비판에 대한 여타의 영향력 있는 설명들을 위해서는 Kagan 1989: 1~2; Railton 1984; Jackson 1991을 보라.

이러한 다른 성향들의 가치를 거부하거나 절망적으로 희석시킴으로써, 초기 공리주의에서 적나라하게 제시했던 사람의 모습으로 되돌아 가게 된다. 초기 공리주의에서는, 공리주의적 자애라는 하나의 도덕적 성향(the one moral disposition of utilitarian benevolence)과 함께, 단지 사적인 또는 그렇지 않다면 희생가능한 계획들을 지닌 이상적인 사람의 모습을 제시하고 있다 (Williams 1981: 51, 53).

물론 우리들의 계획이나 신념은 다른 사람들의 정당한 신념을 존중해야 한다. 하지만 이는 그것들이 나의 계획에 대한 시간과 노력에 대해서 평등한 권리를 지닌다고 간주하라는 것이 아니다. 이러한 태도는 심리적으로 불가능할 뿐만 아니라, 가능하더라도 바람직하지 않다. 거의 모든 사람에게 있어서 가치 있는 인간의 삶은 한 사람의 인생구조를 형성하고 어떠한 방향성을 주는 애정들로 가득 찬 것이다. 이러한 신념에 대한 헌신 속에 담겨 있는 계속 연이은 성취 내지는 진보에 대한 기대가 바로 현재 우리들의 행위를 의미 있게 만든다. 그러나 공리주의적 행위자로서 한 사람의 행위는 그 사람의 신념들과 거의 완전히 독립적으로 결정되어진다. 공리주의적 행위자의 결정은 '그가 서 있는 곳에서 영향을 줄 수 있는 모든 만족들의 작용이고, 이것은 다른 사람들의 계획이 그의 행동을 헤아릴 수 없을 정도로 크게 좌우한다는 것을 의미한다' (Williams 1973: 115). 공리주의적 행위자는 자신의 삶을 어떻게 이끌어 나갈지에 대해서 선택을 거의 할 수가 없게 될 것이며, 자신이 어떠한 사람인지 혹은 어떠한 사람이 되고 싶은지에 대한 숙고를 통해 행동할 수 있는 기회도 적을 것이다. 그러므로 그는 우리들이 흔히 '삶을 이끌어나간다'(lead a life)는 개념과 결부된 것들에 대해 생각할 수 있는 공간을 거의 가지지 못하게 된다. 이러한 것들은 모두 어떠한 인과적 방편들이 적정한지에 관한 질문 하에 잠겨 버리게 된다.

만일 내가 삶을 스스로 이끌어나간다고 했을 때, 앞서 언급한 종류의 계약과 약속을 포함해 내 자신의 신념을 자유로이 형성할 수 있는 공간이 있어야만 한다. 사람들로 하여금 약속을 통하여 다른 사람들과의 특별한 의무 관계의 형성을 허용하지 않는 문제는 사람들에게 스스로의 목표를 설정하고 추구하는 것을 허용하지 않는 보다 큰 문제의 한 단면일 뿐이다. 이 모든 경우에 있어서의 문제는 바로 각각의 모든 사람이 모든 자신의 행동으로부터 나오는 이득을 누릴 평등한 요구권을 가진다는 공리주의적 행위자의 가정에서 비롯된다.

의미 있는 신념의 추구를 찬성하는 우리들의 직관은 도덕이 결과와 연관되어 있다는 발상을 위배하는가? 아니다. 왜냐하면 결과주의의 일반적인 개념에 대한 우리들의 직관적 헌신은, 타인의 선호에 입각한 공정한 우리 행동의 결정에 대한 헌신을 결코 포함하고 있지 않기 때문이다. 즉 특수한 관계 및 계획들의 배제에 대한 공약을 하고 있지 않기 때문이다. 이는 단순히 결과주의에 관한 우리의 믿음을 지나치게 조악하게 해석한 것에 지나지 않는다.

(b) 정당하지 않은 선호들

의사결정과정으로서 공리주의가 지니는 두 번째 문제는 그것이 요구하는 바, 즉 의사결정에 있어서 각각의 사람에게 평등한 비중을 두어야 된다는 것에 있는 것이 아니라, 각각의 효용의 원천(다시 말해서, 각각의 종류의 선호)에 평등한 비중을 두어야 한다는 것과 관련되어 있다. 구성원이 주로 백인인 사회에서의 인종차별을 고려해 보자. 이 사회에서 시행하고 있는 정부차원의 보건의료정책(health care policy)은 인종에 관계없이 10만 명마다 병원 하나를 건립하는 계획일 수도 있다. 그러나 이때 상당수의 백인들은 흑인들이 자신들과 평등한 보건의료혜택을 받지 않기를 선호하기 때문에, 효용의 계산이 끝났을 때는 흑인들로부터 평등한 몫의 보건의료혜택 (혹은 학교 시설, 기타 등)을 박탈하는 것이 효용을 극대화시킨다고 해보자. 아니면 만일 공개적으로 알려진 동성애자들을 보는 것 자체가 다수를 차지하는 이성애자들을 불쾌하게 만든다면 어떨까? 어쩌면 공개적으로 알려진 동성애자들을 공적으로 처벌하고 감옥에 잡아넣었을 때 효용이 극대화될지도 모른다. 아니면 친구도 없고, 많은 사람들을 불쾌하게 하고, 돈을 구걸하면서 공원을 어수선하게 함으로써 누구에게나 폐가 되는 슬럼가의 알코올 중독자는 또 어떠한가? 어쩌면 이러한 사람들을 조용히 죽여서 눈에 거슬리지 않도록 만들어, 감옥에서 사회적 자원을 소모하지 않게 함으로써, 효용이 극대화될지도 모른다.

물론 이 중 어떤 선호는 충분한 정보에 바탕을 둔 것이 아니라서, 그것을 만족시키는 것이 실제 아무런 효용을 산출하지 못할 수도 있다(우리가 효용에 관한 조악한 쾌락주의적 설명방식을 포기했다는 것을 가정했을 때 말이다). 하지만 타인의 권리를 부정하고자 하는 갈망은 반드시 충분한 정보에 근거하지 않은 것은 아니며, 효용에 관한 최선의 설명을 따른다고 하더라도 이러한 선호의 만족이 어떠한 사람들에게는 효용의 진정한 원천이 될 수도 있다. 롤즈가 이야기하듯이, 이와 같은 선호들은 정의의 관점에서는 '합당하지 못하지만'(unreasonable), 개인의 효용이라는 관점에서는 반드시 '비합리적'(irrational)인 것은 아니다(Rawls 1980: 528~530). 그러나 만일 이러한 종류의 효용이 포함된다면, 그것은 환영받지 못하는 소수에 대한 차별로 이어질 수 있다.

우리들의 일상적인 도덕성에 따르면 이와 같은 선호들은 부당하기 때문에 포함되지 말아야 한다. 인종차별주의자들이 특정 집단의 사람들을 차별하기를 원하는 것은 그들에게 더욱 적은 보건의료 혜택을 제공해야 하는 근거가 되지 못한다. 인종차별주의자들의 욕구는 정당하지 못하기 때문에 이러한 선호를 만족시키는 데서 오는 그 어떠한 효용도 도덕적 비중을 지니지 못한다. 직접적인 차별이 없더라도, 공정하지 못하기 때문에 포함되지 말아야 할 선호들이 있다. 어떤 사람은 자신이 흑인을 적극적으로 싫어해서가 아니라—그는 어찌됐든 간에 이에 대해서 아예 관심이 없을 수도 있다—다른 사람들이 흑인을 싫어하기 때문에 집값이 하락한다는 이유로 흑인들이 자신의 동네로 이사오는 것을 반대할 수도 있다. 흑인들이 어떤 동네로부터 배제되어야 한다는 이러한 선호는 인종차별주의자의 그것과 동일한 식으로 차별적이지는 않다. 그럼에도 불구하고 이것은 흑인들로부터 무언가를 부당하게 취한다는 점에서 여전히 정당하지 못하다. 이러한 모든 경우들에 있어서 효용은 차별적인 대우에 의해서만 극대화되는데 이는 타인의 이익을 부당하게 취하는 데서 발생하는 선호의 결과이다. 이처럼 타인에게 마땅히 속하는 것에 대한 선호는 우리들의 일상적인 도덕적 시각에서는 작은 가치를 지니거나 아무런 가치를 지니지 못한다.

공리주의자들은 타인에게 '마땅히'(rightfully) 속하는 것들에 대한 선호가 정당하지 않다는 주장을 받아들이지 않는다. 공리주의적 행위자에게 있어서는 효용의 계산에 선행해서 무언가가 누군가에게 '마땅히' 속하는지에 대한 기준이 없다. (이 논리에 의하면) 효용을 극대화 시키는 배분의 결과가 무엇이든지 간에, 그것이 곧 나의 마땅한 몫이 되기 때문에, 정의상 자명하게 효용-극대화 행위들은 나의 마땅한 몫을 박탈할 수가 없게 된다. 하지만 이것은 우리들의 일상적인 도덕성의 중요한 구성요소를 위반한다. 결과주의의 개념에 대한 우리의 신념은 각각의 효용의 원천들이 모두 도덕적 비중을 지닌다는, 즉 각각의 종류의 선호가 모두 포함되어야 한다는 발상에 대한 의무를 포함하지 않는다.

이러한 점에서 공리주의적 행위자는 효용을 극대화시키려고 노력하는 과정에서 결과주의에 관한 우리들의 직관적 이해를 명확하게 설명해 준다기보다는 위반한다고 생각된다. 어떤 사람들은 공리주의적 의사결정이 이처럼 직관에 역행하는 결과를 낳는다는 사실을 부인한다. 이들은 그러한 행동들에 의해 효용이 극대화될 수 있는 경우에 공리주의적 사고는 특수한 관계나 기본적 권리의 침해를 허용하거나, 심지어는 요구한다는 점을 시인한다. 그러나 그들은 만일 더욱 정교한 형태의 공리주의적 의사결정으로 바꾸었을 때, 이러한 행동들이 허용되지 않을 것이라고 주장한다. 나는 이때까지 공리주의적 행위자들은 효용 극대화의 시험을 개개의 행위에 적용한다고 가정해 왔다. 하지만 '규칙공리주의자들'(rule utilitarians)은 효용의 시험을 규칙에 적용함으로써, 설사 어떤 행위가 더욱 많은 효용을 창출시킨다 하더라도 최선의 규칙에 의해 보증된 행동만을 수행할 것을 주장한다. 사회적 협력은 규칙을 따르는 것을 요구하기 때문에, 어떤 상황에서 특정한 행위를 하는 것에 의해서가 아니라, 어떻게 행동해야 하는지를 규칙으로 만들어서 결과를 평가해야 한다는 것이다.[11]

이렇게 본다면 공리주의적 행위자의 임무는 어떠한 규칙들이 효용을 극대화시키는지를 결정하는 것이다. 공리주의적 시각에서 본다면, 우리는 약속을 지키고, 특수한 관계들을 유지하고, 권리 존중을 지시하는 규칙을 따르는 것이 나은가, 아니면 이러한 원칙들을 효용의 계산 아래 종속시키는 규칙을 따르는 것이 나은가? 후자는 역설적으로 효용을 감소시킬 것이라고 규칙공리주의자들은 주장한다. 그것은 사회적 협력을 어렵게 하고, 두려움과 불안정을 초래하며, 인간의 삶과 자유의 가치를 천박하게 만들 것이다(Goodin1995: 22; Singer 1977). 더욱이 사람들은 공공선이라는 이름 하에

---

11) 규칙공리주의에 대해서 최근에 나온 두 개의 가장 영향력 있는 논변은 하세이니(Harsanyi 1985)와 하딘(Hardin 1988)의 것이다. cf. Ball 1990. 실제로 규칙공리주의에는 각각 장단점을 지니는 몇 개의 상이한 해석들이 있다. 이에 대한 도움이 될 만한 개관을 위해서는 Scarre 1996: 122~132를 보라.

약속을 어기거나 차별할 수 있는 권력을 남용할 가능성이 높다(Bailey 1997). 효용을 극대화시키는 것으로 여겨질 때 마다, 약속을 어기거나 평판이 좋지 않은 집단을 차별해도 된다는 규칙을 도입할 경우 모든 사람의 사정은 악화된다.

일부 비평가들은 규칙을 너무나도 상세하고 정밀하게 규정지을 수 있기 때문에 결과적으로는 규칙을 행위와 동등하게 만들어버릴 수 있다는 점에서 규칙공리주의는 행위공리주의로 전락해 버린다고 주장한다(Lyons 1965: ch.4; Hare 1963: 130~136). 또 다른 이들은 다음과 같은 논쟁을 펼친다(Harsanyi 1977b). 규칙과 행위 사이의 구분이 유효하다고 할지라도, 효용을 극대화시켜 주는 규칙들이 언제나 약자나 대중적이지 못한 소수자의 권리를 보호해 줄 수 있다는 가정은 지나치게 이상적이라는 것이다. 윌리엄스가 이야기하듯, 정의가 승리할 것이라는 확신은 '그러한 공리주의자들의 관대함과 상상력에 대한 찬사는 될 수 있을지언정, 그들의 일관성이나 그들이 주장하는 공리주의에 관한 찬사는 아니다'(Williams 1972: 103).

어떠한 경우에 있어서든 이러한 식의 답변은 애초에 제기되었던 반론에 대한 응답이 될 수 없다. 왜냐하면 그것이 설사 올바른 답에 도달할지라도, 잘못된 논거를 통해 도달하였기 때문이다. 규칙공리주의적인 시각에 의하면, 소수집단에 대한 차별이 발생시키는 부정의라는 것은 결국 차별을 허용하는 규칙이 있음으로 해서 다른 사람들에게 초래되는 두려움의 증가에 있다는 것이다. 예를 들어, 나의 잔디를 베어 준 아이에게 돈을 주지 않음으로써 발생하는 부정의는 약속이라는 관습에 대해 타인들이 갖게 되는 의심의 증가라는 것이다. 하지만 이것은 명백하게 잘못된 해석이다. 여기서 발생한 부정의는 타인들의 혐오로 인해 고통을 받지 말았어야 할 사람과 함께, 약속된 돈에 대해 특별한 권리를 주장할 수 있는 아이에 대한 것이다. 나중에 다른 사람들에게 미치게 되는 장기적인 영향이 무엇이든 간에 부정의는 그것이 발생한 현재에 있는 것이다.

이에 대한 규칙공리주의자들의 응답은 실질적인 문제를 비껴간다. 공리주의적 의사결정에 대한 반론은 특정한 특수의무들은 포함되어야 하고, 특정한 정당하지 않은 선호들은 제외되어야 한다는 것이었다. 이것들은 효용의 극대화보다 선행하는 도덕적 요구이다(이에 반해, 공리주의적 행위자는 이것들을 단지 효용을 극대화시키기 위한 장치로만 간주한다). 하지만 이것이 우리의 반론이었다면, 약속을 준수하고 편견을 배제하는 것은 주로 장기적인 효용을 극대화 시킨다거나, 약속이나 인권은 우리가 애초에 생각했던 것보다 효용을 극대화시키는 보다 정교한 장치들이라고, 규칙공리주의자들이 주장하듯이, 이야기 하는 것은 부적절하다. 이러한 응답은 공리주의적 행위자가 특수한 의무에 대한 인정여부를 효용의 극대화에 선행하기보다는 종속시키고 있다고 비판하는 것을 반박한다기보다 확증한다. 우리의 반론은 약속이 효용을 극대화시키는 장치로서 효과적이지 못하다는 것이 아니라, 절대 그러한 장치가 될 수 없다는 것이었다. 이 문제는 효용의 원리를 적용하는 수준을 행위로부터 규칙으로 변화시킴으로써 회피될 수 있는 성질의 것이 아니다. 우리들의 일상적인 도덕성의 입장에 비추어 봤을 때 문제는 효용의 원리를 적용하는 그 자체에 있는 것이다.

우리는 동일한 비판을 다른 식으로 할 수도 있다. 규칙공리주의로의 변화는 효용계산에 따르는 *결과*(*output*)를 변화시킬 수는 있어도, 계산에 사용되는 *투입*(*inputs*)은 변화시키지 않는다. 규칙공리주의는 어떠한 선호가 아무리 도덕적으로 정당하지 못해 보일지라도 모든 선호를 포함시키는 것에 여전히 전념하고 있다. 행위보다는 규칙에 초점을 맞추다 보면 정당하지 않은 선호들이 실현될 가능성이 줄어들 수는 있지만, 그래도 그러한 선호들은 계산과정에서 다른 모든 선호들과 똑같이 포함된다는 점에는 변함이 없다. 더욱이 이는 더 많은 사람들이 타인을 해치거나 그들의 권리를 침해하는 것을 즐길수록, 그들의 행동이 덜 악해진다는 뒤틀린 결과를 초래한다. 예를 들어, 규칙공리주의가 강간이나 약탈을 수반하는 삶의 방식을 찬성할 가능성은 적지만, 그래도 강간이나 약탈을 하는 데서 오는 사람들의 즐거움은 계산과정에 포함이 된다는 점은 함축하고 있으며, 그 즐거움이 크면 클수록 그들 행동의 종합적인 부정의의 정도는 작아진다. 제프리 스카(Geoffrey Scarre)가 이야기하듯이, 그들의 즐거움은

> 그들의 악을 일정부분 차감하는 것처럼 보인다. 그것은 대차대조표에 있어서 실질적인 양으로서 그에 대한 희생자들의 고통을 어느 정도 보상해 준다. 하지만 그것은 어떤 살인마가 자신의 희생자를 학대하는 것으로부터 끌어내는 쾌락이 크면 클수록, 그의 행동으로부터 발생하는 악의 양이 적어진다고 주장하는 것과 마찬가지라는 점에서 우리들의 일상적인 도덕적 신념과 철저하게 충돌한다.……살인을 즐기는 것은 살인을 더욱 낫게 만들지 않고 더욱 나쁘게 만든다(Scarre 1996: 155).

유사하게 사디스트(sadist)들은 다른 사디스트들과 자신의 쾌락을 공유함으로써 자신들의 악을 차감할 수 있다. 규칙공리주의가 아이에 대한 고문을 너그럽게 봐줄 리는 없지만, 만일 고문하는 사람이 어린아이를 고문하는 데서 오는 쾌락을 다른 사디스트들과 공유한다면–가령, 관객을 초대해서라든지 아니면 인터넷을 통해 방송함으로써 말이다–그것은 덜한 악이 된다는 것을 함축하고 있다. 이러한 행위는 규칙공리주의적 근거에서도 잘못된 것일 수 있지만, 그것으로부터 쾌락을 느끼는 사람이 오직 고문하는 사람 한 사람일 때보다는 덜 잘못된 것이 되는 셈이다.

아니면 고대 로마 콜로세움에서 행해지던 경기들을 생각해 보도록 하자. 여기서는 전쟁의 포로들이 5만 명의 환호하는 관객 앞에서 야생동물에 의해 갈기갈기 찢겨지는 모습이 연출되었었다. 영리한 규칙공리주의자라면 피에 굶주린 5만 명의 관중보다 소수 죄수들의 권리에 우위를 두는 것이 장기적인 측면에서는 효용의 극대화를 가져다 준다는 주장에 대한 근거들을 제시했을 것임에 틀림없다.[12] 이에 대해 우리는 만일 보다 많은 사람을 수용할 수 있게끔 콜로세움의 크기를 늘렸을 때나 전 세계 수백만 사람들에게 이러한 장관을 즐길 수 있게끔 위성을 통해 경기들을 방영하는 것을 상상해 보았을 때에도 규칙공리주의자들의 영리한 주장이 실효성을 지닐지에 대하여 합당한 의문을 제기할 수 있다. 하지만 다시 한번 이야기하듯이, 여기서 실질적인 문제는 공리주의자들이 도달하는 궁극적인 결론에 있는 것이 아니라, 그러한 결론에 도달하는 과정에 있다. 규칙공리주의자들의 관점에서는 경기들을 관람하는 청중이 많으면 많을수록, 그리고 각각의 청중이 이를 더욱 즐기면 즐길수록 이것은 덜 악한 것이 된다. 반대

12) 가령, 베일리(James Bailey)는 규칙공리주의의 관점에서 고대 로마식의 경기들을 허용하는 것이 효용을 증가시킬 수는 있더라도, 다른 사람을 해치지 않으면서도 다른 방식으로 쾌락을 얻을 수 있게끔 사람들을 사회화시켰을 때 더욱 많은 효용을 누릴 수 있다는 점에서 그것은 차선책이라고 주장한다. 다르게 말하면, 로마식 경기들은 그냥 현상유지와 비교했을 때 전반적인 효용을 증가시켜 준다는 점에서 공리주의적 측면에서 좋지만, 그보다도 더 많은 효용을 가질 수 있는 방법이 존재하기 때문에 공리주의자들은 다른 대안을 선택해야 된다는 것이다. 베일리는 이러한 논의가 공리주의를 일상적인 직관들과 합치시키는 데 도움을 준다고 생각한다. 그러나 현실에서는 대부분의 사람들이 그러한 로마식 경기가 단지 차선이라고 생각하기보다는 악하다고 생각하기 때문에, 그것이 관객에게 주는 그 어떠한 쾌락에도 아무런 도덕적 비중을 두어서는 안된다고 한다. 헤어(Hare 1982: 30)나 스마트(Smart 1973: 25~26)에서와 마찬가지로, 베일리에게 있어서도 공리주의에는 계산과정으로부터 정당하지 않은 선호들을 제외시킬 근거가 발견되지 않는다.

로 우리들의 일상적인 도덕적 관점에서는 타인을 고문하는 것을 사람들이 더욱 즐길수록 그것은 더 작은 악이 아니라 더 큰 악이 된다.

일부 공리주의자들은 내가 여기까지 했던 이야기에 동의할 것이다. 그들은 우리들의 애착이나 권리를 종합적인 효용의 추구보다도 선행한다고 보는 것이 옳고 타당하다고 이야기한다. 이들은 기만당하거나 차별받는 특정 개인에게 가해진 해악이 사람들에게 약속을 준수하고 권리를 존중하라고 요구할 만한 충분한 근거가 된다는 일상적인 시각을 받아들인다. 우리들은 공리주의적인 계산에 의해 어떻게 행동할지를 결정하고, 약속을 효용을 극대화시키기 위한 하나의 장치 정도로만 간주하는 공리주의적 행위자가 되어서는 안된다는 것이다. 대신 약속이나 타인의 권리는 너무나도 높은 중요성을 가지기 때문에 사회적 이익의 계산으로 인해 기본적으로 침해되어서는 안된다는 것이다. 요약하면, 도덕적 숙고를 하는 데 있어서 우리들은 비공리주의자가 되어야 한다는 것이다. 하지만 이들은 그렇다고 공리주의가 틀렸다는 것을 의미하지는 않는다고 주장한다. 반대로, 우리들이 의사결정에 있어서 비공리주의자가 되어야 하는 이유는 바로 그렇게 함으로써 효용을 극대화시킬 가능성이 더 높기 때문이다. 약속과 권리의 본질적인 중요성을 믿는 비공리주의자들로 이루어진 사회는 약속과 권리를 효용을 극대화시키기 위한 장치로 보는 행위 내지는 규칙공리주의자들로 이루어진 사회보다 효용의 극대화라는 측면에서 더 잘 해낼 것이다.

이것은 역설적으로 들릴지도 모른다. 하지만 이는 진정으로 중요한 쟁점을 제기한다. 공리주의는 본질적으로 '의사결정절차'(decision procedure)가 아니라 '옳음의 기준'(standard of rightness)이다(Brink 1986: 421~427; Railton 1984: 140~146). 공리주의를 규정하는 것은 우리들이 의도적으로 효용의 극대화를 추구해야 된다는 주장이 아니라, 효용을 극대화시키는 것이 옳은 행위라는 주장이다. 우리가 행위나 규칙을 평가하는 데 있어서 공리주의적 의사결정절차를 도입해야 되는지의 여부는 개방된 질문이다–물론 이 질문 자체는 상이한 의사결정과정들이 총체적인 효용에 미치는 결과를 검토함으로써 답해질 수 있다. 그리고 우리들이 공리주의적인 옳음의 기준에 있어 비공리주의적인 의사결정절차를 채용함으로써 더 나으리라는 것도 상당히 있을 법한 일이다. 이는 우리들의 개인적인 애착과 관련해서는 확실히 진실인 듯 보인다–직접적 공리주의가 배제하고 있는 진정어린 무조건적 방식의 신념을 형성하는 것이 허용되지 않는다면, 우리의 삶은 훨씬 가치가 적을 것이다. 그러므로 우리가 일상생활 속에서 행위에 대해서든 규칙에 대해서든 결정을 내리는 데 있어 공리주의적 의사결정절차를 적용하지 않는 '간접적 공리주의자'(indirect utilitarians)가 되어야 한다는 주장이 대두된다.

옳음의 기준과 의사결정절차의 구분은 논리적으로는 옳은 듯 보이긴 하지만, 이에 너무 많은 비중을 두게 된다면, 옳음의 기준으로서의 공리주의가 왜 우리들의 의식적인 신념에서 완전히 사라져 버리지 않는지에 대한 명백한 설명을 하지 못하게 된다. 극단으로 끌고 갔을 때, 간접적 공리주의(indirect utilitarianism)의 논리는 자멸적(self-defeating)이게 된다. 그것은 스스로 사람들의 생각과 신념으로부터 제거될 것을 주장할지도 모른다(Williams 1973: 135). 즉, 효용을 극대화시킬 가능성이 가장 높은 세상은 아무도 공리주의를 믿지 않는 세상일지도 모른다는 것이다. 이보다는 덜 극단적인 형태의 간접적 공리주의는 윌리엄스가 '총독부' 공리주의('Government House' utilitarianism)라 일컫는 것이다(Williams and Sen 1982: 16; Williams 1973: 138~140). 이 시각에 의하면, 소수의 엘리트들만이 공리주의가 올바른 도덕이론이라는 사실을 인지하고 있어, 이들만이 효용을 극대화시킬 수 있는 규칙이나 제도를 구상하기 위해 공리주의적 의사결정절차를 채택한다는 것이다. 반면에 인구의 방대한 대다수는 공리주의를 신뢰하라는 교육을 받지 않을 것이다. 그들은 사회 규범과 인습들이 내재적 정당성을 지니고 있는 것으로 교육을 받게 될 것이다(이것은 과거 인도를 비롯한 영국의 식민지에서 몇몇 식민관료들이 갖고 있던 시각이었다는 점에서 '총독부' 공리주의라고 부른다. 영국의 관료들은 권리라는 것을 단지 효용을 극대화시키기 위한 정교한 장치 정도로만 이해하는 반면, 원주민들은 권리들을 내재적 정당성을 지닌 침해될 수 없는 것으로 생각하게끔 교육을 받았을 것이다).

이러한 총독부 공리주의의 발상은 엘리트주의적이고, 국가가 정책들을 시민들에게 공적으로 정당화시킬 수 있어야 한다는 민주주의적 규범인 '공개성'(publicity)에 위배된다는 점에서 널리 비판받아 왔다.[13] 이러한 이유로 대부분의 간접적 공리주의자들은

---

13) 총독부 공리주의에 관한 논의를 위해서는, Wolff 1996a: 131; Goodin 1995: ch.4; Bailey 1997: 26,

모든 사람들이 위에서 이야기한 것과 같은 2단계의 도덕적 조망을 똑같이 공유하는 모델을 선호한다. 즉, 일반적인 경우에는 사람들이 비공리주의적인 의사결정절차를 사용하고, 권리와 정의를 효용 극대화의 계산에 의해 침해받지 않는 것으로 간주하다가도, 때때로(아마도 위기상황에만) 일상적인 규칙 및 제도들을 개정하기 위해 모두가 집단적이며 민주적인 과정의 공리주의적 의사결정(a collective and democratic process of utilitarian decision-making)을 채택하게 된다는 것이다.

혹자는 이것이 심리학적으로 정말 가능한지에 대해서 의문을 제기할 수 있다.[14] 어찌되었든 간에 이것은 아직도 위에서 제기되었던 반론에 대한 대답이 되지 못한다. 특정 선호들은 공정하지 못하기 때문에 도덕적 의사결정과정에 있어서 아무런 비중도 차지해서는 안된다는 우리들의 일상적인 입장을 고려해 보도록 하자. 공리주의적 옳음의 기준이 우리가 비공리주의적인 의사결정절차를 채택하는 것을 정당화시켜 줄 수는 있다. 만일 그렇다면, 양쪽 시각 모두 특정 선호들을 제외시켜야 한다는 점에는 동의할 것이다. 하지만 우리들의 일상적인 관점에 의하면, 공정하지 못한 선호들이 의사결정과정에 있어서 아무런 비중을 차지해서는 안 되는 근거는 그것들이 도덕적으로 정당하지 못하기 때문이다—즉, 그것들은 참작되어야 할 만한 가치조차 없다. 반면, 간접적 공리주의자에게 있어서는, 공정하지 못한 선호들을 제외시키는 이유는 단지 그러한 선호들을 제외시키지 않게 되면 반생산적이 되기 때문이다. 공정하지 못한 선호들(이것들이 만약 합리적이고 충분한 정보에 바탕을 두고 있다면)은 공리주의적 옳음의 기준에 의하면 다른 선호들만큼이나 정당하지만, 그러한 선호들을 의사결정과정에서 정당하지 못한 것으로 간주함으로써, 우리가, 동일한 공리주의적 기준에 입각해 본다면, 더 나은 입장에 있게 된다는 것이다.

따라서 특정 선호들을 공정하지 못하다고 여기는 데에는 두 가지 대립하는 설명방식이

152~153을 보라.

14) 약속을 효용을 극대화시키기 위한 정교한 장치로 보는 규칙공리주의자들과는 달리, 간접적 공리주의자들은 약속 자체가 아니라 *약속에 대한 우리들의 신념*(*beliefs about promises*)효용을 극대화시키기 위한 정교한 장치라고 본다. 하지만 사람들은 자신들의 도덕적 신념을 이러한 식으로 보지 않을 뿐더러 틀림없이 그렇게 볼 수도 없을 것이다(Smith 1988).

있다. 그러므로 공리주의를 방어하기 위해서는 공리주의적 옳음의 기준이 비공리주의적인 의사결정절차를 사용하는 것을 정당화시킬 수 있다는 점을 보여주는 것만으로는 충분하지 않다. 이러한 정당화 과정 자체가 올바른 정당화라는 것까지도 보여주어야 한다. 공리주의자들은 우리가 비공리주의적인 절차를 사용하는 이유가 그것들이 우연히도 효용을 극대화시키기 때문이라고 이야기한다. 하지만 우리가 비공리주의적인 절차를 사용하는 이유는 단지 우리가 비공리주의적인 옳음의 기준을 취하기 때문이라고 이야기하는 것이 더욱 설득력이 있지 않을까? 우리들의 비공리주의적인 신념들에 대해서 굳이 어떤 간접적인 공리주의적 설명방식이 존재한다고 생각할 필요가 있는가?

일부 공리주의자들은, 만일 우리들의 도덕적 신념에 대해서 공리주의적인 설명방식이 존재한다면, 굳이 그 어떠한 비공리주의적인 설명방식도 고려할 필요가 없다고 생각하는 것 같다. 하지만 이는 다음과 같은 의문을 제기한다. 즉, 우리가 다른 대안적인 기준들과 비교해서 공리주의적 옳음의 기준을 우선적으로 채택하게 되는 것에 대한 논증과정이 요구된다. 공리주의에 관한 글들에는 이러한 논증과정이 제시되고 있는가? 이에 대해서 실제로 두 가지 상이한 주장이 있다. 나는 둘 중 어느 하나만으로는 설명력이 부족하다는 점에서 공리주의의 실현가능성은 둘을 융합하는 데 있다고 주장할 것이다. 일단 이러한 주장들을 검토해 본다면, 우리는 위에서 제기되었던 문제들이, 공리주의적 옳음의 기준이 얼마나 직접적 내지는 간접적으로 적용되어지는지에 의해서 실질적으로 영향을 받는 것이 아니라, 바로 그러한 기준 자체로부터 직접 파생되어 나오는 것이라는 사실을 알 수 있게 될 것이다.

4. 효용극대화를 옹호하는 두 가지 주장

이번 절에서 나는 도덕적 옳음의 기준으로서 효용극대화를 바라보는 두 가지 대표적인 주장을 살펴볼 것이다. 앞으로 보게 되겠듯이, 이 둘은 공리주의가 무엇인지에 대해서 완전히 상이한 해석을 야기한다.

(a) 이익에 대한 평등한 고려(Equal Consideration of Interests)

하나의 해석에 따르면, 공리주의는 개인적인 이익과 욕구를 결집하는 기준이다. 개인은 상이하고 잠재적으로 충돌하는 선호를 갖기 때문에, 그러한 선호 간에 어떤 교환(trade−off)이 도덕적으로 용인되고, 복지가 위태로운 사람들 간에 어떤 교환이 공정한지를 명백하게 상술해 주는 기준이 필요하다. 이것이 바로 공리주의에 대한 첫번째 해석이 답하고자 하는 물음이다. 이에 대해, 여러 가지 상이한 이론들에서 발견되는 하나의 유명한 대답은 바로 사람들 각자의 이익을 평등한 고려의 대상으로 보아야 한다는 것이다. 도덕적인 관점에서 모든 사람의 인생은 평등하게 중요하기 때문에 그들의 이익에 대해서도 평등하게 고려를 해야 된다는 것이다.

첫번째 관점에서의 공리주의는 이러한 일반적인 평등주의적 원칙(general egalitarian principle)을 수용한다. 그러나 모든 사람을 평등하게 고려한다는 발상은 모호하기 때문에 보다 명확한 옳음의 기준을 제공하기 위해서는 보다 자세한 설명이 요구된다. 이러한 관념을 보다 자세히 풀어내기 위한 하나의 명확하고, 또한 아마 처음부터 매력적으로 느껴질 만한 설명방식은 바로, 선호의 내용이나 선호를 가진 사람이 처한 물질적인 환경과는 무관하게, 모든 사람의 선호에 평등한 비중을 부여하는 것이다. 벤담이 말했듯이, 모든 사람을 하나로만, 아무도 하나 그 이상이 아닌 하나로만(everyone for one, no one for more than one) 간주하는 것이다. 공리주의에 관한 이러한 첫번째 설명방식에 의하면, 우리가 모든 사람의 선호에 평등한 비중을 두어야 하는 이유는 바로 그렇게 하는 것이 사람들을 평등한 고려 및 존엄성을 지니는 평등한 존재로 대하는 것이기 때문이다.

이것을 옳음의 기준으로 삼는다고 했을 때, 효용을 극대화시키는 행동이 곧 도덕적으로 옳다는 결론에 도달하게 된다. 하지만 여기서 극대화가 바로 이러한 기준의 직접적 목표가 아니라는 사실을 염두에 둘 필요가 있다. 극대화는 사람들의 선호를 공정하게 결집하는 것을 의도하는 기준으로부터 발생하는 부산물이다. 즉, 효용을 극대화시켜야 한다는 요구사항은 전적으로 사람들을 평등한 고려로 대우해야 된다는 사전의 요구사항으로부터 파생된다. 따라서 공리주의를 위한 첫번째 논증은 다음과 같다.

① 사람들은 평등하게 중요하다.

② 그러므로 사람들 각자의 이익에 평등한 비중을 두어야 한다.

③ 따라서 도덕적으로 올바른 행동은 효용을 극대화시킬 것이다.

평등한 고려에 대한 주장은 '나사렛 예수의 황금률 속에서 우리는 효용의 윤리에 관한 완전한 정신을 읽어낼 수 있다. 남에게 대우받고자 하는 대로 남을 대하고, 이웃을 자신과 같이 사랑하는 것은 공리주의적 도덕성의 이상적 완벽성을 구성한다'(Mill 1968:16)는 밀(J. S. Mill)의 주장 속에 내재되어 있다. 또한 이러한 주장은 하세이니(Harsanyi), 그리핀(Griffin), 싱어(Singer), 그리고 헤어(Hare)와 같은 현대 공리주의자들에 의해서도 보다 명백하게 확인된다(Harsanyi 1976: 13~14, 19~20, 45~46, 65~67; Griffin 1986: 208~215, 295~301; Hare 1984: 106~112; Singer 1979: 12~23; Haslett 1987: 40~43, 220~222). 심지어 헤어는 사람들을 각자 평등하게 고려할 수 있는 다른 방법을 상상하기 어렵다고까지 이야기한다(Hare 1984: 107; cf. Harsanyi 1976: 35).

(b) 목적론적 공리주의(Teleological Utilitarianism)

하지만 공리주의에 대한 또 다른 해석도 있다. 여기서는 선을 극대화시키는 것은 부수적인 것이 아니라 제1의 원리이고, 개인을 평등하게 계산하는 것은 단지 그렇게 하는 것이 가치를 극대화시킬 수 있기 때문이라는 것이다. 우리의 제1의 의무는 사람을 평등하게 대하는 것이 아니라, 일상의 일들에 대해 가치 있는 상태를 만들어내는 것이다. 윌리엄스가 말하듯이, 사람들은 단지 효용의 국지적 담지자들(locations) 내지는 '효용 네트워크'(utility network)에 있어서의 인과적 방편으로 간주될 뿐이다. 즉, '공리주의에 있어서 가치의 근본적인 담지자는 바로 일의 상태(state of affairs)'라는 것이다(Williams 1981: 4). 이러한 시각에서의 공리주의는 근본적으로 사람이 아니라 일의 상태와 관계하고 있다. 롤즈는 이러한 이론을 두고서 올바른 행동이 개인에 대한 평등한 고려보다는 선의 극대화라는 측면에서 정의된다는 점에서 이를 '목적론적' 이론이라고 부른다(Rawls 1971: 24).

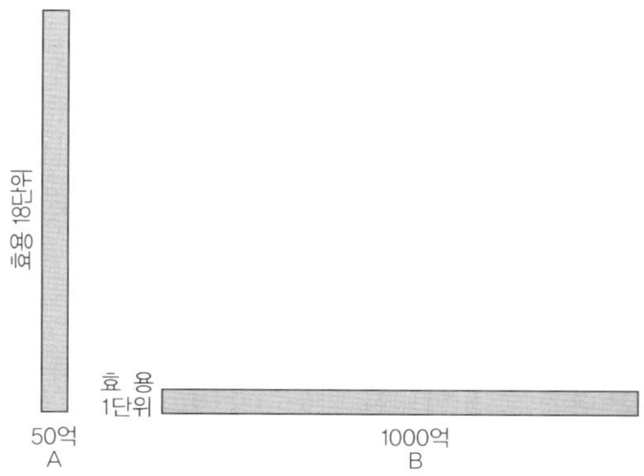

그림 1 파핏의 모순적 결론(Parfit's repugnant conclusion)

이러한 두 번째 해석은 단순히 동일한 이론을 다르게 기술하는 방법이 아니라, 근본적으로 다른 형태의 공리주의이다. 그 차이점은 인구정책에 관한 공리주의적 논의들을 살펴보았을 때 명백해진다. 파핏(Parfit)은 개인 각자의 복지를 거의 반으로 줄이는 한이 있더라도(그것이 총체적인 효용을 증가시킨다면) 세계의 인구를 두 배로 늘려야 하는지의 여부에 대한 도덕적인 당위성에 의문을 제기한다. 그는 인구를 두 배로 늘린다는 정책은, 다소 거북하긴 하지만, 공리주의가 도달하게 되는 고유의 결론이라고 주장한다.

이러한 논리에 의한다면 실로 인구를 단순히 두 배로 늘리는 데 그칠 수는 없게 된다. 전체 인구 1,000억 명이 가까스로 삶을 유지할 만한 생활수준을 지니고 있는 세상이 전체 인구 50억 명이 매우 높은 질의 삶을 누리는 세상보다 총체적인 효용을 더 많이 포함할 수 있다. 현실적으로 있음직한 두 개의 세상을 비교해 보도록 하자. 우리가 속한 세상인 A세상에서는 전체 인구가 50억 명이고, 이들은 각각 평균적으로 18단위(unit)만큼의 효용을 가진다. 반면, B세상에서는 전체 인구가 1,000억 명이고, 각자의 복지 수준은 1단위로 축소되어 있다(그림 1을 보라).

B세상에서는 각자의 삶은 매우 비참하게–죽는 것보다 간신히 나은 정도로–전락해 버렸지만, 그래도 효용의 총체적인 양은 900억 단위에서 1,000억 단위로 증가했다. 파핏에 의하면, 공리주의자들은 세상에 현존하는 개인들 각자의 효용에 미치는 파장에 상관없이 효용의 전체적인 양을 증가시키려고 할 것이고, 따라서 B세상을 선호

할 것이다(Parfit 1984: 388).

하지만 만일 첫번째 해석처럼 공리주의를 사람을 평등한 존재로 대하는 이론으로 본다면, 이러한 결론에 도달하지 않게 된다. 현존하지 않는 사람들은 권리에 대한 요구를 할 수 없다—우리는 가상적인 사람들을 세상으로 불러들일 도덕적 의무를 그들에 대해서 지고 있지 않다. 브룸(John Broome)이 주장하듯이, '사람은 누군가를 존재하게끔 만들 의무를 누구에게도 지지 않는다. 왜냐하면 그런 의무를 이행하지 않는다고 해서 그 누구도 저버리는 것은 아니기 때문이다'(Broome 1991: 92). 그렇다면 두 번째 해석에 있어서 사람들이 지니는 의무는 무엇인가? 여기서 그 의무는, 그 의무 이행의 영향이 현존하는 모든 사람들의 사정을 그렇게 하지 않았을 때보다 악화시키는 것일지라도, 가치를 극대화시키는 것 즉 가치 있는 일의 상태를 발생시키는 것이다.

이러한 두 번째 해석의 특징은 네이글(Thomas Nagel)의 주장 속에서도 명백히 드러난다. 그는 공리주의에 평등한 대우에 대한 '의무론적인' 제약을 부과할 것을 주장한다. 이러한 제약은 '개인과는 무관하게 가장 나은 결과'(impersonally best outcome)를 선택하는 것과 관련이 있다고 그는 생각한다(Nagel 1986: 176). 네이글은 선을 극대화시키는 의무를 모든 사람을 평등한 존재로 대해야 하는 의무로 제한해야 한다고 이야기한다. 이러한 주장은 근본적인 의무를 개인의 선호를 공정하게 집합하는 것이 아니라, 세상에 가장 많은 가치를 발생시키는 것이라고 보는 두 번째 해석과 관련되어서만 이치에 맞다. 왜냐하면 첫번째 해석에 의하면, 공리주의는 이미 도덕적 평등에 관한 이론이기 때문이다. 이 경우에는 효용을 극대화시켜야 한다는 발상에 대한 독립적인 의무가 없기 때문에 만일 평등한 고려에 실패하게 된다면, 이론 전체가 무너져 버리게 된다.

이처럼 두 번째 해석은 첫번째 해석을 거꾸로 뒤집어 놓는다. 첫번째 해석은 사람을 평등한 존재로 대하는 것으로 옳음을 규정함으로써 공리주의적인 효용의 결집이라는 기준이 도출되는데 이것이 결과적으로 우연히도 선을 극대화시킨다는 것이다. 반면, 두 번째 해석은 선을 극대화시키는 것으로 옳음을 규정함으로써 공리주의적인 효용의 결집이라는 기준이 도출되는데, 사람들의 이익을 평등하게 대하게 되는 것은 단지 그 결과일뿐이라는 것이다. 여기서 보이듯이 이러한 전도는 이론적으로나 실제적으로나 중요한 함의를 지닌다.

따라서 효용이 극대화되어야 한다는 주장에 대해서는 서로 상반될 뿐만 아니라, 독립적인 두 개의 논리가 존재한다. 둘 중 어느 쪽이 공리주의를 위한 보다 근본적인 주장일까? 여태까지 나는 암묵적으로 첫번째 해석에 의존해 왔다–즉, 공리주의는 모든 개인이 평등하게 대우받아야 한다는 도덕적 주장을 어떻게 존중할지에 대한 이론으로 보는 것이 가장 타당하다는 것이다. 반면, 롤즈는 공리주의가 근본적으로 두 번째 종류의 해석에 속하는 이론이라고 이야기한다–즉, 옳음을 선의 극대화라는 입장에서 규정하는 이론이라는 것이다(Rawls 1971: 27). 하지만 이러한 두 번째 해석에 대해서는 무언가 이상한 구석이 있다. 왜냐하면 우리가 추구해야 되는 직접적 목표로서의 효용의 극대화가 왜 도덕적 의무로 간주되어야 하는지 매우 불분명하기 때문이다. 그것은 누구에 대한 의무인가? 우리의 일상적인 시각에 의하면, 도덕성은 사람과 사람 사이의 의무에 대한 문제이다–즉, 우리가 서로 간에 지는 의무와 관련되어 있다. 그렇다면 효용의 극대화라는 의무는 누구에 대해서 지는 것인가? 그것이 최대한으로 가치 있는 일의 상태 그 자체일 수는 없다. 왜냐하면 일의 상태 그 자체는 도덕적 요구의 권리를 지니지 못하기 때문이다. 그렇다면 어쩌면 그 의무는 효용의 극대화로부터 혜택을 받는 사람들에 대한 의무일 수 있다. 하지만 여기서 가장 설득력 있어 보이는 의무에 대한 이러한 해석이 평등한 고려로 사람을 대우해야 된다는 의무라고 한다면, 우리는 모든 사람을 평등한 존재로 대하는 방식으로서의 공리주의에 대한 첫번째 해석으로 되돌아오게 된다. 그렇게 된다면, 효용을 극대화시키는 것은 더 이상 이론의 궁극적인 목표가 아니라 단지 이론의 부산물이 되어 버린다. 그리고 증가된 인구를 구성하게 될 사람들을 고려할 의무가 없다는 점에서 인구를 두 배로 늘릴 필요도 사라진다.[15]

---

15) 이러한 목적론적 해석에 대한 변호로, 파핏은 다음과 같은 가설적 예를 제시한다. 자신의 임신을 연기할지의 여부를 선택할 수 있는 한 여성을 상상해 보자. 그녀가 지금 당장 임신하기로 결정한다면, 아이는 살 만한 가치는 있지만 아주 행복하지는 못한 삶을 갖게 될 것이다. 그녀가 임신을 두 달 연기하기로 결정한다면, 아이는 행복하고 풍요로운 삶을 가질 것이다. 파핏은 대부분의 사람들이 아이를 당장 낳아야만 하는 아주 긴급한 이유가 있지 않는 한, 임신을 연기하지 않는 것을 비도덕적이라고 볼 것이라 주장한다. 그럼에도 불구하고, 임신을 연기하지 않음으로써 피해를 입는 사람은 하나도 없기 때문에 이러한 판단은 평등한 고려라는 해석으로 설명되지 않는다고 한다(당장 임신함으로써 탄생하게 될 아이는 아예 태어나지 않는 것보다는 살아 있는 것을 선호할 것이기 때문에 이 세상에 태어남으로써 피해를 입는 것은 아니다. 마찬가지로 임신을 연기함으로써 탄생하게 될 장래의 아이는 아직까지는 아예 존재하지 않는다는 점에서 피해를 입는 것이 아니다).

만일 그럼에도 불구하고 효용의 극대화 자체를 목표로 간주한다고 했을 때, 그것은 어떠한 면에서는 미학적인 이상과도 유사한 비도덕적 이상(non-moral ideal)이라고 보는 것이 가장 적절하다. 이러한 특징으로 규정하는 관점의 적절성은 롤즈가 목적론자의 또 다른 예로 들고 있는 니체(Friedrich Nietzsche)를 살펴봄으로써 알 수 있다(Rawls 1971: 25). 니체의 이론에서 극대화시키고자 하는 선(예를 들면, 창의성)은 특별한 소수에게만 유효한 것이다. 다른 사람들은 이러한 특별한 소수의 선을 증진시키는 한에 있어서만 쓸모가 있다. 공리주의에서 극대화되고 있는 가치는 모든 개인이 관여하거나 기여할 수 있는 성질의 것이라는 점에서 보다 일반적이다(비록 이를 극대화시키는 정책은 결과적으로 몇몇 사람의 희생을 초래할 수도 있지만 말이다). 이것은 공리주의적 목적론에 있어서는 니체의 경우와는 달리 모든 사람의 선호에 어느 정도 비중을 두어야 한다는 것을 의미한다. 하지만 두 이론 중에서 그 어느 쪽의 근본적인 원칙도 사람을 평등한 존재로 대하지는 않는다. 오히려 이들의 근본적인 원칙은 선의 극대화에 있다. 그리고 바로 이러한 점에서 두 가지 모두 어떻게 도덕원칙으로 간주될 수 있는지 의문스럽다. 여기서의 목표는 특정 사물을 필요로 하거나 요구하는 사람에 대한 존중이 아니라, 도리어 특정 사람들이 쓸모 있는 공헌자일 수도 있고 아닐 수도

그러므로 파핏이 이야기하는 것과 같이, 임신을 연기하지 않는 것이 도덕적으로 잘못된 것이라면 그것은 특정 사람들을 평등한 고려와 존중을 갖고 대할 의무와는 독립적으로, 전체적인 효용의 양을 증가시킬 의무를 우리가 갖고 있기 때문일 것이다(Parfit 1984: 358~361). 그리고 만일 그 여성에게 아이의 행복을 고려함으로써 전체적인 효용의 양을 증가시킬 의무가 있다면, 우리 모두에게는 더욱 많은 아이를 이 세상에 낳음으로써 전체적인 효용을 증가시킬 의무가 없겠는가? 추가적으로 아이를 낳음으로써 발생하는 효용이 기존에 존재하는 가족 구성원들이 느끼게 될 효용의 손실을 능가하는 이상, 한 명의 아이만을 원하는 부부는 자신들, 그리고 첫번째 아이의 평균적인 효용이 줄어든다 할지라도 한 명보다는 둘 내지는 세 명의 아이를 낳아야만 할 것이다. 이것이 목적론적인 공리주의를 정당화할 수 있는 설득력 있는 주장인지에 대해서는 독자의 판단에 맡기겠다. 사람들이 그 여성이 임신을 연기해야 된다고 생각하는 것은 도덕적이라기보다는 부분적으로는 경험적인 이유 때문이 아닌가 생각된다(즉, 우리는 그 여성이 임신을 연기함으로써 그 여성 본인이 더욱 행복할 것이라고 생각한다). 이것은 또한 부분적으로는 지금 태어나게 될 아이와 두 달 뒤에 태어나게 될 아이가 동일한 아이라고 잘못 생각하고 있어서, 그 아이가 세상에 '너무 일찍' 나오게 될 경우 피해를 입는다고 생각하기 때문이다. 이러한 경험적인 이유들을 일단 걸러내고, 두 가지 경우에 있어서 완전히 다른 아이가 태어날 것이라는 점을 분명하게 하고 나면(즉, 두 가지 경우에 있어서 탄생하게 될 각각의 아이는 완전히 다른 난자와 정자의 결과일 것이라는 점을 분명하게 하면), 지금 당장 우리가 상상할 수 있는 장래의 어떤 다른 아이보다 조금은 덜 행복할 수 있더라도 당장 낳을 수 있는 아이를 의식적으로 선택하는 것이 왜 도덕적으로 잘못된 일인지는 명확하지 않다.

있는 선에 대한 존중이다. 만약 사람들이 선의 극대화에 있어서 단순히 수단으로 전락해 버렸다면, 도덕성이라는 것은 고려대상에서 빠져 버린 것이나 다름없고 대신 비도덕적인 이상이 작동 중인 것이다. 니체적인 사회가 미학적으로 더 낫고 아름다울 수는 있지만, 도덕적으로 더 낫지는 못하다(니체 본인도 이러한 서술을 거부하지 않았을 것이다–그의 이론은 '선악의 저편에' *beyond good and evil* 있다). 만약 공리주의도 이러한 목적론적인 방식으로 해석한다면, 그것 또한 니체의 이론과 마찬가지로 도덕적 이론이기를 중단한 것이다.

앞서 나는 공리주의의 매력 중 하나는 바로 그 세속적인 본질에 있다고 언급했다–공리주의자들에게 있어서 도덕성이 중요한 것은 바로 인간이 중요하기 때문이다. 하지만 도덕적인 목표가 모호한 두 번째 해석에서는 이러한 매력적인 발상이 부재하다. 이 시각에서는 인간이 선에 대한 잠재적인 생산자 내지는 소비자로 간주되고, 우리의 의무는 사람에게 있는 것이 아니라 바로 선 자체에 있다. 이는 도덕성이 중요한 이유가 바로 인간이 중요하기 때문이라는 우리들의 핵심적인 직관을 위배한다. 이러한 점에서 모든 사람에 대한 평등한 존중이라는 이상에 전혀 호소하지 않은 채 공리주의를 순수하게 목적론적인 이론으로 인정했던 사람은 매우 드물다[무어(G.E. Moore)의 『윤리학』(*Ethics*)은 하나의 유명한 예외이다]. 공리주의는 그러한 핵심적인 직관과 유리되어서는 아무런 매력을 지니지도 못한다.

만일 공리주의를 평등주의적인 교리로 보는 것이 가장 적절하다면, 그것은 복지를 극대화시켜야 한다는 발상에 대해서 별개의 독립적인 의무를 지니지 않는다. 공리주의자들은 극대화라는 기준이 사람을 평등한 존재로 대하는 가장 나은 방법일 때만 사용해야 한다는 점을 시인해야만 한다. 많은 경우에 공리주의의 매력은 이러한 두 가지 정당화 논리의 묵시적 혼합에 의존한다는 점에서 이 부분을 밝히는 것은 매우 중요하다.[16] 많은 사람들이 극대화라는 특징을 공리주의를 옹호하기 위한 부가적이고

---

16) 공리주의의 비판자들 역시 이 두 가지 논리를 혼합한다는 점에서 동일한 오류를 범한다. 예를 들어, 공리주의가 사람들의 개별성을 무시한다는 롤즈의 주장에서도 이러한 오류를 찾아볼 수 있다. 롤즈에 의하면, 공리주의자들이 효용극대화의 원칙을 채택하는 것은, 한 사람의 경우(각각의 개인이 자신의 행복을 극대화시키는 것은 합리적이다)로부터 많은 사람의 경우(사회 그 자체의 행복을 극대화시키는 것은 합리적이다)로 일

독립적인 요인으로 받아들이지 않는다면, 공리주의에 내재하는 직관적인 불공정성은 그것을 평등한 고려에 대한 설명방식으로서의 적절성을 순식간에 박탈시키게 된다. 공리주의자들은 자신들이 평등한 고려라고 설명하는 것에 대한 직관적인 반론들을 비껴가기 위해서 은연중에 선의 극대화라는 기준에 호소한다. 물론 이러한 두 가지 정당화 논리를 혼합할 수 있다는 것 자체가 공리주의가 지니는 특유한 강점이라고 할 수도 있다. 하지만 유감스럽게도 동일한 이론 안에 두 가지 기준을 모두 채택하는 것은 논리적으로 일관적이지 못하다. 도덕성이 근본적으로 선의 극대화를 추구하면서 동시에 개인을 평등하게 고려하고 존중한다고 이야기할 수는 없다. 만일 공리주의자들이 둘 중 어느 쪽이든 한 가지 기준만을 고수한다면, 그들의 이론은 많은 부분에 있어 매력을 상실하게 된다. 공리주의를 극대화를 추구하는 목적론적 이론으로 보았을 때, 그것은 도덕의 중요성에 대한 우리의 핵심적인 직관에 미치지 못하게 되고, 그것을 평등주의적인 이론으로 보았을 때는, 내가 지금부터 보다 체계적인 방식으로 보여주고자 하듯이, 사람을 평등한 존재로 대한다는 것이 어떠한 것인지에 대한 우리의 의식과 충돌하는 일련의 결과들을 낳게 된다.

5. 부적절한 평등의 개념

만일 공리주의를 설득력 있는 정치도덕으로 간주하고자 한다면, 그것을 평등한 고려에 관한 이론으로 해석해야만 한다. 공리주의가 정당화시킬지도 모르는 불평등한 행위들을 생각한다면, 이는 다소 이상해 보일 수도 있다—예를 들어, 이는 미움 받는 사람들의 자유를 박탈하는 것과 같은 행위를 말한다. 하지만 우리는 평등이 가치로

반화를 하고 있기 때문이라고 이야기한다. 롤즈는 이러한 일반화가 사회를 마치 하나의 개인처럼 다룸으로써 한 사람의 삶 속에서의 교환이나 상이한 삶들 간의 교환을 무시한다는 점에서 이를 반대한다(Rawls 1971: 27; cf. Nozick 1974: 32~33; Gordon 1980: 40; Mackie 1984: 86~87). 그러나 평등주의적인 형태의 공리주의나 목적론적인 형태의 공리주의 그 어느 쪽도 이러한 일반화를 하고, 롤즈의 주장은 둘을 혼합시키는 오류로부터 비롯된다고 할 수 있다. 이에 대해서는 Kymlicka 1988b; Freeman 1994; Cumminsky 1990; Quinn 1993을 참조하라.

작용할 수 있는 상이한 수준들을 구분할 필요가 있다. 공리주의가 사람들에게 불평등한 효과를 미칠 수 있음에도 불구하고, 사람을 평등한 존재로 대하는 것에 대한 고민으로부터 동기가 유발된다고 주장할 수 있다. 실제로 헤어는 다음과 같이 묻는다. 만일 사람들의 본질적인 이익이 충분한 정보에 바탕을 둔 선호의 만족에 있고 모든 사람이 평등하게 고려되어야 한다고 믿는다면, 모든 사람을 하나, 그 이상도 아닌 오직 하나로만 계산하고 각자의 선호에 평등한 비중을 두는 것 외에 무엇을 할 수 있겠는가(Hare 1984: 106)?

그러나 공리주의가 사람을 평등한 존재로 대하는 것을 표방하더라도, 그것은 사람을 평등하게 대하는 것이 진정으로 의미하는 것이 무엇인지에 대한 우리의 직관을 많은 경우에 위반한다. 물론 우리가 일상적으로 갖는 반공리주의적인 직관들이 신뢰할 수 없는 것일 가능성도 있다. 하지만 나는 여기서 공리주의가 각자의 이익을 평등하게 고려해야 된다는 이상을 잘못 해석하고 있고, 그 결과 어떤 사람들의 경우에는 다른 사람의 목적에 대한 수단으로서 평등한 사람보다도 못한 대우를 받는 것이 허용되고 있다고 주장 할 것이다.

공리주의는 왜 평등한 고려에 대한 설명방식으로 적절하지 못한 것일까? 공리주의자들은 만일 그것이 평등한 효용을 산출하기만 한다면, 모든 행복의 원천 내지는 모든 종류의 선호에 평등한 비중을 두어야 한다고 가정한다. 이에 반해, 나는 평등한 고려에 대한 적절한 설명방식은 어떤 선호가 정당한 도덕적 비중을 지니는지 판단하고 그에 따라 상이한 종류의 선호를 구분해낼 수 있어야 한다고 주장할 것이다.

(a) 외재적 선호(external preferences)

선호의 종류에 있어서 하나의 중요한 구별방법은 바로 '개인적'(personal) 선호와 '외재적'(external) 선호간의 차이이다(Dworkin 1977: 234). 개인적 선호는 한 사람이 원하는 재화, 자원, 그리고 기회 중에 자신에게 이용 가능한 것들에 대한 선호이다. 반면, 외재적 선호는 한 사람이 원하는 재화, 자원, 그리고 기회 중에 타인에게 이용 가능한 것들에 대한 선호이다. 외재적 선호는 때로는 편견을 반영하고 있다. 가령 누군가는 흑인이 덜 존중받아야 한다고 생각하는 이유로 그들이 보다 적은 자원을 갖기를 원할 수도 있다. 이러한 식의 외재적 선호는 공리주의적 계산에 포함이 되어야 하는가? 이러한 선호의 존재 자체가 흑인들에게 그러한 자원들의 지원을 거부하는 도덕적 이유가 될 수 있는가?

앞서 살펴보았듯이, 간접적 공리주의는 상황에 따라 그러한 선호를 우리의 일상적인 의사결정과정에서 제외시키는 것이 공리주의적인 의미에서 더 나을 수 있다고 주장한다. 하지만 여기서 내가 생각해 보고자 하는 질문은, 그러한 선호를 옳음의 기준 자체로부터 제외시킴으로써, 보다 체계적으로 배제시킬 수 있는지의 여부의 문제이다. 그리고 공리주의의 가장 심원한 원리가, 그 자체의 옳음의 기준에 입각하여, 이러한 외재적 선호에 아무런 도덕적 비중을 부여하지 않는 것에 대한 근거를 마련할 수 있는지의 여부에 대해서도 고려해 보고자 한다. 앞에서 보았듯이, 공리주의의 가장 깊은 원리는 평등주의적이다. 모든 사람은 평등한 도덕적 지위를 차지하고, 사람들 하나하나는 남들만큼이나 중요하다―바로 이러한 이유에서 모든 사람의 선호가 계산에 포함되어야 한다. 하지만 이러한 이유로 우리가 공리주의에 매력을 느낀다면, 외재적 선호를 포함시키는 것은 논리적으로 일관적이지 못한 것으로 보인다. 왜냐하면 외재적 선호가 포함되었을 경우에는 다른 사람이 나에 대해서 어떻게 생각하는지에 따라 내가 정당하게 가질 수 있는 것들이 결정되어 버리기 때문이다. 만일 그들이 내가 평등한 고려를 받을 만하지 못하다고 생각한다면, 나는 공리주의적인 선호의 결집과정에서 덜 혜택을 받게 될 것이다. 하지만 공리주의는 모든 사람이 평등한 존재로 대우받아야 한다는 시각을 전제하고 있기 때문에, 공리주의자들은 이러한 결과를 받아들이지 못할 것이다.

만약 우리가 모든 사람이 평등한 존재로 대우 받아야 한다고 믿는다면, 타인들이 어떤 사람을 평등한 존재로 대우하길 원치 않는다는 이유로 그 사람이 고통 받도록 허용하는 것은 곧 우리의 가장 심원한 원리에 위배된다. 드워킨이 말했듯이, 비평등주의적인 외재적 선호는 '공리주의 이론과 같은 수준―같은 공간에 위치한다는 의미에서―에 있게 된다.' 따라서 공리주의는 "한편으로 일부 사람들의 선호가 다른 사람들의 선호보다 더 많이 고려되어야 한다는 그릇된 이론을 거부해야 할 의무와, 다른 한편으로 그러한 그릇된 이론을 열정적으로 받아들이는 사람들의 '외재적' 선호를,

다른 선호들의 실현을 위해 적극적으로 애쓰는 만큼이나, 실현시키려고 노력해야 할 의무, 이 두 가지 의무를 동시에 수용할 수 없게 된다"(Dworkin 1985: 363). 즉, 우리의 옳음의 기준에 의해, 모든 사람들의 선호를 평등하게 간주해야 한다고 요구하는 바로 그 원칙이, 동시에, 사람들의 선호가 평등하게 간주되어야 한다는 것을 부정하는 바로 그 선호를 배제시킬 것을 요구하게 되는 것이다. 하세이니의 말을 부연하자면, 공리주의자들은 그러한 선호와 대면했을 때 '양심적인 반대자'(conscientious objector)가 되어야 한다(Harsanyi 1977a:62; Goodin 1982: 93~94).

(b) 이기적 선호(selfish preferences)

두 번째 종류의 정당하지 않은 선호는 자신의 공정한 몫 이상의 것에 대한 욕구와 관련되어 있다. 나는 이러한 선호가 다른 사람들도 그 자원을 필요로 하고, 그것에 대한 정당한 권리가 있다는 사실을 무시한다는 점에서 '이기적 선호'라고 부를 것이다. 불평등한 외재적 선호와 마찬가지로, 이기적 선호 역시 일반적으로 비합리적이고 충분한 정보에 바탕을 두고 있지 못하다. 하지만 이러한 이기적 선호를 만족시키는 것은 가끔 순수한 효용을 발생시킨다. 이러한 선호가 만일 합리적이라면 공리주의적인 옳음의 기준에 포함이 되어야 하는가?

공리주의자들은 내가 이 질문을 표현한 방식에 반대할 것이다. 앞서 보았듯이, 공리주의자들은 공리주의적인 계산과는 독립적으로 공정한 몫이(그러므로 이기적인 선호라는 것도) 존재한다는 사실을 부정한다. 공리주의자들에게 있어서 공정한 분배는 단지 효용을 극대화시키는 것이라는 점에서 그 어떠한 선호도 효용의 계산에 앞서 이기적이라고 간주될 수 없다. 따라서 공리주의에 맞서 이기적 선호라는 것을 효용의 계산에 앞서 식별할 수 있다는 가정은 논리적으로 잘못되었다. 대신 공리주의 자체의 가장 심원한 원리가 옳음의 기준에 의해 이기적 선호를 식별하고 제외시킬 수 있는 공정한 몫에 대한 이론을 채택할 근거를 제시할 수 있는지의 여부는 물을 수 있다.

이 물음은 헤어(Hare)와 존 맥키(John Mackie)가 최근에 벌인 논쟁 속에서 드러난다. 대부분의 공리주의자들과 마찬가지로 헤어는 모든 합리적인 선호는 공정하지 않아 보이는 선호들까지도 모두 포함해서 효용의 결집과정에 포함되어야 한다고 주장한다.

가령, 나는 엄청난 양의 자원을 가지고 있는 반면 내 이웃은 매우 적은 양만을 가지고 있다고 했을 때, 만일 내가 이웃의 자원을 탐한다면 그 욕구는 계산과정에 포함이 되어야 하는 것이다. 그리고 만일 나의 기쁨을 함께 공유할 수 있는 친구들이 많아서 계산이 나에게 유리하게 이루어진다면, 나는 그 자원을 획득하게 될 것이다. 내가 현재 얼마 갖고 있는 지에 관계없이 내가 탐하는 자원이 아주 적게 가지고 있는 사람으로부터 나온다 하더라도 더 많은 자원에 대한 나의 욕구는 계속해서 평등하게 계산이 된다.

공리주의자들은 왜 그러한 선호를 포함시켜야만 하는가? 헤어는 바로 평등한 고려에 대한 원칙이 그러한 선호를 포함시킬 것을 요구하고 있기 때문이라고 이야기한다. 헤어에 따르면, 이러한 평등주의적인 원칙을 해석하는 최선의 방법은 바로 다음과 같은 마음의 시험을 사용하는 것이다. 우리 스스로를 다른 사람의 입장에 놓고 보았을 때 우리의 행동이 그들에게 미치게 될 영향을 상상해 본다는 것이다. 우리는 사람들 각자의 입장에 대해서 마치 우리 스스로의 입장인 양 똑같이 관심을 기울이고 평등하게 중요한 것으로 대해야 된다는 것이다. 이것은 우리가 모든 사람에 대해 평등한 고려를 하고 있다는 것을 보장한다. 이러한 방식으로 만일 우리가 모든 사람의 입장에서 생각을 해본다면, '나'에게 최선인 행동을 선택하게 된다. 여기서의 '나'라는 것은 바로 모든 '나'들의 입장, 즉 나의 입장과 평등하게 고려하고 있는 다른 모든 사람들의 상이한 입장들을 가리킨다. 만약 내가 다른 개인들에게 최선인 것을 선택한다면, 나는 모든 '자신들'(selves)의 선호만족을 극대화시키는 행동을 선택한다는 것이다. 따라서 헤어는 공리주의적인 선호의 결집이라는 기준은 평등한 고려에 대한 이러한 직관적인 모델에서 자연스럽게 비롯된다고 주장한다. 다시 말해서, 내가 만일 사람들 각자의 입장이 사실상 나의 것과 같다고 상상함으로써 그들의 이익을 나의 것과 평등하게 중요하게 여긴다면, 자연스럽게 공리주의적인 원칙을 채택할 것이라는 말이다(Hare 1984: 109~110; cf.1982:25~27).

헤어는 이것만이 사람을 평등하게 고려할 수 있는 유일한 합리적인 방법이라고 생각한다. 하지만 맥키가 주목하고 있듯이, 우리가 다른 사람들과 입장을 바꿔 놓고 다른 모든 개별자를 평등하게 중요히 여길 때 사람을 평등한 존재로 대할 수 있다는 헤어의 주장을 받아들인다 하더라도 이는 다른 식으로 귀결될 가능성도 내포하고 있다.

예를 들어, 이러한 상황에서 상이한 '나'들의 선호만족을 극대화시키는 선택을 내리기보다는 오히려 각자에게 인생에서의 '공정한 진행'(a fair go), 즉 각자에게 적절한 수준의 자원과 자유를 보장함으로써 사람을 평등하게 고려할 수도 있다는 것이다. 아니면 우리가 다른 사람들의 입장을 성공적으로 상정하고 있다고 했을 때, 가장 부유하지 못한 계층을 위해 최선인 것을 선택하거나, 모두에게 똑같은 양의 자원 및 자유를 제공하기로 결정할 수도 있다. 이는 모두 평등한 고려라는 추상적 관념이 요구하는 것이 무엇인지에 대한 상이한 개념이다(Mackie 1984: 92).

그렇다면 우리는 평등한 고려를 보여 줄 수 있는 다양한 방법들 사이에서 어떻게 결정을 내려야 하는가? 공리주의자들은 자신들의 입장이 또한 자원에 대한 평등주의적인 분배로까지 연결될 수 있다고 지적한다. 일반적인 경우에, 자원을 결여하고 있는 사람들은 이미 많은 자원을 가진 자들보다 추가적인 자원에 의해 더욱 많은 효용을 획득한다. 가령, 굶주린 사람은 이미 충분한 음식을 가지고 있는 사람보다도 한 조각의 음식에 의해 확실히 더욱 많은 효용을 획득할 것이다(Hare 1978: 124~126; Brandt 1959: 415~420; Goodin1995: 23). 이는 도표로도 설명될 수 있다(그림 2 참조). 만일 R지점에 있는 부자로부터 10달러를 가져와서(그렇게 함으로써 R1지점으로 끌어내리고), 그 돈을 P지점에 있는 가난한 사람에게 준다면(그렇게 함으로써 P1지점으로 끌어올린다면) 우리는 총체적인 효용을 증가시킬 수 있다−R이 잃는 효용보다 P가 얻는

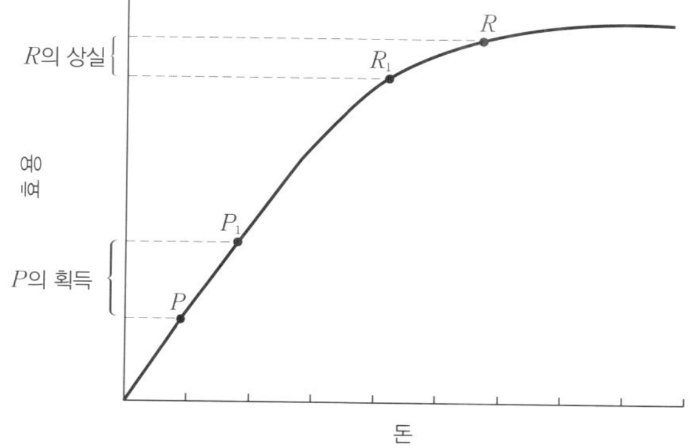

그림 2 한계효용체감(Declining marginal utility)

효용이 더 크다.

따라서 양측 모두 대략적인 자원의 평등한 분배로부터 출발한다는 점에는 동의할 수 있다. 그러나 헤어와 맥키는 이러한 최초의 평등한 분배를 매우 다른 방식으로 이해하고 있다. 맥키에게 있어서는 다른 모든 사람들이 자원의 공정한 몫을 분배받기만 한다면, 최초에 나에게 할당된 자원은 내 것이다–그 누구도 나에게 할당된 자원에 대해서 정의라는 명목 하에 정당한 권리를 주장하지 못한다. 물론 어떤 사람은 이미 자신의 공정한 몫을 갖고 있음에도 불구하고 나에게 할당된 양까지도 원할 수 있다. 하지만 이것은, 도덕적으로 이야기하자면, 중요하지 않다. 왜냐하면 그들의 선호는 아무런 도덕적 비중도 지니지 못하기 때문이다. 그것은 나에게 할당된 공정한 몫을 존중하지 않는다는 점에서 이기적 선호다. 맥키의 시각에 의하면, 국가는 사람들 각자가 지니는 자원에 대한 공정한 몫을 보장해야 하고, 누군가에게 마땅히 속하는 것들에 대해서 다른 사람이 이기적 선호를 갖는다는 이유로 그것이 침해받는 것을 허용하지 말아야 한다. 평등한 고려라는 개념에 대한 최선의 이해는 그러한 이기적 선호를 제외시킬 것이다.

반면, 헤어에게 있어서는, 최초에 나에게 분배된 자원은 똑같은 의미에서 진정으로 나의 것이 아니다. 다른 누군가가 그것을 더욱 잘 이용할 수 없는 한에서만 그 자원은 내 것이라 할 수 있다. 여기서 '더욱 잘'이라고 하는 것은 총체적인 효용이라는 측면에서 더욱 생산적이라는 것을 의미한다. 헤어는 나의 몫을 빼앗아갈 수 있는 단서는 바로 정부가 애초에 나에게 자원을 할당하게 된 것과 같은 가치, 즉 모든 사람의 목표에 대한 평등한 고려로부터 요구되는 것이라고 믿는다. 만일 우리가 사람들의 목표에 대해서 평등하게 관심을 가진다고 했을 때, 자원을 재분배함으로써 보다 많은 목표를 만족시킬 수 있을 경우에는 그렇게 하는 것이 정당하다.

이같이 평등한 고려에 대한 상이한 개념들 중에서 하나를 다른 하나보다 우선해서 선택해야 할 이유가 있는가? 일단 우리는 헤어의 재분배기획에 관련되어 있는 선호를 보다 자세히 살펴볼 필요가 있다. 다음과 같은 상황을 가정해 보도록 하자. 나는 다른 사람과 마찬가지로 공정한 몫을 지니고 있는데, 그 사회는 풍요로워서 공정한 몫에는 집과 뜰까지도 포함된다고 해보자. 내가 살고 있는 동네에서 다른 사람들은 모두 꽃을

심을 정원으로 자신의 뜰을 이용하고 있는데, 유독 내 뜰에 대해서는 애들이 뛰어 놀거나 개를 산책시킬 수 있는 공적인 공간으로 이용하기를 원한다고 하자. 반면, 나는 거기에 정원 만들기를 원한다고 해보자. 내 뜰을 공적인 공간으로 사용하고자 하는 다른 사람들의 욕구는 총체적인 효용이라는 측면에서 내가 내 뜰을 정원으로 이용하고자 하는 욕구를 능가할 것이다. 그러므로 헤어는 이런 상황에서 다른 사람들의 보다 큰 욕구를 위해 나의 욕구를 희생하는 것이 정당하다고 이야기한다.

만약 내가 정원 갖기를 고집하는 것이 도덕적으로 올바르지 못하다고 한다면, 우리는 여기서 누가 피해를 입었는지를 따져 보아야 한다. 만일 나의 희생이 사람들을 평등한 존재로 대하기 위해서 요구된다면, 내가 그 희생을 인정하지 않았을 때 누가 평등한 존재보다도 못한 대우를 받는 것인가? 이에 대한 헤어의 답변은 같은 동네 사람들의 선호가 나의 욕구를 능가한다고 인정되지 않았을 경우 그들 모두가 평등한 존재로 대우받지 못한다는 것이다. 하지만 그들은 이미 각각 자신의 뜰, 즉 자원에 대한 공정한 몫을 가지고 있다는 점에서 이러한 설명은 분명히 받아들이기 어렵다. 헤어에 의하면, 자신의 자원뿐만 아니라 나의 자원까지도 어떻게 쓸 것인지 결정할 수 있는 이웃들의 욕구는 도덕적인 주장의 근거가 될 수 있는 정당한 선호이다. 하지만 이러한 선호를 단순히 이기적이라고 묘사하는 것이 더욱 정확하지 않을까? 왜 이웃들은 평등한 고려라는 개념을 내 몫에 대한 권리를 주장할 수 있는 것으로까지 간주해야 되는가? 그들이 이미 각자 뜰을 가지고 있다면, 내 뜰에 대한 나의 선호가 내 뜰에 대한 그들의 선호를 능가하거나 우선한다고 이야기하는 것은 그들을 부당하게 대하는 것이 아니다. 나는 그들이 삶을 영위하는 데 필요한 자원에 대해서 권리를 주장하지 않는다는 점에서, 그들을 여전히 평등한 존재로 존중한다. 하지만 이웃들이 자신의 공정한 몫보다도 더욱 많은 것을 바라는 이기적 욕구를 만족시키기 위해 자원에 대한 나의 공정한 몫을 포기하기를 기대하거나 요구했을 때는, 바로 그들이 나를 평등한 존재로 존중하지 않는 것이다.

이것은 사람을 평등한 존재로 대하는 것이 무엇인지에 대한 우리의 일상적인 느낌에 대해서 중요한 요소를 보여주고 있다-즉, 우리는 다른 사람의 목표를 희생해 가면서까지 우리의 목표를 달성하기를 요구해서는 안된다. 가령, 나와 내 친구들이 사치스러운 취향이 있다고 해보자—우리는 캐비어를 즐겨먹고, 하루 종일 테니스를 하는 것을 좋아한다. 그것이 우리를 얼마나 즐겁게 만들든지 간에 나의 취향을 유지하기 위해 남들에게 그들의 공정한 몫을 포기하기를 요구한다면 이기적이다. 만약 내가 이미 나에게 할당된 몫의 자원을 가지고 있다면, 단지 내가 더 행복해질 수 있다는 이유로 남들의 자원에 대해서 도덕적으로 정당한 권리를 주장할 수 있다고 간주하는 것은 타인을 평등하게 배려하지 못하는 것이다. 만일 진정으로 다른 사람을 평등한 존재로 대해야 된다고 믿는다면, 공리주의적 계산에 있어서 이러한 이기적 선호는 제외될 것이다.

따라서 최초에 자원에 대한 평등한 분배를 지지한 바로 그 원칙은 분배에 있어서도 그 보장을 주장한다. 헤어가 주장한 단서(Hare's proviso)—최초의 분배는 효용을 극대화하는 재분배에 종속되어야 한다는 그 단서—는 최초 분배에 있어서의 핵심을 확장시키기보다는 오히려 훼손하고 있다. 도덕적 숙고를 하는 데 있어서 다른 사람들의 이익을 마치 내 것과도 같이 대해야 한다는 헤어의 발상이 반드시 나쁘다고는 할 수 없다. 이것은 도덕적 평등의 개념을 구체화시키는 하나의 방법이다(도덕적 평등을 구체화시키는 다른 장치들에 대해서는 다음 장에서 살펴볼 것이다). 그러나 그가 추구하고자 하는 평등한 고려는 다른 사람이 우리의 모든 행동이나 자원에 대해 평등한 권리를 주장할 수 있게끔 구성함으로써 달성될 수 있는 것이 아니다. 오히려 평등의 개념은 우리에게 주어진 자원이라는 수단을 통해 계획들을 어느 정도까지 추구해야 되는지, 그리고 다른 사람을 위해서는 얼마만큼을 적절하게 남겨두어야 하는지를 보장함으로써 제시될 수 있다. 평등한 고려라는 것은 각자 자신의 공정한 몫을 주장할 수 있다는 것을 보장함으로써 나타내는 것이지, 내가 나의 몫을 어떻게 사용할지 결정하는 데 있어서 다른 사람이 평등한 비중을 지닌다는 것을 보장함으로써 나타내는 것이 아니다. 사람들이 이기적 선호에 종속되게끔 놓아 두는 것보다 각자에게 공정한 몫을 보장하는 것이 바로 헤어가 추구하는 평등한 고려를 구체적으로 더욱 잘 실현하는 방안이다.

롤즈에 따르면, 이것이 바로 자신이 설명하고자 하는 정의와 공리주의자들의 정의 간의 근본적인 차이점이다. 롤즈에게 있어서는, '정의의 침해를 요구하는 이익은 아무런 가치도 지니지 않으며', 따라서 정당하지 않은 선호의 존재는 '서로가 지니는 권리에 대한 요구를 왜곡할 수 없다'는 것이 우리가 가지는 정의감의 뚜렷한 특징이다(Rawls

1971:31, 450, 564). 정의는 '정의원칙의 위배를 추구하는 선관들은 완전하게 배제될 수 있도록, 용인될 수 있는 선관을 제한해 준다. 용인될 수 없는 선관을 추구하는 주장들은 아무런 비중을 지니지 못한다.' 이처럼 불공정한 선호는 '말하자면, 절대로 사회적 계산에 포함될 수 없기 때문에', 사람들의 권리는 '타인들의 합리적이지 못한 요구들로부터 안전하게 보호된다'. 반면에 공리주의자들에게는, '만족감을 성취시킬 수 있는 목적에 대해서 옳음과 정의에 기반을 둔 어떠한 식의 제한도 부과되지 않는다' (Rawls 1982b: 184,171n., 170, 182).

이제야 비로소 공리주의가 왜 특수한 관계들을 인정하거나 정당하지 않은 선호를 제외시키는 데 실패하고 있는지를 알 수 있다. 각각의 경우에 있어서, 공리주의는 평등한 고려라는 것을, 그것이 무엇을 위해서든, 심지어는 그것이 다른 사람들의 권리나 신념을 침해하든 상관없이, 선재하는 선호의 결집이라는 관점에서만 이해하고 있다. 하지만 우리의 직관은 평등이라는 것이 바로 우리의 선호형성 자체에 개입해야 된다고 말해 주고 있다. 평등한 고려를 보인다는 것은, 부분적으로는, 다른 사람들이 삶의 목표를 결정하는 데 있어서 무엇이 그들에게 정당하게 속하는지 안중에 두어야 한다는 것을 의미한다.[17] 그러므로 편파적이거나 이기적인 선호는 이미 평등한 고려를 보이는 데 있어 실패를 나타낸다는 점에서 애초부터 제외된다. 하지만 만일 나의 목표가 다른 사람들의 정당한 권리를 존중한다면, 특수한 관계의 추구는, 다른 행동이 효용을 극대화시킨다고 할지라도, 나의 자유다. 만일 나의 계획이 평등의 교훈을 존중한다면, 내가 가족이나 직업에 우선순위를 두는 것은 전혀 잘못된 일이 아니다. 이것은 나의 일상적인 활동이 평등하지 못한 고려를 반영할 수 있음을 의미한다–나는 다른 사람들의 목표를 돕기보다도 나의 친구를 돕거나 내가 헌신하고 있는 신념에 더욱 관심을 기울일 것이다. 그것이 바로 부분적으로 친구 내지는 신념을 가진다는 것의 의미이다. 그리고 내가 다른 사람이 스스로의 계획을 추구하는 데 있어서 가지는 권리

17) 이것은 평등이 요구하는 것의 일부일 뿐이다. 왜냐하면 자기 스스로를 지탱할 수 없는 사람들에 대한 의무나 긴박한 필요에 있는 사람들에 대한 선한 사마리아인 의무도 있기 때문이다. 이러한 경우들에 있어서, 우리는 사람들의 정당한 권리를 존중하는 것과는 별개의 의무를 지닌다. 나는 제9장에서 이러한 문제들로 돌아올 것이다.

들을 존중하는 한, 그것은 전적으로 용인이 된다.

공리주의를 움직이는 가치들, 즉 처음부터 그것에 설득력을 부여해 주는 가치들을 생각해 본다면, 공리주의는 수정되어야만 한다는 것을 알 수 있다. 처음부터 공리주의가 매력적이었던 것은 바로 인간이 평등하게 중요하기 때문이다. 하지만 공리주의자들이 이행하려고 하는 평등한 고려라는 목표는 바로 공정한 몫에 관한 이론을 포함하는 접근방식에 의해서 가장 잘 실현된다. 이와 같은 이론은 다른 사람의 정당한 권리를 무시하는 편파적이거나 이기적인 선호를 배제하고, 대신 일상적으로 삶을 산다는 것의 부분이라고 여겨지는 특수한 의무들을 허용할 것이다. 이러한 수정은 결과주의의 일반적인 원칙과 충돌하기보다는 오히려 그것으로부터 파생된다. 그것은 도덕성이 인간의 복지에 관한 것이어야 한다는 일반적인 발상을 보다 정교하게 만든 것이다. 수정되지 않은 공리주의는 단지 사람들의 복지가 도덕적 고려를 받을만한 가치가 있다고 직관적으로 믿고 있는 방식을 지나치게 단순화시킨 것일 뿐이다.

공리주의적인 선호의 결집으로부터 사람들을 보호할 수 있는 권리의 중요성을 옹호하는 데 있어서, 롤즈와 맥키는 결과의 도덕적 중요성에 대해 반문을 제기하지 않는다. 롤즈가 말하듯이, '우리가 관심을 가질 만한 가치를 지니는 모든 윤리적 교리는 옳음을 판단하는 데 있어서 결과를 고려한다. 그렇게 하지 않는 것은 단순히 비합리적이고, 무모하다'(Rawls 1971: 30). 롤즈, 맥키, 그리고 다른 '권리 중심'(rights-based) 이론가들은 다만 결과에 대한 고려를 이론의 다른 부분에, 그리고 확실히 공리주의보다는 이른 단계에 설정해 넣을 뿐이다. 그들은 도덕성은, 단순히 선호들의 결집과정에서가 아니라, 바로 선호들의 형성과정에서, 타인들에 대한 영향을 고려할 것을 요구한다고 주장한다.

앞에서 살펴보았듯이, 간접적 공리주의자들은 비공리주의적 의사결정과정에 대한 우리의 직관적 신뢰는 옳음의 기준으로서의 공리주의를 훼손하지 않는다고 주장한다. 그 이유는 비공리주의적 절차를 채택하는 것조차도 공리주의적으로 정당화가 가능하기 때문이다. 하지만 그러한 식의 답변이 여기서는 통하지 않을 것이다. 왜냐하면 나의 주장은 바로 옳음의 기준으로서의 공리주의에 관련된 것이기 때문이다. 나의 주장은 공리주의자들이 사람의 선호만족에 자신들의 옳음의 기준을 근거지우는 바로 그 이유가 외재적 선호와 이기적 선호를 그 기준에서 제외시켜야 하는 이유 또한 되기 때문이라는 것이다. 이는 이론의 원칙들이 의사결정과정에 어떤 방식으로 적용되어야 하는지에 대한 반론이 아니라, 바로 그 이론의 원칙 자체에 대한 반론인 것이다.

공리주의에 대한 이러한 수정들을 지지하는 논평자들은 흔히 그 결과로 나오게 되는 이론을 효용과 평등이라는 가치 간의 균형, 또는 결과론과 의무론 간의 타협이라고 묘사한다(예컨대, Raphael 1981: 47~56; Brandt 1959: ch.16; Hospers 1961: 426; Rescher 1966: 59). 하지만 이것은 내가 주장한 것과는 다르다. 오히려 그러한 수정들은 공리주의 자체가 호소하고 있는 평등한 고려라는 이상을 보다 정교하게 풀어내기 위해서 필요한 것이다.

여기서 내가 방금 제시한 것과 같은 주장을 한숨 돌려 생각해 볼 만한 가치가 있다. 그 이유는 이러한 주장이, 내가 믿는 바에 의하면, 정치적 논증에 있어서의 하나의 기본적인 형태를 보여주고 있기 때문이다. 내가 이 책의 서론에서 언급했듯이, 평등이라는 개념은 흔히 정치적 도덕성의 토대가 된다고 이야기된다. 헤어의 공리주의나 맥키의 '공정한 진행에 대한 권리'나 양자 모두 사람을 각각 평등한 고려를 받을 만한 자격이 있다는 관념에 호소한다. 하지만 둘은 바로 그 관념에 대해 강한 흥미를 돋울 만한 그러한 설명을 제시해 주지 못한다. 우리의 직관은 공리주의가 공정한 몫에 대한 이론을 결여하고 있기 때문에, 사람이 평등한 존재로 대우받는 것을 보장하는 데 있어서 실패하고 있다고 말해 준다.

이는 정치적 이론화라는 작업이 도덕적 평등이라는 공유된 전제에 대해서 구체적 원칙들을 어떻게 바르게 연역해낼 수 있는가와 관련되어 있다는 사실을 시사하는 것일 수도 있다. 만일 그렇다면 정치적 논증은 근본적으로 잘못된 연역으로 얻어진 결론들을 식별하는 것의 문제일 것이다. 하지만 정치철학은 논리학과는 달라서 결론이 전제 속에 이미 완벽히 내재하는 것이 아니다. 도덕적 평등이라는 개념은 너무도 추상적이어서 구체적인 무언가를 연역해낼 수 있는 성질의 것이 아니다. 평등한 대우에는 여러 가지 상이하고 충돌하는 종류의 것들이 있다. 예를 들어, (어떤 사람은 더욱 많은 재능을 갖기 때문에) 기회의 평등은 불평등한 소득을 발생시킬 수도 있고, (어떤 사람은 더욱 많은 필요를 갖기 때문에) 평등한 소득은 불평등한 복지를 발생시킬 수도 있다. 평등한 대우의 이러한 구체적인 형태가 무엇이든간에 모두 도덕적 평등이라는 개념과 논리적으로 양립할 수 있다. 다만 문제는 어떠한 형태의 평등한 대우가 사람들을 평등한 존재로 대한다는 발상의 근본적 이상을 더욱 잘 포착할 수 있는가이다. 이것은 논리의 문제가 아니다. 이는 도덕적인 문제로서, 인간의 본성 및 이들 인간의 이익 및 관계와 같은 복잡한 사안들에 의해 좌우된다. 평등한 대우에 대한 어떠한 구체적인 형태가 사람을 평등한 존재로 대한다는 발상을 가장 잘 포착할 수 있는지를 결정함에 있어서, 우리는 논리적 연역의 기교에 정통한 논리학자를 원하지 않는다. 우리는 사람이 어떠한 점에서 존중 및 관심을 받아야 하는지, 그리고 어떠한 종류의 활동들이 그러한 존중 및 관심을 가장 잘 드러낼 수 있는지에 대한 이해를 갖고 있는 사람을 원한다.

도덕적 평등의 개념은 본질적이기는 하지만, 정의이론을 연역해낼 수 있는 전제로서 이용되기에는 지나치게 추상적이다. 정치적 논증에서 요구되는 것은 하나의 단일한 전제 그리고 그것에 대한 경쟁적인 연역들이 아니라, 오히려 단일한 개념과 그것에 대한 경쟁적인 관점 내지는 해석인 것이다. 각각의 정의이론은 평등의 이상으로부터 *연역된*(deduced from) 것이 아니라 오히려 그것을 *열망하는*(aspires to) 것이며, 각각의 이론은 그것이 열망하는 바에 얼마만큼 가까워지는가에 따라 평가받을 수 있다. 드워킨이 말하듯이, 우리가 공공관료들로 하여금 평등의 개념에 부합하여 행동할 것을 지시하는 데 있어서, '(우리가) 지시하고 있는 자들에게 자신만의 고유한 관점을 개발하고 적용할 수 있는 책임을 부과한다.……물론 이것은 그들에게 자신이 원하는 대로 행동할 수 있는 자유재량을 허용한다는 것을 의미하지는 않는다. 이는 하나의 관점이 다른 관점보다 우위에 있다는 것을 가정하고 있기 때문에, 그들이 충족시키려고 노력을 기울여야 하는–그리고 그 과정에서 실패할 수도 있는–기준을 마련해 준다'(Dworkin 1977: 135).[18] 그러나 여기서 우리가 평등에 관한 하나의 구체적인 관점에 대해 자신감을 갖

18) 이는 드워킨의 평등주의적 전제(egalitarian plateau)가 여러 가지 상이한 종류의 분배원칙들과 호환이 가능하다는 점에서, 그것이 '순수하게 형식적'이거나 '공허하다'는 비판들이 잘못되었다는 것을 보여준다(Hart 1979: 95~96; Goodin 1982: 89~90; Mapel 1989: 54; Larmore 1987: 62; Raz 1986: ch.9). 드워킨이 밝히고 있듯이, 이러한 비판들은 '정치이론과 논쟁에 나타나는 추상적인 개념들의 역할을 잘못 이해하고 있는 것이다'(Dworkin 1977: 368). 사람을 평등한 존재로 대한다는 발상은 추상적이기는 해도, 형식적이지는 않다–그것은 도리어 특정 이론(가령, 인종차별주의적인 이론)을 배제하고, 일반적인 의미에서 여타 이론들이

고 있는 만큼, 어느 관점이 평등의 개념을 가장 잘 표현 혹은 포착할 수 있는지와 관련해서 경쟁하는 다른 관점들과 대비시켜 검증해야 한다.

이것이 바로 앞에서부터 내가 공리주의에 반대해서 제기하고자 했던 주장이다. 우리는, 공리주의를 특정한 권리와 자원에 대해 공정한 몫을 보장하는 다른 이론과 비교해 봄으로써, 그것이 평등에 대한 하나의 관점으로서 지니는 약점을 볼 수 있다. 이렇게 두 가지 관점을 비교해 보았을 때, 공리주의는 평등의 근본적인 개념에 대한 우리들의 직관과는 차이를 보인다는 점에서 도덕적 평등에 대한 설명방식으로 적합하지 않아 보인다. 하지만 공리주의의 이러한 부적합성은 논리적 오류의 문제가 아니고, 마찬가지로 공정한 몫에 대한 이론이 지니는 강점 역시 논리적 증명의 문제가 아니다. 이는 보다 정교한 형태의 논증에 익숙한 자들에게는 만족스럽지 못한 설명일 수도 있다. 그러나 만일 앞서 제기했던 평등주의적인 제안이 옳다면—즉, 만일 이러한 이론들이 모두 사람을 평등한 존재로 대해야 된다는 이상에 따라 행동하는 것을 지향한다면—정치적 논증이 채택해야 할 형태는 바로 이러한 것이다. 그것이 논리적 증명을 달성하도록 요구하는 것은 단순히 정치적 논증이라는 과제의 본질을 잘못 이해하고 있는 것이다. 정치공동체를 통치하는 원칙들에 대한 우리의 신념을 상세히 설명하거나 방어하려는 그 어떠한 시도라도 이처럼 평등의 개념에 대한 상이한 관점들을 비교하는 형태를 띠게 될 것이다.

6. 공리주의의 정치

정치도덕으로서 공리주의가 현실에서 지니는 함의는 무엇인가? 나는 공리주의가 공동체 내에서 다수의 이익을 위해 약자 및 소수 구성원들의 희생을 정당화시켜 줄 위험성도 있다는 것을 앞에서 언급했다. 하지만 공리주의는 다수의 희생을 대가로 정의롭지

지향하는 기준을 세워 주는 실질적인 이상이라 할 수 있다. 어떠한 추상적인 개념이 해석되어야만 하고, 다른 이론들이 그것을 상이한 방식으로 해석한다는 사실은, 그 개념이 공허하거나 그것에 대한 한 가지 해석이 다른 해석만큼이나 좋다는 것을 의미하는 것은 아니다.

못한 특권을 누리는 자들을 공격하는 논리로도 이용되어 왔다. 실제로 자기의식적인 정치적, 철학적 운동으로서의 공리주의는 영국 사회에 대한 급진적인 비판으로서 등장했다. 최초의 공리주의자들은 당시 영국 사회의 운영 자체가 이성이 아닌 봉건적 미신의 소산이라고 믿었는데, 이들은 여기에 대한 완전한 재고를 주장했다는 점에서 '철학적 급진론자'(Philosophical Radicals)들이었다. 따라서 당시의 공리주의는 진보적이고 개혁적인 정치 프로그램으로 인식되었−이들은 민주주의의 확장, 형법상의 개혁, 복지조항 등을 주장했었다.

반면에, 현대 공리주의는 '놀라울 정도로 체제 순응적'이다−실제로 그들은 공리주의가 모든 것을 있는 그대로 둔다는 것을 보여주기 위해 열심인 듯하다(Williams 1972:102). 햄프셔(Stuart Hampshire)가 이야기했듯이, 영국의 공리주의는 '세상에서 선의 실현을 계획했다'. 그리고

> 실제로 몇해에 걸쳐 상당한 정도로 이러한 목표를 실현시키는 데 성공했다……공리주의 철학은 제1차 세계대전 이전에, 그리고 그 후 수년……여전히 대담하고, 혁신적이고, 체제 전복적이기까지 한 교리로서, 과거 성공적인 사회비판의 역할을 수행한 경력을 가지고 있었다. 나는 공리주의가 차츰 그 역할을 상실하고 있으며, 이제는 오히려 장애요소가 되고 있다고 생각한다(Goodin 1995: 3에서 인용).

확실히, 일부 공리주의자들은 아직까지도 공리주의가 우리의 일상적인 도덕의 자의적이고 비합리적인 측면에 대한 급진적 비판을 요구한다고 지속적으로 주장하고 있다(예컨대, Singer 1979). 하지만 공리주의는 더 이상 체계적인 정치운동을 형성하고 있지 못할 뿐 아니라, 어떠한 상황이라도 현상유지를 지키려는 경향을 보여준다.

이러한 보수적 성향의 강화는 어떻게 설명될 수 있는가? 그 주된 이유에는 두 가지가 있다고 생각한다. 첫째는 공리주의적인 원칙을 현실에 실제 적용하는 데 있어서의 어려움에 대한 공감대가 증가하고 있다는 점이다. 최초의 공리주의자들은 인간복지라는 입장에서 현존하는 사회규약들을 기꺼이 판단하려고 했던 것에 반해서, 현대 공리주의자들은 그러한 판단을 그냥 일상적인 도덕에 맡기는 것이 공리주의적으로 좋다고

주장한다. 즉, 우리의 일상적 도덕규범들에 대해서 예외를 만들어냄으로써 효용을 증진시킬 수 있는 것처럼 보일 수도 있겠지만, 그 어떤 상황에서도 그러한 좋은 규범들을 준수하는 데에는 공리주의적인 이유가 있다는 것이다. 새로운 규범으로 얻어지는 이득은 분명하지 않은 반면에 현존하는 규범들은 이미 그 가치가 증명되었기 때문에(역사적으로 문화적 진화라는 시험을 견디어냈기 때문) 사람들이 그것들에 대해서 기대감을 형성하고 있다는 것이다. 그리고 설사 일상적인 규범들이 공리주의적인 의미에서 좋지 않은 것처럼 보이더라도, 그러한 규범을 효용이라는 잣대로 평가하지 않는데 역시 공리주의적인 이유가 있다는 것이다. 공리주의적인 토대에 직접적인 근거를 두고 행동하는 것은 우리가 성심성의로 추구하는 개인적 및 정치적 신념에 대해 부수적이고 유리된 태도를 취하도록 부추긴다는 점에서 비생산적이다. 더욱이 행동의 결과를 예측하는 것은 어려울 뿐 아니라, 설사 예측이 가능하더라도 측정하기가 어렵다. 그렇기 때문에 무엇이 효용을 극대화시킬 수 있는지에 대한 우리의 판단은 불완전할 뿐만 아니라, 사회제도를 합리화하려는 시도는 이익보다는 손해를 더 많이 초래할 가능성이 높다는 것이 이들 주장의 요지이다.

결과적으로, 현대 공리주의자들은 공리주의가 비판의 원칙 내지는 정치적 평가의 원칙으로 이용될 수 있는 범위를 축소시키고 경시하게 된 셈이다.[19] 일부 공리주의자들은 우리의 일상적인 가르침들이 서로 상충하는 결과들로 이어질 때에만 공리주의적 사고에 의지해야된다고 주장한다. 반면에 다른 사람들은 공리주의적인 의미에서 최선의 세상은 아무도 명시적으로 공리주의적인 방식으로 사고하지 않을 때 이루어질 수 있다고 주장한다. 윌리엄스는 이러한 종류의 공리주의는 자기파괴적 논리라고 주장한다—그것은 스스로의 폐기를 주장한다. 엄밀히 따지자면, 이는 결과적으로 효용을 극대화시키는 것이 도덕적으로 올바른 행동이라는 점을 부인하지 않는다는 점에서 자기파괴적이지는 않다. 하지만 이것은 공리주의가 더 이상 정치적 논쟁을 위한 올바른

---

19) 예를 들어, 베일리는 특정한 형태의 공리주의를 옹호하는데, 그것은 '전지구적'(global) 수준보다는 '주변적'(marginal) 수준에서의 분석에 적합하다고 주장한다—즉, 우리는 공리주의 원칙들의 토대 위에 제도를 새로이(de novo) 만들려고 해서는 안 되고, 현존하는 제도가 주변 상황의 변화로 인해 실패하기 시작했을 때 비로소 그에 대해 최소한의 변화를 주기 위해 공리주의를 도입해야 된다는 것이다(Bailey 1997: 15).

수단으로 제시되지 못한다는 점을 시사하고 있는 것이다. 정치는 일상적인 도덕의 비공리주의적인 언어로 토론되어야만 한다—권리, 개인적 책임, 공공이익, 분배정의 등과 같은 언어를 통해서 말이다. 적어도 몇몇 현대적인 시각에 의하면, 공리주의는 모든 것을 있는 그대로 둔다—그것은 일상적인 정치적 의사결정과 경합한다기보다는 초월해 있다.

공리주의가 더욱 보수적인 성향을 띠게 된 데에는 또 다른 이유도 있다. 공리주의는 역사적으로 영국 사회가 여전히 (지방의 노동계급을 차지하던) 다수(majority)의 희생을 통해 특권을 누린 소수의 엘리트 계층의 이익을 보장하기 위해 조직되어 있던 시기에 발생했다. 이러한 엘리트적인 사회구조는 종종 이념적으로 왜곡된 전통, 본성 내지는 종교의 개념을 통해 정당화 되어 있었다. 이 시기에 가장 본질적인 정치논쟁들은 주로 다수의 권리를 신장시키기 위해 체제를 개편해야 하는지의 여부에 대한 것이었다. 이러한 상황 아래에서 세속화와 극대화에 대한 공리주의의 헌신은 분명히 역사적으로 특권 받은 엘리트에 대항해서 억압받은 다수의 편을 든다는 것을 의미했다.

그러나 현대 자유민주주의 체제에 있어서는, 핵심적인 정치쟁점들이 달라졌다. 대중의 다수(적어도 남성 구성원들)가 기본적인 정치적 및 시민적 권리를 획득한 것은 이미 오래전 일이다. 1950년대와 1960년대의 시민권 운동을 출발점으로, 논란이 되던 대다수의 정치문제들은 역사적으로 억압받은 소수(minorities)의 권리로 초점을 맞추게 되었다—가령 흑인들, 동성애자들, 토착민들 혹은 신체적 장애를 갖고 있는 사람들의 권리로 말이다. 더욱이 이러한 권리는 전형적으로 다수에 대항하여 주장이 되었다—즉, 이 시민권리운동은 다수파가 원하지 않거나 그들의 이익에 부합하지 않는 정책들을 다수파로 하여금 받아들이도록 강제하는 성격을 지니고 있었다. 이러한 경우에 있어서 공리주의는 더 이상 명확하거나 명료한 방향을 제시하지 못한다. 여기서 문제가 되는 소수는 수적으로도 적고—어쩌면 전체 인구의 2~5%밖에 안 될지도 모른다—다수로부터 환영을 받지 못하는 사람들일 수도 있다. 다수를 차지하는 사람의 대부분은 이와 같은 소수에 대해서 편파적인 성향을 갖고 있었고, 설사 그렇지 않다 하더라도 역사적으로 다양한 소수집단의 억압을 통해 이익을 누려 왔다. 예를 들어, 다수자들은 지역토착민을 착취함으로써 풍요를 누려 왔다. 토착민들에게 토지소유권을 부여하거나 신체장애인들에게 공공시설에 대한 접근성에 대한 권리를 주는 것은, 다수를 이루는 성원들에게 현저한 경제적 비용을 물리는 것과 관련되어 있으며, 역사적으로 소수자를 배제해 온 전통과 관습들을 포기할 것을 강제한다.

이러한 상황 속에서 공리주의가 어떤 처방을 권할지는 분명하지 않다. 만일 단순히 투표수를 계산하거나 여론을 측정한다면, 동성연애에 대해서 지지자보다는 반대자가 많다는 점을 알게 되리라는 것은 명백하다. 아니면 만일 토착민의 토지소유권에 의한 이익과 손해를 계산해 본다면, 손해를 보는 사람이 이익을 보는 사람보다 많다는 점을 알게 되리라는 것 역시 상당히 명백하다. 공리주의를 단순히 적용해 보면 이는 권리를 요구하는 소수에 반대해서 다수의 편을 들어주게 될 것이다. 물론, 앞서 살펴보았듯이, 공리주의자들은 다수의 편견이나 경제적 이익으로부터 규모가 작거나 환영받지 못하는 소수의 권리를 보호했을 경우에 장기적으로는 모두가 이익을 누릴 것이라고 주장하는 데에는 여러 가지 근거가 있다고 이야기한다. 그렇다면 우리는, 단기적으로, 특정 소수를 억압하거나 무시했을 때 다수가 누리는 욕구만족 내지는 이익과, 장기적으로, 안정적인 사회제도를 유지했을 때의 이익을 대비시켜 보아야 한다. 하지만 이는 공리주의자 본인들도 동의하지 않는 복잡하고 사색적인 질문이다.

간단히 말해서, 특권을 누리는 소수의 엘리트로부터 억압받는 다수를 보호하는 것이 쟁점일 경우에, 공리주의는 명확하고 진보적인 해법을 제시해 준다. 하지만 특권을 누리는 거대한 다수로부터 억압받는 소수를 보호하는 것이 문제일 경우에, 공리주의는 단기적인 효과와 장기적인 효과를 어떻게 정의하고 비교하는가에 따라 모호하고 상충적인 해법들을 제시한다. 즉, 여기서 문제는 '공리주의적 논증의 바람이 지나치게 여러 방향으로 분다는 것이다'(Sher 1975: 159). 이 문제는 실질적으로 공공정책의 모든 분야에 적용이 된다. 가령, 어떤 공리주의자들은 돈의 한계효용체감으로 인해 부의 대량 재분배에 의해서 효용이 극대화될 수 있다고 주장하는 데 반해, 다른 공리주의자들은 더욱 많은 부를 창출할 수 있다는 이유로 자유방임적 자본주의를 옹호한다. 이것은 단순히 합의된 효용의 기준을 따랐을 때, 상이한 경제정책들이 어떠한 효과를 내는지를 예측하는 문제에 머무르는 것은 아니다. 이는 또한 그 기준을 어떻게 정의하는가의 문제이기도 하다–경제적인 이익과 인간 선을 구성하는 다른 요소들(이를테면 여가, 공동체, 기타 등)간의 관계는 무엇인가? 뿐만 아니라, 이는 효용계산의 역할 자체에 대한 문제이기도 한 것이다—총체적인 효용을 얼마나 신뢰성 있게 결정할 수 있으며, 이미 형성되어 있는 규범들은 얼마만큼 중요한가? 효용을 언제, 어떻게 측정할 수 있는지에 대한 의견의 불일치를 고려했을 때, 공리주의는 이에 대해서 대립하는 판단들을 초래하기 마련이다.

나는 공리주의에 대한 모든 입장이 동등하게 설득력이 있다고 주장하려는 것은 아니다(혹은 이러한 문제가 비공리주의적인 이론에서는 나타나지 않는다고 말하려는 것도 아니다). 최초의 공리주의자들이 자신의 정치적 판단에 대해서 가졌던 자신감과 의견의 일치는 종종 문제를 지나치게 단순화시킨 시각을 가지고 바라본 결과였다. 일단 이와 관련된 경험적이고 도덕적인 문제들의 복잡성을 인지했을 때, 그 어떤 이론에 있어서도 어느 정도의 불확정성은 불가피해진다. 효용을 쾌락으로 축소시킬 수 없다거나, 모든 종류의 효용이 측정 가능하거나 비교 가능하지 않다거나, 그리고 효용을 측정하려고 하는 것이 항상 적절하지는 않다고 주장하는 것은 현대 공리주의자들이 옳다고 할 수 있다. 하지만 이러한 추가적인 정교화의 대가는 공리주의가 더 이상 그 어떠한 일련의 정책도 뚜렷하게 우수하다고 즉시 밝혀 주지 못한다는 것으로 나타나게 되었다. 현대 공리주의는 그 급진적인 유산에도 불구하고, 더 이상 어떤 뚜렷한 정치적 입장을 규정짓지 못한다.

심화된 독서를 위한 안내

공리주의에 관한 가장 유명한 주장들은 여전히 그것의 19세기 선구자들 특히, 제레미 벤담, 존 스튜어트 밀, 그리고 헨리 시즈윅(Henry Sidgwick)의 저서들에서 찾아볼 수 있다. 더욱이 오늘날에도 공리주의에 관한 문헌들의 대부분은 이들 저작에 대한 주석으로 이루어져 있다. 이러한 고전적 주장에 대해서는 Jeremy Bentham, *An Introduction to the Principles of Moral Legislation*, ed. J. H. Burns and H. L. A. Hart(Athlone Press, 1970, 1st pub., 1823; 제레미 벤담, 이성근 외 역, 『道德 및 立法의 諸原理 序說』, 휘문출판사, 1972); J. S. Mill, *Utilitarianism, Liberty, Representative Government*, ed., A. D. Linsay(J. M. Dent and Sons, 1968, 1st pub., 1863; J.S. 밀, 이을상·김수청 역, 『공리주의』, 이문출판사, 2002); 그리고 Henry Sidgwick, *The Methods of Ethics*(Hackett, 1981, 1st pub., 1874)를 보라. 현대적 해석서로는, David Lyons (ed.), *Mill's Utilitarianism : Critical Essays*(Rowman and Littlefield, 1997); Roger Crisp (ed.), *Routledge Philosophy Guidebook to Mill on Utilitarianism*(Routledge, 1997); Ross Harrison (ed.), *Bentham*(Routledge, 1999); Bart Schultz(ed.), *Essays on Sidgwick*(Cambridge University Press, 1992)을 보라.

공리주의를 옹호하거나 반대하는 많은 저작들은 그것을 우리들의 사적 행위나 선택을 지도하거나 평가할 의도를 가진 윤리에 대한 일반론이나 개인적 도덕성으로 대한다. 공리주의적 윤리에 관한 영향력 있는 현대적 변론에 관해서는, James Griffin, *Well-Being : Its Meaning, Measurement and Moral Importance*(Oxford University Press, 1986); David Lyons, *Forms and Limits of Utilitarianism*(Oxford University Press, 1965); Richard Brandt, *A Theory of the Right and the Good*(Oxford University Press, 1979); *Morality, Utilitarianism and Rights*(Cambridge University Press, 1992); R. M. Hare, *Moral Thinking*(Oxford University Press, 1981; R.M. 헤어, 김형철·서영성 역, 『도덕사유: 그 단계, 방법 그리고 목적』, 서광사, 2004)을 보라. 공리주의를 안락사, 제3세계의 빈곤 문제서

부터 동물의 권리에 이르기까지 광범위한 실제적인 문제들에 적용하려는 시도를 위해서는 Peter Singer, *Practical Ethics*(Cambridge University Press, 1993; 피터 싱거, 황경식·김성근 역, 『실천윤리학』, 철학과 현실사, 1991)를 보라.

공리주의를 정치제도나 공공정책을 평가하기 위한 구체적인 정치도덕으로 옹호하려는 저작들은 상대적으로 적다. 이에 대한 두 가지 중요한 예외는, Robert Goodin, *Utilitarianism as a Public Philosophy*(Cambridge University Press, 1995); James Bailey, *Utilitarianism, Institutions and Justice*(Oxford University Press, 1997)이다.

사적인 윤리강령으로서든 정치제도의 원칙으로든 공리주의는 압도적인 비판을 받아 왔다. 이러한 비판들 중 거의 최초이며 아직까지도 강력한 비판은 J. J. C. Smart and B. Williams(eds.), *Utilitarianism: For and Against*(Cambridge University Press, 1973)에 수록되어 있는 버나드 윌리엄스에 의한 것이다. 다른 중요한 비판들은 Amartya Sen and Bernard Williams (eds.), *Utilitarianism and Beyond*(Cambridge University Press, 1982); Raymond Frey (ed.), *Utility and Rights*(University of Minnesota Press, 1984); Lincoln Allison (ed.), *The Utilitarian Response : The Contemporary Viability of Utilitarian Political Philosophy*(Sage, 1990)에서 찾아볼 수 있다.

이러한 논쟁에 대한 개론적인 성격의 조망을 담고 있는 두 개의 저작은 루트레지(Routledge) 출판사의 '철학의 문제들'(Problems of Philosophy) 시리즈에서 Geoffrey Scarre, *Utilitarianism*(Routledge, 1996)과 William Shaw, *Contemporary Ethics : Taking Account of Utilitarianism*(Blackwell, 1998)이다. 가장 중요한 저작들 중 다수는 Jonathan Glover (ed.), *Utilitarianism and its Critics*(Macmillan, 1990)에 발췌되어 있다.

이 분야에 있어서의 새로운 논의들을 계속 살펴보고자 하는 사람들을 위해서는 공리주의 연구를 전문으로 다루는 학술지 *Utilitas*와 공리주의와 그 비판자들 간의 논쟁을 종종 다루고 있는 *Economics and Philosophy*가 있다. 또한 공리주의를 다루고 있는 유용한 웹사이트들도 몇 개 있다. 첫번째로는 Utilitas와

International Society for Utilitarian Studies에 관한 사이트를 포함하고 있는 런던의 유니버시티 칼리지(University College London)의 '벤담 프로젝트'(Bentham Project)를 들 수 있다(www.ucl.ac.uk/Bentham-Project/). 두 번째는 '공리주의 자료'(Utilitarian Resources)이다(www.utilitarianism.com). 두 사이트 모두 광범위한 참고문헌과 온라인 텍스트들을 담고 있다.

제3장

자유적 평등(LIBERAL EQUALITY)

1. 롤즈의 기획

(a) 직관주의와 공리주의

바로 이전 장에서, 나는 다른 사람들의 이익을 위한 개인의 희생이 정당화될 수 있는 데에는 한계가 있기 때문에 효용을 계산하기 이전에 공정한 몫(fair share)을 주장하기 위한 다른 이론이 필요하다고 언급했다. 사람을 평등하게 대우한다고 했을 때, 우리는 그가 소유하고 있는 특정 권리나 자유들을 보호해 주어야만 한다. 그렇다면 어떠한 권리나 자유를 보호해야 하는가?

지난 30년간 정치철학에 관련된 대부분의 저작들은 바로 이 문제에 대한 것이었다. 앞서 살펴보았듯이, 그 중에는 공리주의를 지속적으로 옹호하는 일부 사람도 있다. 하지만 '특정 형태의 공리주의가–만일 우리가 올바른 형태만 찾을 수 있다면–정치적 도덕성의 본질을 포착할 수밖에 없을 것이라는 한때 널리 받아들여졌던 구식의 신념' (Hart 1979: 77)에는 두드러진 변화가 있었다. 그리하여 대부분의 현대 정치철학자들은 공리주의에 대한 체계적인 대안을 찾고자 노력해 왔다. 존 롤즈는 1971년도에 출판된 자신의 저서인 『정의론』(*A Theory of Justice*)을 통해 바로 이러한 대안을 제시한 최초의 사람 중 하나이다. 당시에 많은 사람들은 공리주의의 반직관적 속성에 대해서 지적을 했다. 하지만 롤즈는 당시의 정치이론은 두 가지 극단 사이에 사로잡혀 있다고 불평하는 데서부터 책의 서문을 열고 있다. 한쪽 극단은 공리주의이고, 다른 한쪽 극단은 일관되지 않은 생각들과 원칙들이 한데 난잡하게 뒤섞여 있다는 것이다. 롤즈는 특정한 쟁점에 대한 특정한 직관들에 기반을 둔 일화들의 열거에 불과하다는 후자의 접근방식을 '직관주의'(intuitionism)라고 부른다.

물론 우리는 특정 쟁점에 대해서는 반공리주의적인 직관을 가지지만, 이러한 직관들을 이해할 수 있는 대안적인 이론을 원한다는 점에서, 직관주의는 공리주의의 만족스러운 대안이 되지 못한다. 우리는 이러한 구체적인 사례들이 왜 우리의 내면에서 불만을 이끌어내는지 설명해 줄 수 있는 이론을 원한다. 그러나 '직관주의'는 이러한 직관들이 어떻게 관계를 맺고 있는지 제시하거나, 직관들에 체계를 부여하고 그 체계의 근저에 깔려있는 원칙들을 제공하지 못한다는 점에서 결코 최초의 직관들을 뛰어넘지도, 관통하지도 못한다.

롤즈는 직관주의 이론들이 두 가지 특징을 지니고 있다고 묘사한다.

> 첫째로, 그것은 특정한 경우에 있어서 상반되는 지침을 제시하는 상충하는 제1원칙들의 다원성으로 이루어져 있으며, 둘째로, 이러한 원칙들의 순위를 가려 줄 명확한 방법이나 우선성의 규칙을 결여한다. 우리는 다만 대략적으로 가장 옳다고 생각되는 바에 따라 직관에 의해서 조정점을 발견할 수 있을 뿐이다. 그렇지 않고 우선성의 규칙이 있다고 하더라도 그것은 다소 변변찮은 것이어서 판단을 내리는 데 있어 실질적인 도움이 되지 못하리라고 생각된다(1971: 34).

직관주의는 그 원칙들이 지니는 일반성의 수준에 따라 여러 종류로 구분될 수 있다.

> 상식적인 직관주의는 다소 특수한 신조들의 집합이라는 형식을 갖게 되는데, 각각의 집합은 정의의 특정문제에 적용되는 것이다. 공정한 임금문제, 과세문제 혹은 처벌 등의 문제에 적용되는 조항들의 집합이 각각 따로 존재한다. 공정한 임금에 대한 개념에 이르기 위해 우리는 여러 가지 경쟁적인 기준들, 예를 들면 기술, 숙련, 노력, 책임, 그리고 작업의 위험성 등의 우선순위를 가려야 할 뿐만 아니라 기본 생활에 대한 급여액도 고려에 넣어야 한다. 아마 아무도 이러한 조항들 중 그 어떤 하나만으로 결정을 내릴 수는 없을 것이며, 이들 사이에서 어떤 조정점을 발견해내야만 한다(1971: 35).

하지만 이러한 다양한 원칙들은 더욱 일반적인 성질의 것일 수도 있다. 그러므로 사람들이 직관적으로 평등과 자유 내지는 평등과 효율 사이에서 균형점을 찾아야 한다고 이야기하는 것은 일반적인 일이며, 이러한 원칙들은 정의이론의 전범위에 적용된다(1971: 36~37). 이러한 직관주의적 접근방식은 특수한 신조의 수준에서든 일반적인 원칙의 수준에서든 이론적으로 만족스럽지 못할 뿐만 아니라 실제적인 사안에 있어서도 그다지 유용하지 않다. 왜냐하면 그것은, 이러한 구체적이고 상호 환원할 수 없는 신조들이 충돌할 때, 아무런 지침도 제공하지 못하기 때문이다. 그렇지만, 이것들이 충돌할 때 우리는 일관된 지침을 찾기 위해서 정치이론으로 눈을 돌리게 된다.

따라서 이렇게 충돌하는 신조들 간에 우선순위를 확립하려고 노력하는 것은 중요한 일이 아닐 수 없다. 이것이 바로 롤즈가 스스로 설정하고 있는 과제이다—즉, 우리의 상이한 직관들 간의 구조를 세워 줄 수 있는 체계적인 정치이론을 개발하려는 것이다. 그는 이를 만족시킬 만한 이론이 존재한다고 가정하지는 않지만, 그것을 찾기 위해 노력할 만한 가치는 있다고 이야기한다.

> 이상과 같은 직관주의적 교리에 대해 본질적으로 불합리한 점은 없다. 사실 그것이 타당한 것일지도 모른다. 인지가능한 윤리적 원칙들로부터 사회정의에 관한 우리의 판단을 완전하게 도출할 수 있다는 발상을 당연하게 받아들이기는 어렵다. 직관주의자는 그와 반대로 도덕현상의 복잡성 때문에 우리의 판단에 대한 완전한 설명을 하려는 노력은 소용이 없으며, 대등한 여러 원칙들이 있다는 것은 불가피하다고 생각한다. 직관주의자가 주장하는 것은 이러한 원칙들을 넘어서게 되면, 사회정의란 각자에게 그의 몫을 주는 것이라고 할 때처럼 평범한 이야기가 되어 버리거나, 모든 것을 공리의 원칙으로 해결할 때처럼 오류에 빠지거나 지나친 단순화가 되고 만다는 것이다. 그래서 직관주의를 논박할 수 있는 유일한 길은 숙고된 판단을 내리는 데 있어서 여러 원칙들이 합당하게 가려질 비중을 설명할 수 있는 인정받을 만한 윤리적 기준을 제시하는 일이다. 직관주의에 대한 반박은, 말하자면, 존재하지 않는다고 간주되는 그런 유의 구성적 기준을 제시하는 데 있다(1971, 39).

이렇다고 했을 때, 롤즈의 이론은 이러한 직관주의—공리주의의 교착상태(the intuitionism—utilitarianism deadlock)를 깬다는 점에서 그 역사적 중요성을 지닌다.

하지만 그의 이론은 또 다른 이유에서 중요하다. 그의 이론 전체에 동의를 하는 사람들은 매우 드물다는 점에서, 그의 이론은 사람들에게 지배적인 동의를 불러일으키기 때문에 탁월한 것이 아니라, 후대 이론가들이 롤즈에 대한 반대를 통해 자신들의 입장을 규정짓고 있다는 점에서 탁월한 것이다. 즉, 그들은 롤즈와의 대비를 통해 자신들의 이론적 입장을 설명한다. 따라서 롤즈에 대한 이해 없이는 정의에 관한 이후의 연구들을 이해하지 못할 것이다.

(b) 정의의 원칙들

롤즈의 개념들을 소개하기에 앞서, 나는 우선 정의의 문제에 대한 그의 답변부터 살펴볼 것이고, 그 다음에 이러한 답변의 근거로 그가 제시하는 두 가지 주장에 대해 논의할 것이다. 그의 '일반적 정의관'(general conception of justice)은 다음과 같은 하나의 중심적 발상으로 이루어져 있다: "모든 사회적 기본가치(social primary goods) −자유와 기회, 소득과 부, 그리고 자존감의 기반−는 이러한 가치들의 일부 혹은 전부의 불평등한 분배가 최소수혜자의 이득이 되지 않는 한 평등하게 분배되어야 한다" (1971, 303). 이러한 '일반적 정의관'에 있어, 롤즈는 정의의 관념을 사회적 가치의 평등한 분배와 연결시키는데, 그는 여기에 중요한 변용을 가한다. 우리는 모든 불평등을 제거하는 것이 아니라, 다른 누군가를 불리하게 만드는 불평등만을 제거함으로써 사람들을 평등하게 대한다는 것이다. 만약 특정한 불평등이 사회적으로 유용한 재능과 능력을 이끌어냄으로써 모두에게 이익이 된다면, 누구나 이를 받아들일 것이다. 만일 내가 가진 것보다도 많은 돈을 누군가에게 주는 것이 나에게 이익이 된다면, 내 이익에 대한 평등한 고려라는 입장에서 우리는 그 불평등을 금지하기보다는 허용할 것이다. 불평등은 나의 최초의 평등한 몫을 개선시킨다면 허용이 되고, 공리주의에서처럼 나의 공정한 몫을 침해한다면 허용되지 않는다. 우리는 이것을 덜 부유한 사람에게 부여하는 거부권으로, 즉 그들의 이익을 증진시키지 않고 희생하게 만드는 불평등을 거부할 수 있도록 행사되는 거부권으로 생각할 수 있다고 롤즈는 말한다(Rawls 1978: 64). 이것이 바로 롤즈 이론의 중심에 단일하게 자리를 잡고 있는 간단명료한 관념이다.

그러나 이러한 일반적 정의관은 그 원칙에 의해 분배되는 다양한 가치(선)들이 충돌할 수도 있다는 점에서 아직까지는 완전한 정의관이 아니다. 가령, 어떤 사람의 기본적 자유들 중 하나를 박탈함으로써 그 사람의 소득을 증가시킬 수도 있을 것이다. 이러한 불평등한 분배는 최소수혜자들에게 한편(소득의 측면)으로는 유리하면서도, 다른 한편(자유의 측면)으로는 그렇지 못하다. 아니면 소득의 불평등한 분배가 소득이라는 측면에서는 모든 사람에게 이익이 되지만, 보다 적은 소득을 가진 사람들에게는 기회의 불평등을 발생시킨다면 또 어떠한가? 소득에 있어서의 이러한 개선이 자유나 기회에 있어서의 손해를 능가하는가? 일반적 정의관은 이러한 의문에 대한 해답을 제시하지 못한다는 점에서 애초에 직관주의 이론을 유용하지 않게 만들었던 바로 그 문제들을 해결하지 못하고 있다.

이를 해결하기 위해서는 이론 내에서의 상이한 요소들 간의 우선성의 체계가 필요하게 된다. 롤즈는 이에 대한 해결책으로 일반적 정의관을 '서열적 우선성'(lexical priority)의 원칙에 따라 배치되어 있는 세 부분으로 나누고 있다.

① 제1원칙: 각자는 모든 사람의 유사한 자유체계와 양립가능한 평등한 기본적 자유의 가장 광범한 전체 체계에 대한 평등한 권리를 가져야 한다.

② 제2원칙: 사회적, 경제적 불평등은 다음 두 가지, 즉
   ㉠ 그것이 최소수혜자에게 최대이득이 되고,
   ㉡ 공정한 기회평등의 조건 아래 모든 사람에게 개방된 직책과 직위에 결부되도록 배정되어야 한다.

③ 제1우선성 규칙(자유의 우선성): 정의의 원칙들은 축차적 서열로 이루어져야 하고, 따라서 기본적 자유는 자유를 위해서만 제한될 수 있다.

④ 제2우선성 규칙(효율성과 복지에 대한 정의의 우선성): 정의의 제2원칙은 서열상으로 효율성의 원칙이나 이득총량의 극대화 원칙에 우선해야 하며, 공정한 기회는 차등의 원칙에 우선해야 한다(1971, 302~303).

이 원칙들이 바로 정의의 '구체적 관념'(special conception)을 형성하고, 직관주의가 제공하지 못했던 체계적인 지침을 제시하는 것을 목적으로 한다. 이 원칙들에 의하면,

어떠한 사회적 가치는 다른 것들보다 더욱 중요하다는 점에서, 다른 가치들의 개선을 위해 희생될 수 없다. 자유의 평등은 자원의 평등에 우선하는 기회의 평등보다도 우선한다. 하지만 각각의 범주에 있어서도 롤즈의 간단명료한 관념은 남아 있다—불평등은 최소수혜자들에게 이익이 될 때만 허용된다. 따라서 우선성의 규칙은 각각의 범주 내에 남아 있는 공정한 몫에 대한 기본적 원칙에 영향을 주지 않는다.

이 두 원칙이 정의의 문제에 대한 롤즈의 답변이다. 하지만 우리는 아직 이에 대한 논거를 살펴보지 않았다. 실제로 그는 여기에 대해서 두 가지 다른 근거를 가지고 있는데, 나는 이들을 차례대로 살펴보려 한다. 나는 경제적 자원의 분배를 관장하는 두 번째 원칙—그는 이것을 '차등원칙'(difference principle)이라 부른다—에 대한 롤즈의 논거에 초점을 맞출 것이다. 자유의 평등 원칙에 대해서, 즉 왜 롤즈가 여기에 우선성을 부여하는지에 대해서는 뒤의 장들에 이르기까지는 논의하지 않을 것이다. 그렇지만, 롤즈가 일반적인 자유의 원칙(a general principle of liberty)을 지지하는 것은 아니라는 점을 주목하는 것은 중요하다. 일반적인 자유의 원칙에 의하면, 자유라고 적절하게 부를 수 있는 것이면 무엇이든 최고의 우선성이 부여되어야 한다고 한다. 그는 오히려 자신이 '기본적 자유'(basic liberties)라고 부르는 자유민주주의 사회들에서 인정하는 표준적인 시민적, 정치적 권리—선거권, 피선거권, 적법절차의 권리, 언론의 자유, 거주이전의 자유 등(1971: 61)—를 특별히 보호한다. 이러한 권리는 자유주의에 있어서 매우 중요하다—실로 자유주의를 구분짓는 한 가지 방법은 바로 이러한 기본적 자유들에 우선성을 둔다는 데 있다.

그러나 시민적 및 정치적 권리들이 우선성을 지녀야 한다는 가정은 우리 사회에서 널리 공유되어 있다. 결과적으로 롤즈와 그 비판자들 사이에서의 논쟁은 주로 다른 사안들에 대한 것이었다. 사람들의 기본적 자유가 보호되어야 한다는 발상은 그의 이론에 있어 논쟁의 여지가 가장 적은 부분이다. 공리주의에 대한 나의 비판도 경제적 자원에 있어서의 공정한 몫을 주장할 수 있는 이론의 필요성에 기반을 둔 것이었고, 지금은 이 부분이 더욱 논쟁의 대상이 된다. 어떤 사람들은 경제적 자원에 있어서의 공정한 몫에 대한 이론이라는 발상자체를 거부하고, 그것을 수용하는 사람들조차도 그러한 이론이 갖추어야 할 형태에 대해서 매우 다른 시각들을 가지고 있다. 자원의 재분배에 관한 바로 이러한 문제가 바로 공리주의로부터 앞으로 살펴볼 다른 정의이론들로 이동해 가는 중심에 서 있다. 따라서 나는 지금으로서는 차등원칙에 대한 롤즈의 설명에 초점을 맞출 것이다.

롤즈는 그의 정의원칙을 옹호하기 위해 두 가지 주장을 하고 있다. 첫번째 주장은 바로 분배정의와 관련해서 그가 일반적인 관념이라고 생각하는 것-즉, 기회평등의 이상-과 자신의 이론과의 대비이다. 그는 자신의 이론이 정의와 관련된 직관에 있어서 보다 적합하고, 기존의 기회평등에 대한 관념이 호소하고 있는 공정성의 이상을 보다 잘 설명해 준다고 주장한다. 두 번째 주장은 첫번째 것과는 전혀 다르다. 롤즈는 자신이 제시하는 정의원칙이 가상적인 사회계약의 결과라는 점에서 더욱 우월하다고 주장한다. 그는 만일 사람들이 전(前)사회적인 상태(pre-social state)에서 사회가 어떠한 원칙에 의해 운영되어야 할지를 결정해야 한다면, 자신의 정의원칙을 선택할 것이라고 주장한다. 롤즈가 '원초적 입장'(original position)이라고 부르는 합의상황에서의 개인들은 사회적 협동을 관리하기 위해서 롤즈적 원칙들을 채택할 만한 합리적 이익이 있다는 것이다. 이러한 두 번째 주장이 사람들로부터 가장 비판적인 주목을 받았고, 롤즈의 가장 유명한 주장이기도 하다. 하지만 이는 이해하기 쉬운 주장이 아니기 때문에, 우리들이 첫번째 주장으로부터 출발했을 때 비로소 보다 용이하게 다룰 수 있을 것이다.[1]

1) 롤즈는 자신의 정의의 두 원칙에 대해서 몇 가지 보조적인 주장들을 가지고 있다. 가령, 롤즈는 자신이 제시하는 정의원칙이 여타의 정의에 관한 설명과 비교했을 때, '공지성'(publicity)(1971: 133)과 '안정성'(stability)(1971: 176~182)의 요건을 보다 완전하게 만족시킨다고 말한다. 정의원칙들은 공적으로 널리 알려져 있고 쉽게 적용될 수 있어야 하며, 이에 해당하는 정의감은 안정적이고 자기 강화적(self-reinforcing)이어야 한다(예를 들어, '공약의 부담'(strains of commitment)이 너무 커서는 안된다). 롤즈는 때로 자신의 이론을 옹호하는 데 있어서 이와 같은 주장에 상당한 비중을 두지만, 이들은 그 자체로는 확고한 정의이론을 형성하지 못한다는 점에서 내가 논의하는 두 가지 주요 주장에 대해서는 보조적이다. 이러한 보조적인 주장들에 대한 개괄을 위해서는 Parekh 1982: 161~162; Raikka 1998을 보라.

2. 직관적인 기회평등의 주장

우리 사회에 있어서의 경제적인 분배를 위한 기존의 정당화 논리는 '기회평등'(equality of opportunity)이라는 개념에 기반을 두고 있다. 즉, 소득 및 특권 등에 있어서의 불평등은 그러한 이익이 발생하는 지위를 둘러싸고 공정한 경쟁이 있었다는 사실이 전제되었을 때만 정당화될 수 있다고 간주된다. 국민평균소득이 2만 달러일 때 누군가에게 10만 달러를 지급한다는 것은 공정한 기회평등이 전제되었을 때만 용인이 된다–좀더 정확히 말하면, 누구도 인종, 성 혹은 사회적 배경에 의해서 불이익을 받지 않았을 때만 용인이 된다. 이와 같은 불평등한 소득은 덜 부유한 계층이 그러한 불평등으로부터 혜택을 받는지의 여부와는 상관이 없다. 이것이 바로 맥키(John Mackie)가 앞서 '공정한 진행에 대한 권리'(right to a fair go)라고 이야기했을 때 의미했던 바이다(제2장, 제5절 (b)를 보시오).

이것은 롤즈의 이론과 충돌한다. 롤즈 역시 지위를 배분하는 데 있어서의 기회평등을 요구하고 있지만, 그러한 지위를 차지하는 사람들이 사회의 자원에 대해서 더욱 많은 몫을 받을 만한 권리가 있다는 것은 부정한다. 롤즈적인 사회는 그러한 사람들에게 평균보다는 많은 액수를 지급하는 것이 사회의 모든 구성원에게 이익이 될 때만 허용이 된다. 차등원칙 하에서는 이러한 불평등이 보다 적은 몫을 가진 사람들에게 이익이 될 때만 보다 많은 몫에 대한 권리를 주장할 수 있다. 이와는 대조적으로, 기존의 일반적인 기회평등의 개념 하에서 덜 부유한 계층은 이러한 불평등에 대한 거부권을 가지지 않으며, 이러한 불평등으로부터 혜택 받기를 기대할 권리도 없다.

기회평등이라는 이데올로기가 왜 우리 사회의 많은 사람에게 공정한 것처럼 보이는가? 그 이유는 기회평등은 사람들의 운명이 그들의 처지보다는 선택에 의해 결정된다는 점을 보장하기 때문이다. 만일 내가 어떤 사회에서 개인적인 야심을 추구하고 있다면, 나의 성공여부는 인종, 계급 내지는 성에 의해 좌우되는 것이 아니라 나의 성취에 의해 결정이 될 것이다. 또한 만일 내가 실패한다면, 그것은 내가 우연히도 '잘못된' 집단에서 태어났기 때문이 아닐 것이다. 우리의 운명은 우리가 태어날 때부터 타고나는 인종과 같은 도덕적으로 임의적인 요인들에 의해 특별한 혜택이나 불이익을 받아서는 안된다. 그 누구도 사회적인 여건에 의해서 불이익을 받지 않는 사회에서는, 사람들의 운명은 스스로의 노력에 달려 있다. 즉, 성공 내지 실패는 스스로의 선택이나 노력의 결과물일 것이다. 그러므로 우리들이 성취하는 그 어떠한 성공도 본래부터 주어진 것이 아니라 스스로의 힘으로 '획득한'(earned) 것이라 할 수 있다. 기회평등이 준수되는 사회에서 소득의 불평등은 공정하다. 왜냐하면 성공은 그것을 '받을 만한'(deserve) 사람에게 돌아간다는 점에서 '능력으로 획득한'(merited) 것이기 때문이다.

기회평등을 보장하기 위해서 무엇이 필요한지에 대해서는 사람들마다 의견이 각기 다르다. 어떤 사람은 교육과 고용에 있어서 법적으로 차별을 하지 않는 것으로 충분하다고 믿는다. 또한 어떤 사람은 경제적으로나 문화적으로 불리한 위치에 처해 있는 집단의 구성원들이 경제적으로 성공을 거두기 위한 조건을 만족시킬 수 있을 만한 진정한 의미에서의 기회평등을 위해서는 소수자 우대 할당정책(affirmative action)과 같은 제도가 필요하다고 주장한다. 하지만 어떠한 경우에 있어서든 핵심적인 동기는 다음과 같다. 개인이 사회적 재화에 대한 불평등한 몫을 갖더라도 그러한 불평등이 스스로에 의해 획득되어 받을 만한 것이라면 정당하다는 것이다. 즉, 그러한 불평등이 개인의 행동과 선택의 결과일 때는 정당하다. 반면, 개인이 사회적 여건에 있어서 임의적이고 부당한 차이들로 인해 불이익을 당하거나 혜택을 받는 것은 공정하지 못하다.

롤즈는 이러한 시각이 갖는 장점을 인정한다. 하지만 이러한 시각은 또 다른 부당한 불평등의 원인을 간과하고 있다. 사회적 불평등이 부당하고, 따라서 한 사람의 운명이 이러한 부당한 불평등에 의해 악화되는 것은 공정하지 못하다는 것은 사실이다. 하지만 선천적 재능(natural talents)에 있어서도 똑같은 문제를 제기할 수 있다. 그 누구도 특정한 계급, 성 혹은 인종을 마땅히 갖고 태어날 만한 것이 아니라는 사실과 마찬가지로, 그 누구도 신체적인 불구나 140의 지능지수를 마땅히 갖고 태어날 만한 것이 아니다. 만약 전자의 요소들에 의해 사람의 운명이 영향을 받는 것이 부당하다면, 사람의 운명이 후자의 요소들에 의해 결정될 때에도 왜 똑같은 부정의가 수반되는 것으로 보아서 안되는지는 명확하지 않다. 각각의 경우에 있어서 부정의는 동일하다－분배의 몫은 도덕적인 관점에서 임의적인(arbitrary) 요소들에 의해 영향을 받아서는 안된다. 선천적 재능이나 사회적 상황 양자 모두 맹목적 운수(brute luck)의 문제이고,

사람들의 도덕적 권리는 이러한 맹목적 운수에 좌우되어서는 안된다.

따라서 기존에 우세한 것으로 여겨지던 기회평등의 이상은 '불안정'(unstable)하다. 왜냐하면 '우리가 분배의 몫을 결정함에 있어서 사회적 우연성이나 선천적 운수 중 어느 하나의 영향을 받게 된다면, 생각해 보건대, 다른 하나의 영향을 받는다는 데 대해 외면할 수 없기 때문이다. 도덕적인 관점에서 볼 때 그 두 가지는 똑같이 자의적이다'(1971: 74~75). 실제로 드워킨(Ronald Dworkin)은 선천적 자산(natural assets)의 부당한 성격은 기회평등에 대한 기존의 관점을 단지 불안정할 뿐 아니라 '사기적'(fraudulent)으로 만든다고 말한다(Dworkin 1985: 207). 기존의 관점에 따르면, 사회적 불평등의 제거가 사람들 각자에게 사회적인 이익을 획득할 수 있는 평등한 기회를 제공하고, 개인들 사이에서 발생하는 소득의 차이는 각자의 노력이나 선택의 결과라는 점에서 정당하다. 하지만 선천적인 장애인의 경우에는 사회적 이익을 획득할 수 있는 평등한 기회가 없으며, 그가 이익을 획득하는 데 있어서 빈번히 실패하는 것은 선택이나 노력과는 무관하다. 만약 우리가 타당하지 못한 불평등을 제거하는 데 진정으로 관심이 있다면, 기회평등에 관한 기존의 관점은 적합하지 않다.

이러한 기존 관점의 기저에 깔려 있는 매력적인 발상은 바로 사람들의 운명이 그들 스스로가 우연적으로 처해 있는 환경에 의해서가 아니라, 바로 스스로의 선택–스스로 인생을 어떻게 꾸려나갈 것인지에 대해서 내리는 결정들–에 의해 결정되어야 한다는 것이다. 하지만 기존의 관점은 사회적 환경에 있어서의 차이만을 인지하는 동시에 선천적 재능에 있어서의 차이는 무시한다(아니면 그것들이 마치 선택에 의한 것으로 간주한다). 이것은 그러한 관점 자체의 중심적인 직관을 적용하는 데 있어서 발생하는 임의적인 한계이다.

그렇다면 선천적 재능의 차이는 어떻게 다루어야 하는가? 사회적 불평등과 자연적 불평등과의 유사성을 인지하고 있는 몇몇 사람들은 그 누구도 이러한 자연적 불평등으로부터 이익을 얻어서는 안된다고 가정한다. 그러나 롤즈가 이야기하듯이,

> 아무도 자신의 보다 큰 천부적 능력이나 사회에서 보다 유리한 출발지점을 받을 만한 자격은 없으나……이것이 이러한 차이점을 무시하거나 제거해야 할 이유는 아니다. 그 대신에 이를 다룰

> 수 있는 다른 방법이 있다. 기본구조가 이러한 우연성이 최소수혜자의 선을 위해서 작용할 수 있도록 편성될 수 있다. 따라서 만일 우리가 아무도 대신에 보상해 줄 이익을 주거나 받음이 없이, 그의 천부적 자질이나 최초의 사회적 지위가 갖는 임의적인 위치를 사용해서 이익을 보거나 손실을 보지 않도록 사회체제를 세우고자 한다면 차등원칙에 이르게 된다(1971: 102).

그 누구도 타당하지 못한 자연적 불평등의 영향으로부터 고통을 받아서는 안 되지만, 그러한 영향을 허용함으로써 모두가 이익을 보는 경우가 있을 수 있다. 즉, 그 누구도 선천적 재능으로부터 혜택을 받아서는 안 되지만, 그러한 이익을 허용하는 것이 '천부적 행운'(natural lottery)에 의해 수혜를 덜 입은 사람들에게 유리하게 작용할 경우에는 불공정하지 않다. 그리고 차등원칙이 말하려는 바가 바로 이것이다.

이것이 바로 공정한 몫에 관한 자신의 이론을 옹호하는 롤즈의 첫번째 주장이다. 기존의 관점 하에서는 재능을 가진 사람은 자연스럽게 더욱 많은 소득을 기대할 수 있다. 하지만 재능을 가진 사람은 그러한 이점을 마땅히 가질 만한 자격이 없으므로, 그러한 높은 기대치는 '그것이 사회의 최소수혜자들의 기대치를 향상시키는 체제의 일부로서 작용하는 경우에만 유일하게 정당하다'(1971: 75). 따라서 우리는 기회평등에 대한 기존의 관점을 검토함으로써 차등원칙에 이르게 된다. 롤즈가 이야기하듯이, "[기회평등의 개념을 이야기하는 데 있어] 모든 사람을 도덕적 인격으로 동등하게 다루고, 사회적 협동체의 이득과 부담에 있어 사람들의 몫을 그들의 사회적 운수나 천부적 행운에 따라 평가하지 않는다면, 다른 대안들 가운데 [차등원칙]이 최선의 선택이라는 것은 명백하다"(1971: 75).

이것이 바로 첫번째 주장이다. 나는 이 주장의 기본전제들은 옳다고 생각한다. 우리는 기회평등에 대한 기존의 관점은 불안정하고, 선천적 재능의 배분에 있어서 차지하는 위치가 도덕적으로 임의적이라는 것을 인정해야 한다. 하지만 이로부터 내리는 결론이 전적으로 옳지는 않다. 자연적·사회적 불평등이 임의적이라는 사실로부터, 그러한 불평등이 최소수혜자들에게 이익이 될 때만 분배에 영향을 미쳐야 한다는 결론이 따라 나올지도 모른다. 하지만 차등원칙은 모든 불평등이 최소수혜자에게 이득이 되게끔 작용해야 된다고 이야기한다. 내가 만일 특권 받은 사회집단에 태어나거나,

그 어떠한 특별한 재능을 갖고 태어나지는 않았으나, 그럼에도 불구하고 선택과 노력에 의해 남들보다 많은 소득을 확립하는 데 성공했다면 어떻게 되는가? 이러한 주장의 그 어떠한 부분도 왜 차등원칙이 도덕적으로 임의적인 요소들로부터 비롯되는 불평등뿐만이 아니라 모든 불평등에 적용되어야 하는지를 설명하지 못한다. 나는 두 번째 주장부터 살펴본 다음에 이 질문으로 다시 돌아올 것이다.

3. 사회계약론 주장

롤즈는 자신의 정의론에 있어서 지금부터 살펴볼 두 번째 주장을 첫번째 주장보다 중요하다고 간주한다. 그의 핵심주장은 '사회계약론' 주장이다. 이러한 주장은 사람들이 '원초적 입장'에서 사회를 세운다면 어떠한 종류의 정치도덕을 선택할 것인지에 관한 것이다. 우리가 방금 살펴본 주장에 대해서 롤즈가 이야기하듯,

> [기회평등에 대해서] 앞에서 논증한 어떠한 설명도 이러한 [정의의] 관점을 옹호하는 입장이 아니다. 그 이유는 계약론에 있어서 모든 주장은, 엄밀히 말해서, 원초적 입장에서 합리적으로 채택할 수 있는지에 의해 이루어져야 하기 때문이다. 그러나 내가 여기서 관심을 가지고 있는 것은 정의의 두원칙을 긍정적으로 해석하는 길을 열어 놓는데 있다. 그렇게 함으로써, 이러한 기준들, 특히 [차등원칙]이 독자들에게 별나거나 이상하지 않게 보이게 될 것이다(1971: 75).

그러므로 롤즈는 자신의 첫번째 직관적인 기회평등에 대한 주장을 단순히 사회계약의 개념에 기반을 둔 진정한 주장을 하기 위한 밑바탕을 준비하는 것으로 생각하고 있다. 사회계약론 주장들이 통상 약한 것으로 생각되기 때문에, 이러한 전략은 생소하다. 왜냐하면 이렇게 함으로써 롤즈는 상당히 강한 첫번째 주장을 보다 약한 사회계약론 주장의 배후에 보조역할로 격하시키는 것으로 보이기 때문이다.

사회계약론 주장들은 왜 약하다고 생각되어지는가? 그 이유는 그것들이 상당히 받아들이기 어려운 가정들에 의존하는 것으로 보이기 때문이다. 즉, 그것은 그 어떠한

정치적 권위도 존재하기 이전의 자연상태를 상정할 것을 요구하기 때문이다. 사람들에게 복종을 명령할 수 있는 힘이나 그들의 이익이나 소유를 보호해야 하는 책임을 가진 상위의 권력이 부재하다는 점에서 각자는 독립적으로 존재한다. 여기서 제기할 수 있는 질문은 자연상태에 놓여 있는 개인이 이러한 힘이나 책임을 가지게 될 정치적 권위를 수립하는 데 있어서 어떠한 종류의 계약에 동의할 것인가이다. 우리가 일단 계약의 조건을 안다면, 정부가 무엇을 해야만 하는지, 그리고 시민들이 어떠한 것에 복종해야 하는지 알 수 있다.

많은 이론가들이—홉스(Thomas Hobbes), 로크(John Locke), 칸트(Immanuel Kant), 루소(Jean-Jacques Rousseau)—이러한 전략을 이용했으며, 그에 대해서 각기 상이한 결론을 도출해냈다. 하지만 그들 모두는 동일한 비판에 노출되어 있다—즉, 그러한 자연상태나 계약이 존재한 적이 없다는 것이다. 그러므로 시민들도 정부도 그것에 의해 제약받지 않는다는 것이다. 계약은 사람들이 실제 그것에 동의를 했을 때만이 의무를 창출해낸다. 물론 이에 대해서는 어떤 특정한 합의가 사람들이 어떤 특수한 자연상태에 놓여 있을 때 서명하여 승인했을 계약이므로 그 계약은 가상적 합의(hypothetical agreement)라고 이야기할 수 있다. 하지만 드워킨이 말하듯, "가상적 합의는 단순히 실제 계약의 어렴풋한 형태가 아니라, 아예 계약이라 부를 수 없다" (Dworkin 1977: 151). 우리가 자연상태에 있었더라면 채택했을 계약에 의해 제약받는다는 발상이 지니는 함의는

> 어떤 사람이 사전에 물어 본다면 특정한 원칙들에 합의를 했을 것이라는 이유로, 그가 나중에 다른 상황 하에서 동의를 하지 않는다 하더라도 그 원칙을 적용시키는 것이 공정하다는 것을 말한다. 하지만 이것은 부당한 주장이다. 내 자신이 내가 그린 그림의 가치를 월요일에는 모른다고 가정해 보자. 만일 그때 네가 그것을 백 달러에 판매하라고 요구했다면 나는 수락했을 것이다. 화요일이 되어서 나는 그것이 값어치가 있다는 것을 알게 된다고 하자. 네가 그것을 수요일에도 백 달러에 팔아야 한다고 법정에 요구하는 것은 공정하다고 주장할 수 없다. 네가 나에게 그것을 월요일에 팔라고 요구하지 않은 것은 내게는 행운이 될 수는 있지만, 그것은 나중에 나에 대한 강제를 정당화시킬 수는 없다(Dworkin 1977: 152).

그러므로 사회계약이라는 발상은 (만약 그것이 실제 합의에 바탕을 둔다면) 역사적으로 불합리하거나, (만약 그것이 가상의 합의에 바탕을 둔다면) 도덕적으로 무의미하다.

하지만 드워킨이 명시하듯이, 사회계약에 대한 주장을 다르게 해석하는 방법도 존재한다. 우리는 실제적이든 가상적이든 계약을 본질적으로 합의로서가 아니라 사람들의 도덕적 평등과 관련된 특정한 도덕적 전제들이 지니는 함의를 도출해내는 장치로 생각해야 된다는 것이다. 이 주장에 따르면, 우리가 자연상태라는 개념을 이용하는 것은 사회의 역사적 기원이나 정부와 개인이 지니는 역사적 의무를 도출해내기 위해서가 아니라, 개인의 도덕적 평등이라는 관념의 모형을 만들기 위한 것이다.

도덕적으로 평등한 존재라는 관념은 부분적으로 그 누구도 선천적으로 타인의 의지에 종속되어 있지 않고, 천부적으로 타인의 소유나 노예로 이 세상에 태어나지 않는다는 주장에 기반을 두고 있다. 즉, 우리는 모두 자유롭고 평등하게 태어난다는 것이다. 역사의 전반에 걸쳐, 많은 집단들은 이러한 평등을 부인당했다—가령, 봉건사회에서 소작농은 천부적으로 귀족에게 종속된 것으로 간주되었다. 이러한 봉건적 전제를 부정하는 것이 로크와 같은 고전적 자유주의자들이 지녔던 역사적 사명이었다. 그리고 어떤 사람이 타인에게 선천적으로 종속된 것이라는 주장을 부정하는 방법은 모두의 신분이 평등한 자연상태를 상정하는 것이었다. 루소가 말했듯이, “사람은 자유롭게 태어났으나, 어디서든 속박되어 있다”(man is born free, and yet everywhere is in chains). 따라서 자연상태라는 개념은 인간의 전사회적 존재에 대한 인류학적인 주장을 설명하는 것이 아니라 인간들 사이에서의 선천적 예속의 부재에 관한 도덕적인 주장을 설명하는 것이다.

그러나 고전적 자유주의자들은 정부는 결코 받아들일 수 없다고 믿었던 무정부주의자들은 아니었다. 무정부주의자들은 사람은 결코 타인에 대해서 합법적인 권위를 가질 수 없고, 그 누구도 그러한 권위를 따르게끔 합법적으로 강제될 수 없다고 믿는다. 이런 자유주의자들이 무정부주의자는 아니었다는 점에서, 이들에게 절실한 과제는 바로 자유롭고 평등하게 태어난 사람이 어떻게 통치될 수 있는지를 설명하는 것이었다. 그들의 대답은 개략적으로 다음과 같다. 사회적 삶에서 발생하는 불확실성과 희소성 때문에, 개인은 자신의 도덕적 평등을 포기하지 않고서, 그러한 불확실성이나 희소성으로부터 국가가 개인을 보호하는데 권력을 이용할 것이라는 신뢰 하에 국가에게 특정한 권한을 위임한다는 것이다. 만일 정부가 신뢰를 저버리고 권력을 남용한다면 시민들은 더 이상 그것에 복종할 의무가 없으며, 그에 대해서 당연히 저항할 권리를 갖는다는 것이다. 몇몇 사람들이 다른 사람들을 통치할 권력을 갖는다는 것은 개인의 도덕적 평등의 존중과 양립할 수 있다. 왜냐하면 통치자가 피치자의 이익을 보호하고 증진시킨다는 신뢰 하에서만 그러한 권력을 가지기 때문이다.

이것이 바로 롤즈가 채택하고 있는 종류의 이론이다. 그가 말하듯이, "나의 목적은 이를테면 로크, 루소, 그리고 칸트에게서 흔히 알려져 있는 사회계약의 이론을 고도로 추상화함으로써 일반화 할 수 있는 정의관을 제시하는 일이다"(1971: 11). 여기서 계약의 목적은 평등이라는 입장에서 정의원칙을 결정하는 것이다: 롤즈 이론에서는,

> 평등한 원초적 입장이라는 것은 전통적인 사회계약론에 있어서의 자연상태에 해당한다. 이 원초적 입장을 역사상에 실재했던 상태로 생각해서는 안 되며, 더구나 문화적 원시상태로 생각해서도 안된다. 그것은 일정한 정의관에 이르게 하도록 규정된 순수한 가상적 상황으로 이해된다(1971, 12).

롤즈의 원초적 입장은 자연상태의 개념에 '해당'되면서도 동시에, 그것과 다르기도 하다. 그 이유는 롤즈가 보기에는 통상의 자연상태는 진정으로 '평등한 최초의 입장' (initial position of equality)이 아니기 때문이다(1971: 11). 바로 이 부분이 그의 계약론 주장이 기회평등에 대한 직관주의적인 주장과 결합되는 지점이다. 자연상태에 대한 통상의 설명에 따르면 일부 사람들이 다른 사람들보다 더욱 많은 협상력(bargaining power)을-가령, 더욱 많은 선천적 재능, 최초의 자원 혹은 순수한 신체적인 힘을-갖기 때문에 그들은 보다 나은 거래를 위해 더욱 오래 버틸 수 있는 반면에, 덜 강하고 덜 재능 있는 사람들은 양보를 할 수밖에 없다는 점에서 공정하지 못하다. 자연에서의 불확실성은 누구에게나 영향을 미치지만, 일부 사람은 그것에 보다 잘 대처할 수 있으며, 이들은 자신의 선천적 유리함이 보장되지 않는 한 사회계약에 동의하지 않을 것이다. 우리들이 알다시피, 이것은 롤즈의 시각에서는 불공정하다.

그들의 선천적인 유리함은 타당하지 않다는 점에서, 이러한 것들이 정의원칙을 결정하는 데 있어 사람들에게 이익 내지는 불이익을 주어서는 안된다.[2)]

따라서 사람들이 정의원칙을 선택하는 데 있어서 자신의 임의적인 이점들을 이용하는 것을 방지해 줄 수 있는, 그리고 그렇게 함으로써 도덕적 평등의 함의를 도출해낼 수 있는 새로운 장치가 필요하다. 이러한 이유에서 롤즈는 다른 식으로 이해했을 경우에는 기묘하게도 보일 수 있는 구상인 '원초적 입장'으로 알려져 있는 장치를 발전시키고 있다. 이러한 교정된 원초적 입장에서 사람들은 '무지의 장막'(veil of ignorance) 뒤에서 있음으로써

> 아무도 자신의 사회적 지위나 계층상의 위치를 모르며, 누구도 자기가 어떠한 소질이나 능력, 지능, 체력 등을 천부적으로 타고 났는지를 모른다. 심지어 당사자들은 자신의 가치관이나 특수한 심리적 성향까지도 모른다고 가정된다. 정의의 원칙들은 무지의 베일 속에서 선택된다. 그 결과 원칙들을 선택함에 있어서 아무도 타고난 우연의 결과나 사회적 여건의 우연성으로 인해 유리하거나 불리해지지 않는다는 점이 보장된다. 모든 이가 유사한 상황 속에 처하게 되어 아무도 자신의 특정조건에 유리한 원칙들을 구상할 수 없는 까닭에, 정의의 원칙들은 공정한 합의나 약정의 결과가 된다(1971: 12).

많은 비판자들은 이러한 식으로 사람이 자신의 사회적 배경이나 개인적 욕구에 대한 지식으로부터 거리를 두어야 된다는 요구를 이상한 개인정체성 이론의 증거로 바라본다. 모든 지식을 제외시킨다면, 한 사람의 자아에 대해서는 무엇이 남는가? 이렇

2) 전통적인 자연상태 속에 내재하는 불공정성에 대한 이러한 비판이 바로 롤즈가 또 다른 계약론 전통－홉스에서부터 비롯되어 데이비드 고티에(David Gauthier)와 제임스 부캐넌(James Buchanan)과 같은 근래의 이론가들에까지 이르는 전통－과 구분되는 지점이다. 롤즈와 마찬가지로, 이들 역시 사회적인 삶을 규제할 수 있는 원칙들을 최초입장에서의 동의라는 발상을 통해 도출해내고자 한다. 하지만 롤즈와는 달리, 이들에게 동의는 정의가 아니라 상호이익을 목적으로 하며, 따라서 최초의 상황이 실제세계에서 발생하는 협상력의 차이를 반영하는 것은 허용될 뿐만 아니라 필수적이다. 나는 제4장에서 이러한 두 번째 계약론적 접근을 논할 것이며, 이렇게 상호이익을 목적으로 하는 이론들이 도대체 정의에 관한 이론으로 고려되어야하는지의 여부에 대해서 의문을 제기할 것이다.

게 무지의 장막 뒤에 서있는 사람을 상상하는 것은, 가상의 사람이 정신적으로나 육체적으로 적어도 상대적으로 완전했던 형태로, 전통적인 자연상태 속에 놓여 있는 존재로 상상하는 것보다도 훨씬 어렵다.

하지만 무지의 장막은 개인정체성에 관한 이론을 표현한 것이 아니다. 그것은 마치 케이크를 나누는 데 있어 자르는 사람 스스로가 어떤 조각을 받을지 모르게 함으로써 공정한 분배를 보장하는 것과 마찬가지로, 공정성에 대한 직관적인 시험(intuitive test of fairness)인 것이다.[3] 무지의 장막은 이러한 예와 유사하게 보다 나은 위치로 인해 자신에게 유리하게끔 선택과정에 영향을 미칠 수 있는 사람들이 그렇게 할 수 없게 만드는 것을 보장한다. 롤즈가 말하듯이,

> 우리는 원초적 입장의 특징을 규정하는 다소 유별난 조건들로 인해 잘못 인도되어서는 안된다. 여기서 도모하는 것은 단지 정의의 원칙들에 대한 논증에 가해져야 할, 그럼으로써 이 원칙들 자체에도 당연히 가해져야 할 제한조건들을 명확하게 만드는 일이다. 따라서 그 누구도 원칙들을 선택함에 있어 타고난 운수나 사회적 여건 때문에 유리하거나 불리해서는 안된다는 사실은 타당하고 일반적으로 인정되리라고 생각된다. 또한 원칙들이 한 개인의 특수한 처지에 맞추어서 만들어질 수 없다는 데에도 대부분 동의할 것이다.…… 이런 방식으로 무지의 베일이라는 것에 자연적으로 도달하게 된다(1971: 18~19).

원초적 입장은 '도덕적 인간으로서의 인간 사이의 평등을 대표'하는 것을 의도하고 있고, 그 결과 도출되는 정의의 원칙들은 '그 누구도 사회적 및 자연적 우연성에 의해

---

3) 롤즈는 원초적 입장에서 정의원칙을 선택하는 경우는 케이크를 나누는데 있어 자르는 사람 스스로가 어떤 조각을 받게 될지 모르는 경우와는 중요한 점에서 다르다고 이야기한다. 그는 전자의 경우를 '순수한 절차적 정의'(pure procedural justice)의 예라고 부르는 반면, 후자의 경우를 '완전한 절차적 정의'(perfect procedural justice)의 예라고 부른다. 각각의 경우에 있어서 절차라는 것은 올바른 결과를 산출할 것이라 가정된다. 하지만 전자의 경우에는 '무엇이 올바른지에 대한 독립적이고 이미 주어진 기준'이 존재하지 않는 반면, 후자의 경우에는 존재한다(Rawls 1980: 523). 하지만 이 경우에는 둘 사이의 대비가 과장됐다. 왜냐하면, 우리가 앞으로 보겠지만 원초적 입장에서의 결과를 평가하는데 있어서도 어느 정도의 '독립적이고 이미 주어진 기준'이 존재하기 때문이다. 아무튼 간에, 두 경우 모두 내가 주목하고자 하는 특징—왜곡되지 않은 결정을 보장하기 위한 무지라는 장치의 사용—을 공유한다.

유리하게 되지 않은 상태에서 평등한 존재로서 동의하게 되는 것들이다.' 우리는 원초적 입장을 공정성에 대한 개념이 갖는 '의미를 종합'하고 '이러한 것들이 갖는 결과를 도출하는 데 도움을 주는' 하나의 '설명장치'(an expository device)로 받아들여야 할 것이다(1971: 19, 21, 586).

이렇게 보았을 때, 롤즈의 주장은 가상적 계약의 개념으로부터 특정한 평등관이 도출된다는 것이 아니다. 왜냐하면 그럴 경우에는 롤즈의 주장이 드워킨이 언급한 모든 비판에 노출되어 버리기 때문이다. 오히려 이러한 가상적 계약은 특정한 평등관을 직접 구현하고 있으며, 사회제도에 대한 공정한 규제를 위해서 그러한 평등관이 갖는 결과를 추출하는 방법이다. 왜곡의 근원을 제거하고 만장일치를 요구함으로써, 롤즈는 평등의 입장에서 누구에게나 수용이 가능한 해법을 찾기를 기대한다—즉, 자유롭고 평등한 존재로 대우받고자 하는 각자의 요구를 존중하면서 말이다.

하지만 만약 우리가 롤즈의 사회계약 개념을 특정한 평등관을 구현하는 장치로써 받아들인다 하더라도, 원초적 입장에서 어떠한 원칙들이 실제로 선택될지는 그렇게 명확하지가 않다. 물론 롤즈는 여기서 차등원칙이 선택될 것이라 생각한다. 하지만 여기서의 주장은 기회평등과 관련된 첫번째 직관주의 주장과는 원래는 독립적인 것으로 되어 있다. 앞서 살펴보았듯이, 그는 '엄밀히 말해서' 그러한 종류의 주장이 계약이론 내부에 관련되어 있다고 고려하지 않는다. 따라서 차등원칙은 원초적 입장에 처한 당사자들이 선택할 수 있는 여러 가지 가능성 중 오직 하나일 뿐이다.

정의의 원칙들은 어떻게 선택이 되는가? 기본적인 발상은 다음과 같다. 우리가 사회에서 어떠한 위치를 차지하게 될지, 어떠한 목표를 가지게 될지 모르는 동안에도, 우리가 좋은 삶을 영위하는 것을 가능하게 만드는데 있어 원하거나 필요로 하는 특정한 것들이 있다. 개인이 지니는 삶의 계획 간의 차이가 무엇이든 간에, 그 모두가 공유하는 한 가지가 있다. 그것은 모두 *삶을 영위한다*(leading a life) 사실과 연관되어 있다. 월드런(Jeremy Waldron)이 말하듯이, "좋은 삶이라는 관념을 추구하는 것과 같이 가장 상이한 신념을 가진 사람들조차도 모두 공통적으로 관계하고 있다고 말할 수 있는 것이 존재한다. …… 비록 사람들이 서로의 이상을 공유하지는 않더라도, 그들의 경험으로부터 최소한 좋은 삶의 이상에 헌신하고 있는 것이 어떠한 것인지의 느낌은 추상화해

낼 수 있다"(Waldron 1987: 145; cf. Rawls 1971: 92~95, 407~416). 우리는 모두 좋은 삶의 이상에 대한 믿음을 가지고 있는데, 그 구체적인 내용이 무엇이든 간에 그러한 이상을 추구하기 위해서는 특정한 것들이 필요하다. 롤즈의 이론에서는 이러한 것들을 '기본적 가치'(primary goods)라 부른다. 기본적 가치에는 두 가지 종류가 있다.

① 사회적 기본가치(social primary goods): 소득과 부, 기회와 권한, 권리와 자유 같이, 사회제도에 의해 직접적으로 분배되는 가치들
② 자연적 기본가치(natural primary goods): 건강, 지능, 체력, 상상력, 그리고 선천적 재능들과 같이 사회제도에 의해 영향은 받으나, 그것에 의해 직접적으로 분배되지는 않는 가치들

정의의 원칙을 선택하는 데 있어서, 무지의 장막 뒤에 있는 사람들은 사회제도에 의해 분배되는 기본적 가치(즉, 사회적 기본가치)에 대해서 가능한 최선의 접근을 보장하려고 할 것이다. 이것은 이기주의가 우리의 정의감의 기초가 된다는 것을 의미하지는 않는다. 아무도 자신이 차지하게 될 위치를 알지 못하기 때문에, 사람들에게 자기 자신한테 최선의 것이 무엇인지 묻는 것은 결국 모든 사람들을 공평하게 고려하여 최선이 무엇인지를 자신들에게 결정하도록 묻는 것과 같은 셈이 된다. 무지의 장막 뒤에서 어떠한 원칙이 나의 선을 증진시킬 것인지 결정하기 위해서, 나는 사회에 존재하는 모든 사람들과 입장을 바꾸어서 생각할 필요가 있다. 왜냐하면 무지의 장막 뒤에서 나는 그러한 사람 중 그 누구도 될 수 있기 때문이다. 따라서 무지의 장막과 결합시켰을 때, 합리적인 자기이익이라는 가정은 "자애(慈愛 benevolence)와 동일한 목적을 성취할 수 있게 된다"(1971: 148). 그 이유는 나는 감정적으로 사회 내의 모든 사람과 나 자신을 동일시시켜야 하며, 그들의 선을 내 자신의 것처럼 고려해야 되기 때문이다. 이러한 방법을 통해서, 원초적 입장에서 이루어진 합의는 각자에게 평등한 고려를 부여하게 된다.

그러므로 원초적 입장에 있는 당사자들은 자신이 사회 내의 어떠한 위치에 처하게 될지를 모르는 상태에서, 자신이 추구할 만한 가치 있는 삶을 가능하게 해주는 기본적

가치에 대한 최선의 가능한 접근을 확보하려고 노력한다. 그럼에도 불구하고 그들이 선택할 수 있는 다른 종류의 원칙들은 여전히 많다. 그들은 사회 내 모든 지위에 대해서 사회적 기본가치를 평등하게 분배하는 원칙을 선택할 수도 있다. 하지만 롤즈는 특정한 종류의 불평등이-예를 들어, 차등원칙에 의해 보장되는 불평등이-기본적 가치에 대한 모든 사람의 접근을 향상시킬 경우에는 이러한 평등원칙의 선택은 비합리적일 것이라 말한다. 또한 그들은 사회제도가 사회 내에서의 효용을 극대화시키게끔 기본적 가치를 분배하는 공리주의적인 원칙을 채택할 수도 있다. 이는 원초적 입장에 있는 당사자들이 실제 세계에서 기대할 수 있는 평균적인 효용을 극대화시킬 수 있다는 점에서, 이것 역시 합리성에 대한 몇몇 개념규정에 따른다면 합리적인 선택이라고 볼 수도 있다. 하지만 이는 자신이 다른 사람의 보다 큰 선을 위해 끊임없이 희생되는 사람 중 한 명이 될 수 있다는 위험부담 또한 안고 있다. 여기서는 스스로의 자유, 소유, 그리고 심지어는 생명까지도 타인의 이기적이고 정당하지 않은 선호의 위협으로부터 완전히 노출된 채 방치된다. 즉, 이것은 자신이 가장 보호를 필요로 하는 바로 그러한 상황에서-예를 들어, 자신의 신념, 피부색, 성별 혹은 선천적 재능이 다수에 의해 환영받지 못하거나, 단순히 없어져도 좋은 것으로 간주되는 상황에서-당신을 보호받지 못한 상태로 방치시킬 수 있다. 합리성에 대한 또 다른 몇몇의 개념규정에 의하면, 공리주의는 비합리적인 선택이 된다. 왜냐하면 비록 자신이 보호하고자 하는 기본적 가치 이상의 이익을 얻을 가능성이 줄어든다 할지라도 자신의 기본권리나 자원에 대한 보호를 보장하는 것이 더 합리적일 수 있기 때문이다.

따라서 이와 같은 상황에서 어떻게 행동하는 것이 합리적인지에 대해서는 두 가지 상치되는 설명방식-도박을 하는 합리성 대 안전을 추구하는 합리성-이 존재한다. 만일 우리가 공리주의적인 사회에서 기본권리를 침해받을 확률이 얼마인지 알고 있다면, 도박을 하는 것이 얼마나 합리적인지에 대해서 보다 나은 이해를 할 수 있을 것이다. 하지만 무지의 장막은 그러한 정보를 차단한다. 도박을 하는 합리성은 그 사람이 위험에 대해서 가지고 있는 개인적인 신념에 의해서도 좌우된다-어떤 사람은 위험을 감수하는 것을 대수롭지 않게 생각하는 반면, 어떤 사람은 안정성을 선호한다. 하지만 무지의 장막은 개인적 성향에 대한 지식 역시 차단한다. 그러면 무엇이 합리적인 선택인가? 롤즈는 '맥시민' 전략('maximin' strategy)의 채택이 합리적이라고 말한다—즉, 최악의 위치에 처했을 경우 얻게 되는 것을 최대화해야 된다는 것이다. 롤즈가 말하듯이, 이것은 마치 당신에게 최악의 원수가 당신이 차지하게 될 사회적 위치를 결정할 것이라는 가정을 하고 진행하는 것과 같다(1971: 152~153). 그 결과, 이러한 기획 하에서는 최소의 몫을 배분받는 위치를 최대화시키는 기획을 선택하게 된다는 것이다.

가령, 세 사람이 존재하는 세상에서 다음과 같은 분배기획이 가능하다고 상상해 보자.

① 10 : 8 : 1
② 7 : 6 : 2
③ 5 : 4 : 4

롤즈의 전략에 따르면 ③을 선택하게 될 것이다. 만약 최선 내지는 최악의 위치에 처하게 될 확률을 모른다고 한다면, 롤즈에 의하면 합리적인 선택은 세 번째 기획이라는 것이다. 왜냐하면 결국에 최악의 위치에 빠진다고 하더라도, 다른 두 개의 기획에서 최하에 위치하는 것보다는 더 많은 것을 획득하게 되기 때문이다.

여기서 나머지 두 개의 기획들이 보다 높은 평균적 효용을 가짐에도 불구하고 세 번째 기획을 선택해야 된다는 점에 주목하자. 앞선 두 개의 기획이 가지는 문제는 자신의 인생이 완전히 만족스럽지 못한 상태에 빠지게 될 가능성(물론 그 확률의 크기는 알 수 없다)이 존재한다는 것이다. 그리고 우리에게는 단 하나의 인생만이 주어진다는 점에서, 자신의 유일한 삶이 매우 만족스럽지 못할 가능성을 받아들이는 것은 합리적이지 못하다. 따라서 롤즈는 원초적 입장에 처한 사람은 차등원칙을 선택할 것이라 결론짓는다. 그리고 이러한 결론은 첫번째 기회평등에 대한 직관론 주장에서 말하는 것과도 순조롭게 부합한다. 정의원칙을 선택하는 데 있어서 공정한 의사결정과정을 채택하는 사람들은 우리의 직관에 따라 공정하다고 생각되는 것과 동일한 원칙에 이르게 된다는 것이다.

많은 사람은 '맥시민'이 가장 합리적인 전략이라는 롤즈의 주장을 비판해 왔다.

일부 비판자는 공리주의에 도박을 해보는 것이, 더 합리적이라고 할 수는 없겠지만, 마찬가지로 합리적이라고 주장한다(Hare 1975: 88~107; Bailey 1997: 44~46; Barry 1989a: 333~340). 다른 사람들은 이러한 맥시민의 합리적 전략이 덜 부유한 계층의 이익에 보다 큰 비중을 부여하는 일종의 '우선주의'(prioritarianism)이지만, 여전히 가난한 자들의 작은 손실을 능가하는 보다 큰 주요 이득을 부유한 자들에게 허용한다고 주장한다(예컨대 Parfit 1998; McKerlie 1994·1996; Arneson 2000a). 더욱이 몇몇 비판자는 어떤 위치에 처하게 될지의 확률 내지는 위험에 대한 개인의 성향을 알지 못하는 상태에서 도박의 합리성을 평가하는 것은 불가능하다고 주장한다. 이러한 비판자들은 롤즈가 무지의 장막에 대한 설명에서 이미 결론이 차등원칙으로 귀결되게끔 사전적인 조작을 하고 있거나, 근거없는 심리적 가정들을 그럴만한 근거 없이 내리고 있다고 주장한다(예컨대 Barry 1973: ch.9).[4]

(a) 두 가지 주장의 수렴

이러한 비판에는 일면 타당성이 있긴 하지만, 이는 오도된 방향의 비판이다. 왜냐하면 롤즈는 자신이 원초적 입장에 대한 서술에서 차등원칙이 도출되게끔 사전적으로 조작을 가한다는 점을 시인하기 때문이다. 그는 '각각의 전통적 정의관에 있어서도 그 원칙들이 더 나은 해결책이라고 할 최초의 상황에 대한 해석이 있고', 어떤 해석의 경우에는 공리주의로 이어질 것이라는 점을 인정한다(1971: 121). 공정한 의사결정 절차를 만드는 목적과 부합하는 원초적 입장에 대한 여러 가지 해석이 존재하고, 이러한 모든 경우에 차등원칙이 선택되는 것은 아니다. 따라서 원초적 입장에서 어떠한 원칙이 채택될 것이라고 판별하기 전에, 원초적 입장에 대한 해석 중 어떠한 것을 수용할 것인지를 먼저 알 필요가 있다. 그리고 롤즈는 우리가 원초적 입장에 대한 해석을

---

4) 프롤리히(Norman Frolich)와 오펜하이머(Joe Oppenheimer)는 이 사안을 검증해 볼 목적으로 고안된 일련의 실험을 시행했다. 보상일람표에서의 자신의 위치에 대해서 무지한 피실험자는 롤즈의 맥시민, 공리주의 그리고 최소한의 수준을 보장하는 가운데 평균효용을 극대화시키는 혼합모형을 포함한 다양한 분배원칙들 중에서 선택할 것을 요구받았다. 그 결과, 셋 중에서 제일 나중의 것이 지배적인 선택이었다(Frolich and Oppenheimer 1992).

선택하는 근거 중 하나로 그것이 직관적으로 수용가능한 것으로 받아들여지는 원칙들을 발생시킨다는 점을 들고 있다.

따라서 원초적 입장이 사람들을 도덕적으로 평등한 존재라는 발상을 모형화시켜야 된다는 점을 주장하고 나서, 롤즈는 다음과 같이 말하고 있다. “원초적 입장에 대한 특별한 규정을 하는 데는 또 다른 측면이 있다. 이것은 선택되어질 원칙이 정의에 대한 우리의 숙고된 신념과 합치하는 것인지 혹은 그것을 제대로 확대한 것인지의 여부를 살피는 일이다”(1971: 19). 그러므로 원초적 입장에 대한 선호된 해석을 결정하는 데 있어 우리는 ‘양쪽 끝에서부터 작업을 하게 된다’. 만약 하나의 해석에서 선택된 원칙이 우리가 정의에 대해 갖는 신념과 합치되지 않을 경우에

> 우리는 선택을 하게 된다. 즉, 우리는 최초의 상황에 대한 설명을 변경하든가 아니면 우리가 해왔던 지금까지의 판단을 수정할 수 있을 것이다. 왜냐하면 우리가 잠정적인 고정점이라고 생각해온 판단일지라도 수정될 수 있을 것이기 때문이다. 이쪽 저쪽을 맞추면서 때로는 계약적 상황의 조건들을 변경하기도 하고, 때로는 우리의 판단을 철회하거나 그것을 원칙들에 따라 조정하기도 하면서, 결국 우리는 합당한 조건들을 표현해 주면서도 정리되고 조정된 우리의 숙고된 판단에도 부합하는 최초의 상황에 대한 설명을 발견하게 된다(1971: 20).

따라서 결국에는 직관론적 주장과 계약론 주장은 독립적이지 않다. 롤즈는 우리의 직관(적어도 우리가 이론과 직관을 조화시키는 양방향 과정에 참여하고 나서 지속적으로 갖고 있는 직관)과 합치되는 원칙들이 발생하게끔 원초적 입장을 수정한다는 점을 시인한다. 이것은 속임수처럼 보일 수도 있다. 하지만 이것은 두 가지 주장이 완전히 독립적으로 상호보조를 제공한다고 롤즈가 주장하는 것이라 생각했을 때만 그렇다. 물론 때때로 롤즈가 이런 식으로 두 주장이 상호 독립적이라고 주장하기도 하지만, 다른 데서 그는 이 두 가지 주장이 일련의 숙고된 직관에 근거한다는 점에서 상호의존적이라는 점을 시인한다.

하지만 그렇다면 왜 굳이 계약이라는 장치를 이용하는가? 왜 그냥 첫번째 직관론적 주장만을 이용해서는 안 되는 것인가? 이것은 좋은 질문이다. 계약론 주장은 그 비판자

들이 주장하는 만큼 나쁘지도 않지만, 롤즈가 주장하는 만큼 좋지도 않다. 만약 상이한 정의이론들이 계약상황에 대해 각기 다른 설명방식을 갖고 있다면, 우리는 원초적 입장에 대한 어떤 해석이 적합한지를 알기 위해 어떠한 정의이론을 수용할 것인가부터 미리 결정해야 한다. 다른 사람의 이익을 위해 한 사람의 삶을 희생하는 것이나, 부당한 자연적 장애를 지닌 사람들을 불리하게 처우하는 것에 대한 롤즈의 반대 입장은 원초적 입장을 오직 한 가지로만 해석할 것을 요구한다. 반면에, 이러한 쟁점들에 대해 롤즈에 동의하지 않는 사람은 이를 다른 방식으로 해석할 것이다. 이러한 논쟁은 계약론적 주장에 호소함으로써 해결될 수 있는 것이 아니다. 계약상황은 정의이론을 전제하기 때문에 어느 입장이든 자신의 정의이론을 변호하기 위해 계약상황에 대한 자신의 설명에 호소할 것이라는 주장은 자신의 입장을 증명하지 않은 채 문제의 핵심을 피해가고 있는 것이다. 따라서 이러한 상황에서는 원초적 입장에 대해 어떤 설명을 채택할 것인지를 결정하기 위해, 사전에 미리 정의에 관한 핵심사안들에 대한 결정이 이루어져야 한다. 하지만 이러한 경우에 계약은 과도한 것이 되어 버린다.

물론 이는 계약이라는 장치가 전적으로 쓸모없다는 것을 의미하지는 않는다. 첫째, 초기의 이론가들이 자연적 평등의 개념을 선명하게 만들기 위해 자연상태를 채택했던 것과 마찬가지로, 원초적 입장은 우리의 직관을 보다 선명하게 만들어준다. 둘째, 기회평등에 대한 주장에서 호소하고 있는 직관은 우리에게 공정한 기회평등이 충분하지 않다는 점을 보여주기는 하지만 무엇이 더 요구되는지를 말해 주지는 않는다는 점에서, 계약 장치는 이러한 직관을 보다 정확하게 만드는 데 도움을 줄 수 있다. 이것이 바로 롤즈가 계약 장치가 '결론을 도출'하는 데 도움을 줄 수 있다고 했을 때 의미하는 바이다. 셋째, 그것은 대립적인 직관들을 시험할 수 있는 관점을 제공해 준다. 선천적으로 재능을 갖고 태어난 사람은 이러한 재능이 임의적이라는 발상에 대해 반대를 할 수 있을 것이다. 이런 경우에 직관의 충돌이 발생하게 된다. 하지만 동일한 인물이 자신이 천부적 행운에 의해 어떤 위치에 처하게 될지 모른다고 가정했을 때 더 이상 반대를 하지 않는다면, 우리는 그 사람의 상반된 직관은 상반된 사적인 이익의 결과였고 우리의 직관이 옳았다는 어느 정도의 확신을 가질 수 있다. 어떤 직관들은 사회에서 개인이 차지하고 있는 위치와 분리시킨 시각을 갖고 바라보았을 때 호소력이 떨어질 수도 있다. 계약론 주장은 우리가 편향되지 않은 시각에서 정의이론이 채택될 것이라고 보여줌으로써 우리의 직관을 뒷받침할 것이다. 따라서 계약은 우리의 일반적인 직관을 선명하게 만들어주고, 보다 구체적인 직관들을 고려할 수 있는 편향되지 않은 시각을 제공한다(1971: 21~22, 586).

따라서 계약 장치를 사용하는데 분명 이점이 존재한다. 하지만 계약 장치가 이러한 목적을 위해 반드시 필요한 것은 아니다. 지난 장에서 살펴보았듯이, 몇몇 이론가들(가령, 헤어)은 평등한 고려의 개념을 표현하기 위해 공정한 계약자보다는 '이상적 동감자'(ideal sympathizer)를 상정한다(제2장 제5절 (b)를 보시오). 두 이론 모두 도덕적 행위자가 공정한 시각을 채택할 것을 주장하는데, 공정한 계약자의 경우에는 사회 내 각각의 사람을 이들 개인의 선이 처할 수 있는 가능성 중 하나로 보는 반면에, 이상적 동감자는 사회 내 각각의 사람과 동조하고 운명을 공유한다는 점에서 그들을 자신의 선의 구성요소 중 하나로 본다. 두 이론은 각기 다른 장치를 이용하고 있지만, 양자 모두에게 있어 핵심은 행위자가 자신만의 특수한 선에 대한 지식이나 그것을 증진시킬 능력을 부인하는 시각을 채택할 것을 강제한다는 점에서 그 차이는 상대적으로 피상적이다. 이러한 점에서 실제로는 공정한 계약자와 이상적 동감자를 구분하기 어려운 경우도 많다(Gauthier 1986: 237~238; Diggs 1981: 277; Barry 1989a: 77, 196).[5]

또한 평등한 고려는 특수한 선에 대한 지식이나 그것을 증진시킬 능력을 부인하지 않은 채, 단지 행위자에게 타인을 평등하게 고려해야 된다고 요구하는 것만으로도 아무런 특수한 장치 없이 형성될 수도 있다(예를 들어, Scanlon 1982; Barry 1989a: 340~348). 도덕적 평등의 개념을 표현하는 데 있어서 계약론적 장치나 이상적 동감자라는 장치를 이용하겠다는 데에는 별난 외고집이 있다. 무지의 장막이라는 개념은 다른 사람을 단순히 자신의 선을 위한 구성요소가 아니라, 그 자체로서 중요하다는

---

5) 롤즈는 자신의 계약주의와 헤어의 공정한 동감자(impartial sympathizer) 사이에 그 어떠한 본질적인 유사성이 있다는 사실을 부인한다. 하지만 배리(Brian Barry)가 말하듯이, 이러한 부인은 '단순히 빈 공중을 때리려고 하는 것처럼 보인다'(Barry 1989a: 410n, 30). 롤즈가 자신의 이론과 헤어의 이론 사이의 거리를 과장하는 것은 유감스러운 일이다. 왜냐하면 그러한 과장 자체가 롤즈에게는 불리하게 작용하기 때문이다. 뒤에 나올 제9장, 제3절의 ③에서의 롤즈에 대한 페미니스트들의 비판에 관한 논의를 참조하라.

발상을 선명하게 만들려고 시도한다. 하지만 그것은 다른 사람의 선이 단순히 자신의 (실제적인 내지는 가능한) 선의 구성요소라는 시각을 강제함으로써 그것을 달성하고 있다. 사람들이 그 자체로 목적이라는 발상은 '사회내에 존재하는 다양한 형태의 삶들을 단지 수많은 상이한 가능성들에 불과한 것으로 여기는 단일한 합리적 개인의 이익을 증진시키는 선택의 개념'에 호소했을 경우에 모호해진다(Scanlon 1982: 127; cf. Barry 1989a: 214~215, 336, 370). 물론 롤즈는 원초적 입장에 처한 사람들이 사회 내 다양한 개인적 삶을 자기이익에 근거한 선택으로부터 비롯되는 무수한 가능한 결과로 보는 시각의 정도를 경시하려고 노력하고 있지만, 계약 장치는 그러한 시각을 조장한다는 점에서 평등한 고려의 진정한 의미를 모호하게 만든다.

따라서 계약 장치는 롤즈의 이론에 많은 것을 더하지 않는다. 롤즈가 그 반대에 대해서 뭐라고 말하든 간에 상관없이, 그의 이론에서 실질적으로는 기회평등에 대한 직관론 주장이 제1의 주장이며 계약론에 대한 주장은 (잘해 봐야) 그것을 표현하는 데 도움을 줄 뿐이다. 하지만 롤즈가 과연 독립적으로 계약론 주장을 할 필요가 있는지는 명료하지 않다. 롤즈는 처음에 사람들이 한편 체계적이지만 반직관적인 공리주의와 다른 한편 구조를 결여한 채 잡다한 직관들의 집합에 불과한 직관주의 사이에서 선택을 강요당하는 방식에 대해서 비판을 했었다. 만약 그가 우리의 직관과도 조화될 수 있는 공리주의에 대한 체계적인 대안을 찾은 것이라면, 그의 이론은 직관론과 계약론 주장의 상호의존성에 의해서 결코 약화되지 않는 강력한 것이라 할 수 있다. 롤즈가 말하듯이, "하나의 정의관이 원칙에 대한 자명한 전제나 조건들로부터 연역될 수는 없으며, 오히려 그것의 정당화는 여러 가지 고려사항의 상호지지를 통해서 그리고 이러한 것들이 결합하여 하나의 일관된 관점을 이룸으로써 해결될 문제이다"(1971: 21). 그는 이것을 '반성적 평형'(reflective equilibrium)이라 부르며, 이것이 바로 그가 의도하는 바이다.[6] 그의 정의이론은 우리가 일상생활 속에서 호소하는 직관을 반영하고, 우리의 일상적 지위로부터 분리된 공정한 시각에서의 정의의 본질을 반영함으로써 상

6) 이러한 '반성적 평형' 개념에 대한 기본적인 설명을 위해서는 Daniels 1979; cf. Nielson 1993; Norman 1998을 보라.

호적으로 지지를 받고 있다. 롤즈가 바로 이러한 반성적 평형을 추구한다는 점에서 헤어나 배리(Brian Barry)와 같은 사람들이 제기하는 비판은 과장되었다. 왜냐하면 만약 롤즈가 묘사하는 원초적 입장에서 차등원칙이 채택되지 않을 것이라는 그들의 비판이 옳다 하더라도, 그는 차등원칙이 도출되게끔 원초적 입장을 재규정할 수 있기 때문이다. 이는 속임수로 보일 수도 있지만, 만약 그것이 반성적 평형으로 귀결된다면 유용하고 타당하다—즉, 만약 그것이 '사회정의에 대한 우리의 신념을 정당화하고 일관되게 만들 수 있다'는 것을 의미한다면 말이다(1971: 21).

롤즈에 대한 진정으로 성공적인 비판은 그의 근본적인 직관 자체에 대해 도전하거나, 차등원칙이 왜 이러한 직관을 가장 잘 설명하는 것이 아닌지(그러므로 원초적 입장에 대한 다른 해석이 우리의 반성적 평형의 일부가 되어야 하는지)를 보여주어야 할 것이다. 나는 이러한 기본 직관에 도전하는 이론들을 뒤의 장들에서 살펴볼 것이다. 일단 여기서는 두 번째 선택사항에 대해 살펴보고자 한다. 우리는 롤즈의 이론 내부에서, 즉, 그의 직관 자체에 대한 비판이 아니라 그러한 직관을 발전시키는 방법에 대해서 문제점을 발견할 수 있는가?

(b) 내부적 문제들

앞서 살펴보았듯이, 롤즈의 중심적 직관들 중 하나는 선택(choices)과 여건(상황 circumstances)을 구분하는 것과 관련되어 있다. 그가 기회평등에 대한 기존의 시각에 대해 제기하는 비판은 그것이 부당한 선천적 재능이 영향을 미칠 수 있는 여지를 지나치게 많이 남겨둔다는 주장에 크게 의존하고 있다. 나는 이 부분에 대해서는 롤즈에 동의했다. 하지만 롤즈 자신도정작 자연적 불평등이 영향을 미칠 수 있는 여지를 너무 많이 남겨두고 있을 뿐만 아니라, 우리의 선택이 영향을 미칠 수 있는 여지를 너무 적게 남겨두고 있다.

(i) *자연적 불평등에 대한 보상의 문제*

나는 선천적 재능에 대한 문제부터 살펴볼 것이다. 롤즈는 사회적 가치에 대한 사람들의 권리는 선천적 재능에 의존해서는 안된다고 주장한다. 재능을 가진 사람은 보다 많은 소득을 마땅히 누릴만 한 (원래의) 자격이 없고, 오직 최소수혜자 계층에게 이익이 될 때만 더욱 많은 소득을 받아야 한다. 따라서 롤즈에 의하면, 차등원칙은 선천적 자산이 불공정한 영향을 미치지 않도록 보장하는 최고의 원칙이다.

하지만 롤즈의 제안은 사람들의 운명이 임의적인 요소들에 의해 영향 받을 수 있는 여지를 너무 많이 남겨놓기도 한다. 그 이유는 롤즈가 최소수혜자 지위를 전적으로 사회적 기본가치–즉, 권리, 기회, 부 등–에 대한 소유로 정의하기 때문이다. 그는 누가 최소수혜자인지를 결정하는 데 있어서 자연적 기본가치에 대한 소유를 포함시키지 않는다. 두 사람 중에 한 사람이 재능이 없거나, 신체적인 장애를 갖고 있거나, 정신적인 지체가 있는데도 불구하고, 두 사람이 같은 양의 사회적 기본가치를 가지고 있다면 (이러한 맥락에서) 롤즈에게는 평등하게 수혜 받은 것이다. 마찬가지로, 만약 어떤 사람이 추가적인 소득을 받음에도 불구하고 그것이 선천적으로 불리한 조건에 처해 있음으로 해서 발생하는 추가적인 비용을–가령, 질병을 치료하는 데 드는 약값이라든가, 어떤 신체적 장애를 극복하기 위한 특수한 기구에 드는 비용을–치르는 데 충분하지 않을 경우에도, 그가 단지 사회적 기본가치에 있어서 다른 사람보다 조금이라도 우위에 있다면 롤즈의 기준에 있어서는 더 나은 상황에 처한 것이다.

하지만 사회제도의 정의를 평가하는 기준이 왜 사회적 가치에 있어서 최소수혜자계층이어야 하는가? 이러한 약정은 직관론적 주장이나 계약론 주장 양자 모두와도 어긋난다. 계약론 주장에서는, 원초적 입장에 처한 당사자들의 합리성이라는 측면에서 이러한 약정을 주장할 만한 이렇다 할 동기가 없다. 만일 롤즈가 말하듯이 성공적인 삶을 영위하는 데 있어서 건강이 돈만큼이나 중요하고, 최악의 상황에서 가장 많은 기본적 가치를 보장하는 사회적 장치를 도모한다면(맥시민 전략), 왜 사회분배라는 목적에 있어서 건강의 결핍이나 돈의 결핍을 동등한 종류의 보다 불리한 수혜의 문제로 다루지 않을 것인가? 사회적 가치의 양이 동일한 상태에서 갑자기 불구가 되어 버린다면 그 사람은 덜 수혜 받은 것이 되어 버릴 것이라는 사실은 누구나 알고 있다. 그렇다면 왜 사회가 이러한 불리함을 인정해 주기를 바라지 않겠는가?

직관론적 주장도 같은 방향에서 이루어진다. 자연적 기본가치는 좋은 삶을 영위하는 데 있어서 동등하게 필수적일 뿐만 아니라, 선천적 재능의 배분에 있어서 차지하는 지위 역시 마땅히 받을 만한 것이 아니라는 점에서, 그 지위로 인해 이익 혹은 불이익을 주는 것은 옳지 않다. 앞서 보았듯이, 롤즈는 이러한 직관이 최소수혜자의 이익이 증진될 때만 재능에 의한 추가적인 이익을 받는 것이 허용되는 차등원칙으로 이어질 것이라고 생각한다. "만일 보상적 이익을 주거나 받음이 없이 그의 천부적 자질이나 최초의 사회적 지위가 갖는 임의적인 위치를 사용해서 이익이나 손해를 보지 않도록 사회체제를 세우고자 한다면 차등원칙에 이르게 된다"(1971: 102). 하지만 이것은 잘못되었거나, 아니면 적어도 오해를 불러일으킬 수 있다. '이익이나 손해를 본다'는 것이 사회적 가치에 있어서의 이익이나 손해를 의미할 때만 우리는 차등원칙에 이르게 된다. 차등원칙은 자산을 타고난 사람이 선천적 재능의 배분에 있어서 자신이 차지하고 있는 임의적인 지위로 인해서 더욱 많은 사회적 가치를 획득할 수 없다는 것을 보장할 뿐만 아니라, 신체적 장애가 있는 사람이 그러한 불리한 위치로 인해 사회적 가치를 박탈당하지 않는 것을 보장한다. 하지만 이것은 완전하게 '자연적 우연성과 사회적 여건(natural accident and social circumstance)의 영향을 완화'시키지는 않는다(1971: 100). 왜냐하면 자산을 타고난 사람은, 신체적 장애인에게는 부당하게 결여되어 있는, 자신의 자산으로 인한 선천적 이득을 여전히 획득하기 때문이다. 차등원칙은 정상적 사람이 장애를 가진 사람과 똑같은 양의 사회적 가치를 받도록 보장한다. 하지만 장애를 가진 사람은 추가적인 의약이나 교통의 비용 부담을 안고 있다. 그 사람은 만족스러운 삶을 영위하는 데 있어 선택이 아닌 여건에 의해서 발생한 부당한 부담을 안고 있다. 차등원칙은 이러한 부담을 제거하지 못한다.[7)]

---

7) 이러한 반론은 배리와 센(Amartya Sen)에 의해서 제기되었지만, 그들은 이러한 문제의 원인이 최소수혜계층을 규정하는 데 있어서 기본적 가치를 사용하는 롤즈의 신념에 있다고 잘못 이해하고 있다(Barry 1973: 55~57; Sen 1980: 215~216). 이 문제의 원인은 실제로는 롤즈의 기본적 가치에 대한 불완전한 적용에 있다 —즉, 기본적 가치의 맥락에서 자연적 기본가치를 임의로 제외시켜 버린 것에 있다. 롤즈는 선천적 불리함에 대한 보상을 언급하고 있기는 하지만, 그것은 단지 불리한 조건의 직접적인 효과를 제거함으로써 기회평등을 창출하고자 하는 '배상의 원칙'(principle of redress)이라는 측면에서만 이야기된다(Rawls 1971: 100~102). 롤즈는 이러한 시각을 불가능하고 바람직하지 않다는 이유로 정당하게 거절한다. 하지만 보상을 전체적인 기본적 가치에 있어서의 부당한 불평등을 제거하는 방법으로 보아서는 안 되는 것인가? 선천적 불리함으로 발생하는 비선택적인 비용에 대해 보상하는 것은 사람들이 평등한 지반에서 남들과 경쟁할 수 있게 만들어주기 위해서가 아니라 만족스러운 삶을 이끌 수 있는 동등한 능력을 가질 수 있게 하기 위해 마땅히 이루어져야 한다. 이에 대해 더 알아보려면, Michelman 1975: 330~339, Gutmann 1980: 126~127, Daniels 1985:

롤즈는 기회 평등에 대한 기존의 시각에 맞서, 자신의 주장이 지니는 완전한 함의를 파악하지 못한 것으로 보인다. 그가 비판하고자 했던 입장은 다음과 같다.

① 사회적 불평등은 마땅히 받을 만한 것이 아니기 때문에 교정되거나 보상되어야 한다. 하지만 자연적 불평등은 기회평등에 부합하여 분배에 영향을 미칠 수 있다.

롤즈는 자연적 불평등과 사회적 불평등은 똑같이 마땅히 받을 만한 것이 아니라는 점에서, ①은 '불안정'하다고 주장한다. 그는 대신에 다음과 같은 방침을 채택하고 있다.

② 사회적 불평등은 보상되어야 하며, 자연적 불평등은 분배에 영향을 미쳐서는 안 된다.

하지만 자연적 불평등과 사회적 불평등이 정말로 마땅히 받을 만한 것이 아니라면, ② 역시 불안정하다. 우리는 대신에 다음과 같은 방침을 채택해야 한다.

---

ch.3와 Pogge 1989: 183~188, Mapel 1989 101~106을 비교해 보라. 몇몇 비평가들은 롤즈가 선천적 불리함에 대한 보상을 지지하기는 하지만, 정의의 문제로서 지지하는 것은 아니라고 주장한다. 대신 그는 선천적으로 불리한 조건에 처한 사람들에 대한 우리의 의무를 '공적인 박애의 의무'(duties of public benevolence, Martin 1985: 189~191) 내지는 '도덕성의 요구'(claims of morality, Pogge 1989: 186~191, 275)로 이해한다는 것이다. 이러한 의무는 국가에 의해 강제적으로 집행되어야 한다는 점에서 단순한 자선의 문제도 아니지만, 정의의 요구 또한 아니라는 것이다. 포거(Thomas Pogge)나 마틴(Rex Martin)에 따르면, 롤즈의 정의이론은 '근본적인 정의'에 대한 것인 반면, 선천적으로 불리한 조건을 가진 사람들에 대한 보상은 '전세계의 전체적인 공정성'과 관련된 것이다(Martin 1985: 180; Pogge 1989: 189). 불행히도, 두 사람 모두 이러한 구분을 명확하게 제시하지 않을 뿐만 아니라, 그것이 롤즈가 강조하는 '자연적 사고와 사회적 우연의 효과를 완화시키는 것'과 어떻게 논리적으로 일관되는지 또한 설명하지 않는다(1971: 585). 예를 들어, 마틴은 상이한 선천적 자산의 효과를 완화시키는 것은 근본적인 정의의 문제인 반면, 상이한 선천적 불리함의 효과를 완화시키는 것은 박애의 문제라고 간주하는 것으로 보인다(Martin 1985: 178). 롤즈적인 접근방식 내에서는 이러한 대비를 정당화시켜 주는 근거가 무엇인지를 식별하기 어렵다. [배리는 이러한 구분이 롤즈가 평등한 고려로서의 정의의 관념을 통째로 포기해 버리는 대신 상호이득으로서의 정의라는 홉스적인 관념을 채택할 때만 비로소 정당할 수 있다고 주장한다.—Barry 1989a: 243~246; cf. n.2.]

③ 자연적 불평등과 사회적 불평등은 보상되어야 한다.

롤즈에 의하면, 덜 혜택 받은 계층이나 인종으로 태어난 사람들은 그것을 근거로 사회적 이익을 부인당해서는 안 될 뿐만 아니라, 그러한 불리함으로 인해 발생하는 불이익에 대해 보상을 요구할 권리도 갖는다. 그렇다면 선천적 장애를 갖고 태어난 사람은 다르게 취급되어야 하는가? 그들이 단지 그러한 선천적 장애로 인해 차별받지 않을 권리에 더해서, 그러한 불리함으로 인해 발생하는 불이익에 대해 보상을 요구할 권리(가령, 의료적인 보조, 교통, 직업교육 등)를 왜 인정하지 말아야 하는가?

따라서 직관론적 입장에 있어서나 계약론적 입장에 있어서나, 선천적 장애를 보상의 근거로 삼고, 최소수혜계층을 판별하는데 자연적 기본가치를 포함시켜야 되는 이유가 존재한다. 앞으로 제5절에서도 보게 되겠지만, 선천적 불평등을 보상하는 데에는 물론 어려움이 따른다. 어쩌면 우리의 직관에 따랐을 때 가장 공정하다고 간주되는 것을 실천하기는 불가능할지도 모른다. 하지만 롤즈는 그러한 불평등을 보상하려는 시도가 바람직하다는 것조차도 인정하지 않고 있다.

(ii) *선택에 대한 보상의 문제*

두 번째 문제는 그러한 직관의 반대측면과 관련되어 있다. 사람들은 자신이 선택하지 않은 것에 대한 비용의 부담을 안아서도 안 되지만, 비용이 많은 일들을 자발적으로 선택하는 사람들에게는 어떻게 대응해야 하는가? 우리는 보통 자발적으로 선택한 비용(voluntarily chosen costs)보다도 선택하지 않은 비용(chosen costs)이 우리들에게 더욱 많은 주장을 할 수 있는 자격이 주어진다고 느낀다. 선택에 의하지 않은 질병을 치료하기 위해 일주일에 비싼 약값으로 100달러를 지출하는 사람과 비싼 와인의 맛을 즐기기 때문에 일주일에 100달러를 지출하는 사람을 비교했을 때, 우리는 이 두 경우가 다르다고 느낀다. 롤즈가 자연적 불평등의 비자발적 성격에 민감하지 못한 기회평등에 대한 기존의 관점을 비판할 때도 바로 이러한 직관에 호소하고 있다. 하지만 그렇다면 사람들의 선택에 대해서는 어떻게 민감해질 수 있겠는가?

우리가 사람들의 사회적·자연적 여건을 평등하게 만드는데 성공했다고 상상해 보자. 쉬운 예를 들어, 선천적 재능에 있어서 동등하고 같은 사회적 배경을 공유하는 두 사람을 상정해 보자. 한 사람은 하루 종일 테니스만 치기를 원하고 따라서 테니스 코트를 사고, 자신이 원하는 삶의 방식을 유지(즉, 음식, 의류, 장비)하는 데 필요한 최소한의 돈을 벌 수 있을 정도로만 가까운 농장에서 일한다. 다른 한 사람은 자신과 다른 사람들을 위한 채소를 가꾸고 팔 수 있는 정원을 만들기 위해 전자와 비슷한 정도의 땅을 원한다. 한 걸음 더 나아가서, 각자가 테니스를 치거나 정원을 가꾸는 데 필요한 땅을 얻기에 충분한 자원의 평등한 분배에서 출발하고 있다고 상상해 보자. 시장이 자유롭게 작동하는 것을 허용한다면, 채소재배자(the gardener)는 빠른 속도로 테니스 선수(the tennis-player)보다 많은 자원을 얻게 될 것이다. 두 사람은 같은 몫의 자원을 갖고 시작했음에도 불구하고, 테니스선수는 최초의 몫을 빠른 속도로 소모해 버릴 것이고, 그가 간헐적으로 하는 농장일은 테니스 치는 것만을 유지할 수 있을 정도의 수입만을 가져다 줄 것이다. 반면에, 채소재배자는 긴 노동시간을 통해서 보다 많은 소득을 창출할 수 있게끔 최초의 몫을 활용할 것이다. 차등원칙은 이러한 불평등을 최소수혜자에게 이익이 되는 경우에만 허용할 것이다—즉, 이 경우에 있어서는 소득이 부족한 테니스선수에게 이익이 될 때만 불평등이 허용된다. 만일 테니스선수가 이러한 불평등으로부터 이익을 받지 못한다면, 정부는 소득을 평등하게 만들기 위해 채소재배자가 얻는 소득의 일부를 테니스선수에게 이전해야만 한다.

하지만 평등이라는 개념을 두 사람을 평등하게 대한다는 의미로 이해했을 때, 평등을 집행하기 위해 그러한 식의 세금이 필요하다고 이야기하는 것은 약간 이상하다. 테니스선수가 채소재배자와 같은 재능, 같은 사회적 배경, 그리고 같은 평등한 몫의 자원을 가지고 시작했다는 점을 상기시켜 보자. 그 결과, 채소재배자가 소득을 발생시키지 못하는 테니스를 선택할 수 있었듯이, 테니스선수도 만약 본인이 원했다면 소득을 발생시키는 채소재배를 선택할 수 있었을 것이다. 두 사람은 모두 다양한 양과 종류의 일, 여가, 그리고 소득을 수반하는 선택의 기로에 직면해 있었다. 그리고 두 사람은 모두 자신이 선호하는 것을 선택했다. 따라서 테니스선수가 채소재배를 선택하지 않은 이유는 채소를 재배함으로써 돈을 버는 일보다도 테니스 치는 것을 선호했기 때문이다. 더욱 많은 소득을 벌기 위해 장래의 여가를 포기할 만한 가치가 있는지에 대해 사람들은 각기 다른 선호를 가진다는 점에서, 테니스선수가 여가를 선호했다면 채소재배자는 소득을 선호한 것이다.

삶의 방식에 있어서의 차이는 자유롭게 선택한 결과라는 점을 감안한다면, 테니스선수 본인이 원하지 않았던 소득과 삶을 채소재배자가 갖도록 허용하는 것이 테니스선수를 불평등하게 대우하는 것인가? 이에 대해서 롤즈는 차등원칙이 자연적·사회적 우연성으로부터 비롯되는 불평등을 상쇄한다고 말함으로써 차등원칙을 변호한다. 하지만 이러한 사실은 여기서 적절하지 않다. 여기서 차등원칙은 불리함을 제거하기보다는 채소재배자로 하여금 단지 테니스선수의 여가에 대한 사치스러운 욕구를 보조하게 만든다. 채소재배자는 자신의 선택에 대한 비용을 지불하게 된다—즉, 그는 보다 많은 소득을 위해 여가를 포기하게 된다. 하지만 테니스선수는 자신의 선택에 대한 비용을 지불하지 않는다—즉, 그는 보다 많은 여가를 누리기 위해 소득(의 희생부분)을 감수하지도 않는다. 채소재배자가 자신의 선택에 대한 비용을 지불하고, 테니스선수의 선택까지도 보조할 것을 테니스선수 본인뿐만 아니라, 롤즈의 이론도 요구할 것이다. 이는 평등을 증진시키는 것이 아니라, 오히려 훼손시키는 것이다. 채소재배자는 자신이 선호하는 삶의 방식(소득을 발생시키는 채소재배)에서 자신에게 부과된 세금을 뺀 것을 획득하는 동안, 테니스선수는 자신이 선호하는 삶의 방식(테니스라는 여가)에다가 세금으로 보조받는 일정한 소득을 더한 것까지 획득하게 된다. 채소재배자는 테니스선수가 가치 있다고 생각하는 것을 증진시키기 위해 자신의 삶을 가치 있게 만드는 것의 일부분을 포기해야 한다. 이러한 점에서 두 사람은 아무런 정당한 이유 없이 불평등하게 대우받는 것이다.

소득의 불평등이 여건의 결과가 아니라 선택의 결과일 때, 차등원칙은 불공정함을 제거하기보다는 오히려 발생시킨다. 사람을 평등하게 대한다는 것은 사람들로 하여금 스스로의 선택에 대한 비용을 지불할 것을 요구한다. 즉, 자신의 선택에 대한 비용을 스스로 부담해야 한다는 것은 불평등한 여건에 대한 비용을 스스로 감당해야 한다는 직관의 이면이다. 사람들이 자신의 여건으로부터 발생하는 불평등에 대해서 불이익을 받는 것이 정의에 어긋나는 것처럼, 내가 다른 사람으로 하여금 내가 내린 선택에 대한 비용을 지불해달라고 요구하는 것도 똑같이 정의롭지 못하다. 보다 전문적인 용어로 말하자면, 분배기획은 마땅히 '여건을 배제'(endowment-insensitive)해야 하고 '욕망에 민감'(ambition-sensitive)해야 한다(Dworkin 1981: 311). 즉, 사람들의 운명은 (광범위하게 삶의 목표나 기획이라는 의미에서) 욕망에 의해 좌우되어야 하는 반면, 그들의 자연적이고 사회적인 여건(자신의 욕망을 추구하는 환경)에 의해 좌우되어서는 안된다.

롤즈 본인도 우리가 스스로 내린 선택의 비용에 대해서 책임을 져야 한다는 점을 강조한다. 정의에 관한 그의 이론이 복지가 아닌 기본적 가치의 분배에 근거하고 있는 것도 바로 이러한 이유에서이다. 사치스러운 욕구를 가진 사람은 동일한 양의 기본적 가치로부터 보다 수수한 기호를 가진 사람보다도 적은 복지를 얻을 것이다. 하지만 롤즈는 우리가 '스스로의 목적에 대한 책임을 질 수 있는 능력'을 가진다는 점에서, 평범한 기호를 가진 사람이 사치스러운 사람을 보조해야 된다고 말하지는 않는다. 그러므로 "덜 사치스러운 기호를 가진 사람은 아마도 자신의 인생에 걸쳐 합리적으로 벌 수 있을 것으로 기대하는 소득과 부에 자신의 호, 불호를 조정한 것이기 때문에 그러한 사람이 다른 사람을 (사치의) 결과로부터 구제해 주기 위해 이제는 덜 소유해야 한다는 것은 불공정하다고 간주된다"(Rawls 1982b: 168~169; cf. 1975: 553; 1980: 545; 1974: 643; 1978: 63; 1985: 243~244). 따라서 롤즈 역시 채소재배자가 테니스선수에게 보조금을 지급하는 것을 원치 않는다. 실제로 그는 자신의 정의관은 사람들의 인생기회에 영향을 주는 불평등을 규제하는 데 관계하는 것이지, 개인의 책임이라고 할 수 있는 사람들의 인생선택으로부터 발생하는 불평등에 관심을 갖는 것은 아니라고 종종 이야기한다(1971: 7, 96; 1978: 56; 1979: 14~15; 1982b: 170). 불행하게도 차등원칙은 선택으로부터 비롯되는 불평등과 선택으로부터 비롯되지 않는 불평등 사이에 아무런 구별을 하지 못한다. 따라서 차등원칙에 따랐을 때 발생할 수 있는 결과 중 하나는 최소소득을 갖는 이들이 테니스선수처럼 선택에 의해 그 위치에 있는 것이라 하더라도, 그러한 사람들의 선택에 대해서 다른 일부 사람이 돈을 지불하도록 만드는 것이다. 롤즈는 차등원칙이 자연적이고 사회적인 불리함으로부터 비롯되는 부당한 효과를 완화시켜 주기를 원하지만, 그것은 개인적인 선택 및 노력의 정당한 효과마저도 함께 완화시켜 버린다.

따라서 롤즈는 선택과 여건의 구분에 호소를 하고 있지만, 그의 차등원칙은 두 가지 중요한 측면에서 그것을 위반한다. 차등원칙은 본래 선천적 재능의 배분에 있어서 개인이 차지하는 위치의 효과를 완화시키는 것을 목적으로 한다. 하지만 롤즈는 최소수혜계층을 판별하는 맥락에서 자연적 기본가치를 배제시킴으로써 실제로는 부당한 선천적 불리함으로 인해 고통 받는 사람들에 대해서는 아무런 보상책이 없다. 또한 그 반대로, 사람은 본래 자신이 내리는 선택의 비용에 대해서 책임을 져야 한다. 하지만 차등원칙은 일부 사람으로 하여금 타인의 선택의 비용에 대해서 보조할 것을 요구한다. 우리는 차등원칙보다도 '욕망에 민감'하고 '여건을 배제'하는 분배기획을 고안해낼 수 있는가? 이것이 바로 드워킨이 제시하는 이론의 목적이다.

4. 드워킨의 자원평등론

드워킨은 롤즈의 차등원칙의 동기가 되었던 '욕망에 민감'(ambition-sensitive)하고 '여건의 영향을 배제해야'(endowment-insensitive) 한다는 목적을 수용한다. 하지만 그는 다른 방식의 분배기획이 이러한 이상을 보다 잘 실현할 수 있을 것이라 생각한다. 그의 이론은 복잡하다는-그것은 경매, 보험기획, 자유시장, 그리고 과세의 도입과 관련되어 있다는-점에서 여기서 그의 이론을 전부 살펴보는 것은 불가능하다. 나는 여기서 그의 이론이 지니는 몇 가지 핵심적인 직관만을 소개하고자 한다.

(a) 선택에 대한 비용의 지불(Paying for one's choices): 욕망에 민감한 경매기획(the ambition-sensitive auction)

나는 욕망에 민감한 드워킨의 분배기획에 대한 설명에서 출발하고자 한다. 논의를 단순화시키기 위해 나는 모든 사람이 동일한 선천적 재능을 가진다고 가정할 것이다(불평등한 자연적 여건의 문제에 대한 드워킨의 해법에 대해서는 나중에 살펴보고자 한다). 드워킨은 모든 사람이 참가자격을 갖는 경매에 사회의 모든 자원이 매물로 나와 있다고 상상해 보자고 한다. 모든 사람은 최초에 동일한 양의 구매력을-그의 예시에서는 100개의 조개껍질(clamshells)을-가지고 시작하고, 사람들은 자신의 인생기획에 있어서 가장 적합한 자원을 입찰하는 데 조개껍질을 사용한다.

만약 경매가 잘 이루어진다면 –그리고 잘 이루어지지 않는다면 언제든지 재경매를 실시할 수 있다–다른 사람의 가치 다발(bundle of goods)을 자신의 것보다 선호하지 않을 것이라는 점에서 모든 사람은 행복해 할 것이다. 만약 다른 가치 다발을 원했더라면, 자신이 입찰한 것 대신에 그것에 입찰했을 것이다. 이는 같은 양의 돈을 가지고 시작하고, 자신이 원하는 활동을 하기 위한 땅을 각기 획득한 테니스선수와 채소재배자의 예를 일반화시킨 것이다. 만약 경매가 제대로 작동한다면, 이것은 모든 사람에게 적용될 것이다–즉, 사람들은 각자 자신이 획득한 가치의 다발을 타인의 것보다 선호할 것이다. 드워킨은 이것을 **'시기심 검증'(envy test)**이라 부르고, 만약 충족되었을 경우에 사람들 사이에서 발생하는 차이는 단지 삶에 있어서 무엇이 가치 있는지에 대한 그들의 상이한 신념과 욕망을 반영한다는 점에서 모든 사람은 평등한 고려로써 대우받고 있다는 것이다. 성공적인 경매는 이러한 시기심 검증을 충족시키며, 각자가 내린 선택에 대한 비용을 스스로 지불하게끔 만든다(Dworkin 1981: 285).[8)]

이러한 시기심 검증의 발상은 자유적 평등주의 정의관에서 가장 강력하게 방어될 수 있는 형태를 나타낸다. 만약 그것이 완벽하게만 준수될 수 있다면, 롤즈의 이론이 지니는 세 가지 주요한 목표는–즉, 사람들의 도덕적 평등에 대한 존중, 자연적 및 사회적 우연성이 지니는 임의성의 완화, 그리고 각자의 선택에 대한 책임의 수용은–모두 충족될 것이다. 이와 같은 분배기획은 소득에 있어서 어느 정도의 불평등을 허용함에도 불구하고 정의로울 것이다. 채소재배자와 테니스선수는 비록 평등하지 않은 소득을 누리지만, 그들 모두 각자가 선택한 삶을 영위할 수 있고, 삶에 있어서 무엇이 가치 있는지에 대한 신념을 가장 잘 만족시킬 수 있는 그러한 사회적 가치의 다발(bundle of social goods)을 위해 입찰할 수 있는 평등한 능력을 지닌다는 점에서 존엄과 배려에 있어서의 불평등은 존재하지 않는다. 다른 식으로 말하자면, 자원의 분배에 있어서 그 누구도 다른 사람보다 적은 고려로 대우 받았다고 주장할 수 없다. 왜냐하

8) 시기심으로부터의 자유(envy–freeness)라는 발상과, 분배정의의 기준으로서 그 적용에 대한 더욱 심도 있는 논의를 위해서는 Fleurbaey 1994; Arnsperger 1994를 보라.

면 만일 어떤 사람이 다른 사람의 사회적 가치들의 다발을 선호했더라면, 그 자신 역시 그것에 대해서 입찰할 수 있었기 때문이다. 이러한 상황에서 어떤 사람이 다른 사람에 대해 혹은 다른 사람이 자신에 대해 어떻게 정당한 불만을 가질 수 있는지는 설명하기 어려워 보인다.[9]

(b) 선천적 불리함에 대한 보상(Compensating natural disadvantages): 보험기획(the insurance scheme)

불행하게도 이러한 경매는 그 누구도 선천적 자산이라는 측면에서 불리함을 받지 않는다고 가정했을 때만 시기심 검증을 충족시킬 수 있다. 현실세계에서는 사람들 간에 발생하는 차이 중에서 어떤 것은 선택에 의한 것이 아니라는 점에서 경매는 시기심 검증을 충족시키지 못할 것이다. 신체적 장애를 가진 사람은 남들과 똑같은 사회적 가치의 다발에 대한 입찰을 할 수는 있겠지만, 그에게는 특수한 필요가 존재한다는 점에서 똑같이 100개의 조개껍질을 주었을 때는 남들보다 덜 수혜 받은 입장에 처하게 된다.

9) 시기심 검증이 충족된다 하더라도 그것에 반대하는 사람을 상상하는 것은 불가능하지 않다. 시기심 검증은 사람들의 복지에 대해서는 아무런 언급을 하지 않기 때문에, 동등한 재능의 두 명의 사람 중에서 한 사람이 불행해 하는 반면, 다른 한 사람은 만족해 하는 것도 가능하다. 이때 시기심 검증을 통해 우리가 알 수 있는 것은 단지 이런 비참한 사람이 만족하는 사람이 가진 자원의 다발을 가지고 있다 하더라도 더욱 더 비참할 것이라는 사실 뿐이다. 예를 들어, 자신이 가지고 있는 자원의 종류와 자신의 인생계획에서 거두는 성공에 무관하게 선천적으로 변덕스럽고 말수가 적은 사람을 상상해보자. 이 경우에 시기심 검증의 충족이 각각의 사람에게 똑같은 이익을 발생시키지 못할 것이다. 불행한 사람의 경우에는 자신의 선천적인 까다로움을 조절하지 못하는 까닭에, 우리는 이러한 이유로 그가 자원에 대한 추가적인 권리를 갖는다고 생각할지도 모른다(이와는 반대로, 그 사람의 불행이 가상적으로(*ex hypothesi*) 자신이 가지고 있는 자원의 다발 때문이 아니라고 한다면, 그 어떠한 재분배도 그 사람의 불행을 바꿀 수 있을지는 명확하지 않다).
이 예는 드워킨이 다루고 있는 단순한 유형은 적절하지 못하다는 것을 시사한다. 그는 모든 것을 (인격을 형성하는 선택들과 중첩되는 것으로 간주되는) 욕망 내지는 (선택하지 않은 여건의 문제로 간주되는) 자원으로 바라보는 경향이 있다. 하지만 (까다로움과 같이) 둘 중 어느 항목에도 쉽게 해당되지 않으면서, 사람들이 사회적 자원으로부터 얼마만큼의 혜택을 받는지에 영향을 미치는 개인적 특질들이나 심리적 경향들도 존재한다. 이와 같은 드워킨의 항목분류에 대한 비판을 위해서는 Cohen 1989: 916~934; Arneson 1989; Alexander and Schwarzschild 1987: 99; Roemer 1985a를 보라. 여기서는 이러한 경우들을 심도 있게 논의하지는 못하겠지만, 나는 그것들이 (또한 억제할 수 없는 갈망과 같이 다른 어려운 경우들까지도 모두) 드워킨의 이론에 있어서의 목적 및 방법을 훼손시키기 보다는 복잡하게 만든다고 생각한다. (드워킨이 언급하고 있듯이, 갈망 혹은 선천적인 변덕스러움은 다른 정신적, 신체적 장애와 함께 보장될 수 있는 선천적 불리함의 일종으로 바라볼 수도 있다.—Dworkin 1981: 301~304.)

그는 그러한 장애요소 없이 다른 사람들과 같은 여건에 처해 있는 것을 보다 선호할 것이다.

이러한 선천적 불리함에 대해서는 어떻게 해야 되는가? 이에 대해서 드워킨은 복잡한 해법을 제시하고 있으나, 우리는 보다 간단한 해법을 살펴봄으로써 그것에 대한 대비를 할 수 있다. 장애인은 좋은 삶을 이끄는 데 있어서 자신의 100개의 조개껍질(의 효과)에 부정적 영향을 미치는 추가적인 부담을 안고 있다. 그러한 추가적인 비용에 대해서 경매 이전에 사회자원의 전체적인 재고(the general stock of social resources)로부터 보상을 한 다음에, 나머지 자원을 경매를 통해서 평등하게 분배하는 것은 어떨까? 즉, 경매 이전에 우리는 불리함을 안고 있는 계층에게 선천적 자산에 있어서 선택에 의하지 않은 불평등에 대해서 보상이 될 만한 사회적 가치를 충분하게 준다는 것이다. 일단 이것이 이루어지고 난 다음에, 남은 자원을 사람들 각자에게 자신의 선택과 관련해서 사용할 수 있도록 평등하게 나누어 주면 되는 것이다. 이렇게 되었을 때 비로소 경매는 시기심 검증을 충족시킬 것이다. 경매 이전의 보상조치는 사람들이 각기 자신에게 소중한 인생기획을 선택하고 추구하는 것을 가능하게 만들 것이고, 경매 내에서의 자원의 평등한 분배는 그러한 선택이 모두 공정하게 대우받는 것을 보장할 것이다. 따라서 여기서의 분배는 여건은 배제시키고 욕망에는 민감하다.

하지만 이러한 간단한 해법은 효과가 없을 것이다. 추가적으로 지급되는 돈은 몇몇 선천적 불리함에 대해서는 보상을 할 수 있다—일부의 장애인들은 (돈이 많이 들 수도 있는) 최고의 기술력이 제공된다면 일반사람처럼 활동할 수도 있을 것이다. 그러나 그러한 목표는 다른 경우에서는 달성하기가 불가능하다. 왜냐하면 특정한 선천적 불리함에 대해서는 아무리 많은 사회적 가치를 제공한다 하더라도 완전하게 보상이 안되기 때문이다. 심각한 정신적 지체를 겪고 있는 사람을 상상해 보자. 추가적으로 지급되는 돈은 의학기구를 사거나 도움을 줄 수 있는 숙련된 사람을 고용하는 것과 같이, 그가 삶에서 불필요한 고통을 겪지 않게끔 보장할 수는 있다. 그리고 이 경우에는 항상 더욱 많은 돈을 지급할수록 조금이라도 더 도움이 될 것이다. 하지만 그 어떤 것도 그의 여건이 완전하게 평준화된 상황이 될 수 있도록 만들어 주지는 못한다. 아무리 많은 양의 돈도 심각한 정신적 지체를 겪는 사람이 다른 사람과 같은 식으로 좋은 삶을 추구하는 것을 가능하게 만들어 주지는 못한다.

따라서 여건에 있어서의 완전한 평등은 불가능하다. 우리는 여건을 가능한 평등하게 만들려고 노력할 수는 있다. 하지만 그것 역시 수용하기 어려워 보인다. 심각한 정신적 지체를 겪는 사람에게 지급되는 모든 추가적인 양의 돈이 도움이 될 수 있을지언정 여건을 완전히 평준화시키는 데 있어서는 절대로 충분할 수 없다는 점에서, 그러한 장애가 있는 사람에게 우리가 가지고 있는 자원의 전부를 제공하는 것이 요구될 것이며, 그렇게 된다면 그 외의 모든 사람을 위한 것은 아무것도 남아 있지 않게 될 것이다(Dworkin 1981: 242, 300; cf. Fried 1978: 120~128). 즉, 만일 자원이 여건을 평등하게 만드는 데 우선적으로(경매 시작 이전에) 사용되어야 한다면, 우리가 선택에 의해 행동할 수 있도록 해주는(경매에 입찰할 수 있게 해주는) 자원은 하나도 남아 있지 않게 될 것이다. 하지만 여건을 평준화시킴으로써 달성하고자 했던 목적 중 하나가 바로 사람들 각자가 자신의 선택된 인생기획에 따라 행동할 수 있게 만들어 주는 것이었다. 사람들의 여건은 각자가 욕망을 추구할 수 있는 능력에 영향을 미친다. 바로 이러한 이유로 여건의 평준화가 도덕적으로 중요하고, 거기서의 불평등이 문제인 것이다. 사람들의 여건에 대한 배려는 그들이 각자 목적을 추구할 수 있는 능력을 증진시키는 것에 대한 관심인 것이다. 따라서 만약 수단을 평준화시키려고 노력하는 과정에서 모두가 목적을 성취하는 것이 방해받게 된다면, 우리는 완전하게 실패한 것이다.

만약 우리가 여건에 있어서 완전한 평등을 달성할 수 없고, 그것을 달성하려고 노력해서도 안된다면, 어떻게 해야 되는가? 이러한 어려움을 감안했을 때, 선천적 불리함의 보상에 대한 롤즈의 거부는 이해될 수 있다. 최소수혜계층을 판별하는 데 있어서 선천적 불리함을 포함시키는 것은 해결할 수 없는 문제를 발생시키는 것으로 보인다. 우리는 그러한 불리함을 묵살하기를 원하지 않지만 또한 그것을 완전하게 평등하게 만들 수도 없다면, 이 양자 사이의 중간책으로 동정심이나 연민과 같은 특수한 행동 이외에 무엇이 있을 수 있겠는가?

여기서 드워킨이 제안하는 바는 롤즈의 원초적 입장의 발상과 유사하다. 사람들이 수정된 무지의 장막 뒤에 있다고 상상해 보도록 하자. 그들은 선천적 재능의 분배에 있어서 자신의 위치를 모를 뿐만 아니라, 여기서 발생할 수 있는 여러 가지 선천적 불리함에 대해서 동등하게 영향을 받을 수 있다고 간주한다.[10] 우리는 사람들에게 평등한 몫의 자원을—조개껍질 100개를—주고서, 선천적 재능의 배분에 있어서 불이익을 당할 것인지 아니면 그러한 장애에 대한 보험에 자신의 몫에서 얼마만큼의 돈을 쓸 용의가 있는지 묻는다. 가령, 사람들은 자신이 겪게 될지도 모를 여러 가지 불리함에 대한 특정 수준의 보상을 해줄 수 있는 보험에 자신이 보유하고 있는 몫의 자원 중에서 30퍼센트를 사용할 용의가 있을 지도 모른다. 만약 이러한 가상적인 보험시장을 이치에 맞게 만들 수 있고 사람들이 거기서 어떤 보험을 구매할지에 대한 명확한 해답을 찾을 수 있다면, 우리는 현실세계에서 조세제도를 이용해서 이론상의 결과들을 복제해낼 수 있다. 소득세는 사람들이 가상적으로 내기로 합의한 보험료를 걷는 하나의 방법이 될 것이며, 여러 가지 복지, 의료, 그리고 실업정책은 보험에서 다루고 있는 선천적 불리함에 의해 고통 받는 사람들에 대한 보상을 제공하는 방법이 될 것이다.

이는 불평등한 선천적 자산을 무시하는 것과 여건을 평준화시키려고 무익하게 노력하는 것 사이의 중간지점을 제공해 준다. 누구라도 보험을 어느 정도는 구매할 것이라는 점에서, 이것은 문제를 무시하는 것으로 이어지지는 않을 것이다. 자신에게 닥치게 될지도 모르는 불행에 대해서 아무런 보호조치를 취하지 않는 것은 비합리적이다. 하지만 그렇다고 해서 그 누구도 보험에 자신이 가지고 있는 조개껍질을 전부 사용하지는 않을 것이다. 왜냐하면 그렇게 된다면 결과적으로 아무런 선천적 불리함을 갖지 않게 된다고 했을 때, 자신의 목표를 추구하는 데 쓸 수 있는 자원이 아무것도 남아 있지 않게 되기 때문이다. 선천적 불리함을 보상하는 데 쓰이는 사회의 자원은 사람들이 최초에 가지고 있는 자원에서 보험료로 지불하는 만큼의 보상범위에 한정되어 있을 것이다(Dworkin 1981: 296~299). 이는 '천부적 행운추첨'(natural lottery)에서 불이익을 받은 사람들을 돕는데 사회자원 중 얼마만큼이 쓰여야 하는지를 결정하는데

10) 나는 여기서 지나친 단순화를 시도하고 있다. 드워킨은 실제로 두 가지 상이한 종류의 선천적 불리함에 대응하기 위해 두 가지 개별적인 보험기획을 제안하고 있다. 하나는 정신적, 신체적 장애를 위한 것이고; 다른 하나는 불평등한 선천적 재능에 대한 것이다. 이러한 두 가지 보험전략에 대한 상세한 내용은 Dworkin 1981을 보라. 드워킨이 이 두 가지 전략을 발전시키는 방법과, 둘을 구분하는 방식에 대한 비판에 대해서는 Tremain 1996; Macleod 1998: ch.4~5; Van Parijs 1995: ch.3; Roemer 1985a; Varian 1985를 보라.

있어서 하나의 원칙적 근거(a principled basis)를 제공해 준다.

이러한 기획 아래에서는 일부 사람들이 여전히 부당한 방법으로 불이익을 당한다는 점에서, 우리가 기대하고 있던 것처럼 순수하게 욕망에 민감하고 여건을 배제하는 분배방식을 찾은 것은 아니다. 하지만 우리가 어떻게 하든 간에 그러한 목표를 달성할 수 없다는 점에서 '차선'(second-best)의 이론이 필요하다. 드워킨은 자신의 보험기획이 공정한 합의절차의 결과라는 점에서 차선적인 이론으로 적절하다고 주장한다. 그것은 사람을 모두 평등한 존재로 다루는 절차에 의해 도출된 것이고, 그 누구도 보험을 구매하는 데 있어서 특혜 받은 입장에 있지 않다는 점에서 명백한 불공정성의 근원들을 배제한다. 바라건대 모든 사람은 그러한 평등에 대한 가상적 입장에 처해 있었더라면 자신이 선택했을 것에 의해 보상이 결정되는 공정성을 인지하고 수용할 것이다.

선천적인 장애요소의 영향을 완화시키는 데 있어 가능한 최선의 노력을 기울이려고 하지 않는 드워킨의 의지가 장애인의 복지에 대한 충분하지 못한 배려로 보일 수도 있다. 어찌 되었든 그들이 재능이 있기 보다는 장애를 지니고 태어난 것이 선택에 의한 것은 아니다. 하지만 만약 그렇다고 해서, 장애인에게 가능한 최고의 보상범위를 제공하려고 한다면, 그 결과는 '재능있는 사람들의 노예화'(slavery of the talented)가 될 것이다. 아무런 보상을 받지 못하면서도 보험에 돈을 내야 하는 일반사람들의 상황을 고려해 보도록 하자.

> 이러한 의미에서 '손해를 보는' 사람은 만약 보험에 들지 않았더라면 일과 소비 사이의 균형을 자유롭게 결정할 수 있는 것을, 보험에 들어 있다는 이유로 그러한 자유로운 결정을 내리기 이전에 보험료를 지불할 수 있을 정도로 열심히 일해야만 한다. 만약 보상범위의 수준이 높으면 보험에 들어 있는 사람은, 단순히 보험료가 높아서가 아니라, 자신의 재능이 스스로 선택한 수준을 능가할 가능성이 극도로 낮기 때문에, 그는 최대한도로 일해야 되고 자신이 어떤 종류의 일을 할 것인지에 대한 선택의 여지가 거의 없을 것이라는 의미에서, 예속되어 버릴 것이다(Dworkin 1981: 322).

천부적으로 운이 좋았던 사람들은 그들이 선천적 불리함에 대비해서 가상적으로 들어놓은 높은 보험료를 지불하기 위해 가능한 한도에서 최대한 생산적이 되도록 강제될 것이다. 보험기획은, 재능을 가진 사람이 자신의 삶을 어떻게 이끌 것인지 결정하는 데 있어서 합당하게 인지할 것으로 기대할 수 있는 제약이 되는 대신에, 인생을 규정하는 결정적인 요소가 되어 버릴 것이다. 이 경우에 재능은 스스로의 선택권을 확장시키는 자원이 되기보다는 그러한 선택권을 제한하는 부담으로 전락하게 된다. 즉 보험기획은 보다 많은 재능을 가진 사람이 자신이 선호하는 여가와 소비의 조합을 선택할 수 있는 자유를 보다 적은 재능을 가진 사람보다도 더 적게 가지는 효과를 초래할 것이다. 따라서 장애인과 재능을 가진 사람 양자 모두에게 있어 평등한 고려라는 것은, 비록 장애인이 재능을 가진 사람을 부러워 하는 것을 방치할지라도, 장애인에 대한 최대한도의 재분배가 아닌 다른 무언가를 요구한다.[11)]

나베슨(Jan Narveson)은 시기심 검증의 현실세계 구현 보장에 따르는 이와 같은 실패가 드워킨의 이론을 훼손시킨다고 말한다. 스미스라는 사람이 존스라는 사람과 비교했을 때 상대적으로 선천적 불리함을 갖고 태어났기 때문에, 존스는 스미스보다 많은 소득을 얻을 수 있다고 가정해 보자. 가령 우리가 가상적인 경매로부터 비롯되는 보험의 의무를 충족시키기 위해 그에게 세금을 부과한다 할지라도, 존스는 여전히 스미스 보다 보다 많은 소득을 누릴 것인데, 이는 부당한 불평등(undeserved inequality)이라 할 수 있다. 나베슨이 말하듯이, "실제 세계에서는 스미스가 자기 자신 혹은 존스와 관련된 모든 측면에서 존스보다 훨씬 뒤쳐진다는 *사실*(*fact*)이다. 우리는 스미스가 사실상 갖고 있는 자원의 다발에 가해진 일련의 (보상적) 역조치(counterfactuals)들이 실질적인 평등이론이라는 측면에서 그의 여건을 충분하게 '보상'한다고 솔직하게 말할 수 있는가?"(Narveson, 1983: 18). 시기심 검증은 현실세계에서 실패할 것이고, 나베슨이 말하듯이, 어떤 가상적인 상황에서 시기심 검증을 만족시켰다고 해서 그것을

---

11) 여건을 아예 무시하는 것과 완전히 평준화시키는 것 사이에는 드워킨의 보험기획보다도 더 나은 중간단계가 있을 수 있다. 롤즈 본인도 장애인을 위해서 지지하고 있는 것으로 여겨지는, 아마티아 센의 '능력의 평등'(equality of capabilities) 기획은 하나의 가능성이다(Rawls 1982b: 168; cf. Sen 1980: 218~219). 센은 선천적 불리함을 가진 사람을 위한 일종의 평준화를 목적으로 삼고 있지만, 그는 평준화의 범위를 드워킨이 불가능하다는 이유로 거절하는 여건에 대한 완전한 평준화가 아니라, '기본능력'(basic capabilities)에 대한 평준화로 한계 짓고 있다. 이것이 실제 가능한지, 혹은 드워킨의 보험기획과 결과가 다른지에 대한 한도를 규정짓기는 쉽지 않다(Cohen 1989: 942; cf. Sen 1985: 143~144; 1990: 115n, 12; Dworkin 2000: ch.7).

보상했다고 말하는 것은 이상해 보일 것이다.

하지만 이러한 반론은 문제점을 교묘하게 회피하고 있다. 만약 실제 세계에서의 여건을 완전히 평등하게 만들 수 없다면, 자연적이고 사회적인 여건의 분배에서 한 사람이 차지하는 위치의 임의성에 대한 우리의 신념을 지키기 위해 이러한 방법 외에 무엇을 할 수 있겠는가? 드워킨은 자신의 기획이 부당한 불평등에 대해서 완전히 보상을 한다고 주장하는 것이 아니라, 다만 그것이 정의에 관한 신념을 지키기 위해서 우리가 할 수 있는 최선이라는 것이다. 그를 비판하기 위해서 우리는 그러한 신념을 보다 잘 구현할 수 있는 방법이 있다는 것을 보이든가, 아니면 그러한 신념 자체를 지키려고 노력할 필요가 없음을 보여야 한다.

(c) 현실세계의 대응(The real-world equivalents): 세금과 재분배(taxes and redistribution)

그렇다면 드워킨 이론의 핵심은 다음과 같다. 우리는 최초에 평등한 몫의 자원이 시간이 지남에 따라 사람들의 (선택에 민감한) 가상적인 경매에서의 선택과 (불평등한 여건을 보호하기 위한) 가상적인 보험정책의 결과로 수정을 거치게 될 것으로 가정함으로써 자원의 정당한 분배를 밝혀낸다. 이것이 선택 민감성(choice-sensitivity)을 고려할 수 있는 공간이나 불평등한 우연적 여건을 다룰 수 있는 원칙적인 기준을 제공하지 못하는 전통적인 평등이론들보다 우월하다고 그는 주장한다. 이는 또한 오로지 선택에 대해서 민감할 것만을 주장하고, 여건을 평등하게 만들 필요를 간과하는 우파적인 자유지상주의 이론-이에 대해서는 다음 장에서 논의할 것이다-에 비해서도 우월하다.

하지만 이러한 이론이 실제 현실에서 적용되기 위해서는 무엇이 필요하겠는가? 보험모델이 여건의 평준화 문제에 대한 비록 차선일지라도 정당한 전략이라고 가정한다면, 이를 현실세계에 어떻게 적용할 수 있겠는가? 보험 모델은 현실적인 보험계약들을 단순히 집행하는 것의 문제라고 할 수는 없다. 왜냐하면 보험 시장은 순수히 가상적인 것이었기 때문이다. 그렇다면 현실세계에서는 무엇이 보험을 사고, 보험혜택을 제공하는 것과 부합할 수 있겠는가? 나는 앞에서 선천적으로 수혜 받은 사람들로부터 추가부담 보험료를 걷는 데 있어서는 조세체제를, 불리한 위치에 처한 사람들에 대하여 이렇게 걷힌 보상을 배분하는 데 있어서는 복지정책을 이용할 수 있다고 말한 바 있다. 하지만 조세체제는 두 가지 이유로 보험기획에서의 결과들을 단지 유사하게만 만들어낼 수 있다(Dworkin 1981: 312~314).

첫째, 현실세계에서는 사람들의 상대적인 유리함과 불리함이 무엇인지 측정할 수 있는 방법이 없다. 하나의 이유는 사람들이 삶을 살면서 선택하는 것 중 하나가 바로 자신의 재능을 계발하는 것이기 때문이다. 평등한 선천적 재능을 가지고 시작했던 사람들도 나중에는 재능에 있어서 상이한 수준의 숙련도를 가지게 될 수 있다. 이러한 차이의 경우에는 각자의 선택의 차이를 반영한다는 점에서 보상을 제공할 만한 것이 아니다. 보다 많은 재능을 가지고 시작하는 사람의 경우에도 그것을 보다 계발시킬 수 있다는 점에서, 사람들 간에 발생하는 재능의 차이는 부분적으로는 선천적 재능에 있어서의 차이를 반영하고, 부분적으로는 선택의 차이를 반영한다. 이런 경우에는 재능의 차이에 있어서 전부가 아닌 일부만이 보상을 받을 만 하다. 이는 측정하기가 매우 어려울 것이다.

아네슨(Richard Arneson)이 주목하고 있듯이, 사람들이 자신의 소득에 대해서 얼마만큼의 책임이 있는지 그 한도를 측정하려고 시도하는 것 자체가 '상식을 벗어난 일'이라 할 수 있다.

> 사람들의 전체적인 공적이나 책임에 대한 추정치를 바탕으로 우리의 분배정의 체제를 조정할 수 있을 것이라는 발상자체는 완전히 공상적인 것으로 보인다. 개인은 자신의 책임성 점수를 이마에 전시하고 다니지도 않을 뿐더러, 기관에 의해서든 개인에 의해서든 그들이 취급하는 사람의 점수에 대해 추측하려는 시도는 실제로는 편견이나 감정을 발산해 버리는 것으로 반드시 전락해 버리고 말 것이다(Arneson 2000a: 97).

이러한 판단을 내리기는 불가능하며, 이를 시도하려는 것 자체도 사생활에 대한 엄청난 침해를 수반할 것이다.[12)]

---

12) 자유적 평등주의 정의관과 사생활의 권리(right to privacy) 사이에 발생할 수 있는 잠재적인 갈등에 대해서는 Arneson 2000a를 보라.

더욱이 경매에 앞서서 무엇이 선천적 유리함에 해당되는지 평가하는 것은 불가능하다. 이는 사람들이 어떤 종류의 재능을 가치 있게 여기는지에 좌우되는데, 이는 또 다시 그들이 삶에 있어서 갖는 목표에 의해 좌우된다. 어떤 재능(가령, 육체적인 힘)은 과거에 비해 현재는 덜 중요한 반면에, 다른 재능(가령, 추상적인 수학적 사고력)은 현재 훨씬 중요해졌다. 즉, 사람들의 선택에 선행해서 어떠한 선천적 능력이 유리하고, 불리한지를 확실하게 알 수 있는 방법이 없다. 그 기준은 (급진적이지는 않더라도) 연속적으로 변화하며, 이러한 기준의 변화를 감지하는 것은 불가능하다.

그렇다면 욕망이 아닌 재능으로부터 발생하는 혜택을 구분하는 것이 불가능하다고 생각했을 때, 보험기획을 현실세계에서 어떻게 공정하게 실행할 수 있겠는가? 이에 대한 드워킨의 대답은 어떻게 보면 다소 실망스럽다. 부유한 사람에게는 비록 그 중 일부는 아무런 선천적 유리함 없이 순수한 노력에 의해 그 위치에 도달했다고 하더라도 세금을 물리며, 가난한 사람에게는 그 중 일부는 앞서 살펴본 테니스 선수와 같이 아무런 선천적 불리함 없이 선택에 의해 그렇게 되었다 하더라도 보조를 제공한다. 따라서 일부 사람은, 단지 노력에 의해서 현재 상위 소득계층에 속한다는 이유로, 자신이 가상적으로 지불했던 것보다도 보상을 덜 받게 될 것이다. 또한 일부 사람은, 단지 사치스러운 삶의 방식을 가지고 있음으로 해서, 자신이 받을 만한 정도 이상의 보상을 받게 될 것이다.

보험 모델을 적용하는 데 있어서의 두 번째 문제는 선천적 장애가 (상이한 인종, 계급, 성에 대한 기회평등이 보장되는 사회일지라도) 불평등한 여건의 유일한 원천이 아니라는 것이다. 현실세계에서 우리는 완전한 정보를 결여하며 경매를 재실행할 수 없기 때문에, 예상하지 못했던 일들이 발생할 경우에는 시기심 검증이 위반될 수 있다. 수년 동안 마름병이 돌아 채소 재배자의 수확물을 망쳐 놓음으로써 그에게 적은 소득만이 남을 수도 있다. 하지만 테니스 선수와는 달리 채소 재배자는 비생산적인 삶의 방식을 선택한 것이 아니다. 그것은 전혀 예상치 못했던 자연적 우연성이라는 점에서, 자신이 선택한 삶의 방식에 대한 비용을 모두 지불하게끔 만드는 것은 올바르지 않다. 만일 자신이 선택한 삶의 방식이 그토록 많은 비용이 들 것인지 알았더라면, 그는 (자신의 삶의 방식으로부터 비롯되는 비용을 명백히 인식하고 있었던 테니스선수와는 달리) 다른 인생계획을 선택했을 것이다. 이러한 예상치 못했던 비용은 적절하게 처리할 필요가 있다. 하지만 만일 이러한 문제에 대해서 선천적 재능에 대한 보험기획과 유사한 방식으로 보상을 시도한다면, 그 결과는 보험기획이 갖고 있는 모든 결점들을 모두 수반할 것이다.

이제 우리는 욕망에 민감하고 여건의 영향을 배제하는 분배의 이상(the ideal of an ambition−sensitive, endowment−insensitive distribution)으로부터 이탈하게 하는 두 가지 원천을 가지고 있다. 우리는 사람들의 운명이 공정하고 정당한 출발점으로부터 자신이 내린 선택에 의해서 결정되기를 원한다. 하지만 평등한 출발점의 발상은 불평등한 우연적 여건에 대해서 달성 불가능한 보상뿐만 아니라, 미래사건에 대한 획득 불가능한 지식까지도 포함하고 있다. 전자는 여건을 평준화시키기 위해 필요하며, 후자는 우리가 내리는 선택의 비용을 인지함으로써 그것에 대한 책임을 지게 할 수 있기 위해 필요하다. 보험기획은 이러한 문제에 대한 차선의 대응이며, 조세기획은 보험기획을 현실에 적용하는 데 있어서의 문제점에 대한 차선의 대응이다. 이와 같은 이상과 현실 사이에서의 거리를 고려했을 때, 일부 사람은 불운한 여건으로 인하여 부당한 불리성을 감수하는 것이 불가피한 반면, 또 다른 일부 사람은 자신의 선택의 비용에 대해 인해 부당한 보조를 받는 것은 피할 수 없다.

과연 욕망에 민감하고 여건의 영향을 배제하는 분배를 달성할 수 있는 더 나은 방법은 존재하지 않는 것인가? 드워킨은 이 두 가지 목표 중 어떤 것이든지 한 가지는 더욱 완벽하게 달성할 수 있다고 인정한다. 그러나 이 두 개의 목표는 서로 상반되는 방향으로 움직이고 있다−분배가 욕망에 보다 민감하게 이루어질 수 있도록 노력하면 할수록, 여건에 의해서 불리한 위치에 처해 있는 일부 사람이 부당하게 불리성을 감수해야 할 가능성이 더욱 높아지고, 그 역 또한 마찬가지이다. 이 두 가지 모두 이상으로부터 일탈해 있을 뿐 아니라, 동등하게 중요한 일탈이라는 점에서, 어느 한쪽에 집중하는 대신 다른 한쪽을 배제하는 제안은 용납될 수 없다. 그것이 비록 둘 중 그 어느 한쪽도 완전하게 만족시키지 못하는 결과를 초래할지라도, 우리는 두 가지 기준을 모두 사용해야 한다(Dworkin 1981: 327~328, 333~334).

이것은 다소 실망스러운 결론이다. 드워킨은 공정한 분배를 위해서는 '사람의 경제적 위치 중에서 어떠한 측면이 선택으로부터 비롯되고, 어떠한 측면이 선택이 아닌 여건의 유리함과 불리함으로부터 비롯되는지'를 반드시 확인해야 된다고 설득력 있게 주장한다(Dworkin 1985: 208). 하지만 그가 제시하는 이상이 실전에 있어서는 롤즈의 차등원칙과 같이 이러한 구분에 주목하지 않는 이론들과 '전략적 함의에 있어서 구별되지 않는' 것으로 보인다(Carens 1985: 67; cf. Dworkin 1981: 338~344). 드워킨의 이론에 있어서의 가상적 계산은 지나치게 복잡하고, 그 제도적 실천 역시 너무 어려운 나머지, 그의 이론적 장점은 실천으로 변환될 수 없다(Mapel 1989: 39~56; Carens 1985: 65~67; cf. Varian 1985: 115~119; Roemer 1985a).

드워킨은 자신의 이론이 굉장히 추상적이라는 사실을 시인하면서도, 그것이 현실세계에서의 분배를 평가하고 공공정책을 기획하는 데 쓰일 수 있다고 주장한다. 그의 이론은 어떤 특정한 분배방식을 하나의 올바른 분배방식으로 추려낼 수 있을 정도로 엄밀하지는 못하다. 하지만 그것은 명백하게 올바르지 못한 특정한 분배방식들을 제외시키는 데에는 쓰일 수 있다. 가령, 드워킨은 자연적 불행에 대비해서 사람들이 들게 될 가상적인 보험에 대한 그 어떠한 설득력 있는 방식이든 간에, 현재 미국이나 영국에서 장애인들, 질병에 걸린 환자들, 혹은 기술을 갖지 못한 실업자들에 대해서 제공되고 있는 보상의 범위를 '훨씬 웃돌 것'이라고 주장한다(Dworkin 1981: 321).

그는 또한 자신의 모형이 전통적인 사회주의와 자유시장을 옹호하는 자유지상주의 사이에서 '제3의 길'(third-way)로서 우월성을 지닌다고 주장한다(Dworkin 2000: 7; cf. Giddens 1998; White 1998). 예를 들어, 그는 자신의 이론이 왜 공적인 보건의료정책과 더불어서 사적인 건강보험을 구입할 수 있는 선택권이 모두 필요한 지를 설명해 준다고 주장한다. 가상적인 보험기획은 전자가 여건을 평준화시키기 위해서 필요하다는 점을 보여주고, 가상적인 경매기획은 후자가 선택에 대해 민감하기 위해 필요하다는 점을 보여준다(Dworkin 1993, 2000: ch.8). 이와 유사하게, 그는 자신의 이론이 (보다 적은 선천적 재능을 가진 사람에 대해서 여건을 평준화시키기 위한) 관대한 복지조항을 (재능을 가졌으나 게으른 사람이 선택에 대한 비용을 지불하는 것을 보장하기 위한) 근로복지제도에 대한 요구와 결합시킬 필요성을 제시한다고 말한다(Dworkin, 2000, ch.9).

그럼에도 불구하고 드워킨의 정책제안들은 놀랄 정도로 조심스럽다. 그것들은 시장에 의해 발생하는 불평등에 대한 사후적인(ex post) 교정에 근본적인 초점을 두고 있다–즉, 그것들은 시장에서의 현존하는 수준의 불평등을 주어진 여건으로 간주하고, 유리한 입장의 혜택받는 자들의 불평등한 소득 중 일부를 불리한 입장의 혜택받지 못하는 사람들에게 세금을 통해서 이전할 수 있는 최선의 방안이 무엇인지를 묻는다. 하지만 이러한 제안들은 그의 이론에 있어서 중요한 지점을 충분히 제기하지 못한 채로 남겨둔다–즉, 사람들이 시장에 진입할 때 평등한 사전적 여건(equal *ex ante* endowments)을 가져야 한다는 것이다. 생각건대, 그의 이론을 정책적으로 이행하기 위해서는 모든 개인이 인생을 출발할 때 가지는 것으로 투자, 저축, 위험부담, 교육 등에 대한 선택을 내리는 데 사용하는 100개의 조개껍질에 상응하는 무언가를 현실세계에서 가져야 한다. 이는 분명히 시장소득의 사후적 이전(*ex post* transfers of market income)으로서의 진정한 자원의 평등을 달성하는 것만큼이나 (혹은 그 이상으로) 중요하다. 실제로 만약 사람들의 사전적인 여건에–즉, 사람들이 생산적인 자원이나 자신의 기술과 재능에 투자할 수 있는 능력에–있어서 더욱 평등했더라면, 시장소득에 대해서 교정을 거쳐야 되는 비자발적인 불평등이 더 적을 것이기 때문에 사후적인 재분배의 필요성 또한 적었을 것이다.

물론 이러한 식의 사전적인 평등을 실현하려는 그 어떠한 시도도 우리 사회에 이미 굳게 확립되어 있는 경제적 분업에 대한 대대적인 공격을 필요로 할 것이다. 드워킨 본인은 이를 달성하기 위한 그 어떠한 구체적인 정책제안도 제시하고 있지 않다. 이러한 측면에서, 그의 정책적 처방은 '놀랄 정도로 보수적이다'(Macleod 1998: 151). 드워킨의 이론을 실현할 수 있는 보다 혁신적인 방법을 상상해 볼 수 있는가? 일부 이론가는 자유적 평등을 달성하기 위한 보다 급진적인 방책들을 제안했다. 여기서 간단하게 네 가지에 대해서만 언급하도록 하자.

① 기초자금공여 사회(stakeholder society)

애커만(Bruce Ackerman)은 부유세 2퍼센트를 통해 조달되는 돈을 통해, 모든 사람에게 고등학교를 졸업할 때 한번에 일괄 지급되는 8만 달러라는 '자금'(stake)을 주는 것을 제안했다(Ackerman and Alstott 1999). 사람들은 이 돈을 자신에게 적합한 식–그것으로 더욱 많은 교육 내지는 기술훈련을 받거나, 집을 사는 데 보태거나 작은 사업을 차리거나 주식이나 채권을 사거나, 아니면 단지 선호하는 형태의 소비 내지는 여가에 쓰거나 기타 등등—으로 사용할 수 있다. 사실 이것은 상대적으로 오래된—적어도 18세기의 페인(Thomas Paine)까지 거슬러 올라가는—발상이고, 드워킨의 이론과도 편안하게 들어맞는 것으로 보인다. 이러한 전략은 생산적인 자산이나 시장성 있는 재능을 획득하는 젊은이의 능력에 있어서의 현존하는 불평등을 줄여 줌으로써, 분배가 여건보다는 선택을 보다 정확하게 반영하는 것을 보장하는 데 도움이 될 것이다.[13]

② 기본소득(basic income)

반 파리스(Philippe Van Parijs)는 직업이 있건 없건 상관없이 누구에게나 주어지는 보장된 형태의 무조건적인 기본소득을—가령, 연간 5천 달러 정도를—주장했다(Van Parijs 1991, 1995). 자유적 평등주의자들은 근면한 시민으로부터 거둔 세금이 '말리부 해변에서 서핑을 즐기는 사람'(Malibu surfer)과 같은 게으른 시민을 보조하는 데 쓰일 수 있다는 이유에서 때때로 이런 식의 무조건적인 기본소득에 반대를 표명해 왔다. 하지만 실제로 이것은 앞서 살펴본 기초자금공여 기획의 보다 간소화된 변형으로 볼 수 있다.[14] 여기서의 기본소득은 앞선 기획에서 한 사람의 '기초자금'(stake)에 대한 연간 이자로 볼 수 있다. 기본소득 기획은 자신에게 주어진 원금을 돈으로 바꾸는 것이 허용이 안된다는 점에서 애커만의 기획과는 본질적인 차이를 지닌다. 그들은 원금이 아닌, 이자만을 찾아서 쓸 수 있다. 이것은 어떤 젊은이들의 경우에 자신의 자금을 한꺼번에 '날려 버릴' 수 있을지도 모른다는 우려를 완화시킬 것이다. 그러나 보장된 소득을 갖는다는 것은 대출을 보다 용이하게 만들 것이기 때문에, 이러한 기획은 여전히

13) 많은 저자들도 이와 유사한 기획을 제안하고 있으나, 대신 사람들이 자신의 자금을 어떻게 사용할 수 있는지에 제한을 두고 있다—예를 들어, 그것은 소비 내지는 여가가 아니라 교육 내지는 투자에만 이용될 수 있다(예컨대 Tobin, Unger, Haveman 1988). 애커만과 앨스토트(Anne Alstott)는 부유세와 더불어 이러한 기획에 자금을 조달할 수 있는 몇 가지 방법들을 고려하고 있다. 부유세와 관련된 몇 가지 규범적 논쟁들에 대해서는 Rakowski 2000을 보라.

14) 나는 여기서 반 파리스 본인조차도 기본소득기획을 실업률이 높은 시기에 고용된 자들이 실업자에게 부담해야 하는 종류의 '임대료'(rent)로서 옹호하고 있다고 명기하고자 한다.

생산적인 자산이나 스스로의 교육이나 훈련에 투자할 수 있는 사람들의 능력을 평준화시키는 데 도움이 될 수 있다.[15)]

위에서의 '자금'모형과 '기본소득'모형을 결합시키는 기획이 로어머(John Roemer)에 의해서 '쿠폰 자본주의'(coupon capitalism)라는 명칭 하에 고안되었다(Roemer 1994, 1999: 65~68). 각각의 청년은 국가가 운영하는 회사의 유가증권을 일정부분(a portfolio of stocks in the nation's firms)을 지급받게 된다. 이는 국가의 이익에 대해서 1인당 해당되는 몫을 각 개인에게 주는 것을 의도한다. 각 개인은 경쟁적인 증권시장에 명시되어 있는 가격으로 자신의 몫을 교환할 수 있지만, 자신의 주식목록을 돈으로 교환할 수는 없다. 사망 시 각 사람의 주식목록은 다음 세대의 젊은이에게로 순환될 수 있게끔, 재무부로 회수가 될 것이다. 로어머는 한 사람의 주식보유분이 미국에서 한 가정 당 연간 8,000달러의 '이익'을 창출할 수 있을 것이라고 계산한다. 로어머는 이러한 식의 기획이 미국에서 채택될 수 있을 것인지에 대해서는 낙관적이지 않지만, 우리 사주제도 프로그램(Employee-Share-Ownership-Programs: ESOPs) 수의 증가가 한 가지 선구적인 가능성이 될 수 있다고 지적한다.

③ 보상적 교육(compensatory education)

로어머는 빈곤한 가정 및 공동체 출신의 아동의 교육에 대한 '보상적인' 지출을 주장하는 기획을 옹호했다(Roemer 1999: 69~70). 그가 주목하고 있듯이, 현재 대부분의 서구 국가에서 인종이나 계급에 관계없이 모든 아동의 교육에 어느 정도 평등한 투자를 하고 있다는 사실은 의미심장한 평등주의적 위업이다. 한 세기 전만 하더라도, 부유한 집안의 남자아이만 주로 교육을 받았었다. 그러나 부유한 가정의 아이들은 일반적으로 교육과 기회에 있어서 더욱 많은 혜택을 누리기 때문에, 모든 아이에게 평등한 공적인 투자를 하는 것은 반드시 기회평등을 만들어내지는 못한다. 부유한 부

15) 기본소득기획에 대한 비판과 옹호를 위해서는, Van Parijs 1992, 2001; Groot and van der Veen 2000; White 2000; Analyse und Kritik 22(2000) 속에 수록되어 있는 'Basic Income? A Symposium on Van Parijs'를 보라. 기본소득을 반드시 유급고용(paid employment)은 아니더라도, 사회적으로 유용한 활동과 연결시키는 반 파리스의 기획에 대한 변형을 위해서는 Atkinson 1996을 보라.

모들 자신부터 더욱 많은 교육을 받았을 가능성이 높다는 점에서 교육을 중시할 것이고, 자녀의 교육에 더욱 많은 시간과 자원을 투자할 의지와 능력이 있을 것이다. 만약 진정으로 기회를 평등하게 제공하고자 한다면, 불리한 여건에 처한 아이들의 교육에 대해 보상적인 지출이 필요하다. 예를 들어, 로어머는 미국에서 백인 아동과 흑인 아동 간에 미래에 돈을 벌 수 있는 기회를 평준화시키고자 한다면, 그것은 교육에 있어서 흑인 아동 1인당 백인 아동에 비해 10배의 돈을 지출하는 것을 수반할 것이라고 추정한다.

④ 평등주의적 기획자(egalitarian planner)

로어머는 드워킨의 이론을 적용할 수 있는 또 다른 접근방식으로서, 자신이 '평등주의적 기획자'라고 부르는 것을 제안한다(Roemer 1993a, 1995). 앞서 살펴보았듯이, 드워킨의 이론을 이행하는 데 있어서의 주된 장애요인 중 하나는, 개인이 처해 있는 불리함 중 어느 한도까지가 선택 내지는 여건에 의한 것인지를 판단할 수 있는 현실적인 방법이 존재하지 않는다는 점에 있었다. 로어머는 특정한 개인의 수준에서 이러한 판단을 내리는 것이 불가능하다는 점에는 동의하지만, 대신에 사회적 수준에서 특정한 여건적 요소의 영향을 무력화시키려고 노력할 수는 있다고 주장한다. 그의 제안에 따른다면, 사회는 모든 사람이 선택보다는 여건에 의한 것이라고 동의할 만한 요소들-가령 연령, 성별, 인종, 신체적 장애, 그리고 경제적 계급 혹은 부모의 교육수준-의 목록을 결정할 것이다. 그런 다음에는 이러한 요소에 근거해서 사회를 집단 내지는 '유형'으로 나눌 것이다. 예를 들어, 60세의 신체적으로 건강한 백인 남성으로서 부모가 대학교육을 받은 사람이 하나의 유형이 될 수 있을 것이다. 또 다른 유형은 60세의 신체적으로 건강한 흑인 여성으로서 부모가 초등교육만을 받은 사람들로 이루어져 있을 것이다.

각각의 유형 내부에서 사람들은 소득과 부에 따라서 상당히 다양하게 포진해 있을 것이다. 60세의 신체적으로 건강한 백인 남성으로서 부모가 대학교육을 받은 사람의 집단(이를 A유형이라고 부르자) 내에서는 대부분의 사람이 약 6만 달러의 돈은 벌 것이라고 했을 때, 상위 10퍼센트는 10만 달러 이상을, 하위 10퍼센트는 4만 달러 이하를 벌 것이다. A유형 내에서의 이러한 불평등은 근본적으로 사람들의 선택에 의한 것이라고 가정할 수 있다. 왜냐하면 A유형의 모든 구성원은 동일한 기본적인 사회경제적 및 인구학적 여건을 공유하기 때문에 집단 내에서 보이는 불평등은 일, 여가, 훈련, 소비, 위험부담 등의 것들에 대한 사람들의 상이한 선택을 반영하고 있을 가능성이 높다. 따라서 우리는 A유형 내에서는 자원을 재분배하려고 노력하지는 않을 것이다. 우리는 각각의 유형들 내에서의 분배는 명백하게 욕망에 민감하다고 간주할 것이다. 근면하고 분별 있는 백인 남성으로 고학력 부모 밑에서 자란 이들은 그와 비교되는 여가에 대한 사치스러운 취향 혹은 무책임한 습관을 가진 백인 남성의 선택을 보조하도록 강제되어서는 안 될 것이다.

이와 유사하게, 60세의 흑인 여성으로서 덜 교육받은 부모 밑에서 자란 사람의 집단(이를 B유형이라고 부르자) 내에서도 소득에 있어서 상당한 차이가 있을 것이다. 이러한 집단에서의 평균적 소득은 아마도 약 2만 달러쯤 될 것이며, 상위 10퍼센트는 3만3천 달러를, 하위 10퍼센트는 1만 달러를 벌 것이다. 앞서 그랬던 것과 마찬가지로, 이 집단에서의 구성원은 대부분 같은 사회적 여건을 공유할 것이기 때문에, B유형 내에서의 불평등은 근본적으로 사람들의 선택에 의한 것이라고 간주할 수 있다. 따라서 근면하고 분별 있는 흑인 여성이 사치스럽고 분별없는 취향을 가진 다른 흑인 여성을 보조할 것으로 기대하지는 않을 것이다.

따라서 로어머의 시각에 따르면, 각각의 유형 내에서의 불평등은 일반적으로 욕망에 민감하다고 받아들여질 것이다. 그러나 A유형과 B유형 사이에 막대한 불평등이 존재하고, 이는 가설적으로 보았을 때(ex hypothesi) 선택이 아닌 여건에 의한 것이라는 점에 주목해 보자. A유형에서 변수구간의 100분의 90에 속해 있는 근면하고 분별 있는 구성원은 B유형에서 변수구간의 100분의 90에 속해 있는 근면하고 분별 있는 구성원보다 세 배나 많은 소득을 번다. 이러한 불평등은 선택에 의하여 설명되거나 정당화될 수 없다. 사람은 누구나 평균 이상의 노력과 분별을 기울였을 때, 그 보답을 받아야만 한다. 하지만 이러한 특질을 보이는 A유형의 구성원이 동일한 특질을 보이는 B유형의 구성원보다 세 배나 많은 보답을 받아야 할 근거는 하나도 존재하지 않는다.

마찬가지로, B유형에서 변수구간의 100분의 10에 속해 있는 분별없고 나태한

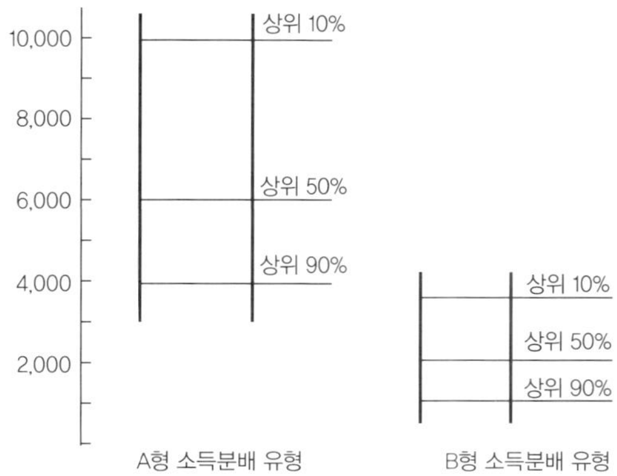

그림 3 로어머의 유형들(Roemer's types)

흑인 여성과 이들보다 네 배나 많은 돈을 버는 A유형에서 변수구간의 100분의 10에 속해 있는 분별없고 나태한 백인 남성을 비교해 보도록 하자. 사람은 누구나 자신이 내린 선택에 대한 대가를 지불해야 하고, 따라서 분별없고 나태한 사람은 자신이 분별 있고 근면한 다른 사람보다 적은 소득을 받을 수밖에 없다는 사실을 받아들여야만 한다. 하지만 그렇다고 해서 이러한 분별없는 선택의 비용이 A유형의 구성원보다 B유형의 구성원에게 네 배나 가혹해야 할 근거는 하나도 존재하지 않는다.

그러므로 '평등주의적 기획자'의 목적은 각각의 유형 내에서의 불평등은 용인하되, 유형 상호간의 불평등은 평준화시키는 것이다. 따라서 자신의 유형에서 변수구간의 100분의 90에 속해 있는 사람은 누구나, 자신이 속한 유형에 관계없이 모두 같은 소득을 가져야 한다(그림 3을 보시오). 이는 각 유형에서 변수구간의 100분의 50에 있을 때나, 100분의 10에 있을 때나 마찬가지이다. 또한 이것은 여전히 사람들이 자신이 내린 선택에 대해서 책임을 지고 있다는 것을 보장할 것이다. 각 유형에 있어서 근면하고 분별 있는 구성원은 사치스럽거나 분별없는 취향을 가진 구성원보다 더 많은 소득을 누릴 것이다. 하지만 이렇게 함으로써 우리는 가장 중요한 비선택적인 여건들의 영향을 무력화 시키게 될 것이다.[16]

---

16) 이러한 접근방식은 물론 다른 접근방식과 결합될 수 있다. 유형을 평준화시키기 위한 하나의 방법은 자금

물론 로어머 역시 인지하고 있듯이, 이 모형은 가장 노골적이고 체계적 형태의 비자발적 불리함이 미치는 영향만을 무력화시킬 수 있을 것이다. 그것은 부유하고 충분한 교육을 받았으나 자식교육에는 무관심한 부모 밑에서 자란 아이의 경우는 다루지 않게 될 것이다. A유형의 몇몇 구성원은 자신의 유형에서 대부분의 구성원이 누리는 혜택을 받지 못할 것이고, B유형에서 대부분의 구성원이 경험하는 똑같은 불리함을 겪게 될 수도 있다. 사회적으로 가장 두드러진 형태의 여건만을 고려하고 개선하는 로어머의 기획 아래에서 이러한 사람들은 공정하지 않게 불리한 대우를 받을 것이다. 그래도 내가 앞서 언급한 바와 같이 이러한 식의 불공정은 드워킨 스스로의 이론에서도 존재하고 있었다. 로어머의 기획은 이러한 불공정성을 제거하지는 못하지만, 여건의 영향 배제성(endowment-insensitivity)과 욕망 민감성(ambition-sensitivity)이라는 한 쌍의 목표를 보다 잘 성취할 수 있다는 점에서 불공정성을 감소시키는 데 틀림없이 보다 나은 성과를 거둘 것이다.

앞서 살펴본 여러 가지 기획은 드워킨 이론의 현실적 적용을 다루고 있는 흥미로운 작업들 중 소수의 예들에 불과하며, 이는 그의 이론이 지니는 영향력을 입증한다. 시기심 검증에 대한 드워킨의 발상은 롤즈의 이론이 지니고 있는 기본적 목표를 실현하는 분배기획이 어떠한 모습을 띠고 있을지를 묘사하고, 명확하게 만들어 준다. 즉, 개인이 스스로의 선택에 대해서 책임을 질 수 있게끔 유지하면서도, 불평등한 여건에 대해서는 보상을 함으로써 사람들의 도덕적 평등을 존중하는 분배기획이다. 물론 드워킨이 자신의 이론에서 사용하고 있는 경매, 보험기획, 그리고 조세체제의 혼합보다도 이러한 이상을 보다 적절하게 실현할 수 있는 장치가 존재할지도 모른다. 그러나 우리가 이러한 근본적 전제를 받아들인다면, 드워킨은 그러한 분배정의를 달성하는 데 있어 발생할 수 있는 결과를 명료하게 만드는 데 기여했다. 실제로 지난 20년 동안 이루어진 분배정의에 관한 흥미로운 작업의 대다수는 드워킨의 기본전제로부터 출발해서, 욕망에 대한 민감성과 여건의 영향 배제성과 관련된 우리의 관념을 보다 세련되게 만

혹은 보상적 교육 혹은 기본소득의 부여를 통해서이다. 로어머의 기획에 대한 논쟁에 관해서는 *Boston Review* 20/2(1995)에 실린 심포지엄을 참조하라.

들려고 시도했다.[17)]

이제 잠시 숨을 돌리고 지금까지 소개되었던 논의들을 정리해 보는 것이 필요하다. 나는 인간의 복지에 대한 고려라는 측면에서 도덕성을 해석하자고 주장한다는 점에서 매력을 지니는 공리주의를 살펴보는 데서 논의를 시작했다. 하지만 그러한 고려 역시 결국에는 우리가 앞서 보았듯이 평등주의적인 고려였으며, 복지의 극대화를 반드시 요구하지는 않는다. 각자의 선호에 평등한 비중을 두는 공리주의의 발상은 인간의 복지에 대한 평등한 고려를 보이는 방법으로서는 처음에 어느 정도의 타당성은 지니고 있었다. 하지만 이를 살펴본 결과, 공리주의는 많은 경우에 인간을 평등한 존재로 대한다는 것에 대한 우리의 직관을 위배하며, 특히 공정한 몫에 대한 이론을 결여한다는 점에서 더욱 그러하다. 공리주의에 대한 체계적인 대안을 제시할 수 있는 정의관을 발전시키는 것이 바로 롤즈의 동기였다. 공정한 몫에 대한 기존의 개념들을 살펴 보았을 때, 우리는 사람들이 맹목적인 운, 또는 자신의 통제를 벗어나 있고 도덕적으로 임의적인 여건 때문에 피해를 입는 것은 공정하지 못하다는 신념과 마주치게 되었다. 우리가 상이한 인종적 및 계급적 배경에 속한 사람 간에 기회평등을 요구하는 것도 바로 이러한 이유에서이다. 하지만 바로 이 동일한 직관은 선천적 자산의 분배에 있어서 사람의 위치가 지니는 임의적인 본질 역시 마찬가지로 인지할 필요가 있다고 주장해야 한다. 이것이 바로 천부적 재능에 있어서 더욱 운이 좋은 사람은 불운한 사람에게 이익이 될 때만 추가적인 자원을 받을 수 있다고 주장하는 롤즈의 차등원칙의 동기가 된 것이다.

---

17) 드워킨의 기획에 대한 발전과 개선을 위해서는, '복지를 위한 기회평등'(equality of opportunity for welfare)에 관한 아네슨(Richard Arneson)의 설명(1989, 1990)과 그 이후에 나온 '책임-제공 우선주의'(responsibility-catering prioritarianism)에 관한 그의 설명(2000a, 2000b); '유리함에 대한 접근의 평등'(equality of access to advantage)에 관한 코헨(G.A. Cohen)의 설명(Cohen 1989, 1992, 1993); '행운의 평등'(equality of fortune)에 관한 라코브스키(Erik Rakowski)의 설명(Rakowski 1993); '접근/기회의 평등'(equality of access/opportunity)에 관한 존 로어머의 설명(Roemer 1993a, 1996)을 보라. 그들은 비록 다른 용어를 쓰고 있고, 자발적 불리함과 비자발적 불리함의 개념을 정확히 어떻게 규정할 것인지, 혹은 둘을 어떻게 구분할 것인지에 대해서는 의견이 일치하지 않지만, 그들은 모두 자발적인 선택으로 인하여 개인이 책임을 져야 하는 불평등이 존재할 여지는 남겨두면서도, 비선택적 불평등은 제거해야 된다는 드워킨의 근원적인 직관은 공유하고 있다. 앤더슨(Elizabeth Anderson)은 이러한 이론가들이 모두 비자발적(혹은 불운한) 불평등을 제거하는데 관심을 갖는다는 점에서 이들을 '운 평등주의자'(luck egalitarians)라고 지칭한다(Anderson 1999). 이러한 일반적 접근방식에 관련된 논의를 위해서는 Lippert-Rasmussen 1999; Schaller 1997을 보라.

하지만 차등원칙은 부당한 불평등의 문제에 대한 과도한 반응이자, 다른 한편으로는 충분하지 못한 반응이기도 하다. 선천적인 불리함에 대해서는 아무런 보상을 제공하지 않는다는 점에서 충분하지 못하고, 상이한 여건보다는 상이한 선택을 반영하는 불평등을 배제한다는 점에서 과도하다. 우리는 롤즈의 차등원칙보다도 욕망에 민감하고 여건의 영향을 배제하는 이론을 필요로 한다. 드워킨의 이론은 이 두 가지 목표를 달성하기를 열망한다. 하지만 우리가 이미 보았듯이, 이러한 목표는 그 자체의 순수한 형태로는 도달할 수 없다. 이러한 점에서 공정한 몫에 대한 그 어떠한 이론도 차선의 이론일 수밖에 없다. 경매와 보험에 대한 드워킨의 기획은 이러한 자유적 평등관의 두 가지 핵심목표 사이에서의 긴장을 어느 정도 해소할 수 있는 하나의 제안이다.

따라서 롤즈의 이론이 공리주의적 평등관에 내재하는 문제점에 대한 응답이었듯이, 드워킨의 이론은 롤즈의 평등관에 내재하는 문제점에 대한 응답이다. 양자 모두 기존의 이론으로부터 유발된 기본적 직관을 거부하기보다는 개선시키려고 노력하는 것으로 볼 수 있다. 롤즈의 평등주의는 공리주의에 대항하는 반응이기도 하지만 또한 부분적으로는 그 핵심 직관들로부터의 발전이고, 드워킨의 이론이 롤즈의 이론에 대해서 지니는 관계 역시 마찬가지이다. 두 이론 모두 사람들이 기존의 이론을 채택하도록 유도한 바로 그 동일한 직관들에 호소함으로써 자기 이론의 원칙을 옹호한다.

5. 자유적 평등의 정치

대부분의 사람은 자유적 평등주의가 전후 자유민주 복지국가에 대한 철학적 정당화를 제공한다고 생각한다. 사실상 이러한 복지국가와의 연계는 자유적 평등주의 정치이론들의 놀라운 영향력을 설명해 주는 데 도움이 된다. 1950년대와 1960년대에 대부분의 서구민주주의 국가에서 복지국가가 상당한 정도로 확장된 것이 목격되었으나, 당시에는 이러한 현상을 의미 있게 설명해 줄 수 있는 만족할 만한 정치철학이 결여되어 있었다. 1970년대에 이르러 롤즈와 드워킨의 작업의 출현은 복지국가를 둘러싼 정치적 논쟁을 이해할 수 있는 만족스러운 지적 틀을 사람들에게 제공하였다.

롤즈의 작업이 출현하기 이전에는, 복지국가를 기술하는 가장 일반적인 방식은 그것을 경쟁적 이상들 간의 임시적 타협정도로 간주하는 것이 고작이었다. 말하자면, 우측에 있는 자유지상주의자들은 자유를 신봉하기 때문에 자유시장을 지지하는 반면, 좌측에 있는 마르크스주의자들은 평등을 신봉하기 때문에 국가의 계획경제를 지지한다고 했을 때, 중간 노선에 자리잡고 있는 자유주의자들은 자유와 평등간의 엉성한 타협을 신봉한다는 것이다. 이는 자유주의자들이 복지국가를 지지하게 되는 이유로써, 한편으로는 자본주의적 자유 및 불평등을, 다른 한편으로는, 다양한 평등주의적 복지정책과 임의로 결합시키고 있다고 설명하고 있는 것이라 할 수 있다.

그러나 롤즈와 드워킨은 복지국가에 대해 보다 정교하게 생각할 수 있는 방식을 제공해 주었다. 이 두 사람의 이론이 일종의 불평등을 발생시키는 경제적 자유를 허용한다고 하더라도, 이들이 평등에 반대하는 개념으로서의 자유를 신봉하기 때문에 그런 것은 아니다. 오히려 이들은 그러한 경제적 자유가 자신들이 생각하는 보다 일반적 개념으로서의 평등 그 자체를 강화시켜 주는 데 필요하다고 생각한다. 자유주의자들로 하여금 시장자유를 허용해야 한다고 주장하게 만드는 바로 그 동일한 원칙이—즉 사람들로 하여금 자신의 선택에 대한 책임을 주장하는 원칙이—이들로 하여금, 사람들이 자신이 선택하지 않은 여건들 때문에 불리하게 된다면, 시장을 제한해야 한다는 주장을 하게 만든다. 동일한 평등관이 시장자유와 그에 대한 제한 양자 모두의 저변에 깔려 있다는 것이다. 따라서 자유주의자들이 혼합경제와 복지국가를 선호하는 이유는, 상충적 이상들의 타협에 있지 않고, '평등 그 자체의 요구들을 실천적으로 가장 잘 실현하려는데' 있다(Dworkin 1978: 133; 1981: 313, 338).

이처럼 자유적 평등주의 철학과 복지국가 정치의 연계는 아주 긴밀하기 때문에 많은 사람들은 자유적 평등주의를 '복지국가 자유주의'(welfare state liberalism)라 부르고(Sterba: 1988), 롤즈를 '평등주의적 부류의 복지국가 자본주의(an egalitarian brand of welfare-state capitalism)에 대한 철학적 옹호자'로 묘사한다(Wolff 1977: 195; cf. Doppelt 1981: 262; Clark and Gintis 1978: 311~314). 그러나 이러한 연계는 이제 아주 심각하게 의문시되고 있다. 자유적 평등주의의 실행이 우리가 인정할 만한 의미에서 복지국가로 연결될 수 있을지의 여부는 이제 더 이상 명백하지 않다.

한 가지를 말하자면, 자유적 평등주의는 사람들 각자가 사회의 자원에 대한 평등한 몫을 가지고 자신의 인생을 출발할 것을 요구하고, 이러한 요구를 달성하는 데 필요한 정책의 종류란 전통적인 복지국가 접근방식을 훨씬 뛰어넘는다. 우리가 살펴보았듯이, 복지국가란 세금과 이전구조(transfer schemes)를 통해 시장불평등을 사후적으로(post factum) 교정하는 데 우선적 관심이 있다. 그러나 밀(J. S. Mill)이 오래 전에 인정하였듯이, 단지 사후적인 방식의 소득 재분배에 초점을 맞추는 것은 '부정의 그 자체를 치유하기보다는 부당한 권력의 결과에 약간 손대는 정도라는 점에서…… 개혁가들이나 박애주의자들이 저질렀던 큰 오류'를 초래할 뿐이다(Mill 1965: 953). 만약 우리의 목표가 부여받은 자산에 있어 보다 큰 사전적 평등(*ex ante* equality)을 성취하는 것이라고 한다면, 우리는 가난한 사람, 여성 또는 인종적 소수를 불리하게 하는 현대사회의 뿌리 깊은 경제적 위계구조를 직접 공략할 필요가 있다. 이는 소수자 우대 할당정책, 기본소득, 피고용인 자기소유권, '기초자금공여', 주부에 대한 급여제공, 보상적 교육에 대한 투자 등과 같은 아주 급진적인 정책들을 포함하게 된다. 우리는 이러한 정책들을 하나하나 검토하여 그것들이 드워킨의 가상적 경매(Dworkin's hypothetical auction)의 결과에 우리를 보다 근접하게 하는지 여부를 살펴보아야 할 것이고, 그 답변은 많은 경우에 특정한 상황에 좌우될 것이다. 아마도 자유적 평등주의는 현재의 소득 재분배를 위한 기존의 기획들과 유사한 제도를 선호하겠지만, 그것은 일회의 급진적인 부와 소유권의 재분배가 이루어진 이후에나 채택될 것이다(Krouse and McPherson 1988: 103).

여기서 롤즈 스스로가 자유적 평등주의 원칙이 복지국가에 의해 충족될 수 없다는 점을 인정한다는 사실을 지적하는 것은 매우 흥미롭다. 그는 아주 상이한 개념인 '재산소유 민주주의'(property-owning democracy)를 지지한다(Rawls 1971: 274). 그 차이점은 다음과 같이 기술된다.

> (상식적으로 이해되고 있는) 복지국가 자본주의는 물질자본 및 인간자본의 배분에 있어 심각한 계급불평등을 받아들이고, 재분배적 조세와 소득이전 프로그램을 통해 시장의 결과적 불균형을 축소하고자 한다. 이와 대조적으로, 재산소유 민주주의는 재산과 부의 근원적 분배에서 급진적인 불평등 축소와 함께 인간자본에 투자하는 보다 적극적인 기회평등을 지향함으로써, 시장

의 작동이 애초부터 적은 불평등을 발생시키는 것을 목적으로 한다. 이렇듯, 이 두 대안적 체제는 정치경제에 있어 정의 실현을 위해 두 가지 전략적 대안을 예시한다. 복지국가 자본주의는 소유와 타고난 재능의 원초적 배분에서 실질적 불평등을 주어진 여건으로 받아들이고, 사후적으로 소득을 재분배하려는 방안을 추구한다. 반면에 재산소유 민주주의는 소유와 타고난 재능의 사전적 배분에서의 적극적 평등을 추구하고, 이와 상응하여 사후적 재분배 조치에 대해서는 덜 강조를 하게 된다(Krouse and McPherson 1988: 84).[18]

롤즈는 재산소유 민주주의가 사후적 재분배의 필요성을 축소시킨다는 점에서뿐만 아니라, 노동의 분업 내에서 지배와 굴종의 관계를 예방할 수 있다는 점에서 복지국가보다도 우월한 것이라 주장한다. 만약 사전적으로 부여된 자산이 더 평등하다면, '아무도 다른 사람에게 비굴하게 의존할 필요가 없을 것이며, 인간의 생각과 감각에 둔감한 단조롭고 반복적인 직업들 중에서 선택을 해야만 상황에 처할 필요가 없을 것이다'(Rawls 1971: 529, 281; cf. Krouse and McPherson 1988: 91~92; DiQuattro 1983: 62~63).

이것은 자유적 평등의 함의에 관한 중요한 점을 제기한다. 드워킨은 마치, 자신의 정의관을 실행하게 되면, 가장 명백하거나 가능성 있는 결과는 기존의 사회적 역할을

18) 드워킨은 정당한 분배란 현재 제공되고 있는 정도 이상의 복지 재분배를 필요로 한다고 주장하는데 비해, 롤즈는 정당한 분배는 그 이하를 요구할 것이라고 주장한다는 점에 주목하라. 롤즈는 자신의 재산소유 민주주의에서 시장을 통한 분배는 자연히 차등원칙을 충족시킬 것이고(Rawls 1971: 87), 이는 사실상 드워킨의 발상인 욕망에 민감하고 여건의 영향을 배제하는 분배에 부응할 것이라고 생각하고 있는 듯하다(Rawls 1971: 305; cf. DiQuattro 1983: 62~63). 따라서 그는 누진소득세와 광범위한 시장소득의 재분배에 반대한다(Rawls 1971: 278~279). 밀과 마찬가지로, 롤즈는 '소유의 분산이 만족스럽게' 이루어진다면, 복지의 공급은 '그다지 중요하지 않을 것'으로 생각하는 것 같다. 그러나 드워킨이 소유를 평등하게 분배할 필요성을 등한시 한다면, 롤즈는 소득을 공정하게 재분배할 필요성을 등한시하고 있는 셈이다. 왜냐하면, 롤즈의 재산소유 민주주의에서조차, 상이한 선천적 재능으로 인해 시장소득에 있어서 부당한 차등이 발생할 수 있으며, 또한 선천적 불리함과 다른 형태의 불행으로 인해 필요에 있어 부당한 차등이 발생할 수 있기 때문이다(Krouse and McPherson 1988: 94~99; Carens 1985: 49~59; 1986: 40~41). 이는 롤즈와 드워킨 간의 또 다른 흥미 있는 차이점을 보여준다. 롤즈는 자신의 차등원칙이 실제로 드워킨의 욕망에 민감하고 여건의 영향 배제적인 분배적 상(Dworkin's ambition-sensitive, endowment-insensitive distributive ideal)과 유사할 것으로 생각한다. 그 이유는 시장이 자연스럽게 그러한 분배를 유발할 수 있으리라 생각하기 때문이다. 반면, 드워킨은 자신의 욕망에 민감하고, 여건의 영향에 배제적인 이상이 실제로 롤즈의 차등원칙과 유사하리라 생각한다. 그 이유는 시장과 정부 모두 타고난 재능과 욕망을 구분할 수 없다고 생각하기 때문이다. 따라서 두 사람은 모두 자신의 이론이 실제로 상대방의 이론과 유사하다고 생각하지만 그 근거에 있어서는 상이하다.

담당하는 직업들 간에 소득이전의 수준을 증대시키게 될 것처럼 종종 글을 쓴다(예컨대, Dworkin 1981: 321; 1985: 208). 그러나 롤즈가 주목하는 것처럼, 자유적 평등주의자들은 기존의 사회적 역할이 규정되는 방식에 또한 마땅히 관심을 기울여야만 한다. 어떤 사람에게 이용가능한 자원의 중요한 구성요소는 기능개발에 대한 기회들, 개인적 성취 및 책임감의 행사를 포함한다. 이러한 것들은 주로 해당 직업과 결부된 소득의 문제가 아니라, 이 직업이 수반하는 사회적 관계의 문제이다. 사람들은 일반적으로 이러한 기회들을 거부하거나 자신들을 지배 내지는 강등시키는 사회적 관계에 진입하는 것을 선택하지 않을 것이다. 평등의 입장에서 본다면, 여성은 '남성' 직업이 '여성' 직업보다 우월하거나 지배적인 것으로 규정하는 사회적 역할 체계에 동의하지 않았을 것이다. 그리고 노동자는 '정신' 노동과 '육체' 노동을 지나치게 구분하려는 데 동의하지 않았을 것이다. 우리는 원초적 평등의 입장에 처한 사람들은 이러한 역할들을 선택하지 않았으리라는 것을 알고 있다. 왜냐하면 이러한 역할들은 여성과 노동자의 동의 없이 형성된 것이고, 사실상 법적 및 정치적 억압을 전제로 하는 경우가 많기 때문이다. 예를 들자면, 의사와 간호사간의 역할 구분은 보건의료부문에 종사하는 여성에 의해 반대되었으며(Ehrenreich and English 1973: 19~39), '과학적 관리' 체제는 노동자에 의해 반대되었다(Braverman 1974). 만약 여성이나 노동자가 남성이나 자본가와 똑같은 힘을 가졌더라면, 이 두 가지 변화는 근본적으로 다른 형태를 띠었을 것이다. 이러한 방향으로 진행되었더라면, 그 결과는 사회적 역할들 간의 시장소득에 있어 더 큰 평등뿐만 아니라, 훈련, 자기개발 및 책임감의 행사를 향상할 수 있는 기회평등에 있어서도 더 큰 평등을 가져 왔을 것이다.

드워킨은 소득이전의 증가는 정당화될 수 있다고 주장하는데, 그 이유는 만약 가난한 사람들이 평등한 출발점에서 시장에 진입했더라면 이들은 고소득 직업을 얻으려 했을 것이라고 가정할 수 있기 때문이다(Dworkin 1985: 207). 그러나 우리는 또한 가난한 사람들이 동등한 출발점에서 시장에 진입했더라면, 롤즈의 말을 빌리자면, 이들은 자신들을 '다른 사람에게 비굴하게 의존적으로' 만드는 직업이나, '인간의 생각과 감각을 무디게' 만드는 그러한 직업을 받아들이려 하지 않을 것이라는 점을 동시에 가정할 수 있다. 우리는 전자만큼이나 후자에 해당하는 좋은 증거들을 찾을 수 있다. 따라서 자유적 평등주의자들은 수혜자 집단으로부터 최저수혜자 집단으로 이전되는 소득재분배에만 염두를 두어야 할 것이 아니라, 수혜자 집단이 작업장에서 지배와 굴종의 관계를 규정할 권한이 없다는 점을 명백히 하여야 한다. 그리하여 재차 강조하건대, 이러한 목적은 전통적인 복지국가의 조세정책과 소득이전정책을 통해서 달성될 수 없으며, 대신 사람들이 시장에 진입할 때 수반하는 사전적인 자산을 증대시키는 것을 요구한다.

자유적 평등을 실현함에 있어 복지국가의 한계점을 인식한 것은 롤즈의 공로라 할 수 있다. 그렇지만 불행하게도, 롤즈는 자신의 재산소유 민주주의에 대해서 상세한 설명을 하고 있지 않다－한 비평가가 언급하였듯이, '이러한 점들은 롤즈 정의론의 실체성으로 구현되지 못하고 있다'(Doppelt 1981: 276). 상속을 제한하는 다소 조심성 있는 제안을 제외하고, 롤즈는 그러한 재산소유 민주주의를 어떻게 실행할지 또는 우리 사회의 뿌리 깊은 계급 불평등을 어떻게 제거할지에 관한 구체적 생각을 제시하지 않는다. 마찬가지로 드워킨 역시 사전적인 자산을 어떻게 평등화시킬 것인지에 관하여 아무런 제안을 제시하지 않고 있다.

간단히 말해, 자유적 평등주의자들의 제도적 공약은 이들의 이론적 공약과 보조를 맞추지 못하고 있다. 이 점이 바로 자유적 평등주의의 정치에 있어서의 하나의 긴장, 혹은 심지어는 위기로 연결되었다. 코놀리(William Connolly)는 '사적 형태의 성장경제체제(the privately incorporated economy of growth)에서 복지국가가 자유와 정의의 수레가 될 수 있다고 믿는 것이 가능한 한에서,' 자유주의의 이론적 전제들이 전통적 제도와 결합될 수 있다고 말한다(Connolly 1984: 233). 그렇지만 그는 사적 경제의 요구가 복지국가의 근거가 되는 정의의 원칙들과 충돌한다고 주장한다. 복지국가는 재분배 프로그램을 유지하기 위해 성장경제를 필요로 하지만, 그러한 경제구조는 복지 프로그램의 근거가 되는 정의의 원칙들과는 부합할 수 없는 정책을 통해서만 달성될 수 있다(Connolly 1984: 227~231).

코놀리에 따르면, 이것이 '자유주의의 양분화'(bifurcation of liberalism)로 이어졌다고 한다. 한쪽 조류는 자유적 실천에서의 전통적 제도를 고수하고, 사람들로 하여금 정의와 자유에 관한 기대수준을 낮추도록 권장한다. (코놀리가 드워킨을 포함시키는) 다른 한쪽 조류는 이러한 (자유와 정의의) 원칙들을 재확인하려 하지만, '자유적 원칙들에 대한 공약은 점점 더 실천적 문제들과 분리되게 된다. …… 이 원칙적 자유주의는 생산성의 문명 내에 현존하고 있지도 않을 뿐더러, 이러한 생산성의 헤게모니에 도전할 만한 준비 또한 되어 있지 않다'(Connolly 1984: 234). 이것이 바로 현대자유주의의 실태를 정확하게 묘사한 것이라고 생각한다. 자유적 평등주의의 이상은 절실하나, 이 이상의 실현은 롤즈나 드워킨이 명시적으로 인정했던 것보다도 훨씬 더 광범위한 개혁을 요구한다. 이 두 사람 중 어느 누구도 인종, 계급, 성의 뿌리 깊은 불평등을 영속화시키는 것과 관련되어 유지되고 있는 '생산성의 문명'(civilization of productivity)에 도전하지 않았다.

이러한 불개입에 대한 부분적 이유는 자유적 평등주의자들이 정의를 성취할 수 있는 국가의 능력에 대한 신뢰를 점차적으로 상실했기 때문이라고 나는 생각한다. 롤즈가 1971년에 『정의론』을 저술했을 당시, 복지국가는 많은 사람들에 의해 본질적으로 성공적이라고 간주되었으며, 사실상 빈곤과 계급분열의 문제는 어느 정도 '해결'되었다고 했다. 그렇지만 지난 30년간 이런 신뢰는 심각히 손상되었다. 1970년대 초반, 석유수출국기구 석유위기파동(OPEC oil crisis)에 의해 야기된 경기침체와 잇따른 정부 재정적자의 거품화 현상은 많은 사람들로 하여금 아마도 복지국가는 이러한 사태를 사실상 더 이상 감당할 수 없거나 지탱할 수 없다고 생각하게 만들었다. 그리고 증대되는 경제적 세계화 현상은 많은 사람들로 하여금 다른 국가와의 경쟁력을 유지하기 위해서는 세금과 정부지출의 삭감이 기업을 위해 필요하다고 인식하게 만들었다.

더욱이 복지국가는 사람들이 희망했거나 생각했던 것만큼 성공적이지 못하였다는 많은 증거들이 나타나게 되었다. 복지 프로그램 중 일부가 잘 작동하였다는 것은 확실하다. 공공연금은 많은 국가에서 노인의 빈곤문제를 상당히 근절시켰다. 그렇지만 평등을 증진시키려 했던 다른 프로그램들은 가난한 사람의 의존성과 오명을 영속화시키거나[가령, 보조금 지급관련 자산상태조사에 의해 야기된 '빈곤의 덫'(poverty trap)을 통해서 말이다], 역비례적으로 부유한 사람에게 혜택(예를 들어, 보편적 보건의료 및 교육과 같은 것들)을 주는 것으로 끝나는 경우가 허다했다. 더욱이, '신 경제'(new economy)는 시장소득에 있어 불평등을 점점 증대시키는 것처럼 여겨졌다. 즉, 관리직과 노동자 간의 격차, 대학 졸업자와 교육을 받지 못한 자간의 격차가 점차적으로 벌어지게 되었다. 전체 인구의 상당 부분이 이러한 새로운 지식기반 경제(new knowledge-based economy)에서 완전히 소외되고 말 것이라는 우려가 확산되었다. 간단히 말해, 사람들의 자원과 소득에 있어 불평등을 치유할 적극적인 국가정책에 대한 필요는 증대하고 있지만, 대부분의 자유적 평등주의자들은 이러한 것을 달성할 수 있는 복지국가의 능력에 대한 신뢰를 점점 더 상실하게 되었다.[19]

그리고 물론 이 모든 것은 1980년대의 복지국가에 대한 신 우파(New Right)의 엄청난 반발을 맥락으로 하여 발생한 것이다. 이러한 신 우파의 반발은 레이건(Ronald Regan)과 대처(Margaret Thatcher)가 선봉이 되어 이루어졌는데, 이들은 복지국가는 개인적 책임성을 부정하고, 창의성을 질식시키고 효율성을 떨어뜨렸다고 주장했다. 그 결과는 수많은 복지 프로그램의 삭감으로 연결되었으며, 수많은 서구 민주국가들, 특히 영국과 미국에서, 급진적인 불평등의 증가로 나타났다. 시장 불평등의 증대는 그 어떠한 유효한 수준의 재분배 정책에 의해서도 더 이상 통제되지 않았다.

이러한 현상이 자유적 평등주의자들을 지적 그리고 정치적인 측면에서 결속하게 만들었다. 지적인 측면에서, 자유적 평등주의자들의 이론은 전통적인 조세/소득이전 복지국가를 넘어서 '재산소유 민주주의' 또는 '기초자금공여 사회'와 같은 형태로 가는 것이 필요하게 되었다. 그렇지만 정치적으로는, 그러한 발상들이 1980년대와 1990년대의 어려운 정치적 및 경제적 환경에서는 유토피아적인 것으로 여겨졌다. 자유적 평등주의자들은 복지국가를 확장하기보다는 방어적인 차원에서 신 우파의 공격으로부터 살아남은 복지국가의 잔해를 보존하여, 빈곤을 축소하고 기본적 공공서비스를 제공하기 위해 최소한도의 재분배를 적어도 유지하려 하였다.

이것은 롤즈와 드워킨의 작업의 많은 부분에 있어서 나타나는 '놀라울 정도로 보수주의적인' 경향(the 'surprisingly conservative' tenor)을 설명해 주는 데 도움이 된다(Macleod 1998: 151). 신 우파에 직면하여, 자유적 평등주의자들은 사실상 복지국가의 잔해를 보존하려는 수준에 머물러 있었다. 자유적 평등주의자들은 재산소유 민주

19) 이것은 그 어떠한 신뢰할 만한 정의이론도 국가 능력(state capacity)에 관한 이론을 포함해야 한다는 매우 중요한 점을 보여준다. 보 로스슈타인(Bo Rothstein)이 주장하였듯이, 이 점은 현대 자유적 평등주의의 정의에 대한 이론화 작업에 있어 주요 한계점 중의 하나이다(Rothstein 1992, 1998).

주의의 일부 이상과 비교했을 때 복지국가가 얼마나 부적절한지를 강조하는 대신, 무제한적 소유권에 입각한 신 우파의 비전과 비교하여 복지국가가 얼마만큼 필요하고 정당화될 수 있는지를 강조하였다.

그렇지만 심지어 순수한 정치적 관점에서조차, 이러한 지적 소극성이 실제로 자유적 평등주의의 목표를 실현하는 데 기여하였는지의 여부에 대한 의문을 제기할 수 있다. 어떤 면에서 자유적 평등주의자들은 의도하지는 않았지만 신 우파의 손 안에서 놀아난 꼴이 되었다고 주장할 수도 있다. 복지국가가 열심히 일하는 사람들에게 오히려 피해를 주고, 게으르고 무책임한 자들에게 보상을 준다는 신 우파의 비판에 대한 반응의 일부로서, 드워킨은 복지국가가 더욱 선택에 민감할 수 있다는 점을 강조하려 하였다. 그의 정책 제안들은 자원을 지닌 사람에게 보다 광범위한 선택을 가능하게 하는 것(가령, 보충적 사적 건강보험을 허용하는 것)과 게으르거나 분별없는 자들이 자신의 선택비용을 다른 사람에게 부과하지 못하도록 하는 정책(예를 들어, 근로복지제도 workfare)을 보장하려는 데 초점을 맞추고 있다. 우리가 살펴보았듯이, 그는 체제가 어떻게 보다 여건의 영향에 대해 배제적(circumstance-insensitive)이 될 수 있는가를 생각하는 데 동등한 시간이나 노력을 기울이지 않았다고 할 수 있다.

어떤 점에서 본다면, 이 점은 이해할 만 하다. 왜냐하면 드워킨의 이론이 전통적 평등이론들로부터 차이를 보이는 지점은 바로 선택에 대한 민감성(choice-sensitivity)에 관한 그의 관심 때문이다. 그리고 철학적으로 말한다면, 정의란 마땅히 사람들이 선택지를 가지고 있고 동시에 자신의 선택의 비용에 대해 책임을 요구한다는 데 동의한다. 더욱이, 불평등한 여건을 치유하고자 하는 심각한 개혁에 대한 전망은 지난 20년 동안 거의 나타나지 않았다.

그럼에도 불구하고 욕망 민감성(ambition-sensitivity)에 초점을 맞춤으로써, 자유적 평등주의자들은 의도하지는 않았지만 신 우파의 의제를 강화시켜 준 셈이 되었을 수도 있다. 신 우파의 의제는 무책임하고 나태한 자들을 확인하여 처벌하는 것에 사로잡혀 있었다. 이들에 의하면, 복지국가는 복지혜택에 의존하는 사람들의 무책임한 행동을 보조하기 위하여 부유한 자들의 선택을 부당하게 제한한다는 것이다. 사적 건강보험제도와 근로복지제도를 위한 드워킨의 제안은 묘한 방식으로 이러한 틀에 부합한다. 이러한 제안은 불평등한 상황을 개선하는 데 아무런 도움이 되지 않으며, 오히려 그러한 불평등한 상황 개선을 위한 공적지원을 시행하는 것을 더 어렵게 만들 수도 있다. 사적 건강보험을 허용하는 것은 공적 보건의료제도에 대한 중산층의 지지를 잠식해 들어갈 수도 있고, 복지를 조건적으로 만들면 빈곤한 사람들을 더욱 어렵게 만들 수 있다. 이것은 물론 드워킨의 의도는 아니었다. 그는 우리의 정책이 마땅히 더욱 선택에 민감하고 동시에 더욱 여건의 영향에 대해서는 배제적일 것 양자 모두를 바라고 있다. 그러나 그는 현재 우리의 정치풍토에서는 선택에 대한 민감성을 강조하는 것이 자신의 무책임한 생활태도에 대해서 공적 보조를 요구하는 '배려 자격이 없는 빈곤자'(undeserving poor)에 대한 고정관념을 단순히 강화시켜 준다는 점을 고려하지 못하고 있다.

물론 자유적 평등주의자들은 많은 경우에 불평등이 선택의 문제(로어머의 예에서 A와 B유형간의 선택에서와 같은)로만 적절하게 추적될 수 없다는 점을 보여줌으로써 이러한 고정관념의 문제에 대해 도전을 할 수 있고, 또 실제로 하고 있다. 나아가서, 자유적 평등주의자들은 사람들의 선호와 능력이 정의의 조건하에서 형성되었어야만, 그 사회가 사람의 선택에 대한 책임을 타당하게 물을 수가 있다고 주장한다. 예를 들어, 사회가 적정수준의 교육을 제공하지 않은 채 사람들의 선택에 대해 책임을 부과하는 것은 '거대한 나쁜 신념'(a massive piece of bad faith)이라 할 수 있다(Elster 1992: 240; cf. Rawls 1979: 14~15; Arneson 1981: 205; 1997a; Scanlon 1988: 185~201).[20] 따라서 우리는 사람들의 소위 '무책임한' 행동에 대한 호소를 이들의 불평등한 여건을 치유하지 않아도 된다는 논거로 사용할 수는 없다: (오히려) 후자(불평등한 여건)은 전자(무책임한 행동)에 대한 판단을 할 수 있는 조건이 된다.

자유적 평등주의자들은 이러저러한 방식으로 '희생자 탓'(blame the victim)으로 돌리려는 신 우파의 경향에—즉, 불리한 자들이 자신의 불행에 대하여 스스로 책임을 져야 한다고 비난하려는 경향에—대항하려 했다. 그럼에도 불구하고 욕망 민감성에

---

20) 다른 말로 표현하자면, 책임을 인정하는 사람들의 능력은 이들의 성장과정에 있어서의 행, 불행에 영향을 받는다. 억압적 조건하에서—말하자면, 부모의 무관심 또는 성적 학대의 조건에서—양육된 사람은 책임감이나 도덕적 선에 대한 판단능력을 개발할 가능성이 낮을 것이다. 그러한 조건하에서 책임에 관한 판단이 어떻게 이루어지는가에 대한 흥미 있는 논의를 위해서는 Card 1996을 참조하라.

대한 자유적 평등주의자들의 강조는 의도치 않게 무책임한 사람을 길러내는 것이 복지국가의 주요한 문제점이라는 대중적 인식을 강화시켰을 수도 있다.[21]

울프(Jonathan Wolff)는 이러한 문제가 바로 정의이론가들에게 있어서 가장 흥미 있는 딜레마를 지적해 준다고 주장했다. 그는 자유적 평등주의가 순수한 철학적 관점에서 본다면, 사실상 최선의 정의이론(best theory of justice)일 수도 있다고 말한다. 그러나 정치적으로는 자유적 평등주의가 평등에 대한 잘못된 에토스(wrong ethos of equality)를 조장한다고 시사한다(Wolff 1998). 그것은 국가로 하여금 불리한 계층의 시민을 잠재적 사기꾼으로 간주하게 만드는 불신을 조장하게 한다. 그리고 이러한 불신을 극복하기 위해서 불리한 계층의 사람은 울프가 말하는 '치욕적 노출'(shameful revelation)에 개입될 수박에 없다—즉, 이들은 자신의 선천적 재능에 의해서든 아니면 유년기 성장과정에 의해서든, 비자발적으로 불리한 일련의 여건으로부터 사실상 고통을 받고 있다는 점을 스스로 입증해야만 하는 입장에 처한다. 이로부터 초래되는 불가피한 결과는 시민상호간의 유대와 상호관심을 강화시키기보다는 오히려 저해하게 될 것이라고 울프는 주장한다. 철학적으로는 가장 공정한 분배체계에서 자발적 불평등을 비자발적인 불평등과 구별하는 것이 맞는 일일지는 모르겠지만, 현실에서 이러한 구분을 실천하려는 그 어떤 시도도 불신과 치욕, 그리고 낙인을 배태시키게 된다. 이를 통해서 누가 가장 공정한 요구를 하고 있는지를 확인할 수는 있겠지만, 이는 불가피하게 사람들이 애초에 정의문제에 관심을 가지게 하는 시민성과 연대성을 손상하는 과정을 통해서만 가능하다.[22]

---

21) 비자유주의적인 복지개혁이 '자유주의의 미명하에'(in the name of liberalism) 어떻게 정당화되어 왔는지에 관한 분석은 King 1999을 참조하라.

22) 앤더슨이 비자발적인 불리함이 부정당하다고 하는 롤즈적/드워킨적 주장을 수용하고 있는지의 여부는 불분명하다. 그녀는 단지 이러한 비자발적 불리함이 부당하지 않을 '지도 모른다'고 말할 뿐이다. 울프와 앤더슨의 입장에 대한 응답에 대해서는 Arneson 2000a; BEARS 1999에 게재된 전자 심포지엄을 참조하라. 자유주의적 정의의 적절한 '에토스'에 관련된 쟁점은 롤즈 이론의 맥락에서 제기되어 왔다. 앞서 살펴보았듯이, 롤즈는 모든 사람의 이익을 위해 선천적으로 유리한 사람들이 그들의 재능을 개발할 수 있도록 동기가 부여되어야 한다는 점을 인정한다. 그러나 애당초 그러한 동기가 왜 필요한가? 왜 재능 있는 자들이 부가적 소득을 요구하지 않고서도, 덜 부유한 자들을 돕기 위해 자신의 재능을 개발하고 행사하려고 하지 않는가? 어떤 경우에는, 이러한 재능을 개발하거나 행사하는데 관련된 불평등한 부담(예를 들어, 추가적 훈련, 추가적 스트레스, 추가적 위험)

앤더슨(Elizabeth Anderson)은 자유적 평등주의자[혹은 그녀가 '운수 평등주의자' (luck egalitarians)라 부르는 이들에 대해]에 대한 유사한 이견을 제시하였다. 그녀는 자발적인 불평등과 비자발적인 불평등의 구분에 대한 자유적 평등주의자의 강조는 '배려 자격이 있는' 가난한 자에게는 경멸적 동정을 유발하고, '배려 자격이 없는' 가난한 자에게는 온정주의적 조롱으로 연결될 것이라고 주장한다(Anderson 1999). 재차 말한다면 자유적 평등주의에 대한 철학적 주장은 방어할 수 있지만, 자유적 평등주의의 정치는 그렇지 못할 수 있다.

울프와 앤더슨은 이러한 '에토스'(ethos)의 문제가 다른 형태의 평등을 위해 자유적 평등주의를 포기해야 되는 이유가 된다는 점을 시사하고 있다(나는 제5장에서 이들이 선호하는 대안을 살펴볼 것이다). 그렇지만 이 에토스의 문제는 대신에 우리가 자유적 평등주의의 두 개의 기둥을 분리해서 이들을 각각 다른 장소에 위치시킬 필요가 있다는 점을 시사할 수도 있다. 아마도 당사자적 관점(first-person point of view)에서 본다면, 우리가 스스로의 주장에 관하여 생각할 때, 마땅히 선택에 대한 책임을 인정하고 다른 사람들로 하여금 우리의 선택을 보조할 것을 요구하지 않으려고 하는 의식적 노력을 해야만 할 것이다. 이러한 선택에 대한 민감성의 요건을 내면화시키는 것은 사실상 민주적 시민의 '에토스'의 중요한 부분으로 간주되어야 한다. 훌륭한 시민은 자신의 주장에 대해 선택과 여건의 구분을 적용할 것이다. 그렇지만 이러한 구분을 다른 사람에게 적용하여 이들이 자신의 역경에 대해 어느 정도까지 책임이 있는지를 확인하려 할 때는 문제가 발생하게 된다. 이러한 문제가 울프가 논하고 있는 불신과 치욕적 노출의 유해한 동력으로 발전할 수 있다. 그래서 우리가 다른 사람의 책임 (혹은 무책임)을 꼬치꼬치 캐내지 않고 대신에 우리가 스스로의 선택에서 하고 있는 것처럼 이들이

을 보상해 주기 위해 동기제공이 필요할 수도 있다. 그러나 롤즈는 단순히 재능 있는 자들이 더 큰 보상 없이는 자신의 재능을 개발하고 행사하려 하지 않을 것이라는 이유로 동기부여는 다른 경우에 필요할 수 있다고 생각하는 것은 분명하다. 이러한 상황 하에서 동기부여는 단순히 재능 있는 자들의 경제적 공갈의 형태일 수밖에 없다고 코헨은 주장한다. 미국에서보다 스웨덴이나 일본에서 관리자와 노동자간의 불평등이 더 낮은 이유는 이러한 경제적 공갈을 약화시키는 평등의 '에토스'가 자리잡고 있기 때문이라는 것이다. 코헨은 정의를 염두에 두는 사람은 사회에 이러한 에토스를 촉진하는데 관심을 기울여야 한다고 주장한다(G.A. Cohen 1993, 1997; Murphy 1999를 보고 이에 대한 응답은 Smith 1998; Pogge 2000; Estlund 1998; A. Williams 1998을 참조하라).

자신들의 선택과 요구에 있어 책임을 지려고 한다는 점을 신뢰하는 것이 훌륭한 시민의 '에토스'의 일부가 될 수 있다. 물론 이것은 우리가 덜 양심적인 일부 동료시민에 의해 이용당할 수도 있다는 것을 의미하기도 한다. 그러나 우리가 만약 스스로의 선택에 대한 개인적인 책임을 자발적으로 인정하는 것의 중요성을 강조하는 훌륭한 시민의 에토스를 심어 주는 데 성공한다면, 그러한 비양심적인 기만자는 많지 않을 수 있다. (나는 제8장에서 과연 자유주의자들이 훌륭한 시민의 에토스를 증진시킬 수 있는지 또한 어떻게 증진시킬 수 있는지의 문제로 돌아올 것이다.) 어떤 경우에도 모든 사람으로 하여금 자신의 동료시민을 잠재적 기만자로 간주하도록 조장하는 정의의 기획은 신뢰와 유대를 발전시키는 바람직한 기초가 될 수 없다.

이는 자유적 평등주의의 정치를 위한 주요 초점은 사람들의 여건에 있어서의 (증대되는) 불평등을 아마도 애커만, 로어머, 그리고 반 파리스가 제안한 것과 같은 종류의 개혁들을 통해 치유하는 것임을 시사한다. 이것이 전통적인 복지국가의 경계를 넘어서는 급진적 개혁을 요구할 것은 거의 확실하다. 드워킨에 따르면, 롤즈의 (그리고 자신의) 이론 기저에 깔려 있는 평등주의적 전제는 '그보다 더 급진적인 평등개념이 존재하지 않는다는 점에서 그 이상의 어떤 급진적 평등 개념의 이름으로 거부될 수 없다'고 한다(Dworkin 1977: 182). 사실상, 이 전제들은 드워킨이나 롤즈가 인정하는 이상의 급진적 함의, 즉 전통적인 자유적 제도들이 수용할 수 없을 정도의 함의를 지니는 것으로 생각된다.

롤즈적 또는 드워킨적 정의의 완전한 실행은 소유권을 규정하고 할당하는 방식에 있어 실질적 변화를 요구할 것으로 여겨진다(Buchanan 1982: 124~131, 150~152; DiQuarttro 1983). 그것은 또한 성(gender) 역할관계에 있어서도 보다 급진적 변화로 우리를 유도할 수도 있다. 현재 남성과 여성간의 잘못된 자원배분은 롤즈의 원초적 입장이나 드워킨의 경매에서 자유롭게 이루어진 선택의 결과에 부합하지 않는다. 그렇지만 이 두 이론가 중 어느 사람도 여성의 작업과 공헌에 대한 이러한 체계적 저평가가 어떻게 해결될 수 있는지에 관하여 전혀 언급을 하지 않고 있다. 사실상 롤즈는 '가장들'(heads of families)의 회의로서의 원초적 입장과 '가계 소득'(household income)의 측정으로서의 분배원칙에 관한 정의를 내리는데 있어 가족 내에서의 정의에 관한 합의의 문제는 처음부터 배제하고 있다(Okin 1987: 49). 현대 자유주의자들이 개입하고 있지 않은 모든 문제

중에서 성적 불평등(gender inequality)은 가장 눈에 두드러지게 생략된 점이며, 이는 자유적 제도들이 가장 다루기 어려워 보이는 문제라 할 수 있다(아래의 제9장, 제1절 참조).

따라서 현재 자유주의 이론과 전통적 자유주의적 정치실천 간의 관계는 분명하지 않다. 이 두 가지는 몇 가지 방식에 있어서 유리되어 왔다. 자유주의는 급진적 또는 비판이론(critical theory)에 반대되는 개념으로서, 흔히 '주류'(mainstream) 정치이론으로 불리어진다. 이러한 명칭은 어떤 의미에서 정확하다고 할 수 있다. 그 이유는 롤즈와 드워킨은 자신들이 보기에 우리의 자유민주적 문화의 도덕적 기저에 있다고 생각되는 이상들을 표명하고 옹호하려 하고 있기 때문이다. 그러나 이는 또 다른 의미에서는 부정확하다고 할 수 있다. 즉, 만약 이것이 자유주의적 이론들이 주류 자유주의적 정치들의 모든 면을 옹호하려 한다거나 또는 다른 전통의 정치적 프로그램의 모든 면을 거부하려 한다는 것을 의미한다면, 그것은 부정확하다. 내가 여태 제시해 왔던 자유적 평등에 관한 설명이 필연적으로 어떤 특정한 자유적 제도와 결부되어 있다거나, 아니면 어떤 특정한 사회주의적, 페미니즘적 또는 다문화주의적 제안에 필연적으로 반대되는 입장을 취한다고 가정하는 것은 잘못이다. 다른 이론들이 자유적 평등주의와 얼마만큼 다른지 그 정도를 규정하기 위해서는, 먼저 이러한 다른 이론들에 대한 검토가 선행되어야 한다.

일부의 사람들은, 만약 자유주의자들이 이러한 보다 급진적인 개혁을 지지했을 경우에는, 그들의 초점이 더 이상 단순히 국가에 대항해 개인을 보호해야 하는 것에 머무르지 않고 불평등의 조건하에서 진전되어 온 억압적인 사회적 역할과 관행으로부터 개인을 보호하는 것으로까지 확장된다는 점에서, 이들이 자신의 자유주의를 포기했거나, 아니면 새로운 단계의 '후기자유주의'(post–liberalism)로 진입한 것이라 주장한다(예를 들면, Hampton 1997: 191~209).[23] 이러한 주장은, 자유주의와 급진주의의 긴밀한

23) 햄튼(Jean Hampton)은 후기자유주의자를 '자유와 평등에 대한 정부의 위협뿐만 아니라, 모든 사람을 위한 자유와 평등에 대한 정부의 도덕적 공약에도 불구하고 지속되는 억압적 사회적 관행으로부터 모든 시민의 자유와 평등을 보장하기 위한 보다 정교한 방식'을 추구하는 이론가들로 묘사한다(Hampton 1997: 203). 자유주의자들이 사회적, 문화적 억압을 심각하게 고려해야 된다는 필요성에 관한 유사한 주장에 대해서는 Kernohan 1998을 참조하라.

역사적 관계를 고려했을 때, 과도한 것으로 그 설득력이 제한적인 것 같다(Gutmann, 1980). 이것은 또한 자유주의적 원칙들이 전통적 자유적 실천들로부터 아무리 멀어졌다 하다라도, 그 원칙들은 여전히 자유적 원칙들임에 명백하다는 점에서 잘못되었다고 할 수 있다. 나는 이번 절에서 자유주의자들이 보다 급진적 정치를 채택하는 것에 관하여 심각하게 고려할 필요가 있다고 주장해 왔다.[24] 이어지는 장들에서, 나는 급진적 이론가들 역시 마찬가지로 자유적 원칙들을 채택하는 것에 관하여 심각하게 고려할 필요가 있다는 점을 주장하려 한다. 자유주의적 실천이 종종 자유적 원칙에 위해를 끼치는 것과 마찬가지로, 나는 급진적 원칙이 종종 급진적 정치에 위해를 끼친다는 주장을 하고자 한다. 하지만 이러한 이론들을 고려하기 전에, 나는 다음 장에서 자유적 평등주의자들이 사회적 및 경제적 평등의 방향으로 너무 나갔다는 주장을 하는 사상 학파를 살펴보고자 한다.

24) 나는 이상적인 정의사회에 관한 자유적 평등주의적인 관점이 다소 급진적인 목표들을 지지한다는 것을 보여주는데 우선적 관심을 기울여왔다. 자유주의자들이 그러한 급진적 목표를 달성하기 위해 급진적 수단을 채택하여야 하는지의 여부는 또 다른 문제이다. 이 문제에 관하여, 롤즈와 드워킨은 혁명적이라기보다는 개혁주의적인 것은 분명하다. 두 사람 모두 사람들의 자유에 대한 존중이 물질적 자원의 정당한 분배에 대한 추구보다 우선성을 지니며, 동시에 이에 대한 제약을 부과한다고 주장한다(Rawls 1971: 303; 1982b: 11; Dworkin 1987: 48~49). 나는 여기에서 이 문제를 논의할 수 없지만, 이러한 규정들이 롤즈의 계약자들이 가지는 동기에 있어서는 정당화될 수 없는 것으로 여겨진다(Pogge 1989: 127~148을 참조하라).

심화된 독서를 위한 안내

자유적 평등주의에 관한 가장 영향력 있는 진술은 역시 John Rawls, *A Theory of Justice*(The Belknap Press of Harvard University Press, 1971; 존 롤즈, 황경식 역, 『정의론』, 이학사, 2003)이다. 롤즈의 주장에 대한 초기의 논의들은 Brian Barry, *The Liberal Theory of Justice*(Oxford University Press, 1973), Norman Daniels(ed.), *Reading Rawls*(Basic Books, 1975), 그리고 Robert Paul Wolff, *Understanding Rawls*(Princeton University Press, 1977)에서 찾아볼 수 있다. 30년이 지나서도, 롤즈의 저서는 여전히 줄어들지 않는 관심의 화두로 남아 있다. 보다 최근의 논의들은 Chandran Kukathas and Philip Pettit, *Rawls: A Theory of Justice and Its Critics*(Polity, 1990), 그리고 Robert Talisse, *On Rawls*(Wadsworth, 2000)을 포함한다. 롤즈에 대한 반응의 포괄적 개관에 관해서는, 5권(!)의 세트로 된 리처드슨(Henry Richardson)과 위트먼(Paul Weithman)이 편집한 *The Philosophy of Rawls*(Garland, 1999)를 참조하라.

롤즈 역시 자신의 생각을 특히 *Political Liberalism*(Columbia University Press, 1993; 존 롤즈, 장동진 역, 『정치적 자유주의』, 증보판, 동명사, 2016), *The Law of Peoples*(Harvard University Press, 1999; 존 롤즈, 장동진·김만권·김기호 공역, 『만민법』, 동명사, 2017), 그리고 *Collected Papers*, ed. Samuel Freeman (Harvard University Press, 1999)에서 계속해서 발전시켰다. 나는 공동체주의를 다루는 장에서 '정치적 자유주의'에 관한 롤즈의 보다 최신의 작업에 대하여 논의하려 한다. 왜냐하면 롤즈의 『정치적 자유주의』는 자신의 원래 이론에 대한 공동체주의적 비판 이후에 쓰였으며, 이에 대한 일련의 반응을 제공해 주기 때문이다.

자유적 평등주의에 관한 두 번째로 가장 영향력 있는 해석은 로널드 드워킨에 의해 발전된 입장이다. 그의 입장은 특히 그의 'What is Equality?' 시리즈로 된 논문들에 잘 나타나 있다. 이 논문들은 이제 드워킨의 *Sovereign Virtue : The Theory and Practice of Equality*(Harvard University Press, 2000)에 모두 수록되어 있다. 드워킨의 정의론에 대한 상세한 비판에 관해서는, Colin Macleod,

Liberalism, Justice and Markets : A Critique of Liberal Equality(Oxford University Press, 1998)를 참조하라.

자유적 평등주의에 관한 다른 영향력 있는 논의들은 다음과 같다. Amy Gutman, *Liberal Equality*(Cambridge University Press, 1980); Bruce Ackerman, *Social Justice in the Liberal State*(Yale University Press, 1980); Brian Barry, *Theories of Justice*(University of California Press, 1989; 브라이언 배리, 이용필·서규선 역, 『정의론』, 신유, 1993); Richard Arneson, 'Equality and Equal Opportunity for Welfare', *Philosophical Studies*, 56(1989) : 77~93; G. A. Cohen, 'On the Currency of Egalitarian Justice', *Ethics*, 99(1989), 906~944; Amartya Sen, 'Equality of What?', in S. McMurrin, (ed.), *The Tanner Lectures on Human Values*. vol. i(University of Utah Press, 1980; Martha Nussbaum and Amartya Sen(eds.), *The Quality of Life*(Oxford University Press, 1993); Thomas Scanlon, *What We Owe to Each Other*(Harvard University Press, 1998); Eric Rakowski, *Equal Justice*(Oxford University Press, 1993); Philippe Van Parijs, *Real Freedom for All*(Oxford University Press, 1995); John Roemer, 'A Pragmatic Theory of Responsibility for the Egalitarian Planner', *Philosophy and Public Affairs*, 22(1993), 146~166. 이 모든 글들은 개인이 책임을 져야 할 선택으로 인한 불평등의 공간을 허용하는 동시에, 선택하지 않은 불평등을 제거하려는 것에 대한 직관을 기저에 공유하고 있다.

자유적 평등주의 논문들에 관한 유용한 모음은 Stephen Darwall(ed.), *Equal Freedom: Selected Tanner Lectures on Human Values*(University of Michigan Press, 1995)에서 찾아볼 수 있다.

자유적 평등주의에만 구체적으로 헌신하고 있는 학문적 저널들은 없다. 그렇지만 자유적 평등주의는 현대 영미 정치철학에 있어 지배적 접근이라고 주장할 수 있다. 그래서 이 입장은 주요 정치철학 저널들 특히, *Ethics*와 *Philosophy and Public Affairs*에 잘 나타나 있다.

자유적 평등주의 내에서도 어떻게 하면 자원의 평등이라는 규범을 가장 잘 실현할 수 있는가에 관한 많은 논의들이 있다. *Boston Review*는 로어머의 평등주의적 경제기획자의 발상(vol. 20/2, Apr. 1995)과 파리스의 기본소득의 발상(vol. 25/5, Oct. 2000)을 포함한 다양한 제안들의 실천적 및 철학적 장점을 논의하는 몇 차례의 심포지엄을 수록해 왔다. 이 두 심포지엄은 몇몇 유명한 정치철학자들의 논평을 수록하고 있다(Scanlon, Rosenblum, Barry, Goodin, etc.). 이 심포지엄들은 www.bostonreview.mit.edu에서 접할 수 있다.

보장된 기본소득 기획에 관한 추가적 정보는 www.econ.ucl.be/ETES/BEIN/bein.html에 있는 'Basic Income European Network'의 웹사이트에서 찾아볼 수 있다.

제4장

자유지상주의(LIBERTARIANISM)

1. 우파 정치이론의 다양성

자유지상주의자들은 시장의 자유를 옹호한다. 또한 자유주의적 평등 이론을 실행하려는 재분배 조세제도의 사용에 반대한다. 그러나 자유시장을 선호하는 모든 이들이 자유지상주의자는 아니다. 왜냐하면 그들은 자유시장이 본질적으로 정의롭다는 자유지상주의자들의 견해 전체를 공유하고 있지는 않기 때문이다. 제한없는 자본주의(unrestricted capitalism)를 옹호하는 상식적 논거 중 하나는, 예컨대, 그것이 가진 생산성, 즉 사회적 부를 증가시키는데 가장 효율적이라는 주장 같은 것이 대표적이다. 많은 공리주의자들은, 그와 같은 주장의 진실성을 확신하고 있는데, 자유시장의 효율성이 최대의 전체적 선호 만족(the greatest overall satisfaction of preferences)을 가져온다는 이유를 근거로, 자유시장을 선호한다.[1] 그러나 자본주의에 대한 공리주의적 신뢰는 우연일 뿐이다. 대다수 경제학자들이 동의하듯이, 만약에 자유시장이 최대로 효율적이지 않은 상황–예컨대 자연적 독점 같은 사례–이 있다면, 공리주의자들은 재산권에 대한 정부의 제한에 지지를 보낼 것이다. 뿐만 아니라 우리가 제2장에서 살펴봤듯이, 일부 공리주의자들은 재분배가 생산성을 감소시킨다 할지라도 전체 효용은 증가

1) 자유지상주의가 자원을 최대로 효율적으로 사용하게 한다는 것을 보여주려는 목적에서 집필된 방대한 문헌들이 있다. 이것들은 때로는 '법률과 경제'(law and economics) 그리고 '공공선택'(public choice) 문헌으로 묘사된다. 예를 들어, Posner 1983, 1996; Epstein 1985, 1995a; Buchanan and Tullock 1962; Buchanan and Congleton 1998; cf. N. Barry 1986: chs.2~4를 보시오.

시킬 수 있다고 주장한다. 한계 효용은 체감하기 때문에, 재분배가 생산성을 감소시킬 때에도 최하층이 재분배로부터 얻는 효용은 최상층이 잃는 효용보다 크기 때문이다.

효용의 극대화라는 측면보다는, 전제정치의 위험을 극소화시킬 수 있다는 측면에서 자본주의를 옹호하는 사람도 있다. 경제적 교환을 규제하는 권력을 정부에 부여하면, 권력은 집중되고 권력은 또한 부패하기 때문에, 하이에크(Friedrich Hayek)의 인상적인 구절에서처럼, 시장 규제는 '노예의 길'(the road to serfdom)의 첫 걸음이다. 경제생활에 대한 정부의 통제가 가능하게 될수록, 정부는 우리 생활의 모든 측면을 더 많이 통제 할 수 있으며 통제 하려고 들 것이다. 따라서 우리의 시민적 및 정치적 자유를 보존하기 위해서 자본주의적 자유(capitalist freedoms)가 필요하다(Hayek 1960: 121; Gray 1986a: 62~68; 1986b: 180~185). 그러나 시장의 자유에 대한 이러한 옹호 역시 우연한 것일 수밖에 없다. 왜냐하면 역사 속에서 자본주의와 시민적 자유 사이에 불변적 연관성을 발견하기가 어렵기 때문이다. 본질적으로 제약받지 않는 자본주의 국가들(예를 들면, 자본주의적인 칠레나 아르헨티나에서의 군사 독재, 그리고 미국에서의 극단적 반공주의 *McCarthyism*)이 형편없는 인권 기록들을 보여주는 반면, 광범위한 복지제도를 채택한 국가들(예를 들어, 스웨덴)이 시민적 및 정치적 권리를 보호함에 있어서 훌륭한 기록을 보여준다. 따라서 자유시장에 대한 이 같은 두 가지 옹호는 우연적이라 하겠다. 좀 더 중요하게는, 이러한 것들이 자유시장에 대한 수단적 옹호라는 사실이다. 이 같은 옹호에서는 시장의 자유가 효용의 극대화를 촉진하는 수단이라고 하거나, 정치적 및 시민적 자유를 보호하기 위한 수단이라고 말한다. 이러한 논거에 비추어 보면, 우리가 자유시장을 옹호하는 까닭은 사람들의 재산권 때문이 아니다. 우리는 효용을 증가시키거나 민주주의를 안정시키는 한 방식으로써 사람들에게 재산권을 부여한다고 봐야 하며, 만약 우리가 다른 방식으로 효용이나 안정성을 증진시킬 수 있다면, 우리는 재산권을 정당하게 제한할 수 있을 것이다.

자유지상주의는 재분배적 과세가 본질적으로 잘못됐으며 사람들의 권리에 대한 침해라고 주장한다는 점에서 다른 우파 이론과 구별된다.[2] 사람들은 자신의 상품과

---

2) 양자 모두가 대처(Margaret Thatcher)와 레이건(Ronald Reagan) 집권하의 자유시장 정책 운동의 일부였으며,

서비스를 처분할 수 있는 권리를 가지며, 그것이 생산성을 보장하는 최선의 방법인지의 여부와 상관없이 이러한 권리를 보유한다. 달리 말하면, 정부는 효율성을 증가시키기 위한 목적이라 하더라도 시장에 간섭할 권리가 없다. 로버트 노직(Robert Nozick)이 표현했듯이, '개인들은 권리를 가지며, 어떤 사람이나 집단도 이들 개인들에 대해서 해서는 안되는 것들이 있다(이것을 하게 되면 권리침해가 된다). 이러한 권리들은 매우 강력하며 광범위한 영향을 미치기 때문에, 국가나 국가관리들이 해도 되는 것이 무엇인지에 대한 질문을 제기시킨다'(Nozick 1974: ix).[3] 왜냐하면 사람들은 자신이 적절하다고 여기는 대로 자신의 소유물을 처분할 자유를 가지고 있기 때문에, 정부의 간섭은 강제노동-효율성에 대한 위반이 아닌, 우리의 기본적인 도덕적 권리에 대한 위반-과 같기 때문이다.

그래서 '신 우파'(New Right)라는 이름 아래 하나로 합쳐지기도 하지만, 자유지상주의자와 '신보수주의자'(neo-conservatives)를 구별하는 것은 매우 중요하다. 우리가 살펴볼 것과 같이 자유지상주의는 좀 더 광범위한 개인의 자유 개념, 즉 개인들 각각이 자신들의 힘과 소유물을 자신들이 적합하다고 여기는 대로 자유롭게 처분할 수 있는 권리에 호소하는 방식으로 시장에 대한 지지를 옹호한다. 따라서 자유지상주의자들은 동성애, 이혼, 마약, 낙태 등과 관련한 법률에서 자유방임을 지지한다. 그리고 이것을 시장에 대한 그들의 옹호의 연장선상에서 받아들인다. 반면 신보수주의자들은 '주로 전통적 가치의 회복과, 애국심과 가족애의 강화, 강력한 민족주의적 외교 정책이나 반공주의적 외교 정책의 추구, 그리고 권위에 대한 존중의 강화' 등에 관심이 있다. 이러한 것들은 '거부된 생활방식'(disapproved lifestyle)에 대한 제한을 포함하곤 한다(Brittan 1988: 213). 신보수주의자들은 시장의 힘에 지지를 보내는데, '그 이유는 그것이 제공하는 자유보다는 그것이 부과하는 (자기책임적) 규율(the disciplines)때문이다. 그들은 복지국가, 관대한 도덕, 그리고 '부적절한' 군사비 지출 혹은 전쟁 준비 등을 서구를 약화시킬 수 있는 과도한 자기 방종의 사례로 파악할 수도 있다.' 따라서 자유지상주의의 관점에서 보면 신보수주의자들은 '신스파르트타인'(New Spartans)이며, 레이건과 대처가 채택한 국수주의적인 외교정책과 도덕주의적 사회정책은 개인의 자유에 대한 자유지상주의의 헌신과 대척점에 서있다(Brittan 1988: 240~242; cf. Carey 1984).

3) (다른 대부분의 자유지상주의자들과 마찬가지로) 이 어구에서, 노직은 '사기'(fraud)는 최소국가가 금지할 수 있으며 또 해야 하는 행위들 중 하나로 포함시킨다. 하지만 자유지상주의 이론이 일관되게 사기를 금지할 수 있는가? 사기는 그 누구의 자기소유권(self-ownership)에 대해서도 침해가 아니며, 자유지상주의 이론에서 판매자가 한 약속의 정직성을 판단할 책임은 전적으로 구매자에게 있는 것이지 국가에 있는 것이 아니다(즉, 구매자의 주의가 요망된다). 만약에 국가가 온정주의적으로 사람들을 사기에서 보호할 수 있다면, 법률이나 건강 그리고 안전에의 필요사항들을 제정하는 위임을 받았다거나, 새로운 음식이나 약품에 대한 검사를 위임받았다고 주장하지 않을 근거는 또 무엇인가? 사기의 기준에 대한 자유지상주의 논의에서의 비일관성을 상세하게 비판하는 Child 1994를 보시오. Cf. Katz 1999.

(a) 노직의 '소유권리론'

자유지상주의자들은 정의와 시장을 어떻게 연관시키는가? 나는 노직의 '소유권리론'(entitlement theory)에 초점을 맞춰 보려 한다. 대부분의 다른 자유지상주의 이론처럼, 노직 이론의 중심 주장은 다음과 같다. 만약에 우리가 모든 이들이 현재 그들이 소유하고 있는 재화(그들의 '소유물')에 대한 자격을 부여받았다고 가정한다면, 정의로운 분배란 그것이 어떤 결과든 관계없이 사람들의 자유로운 교환으로부터 발생하는 결과에 불과하다. 정의로운 상황에서 자유로운 이전에 의해 발생하는 그 어떤 분배도 그 자체로 정의롭다. 사람들의 의지에 반(反)하여 정부가 이러한 교환에 강제로 세금을 부과한다면, 비록 그 세금이 누군가의 부당한 선천적 불리함을 보상하기 위한 추가적 비용으로 사용된다 할지라도 정의롭지 않다. 유일하게 정당한 과세는—예컨대, 사람들에게 자유로운 교환을 시행하는데 요구되는 경찰이나 사법체제처럼—자유로운 교환체계를 보호하는데 필요한 기본 제도들을 유지하기 위하여 세입을 늘리는 것이다.

좀 더 자세히 살펴보자면, 노직의 '소유권리론'에는 다음의 세 가지 주요 원칙이 있다.

① 이전의 원칙(a principle of transfer): 정의롭게 획득된 것은 무엇이든 자유롭게 이전될 수 있다.

② 정의로운 최초취득의 원칙(a principle of just initial acquisition): ① 원칙에 따라 이전되는 것들을 사람들이 어떻게 최초로 소유하게 되는지에 대한 설명.

③ 부정의 교정 원칙(a principle of rectification of injustice): 만약 부정의하게 획득되거나 이전된 소유물이라면, 그것을 어떻게 다뤄야 하는가.

만약 내가 한 구역의 땅을 소유하고 있다면, ① 원칙은 그 땅과 관련해서 내가 원하는 그 어떤 이전을 행함에 있어서도 내가 자유롭다고 말한다. ② 원칙은 그 땅이 어떻게 우리에게 최초로 소유되어질 수 있는지를 말해 준다. ③ 원칙은 우리에게 ① 원칙과 ② 원칙이 위반되었을 경우 어떻게 해야 하는지를 말해 준다. 더불어 이 원칙들은 만약에 사람들이 현재의 소유물을 정의롭게 획득했다면, 정의로운 분배를 위한 공식은 '각자로부터 그들이 선택하는 바에 따라, 각자에게 그들이 선택된 바에 따라' (from each as they choose, to each as they are chosen)라는 것을 알려준다(Nozick 1974: 160).

노직의 소유권리론의 결론은 '폭력과 절도, 사기와 계약의 강제 등으로부터의 보호라는 한정된 기능에 국한된 최소국가(minimal state)가 정당하다고 생각되며, 그 이상의 모든 확장적 국가(extensive state)는 특정한 일을 하도록 강요되지 않을 개인의 권리를 침해할 것이며, 정당화 될 수도 없다'는 데 있다(Nozick 1974: ix). 따라서 거기에는 공공 교육이나 공공 의료 보호, 공공 교통이나 공공 도로 혹은 공원 등이 없다. 이러한 것들은 사람들의 뜻에 반하는 강제적인 세금 부과는 물론, 각자로부터 '그들이 선택한 바에 따라, 각자에게 그들이 선택된 바에 따라'라는 원칙에 대한 위반을 포함하게 된다.

우리가 앞서 살펴본 것과 같이, 롤즈(John Rawls)와 드워킨(Ronald Dworkin) 역시 정의로운 분배란 사람들의 선택에 민감해야 한다고 강조한다. 하지만 이들은 그것만으로는 충분치 않다고 생각한다. 정의로운 분배는 노직의 분배가 그러하듯 욕망에 민감(ambition-sensitive)해야 하지만, 노직의 분배와는 달리, 또한 여건의 영향을 배제(endowment-insensitive)한다. 단지 자유로운 교환에서 타인에게 제공할 것이 없기 때문에 선천적으로 불리한 처지에 있는 사람들이 굶주리거나, 가난한 가정에서 태어났다는 이유만으로 어린 아이들이 교육이나 의료 보호를 받지 못하고 생활한다면 공정하지 않다. 따라서 자유적 평등주의자들은 선천적으로 그리고 사회적으로 불리한 처지에 있는 사람들에게 보상을 해주기 위하여 자유로운 거래에 세금을 부과하려고 한다.

노직은 이것이 정의롭지 못하다고 말한다. 왜냐면 사람들은 (만약 정의롭게 취득했다면) 자기소유물에 대해 자격을 부여받았으며, 여기서 '자격을 부여받았다'(entitled) 함은 '강제나 사기가 아닌 이상, 소유물을 자신이 적합하다고 생각하는 대로 얼마든지 자유롭게 처분할 수 있는 절대적 권리를 가짐'을 의미한다. 물론 내가 할 수 있는 일에는 얼마간의 제한이 따른다-내 칼에 대해서 내가 자격을 부여받았다 함은, 그 칼로 당신의 등을 찌를 권리까지 포함하지는 않는다. 왜냐하면 당신 역시 당신의 등에 대한 자격을 부여받았기 때문이다. 그러나 그 외에 나는 내가 가진 자원으로 내가 원하는 어떤 일도 자유롭게 할 수 있다. 나는 그것을 타인의 상품과 서비스를 획득하는데 사용할 수도 있으며, 다른 사람들에게 줘 버릴 수도 있다. 노직은 이런 종류의 개인의 자발적인 자선행위(voluntary private philanthropy)에 반대하지 않는다-오히려 그는 이런 행위가 자기 재산권을 행사하는 훌륭한 방식이라고 말한다(Nozick 1974: 265~268). 하지만 나는 (정부를 포함한) 타인들에게 내가 가진 자원을 주기를 보류하기로 결정할 수도 있다. 장애인들이 굶주리는 것을 방지하기 위해서라는 명분이라도, 그 누구도 나에게서 내가 가진 자원을 빼앗아갈 권리를 갖지 않는다.

사람들의 재산에 권리를 부여하는 것이 자유주의적인 재분배 기획을 배제하는 것과 같다는 노직의 주장을 받아들여야 하는 이유는 무엇인가? 몇몇 비판가들은, 노직이 자신의 주장을 뒷받침하는 논거를 제시하지 못한다고–그는 우리에게 '정초 없는 자유지상주의'(libertarianism without foundations)를 제공한다–주장한다(Nagel 1981). 그러나 노직의 자유지상주의를 좀더 너그럽게 해석하면 두 개의 상이한 논거를 감지할 수 있게 된다. 첫번째 논거는 직관적인 것으로, 롤즈와 마찬가지로 자유로운 재산권 행사의 매력적 특징을 도출해 내려는 것이다. 두 번째는 자기소유권(self-ownership)이라는 전제에서 재산권을 도출해내려는 좀 더 철학적인 논거이다. 나는 나의 일반적 접근방식의 연장선상에서 노직의 의도를 사유함으로써, 자기소유권 주장을 사람들을 평등한 존재로서 대우하려는 이상(the idea of treating people as equals)에 대한 호소라고 해석하려고 한다.

이와는 상당히 다른 논거에서 자유지상주의를 옹호하려는 사람들도 있다. 일부 자유지상주의자들은 평등보다는 자유에 호소함으로써 노직의 소유권리론을 가장 잘 방어할 수 있다고 주장한다. 반면 다른 자유지상주의자들은 계약론적인 합리적 선택 이론(contractarian theory of rational choice)으로 표현된 상호이득에 호소하여 자유지상주의를 옹호하려 한다. 따라서 나는 노직의 논증에 더해서, 자유에 대한 권리(right to liberty)라는 개념을 검토해 보고(제4절), 상호이득(mutual advantage)이라는 계약론적 개념에 대해서도 검토해 보려 한다(제3절).

(b) 직관적 논거: 윌트 챔벌레인의 사례

먼저 노직의 직관적 논거를 살펴보자. 앞에서 살펴봤듯이, 그의 '이전의 원칙'은, 우리가 만약 무언가를 합법적으로 취득했다면, 우리는 그것에 대한 절대적 소유권을 갖는다고 말해 준다. 우리는 우리가 적합하다고 생각하는 대로 자유롭게 그것을 처분할 수 있는데, 심지어 그러한 이전이 소득이나 기회에서의 엄청나게 불평등한 분배로 귀결될 가능성이 높다고 해도 그렇다. 다양한 선천적 재능을 타고난 사람들 중 몇몇은 충분한 보상을 받겠지만, 시장성 있는 재능이 부족한 사람은 거의 보상을 받지 못한다. 이처럼 선천적 재능에서의 우연한 차이로 인해서, 일부 사람들은 번영하는가 하면 다른 일부 사람들은 굶주리게 된다. 이런 불평등은 아이들의 기회에도 영향을 주는데, 일부 아이들은 특권적 환경에서 태어나는 반면, 다른 일부 아이들은 빈곤 속에서 태어난다. 노직이 용인하는 이러한 불평등은 제한받지 않는 자본주의에서 얼마든지 발생할 수 있는 결과이며, 자유지상주의에 대하여 직관적으로 반대하게 만드는 이유이다.

그렇다면 노직은 이러한 권리들에 대한 직관적인 옹호를 어떻게 제공할 수 있는가? 일단 그는 우리가 정당하다고 생각하는 최초의 분배를 자세하게 기술해 보라고 주문한다. 그리고 노직은 사람들 자신이 가진 자원으로 합법적으로 무엇을 할 수 있는지를 말해 주는 근거로서, 자유주의적인 재분배 원칙보다는 노직 자신의 이전의 원칙을 더 선호할 것이라고 주장한다. 노직의 주장을 길게 인용해 보도록 하겠다.

> 분배정의에 대하여 대안적인 견해를 가진 사람들이 어떻게 [소유권리론]을 거부할 수 있는지는 분명치 않다. 일단 이러한 대안적인 비소유권리론적 관점들 중의 하나에 의해서 선호되는 분배가 실현되었다고 가정해 보자. 당신이 이것을 선호한다고 가정하고 이 분배를 D1이라고 부르도록 하자. 아마도 모든 사람은 평등한 몫을 가지고 있으며, 그 몫은 당신이 소중히 여기는 어떤 차원과 아마도 합치할 것이다. 이제 챔벌레인(Wilt Chamberlain)이 막대한 입장 수입을 올려줄 수 있기 때문에, 농구팀에서 매우 필요로 하는 선수라고 가정해 보자.……그는 어떤 팀과 다음과 같은 계약을 체결한다. 매 홈경기에서, 입장권 한 장 당 25센트가 그의 몫이다.……시즌이 시작되고, 사람들은 즐거운 마음으로 챔벌레인이 속해있는 팀의 경기를 관전한다. 그들은 입장권을 사서, 매번 그들의 입장료에서 25센트를 챔벌레인의 이름이 적혀 있는 별도의 상자에 집어넣는다. 그들은 챔벌레인의 경기를 보면서 흥분한다. 그것은 그들에게 있어서 입장료 가치의 전부와 다름없다. 한 시즌에 백만 명의 사람들이 그의 홈경기를 보러 온다고 가정해 보자, 윌트 챔벌레인은 250,000달러를 벌어들이게 되고, 이는 평균 소득보다 훨씬 많을 뿐만 아니라, 그 누구의 소득보다도 많다. 그는 이러한 소득에 대한 자격을 부여받았는가? 이러한 새로운 분배 D2는

> 정의롭지 않은가? 만약에 그러하다면, 왜 그런가? D1에서 각각의 사람들이 자신이 가진 자원을 처분할 권리를 부여받았다는 사실에는 의문의 여지가 없다. 왜냐하면 그것이 (논의를 위해서) 받아들일 만하다고 우리들이 가정했던 (당신이 선호하는) 분배였기 때문이다. 이들 개인 각자는 자신의 돈에서 25센트를 챔벌레인에게 주기로 선택했다. 그들은 그 돈을 영화를 보러 가는데 쓸 수도 있었고, 캔디바를 사거나 『디센트』(*Dissent*)나 『먼슬리 리뷰』(*Monthly Review*) 같은 잡지를 사는데 쓸 수도 있었다. 하지만 그들은 모두, 최소한 그들 중 백만 명은 챔벌레인의 농구 경기를 관람하는 대가로 그 돈을 챔벌레인에게 주기로 했다는 점에서 일치한다. D1이 정의로운 분배이고, 사람들이 자발적으로 D1에서 D2로 옮겨가면서, D1에서의 자신들의 몫 일부를 이전했다면 (아무것도 하지 않을 이유가 없지 않은가?), D2 역시 정의롭지 않은가? 만약 사람들이 (D1에서) 그들이 자격을 부여받은 자원을 처분할 권한을 가지고 있다면, 이것은 그들이 이 자원들을 윌트 챔벌레인에게 주거나 무언가와 교환할 수 있는 권한을 부여받는 것을 포함하지 않겠는가? 여기에 대해서 정의를 들먹이며 불평할 사람이 있을 수 있는가? 사람들 각자는 D1에서 이미 자신의 정당한 몫을 가지고 있다. D1에서는 어떤 사람이 가진 것들 중, 다른 사람이 정의를 명분으로 요구할 수 있는 것은 없다. 누군가가 챔벌레인에게 무엇인가를 이전한 뒤에도, 제3자들은 여전히 자신의 정당한 몫을 가지고 있다. 그들의 몫은 변하지 않았다. 두 사람 간의 그와 같은 이전에서, 어떤 과정이, 그러한 이전이 발생하기 *전에는* 타인의 어떤 소유물에도 정의를 주장할 수 없었던 제3자에 의해서, 그 때 이전된 것의 한 부분에 대해 분배정의를 주장할 수 있는 정당한 요구를 하게 만들 수 있을까(1974: 160~162)?

노직은 D2가 정당하다고 여겨지기 때문에 자신의 이전의 원칙이 롤즈의 차등원칙과 같은 재분배 원칙들보다 우리의 직관에 좀 더 합치된다고 주장한다.

우리는 이러한 논거로 무엇을 만들려고 하는가? 이 논거는 처음에는 어느 정도의 매력을 가지고 있다. 왜냐하면, 이 논거에 의하면, 공정한 몫을 주장하는 이론의 전체적인 핵심은 그 이론이 공정한 몫을 가지고 사람들이 무언가를 하도록 허용한다는 사실에 있다는 점을 강조하고 있기 때문이다. 사람들이 공정한 몫을 갖는 것은 매우 중요하다고 하면서 사람들이 그것을 자신이 원하는 대로 사용하는 것을 막는다면 그릇된 일이다. 그러나 이것이 부당한 불평등에 관한 우리의 직관과 상충하는가? 롤즈의 차등원칙에 합치되는 최초 분배인 D1을 가정해 보자. 따라서 사람들 각자는 자신의 선천적 재능과는 상관없이 평등한 몫의 자원을 가지고 시작한다. 그러나 농구 시즌이 끝날 무렵, 챔벌레인은 250,000달러를 벌어들이는 반면, 소득을 올릴 힘이 없는 장애인은 자신의 자원을 소진하고 거의 굶을 지경에 이를 것이다. 우리의 직관은 이러한 굶주림을 막기 위하여 당연히 챔벌레인의 소득에 세금을 부과할 수 있다고 계속해서 말할 것이다. 노직은 우리 선택에 따른 행위에 관한 우리의 직관을 설득력 있게 묘사해 왔다. 하지만 그가 제시하는 사례에서는, 불평등한 환경에서의 공정한 처사가 어떠해야 할지에 관한 우리의 직관이 무시되고 있다.

노직이 불평등한 환경이라는 문제에 진정으로 대면하게 된다면, 그는 자유주의적 입장의 직관적 힘을 인정할 것이다. 또한 그는 사람들이 사회적 협동으로 인한 이익에 접근함에 있어서 부당한 불평등으로 인하여 고통을 받는 것이 공정하지 않음을 인정할 것이다. 그는 이러한 반론의 '힘을 느낀다.' 하지만,

> 모든 사람이 기회의 평등이나 생활의 평등 같은 것들에 대해서 권리를 갖는다고 말하거나, 이런 권리를 강화해야 한다는 말에 대한 가장 주요한 반론은, 이들 '권리'는 사물과 물질, 그리고 행위의 하부구조를 필요로 하며, 다른 사람들이 그것들에 대한 권리와 자격을 가지고 있을 수도 있다는 사실에 있다. 어느 누구도 자기가 생각하는 바를 실현하기 위하여 다른 사람이 권리와 자격을 가지고 있는 사물과 행위를 특정하게 사용하도록 요구할 권리를 갖지 않는다(Nozick 1974: 237~238).

달리 말하면, 우리는 사람들의 불리한 조건을 보상해 주기 위해서 윌트 챔벌레인에게 세금을 부과할 수 없다. 왜냐하면 그는 자기 소득에 대하여 절대적 권리를 가지고 있기 때문이다. 하지만 노직은 우리의 직관이 이러한 의미의 사적 재산권 논리를 획일적으로 선호하지 않을 것임을 인정한다. 오히려, 그는 부당한 불평등의 보상을 선호하는 우리의 가장 강력한 직관의 일부를 수용한다. 하지만 직관적으로는 매력적인 그러한 생각을 충족시킬 때 따르는 문제점은 바로 사람들이 자기 소득에 대하여 권리를 갖는다는 사실에 있다. 인생에서의 '공정한 진행'에 대한 일반적 권리를 주장하는 맥키의

생각(Mackie's idea of a general right to 'fair go' in life)은 직관적으로 볼 때 매력적일지는 몰라도, '사물에 대한 특정한 권리가 권리의 자리를 채워 버려서, 특정한 물질적 조건 속에서 존재할 수 있는 일반적 권리의 공간을 남겨두지 않게 된다'(1974: 238).

우리는 어째서 인생에서의 공정한 진행에 대한 권리를 위한 공간을 남겨두지 않고 '사물에 대한 특정한 권리가 권리의 자리를 채운다'고 생각해야 하는가? 노직도 인정하고 있듯이, 이것은 소유권에 대한 우리의 일상적인 이해라고 볼 수 없으며, 직관적으로 볼 때도 매력적이지 않다. 하지만 노직은 이러한 절대적 소유권이란 개념은, 우리가 강하게 신뢰하고 있는 좀 더 심오한 원인, 즉 자기소유권 원칙(the principle of self-ownership)의 불가피한 결과라고 주장한다.

2. 자기소유권 주장

노직은 '자기소유권' 원칙은 사람들을 '목적 그 자체'(ends in themselves)로서 대우하려는 원칙을 풀이한 것이라고 본다. 사람들을 목적 그 자체로서 대우한다는 원칙은, 우리의 도덕적 평등을 표현하기 위한 칸트의 공식이었는데, 이는 롤즈와 공리주의자들 역시 호소했던 원칙이었다. 우리는 이 원칙에 대한 강한 신뢰를 하고 있는데, 노직이 그 원칙으로부터 자기소유권을 도출해 내고, 또한 자기소유권에서 자유지상주의가 도출된다는 사실을 보여 줄 수 있다면, 그는 자유지상주의에 대한 강력한 옹호를 제공하게 될 것이다. 하지만 나는 노직이 사람들을 평등한 존재로서, 혹은 목적 그 자체로서 대우한다는 생각으로부터 자기소유권이나 재산소유권 양자를 도출해 내는데 있어 모두 실패했다고 주장하려 한다.[4]

---

4) 사람들을 '목적 그 자체로' 대하는 것이 그들을 '평등한 존재로' 대하는 것과 같다는 주장이나, 드워킨의 평등주의적 전제를 노직이 수용할지의 여부는 확실치 않다. 롤즈는 사람들을 목적 그 자체로 대우한다는 생각을 평등의 원칙과 결합시키며(Rawls 1971: 251~257), 닐슨(Kai Nielsen)은 드워킨의 평등주의적 전제를 롤즈의 전제만큼이나 '노직의 도덕적 레퍼토리의 일부'라고 주장한다(Nielsen 1985: 307). 하지만 사람들을 목적 그 자체로 대하는 노직의 '칸트적 원칙'과, 사람들을 평등한 존재로 대하는 드워킨의 원칙 사이에 어느 정도 거리가 있다 해도, 양자가 연관된 개념이라는 점은 분명하며, 앞으로의 내 주장에의 어떠한 것도 그 이상의 밀

노직 이론의 핵심은 그의 책 첫 문장인, '개인들은 권리를 가지며, 어떤 개인이나 집단도 그들에 대하여 행해서는 안 되는 일들이 있다(그러한 것들을 자행하면 이러한 권리들을 위반하게 된다)'는데 드러나 있다(Nozick 1974: p.ix). 사회는 이러한 권리를 존중해야 하는데, 그 이유는 그 권리가 '개인은 단순한 수단이 아니라 목적이라는 칸트의 기본 원칙을 반영하고 있기 때문에, 그들의 동의 없이는 타인의 목적을 달성하기 위해서 이용되거나 희생시켜서는 안 되기' 때문이다(Nozick 1974: 30~31). 이러한 '칸트적 원칙'(Kantian principle)은 강력한 권리 이론을 요청한다. 그 이유는 권리가 우리의 '존재 각각'을 긍정해 주며, 따라서 '타인을 위한 자원이 아닌 독특한 개인이라는 존재'를 진지하게 고려하기 때문이다(Nozick 1974: 33). 우리는 각각의 요구를 가진 각각의 개인들이므로, 타인의 이익을 위해서 한 개인에게 요구할 수 있는 희생에는 제한이 있으며, 그 제한은 권리 이론에 의해서 표현된다. 노직이 공리주의를 받아들이지 않는 까닭도, 공리주의는 그러한 제한을 거부하기 때문이다. 이러한 권리에 대한 존중은 목적 그 자체로 대우받기를 바라는 사람들의 요구를 존중함에 있어 필수적인 부분이다. 노직에 따르면, 자유지상주의 사회는 개인들을 '도구나 자원으로서'가 아니라, 자유지상주의 사회가 구성하는 존엄성과 함께 개인적 권리를 가진 인격체로 대한다. 우리의 권리를 존중함으로써 우리 자신을 존중한다는 것은, 우리가 혼자 혹은 우리가 선택한 사람들과 함께 우리 인생을 선택하고 우리의 목적과 우리들 자신에 대해서 우리가 가진 생각을 실현시키면서, 할 수 있는 한 우리와 똑같은 존엄성을 가진 다른 개인들의 자발적인 협력에 의해서 받는 도움을 허용한다'(Nozick 1974: 334).

노직과 롤즈 사이의 중요한 연속성은, 추상적인 평등의 원칙에 대한 노직의 호소에만 있는 것이 아니라, 공리주의에 반대하는 노직의 좀 더 구체적인 주장 속에도 있다. 공리주의가 사람들을 목적 그 자체로 대우하는데 실패했다는 사실은 롤즈의 주장에서 중요한 부분이었다. 왜냐하면 공리주의는 일부 사람들이 타인의 더 큰 이득을 위해서 계속해서 희생되는 것을 묵인하기 때문이다. 따라서 롤즈와 노직 모두는, 사람

접한 연계성을 요구하지 않는다. 중요한 점은, 나의 목적에서 본다면, 노직이 사람들 각자의 도덕적 지위와 고유한 가치를 존중하는 원칙을 언급하는 방식으로 자유지상주의를 옹호한다는 사실이다.

들을 평등한 존재로 대우하는 것은 타인이나 사회의 이득을 위해서 일반적으로 어떤 사람이 이용될 수 있는 방식에 제한을 가하는 것이라는 사실에 동의한다. 개인은 정의로운 사회가 마땅히 존중해야 할 권리를 가지고 있으며, 이 권리는 공리주의적 계산에 종속되지도 않으며, 그것의 산물도 아니다.

하지만 롤즈와 노직은 사람들을 그 자체로 목적으로 대우함에 있어서 어떤 권리가 가장 중요한지에 대해서는 의견을 달리한다. 과도하게 단순화시켜 보면, 롤즈가 보기에 가장 중요한 권리들 가운데 하나는 사회에 있는 자원의 일정 몫에 대한 권리인 반면, 노직이 보기에 가장 중요한 권리는 자신에 대한 권리—'자기소유권'을 구성하는 권리이다. 자신을 소유할 권리(ownership rights over oneself)를 가진다는 생각은 터무니없다고 여겨질 수도 있다. 왜냐하면 그것은 어떤 사람이 소유하는 자기 자신(self)이라는 것이 분명히 존재한다고 암시하기 때문이다. 그러나 자기소유권에서의 '자기 자신'이라는 용어는 '순수하게 재귀적인(reflexive) 의미'를 가진다. 그것은 '소유자와 피소유자가 하나이며 동일하다는 것, 즉 사람 전체(whole person)임을 의미한다'(Cohen 1986a: 110). 자기소유권의 기본 개념은 노예제와의 비교를 통해서 이해할 수 있다—자기소유권을 갖는다는 것은 자기의 일신(one's person)에 대해서, 노예소유주가 소유물인 노예에 대하여 갖는 것과 같은 권리를 가짐을 의미한다.

롤즈와 노직의 차이가 얼마 만큼인지가 즉각적으로 명확해지지는 않는다. 우리는 어째서 두 사람의 입장 모두를 받아들일 수는 없는가? 결과적으로 우리가 우리 자신을 소유한다는 주장은 아직까지는 외부 자원의 소유에 관해서 그 어느 것도 말해 주지 않는다. 우리가 사회에 있는 자원의 공정한 몫에 대한 권리를 갖는다는 주장이 우리가 우리 자신을 소유할 가능성을 배제한다고 생각되지도 않는다. 하지만 노직은 이 두 입장이 양립될 수 없다고 믿는다. 재능 있는 사람들이 생산한 재화들을 불리한 처지에 있는 사람들의 복리를 개선하는데 사용해야 한다는 롤즈의 요구가, 노직에 따르면, 자기소유권의 인정과 양립될 수 없다고 한다. 만약에 내가 나 자신을 소유한다면, 나는 내 재능을 소유한 것이 된다. 그리고 내가 내 재능을 소유한다면, 나 자신이 소유한 재능으로 내가 생산한 모든 것을 소유한다. 한 평의 땅을 소유한다는 것은 그 땅에서 생산된 것을 내가 소유하게 됨을 의미하듯이, 내 재능을 소유한다는 것은 내 재능으로 생산한 것들을 내가 소유하게 됨을 의미한다. 따라서 재능 있는 사람들로부터 불우한 처지의 사람들에게로 재분배적 과세를 요구하는 것은 자기소유권에 대한 침해이다.

문제는 롤즈와 드워킨이, 다른 사람이 노예를 소유하는 것과 같은 방식으로, 다른 사람들이 나 혹은 나의 재능을 소유할 수 있다고 생각하고 있는 것이 아니라는 데 있다. 이와는 반대로 그들의 가설적 입장은, 내가 앞서 보여주려 했던 것처럼, 그 누구도 타인의 소유가 될 수 없다는 주장을 설계하기 위한 의도를 가지고 있다(제3장 제3절 앞 부분을 보시오). 자신들의 재능에 대한 개인의 요구를 존중하는 자유주의자들의 방식에는 여러 가지가 있다. 자유주의자들은 내가 내 재능의 정당한 소유자라는 사실, 그리고 나는 내가 선택한 계획에 따라 그 재능을 자유롭게 사용할 수 있다는 사실을 받아들인다. 따라서 자기소유권에 대한 자유주의적 부인은 제한적이라 하겠다. 자유주의자들은, 사람들이 가지고 있는 재능은 순전히 운이 있느냐 없느냐의 문제일 뿐이므로, 자신의 재능에 대해서 사람들이 갖는 권리에는 그 재능의 행사로 인해서 발생하는 이들에게 유리한 불평등한 보상을 차지할 권리까지 포함되지는 않는다고 말한다. 재능은 당연하다고 볼 수 없기 때문에, 정부가 사람들의 재능을 그들의 환경의 일부로서 고려하고, 그런 이유로 (불리함에 대한) 보상을 요구할 수 있는 정당한 근거가 된다고 생각한다면, 그것은 도덕적 평등을 거부하는 것이 아니다. 선천적으로 불리하게 태어난 사람들은 유리한 처지의 사람들에 대해서 정당한 요구를 할 수 있으며, 선천적으로 유리한 사람들은 불리한 처지의 사람들에 대해서 도덕적 의무를 지닌다. 드워킨의 이론 속에서, 재능이 있는 사람들은 따라서 불리한 처지의 사람들에 대해 지급해야 할 보험금(insurance premium)을 빚지고 있으며, 롤즈의 이론 속에서는 재능 있는 사람들은 불리한 처지의 사람들에게도 이익이 될 때에만 자신의 재능으로 인한 이득을 취할 수 있다.

노직에게 있어서 롤즈나 드워킨의 주장은 자기소유권에 대한 부정을 의미한다. 만약에 타인들이 내 재능의 산물에 대해 정당한 요구를 할 수 있다면, 나는 내 재능을 소유한다고 말하기 어렵다. 롤즈의 원칙들은 '사람들과 그들의 행위와 노동에 대하여 타인의 (부분적) 소유권을 마련한다. 이 같은 원칙들은 고전적 자유주의자들의 자기소유권 관념으로부터 *다른* 사람들 안에서의 (부분적) 재산권 관념으로의 변환을 포함한다(Nozick 1974: 172). 노직에 따르면, 이러한 자유적 평등주의의 입장은 사람들을 평등한 존재이자 목적 그 자체로 대하는데 실패한다. 자유적 평등주의 입장은 공리주의가 그랬던 것처럼, 일부 사람들을 그저 타인의 삶을 위한 자원으로 전락시킨다. 왜냐하면, 그것은 사람들의 일부(예를 들면, 그들의 선천적 속성들)를 전체를 위한 자원으로 전락시키기 때문이다. 나는 자기소유의 권리를 가지고 있으므로, 선천적으로 불리한 처지에 있는 사람들은 나 자신이나 내 재능에 대하여 그 어떤 정당한 요구도 갖지 않기 때문이다. 자유시장에서 일어나는 교환에 대한 다른 어떠한 개입에서도 마찬가지다. 제한받지 않는 자본주의에서만 나의 자기소유권을 완전하게 인정받을 수 있다.

우리는 노직의 주장을 두 가지의 요구로 요약할 수 있다.

① 롤즈식의 재분배(혹은 시장에서의 교환에 대한 여타 강제적인 정부의 간섭)는 사람들이 자기소유자(self-owner)임을 인정하는 것과 양립할 수 없다. 제한 받지 않는 자본주의만이 자기소유권을 인정한다.

② 사람들을 자기소유자로 인정하는 것은 사람들을 평등한 존재로서 대우하는 데 있어서 핵심적이다.

노직의 평등관은 자기 자신에 대한 권리에서 시작한다. 하지만 그는 이러한 권리가 외부 자원에 대한 우리의 권리에 있어서, 자유주의적 재분배와 갈등하게 되는 함의를 가지고 있다고 생각한다.

이 같은 입장에 대하여 두 가지의 주요한 반박이 제기되었다. 첫째로, 많은 비판가들은 노직이 자기소유권에서 절대적 소유권이 필연적으로 도출된다고 믿는 오류를 범했다고 주장한다. 자기소유권은, 롤즈의 소유권을 포함하여, 다양한 체제들과 양립할 수도 있다는 것이다. 둘째로, 비판가들은 우리 인생에서 무엇이 중요한지에 관한 노직 자신의 견해에서조차, 자기소유권 원칙은 사람들을 평등한 존재로 대하는데 적절치 못한 논거라고 주장한다. 만약에 우리가 자기소유권이라는 개념을 보다 적절한 평등이라는 개념으로 만들려고 다시금 해석해 보고 그 기반 위에서 경제체제를 선택한다면, 우리는 정의에 대한 자유주의적 견해에서 멀어지기보다는 오히려 그것을 지향하게 될 것이다. 이제 이 같은 두 가지 반박에 대하여 검증해 보도록 하겠다.

(a) 자기소유권과 재산소유권

우선, 자기소유권에서 재산권이 어떻게 도출되는지 살펴보자. 노직은 시장 교환에는 개인들의 능력(powers)의 행사가 포함되어 있으며, 개인들은 자신의 능력을 가지고 있으므로, 그들은 시장에서 자신들의 능력을 행사함으로써 생기는 어떠한 것도 소유한다고 주장한다.

하지만 노직도 알고 있다시피 이는 너무나 성급한 결론이다. 시장 교환에는 자신이 가진 능력을 행사하는 것 이상의 다른 무언가가 포함되어 있다. 그것은 사물들, 즉 외부적 재화들(external goods)에 대한 법률적 권리 역시 포함하고 있으며, 이러한 사물들은 우리 자신이 소유하고 있는 능력만으로는 만들어지지 않는다. 만약에 내가 땅을 소유하고 있다면, 나는 내 자신이 소유한 능력을 이용해서 그 땅을 쓸모 있게끔 만들 것이다. 하지만 나는 그 땅을 창조한 적이 없으므로, 그 땅에 대한 나의 자격(따라서 시장 교환에서 그 땅을 이용할 나의 권리도)은 나 자신이 소유한 능력을 행사하는 것만으로는 확립될 수는 없다.

노직은 시장에서의 거래에는 자신이 소유한 능력의 행사 이상의 무언가가 포함되어 있음을 인정한다. 그의 이론에서는, 토지 같은 외부적 재화에 대하여 내가 가진 자격은, 이전의 원칙에 부합하여, 타인이 내게 그 권리를 이전했다는 사실로부터 기인한다. 당연히 이것은 예전 소유자가 정당한 자격을 가지고 있었음을 전제로 한다. 만약에 누군가가 내게 땅을 팔았다면, 그 땅에 대한 내 자격은 예전 사람이 가졌던 자격만큼 정당하며, 그 사람의 자격은 그 예전 사람이 가졌던 자격만큼 정당하고, 이러한 관계는 계속 거슬러 올라간다. 그러나 내 재산권의 정당성이 예전 재산권의 정당성에 의존한다면, 외부적 재화에 대한 내 자격의 유효성을 확정하기 위해서는 이전의 사슬을 그 출발점까지 거슬러 올라갈 필요가 있다. 그러나 어디가 출발점이란 말인가? 누군가가 자신이 소유한 능력으로 토지를 창조한 곳이 출발점인가? 그렇지 않다. 그 땅을 창조한 사람은 없기 때문이다. 그것은 인류의 존재 이전부터 존재하고 있었다.

이전 과정(the series of transfers)의 출발점은 그 땅이 창조되었을 때가 아니라, 어떤 개인에 의해서 그 땅이 최초로 그의 사유재산으로 전유(專有)되었을 때라고 하겠다. 노직의 이론을 따르면, 우리는 최초취득이 정당했는지 알기 위해서 이전의 사슬(the chain of transfers)을 따라 올라가야만 한다. 그리고 만약 우리가 자신의 재능을 소유하고 있다는 것이 사실이라고 할지라도, 그 사실 중의 어떠한 것도 누군가 자신의 재능으로 창조하지 않은 것을 자신을 위해 정당하게 전유할 수 있다는 것을 보장해 주지 않는다. 만약에 첫번째 사람이 그것을 정당하지 않게 취득했다면, 그 사람은 그것에 대해 어떠한 정당한 자격도 갖지 않는다. 따라서 타인에게 그것을 이전할 수 있는 정당한 권리도 없으며, 그 사람도 그것을 내게 이전할 수 있는 정당한 권리를 갖지 않는다. 따라서 내가 시장 교환으로 인하여 내게 발생한 모든 이득에 대하여 자격을 부여받았다면, 나는 노직이 생각했던 것처럼 내 능력뿐만이 아니라 선점되지 않은 외부 자원들에 대해서도 역시 정당한 소유자가 되어야만 한다.

외부 자원의 최초취득에 관한 문제는 정당한 이전에 관한 그 어떤 문제보다 우선한다. 만약에 정당한 최초의 취득이란 것이 존재하지 않는다면, 노직의 이론 안에서 정당한 이전이란 존재할 수 없다. 따라서 노직은 어떤 사람이 자신이 사용할 목적으로 외부 자원을 어떻게 최초로 획득할 수 있는지를 설명해 줄 필요가 있다. 노직 역시 그 자신이 그러한 설명이 필요함을 알고 있다. 그는 몇 차례에 걸쳐, '사물들은 사람과 결부되어 이 세상에 등장하며, 사람들은 이러한 사물들에 대한 소유자격을 가지게 된다.'고 주장한다(Nozick 1974: 160). 하지만 노직은 현재 소유된 모든 것에는, 법률적이든 도덕적이든, 사유재산으로 이 세상에 등장하지 않았던 요소들이 포함되어 있다는 것을 알고 있다. 현재 소유된 모든 것은 그 속에 얼마간의 자연적 요소를 가지고 있다. 그렇다면 애초에 그 누구에 의해서도 소유되지 않았던 이러한 천연 자원이 어떻게 해서 누군가의 사유재산이 되었을까?

(i) 최초취득(Initial acquisition)

천연자원은 강제력에 의해서 누군가의 재산이 된다는 것이 흔한 역사학적 답변이다. 이는 노직의 이론이 현존하는 불평등을 (정당하게) 옹호할 수 있을 것으로 기대하는 사람들을 다소 당혹스럽게 만드는 사실이다. 강제력의 사용은 최초취득을 정당하지 않은 것으로 만들며, 이렇게 되면 현재의 자격 역시 정당하지 않게 된다. 또한 정부가 그런 부를 몰수해서 재분배하면 안 되는 그 어떤 도덕적 이유도 존재하지 않게 된다. 최초의 강제력 사용이 취득을 반드시 부정당하게 만들지 않는다면, 그 재산을 무력을 사용해서 현재 소유자에게서 빼앗아 재분배하도록 강제하는 것 역시 반드시 부당하다고 할 수 없다. 어느 경우에서나, 최초취득은 강제력 사용을 포함하곤 한다는 사실은, 노직 이론의 틀 안에서, 현존하는 부를 재분배하는 것에 대하여 어떠한 도덕적 반론도 할 수 없게 만든다는 것을 의미한다(Cohen 1988: 253~254).[5)]

이 문제에 대한 노직의 첫번째 반응은 다음과 같다. 즉, 강제력 사용은 취득을 정당하지 않게 만들며, 따라서 현재의 권리는 정당하지 않다(Nozick 1974: 230~231). 따라서 희소한 자원을 지금 소유하고 있는 사람은 그 자원에 대한 타인의 접근권을 박탈할 그 어떤 권리도 갖지 않는다−예컨대 자본가들은 현존하는 생산수단에서 발생한 생산물이나 이윤에 대하여 노동자들의 접근을 막을 수 있는 어떠한 자격도 부여받지 않았다. 이상적이라면, 정당하지 않은 취득의 결과는 교정되어야 하며, 자원은 정당한 소유자에게로 되돌려져야 한다. 하지만 누가 그것의 정당한 소유자인지를 아는 것이 불가능한 경우가 자주 발생한다−우리는 자원을 부당하게 빼앗긴 사람이 누구인지 모른다. 노직은 우리가 롤즈의 차등원칙에 부합되도록 한 차례의 전반적인 재분배를 통해서 현존하는 자격의 부당함을 교정할 수 있다고 제안한다. 자유지상주의의 이전 원칙은 이러한 재분배가 있은 뒤에야 유지될 것이다. 하지만 우리가 정당한 소유자를 알고 있다면, 우리는 자원을 그들에게 돌려주어야만 한다. 예컨대, 라이언스(David Lyons)는, 노직의 견해에 의하면, 최초 자격을 부당하게 빼앗겼던 아메리카 인디언에게 뉴잉글랜드(New England)의 상당 부분을 돌려주는 것을 지지하게 된다고 주장한다(Lyons 1981). 다른 사람들은, 노직의 교정 원칙이 아프리카계 미국인에 대한 배상을 수반하며, 이러한 배상은 적극적 배려정책(affirmative action)의 형태로 가장 잘 지급

---

5) 물론 노직식의 이유 외에도, 최초취득이 정당하지 않다 할지라도 재산권을 존중해야 하는−효용이나 합리적 기대와 같은 이유−이유들이 있다. 그러나 이러한 재산권에 대한 '목적론적'인 정당화는 노직의 '역사적인' 혹은 '출현적' 정당화의 관점('historical' or 'emergent' conception of justification)과 상충한다(Schmidtz 1990b를 보시오).

될 수 있다고 주장한다(Valls 1999).

현재 자격의 정당성에 대한 이 같은 거부는 노직의 이론 나머지와 분리될 수 있는데, 이것은 그가 제시하고자 하는 주장의 관심사가 아니다. 만약에 누군가 진정으로 노직의 소유권리론을 믿는다면, 현재의 자격은 예전 자격이 정당한 만큼만 정당하다. 만약 예전 자격이 정당했다면, 시장 교환에서 발생하는 모든 새로운 분배는 정당하다. 이것이 바로 자유지상주의자들이 자신들의 정의이론이라고 제시하는 내용이다. 그러나 그 이론은 만약 예전 자격이 정당하지 않다면 새로운 분배 역시 정당하지 않다는 논리적 귀결을 가져온다. 새로운 분배가 시장에서의 거래로부터 발생했다는 말은 성립될 수가 없다. 그 누구도 시장에서의 교환을 통해서 자원을 이전할 권리를 가지지 않기 때문이다. 이는 노직의 이론에서 첫번째 경우만큼이나 핵심적인 부분이다. 그것은 동전의 양면이라고 할 수 있다.

재산권을 옹호하는 많은 사람들은 자신들의 재산의 역사적 기원에 대하여 너무 깊이 조사하는 것을 피하고 싶어한다. 블랙스톤(Blackstone)이 언급했던 것처럼, '이 [재산]권의 기원과 근거에 대해 살펴보려는 부담을 스스로에게 부여할 사람들은 극히 드물다. 우리가 소유에 대해서 기뻐하는 것만큼이나, 우리는 그것이 어떤 수단에 의해서 획득되었는지를 돌이켜 보기를 꺼린다. 마치 우리의 자격에 흠이라도 생기는 것처럼 두려워하면서 말이다.'[6] 역사에 대한 이런 종류의 건망증은 그것에 대해 많은 할 말을 남겨놓고 있다. 전유과정에서 과거에 있었던 부정의를 교정하려는 시도는 마치 판도라의 상자를 여는 것과 같다(Waldron 1992). 정말 중요한 것은 현재의 재분배가 사람들의 자유를 증진시키며 그들의 필요를 충족시킨다는 사실이라고 상식은 말한다. 또한 그것은 우리가 자원에 대한 역사상의 전유과정과 관련된 연관된 어떠한 '원죄'(original sin)도 그저 무시해야 한다고 말한다(Sanders 1987). 상식은 역사적 기원이 아닌 종료된 결과가 중요하다고 말한다. 하지만 노직은 역사를 제쳐 놓으려고 하는 이 같은 상식적 이유에 호소하지 않았다. 왜냐하면 그의 모든 이론은 정의는 '종료 상태'(end states)가 아닌 '역사'(history)의 문제라는 생각 위에

6) Blackstone, *Commentaries on the Law of England*, book 2.

기반해 있기 때문이다. 그는 바로 자유주의 이론과 사회주의 이론을 배격한다. 왜냐하면 이러한 이론들은 정의를 필요의 충족이나 효용의 증진, 혹은 공적에 대한 보상과 같은 '종료 상태'라는 견지에서 규정하기 때문이다. 반면 노직은 역사라는 기준 외에는 정의를 평가하는 기준이 존재하지 않는다고 주장한다. 노직이 자신의 이론을 '역사적' 정의관(a 'historical' conception of justice)이라고 부르는 진정한 이유도 바로 여기에 있다(Nozick 1974: 153~154).

사실상 대부분의 최초취득은 정당하지 않기 때문에, 노직의 이론은 현재 소유물의 재분배를 막을 수 없다. 그러나 여전히 우리는 획득이 어떻게 정당하게 발생할 수 있는지 알 필요가 있다. 우리가 그러한 질문에 대답할 수 없다면, 우리는 역사상의 자격이 확인되고 교정될 때까지 노직의 이전의 원칙을 이행하는 일을 미뤄야 할 뿐 아니라, 그것을 전적으로 거부하기까지 해야 한다. 만약에 평등하게 고려해 줄 것을 바라는 타인들의 요구를 사람들이 거부하는 일 없이 점유되지 않은 자원들을 전유할 수 있는 방법이 존재하지 않는다면, 노직이 말하는 이전의 권리는 절대적으로 그 근거를 잃어버리고 만다.

소유되지 않은 자원에 대한 어떤 형태의 절대적인 권리를 지닌 최초취득이 사람들을 동등한 존재로 대한다는 생각과 양립될 수 있는가? 이것은 자유지상주의자들에 있어서 오래된 문제였다. 노직은 여기에 로크(John Locke)의 답변을 끌어들인다. 17세기 잉글랜드에서는 예전에는 일반적인 사용을 위해서 공유되던 토지에 대한 공유지의 사유화 운동이 일어났다. 이 토지('공유지', *the commons*)는 가축을 방목하거나 땔감을 수집하는 등의 목적을 위해 모두가 이용할 수 있는 땅이었다. 이러한 사적 전유로 인해서, 일부 사람들은 부유해진 반면 다른 사람들은 자원들에 대한 접근권을 상실하여 자신들을 지탱할 수 있는 능력을 잃게 되는 결과가 발생했다. 로크는 이러한 과정을 변호하기를 원했으며, 사람들이 애초에 소유되지 않았던 세계에 대하여 어떻게 도덕적으로 정당한 방법으로 완전한 소유권을 가지게 되는지에 대한 근거를 제공할 필요가 있었다.

로크의 해답, 적어도 그의 해답들 중 하나는 다음과 같다. 만약에 우리가 타인들에게 '마찬가지로 좋은 품질의 충분한 양'(enough and as good)을 남겨둔다면 외부세계의 일부를 전유할 수 있는 자격을 부여받는다는 것이었다. 그리고 이러한 기준을 충족하는 전유 행위는 그것으로 인하여 타인들이 불리한 처지에 빠지지 않기 때문에 다른 개인들의 평등과 양립될 수 있다.[7]

로크는 대부분의 전유 행위는 전유되는 사물을 마찬가지로 좋은 품질의 충분한 양으로 남겨두지 않는다는 사실을 알고 있었다. 분명히 17세기 영국에서 토지를 점유했던 사람들은 타인을 위해 마찬가지로 좋은 품질의 충분한 양의 토지를 남겨놓지 않았다. 하지만 로크는 만약 그 전유가 사람들을 전반적으로 예전과 마찬가지로 혹은 보다 나은 상태로 만든다면 받아들일 수 있다고 말한다. 그리고 그는 공유물에 대한 사적인 전유는, 비록 그것이 다른 사람들이 이용할 수 있는 땅을 남겨 놓지 않는다 하더라도, 진실로 모든 사람을 전반적으로 좀 더 나은 상태로 만든다고 생각했다.

어떻게 이것이 가능한가? '공유물의 비극'(tragedy of commons)에서 답변의 실마리를 찾을 수 있다. 토지가 모두의 이용을 위하여 공동으로 소유되고 있다면, 거기에는 어떤 사람이 그 토지의 생산성을 높이기 위해서 그것을 개발하는 시간이나 노력을 투입하고자 하는 동기가 있을 수 없다. 왜냐면 그 토지는 공유물이기 때문에 투자를 통해서 이득을 얻을 수 있다는 확신을 개인에게 심어 줄 방법이 없기 때문이다. 다른 사람이 가져가 버릴 것이 뻔한데, 공유지에 옥수수를 키우는데 왜 내가 나의 노동을 투입하겠는가? 노동에 대한 기여 없이 보상을 거두려고 하는 무임 승차자(free-rider)를 배제시킬 수 있을 때에 비로소 그 토지의 개간이 내게는 합리적인 일이 된다. 하지만 이는 그 토지를 공유물에서 분리시킬 것을 요구하며, 그 토지에 접근하거나 그 토지로부터 이득을 얻는 일에서 타인들을 배제시킬 권리를 포함하는 토지에 대한 통제를 누군가에게 할당할 것을 요구한다–예를 들면 그것은 누군가에게 토지에 대한 재산권을 부여하기를 요구한다.

7) 로크는–예를 들면 우리는 우리의 노동이 첨가되었다면 전유할 수 있다는 식의–다른 답변도 제공한다. 하지만 노직은 이러한 답변은 쓸모가 없다면서 적절히 거부한다. 만약에 내가 집에서 기른 토마토 주스를 바다에 뿌렸으면 바다는 얼마만큼이나 내 소유가 되는가? 내가 어떤 땅에 울타리를 치면 내가 소유하는 건 울타리 안인가 아니면 울타리 바로 아래의 땅인가?–실제로 내가 노동을 첨가한건 후자의 땅일 뿐이다 (Nozick 1974: 174).

사실 상황은 이보다 더 악화된다. 공유물인 토지를 개간하기 위한 투자가 개인에게는 합리적이지 않은데 그치지 않고, 공유물을 사용하는 인구가 그 공유물이 수용할 수 있는 용량을 초과하게 된다면, (개인적 행위자들은) 그 자원들을 *고갈시키는* 것이 합리적일 수 있는 상황이 발생한다. 바다에서의 물고기 남획을 떠올려 보자. 바다는 일종의 '공유물' 상태에 있다. 여러 나라에서 온 어선이 물고기를 너무 많이 잡거나, (새끼를 낳기 전인) 너무 어린 물고기를 잡는다면, 몇몇 어종은 멸종된다. 이들 고기잡이들이 자기 자신의 삶은 물론 후손들의 삶까지 파괴하는 비합리적인 사람처럼 보일 수도 있다. 하지만 각 어선의 선장이나 각 국가의 입장에서 보면, 그것은 완벽히 합리적이다. 만약 캐나다 배가 고기를 잡지 않으면, 스페인이나 아이슬란드 배가 고기를 잡을 것이다. 여기에는 사람들을 환경에 대해 책임감을 갖도록 만드는 지점이 존재하지 않는다. 당신은 공유 자원을 보호하지 않고 타인들이 가져가도록 공유물 상태로 방치하게 될 것이다. 따라서 우리는 모두 물고기를 가장 먼저 잡기 위해 달려들어서, 어린 물고기들까지 잡아들인다. 그 결과로 공유물은 개발되지 않은 채 방치될 뿐만 아니라 사실상 황폐화된다. 그것은 남획되고, 과도하게 수확되며, 과도하게 착취된다.

따라서 공유지에 대한 사적 점유는 토지의 황폐화를 막고 생산적 투자를 증진시키기 위해서 요구된다. 우리가 점유를 허락하면, 우리는 토지가 없는 사람들도 틀림없이 예전보다 실제로 더 나은 상태가 되리라고 예상할 수 있다. 이렇게 되면, 그들은 공유물에 대하여 더 이상 접근할 수 없게 된다. 그러나 그들은 (이전에는) 실제론 이 공유물로부터 큰 이득을 얻지는 못했다. 그들은 기껏해야 (급속히 고갈되는) 공유물로부터 소량의 (개발되지 않은) 자원을 얻을 수 있을 뿐이었다. 하지만 그들은 이제 그 대가로 사적으로 점유된 토지의 소유자에게서 직업을 제공 받을 것이며, 거기에서 얻는 소득으로 예전에는 생산되지 않던 새로운 종류의 상품을 구입할 수 있을 것이다. 왜냐하면 그 전에는 그 누구도 자신의 생산물에 투자할 동기를 가지고 있지 않았기 때문이다. 다른 모든 사람이 가져가기 전에 (돌보는 사람이 없는) 공유물인 사과나무에서 사과를 따야만 하는 대신, 이제 그곳에는 그들이 받는 임금으로 구매할 수 있는 개척된 토지에서 생산된 많은 사과와 다른 식량이 있다. 무산자들은 토지에 대한 접근권을 상실했지만, 그들이 토지에서 얻었던 상품들을 더 많이 얻을 수 있었다.

이 이야기는, 공유물의 비극을 전제하면, 토지의 사적 전유는 무산자는 물론이거니와 모든 사람을 전반적으로 예전보다 나은 처지로 만들 수도 있다는 교훈을 준다. 그리고 노직은 누군가의 전반적인 상황을 악화시키지 않는지의 여부가 정당한 전유인지를 검증해 보는 적절한 잣대라고 주장한다. 노직은 이것을 '로크적 단서'(Lockean proviso)라고 부른다. 그리고 이것을 정당한 전유 여부를 가르는 자신의 기준으로 채택한다. '예전에 소유되지 않은 사물에 대해 항구적으로 상속 가능한 재산권을 정상적으로 발생시키는 과정은, 만약에 그 소유점유로 인해 해당 사물을 더 이상 자유롭게 사용할 수 없게 된 다른 사람들의 입장이 악화된다면, 그렇게 인정될 수 없다'(Nozick 1974: 178).[8] 실제로 슈미츠(David Schmidtz)는 공유물에 대한 사적 점유는 허용가능할 뿐만 아니라 사실상 도덕적 의무라고까지 주장한다. 자원이 고갈될 것임을 알면서도 공유물로 남겨두는 것은, 그것만으로도 타인에게 '마찬가지로 좋은 품질의 충분한 양'을 확실히 남겨두는데 실패하는 것이다. 우리가 우리 아이들을 위하여 마찬가지로 좋은 품질의 충분한 양을 확실히 남겨두는 단 하나의 방법은 자원에 대해 재산권을 할당해서 공유물의 비극을 예방하는 것이다(Schmidtz 1990a).

여기까지는 썩 좋다. 자유지상주의자들은 특정한 사람들 혹은 사람의 집단들이 자연세계의 특정한 부분에 대한 통제를 획득하고, 그로부터 타인들을 배제시킬 수 있는 특정한 방법이 분명이 있다는 강력한 사례를 만들었다. 또한 그러한 전유에 대한 정당성 검증은 그것이 타인의 처지를 악화시키는지의 여부에 달려 있다는 논리는 설득력이 있는 것으로 여겨진다. 이것은 사람들의 이익에 대한 평등한 고려라는 원칙을 강화시킨다. 그 누구의 처지도 악화시키지 않는 한, 획득은 사람들의 이익에 대한 평등한 고려를 위반하지 않는다.

하지만 누군가의 처지를 악화시킨다 함은 정확히 무엇을 의미하는가? 다른 방식과 비교할 때, 어떤 방식이 타인의 처지를 악화시키는가? 이러한 질문에 대해서 우리가

---

8) 노직의 주장은 이 지점에서 모호하다. 그는 우리에게 전유의 '정상적인 과정'이 무엇인지에 대해 말해 주지 않는다. 따라서 '악화시키지 않는다'는 것이 ('정상적 과정'에 덧붙여) 정당한 전유의 필요조건인지, 아니면 충분조건(타인의 조건을 악화시키지 않는 어떠한 과정도 정당하다)인지의 여부가 분명치 않다. 만약에 충분조건이 아니라면 그는 무엇이 정상정인 전유의 과정인지 말하지 않는 셈이다(Cohen 1986a: 123).

어떻게 답변하느냐에 따라 특정 종류의 전유가 로크적 단서를 통과하는지 여부가 결정될 것이다. 노직의 답변은 다음과 같다. 특정 대상물에 대한 전유는, 만약 이 전유로 인한 공동사용의 철회가 일반적인 *공동사용일 때(in general use)*와 비교하여 사람들의 입장을 *물질적 면에서(in material terms)* 더 이상 악화시키지 않는다면, 정당화된다. 예컨대 에이미(Amy)와 벤(Ben)이라는 사람이 있고, 두 사람 모두 공동으로 사용하는 토지에서 살아가고 있다고 가정해 보자. 현재 그 토지의 대부분을 에이미가 전유해서 벤은 남은 토지에 기대어 살아갈 수 없게 되었다. 이는 벤의 처지가 악화된 것처럼 보일 수도 있다. 하지만 에이미는 벤이 그녀의 토지에서 일하고 원래 그 자신의 힘으로 생산하던 것을 초과하는 임금을 받으라고 제안한다. 노동의 분업으로 인한 생산성 향상 덕분에 에이미 역시 원래 그녀가 생산하던 것보다 더 많은 자원을 얻게 되고, 그녀의 몫의 증가분은 벤의 몫의 증가분보다 많다. 예전처럼 생활하기 위한 충분한 토지가 더 이상 남아있지 않기 때문에, 벤은 이 제안을 받아들일 수밖에 없다. 벤은 에이미가 전유한 토지에 대한 접근을 필요로 하고, 에이미는 그러한 접근의 조건을 명령할 수 있다. 그리하여 그는 노동의 분업으로 발생한 이익의 절반보다 적은 양을 획득한다. 에이미의 전유 행위는, 전유가 일어난 뒤의 상황이 에이미와 벤 모두에게 있어서 물질적 자원이라는 맥락에서 공동으로 사용하고 있을 때보다 개선되었기 때문에 로크적 단서를 만족시킨다(사실 벤의 상태가 악화되지만 않는다면 나아질 필요까지는 없다).

이와 같은 방식으로 전유되지 않았던 세계는 완전한 재산권을 가진 스스로를 소유하는 사람들(self-owning people)에 의해서 전유된다. 노직은 그러한 단서가 쉽게 충족될 수 있으며, 따라서 세계의 대부분이 신속하게 사적으로 전유되리라고 믿는다. 그리하여 자기소유권은 외부세계에 대한 절대적 소유권을 산출해 낸다. 최초의 전유는 이전할 권리를 포함하므로, 우리는 얼마 지나지 않아 (토지 같은) 생산적 자원에 대하여 충분히 발전된 시장을 가지게 될 것이다. 또한 이러한 전유는 일부 사람들이 그러한 생산적 자원에 접근하는 것을 배제시키므로, 마찬가지로 우리는 얼마 지나지 않아 충분히 발달된 노동시장 역시 가지게 될 것이다. 사람들은 이제 시장에서의 교환에 포함되어 있는 재산과 권력 양자 모두를 정당하게 소유하므로, 그러한 교환들에서 발생한 모든 대가에 대하여 정당한 권리를 부여받을 것이다. 또한 사람들은 시장에서 그들이 가진 모든 대가들에 대하여 권리를 부여받을 것이므로, 불리한 처지에 있는 사람들을 돕기 위한 정부의 재분배는 사람들의 권리에 대한 침해가 된다. 결국 재분배는 일부 사람들을 타인을 위한 자원으로 이용하는 것이 되어 버린다.

(ii) 로크적 단서(The Lockean proviso)

노직은 정당한 최초취득에 대하여 우리에게 수긍할 만한 논거를 제공하고 있는가? 우리는 노직의 논거를 다음과 같은 방식으로 요약할 수 있다(cf. Cohen 1986a).

① 사람들은 자기자신을 소유한다.
② 세계는 애초에 소유되지 않았다.
③ 타인의 상황을 악화시키지 않는다면, 당신은 세계의 점유되지 않은 몫에 대하여 절대적 권리를 획득할 수 있다.
④ 세계의 점유되지 않은 몫에 대하여 절대적 권리를 획득하는 것은 상대적으로 수월하다.

따라서

⑤ 일단 사람들이 사유재산을 전유하게 되면, 자유로운 자본시장과 노동시장이 도덕적으로 요청된다.

나는 ③에 대한 해석, 즉 타인의 상황을 악화시킨다는 의미가 무엇인지에 대한 노직의 논거에 집중하고자 한다. 그의 논거는 두 가지의 연관된 특성이 있다. 첫째, 그의 논거는 '악화'의 의미를 물질적 복지의 견지에서 정의한다. 둘째, 그의 논거는 비교의 기준을 전유하기 이전의 공동 사용 상태로 규정한다. 비판가들은 이러한 특성 모두 적절치 않으며, 최초취득에 대하여 그럴듯하게 수정된 그 어떤 검증이라 하더라도 제한적 재산권(limited property rights)만을 도출해 낼 것이라고 주장해 왔다.

물질적 복지(Material Welfare). 노직이 자기소유권을 강조하는 이유는, 앞서 살펴본

것과 같이, 우리들 각자가 우리 자신의 인생을 살아가는 개별적 인간이라는데 있다(제4장 제2절 앞부분을 보시오). 자기소유권은 우리 자신들의 목표를 추구할 수 있는 역량, 즉 우리의 '우리 자신에 대한 관념'(conceptions of ourselves)을 보호한다. 그 이유는 자기소유권은 타인이 우리를 단지 그들의 목적을 위한 수단으로 사용하려는 시도에 대하여 우리들로 하여금 저항을 할 수 있게 해주기 때문이다. 어떤 사람은, 전유의 행위가 다른 사람들의 조건을 악화시킨다는 것이 무엇을 의미하는지에 대한 노직의 설명에 대해, 사람들이 자기 자신의 자아관에 따라 행동할 수 있는 능력을 강조하는 것과 유사한 것으로 기대할 수 있으며, 그리고 누군가를 다른 사람의 의지에 불필요하고 바람직하지 않은 방식으로 예속되고 종속되는 입장에 처하도록 만드는 어떠한 전유에도 반대하는 것을 의미하는 것으로 여길 수 있을 것이다.

하지만 벤이 이제 에이미의 결정에 종속된다는 사실은 전유가 공정 한지의 평가에서, 노직에 의하면, 고려 대상이 아니라는 사실에 유의해야 한다. 사실 에이미의 전유는 벤에게 있어서 중요한 두 가지 자유를 박탈한다. 첫째, 그는 자신이 이용해 왔던 토지의 지위에 관해서 아무런 말도 할 수 없다—에이미는 벤의 동의를 구하거나 얻지 않고 일방적으로 그 토지를 전유한다. 둘째, 벤은 자신의 노동이 어떻게 사용될 것인지에 대해서 아무런 말도 할 수 없다. 그는 죽지 않기 위해서 에이미가 제시한 노동조건을 받아들여야만 한다. 따라서 그는 자신의 시간을 어떻게 사용할지에 대한 통제를 포기해야만 한다. 전유가 일어나기 전에, 벤은 자연과 조화를 이루며 살아가는 양치기로서의 꿈을 가지고 있었을지도 모른다. 이제 그는 이러한 꿈을 포기하는 대신, 자연에 대한 착취를 포함하고 있을지도 모르는 에이미의 명령에 복종해야만 한다. 이 같은 결과로 인해서, 비록 전유가 물질적 소득에서 약간의 증가를 가져왔을지 몰라도, 에이미가 그 토지를 전유함으로 인해서 벤의 처지는 악화될 수도 있다.

노직은 자기소유권이 중요한 이유를 설명하면서 이러한 결과를 고려했어야 하지 않을까? 그는 우리의 삶을 우리 자신의 선관(concept of good)에 일치하도록 이끌어주는 자유가 궁극적 가치이며, 이는 너무도 중요하기 때문에 (기회의 평등과 같은) 다른 사회적 이상 때문에 희생될 수는 없다고 말한다. 그는 사람들이 자신의 삶을 이끌어주는 자유에 대한 사람들의 관심이 그가 제안하는 제약 받지 않는 소유권 이론을 뒷받침해 준다고 주장한다. 그러나 최초의 재산권의 취득에 대한 노직의 정당화는 벤의 자율성을 무관한 것으로 간주한다.

벤이 그 전유로 인해서 처지가 악화되지 않는다고 주장하면서도, 노직이 그 전유에 벤의 동의를 필요로 하지 않는다고 하는 점이 흥미롭다. 동의가 필요하다면, 벤은 아마도 거부할 것이다. 전유가 그의 (비물질적인) 선관에 비추어 볼 때 실제로 그의 처지를 악화시키기 때문에 벤이 동의를 거부하는 것이 옳다면, 그 전유는 허용되어서는 안된다. 벤이 거부하지 못했다면, 그것은 아마도 물질적 복지 면에서 벤이 얻는 이득이 자율성의 손실을 능가하기 때문일 것이다. 이런 경우, 우리는 에이미의 전유를 일종의 온정주의(paternalism)적 행위로 허용할 수도 있다. 하지만 노직은 그러한 온정주의의 대척점에 있어야 한다고 주장한다. 노직은 예컨대 국민의 이익을 위해 설립된 의무적인 보험제도나 연금 계획에 반대한다. 그러나 공유 자원에 대한 사적 전유도 세금의 부과만큼이나 개인의 의지에 모순 될 수도 있다. 노직이 자신의 이론에서 그러는 것처럼, 우리가 만약 온정주의를 배제하고 자율성을 강조한다면, 벤은 아마도 공유물에서 자신을 배제하는 전유에 대하여 거부권을 가져야 할 것이다. 공유물의 비극이라는 주어진 조건에서, 벤은 거의 틀림없이 공유물을 사적으로 전유하는 어떤 기제를 받아들이게 될 것이지만, 그러려면 그는 사적 전유에 대한 동의가 그로 하여금 자신의 선관을 계속해서 추구할 수 있도록 보장을 받아야 할 것이다.[9)]

대안에서의 임의적인 축소(Arbitrary Narrowing of the Options). 노직의 단서는 전유 행위는 토지가 공동으로 사용될 때에 비해서 타인의 처지를 악화시키지 않아야만 한다고 말한다. 그러나 이는 적실성 있는 다른 많은 대안들을 외면하는 결과를 낳는다. 에이미가 일방적으로 토지를 전유할 가능성을 염려한 벤이, 그 토지를 스스로를 위해 전유하기로 마음먹고는, 생산성 증대로 인한 이익 대부분을 자신이 가진 채, 에이미에게 이제 그의 땅에서 일하는 대가로 임금을 제의한다고 해보자. 이것 역시 노직의 단서를 통과한다. 노직은 전유로 인하여 전유하지 않는 사람의 처지가 악화되지 않는

9) '악화시키지 않는다'는 우리의 설명 속에, 단순히 물질적인 복리뿐만이 아니라 자율성이 포함되어야 하는 필요성에 대해서는 Kernohan 1988: 70; Cohen 1986a: 127, 135를 보시오. 그 장의 다음 절에서, Milde 1999는 똑같은 문제가 소유권에 관한 고티에의 상호이득 논거를 약화시킨다고 주장한다.

한, 누가 전유를 하고 누가 이득을 얻는지는 중요하지 않다고 생각한다. 노직은 사실상 선착순 전유원칙(a first-come, first-served doctrine of appropriation)을 받아들인다. 그러나 왜 우리는 전유의 기회를 평등하게 하는 체계 대신에 이 선착순 원칙을 공정한 전유절차라고 받아들여야 하는가? 가장 중요한 가치-우리 자신의 삶을 이끄는 우리들의 능력-가 선착순 원칙의 임의성(arbitrariness)에 기대야 한단 말인가?

다른 대안을 검토해 보자. 이번에는 노동을 보다 잘 조직하는 사람인 벤이 그 토지를 전유하고 더 큰 생산성 증가를 가져와서 에이미가 그 토지를 전유할 때보다 양쪽 모두에게 더 많은 이득을 가져다 준다고 가정해 보자. 에이미가 전유했을 때는 두 사람 모두 벤이 전유할 때 그들이 얻는 것에 비해서 처지가 악화된다. 하지만 노직은 에이미의 전유를 허락하면서, 벤이 그로 인하여 처지가 악화된다는 사실은 부인한다. 벤이 토지를 공동으로 사용할 때 보다 에이미가 전유한 상태에서 처지가 더 낫다는 이유 때문인데, 이것이 바로 노직이 적절하다고 생각하는 유일한 대안이다.

마지막으로, 만약에 에이미와 벤이 소유권을 공동으로 행사하고, 합의에 따라 노동분업을 하고 그 토지를 집단적으로 전유한다면 어떻게 될까? 만약 자기소유자들 사이에서 전유가 일어난다면, 일방적으로 에이미가 벤에게서 벤 자신의 선관을 추구할 수 있는 능력을 박탈하기보다는, 벤이 집단적 소유권이라는 선택권을 갖는 편이 되어야 하지 않을까?

노직의 단서에 따르면, 이러한 대안들은 모두가 무관하다. 다른 형태의 전유가 좀 더 공정하거나 효율적이며, 사람들의 물질적 이득이나 자율성을 좀 더 잘 충족시킨다는 사실은 전유의 정당성과 아무런 관계가 없다. 그러나 이러한 각각의 대안에서는 노직이 구상한 체제 하에서 누군가가 겪어야 하는 위해를 발생시키지 않는다. 무슨 이유에서, 최초취득에 의해서 누군가의 처지가 악화되었는지 여부를 결정함에 있어, 이러한 위해가 관계가 없다는 말인가?

진행 중인 체제로서의 자본주의의 수준에서 살펴보면, 노직의 단서에 내재된 이 같은 문제점들은 좀 더 분명해진다. 노직이 허용하는 최초의 취득행위가 시작되면, 접근 가능하고 유용하며 소유되지 않은 사물이 더 이상 존재하지 않는 상황으로 신속하게 진행하게 될 것이다. 전유를 할 수 있었던 사람들은 막대한 부를 가질 수도 있는 반면, 다른 사람들은 무일푼의 처지가 된다. 이러한 차이는 다음 세대가 물려받는다. 인생에서 모든 특권을 누리는 사람이 있는가 하면, 반면에 다른 사람들은 어린 나이에 노동을 해야만 한다. 전유와 이전의 체제가 로크적 단서를 충족시키는 한, 노직은 이런 상황이 받아들일 만하다고 본다—예컨대 외부세계의 사유화 이전에 공동소유물을 함께 누렸던 때와 비교할 때 어느 누구의 처지도 악화되지만 않는다면, 현재 진행중인 체제로서의 자본주의는 정의로운 것이 된다.

우리에게 노직은 자본주의가 공유 상태에 있을 때에 비해서 사람들의 처지를 악화시키지 않아야 한다는 검증을 통과한다고 보증한다(Nozick 1974: 177). 물론 공유물의 비극을 전제하면, 국가의 소유나 노동자의 소유, 혹은 키부츠 같은 공동소유를 포함하는 모든 재산권 체제는 사실상 이러한 검증을 통과한다. 그렇다면 소유권이 아닌 사용권, 혹은 재산을 처분할 권리를 포함하지 않는 제한된 소유권처럼, 개인의 절대적 소유권이 아닌 다양하게 제한된 소유권의 형태에 대해서 생각해 보자. 이 같은 모든 재산체제는 무임 승차자들의 배제를 확실히 하기 위하여 자원에 대한 충분한 통제를 하도록 하고, 그리하여 자원을 개발하고 그것이 고갈되지 않게 하려는 동기를 제공한다. 사실상 수렵—채집의 시기 이후의 모든 인간 사회는 공유물의 비극을 회피하기 위한 형태의 소유체제들을 발전시켜 왔다—그렇게 하지 않으면 인간은 생존할 수 없었을 터이다—하지만 (그런 체제가 있다고 해도) 그것들 중에서 순수하게 자본주의적인 체제는 거의 없었다. 따라서 공동소유보다 자본주의가 낫다고 쉽게 말하기 어려우며, 소유권을 확립하는 여타 체제에 비해 자본주의를 선호해야 할 이유도 없다.[10)]

심지어 무산자들이 자신들의 생존을 위해 그들의 노동을 구매하려는 유산자들에게 의존한다고 해도, 또한 어떤 사람들은 아무도 그들의 노동을 구매하려 들지 않을 것이기에 굶주려야 한다고 해도, 자본주의는 이 검증을 통과한다는 점에 주목하라. 재능이 없는 사람들은 소유되지 않은 상태로 남겨진 땅을 가진다 하더라도 어쨌건 굶주릴 것이므로, 노직은 이러한 상황이 받아들일만하다고 본다. 무산자들은 불평할 여지가

10) Schmidtz 1995를 보시오. 그는 공공 소유나 공동소유권 역시 공유물의 비극을 피할 수 있으며, 특정 조건에서는 무임승차나 외부성의 문제를 피하는 데 있어서 좀 더 낫다고 강조한다. 물론 그는 이것이 제한된 조건 하에서만 참일 수 있다고 생각한다.

없다. 왜냐하면 '어떻게든 자신들의 노동력을 팔 수 있는 사람들은 최소한 거친 자연상태에서 교환을 통해서 얻을 수 있다고 기대했었던 것만큼은, 어쩌면 그보다 더 많은 것을 교환을 통하여 얻을 것이기 때문이다. 그리고 구매할 만한 가치가 없는 노동력을 소유한 무산자들은, 노직의 비-복지국가(non-welfare)에서 (자선 행위가 없으면) 죽게 될지도 모르지만, 어차피 자연상태에서도 죽을 목숨이기 때문이다'(Cohen 1986b: 85n. 11).

이는 매우 취약한 전유 요건이다. 굶주려 죽는 사람이 죽지 않을 수도 있는 다른 체제가 있는데도, 노직의 전유체제로 인해서 그 굶주려 죽는 사람이 처지가 악화되지 않았다고 말한다면 문제가 있다. 정당한 전유를 판단하는 설득력 있는 기준은, 사람들이 물질적 재화와 자율성 양자 모두에 관심을 가지고 있다는 사실을 염두에 두고, 적절한 모든 대안을 고려하는 것이다. 우리는 로크적 단서가 이러한 점들을 수용하면서도 전유의 기준이 타자의 입장을 악화시키는지의 여부에 있다는 직관적 판단을 유지할 수 있도록 수정할 수 있는가? 어떤 사람의 입장이 다른 가능한 대안적 체제에서 더 나아질 수 있다면, 현재의 해당 체제는 이 사람의 입장을 악화시킨다고 말할 수도 있다. 불행히도, 재산을 배분하는 모든 체제는 그러한 기준을 통과하는 데 실패할 것이다. 재능이 부족한 사람은 롤즈의 차등원칙 하에서 보다 노직의 순수 자본주의 하에서 처지가 좀 더 악화될 것이다. 시장에서 팔릴 만한 재능이 있는 사람은 노직의 체제보다 롤즈의 체제 아래에서 더 악화될 것이다. 어떤 체제에도 다른 체제에서는 더 나아질 수 있는 누군가가 존재할 것이다. 어느 누구도 세계를 자신들이 선호하는 바에 최대한 부합하도록 조정시킬 정당한 권리를 갖지 않기 때문에, 그러한 기준은 어차피 합당하지 않다. 나의 처지가 더 개선될 수 있는 가능한 제도구성이 있다는 사실 자체만으로는 현존의 체제가 도덕적 의미에서 의미심장하게 나의 입장에 해를 끼쳤다는 것을 말해 주지는 않는다. 우리는 어떤 전유체제가, 사람들의 특정한 이익에 최대한 적합하게 된 세계에 비교하는 것이 아니라, 사람들의 이익에 평등한 관심을 기울이는 세계와 비교했을 때, 사람들의 처지를 악화시켰는지 여부에 대해 알기를 바란다.

최초의 공동소유 상태와 비교하여 사람들이 상대적으로 이득을 보았다고 하는 것은 어떤 체제가 정의로운지를 검증하는데 충분치 않다. 그러나 이것은 사람들이 자신을 최대로 이롭게 하는 체제라면 그 어떤 체제라도 요구할 수 있다는 말은 아니다. 그러한 단서에는 중간적 근거가 요구된다. 무엇이 중간적 근거인지 또는 그것이 롤즈나 드워킨의 원칙과 얼마나 다른지에 대해 이야기하기는 어렵다. 아서(John Arthur)는 적절한 기준은 평등주의적인가의 여부에 달려 있다고 주장한다—사람들이 결과적으로 세상에 있는 천연자원의 가치에서 평등한 몫보다 적게 받는다면, 그 전유는 사람들의 처지를 악화시킨 것이다. '[각자가] 다른 사람들처럼 자원에 대한 자격을 부여받았다는 사실을 고려해 보면, 이것만이 이치에 맞는 결정'이라고 그는 주장한다. '지구의 부(the earth's wealth)에서 당연히 좀 더 적은 몫을 받도록 태어난 사람은 없으며, 원래부터 평균보다 많은 몫에 대한 권리를 부여받은 사람도 없다'(Arthur 1987: 344; cf. Steiner 1977: 49). 코헨은 롤즈의 차등원칙이 정당한 전유에 관한 공정한 기준을 제공할 수도 있다고 주장한다(Cohen 1986a: 133~134). 반 파리스(Philippe Van Parijs)는, 전유하는 사람은 정당한 전유의 조건으로서, 즉 무산상태에 남겨지는 사람들을 위한 보상으로서, 기본적 소득 체계에 자금을 제공해야만 한다고 주장한다(Van Parijs 1992: 9~11). 실제로 공정한 최초취득의 모델을 제공하는 방대한 문헌들이 존재하며, 이들 각각은 조금씩 다른 결과를 낳는다. 하지만 공정한 취득에 대한 설득력 있는 기준이, 사람들이 자원에서 불평등한 양에 대한 무제한적인 소유권을 가질 수 있게 하는 체제, 즉 노직적인 견해로 귀결되리라고 생각하는 사람은 사실상 아무도 없다.[11] 만약 그 단서가 자기소유자들이 가지고 있는 모든 범주의 이익과 대안을 인지하고 있다면, 아마도 그런 단서는 불평등한 자원의 양에 대하여 사실상의 무제한적 권리를 발생시키지 않을 것이다. 도덕적으로 적절한 대안들과 비교해 볼 때, 외부세계의 불평등한 양을 전유하도록 허용하는 체제로 인해서 중요한 부문들에서의 일부 사람들의 처지가 악화될 것이다. 또한 노직 자신이 말했듯이, 만약에 '자신의 소유물

11) 이러한 방대한 문헌들의 예로는 Arneson 1991; Arthur 1987; Bogart 1985; Christman 1986, 1991; G.A. Cohen 1986a, 1986b, 1990b, 1998; Epstein 1998; Exdell 1997; Feallsanach 1998; Fox-Decent 1998; Gorr 1995; Ingram 1993; Kernohan 1988, 1990, 1993; Mack 1990, 1995; Michael 1997; Otsuka 1998b; Ryan 1994; Sanders 1987; Schmidtz 1990a, 1994; Schwartz 1992; Shapiro 1991; Vallentyne 1997, 1998; Weinberg, 1997, 1998; Wennar 1998을 보시오. 노직의 견해를 용기 있게 옹호하는 저서로는 Palmer 1998을 보시오.

에 대한 각 소유자들의 자격이 전유에 관한 로크적 단서가 역사적으로 부정적인 그림자를 포함하고 있다면'(Nozick 1974: 180), '(그 단서)에 의해 투영된 이 부정적인 그림자는 그러한 자격을 식별하기 어려울 정도로 그 자격을 완전히 뒤덮어 버린다'—예컨대 자기소유적 사람들이 불평등한 자원에 대하여 가지는 그 어떤 자격도 무산자들의 요구에 의해서 강하게 제약을 받게 될 것이다(Steiner 1977: 48).

세계에 대한 최초 소유권(Initial ownership of the world). 노직의 단서에는, 자기소유권에서 시작하여 무제한적 자본주의로 나아가는 길을 막는 또 다른 문제가 발견된다. 노직의 주장 요약을 다시 한번 떠올려 보자.

① 사람들은 자신을 소유한다.
② 애초에 세계는 소유되지 않았다.
③ 당신이 타인의 처지를 악화시키지 않는다면, 당신은 세계에 대한 불균형적 몫을 차지하는 절대적 권리를 획득할 수 있다.
④ 세계의 불균형적 몫에 대하여 절대적 권리를 획득하는 일은 상대적으로 수월하다.

그러므로

⑤ 일단 사적 재산이 전유되면, 자유로운 자본시장과 노동시장이 도덕적으로 요청된다.

우리는 방금 ③에 대한 노직의 해석을 검토했는데, 노직의 해석은 너무나 허술하다고 생각되며, 따라서 ④는 틀린 해석이 된다. 그러나 두 번째 문제가 있다. 애초에 세계는 소유되지 않았으며, 따라서 약탈의 대상이 된다는 ②를 무슨 이유에서 받아들여야 하는가? 각각의 사람이 토지의 처분에 대해서 동등한 거부권을 가지는 것처럼, 세계를 공동으로 소유하는 경우는 어째서 가정하지 않는가?(Exdell 1977: 146~149; Cohen 1986b: 80~87) 노직은 단 한번도 이 같은 대안을 고려해 보지 않지만, 몇몇 자유지상주의자를 포함하는 다른 이들은, 그것이야 말로 세계 소유권(world-ownership)에 대해 가장 정당하다고 인정할 만한 근거라고 주장한다(로크 그 자신은 세계가 애초에 한 사람이 아닌 모든 사람에 속해 있다고 믿었다. 왜냐하면 하느님은 '인간에게 세계를 공동소유로 주셨기 때문이다'-cf. Christman 1986b: 159~164).

만약에 세계가 공동으로 소유되어 있다면, 그리하여 일방적 전유에 종속되지 않는다면 어떻게 될까? 다양한 결과가 가능하다. 그러나 이러한 결과들은 대체로 자기소유권에 있어서 평등주의적이지 않은 결과들은 부인할 것이다. 예컨대 불리한 여건에 있는 사람들은 롤즈의 차등원칙 같은 분배체계를 도출해 내기 위하여 자신들의 거부권을 사용할 수 있을지도 모른다. 우리는 롤즈식의 재분배 같은 결론으로 나아갈 수도 있는데, 이는 우리가 (불리한 처지의 사람들이 유리한 처지의 사람들에 대해서 직접적인 요구를 하는 것처럼) 자기소유권을 부정하기 때문이 아니라, 우리들은 (재능없는 사람들이 자신들을 이롭게 해주지 않은 채로 재능있는 사람들을 이롭게 만드는 토지 사용에 대하여 거부권을 행사할 수 있는 것처럼) 외부세계에 대한 공동소유자이기 때문이다. 만약에 우리가 외부세계를 약탈되거나 공동으로 소유되는 대상이 아니라, 인간 공동체의 모든 구성원들이 평등하게 나누어 갖는 대상으로 바라보면, 역시 유사한 결론이 나올 수도 있다(Cohen 1986b: 87~90).

자기소유권은 우리들이 외부세계에 대해서 어떤 종류의 소유권을 갖는지에 관해서 아무런 말도 해주지 않기 때문에, 외부세계의 도덕적 지위에 대한 이러한 모든 설명은 자기소유권 원칙과 양립될 수 있다. 실제로 많은 자유지상주의자들이 이 같은 다른 대안들을 지지해 왔다. 18세기와 19세기의 페인(Thomas Paine), 조지(Henry George), 왈라스(Leon Walras)까지 거슬러 올라가며, 오늘날 스타이너(Hillel Steiner)와 발렌틴(Peter Vallentyne)처럼 자기소유권이라는 전제에서 출발했지만 애초에 소유되지 않았던 세계에 대한 불평등한 점유를 정당화하는데 극복하기 곤란한 어려움을 인식하고, 따라서 천연 자원에 대한 국유화나 평등화 또는 무산자로 남겨진 사람들에 대한 보상을 수용하는 '좌파 자유지상주의'(left-libertarianism)의 오랜 전통이 존재한다.[12] 이러한 각각의 대안은 노직이 호소하는 근본적 가치들의 견지에서 평가 받아야 할 것이다. 노직이 이러한 종류의 평가를 수행하지는 않지만, 세계의 불평등한 부분에 대한 절대적 재산권은, 우리가 외부세계의 상태와 그것의 전유에 관한 취약하며 임의적인 전제들에 호소할 때에만, 보증될 수 있다는 사실은 자명한 것으로 여겨진다.

(b) 자기소유권과 평등

나는 자기소유권 원칙이 그것만으로는 자본주의에 대한 도덕적 옹호를 생성시키지 않는다는 사실을 보여주려 했다. 왜냐하면 자본가는 자기 자신에 대한 소유권뿐만 아니라 자원에 대한 소유권 또한 필요로 하기 때문이다. 노직은 자기소유권이 필연적으로 제한받지 않는 재산권을 도출할 것이라고 믿는다. 그러나 사실상 우리는 정당한 점유에 대한 우리의 이론과 외부세계의 상태에 대한 우리의 가정들에 의존해서, 자기소유권과 양립할 수 있는 다양한 경제적 체제들과 마주하고 있다.[13] 노직은 자기소유권이 사람들에게 시장교환을 통해 생긴 모든 이익에 대한 자격 부여를 요구한다고 믿지만, 상이한 체제들은 자신을 소유하는 개인들이 시장의 이익을 얼마만큼이나 보유하게 허용할지에 대하여 다양한 견해 차이를 보인다. 어떤 체제에서는 선천적으로 재능을 부여받은 사람들이 (노직이 허락하는 정도까지는 아니라고 할지라도) 자신들의 재능을 외부세계에 대한 불평등한 소유권으로 전환하는 것을 허락할 것이다. 다른 체제에선 (롤즈나 드워킨이 그랬던 것처럼) 선천적으로 불리한 처지의 사람들이 자원에

12) 이러한 전통에 대한 포괄적 개관으로는 Vallentyne and Steiner 2000; cf. Steiner 1981 561~562; Vogel 1988을 보시오. 로크조차도 불평등한 재산소유권은 개인의 전유의 권리로부터는 도출될 수 없다고 생각했던 것으로 생각된다. 불평등한 재산소유권은 돈을 받는 것과 같은 형태의 집단적 동의를 필요로 한다(Christman 1986: 163). 배리(Norman Barry)는 현대 자유지상주의에 관한 자신의 연구에서, 자유지상주의의 다른 입장(공리주의, 계약론, 자연권, 이기주의) 중 어떤 것도 최초 자격에 대한 적절한 논거를 가지고 있지 않다고 주장한다(Barry 1986: 90~93, 100~101, 127~128, 158, 178)

13) 이는 자기소유권이 재산소유권에 있어 어떤 함의도 갖지 않는다고 말하는 것이 아니다. 앤드류 커노한(Andrew Kernohan)은 자기소유권 속에 내포되어 있는 일부 권리들은 논리상 자원에 대한 접근권을 포함하고 있다고 주장한다. 법률적인 의미에서 능력을 소유하는 것은 그 능력의 행사의 소유를 포함하고 있으며, 이는 그러한 능력을 스스로 행사할 수 있는 권리, 즉 다른 누가 그것을 행사할지를 결정하는 관리적 처분권 및 능력의 행사에서 발생하는 모든 이득을 벌어들일 권리를 포함하고 있다. 이러한 권리들 중 어떤 것도 외부자원에 대한 권리 없이는 충족될 수 없다(Kernohan 1988: 66~67). 그러나 자기소유권과 재산소유권 사이의 이러한 논리적 연관성은 정당한 재산체제의 다양한 가능성의 여지를 남겨놓고 있다. 실제로 그것이 배제하는 유일한 체제는 바로 노직이 옹호하길 원하는 체제—예컨대 일부 사람들이 자원에 대해 접근할 수 없는 체제—이다. 커노한에 따르면, 이 같은 재산소유권 결여는 이들의 자기소유권에 대한 부인이라고 한다.

공평하게 접근하는 것을 보장하기 위해서 시장의 소득을 재분배할 것이다. 자기소유권은 이러한 모든 대안들과 양립할 수 있다.

자기 소유자들이 자유적 평등주의 체제보다 자유지상주의 체제를 선호하리라는 이유가 있는가? 자기소유권이라는 개념의 외양에서 파생되어 나오면서도, 그것을 뛰어넘을 가능성이 있는 세 가지 주장을 생각해 볼 수 있다. 왜냐하면 그 개념만으로는 정의로운 분배인지를 검증하는 수단으로서 충분치 않기 때문이다. 첫번째 주장은 동의(consent)와 연관되어 있고, 두 번째는 자기결정(self-determination)이라는 개념과 관련 있으며, 세 번째는 존엄성(dignity)과 관련 있다.

노직은 경제체제에 대한 선택은 가능하다면 자기소유자들의 동의에 의해서 결정되어야 한다고 말할지도 모르겠다. 또한 만약에 선택이 그들에게 달려있다면, 모든 자기소유자는 자유지상주의 체제를 선택할 것이라고 주장할지도 모르겠다. 하지만 이러한 주장은 미심쩍다. 앞서 살펴본 것처럼, 노직의 고유한 취득 구조는 에이미의 전유에 대해 벤이 동의하지 않아도 된다는 전제에 의존해 있다. 상이한 사람들이 상이한 경제체제에서 각기 최선의 능력을 다할 수 있으며, 그래서 상이한 체제들에 동의하게 될 터이다. 롤즈가 그랬던 것처럼 무지의 장막 뒤에서 추구하는 합의를 통해서 의견일치를 도출해 내려고 노력하는 사람이 있을 수도 있겠다. 하지만 앞서 살펴봤듯이 그것은 자유지상주의적 결론이 아닌 자유주의적 결론으로 나아간다.

두 번째로, 노직은 형식적으로는 자기소유권과 양립할 수 있지만 실제로는 자기소유권의 가치를 위태롭게 만드는 자유주의적 결론으로 나아가는 가정들을 주장할지도 모른다. 예컨대 세계는 공동으로 소유되거나 집단적으로 전유되어야 한다는 식의 가정은 자기소유권의 가치를 무효로 만들 것이다. 타인의 동의 없이는 내가 아무 것도 할 수 없다면 어떻게 내가 나 자신을 소유한다고 할 수 있겠는가? 공동으로 소유된 세계에서는, 에이미와 벤은 세계를 공동으로 소유할 뿐만이 아니라 사실상 서로를 소유하지 않는가? (집안의 재산인 노예와는 달리) 에이미와 벤은 자신들에 대한 법률적 권리들을 보유하고 있겠지만, 자원에 대한 독립적인 접근은 보유하지 못한다. 따라서 자기소유에 대한 그들의 법률적 권리들은 그들이 자신의 목표를 추구하기 위해서 자원을 이용하기를 원할 때마다 서로의 허락을 필요로 하기 때문에 순전히 형식적이다. 우리는 형식적 자기소유권뿐만 아니라 우리 삶을 효과적으로 통제할 수 있도록 해주는 좀 더 실질적인 자기소유권을 포함하는 체제를 선택해야 한다.

나는 프리드(Charles Fried)의 견해에 따라, 좀 더 실질적인 자기소유권 개념을 묘사하기 위해 '자기결정'(self-determination)이라는 용어를 사용하려고 한다. 프리드는 그것은 '타인들의 요구로부터 자유로운…… 일정 영역'을 필요로 한다고 말한다(Fried 1983: 55). 엘스터(John Elster)도 유사하게, 실질적 자기소유권은 '어떤 능력을 개발할지를 결정할 권리'를 포함한다고 말한다(Elster 1986: 101). 실질적인 자기소유권에 대한 이 같은 해석들에서 공통적인 부분은, 우리 삶의 중심 영역과 우리의 가장 중요한 계획들에 있어서 우리는 우리 자신의 선관(conception of good)에 따라 자유로이 행위할 수 있어야 한다는 생각이다. 프리드와 엘스터의 주장에 의하면, 자기결정에 대한 존중은 각자가 자신이 살아야 할 인생을 가진 독특한 개인들로서 사람들을 수단이 아닌 목적으로서 대우하는데 있어 중요한 부분이라는 것이다.

나는 노직이 형식적 자기소유권 개념과 실질적인 자기소유권 개념 모두에 호소하고 있다고 생각한다. 개인의 신체적 존재에 대한 법률적 권리를 다루면서 노직은 드러내놓고 형식적인 자기소유권 개념을 옹호한다. 그러나 형식적인 자기소유권에 대한 노직의 옹호 가운데 적어도 일부는 실질적인 자기소유권을 장려한다—그것은 우리 자신에 대한 우리의 관점(our conception of ourselves)에 따라 효과적으로 행위할 수 있는 우리들의 능력을 증대시킨다. 실제로 노직은 자신의 권리 이론의 근본적 바탕이 되는 기반이 다름 아닌 실질적 자기소유권—'어떤 사람의 삶 전체의 밑그림을 그리고…… 그 사람이 살아가기를 희망하는 전반적인 인생관의 견지에서 행위를 할 수 있는 능력'—이라고 말한다. 인생에 의미를 부여하는 것은 바로 선관을 형성하고 추구할 수 있는 이러한 능력이며, 우리들이 스스로를 목적으로 대해야 하는 이유는 바로 다름이 아니라 그래야만 우리가 의미 있는 인생을 살아갈 수 있기 때문이다(Nozick 1974: 51).

그래서 노직이 (형식적인 자기소유권에 의해 부과된 제약 안에서) 실질적인 자기소유권을 최대로 증진시키는 체제의 선택을 찬성하리라는 생각은 설득력 있게 들린다. 상이한 경제체제들이 형식적인 자기소유권과 양립할 수 있겠지만, 노직은 자유주의 체제는 자기소유권을 순수하게 형식적으로 만드는 반면, 자유지상주의 체제는 좀 더 실질적인 자기소유권을 보장한다고 주장할 수도 있다. 그 이유는 자유지상주의적인 재산권은 타인의 허락 없이도 사람들이 자유롭게 행위할 수 있도록 해 주기 때문이다.

물론 자유지상주의 체제에서는 모든 사람이 다 자신들의 형식적인 자기소유권을 실질적인 자기결정으로 확장시킬 수 있는 것은 아니라는 데 곤란성이 있다. 자유지상주의자들은 사람들 각자가 자신의 인생을 실질적으로 통제할 수 있도록 하는 것을 보장해 줄 수는 없다. 그리고 사실상 노직은 실제로 형식적 자기소유권(formal self-ownership)이 사람들이 정당하게 요구할 수 있는 전부라고 명시적으로 말한다. 그는 재산이 없어 자본가에게 불리한 처지에서 자신의 노동을 팔 수밖에 없는 노동자가 '완전한' 자기소유권을 가지고 있다고 말한다(Nozick 1974: 262~264). 심지어 노직은 그 사람이 생존을 위해 자본가가 그에게 어떤 조건을 제시해도 동의할 수밖에 없다 하더라도, 그 사람은 완전한 자기소유권을 가지고 있다고 인정한다. 결과적으로 그러한 '동의'(agreement)는 빅토리아 시대의 잉글랜드에서처럼, 본질적으로 노동자의 노예화와 다름없게 된다. 노동자가 형식적 자기소유의 권리를 가지고 있다는 것은, 그 사람이 (집안의 재산인 노예와는 달리) 타인의 적법한 소유물이 될 수 없음을 의미하긴 하지만, 경제적인 필요는 그 사람이 불리한 조건에 동의하도록 강제할 수도 있다.

재산의 결핍은 법률적 권리의 결핍과 마찬가지로 강압적일 수 있다. 밀은 다음과 같이 진술한다.

> 더 이상 법률의 힘에 의해 노예화되거나 종속되는 사람은 존재하지 않지만, 절대 다수의 사람들은 빈곤의 힘에 의해 그렇게 된다. 여전히 그들은 어떤 장소에, 어떤 직업에, 그리고 고용주의 의지에 순응하도록 구속되어 있다. 그리고 여전히 그들은 출생이라는 우연으로 인해서 즐거움과 정신적 및 도덕적인 유리함으로부터 배제당하고 있다. 그런데 다른 사람들은 이러한 것들을 노력하지 않고도, 또한 그것에 기여하지 않고도 상속받는다. 이것은 이러한 빈곤한 사람들의 거의 모두에게 동등하게 해당되는 악이 되며 인류는 여태까지 이것을 극복하기 위해 투쟁해 왔다고 가난한 사람들이 생각하는 것은 그릇된 일이 아니다(Mill 1967: 710).

재산이 없는 노동자의 '완전한' 자기소유권은 집단적 소유권의 세계에 사는 에이미와 벤의 자기소유권과 비교해 볼 때 더 이상 실질적이지 않다. 벤의 허락이 없으면 에이미는 생산자원에 접근할 수 없지만, 자본가의 동의에 의존하는 노동자의 경우도 이러한 상황은 마찬가지이다. 자신들의 자원을 사용하기 위해서 벤과 에이미는 협정을 성사시켜야 하므로, 집단적 소유권이라는 상황 속에 있는 사람들은 사실상 자신들의 인생에 대하여 좀 더 실질적인 통제를 행할 수 있다. 반면에 자본가는, 노동자가 재능이 없거나 다수의 산업 예비군이 있는 경우, 자신의 생존을 위해서 어떤 특정 노동자와 합의를 해야 할 필요가 없다.

자유지상주의는 재산이 없는 노동자들의 자기결정을 제한할 뿐만 아니라, 그들을 타인을 위한 자원으로 만들어 버린다. 사용가능한 모든 재산을 타인들이 전유해 버린 뒤에 시장에 진입한 사람들은, '다른 사람들이 제멋대로 그들에게 부여한 직업이나 지위들에 구속되며,' 따라서 '만약 그들이 소유물의 체계(the scheme of holdings) 속에서 협력하도록 강제를 받는다면, 그들은 타인을 이롭게 하게끔 강제되는 셈이다. 이는 후발주자(latecomer)를 그저 타인들을 위한 자원으로 전락시킨다는 점에서, 착취의 형태를 띠는 재산체제를 수락하도록 강제하며, (노직의) 기초 개념의 가장 기본적 원칙과 합치되지 않는다'(Bogart 1985: 833~834).

그렇다면 어떤 체제가 실질적 자기소유권을 최상으로 증진시키는가? 자기결정은 어떤 사람의 신체적 존재에 대한 권리뿐 아니라 자원 역시 필요로 한다. 만약에 우리가 경제적 필요에 의해서 우리가 필요로 하는 자원에 대한 접근을 대가로 타인이 어떤 조건을 부과하더라도 받아들이게끔 강제되지 않을 때에만, 우리는 타인들의 요구에 구애받지 않고 우리의 가장 중요한 기획들을 수행할 수 있다. 의미 있는 자기결정은 자원과 자유 모두를 필요로 하고 우리들 각자는 개별적 존재이므로, 각각의 개인은 이들 자원과 자유에 대하여 평등한 몫을 요구할 수 있어야 한다.

만약에 그렇다면, 자기결정에 대한 관심은 우리들을 자유지상주의 체제가 아닌 자유주의 체제로 이끈다. 자유지상주의자들은 자유주의적인 복지 프로그램은 재산권을 제한함으로써 사람들의 자기결정을 부당하게 제한한다고 주장한다. 따라서 복지재분배 프로그램(welfare redistribution programmes)의 제거(노직)라든지, 절대적 최저생계선(absolute minimum) 보장에만 국한하는 것(프리드)은 자기결정이라는 견지에서 볼 때 개선으로 보일 것이다. 하지만 재분배 프로그램들은 제한된 수준에서만 부유한 사람들의 자기결정을 제약하지만, 예전에는 자신의 인생을 결정하지 못했던 사람들에게 자신들의 인생에 대한 실질적 통제를 할 수 있도록 해준다. 자유주의적 재분배는 다른 목적을 위하여 자기결정을 희생시키지 않는다. 자유주의적 재분배의 목적은 자기결정을 위하여 요구되는 수단들을 좀 더 공정하게 분배하는데 초점이 맞춰져 있다. 반면 자유지상주의는 분배에 있어서의 부당한 불평등을 용인한다−자기결정에 관한 자유지상주의의 관심은 자기결정을 위해 필요한 조건들의 공정한 분배로까지 확장되지 않는다.

우연한 재능으로 인한 불평등한 이득에 대해서 세금을 부과하는 자유주의 체제는 일부 사람들의 자기결정을 제한한다. 이는 심각한 혹은 수용하기 힘든 제한인가? 누군가가 자기 직업을 선택함에 있어서 자유로워야 한다는 것은 자기결정에 있어 핵심적인 내용이지만, 우연한 선천적 재능으로 인해 발생한 이득에 대하여 부과된 세금을 따른다고 그 사람의 자기결정이 심각하게 훼손되지 않는다. 어떤 사람의 소득에 롤즈식의 원칙들에 따라 세금이 부과된다 해도, 그 사람은 자기 인생의 본질적 특성을 관장하는데 필요한 공정한 몫의 자원과 자유를 여전히 보유하고 있다. 선천적 재능을 활용해서 생긴 소득에 대한 세금 부과가, 그 누구의 실질적 자기소유권−예를 들면 자신들의 인생관에 따라 행위 할 수 있는 능력−에 있어서, 불공평한 불이익을 부여하지는 않는다.[14)]

끝으로 노직은, 복지의 재분배가 사람들의 존엄성을 부인하여 그리고 그러한 존엄성이 사람들을 동등하게 대하는 데 있어서 핵심적이라고 주장할 수도 있다(예컨대 Nozick 1974: 334). 실제로 노직은 다른 사람들이 내 재능의 결실을 요구할 수 있다는 생각이 내 존엄성을 침해하는 것처럼 묘사하곤 한다. 하지만 무슨 이유에서 과세가 내 존엄성에 대한 공격이 되는가? 노직은 존엄성을 자기결정과 한데 묶곤 한다. 만약 그렇다고 한다면, 어떤 사람은 자유주의 체제가 모든 사람이 자기결정을 할 능력을 갖도록

14) 앤드류 커노한(Andrew Kernohan)이 언급했듯이, 어떤 사람의 시장에서의 소득 전부를 가질 권리는 자기소유권의 유일하거나 주요한 구성 요소가 아니며, 오히려 그것에 대한 제한이 실질적 소유권의 보다 중요한 다른 요소들을 강화시킬 수도 있다(Kernohan 1990).

보장하기 때문에, 각 개인의 존엄성을 최대로 증진시키는 것은 자유지상주의체제가 아니라 자유주의 체제라고 주장할 수도 있다. 어떠한 경우에도, 존엄성은 다른 도덕적 믿음들에 기반하고 있거나 그 믿음들의 산물이다. 그것이 잘못됐다고 이미 확신하게 되었을 때, 우리의 존엄성을 공격하는 무언가를 느낄 수 있을 따름이다. 재분배는 우리가 그것이 도덕적으로 잘못됐다고 믿는 경우에만 존엄성에 대한 공격이라고 간주될 것이다. 대신 우리가 재분배는 사람들을 평등하게 대하는데 있어 필요한 부분이라고 믿으면, 그것은 평등한 존엄성에 대한 사람들의 의식을 공격하기보다는 증진시키는 데 기여할 것이다.

그래서 자기소유권, 동의, 자기결정 혹은 존엄성이라는 견지에서 자유지상주의를 옹호하려는 어떠한 시도도 심각한 어려움에 직면할 수밖에 없다. 이들 모두는 어느 쪽을 지지하는지 분명치 않거나 아니면 자유적 평등주의를 지지한다. 자기소유권은 재분배적 과세를 배제하지 않는다. 그 이유는 많은 경제체제들이 형식적으로는 자기소유권과 양립할 수 있기 때문이다. 그리고 만약 우리가 형식적 자기소유권을 넘어서는 실질적 자기소유권을 최대로 보장하는 그러한 체제들을 기대한다면, 노직은 자유주의적 평등에 비해서 자유지상주의적인 불평등을 선호해야 할 그 어떤 이유도 우리에게 제공한 적이 없다는 사실을 알 수 있다.

하지만 도대체 왜 우리가 형식적 자기소유권을 걱정해야 하는가? 앞선 논의에서, 나는 형식적인 자기소유권과 친화적인 여러 체제들 사이에서 결정을 내리기 위한 기준으로서 실질적인 자기소유권이라는 개념을 사용했다. 그러나 우리가 두 개념을 대조시켜 보면, 실질적 자기결정권이 좀 더 근본적이라는 점은 틀림없다. 우리가 형식적인 자기소유권을 증대시키기 때문에 자기결정을 지지하는 것은 아니다. 우리는 오히려 자기결정권을 증진시키는 한도 내에서 형식적인 자기소유권을 승인할 것이다. 내가 앞서 언급한 것처럼, 사실 노직은 실질적인 자기소유권이 훨씬 근본적인 개념인 것처럼 다루곤 한다. 그렇다면 사람들을 평등하게 대하는 개념으로서 우리가 선호하는 자기결정에서부터 출발하지 않는 이유는 무엇인가? 형식적인 자기소유권과 양립할 수 있는 체제들 중 어떤 체제가 자기결정을 최대로 증진시키는지에 대해서 묻기보다, 어떤 체제가 (형식적 자기소유권과 상관없이) 자기결정을 최상으로 증진시킬 수 있는지에 대해서 묻는 것이 좀 더 낫지 않은가? 자기결정이라는 견지에서 평가할 때, 형식적 자기소유권을 넘어설 뿐만 아니라 그것을 제한할 수 있을 체제가 최상의 체제라고 할 수 있다. 그런 경우 형식적 자기소유권은 우리에게 정말로 중요한 실질적 자기결정권에게 길을 비켜 주어야 한다(Cohen 1986b: 86; Kernohan 1990).

형식적 자기소유권에 대한 노직의 강조에는 설명이 필요하다는 것은 너무도 명백하다고 생각된다. 노직은, 고전적 자유주의자들과 마찬가지로, 모든 사람은 자연적으로 혹은 권리에 의해서 다른 사람들에 종속된다는 것을 부인하는 평등이라는 개념을 명료하게 하기를 바란다. 그 누구도 노예가 노예소유자의 수단이 되는 식으로, 타인을 위한 자원이 될 수는 없다. 만약 노예제가 평등을 부인하는 본보기 사례라고 한다면, 평등을 긍정하는 가장 좋은 방법은 각각의 사람에게, 노예소유주가 노예에 대해 가지고 있는 소유권과 마찬가지로, 자신에 대한 법률적 권리를 부여해 주는 것이라고 생각된다. 어떤 사람이 타인의 노예가 되는 것을 방지하는 최선의 방법은 사람들 각각에게 자신에 대한 소유권을 부여하는 것이다. 내가 자기소유권을 가지고 있다는 사실은, 하지만 불행하게도, 내가 실제로 타인의 노예가 되는 것을 피할 수 있는 능력을 가지고 있음을 뜻하지는 않는다. 자본가가 나에 대해 가지고 있는 법률적 권리가 노예소유주가 노예에 대해 가지고 있던 권리와 동일하지는 않다 해도, 나는 내 인생의 성격과 조건을 결정할 수 있는 그 어떤 실제적인 능력도 소유하지 않을 수도 있다. 노예제에서 발생하는 평등에 대한 거부를 방지하는 가장 좋은 방법은 관련된 법적 권리를 역전시키는 것이기보다는, 평등한 자유와 자원이라는 형태로 소유물에 대한 각 개인의 실질적 통제를 균등화하는 것이다.

실제로, 오킨(Susan Okin)은 노직의 자기소유권 이론은 사실상 '모계중심 노예제'(matriarchal slavery)의 형태로 귀결된다고 주장한다. 노직은 자기노동의 산물에 대한 타인들의 요구에 관해서 이야기하지만, 사람들 스스로가 다른 사람의 노동—즉 자신들의 어머니의 노동의 산물이라는 사실은 외면한다. 그렇다면 어머니가 자신의 자녀를 소유해야 하지 않겠는가? 오킨이 언급하듯이, 정자를 구매하거나 기증받고, 태아의 생명을 유지시키는 데 필요한 모든 음식을 구매하거나 기증받은 여성은, 그 결과로서의 생산물에 대해 정당한 소유권을 갖는지를 검증하는 노직의 기준을 충족시킨다. 우리가 만약 우리에게 자유롭게 이전된 재화만을 사용해서 우리 재능으로 생산한 모든 것을 소유한다면, 어머니들은 자신의 아이를 소유한다고 간주될 것이다(혹은 아이 아버지가 정자를 팔거나 기증하는 것 같은 공동소유의 조건을 만들었다면, 아버지와 공동으로 아이를 소유한다). 오킨은 노직의 이론 전체가 여성에 대한 암묵적 배제에 의존하고 있으며, 아이를 낳고 기르는 일은 노직이 간과하고 있는 일련의 다른 원칙들에 따라 작동한다는 가설에 기반하고 있다고 결론 내린다(Okin 1989b: ch.4). 이러한 문제를 피해가려면, 자기소유권 원칙은 진지한 재구성을 필요로 할 것이다(이러한 시도로는 Jeske 1996을 보시오).

노직이 형식적 자기소유권을 강조하는 이유는 그 개념의 획일적 특성 때문이라고 할 수도 있다. 자기소유권 개념은 다음과 같은 오해를 불러 일으킬 수 있다. 마치 소유권을 구성하는 다양한 권리 및 권한들이 일괄적으로 수용되거나 거부되어야만 하는 것처럼, 우리가 소유권을 가졌거나 아니면 결여하고 있다고 한다는 것이다. 만약에 진실로 그것이 우리의 선택이었다면, 자기소유권에 대한 강조는 이치에 맞을 것이다. 하지만 실제로는, 우리의 선택과 상황에 대한 다양한 형태의 통제를 포함하고 있는 선택의 범주가 존재한다. 자기소유권이라는 개념은, 노직의 논의가 보여주는 것처럼, 사람들이 적절한 모든 대안들을 고려하는 것을 금지하는 경향이 있다. 획일적 자기소유권이 사람들 각자를 그 자체로서 목적으로 대하는데 있어서 핵심적이라는 주장은, 그것이 소유권에 대한 무차별적 거부(the undifferentiated denial of self-ownership)라는 단 하나의 대안과 비교되었을 때에만, 설득력이 있다.

우리는 누군가가 자신을 통제하는데 연관되어 있는 상이한 요소들을 구별하고, 그것이 외부적 자원의 통제와 연관된 다양한 요소들과 어떻게 관련되어 있는지를 살펴볼 필요가 있다. 우리는 이러한 권리들과 힘들이 어떤 방식으로 사람들 각각의 본질적인 이익을 증진시키는지를 알기 위해서, 이들 각각을 그것의 맥락에 비추어 고려해야 한다. 권리와 자원을 어떻게 조합하는 것이 각각의 사람들이 자신들의 목표와 계획에 따라 행동하는 능력을 부여해 줄까? 최상의 조합은 형식적인 자기소유권을 넘어서는데 관련되는 것이지만(예컨대 자원에 대한 접근처럼), 그것이 실질적인 자기결정을 위해서 형식적인 자기소유권 일부를 포기하는 것이 보다 바람직할 수 있기 때문에,

또한 축소된 형식적 자기소유권이 될 수도 있다.

이 절의 내용을 요약해 보면, 나는 롤즈의 재분배가 형식적인 자기소유권과 양립할 수 있으며, 실질적인 자기소유권을 공정하게 증진시키는 데 있어서 롤즈의 재분배가 자유지상주의보다 더 좋은 방식이라고 주장했다. 또한 나는 실질적인 자기결정이 훨씬 근본적인 가치이므로, 형식적인 자기소유권은 논점을 흐리게 만들 뿐이라고 주장했다. 하지만 노직의 자기소유권에 관한 논변에는 좀 더 심각한 문제가 있다. 노직은 사람들이 자신이 우연하게 부여받은 재능을 행사함으로써 얻는 이득에 대해서는 정당한 권리를 갖지 않는다는 롤즈의 주장에 적절히 대응하지 않았다. 나는, 재분배가 외부적 자원에 대한 공정한 접근에 관한 이론의 필요성으로부터 발생할 수 있다는 점에서, 자기소유권을 거부하지 않고서도 우리가 롤즈의 재분배 기제를 채택할 수 있음을 보여주려고 했다. 그러나 나는 여전히 자기소유권에 대한 롤즈의 부인은 완전히 타당하다고 생각한다. 나는, 우리들이 사람들의 재능을 그들 환경의 일부로 다룰 수 있기 때문에, 그 자체로도 보상의 가능성을 열어줄 기반이 될 수 있다고 생각한다. 사람들이 자신의 재능을 소유하고 활용할 권리를 가지고 있기는 하지만, 불리한 처지의 사람들 역시 어느 정도는 자신들의 불리한 처지에 대해서 보상받을 권리를 가지고 있다. 사람들이 환경상의 부당한 불평등으로 인해서 고통 받는 것은 옳지 않으며, 외부적 자원에 대한 접근과 관련한 문제와는 별도로, 불리한 처지의 사람들은 좀 더 많은 행운(fortune)을 부여받은 사람들에 대해서 직접적인 요구를 할 수 있다. 앞서 윌트 챔벌레인의 사례에서 논의한 것과 같이, 노직은 우리가 롤즈의 직관을 거부해야 하는 그 어떤 이유도 제공하지 못한다.

3. 상호이득으로서의 자유지상주의

다수의 자유지상주의자들은 노직의 주장이 실패했음을 알고 있다. 그들은 노직의 결론이 문제가 아니라, 노직이 사람을 목적 그 자체로 대하는 칸트의 평등주의적 이상에 호소함으로써 자신의 주장을 옹호하려 한다는 점이 문제라고 지적한다. 만약 사람들 각자의 평등이 중요하다는 개념에서 시작하면, 정의는 노직의 자기소유권 이상의 무언가를 필요로 할 것이다. 하지만 많은 자유지상주의자들의 주장에 따르면, 이것은 단지 자유지상주의가 사람들을 평등한 존재로 대하는 이론으로서는 적절하지 않다는 것을 보여줄 뿐이라고 한다. 그렇다면 자유지상주의는 어떤 이론인가? 두 가지 가능성이 있을 수 있다. 나는 이 절에서 자유지상주의를 일종의 상호이득의 이론(a theory of mutual advantage)으로서 간주하려고 하며, 다음 절에서는 그것을 일종의 자유의 이론(a theory of freedom)으로 간주하려고 한다.

자유지상주의를 상호이득의 이론으로 보는 시각은 계약론의 맥락에서 제기되곤 한다. 자유적 평등주의 이론들 역시 계약론의 맥락에서 제시되곤 하므로, 혼란스러울 지도 모르겠다. 또한 공통적으로 계약이라는 기제를 사용한다는 사실은 자유지상주의와 자유적 평등주의의 근본적 차이를 모호하게 만들 수 있다. 따라서 자유지상주의를 상호이득으로 옹호한다고 평가하기에 앞서, 나는 롤즈의 계약론과 상호이득의 계약론의 차이점을 몇 가지 제시하려고 한다.

롤즈가 보기에, 계약이라는 기제는 우리가 지니는 '정의에 대한 자연적 의무'(natural duty of justice)에 결합되어 있다. 우리는 타인을 공정하게 대할 자연적 의무를 지고 있는데, 이는 그들이 정당한 요구들의 '자기발원적 근거'(self-originating sources of valid claims)이기 때문이다. 도덕적 관점에서 생각해 볼 때, 사람들이 우리에게 해를 끼치거나 이득을 주기 때문이 아니라, 그들이 '목적 그 자체'이기 때문에 중요하며(Rawls 1971: 179~180), 따라서 평등하게 고려되어야 할 자격을 부여받았기 때문이다. 이것은 '자연적' 의무인데, 왜냐하면 그것은 동의나 상호이득으로부터 도출되지 않고, 단순히 인간존재 자체로부터 그러한 의무가 도출되기 때문이다(Rawls 1971: 115~116). 계약이라는 기제는 우리들이 이 같은 자연적 의무의 내용의 결정에 도움을 준다. 왜냐하면 이 기제는 각 당사자로 하여금 '자유롭고 평등한 존재'인 다른 사람들의 필요를 고려하도록 요구하기 때문이다. 계약이 계약의 각 당사자들을 평등하게 고려하는 것을 보장하기 위해, 롤즈의 원초적 입장은 협상력의 불평등을 발생시킬 수도 있는 재능과 힘에서의 차이를 제거한다. 이 같은 임의적 차이를 제거함으로써, 계약이라는 기제는 '신체적 불평등을 도덕적 평등으로 대체시키고'(Diggs 1981: 277), 그리하여

'도덕적 인격체로서의 인간 존재 사이의 평등을 표상한다'(Rawls 1971: 19). 이제 롤즈가 보기에 계약은 정의에 대한 우리의 자연적 의무의 내용을 결정함에 있어 유용한 장치이다. 왜냐하면 그것은 우리의 도덕적 평등을 적절히 표상하기 때문이다(앞의 제3장 제3절).

상호이득의 이론가들 역시 계약이라는 기제를 사용하지만, 정반대의 이유 때문이다. 그들이 보기에는 자연적 의무나 자기발원적인 도덕적 요구란 존재하지 않는다. 우리의 선천적인 신체적 불평등 아래에서 도덕적 평등이란 존재하지 않는다. 그들은 근대의 세계관은 사람들과 행위가 영속적인 도덕적 지위를 갖는다는 전통적인 생각의 가능성을 배제시킨다고 말한다. 사람들이 객관적인 도덕적 가치로 받아들이는 것은 그저 개인들의 주관적인 선호일 따름이다(Buchanan 1975: 1; Gauthier 1986: 55~58; Narveson 1988: 110~121). 따라서 어떤 사람의 행동에 관해 본래부터 '옳음'이나 '그름'은 존재하지 않으며, 타인에게 해를 끼치는 것이 그러한 행동에 포함되어 있다고 할지라도 이는 마찬가지이다. 그러나 타인에게 해를 끼치는 것이 본래부터 그르지는 않지만, 만약에 다른 모든 사람이 내게 해를 입히는 것을 자제한다면, 나 역시 해를 끼치는 것을 자제함으로써 좀 더 나은 처지가 된다. 상해를 입히는 것을 금지하는 협약의 체결은 서로에게 이득이 된다—우리는 우리 자신과 우리 재산을 지키는데 자원을 낭비하지 않아도 되며, 그것은 우리가 안정적인 협력관계에 진입할 수 있게 해준다. 합의의 위반이 때로는 단기적인 자기이익이 될지도 모르지만, 단기적인 자기이익에 따르는 행위는 상호 협력과 상호 구속을 불안정하게 만들어, 우리의 장기적인 자기이익을 해치게한다(그것은 궁극적으로 홉스의 '만인에 대한 만인의 투쟁'(war of all against all)을 초래한다). 상해를 입히는 것이 본래적으로 그르지는 않지만, 각자의 사람들은 상해를 '그른 것' 혹은 '정의롭지 않은 것'이라고 규정하는 협약을 받아들임으로써 장기적으로 이득을 얻는다.

이제 그러한 협약의 내용이 협상의 주제가 된다—사람들 각자는 자신들의 이익을 가능한 적게 구속하면서도 자신들의 이익은 가능한 최대로 보호하는 협약을 원할 것이다. 협약(conventions)이 실제로 계약(contracts)은 아니지만, 우리는 서로에게 이득이 되는 협약에 대한 이러한 협상을 어떤 공동체가 그 공동체의 '사회계약'을 확립하는 과정으로 여길 수 있다. 롤즈의 계약과는 달리 이러한 계약이 도덕적 및 정치적 의무에 대한 우리의 전통적인 관념들을 정교화 시키지는 않지만, 롤즈나 다른 사람들이 '자연적 의무'-예를 들면, 도둑질하면 안된다는 의무 또는 협력으로 인한 이득은 기여자들에게 공정하게 분배되어야 한다는 의무-로 받아들이는 얼마간의 구속들을 포함할 것이다. 서로에게 이득이 되는 협약들은 전통적 규범의 자리 일부를 차지하고 있으며, 그러한 이유로 인해서 비록 이러한 협약이 '도덕적이라고는 할 수 없는 합리적 선택이라는 전제들에서 비롯된 합리적 구속으로서 생성되었음'에도 불구하고, '도덕적'인 규약을 제공한다고 간주될 수 있다(Gauthier 1986: 4).

이러한 종류의 이론을 지지하는 사람으로 가장 유명한 고티에(David Gauthier)는 이런 종류의 이론을 '도덕적 고안'(moral artifice)이라며 적절히 묘사했는데, 이는 그것은 사람들이 본래적으로 행할 자격을 부여받은 것들에 가해지는 제약을 규정하는 인위적인 방법이기 때문이다. 그것은 다른 의미에서도 마찬가지로 '고안'을 포함한다. 그것은 사회가 실제로 필요하다면 강압적으로 이러한 자기이익적인 합의들을 개인들에게 실제로 강제하기 위한 복잡한 메커니즘을 확립할 것을 요구한다. 그러한 고압적인 강제의 필요성이 즉각적으로 분명히 드러나지는 않는다. 합의가 모든 사람들에게 이득이 된다면, 모든 사람이 그것을 자발적으로 따르리라고 믿지 않을 이유가 있는가? 우리가 그 합의를 강제하는 인위적인 사회적 메커니즘을 필요로 하는 이유는 무엇인가?

문제는 계약 또는 협약에 동의하는 것이 모두에게 이득이 되더라도, 실제로 그것을 따르는 것은 모두에게 이득이 되지 않을 수도 있다는 데 있다. 앞서 언급한 바 있는 바다에서의 어류 남획 사례를 떠올려 보자. 환경적으로 지속 가능한 수준에서 고기잡이를 제한하는 일련의 규칙들에 합의하는 것은 분명히 모두에게 이득이 된다. 포획하려는 어종이 멸종되면, 사람들의 각자의 생계는 곤란에 처하게 된다. 하지만 모든 사람이 나와 마찬가지로 남획을 멈추리라는 확신이 서지 않는 한, 정말로 남획을 멈추는 것은 나에게 이익이 되지 않는다. 다른 사람들이 남획을 계속하면, 나의 절제는 별다른 차이 어쩌면 아무 차이도 만들어내지 못할 것이다-나 혼자의 힘으로는 멸종을 막을 수 없다. 나는 타인들이 바다를 수탈해서 이득을 보는 것을 수수방관할 따름이다. 게임 이론의 용어로 표현하면, 타인들이 '배반'(defect)할 것이라고 내가 의심한다면

'협력'(cooperate)'을 해야 할 그 어떤 이유도 없다.

내가 타인들이 협력할 것이라고 신뢰한다 해도, 우리는 또 다른 문제에 직면하게 된다. 내게 있어서는 배반이 합리적일 수도 있는데, 나는 다른 사람들은 협력할 것이라고 믿을 수 있기 때문이다. 다른 모든 사람이 환경적으로 책임 있는 어획 규칙에 구속될 것이라고 가정할 수 있다면, 내가 내 할당량을 초과하는 양의 물고기를 좀 더 잡으면 안 될 이유가 있는가? 다른 사람들이 그 규칙에 구속되어 있는 한, 내가 조금 더 물고기를 잡아도 어종에 해를 미치지는 않을 것이다. 만약에 다른 사람들이 남획을 하지 않는다면, 나의 배반은 별다른 차이를 만들어내지 않을 것이다–나 혼자의 힘으로는 어종을 멸종시킬 수 없다. 도덕적 관점에서 보면 '불공정'하다고 생각할 수도 있지만, 상호이득의 접근방식에서는 이러한 비난은 논점을 잃은 것이다. 왜냐하면 자기이익과 무관한 '도덕적 관점'과 같은 것들은 존재하지 않기 때문이다. 하지만 만약에 모든 사람들이 자신의 개인적인 배반이 아무런 차이를 만들에 내지 않는다고 판단하면, 모든 사람들은 배반하고, 체제는 붕괴된다.

요컨대, 환경적으로 책임 있는 일련의 규칙들에 내가 동의하는 것은 내 이익에 부합하지만, 그 규칙들에 구속되는 것은 실제로 자기이익과 부합되지 않는 상황이 존재할 수도 있다. 각각의 사람들이 자기이익을 합리적으로 추구하다 보면, 집단적으로는 비합리적인 결과로 나아가는 선택을 하게 된다. 이것이 '집단 행위'의 문제(a 'collective action' problem)라고 불리는 것의 사례라 하겠다. 또 다른 고전적 사례로는 소위 '죄수의 딜레마'('Prisoner's Dilemma')라 불리는 경우다. 당신과 당신 동료가 범죄를 저지르고 강도 혐의로 (따로 구획된 방에) 구금되어 있다고 가정하자. 그리고 검사는 당신들 각각에게 다음과 같은 제안을 한다.[15)]

'나에겐 당신과 당신 동료가 강도짓을 했다는 사실을 입증할 충분한 증거는 없지만, 당신 둘 다 1년형에 해당하는 기물파손과 침입은 입증할 수 있다. 하지만 만약 당신이 강도짓에 대해 자백하고 동료의 범죄에 대한 증거를 제시하는데, 당신 동료는 자백을 하지 않는다면, 당신은 처벌

---

15) 여기서 언급한 죄수의 딜레마의 버전은 Drawall 1998: 58; cf. Gauthier 1986: 79~80에서 가져왔다.

받지 않고 풀려날 것이다. 만약 당신과 동료 모두가 자백하면 당신 둘 다 5년형을 받게 될 것이다. 그리고 만약 당신이 자백하지 않았는데 당신 동료가 자백하면, 당신은 20년형을 받게 되고 당신 동료는 풀려날 것이다.'

두 명의 죄수 모두 오로지 자기이익에 의해서만 움직이며(예컨대 그들은 자신이 감옥에서 보내야 하는 시간을 최소화하기를 바란다), 다른 죄수가 무엇을 하고 있는지 모른다고 가정해 보자. 죄수들 각각이 직면하게 되는 선택은 다음과 같은 방식이 될 수 있다.

첫 번째 좋은 결과: 나는 자백하고, 동료는 자백하지 않는다.
(나는 석방되고, 동료는 20년형을 받는다)
두 번째 좋은 결과: 나는 자백하지 않고, 동료도 자백하지 않는다.
(우리는 함께 1년형을 받는다)
세 번째로 좋은 결과: 나는 자백하고, 동료도 자백한다.
(우리는 함께 5년형을 받는다)
네 번째로 좋은 결과: 나는 자백하지 않고, 동료는 자백한다.
(나는 20년형을 받고, 동료는 석방된다)

그 죄수들이 사전에—아마도 범죄를 저지르기도 전에—자백하지 않기로 합의하는 것이 가장 합리적일 것이다. 그들이 정말로 미리 그러한 합의를 했다고 가정해 보자. 그러나 실제로 자백할지를 결정해야 하는 시간이 되면, 죄수들 각각은 이제 딜레마에 직면하게 된다. 나의 동료가 어떤 결정을 내릴지는 나의 행동 결정에 의해 영향을 받지 않는다고 가정해 보자: 동료는 내가 어떻게 하든지 상관없이 자백하거나 자백하지 않을 것이다. 만약 그렇다면, 내 동료가 어떻게 하든지 내 입장에서는 자백하는 것이 합리적이기 때문에 나는 자백을 통해서 좀더 나은 처지가 된다. 만약 내 동료가 자백을 한다면, 나 역시 자백을 해서 네 번째 결과보다는 세 번째 결과를 취할 것이며, 동료가 자백하지 않는다면, 나는 자백을 해서 두 번째 결과보다는 첫번째 결과를 취할 것이다. 따라서 내 동료가 어떻게 하든 나는 자백을 해서 좀 더 나은 처지가 될 것이다. 내 동료 역시 정확히 나와 동일한 상황 속에 있다. 그는 내가 어떻게 하든 관계없이 자백을 하는 편이 더 낫다. 따라서 그도 자백을 한다. 그리하여 우리는 세 번째 결과, 즉 우리 모두가 5년형을 받는 결과를 맞게 된다. 우리가 만약 계속 침묵했더라면, 우리는 두 번째 결과—즉, 각각 1년형을 받는 결과—를 얻을 수도 있었다. 하지만 개인의 입장에서 생각할 때에는 자백이 합리적인 선택이다. 집단적으로 합리적인 결과를 달성하려면 이처럼 우리는 사람들이 합리적인 자기이익에 따르는 행위 하는 것을 어느 정도 막을 필요가 있다.

이러한 종류의 집단 행위의 문제들이 얼마나 만연되어 있으며, 사람들이 어떻게 그것을 극복할 수 있을지에 관하여 학자들은 의견의 불일치를 보인다. 예컨대, 자백이 미래에 내 동료와의 협력할 기회를 배제한다면 그것은 합리적이지 않을지도 모른다. 자백은 '일회성'(single—play) 죄수의 딜레마에서는 합리적일 수 있지만, 두 죄수가 나중에 다시 만나 '반복되는'(iterated), 즉 다회성(multi—play) 죄수의 딜레마에서는 합리적이지 않을 수도 있다.[16)]

그러나 핵심적인 부분이 남아 있다: 집단적으로 합리적인 결과를 보장하기 위해서는, 특정 협약에 동의하는 것만으로는 충분치 않다. 협약을 따르도록 강제하는 어떤 메커니즘이 또한 필요하다: 예컨대 사람들이 비록 개인적으로는 그렇게 하는 것이 합리적이라 하더라도 (남획이나 자백을 통한) 배반을 방지하는 메커니즘을 확립할 필요성이 존재한다.[17)] 일반적인 홉스식 대응은 우리의 배반을 처벌할 수 있는 힘을 국가에 부여하고, 그리하여 규칙에 협력하지 않을 때 지불해야 할 비용을 높여야 한다는 것이다. 우리는 벌금이나 수감에의 위험을 고려해야 할 것이며, 이는 배반보다는 협력에 무게를 실어줄 것이다(이와 유사하게, 폭력배나 조직화된 범죄 단체는 자신들의 조직원이

16) 죄수의 딜레마에 대한 포괄적 논의와, 협력이나 배반을 합리적인 것으로 만드는 다양한 상황들에 대해서는, Campbell and Sowden 1985를 보시오.

17) (무엇이 서로에게 이득이 되는 규율인지)와 관련된 '협상의 문제'(bargaining problem)와, (사람들이 서로에게 이득이 되는 규칙들을 배반하는 것을 어떻게 억제할 것인지)와 관련된 '순응의 문제'(compliance problem) 사이의 차이에 대해서는 고티에의 유용한 논의를 보시오(Gauthier 1991).

경찰에 자백하는 것을 막기 위해, 조직원이나 그들의 가족에 대해 보복 협박을 한다. 보복 당할지도 모른다는 공포는 범죄자들이 범죄 단체의 규칙을 '배반'할 용기를 잃게 만든다).

그러나 고티에는 이러한 억압적인 강제에 의존하는 것은 문제를 해결하는 적절한 대응이 아니라고 생각한다. 예컨대, 국가가 내 행동을 적절하게 감시할 수 있는 인력과 자원의 부족을 겪고 있다는 사실이나, 경찰이나 판사가 매수될 수 있다는 사실을 내가 알게 된다면, 나는 처벌을 두려워하지 않을 것이다. 그러나 이 같은 문제들을 피할 수 있는 광범위한 경찰제도나 사법제도를 확립하는 일은 너무 많은 비용이 소요되며, 아마도 운용하기 어려울지도 모른다.[18]

고티에는 대신에, 사람들이 만약 '제한된 극대화'(constrained maximization)라는 원칙을 채택하면, 국가로부터의 강압적인 처벌 위협 없이도 집단행동의 문제를 극복할 수 있음을 보여준다. 제한된 극대화란, 타인들도 나와 마찬가지로 협력하리라고 확신하는 한, 배반이 합리적인지의 여부를 계산하지 않고 서로에게 이득이 되는 협약을 따르는 성향이다. 고티에는 사람들이 궁극적으로 자기이익에 의해 움직인다고 가정하지만, 자신들의 이익추구가, 상호 이득이 되는 협약에 의해 규정하는 것처럼, '도덕성'의 원칙들(principles of morality)에 의해 제한되어야만 한다는 사실을 받아들일 경우에만, 자신들의 복리(well–being)를 사실상 극대화하게 될 수 있을 뿐이라고 주장한다. 타인도 협약을 따를 것이라고 신뢰할 수 있는 한, 사람들은 비록 배반이 합리적이라 하더라도 이러한 협약들을 '따라야만 한다'는 점에 동의해야 한다. 실제로 사람들은 이러한 상항에서 배반이 '그릇되었다'거나 '공정하지 않다'고 생각하게끔 사회화되어야 한다. 만약 사회적 협약이 그 자체로 (즉, 서로에게 이익이 되는) '정의로운' 것이라면, 그리고 타인들이 협력하리라고 믿을 수 있다면, 사람들은 협력을 자기 본위적인 이유 때문에 배반할 가능성을 방지하는 '도덕적' 의무로 바라보아야 한다. 자기 본위로 생각

18) 경찰관이 감시하면서 처벌하지 않는 한, 자기 본위적인 어부는 남획을 계속할 것이다. 그러나 자기 본위적인 경찰관은, 상급자가 감시하면서 처벌하지 않는 한, 어부에게 뇌물을 받을 것이다. 그리고 자기 본위적인 상급자는 보다 상급 기관의 감시와 처벌 체제에 복종하지 않는 한, 경찰관에게 뇌물을 받을 것이다. 이러한 상황은 계속 이어진다.

할 때 누군가가 '거칠 것 없이 극대화를 행하는 사람'(straightforward maximizer)보다 '제한적인 극대화를 행하는 사람'(constrained maximizer)이 되는데 몰두하는 것—예를 들면, 누군가가, 서로에게 이득이 되는 협약들을 따름에 있어서 여타 제한된 극대화를 행하는 이들과 협력할지의 여부를 결정할 때, 자기이익에 따라 행위하지 않는데 헌신하는 것이 합리적이다.[19]

고티에의 견해에 따르면, 상호이득의 이론들은 우리가 자연적으로 자유롭게 할 수 있는 것들을 제한하는 규칙의 확립이라는 점뿐만이 아니라 우리가 이러한 규칙들을 무제약적 자기이익의 추구에 우선하는 것으로 받아들이기를 요구한다는 점에서도 전통적인 도덕을 모방한다. 그 규칙들은 상호이득에 기반하고 있지만, 우리는 서로에게 이득이 되는 결과를 달성하기 위해서 이러한 규칙들을 자기 본위적인 의사결정을 부분적으로 예방하는 '의무들'로 받아들일 필요가 있다.

많은 비판가들은 고티에의 '제한된 극대화'라는 개념이 일관적인지, 그리고 심리적으로 실행 가능한지 여부에 대하여 의문을 제기해 왔으며, 상호이득 이론들은 집단행동의 문제를 극복하기 위해서 결국엔 고압적인 강제에 과도하게 의존하게 될 수밖에 없다고 주장한다.[20] 나는 그러한 걱정은 제쳐두는 대신, 이처럼 상호이득이 되는 협약들이 강제된다고 해도 자유지상주의를 옹호하는 설득력 있는 기반이 될 수 있는지 여부에 집중하려고 한다. 이러한 협약들은 전통적으로 우리가 도덕과 연관지어 생각해 온 일부 의무들을 포함하긴 하지만, 상호이득은 전통적으로 이해되어 온 도덕과 완전히 중첩되지는 않는다. 특정 협약을 따르는 것이 이득이 되는지의 여부는 사람들의

19) 흥미롭게도 이는 공리주의자들이 직면하는 문제와 유사하다. 앞서 제2장에서 살펴본 바와 같이, 어떻게 행위 할 것인지를 공리주의적 추론의 기반 위에서 결정하려는 시도는, 생산적인 것과 역행할 수 있으며, 실제적으로 사회의 효용총량을 극대화하는 우리의 능력 발휘를 저해할 수 있다. 이와 유사하게, 어떻게 행위 할 것인지를 이기주의적인 추론의 기반 위에서 결정하는 것은 생산적인 것과 역행할 수 있으며, 우리들 개인의 효용의 극대화를 방해한다. 각각의 사례에서 제안하는 해결책도 유사하다. '제한된 극대화'에 대한 고티에의 해결책은 규칙공리주의의 해결책과 유사하다. 각각의 경우에서 우리는 규칙을 따르기로 하는 우리의 결정이 효용의 총량이 개인의 자기이익을 극대화하는지 여부를 계산하지 말고 그 규칙들에 따라야 한다고 말을 들어왔다. 카프카는 규칙공리주의와 유사성을 분명히 보여주기 위해서 고티에의 해결책을 '규칙이기주의'(rule-egoism)라고 부른다(Kavka 1986: ch.9).

20) Vallentyne 1991에 있는 논문들을 보시오.

선호와 능력에 달려 있다. 강하고 재능 있는 사람들은 더 큰 협상력을 갖기 때문에, 약하고 노쇠한 사람들에 비해 좀 더 좋은 결과를 얻을 것이다. 다른 사람들과 비교할 때 약자들은 거의 이득을 산출하지 못할 것이며, 그들이 생산한 얼마 안 되는 이득은 보복에 대한 일말의 두려움도 없이 다른 사람들이 빼앗아 버릴 수도 있다. 약자와의 협력을 통해서 얻는 것은 별로 없고 보복당할 두려움도 없기 때문에, 강자는 약자의 이익들을 보호하거나 승인하는 협약들을 수용함으로써 얻는 바가 없다.

전통적 자연상태의 논거에 대해 롤즈가 반대하는 부분이 바로 이것이다–그러한 논거들은 정의원칙을 결정하는데 있어 무관한 것으로 간주해야만 되는 협상력의 차이를 허용한다. 그는 협상력의 차이를 없애기 위해서 '원초적 입장'(original position)을 고안했다. 하지만 고티에는 공정한 도덕 원칙보다는 상호이득의 원칙을 결정하기 위해서 계약이라는 기제를 이용하고 있으며, 협상력의 차이는 그의 기획에서 핵심적인 부분이다. 결과로서 얻어지는 협약들은 다양한 사람들의 권리와 일치하겠지만, 이러한 권리는 개인의 협상력에 의존하기 때문에, 상호이득 계약론(mutual advantage contractarianism)은 '각각의 개인에게 그들의 동료들과의 관계 속에서 영속적인 도덕적 지위를 제공하지 않는다'(Gauthier 1986: 222).

이러한 롤즈의 계약론과 상호이득의 계약론의 차이를 부각시키는 것은 쉽지 않은 일이다. 롤즈는 우리의 전통적인 관념들 속에 있는 도덕적 의무를 발전시키는데 계약이라는 기제를 사용하는 반면, 고티에는 도덕적 의무를 대체하기 위해 계약이라는 기제를 사용한다. 또한 롤즈는 계약이라는 개념을 개인들의 영속적인 도덕적 지위를 표현하기 위해서 사용하는 반면, 고티에는 인위적인 도덕적 지위를 생성시키기 위해서 사용한다. 롤즈가 계약이라는 기제를 협상력 차이를 없애기 위해서 사용하고 있다면, 고티에는 협상력 차이를 반영하기 위해 계약이라는 기제를 사용한다. 이 같은 계약론의 두 가지 장향은, 도덕적으로 말하자면, 전제와 결론 모두에 있어서 별개의 세계이다.

나는 상호이득의 접근 방식이 가진 설득력에 대해 잠시 의문을 제기해 보려고 한다. 우리가 그것을 받아들인다 해도, 그것이 각 개인들이 자신 및 자기소유물에 대하여 무제약적인 개인적 계약의 자유를 보유케 하는 자유지상주의 체제를 어떻게 정당화하는가? 물론 상호이득의 접근은 소유권을 자연권으로 받아들일 수는 없다. 고티에가 말한 것처럼, 상호이득의 이론들은 사람들에게 '본질적인 도덕적 지위'(inherent moral status)를 부여하지 않는다. 만약 타인을 존중해야 한다는 자연적 의무들이 존재하지 않으면, 당연히 그들의 자기소유권을 존중해야 할 선천적 의무도 존재하지 않으며, 따라서 그들이 자발적으로 동의하거나 계약하는 방식으로 대할 의무는 존재하지 않는다. 하지만 자유지상주의자들은 자기소유권 존중은 서로에게 이득이 된다고 주장한다—자기소유의 권리들을 타인들과 조화시키는 것은 물론, 타인들이 호혜적인 한 나의 선을 증진시키기 위해 그들을 강요하지 않는 것은 사람들 각자에게 이득이 된다. 타인에 대한 강제의 비용은 너무 높고 그 효과는 너무 적기 때문에, 누군가를 강제함에 따르는 위험을 감수할만한 가치가 없는 것이다. 하지만 상호이득은 그 이상의 어떠한 권리—예컨대 롤즈의 차등원칙 하에서의 자원의 특정한 몫에 대한 권리—도 정당화시키지 않는다. 가난한 사람들은 그러한 권리로 인해 이득을 얻을 수도 있을 것이다. 그러나 부유한 사람들은 자신이 가진 자원을 지키는데 관심을 가지고 있고, 가난한 사람들은 자원을 차지할 만한 충분한 능력뿐만 아니라, 그리고 자원의 보호를 통해 나오는 이득이 보호의 비용을 초과하게 만들 만한 충분한 능력을 결여하고 있다(본문에는 이득과 비용이 실수로 바뀌어 있는 것으로 보인다—역자). 모든 사람은 자기소유권을 주장할 동기와 능력 모두를 가지고 있지만, 재분배에 관심을 가진 사람들은 그 수가 얼마 안 되며 재분배를 주장할 수 있는 능력을 가지고 있지 않기 때문에, 상호이득은 결과적으로 자유지상주의를 산출해 낸다(Harman 1985: 321~322; cf. Barry 1986: ch.5).

상호이득은 각각의 개인에게 자기소유의 권리를 부여하는 것을 정당화시켜 주는가? 사람들은 영속적인 도덕적 지위를 가지고 있지 않기 때문에, 누군가가 자신의 재능과 소유물에 대하여 무제약적인 계약의 권리를 가지는지의 여부는 그 사람이 자신의 재능과 소유물을 타인에 의한 강제로부터 지켜낼 힘을 가지고 있는지에 달려 있다. 상호이득적인 자유지상주의는 사실상 모든 사람이 이런 힘을 가지고 있다고 주장한다. 그들은 인간이 선천적으로 평등한데, 이는 자연권에서의 본원적인 평등을 공유한다는 롤즈적 의미에서가 아니라—권리의 평등은 '근원적인 *사실적* 조건의 평등

(a fundamental *factual* equality of conditions), 즉 타인의 침해에 대하여 사실상 똑같이 취약하다는 사실'에서 비롯한다고 주장한다(Lessnoff 1986: 107). 홉스가 언급했듯이, '신체의 힘을 놓고 보면, 가장 약한 사람도 가장 강한 사람을 죽이기에 충분한 힘을 가진다.' 선천적으로 사람들은 타인에게 해를 입힐 수 있는 능력과 해를 입을 수 있는 취약성이란 측면에서 어느 정도 평등하다−그리고 이 같은 사실상의 평등이 자기소유권에 대한 평등한 존중의 기반이 된다.

그러나 이는 현실과 거리가 멀다. 많은 사람들은 스스로를 방어할 수 있는 힘을 결여하고 있으며, 따라서 상호이득이라는 기반 위에서 자기소유의 권리를 주장할 수가 없다. 부캐넌(James Buchanan)이 말하듯이, '개인적 차이가 충분히 크다면', 강자는 약자를 '제거'하거나 약자가 생산하는 그 어떤 재화도 빼앗을 수 있는 능력을 가질 수도 있어서, '노예 계약과 유사한 그 무엇'을 만들 것이다(Buchanan 1975: 59~60). 이는 관념상의 가능성이 아니다−개인적 차이들은 현재 막대하게 크다. 선천적으로 약한 사람들이 정의의 '경계 밖으로 추락하는' 것은 상호이득 이론들이 외면할 수 없는 결과이다(Gauthier 1986: 268). 이는 마치 어린 아이들이 '자신들의 안위를 위협하는 사람들에게 보복할 수 있는 수단을 거의 가지고 있지 않다'는 사실로 인해서 겪어야 하는 사태와 같다(Lomasky 1987: 161; Grice 1967: 147~148).

많은 상호이득 이론가들이 협상력에서의 자연적 평등이라는 가정을 실제로 믿는지의 여부는 회의적이다. 결국 그들의 주장은 사람들이 자연적으로 실제로 평등하다는 것이 아니라, 사람들이 *자연적으로 사실상 평등한 한에서만 정의가 가능하다*는 것이다. 모든 사람은 자연적으로 이용 가능한 모든 수단을 사용할 자격을 부여받았으며, 도덕적 제약이 발생하는 유일한 방식은 사람들이 자신들의 능력과 취약성에 있어 어느 정도 평등한 경우에만 가능하다. 그래야만, 개인들 각각이 타인들의 신체와 자원을 사용하기를 그만둠으로써 잃는 것보다, 자기 자신과 자신의 재산을 보호함으로써 더 큰 이득을 볼 수 있기 때문이다. 하지만 자연적 평등으로는 충분치 않다. 왜냐하면 유사한 신체적 능력을 가진 사람들은 기술적 능력에서 자신들이 극도로 불평등하다는 사실을 발견할 수 있으며, '보다 앞선 기술을 가진 사람들이 자신의 동료들과의 상호작용의 조건을 좌지우지할 수 있는 위치에 있을 수 있기 때문이다'(Gauthier 1986: 231;

Hampton 1986: 255). 홉스가 지적하다시피, 실제로 기술은 지구상에서 '저항할 수 없는 힘'(power irresistible)이 존재하는 지점에까지 우리들을 몰아갈 수 있으며, 홉스와 홉스의 현대적 추종자들이 보기에 그러한 힘은 '누구에게 그러한 힘이 있든지 간에 그 사람의 모든 행위를 실제적이고 당연한 것으로 정당화시켜 준다.' 그 누구도 그러한 힘에 대항하여 자기소유의 권리를 주장할 수 없을 것이다.[21]

따라서 상호이득은 개인의 자기소유권을 타인의 힘에 종속시킨다. 노직이 자기소유권을 우리의 자연권의 문제로 만드는 이유도 이 때문이다. 노직이 보기에 타인에 대한 강제는 그릇된 것이다. 그 이유는 강제하려는 사람에게 많은 비용이 들기 때문이 아니라, 사람들은 목적 그 자체인데 강제는 사람들을 수단으로 대함으로써 사람들의 자연적인 도덕적 지위를 침해하기 때문이다. 따라서 자유지상주의에 대한 노직의 옹호는 고티에가 부인하는 바로 그 전제—즉, 사람들은 영속적인 도덕적 지위를 갖는다—에 기대고 있다. 하지만 양자 모두 실제로 자유지상주의를 도출해 내지 못한다. 노직의 접근방식은 모든 사람이 협상력과 상관없이 평등한 권리를 갖는 이유에 대해서는 설명해 주지만, 사람들의 권리가 사회의 자원에 대한 일정한 요구(claim)를 포함하지 않는 이유에 대해서는 설명해 주지 못한다. 고티에의 접근방식은 왜 약자들이 자원에 대한 일정한 요구의 권리를 갖지 못하는지에 대해서는 설명해 주지만, 협상력에서의 불평등에도 불구하고 그들이 자기소유권에 대하여 평등한 권리를 갖는 이유에 대해서는 설명해 주지 못한다. 사람들을 목적 그 자체로 대우하는 것은 그들의 자기소유권에 대한 존중 이상(혹은 그것과는 다른 무언가)을 필요로 한다(노직에 반대하여). 사람들을 상호이득에 따라 대하는 것은 흔히 자기소유권에 대한 존중을 필요로 하지 않는 경우가 많다(고티에에 반대하여).[22]

---

21) 상호이득이 무방비 상태에 있는 사람들에 대한 의무적 보조와 양립할 수 있으며, 실제로 이를 필요로 한다는 사실을 보여주려는 무익한 시도로는, Voice 1993; Lomasky 1987: 161~162, 204~208; Waldron 1986: 481~482; Narveson 1988: 269~274; Grice 1967: 149를 보시오. 이러한 시도의 무익함에 대해서는 D. Phillips 1999; Goodin 1988: 163; Copp 1991; Gauthier 1986: 286~287을 보시오.

22) 나는 평등의 접근방식과 상호이득의 접근방식이 도덕에 관해 완전히 상반되는 가정에 기반하고 있는 상호 배타적인 방법인양 다뤄왔다. 일부 사람들이 두 관점을 통합시키는 잡종 이론(hybrid theory)을 역설하는 것은 아무런 가치가 없다고 생각한다. 그러한 잡종적 접근방식은 때로는 '흄 식의' 접근방식이라고 불린다. 왜냐하

그렇긴 하지만, 상호이득이 자유지상주의로 귀결된다고 가정해 보자. 누구를 노예화할 수 있으며 누구를 평등한 존재로 다뤄야만 하는지 결정을 내리는 데에는 너무나 많은 비용이 소요되기 때문에, 따라서 강자는 가장 약한 사람들에게도 자기소유권을 부여하는 협약에 동의하리라는 로마스키(Loren Lomasky)의 생각은 아마도 옳다 할 것이다(Lomasky 1987: 76~77). 이것은 어떻게 자유지상주의에 대한 옹호(a *defence* of libertarianism)를 구성하는가? 우리의 일상적 관점에서 볼 때, 서로에게 이득이 되는 활동들은 그것이 (자신들의 이익을 방어하기에 너무나 약한 사람의 권리를 포함하는) 타인들의 권리를 존중할 때만 정당하다. 약자를 노예화하거나 죽이는 것을 금지한다면 강자들에게는 이득이 되지 않을 수도 있지만, 약자는 강자에게 우선적으로 정의를 요구할 수 있다. 이런 요구를 거부하는 것은 '정의라는 생각에 대한 공허한 조롱(hollow mockery)인데다가–상처를 주는데 더해서 모욕까지 하는 것이다. 정의는 통상 권력에 있어서의 극단적인 불평등의 조건에서는 그 적실성이 중단하는 것으로 생각되고 있지만, 오히려, 그와 같은 조건에서 특히 그 적실성을 지니게 되는 것이다'(Barry 1989: 163). 상호이득의 이론가들은 방어할 힘이 없는 모든 사람들에 대하여 우리는 그 어떤 의무도 지지 않는다고 말하지만, 우리의 일상적 관점에서 볼 때, 방어할 힘이 없는 사람을 착취하는 것이야 말로 최악의 부정의라 하겠다.

이와 같은 일상적 도덕에의 호소는 문제의 핵심을 피해간다. 그 이유는 상호이득의 접근법의 전반적인 요점은 타인에 대한 자연적 의무란 존재하지 않는다는 점에 있기 때문이다. 이 접근방식은 '모든 인간이 존중할 의무를 [가지]는 옳음과 그름 사이에 실제적인 도덕적 차이'가 존재한다고 믿는 사람들에게 이의를 제기하고 있기 때문이다(Gough 1957: 118). 부캐넌이 언급한 바와 같이, 우리의 선천적인 신체적 불평등의 기초가 되는 자연적인 도덕적 평등 같은 것은 존재하지 않으며, 일상적 도덕은 경험적인

면 흄은 칸트적 평등의 요소와 홉스식의 상호이득의 요소를 결합시켰다고 여겨지기 때문이다(예컨대 Sayre–McCord 1994). 하지만 배리(Brian Barry)는 흄의 이론과 후대 그 이론의 계승자들이 두 접근방식을 일관성 있게 통합시키기보다 둘 사이에서 일관성 없이 오락가락 한다고 주장한다(Barry 1989a: 145~178). 아무튼, 이러한 제3의 모델이 자유지상주의로 나아가는지는 의심스럽다. 이들 두 접근방식의 차이에 대해서 좀 더 알고 싶다면 Barry 1989a; Kymlica 1990; A. Buchannan 1990을 보시오.

'논박'에 '상당히 취약하다'(J. Buchannan 1975: 54; cf. Gauthier 1986: 55~58). 고티에가 취약한 처지의 사람들을 보호해야 할 우리의 의무를 무시하고 있다고 말해 봤자, 그의 이론에 반대되는 논거를 제공해 주지는 못한다. 왜냐하면 고티에에게는 그러한 의무의 존재여부 자체가 의문시되고 있기 때문이다.

그러나 상호이득의 접근방식은, 사람들이 영속적인 도덕적 지위를 가진다는 생각을 포기해 버렸기 때문에, 대안적인 정의의 설명(an alternative account of justice)라기보다는 정의에 대한 대안(an alternative to justice)이라 하겠다. 자연적 및 기술적으로 평등한 조건에서 상호이득은 정의로운 결과를 산출하겠지만, '개인적 차이가 충분히 큰' 상황에서는 착취를 허용하고, 그 이론 내에는 착취보다 정의를 선호해야 할 그 어떤 근거도 존재하지 않는다. 사람들이 정의롭게 행동한다 해도, 그것은 그들이 정의를 하나의 가치라고 생각하기 때문이 아니라, 그들에게 '저항할 수 없는 힘'이 결여되어 있어서 만족스럽지 않더라도 정의를 받아들여야만 하기 때문이다. 따라서 일상적 도덕의 관점에서 볼 때, 상호이득의 계약론은 합리적인 자기이익 혹은 현실정치(realpolitik)에 대하여 유용한 분석을 제공할지도 모르겠다. '하지만 우리가 상호이득의 계약론을 도덕적 정당화의 유일한 방식으로 여겨야 할지는 여전히 의문으로 남는다'(Sumner 1987: 158; cf. Barry 1989: 284). 롤즈가 말한 것처럼 '위협을 통해서 각자의 이익을 도모하는 것'은 정의 개념으로 여겨지지 않는다(Rawls 1971: 134).

이러한 비판 중 그 어느 것도 상호이득 이론가를 혼란스럽게 만들지는 못할 것이다. 사람들이나 행위들은 영속적인 도덕적 지위를 가진다는 생각을 거부하면, 도덕적 제약은 자연적인 것이 아니라 상호이득이 되는 협약들에 기반한 인위적인 것이 될 것임에 분명하다. 그리고 상호이득이 되는 협약들이 일상의 도덕과 갈등을 일으키면, '도덕에는 너무나 좋지 않은 일이다'(Morris 1988: 120). 선천적 의무나 객관적인 도덕적 가치가 부재한 세상에서, 우리가 바랄 수 있는 최선은 상호이득일지도 모른다.

상호이득의 접근방식은, 도덕적 요구들에 대하여 회의주의적인 생각을 공유하는 사람들에게는, 매력적으로 보일 것이다. 하지만, 이와 반대로, 서구의 전통 속에 있는 대부분의 정치철학은 모든 사람이 존중해야 할 의무를 발생시키는 옳음과 좋음(obligation-generating rights and wrongs)이 존재한다는 견해를 공유하고 있다. 나도 이런 가정들을 공유한다. 자연적 의무들에 관한 우리의 주장이 관찰가능하거나 검증가능하지 않다는 점은 사실이지만, 상이한 영역의 지식에는 상이한 종류의 객관성이 적용되며, 도덕적 의무가 물리학에서와 같은 종류의 객관성을 지니기를 기대하거나 갈망해야 할 이유는 없다. 네이글(Thomas Nagel)이 언급했듯이, '만약에 어떠한 가치들이 객관적이라면, 그것들은 객관적인 *가치들*(objective *values*)일 뿐이지, 객관적인 사물로서 그 무엇은 아니다(not objective anything else)'(Nagel 1980: 98).

우리가 그와 같은 정의 규범들을 식별해 낼 수 있다 해도, *동기*(motivation)에 대한 난제는 여전히 남아있다. 내가 도덕적으로 해야만 하는 것에 관해서 관심을 기울여야 할 이유가 무엇인가? 상호이득의 이론가들은, 해당 행위가 나의 어떤 욕구를 충족시키는 때에만 내가 그것을 행할 이유가 있다면서, 따라서 '어떤 것의 정의로움은 그것을 수행해야할 좋은 이유에 있는 것으로 간주된다면, 정의는 행위자에게 이득이 된다는 것이 입증되어야만 한다'고 주장한다(Barry 1989a: 363). 만약에 도덕적 행위가 내 욕구의 만족을 증가시키지 않는다면, 나에게는 그 행위를 해야 할 어떠한 이유도 없다. 이 합리성의 이론은 객관적인 도덕적 가치 혹은 자연적 의무가 존재하지 않는 경우일지라도 옳을 수 있다. 롤즈의 접근방식은 정의에 대한 참된 근거를 제공할지도 모르지만, '지적 활동에 불과한, 즉 인간 행위에 그 어떤 동기 부여의 효과도 갖지 못하면서, 단지 세상을 보는 한 가지 방식에 불과한 것일 수도 있다'(Hampton 1986: 32).[23]

(강력한) 불평등한 힘을 소유한 사람들이 자신들에게 이득이 되도록 그 힘을 사용할 것을 자제할 이유가 있을까? 부캐넌은 강자들이 '일반적인 내적인 윤리 규범들의 고수를 통해' 타인들을 도덕적으로 동등한 존재로 대하게끔 '인위적으로'(artificially) 동기를 부여받았을 때에만 그렇게 행동한다고 주장한다(Buchannan 1975: 175~176). 그리고 롤즈는 실제로 도덕적 행위의 합리성을 설명하면서 '내적인 윤리 규범들의 고수'(adherence to internal ethical norms)—즉 이미 존재하는 정의롭게 행위하려는

23) 혹은 칸트가 언급했듯이, 우리는 어떤 도덕적 진리나 도덕적 근거들을 인지할 수 있을지는 모르지만, 이러한 인지는 '추진력을 수반하지 않는, 차갑고 활력 없는 인지만을 수반할 지도 모른다'(Riley 1982: 251, n.47에 인용되어 있다).

성향-에 호소한다(Rawls 1971: 487~489). 이와 유사하게 배리(Brian Barry)는 타인들을 도덕적으로 평등한 존재로 존중하는 방식으로 행동하려는 욕구는 '환원불가능한 동기(irreducible motive)로 인정되어야만 한다'고 주장한다(Barry 1989a: 167). 부캐넌은 내적 윤리 규범들에 대한 이 같은 호소가 '인위적'이라고 하면서, 롤즈와 배리가 정의롭게 행동하도록 하는 '실재적' 동기('real' motivation)를 발견하는데 실패했다고 암시한다. 하지만 정의롭게 행동 하려는 우리의 동기가 도덕적인 것이면 안 되는 이유가 있는가? 우리가 칸트처럼, 도덕성은 '우리 안에서 결정을 내리는 충분하며 *근본적인* 원천'(a sufficient and *original* source of determination within us)이라고 말하면 안 되는 이유는 무엇인가?(Kant·Riley 1982: 251n. 47에 인용되어 있음) 정의롭게 행동해야 하는 도덕적인 이유들을 이해하게 되는 것만으로는, 사람들이 도덕적으로 행동해야 할 동기를 가질 수 없다고 주장하는 이유는 무엇인가?

합리성에 대한 상호이득의 견해를 받아들이는 사람들에게는 이것이 '인위적'으로 보일 수도 있겠지만, 이 같은 견해를 수용할 수 있는지의 여부는 의견이 분분한 문제이다. 배리가 언급했듯이, 합리성을 효율적인 자기이익의 추구와 등치시키는 홉스식의 견해는 '순수한 주장'(pure assertion)일 뿐이다. '이기주의가 논리적으로 일관적이지 못하다는 점을 문자 그대로의 의미에서 입증하여 논박하는 것은 가능하지는 않겠지만', 타인들도 필요와 목표를 가지고 있다는 점에서 근본적으로 우리와 마찬가지라는 인식은 '공평한 도덕에의 요구를 수용해야 하는 강력한 이유들'을 우리에게 제공해 준다(Barry 1989a: 285, 273). 따라서 도덕적 평등에 대한 '증명'은 '우리가 인간의 일관성(human consistency)이라고 부르게 될 것'에 기반하고 있다. 그리고 '단순히 힘에 호소하지 않는 방식으로 행위들을 변호할 가능성에 관심을 기울이는데 있어서 인류가 보여주는 사실상의 의견일치(virtually unanimous concurrence of the human race)는 이러한 '인간의 일관성'이 정말 강력한 동기임으로 시사해 준다(Barry 1989a: 288, 285, 174~175).[24)]

24) 엘스터가 언급하듯이, 이러한 도덕적 동기가 드러나는 경험상의 증거가 다수 있다. '지난 세기의 주요한 정치적 개혁은 수단적 고려에 의해 지지받지 않았다. 오히려 그러한 주요한 정치적 개혁들은 정의라는 개념에 뿌리내려 있는 사회 운동에 의해서 수행되어 왔다'(Elster 1987: 89). 노예제에 대한 반대 운동을 설명함에 있어서 무시못할 도덕적 근거들의 역할에 대해서는 J. Cohen 1997도 보시오.

물론, 우리가 환원불가능한 도덕적 동기가 존재할 수 있다는 사실을 받아들인다 해도, 이는 이 같은 도덕적 동기가 얼마나 효과적인지는 우리에게 아무 것도 말해 주지 않는다. 타인들도 우리들과 똑같다는 인식은 우리들이 도덕적 평등이 요구할지도 모르는 희생과 부담을 받아들이도록 동기를 부여해 주는데 충분한가? 자유주의적인 정의 이론들은 사람들이 자기 본위적인 이유들보다 도덕적인 이유들이 우선한다고 생각하기를 바란다는 점에서 비현실적이지 않은가? 다음 장에서 나는 이 같은 질문으로 돌아가려고 한다. 왜냐하면 공동체주의자, 시민적 공화주의자, 그리고 여성주의자들의 주된 관심사들 중 하나가, 바로 자유주의자들은 우리의 도덕적 동기에 대해서 부적절한 설명을 제공한다는 것이기 때문이다.

이는 어려운 문제들이며, 도덕적 의무나 도덕적 동기의 존재 여부에 대하여 회의적인 시각을 견지하는 사람도 있으리라. 그렇다면, 사회적 규칙들을 구성하는 데 있어서 상호이득만이 우리가 가지고 있는 전부가 될지도 모른다. 그러나 이들 중 어느 것도 자유지상주의를 돕지는 않는데, 그 이유는 상호이득이 되는 협약들은 때로는 자유지상주의적이지 않을 수도 있기 때문이다. 어떤 사람들은 타인을 강제하고 타인의 자기소유권을 침해할 수 있는 능력을 가질 것이며, 어떤 사람들은 타인의 재산을 빼앗고 그들의 재산소유권을 침해할 수 있는 능력을 가질 것이다. 따라서 상호이득은 재산권에 대하여 극히 제한된 옹호만을 제공한다. 또한 그것이 제공하는 얼마 안 되는 옹호조차 우리가 인정할 만한 도덕적 옹호는 아니다.

4. 자유(liberty)로서의 자유지상주의

자유지상주의가 평등의 이론이나 상호이득의 이론이 아니라고 주장하는 사람들이 있다. 그 이름에서 알 수 있듯이, 자유지상주의는 *자유*의 이론(a theory of *liberty*)이라는 것이다. 이러한 입장에서 보면, 평등과 자유는 우리가 도덕적 신뢰(moral allegiance)를 부여해야 할 대상이지만 경쟁하는 위치에 있으며, 자유지상주의를 규정해 주는 것은 바로 근본적인 도덕적 전제로서의 자유에 대한 공언(avowal of liberty as a foundational moral premiss)과 (복지국가 자유주의와는 달리) 자유와 평등을 조화시키려는 것에 대한 거부이다.

이는 노직의 이론에 대한 설득력 있는 해석이 아니다. 노직은 우리는 사실 우리 힘을 우리가 바라는 대로 자유롭게 사용할 수 있다고 말한다. 그러나 이런 자기소유권은 결코 자유의 원칙으로부터 도출되지 않는다. 그는, 자유가 우선한다고 말하지 않으며, 또한 자유로워지기 위해서 우리가 자기소유권을 필요로 한다고 말하지도 않는다. 그는 우리가 자기소유권을 도출해 낼 수도 있는 자기소유권 이전의 그 무엇인가를 자유의 개념(the idea of freedom as something prior to self-ownership)으로 제공해 주지 않는다. 오히려 노직은 우리가 향유해야 할 자유의 범위와 성격은 우리의 자기소유권의 기능이라고 보고 있다.

하지만 다른 자유지상주의자들은 자유지상주의가 자유의 원칙(a principle of liberty)에 기반하고 있다고 말한다. 어떤 이론이 자유의 원칙에 기반하고 있다는 것은 무슨 뜻이며, 그러한 원칙은 자본주의를 옹호하는데 어떻게 봉사하는가? 여기 명료한 답변이 하나 있다.

① 무제한적인 시장(unrestricted market)은 더 많은 자유(freedom)를 함유한다.

② 자유(freedom)는 근본적 가치이다.

③ 따라서 자유시장이 도덕적으로 요청된다.

이러한 견해는 대중적인 담론에서 매우 널리 퍼져있지만, 철학적 문헌에서는 그다지 널리 발견되지 않는다. 이러한 까닭은 아마도 이 견해를 지지하기가 매우 어렵기 때문일 것이다. 주지하다시피, 자유를 측정하려는 시도는 자유 그 자체에 본래적 가치를 부여하려는 시도만큼이나 까다롭기로 악명 높다. 우리는 상이한 종류의 자유를 상이한 이유에서 중요시 하는데, 다음에서 언급할 자유들을 극대화해야 한다는 생각은 명료하지도 않으며 바람직하지도 않음이 분명하다.

(a) 자유의 가치

(i) *평등주의 이론들에서의 자유의 역할*

자유의 가치(the value of liberty)와 관련한 전제 ②에서 출발해 보자. 자유는 근본적 가치라는 주장을 점검해 보기에 앞서, 지금까지 우리가 검토해 본 이론들에서 자유가 어떠한 역할을 하는지 명료하게 하는 것이 중요하다. 나는 공리주의, 자유주의, 그리고 노직의 자유지상주의 모두가 우리의 도덕적 평등에 기반하고 있다는 의미에서 평등주의적인 이론이라고 주장해 왔다. 이러한 이론들에서 자유가 근본적 가치는 아니었지만, 그것이 이러한 이론들이 자유에 무관심했음을 의미하지는 않는다. 오히려, 특정 자유의 보호는 각각의 이론에서 매우 중요했다. 노직과 롤즈의 경우 이러한 특성이 두드러지게 나타난다. 노직은 자기소유권의 형식적 자유들을 강조하며, 롤즈는 기본적인 시민적 및 정치적 자유에 계서적 위계(lexical priority)를 부여하고 있다. 하지만 이는 밀과 같은 대부분의 공리주의자들도 마찬가지이다. 그들은 사람들에게 자신의 생활방식을 선택할 수 있는 자유를 부여함으로써 효용이 극대화된다고 생각했다.

어떤 자유들이 보호되어야 하는지를 결정함에 있어, 도덕적 평등의 이론가들은 이같은 자유를 사람들의 이익에 대한 평등한 고려(equal concern for people's interests)라는 논거 안에 위치시킨다. 그들은 특정 자유가 사람들의 이익을 증진시키는지의 여부에 대해서 질문하고, 만약에 그렇다면 사람들의 이익은 증진되어야 하므로 자유는 증진되어야 한다고 말한다. 예컨대, 사람들 각각이 자신의 배우자를 선택할 자유에 대해 중요한 관심을 가진다면, 누군가에게 그러한 자유를 거부하는 것은 그 사람이 마땅히 누려야 할 존중과 관심을 거부하는 것이 되며, 그 자신의 복리가 동등한 고려의 문제가 되는 인간으로서의 그녀의 평등한 지위를 부정하는 것이 된다. 따라서 특정 자유에 대한 옹호는 다음의 두 가지 질문에 대한 대답을 포함하게 된다.

① 사람들의 이익에 대한 우리의 설명을 전제한다면, 어떤 자유가 중요한가?
② 중요한 자유들을 어떻게 배분해야만 사람들 각각의 이익을 평등하게 고려하는 것이 되는가?

달리 말하면, 평등주의적 이론가들은 특정 자유가 사람들의 이익에 대한 이론에 어떻게 합치될 수 있는지를 질문한다. 그리고는 그러한 자유의 분배가 사람들의 이익을 평등하게 고려하는 이론과 어떻게 합치될 수 있는지를 질문한다. 예컨대 롤즈의 이론에서, 우리는 사람들의 이익에 대한 공정한 고려(impartial concern)를 반영하는 계약을 하는 입장에서, 어떠한 자유의 기제(what scheme of liberties)가 선택될 것인지에 대해 질문한다. 이러한 방식으로, 특정 자유들은 도덕적 평등의 이론들 속에서 중요한 역할을 담당하게 된다. 나는 이것을 자유를 평가하는 '롤즈식의 접근방식'(the 'Rawlsian approach to assessing liberties)이라고 부르려 한다.

상호이득 이론들도 비슷한 방식으로 자유를 평가한다. 그들도 롤즈처럼 어떠한 자유들이 사람들의 이익을 증진시키는지에 대해 질문하고, 이어서 사람들의 이익에 적절한 비중을 부여하려면 이러한 자유들을 어떻게 분배해야 하는지에 대하여 질문한다. 한 가지 차이가 있다면 상호이득 이론에서는 공정한 고려보다는 협상력에 따라서 사람들의 이익의 무게를 가늠한다는 점이다. 예를 들어 고티에의 경우, 우리는 자신들의 이익이라는 기반 위에서 상호이득을 위해 협상하는 계약자들에 의해서 합의될 자유의 기제는 어떠한 것일지에 대하여 질문한다.

앞서 살펴본 바와 같이, 많은 자유지상주의자들은 그들이 선호하는 자유들(예컨대, 시장에서 개인의 재능을 발휘할 수 있는 자유)을 이 같은 두 가지 방식 중 한 가지 방식으로 옹호한다. 자신들의 이론이 '자유에 기반하고 있다'(liberty-based)고 주장하는 일부 자유지상주의자들은 실제로, 평등이나 상호이득이라는 기준에 따라 측정된 사람들의 이익에 대한 고려라는 견지에서, 자신들이 선호하는 자유를 옹호하기도 한다. 그들은 우리의 본질적 이익이 특정 종류의 자유에 내재한 이익이라는 자신들의 믿음을 강조하기 위한 목적에서 그것을 자유에 기반한 주장이라고 부른다. 하지만 이 같은 새 이름이 기본 주장에 영향을 주는 것은 아니다. 그리고 그 이름이야 어떻든 도덕적 평등이나 상호이득의 견지에서 자유를 평가하려는 것은 앞에서 내가 논한 바와 같은 이유들로 인하여 자유지상주의의 주장으로 연결되지 않을 것이다.

자유지상주의에 대한 옹호가, 평등이나 상호이득에 기반한 옹호와 정말로 다른 방식으로, 자유에 기반하여 성립될 수 있을까? 자유지상주의자들이 자유의 원칙에 호소함으로써 자신들이 선호하는 자유를 옹호한다는 것은 어떤 의미인가? 두 가지 가능성이 있다. 자유의 첫번째 원칙은 사회에서 자유가 극대화되어야 한다는 것이다. 이 원칙에 호소하는 자유지상주의자들은, 특정 자유들(liberties)의 인정이 사회 내의 자유(freedom)를 극대화시킨다고 주장함으로써, 그들이 선호하는 자유들(liberties)을 옹호한다. 자유의 두 번째 원칙은, 다른 사람들 모두가 갖고 있는 유사한 자유와 양립할 수 있는 한, 사람들은 가장 광범위한 자유에 대한 권리를 갖는다는 것이다. 이 원칙에 호소하는 자유지상주의자들은, 이러한 특정 자유들(liberties)의 인정이 사람들 각자의 전체적 자유(freedom)를 향상시킨다고 주장함으로써, 자신들이 선호하는 자유를 옹호한다. 나는 첫번째 원칙은 터무니 없을 뿐더러, 자유지상주의자들을 포함한 그 누구에게도 매력적이지 않다고 주장할 것이다. 그리고 두 번째 원칙은 평등주의적 주장을 재차 진술하는 혼란스러운 방식이거나, 자유에 대하여 막연하고 혹은 매력적이지 않은 개념에 의존하고 있다는 사실을 주장하려 한다. 게다가, 이처럼 터무니없고 매력적이지도 못한 자유의 원칙에 대한 그와 같은 해석들을 우리가 받아들인다 해도, 여전히 그것들은 자유지상주의를 옹호하지 못하리라고 본다.

(ii) *목적론적 자유*(*Teleological liberty*)

근본적 자유의 원칙(a foundational principle of liberty)에 대한 첫번째 후보는 우리들이 사회에서 자유의 양을 극대화시키는 것을 목표로 해야 한다고 말한다. 자유가 궁극적 가치라면, 최대한 많이 갖기를 목표로 해야 하지 않겠는가? 물론 이것은 목적론적 공리주의자(teleological utilitarians)들이 효용을 극대화시키기 위해서 주장하는 방식이다. 그래서 나는 이것을 '목적론적' 자유원칙(the 'teleological' liberty principle)이라고 부르려고 한다. 하지만 제2장에서 살펴본 바와 같이, 이러한 종류의 이론은 도덕에 대한 우리의 가장 기본적인 이해와의 공감대를 상실한다. 왜냐하면 목적론적 이론들은 (자유나 효용과 같은) 선(good)에 대한 관심을 근본적이라고 받아들이고, 사람들 자체에 대한 관심은 부차적이라고 받아들여서, 선의 증진이 사람들의 이익 증진에서 분리되기에 이른다. 예컨대, 사람들 각각의 자유는 변하지 않더라도, 우리는 사람의 수를 늘리는 방식으로 사회에서 자유의 총량을 늘릴 수 있다. 하지만 그러한 이유만으로는 인구가 많아진다고 해서 그 나라가 도덕적인 적실성의 의미에서 더 자유로워지지 않는다.

실제로, 사람들을 희생시켜서 선을 증진시킬 수도 있다. 예컨대, 목적론적 원칙은 우리가 사람들에게 아이를 낳고 길러서 인구를 늘리게끔 강제하는 요구를 할 수 있다. 이는 현존하는 사람들의 자유를 박탈하지만, 결과적으로 자유의 총량을 증가시킨다. 새로 태어난 인구의 자유의 양이 이전 세대 인구의 자유 손실분을 초과하기 때문이다. 또한 이 목적론적 원칙은 자유의 불평등한 분배를 정당화시킬 수도 있다. 만약에 다섯 사람이 나를 노예로 만든다면, 내 자유의 손실분이 다섯 명의 노예소유주의 자유 증가분보다 클 것으로 가정해야 할 어떠한 근거도 없다. 나의 노동을 처분할 자유로 인해서 그들은 내가 잃은 것보다(그러한 것의 측정이 가능하다고 가정하자−제4장 제4절 (a) (iii)을 보시오) 더 많은 대안이나 선택을 집단적으로 얻을지도 모른다. 어떠한 자유지상주의자들도 이와 같은 정책들을 지지하지는 않을 것이다. 왜냐면 그러한 정책들은 근본적 권리들을 침해하기 때문이다.

자신들의 이론이 자유에 기반하고 있다는 자유지상주의자들의 말이 무엇을 의미하건 간에, 그것이 이와 같은 것이 될 수는 없다. 하지만 이는 자유가 근본적 가치라는 주장에 대한 자연스러운 해석이며, 이러한 해석은 자유지상주의자들의 평등에 대한 수사적인 거부(the libertarian's rhetorical rejection of equality)에 의해서 고무된다. 자유지상주의자들은 평등한 자기소유권을 믿지만, 그들 다수는 이것을 어떠한 평등의 원칙(principle of equality)에 호소함으로써 방어하기를 원치 않는다. 그들은 자유가 평등하게 분배되어야 하는 이유를 자유에 기반한 근거에서 찾으려 한다. 따라서 일부 자유지상주의자들은 자신들이 자유를 믿기 때문에 평등한 자유에 찬성한다고 말한다. 그리고 각각의 개인들은 자유로워질 수 있으므로, 각각의 개인들은 자유로워야 한다고 말한다.[25] 하지만 정말 이것이 평등한 자유에 대한 자유지상주의자들의 신념을 설명하는 것이라면, 자유지상주의자들은 인구를 늘려야 한다. 왜냐하면 미래의 사람들 역시

25) 좌파 이론가들도 같은 실수를 저지르곤 한다. 예컨대, 브렌커트(George Brenkert)는 자유에 대한 마르크스의 신념은 어떠한 평등 원칙과도 결합되어 있지 않다고 주장한다(Brenkert 1983: 124, 158; cf. Anderson 1981: 220~221; Geras 1989: 247, 251).

자유로워질 수 있기 때문이다. 자유지상주의자들은 인구를 늘려서 자유의 총량을 늘리는 방법을 거부한다. 또한 그들은 같은 이유로 인해서, 자유를 불평등하게 분배해서 자유의 총량을 증가시키는 것 역시 거부한다. 즉, 그들의 이론은 평등에 기반하고 있다. 존스(Peter Jones)가 말한 것처럼, '불평등한 자유보다 평등한 자유를 선호하는 것은, 부자유보다 자유를 선호한다기 보다는, 불평등보다 평등을 선호하는 것에 가깝다.' (Jones 1982: 233) 자유지상주의자들이 사람들 각자를 위해서 평등한 자유에 헌신하는 한, 그들은 평등에 기반 한 이론을 채택하고 있다 하겠다.

(iii) *중립적 자유(neutral liberty)*

근본적 자유의 원칙에 대한 두 번째이자 좀 더 유력한 후보는, 다른 사람들 모두가 갖고 있는 유사한 자유와 양립할 수 있는 한, 사람들은 가장 광범위한 자유를 누릴 자격이 있다고 말한다. 나는 이것을 '최대한 평등한 자유' 원칙(the 'greatest equal liberty' principle)이라고 부르려 한다. 현재의 평등한 자유는 자유의 더 큰 총합을 위해서 희생될 수 없기 때문에, 이 원칙은 평등주의적 이론의 일반적인 틀 속에서 작동하지만 롤즈식의 접근방식과는 현저한 차이를 보여준다(제4장 제4절 (a) (i)을 보시오). 롤즈식 접근방식은 구체적 자유(particular liberties)가 우리의 이익을 어떻게 증진시키는지를 질문함으로써 그 자유를 평가한다. 최대한 평등한 자유라는 접근 방식은 구체적 자유들(liberties)이 우리에게 얼마나 많은 자유(freedom)를 가져오는지를 질문함으로써 그 구체적 자유를 평가한다. 이러한 평가는 우리가 자유 그 자체(freedom as such), 즉 우리의 총체적 자유를 극대화하는데 관심이 있다고 가정한다. 두 가지 접근법 모두, 구체적 자유(liberties)의 가치를 우리 이익의 근거와 결부시킨다. 그러나 롤즈식의 접근방식은, 우리가 자유 그 자체(freedom as such)에 관심을 가지고 있다거나, 구체적 자유(liberty)에 대한 우리의 관심은 그 자유 안에 얼마나 많은 자유(freedom)가 포함되어 있는지에 달려 있다거나, 심지어 상이한 자유들(different liberties) 속에 포함되어 있는 자유(freedom)의 양을 비교하는 것이 이치에 맞지 않다고 말한다. 상이한 자유(liberties)들은 많은 상이한 이유들로 인해서 상이한 이익들을 증진시킨다. 또한 우리에게 가장 소중한 자유들(liberties)이 최대의 자유(freedom)를 가지고 있다고 가정할 만한 그 어떤 근거도 없다. 최대한 평등한 자유라는 접근방식은, 그렇지만, 특정 자유(liberty)의 가치는 그것이 얼마나 많은 자유(freedom)를 함유하고 있는지에 달려 있을 따름이라고 말한다. 왜냐하면 특정 자유(liberty)에 대한 우리의 관심은 자유(freedom) 그 자체에 대한 우리의 관심에서 생겨나기 때문이다. 롤즈식 접근방법과는 달리, 상이한 자유들(liberties)의 가치에 대한 판단은 자유(freedom)가 얼마나 많은지에 대한 판단을 필요로 하며 거기에서 파생된다.

만약에 자유지상주의가 이 같은 최대한 평등한 자유의 원칙(the greatest equal liberty principle)에 호소하고 있다면, 자유지상주의는 엄밀한 의미에서 '자유에 기반한' 이론이라 할 수 없다. (목적론적 자유에 기반한 이론과는 달리) 자유에 대한 권리는 사람들을 평등하게 고려해야 한다는 요구에서 파생되었기 때문이다. 하지만 자유지상주의는 느슨한 의미에서는 자유에 기반하고 있다고 할 수 있다. 그 이유는 (자유에 대한 롤즈식의 접근방식과는 달리) 구체적 자유(liberties)의 가치에 대한 판단을 자유(freedom)가 얼마나 많은지에 대한 판단으로부터 도출해 내기 때문이다. 자유지상주의자들은 최대한 평등한 자유의 원칙에 호소하는 방식으로 자신들이 선호하는 자유를 옹호할 수 있는가? 이 질문에 대답할 수 있으려면, 우리는 우선 자유를 측정하는 방법을 필요로 하며, 이러한 방법으로 우리는 예컨대 자유시장이 각각의 개인의 자유(freedom)를 극대화시키는지의 여부를 결정내릴 수 있다.

자유(freedom)를 측정하려면, 우리는 자유가 무엇인지에 대해 정의할 필요가 있다. 자유에 대하여 다양한 정의를 내리는 문헌이 있지만, 이것들 중 몇몇은 우리의 목적을 위해서 배제시킬 수 있다. 예들 들면 어떤 사람들은 자유(freedom)를 자신이 가진 권리(rights)의 행사라는 견지에서 정의한다. 어떤 제약이 우리의 자유를 감소시키는지의 여부는 우리가 그 제약의 대상이 되는 일을 행할 권리가 있는지의 여부에 달려 있다는 것이다. 예를 들어, 그와 같은 입장에서 본다면 절도의 금지가 사람들의 자유(liberty)를 제약한다고 볼 수 없는데, 왜냐하면 사람들에게 절도할 권리는 없기 때문이다. 이는 자유에 대한 '도덕화된'(moralized) 정의라고 할 수 있다. 그 이유는 그것이 선행적인 권리 이론(a prior theory of rights)을 전제하고 있기 때문이다. 이러한 종류의 도덕화된 정의는 일상적 담론 안에서 자유(freedom)에 대해 이야기 하는 매우 일반적인 방식을 반영한다. 하지만 여기에서 이러한 정의는 사용될 수 없다. 만약 최대한 평등한 자유의 이론이 근본적이 되려면, 그러한 '도덕화된' 정의는 배제되어야만 한다. 만약에 우리가 자유가 얼마나 많은지에 대한 판단으로부터 권리를 도출해내려 한다면, 자유에 대한 우리의 정의는 어떠한 권리 원칙도 전제할 수 없다. 최대한 평등한 자유의 이론에 호소하는 자유지상주의자들은, 예컨대 점유되지 않은 자원을 전유할 권리를 우리들이 보유하는지의 여부는, 그 권리가 각각의 사람들의 자유(freedom)를 증진시키는지 여부에 달려 있다고 믿는다. 하지만 자유에 대한 도덕화된 정의에서, 전유(appropriation)에 대한 제약이 자유에 대한 제약인지 여부를 알기 위해서는 우선, 점유되지 않은 자원을 전유할 권리를 사람들이 갖는지의 여부를 알 필요가 있다.

따라서 최대한 평등한 자유 원칙이 어떻게든 작동하려면, 우리는 그러한 선택을 행할 권리를 가지고 있다고 가정하지 않은 채로, 도덕화되지 않는 방식–예컨대 대안이나 선택의 존재–으로 자유를 정의할 필요가 있다. 그러면 우리는 다른 사람들 모두가 갖고 있는 유사한 자유와 양립할 수 있는 한 가장 광범위한 자유를 사람들에게 할당할 수 있다. 사람들이 예전에 점유되지 않았던 천연 자원을 전유할 수 있는 권리를 갖는지의 여부는, 따라서, 그 권리가 각각의 개인의 자유(freedom)를 증가시키는지 혹은 감소시키는지 여부에 달려 있다 하겠다(cf. Sterba 1988: 11~15).

하지만, 자유에 대해 도덕화되지 않는 정의를 제공하는 방식에는 두 가지가 있는데, 이 두 방식은 특정 자유(liberty)가 어떤 사람의 전체적인 자유(overall freedom)를 증진시켰는지 여부를 판단하는 두 개의 다른 기준을 제공한다. 첫번째 기준인 '중립적'(neutral) 견해는, 가능한 행위나 선택의 단순 총합에 근거하여, 순전히 양적 측정의 자유(a purely quantitative measure of freedom)를 제공해 준다. 두 번째 기준인 '목적지향적'(purposive) 견해는, 이처럼 상이한 대안들의 가치나 중요성에 대한 얼마간의 평가에 근거하여, 보다 질적 측정의 자유(a more qualitative measure of freedom)를 제공해 준다.

'중립적' 견해에서 시작해 보자. 이 견해에 의하면, 누군가가 우리의 (실제적 혹은 잠재적인) 욕망에 따른 행동을 방해하지 않는 한 우리는 자유롭다고 본다. 이는 도덕화되지 않는 정의인데, 그 이유는 그것이 우리가 이 같은 욕망에 따라 행동할 권리를 가지고 있다고 전제하지 않기 때문이다. 우리는 이 정의를 사용해서 어떤 사람의 자유의 양을 비교하는 판단을 내릴 수도 있다. 이러한 입장에서 보면, 어떤 사람은 좀 더 자유로울 수도 덜 자유로울 수도 있다. 그 이유는 그 사람은 어떤 욕망에 따른 행위에 있어서는 자유롭지만 다른 욕망에 따른 행위는 그렇지 않기 때문이다. 만약 우리가 상이한 권리에 의해 제공되는 자유의 양에 관하여 그와 같은 양적인 판단을 내릴 수 있다면, 우리는 어떤 권리가 가장 가치 있는지를 결정할 수 있다. 만약에 최대한 평등한 자유의 원칙이 자유에 대한 이런 정의를 채택하면, 각각의 개인은 사람들 모두에게 유사한 자유와 양립할 수 있는 중립적 자유의 최대치에 대한 자격을 부여받는다.

이것이 상이한 자유들(liberties)의 가치를 평가하기 위한 설득력 있는 기준을 제공하는가? 여기에는 두 가지 주요한 문제가 있다. 첫째, 상이한 자유들의 가치에 관한 우리의 직관적 판단은 중립적 자유(neutral freedom)에 대한 양적 판단에 기반하고 있다고 생각되지 않는다. 런던에 사는 사람과 알바니아와 같은(1989년 이전) 저개발 공산국가의 시민을 비교해 보자. 일반적으로 우리는 자유(freedom)라는 견지에서 볼 때, 런던에 거주하는 평균적인 사람이 좀 더 나은 처지에 있다고 생각한다. 무엇보다도 런던에 거주하는 사람은 여타 시민적 자유 및 민주적 자유(civil and demonstic liberties) 뿐만 아니라, 투표를 하거나 자기 종교 생활을 할 권리를 가지고 있다. 알바니아인들에게는 그러한 것들이 부족하다. 반면에 알바니아에는 신호등이 별로 없기 때문에, 어디로 또 어떻게 운전을 해야 하는지에 대한 교통 법규가 있다고 하더라도 자동차를 소유한 사람들이 그러한 법규에 직면할 일은 거의 없다. 알바니아에는 교통 법규가 더 적다는 사실이 자유(freedom)라는 견지에서 볼 때 그들이 열악한 처지에 있다는 우리 생각을 바꿔 놓지는 않는다. 하지만 우리는 이 사실을 중립적 자유에 대한 양적인 판단에 호소하는 방식으로 설명할 수 있는가?

만약에 자유가 중립적으로 계량화될 수 있다면, 그래서 우리가 런던 사람들이 어떤 방식으로 행위 하는 것을 신호등이 법적으로 몇 번이나 금지하는지를 매일같이 측정할 수 있다면, 그 횟수가 알바니아인들의 공개적인 종교 활동을 법적으로 금지하는 횟수보다 적다고 추정할 근거는 없다. 테일러(Charles Taylor, 내가 런던과 알바니아에 관한 사례를 빌려 온)가 말하듯이, '런던 사람 중 소수만이 공개적인 종교 활동을 행하지만, 교통 문제는 런던의 모든 사람이 협의해야 한다. 종교 활동하는 사람들은 일반적으로 일주일에 한번 정도 의식을 거행하지만, 교통 신호에는 매일매일 걸린다. 순전히 양적인 견지에서 볼 때, 교통 신호에 의해서 제약받는 행위의 수는, 공공적 차원의 종교의식 집행에 대한 금지(a ban on public religious practice)로 인해서 제약받는 행위의 수에 비해서, 더 많을 수밖에 없다'(Taylor 1985a: 219).

우리들이 알바니아인의 자유에 대한 테일러의 '억지적 옹호'(diabolic defence)를 받아들이지 않는 이유는 무엇인가? 즉, 자유라는 견지에서 볼 때 우리들이 런던사람들이 좀 더 나은 처지에 있다고 생각하는 이유는 무엇인가? 아마도 그 이유는 시민적 자유 및 정치적 자유에 대한 제약이 교통 소통에 가해지는 제약보다 중요하기 때문일 것이다. 시민적 자유와 정치적 자유(liberty)가 중립적으로 정의된 더 많은 자유(more freedom)를 포함하기 때문이 아니라, 그것들이 보다 중요한 자유들(more important freedom)을 포함하기 때문에 중요하다. 중립적 자유를 좀 더 적게 포함하고 있다 해도 그것들이 중요한 이유는 그것들이 인생의 중심적 문제들을 좀 더 많이 통제할 수 있도록 허용하고, 그리하여 교통과 관련한 자유들과는 다른 방식으로 훨씬 더 큰 수준의 자기결정을 우리에게 부여하기 때문이다. 자유(liberty)에 대한 중립적인 견해는 각각의 중립적 자유(freedom)가 그 무엇보다 중요하다고 말한다. 하지만 우리가 사람들의 이익과 관련시켜서 상이한 자유들의 가치를 생각해 보면, 어떤 자유는 다른 자유에 비해서 더 중요하며 또 어떤 자유-예컨대, 타인의 명예를 훼손할 자유(Hart 1975: 245)-는 아무런 가치도 없다는 사실을 안다. 상이한 자유들 사이에 우리가 만든 구분에 대해서 우리의 이론은 설명해 줄 수 있어야만 한다.

중립적 자유에 내재한 문제는 더욱 깊은 측면으로 들어가게 된다. 자유가 많은지 적은지에 대한 판단이 가능하지 않을 수도 있는데, 이는 중립적 자유의 양을 측정하는 저울이 존재하지 않기 때문이다. 나는 앞에서 우리가 만약에 교통 법률과 정치적 검열에 의해 제약을 받은 자유로운 행위의 개수를 셀 수 있다면, 아마도 교통 법률이 자유로운 행위를 더 많이 제약할 것이라고 말한 바 있다. 그러나 '자유로운 행위'(free act)라는 개념이 모호하다. 단순히 손을 흔드는 일 속에도 얼마나 많은 자유로운 행위가 포함되어 있는가? 만약에 어떤 나라에서 손 흔드는 일을 금지한다면, 이는 얼마나 많은 행위를 금지하는 셈인가? 이것과 종교 활동에 대한 제약을 어떻게 비교하는가? 각각의 경우, 우리는 마찬가지로 과도하거나 또는 불충분한 논거를 갖고서, 그 법률들은 단일 행위(손을 흔들거나, 종교적 믿음을 찬양하는 행위)를 금지해 왔다고 말하거나, 그 법률들이 무한한 횟수로 행해질 수 있었던 무한히 많은 수의 행위들을 금지해 왔다고 말할 수 있을 것이다. 하지만 최대한 평등한 자유의 원칙은 이 두 가지 경우를 구분할 수 있는 능력을 필요로 한다. 예컨대, 우리는 종교 의식의 금지는 다섯 단위의 자유로운 행위를 빼앗는 반면, 손을 흔드는 일의 금지는 자유로운 행위 세 단위를 빼앗는다고 말할 수 있어야 한다. 하지만 어떻게 우리들이 그러한 판단을 내리는지에 대한 의문은 여전히 남아 있다. 오닐(Onora O'Neil)이 말했듯이, '원한다면 우리는 모든 자유–예컨대 공직을 추구할 권리나 가족을 이룰 권리–도 가질 수 있다. 그리고 우리가 구분하기에 유용하다고 생각하는 대로 수많은 부분의 자유들로도 그것들을 나눌 수 있다–혹은 그 문제에 관해서 구분하기에 유용하다고 생각한 것보다 더 많은 부분으로 나눌 수 있다'(O'Neil 1980: 50). 자유로운 표현의 금지보다 자유로운 교통 소통의 금지에 더 많은 중립적 자유가 있다는 말을 허용할 수 있는 방식으로, 이 세상을 행위 및 잠재적 행위들로 나누는 것이 결코 비자의적인 방식이라고 할 수 없다. (하나의 예외는 가능한데, 본질적으로 동일한 두 쌍의 권리들(two essentially identical sets of rights)을 비교하는 경우이다. 즉 두번째 쌍의 권리는 첫번째 쌍의 권리에 포함되어 있는 모든 중립적 자유를 포함하고, 동시에 거기에다 적어도 하나 이상의 자유 행위를 포함하고 있는 경우이다–Arneson 1985: 422~425를 보시오.)

교통 법률과 정치적 억압 양자는 모두 자유로운 행위를 제약한다. 하지만 자유로운 행위의 개체화와 측량화에 기반해서 중립적 자유라는 획일적인 저울로 이 둘의 무게를 재려고 하는 그 어떤 시도도 설득력이 없다. 설령 그러한 저울이 있을 수 있다고 해도, 최대한 평등한 자유 원칙의 중립적 입장을 지지하는 자유지상주의자들은 그러한 저울을 개발하려는 열성적인 시도를 그다지 많이 하지 않았다.[26] 게다가 내가 뒤에 제

26) 중립적 자유를 정의하고 측정하려는 흥미로운 시도로는, Steiner 1983, 1994; Carter 1992, 1995a, 1995b, 1999를 보시오. 카터는 (예를 들면, 집에서 생활하는 것 같은) '행위–유형'(act–types)과 (특정한 시점에 특정한 집에서 사는 것과 같은) '행위–사례'(act–token) 사이의 구분을 통해서 개별화된 행위의 문제를 얼마간

4절 b항에서 다루겠지만, 그런 저울이 분명하게 규정될 수 있다고 해도, 그것이 자유지상주의를 지지하리라고 가정할 만한 근거는 없다.

(iv) *목적지향적 자유(purposive liberty)*

(최대한 평등한 자유의 원칙 a principle of greatest equal liberty에 우리가 매력을 느끼도록 만드는) 우리의 가장 귀중한 자유들은 최대로 중립적인 자유(the greatest neutral freedom)를 포함한다고 생각되지 않는다. 자유에 대한 '목적지향적'(purposive) 정의의 채택이야 말로, 최대한 평등한 자유의 원칙을 옹호하는 확실한 방향이라 하겠다. 이 같은 정의에서는, 특정 자유(liberty)에 포함되어 있는 자유(freedom)의 양은, 주어진 우리의 이익과 목적에 있어서, 그 자유(liberty)가 우리에게 얼마나 중요한지에 달려있다. 테일러가 말했듯이, '우리는 목적지향적인 존재이므로 우리에게 자유는 중요하다. 그렇지만 거기에는 상이한 종류의 목적들의 의미의 구분에 기반한 상이한 종류의 자유(freedom)의 의미에 대한 구분이 있어야만 한다'(Taylor 1985a: 219). 예컨대, 종교적 자유(liberty)는 교통 문제에서의 자유(liberty)보다 우리에게 더 많은 자유(freedom)를 준다. 왜냐하면, 종교적 자유가 양적으로 더 많은 중립적 자유를 포함하지는 않는다 하더라도, 좀 더 중요한 이익에 봉사하기 때문이다.[27)]

목적지향적 자유의 정의(a purposive definition of freedom)는 특정 자유(a liberty)의 중요성을 평가할 수 있는 일부 기준을 필요로 한다. 그 이유는 그 자유(liberty)에 포함되어 있는 자유(freedom)의 양을 측정하기 위해서이다. 두 가지의 기본적인 기준이 있는데–'주관적' 기준은 특정 자유의 가치는 개인이 그 자유를 얼마만큼이나 갈구하는지에 달려 있다고 말한다. '객관적' 기준은 특정 자유는 개인이 그것을 갈구하는지 여부와 관계없이 중요하다고 말한다. 흔히 후자가 선호할 만하다고 여겨져

극복하려 노력한다. 또한 우리는 행위의 시공간적 특징에 대한 참조를 통해서 각각의 행위–사례에 포함되어 있는 '행위의 범위'를 측정할 수 있다고 주장한다. 비록 나는 그것이 영국인이 알바니아인 보다 자유로운지를 어떻게 보여주는지는 알 수가 없다고 고백하지만, 그는 이러한 틀을 사용하면 알바니아를 자유로운 국가로 둔갑시키는 테일러의 '억지적 옹호'를 우리가 반박할 수 있게 한다고 제안한다(Carter 1992: 45).

27) 자유의 정의에 대해 이러한 '목적지향적' 견해를 지지하는 사람들로는 Loevinsohn 1977; Norman 1981; Raz 1986: 13~16; Sen 1990b~1991; Arneson 1985; Connolly 1993: 171~172 등이 포함된다.

왔다. 그 이유는 법률적 권리를 갈망하지 않는 '만족한 논예'의 문제(the problem of the 'contented slave')를 피해갈 수 있으며, 그래서, 주관적 기준에서도, 어떤 중요한 자유들(any important freedoms)도 결여하지 않을 수 있기 때문이다.

어떤 견해를 따르든, 우리는 어떤 사람의 자유를, 그 사람의 구체적 자유들(liberties)이 (객관적이든 주관적이든) 얼마만큼이나 가치 있는지를 판단함으로써 평가한다. 이러한 이유로 인해서, 좀 더 높이 평가되는 자유들(liberties)은 목적지향적인 자유(freedom)를 더 많이 포함하고 있다. 따라서 목적지향적인 자유라는 견지에서 최대한 평등한 자유의 원칙을 바라보면, 사람들 각자는 모든 사람들이 갖고 있는 유사한 자유와 양립할 수 있는 목적지향적인 자유(liberty)의 최대 가능량에 대한 권리를 부여받는다. 자유를 평가하는 롤즈식의 접근방식과 마찬가지로, 이러한 방식은 특정 자유들의 가치에 대한 질적인 판단을 허락하지만, 그러한 자유들(liberties)이 자유라는 획일적인 저울로(in terms of a single scale of freedom) 평가받아야만 한다고 가정한다는 점에서 롤즈식의 접근방식과 구별된다.

목적지향적인 자유가 중립적 자유에 비해 좀 더 매력적이라고 할 수 있다. 왜냐하면 전자는 몇몇 중립적 자유들은 다른 자유보다 가치 있다고 보는 우리의 일상적 견해에 부합되기 때문이다. 하지만 문제는 그 주장 속에서는 자유의 양과 관련한 어떠한 언어도 작동하지 않는다는 점에 있다. 최대한 평등한 자유 원칙을 목적지향적 자유라는 견지에서 보는 방식은, 사실상, 롤즈식의 접근방식을 재서술하는 혼란스러운 방식에 불과할 뿐이다. 다만 목적지향적 관점의 최대한 평등한 자유 원칙은 다음과 같은 차이점이 있다. 우리가 중요한 자유들(liberties)을 누릴 자격이 있는 이유는 바로 평등한 자유의 최대치(the greatest amount of equal liberty)에 대한 자격이 있기 때문이다. 이러한 단계는 롤즈적 접근방식에는 생략되어 있다. 하지만 그 단계는 그 주장 속에서 작동하지 않으며, 실제로는 현실적인 문제들을 혼돈스럽게 만든다.

최대한 평등한 자유의 원칙(the principle of greatest equal liberty)은 구체적 자유를 보호하기 위하여 다음과 같은 주장을 제공한다.

① 사람들 각자의 이익은 중요하며 동시에 평등하게 중요하다.

② 사람들은 자유의 최대량(the greatest amount of freedom)에 관심을 가지고 있다.

③ 따라서 사람들은 다른 사람들의 평등한 자유와 양립할 수 있는 최대량의 자유를 가져야 한다.

④ 우리의 이익을 전제할 때, x에 대한 자유(liberty)는 중요하다.

⑤ 따라서 x에 대한 자유(liberty)는 우리의 자유(freedom)를 증진시킨다.

⑥ 따라서 사람들 각자는 (다른 사정이 같다면) x에 대한 다른 모든 사람의 권리와 양립할 수 있는 x에 대한 권리를 가져야 한다.

이것을 롤즈식의 논거와 대비시켜 보자.

① 사람들 각자의 이익은 중요하며 동시에 평등하게 중요하다.

④ 우리의 이익을 전제할 때, x에 대한 자유(the liberty to x)는 중요하다.

⑥ 따라서 사람들 각자는 (다른 사정이 같다면) x에 대한 다른 모든 사람의 권리와 양립할 수 있는 x에 대한 권리를 가져야 한다.

첫번째 주장은 불필요하게 복잡한 방식으로 두번째 주장을 기술하고 있다. ④에서부터 ⑤까지의 단계는 아무것도 추가하지 않는다(그리고 결과적으로 ②단계와 ③단계 역시 아무것도 추가하지 않는다). 자유지상주의자들은, 이 같은 입장에 의하면, 특정 자유(liberty)가 중요한 이유는 그것이 우리의 자유(freedom)를 증가시키기 때문이며, 그래서 우리는 가능한 많은 자유(freedom)를 누릴 수 있어야 한다. 하지만 자유(liberty)를 옹호하는 이러한 주장은 사실상 자유(liberty)의 중요성에 대한 평가로 완성된다.

자유(freedom)를 측정하는 뢰빈슨(Ernst Loevinsohn)의 이론을 살펴보자. 이 이론은 목적지향적인 자유(freedom)를 측정하기 위해서 주관적 기준을 사용한다. 그는 어떤 사람이 어떤 가능한 행위의 경로를 추구하는 것을 막기 위해서 강제나 벌칙의 위험이 사용될 때, 그 사람의 자유(freedom)가 얼마나 줄어드는지는 해당 행위가 그 사람에게 얼마만큼이나 중요한지에 달려 있다'고 말한다(Loevinsohn 1977: 232; cf.

Arneson 1985: 428). 따라서 내가 어떤 자유(liberty)를 갈구하면 할수록, 그것은 내게 더 많은 자유(freedom)를 제공한다. 만약 내가 종교적 자유를 교통 문제에서의 자유(liberty)보다 더 갈구하면, 전자는 중요한 정신적 이익을 증진시키기 때문에, 교통 문제에서의 자유보다 더 많은 자유(freedom)를 나에게 제공한다. 하지만 뢰빈슨은 '좀 더 갈망되는 자유'(a more desired liberty)에서 '더 많은 자유'(more freedom)로의 용어상의 이동으로 인하여 무엇이 얻어지는지에 대해서는 설명하지 않는다. 이처럼 다시 한번 기술하는 것(위의 논거에서 ④에서 ⑤로의 이동)은 아무 것도 추가하지 않으며, 따라서 최대한 평등한 자유의 원칙(위에서 ②와 ③)은 아무 일도 하지 않는다. 나는 좀 더 갈망되는 자유들(more desired liberties)에 더 광범위한 자유(more extensive freedom)라는 이름을 붙여주는 것이 불가능하거나 정당하지 않다고 말하고 싶지는 않다. 하지만 우리가 그것들을 이러한 방식으로 다시 한번 기술할 수 있다는 사실이, 도덕적 중요성에 대해서 우리가 얼마간이라도 말했다거나 특정 자유들(liberties)의 가치를 평가할 수 있는 명백히 자유(liberty)에 기반한 방식을 찾았음을 뜻하지는 않는다.

최대한 평등한 자유라는 전제(the greatest equal liberty premiss)는 불필요할 뿐만 아니라 여러 가지 이유에서 혼란스럽기까지 하다. 우선, 그것은 우리들이 자유(liberty)에서 단 하나의 이익만을 가지고 있다고 주장하는 잘못에 빠진다. 상이한 자유들(liberties)을 그것들이 얼마나 많은 목적지향적 자유(freedom)를 제공하는지의 견지에서 평가한다고 우리들이 말하는 것은, 이러한 상이한 자유들이 동일한 이유로 우리에게 중요하다고, 즉 이러한 모든 자유가 동일한 이익을 증진시킨다고 말하는 것과 같다. 하지만 상이한 자유는 사실상 상이한 방식으로 상이한 이익들을 증진시킨다. 종교적 자유(religious liberties)는 자기결정—예컨대 나의 가장 심원한 가치와 신념에 따라 행동하기 위한—을 위해서 중요하다. 민주적 자유들(democratic liberties)은 좀 더 상징적 이익에 봉사한다—내가 투표를 금지당한다면 그것은 내 존엄성에 대한 공격이긴 하지만, 내 목표들을 추구하는 내 능력에는 아무런 영향을 주지 않을 수도 있다. 몇몇 경제적 자유(economic liberties)는 순전히 도구적인 가치만을 가지고 있다—소비재의 가격을 낮춰 준다는 이유에서 나는 국가간의 자유무역을 갈망할 수도 있겠지만, 또한 무역규제가 가격을 낮추게 한다면 나는 국제 무역에 대한 제약을 지지할 수도 있다. 나는 이러한 상이한 자유들을 동일한 이유 때문에 갈망하지 않으며, 내 갈망의 강도는 그러한 자유가 단일한 이익을 얼마만큼이나 증진시키느냐에 기반해 있지 않다.[28] 다시 한번 말하자면, 이들 상이한 이익들을 좀 더 광범위한 목적지향적인 자유(freedom) 속에 있는 이익으로 재차 기술하는 일은 가능하긴 하지만 불필요한 혼란만 야기한다.

게다가, 좀 더 광범위한 자유(more extensive freedom) 속에 있는 우리의 이익에 대해서 이야기하는 것은, 상이한 자유들(liberties) 속에 있는 우리의 상이한 이익들과는 대조된다고 할 수 있는데, 이는 자유(freedom)와 다른 가치들 사이의 관계를 불분명하게 만든다. 특정 자유(liberty) 속에서 우리가 보유하는 이익이 무엇이든—그것이 본질적이든 도구적이든, 상징적이든 실질적이든—아마도 우리는 다른 것들 안에서도 동일한 이익을 가질 수도 있다. 예컨대, 우리의 존엄성에 미치는 영향 때문에 투표할 자유(freedom)가 중요하다면, 우리의 존엄성을 증진시키는 다른 것들(예컨대 기본적 필요의 충족이라든지 명예 훼손 금지 등과 같은)도 역시 중요하며, 완전히 동일한 이유로 중요하다. 목적지향적인 자유(freedom)를 옹호하는 사람들은, 우리의 관심은 중요한 자유들(important liberties)에 있지 단순히 낡은 중립적 자유(old neutral liberty)에 있지 않다고 말한다. 하지만 우리에게 자유들(liberties)을 중요하게 만드는 것이 무엇인지 살펴보면, 자유(freedom)는 더 이상 존엄성이나 신체의 안전, 또는 자율성과 같은

28) 이러한 사례가 보여주는 것처럼, x를 할 수 있는 자유(freedom)에 대한 우리의 관심은 단순히 x를 행하는 것에 대한 우리의 관심이 아니다. 예컨대, 비록 나는 옷을 고르는 일에 관해 특별한 관심이 없다 할지라도, 나 자신의 옷을 선택할 자유에 관해서 관심을 가질 수도 있다. 내가 내 의상에 대해서는 거의 무관심하다 할지라도, 다른 사람들이 나에게 어떤 옷을 입으라고 지시하려는 어떠한 시도도 사생활에 대한 참을 수 없는 침해로 받아들일 것이다. 나는 관세를 물지 않고 외국 상품을 구입할 수 있는 자유처럼, 그것들이 내가 더 많은 상품을 구매하는 것을 가능케 해주는 경우에 한해서 다른 자유들에 관해 관심을 가질 수도 있다. 하지만 다른 경우에는, 종교적 숭배처럼 무언가를 할 수 있는 자유가 있는 우리의 존재가 바로 그 행위의 가치를 구성하고 있을 수도 있다. 종교적 믿음을 찬양하는데 있어 우리들이 자유롭게 선택하는 것은 종교적 찬양의 가치에 있어 핵심적이다. 따라서 x를 할 자유에 대한 우리의 관심은, x에 대한 우리의 관심에 대하여 도구적인 것일 수도 있으며 본질적인 것일 수도 있고, 혹은 그것과 무관한 것일 수도 있다. 따라서 상이한 자유(different freedoms)에 대한 우리의 관심은 각각의 특정 행위에 대한 우리의 관심에서뿐만 아니라, 특정 행위를 할 자유를 가짐으로써 증진되는 수단적, 본질적, 상징적 이익의 범위에 있어서도 다양하다. 이러한 모든 상이한 이익들이 실제로 좀 더 포괄적 자유 속에 있는 단일한 이익이라고 말하는 것은 절망스러울 정도로 혼란스러운 것임은 더 말할 필요가 없다.

다른 가치들과 체계적으로 경쟁하지 않는다는 것을 알 수 있다. 그 이유는 이것들이 바로 구체적 자유들(liberties)을 중요하게 만드는 가치이기 때문이다. 그러나 보다 중요한 자유들(liberties)을 좀 더 광범위한 자유(freedom)로서 묘사하다 보면, 마치 구체적 자유들(liberties)의 중요성이 그것이 포함하고 있는 자유(freedom)의 양에서 발생하는 것처럼 보이게 만들기 때문에 잘못된 대조를 불러일으키게 된다.

따라서 최대한 평등한 자유 원칙(the greatest equal liberty principle)에 대한 두 가지 입장 모두, 자유를 평가하는 롤즈식의 접근방식을 대신할 수 있는 실행 가능한 대안을 제공해 주지 못한다. 롤즈도 한때는 최대로 광범위한 평등한 자유(the most extensive equal liberty)에 대한 권리를 지지했었다는 사실은 주목할 만 하다. 그리고 그의 이론의 최종적 입장에서만 내가 롤즈적 접근 방식(the Rawlsian approach)이라 불러왔던 것을 채택하였다. 그는 자유의 총량(overall freedom)의 측정 가능성이나 그것의 중요성에 관한 어떤 주장도 거부하면서, 이제는 '기본적 자유들'(basic liberties)에 대한 평등한 권리의 원칙을 옹호한다(Rawls 1982a: 5~6; Hart 1975: 233~239). 그는, 무엇이 기본적 자유인지를 결정하는데 있어서, 어떤 자유들(liberties)이 '자유'(freedom)라 불리는 단일 상품에 대한 우리의 소유를 극대화시켜 주는지에 대해서 우리들이 질문하지 않는다는 사실을 인지하고 있었다. 사람들이 최대한 자유로워져야 한다는 그의 예전 주장은, '모든 중요한 사항, 혹은 대부분의 중요한 사항들에서 사람들이 자유로워져야 [한다는] 주장을 단순히 에둘러 표현한 것이다'(MacCallum 1967: 329). 하지만 이제 롤즈가 인정하는 것처럼, 우리가 일단 이렇게(자유의 총량을 극대화시키는 것) 말한다면, 최대한 평등한 자유의 원칙은 작동하지 않는다. 특정 사항에서 자유로워지는 것이 중요한 이유는, 그것이 제공하는 자유의 양이 아니라, 그것이 봉사하는 다양한 이익들의 중요성 때문이다. 드워킨이 말한 것처럼,

> 우리가 기본적 자유들(basic liberties)에 대한 권리를 보유하고 있는 이유가, 기본적 자유들이 자유라는 필수품(the commodity of liberty)이 아무튼 각별히 중요한 쟁점이 되는 사례를 의미하는 것이기 때문이 아니라, 기본적 자유들에 대한 공격이 자유에 가한 충격을 뛰어 넘어서서 우리들을 다치게 하거나 우리의 품위를 떨어뜨리기 때문이라고 한다면, 우리가 갖게 되는

> 권리는 자유(liberty)에 대한 권리가 아니라 특정 제약이 좌절시킨 가치나 이익 혹은 지위에 대한 것이 된다(Dworkin 1977: 271).

따라서 자유에 대한 요구들(liberty-claims)을 함에 있어, 우리는 자유라는 이 단일 상품의 최대한 평등한 양에 대한 요구권이 있는 것이 아니라, 특정 자유들(liberties)을 중요하게 만드는 이익들에 대한 평등한 고려에 대하여 요구권이 있다.[29)]

(b) 자유와 자본주의(freedom and capitalism)

자유지상주의는 특정한 자유의 원칙(principle of liberty)의 맥락 속에서 가장 잘 이해되고 옹호될 수 있다고 여겨지곤 한다. 나는 지금까지 이러한 옹호에 사용될 수 있는 자유(liberty)에 대한 세 가지의 가능한 정의에 대해서 고찰해 봤다. 도덕화된 정의들(moralized definitions)은 권리 이론을 전제하고 있기 때문에 작동하지 않을 것이다. 중립적 정의(the neutral definition)도 전망이 없는데, 중립적 자유에 대한 양적인 측정은 막연하거나 설득력 없는 결론으로 귀결되기 때문이다. 그리고 목적지향적 정의(the purposive definition)는 자유의 가치에 대해서 우리들이 평가를 하는 현실적 기반을 모호하게 만들 뿐이다.

이 시점에서 인내심의 부족을 느끼는 독자들이 있을지도 모르겠다. 개념상의 정교함이야 어찌됐건, 그들은 자유와 자유시장 혹은 자유와 자유지상주의 사이에는 중요한 연관성이 반드시 존재한다고 생각할지도 모른다. 좌파 자유주의자들을 자유지상주의자들과 구분시켜 주는 것은 결국 전자가 개인의 자유에 대한 정부의 더 많은 제약을 선호한다는 점에 있다는 것은 사실이 아닌가? 이러한 가정은 학술 담론과 대중적 담론 모두에 깊이 침투해 있다. 예컨대, 플루(Anthony Flew)는, 자유주의자들과 사회주의자들이 정부의 제약을 선호하는데 비하여, 자유지상주의는 '개인의 자유에 대한 그 어떤 사회적, 법률적 제약도 반대하고 있다'고 주장한다(Flew 1979: 188; cf.

---

29) 보다 심층적인 논의는, Norman 1991a를 보시오. 거기에서 그는 "'자유로운 행위'(Free Action)를 너무 진지하게 받아들이는 것"의 문제점에 대해 논하고 있다.

Rothbard 1982: p.v). 따라서 플루는 복지국가를 자유에 대한 제약이라고 규정하고, 자본주의는 자유에 대한 제약의 부재로 규정한다.

이와 같이 자본주의를 무제약적 자유와 등치시키는 발상은 심지어 일부 복지국가 옹호론자들에 의해서도 공유되고 있다. 이들은 재분배 정책이 자유와 평등 사이의 일종의 조화라는데 동의하며, 자유(의 가치)에만 신뢰를 하는 사람이라면 자본주의를 지지해야 한다고 믿고 있다.

하지만 자유시장이 복지국가보다 더 많은 자유(freedom)를 함유한다는 것은 사실인가? 이러한 주장을 검증해 보기 위해서, 무엇보다 먼저 자유(freedom)를 정의할 필요가 있다. 플루(Flew)는 자유에 대한 도덕화되지 않은 중립적 정의를 전제로 하고 있다고 보인다. 복지국가의 재분배를 제거함으로써, 자유시장은 사람들이 자원을 처분하는데 부과되는 얼마간의 법률적 제약들을 제거해 버리고, 그로 인해 얼마간의 중립적인 자유들을 창출해 낸다. 예컨대, 정부가 만약에 상속이나 자본 취득에 대하여 80퍼센트의 세금을 부과해서 복지 프로그램의 재원을 마련한다면, 이는 사람들이 타인에게 자신의 재산을 주는 것을 금지하는 셈이 된다. 이런 세금을 없앰으로써 얼마나 많은 중립적 자유가 획득되는지에 대해서 플루는 말해 주지 않는다. 그러나 세금철폐가 세금을 부과하였더라면 할 수 없었던 것을 사람들로 하여금 할 수 있게 해준다는 사실은 분명하다. 이 같은 중립적 자유의 확장은 자본주의가 자유를 증가시킨다는 가장 분명한 느낌을 주지만, 이러한 중립적 자유들 중 상당수는 소중한 목적지향적 자유(purposive freedoms)가 될 수도 있다. 왜냐하면 사람들이 자신의 재산을 타인에게 주려고 할 때에는 중요한 이유가 있기 때문이다. 따라서 자본주의는 복지국가에서는 성취할 수 없는 특정한 중립적이고 목적지향적인 자유를 제공한다.

하지만 우리는 증대된 자유(liberty)에 대해서 보다 구체적으로 말할 필요가 있다. 자유에 관한 모든 주장이 의미 있는 것이 되려면, 3단 구조를 가져야만 한다—즉, 'x는 z를 하기 위해 y로부터 자유로워야 한다'(x is free from y to do z)는 형식이 되어야 한다. x는 행위자를, y는 방해하는 조건들을, z는 행위를 구체화시킨 것이다. 자유에 대한 모든 요구는 이러한 세 가지 요소를 갖춰야만 한다. 즉, 누가 무엇을 하기 위해 어떤 방해로부터 자유로운지를 구체적으로 기술해야 한다(MacMallum,

1967: 314). 플루는 마지막 두 요소에 대해서는 이야기했다—그의 주장은 법률적 제약 없이 재산을 처분할 자유에 관한 것이었다. 하지만 그는 첫번째 요소에 대해서는 이야기 하지 않았다—예컨대, 누가 이 자유를 가지는가? 이 질문을 제기하는 것과 동시에, 자유와 자본주의를 동일시하는 플루의 생각에는 문제가 있다는 사실이 드러난다. 왜냐하면, 자원을 처리할 수 있게끔 자유로워지는 사람은 다름 아닌 그 자원의 소유주이기 때문이다. 반면에 자원을 소유하지 않은 사람들은 그런 자유를 박탈당한다. 당신이 (상속세가 없었더라면) 넓은 토지를 상속받았을 텐데, 그것이 (과세로 인해서) 이제 공립 공원이나 저소득층의 주거지가 된다고 가정해 보라. 그 상속세는 재산을 사용할 자유를 *제거*(eliminate)하기보다, 자유를 *재분배*(redistribute)한다. 당신이 만약 부동산을 상속받았다면, 당신은 그것을 당신이 적합하다고 생각하는 대로 처분할 자유가 있다. 하지만 만약에 내가 파티를 하려고 당신의 뒷마당이나 정원을 당신의 허락도 없이 사용한다면, 그것은 내가 법률을 어기는 일이며 정부는 간섭하여 내가 그 일을 계속할 자유를 강제로 빼앗을 것이다. 반면, 그 재산을 사용하고 향유할 나의 자유는, 복지국가가 나에게 적정한 가격의 주택이나 공공 공원을 제공하기 위해서 당신의 상속분에 대해 세금을 부과하게 된다면, 증가한다. 따라서 자유시장은 법률적으로 내 자유를 억제하는 반면, 복지국가는 내 자유를 증가시킨다. 다시 말하면, 이러한 상황은 자유에 대한 중립적 정의에서 가장 분명하지만, 상속세를 통해서 내가 획득하는 많은 중립적 자유는 중요한 목적지향적 자유이기도 하다.[30]

사유재산의 기원에 대해 생각해 보면, 재산권이 타인의 재산권을 제약함으로써 일부 사람들의 자유를 증진시킨다는 사실은 명백하다. 예전에 공동으로 점유되었던 토지를 에이미가 일방적으로 전유했을 때, 벤은 그 토지를 사용할 자유를 법률적으로 박탈당했다. 누군가의 사적 소유권(private ownership)은 타인의 소유권 박탈(non-ownership)을 전제로 하기 때문에, 복지국가의 재분배가 자유들(liberties)을 만들어내기도 하고 제약하기도 하는 것처럼, '자유시장' 역시 자유들(liberties)을 만들어낼 뿐만

30) 레이버(Steven Reiber)는 재분배적인 상속세는, 단순히 과세된 자원을 이용할 자유를 재분배하는 것일 수도 있지만, 재산을 상속양도할 자유는 일방적으로 축소시킨다고 주장한다(Rieber 1996).

아니라 제약하기도 한다. 따라서 코헨(Cohen)이 말하듯이, '사유재산은 자유의 분배인 동시에 비자유의 분배이다'(Cohen 1981: 227). 결과적으로 "사업의 자유가 경제적 자유를 구성한다"(free enterprise constitutes economic liberty)라는 문장은 허구라는 사실이 증명된다(Cohen 1979: 12; cf. Gibbard 1985: 25; Goodin 1988: 312~313).

이는 자유주의적 재분배 이론들에 비해서 자신의 정의론이 우월하다는 노직의 중요한 주장을 약화시킨다. 그는 롤즈의 이론이 '사람들의 삶에 대한 계속적인 간섭 없이는 지속적으로 실현될' 수 없다고 말한다(Nozick 1974: 163). 왜냐하면 마음대로 하게 내버려 두면, 사람들은 차등원칙을 위반하는 자유로운 교환을 할 것이기 때문에, 차등원칙을 보존하기 위해서는 사람들의 교환에 대한 계속적인 간섭이 요구되기 때문이다. 노직은, 자신의 이론은 사람들의 자유로운 교환이 특정한 패턴에 합치되도록 요구하지 않으며, 따라서 그러한 교환에 대한 간섭을 필요로 하지 않기 때문에, 사람들의 삶에 대한 계속적인 간섭을 피할 수 있다고 주장한다.[31] 하지만 불행히도, 노직이 옹호하는 그 교환의 체계 바로 그 자체가 사람들의 삶에 대한 지속적인 간섭을 필요로 한다. 사람들이 노직의 정의원칙을 위반하는 것을 막을 수 있는 것은 계속적인 국가 간섭밖에 없다. 따라서 롤즈의 차등원칙과 마찬가지로 노직의 재산권은 사람들의 인생에 대한 지속적 간섭에 의해서만 보존될 수 있다.

재산권은 개인의 자유에 대한 법률적인 제약을 수반하기 때문에, 플루처럼 '개인의 자유에 대한 그 어떤 사회적 또는 법률적 제약'에도 반대해야 한다고 주장하는 모든 사람은 아마도 국가가 강제하는 재산권을 거부하고 대신에 무정부주의를 지지해야

---

31) 실제로 노직의 주장은 여기에서 맞다고 할 수 없다. 그의 이론은 사람들의 자유로운 교환이 특정한 정형–로크적 단서–을 유지할 것을 요구하며, 정형화된 분배를 유지하기 위해서 자유로운 교환에 계속적으로 간섭할 것 역시 요구한다. 이는 마찬가지로 롤즈의 것과 같은 '정형화된 이론들'과 노직 자신의 것과 같은 '역사적 이론들'을 대조적으로 생각하는 노직의 생각을 약화시킨다. 모든 이론은 정형화된 요소와 역사적인 요소 모두를 포함한다. 예컨대, 롤즈는 사람들이 차등원칙에 합치되는 그들의 과거의 행위 및 선택 덕분에 정당한 자격을 갖는 것을 허용한다(역사적 요소). 또한 노직은 사람들의 행위에서 유래하는 분배의 패턴이 자연상태와 비교해서 그 누구의 처지도 악화시키지 않아야 한다고 요구한다(정형화된 요소). 노직은 로크적 단서가 정형화된 조건이 아니라고 주장한다(Nozick 1974: 181). 하지만 그렇다면, 롤즈의 차등원칙도 정형화된 조건이 아니다(Bogart 1985: 828~832; Steiner 1977: 45~46). 아무튼 이러한 대비가 성립한다 할지라도, 그것은 사람들의 삶에 간섭하는 이론과 그렇지 않은 이론 사이의 대비는 아니다.

하리라. 하지만 자유지상주의자들은 무정부주의자가 아니다. 자유지상주의자들은 재산권을 지키기 위해서 국가가 개인의 자유에 제약을 가해야 한다고 굳게 믿는다.

재산 소유자들이 획득한 자유는 다른 사람들이 잃은 자유보다 더 크다고 주장하는 자유지상주의자들이 있을지도 모르겠다. 하지만 우리가 그러한 측정을 어떻게 할 것인지가 분명하지 않다. 또한 우리가 그러한 측정을 할 수 있다 해도, 그것이 어떻게 '최대한 평등한 자유'의 원칙과 관련되어 있는지는 분명치 않다. 타인들의 자유를 희생시켜서 누군가에게 자유를 부여하는 식으로 자유의 총량을 늘리는 것은 최대한 평등한 자유 원칙을 지지하기보다는 위반하리라고 생각된다. 최대한 평등한 자유의 원칙은 사람들이 *다른 사람들의 평등한 자유와 양립할 수 있는*(consistent with the equal freedom of others) 최대량의 자유를 가져야 한다고 말한다. 재산권의 유지가 재산 소유주들에게 타인이 잃는 것보다 더 많은 자유를 창출한다 할지라도, 모든 사람이 동등한 양의 재산을 소유하도록 보장하는 규정이 존재하지 않는 한, 이는 평등한 자유를 증대시키는 방법이라고 하기 어렵다.[32]

아무튼 대부분의 자유지상주의자들은 자유시장은 그것이 빼앗아가는 자유보다 더 많은 자유를 창출해 낸다고 주장하지는 않는다. 플루와 대부분의 자유지상주의자들은 자유시장이 그 어떤 부자유(unfreedom)를 만들어 내지 않는다고 주장한다. 그들은 자본주의가 개인의 자유에 대한 어떠한 제약도 포함하지 않는다고 주장한다. 자유지상주의자들은 어떻게 이런 말을 할 수 있는가? 그 답변은 이들이 일종의 도덕화된 정의(定義)의 자유 개념(a moralized definition of freedom)으로 옮겨가고 있다는데 있다. 이 개념은 자유를 어떤 사람의 권리행사의 관점에서 정의한다. 소유한 것이 없는 사람들의 자유(freedom)는 내 재산에 대한 그들의 침해가 금지된다 하더라도 결코 감소하지 않는다. 그 이유는 그들은 침해할 수 있는 어떠한 권리도 가지고 있지 않기 때문이다. 그들은 내 재산을 침해할 그 어떤 권리도 가지고 있지 않기 때문에, 그들의 (도덕화된) 자유는 내 재산권의 강화에 의해서 감소하지 않는다.

---

32) 각 개인의 자유를 존중하는 것과 자유의 총량을 늘리는 것 사이에서 자유지상주의에 내재된 긴장과 관련한 논의로는 Kegan 1994를 보시오.

자유시장이 어떻게 자유를 증대시키는지에 관한 대중적 수사들 가운데 상당수가 자유에 대한 이 같은 도덕화된 정의에 의존하고 있다. 자유에 대하여 도덕화되지 않은 어떠한 정의에서도, 사유재산은 자유(freedom)와 비자유(nonfreedom) 모두를 만들어 낸다. 하지만, 도덕화된 정의에서는, 우리는 자유시장이 그 누구의 자유에도 제약을 가하지 않는다고 말할 수 있는데, 그 이유는 그것은 사람들이 행사할 권리를 가지고 있지 않은 사항(예컨대 타인의 재산을 사용하는 행위)을 행하는 것만을 금지하기 때문이다.

물론 자유지상주의자들이 일단 이 같은 도덕화된 정의를 채택하게 되면, 자유시장이 사람들의 자유를 증가시킨다는 주장은 현존의 재산권을 옹호할 수 있는 사전적 논거(a prior argument for the existence of property rights)를 필요로 하게 된다. 그렇지만 이 논거는 그 자체로서는 자유에 기반한(liberty-based) 것이 될 수 없다. 자유시장이 도덕적으로 정의된 자유를 증진시킨다는 주장을 옹호하기 위해서, 자유지상주의자들은 사람들이 재산권을 가진다는 사실을 보여줘야만 한다. 하지만 이는 재산권에 대한 자유(liberty to property rights)에서 나오는 논거가 아니다. 이와 반대로, (자유지상주의자들의) 자유 주장(the liberty claim)은 재산권의 현존을 전제로 한다-재산권은 우리가 그러한 권리가 도덕적으로 정당하다고 생각할 만한 우선적이며 독립적인 이유를 가지고 있을 때에만 자유를 증가시킨다. 그리고 나는 자기소유권이나 상호이득에 호소함으로써 그러한 권리를 옹호하려는 현존하는 시도들은 실패했다고 주장했다.

아무튼 우리가 일단 자유(liberty)를 어떤 사람이 행위할 수 있는 도덕적 권리를 가지고 있는 것을 행할 자유(freedom)라고 규정하면, 자유(liberty)는 경쟁하는 권리의 이론을 평가하는데 있어서 아무런 역할을 하지 못한다. 모든 이론은, 정부가 사람들의 도덕적 권리에 대하여 정부 자신의 관점에 따라 행동한다면, 그것은 (도덕화된) 자유를 제약하지 않는다고 주장할 수 있게 될 것이다. 사람들은 세상의 불평등한 양에 대하여 절대적 재산권을 획득할 도덕적 권리를 가진다는 자유지상주의적 주장을 수용하면, 자본주의는 (도덕화된) 자유에 대한 어떠한 제약도 포함하지 않는다. 그러나 대신에 사람들은 자신의 우연한 재능으로부터 생겨나는 이득에 대해서 어떠한 도덕적 권리도 갖지 않는다는 자유적 평등주의 견해를 수용하면, (도덕화된) 자유에 대한 어떠한 제약도 포함하지 않는 것은 다름 아닌 복지국가이다. 만약에 사람들이 자신들의 우연한 선천적 혜택들로부터 기인하는 이득들에 대하여 도덕적 권리를 갖지 않는다면, 복지국가는 유리한 처지의 사람들로부터 불리한 처지의 사람들에게로 자원을 재분배할 때 그 어떤 (도덕화된) 자유도 제약하지 않게 된다. 자신들이 행할 권리를 가지고 있는 것을 행할 수 있도록 사람들이 자유로워져야 한다는 말은, 자유적 평등주의자들과 자유지상주의자들 사이의 이 분쟁을 해결하는 데, 아무런 도움도 되지 않는다. 우리는 우선 우리의 도덕적 권리에 대한 자유적 평등주의자와 자유지상주의자의 설명 중에서 선택을 함으로써 도덕화된 자유에 대한 이들의 설명에 대한 선택을 할 수 있을 따름이다.

이제 우리는 복지국가를 자유에 대한 제약으로, 그리고 자본주의를 자유에 대한 제약의 부재로 등치시키는 표준적인 자유지상주의의 주장 속에서 결함을 발견할 수 있다. 이런 주장은 일관성 없는 자유에 대한 정의(inconsistent definitions of freedom)을 악용하고 있는 것이다. 복지국가가 재산 소유자들의 자유를 제약한다고 주장할 때, 자유지상주의자들은 도덕화되지 않은 자유의 정의에 호소한다. 이 주장은 참이지만, 도덕화되지 않은 정의 위에서는 자본주의도 마찬가지로 사람들의 자유를 제약한다. 자유지상주의자들은 이러한 문제를 회피하기 위해서 자본주의가 소유한 것이 없는 사람들의 자유를 제약하지 않는다고 주장하면서 도덕화된 정의로 옮겨간다.[33] 그 주장은 우리가 만약 재산권을 옹호하는 노직이나 고티에의 주장을 받아들인다면 참이 되겠지만, 그 주장 자체가 그들의 주장을 받아들여야 하는 이유는 아니다. 따라서 자본주의는 자유를 제약하지 않지만 복지국가는 자유를 제약한다는 일반적 주장은 그 주장의 진행과정에서 자유의 정의를 변경시키는 것(shifting definitions of freedom)에 의존하고 있다.

33) 논의를 공정하게 하려면, 자유적 평등주의자들이 마찬가지로 일관성 없는 방식으로 자유에 대한 정의를 사용하고 있다는 것을 발견할 수 있다는 점을 인정해야 한다. 그들은 한편으론 복지국가가 (유리한 처지의 사람들이 도덕적 권리를 갖지 아니하는 자원에 대해서만 과세하기 때문에) 자유에 대한 제약을 포함하지 않는다고 주장하기 위해서 도덕화된 정의에 호소하지만, 다른 한편으로 자본주의는 (타인들에 의해서 소유된 자원을 이용하기 위해서 소유하지 않은 사람들의 자유를 제한하기 때문에) 자유를 제약한다는 주장을 하기 위해서 도덕화되지 않은 정의에 호소한다.

자본주의와 자유의 관계를 적절하게 정리하려면, 자유에 대한 하나의 정의를 택해서 그것에 충실할 필요가 있다. 자유에 대한 하나의 정의를 일관되게 사용해서, 자유주의적 재분배 체제보다 자유지상주의가 최대한 평등한 자유를 제공한다는 주장을 지지할 수 있을까?

자유지상주의자들이 만약 중립적 정의의 자유(the neutral definition of liberty)를 일관되게 고수하고, 자유시장이 개인의 중립적 자유의 총량을 증가시킨다고 주장한다면 어떻게 될까? 우선 이들은 사적 재산을 허용함으로써 획득된 중립적 자유에서의 이득이 손실분보다 많다는 것을 보여줘야만 한다. 이 주장이 참인지, 아니 필요한 측정의 실행이 가능조차 한 것인지는 확실치 않다. 더구나, 자본주의가 누군가의 중립적 자유를 증가시킨다 해도, 여전히 우리는 이러한 중립적 자유가 얼마나 중요한지를 알기 원할 것이다. 만약에 자유시장에 대해 우리가 가진 애착이, 타인의 명예를 훼손하거나 빨간불에서 길을 건널 수 있는 자유에 대한 애착 정도밖에 강하지 않다면, 우리는 자본주의에 대한 매우 강력한 옹호를 갖는다고 하기 어렵다. 자유지상주의자들이 만약에 목적지향적인 정의를 받아들이고, 자유시장이 우리에게 가장 중요한 자유들을 제공한다고 주장한다면 어떻게 될까? 재산통제권은 인생에서 우리의 목적을 추구하는 데 있어 본질적이며, 인생에서 자율의 수단과 사생활을 성취하도록 도와준다는 점은 분명히 사실이다.[34] 하지만 무제한적인 재산권은, 누군가가 실제로 재산을 가지고 있을 때에만, 그 사람의 가장 중요한 목적들을 증진시켜 줄 뿐이다. 따라서 재산과 목적지향적인 자유의 관계가 어떻든 상관없이, 최대한 평등한 자유의 공급 목적은 무제한적인 자본주의가 아닌 평등한 재산의 분배를 연상시킨다. 노직은 형식적 자기소유권은 재산이 없는 사람이라 할지라도 가장 중요한 자유라고 말함으로써 이를 부정한다. 하지만 앞서 살펴본 바와 같이, 노직이 의존하는 존엄성이나 행위자라는 개념은 자신에 대한 자기의 관점(one's conception of oneself)에 따라 행위를 한다는 생각에 기반하고 있는데, 존엄성과 행위자의 개념은 인격체로서의 존재뿐만 아니라 자원에 대한 통제 역시 필요로 한다. 자원에 대한 독립적 접근을 확보한다는 것은 우리의 목적들을

34) 이러한 가치들을 위하여 재산통제권의 중요성은 Waldron 1991; Michelman 1996을 보시오.

위해서 중요하며, 따라서 우리의 목적지향적인 자유를 위해서도 중요하다. 그리고 그것은 자유지상주의가 아닌 자유주의적 평등을 옹호하는 주장을 하게 된다.

만약에 자유지상주의자들이 도덕화된 정의의 자유를 고수하고, 자유시장은 우리가 권리를 가지고 있는 자유(freedom)를 제공한다고 주장하면 어떻게 될까? 도덕화된 정의에서, 우리가 어떤 자유(liberty)에 대한 권리를 가지고 있음을 이미 알고 있다면, 그 자유(liberty)에 대한 존중은 우리의 자유(freedom)를 증가시킨다고 말할 수 있을 뿐이다. 나는 자유지상주의자들이 무제한적인 재산소유권에 대해서 그와 같은 도덕적 권리가 존재한다는 논거를 설득력 있게 제공했다고 보지 않는다. 그러한 권리는 도덕적 평등에 대한 설득력 있는 이론이 될 것 같지 않다(왜냐하면 그것은 너무 많은 영향력을 미치는 부당한 불평등을 허용하기 때문이다). 또한 그것은 설득력 있는 상호이득의 이론이 되지도 않을 것이다. (왜냐하면 그것은 너무 적은 영향력만을 미치는 부당한 불평등을 허용하기 때문이다). 다른 어떤 논거가 이 같은 장애물들을 피해 갈 수 있는지를 알기는 어렵다. 하지만 우리가 자본가들의 재산권을 포함하는 평등이나 상호이득에 대한 설득력 있는 개념에 도달한다 하더라도, 그것이 자유에 관한 주장이라고 말하는 것은 혼란스럽다.

따라서 자유에 대한 세 가지 정의 가운데 어떤 것도 자유지상주의가 자유를 증가시킨다는 견해를 지지하지 못한다고 생각된다. 이러한 세 가지 접근 방식의 실패는, 자유에 기반한 이론이라는 개념 그 자체가 잘못되었다는 사실을 암시한다. 특정 자유들에 대한 우리의 헌신은 자유에 대한 어떠한 일반적인 권리로부터가 아닌, 도덕적 평등(혹은 상호이득)의 최고 이론에서 자유가 맡은 역할로부터 파생되어 나온다. 우리가 제기해야 하는 질문은, 사람들의 본질적 이익들을 감안할 때, 어떠한 구체적 자유들이 사람들에게 가치있는지를 물어야 한다. 그리고 또한 평등이나 상호이득의 요구들을 전제로 할 때, 이러한 자유들을 어떻게 배분하는 것이 정당한지를 물어야 하는 것이다. 정치적 논쟁에서는 자유라는 개념 그 자체와 그것의 많고 적음은 더 이상 작동하지 않는다.

고든(Scott Gordon)은 정치적 평가의 범주로서의 '자유'(freedom)를 이렇게 제거하고 그것을 구체적 자유들(specific freedoms)에 대한 평가로 대체시키는 것에 반대

한다: "만약에 누군가가…… 더 높은 수준의 구체화(specification)로 내몰리면, 무수히 많은 구체적인 '자유들'(freedoms)로 인해서 철학적이며 정치적인 문제로서의 자유(freedom)는 모두 사라져 버리고 흐려질 것이다"(Gordon 1980: 134). 그러나 물론 이것이 문제의 핵심이기는 하다. 그와 같은 자유의 철학적 및 정치적인 문제는 없을 것이다. 단지 구체적인 자유들(freedoms)을 평가하는 현실적 문제만이 남을 뿐이다. 누군가가 우리들이 좀 더 많은 자유(freedom)를 가져야 한다고 말할 때마다, 우리는 누가 어떤 장애물로부터 무엇을 할 수 있도록 좀 더 자유로워져야 하는지에 대해 질문해야 한다. 고든의 생각과는 반대로, 현실적 문제들을 흐려놓는 것은, 이러한 것들을 구체화시키는 것 그 자체가 아니라, 구체화시키는데 실패한다는 것이다.[35] 자유(freedom)라는 기반 위에서 자유시장이나 다른 것들을 옹호하려고 시도할 때마다, 우리는 어떤 사람들이 어떤 종류의 행위를 함에 있어 자유로운지를 구체화해 달라고 요구해야만 한다–그리고 왜 그러한 사람들이 그러한 자유들에 대해 정당한 요구를 할 수 있는지에 대해 질문해야 한다. 예컨대, 그러한 자유에 의해서 어떠한 이익들이 증진되는지에 대해서 질문해야 한다. 그리고 어떤 설명방식의 평등이나 상호이득이 우리들이 그런 이익들에 그러한 방식으로 주의를 기울여야 한다고 말하는지에 대해서도 질

35) 뒤이은 고든의 논의는 이러한 위험성을 명시적으로 보여준다. 예컨대 그는 자유시장이 사람들의 자유를 증가시킨다고 말하지만, 정의의 명분으로 제약을 받아야만 한다고 말한다. 하지만 그는 자유시장에서 어떤 사람들이 어떤 자유들을 획득하는지를 구체화시키지 않는다(그는 이러한 것들을 구체화하는 것은 '자유 그 자체'의 문제를 모호하게 만들 것이라고 말한다). 결론적으로 그는 사유재산으로 인한 자유의 상실을 묵인한다. 따라서 그는 정의와 평등 사이의 그릇된 갈등을 만들어낸다. 분리된 가치로서의 '자유' 개념(the idea of 'freedom' as separate value)을 보존하려는 이와 유사한 혼동스러운 시도로는 Raphael 1970: 140~141을 보시오. 그는 재산의 재분배를 정의를 위해서 자유를 희생시키는 것이라기보다는 정의라는 명분으로 자유를 재분배하는 것으로 볼 수도 있다고 말한다. 하지만 그는 이것이 분리된 가치로서 자유를 제거해 버릴 것이며, 따라서 '국가가 추구하는 도덕적 목표들의 복잡성을 깨닫는 것과, 정의와 공동선은 자유와 긴밀하게 연관되어 있기는 하지만 동일한 것은 아니라고 말하는 것이 좀 더 현명한 처사'라면서, 그러므로 '정의와 공동선의 목표들에 봉사하기 위해서 국가는 사회적 삶에 최대한 간섭하지 않아야 한다'고 말한다(Raphael 1970: 140~141). 자유와 정의 혹은 자유와 평등 사이의 가정된 대비를 유지하기 위해서, 고든과 라파엘은 연관된 실제 자유와 비자유를 왜곡하거나 무시한다. 자유가 '여타 정치적 선이나 가치 보다 자유에 우선성이 부여'된다는 것이 무엇을 의미하는지에 대한 다른 논의들도 유사한 혼동–예컨대 이들 여타 가치에 호소하는 자유를 측정하기 위한 기준에 호소하는 것, 따라서 우선성 요구를 이해하기 어렵게 만드는 혼동–에 의존한다(예컨대 Gray 1989: 140~160; Loevinsohn 1977).

문해야 한다. 그와 같은 자유의 원칙이나 범주에(any principle or category of freedom) 아무리 호소한다 해도, 우리는 이러한 구체적인 분쟁들을 회피할 수는 없다.

5. 자유지상주의 정치(the politics of libertarianism)

자유지상주의는 사람들의 선택을 존중하는 원칙에 대한 헌신을 자유적 평등주의와 함께 공유하지만, 불평등한 여건을 교정하는 원칙에는 반대한다. 극단적으로 말하자면, 이는 단순히 직관적으로 받아들이기 어려울 뿐만 아니라, 자기파괴적 논리이기도 하다. 왜냐하면 불리한 여건을 교정하는데 실패하게 되면, 선택에 대한 존중의 원칙이 증진시키려 의도하는 바로 그 가치(예컨대, 자기결정)의 토대가 위태롭게 되기 때문이다. 여건에 있어서의 부당한 불평등이 도덕적 요구들을 제기한다는 사실에 대하여 자유지상주의는 부인하고 있다. 그러나 이것은 그러한 여건의 차이가 선택, 행위주체 및 존엄성을 위해 요구되는 사람들의 능력들에 있어서 그와 같은 심각한 차이의 결과를 가져온다는 점을 인식하는데 실패했음을 시사해 준다.

하지만 현실에서 자유지상주의는 약간 다른 양상을 보일 수 있다. 자유지상주의는 소위 '비탈길' 논변(slippery-slope argument)으로 대중적 지지의 상당 부분을 획득한다. 이 주장은 여건평등화 원칙을 만족시키려는 시도로 인해 야기되는 끊임없이 증가되는 비용에 대해 주의를 환기시킨다. 자유지상주의자들은, 롤즈와 마찬가지로, 대중적 관점의 기회평등(the popular conception of equality of opportunity)을 불안한 눈으로 바라본다. 만약에 우리가 사회적 불이익이 교정되어야 한다고 생각한다면, 선천적 불리함을 교정하지 않아야 할 이유는 없다. 하지만 자유지상주의자들은, 불평등한 여건은 *원칙적으로*(in principle) 정당한 요구들을 발생시키지만, 그 원칙을 이행하려는 시도는 *실제로는*(in practice) 불가피하게 강압적인 사회적 간섭과 집중화된 계획, 심지어 인간 개조로 나아가는 비탈길로 내몰아 간다고 말한다. 이러한 시도는 노예제의 길로 내몰며, 그곳에서는 여건을 평등하게 해야 한다는 요구가 선택의 존중이라는 원칙을 삼켜 버린다.

어떻게 이런 일이 일어날 수 있을까? 자유주의자들은 선택의 존중과 여건의 교정이라는 두 가지 요구의 균형을 맞추길 희망한다. 몇몇 경우에서, 이러한 생각은 별 문제가 없는 것처럼 보인다. 교육시설들을 평준화하려는 시도—예컨대, 흑인 거주지역에 넓게 퍼져 있는 공립학교를 백인 학교만큼 현저하게 개선시키는 것—는 개인의 선택을 강압적으로 침해하지 않는다. 다양한 사회적 집단들 사이에 깊이 뿌리내린 불평등을 제거하려는 시도를 하게 되면, 개인의 선택 하나하나에 대한 간섭은 물론이거니와 그것에 대한 관심조차도 거의 필요로 하지 않게 된다. 불평등은 매우 체계적이기 때문에, 불평등이 개인들의 다양한 선택들에서 기인한다고 가정할 수 있는 사람은 아무도 없다. 하지만 여건평등화 원칙(the principle of equalizing principle)은 사회적 집단들 사이에서뿐만이 아니라 개인간의 차이에도 적용된다. 그리고 그러한 차이가 선택에서 기인하는지 여건에서 기인하는지의 여부는 확실치 않다. 노력의 문제에 대해 고찰해 보자. 욕망민감성 원칙(the principle of ambition—sensitivity)을 옹호하면서, 나는 정원사와 테니스 선수의 예를 들었었다. 그들은 상이한 노력으로 인하여 상이한 소득을 정당하게 얻고 있다. 이 사례가 성공하기 위해서는 두 사람 모두 유사한 상황에 처해 있다는 점이 매우 중요하다—즉, 적절한 노력을 행사하는 어떤 사람의 능력에 편향적 영향을 미칠 기술이나 교육에서의 불평등 문제는 제거되어 있다. 그러나 언제나 현실 세계에서는 그들이 상이한 선택을 하게 만드는 원인이라고 할 수 있는 배경의 차이가 어느 정도 존재한다.

예를 들면, 노력에서의 차이는 때로는 자기존중의 차이와 연관되어 있다. 그리고 자기존중의 차이는 종종 사람들의 사회적 환경과 연관되어 있다. 어떤 아이들은 좀 더 많이 지원해 줄 수 있는 부모나 친구, 혹은 그저 사회적 생활의 우연성에서 기인하는 이점(예컨대, 시험을 괴롭게 여기지 않는 것 같은)을 가지고 있다. 이 같은 다양한 영향은 분명치 않을 것이며, 그러한 다양한 영향이 있음을 입증하려는 그 어떤 진지한 시도도 매우 침해적인 결과를 가져올 것이다. 롤즈는 '자기존중의 사회적 기반'(social bases of self—respect)이 아마도 가장 중요한 기본적 가치(primary good)일 것이라고 말한다(Rawls 1971: 440). 하지만 우리는 자식에게 많은 지원을 해줄 수 있는 부모를 정부가 어떻게 다루기를 원하는가?

더구나 불평등한 여건이 노력에 미치는 영향에 대해서 보상하기보다, 아이들을 똑같이 키워서 노력에 대한 차별적인 영향을 없애는 것을 보장하면 안되는가?[36] 자유주의자들은 그것을 선택에 대한 용납하기 어려운 제약이라고 여긴다. 하지만 자유지상주의자는 이것을 여건을 평등하게 만들려는 '자유적 평등주의자들의 헌신의 논리적 극단이라면서 두려워한다. 자유주의자는 선택을 좀 더 충분히 존중하기 위해서 여건을 평등하게 만들길 원하지만, 여건을 평등하게 만드는 것이 선택에 대한 존중을 삼켜버리지 않으리라고 어떻게 장담할 수 있겠는가?

또한 사람들의 타고난 재능도 좀 더 평등하게 만들기 위해서, 여건을 평등하게 만드는 원칙을 유전 공학이나 태아 조작으로까지 확장시키면 안 되는 이유가 있는가?(Reinders 2000; Brown 2001) 아니면 생물학적 이식(biological transfers)에 관해 생각해 보자. 만약에 어떤 사람이 장님으로 태어났고 다른 사람은 그렇지 않다면, 정상인의 한쪽 눈을 빼서 장님에게 이식하라고 요구하지 않는 이유는 무엇인가?(Nozick 1974: 206; Flew 1989: 159) 드워킨은 사람들이 평등하게 대우받도록 사물을 변화시키는 문제는 사람들을 똑같아 지도록 변화시키는 문제와는 차이가 있다고 지적한다. 여건평등화 원칙은 전자를 요구한다. 왜냐하면 그것이 우리가 사람들을 평등한 존재로 대하는 좀 더 일반적인 필요사항의 일부이기 때문이다(Dworkin 1983: 39; Williams 1971: 133~134). 이것은 유효한 구분이긴 하지만, 모든 문제를 피해가지는 않는다. 왜냐하면 드워킨의 이론에 따르면, 사람들의 선천적 재능은 인간으로서의 그 사람의 일부(좋은 삶이란 무엇인지를 규정하는 믿음들)가 아니라, 그들 여건의 일부(선을 추구하는데 사용되는 사물들)를 구성하고 있기 때문이다. 그렇다면 눈을 이식하는 것을 단순히 사람들의 여건을 변화시키는 것이 아니라, 사람 그 자체를 변화시키는 것으로 여겨야 하는 이유는 무엇일까? 드워킨은 우리 인간 신체의 일부 특징들은 (우리의 정체성의 일부를 구성한다는 의미에서) 그 사람의 일부이기도 하며 그 사람의 여건의 일부가 될 수 있다고 말한다. 이해할 수 있을 듯도 하지만, 그 사이에 선을 긋기는

36) 롤즈식의 자유주의의 논리를 따라가면, 가족을 폐지하고 그것을 일종의 평등화된 국가 양육의 형태로 대체하자는 결론으로 나아가는 것을 필요로 한다는 점에 대해 우려를 표하는 반응으로는, Mallon 1999; Lloyd 1994; Fishkin 1983을 보시오.

쉽지 않을 것이다. 혈액 같은 경우는 어디에 속하는가? 만약 우리가 혈우병에 걸린 사람들에게 피를 공급하기 위해서 건강한 사람들을 필요로 한다면, 그것은 사람들을 변화시키는 것인가? 나는 그렇다고 보지 않는다. 하지만 신장의 경우는 어떠한가? 혈액과 마찬가지로, 우리 몸에 두 개의 신장이 있다는 사실은 우리의 자기 정체성에서 중요한 부분은 아니지만, 우리는 신장 이식을 정당한 정의의 요구라고 보는 것을 내켜하지 않는다.

다시 우리는 비탈길 문제에 직면하게 된다. 우리가 선천적 재능을 평등화하는 길로 내려가기 시작하면, 어디에서 멈추게 될까? 드워킨은 이러한 비탈길 문제를 인정한다. 그리고 그는 여건평등화 원칙이 인간으로서 우리를 침범하지 않도록, 신체의 특정 부분이 우리에게 중요치 않다 해도 침범할 수 없는 선을 신체 주위에 긋기로 결정할 수도 있다고 말한다. 실제로 자유지상주의자들은 이러한 전략을 확장시킨다. 만약에 우리가 신체 주변에 선을 그릴 수 있다면, 마찬가지로 개인의 인격을 확실히 존중하기 위해서 그 사람의 여건에 대해서도 선을 그으면 안 되는 이유라도 있는가? 동일한 양육으로 인한 동일한 인격체들(identical personalities due to identical upbringing)로 귀결되지 않도록 하기 위해서도, 차별적인 여건은 강제할 수 있는 (여건평등화 원칙과 같은) 주장을 발생시키지 않는다고 왜 말하지 않는가?[37]

우리가 만약 자유지상주의를 이런 식으로 바라보면, 자유지상주의의 인기는 좀 더 이해하기 쉽다. 불평등한 여건이 불공정을 만들어낸다는 사실을 부인하는 것은 비인간적이지만, 우리들이 선택과 여건 사이에서 명확하며 납득할 만한 선을 찾을 수 있을 때까지, 강제할 수 있는 요구의 기반으로서 이러한 형태의 불공정성을 받아들이는 데에는 어느 정도의 불편함이 있을 것이다. 우리가 그 선을 그려야 하는 것을 피할 수 있다고 제시함으로써, 자유지상주의는 이러한 불편을 이용한다.

그렇게 말한다면, 자유지상주의의 인기나 정치적 영향력을 과장하지 않는 것이 중요하다. 복지국가의 긴축정책, '세금과 낭비의 자유주의자들'(tax and spend liberals)에

37) 무능력(disability)에 대한 자유주의, 자유지상주의 (그리고 페미니즘) 접근 방식 사이의 흥미로운 비교에 관하여, Silver, Wasserman, and Mahowald 1998을 보시오.

대한 반발, 그리고 '보수파'(conservative) 또는 '신우파'(New Right)에 대한 투표와 같은 일련의 사태의 진전과 함께, 1980년대와 1990년대에 많은 국가들에서 우파로의 전환이 일어났던 것은 의심할 수 없는 사실이다. 하지만 내가 생각하기에, 자유지상주의적 믿음들이 뚜렷하게 이러한 변화들의 동인이 되었다는 가정은 실수인 것 같다. 이러한 전환에 찬성하는 사람들 대다수는 기회의 불평등을 시정하고 취약계층의 사람들을 보호해야 하는 의무를 인정한다. 복지국가에 대한 그들의 반대가 욕망에 민감하면서 여건에도 민감한 분배(an ambition-sensitive, endowment-sensitive distribution)를 목표로 하는 자유적 평등주의에 대한 거부에 뿌리박고 있는 것만은 아니다. 오히려 그들은 현실에서 복지국가가 이와 같은 목표들(욕망민감적 분배와 여건민감적 분배)중의 어느 하나도 (제대로) 달성하는 데 단순히 실패했다고 생각한다.

한편으로는, 복지국가는 일하기를 원치 않는 게으르고 나태한 사람들에게 보조금을 지급하기 위해 열심히 일하는 시민들에게 세금을 부과하는 것-즉 욕망에 대한 민감성의 규범과 사람들이 자신의 선택에 책임을 져야 한다는 원칙에 대한 위배-으로 광범위하게 인식되었다. 대중들의 여론을 조사해 보면, 20년 전에 비해서 오늘날의 사람들은 실업보험료나 복지혜택을 받는 사람들을 불운이나 불평등한 기회의 피해자라고 말하기보다는 그들이 처한 상황은 그들의 책임이라고 말하는 경향이 있다는 것을 보여준다.

다른 한편으로, 복지국가는 가난한 사람들이 직면한 불리함을 치유하는데 사실상 실패했다고 인식되기도 한다. 전통적으로 자유적 평등주의자들은 재분배 정책이 불리한 처지의 사람들이 사회 주류에로 진입하는 것은 물론 그들이 시민적 및 정치적 권리들을 효과적으로 행사하는 것을 가능케 해 준다고 가정해 온 반면, 신 우파는 복지국가가 가난한 사람들의 삶의 기회를 실제로 증진시키지 못하고 수동성을 기르며, 의존의 문화(a culture of dependency)를 키워 왔다고 주장한다. 복지국가는 시민들을 관료주의적인 후견 아래 수동적으로 의존하는 사람들로 전락시킴으로써, 해결책이 되기는커녕, (해결하고자 했던) 문제점을 스스로 영속화 시켜왔다는 것이다. 따라서 복지국가는 현실에서 불평등한 여건을 교정하는데 실패했으며, 대신에 가난한 사람들을 그들이 처한 불리한 위치에 고착시켰다.

이러한 복지국가의 실패를 극복하기 위해서, 신 우파는 우리가 '권리를 넘어서'

(beyond entitlement) 나아가서, 사람들이 스스로 생계를 꾸려나가야 할 책임에 초점을 맞추어야만 한다고 제시한다.[38] 복지국가는 사람들이 자립적이 되기를 어렵게 만들기 때문에, 사회적 안전망은 없어져야 하며, 남아있는 복지혜택도 해당 혜택과 함께 의무를 수반해야 한다고 주장한다. 이것이 바로 1980년대에 이뤄진 복지체제에 대한 주요한 개혁 중 하나의 배후에 있는 발상이었다. '근로복지'(workfare) 프로그램은 복지의 수혜자들이 자신들이 받는 혜택의 대가로 노동할 것을 요구하는데, 그리하여 시민들이 자조적(self-supporting)으로 되어야 한다는 생각을 강화시킨다. 책임성을 증진시키고 사람들이 빈곤이나 실업에서 벗어나는 것을 가능케 함에 있어서, 복지국가보다 이러한 접근방식이 보다 좋다고 말한다.

이러한 생각과 믿음들이 복지국가에 대한 대중적인 탈주술화(disenchantment)와 우파 정책에 대한 대중의 지지의 근거가 되고 있는 한, 그것은 철학적인 의미에서 자유지상주의와는 거의 아무런 관계가 없다. 서구 민주주의 국가의 시민들은 대체로 자유적 평등주의 원칙을 거부했던 적이 없지만, 이제 많은 사람들은 복지국가가 이러한 원칙들을 달성하고 있다고 믿지 않는다. 그리고 우파 정당과 좌파 정당 사이의 논쟁도 취약계층을 보호하는 원칙에 관한 것이 아니라—그것은 어느 편에서도 논의되지 않는다—누가 실제로 비자발적으로 불리한 처지에 빠진 사람인지, 그리고 어떤 재분배 정책이 이러한 (비자발적) 불리함을 극복할 수 있게 실제로 도움을 주는지에 관한 경험적 질문에 관한 것이다.

이것은, 만약 재분배정책이 나태한 사람들에게 보조금을 지급하는 일 없이, 비자발적 불리함을 치유할 수 있게끔 작동하리라는 확신이 서면, 오늘날 우파 정당을 지지하는 사람들도 재분배 정책을 지지하리라는 것을 시사한다.[39] 불행히도 사람들이 생각하는 복지국가의 실패는 전통적 재분배 정책에 대한 불만이 발생하는데 기여했을 뿐만 아니라, 현실에서 사회정의를 달성하는 정부의 능력에 대한 광범위한 불신의 발생

---

38) *Beyond Entitlement*는 복지국가가 수동성과 배타성을 기른다는 영향력 있는 신우파적 입장에서의 비판을 하는 로렌스 미드(Lowrence Mead)의 저서의 제목이다. Mead 1986; cf. N. Barry 1990: 43~53을 보시오.

39) 이러한 효과에 대한 명확한 증거로는, Bowles and Gintis 1998, 1999; Gilens 1999를 보시오.

에도 기여했다. 헤클로(Hugh Heclo)가 말했듯이, '사람들이 열망하는 사회적 변혁을 만들어내는 정부 프로그램의 능력에 대한 뿌리 깊은 냉소주의가 오늘날 존재하고 있다. 이는 보수주의적 수사(conservative rhetoric)의 결과일 뿐만 아니라, 선의의 노력(well-meaning efforts)이 냉엄한 사회적 현실의 복잡성과 충돌한다는 경험의 결과이기도 하다'(King 1999: 45에 인용). 이제 많은 사람들은 문제가 특정 사회정책의 세부 사항들에 있는 것이 아니라, 국가가 사회를 '운영'하는 능력에 달려 있다고 믿게 되었다. 또한 아주 많은 사람들이 사회정책을 위한 그 어떤 새로운 제안도 실패할 것이며, 납세자의 돈을 낭비하는 데 그칠 것이라고 추정한다.[40]

이 같은 '관리가능성에 대한 낙관론'(managerial optimism)의 쇠퇴는 서구 민주주의 국가들에 널리 만연해 있지만, 일부 국가들에서 좀 더 많이 진전되어 있다. 실제로 이것은 사회정책에서의 변수들을 설명하는 핵심 요소들 가운데 하나이다. 일부 국가들이 다른 국가들보다 완화된 복지국가적 성격을 띠는 이유는 즉, 그 국가의 시민들이 특별히 개인주의적이거나 자유지상주의적인 정의 관념을 신봉하기 때문이라고 가정되곤 했다. 사실상 서구 국가들 사이에서는, 공정함 그리고/혹은 비자발적 불리함을 교정하는 공공 정책의 바람직성에 대한 대중적 믿음에 있어서 사소한 차이밖에 나지 않는다. 좀 더 의미 있는 차이는 시민들이 국가가 그러한 정책들을 성공적으로 이행할 수 있다고 신뢰하는 정도, 그리고/혹은 동료 시민들이 그러한 정책에 협력하리라고 신뢰하는 정도에서의 차이이다. 로스슈타인(Bo Rothstein)에 따르면, 그것은 신뢰 수준에서의 차이이지 정의원칙에서의 차이가 아니며, 주로 이것이 서구 민주주의 국가들에서 나타나는 복지국가에 대한 지지도의 차이를 설명해 준다.[41]

40) 복지국가가 너무나 허약하기 때문에 최소수혜자의 이익을 최대화 하는 것이 유일한 관심인 엄격한 롤즈주의자들조차도 공공 연금이나 공적 의료 보호와 같은 정책들을 거부하고 자유시장 경제를 지지해야 한다고 주장하는 일부 사람들도 있다. 예컨대, D. Shapiro 1997;1998, 대조적인 경험적 증거에 대해서는 Sterba 2000: 471~474를 보시오.

41) Rothstein 1998: 164~165. 서구 민주주의 국가들에서 정의에 대한 대중적 믿음들의 경험적 증거, 그리고 이의 철학적 정의론과의 관계에 대해서는 Miller 1992, 1999: ch.4; Swift et al., 1995; Skitka and Tetlock 1993을 보시오.

왜 많은 시민들이 복지국가를 축소시키려 노력하는 우파 정당을 지지하는지에 대해서는 다양한 이유들이 있다(물론 사람들이 단지 높은 세금을 내는 것을 좋아하지 않기 때문이기도 하지만, 사람들의 이러한 성향은 오늘날에만 그렇지 않을 것이기 때문에, 오늘날 사람들이 20년 전보다 복지국가를 지지하려는 의향이 줄어든 이유를 설명해 주지는 않는다). 하지만 이러한 이유들 중 어떤 것도 자기소유권 혹은 재산권의 신성함에 관한 자유지상주의의 논거에 뿌리박고 있지 않다는 사실에 유의하라. 오늘날 '좌파'와 '우파'의 주요한 논쟁은, 사람들이 자신의 선택에 대해 책임이 있는지 여부나 불평등한 여건의 교정이 얼마나 중요한지에 관해서가 아니라, 본질적으로 경험적인 다음의 몇 가지 질문에 관한 것이다.

① 사람들은 불운이나 불평등한 기회, 혹은 그들 자신의 선택 때문에 어느 정도까지 가난해지는가? 우리가 만약 가난한 사람들에게 돈을 재분배한다면, (좌파가 믿고 싶어 하는 것처럼) 우리는 불평등한 여건으로 인한 피해자들을 돕고 있는 것인가, 아니면 (우파가 믿고 싶어 하는 것처럼) 사치스러운 취향과 무책임한 선택에 대하여 보조금을 지급하는 것인가?

② 복지국가는 (좌파가 믿고 싶어 하는 것처럼) 가난한 사람들이 자신들의 불리함을 극복하고 사회에 참여하는데 도움이 되었는가? 아니면 (우파가 믿고 싶어 하는 것처럼) 빈곤의 덫에 빠져 주변화된 복지의존 계급을 만들어냈는가?

③ 가난한 사람들의 처지가 부분적으로는 그들의 선택에, 부분적으로는 불평등한 여건에 기인하는 경우, 무엇이 먼저인가? 우리는 (우파가 믿고 싶어 하는 것처럼) 가난한 사람들은 원조를 받기에 앞서 자신들이 책임있게 행동할 수 있다는 것을 입증해야 한다고 주장해야 하는가? 아니면 (좌파가 믿고 싶어 하는 것처럼) 우리는 그들이 자신들의 선택에 대해 책임져야 한다고 생각하기에 앞서 그들의 여건을 평등하게 만들어야 하는가?

④ 국가는 (좌파가 믿고 싶어 하는 것처럼) 비자발적 불리함을 교정할 능력을 가지고 있는가, 아니면 (우파가 믿고 싶어 하는 것처럼) 빈곤, 노숙자, 낮은 고등학교 진학률 등과 같은 사회적 병리의 근원들은 너무나 복잡해서 이러한 문제들을

해결하려는 국가의 시도는 대체로 실패하거나 문제를 악화시키곤 하는가?

이러한 것들은 모두 복잡한 문제이며 해결하기도 쉽지 않다.[42] 그러나 그 어떤 우파적 입장도 자유지상주의 원칙에 호소하지는 않는다. 대부분의 우파의 주장들은 원칙상으로는 불평등한 여건을 교정하는 것이 바람직하다는 점을 받아들이지만, 이러한 불평등의 크기와 복지국가가 이러한 불평등을 교정하는데 성공했는지에 대해 이견(異見)을 보인다. 반대로 자유지상주의자가 보기에, 국가는 불평등한 여건을 교정할 아무런 의무도 없다. 실제로 자유지상주의자들은 그러한 여건을 교정하려는 국가의 시도조차 금지된다고 주장한다. 그 이유는 이러한 시도들이 신성한 재산권을 침해하기 때문이다. 많은 자유지상주의자들이 잘 알고 있으면서도 한탄하는 이와 같은 자유지상주의의 입장은 '우파' 진영에서조차 널리 퍼져 있지 않다.[43]

42) 국가 능력에 대한 의문을 고려해 보자. 자유적 평등주의 이론은 국가 능력에 대하여 과도하게 낙관주의적인 가정을 가지고 작동해 왔다. 예컨대, 애커만(Bruce Ackerman)은 자신의 자유주의적 평등의 이론을 발전시키면서, 드러내 놓고 '완벽한 정의의 기술'(perfect technology of justice)이라는 생각에 호소한다(Ackerman 1980: 21. 비슷한 가정들로는 Arneson 1990: 158; Roemer 1985a: 154). 물론 애커만은 이것이 현실 세계에서는 적용될 수 없다는 사실을 알고 있다. 하지만 그는, 이미 주어진 실제로 존재하는 우리의 '정의의 기술'(technology of justice)을 전제한다면, 그 결과로서 생기는 이론의 어떤 부분이 이행될 수 있는지에 대해서는 우리에게 말해 주지 않는다. 국가가 사회적 목표들을 달성할 수 있는 능력의 본질적 한계는 우파(Glazer 1988)와 좌파(Rothstein 1998) 양쪽의 사회과학자들에 의해서 이론화되어 왔다. 하지만 아직 철학적 논쟁들에는 이러한 문헌이 보급되어 있지 않다. 어떤 사람은 주요한 좌파 자유주의 정치철학자들 전체(롤즈, 드워킨, 코헨, 로어머, 아네슨, 애커만)를 공허하다고 바라보는데, 그 이유는 이들이 지지하는 정의의 원칙을 국가가 수행할 수 있는지 여부의 취지를 지닌 논의에 국한하고 있기 때문이다.

43) 자유지상주의의 (상호이득의 입장)에 대해서 저명한 미국인 옹호자인 로마스키(Loren Lomasky)는 「사람들(나머지 99% 마저도)이 중요하다고 생각하는 것처럼 보이는 자유지상주의」(Libertarianism as if (the Other 99 Percent of) People Mattered)(Lomasky 1998)라는 제목의 논문을 집필했다. 그 문헌은 미국인들 중 극소수만이 자유지상주의의 이상을 지지한다는 사실을 인정한다. 그의 문헌은 절대 다수의 사람들이 자유지상주의 원칙에 동의하지 않는 경우, 자유지상주의자들이 민주주의라는 조건 속에서 정치적으로 어떻게 행위 해야 하는지에 대한 질문을 제기한다.

심화된 독서를 위한 안내

최근의 자유지상주의 사상을 집대성한 책으로는, Tibor Machan and Douglas Rasmussen(eds.), *Liberty for the Twenty-First Century: Contemporary Libertarian Thought*(Rowman and Littlefield, 1995)와 David Boaz(ed.), *The Libertarian Reader: Classic and Contemporary Writings from Lao-tzu to Milton Friedman*(Free Press, 1997)을 보시오. 후자의 책은 자유지상주의 사상에 대한 광범위한 주석이 달린 참고문헌을 포함하고 있다. Norman Barry, *Libertarianism in Philosophy and Politics*(Cambridge University Press, 1991)는 현대 자유지상주의에 대한 개관을 제공한다. 자유지상주의에 대한 포괄적 비판으로는 Alan Haworth, *Anti-Libertarianism: Market, Philosophy and Myth*(Routledge, 1994)를 보시오.

이 장에서 나는 현대 자유지상주의 사상에 초점을 맞추었지만, 프리드리히 하이에크(Friderich Hayek)의 업적은 강한 영향력을 지니고 있으며, 그의 저서, *Road to Serfdom*(University of Chicago Press, 1944; 프리드리히 A. 하이에크, 김영청 역, 『노예의 길』, 자유기업센터, 1999)와 *The Constitution of Liberty*(University of Chicago Press, 1960; 프리드리히 A. 하이에크, 김균 역, 『자유헌정론』, 자유기업센터, 1997)가 특히 그러하다. 그에 대한 논평으로는, Chandran Kukathas, *Hayek and Modern Liberalism*(Oxford University Press, 1989); Roland Kley, *Hayek's Social and Political Thought*(Oxford University Press, 1994)를 보시오.

이 장에서 언급한 바와 같이, 자유지상주의를 옹호하는 논거들은 다음의 세 가지 주요한 범주로 분류되는 경향이 있다.

① 자기소유권(self-ownership)
② 상호이득(mutual advantage)
③ 자유의 극대화(maximizing liberty)

자기소유권에 대한 가장 영향력 있는 근거는 Robert Nozick, *Anarchy, State, and Utopia*(Basic Books, 1974; 로버트 노직, 남경희 역, 『아나키에서 유토피아로』, 문학과지성사, 1983)이다. 가장 강력한 비판은 G.A. Cohen, *Self-Ownership, Freedom and Equality*(Cambridge University Press, 1995)이다. 노직에 대한 코헨의 비판은 (적어도) 세 차례에 걸친 심포지엄의 주제였다. 그것은 *Critical Reiview*, 12/3(1998); *Journal of Ethics*, 2/1(1998); *Proceedings of the Aristotelian Society*, 증보판(1990)에 실려 있다. 자유지상주의에 대한 노직의 옹호에 관한 논쟁에 대한 좀 더 일반적인 개관으로는, Jeffrey Paul(ed.), *Reading Nozick*(Rowman and Littlefield, 1981); Jonathan Wolff, *Robert Nozick: Property, Justice, and the Minimal State*(Stanford University Press, 1991)을 보시오.

자기소유권이란 개념이 전형적으로 우파 자유지상주의에 대한 옹호로 호소되어 오긴 했지만, 현실에선 '좌파 자유지상주의'의 오랜 전통이 존재하며, 이 전통은 강한 자기소유권 원칙과 외부 자원의 평등한 소유 원칙에 대한 강력한 헌신을 동등하게 결합시키고자 한다. 이런 전통에 대한 포괄적 개관으로는, Peter Vallentyne and Hillel Steiner가 편집한 두 권으로 된 세트를 보시오(*The Origins of Left-Libertarianism: An Anthology of Historical Writings*과 *Left-Libertarianism and its Critics: The Contemporary Debate*로 모두 2000년에 Palgrave에서 출간되었다).

자유지상주의의 상호이득 주장에 대한 명쾌한 진술은, David Gauthier, *Morals by Agreement*(Oxford University Press, 1986; 데이비드 고티에, 김형철 역, 『합의도덕론』, 철학과 현실사, 1993)과 Jan Narveson, *The Libertarian Idea*(Temple University Press, 1988)을 보시오. 고티에의 논거는 발렌틴(Peter Vallentyne)이 편집한 *Contractarianism and Rational Choice: Essays on Gauthier*(Cambridge University Press, 1991)의 기고자들에 의해 평가받았다. 고티에가 도출해내는 사회계약 전통의 명확한 논거는, Jean Hampton, *Hobbes and the Social Contract Tradition*(Cambridge University Press, 1986)을 보시오.

자유의 극대화 주장은 자유지상주의의 대중적 논의에서 아마도 가장 일반적으로 호소되는 논거들 중 하나임에도 불구하고, 자유의 극대화가 무엇을 의미하는지, 그리고 우리가 자유의 양을 어떻게 측정할 것인지에 대해서 이론적인 해명을 제공하려는 학계의 시도는 놀랍게도 거의 없었다. 그러한 생각이 무의미함을 보여주려는 유력한 있는 시도로는, Charles Taylor, 'On Negative Freedom', *Philosophy and Human Science: Philosophical Papers*, vol. ii(Cambridge University Press, 1985)를 보시오. 이러한 도전을 충족시키려는 영웅적인 노력으로는, Ian Carter, *A Measure of Freedom*(Oxford University Press, 1999)을 보시오.

이러한 논거들에 덧붙여, 자원을 최대한 효율적으로 사용하고 복지의 총량을 최대로 만드는 것을 보장하는 순수히 *공리주의적* 기반(*utilitarian* grounds)에서 자유지상주의와 최소 정부를 옹호하는 오래 지속되어 온 전통 또한 존재한다. 자유지상주의에 대한 이러한 효율성/공리주의적 옹호의 유력한 진술로는, Richard Epstein, *Takings*(Harvard University Press, 1985); *Bargaining with the State*(Princeton University Press, 1995); *Simple Rules for a Complex World*(Harvard University Press, 1995); James Buchanan and Gordon Tullock, *The Calculus of Consent*(University of Michigan Press, 1962); James Buchanan and Richard Congleton, *Politics by Principle, Not Interest*(Cambridge University Press, 1993); Richard Posner, *The Economics of Justice*(Harvard University Press, 1983); *Overcoming Law*(Harvard University Press, 1996)을 보시오. 물론 자유지상주의적 정치제도가 효용을 극대화하는지에 대해서는 논쟁의 여지가 있다. 이러한 의구심을 제기하는 저서로는, Rick Tilman, *Ideology and Utopia in the Social Philosophy of Libertarian Economists*(Greenwood, 2001)을 보시오. 아무튼 이러한 공리주의적 자유지상주의의 입장에서 제기할 수 있는 기본적인 철학적 문제는 제2장에서 논의된 공리주의의 다른 형식에 의해서 제기될 수 있는 것과 같다.

자유지상주의 철학을 전문적으로 다루는 학술지로는, *Critical Review; Social Philosophy and Policy; Journal of Libertarian Studies; Independent Review*를 포함해서 몇 종류가 있다.

유용한 웹 사이트는 다음과 같다:

① Libertarian.org: 여기에서는 '자유지상주의 개론' 및 '자유지상주의 철학과 자유지상주의 운동에 대한 개괄'을 제공한다. 그것은 좀 더 큰 Free-Market.net에 가입되어 있다: The Freedom Network(www.libertarian.org; www.free-market.net).

② 경제적 자유를 위한 재단(The Foundation for Economic Freedom): *Ideas on Liberty*라는 잡지를 펴낸다. 웹 사이트에는 '자유시장의 경제적 및 윤리적 이점'에 대한 강의 계획, 참고 문헌, 그리고 토론방이 있다(www.fee.org).

③ 자유지상주의당[The Libertarian Party, 원칙의 정당(party of principle)]: 아마도 이 책에서 논의되는 사상 학파 가운데 자체 정당을 가지고 있는 유일한 사상 학파일 것이다(www.lp.org).

④ 자유지상주의의 비판자들(Critiques of Libertarianism): 자유지상주의 이론과 정책 제안을 비판하는 광범위한 링크가 있는 웹 사이트이다(www.world.std.com/~mhuben/libindex.html).

제5장

마르크스주의(MARXISM)

자유주의적 정의가 기회평등 혹은 평등한 시민적 및 정치적 권리라는 형태로 형식적 평등은 지지하지만, 자원에 대한 불평등한 접근이라는 형태로 물질적 불평등은 경시하고 있다는 비판이 자유주의적 정의에 대한 좌파의 표준적 비판이다. 그러한 비판은 실질적인 자기결정권(self-determination)을 추구하기보다는 자기소유권(self-ownership)이라는 형식적 권리를 추구하는 자유지상주의에는 적절하다. 그러나 롤즈나 드워킨 같은 현대의 자유적 평등주의 이론가들도 그와 같은 비판에 취약한 것처럼 보이지는 않는다. 롤즈는 (차등원칙하에서의) 물질적 불평등이 (자유원칙하에서의) 평등한 권리와 양립할 수 있다고 믿는데, 일부 비판가들은 이것을 여전히 형식적 평등에 대한 신념을 벗어나지 못한 증거로 생각한다(예를 들면 Daniels 1975: 279; Nielsen 1978: 231; Macpherson 1973: 87~94). 그러나 차등원칙이 보장하는 불평등은 물질적 수혜를 보다 적게 받은 사람들의 물질적 상황을 증진시키려는 의도를 지니고 있다. 형식적 평등이라는 이름으로 실질적 자기결정권을 경시하기는커녕, 차등원칙을 만족시키는 불평등을 거부한다면, '보다 불운한 사회의 성원들이 자신들의 목적을 달성시킬 수 있는 능력이 더욱 저하될 것'이라는 간단한 이유로 차등원칙은 정당화 된다(Rawls 1971: 204). 따라서 사람들의 실질적 자기결정권이라는 명목으로 이러한 불평등에 반대한다면, 그것은 매우 잘못된 방향으로 나아가는 것이다.[1)]

---

1) 자유주의적 평등주의자와 마르크스주의자는 양자 모두 물질적 평등에 대한 추구를 공유하지만 그것을 달성하기 위해 사용될 수 있는 수단에 대해서는 의견을 달리 한다. 롤즈와 드워킨은 차등원칙을 침해하고 있는 사회라도 그 사회가 시민적 권리들을 존중하고 있다면, 물질적 불평등을 바로잡기 위해 시민적 자유에 제한을

이와 같이 사회주의자들과 자유주의자들이 물질적 평등의 추구에 대한 신념을 공유한다고 전제한다면, 이들이 정의에 대해서도 동일한 설명을 공유하고 있을까? 사회주의의 일부의 유파에 있어서는 그렇다고 답할 수 있다. 자원의 평등에 대한 드워킨의 자유주의 이론과 다양한 사회주의 이론가들의 '보상 이론'(compensation theory) 사이에 커다란 차이는 없는 것처럼 보인다. 이러한 사회주의 이론의 목표 역시 욕망에 민감하고(ambition-sensitive) 여건의 영향을 배제하는(endowment-insensitive) 분배이다(예를 들면 Dick 1975; DiQuattro 1983; cf. Carens 1985).[2] 이와 유사하게, '재산소유 민주주의'(property-owning democracy)나 '기초자금공여 사회'(stakeholder society)를 주장하는 자유주의적 설명들과 다양한 '시장사회주의'(market socialism) 사이에 큰 차이가 있는 것처럼 보이지 않는다. 양자 모두는 생산재의 소유에 대해서는 보다 확장된 평등화를 목표로 하는 반면, 재화와 용역의 분배는 여전히 시장에 의존하고 있다.[3]

그러나 다른 방향으로 나아가는 사회주의 사상의 또 다른 유파가 있다. 이 장에서는 최근 마르크스주의 저작들에서 발견되는 그와 같은 유파의 몇몇 흐름에 대해 논의할 것이다. 동유럽에서 공산주의 체제의 불신임으로 유발된 공산주의체제의 해체를 통해서, 신정정치, 봉건제, 절대왕정 같은 과거의 이론들처럼, 이제 마르크스주의

가할 수도 있다는 생각을 거부한다. 그와는 반대로 일부의 마르크스주의자들은 분배정의를 달성하기 위한 보다 급진적인 수단들을 받아들일 것이다(제3장 각주 22를 보시오).

2) 사실 드워킨의 접근 방식에서 중요한 측면은 딕(James Dick)이 설명한 '보상적 정의'(compenstory justice)의 방식을 따르고 있다. 그는 사람들이 직면하고 있는 부담들(burdens)의 차이를 보상할 수 있다면 자원의 불평등은 정당화 될 수 있다고 주장한다(Dick 1975). 딕에 따르면 매우 위험하고 어려운 일을 하는 사람들은 편안하고 즐거운 일을 하는 사람들보다 더 많은 보수를 받아야 한다. 그의 관점에 따르면, 그것의 목표는 이득과 부담 모두에 평등한 분배를 하는 것이다. 시장의 적절한 조건 아래에서 드워킨의 자원의 평등의 관점을 따른다면, 이러한 관점은 무너질 것처럼 보인다. 전자의 설명에서의 '부담'은 실제로는 후자의 설명에서의 '사치스러운 선호'(expensive preference)를 뒤집어 놓은 것에 지나지 않다. 양자 모두는 평등한 자원의 조건 아래에서의 시장 기제에 의해 결정된다(Carens 1985).

3) 제3장의 후반부에서 논의된 제안들을 Bardhan and Roemer, 1993; LeGrand and Estrin, 1989; Miller, 1989 같은 시장사회주의의 최근 작업들과 비교해 보자. 여기서의 분명한 중첩은 소유권 공유 평등화(equalizing share ownership)를 주장하는 로어머(John Roemer)의 제안이 때로는 '쿠폰 자본주의'(coupon capitalism)로, 때로는 '시장사회주의'(market socialism)로 묘사된다는 사실에 반영되어 있다.

역시, 역사의 휴지통으로 버려져, '사망'(dead)했다고 종종 이야기 된다. 그러나 놀랍게도, 동유럽에서의 공산주의의 사망은 서유럽에서의 연이은 마르크스주의 이론화의 재탄생으로 이어지고 있다. 20세기 전반에 걸쳐서 영미 철학자들에게 마르크스(Karl Marx)와 마르크스주의는 다소간 철저히 무시되었다(Ware 1989: 1~2). 그러나 최근 20년 동안에는 마르크스주의에 관한 저작과 마르크스주의적 이론을 재구성하려는 시도들이 쏟아져 나오고 있다. 이러한 움직임은 보통 '분석적 마르크스주의'(analytical Marxism)라고 알려져 있다. 그 이유는 그것을 주장하는 사람들의 목표가 현대 영미 분석철학과 사회과학의 방법론 및 도구를 사용해서 마르크스의 통찰력을 재구성하려는 것이기 때문이다.

이와 같은 마르크스의 '재구성' 과정은 물론 선별적 기획이었다. 마르크스의 믿음과 예언들 중 많은 것이 완전히 논박되었고, 따라서 그의 저작 전체를 변호하려는 사람은 거의 없는 것이 확실하다. 특히 극소수의 분석적 마르크스주의자들만이 '사적 유물론'이라고 알려진 마르크스의 역사이론을 변호하길 원한다. 이 이론에 따르면, 인간사회의 발전은 계급투쟁에 의해 결정되는데, 그러한 계급투쟁은 경제적 생산수단의 발전에 의해 결정되고, 그러한 발전의 필연적 결과로 프롤레타리아에 의해 자본주의가 혁명적으로 타도된다. 자본주의는 우선 사회주의로 대체되고, 궁극적으로, 풍요로움(abundance)이 성취되면, 완전히 성숙한 공산주의(full-blown communism)가 대두할 것이라고 한다.

오늘날 프롤레타리아 혁명의 필연성을 믿는 분석적 마르크스주의자들은 거의 없다. 그러나 정확히 그 이유 때문에 마르크스주의자들에게는 사회주의 혹은 공산주의를 추구하는 규범적 근거를 명확히 하는 것이 더욱 중요해진다. 마르크스주의자가 사회주의가 *필연적*(*inevitable*)이라고 생각한다면, 굳이 사회주의가 왜 *바람직한가*(desirable)를 설명할 필요가 없다. 단지 그것은 미리 결정된 역사 발전 순서의 종착 지점일 뿐이다. 자본주의는 그 내부적 모순 때문에 스 스로 붕괴할 것이고, 그로 인해서 점점 더 비참해지는 노동자들은 그것을 타도하는 것 이외에 다른 선택을 할 수 없을 것이다. 이러한 혁명논리에 깔려있는 생각은 경제적 모순이지, 도덕적 논증이 아니다.

사실, 마르크스와 엥겔스(Friedrich Engels)는 사회주의에 대한 찬성의 근거로 도덕적 논거를 제시하는 이론가들을 극도로 냉혹하게 대했다. 도덕적 논증은 두 가지 이유로 필요 없는 것처럼 간주되었다. 그 이유는 노동자들이 혁명 이외에는 다른 합리적 선택을 할 수 없기 때문이고, 정의라는 개념은 끊임없이 논쟁적인 개념이기 때문에 도덕적 논증은 전략적으로 보더라도 분열적이기 때문이다. 게다가 자본주의의 수호자들은 이미 자본주의의 자유와 평등에 대한 정교한 이데올로기적 정당화를 만들어 놓았다. 논쟁을 도덕적 논증의 영역으로 이동시키면, 이러한 자본주의 이데올로기를 만들어낸 사람들로 하여금 노동자들을 혁명의 수행으로부터 일탈시키는 것을 허용하게 될 것이다.

그러나 최근의 마르크스주의자들은 사회주의 혹은 공산주의의 이상을 실현하기 위해서는 그러한 이상이 도덕적으로 정당할 뿐 아니라 그러한 이상을 추구할 가치가 있다고 사람들을 설득하는 것이 필요하다는 사실을 인식하게 되었다. 노동자들이 점점 더 비참해질 것이라는 예상과는 달리, 보다 많은 노동자들이 향상된 삶의 질을 경험하게 되었고, 그들은 종종 자본주의를 추구하는 정당에 투표를 하게 되었다. 사회주의 정당이 성공하기 위해서는, 사회주의 사회가 왜 우리가 오늘날 목격하고 있는 자본주의 복지국가 같은 것보다 더욱 바람직하다는—더 자유롭고, 정의롭고, 혹은 더 민주적이라는—논증을 제시해야 한다. 그리고 사실 현대 분석적 마르크스주의자들의 대부분의 작업은 정확히 이러한 종류의 규범적 논증들을 발전시키는데 집중하는 것이었다.

다시 말하자면, 역사 이론으로서의 '과학적' 마르크스주의의 사망은 마르크스주의가 규범적 정치이론으로 태어나는데 도움을 주었다.[4] 새로운 분석적 마르크스주의의 근본 목표는 자유주의의 정의이론에 비판과 대안을 제시하는 것이다.

이 장에서 나는 비판의 두 가지 흐름을 살펴볼 것이다. 한 유파는 정의라는 개념 자체를 거부한다. 이러한 관점에서 본다면, 정의는 사회적 삶에 내재한 결점에 대한 반응에 불과한 치유적 덕성(remedial virtue)이다. 정의는 개인들 사이의 갈등을 중재하려고 노력하는 반면, 그러한 갈등을 극복할 수 있게 해 주는 공산주의는 정의에 대한

4) 가장 선두적인 분석적 마르크스주의자 코헨(G. A. Cohen)은 그 자신의 관점에 따라 이러한 이행에 관련하여, 매혹적인 동시에 자전적인 논쟁을 제공한다. 그는 공산주의적 평등의 필연성을 믿으면서 자라 왔지만, 그러한 믿음을 잃게 되면서 그는 이제 사람들에게 그것의 도덕적 바람직성을 설득할 필요를 강조하게 되었다(Cohen 2000).

필요도 극복할 수 있다. 두 번째 유파는 정의에 대한 강조는 자유주의와 공유하지만, 정의가 생산수단의 사적 소유와 양립할 수 있다는 자유주의적 믿음은 거부한다. 이 두 번째 유파는 착취에 기반을 두고 사적 소유를 비판하는 사람들과 소외에 기반을 두고 사적 소유를 비판하는 사람들로 나뉘어진다. 그러나 이 두 경우 모두에서 마르크스주의적 정의는 생산수단의 사회화를 통해서, 생산재가 전체로서의 공동체의 소유, 혹은 각각의 사업체 내의 노동자의 소유가 되어야 한다고 요구한다. 자유적 평등주의의 정의 이론은 사적 소유를 채택하지만 그것의 불평등은 거부하는 반면, 마르크스주의자들은 사적 소유를 본질적으로 부정의하다고 보는 더욱 급진적인 정의이론을 주장한다.

1. 정의를 넘어서는 공산주의

롤즈의 이론에서 가장 인상적인 부분 중 하나는 '정의는 사회제도의 제일 덕목이다'(justice is the first virtue of social institutions)라는 주장이다(Rawls 1971: 3). 롤즈에 따르면 정의는 자유, 공동체, 효율성 같은 다양한 정치적 가치들 중의 하나가 아니다. 정의는 오히려 이러한 여러 가치들의 중요성을 가늠할 수 있는 기준이다. 어떤 정책이 정의롭지 않다면, 정의를 능가할 수 있기를 바라면서 호소할 수 있는 일련의 별다른 가치들의 체계가 존재하지 않게 된다. 그 이유는 정의가 아닌 다른 가치들에 부여된 정당한 비중은 가장 적절한 정의이론 내에서의 그들의 위치에 따라 정해지기 때문이다(반대로 정의론을 검증할 수 있는 한 가지 방법은 정의론이 이와 같은 다른 가치들에게 적절한 비중을 부여하는 가를 검토해 보는 것이다. 롤즈가 말하는 것처럼, 정의론이 공동체와 자유에 대한 적절한 전망을 제시하지 못한다면, 그것은 더 이상 우리에게 매력적일 수 없다).

자유주의자는 정의를 강조한다. 왜냐하면 그들은 정의와 도덕적 평등(moral equality)이라는 기본 개념 사이에 놓인 밀접한 연관성을 인식했기 때문이다. 자유주의자들은 *사법적* 평등(judicial equality) 이론을 만듦으로써 사람들의 *도덕적* 평등(moral equality)을 향상시킨다. 사법적 평등의 이론은 복지를 증진시키는 조건들에 대한 개인의 요구를 구체적으로 표명해 낸다. 한편, 많은 마르크스주의자들은 정의를 강조하지 않는다. 사실상 이들은 공산주의가 정의원칙에 기반을 두고 있다는 생각에 반대한다. 이러한 점에서 이들은 '평등한 권리'와 '공평한 분배'라는 개념을 '한물 간 언어의 쓰레기'(obsolete verbal rubbish)라고 공격한 마르크스 입장을 따르고 있는 것이다(Marx and Engels 1968: 321). 이것은 마르크스가 자신의 '기여의 원칙'(contribution principle)의 분석−즉, 노동자들은 자신들의 노동의 산물에 대한 권리가 있다는 주장−으로부터 이끌어낸 결론이다. 그와 동시대의 많은 사회주의자들이 분배 법칙을 사회주의의 중요한 논거로 생각했던 반면, 마르크스는 그것이 많은 '결점들'을 갖고 있어서 그것은 기껏해야 자본주의와 공산주의 사이의 과정에서 과도적인 원칙만을 만들어 낼 것이라고 말한다. 분배 원칙은 사람들에게 '평등한 권리'를 부여하는데, 모든 사람이 평등한 기준(즉, 노동)으로 측정되기 때문이다. 그러나 어떤 사람들은 더 많은 자연적 재능을 타고 났기 때문에 이러한 평등한 권리는 '불평등한 노동에 대한 불평등한 권리'(unequal right for unequal labour)가 된다.

> 그것은 불평등한 개인적 재능을 암묵적으로 인정함으로써 생산 활동을 자연적 특권으로 인정한다. *따라서 그것은 다른 모든 권리들처럼 그 내용상 불평등한 권리이다.* 권리는 바로 그 자체의 특성에 의해 평등한 기준(equal standard)을 적용함으로써만 구성될 수 있다. 그러나 불평등한 개인들은(그리고 그들은 그들이 불평등하지 않다면 구별되지 않는 개인들일 것이다) 그들이 하나의 평등한 관점 아래에 들어오는 한에서만, 예를 들면 현재와 같은 예처럼 다른 모든 것은 무시된 채, 한쪽의 *한정된* 측면(*definite* side)에서만 받아들여지거나, 그들에게 보이는 어떤 면들보다 *단지 노동자로서*(*only as workers*) 간주되어야, 동등한 기준으로 측정될 수 있다(Marx and Engels 1968: 320).

우드(Allen Wood)에 따르면, 이 구절은 마르크스가 정의라는 개념뿐 아니라 그 아래 놓여 있는 도덕적 평등이라는 개념 역시 혐오하고 있음을 보여준다. 우드의 관점에서 볼 때, 마르크스는 '"평등"이 그 자체로 좋은 어떤 것이라는 생각에 적대적'이었고, '평등한 사람들의 사회의 신봉자'가 아니었다(Wood 1979: 281; 1981: 195;

cf. Miller 1984: ch.1).

그러나 여기에서의 마르크스의 주장도 공동체가 그 구성원을 평등하게 대우해야 한다는 관점마저 거부하고 있지는 않다. 그는 사법적 평등 이론의 이행을 통해 공동체가 구성원을 평등하게 대우해야 한다는 주장을 거부할 뿐이다. 이 구절에서, 마르크스는 평등한 고려의 원칙(a principle of equal regard)을 지지하지만, 어떠한 '평등의 권리'도 평등한 고려를 제대로 포착하지 못하고 있다고 비판한다. 그 이유는 권리는 한정된 관점을 규정하여 개인들이 평등하게 고려된다고 하는 방식으로 작용하기 때문이다. 예를 들면, 분배원칙은 사람들을 단지 노동자로만 보고, 서로 다른 노동자들이 그들의 재능과 그들의 필요에 따라 다양하다는 사실-예를 들면, '어떤 노동자는 결혼했고, 다른 노동자는 결혼하지 않았고, 어떤 노동자는 다른 사람들보다 자식들이 많은 사실 등등'-을 무시한다(Marx and Engels 1968: 320). 현실에서는 진정한 의미에서의 평등한 고려의 결정과 관련된 관점의 수는 무한정하거나, 혹은 어떤 경우에서도 미리 구체화될 수 없다. 그러나 '평등한 권리'의 효과에 대한 이와 같은 묘사는, 사람들이 실제로 평등한 고려와 존중을 받아야 한다면, 단지 비판을 위한 비판에 불과하다-그래서 이러한 불평등은 '결점들'(defects)일 뿐이라는 점에 주목하라. 마르크스는 평등한 권리 개념을 거부하는데, 그가 사람들을 동등하게 대우해야 한다는 개념에 대해 우호적이지 않아서가 아니라 권리가 그러한 이상을 수행하지 못한다고 생각했기 때문이다. 사실, 도덕적 평등 개념은 마르크스 사상의 기초이다(Arneson 1981: 214~216; Reiman 1981: 320~322; 1983: 158; Geras 1989: 231, 258~261; Elster 1983: 296; 1985: ch.4).[5]

마르크스주의자들은 다양한 방식으로 사법적 평등 개념을 반대한다. 첫번째, 우리가 이미 보았던 것처럼, 평등한 권리는 단지 제한된 수의 적절한 도덕적 관점을 구체화시킬 뿐이기 때문에, 평등한 권리가 불평등한 효과를 낳는다는 점이다. 그러나 이러한

---

5) 마르크스에게서 종종 발견되는 도덕적 평등의 개념, 즉 인간을 수단이 아니라 목적 그 자체로 다루어야 한다는 요구로서의 도덕적 평등은 칸트와 롤즈와 노직에게서도 같은 형식으로 발견된다. 마르크스는 자본주의가 인간을 생산관계(자본주의적 노동 과정이 노동자를 사물화 혹은 도구화시킴으로 자본가들에 의해 착취당하도록 만들기 때문에)는 물론 교환관계('각자가 타인의 필요와 욕망들을 필요들과 욕망들로 보지 않고, 오히려 조작을 위한 수단 혹은 약탈의 대상이 되는 약점으로 때문에-Buchanan 1982: 39)에 있어서도 목적으로 다루는데 실패했다고 생각한다.

주장은 근거가 약하다. 우리가 모든 적절한 관점들을 미리 규정할 수 없다는 것이 비록 사실이라 하더라도, 그것이 아무런 관점도 규정하지 않는 것이 평등한 고려를 통해서 사람들을 대우할 수 있는 가장 좋은 방식이라는 결론을 도출시키지는 않기 때문이다. 권리의 목록이 평등한 고려를 완전하게 보여줄 수는 없다고 하더라도, 다른 대안보다는 그렇게 하는 것이 더 나을 것이다. 사실, 도덕적으로 적절하다고 생각하는 관점을 구체화시키려는 노력 이외에 우리가 할 수 있는 것은 무엇이 있을까? 단지 분배에 관한 어떤 결정도 회피함으로써, 우리는 그 같은 어려운 작업을 회피할 수 있을 뿐이다. 이것이 바로 공산주의 아래에서는 재화가 풍요로워질 것이라는 가정을 통해서 일부 마르크스주의자들이 희망해 왔던 것이다. 그러나 우리가 뒤에서 보게 되겠지만 이것은 비현실적 희망이다.

두 번째 반대는 '정의로운 분배'에 대한 이론들이 보다 근본적인 생산의 문제에 집중하지 않고, 분배의 문제에만 과도하게 집중한다는 것이다(Young 1981; Wood 1972: 268; Buchanan 1982: 56~57, 122~126; Wolff 1977: 199~208; Holmstrom 1977: 361; cf. Marx and Engels 1968: 321). 우리 모두가 생산수단을 소유한 자로부터 그것을 소유하지 않은 사람들에게로의 소득 재분배에만 관심을 갖는다면, 우리에겐 여전히 계급과 착취가 존재할 것이고, 따라서 애초에 정의를 필요로 하게 했던 갈등적 이익들도 여전히 존재할 것이다. 그 대신에 우리는 생산수단 그 자체의 소유권을 이전하는데 관심을 가져야 한다. 그것이 달성된다면 공정한 분배라는 문제는 더 이상 말할 필요가 없다.

이것은 중요한 논점을 제기한다. 우리의 관심은 소유권으로 향해야 한다. 소유권은 단지 더 많은 소득을 발생시킬 뿐 아니라, 다른 사람의 삶을 지배할 수 있는 수단을 획득하도록 만들기 때문이다. 재분배 과세 계획은 자본가와 노동자가 평등한 소득을 갖게 할 수는 있겠지만, 그것은 여전히 노동자들이 얼마의 시간을 보내는가를 결정할 권한을 자본가에게 남겨 두게 되는데, 그러한 권한은 자본가에 비해 노동자에게는 상대적으로 부족하다. 그러나 정의 개념에 대한 반대로써의 이러한 불만은 실패한다. 정의의 개념 중 어느 것도 스스로를 소득 문제에만 한정시키지 않는다. 그와는 반대로, 우리가 이미 보았듯이, 롤즈와 드워킨 모두는 정의이론에 따라 분배되어야 할 사회적 자원에 생산수단을 포함시킨다. 사실, 롤즈는 자신의 '재산소유 민주주의'(property-owning democracy)에 보다 평등주의적인 재산권의 형식이 필요하다고 주장한다. 그리고 드워킨이 그의 이론의 실천적 실행을 논의 할 때, 근본적인 부의 재분배보다 소득의 재분배 기획에 관심을 가진다면, 그것은 자신의 정의론과 양립할 수 없게 된다(앞의 제3장 제5절을 보시오). 무엇보다도 자본주의적 생산관계 내의 계급 구조에 대한 마르크스주의자들의 반대는 분배적 반대이기 때문에 표준적 정의론의 범위 안에 적절하게 들어맞는다(마르크스 자신도 가끔씩 지적한 것처럼-Marx and Engels 1968: 321; Marx 1973: 832; cf. Arneson 1981: 222~225; Geras 1989: 228~229; Cohen 1988: 299~300).

이러한 두 가지 반대는 기껏해야 일부의 사람들이 자신들의 정의 개념을 발전시켰던 방법적 한계를 지적하는데 지나지 않는다. 그러나 마르크스주의 비판의 핵심은 사법적 공동체(judicial community)개념에 대한 반대이다. 마르크스주의자들은 정의가 사회제도의 제일 덕목이기는 커녕, 진정으로 좋은 공동체에서는 더 이상 필요하지 않을 어떤 것이라고 믿는다. 정의는 단지 우리가 '정의의 상황'(circumstances of justice) 아래에 있을 때만 적절한데, 그 상황은 정의원칙에 의해서만 해결될 수 있는 갈등의 형태를 만들어낸다. 일반적으로 이러한 상황에는 두 가지 주요한 종류가 있다고 주장되었다. 하나는 갈등적인 목적들이고 다른 하나는 한정된 물질적 자원이다. 사람들이 목표에 합의하지 못하고, 희소한 자원에 직면한다면, 그들이 갈등적 주장을 하게 되는 것은 피할 수가 없다. 그러나 우리가 사람들의 목표들 사이의 갈등 혹은 자원의 희소성을 제거할 수 있다면, 사법적 평등에 대한 이론은 필요 없을 것이고, 그것이 없는 상태가 더욱 바람직할 것이다(Buchanan 1982: 57; Lukes 1985: ch.3).

일부 마르크스주의자들에 따르면, 공산주의가 극복하기 위해 노력하는 정의의 상황은 선관들(conceptions of the good)의 갈등이다. 그들은 비사법적 제도의 한 예로 가족을 든다. 가족은 정당한 의무에 기반을 두거나 개인적 이익을 계산하여 반응하지 않고, 타인의 필요에 대해 사랑으로부터 우러나온 반응을 지속하는 이익의 동질성(an identity of interests)을 갖는다(cf. Buchanan 1982: 13). 전체로서의 공동체가 이익의 동질성은 물론 정서적 유대를 갖고 있다면 정의는 불필요해질 것이다. 왜냐하면 자신을 권리의 담지자로 간주하는 것은 바로 '자신을 인간상호간 갈등에 대한 잠재적 당사자로 간주하는 것인데, 여기에는 자신의 몫으로 요구하는 것을 위해 끝가지 주장하고 동시에 “들고 일어나는 것”이 절대로 *필요(necessary)*하기 때문이다(Buchanan 1982: 76). 우리가 사랑 혹은 이익의 조화(a harmony of interests)로부터, 각자 타인들의 필요를 충족시켜 준다면, 그러한 곳에는 권리 개념 같은 것이 등장하는 상황이 발생하지 않는다.

나는 다른 곳에서 마르크스가 이처럼 이익의 동질성을 지닌 정서적으로 결합된 공동체의 이상을 믿지 않았다고 주장했었다. 마르크스에게 있어서 공산주의적 관계는 적대로부터 자유로운데, 그것은 ‘개인적 적대(individual antagonism)라는 측면에서가 아니라, 개인들의 삶의 사회적 조건으로부터 발생되는 적대라는 측면에서’ 그러하다(Marx and Engels 1968: 182).[6] 정의의 상황을 ‘목적의 조화’(harmony of ends)로 해결하는 방식은 사실, 마르크스주의적 이상이라기보다는 공동체주의적 이상에 가깝다(cf. 다음에 나올 제6장 제8절 c) 연대와 정치적 정당성). 게다가 이것을 통해 정의의 상황을 해결하는 것이 가능한지도 의심스럽다. 왜냐하면 우리가 비록 일련의 목표를 공유하더라도, 개인적 이해에 있어서는 여전히 갈등할 것이기 때문이다(예를 들면, 두 사람의 음악 애호가가 한 장밖에 없는 오페라 티켓을 원하는 상황). 그리고 개인적 이해들이 갈등하지 않는 곳에서도 우리들은 공유된 목표를 어떻게 달성할 수 있는지, 혹은 그것이 얼마만큼의 지원을 받아야 할지에 대해서 의견일치를 못 볼 수도 있다. 당신과 나는 둘 다 음악을 경험하는 것이 좋은 삶에 있어서 매우 중요하다는 것과 동시에, 음악을 위해 자신의 시간과 돈이 지불되어야 한다고 믿을 수 있다. 그러나 당신은 비록 질이 낮은 음악을 경험하게 되더라도 최대 다수의 사람들이 경험할 수 있도록 음악에 대한 지원을 해야 한다고 생각하는 반면, 나는 비록 어떤 사람들은 그 음악을 절대로 경험하지 못한다고 하더라도 최고 수준의 음악을 경험할 수 있도록 해야 한다고

6) 마르크스는 공산주의 아래에서의 삶은 ‘사회적 삶’(‘social life’, Marx 1977a: 90~93)일 것이고, 공산주의적 개인들은 ‘사회적 개인들’일 것(‘social individuals’, Marx 1973:705, 832)이라고 말한다. 그러나 그는 이익들의 본질적 조화가 있게 될 것이라고도, 그리고 우리가 그러한 조화를 창조하는 것을 목표로 삼아야 한다고도 이야기하지 않았다. 사회적 삶에 대한 이러한 요구들에 대한 나의 관점이 어떤 것인지는 Kymlicka(1989a: ch.6)을 보시오.

믿을 수 있다. 자원의 희소성이 존재하는 한 우리는 어떤 음악 기획에 얼마나 지원해야 할지에 의견을 달리 할 수 있다. 공유된 목표도, 사람들이 수단과 우선성을 공유할 때에만, 자원의 희소성으로 인한 갈등을 해소할 수 있다. 그러나 동일한 강도로, 동일한 이유로, 동일한 목표를 공유하는 사람들만 동일한 사람이라고 할 수 있다. 그리고 이것은 갈등하는 목표들이 '치유되거나' 극복되어야 할 '문제로서' 정말 가장 잘 인식되고 있는지의 여부에 대한 문제를 제기한다. 아마도 갈등은 그 자체 내에 그리고 스스로 가치가 있는 것은 아니다. 다만 그러한 갈등을 불가피하게 만드는 목표들의 다양성이 바로 가치 있는 것이 될 수 있다.

정의의 상황에 대한 또 다른 해결책은 물질적 희소성을 제거하는 것이다. 마르크스는 다음과 같이 말한다.

> 공산주의 사회의 최고의 단계에서는, 노동 분업에 예속된 개인의 노예상태가 사라지고, 노동이 생활을 위한 수단일 뿐 아니라 인생의 최우선적 욕구(prime want)가 되고, 생산력 또한 전인적 인간 발전과 함께 증가된 이후에, 협동적 부의 샘물이 더욱 풍요롭게 흘러넘치게 된다-그렇게 되면 비로소 부르주아 권리의 좁은 지평이 완전히 걷히고, 다음과 같이 새겨진 깃발의 사회가 도래할 것이다: 각자는 자신의 능력에 따라서, 그리고 각자는 자신의 필요에 따라서!(Marx and Engels 1968: 320~321)

마르크스는 희소성으로 인한 갈등이 해결될 수 없는 것으로 생각했기 때문에 풍요로움의 필요를 강조했다. 생산력이 최고로 발전하는 것이 "(공산주의에 있어) 절대적으로 필요한 실천적 전제인데, 그것이 없다면 결핍(want)은 단순히 일반적인 것으로 되어 버리고, 극도의 빈곤(destitution)으로 인해서 필요에 대한 투쟁과 종래의 모든 추악한 사업들의 재생산이 필연적이기 때문이다"(Marx and Engels 1970: 56). 아마도 마르크스는 희소성의 사회적 효과에 매우 비관적이었기 때문에, 풍요로움의 가능성에 대해 그렇게 낙관적일 수 있었을 것이다(Cohen 1990b).

그러나 정의의 상황에 대한 이러한 해결책 역시 설득력이 없다(Lukes 1985: 63~66; Buchanan 1982: 165~169; Nove 1983: 15~20). 어떤 자원들은(예를 들면

공간) 본질적으로 제한되어 있고, 최근의 환경 위기의 고조는 경험적으로 우리가 의지하고 있는 다른 자원들도 제한이 있음을 드러내 준다(예를 들면 마실 수 있는 깨끗한 물, 석유자원의 고갈). 게다가, 특정한 종류의 갈등과 손해들은 어떤 자원들이 풍족한 상황 아래에서 조차 발생할 수 있다. 한 가지 예로, 타인을 돕기 위한 능력은 물론 갈망 때문에 발생하는 갈등의 경우는 온정주의 내에 함유된 잠재된 갈등이다. 그러므로 비록 정의가 단지 사회의 문제들에 대한 반응일 때만 적절하다고 하더라도, 이러한 문제들의 극복은 불가능할 수도 있다.

그러나 치유적 덕성(remedial virtue)으로서의 정의는 대체되어야 한다고 간주해야 하는가? 마르크스주의자들은 정의가 갈등을 조정하는 데 도움을 주는 한편, 갈등을 만들어내는 경향 또한 있고, 혹은 적어도 사회성의 자연스러운 표현을 감소시키는 경향이 있다고 주장한다. 따라서 정의는 유감스럽게도 현재에는 필요하지만, 풍요로움의 조건이 만들어진 최상의 공동체 형태를 이루는 데는 장애가 된다. 사람들이 서로에 대해 끊임없이 사랑이 우러나와 행동할 때가 정의로운 권리부여를 통해 자기 자신과 타인들을 바라볼 때 보다 더 낫다는 것이다.

그러나 왜 이 두 가지가 대립하는가? 왜 우리가 사랑 아니면 정의를 택해야 하는가? 결국 일부 사람들은 정의감이 타인에 대한 사랑의 전제조건이면서, 부분적으로는 사실상 그것을 구성하는 요소라고 주장한다. 우려는 바로, 사람들에게 권리를 부여하면, 그들은 그들이 사랑하는 누군가를 포함하여 타인에 대해 미치는 영향과 상관없이, 자동적으로 그 권리를 주장하게 될 것이라는 점에 있는 것으로 보인다. 예를 들어 부캐넌(Allen Buchanan)은 정의는 '당사자들로 하여금 편협하고 양보할 줄 모르는 권리의 담지자의 역할에 있어서 갈등의 상황에 처하게끔 하는 것'과 연관되어 있다고 말한다(Buchanan 1982: 178). '권리 담론'(rights-talk)에 대한 유사한 불만이 공동체주의자들에 의해 제기되었다. 그들은 권리와 정의라는 언어는 적대감, 사회적 삶에서의 제로섬 게임과 같은 개념을 부추기며, 보다 고상한 사랑이나 애정 같은 감정들을 그러한 언어로 대치시킨다고 주장한다.[7)]

7) 예를 들면 Sandel 1982: 30~33; Glendon 1991; Etzioni 1993; Hardwig 1990; Waldron 1993: 370~391

그러나 나의 권리 행사가 내가 사랑하는 사람들에게 해가 될 때마다, 나는 왜 나의 권리를 포기하는 것을 선택할 수 없는가? 가족을 생각해 보자. 오늘날 프랑스 여성들이 배우자의 허락 없이 다른 도시로 이주하여 그곳에서 일할 권리가 있다는 사실이 곧 그들이 그들의 가정을 지키기 않고 그들만의 권리를 행사한다는 것을 의미하는가?(그와 유사하게, 이미 그러한 권리를 언제나 갖고 있었던 남성들이 그들의 가족을 위해서 자신의 직업에 따른 이주를 결코 포기한 적이 없었지 않은가?) 부캐넌은 '권리의 담지자들 사이의 상호 존중의 관계망이 너무나 완고하고 차가워서, 인간관계에 가장 중요한 것들을 수행할 수 없음을 알게 된 사람들에게는, 마르크스의 진정한 공동체의 비전—단순한 사법적 관계가 아닌—은 매력적으로 남게 될 것이다'라고 말한다(Buchanan 1982: 178, 강조—저자). 그러나 가족을 인간관계에 있어서 최선의 형태의 하나의 예라고 한다면, 이러한 대조는 피상적이다. 가족은 언제나 배우자들과 아이들이 모두 권리의 담지자들인(비록 그것이 그렇게 평등하지 않다고 하더라도) 사법적 관계로 존재해 왔다. 그것이 결국 결혼이 상호 애정의 영역이 아니라 칸트가 말하는 것처럼 '타인 성기의 상호적 사용'(reciprocal use of each other's sexual organs)에 대한 두 사람 간의 동의를 의미하는가? 물론 그렇지 않다. 가족은 사랑하는 관계로 맺어질 수 있고, 결혼의 사법적 성격은 사랑의 관계를 못하게 하는 것과는 상관이 없다. 당연히 그 누구도, 사람들이 사랑 이외의 행동을 할 기회를 박탈당한다면, 사랑에서 우러나오는 행동을 하게 될 뿐이라고 생각하지 않는다.[8)]

정의의 우선성에 대한 롤즈의 주장은 '사람들이 다양한 이익들에 대해 자신의 권리 주장을 끝까지 할 것이라든가 또는 해야만 한다는' 주장이 아니다(Baker 1985: 918). 정의의 우선성은 개인들이 그러한 이익들을 주장하도록 보장해 주는 동시에, 이와 함께 그들이 그러한 이익을 사랑하는 사람과 공유하는 것 역시 보장해 준다. 관대하고

등에서는 보다 미묘한 관점이 제시되는데, 권리와 정의의 개념이 애정이 존재할 때에는 불필요하지만, 애정이 사라지는 상황을 다루기 위해서 그 개념이 필요하다고 주장한다.

8) 훌륭한 결혼(훌륭한 우정)이 정의와 사랑을 결합하는 방식에 대해선, Okin 1989b; Kleingeld 1998; Friedman 1993을 보시오. 우리가 우리의 권리를 수행할지의 여부와 언제 수행할지를 결정할 때 윤리적 가치를 선언하는 방식에 대한 논쟁은, Tomasi 1991, 2001: ch.3; Meyer 1997을 보시오. 어떠한 바람직한 공동체 개념보다 권리의 중심성을 변호하는 것은 S. Walker 1998; Ignatieff 2000; Dworkin 1989를 보시오.

사랑이 깊은 사람은 정당한 권리획득(entitlement)을 통해 너그럽고 사랑 깊은 사람이 된다—그것이 금지되는 것이 아니라, 정의의 우선성은 그것을 가능하게 한다. 정의가 배제하는 것은 사랑과 애정이 아니라 부정의—그들의 정당한 권리획득의 부정을 통해, 어떤 사람들의 이익이 타인에게 종속되어 버리는 것—이다(Baker 1985: 920). 물론 이것은 순수한 사랑과 애정에 반대되는 것이다.

정의는 타인에 대한 배려와 양립할 수 있을 뿐 아니라, 그 자체가 타인에 대한 관심의 중요한 한 형태이기도 하다. 권리에 대한 관심은 이기주의에 근거를 둔 자기 이해와 연관되어 있고, 제로섬의 세상에서 가능한 타인들의 적대로부터 자기 자신을 보호하는데 관심을 두고 있다고 종종 이야기 된다. 예를 들어 부캐넌은 자기 자신을 권리의 담지자로 간주하는 것은 '개인 상호간의 갈등 안에서 *필연적으로* 요구를 주장해야 하는 잠재적 당사자로서 스스로를 바라보는 것'이라고 말한다(Buchanan 1982: 76). 이러한 관점에서 본다면, 권리를 주장하는 것은 타인들이 어떻게 우리들의 요구에 반응할지에 대한 일종의 비관적 관점을 갖는 것이다. 그러나 부캐넌 자신은 권리의 인정에 가치를 두는 또 다른 이유를 제시한다. 부캐넌은 어떤 사람이 자신을 권리의 담지자로 간주하는 것은 다음과 같은 의미라고 말한다. 즉 '자신의 몫(his due)에 대한 권리를 주장할 수 있는 존재로 간주하는 것이지, 단순히 바람직한 상태(being desirable)를 청구할 수 있는 권리의 존재로 간주하는 것'은 아니라고 한다. 이 양자의 입장이 섞여 있는 것이 보통이지만, 이는 완전히 상이한 두 가지의 자기이해 방식이다. 후자의 자기이해 방식에서 문제가 되는 것은 내가 원하거나 필요로 하는 어떤 것을 얻을 수 있는 가능성이 아니라 내가 적절하게(예를 들자면 이기적이지 않게) 그것(내가 원하거나 필요로 하는 것)을 획득할 수 있는 근거이다. 나는 타자의 (잠재적으로 자기희생적인) 사랑을 이용하여 이득을 취하는 것을 피하고자 할 수 있다. 만일 그렇다면, 정의는 심지어 타인이 내가 마땅한 권리가 있는 것 이상으로 더 많은 것을 줄 준비가 되어 있다 하더라도, 내가 비이기적으로 마땅한 권리가 있는 바를 결정해 줄 수 있는 기준으로 기능할 수 있다.

정의는 또한 타인의 필요에 어떻게 반응할지를 결정하는 기준이 될 수도 있다. 심지어는 내가 도움을 주고 싶은 이유가 그들에 대한 나의 사랑 때문일 때에도 그렇다. 다른 사람들에게 도움을 받았기 때문이 아니라, 내가 그들을 사랑하기 때문에 도움이 필요한 여러 사람들을 모두 도와주고 싶을 수 있다. 그러나 그들의 필요가 서로 갈등을 일으킬 때는 어떻게 해야 하는가? 롤즈가 지적하는 것처럼, 나는 정의롭게 행동하지 않고 인정(人情, benevolence)에 의해서 행동한다고 말하는 것은 적절하지 않다. '인정이란, 인정의 대상인 수많은 사람들에게 있어서 인정으로 인한 수많은 사랑들이 상충하는 한, 어쩔 줄을 모르게 되기'(Rawls 1971: 190) 때문이다. 사랑이 나의 동기이긴 하지만, 사랑이 갈등하는 명령에 양보해야 한다면, 내가 호소할 수 있는 기준은 정의가 될 것이다. 그러므로 '우정이 *동기*(motive)로서의 정의를 불필요하게 만든다고 하더라도, 우정은 여전히 *기준*(standard)으로서의 정의의 어떤 측면들을 필요로 한다. 친구들이 서로 각자에게 무엇을 해야 하는지를 자동적으로 알게 되진 않는다'(Galston 1980: 289 n.11). 따라서 정의는 두 가지 중요한 목표에 종사한다. 다른 사람에게 권리를 주장할 때, 그들이 내가 부여받은 권리와는 상관없이 내 요구를 따른다고 하더라도, 내가 부여받은 적절한 권리가 무엇인지를 알고 싶어 할 수 있다. 타인의 권리 주장에 대응할 때, 그 반응의 동기가 사랑이라고 하더라도, 나는 그들이 부여받은 권리가 무엇인지를 알고 싶어 할 수 있다. 두 경우 모두 정의의 가르침에서의 내 관심이 '나의 적정한 몫을 주장하는' 문제(a matter of 'standing up for my due')는 아니다.

권리의 공적 인정은 다른 방식으로 가치 있을 수 있다. 어떤 사람은 고도의 존경을 받는 사회활동에 참여하는 덕성에 의해서(예를 들어, 교사로서), 스스로가 원하는 것을 얻게 될 것이라고 확신할 수 있다. 권리에 대한 부캐넌의 첫번째 설명에 따르면, 이 경우 그녀는 권리를 주장할 필요성이 없게 된다. 그 이유는 타인들이 그 실천에 대한 그녀의 기여를 높이 평가하고 관대하게 보상해 주기 때문이다. 그렇지만 그들이 그녀의 헌신에 공감하지 않는 상황에서도, 그들이 그녀의 권리들을 허용할지에 대해 그녀는 여전히 알고 싶을 수 있다. 그리고 이 경우 심지어 그녀가 그 활동을 그만둘 의지가 전혀 없을 때에도 타자들이 이 행위를 계속 허용해 줄 수 있을지를 알고 싶을 수도 있다. 그 이유는 그녀가 단지 사회 역할의 수행자로서의 자격이 아니라, 그녀 스스로가 가치의 원천임을 인식하는 것이기 때문이다.

정의는 치유적 덕성(remedial virtue) 이상의 것이다. 정의는 사회적 조정 내부의 근절시킬 수 없는 결점을 치유한다. 정의는 동시에 개인을 다른 사람들의 이익의 수단으로서가 아니라, 그리고 심지어는 공동선의 수단으로서가 아니라, 개인 그 자체를 목적으로서 간주하여 존경을 표현한다. 정의는 우리가 정의롭게 요구할 수 있는 권리와 권리부여에 대한 설명을 통해 공동체의 구성원들에게 평등한 지위를 인정한다. 그러나 정의는 사람들로 하여금 사람들 혹은 그들이 중요하다고 생각하는 계획들을 희생하면서까지 부여된 권리를 행사하도록 강제하지 않는다. 정의는 우리가 공동체의 구성원으로서 가져야 할 관심들을 형성하고, 우리들이 도덕적 평등 아래 놓여 있는 일관적인 모든 다른 형태의 사랑과 애정을 추구할 수 있도록 해준다. 이러한 공평성, 권리, 의무라는 개념들을 거부하면서, 우리가 평등한 공동체를 만들어 낼 수 있다고 하는 관점을 지지할 수는 없다.[9)]

정의에 대한 마르크스의 경멸적 접근은 보다 더 광범위한 양태의 일부이다. 그는 공산주의가 권리, 관용, 대의 민주주의, 정당들의 대립, 법치, 시장 같은 대부분의 자유주의 사상의 기본적 개념과 범주의 필요성을 철폐할 것이라고 믿었다. 마르크스가 믿기에 이러한 모든 것들은 '물질적, 사회적, 문화적, 인식론적 문제들을 다루기 위한 치유적이고 완화적인 것에 불과하다. 이런 문제들은 극복될 수 있다. 따라서 그러한 것을 치유할 필요는 없다'(Lukes 1995: 3). 마르크스는 미래 사회에는 희소성, 경제적 이익의 갈등, 민족 혹은 종교적 분열 혹은 불완전한 이성 같은 것들이 없을 것이라고 생각했다. 게다가 내가 이 장의 처음부분에서 지적했던 것처럼, 마르크스는 이러한 실천과 제도들에 대한 도덕적 담론에 관여하는 것이 단순히 필연적인 프롤레타리아 혁명의 실제 사업들과는 불화를 일으킬 것이라 생각했다. 그런 결과로 가장 최근까지도

9) 이 장의 시작부분에서 지적했던 것처럼, 마르크스주의자들은 역사적으로 정의에 대한 다른 반대를 제기해 왔다. 예를 들면, 그들은 정의에 대한 호소가 정의 개념 내의 본질적인 논쟁의 여지 때문에 전략적으로 볼 때 분열을 가져올 수 있다고 말하고, 역사의 원동력은 바로 불리한 자들의 합리적 이익이기 때문에 정의에 대한 호소는 불필요하다고 말한다. 동시에 정의 개념은 존재하는 소유 관계에 적합하도록 형성된 이데올로기이기 때문에, 사회주의자의 정의 개념은 소유관계의 변화에 선행해서는 안되며, 대신 소유관계의 변화를 지지해야 한다. 정의에 대한 이와 같은 가정된 결점들의 대부분은 마르크스의 역사적 유물론을 따르는 것이라 말한다. 이데올로기 반론은 Wood 1981: 131~132; Brenkert 1983: 154~155; Wood 1972: 274를 보시오. 거기에 대한 응답은 Geras 1989: 226~228; Nielsen 1989; Arneson 1981: 217~222를 보시오. 계급투쟁의 도덕적 동기의 역할에 대해서는 Wood 1984; Miller 1984: 15~97을 보시오. 거기에 대한 응답으로 Geras 1989: 251~254; Nielsen 1987을 보시오.

정의, 권리, 관용 혹은 민주주의에 대한 규범적 이론을 발전시키는데 흥미를 보인 마르크스주의자는 거의 없었다.

그러나 최근에는 실질적으로 모든 분석적 마르크스주의자들(analytical Marxists)은 그러한 희소성, 갈등, 다원주의, 불완전한 이성들이 인간 조건의 영구적 특징이라는 점과 함께, 설득력 있는 규범적 정치이론이라면 정치제도가 이러한 사실들을 어떻게 다루어야 하는가를 설명할 수 있어야 한다는 사실을 받아들이고 있다. 이러한 방향으로 나아가는 첫번째 단계는 마르크스주의 정의이론을 발전시키는 것이다.[10]

2. 공산주의적 정의

정의가 근절될 수 없는 동시에 바람직한 것이라면, 마르크스주의자들의 정의는 어떤 모습이어야 할까? 마르크스주의는 평등주의적이라는 것이, 즉 자유주의보다 실제로 훨씬 평등주의적이면서 좌익에 훨씬 치우쳐 있다는 것이, 일반적인 가정이다. 이러한 가정은, 주류 자유주의와 그것의 기회 평등이라는 이데올로기에 비추어 본다면, 분명히 옳다고 할 수 있다. 자유주의와 이의 기회평등에 따르면, 높은 급료를 받는 지위를 얻기 위한 공정한 경쟁이 존재하는 한, 무제한적 불평등은 정당화된다(앞의 제3장 제2절). 그러나 롤즈의 자유주의적 평등주의 정의이론에서 좌파에게 어떤 공간을 제공하고 있는지가 즉각적으로 분명하진 않다. 롤즈의 이론 역시 지배 이데올로기를 거부하고, 오직 가장 가난한 사람의 이익에 작동할 때만 불평등을 받아들이기 때문이다. 마르크스주의를 롤즈적 정의로부터 구별하는 것은 어떤 자원이 평등하게 분배되어야 하는지에 관한 한계에 있지 않고, 그러한 평등한 분배가 일어나는 형식에 있다. 롤즈는 자원의 평등이 각각의 사람들에게 사용가능한 사유재산(private property)의 양을 평등하게 하는 형식을 취해야 한다고 믿는다. 한편 마르크스에게 있어서, '공산주

10) 분석적 마르크스주의자들이 정의에 대해 쓴 방대한 논문들과 비교해서, 마르크스주의적 민주주의 이론을 발전시키는 작업은 여전히 비교적 적은 양이 수행되었다. 주목할 만한 예외로 Gilbert 1980, 1991을 보시오.

의자들의 이론은 한 문장으로 요약될 수 있다. 그것은 사유재산의 철폐이다.' 사유재산은 의복, 가구, 여가용 물품처럼 우리들이 가정에서 혹은 오락으로 사용하는 '개인재산'들의 영역에서 허용될 수 있다. 그러나 '생산자원의 사적 소유권과 통제에 대한 도덕적 권리는 존재하지 않는다'는 것이 마르크스주의의 '핵심'이다(Geras 1989: 255; cf. Cohen 1988: 298). 생산자원의 평등한 분배는 생산수단의 사회화라는 형식을 통해 이루어지기 때문에, 각각의 사람들은 각각의 기업 혹은 국가적 경제정책의 수준에서 행해지는 생산재의 배치에 대한 집단적 결정에 평등하게 참여할 수 있다.

왜 평등이 사적 자원의 평등분배(equal distribution of private resources)가 아니라, 공적 자원에 대한 평등접근(equal access to public resources)이라는 형식을 취하는 것일까? 한 가지 이유는 바로 '재산소유 민주주의'(property-owning democracy)라는 롤즈의 개념이 경험적으로 실현가능하지 않기 때문이다. 현대 경제에서는 소유권의 사회화를 통하지 않고서는 생산자원의 평등분배가 불가능할 것이다. 엥겔스가 말하는 것처럼 '부르주아는…… 일시에 개인적 생산수단을 집단적 인간들에 의해서만 운영할 수 있는 사회적 생산수단(social means of production)으로 변혁시키지 않는다면, 이러한 연약한 생산수단을 강력한 생산력으로 변경시키지 못할 것이다.' 그러나 자본주의 아래에서 이러한 '사회화된 생산수단'(socialized means of production)은 '이전에 그랬던 것처럼, 즉 개인들의 생산수단으로서만' 취급된다. 이러한 모순의 해결은 '전체로서의 사회의 통제를 제외한 모든 통제를 능가할 정도로 성장해 온 생산력을 이제 사회가 공개적이고 직접적으로 소유함으로써 실현될 수 있다'(Marx and Engels 1968: 413, 414, 423).

엥겔스에 있어서, 소유권을 사회화할 필요성은 특수한 정의이론에 기초해 있지는 않지만, 현대 산업 경제에서는 자원들을 공평하게 분배하는 다른 장치를 생각할 수 없다는 단순한 사실에 기초한다. 일부 마르크스주의자들은 질서정연한 사회에서의 시장 거래로부터 발생하는 불평등이 부유하지 못한 사람들에게 이로운 경향이 있다는 롤즈의 가정에도 경험적 근거를 통해서 또한 반대한다. 만약에 그렇지 않다면, 그리고 재분배의 메커니즘이 본질적으로 정치적 압력에 취약하다면, 우리는 '보다 큰 가능성 원칙'(greater-likelihood principle)에 근거해서 사회주의를 차용해야 할 것이다(Schweickart 1978: 11, 23; DiQuattro 1983: 68~69; Clark and Gintis 1978: 324).

이러한 이유와 그 밖의 다른 이유들로 인해, 일부 비판가들은 롤즈의 재산소유 민주주의 개념이 '기껏해야 공상적'(at best fanciful)이라고 결론을 내리고(Nielsen 1978: 228), 재산소유 민주주의의 전체적 개념이 독립적 지주들로 구성된 농경사회의 초기 제퍼슨주의의 맥락에서만 의미가 있다고 주장한다(Macpherson 1973: 135~136; Weale 1983: 57). 만일 그렇다면, 생산수단의 사회화는 차등원칙을 이행하기 위해 유일하게 실행가능한 방법일 것이다. 한편, 제3장에서 지적했듯이, 자유적 평등주의자들은 여건에 있어서의 *사전적* 평등(*ex ante* equality)을 높이기 위한 다양한 제안들을 제시했는데—기초자금공여 사회, 보상적 교육, 기본소득, 쿠폰 자본주의, 실용주의적 평등주의적 경제 기획자 등—그것은 단지 한번도 시도되지 못했다. 생산자산에 있어서의 보다 큰 평등이 실현불가능하다고 선언하는 것은 조급한 판단일 수 있다.

평등주의적 사유재산체제의 실현가능성에 대한 이와 같은 반박들은 롤즈 이론에 대한 좌파 비판의 많은 부분을 설명해 주는 한편—그리고 자유주의적 평등주의자들과 사회주의자들 사이에 매일같이 벌어지는 논쟁의 많은 부분을 설명해 주는 한편—사유재산권의 개념 그 자체에 대한 보다 이론적인 반박 역시 많이 있다. 많은 마르크스주의자들에 따르면, 생산수단의 사적 소유는 그것이 본질적으로 부정의한 임노동 관계를 발생시키기 때문에 철폐되어야 한다. 일부 마르크스주의자들은 임금노동이 본질적으로 착취적이라고 주장한다. 다른 마르크스주의자들은 그것이 본질적으로 소외를 가져온다고 주장한다. 비록 롤즈적인 재산소유 민주주의가 경험적으로 실현가능하다고 하더라도, 이 두 관점에 따르면, 정의는 사적 소유를 철폐할 때만 보장된다.

(a) 착취

마르크스주의자들에게 부정의의 전형은 착취이고, 특히 우리 사회에서는, 자본가들에 의한 노동자에 대한 착취이다. 자유주의적 정의가 노동의 매매를 허용하기 때문에, 마르크스주의자들은 그와 같은 지속적인 착취의 허용이 자유주의적 정의의 근본적인 결점이라고 주장한다. 자유주의적 정의는 누군가가 다른 사람들을 착취하도록 허용하는가? 물론 그것은 착취를 어떻게 정의하는가에 따라 다르다. 일상적인 용법에서 착취(자연자원이 아니라 사람들에게 적용할 때)는 '누군가로부터 불공정한 이득을 취하는 것'을 의미한다. 따라서 모든 정의론에는 착취에 대한 이론이 있다. 모든 정의론은 타인으로부터의 이득을 취할 때 어떤 것을 허용하고 어떤 것을 허용하지 않는가를 설명하기 때문이다. 롤즈의 이론을 예로 들면, 재능을 가진 사람이 그렇지 않은 사람의 취약한 협상 지위를 이용해서 차등원칙에 의해 정당화되지 않는 자원의 불평등한 공유(an unequal share of resources)를 강요한다면, 재능 있는 사람은 재능이 없는 사람으로부터 불공정한 이득을 취하는 것이다. 그러나 누군가가 타인을 고용함으로써 이득을 얻는 것은, 그것이 가장 가난한 사람들의 이득을 최대화 시키도록 작용한다면, 착취가 아니다. 우리가 롤즈 이론의 공정성을 확신한다면, 우리는 그 이론이 착취를 허용한다는 것을 부정할 것이다. 정의론을 수용한다는 것은, 부분적으로는, 타인이 불공정하게 얻은 이득을 판단할 근거를 수용하는 것을 의미하기 때문이다.

그러나 마르크스주의자들은 착취를 보다 기술적으로 규정하면서 작업한다. 이러한 기술적 용법에서, 착취는 자본가가 노동자의 노동(생산된 제품의 형태로)으로부터 그 노동에 대한 대가(임금의 형태로)로 노동자에게 지불되는 것보다 훨씬 더 많은 가치를 추출해내는 특수한 현상을 의미한다. 고전적 마르크스주의 이론에 따르면, 자본가들은 그들이 '잉여가치'(surplus value)를 추출해낼 수 있을 때만 노동자들을 고용하기 때문에, 노동자로부터 자본가로의 이와 같은 착취적 잉여가치의 전이는 모든 임금 관계에서 발견된다. 착취에 대한 이러한 기술적 정의는 도덕적 관심이라기보다는 과학적이라고 이야기 된다. 예를 들어, 자본가들이 잉여가치를 추출해 낸다는 사실은 경쟁적인 경제에서 어떻게 이윤이 가능한지를 설명한다고 이야기 되었는데, 이 주장이 그 자체로 잉여가치의 추출이 잘못되었다는 확증을 해주지는 않는다. 그러나 대부분의 마르크스주의자들은 잉여가치의 추출을 부정의의 증거로 간주한다—사실, 그것은 부정의의 실질적 사례이다.

마르크스주의자들의 착취는 도덕적 중요성을 갖는가? 즉, 착취가 타인으로부터 불공정한 이득을 취하는 것과 연관되어 있는가? 기술적 착취가 부정의하다는 전통적 주장은 다음처럼 진행된다(Cohen 1988: 214).

① 노동, 노동 그 자체만이 가치를 만들어낸다.

② 자본가들은 생산물의 가치로부터 일부를 취득한다.

따라서,

③ 노동자는 그가 만들어낸 가치보다 덜 받게 된다.

④ 자본가들은 노동자들이 만들어낸 가치들 중에 일부를 취득한다.

따라서,

⑤ 노동자는 자본가로부터 착취당한다.

이 논증에는 많은 공백들이 있다. 최소한으로 이야기해도 전제 ①은 논쟁적이다. 많은 마르크스주의자들은 '노동가치론'(the labour theory of value)을 근거로 그것을 방어해 왔는데, 노동가치론은 생산된 물건의 가치가 그것을 생산하는데 필요한 노동량에 따라서 결정된다는 것이다. 그러나 코헨이 지적하듯이, 사실상 노동가치론은 ①과 모순 된다. 노동가치론은 물건의 가치가 그것을 생산하는데 요구되는 현재의(currently) 노동량에 의해 결정되고, 실제로 그것을 생산하는데 투여되었던 노동에 의해서 결정되지 않는다고 이야기하기 때문이다. 어떤 물건을 생산하는데 이전에 요구되었던 노동의 절반으로 생산할 수 있는 방향으로 기술의 변화가 일어난다고 할 때 노동가치론은 비록 이미 생산된 물건에 투여되었던 노동량이 변하지 않다고 하더라도 그 물체의 가치가 반으로 줄었다고 이야기 한다. 만일 노동가치론이 옳다면, 노동자에 의해 투여된 실제 노동은 별 문제가 되지 않는다.

도덕적 관점에서 문제가 되는 것은 노동자들이 가치를 만들어 낸다는 것이 아니라 '그들이 *가치를 갖고 있는 것(what has value)*을 만들어낸다는 것이다. …… 착취에 대한 비난을 일으키는 것은 자본가가 노동자가 만들어내는 가치의 일부(some of the value the worker produces)를 전유하기 때문이 아니라, 그가 노동자들이 생산한 물건의 가치의 일부(some of the value of what the worker produces)를 전유하기 때문이다' (Cohen 1988: 226~227). 가치를 갖고 있는 생산물을 만들어내는 것은 그러한 생산물들의 가치를 만들어내는 것과는 다르다. 그리고 착취에 대한 비난에서 진정 문제가 되는 부분은 전자이다. 만일 노동자가 아닌 또 다른 누군가가 상품의 가치를 만들어낸다고 하더라도–예를 들어 만약에 상품의 가치가 소비자들의 욕망에 의해 결정된다고 한다면–마르크스주의자들은 여전히 자본가에 의해 노동자가 착취되고 있다고 주장할 것이다. 자본가 혹은 소비자가 아닌 노동자만이 상품을 생산하기 때문이다. 따라서 적절한 논증은 다음과 같다(Cohen 1988: 228).

① 노동자는 가치를 가지게 되는 상품을 만드는 유일한 사람이다.
② 자본가들은 상품의 가치의 일부를 취득한다.

따라서,
③ 노동자는 그가 만들어낸 것의 가치보다 더 적은 가치를 취득한다.
④ 자본가는 노동자가 만들어낸 것의 가치 중 일부를 취득한다.

따라서,
⑤ 노동자는 자본가에 의해 착취당한다.

이러한 마르크스주의 논증의 변형된 형태는 임금 관계가 본질적으로 착취적이라는 결론을 산출한다. 그러나 여기에 관련된 착취가 부정의한지는 명확하지 않다. 처음에, 타인에게 자신의 노동을 자발적으로 제공하는 데에는 어떠한 부정의도 존재하지 않는다. 그러므로 대부분의 마르크스주의자들은 노동자가 자본가들에 의해서 일하도록 강제되어야 한다는 단서를 추가한다. 일반적으로 노동자들은 어떠한 생산재도 소유하고 있지 않으므로 그들은 (어떤 특정한 자본가들에게는 필요하지 않더라고 하더라도) 재산을 소유한 자본가들을 위해 일해야만 생활을 해 나아갈 수 있다. 대부분의 임금 관계는 이러한 전제에 맞아 떨어진다(Reiman 1987: 3; Holmstrom 1977: 358).

잉여가치의 강요된 이전은 매일의 일상적 관점에서도 착취적인가? 이것은 너무 약한 동시에 너무 강하다. 이것은 엄밀하게 말하자면 강요되지 않은 착취적 임노동의 범위는 배제한다는 점에서 약하다. 예를 들어, 모든 사람에게 최소한의 수입을 보장해주는 안전망이 제대로 작동한다면, 복지국가에서의 무산자들은 자본가들을 위해 일하지 않고서도 생계를 유지할 수 있게 된다. 그러나 우리는 여전히 노동자들이 착취당하고 있다고 이야기 하고 싶을 수 있다. 무산자들이 생존을 위해서 자본가들을 위해 일하도록 강요당하지 않기는 하지만, 그렇게 하는 것이 아마 그들에게는 적절한 생활수준을 누리기 위한 유일한 방법일 수 있다. 그렇게 된다면 우리는 안락한 삶을 유지하기 위해서 그들이 자본가들에게 잉여노동을 양보해야만 하는 것이 불공평하다고 생각할 수 있다. 그들이 자본가들을 위해 일하도록 '강제된다'고 말할 수도 있다. 왜냐하면 그 밖의 대안들은 어떤 식으로든 받아들일 수 없거나 비합리적이기 때문이다. 그러나 우리가 앞으로 보게 될 것처럼, 중요한 문제는 노동자들이 자본가를 위해 일하기를 강요받는가의 여부가 아니라, 잉여의 전이가 불공정하다는 것을 노동자들로 하여금 받아들이게 '강요하는' 자원에 대한 불평등한 접근이 있는가의 여부이다.

다른 한편으로 착취를 강요된 잉여노동의 전이(forced transfer of surplus labour) 정의하는 것은 너무 강력하다. 왜냐하면 강요된 잉여가치의 이전에 대한 많은 정당한 예들이 있기 때문이다. 만약에 노동자가 5년간 다른 사람을 위해서 일해 주고 나면, 스스로 자본가(혹은 주인)가 될 수 있는 도제 같은 형태라면 어떠한가? 레이먼(Jeffrey Reiman)에 따르면, 그것은 착취적이다. '우리는 노동자들이 자신들의 노동력을 팔도록 강요받는 것에 관심을 가져야 한다. 왜냐하면 우리는 그것이 그들로 하여금 임금을 받지않고 노동을 강요시키는 것으로 이해하기 때문이다. 그리고 우리는 노동자들이 얼마나 오랜 기간 임금 없이 일하도록 강요받는지를 주목해야 한다. 왜냐하면 그것은 어떤 기간 동안이라도 임금 없이 일하도록 강요된 사람들에 대해 우리가 어떻게 느낄지가 문제가 되기 때문이다'(Reiman 1987: 36). 그러나 이것은 설득력이 부족하다. 만일 모든 노동자가 자본가가 될 수 있고, 또 모든 자본가들이 노동자에서부터 출발한다면, 인간의 전 인생 경로를 보았을 때 아무런 불평등이 없다고 할 수 있다. 도제처럼, 노동자들은 정당하게 그들의 부여받은 일들을 해내야 할 기간이 있다(Cohen 1988: 261n.9). 보다 넓은 형태의 분배정의에 얼마나 적실한지와 상관없이, 이것이 잉여가치를 강제적으로 이전시키는 착취라고 주장한다면, 그것은 착취에 대한 비난에서 모든 형태의 도덕적 요소를 도려내는 것과 마찬가지이다. 그것은 사람들의 노동소유에 대한 일종의 물신화를 선언한다. 사실상, 그것은 자기소유권에 대한 자유지상주의적 관심사를 선언한다.

> 마르크스주의자들은 자본가들이 노동자들로부터 노동시간을 훔친다고 주장한다. 그러나 누군가로부터 무엇을 훔칠 때에는 그것이 그에게 적절하게 소유되어 있을 때만 가능하다. 따라서 자본주의의 부정의에 대한 마르크스주의적 비판은 노동자가 자신의 노동시간의 적절한 소유자라는 것을 의미한다. 다른 어떤 누구도 아닌 그가 그 시간에 무엇이 행해질지를 결정할 수 있는 권리가 있다.…… 따라서 자본가들이 노동자를 착취한다는 마르크스주의자들의 주장은 인간이 그 자신의 권력을 소유하는 권리가 있다는 가정에 의지하고 있다. (사실) 마르크스주의자들이 하는 것처럼, 만약 당신이 노동시간의 전유(appropriation of labour time) 자체를, 완전한 일반적 형태로, 부정의의 패러다임으로 간주한다면, 자기소유권 원칙(the self-ownership principle)과 같은 것에 동의하지 않을 수 없을 것이다(Cohen 1990a: 366, 369).

이러한 주장이 사실 자유지상주의적 가정이라는 것은, 레이먼의 정의에 따르면, 어린아이들이나 취약자를 부양하기 위한 강제적인 세금역시 착취로 설명된다는 사실을 통하여 제시된다. 우리가 취약자들을 부양하기 위해 노동자들로부터 세금을 내도록 강요한다면, 우리는 그들에게 임금 없이 노동하도록 강요하는 것이다.[11]

이와 같은 마르크스주의 착취 논쟁에 대한 개론적 소개를 통해, 코헨은 사람들이

---

11) 레이먼은 장애자들에 대한 강제적 구호(compulsory aid)가 착취적이라는 주장을 부정한다. 그것은 모든 사람들이 구매하는 보험정책으로 볼 수 있기 때문이고, 그렇기 때문에 '그들이 기여하고 있는 것과 동등한 노동을 간접적 형태로 개인들에게 되돌려 줄 수 있고, 따라서 기본적 분배원칙(the basic distributive principle)을 훼손하지 않는다. 이 기본적 분배원칙은 아무도 다른 사람을 위해 일하도록 강요되어서는 안된다고 말한다(Reiman 1989: 312n.12). 그러나 이것(기본분배원칙을 위반하지 않는 것)은 그러한 지원을 받는 다수의 수혜자들에게는 해당되지 않는다—예를 들면, 선천적 장애의 경우다. 홈스트롬(Nancy Holmstrom)은 레이먼이 착취를 '강제되고, 비용이 지불되지 않은 잉여노동'이라는 측면에서 정의한 것을 선호하면서(Holmstrom 1977: 358), 취약자에 대한 지원이 착취적이지 않다고 말한다. 그 이유는, '잉여는 그것을 생산하는 사람들의 통제 하에 있기 때문이다. 노동자가 생산한 것을 전유하는 비생산자라는 계급은 존재하지 않는다. 노동자들은 그것을 모두 소비할 수 없지만, 그들은 그것을 계급으로써 통제한다'(363). 그러나 노동자들이 그것을 계급으로써 통제한다는 사실이 개별 노동자가 다른 사람들에게 잉여 생산물을 양도하도록 강제되지 않음을 보여주지는 않는다. 내가 개별 노동자로서 노동계급 전체가 잉여 생산물을 갖고 무엇을 할지에 대해 결정한 것에 대해 반대한다면 어떻게 할 것인가? 내가 생산한 것의 완전한 가치(the full value of what I have produced)를 누려야 한다고 주장할 수 있는가? 그렇지 않다면, 그리고 내가 삶을 꾸리기 위해 노동을 해야 한다면, 나는 그녀의 정의에 따르면 착취당하고 있는 것이다. 게다가, 노동자들이 취약계층을 부양해야 하는 것이 법적으로 요구되는 복지권리에 대한 헌법적 보장이 있다면, 어떻게 되는가? 그렇다면 그녀의 정의에 따라서 전체로서의 노동계급은 착취당하는 것이다. 그들이 전체 잉여를 법적으로 지배하지 못하기 때문이다.

자신의 노동 생산물을 소유하고 있다는 사전적 전제를 부정한다. '노동자들이 생산한 모든 가치들이 노동자들에게 돌아가야 한다고 주장하지 않고서도, 노동자들의 생산물의 가치 일부를 전유하는 자본가들이 노동자들을 착취한다고 주장할 수 있다. 필요에 따른 분배의 원칙에(a principle of distribution according to need) 동의하면서, 노동자의 필요가 노동자가 생산하는 상품 가치의 일부분을 받는 근거가 되고 있지 못한다는 이유로 자본가가 노동자를 착취하고 있다고 부언할 수 있다'(Cohen 1988: 230 n.37). 그러나 그렇다면 무엇이 자본가들이 *노동자*를 착취하고 있다는 말을 정당화시키는가? 자본가들은 특정한 객관적 사물(the object)을 필요로 하지 않고(역자: 이미 스스로 필요를 충족시키고 있기 때문에), 그런 이유로 그것에 대해 정당한 요구를 할 수 없다고 가정한다면, 노동자들이 필요원칙(the needs principle)하에서 어떤 주장을 할 수 있다는 결론이 나오지는 않는다. 가장 필요를 느끼는 사람은 일종의 제3의 집단(예를 들면 어린이들)일 수 있는데, 그렇다면 어린이들이 유일하게 객관적 사물에 대한 정당한 주장을 할 수 있을 것이다. 그럼에도 불구하고 자본가가 그 사물을 전유한다면, 그는 노동자가 아니라 어린이들을 부정의하게 다루는 것이다. 사실, 노동자가 객관적 사물을 전유한다면 그 역시 어린아이들을 부정의하게 다루는 것이다. 필요의 원칙이 위배될 때, 부정의하게 취급당하는 것은 생산자가 아니라 필요에 처한 사람들이다.

게다가 만일 자본가가 그 잉여가치를 필요로 한다면 어떻게 할 것인가? 그 자본가는 매우 허약한데, 운이 좋게도 회사의 많은 부분들을 상속받았다고 생각해보자. 코헨은 그것이 여전히 착취라고 암시하고 있다. 왜냐하면 '그의 필요는 노동자가 생산한 것의 가치의 일부를 그가 부여받을 수는 있는 근거가 되지 못하기' 때문이다. 오히려 그것은 그의 생산수단에 대한 소유권이다. 그러나 노동자의 필요 역시 그의 생산물을 받는 근거가 아니다. 오히려 그것은 노동자가 생산한 객관적 대상물(her production of the object)이다. 그렇다면 누가 자본가에게 착취당하는가? 필요의 원칙 아래에서는 아무도 아니다. 아무도 자원에 대해 정당한 요구를 할 수 없다. 게다가 필요는 왜 자본가들이 잉여를 받는 근거가 될 수 없는가? 만일 정부가 취약한 자들에 대한 부양을 일상적 정치의 변덕에 방치되지 않도록 하기 위해서, 그들이 지속적인 경제적인 지원을 받을 수 있도록 자본을 제공한다면 어떻게 되는가? 취약한 사람들에게 자본을 분배하는 것은 사실상 필요의 원칙에 부합하는 아주 좋은 방법일 것이다(cf. Cohen 1990a: 369~371; Arneson 1981: 206~208). 우리가 자기소유권을 폐기하는 순간, 잉여노동의 전유는 그처럼 본래부터 착취적이지는 않다. 그것은 특정 거래가 보다 큰 분배정의의 양식에 얼마나 들어맞는가에 전적으로 좌우된다.

착취 논증에는 또 다른 문제도 있다. 자신의 노동을 팔지 못하게 강요받는 사람들은 어떻게 하는가? 대부분의 국가에서 결혼한 여성들은 임노동을 받는 고용으로부터 미리 배제되어 있다. 따라서 그들은 착취당하지 않는다. 그 반대로 그들은 (어떻게 보면) 착취로부터 보호받고 있는데, 그것은 얼마나 많은 사람들이 성차별을 변호하고 있는가에 따른다. 그러나 이들 국가에서 결혼한 여성들이 정부의 세금으로부터 약간의 소득을 얻는다면, 그들은, 마르크스주의적 착취주장에 따른다면, 착취자가 되는 셈이다. 왜냐하면 노동자들 각각의 수입이 착취당하고 처분되도록 강요되기 때문이다. 그러나 이러한 상황 아래 놓여 있는 여성들을 착취의 수혜자로 보는 것은 잘못된 시각일 것이다. 그들은 자본가들의 착취보다 더 나쁜 부정의에 시달리고 있고, 여성운동의 가장 첫번째 과제는 여성들이 임노동시장에 평등하게 접근할 수 있도록 만드는 것이다.[12] 혹은 실업자를 생각해 보자. 그들은 법적으로는 임금 고용을 받아들일 수 있지만, 그것을 찾을 수 없는 사람들이다. 마르크스주의적 정의에 따르면, 그들은 자본가들이 전유할 수 있는 어떤 잉여가치도 생산하지 않기 때문에 그들 역시 착취당하지 않는다. 그러나 그들은 임금 노동을 할 수 있게 된 사람들보다 훨씬 열악한 상황에 있다(Roemer 1982b: 297; 1988: 134~135).

이러한 예들은 착취 보다 더 근원적인 깊은 부정의가 있음을 보여준다. 다시 말하자면 생산수단의 접근에 대한 불평등이다. 우리 사회에서 참정권을 박탈당한 여성, 실업자, 임금 노동자들은 모두 이러한 부정의에 의해 고통 받는 반면, 자본가들은 그로부터 이득을 얻는다. 자본가의 노동자 착취는 이러한 분배 불평등이 취할 수 있는 양식 중 단지 하나에 불과하다. 여성과 실업자들의 종속적 지위는 그것의 다른 형태인데,

12) 착취에 대한 마르크스의 잉여가치 개념을 여성들의 무급의 배려 행위들(unpaid caring activities)에 적용하는 흥미로운 시도에 대해서는 Bubeck 1995: ch.2를 보시오.

임금을 받는 직장을 갖기 위한 사람들의 투쟁으로 판단해 볼 때, 이러한 것들이 훨씬 치명적인 양상일 수 있다. 재산에 접근할 수 없는 사람들에게는, 자신의 노동을 팔지 못하게 강요받는 것이나(여성), 팔 수 없거나(실업자), 범죄 혹은 구걸을 통해 주변적인 존재로 자신의 삶을 꾸려 나가거나, 어떤 형태로든 땅이 공동의 자산으로 남겨놓은 것에 기식해서 살거나(마르크스의 '룸펜프롤레타리아')하는 것보다는 자신의 노동을 팔도록 강요받는 것이 더 나을 수 있다.

여기서 무언가 잘못 되었다. 착취 이론은 자본주의에 대한 급진적 비판을 제공한다고 간주되고 있다. 그러나 그것의 표준적 형태는 자본주의 아래에서 가장 처지가 나쁜 사람들 중의 많은 사람을 간과하고 있고, 그들을 돕는 행동의 필요성을 사실상 배제하고 있다(예를 들면 어린이, 실업자, 노약자들을 부양할 복지). 착취 이론이 이러한 집단들을 설명하려고 시도하려 한다면, 잉여의 전이에 맞춘 편협한 초점을 거부하고, 대신에 그러한 전이들이 발생하고 있는 보다 확장된 분배 양식을 검토해야 한다. 이것이 바로 로어머(Joh Roemer)의 착취 연구의 주요 목표이다. 그는 잉여의 전이라는 측면에서 착취를 정의하지 않고, 생산수단에 대한 불평등한 접근이라는 측면에서 정의를 내린다. 누군가가 착취를 당하거나 당하지 않는 것은, 그의 관점에서 본다면, 분배정의의 가정적인 상황 아래에서 그의 처지가 나아질 수 있는지의 여부에 의지한다—즉, 개별적 노동과 외적 자원의 일인당 몫을 폐기한 상황이다. 우리가 경제 내에 존재하는 상이한 집단들을 현존하는 소유관계에 의해서 규칙이 규정된 게임의 참가자로 본다면, 그 중 한 집단의 구성원들이 그 게임을 그만두고 외적 자원에 대한 그들의 일인당 몫을 폐기한 채, 그들만의 게임을 시작함으로써 그들의 사정이 더 나아질 수 있다면, 그 집단은 착취당한다고 말할 수 있다. 로어머에 따르면, 고용된 그리고 고용되지 않은 노동자들은, 자본주의적 게임으로부터 철회함으로써 보다 낳은 상황으로 갈 수 있기 때문에, 착취당하고 있는 것이다.

로어머의 이론에서 기술적 측면의 착취는—잉여가치의 전이—단지 제한적인 역할을 수행할 뿐이다. 그것은 자본주의 아래에서의 분배 부정의의 가장 일반적인 결과 중 하나이지만, 그러한 불평등을 제외한다면 다른 윤리적 관심은 없다. 그것은 '그것이 생산수단의 *부정의한* 불평등 분배의 결과일 때만 나쁜 것이다'(Roemer 1988: 130). 잉여의 전이는 분배의 불평등에 의해 더럽혀지지 않거나 그러한 불평등을 보상하는 데 도움을 줄 때만 정당하다. 예를 들어, 정부가 의무적으로 직업이 없거나 권리가 박탈된 여성들을 지원하는 것은 착취를 만들기 보다는 감소시킨다. 왜냐하면 그것은 '불평등한 최초의 재산 분배의 결과로 인해 고통 받는 사람들의 손실'을 교정하기 때문이다(Roemer 1988: 134). 로어머에게 있어서, 착취 이론의 '윤리적 명령'(ethical imperative)은 잉여의 이전을 척결하는 것이 아니라, '양도 가능한 생산수단의 차별적 소유권의 철폐'(abolish differential ownership of the alienable means of production)이다(Roemer 1982b: 305; 1982c: 280).

코헨은 로어머의 이론이 마르크스주의자들을 '더욱 일관적인 평등주의자들'로 만든다고 말한다(Cohen 1990a: 382). 그러나 착취에 대한 로어머의 설명은 여전히 약자(혹은 어린이들)에 대한 강제적 지원을 착취로 바라본다. 그 이유는 그것은 그들에게 자원에 대한 일인당 몫으로 보장받을 수 있는 것보다 더 많은 것을 주기 때문이다.[13] 불평등한 선천적 능력에 따른 불평등은 착취의 문제가 아니기 때문에, 로어머의 '윤리적 명령'은 여전히 선천적 불리함을 보상하려고 시도하는 이론들보다는 덜 평등주의적이다. 착취를 외부 자원의 불평등한 분배의 결과라는 입장에서 정의함으로써, 로어머는 '자기소유권을 부정하는 급진적인 평등주의적 전제에 호소하지 않은 채' 작업한다(Roemer 1988: 168).

로어머는 롤즈와 드워킨의 이론처럼 그러한 급진적 조치를 취하는 이론에 동감을 표시한다. 그리고 그 자신은 사회주의에서 공산주의로의 전환이 선천적 재능의 차이에 근거한 자원의 차별적 권리부여의 철폐와 관련되어야 한다고 말한다. 그는 선천적 재능의 차이에 근거하는 불평등은 '사회주의적 착취'(socialist exploitation)의 한 형태

---

13) 로어머는 '지배 조건'(dominance condition)을 추가함으로(Roemer 1982a: 237) 혹은 '소비의 외재성'(consumption externalities)이 없다는 조건(예를 들어 노동자들은 장애인들을 도움으로 어떤 기쁨도 누리지 않을 것이다)을 추가함으로써, 이러한 함의를 피해가려 한다(Roemer 1989: 259). 그러나 이것들은 특별한 경우이다. 그들은 그가 착취론의 기반으로 규정하고 있는 '윤리적 명령'(ethnic imperative)으로부터 절연되어 있기 때문이다(그가 시인하고 있는 것처럼-Roemer 1982c: 277n.). 사실, 이것들은 착취론의 자유지상주의적 내용을 부인하려는 논점을 회피하는 시도이면서, 동시에 복지국가가 착취적이라는 자유지상주의자들의 주장들을 차단하려는 시도로 여겨진다(Bertram 1988, 1988: 126~127).

로 볼 수 있다고 말한다—즉, 그것은 사회주의 아래에서도 계속해서 존재하는 착취의 한 형태이지만, 공산주의 아래에서는 철폐시킬 수 있다. 그러나 그는 선천적 재능에 근거한 불평등을 치유하기 위한 자기소유권 제한의 정당성을 개인적으로는 지지하지만, 이 입장은 사람들이 자신들의 노동의 결실에 따르는 권리를 부여받고 있다고 전제하는 자본주의 하에서 노동자들이 착취당하고 있다는 식의 전통적 마르크스주의적 관점과는 구별된다고 말한다(Roemer 1982c: 282~283; 1982b: 301~302). 마르크스주의의 착취 이론은 사람들이 자기소유권을 가지고 있다는 '보다 보수적인'(more conservative) 전제를 지니고 작동한다. 따라서 자원의 평등은 불평등한 재능에 대한 어떠한 보상도 포함하고 있지 않다(Roemer 1988: 160; cf. 1982a: chs.7~8).

아네슨(Richard Arneson)은 착취에 대한 유사한 설명을 한다. 평등한 분배에 대한 그의 설명은 불평등한 외부 자원은 물론 불평등한 선천적 재능으로부터 발생하는 차이를 배제하고 있음에도 불구하고, 그 역시 로어머와 마찬가지로, '잘못된 착취'(wrongful exploitation)에 대한 평가는 가설적인 평등한 분배와의 비교가 필요하다고 말한다. 그러한 검증에 따라서, 아네슨은 자본주의 아래에서의 대부분의 노동자들이 착취당하고 있다고 믿는다. 그 이유는 이들 노동자들은 부 또는 재능에 있어서 부당한 불평등으로부터 고통을 받고 있기 때문이다. 이 부와 재능의 부당한 불평등이 바로 타인들이 이들로부터 이득을 취하게 만들게 하는 요인이 된다고 한다(Arneson 1981: 208). 로어머의 이론에서처럼 잉여가치의 이전은 아네슨의 이론에서는 파생적 역할을 한다. 잉여의 이전이 불평등한 분배의 결과로써 발생한다면 잘못되었다. 그러나 그것이 부 또는 선천적 재능의 부당한 차별과는 관계없이 독립적으로 발생하거나, 아니면 부 또는 선천적 재능의 부당한 차별을 보상하기 위해 발생한다면, 정당화될 수 있다. 그러나 자본주의 아래에서 노동자들로부터 추출되는 대부분의 잉여는 정당화되지 않는다. 그 이유는 그것이 불평등한 재능과 부의 분배로부터 이익을 얻는 사람들의 수중으로 떨어지기 때문이다. 따라서, 초기 마르크스주의의 착취 논쟁이 제시하고 있는 것보다 훨씬 더 복잡한 이유이기 때문이기는 하지만, 자본주의는 착취적이다.

이것은 착취에 대한 보다 설득력 있는 설명이다. 임노동 관계에서 발생하는 교환 그 자체가 아니라 보다 광범위한 분배 양식에 초점을 맞춤으로써, 로어머와 아네슨은 레이먼의 설명을 괴롭히고 있는 두 가지 문제 모두를 피해간다. 그들의 작업은 복지국가의 노동자들이 자본가들을 위해서 일하기를 '강요' 당하든 강요당하지 않든 간에 착취당할 수 있다고 말할 수 있게 해 준다. 그 이유는 그들이 생산수단에 대한 공정한 접근을 거부당하기 때문이다. 그들의 설명은 또한, 직업을 얻기가 자유롭지 못하거나 불가능한 경우의 부정의처럼, 임노동 관계 외부에서 발생하는 분배 부정의의 사례들을 다룰 수 있도록 허용한다. 그 이유는 이러한 것들은 자원에 대한 공정한 접근의 부정과 깊게 연관되어 있기 때문이다.[14)]

불행하게도 이 접근법이 착취에 대한 원래의 마르크스주의적 접근법에 고유한 모든 것들을 제쳐둔다는 바로 그 이유 때문에 보다 매력적인 접근법이 된다. 이 새로운 접근법은 원래의 접근법과는 세 가지 중요한 차원에서 차이를 보인다. 첫째, 착취라는 개념은 이제 보다 우선적이고 보다 광범위한 분배의 불평등의 원칙으로부터 도출된다. 무엇이 착취로 설명될 수 있는가를 알기 위해서 우리는 우선 그들 자신과 외부 자원에 대한 권리들의 방식을 통해 무엇이 부여되어 있는지를 알아야 할 필요가 있다. 그리고 우리가 이와 같이 숨겨져 있는 원칙을 드러냈을 때, 착취가 단지 다양한 분배적 부정의들 중 하나이지, 부정의의 전형(the paradigm of injustice)이 아니라는 것은 분명해진다. 불행하게도 마르크스주의자들은 여전히 착취의 도덕적 중심성을 과장하려는 경향을 갖고 있다. 예를 들면, 로어머는 착취의 경계를 모든 형태의 분배적 불평등의 형식을 망라하는 데까지 확장하려고 한다.[15)] 우리가 살펴보았듯이, 이것은 그가 임노동자는 물론 무직자들의 운명까지 고려하도록 만들어 준다. 그러나 이러한 두 가지 사례 모두를 착취라고 부를 수 있는지는 혼란스럽다. 우리의 일상적 감각으로는 착취는

---

14) 아네슨이 지적하고 있는 것처럼, 이러한 설명은 가난하게 된 노동자에 대한 착취가 왜 잘못된 것인지를 설명하고 자본가들이 자신의 공장을 놀림으로써 노동자들을 굶주리게 만드는 것이 왜 잘못된 것인지를 설명해 준다(Arneson 1993a: 288). 대조적으로 착취에 대한 전통적인 마르크스주의적 설명은 공장을 폐쇄한 소유자는 더 이상 착취하고 있지 않다는 것을 암시한다.

15) 이와 유사하게, 반 파리스(Philippe Van Parijs)는 착취의 개념을 부유하고 가난한 국가 사이의 불평등의 경우까지 포함하는 것으로 착취의 개념을 확장하고(그는 그것을 '시민권 착취'(citizenship-exploitation)라고 부른다), 심지어는 직업을 가진 사람과 직업이 없는 사람에까지도 확장한다[그는 '직업 착취'(job exploitation)라고 부른다](Van Parijs 1993: 143~147, 123~130).

착취하는 사람과 착취당하는 사람들 사이에 전자가 후자로부터 불공정한 이득을 취하는 직접적 상호 작용을 요구하는데, 일반적으로 그것은 무직자들에게 있어서는 사실이 아니다. 그들은 불공정하게 방치되고 배제되었을지는 몰라도, 자본가들이 그들의 곤경으로부터 어떤 이득도 얻을 수 없기 때문에, 그들로부터 불공정하게 이득이 취해지는 것이 필연적이지는 않다. 모든 형태의 부정의가 착취의 양식이라고 이야기하게 되면, 통찰력을 주기는커녕 설명을 더 어렵게 만든다.[16)]

게다가 로어머가 시도한 융합은 평등과 착취 사이의 관계를 불투명하게 만든다. 그는 서로 다른 형식의 불평등이(불공정한 이득, 배제, 무시) 보다 광범위한 범주의 착취의 모든 사례들이라고 이야기 한다. 그러나 그 반대가 보다 정확하다. 즉, 착취는 많은 형태의 불평등 중의 하나이고, 그러한 불평등은 모두 보다 심층적이고 광범위한 평등원칙(a deeper and broader principle of equality)에 의해 평가된다. 로어머의 이론에서는 이러한 심화된 불평등의 원칙(deeper principle of equality)이 자원에 대한 평등을 강조하는 '윤리적 명령'(ethical imperative)을 통해 표현되고 있다. 착취는 더 이상 그 이론의 도덕적 핵심이 아니다.

두 번째로, 보다 광범위한 정의이론(the broader theory of justice)에서는 착취가 그 속에 위치하게 되는데, 이것은 점진적으로 롤즈의 정의론과 가까워지고 있다.

---

16) 로어머는 여기저기에서 이와 같은 부정의와 착취의 융합으로부터 달아난다. 착취는 누군가가 다른 사람들로부터 이득을 취하는 것과 관련되어 있다는 개념에 대한 우리들의 일상적 감각에 부합하게 하기 위해서, 그는 다음의 단서를 추가한다. 착취당하는 집단이 자신의 재능과 일인당 자원의 양(per capita share of resources)을 포기함으로써 생활수준이 보다 개선되어야 할 뿐 아니라, 착취하는 사람들이 자신의 기존의 자원들을 포기함으로써 생활수준이 저하되어야 한다(Roemer 1982b: 285). 이러한 추가 조건이 충족되지 않게 되면, 자원에 대한 평등한 접근이 거부된 집단은 '마르크스주의적으로 부당하게 다루어' 졌지만, '착취당한 사람'은 아니라고 할 수 있다. 그 이유는 다른 사람들이 그들을 통해 어떠한 이득도 받지 못하기 때문이다('그들은 무대에서 사라지고 다른 사람들의 수입은 변하지 않을 것이다'—Roemer 1982b: 292). 그러나 그가 인정하고 있는 것처럼, 이러한 추가된 조건 역시 '불공정한 이득을 취하는' 것에 대한 우리의 직관적 감각을 포착하는 데는 여전히 실패하고 있다(Roemer 1982b: 304n. 12; cf. Elster 1982a: 366~369). 그 뒤에 나온 책에서, 로어머는 손실이 다른 이득을 발생시키는 것과 연관 있는지의 여부와 관계없이, '최초 불평등 분배의 소유권(the unequal initial distribution of property)의 결과로써 인간에게 고통을 주는 손실'이라는 착취에 대한 그의 본래의 정의로 돌아간다(Roemer 1988: 134). 따라서 '어떤 사람이 사회의 양도 가능한 생산수단의 평등주의적 재분배를 통해서 이득을 얻을 수 있다면, 그는 바로 자본주의적으로 착취당하고 있는 것이다. 이 검증에 의하면, 실업자 역시 임노동자와 마찬가지로 착취당할 수 있다.

원래의 마르크스주의 주장에 의하면, 노동자들은 자신들의 노동의 산물에 대한 권리가 있는데, 자본주의를 부정의하게 만드는 것은 바로 이러한 노동자의 권리를 강제적으로 거부하기 때문이라는 것이다. 그러나 대부분의 현대 마르크스주의자들은 그와 같은 자유지상주의적 전제들을 피하려고 노력해 왔다. 그 이유는(다른 이유들 중에서도) 그 자유지상주의적 전제 자체가 약자에 대한 도움을 도덕적으로 의심스럽게 바라보게 하기 때문이다. 그리고 그들이 모든 기술적 착취가 부정의한 것은 아니라고 하는 우리의 일상적 감각을 받아들이면 받아들일수록, 롤즈의 평등원칙에 더욱 더 호소하게 된다. 마르크스주의자들의 착취에 대한 수사가 자유적 평등주의자들의 정의관보다는 더욱 급진적인 형태를 띠는 것은 사실이다. 그렇지만, '자본주의의 부정의에 대한 마르크스주의자들의 비난은 명백하게 그것보다는 덜 급진적인 다른 형태의 현대 정치철학의 이론들이 도달하게 되는 결론과 크게 다르지 않다. 물론 이 급진적인 현대 정치철학 이론들은 그 사용하는 언어에서는 마르크스주의의 수사 보다 덜 화려하다'(Roemer 1988: 5). 예컨대, 아네슨의 마르크스주의의 착취에 대한 이론은 드워킨의 이론 아래 깔려 있는 욕망에 민감하고 여건의 영향을 배제하는 분배(an ambition-sensitive, endowment-insensitive distribution)와 동일한 원칙에 호소한다. 새로운 마르크스주의의 형식에서 마르크스주의 착취 이론은 자유주의적 평등주의 이론들과 경쟁하기 보다는 그 이론을 적용하고 있는 것으로 여겨진다.

마지막으로, 이러한 착취에 대한 새로운 설명은 임노동 자체에 내재하는 부정의가 있다는 본래의 마르크스주의의 착취 주장의 근거가 되는 근본적 이유(the raison d'être of the original Marxist exploitation argument)를 포기하고 있다. 왜냐하면, 부당한 불평등이 있는지를 살펴보는 것이 잘못된 착취에 대한 검증이라면, 어떤 임노동 관계는 착취가 아닐 수 있기 때문이다. 임노동에는 두 개의 '순수한 방식'(clean routes)이 있다. 첫째, 우리가 이미 보았듯이, 장애인들에게 자본소유의 권리를 부여한다면 불평등한 선천적 재능에 대한 보상을 할 수 있게 되고, 그렇게 함으로써 우리들을 여건의 영향 배제적 분배(an endowment-insensitive distribution)에 보다 근접하게 할 수 있다. 둘째, 동등한 재능을 가진 사람들에게, 그들이 투자 혹은 위험과 관련한 차별적 선호를 갖고 있다면, 생산수단의 차별적 소유권이 발생할 수 있다. 제3장에서 사용했던 채소재배자/테니스 선수의 예에서, 테니스 선수는 자신의 자원을 테니스 코트 안에서 소비로 즉각 사용하기를 원하는 반면, 채소재배자는 채소 정원을 가꿈으로 자신의 자원을 생산으로 투자하려 한다(제3장 제4절). 나는 이것이 심지어 결과적으로 테니스 선수가 채소재배자(혹은 또 다른 생산자원의 소유자)를 위해 일하게 되더라도 정당하다고 주장했다. 그 이유는 그것은 '시기심 검증'(envy test)을 충족시키기 때문이다. 각각의 집단은 다른 집단과 동일한 선택을 할 자유가 있지만, 각각의 집단 모두는 다른 집단의 삶의 방식을 소망하지는 않는다. 그 이유는 그들은 일과 여가에 대해서 서로 다른 선호를 갖고 있기 때문이다. 이와 유사하게, 채소재배자는 큰 위험을 감수함으로써 더 큰 자산을 획득할 수도 있는 반면, 테니스 선수는 동일한 위험을 선택할 수도 있음에도, 더 적지만 위험하지 않은 수입을 선호한다. 여가와 위험에 대한 상이한 선택들은 정당하고 시기심이 제거된 방식으로 생산재에 대한 불평등한 소유를 낳을 수 있다. 사람들의 선호가 이러한 방식으로 차이가 나지 않는 곳에서나, 그러한 차이들이 누군가의 작업장 안에서 민주적인 발언을 하려는 공유된 소망보다 덜 중요한 곳에서는, 생산재에 대한 평등한 소유권의 체제(a system of equal ownership of productive assets)를 유지하려고 할 것이다. 그러나 임노동에 대한 전면적 금지를 강행하는 것은 정의로운 분배의 조건인 욕망에 대한 민감성(the ambition-sensitive requirement of a just distribution)을 임의적으로 침해할 수 있다.[17)]

---

17) 워렌(Paul Warren)은 임노동 관계에 '순수한 방식'(clean routes)이 있다고 하더라도, 그것이 착취적이기 때문에 금지를 허용해야 한다고 주장한다. 그 이유는 사용자는 그 관계에 불평등한 권력을 행사하는 동시에 그 관계로부터 불평등한 이득을 취득하기 때문이다. 고용주와 고용인 사이의 자원의 불평등이 정당하다고 하더라도(즉, 자발적 선택에 의해서), 고용자가 이와 같은 부정당한 방식으로(in this illegitimate way: 불평등한 권력을 행사하여) 정당화된 불평등으로부터 이득을 취하는 것을 허용하는 것은 올바르지 않을 수 있다(Warren 1997). 워렌의 논문은 고용을 해야 하는 필요가 자원의 (자발적인) 불평등으로 인한 기대하지도 않았고 환영할 수 없는 결과이기 때문에, 고용되려는 사람들은 보호가 필요하다고 말하는 것처럼 보인다. 이것은 잘못된 논증이다. 가정으로부터, 두 집단은 일련의 동일한 선택에 직면하고 있는데, 저축, 투자, 위험에 따르는 필연적 선택에 의해서 고용인이 될 것인지 공동소유자가 될 것인지의 기회를 동시에 포함하고 있다. 노동자가 되려고 하는 사람은 상이한 선택을 할 수 있다. 그 이유는 그가 다른 삶의 목표를 갖고 있기 때문이다. 그것은 아마도 보다 많은 여가, 소비 혹은 안정성일 것인데, 그는 이러한 선택을 위해서는 자신이 타인을 위해서 노동해야 한다는 사실을 알 것이다. 노동자가 되는 결정은, 그가 고용자가 되는 선택을 포함하는 다른 대안들보다 선호하여, 선택한 대안의 일부이다. 다른 말로 하면, 고용에 대한 결정은 이미 시기심 검증을 거치게 된다. 어떤 경우에도, 자유주의 사회에서의 인간은 불평등한 권력과 불평등한 보상의 관계에 편

이 중 어느 것도 생산수단의 소유에 있어 현존하는 불평등을 정당화하지 않는다. 마르크스는 자본가들이 그들의 재산을 양심적인 저축을 통해서 획득했다고 주장하는 사람들을 경멸했고, 그는 '정복, 예속, 도둑질, 살인, 한마디로 강제가 자본 축적의 주요한 부분'임을 계속해서 보여주었다(Marx 1977c: 873~876, 926; cf. Roemer 1988: 58~59). 이러한 최초 획득의 부정의는 위험 논변(the risk argument)의 토대를 흔들어 버린다. 그 이유는 자본가들이 그들의 자본으로 위험을 감행하려고 한다고 하더라도, (도덕적으로 말한다면) 위험을 감행하게 하는 것은 그들의 자본이 아니기 때문이다. 위험을 감행할 수 있는 어떤 자본을 갖고 있다면 노동자들도 자본가와 동일한 위험을 선택하고 싶어 할 것이다. 어느 경우에도 '노동자의 삶이 자본가들보다 위험에 덜 노출되어 있다고 진지하게 주장할 수는 없다. 노동자들은 직업적인 질병, 실직, 무기력한 은퇴 등 자본가들과 경영자들이 직면하지 않는 위험들에 직면한다'(Roemer 1988: 66). 따라서 노력이라든가 또는 위험 기피, 어느 것도 현존하는 부정의를 정당화 할 수 없다(Roemer 1982b: 308; Nozick 1974: 254~255). 그러나 자본주의가 역사적으로 부당한 불평등으로부터 발생했다는 사실이 롤즈가 '재산소유 민주주의'(property-owning democracy)라고 한 것과 같은 체제에서 임노동이 정당하게 발생할 수 없다는 것을 보여주는 것은 아니다. 사실 사람들이 그들의 선택의 결과에 대해 잘 알고 있다면, 그리고 그들의 차별적 선호가 정의의 조건 아래에서 형성되었다면, '그 주장은 거의 반박할 수 없는 것으로 보인다'(Elster 1983a: 294).[18]

입할 자유가 있다. 사실, 많은(대부분의?) 집단의 형태는 어느 정도 이러한 것과 관련이 있다. 자유주의 사회에서의 단체들(교회, 자선 단체, 정치 정당)이 집단의 모든 구성원들에게 평등한 권력을 부여하도록 혹은 사람들이 투여한 노동의 양에 따라서 그들에게 보상할 수 있도록 조직되어야 한다는 규정은 없다. 문제가 되는 것은 사람들이 평등한 자원의 입장으로부터 어떠한 종류의 관계로 편입할 것인지에 대한 이와 같은 선택을 한다는 것이고, 이것이 바로 임노동에 대한 '순수한 방식'의 해결에 내재해 있는 문제다.

18) 그 주장을 반박하려는 로어머의 시도에 관해, Roemer 1988: 149~156을 보시오. 그의 주요한 반대 지점은 우리가 자원들을 평등화시킨다고 하더라도, 사람들의 선택으로부터 발생하는 자본의 차등화된 소유가 그 이전의 부정의의 지속된 영향을 광범위하게 반영할 것이라는 점이다. 가난한 가정에서 태어난 사람들은 부유한 가정에서 전승되는 위험을 감수하는 습관이나 만족을 유예시키는 습관을 배우지 못하게 될 것이다. 노동과 여가에 대한 차별적 선호는 생산수단의 차등화된 소유를 정당화하지 않는다. 그 이유는 선호 그 자체는 부정의한 조건 아래에서 형성되기 때문이다(Roemer 1988: 62~63, 152~153; 1985b: 52). 이것은 정당한 논점이다. 사람들은 그들의 선호가 정의의 조건 아래에서 형성되었을 때에만 자신의 선택에 대해 완전한 책임을 질

따라서 사적 소유는 착취일 필요가 없다. 반대로 생산수단의 사회화(socialization of the means of production)는 착취일 수 있다. 마르크스주의자들은 사회주의에서는 착취가 불가능하다고 말하기를 선호하는데 그 근거는 생산자들이 자신의 생산을 조절하기 때문이라고 한다(예를 들면 Holmstorm 1977: 353). 그러나 착취에 대한 새로운 접근법에 의하면, 노동자가 소유한 회사에서 민주적으로 운영되는 투표 형식을 통해서 사람들이 사회적 자원에 평등하게 접근하는 것으로는 충분하지 않다는 것이다. 문제는 사람들이 그들의 자원으로 무엇을 할 것인가에 대한 민주적인 결정에 전적으로 좌우된다. 영구하게 두 개의 집단으로 분열된 회사를 생각해 보자–다수는 채소재배자처럼 여가보다는 소득을 선호하고, 소수는 테니스 선수처럼 소득보다는 여가를 선호한다. 모든 결정에서 다수가 승리한다면, 그리고 소수가 사회적 자원에 대한 평등한 사회주의적 접근(social right of equal access to social resources)을 평등한 개인적 자원의 자유주의적 권리(a liberal entitlement of equal individual resources) 부여로 전환하는 것이 허용되지 않는다면(예를 들면 그들의 회사의 지분을 판매함으로써), 그들은 불공정하게 이용되는 것이다. 그들은 로어머–아네슨의 접근에 따르면, 착취당할 것이다. 그들은 그들의 자원의 1인 몫을 철회함으로 상황이 개선될 수 있기 때문이다(Arneson 1981: 226; Geras 1989: 257).

따라서 착취에 대한 고려는 생산수단의 평등화(equalizing the means of production)보다 생산수단의 사회화(socializing the means of production)를 지지하는 일반적인 선호를 정당화 할 수 없다. 자원의 평등화는 어떤 사람들이 다른 사람들을 위해서 일한다고 하더라도 비착취적일 수 있고, 자원의 사회화는 모든 사람들이 각자를 위해서 일한다고 해도 착취적일 수 있다. 그것은 사람들이 갖는 선호와 그들이 처한 환경에 좌우된다. 문제가 되는 것은 사람들이 노동, 여가 및 위험과 관련된 어떤 결정을 하는 데

수 있다(cf. Rawls 1979: 14; Arneson 1981: 205; Scanlon 1988: 185~201). 그러나 이것이 전면적인 사유재산의 금지에 대한 옹호가 되기는 어렵다. 그것은 한 세대 혹은 두 세대에 걸쳐 우리가 이러한 영향을 주목해야 하고 때로는 아마도 보상해야 한다는 것을 제안한다. 아마도 우리는 그 이전에 불이익을 받은 집단들이 적정한 성향을 획득하고 유지하는 것을 증진시키기 위해서 소수자 우대 할당정책(affirmative action) 프로그램들을 사용할 수 있을 것이다. 이것은 상이한 욕망이 생산수단의 상이한 소유를 정당하게 불러일으킨다는 일반적 원칙을 침해하지 않는다.

있어, 자신의 인생 목표에 가장 적합한 결정을 할 수 있도록 해주는 자원에 대한 접근을 확보하고 있느냐 하는 것이다. 그와 같은 자기결정권은 사유재산, 공적 소유권, 노동자 민주주의의 혼합으로 가장 잘 달성될 수 있을 것이다. 왜냐하면, 각각의 소유 형태는 다른 선택을 차단시키면서 특정한 대안을 만들어낼 것이기 때문이다(Lindblom 1977: ch.24; Goodin 1982: 91~92; Weale 1982: 61~62). 이러한 것들은 전반적으로 경험적인 질문이고, 또한 전면적 착취 비판(blanket charges of exploitation)에 의해 선점될 수 없다.

(b) 필요

여기까지도, 나는 공산주의 아래에서의 분배가 '각자 그 자신의 필요에 따르는'(to each according to his needs) 원칙에 기반을 두게 될 것이라는 마르크스의 주장에 대해 별로 이야기하지 않았다. 나는 이러한 원칙이 전통적 마르크스주의자들의 착취 개념과 양립 불가능하다고는 말했는데, 이 착취 개념은 잉여 노동을 노동자로부터 다른 사람들에게 강제적으로 이전하는 것을 배제한다. 그러나 정의원칙으로서, 필요에 따른 분배원칙은 그 스스로 그것에 대해서 무엇을 말할 수 있을까? 우리가 살펴보았듯이, 마르크스 그 자신은 그것을 정의원칙이라고 생각하지 않았다는 것이 가능하다. 풍요로움에 대한 그의 예언을 전제한다면, '각자 그 자신의 필요에 따르는' 것은 부족한 자원들이 분배되는 상황에서의 원칙이 아니고, 단지 공산주의 아래에서 일어날 수 있는 일에 대한 묘사일 뿐이다—사람들은 풍요로운 자원의 축적으로부터 그들이 필요한 것을 얻는다(Wood 1979: 291~292; Cohen 1990b; cf. Geras 1989: 263).

그러나 대부분의 현대 마르크스주의자들은 풍요로움과 관련된 마르크스의 낙관주의를 공유하지 않고, 그 대신에 분배원칙으로서 필요의 원칙을 제기한다. 이러한 방식으로 보았을 때, 그것은 평등한 필요충족의 원칙(a principle of equal need satisfaction)으로 가장 설득력 있게 이해될 수 있다. 마르크스가 그것을 '기여원칙의 결함'(defects of the contribution principle)을 해결하는 방식으로 제기했기 때문이고, 그 결함은, 우리가 살펴보았듯이, 사람들의 다양한 필요로부터 생성되는 불평등이다(Elster 1983a: 296; 1985: 231~232). 이것은 매력적인 원칙인가? 필요를 적나라한 물질적 필요성이라고 해석한다면 그것은 그다지 매력적이지 않다. 단지 사람들의 적나라한 물질적 필요만을 제공해 주는 사회주의 정부는 일부의 서구 민주주의 사회의 복지국가 프로그램보다 우월함을 만들어내기 어려울 것이다. 그러나 마르크스주의자들은 '필요'를 보다 확장적으로 해석한다. 사실 마르크스에게 있어서, 인간적 필요는 그들의 '무한하고 유동적인 성격'(limitless and flexible nature)에 의해서 구별되기 때문에, 사람들의 필요는 '생산물과 소비의 모든 방면에 걸쳐 있는 풍부한 개성'(a rich individuality which is as all-sided in its production as in its consumption)을 포함한다(Marx 1977c: 1068; 1973: 325). 따라서 '필요'는 '이익'(interests)과 동의어로 사용되는데, 그것은 물질적 필요와 사람들이 자신들의 삶에서 가치 있다고 느끼는 다양한 가치 모두를 포함하고 있다. 그렇게 해석할 때, 필요는 중요한 욕망 및 야망과 같은 데까지 확장되고, 그렇게 함으로 필요 원칙은 보다 어떠한 제한적 의미에서의 평등한 필요충족 원칙이라기보다는, '평등한 복지의 원칙(a principle of equal welfare)으로 가장 설득력 있게 이해된다'(Elster 1983a: 296).

불행하게도, 우리가 이처럼 필요 원칙(the needs principle)의 확장적 해석을 도입한다면, 그것은 더 이상 자원을 어떻게 분배할 것인가에 대한 지침을 주지 못한다. 마르크스주의자들은 필요 원칙이 바로 사람들의 이해를 동등하게 고려한다는 것이 무엇을 의미하는지에 대한 질문의 해답이라고 생각하는 것으로 보인다. 그러나 우리가 '필요'를 우리의 모든 이해를 포함하는 것으로 확장하고, 풍요로움에 대한 가정을 폐기한다면, 필요에 의한 분배는 그 질문에 대한 답이 아니라고 말해야 하고, 단지 그것을 다른 방식으로 질문하는 것이라고 말해야 한다. 그것은 우리들이 가지고 있는 다양한 종류의 이해에 관해 어떻게 관심을 기울여야 하는지에 대해서는 아무런 이야기도 해주지 않는다. 예를 들면, 최소한의 의미에서 필요는 선택의 문제가 아닌 반면, 마르크스주의적 의미에서의 필요는 선택-환경 선상(the choices-circumstances line)의 양 측면 모두에 따라서 적용된다. 따라서 주어진 자원의 분배가 한 사람의 필요를 만족해 주는가의 여부는 그 사람의 필요가 얼마만큼의 비용이 드는가에 좌우되고, 그것은 그의 환경과 선택 모두에 의존하고 있다. 우리가 보다 많은 비용을 필요로 하는 사람들에게 추가적인 자원을 제공해야 하는가? 만일 그러하다면, 우리는 심각한 장애를 갖고 있는 사람들에게 우리의 모든 자원들을 소비해야 하는가? 우리는 비용이 많이 드는 필요가 어떤 경우 선택이 되고 선택이 되지 않는가를 구분해야 하는가? 이것이 롤즈와 드워킨이 초점을 맞추고 있는 질문들이다. 이러한 질문을 하지 않는다면, 정의론은 불완전하다. 그러나 마르크스주의자들은 일반적으로 필요의 원칙이 어떻게 사람들의 이해의 경중을 판단하는가에 대해서 설명한 적은 없다.

마르크스주의자들이 필요 원칙에 일정 정도의 만족을 해 오고 있는 한, 자유적 평등주의(liberal egalitarianism)와 불일치되는 가장 상식적인 지점은 사람들이 자신들의 선택의 비용에 대해 책임을 져야 하다는 점, 따라서 그러한 분배는 욕망에 민감해야 한다(ambition-sensitive)는 주장과 연관되어 있다. 일부 마르크스주의자들은 그 주장을 즉각적으로 거부한다. 그 근거로 사람들의 선택은 이들의 물질적 혹은 문화적 환경의 산물에 불과하며, 따라서 사람들은 자신의 선택에 대해 책임이 없다는 것이다(예를 들어, Roemer 1985a: 178~179; 1986a: 107, 109; 1988: 62~63). 레바인(Andrew Levine)은 자신의 선택에 대하여 해당 개인들이 책임을 져야 한다는 점을 이렇게 거부하는 것은 드워킨의 이론에서 발견되는 것보다 '사람들을 평등하게 다루는 것이 무엇인지에 대한 보다 급진적인 개념을' 제시한다고 말한다(Levine 1989: 51n.25). 그러나 책임의 거부에 관하여 특별히 무엇이 급진적(혹은 매력적)인지는 분명하지 않다. 한 가지 점을 말하자면, 개인적 책임의 거부와 민주주의에 대한 우리들의 헌신 사이에는 긴장이 있다. 사람들이 자신들의 선호에 대해 책임이 없다면, 우리들은 왜 민주주의적 절차에 투여되는 이러한 선호들을 정당한 것으로 존중해야 하며, 나아가서 왜 우리는 사람들을 합리적 주장과 숙고를 할 수 있는 존재로 간주해야 하는가? 사람들을 책임 있는 행위자로 다루는 데에는 우리의 민주주의 이론(democratic theory)에서는 '실용적인 비일관성'(pragmatic incoherence)이 허용될 수 있을지는 몰라도, 우리의 정의론(theory of justice)에서는 사람들을 책임있는 존재로 다루는 데 있어서는 그것은 해당되지 않는다(Elster 1992: 239).

게다가 일부 사람들에게 다른 사람들의 사치스러운 취향에 보조금을 지원하는 것은 불공정하다고 말할 수밖에 없는데, 이에 대해서는 대부분의 마르크스주의자들도 동의할 것이다. 아네슨(Arneson)이 지적하는 것처럼, '두 사람을 생각해 보자. 두 사람 모두 예술적 욕구(artistic need)가 있는데, 한 사람은 비용을 의식하면서 이러한 욕구를 싼 도구들을 통해서 충족하는 것을 배운다(수채물감, 펜과 잉크 데생으로). 반면 다른 사람은 비용을 상관하지 않으며 엄청난 비용을 들여서만 실현될 수 있는 재능을 발전시키려 한다(거대한 대리석 조각, 심해 사진 등). '각자는 그 자신의 필요에 따라'(to each according to hi need)라는 원칙이 이러한 예술가들에게 희소한 자원을 분배하는데 적절한 원칙인가는 명확하지 않다'(Arneson 1981: 215). 비용이 과다한 선택의 문제를 다루기 위해서, 필요 원칙은 '합당한' 필요('reasonable' needs)를 가늠할 수 있는 일종의 지침을 필요로 하게 되며, 그렇게 함으로써 '사람들은 선호가 형성되는 초기 단계에서 사회가 과도한 비용이 드는 모든 종류의 취향에 대한 비용을 부담하지 않으리라는 것을 알 수 있게 될 것이다'(Elster 1983a: 298; Geras 1989: 264). 아네슨에 따르면, 그와 같은 사회 규범에 대한 필요는 '마르크스의 구호의 허황됨'(the vagueness of Marx's slogan)을 보여주는 것이지만, '그것의 기본적인 도덕적 취지에 의문을 제기'하는 것은 아니다(Arneson 1981: 215). 그러나 이것은 사실 필요 원칙에 대한 매우 상이한 이해 방식이다. 왜냐하면 이러한 방식은 사람들에게 그들의 필요를 기존의 분배 기준에 맞추어 조정해야 된다고 말하기 때문이다. 그러나 일반적으로 필요 원칙은 사람들의 선재하는 필요(people's pre-existing needs)에 분배를 조정하는 것이 요구된다고 해석된다(Elster 1983a: 298).

이와 같은 욕망에 민감한 조건(the ambition-sensitive requirement)이 기껏해야 필요원칙의 축소를 의미하는 것인지, 아니면 보다 정교화한 것인지의 여부와 상관없이, 그 본래의 취지는 마르크스주의의 평등을 다소간 드워킨의 자원의 평등에 대한 이론과 동일하게 만들어 준다(Elster 1983a: 298n.65).[19] 혹은 그것이 상이하다고 하더

19) 분배가 욕망에 민감해야 한다는 원칙을 수용하는 일부의 사회주의자들은 그럼에도 불구하고 그것이 발생시키는 불평등의 종류를 제한할 것에 관심을 두고 있다. 예를 들어, 일부 사람들은 수입에서의 광범위한 차이가 자기존중(self-respect)을 침해하고(Nielsen 1978: 230; Daniels 1975a: 273~277; Doppelt 1981: 259~307; Keat 1982: 68~70; cf. Rawls 1971: 107; DiQuattro 1983: 59~60; Gutmann 1980: 135~138), 혹은 정의감을 발전시키는데 필요한 조건들을 침해하거나(Clark and Gintis 1978: 315~316), 혹은 연대감을 해칠 수 있다고 말한다(Crocker 1977: 263). 나는 시기심 검증(the envy test)을 통과하는 수입상의 차이(income differences)로 인해 이러한 문제들이 발생하는지는 의아스럽다(내가 원하지 않아서 자

라도, 마르크스주의자들은 그것이 어떻게 상이한지를 말해 주지 않는다. 왜냐하면 이들은 어떻게 사람들의 선택의 비용을 측정할 수 있는지에 대해서 이야기 해주지 않기 때문이다. 예를 들어, 드워킨에서의 경매(auction) 역할을 하는 것은 무엇인가? 마르크스주의자들은 전통적으로 시장 기제에 대해 반대해 왔다. 그러나 사람들이 스스로의 선택의 비용에 대해 책임을 져야 한다면, 그러한 기회비용을 측정하기 위한 시장과 같은 어떤 것이 요구된다(풍요로움의 가정과 결부되어 있는 마르크스주의자들의 시장에 대한 적대가 마르크스주의자들로 하여금 어떤 일관적인 기회비용의 개념에 관해 생각해 보는 것을 어떻게 차단하고 있는지에 대해서는 Nove 1983: ch.1을 보시오).

정당한 분배가 여건의 영향 배제적(endowment-insensitive)이어야 한다는 주장은 덜 논쟁적이다. 필요 원칙은 '한편으로는 어떤 사람이 경제로부터 얻는 이익의 양, 다른 한편으로는 그러한 경제에 기여할 수 있는 그의 능력을 결정해 주는 도덕적으로 임의적인 유전적 및 사회적 요소, 이 양자 사이의 모든 연결점들을 차단시킨다'(Arneson 1981: 215~216). 여기서 필요 원칙의 요건들은 보다 명백한데, 그것은 '바로 그와 같은 사례들을 다루기 위해서 기획되었기' 때문이다(Elster 1983a: 298). 그러나 심지어 여기에서도 필요의 원칙은 불완전하다고 할 수 있다. 왜냐하면 필요원칙은 자연적

유롭게 거부했던 삶의 방식을 누리고 있는 사람들이 나보다 자원을 많이 소유하고 있다고 해서 그것이 어떻게 나의 자기존중을 해칠 수 있는가). 일부는 광범위한 소득 불평등이 민주주의에 필수적인 정치권력의 평등을 침해한다고(Daniels 1975a: 256~258), 혹은 아이들에게 불평등한 기회들을 만들어낼 수 있다고(Nielsen 1985: 297~298) 주장한다. 이것들은 물론 심각한 걱정거리이다. 그러나 그것은 롤즈와 드워킨도 인식을 했었고, 그들은 정당한 불평등(legitimate inequality)에 제한을 가해야 한다는 점에서 동의한다(정치적 평등에 대해서는 Rawls 1971: 225~226; Dworkin 1988을 보시오. 불평등한 기회에 대해서는 Rawls 1971: 73을 보시오). 욕망민감성(ambition sensitivity)에 관한 사회주의자들의 관점에 대해서 관심이 있다면, Nielsen 1985: 293~302; Elster 1985: 231~232, 524; 1992: 237~240; Levine 1988: 53; 1999를 보시오.

카렌스(Joseph Carens)는 사회주의자들과 자유주의자들 간의 주요한 차이가 마르크스의 유명한 슬로건 중 필요 원칙(needs principle)과 관련되어 있는 것이 아니라 나머지 다른 반쪽의 원칙과 관련되어 있다고 주장한다('각각 자신의 능력에 따라서 노동하고, 각자의 필요에 따라 분배한다'). 카렌스는 이것이 사람들에게 기여의 의무, 즉 자신의 재능을 '좋은 용도'에 사용하기 위해 기여할 의무를 부과한다고 본다. 이에 반해 이것이 재능있는 사람들이 잘하지만 즐기지 않는 무언가를 강제함으로써 이들의 재능을 노예화 시킨다고 생각한다(Carens 1986: 41~45). 나는 대부분의 마르크스주의자들은 마르크스의 슬로건이 의무를 부과하고 있다는 카렌스의 해석을 실제적으로 따를 것이라고는 생각하지 않지만, 보다 많은 논의가 요구되는 주요한 쟁점이기는 하다.

인 불이익에 대한 완전한 보상이 불가능할 때 무엇을 해야 할지를 우리에게 말해 주지 않기 때문이다. 우리가 제3장에서 보았듯이, 심각한 발육장애자들의 상황을 평등화시키는 것은 불가능하고, 그러한 일을 수행하기 위해서 우리의 모든 자원을 투여하는 것은 바람직하지 않다. 이것이 드워킨이 그의 가상적 보험기획(hypothetical scheme)을 만들도록 이끌었다. 그러나 현대 마르크스주의자들의 논문에서는 이러한 문제에 대한 유사한 해답이 나타나지 않는다. 그리고 사실 그러한 문제에 대한 유사한 인식도 발견되지 않는다. 필요의 원칙이 불평등한 상황들을 보상한다고 말하는 것으로는 충분하지 않다. 우리는 어떻게 그것을 할 수 있는지를 알아야 하고, 그것의 비용이 얼마나 드는가를 알아야 한다. 그러한 질문들이 답변될 때까지는 필요 원칙이 자유주의의 평등의 원칙과 비교할 수 있을지 혹은 어떻게 비교될 수 있는지를 알아낼 수가 없다.

(c) 소외

그런데, 착취 원칙과 필요 원칙에 관해서는, 우리는 마르크스주의와 자유적 평등주의의 정의론이 점진적으로 수렴해 가는 것을 볼 수 있다. 로어머가 지적하듯이, '현대의 분석적 마르크스주의와 현대 좌파 자유주의 정치철학의 노선은 구별하기가 쉽지 않다. 이것은 그들 사이에 공통적인 핵심이 있다는 것을 시사해 준다'(Roemer 1986b: 200). 그러나 마르크스주의적 사고에는 그러한 자유주의적 평등주의와는 보다 명백하게 구분되는 확실히 다른 조류가 있다. 룩스(Steven Lukes)에 따르면, 자본주의에 대한 마르크스의 비판은 단지 착취에 대한 '칸트적' 관심에만 호소하는 것이 아니라, 소외에 대한 '완전주의적'(perfectionist) 관심에 역시 호소하고 있다(Lukes 1985: 87; cf.Miller 1989: 52~54).[20] 칸트적 조류가 사적 소유(private property)가 일부 사람들(노동자들)을 다른 사람들(자본가들)의 이익을 위한 수단으로 전락되는 방식에 주목하는 반면,

20) 룩스는 마르크스주의 사상에서의 '공리주의적' 유파 역시 구분하고 있지만, 나는 이것을 논외로 할 것이다. 부분적으로는 우리가 이미 공리주의에서 다루었기 때문이고, 부분적으로는 마르크스 사상에서 이와 같은 유파는 칸트주의적 혹은 완전주의적 유파들 보다 현대 마르크스주의에 적은 영향력만을 미치고 있기 때문이다. 게다가, 나는 마르크스의 사상에 공리주의적 유파가 있었는지에 대해서도 의심을 한다. 마르크스는 어떤 사람의 희생이 전체적 효용을 증가시킬 수 있기 때문에, 그 희생이 정당화될 수 있다는 생각을 거부하고 있다(Murphy 1973: 217~220; cf. Allen 1973; Brenkert 1981).

완전주의적 조류는 사적 소유가 우리의 가장 중요한 능력들을 계발하는 것을 방해하는 방식에 역점을 둔다. 이러한 완전주의적 관점에 따르면, 사적 소유의 문제는 단순한 착취의 문제에 머무르지 않는다. 왜냐하면 착취로부터 이익을 보는 사람들까지도 자신들의 근본적인 인간적 능력들로부터 소외당하기 때문이다. 이러한 소외 주장은 사적 소유를 금지하는 것을 옹호할 수 있게 하는 보다 전망 있는 노선으로 보인다. 그 이유는 사적 소유의 평준화는 착취를 제거하면서도, 소외를 보편화할 수 있기 때문이다.

'인간의 특수한 잠재성과 탁월성의 실현'(realization of distinctively human potentialities and excellences)을 장려하고, 그러한 탁월성이 결여된 삶은 장려하지 않는 방향으로 자원이 분배되어야 한다고 말한다(Lukes 1985: 87). 그러한 이론들은 '완전주의적'이라고 할 수 있다. 그 이유는 그들이 특정한 삶의 방식이 인간적인 '완전성'(혹은 '탁월성')을 구성한다고 주장하고, 그러한 삶의 방식이 장려되어야 한다고 하는 반면, 덜 가치 있는 삶의 방식은 억제되어야 한다고 주장하기 때문이다. 이것은 자유주의 혹은 자유지상주의 이론들과는 상이하다. 이들은 어떠한 특정한 삶의 방식도 장려하려 하지 않고, 오히려 개인들이 가장 가치 있다고 생각하는 방식이 무엇이든 간에 그 방식대로 자신의 자원을 사용하는 개인적 자유를 남겨 놓는다. 나는 자유주의와 완전주의 사이의 일반적 차이점들에 대해서는 다음 장에서 다룰 것이다. 그러나 나는 마르크스주의적 완전주의가 어떻게 사적 소유의 금지를 옹호하고 있는지를 간단히 살펴 보려한다.

완전주의 이론이라면 '특수한 인간적 탁월성'이 무엇인지 그리고 그것을 증진시키기 위해서 자원의 분배가 어떻게 배치되어야 하는지를 설명해야만 한다. 마르크스의 경우에, 우리들의 특수한 탁월성은 자유롭게 창조적이고 협동적인 생산을 할 수 있는 능력이라고 말한다. 이러한 능력을 위험하게 만드는 방식으로의 생산은 우리의 진정한 '종적 본성'(species-nature)으로부터 '소외'되는 것이다. 따라서 마르크스주의적 완전주의는 협동적 생산을 통해 사람들이 자기실현을 달성하기를 장려하는 방향으로 공산 사회에서의 자원이 분배되어야 한다고 주장한다. 분배는 여전히 필요 원칙에 의해 조절되는 것으로 보이지만, 완전주의자들에게 필요 원칙은 모든 필요와 연관되어 있지는 않다. 오히려, 그 필요 원칙은 '협동적, 창조적, 그리고 생산적 활동과 이의 즐거움의 이상을 가장 잘 표현해 줄 수 있는, 그러한 인간의 이익과 관심의 형태들 중에서 일부를 선별하는 것'과 관련되어 있다(Campbell 1983: 138; cf. Elster 1985: 522).

이러한 이상은 어떻게 증진되는가? 마르크스주의자들은 임노동 관계의 철폐와 생산수단의 사회화를 통해서 그것이 가장 잘 증진된다고 주장한다. 임노동은 우리의 가장 중요한 능력들로부터 우리를 소외시킨다고 한다. 왜냐하면 그것은 노동자들의 노동력을 다른 누군가의 통제 아래에서 양도되는 단순한 상품으로 전환시키기 때문이다. 게다가, 자본주의 하에 있는 많은 노동자들에게, 이와 같은 노동력의 행사는 마음에 내키지 않을 뿐 아니라 어떠한 내재적 만족도 주지 못하는 경향이 있다. 생산수단의 사회화는 각각의 사람들이 어떻게 스스로의 노동 생활을 조직할 것인지에 대한 효과적인 발언권을 보장해 주고, 이들로 하여금 자본가의 이윤을 증진하는 것이 아니라, 스스로의 내재적 만족을 증진하는 방식으로 생산을 관리할 수 있도록 하여 준다. 자본주의는 우리의 삶의 활동들을 수준 있는 삶을 보장받기 위해서 견뎌야 하는 수단으로 전락시키지만, 사회주의는 노동을 목적 그 자체로 간주하여 '인생의 최우선적 욕구'(life's prime want)라는 정당한 위치에 복귀시킨다(혹은 보다 정확하게 말한다면, 사회주의는 역사상 처음으로 노동이 이러한 정당한 위치를 찾는 것을 가능하게 해 줄 것이다).

그렇다면 이것이 생산수단에서 사유재산을 철폐하자는 완전주의적 주장이다. 우리는 그것을 어떻게 만들까? 본질적으로 만족스러운 노동과 본질적으로 만족스럽지 못한 노동 사이의 선택으로 표현한다면, 대부분의 사람들은 창조적이고 협동적인 노동을 선호할 것이다. 자본주의에서의 대부분의 노동자들이 자신의 직업이 더 만족스럽길 바란다는 증거는 압도적이다. 자본주의가 많은 사람들에게 부여한 '노동의 타락'(degradation of labour)은 끔찍하다. 그것은 그들의 인간적 잠재성을 발전시킬 수 있는 능력에 대한 부조리한 제한이다(Schwartz 1982: 636~638; Doppelt 1981). 자유주의자들은 사람들이 다른 사람에게 고용될 수 있는 정당한 방법과 정당하지 않은 방법을 구별함으로써 이것을 다루려고 시도했다. 그러나 마르크스주의자의 관점에서 볼 때는, 어떠한 임노동 관계도 소외를 시킨다. 왜냐하면 노동자가 자신의 노동력과 노동의 생산물에 대한 통제를 포기해야 하기 때문이다. 임노동은 양자 모두가 자원의 평등한 공유(equal share of resources)에서 출발했다면 착취적이지는 않을 수 있지만,

임노동은 여전히 소위를 발생시킨다. 우리는 사적 소유를 평등화시키기보다는 생산된 자원을 사회화함으로써 그런 소외를 철폐할 수 있다.

비소외 노동(unalienated labour)이 소외적 노동(alienated labour)보다는 분명히 보다 낫다고 하더라도, 가치문제는 단지 여기에만 국한되어 있지는 않다. 나는 비소외 노동에 가치를 부여할 수 있겠지만, 여가와 같은 다른 것들에 더 많은 가치를 부여할 수도 있을 것이다. 나는 비소외적인 생산 활동보다는 테니스 치는 걸 선호할 수 있다. 나의 테니스에 필요한 자원을 확보하기 위해 특정한 생산활동에 종사해야만 할 수도 있다. 그리고 그밖의 모든 것이 동등하다면, 비소외 노동보다 그것을 선호할 수도 있다. 그러나 그밖의 모든 것이 항상 동등한 것은 아니다. 상품을 생산하는 가장 효율적인 방법은 창조성이나 협력에 대한 매우 적은 공간을 남길 수 있다(예를 들어, 작업라인에서의 생산). 만약 그렇다면, 비소외 노동에 대한 참여는 내가 그렇게 하려고 했던 것보다 더 많은 시간적인 투자를 필요로 할 수 있다. 예를 들어, 내가 두 시간의 소외적 노동을 하거나, 아니면 네 시간의 비소외 노동을 통해서 내가 필요한 자원을 얻을 수 있다고 한다면, 추가로 두 시간 동안 테니스를 치는 것이 두 시간의 소외를 능가할 수도 있다. 그렇다면 문제는 내가 소외적 노동에 대해서 비소외 노동을 선호하는지의 여부가 아니라, 내가 여가 생활을 더 선호하기 때문에 그것을 누리기 위해서 소외적 노동을 받아들일 수 있는지의 여부이다. 비소외 노동에 대한 기회는 '하늘에서 떨어지는 만나(manna) 같은 것이 아니다. 이러한 기회들을 가능하게 만들기 위해서는 자원들이 사용되어야만 한다. 그것은, 여가의 경우에서처럼, 일부 다른 가치들의 확보는 (불가피하게) 줄어 들게 되는 것을 의미한다(Arneson 1987: 544n. 38).[21)]

---

21) 마르크스 자신은 다음과 같이 주장한 바 있다. '자유의 영역은 필요와 외부적인 편의에 의해 결정되는 노동이 종식되는 곳에서만 실질적으로 시작된다. 자유는 그 본성상 물질적 생산 자체의 고유영역을 넘어 존재한다.'(Marx 1981: 958~959) 이것은 그 문제에 대한 마르크스 자신의 일반적 관점도 아닌데다가, 대부분의 현대 마르크스주의자들이 공유하고 있는 관점도 아니다(예를 들어 Cohen 1978: 323~325). 그러나 '목적 그 자체로서의 인간능력의 발전'이 생산 영역의 외부에서 발생할 수 있다는 것은 분명히 옳고, '사물의 본성에서 그 어느 것도 여가의 영역이 마르크스가 찬양했던 인간의 자유롭고 다양한 발전을 위한 중요한 장이 되는 것을 저해하지 않는다'는 점도 분명히 옳다(Arneson 1987: 526).

자기실현의 장으로서의 생산에 대한 강조를 우리가 받아들인다고 하더라도, 그 즉시 쟁점이 되는 비소외(non-alienation) 이외에도 다른 가치들이 존재한다. 마르크스주의자들은 생산의 가치가 '목적 그 자체로서 소비는 비소외 생산과 갈등을 일으킬 수 있는 또 다른 재화이다. 어떤 사람들은 음식과 오페라에서 컴퓨터에 이르는 광범위한 종류의 재화와 용역의 소비를 즐긴다. 고임금을 대가로 소외적 노동 수행에 동의하는 것은 그들이 자신들의 희망하는 소비의 범위를 확장시킬 수 있게 됨을 의미한다. 우리가 소외적 노동을 금지하면, 우리는 사람들의 소외를 철폐시키지만, 또한 동시에 사람들로 하여금 자신들이 실질적 가치를 부여하고 있는 소비 형식의 추구를 어렵게 만들기도 한다. 마르크스주의적 완전주의자들은 물질적 소비가 줄어들 가능성에는 관심을 두지 않으려는 경향이 있다. 그들은 소비에 대한 사람들의 관심을 자본주의에 의해 만들어진 물질주의적 병리현상의 증상으로 간주한다. 따라서 사회주의로의 전환은 '인간성취의 근본적 영역을 소비의 영역으로부터 생산의 영역으로 이동시키는 커다란 문화적 강조의 변동을 포함하게 될 것이다'(Arneson 1987: 525, 528). 그러나 한 사람의 소비를 확장하는 것에 관심을 기울이는 것이 병리적 현상이라 할 수 있는가? '이웃사람에게 지지 않으려고 허세를 부리는'(keeping up with the Joneses) 증상은 병리적이라고 할 수 있다. 왜냐하면 그러한 품위유지 상품(status goods)의 추구는 비합리적이기 때문이다. 그러나 그것은 증가하는 소비에 대한 수많은 갈망들에는 해당되지 않는다. 값비싼 음향 기기를 원하는 음악애호가가 그것을 구입하기 위해서 소외적 노동을 수행하려고 한다는 것에는 병리현상이 존재하지 않는다. 따라서 공산주의에서 능동적인 생산의 즐거움보다 '소비의 수동적 즐거움을 선호하는 사람들을 배제하거나 비난해야 한다는 주장'은 근거가 없다(Elster 1985: 522).

의 인간 능력의 발전'에 놓여 있다고 말한다. 그러나 일부 사람들은 생산적 노동의 가치는 삶의 필요들을 효율적으로 해결해주는 조직(an organization)에 기여하는데 있다고 생각한다. 그와 같은 '서비스 중심' 노동자들('service-oriented' workers)에게는, 작업장 민주주의(workplace democracy)는 서비스 수혜자의 복지보다 노동자들의 복지를 우선시하는 '낭비적인 자기 탐닉'(wasteful self-indulgence)일 수 있다(Arneson 1987: 525). 완전주의자들은 노동은 노동자 민주주의(worker democracy)가 존재할 때만 의미가 있다고 주장한다(Nielsen 1978: 239; Schwartz 1982: 644). 그러나 어떻게 그것을 이룰 수 있을지보다 무엇을 얻을 수 있는가에 더 관심을 갖는다는 것에 무슨 문제가 있다고 할 수 있는가? 노동으로부터 얻을 수 있는 재화는 여러 가지가 있는데–아네슨은 그 중 열일곱 가지를 제시한다–자신의 재능을 자유롭게 발전시키는 것은 그 중에 하나에 불과하다. 상이한 재화들은 상이한 노동 조직과 자유재산 소유 체계 아래에서 번영할 수 있다(Arneson 1987: 527). 따라서 생산자산의 사회화와 우리들의 생산 활동의 가치를 증가시키는 것 사이에는 단순한 상관관계가 존재하지 않는다.

비소외 노동의 추구는 또한 가족과 친구 관계에서 갈등을 일으킬 수도 있다. 나는 내 아이들과 보다 많은 시간을 보내는 것을 가능하게 하는 파트타임 직업이나 한 계절에만 할 수 있는 직업을 원할 수도 있다. 그렇게 함으로써 나는 매년마다 일부 시간을 가족이나 친척들과 보낼 수 있을 것이다. 엘스터(Jon Elster)가 지적하듯이, 노동에서의 자기실현에 대한 마르크스주의자들의 강조는 자연적인 일상적 인간적 관계들과 경쟁관계에 놓일 수 있다. 왜냐하면 '자기실현은 사용 가능한 모든 시간을 들여 확장하려는 경향이 있고…… 그것은 소비와 우정 모두에 있어 위협이 되기' 때문이다(Elster 1986: 101).

여기서의 문제는 비소외 노동이 좋은가의 여부가 아니라, 그것이 최우선적 좋음(an overriding good)인가의 여부이고, 그 좋음이 어떤 수준 있는 삶에 있어도 필연적이며 모든 경합하는 좋음들의 가치를 능가할 수 있는지의 문제이다. 나는 비소외 노동이 그런 종류의 좋음이라고 생각할 아무런 이유도 없다고 생각한다. 이러한 주장에 대한 마르크스 자신의 주장은 매우 받아들이기 힘들다. 그는 자유롭고 협동적인 생산이 우리를 다른 생물 종(種)들로부터 구분지어 주는 것이기 때문에, 그것이 우리들의 특수한 인간적 탁월성이라고 주장한다—그것은 우리를 *인간으로(as humans)* 규정해 주는 것이다. 그러나 이러한 '종차'(differentia) 주장은 그릇된 결론이다. 인간의 삶에서 무엇이 가장 좋은 것인가라는 질문은 '생물학적 분류'(biological classification)에 대한 질문이 아니다. 그것은 도덕철학(moral philosophy)의 문제이다. 그리고 우리는, 종차라는 말이 의미하고 있는 것처럼, 그 대답이 다른 종들에게서는 공유되지 않는 단일하고 단순한 특징을 갖고 있어야 하는지를 우리가 사전에 결정하지 않는다면, 그것에 대해서 모두 대답하기가 어려워진다'(Midgley 1978: 204). 협동적인 생산 활동의 고양은 '특정한 도덕적 입장이고 다른 입장과 비견하여 그 자체로 옹변되어야만 한다. 그것은 조야한 분류 방법론(a crude method of taxonomy)에 기대어 받아들일 수 있는 문제는 아니다(Midgley 1978: 204). 다른 동물들이 인간과 같은 동일한 생산적 노동의 능력을 지녔는지의 여부는 우리의 삶에서 그러한 (생산적 노동) 능력의 가치의 문제와는 아무런 관계가 없다. 우리의 가장 중요한 능력이 바로 다른 동물들과 우리를 가장 잘 구별시켜 주는 것이라고 생각할 만한 이유는 없다.

생산적 노동에 대한 이와 같은 조명은 성차별적(sexist)이기도 하다. 노동자들이 그들 '종(種)적 삶 species life'(말하자면, 노동, 생명활동, 생산적 삶 그 자체)으로부터 소외되었기 때문에 '사람(노동자)은 그의 동물적 기능－먹기, 마시기, 번식 혹은 최소한의 거주와 옷입기－을 수행할 때만 자신을 자유롭다고 느낀다. 그리고 이러한 인간적 기능들에서는 그는 자신이 단지 동물이라는 것 말고는 더 이상 아무것도 느낄 수 없다'고 한 마르크스의 주장을 생각해 보자(Marx 1977a: 66). 그러나 왜 생산이 재생산(예를 들어, 아이의 양육)보다 더 '인간적 기능'(human function)인가? 다른 동물들도 재생산을 한다는 측면에서 본다면, 그것은 아마도 인간에게 덜 *고유*할지도 모른다. 그러나 이것은 단지 그 범주가 얼마나 부적절한지를 보여준다. 왜냐하면 가족적 삶은 물론 생산만큼이나 우리의 인간성에 중요하기 때문이다. 마르크스는, 남성들이 유력하게 지배하고 있는 생산적 삶의 영역에서 역사적 변수들에 대한 심대한 민감성을, 여성들이 유력하게 지배하고 있는 재생산적 삶의 영역에서의 역사적 변수들에 대한 거의 완전 무감각성과 결합시키고 있다. 여성들이 유력하게 지배하고 있는 재생산의 영역을 마르크스는 본질적으로 자연적인 것으로 간주하지만, 인간의 고유한 본질로 가주하지 않는다(Jagger 1983: ch.4; O'Brien 1981: 168~184). 여성의 경험을 수용하고자 하는 이론이라면 생산적 노동의 고양에 대해 의문을 제기할 수밖에 없게 된다.

비소외적 생산과 경합할 수 있는 많은 가치들이 있다. '육체적이고 정신적인 건강, 인지적 설비(cognitive facilities)의 개발, 특정한 성격 기질과 감정적 반응, 놀이, 섹스, 우정, 사랑, 예술, 종교' 등이 그런 것이다(Brown 1986: 126; cf. Cohen 1988: 137~146). 어떤 사람들은 생산적 노동을 '인생의 최우선적 필요'(life's prime want)라고 생각하지만, 다른 사람들은 그러지 않을 것이다. 따라서 소외노동에 대한 금지가 다른 사람들 보다 일부 사람들에게 보다 특혜를 주는 부당한 결과를 가져올 수도 있다. 아네슨이 지적하듯이, 사회주의를 특정한 좋은 삶의 관점(a particular vision of good life)과 동일시하려는 시도는 '본질적 직업만족이라 할 수 있는 하나의 특정한 선(가치)의 범주(one particular category of good)를 고양하고, 이 선에다 임의적으로 특권적 지위를 부여한다. 나아가서 여타의 동등한 바람직한 선들 보다 이 선을 선호하는 사람들에게 특권적 지위를 부여한다. 나아가서 다른 동등한 가치를 지지하는 마찬가지로 현명한 사람들에 우선해서 이들에게 특권적 지위를 부여하게 된다' (Arneson 1987: 525; cf. Arneson 1993a: 292~296). 사람들이 노동에 부여하는 가치에 있어 상이성을 전제한다면, '평등한 기회와 공정한 자산분배의 최초의 입장으로부터 발생하는 차등적 노동소외(differential alienation of labour)는 사람들의 복지와 삶의 질을 오히려 광범위하게 향상시킬 수 있다.' 따라서 '비소외에 대한 완전주의적인 옹호는 어색해 보인다'(Roemer 1985b: 52).

공산주의 아래에서 비소외적 생산의 번성(the flourishing of unalienated production)을 강조하는 모든 마르크스주의자들이 완전주의자인 것은 아니다. 소외의 종말을 주장하고 있는 일부의 마르크스주의자들은 어떻게 그러한 자원들이 분배될지에 대한 완전주의적 지침을 제공하는 것이 아니라 단순히 사람들이 자신들의 동등한 자원으로 무엇을 할 것인가에 대해서 예측할 뿐이다. 그들은 사람들이 비소외적 노동에 매우 높은 가치를 부여하기 때문에 그들이 절대로 자신들의 소외에 대한 보상으로 향상된 여가 생활이나 가족들과의 삶을 받아들이지 않을 것이라고 예측한다. 이러한 예측은 틀린 것으로 판명되겠지만, 그에 덧붙여 소외를 금지함으로써 사람들의 선택에 관여해야 할 아무런 이유가 없는 것처럼 보인다. 소외에 대한 마르크스의 평가가가 예측인지 완전주의적인 지침인지는 분명하지가 않다(Arneson 1987: 521). 그러나 엥겔스는 최소한 성적 관계의 사례에(in the case of sexual relations) 대해서는 반완전주의자였다. 공산주의에서 성적 관계의 성격에 대해 논의하면서, 그는 과거의 가부장적 관계는 종말을 맞게 될 것이라고 말한다. 그러나,

> 무엇이 새로운 것이 될 것인가? 그것은 새로운 세대가 자라나면 해야 할 답변이다. 즉, 돈 혹은 다른 사회적인 권력 도구를 통해서 여성들의 굴종을 구입한 것들에 대해서는 아무 것도 알지 못하는 남성들의 세대, 혹은 진정한 사랑 이외의 다른 고려 때문에 남성에게 스스로를 바치는 것이 무엇인지 또는 경제적 결과에 대한 두려움으로 자신의 연인에게 자신을 바치기를 거부하는 것이 무엇을 의미하는지를 전혀 모르는 여성들의 세대에 의해서 답변되어야 한다. 이러한 사람들이 세상에 존재하게 될 때, 그들은 오늘날 사람들이 그렇게 해야만 한다고 생각하는 것들에 대해서는 거의 가치를 부여하지 않을 것이다. 그들은 그들 자신의 실천을 만들어낼 것이고 각각의 개인

들의 실천에 대한 그에 부응하는 공적인 의견들을 만들어갈 것이다. 그리고 그것은 그야말로 가부장제의 종말이 될 것이다(Engels 1972: 145).

자원의 평등한 분배가 착취적 관계가 일어나지 않는 것을 보장해 주지만, 권장되거나 시행되어야 할 인간적 관계들에 대해서는 올바른 사회주의적 모델이 존재하지 않는다. 그런데 왜 경제적 관계는 마찬가지로 물질적 평등의 지위로부터 사람들의 자유로운 선택의 문제로 맡겨져서는 안 되는가? 우리는 '새로운 세대'가 자신들의 삶과 재능들로 무엇을 선택하게 될 것인지를 기다리고 지켜 보아야 할 것이다. 그리고 그들이 체계적으로 비소외적 노동을 선호할 수도 있겠지만, 그러한 결과를 권장해야 할 완전주의적 개입의 이유는 없다.

다시 한번, 이 중에 어느 것도 현재 존재하는 의미있는 노동의 분배(the existing distribution of meaningful work)를 정당화시키지는 못할 것이다. 나는 사람들이 노동의 가치를 여가 생활과 같은 다른 가치들을 위해서 희생할 자유가 있어야 한다고 주장했다. 그러나 자본주의 아래에서는 전형적으로 가장 좋은 직업을 갖고 있는 사람들이 가장 많은 소비와 여가활동을 보낼 수 있는 반면, 가장 수입이 낮은 직업을 가진 사람들은 종종 자신들의 여가생활이나 소비를 증진시킬 수 있는 어떠한 보상도 받지 못하게 된다. 그러나 모든 사람들에게 여가 생활을 희생하면서 가능한 최고의 직업을 제공하는 것이 문제 해결은 아니다. 그 이유는 일부의 사람들은 여전히 보다 바람직한 여가를 즐기기를 원하기 때문이다. 아네슨이 지적하는 것처럼, '자본주의 시장에 대한 사회주의의 핵심적 반대는 자기 자신의 잘못이 아님에도 불구하고 다른 사람들보다 적은 자원을 소유한 사람들이 자신들의 선호를 만족할 수 있는 공정한 기회를 갖지 못한다는 것이다. 그것의 해결책은 어떤 사람들의 선호에 특권을 부여하는 것이 아니라(예를 들어 여가생활보다 노동을), 개인들이 시장 교환으로 가져오는 자원의 분배를 수정하는 것이다.' 그러므로 드워킨의 시기심 없는 시장 교환의 목표는 '사회주의와 경쟁하는 교리가 아니라, 사회주의적 열망의 한 측면이다'(Arneson 1987: 537~533).

이것은 우리로 하여금 마르크스주의 사상의 '칸트적' 흐름으로 되돌아가도록 만든다. 거기서는 그들이 자신의 공정한 분배 몫으로 스스로가 가치 있다고 생각하는 것이 무엇인지를 결정할 개인의 자유 공간을 남겨둔다. 그리고 우리가 이미 살펴보았듯이, 이것은 마르크스주의자들은 제기하지 않았던 공정한 분배에 관한 연속되는 질문들로 이어진다. 마르크스주의자들이 그러한 문제들을 다룰 때까지는, 마르크스주의가 다른 정치적 전통들로부터 구별되는 고유한 정의에 대한 설명을 제공하고 있는지의 여부는 말하기 어렵다.

3. 사회민주주의와 사회적 정의

지금까지 이 장에서는, 현대의 분석적 마르크스주의가 자유적 평등주의에 대한 대안적 접근방식을 제공하는지의 여부를 검토해 왔다. 그러나 또 다른 비마르크스주의적 사회주의 개념이 있다. 마르크스가 살던 시기에, 이 관점들은 종종 다양한 기독교 종파와 결부되어 있었고, 그들의 평등 추구 및 집합적 소유권은 기독교에 특수한 동료애, 경건, 물질적 금욕의 관점에 연결되어 있었다. 마르크스는 그들 집단을 '공상적 사회주의자'(utopian socialists)로 일축하려 하였다.

그러나 20세기에 들어서면, 서구에서 사회주의 이상의 가장 강력한 옹호자들은 마르크스주의자나 기독교인이 아니었고, 종종 노동운동과 밀접하게 손잡고 있는 세속적 사회민주주의 정당들이었다. 그리고 이러한 정당들에 의해 지지된 '사회민주주의'(social democracy)가 자유적 평등주의자들이 옹호하는 '자유민주주의'(liberal democracy)와는 근본적으로 다른 종류라고 가끔씩 이야기 되었다.

모든 사람들이 '사회민주주의'와 '자유주의적 좌파 민주주의'(left−liberal democracy) 사이에 어떤 심각한 구별이 있다는 데 동의하는 것은 아니다. 사실 롤즈는 자신의 정의관이 '자유주의적 좌파'(left liberal) 혹은 '사회 민주주의'(social democratic) 모두로 표현될 수 있다고 말했다(Rawls 1993a: 416). 역으로, 서유럽의 많은 사회민주주의 정당들은 자신들의 강령을 발전시키고 방어할 때 명시적으로 롤즈를 인용해 왔다. 많은 경우, '사회민주주의'와 '자유적 평등주의'는 단순히 일련의 동일한 핵심개념에 대한 상이한 용어인 것으로 보인다. 유럽의 이론가들은 전자를 선호하고, 북미의 이론가들은 후자를 선호한다. 그러나 어떤 이론가들은 사회민주주의자들이, 롤즈나 드워킨에서 발견되는 정의의 '개인주의적' 개념('individualistic' conception of justice)과는 달리, 정의에 대한 보다 '사회적'인 개념('social' conception of justice)을 갖고 있다고 주장한다. 밀러(David Miller)는, 예를 들어, 자신이 개인주의적이고 자유주의적인 전통에 뿌리내리고 있다고 묘사하는 '분배적 평등'(distributive equality)을 보다 집단주의적 혹은 공동체주의적이면서 사회주의 전통에 뿌리내리고 있다는 '사회적 평등'(social equality)과 구분한다. 전자는 개인들이 평등한 자원의 소유(equal share of resources)를 주장하는 것과 관련되어 있다. 반면에 후자는 올바른 종류의 평등주의적 사회적 관계들을 건설해 나아가는 것과 관련되어 있다. 전자는 사람들의 자원에 대한 사적인 몫이 보다 더 평등하도록 보장하는 것과 관련이 있다면, 후자는 사람들의 공적 삶에서의 평등한 지위를 보장하는 것과 관련이 있다(Miller 1993, 1997).

왈쩌(Michael Walzer)는 이러한 평등의 '사회적' 측면을 자신의 'Mr.들의 사회'(society of misters)의 이미지에 이어 붙인다. 사회민주주의에서 사람들은 서로가 동등한 지위에서 만나고 인사한다. 우리들의 사회에서는, 상류사회 사람들은 자신을 'sir' 혹은 'madam'이라고 소개하는 반면, 하층 계급 사람들은 자신을 'Jones'라고 소개하지 않고, 각자를 'Mr.' 혹은 'Ms.'라고 소개한다. 이러한 이상은 마르크스주의적 감각에서 임노동을 철폐하자는 측면이 아니라 계급적 지위가 어떤 사람의 사회적 관계를 결정해서는 안된다는 측면에서, '계급 없는' 사회의 이상으로서 역사적으로 인용되어 왔다. 밀러가 지적하듯이, 사회적으로 평등한 사회는 '사람들을 다루는 방식과 타인에 대한 감정적 애정이 계급의 장벽으로 인해 방해받지 않는 공동체'이다(Miller 1993: 302). 그와 유사하게, 영국의 위대한 사회주의자인 크로스랜드(Anthony Crosland)는 사회적 정의의 목표가 '뿌리 깊은 계층화, 즉 그것이 동반하는 선망과 열등감의 감정, 그리고 계급들 간의 무한정한 융합을 방해하는 장벽들을 약화시키는 것'이라고 주장했다(Crosland 1964: 77). 혹은 토니(R. H. Tawney)가 지적하는 것처럼,

> 혐오스러운 것은 누군가가 다른 사람보다 더 많이 벌어야 한다는 것이 아니다. 왜냐하면, 환경의 공동체와 공공 교육 그리고 삶의 습관을 통해서 공통적인 존경과 고려의 전통이 배양된 곳에서는,

> 그와 같은 회계적인 세부항목(details of the counting-house)들은 잊혀졌거나 무시되었기 때문이다. 문제는 일부 계급들이 다른 계급들은 향유하고 있는 문명의 유산으로부터 배제되어 있다는 데 있다. 그리고 인류의 유대감, 즉 궁극적이며 굳건한 인류의 유대감이, 사소하고 피상적인 경제적인 대조에 의해서 흐려져 있다는 점에 있다(Tawney, 1964, 113).

이와 같은 보다 사회적인 평등 개념은 종종 정의에는 상이한 '영역들'(spheres)이 있다는 생각과 연결되어 왔다. 예를 들어, 왈쩌에 따르면, 정의의 한 영역으로 시장에서 교환되는 돈과 상품에 관련된 영역이 있다. 시장에서 구매할 수 있는 상품과 용역은 사람들이 지불할 능력에 따라서 분배되는데, 왈쩌는 그러한 재화를 구입하는 사람들의 비자발적 불평등의 제거는 불가능한 동시에 불필요하다고 생각한다. 문제가 되는 것은 이러한 시장으로 인한 불가피한 불평등이 그 영역을 넘어 다른 영역의 정의를 오염시켜서는 안된다는 점이다. 예를 들자면, 민주적 시민권, 교육, 보건의료, 혹은 공적 명예와 같은 가치들은 지불할 수 있는 능력에 준거하지 않고 분배되어야만 한다는 것이다. 사람들이 돈을 벌고 보트나 멋진 음향기기 등의 사적 재화를 구입하는 능력에 있어서의 비자발적인 불평등은 허용 가능하지만, 이러한 시장의 불평등이 정치적 영향력, 기본적인 공적 서비스 혹은 공적인 인정을 사람들이 구매할 수 있도록 만들어서 그로 인해 공적 영역에서의 평등을 침해해서는 안된다고 한다(Walzer 1983).

평등에 대한 보다 사회적인 개념을 발전시키려는 이와 같은 생각은 '회계적인 세부 항목'(details of the counting house)보다는 사람들의 사회적 관계의 짜임새에 초점을 맞추는 데 있어 중요한 동시에 매력적인 생각이다. 그리고 이러한 생각은 사회민주주의 전통에만 국한되어 나타나는 것은 아니다. 우리는 보다 사회적 혹은 시민적인 평등 모델을 발전시키려는 이와 유사한 시도를 공리주의, 공동체주의와 페미니즘에서 발견한다.[22] 이와는 대조적으로, 이 장에서 검토했던 대부분의 분석적 마르

22) '사회적/시민적'(social/civic) 평등과 '개인주의적/분배적'(individualistic/distributive) 평등에 대한 유사한 구분이 공리주의자들(Temkin 1993: chs. 9~10; Broome 1991: ch.9), 공동체주의자들(Sandel 1996), 그리고 여성주의자들(Young 1990; Tronto 1993)에 의해서도 이루어지고 있다.

크스주의자들은 자유적 평등주의자들과 동일하게 '분배'에 대한 관심을 공유하고 있다. 로어머, 엘스터, 아네슨, 그리고 코헨에 의해 제기되었던 정의의 개념은 롤즈와 드워킨의 그것들처럼 개인의 정당한 요구를 결정하는 데 초점을 맞추고 있다.[23] 그러나 왜 이것들을 보완적 관점의 정의라기 보다는 경쟁적 관점의 정의로 간주해야만 하는가? 단지 물질적 불평등의 치명적인 사회적 결과들이 우리들에게 분배정의를 달성할 필요에 대한 강력한 이유를 제공한다고 생각할 수도 있다. 결국, 사회적 관계가 평등주의적이 되도록 되도록 보장하는 한 방법은 개인들이 대체로 평등한 자원을 할당받는 것이고, 그런 결과로 대체로 평등한 지위로 사회에 진입하는 것이다. 그렇게 된다면, 자유적 평등주의는 개인들에게 정당한 분배를 이루고, 동시에 개인들 사이에 평등주의적 사회관계를 수립하는 양자 모두에 도움을 줄 것이다.

그렇다면 왜 어떤 사람들은 '사회적 평등'(social equality)이 자유주의적 평등(liberal equality)의 보완물이라기보다는 대안이라고 생각하는 것일까? 왜 사회적 평등을 달성하는데 유일한 혹은 가장 적합한 방식이 개인중심의 분배정의(distribution for individuals)를 희생하는 것이라고 생각하는 것일까? 여기에는 최소한 세 가지의 상이한 답변이 있을 수 있다고 생각한다.

첫번째로, 밀러와 왈쩌 같은 일부의 사회민주주의자들은 부당한 불평등은 불공정하다는 자유적 평등주의의 주장을 받아들이지 않는다. 밀러의 관점에서 본다면, 재능 있는 사람들이 재능을 덜 가진 사람보다 실질적으로 자원을 더 갖는다고 불공정하지는 않다. 밀러에게는 자연적 재능이 도덕적으로 임의적이라는 사실이 사람들이 자신의 시장에서의 수입을 받을 자격이 없다고 말하는 이유가 될 수 없다(Miller 1999: ch.7; cf. Walzer 1983: ch.4). 따라서 재능 있는 사람들의 부유함이 그들이 받아야할 공정한 몫보다 더 받은 것이라는 근거로, 혹은 보다 덜 여유로운 사람들이 그들의 공정한

---

23) 그러나 보다 '사회적'인 정의와 평등의 개념에 대해 논의해 왔던 일부 자유주의자들과 마르크스주의자들 역시 있다. 예를 들면, 카우스(Mickey Kaus)는 자유주의자들이 그가 '시민적 자유주의'(civic liberalism, 즉 사회적 평등)라고 부르는 것을 위해서 그가 '금전 자본주의'(money liberalism, 즉 분배적 평등)라고 명하는 것을 거부해야 한다고 주장한다(Kaus 1992). 이와 유사하게, 레이먼(Reiman)은 분석적 마르크스주의가 '사물들의 분배가 아니라 인간들 사이에 있는 일종의 사회적 관계에 자신의 이상을 두어야' 한다고 주장한다(Reiman 1991: 158; cf. Reiman 1989).

몫보다 덜 받았다는 것을 근거로, 자원의 재분배를 정당화할 수 없다. 밀러의 관점에서 볼 때, 시장에서의 수익의 불평등은, 대체적으로 사람들의 기여에 비례하다면 공정하다고 할 수 있다. 그러나 이러한 불평등은 그자체로 공정하지만, 그것이 평등한 사회의 이면에 놓여있는 '유대감'(fellowship)이라는 바람직한 감정을 침식할 수 있고 그렇기 때문에 제한되고 억제되어야 한다. 자원의 분배가 보다 공정하게 이루어져야 한다는 관점에서는, 계급 없는 사회가 더 정의롭다고 할 필연성은 없지만, 분배정의가 아닌 다른 이유, 예를 들자면 공동체와 같은 이유라면 매력적이라 할 수 있다.

그러나 다른 사회민주주의자들은 부당한 불평등이 불공정하다는 점에서는 자유적 평등주의자들에 동의하지만, 국가가 시장 수입에서의 점증하는 불평등을 규정하거나 치유할 수 있는 능력을 갖고 있다고는 믿지 않는다. 이러한 불평등에 맞서 직접적으로 투쟁하는 것은 무익한 일이다. 그러나 국가가 할 수 있는 일은 이러한 부정의한 불평등의 사회적 결과들을 최소화하도록 노력하는 것이다. 국가는 이러한 부정의한 불평등이 사회적 평등을 해치지 않고서 단지 그 영향이 사람들의 개인적 삶에만—예를 들어, 사람들의 사적 소비나 여가생활 같은—국한될 수 있도록 노력할 수 있다(Kaus 1992). 이러한 관점에서 본다면, 사회민주주의적 평등은 일종의 후퇴된 입장이다. 우리가 분배정의를 달성할 수 없다면, 최소한 우리는 사회적 평등을 보호해야 한다는 것이다.

그렇지만 다른 사람들은 우리가 사람들의 자원에 있어서의 비자발적인 불이익들을 치유할 수 있다고 하더라도, 이것은 단지 그 자체로 사회적 평등을 침해할 수밖에 없는 수단을 통해서만 달성될 수 있다고 주장한다. 제3장의 결론에서 내가 논의했던 것처럼, 일부 이론가들은 자유적 평등주의가 이론적으로는 변호가 가능하다고 하더라도, 잘못된 평등의 *에토스*(the wrong *ethos* of equality)를 증진시킬 것이라고 주장한다(Wolff 1998; Anderson 1999). 자발적으로 불이익을 받는 사람들과 비자발적으로 불이익 받는 사람들을 구별하려고 하게 되면, 결국 국가로 하여금 불이익을 받는 시민들을 신뢰하지 않고, 잠재적인 사기꾼으로 바라볼 것을 요구하게 된다. 이러한 불신을 극복하기 위해서, 불이익을 받는 사람들은 울프(Jonathan Wolff)가 '수치스러운 폭로'(shameful revelation)라고 이름 붙인 것을 수행해야 한다. 즉, 그들은 실제로는 천부적 능력 혹은 어린시절의 양육 때문에, 자신들이 비자발적으로 불이익당하고 있다는 사실을 증명해야 한다. 그는 이러한 과정의 불가피한 결과는 시민들간의 사회적 평등감(the sense of social equality)을 잠식하게 될 것이라고 주장한다. 이러한 문제를 피하기 위해, 우리는 자발적인 불평등과 비자발적인 불평등을 구별하려는 시도를 거부해야 하고, 그 대신에 어떤 물질적 불평등이 사회적 평등[혹은 앤더슨(Elizabeth Anderson)이 '민주주의적 평등'이라고 부른 것]을 침해하고 있는가라는 질문에 집중해야 한다. 물질적 불평등이 사회적 평등을 침해하지 않는다면, 우리는 그것이 얼마나 가치가 있는지의 여부와 상관없이 그러한 불평등을 인정할 것이다. 그러나 물질적 불평등이 사회적 평등을 침해하고 있다면, 우리는 그러한 불평들이 자발적 선택에 의한 결과라고 할지라도 그것을 치유해야 할 것이다(Anderson 1999).

따라서 사회민주주의적인 사회적 평등의 추구와 자유적 평등주의적인 분배적 평등의 추구 사이에는 잠재적 갈등이 있을 것이라고 생각할 다양한 이유가 있다. 이러한 모든 주장들을 살펴볼 때, 사회민주주의적 평등 개념이 실제적으로는 자유주의적 분배의 평등보다 많은 것을 요구하지 않는다. 자유적 평등주의자들이 사람들의 삶의 표준과 상품 및 재화에 대한 접근에 있어서의 부당한 불이익을 광범위한 차원에서 치유하려고 노력하는데 반해서, 사회민주주의자들은 단지 공적인 삶에서 사람들의 평등한 지위를 침해하는 불평등만을 치유하려고 노력한다. 자유적 평등은 사람들이 자신의 가치관을 추구하기 위한 자원들의 평등한 몫을 보장하는 것을 목표로 한다. 사회민주주의적 평등은 사람들이 자신들의 가치관을 추구하는 데 매우 불평등한 능력을 갖고 있을지라도, 사회에서 평등하게 존중받는 것을 보장하는 것을 목표로 한다.

사회적 평등에 대한 이러한 모든 주장들은 사람들의 사회적 지위 혹은 공적 신분들의 중요성을 적절하게 강조한다. 빈곤의 피해는 단순한 특정한 재화나 용역의 부족이 아니라, 수치, 동정, 겸손 혹은 사회 내의 가난한 자들과 그렇지 않은 사람들 사이의 관계를 규정하는 비가시적인 것이다. 현재 자유적 평등주의자들과 분석적 마르크스주의자들은 이와 같은 불평등의 심원한 측면을 대부분 무시해 왔다. 그리고 재분배가, 단순히 사람들의 구매력을 증진시키는 것을 넘어, 사회적 평등을 회복시키는 것으로 간주된다면, 사람들은 재분배를 더 기꺼이 받아들이려고 한다는 일부 증거들이 있다. 재분배를 받아들일 의지가 더욱 크다는 증거들이 있다.

여전히 사회적 평등의 수호자들이 사람들의 개인적 혹은 사적인 삶에서의 물질적 자원의 중요성에는 심각할 정도로 무관심하다고 주장할 수 있다. '회계적 세부항목들'은, 그것이 Mr.들의 사회에서의 사람들의 지위를 침해하지 않는 한도에서는, 사람들의 삶에 실질적인 영향을 주지 않는다고 주장하는 경향이 있다. 그러나 어떤 사람들은 넓은 집에서 사는 반면 다른 사람들은 비좁은 아파트에서 살고 있는 것이 정말로 안 중요한 것인가? 혹은 어떤 사람들은 한달짜리 해외여행을 가는데 비해서, 다른 사람들은 동네 식당에 갈 여유도 없다는 것이 정말로 안 중요한 것인가? 혹은 어떤 사람들은 자신의 '경력'을 화려하게 만들고 그에 대한 보상을 받는데 비해서, 다른 사람들은 가망 없는 직종에 종사하고 있거나, 아예 직업이 없다는 것이 정말로 안 중요한 것인가? 왜 우리가 사람들의 삶의 기회와 삶의 수준들에 있어서의 그와 같은 광범위한 불균형을, 그들이 선택하지도 않은 부당한 불균형을 받아들여야 하는가? 왜 우리는 자신의 선관을 추구할 수 있는 사람들의 능력이 그렇게 도덕적으로 자의적인 요소들에 좌우되도록 방치해야 하는가?

개인의 평등의 중요성을 훼손하면서 사회적 평등의 중요성을 수호하는 것은 매우 이상하게 보인다. 그것은 전략적으로도 현명하지 않을 수 있다. 왜냐하면 우리가 만약 불평등한 시장 수입에 대한 권리가 있다고 말한다면, 부유한 사람들은 다른 사람을 위한 사회적 평등을 보장하기 위해 '자신들의' 재산의 일부를 포기해야 함에 격분할 수 있기 때문이다. 특히 만약 현재의 불이익에 대해 자신의 책임이 있는 수혜자들을 걸러내는 어떠한 시도도 이루어지지 않는다면, 더욱 그러할 것이다. 사람들은 '단순한' 분배정의보다는 사회적 평등의 이름 아래 더 기꺼이 희생을 감수할려고 할 수 있겠지만, 최근의 납세자들은 그들이 무책임하다고 간주하는 삶의 방식을 후원하기 위해서 세금을 부과 받는 것에 격분하고 있다는 증거가 압도적이다(Bowles and Gintis 1999; Gilens 1999). 따라서 우리의 목표가 단지 사회적 평등을 보호하는 것이라고 하더라도, 우리는 부유한 사람들이 자신의 부 모두를 누릴 자격이 없다는 것은 물론, 다른 한편 가난한 사람들이 그들의 불이익 전부를 감수해야 되는 것은 아니라는 점을 강조할 필요가 있다.

사회적 평등과 분배적 평등의 관계를 명확하게 하기 위해서는 많은 작업들이 남아 있다. 내가 생각할 때, 이 양자의 입장이 정의에 대해서 생각하는 방식에 있어서 근본적으로 대립된다고 가정하는 것은 잘못일 수 있다. 그러나 사회적 평등을 보존하는 것은 분배적 평등을 추구하는 것 이상을 요구하거나 아니면 그 이외의 것을 요구하는 다른 경우들이 있을 수 있다.

4. 마르크스주의 정치학

마르크스주의의 가장 두드러진 특징 중 하나는 그것이 노동에 사로잡혀 있다는 점이다. 이러한 점은 우리가 이 장에서 살펴보았던 두 가지 부류의 마르크스주의 모두에 해당된다. 칸트주의적 흐름에서는 노동을 자본주의적 부정의(예를 들어, 착취)의 근본 장소로 간주한다. 완전주의적 흐름에서는 노동을 비소외라는 사회주의적 목표의 근본 장소로 간주한다. 그런데, 노동이 마르크스주의에 근본적이라는 세 번째의 관점이 있다. 즉, 노동자를 사회 변화의 주요한 행위자로 규정하는 것이다. 마르크스주의 사회학에 따르면, 자본주의의 부정의에 대한 투쟁은 점진적으로 양극화되는 두 계급 사이 –즉, 자본가와 노동자–의 투쟁의 형식을 취하게 될 것이다. 자본가들은 노동자들을 억압해야 할 수밖에 없다. 그 이유는 자신들의 부가 노동자들을 착취함으로써 이루어지기 때문이다. 반면 노동자들은 자본가들에 대항할 수밖에 없다. 그 이유는 노동자들은 자신들의 족쇄 이외에는 아무것도 잃을 것이 없기 때문이다. 계급 갈등은 임노동관계에 고유한 것이고, 임노동관계는 자본주의에 고유한 것이다. 따라서 임노동관계가 혁명적 투쟁을 발발시키는 중심축 역할을 하게 된다. 다른 집단들도 불공정하게 처우받는다고 할 수 있겠지만, 마르크스주의자들은 이들을 권력은 물론 동기에 있어서도 주변적인 집단으로 간주해 왔다. 단지 노동자만이 자본주의적 부정의의 전체 구조물에 도전할 능력과 의지가 있다. 노동자 이외의 다른 집단의 운명에 주목하는 것은 혁명적이지 않고 개혁적이라 할 수 있다. 그 이유는 이들에 대한 억압은 노동자들이 당하는 억압보다 덜하고, 덜 근본적이기 때문이다.

마르크스 정의이론들은 상당 부분은 이러한 계급투쟁에 대한 이론적 근거를 제시하려고 한다. 로어머가 지적하고 있듯이, '착취 이론의 목적은…… 계급투쟁을 설명하는 것이다. 마르크스주의자로서, 우리는 역사에서 가난한 노동자들이 부유한 자본가들과 투쟁하는 역사를 본다. 이것을 설명하기 위해서 혹은 그것을 정당화하기 위해서, 혹은 그것에 이데올로기적 무기를 제공하기 위해서, 우리는 두 개의 적대적 당파가 착취자와 피착취자로 계급화되는 착취 이론을 수립한다'(Roemer 1982c: 274~275). 그리고 계급투쟁에 대한 설명이 직접적으로 임노동 관계에 위치하고 있기 때문에, 마르크스주의자들에게는 사회주의에 대한 정당화를 직접적으로 임노동관계에 위치시키려는 자연스러운 경향이 있어왔다. 따라서 우리는 임노동에 내재하는 착취 혹은 소외의 이론을 가지게 된다.

진보적 정치학(progressive politics)에서 이 같은 전통적 마르크스주의의 노동 중심성에 대한 관점을 받아들이기가 점점 더 어려워지고 있다. 현대 사회에서 집단과 관련된 정의를 달성하기 위한 가장 중요한 투쟁의 대부분은, 임노동 관계에 의해 억압받는 것이 아닌 혹은 오직 임노동 관계에 의해서만 억압받지 않는 집단들을 포함한다—예를 들면, 인종 집단, 편모, 이민자, 게이와 레즈비언, 장애인, 노인 문제 등. 우리가 살펴보았듯이, 이러한 집단들에 대한 지원은 노동을 강조하는 사회주의의 주장들과 상충되는 것이 사실이다. 마르크스주의자들은 실제에 있어서는 이러한 비프롤레타리아 집단들의 요구를 지지하는 경향을 보여왔다. 마르크스주의자들은, 그러한 집단의 필요가 노동에 기반한 소외나 착취의 원칙과 어떠한 관련이 없다고 하더라도, 그러한 필요를 느끼는 사람들을 지원하는 경향을 보여 왔다. 그러나 코헨이 지적하듯이, 그들은 '일련의 착취된 생산자들이 대략적으로 복지국가의 혜택이 필요한 일련의 사람들과 동일한 경계를 갖게 될 것이라고' 취급함으로써 자신들의 그러한 입장을 정당화 시켜왔다(Cohen 1990a: 374). 다른 말로 하자면, 마르크스주의자들의 이론은 노동에 기반하고 있긴 하지만, 그것의 실천은 필요에 기반해 왔으며, 이러한 명백한 비일관성은 궁핍한 사람들(the needy)이 또한 착취당하는 사람들(the exploited)이라고 가정함으로써 얼버무려져 왔던 것이다.

그렇지만, 궁핍한 사람들과 마르크스주의적으로 착취당하는 사람들이 언제나 동일하지는 않다는 점이 더욱 명확해지고 있다. 이것은 '착취의 교리에 내재된 자기소유권의 원칙(a principle of self-ownership)과 다른 한편 이러한 자기소유권 원칙도 부인하는 이익과 부담의 평등 원칙(a principle of equality of benefits and burdens) 간의 선택을 강요한다. 특히 후자의 원칙은 생산자도 아니고 동시에 착취당하지도 않으면서 궁핍한 바로 그런 사람들에 대한 지원을 옹호하는 것을 요구하게 된다'(Cohen 1990a: 13~14; cf. Arneson 1993a). 나는 착취와 소외의 교리에 함축되어 있는 '노동의 물신화'(fetishism of labour)를 받아들이는 것은 이론 차원에서는 임의적이라고 주장했다(Roemer 1985b: 64). 그러나 그것은 또한 실천의 차원에서도 도움이 되지 않는다. 왜냐하면 그것이 현대의 진보적 정치운동(progressive political movements)의 일부를 대두하게 만드는 가장 중요한 부정의의 형식들을 간과하고 있기 때문이다. 급진적 사회변화에 효과적인 운동을 하려 한다면, 그것은 궁핍한 사람들과 착취당하는 사람들 양자의 연합에 관련을 맺어야 한다. 그러나 마르크스주의자들의 착취와 소외에 대한 수사는 비노동자들의 필요에 대해서는 이야기 하지 않고, 실제로는 그들에 반대할 수도 있다.

마르크스주의자들은 자신들의 이론과 실천에서의 통일성을 자랑스러워한다. 그러나 그들의 이론은 실천을 배반한다. 자기소유권과 분배적 평등 사이의 선택에 직면하여, 마르크스주의자들은 실천적으로 평등을 채택했고, 자유주의자들이 해왔던 것보다 훨씬 더 그렇게 하는데 헌신해 왔다. 그러나 이론 차원에서, 마르크스주의자들은 어떤 방식으로는 정의에 대한 자유적 평등주의 이론가들보다 덜 급진적이고 덜 매력적인 노동의 물신화에 헌신하는데 머물렀고, 그것은 효과적인 급진적 운동의 추구를 방해해 왔다. 진정한 이론과 실천의 통합은 아마도 마르크스주의와 자유적 평등주의간의 보다 큰 통합을 요구할 것이다.

심화된 독서를 위한 안내

최근 25년 간 마르크스주의에 대한 흥미로운 철학적 작업의 대부분은 '분석적 마르크스주의자'(analytical Marxists)로 알려진 학자 집단에 의해서 수행되어 왔다. 그들은 영미 분석철학의 도구들을 사용해서 마르크스주의를 탐구하고 재건하려고 노력했다. 이 학파의 주요 학자는 코헨(G. A. Cohen), 엘스터(Jon Elster), 파리스(Philippe Van Paris), 그리고 로어머(Roemer)이다. 우리는 이미 자유적 평등주의에 관한 장에서 이러한 이름들과 만난 적이 있다. 그 이유는 그들의 마르크스주의의 재구성은 자신들을 자유적 평등주의 방향으로 유도하였기 때문이다. 이러한 움직임을 일별하는 데 도움을 얻기 위해서는, John Roemer(ed.), *Analytical Marxism*(Cambridge University Press, 1986); 『캐나다 철학회보』(*Canadian Journal of Philosophy*)의 분석 마르크스주의에 대한 특별판('Analyzing Marxism: New Essays on Analytical Marxism') (supplementary vol.15, 1989); Lesley Jacobs, "The Second Wave of Analytical Marxism," *Philosophy of Social Sciences*, 26/2(1996): 279~292를 보시오. 이에 대한 비판으로는, Marcus Roberts, *Analytical Marxism: A Critique*(Verso, 1996)을 보시오. 이러한 접근법은 때로는 '합리적 선택 마르크스주의'(rational choice Marxism)라고도 불리운다. 그 이유는 부분적으로는 그들이 합리적 선택 이론의 신고전적 모델을 사용하기 때문이다. 따라서 Terrell Carver and Paul Thomas(eds.), *Rational Choice Marxism*(Pennsylvania State University Press, 1995)도 보시오.

이 학파의 주요 텍스트들은 다음과 같다. 코헨(G.A. Cohen)의 *History, Labour and Freedom: Themes from Marx*(Oxford University Press, 1988); *Self-Ownership, Freedom and Equality*(Cambridge University Press, 1995); *If You're an Egalitarian, How Come You're So Rich?*(Harvard University Press, 2000)이 있고, Jon Elster, *Making Sense of Marx*(Cambridge University Press, 1985); Philippe Van Parijs, *Marxism Recycled*(Cambridge University Press, 1993), 그리고 로어머(John Roemer)의 *Free to Lose: An Introduction to Marxist*

Economic Philosophy(Harvard University Press, 1988); *Theories of Distributive Justice*(Harvard University Press, 1966)이 있다.

비록 많은 분석적 마르크스주의자들이 자유주의적 평등주의의 일부 형식들을 수용해 오긴 하였지만, 여전히 고유한 사회주의적 또는 사회민주주의적 형태의 평등주의를 발전시키는데 관심이 있다. 일부의 분석적 마르크스주의자들은 평등을 달성하기 위한 특수한 제도적 기제로 시장사회주의(market socialism) 같은 것을 규정하려고 노력하기도 한다. 어떠한 효율적이고 공정한 사회도 시장에 대한 공간을 일부 남겨두어야 한다는 인식이 점진적으로 확산되고 있긴 하지만, 시장사회주의는 자유적 평등주의보다 자본이나 노동시장에 대해서는 훨씬 더 많은 제한을 두려고 한다. 시장사회주의의 발상을 탐구하기 위해서는, Pranab Bardhan and John Roemer(eds.), *Market Socialism: The Current Debate*(Oxford University Press, 1993); 로어머의 *A Future for Socialism*(Verso, 1994; 로어머(John Roemer), 고현욱·강문구 역, 『새로운 사회주의의 미래』, 한울, 1996); Bertell Ollman(ed.), *Market Socialism : The Debate among Socialists*(Routledge, 1998)을 보시오.

다른 이론가들은 평등을 지향하는 고유한 사회주의적 철학을 발전시키려고 한다. 일부의 이론가들은 사회민주주의적 전통이 자유주의에서 강조하는 개인적 '분배적 평등'(the individual 'distributive equality)과는 구별되는 '사회적 평등'(social equality) (혹은 '시민/민주적' 평등 '*civic/democratic' equality*')을 강조하며, 평등에 대한 대안적 설명을 제공한다고 주장한다. 이러한 이상들의 주요한 형태들로는 Michael Walzer, *Spheres of Justice : A Defence of Pluralism and Equality*(Black Well, 1983; 마이클 왈쩌, 정원섭 외 역, 『정의와 다원적 평등 : 정의의 영역들』, 철학과 현실사, 1999); David Miller, *Principles of Social Justice* (Harvard University Press, 1999), ch.11; Elizabeth Anderson, 'What is the Point of Equality?', *Ethics*, 99/2(1999), 287~337; Mickey Kaus, *The End of Equality*(Basic Books, 1992)가 있다.

평등에 대한 후기 마르크스주의적 사회주의적 관점의 평등에 대한 최근의 상상적 시도들에 관해서는, Andrew Levine, *Rethinking Liberal Equality from a 'Utopian' Point of View*(Cornell University Press, 1998), 그리고 Jane Franklin(ed.), *Equality*(Institute for Public Research, 1997)가 있다. 특히 후자의 저술은 영국에서의 주도적인 좌파 지식인들이 영국에서의 '신노동'(New Labour)에 대한 사회주의의 의미를 재해석하려는 시도라고 할 수 있다.

분석 마르크스주의에서의 논쟁들을 정기적으로 발행하는 두 개의 학술지는 *Politics and Society*와 *New Left Review*이다.

분석적 마르크스주의는 마르크스 자신의 관점으로부터는 상당히 멀리 떨어져 있다고 주장할 수 있다. 마르크스 그 자신이 명시적으로 혹은 암묵적으로 도덕 이론가였는가에 대한 논쟁을 포괄적으로 검토하기 위해서는, Norman Geras, 'The Controversy about Marx and Justice,' in A. Callinicos(ed.) *Marxist Theory*(Oxford University Press, 1989); Geras, 'Bringing Marx to Justice : An Addendum and Rejoinder,' *New Left Review*(1993), 195: 37~69; Rodney Peffer, *Marx, Morality and Social Justice*(Princeton University Press, 1990)을 보시오. 마르크스와 현대 분석 마르크스주의와의 관계에 대한 탁월한 소개로는, Terrel Carver(ed.), *The Cambridge Companion to Marx*(Cambridge University Press, 1991)을 보시오.

마르크스주의에 대한 모든 것을 실은 포괄적인 웹사이트로는 '마르크스-엥겔스 아카이브'(Marx-Engels Archive)를 보시오. www.marxists.org/archive/marx/1.

제6장 공동체주의(COMMUNITARIANISM)

1. 서론

프랑스 혁명의 정치적 구호-자유, 평등, 박애 liberté, egalité, fraternité-는 근대 민주주의 시대의 세 가지 기본적 이상이다. 18세기와 19세기의 거대 이론들-사회주의, 보수주의, 자유주의, 민족주의, 공화주의-은 각각 자유, 평등, 공동체의 이상에 대한 그 자신의 관점을 제공한다. 공동체의 이상(the ideal of community)은 계급연대(class solidarity) 혹은 공유된 시민정신(shared citizenship)에서부터 공통의 인종적 혈통(a common ethnic descent) 혹은 문화적 정체성(cultural identity)에 이르기까지 다양한 형태를 취하고 있다. 이러한 모든 이론과 이러한 이론들을 옹호하려는 철학자들에게, 공동체란 형성되고 정의되어야 할 기본적 개념 형성 단위(the basic conceptual building blocks)의 하나였다.

그러나 제2차 세계대전 이후 공동체는 관심에서 제외되는 듯이 보였다. 예를 들어, 『정의론』에서 롤즈는 자신의 작업이 자유와 평등이라는 개념에 대한 해석을 제공하려는 것이라고 말한다. 그러나 이것이 롤즈가 명시적으로 공동체의 가치를 거부한다는 의미는 아니다. 다만 그는 공동체에 관심을 기울이지 않았을 뿐이다. 아마도 그는 공동체가 더 이상 이념적 논쟁의 주제가 아니거나, 혹은 최근 역사에서 비추어 볼 때, 공동체의 이상(the ideal of community)이란 자칫하면 파시스트나 인종주의자 또는 전체주의 체제에 의해 조작되기 쉽다고 생각했을 것이다.

이런 측면에서 롤즈가 특이하지는 않다. 최근까지 대부분의 현대 자유주의 철학자들은 공동체의 이상에 대해 거의 언급하지 않았다. 공동체에 대해 언급한다고 해도, 공동체는 대체로 자유와 평등의 파생물처럼 간주된다. 예컨대 구성원들을 자유롭고 평등한 개인들로 대우한다면, 그 사회는 공동체의 이상에 입각해있다고 보는 식이다. 자유주의적인 정치적 관점은 공유된 민족성, 언어, 정체성, 문화, 종교, 역사, 생활방식과 같은 어떠한 독립적인 공동체의 원리도 포함하고 있지 않다.

지난 20년 동안, 공동체는 새롭게 단장되었다. 정치철학에서 '공동체주의'(communitarianism)로 알려진 사상 학파가 생겨났다. 이 학파의 중심 주장은, 간단히 말해서, 자유와 평등에 우선하지는 않는다 하더라도, 자유와 평등과 함께, 공동체에 유의할 필요성을 제기하는 것에 있다. 공동체주의자들은 공동체의 가치가 자유주의 정의이론들이나 자유주의 사회의 공적 문화(public culture)내에서 충분하게 인정받지 못한다고 생각한다.

공동체에 대한 이 같은 강조는 마르크스주의에서도 볼 수 있을 뿐만 아니라, 공산주의 이상의 명확한 특성이기도 하다. 그러나 최근에 매우 두드러지게 대두된, 샌들(Michael Sandel), 왈쩌(Michael Walzer), 매킨타이어(Alasdair MacIntyre), 벨(Daniel A. Bell), 테일러(Charles Taylor) 등의 저작에서 만나게 되는 공동체주의는 전통적인 마르크스주의와는 상당히 다르다. 마르크스주의자들은 공동체가 사회 내에서 자본주의를 전복하고 사회주의 사회를 건설하는 혁명적 변화를 통해서만 성취될 수 있는 어떤 것이라고 생각한다. 반면에 새로운 공동체 주의자들은(the new communitarians)은 공통된 사회적 관습, 문화적 전통, 그리고 공유된 사회적 이해라는 형태로 이미 공동체가 존재하고 있다고 생각한다. 공동체는 새로이(de novo) 건설되어야 할 필요성이 없으며, 오히려 보호받고 존중받을 필요가 있다. 공동체주의자들은 마르크스주의자들이 착취적이며 소외의 근원으로 간주하였던 바로 그 사회적 관습들 속에서 공동체를 발견한다. 굿만(Amy Gutmann)의 말처럼, '구'(old) 공동체주의자들이 세계를 재건하려던 마르크스의 소망에 의지하는 반면, '신'(new) 공동체주의자들은 사람들을 이들이 살고 있는 세계와 화해시키려 했던 헤겔(G.W.F. Hegel)의 소망에 의지한다(Gutmann 1985).[1)]

1) 사람들을 그들의 세계와 '화해시킨다'(reconciling)는 헤겔의 생각에 대해서는, Hardimon 1922, 1944를

실제로 현대 자유주의에 대한 공동체주의의 비판과 고전적 자유주의 이론에 대한 헤겔의 비판 사이에는 많은 유사점이 있다. 로크(John Locke)나 칸트(Immanuel Kant)와 같은 고전적 자유주의자들은 인간의 필요와 인간적 합리성에 대한 보편적 개념을 규정하려 했으며, 현존하는 사회적 및 정치적 질서를 평가하기 위하여 이처럼 역사와 무관한(ahistorical) 인간관에 호소한다. 헤겔에 따르면, 이와 같은 접근방식은-그가 *도덕*(*Moralität*)이라고 부르는-많은 지침들을 제공하기에는 너무나 추상적이며, 너무 개인주의적이라고 한다. 그 이유는 그것이 인간들이 특정한 역사적 관습들과의 관계 속에 불가피하게 각인되어 있는 방식을 무시하기 때문이다. 그것의 대안(헤겔이 *인륜 Sittlichkeit*라고 부르는)은 개인들의 선(the good)-실제로 도덕적 행위자(moral agency)에게 요구되는 바로 그들의 정체성과 능력-이 그들이 속한 공동체와 그들이 차지하고 있는 특정한 사회적 그리고 정치적 역할과 밀접하게 엮여 있는 방식을 강조한다.[2)]

*도덕*과 *인륜* 사이의 이러한 대조에 대한 반향을 수많은 현대 공동체주의 저작들에서 발견할 수 있다. 헤겔과 마찬가지로, 공동체주의자들은 현대 자유주의자들이 추상적이고 개인주의적인 접근방식을 채택했다고 비난하며, 그 대신에 좀 더 맥락주의적이며 공동체에 민감한(community-sensitive) 접근방식을 제안한다. 자유주의-공동체주의 논쟁(the liberal-communitarian debate)이 다루는 보다 광범위한 주제들은 이미 익숙하긴 하지만, 그것의 구체적 쟁점과 관점들은 현대 서구 민주주의 국가에서의 공동체의 성격에 대한 현대적 관심을 고유하게 반영하고 있으므로 새롭다.

정치철학이 각각의 사회 내에서 공유된 관습과 이해들에 좀 더 많은 관심을 기울여야 한다는 믿음은 새로운 공동체주의자들을 통일시킨다. 이들은 그렇게 하기 위해서는 정의와 권리에 대한 전통적인 자유주의적 원칙에 수정이 필요하다는 데에도 역시 동의한다. 그러나 그들은 이러한 원칙들이 어떤 방식으로 수정되어야 하는지에 대해서는

보라. 가장 최근의 작업에서, 롤즈 역시 이러한 생각에 호소하고 있음을 주목해 보는 것은 흥미롭다(Rawls 1999b: 11~12).

2) 자유주의에 대한 헤겔의 비판은 Hegel 1949: paras 141, 144를 보시오. 그러한 비판과 오늘날의 자유주의에 대한 현대 공동체주의의 비판과의 연관성에 대해서는 Smith 1989를 보시오.

다른 의견을 가지고 있다.

우리는 때로는 갈등하는 공동체주의 사상의 세 가지 특징적 부류를 구별할 수 있다. 일부의 공동체주의자들은 공동체가 정의원칙들에 대한 필요를 *대체한다*(*replace*)고 믿는다. 다른 공동체주의자들은 정의와 공동체가 완전하게 양립한다고 보지만, 공동체의 가치에 대한 적절한 평가는 정의가 무엇인지에 대한 우리의 관점을 수정할 필요성을 제기시킨다고 생각한다. 후자의 공동체주의자들은 다시 두 진영으로 나뉜다. 한 부류는 공동체를 정의원칙들의 *원천*(*source*)으로 여겨야 한다고 주장한다(즉, 정의는 보편적이며 역사와 무관한 원칙들이 아니라, 사회의 공유된 이해에 기반 해야 한다고 주장한다). 다른 부류는 정의원칙의 *내용*(*content*)면에서 공동체가 더 많은 역할을 해야 한다고 주장한다(즉, 정의는 공동선에 더 많은 비중을 두어야 하고, 개인의 권리에는 보다 적은 비중을 두어야 한다). 세 번째 부류에 초점을 맞추기에 앞서, 처음 두 부류를 간략히 살펴보도록 하겠다.

2. 공동체와 정의의 한계

일부 공동체주의자들은 진정한 공동체 안에서는 정의원칙이 필요하지 않다고 주장한다. 이는 정의가 단지 '치유적'(remedial) 덕성이라고 보는 마르크스주의적 개념과 연관되어 있다. 마르크스주의자들은 정의가 치유하고자 하는 결함이 물질적 희소성(material scarcity)이라고 생각하는 경향인데 반해, 공동체주의자들은 자애(benevolence)나 연대(solidarity)라는 '좀 더 고귀한' 덕목들(the 'more noble' virtues)의 부재가 그러한 결함이라고 주장한다. 예를 들어, 샌들에 따르면, 사람들이 만약 사랑이나 공유된 목표에서 우러나와 다른 사람들의 필요에 자발적으로 반응한다면, 누군가의 권리를 주장할 필요가 없을 것이라고 말한다. 따라서 어떤 상황에서는 정의에 대한 증대된 관심이 도덕적 개선의 반영이 아닌 도덕적 상황의 악화를 반영하는 것일 수 있다. 샌들은 가족은 정의를 필요로 하지 않는 사회적 제도인 동시에, 정의에 대한 몰두가 애정의 감각(sense of love)을 축소시킬 수 있는 곳이므로,

따라서 더 많은 갈등이 발생할 것이라고 주장한다(1982: 28~35; cf. Hegel 1949; paras 154~164).

이미 나는 앞장에서 치유하는 덕성으로서의 정의관이 왜 잘못되었는지를 보여준 바 있다(제5장 제1절 뒷부분). 정의는 사랑이나 연대를 대신하지 않으며, 정의라는 개념 속에서는 타인들을 돕기 위해서 자신들의 정당한 요구를 포기할 선택권을 사전적으로 차단하는 그 어떤 것도 존재하지 않는다. 정의는 이 같은 결정이 순전히 자발적이며, 그리고 그 누구도 타인들에게 종속적인 지위를 수용하게끔 강제할 수 없도록 하는 것을 보장해 준다. 정의는 관계를 사랑하는 것을 가능케 하며, 이러한 관계가 지배(domination)나 종속(subordination)에 의해서 변질되지 않도록 보장한다.

3. 정의와 공유된 의미들(justice and shared meanings)

많은 공동체주의자들이 정의의 중요성에 대해서는 롤즈에 동의한다. 하지만 그들은 자유주의자들이 모든 사회의 생활방식을 비판하기 위하여 정의를 비역사적인 외재적 규범으로 잘못 해석하고 있다고 주장한다. 공리주의자, 자유적 평등주의자, 자유지상주의자들은 정의의 내용에 대해서는 동의하지 않을 수 있다. 하지만 그들 모두는 자신들이 선호하는 이론이 모든 사회가 따라야 하는 기준을 제공한다고 생각하는 것처럼 보인다. 그들은 자신들의 이론이 국지적 신념들(local beliefs)과 결정적으로 상반되어서 갈등을 일으킬 수도 있다는 반대가 결정적이라고는 생각하지 않는다.

사실, 이러한 국지적 신념들과의 갈등 잠재성을 자유주의자들은 때때로 정의 논쟁의 *핵심*(the *point* of discussing justice)이라고 간주한다. 정의에 관한 이론들은, 우리의 신념에 의문을 제기할 기준을, 그리고 그 신념들이 단순한 지역적 편견이 아님을 보장하기 위한 기준을 제공한다. 드워킨이 지적하듯이, '궁극적으로 정치이론은, 우리를 우리 자신의 문화 속으로 안주하려는 모든 충동에 대항하고, 우리의 전통적 특징들과 차별들 중에서 어느 것이 진짜이며 어느 것이 가짜인지를 결정하기 위한 일반성(generality)과 숙고의 기반을 지향하는 투쟁을 제외한다면, 우리가 우리 자신을 어떻게 다스릴 것인가에 대해서 아무런 기여도 못할 것이다.' 드워킨이 보기에, 정의란 우리의 거울이 아닌 비판자가 되어야 한다(1985: 219).

왈쩌는 그와 같은 보편적인 정의이론에 대한 탐색이 잘못된 것이라고 주장한다. 공동체에 대하여 외부적인 관점 같은 것은 존재하지 않으며, 우리의 역사와 문화 밖으로 나아갈 수 있는 방법도 존재하지 않는다. 정의의 요건을 식별할 수 있는 유일한 방법은, 왈쩌의 주장에 의하면, 각각의 특정 공동체가 사회적 가치(social goods)의 유용성을 어떻게 이해하는지를 살펴보는 것이라고 한다. 만약 어떤 사회가 그 사회 특유의 관습과 제도들 속에 각인된 그 사회 구성원들이 공유하는 이해에 합치되게끔 행동한다면, 그 사회는 정의롭다. 따라서 정의원칙을 식별하는 것은 철학적 주장의 문제이기보다는 문화적 해석에 관한 문제이다(Walzer 1983; cf. Bell 1993: 55~89).

제5장 제3절 앞부분의 언급에서처럼 왈쩌의 논지를 따른다면, 우리 사회 안에서 공유되는 이해들은 '복합적 평등'(complex equality)을 요구한다—즉, 모든 재화를 똑같이 나누려 하기보다는, 오히려 [부(wealth)와 같은] 어떤 '영역'(sphere)의 불평등이 (보건의료나 정치권력과 같은) 다른 영역들을 침범하지 않도록 보장하는 것을 추구하는 분배 체제를 말한다. 그러나 왈쩌는 다른 사회에서는 정의에 대한 이 같은 이해를 공유하지 않으며, (카스트 사회 같은) 몇몇 사회에서는 권리와 재화를 분배함에 있어서 정의가 사실상의 제한 없는 불평등과 연관될 수도 있음을 인정한다(Walzer 1983).

물론 왈쩌의 이론은 문화 상대주의(cultural relativism)의 한 형태인데, 예로부터 지속된 이와 같은 철학적 논쟁을 여기서 논의한다는 것은 이 책의 범위를 넘어서게 된다. 어쨌든, 공동체의 공유된 가치라는 견지에서 정의를 규정하려는 공동체주의의 시도에 대한 두 가지의 일반적 반론이 존재한다. 첫째로, 역설적이게도 문화 상대주의는 가장 깊이 공유되고 있는 우리의 이해 중의 하나를 위반한다. 문화 상대주의에 따르면, 우리 사회가 노예제를 인정하지 않는다면 노예제는 잘못되었다는 논리이다. 그러나 이러한 방식은 대부분의 사람들이 정의에 대한 요구를 이해하는 방식이 아니다. 인과관계의 화살표를 다른 방향으로 돌려야 한다—즉, 우리는 노예제가 잘못된 것이기 때문에 노예제를 거부한다. 노예제가 잘못된 것이라는 사실은 우리들이 공유하고 있는 이해를 위한 근거이지 그러한 이해의 산물이 아니다.[3] 둘째로, 특히 우리가 목소리가 드높고 권력 있는 사람들의 목소리뿐만 아니라 허약하고 주변화된 사람들의 목소리에도 주의를 기울인다면, 정의에 관한 공유된 이해를 식별하는 것이 어려울 수도 있다. 사람들은 (왈쩌가 지지하는) 보건 의료나 (왈쩌가 반대하는) 소수자 우대 할당정책(affirmative action)을 제공하는 정부의 적절한 역할이 무엇인지에 관한 문제들에 대하여 의견을 달리한다. 이 같은 불일치를 해결하기 위해서는, 우리는 좀 더 일반적인 정의관을 갖고서 경합하는 이해들을 평가할 필요가 있다. 따라서 왈쩌가 제안하듯이, 우리가 국지적 이해로부터 출발한다 하더라도, 불일치의 존재와 우리 자신의 비판적 반성을 통해서, 우리는 보다 더 보편적이며 덜 편협한 관점으로 나아가게 된다.

4. 개인적 권리와 공동선

많은 공동체주의자들이 보기에, 자유주의의 문제는 정의나 보편주의에 대한 강조가 아니라, '개인주의'(individualism)에 대한 자유주의의 강조에 있다. 이러한 비판에 따르자면, 자유주의자들은 개인적 권리나 사람들의 자유 개념에 그들 이론의 기반을 두지만, 공동체 안에서 개인적 자유와 복리(wellbeing)가 어느 정도 가능할 수 있는지에 대해서는 무관심하다. 우리가 인간 존재의 사회적 의존성을 인정한다면, 개인적 자유에 대한 우리의 권리만큼이나 사회의 공동선을 유지할 우리의 의무도 중요해진다. 따라서 공동체주의자들은 자유주의적인 '권리의 정치'(politics of rights)는 '공동선의 정치'(politics of the common good)를 위해 폐기되어야 하거나, 아니면 최소한

---

3) 왈쩌는 그가 진실로 보편적이라고 생각하는 최소 등급의 권리들−모든 사회가 존중해야할 정치 도덕의 '얇은'(thin) 보편적 규약(universal code)이라고 부르는 것−을 인정함으로써 이러한 문제를 다루려 한다(Walzer 1994). 이것은 노예제나 집단학살은 그것이 아무리 지역 문화 전통의 일부라 하더라도 배제하겠지만, 카스트 제도나 권위주의적 신정(神政)은 그것이 지역의 문화적 이해를 반영한다면 배제하지 않을 것이다. 문화적으로 두터운 상대적 규약(a culturally relative thick code)으로부터 보편적이지만 얇은 규약(a universal but thin code)을 구별하려는 비슷한 시도로는 Bell 2000을 보시오.

보완되어야만 한다고 주장한다.

나는 이 점이 새로운 공동체주의자들이 제기한 가장 중요한 쟁점이라고 믿는다. 마르크스주의의 완전주의적 유파를 예외로 한다면, 이것은 지금껏 우리가 검토해온 모든 이론들이 공유하는 중요한 가정에 도전한다. 공리주의자, 자유주의자, 자유지상주의자, 그리고 (칸트적) 마르크스주의자들은 어떻게 사람들의 이익을 평등하게 고려할지에 대해서는 서로 동의하지 않지만, 그러한 이익들의 특징을 어떻게 규정할 것인지에 대한 핵심적인 특성에 대해서는 동의한다. 그들은 모두 사람들 자신이 영위해 나가길 원하는 삶을 스스로 선택하게 함으로써 그들의 이익들을 향상시킬 수 있다고 믿는다. 그들은 어떤 권리 혹은 자원의 목록들의 체계가 사람들에게 자신들의 선관을 최대로 추구하도록 할 수 있는지에 대해서는 서로 동의하지 않는다. 그러나 그들은 사람들에게 이와 같은 자기결정을 못하게 한다면, 그들을 평등한 존재로 다루는데 실패한 것이라는 점에는 동의한다.

아직까지 나는 자기결정(self-determination)의 중요성(이것은 내가 제3장에서 롤즈의 자유 원칙에 대한 논의를 미루는 방식으로 제쳐둔 쟁점들 중 하나다)에 대해 논의하거나 옹호하지 않았다. 나는 우리들이 자기결정을 하게 된다는 의미가 무엇인지 그리고 왜 그것이 하나의 중요한 가치로 생각되는지에 대한 직관적인 이해를 우리가 가지고 있다는 점을 당연한 것으로 단순히 받아들였다. 그러나 우리는 이 문제에 대해서 자세히 살펴볼 필요가 있다. 왜냐하면 공동체주의자들은 자기결정의 본질 및 가치에 관한 표준적 가정의 많은 부분에 대해 도전하고 있기 때문이다. 특히 공동체주의자들은 자유주의자들이 자기결정을 위한 우리의 능력을 잘못 해석할 뿐 아니라, 그와 같은 능력이 의미 있게 실행될 수 있는 사회적 조건들을 무시한다고 주장한다. 나는 우선 자기결정의 가치에 대한 자유주의적 설명을 제시한 다음, 이들 두 가지 반론을 차례로 살펴보려고 한다.

수많은 자유주의자들이 자기결정의 가치는 너무나 명백해서 옹변할 필요가 없다고 생각한다. 그들은 사람들이 자기결정을 하도록 허용하는 것만이 그들을 완전히 도덕적인 존재로서 존중하는 유일한 방법이라고 한다. 자기결정을 부정한다면, 그것은 누군가를 공동체의 완전한 구성원이 아니라 어린아이 혹은 동물처럼 취급하는 것과 같다.

그러나 이는 너무 성급하다. 우리는 몇몇 사람들은 인생에서 요구되는 어려운 결정들을 다룰 만큼의 준비가 되어 있지 않음을 안다. 그들은 자신의 삶에서 사소하고, 품위를 떨어뜨리며, 심지어 해롭기까지 한 것들을 선택하는 실수를 저지른다. 우리가 사람들에 대한 관심이 있음을 보여주어야 한다면, 우리가 왜 사람들이 그런 실수를 저지르는 것을 멈추게 만들면 안 되는가? 사람들이 인생을 효율적으로 다루지 못한다면, 그들의 자기결정에 대한 존중은 실제로는 그들을 불행한 운명에 빠뜨리게 할 수도 있다. 이러한 상황에서 사람들의 자기결정을 존중해야 한다는 말은, 오히려, 관심이라기보다 무관심의 표현이 된다. 드워킨은 '다른 사람들이 자신들의 삶에서 가치 있는 무언가를 만들게 했던 기회를 일부 사람들에게는 기만적으로 허용하지 않는 것'은 바로 '진정으로 불평등한 자원 분배의 최종의 악'(the final evil of a genuinely unequal distribution of resources)이라고 말한다(Dworkin 1981: 219). 그러나 그런 기회를 가지고 있음에도 불구하고 자신들의 인생에서 소중한 무언가를 만들어내지 못하는 그런 사람들에 관해서는 어떠한가? 이러한 경우에도 우리들은 마찬가지로 의무가 없는가?

자유주의자들은 자신들의 이론 내에서 온정주의(paternalism)적 행위를 허용할 여지를 남겨두고 있다. 예컨대, 어린이들, 정신착란자들, 혹은 일시적으로 무능력해진 사람들(temporarily incapacitated)에 대한 우리의 관계를 들 수 있다.[4] 그러나 자유주의자들은 행위 능력이 있는(competent) 모든 성인에게 타인들로부터 존중받아야만 하는 자기결정의 영역이 주어져야 한다고 주장한다. 밀(John Stuart Mill)이 말한 것처럼, 일단 성인이 되면, 자기 경험의 의미와 가치를 혼자 힘으로 해석하는 것은 각 개인의 권리이자 특권이다. 연령과 정신능력의 일정 수준을 통과한 사람들에 대해서는, 인생에서의 주요한 결정들에 대한 자기결정의 권리는 침범할 수 없다.

그러나 우리가 자기결정을 그러한 능력의 일정 수준(threshold)이라는 견지에서

4) 우리가 의지박약이라는 명백한 상황에 직면할 경우에는 행위 능력이 있는 성인들을 포함하는 온정주의적 특정 행위들은 정당화될 수도 있다. 예컨대 대부분의 사람들은 자동차의 안전벨트 착용이 안전상의 이득에서 그만한 가치가 있음을 알고 있다. 그러나 많은 사람들은 순간의 불편함이 자신들의 이성을 무시하도록 허용한다. 안전벨트 착용을 의무로 만드는 입법은, 사람들에게 자신들이 해야 할 충분한 이유가 있음을 이미 알고 있는 행위를 하게끔 만드는 추가적 동기를 제공함으로써, 이러한 의지박약을 이겨내도록 도와준다.

바라봐야 하는 이유는 무엇인가? '이성을 적절히 사용할 수 있는 나이'(age of reason)에 도달하고 합의된 최소수준 이상의 정신적 능력이 있는 일부의 사람들도 여전히 자신들의 인생을 어떻게 살아야 할지에 관해 형편없는 선택을 하고 있다. 어떤 사람이 정신적으로 장애가 아니라는 의미에서 '행위 능력이 있는 성인'(competent adult)이 되었다고 해서, 그 사람이 자신의 삶에서 가치 있는 무언가를 잘 만들어 가리라는 것을 절대로 보장해 주지는 못한다. 그렇다면 왜 정부가 시민들을 위해 어떤 종류의 인생이 가장 좋은지를 결정해 주어서는 안되는가?

마르크스주의적 완전주의(Marxist perfectionism)는 사람들이 나쁜 선택－예컨대 소외적 노동(alienated labour)에 전념하는 것－을 못 하도록 하는 정책의 사례이다. 나는 이런 정책이 매력적이지 않다고 주장했다. 왜냐하면 이 같은 정책은 선에 대한 매우 편협한 설명에 기반하고 있기 때문이다. 이 정책은 생산적인 노동만이 우리를 인간으로 만들어 주는 것이 명백하다는 생각에 기반하여, 우리의 선(our good)을 단일 행위－생산적 노동 productive labour－와 동일시 하고 있다. 그러나 모든 온정주의적 정책이나 완전주의적 정책들이 좋은 삶에 관한 이 같은 설득력 없는 근거에 기반하고 있지는 않다. 연극에는 보조금을 지급하는 반면, 프로 레슬링에는 세금을 부과하는 정책에 대해 생각해 보자. 이러한 정책을 옹호하는 사람들은, 연극이 인생에서 유일한 선이라거나 가장 중요한 선이라고 말할 필요가 없다. 단지 두 가지 선택지 중에서, 현재 그런 것들이 존재하듯이, 연극이 더 가치 있다고 주장한다. 그들은 이러한 주장을 뒷받침하는 수많은 다른 논거들을 가지고 있을 수 있다. 연구들은 연극은 활력을 주는 반면 레슬링은 좌절이나 순종을 만들어낸다거나, 레슬링 팬들은 자신들의 과거 행위를 자주 후회하는 반면에 극장을 찾는 사람들은 그렇지 않다든지, 혹은 연극과 레슬링 모두 접해본 사람들 중 다수가 연극을 선호한다고 밝혀줄 수 있을지도 모른다. 따라서 이러한 상황하에서, 레슬링보다 연극이 더 나은 오락이라는 주장은 얼마간의 설득력을 가진다. 그렇다면 왜 정부는 사람들이 극장에 가도록 장려해서는 안 되고, 사람들이 자신들의 삶을 레슬링에 허비하지 않도록 하는 일을 해서는 안 되는가?

자유주의자들은 그와 같은 정책들은, 그 근저에 깔린 선(가치) 이론이 아무리 설득력이 있다 하더라도, 자기결정에 대한 정당하지 않은 제약이라고 본다. 만약에 레슬링

선수가 되려 하거나 레슬링을 구경하려는 사람이 있다면, 반(反)레슬링 정책은 사람들의 자유로운 여가 선택에 대한 정당하지 못한 제약이 된다. 자유주의자들은 사람들이 자신들의 여가를 자유롭게 선택해야 한다는 것의 중요성을 어떻게 옹호할까? 완전주의를 옹호하는 주장은 사람들이 자신의 행위들의 가치에 대해 실수를 저지를 수 있다는 가정에 근거하고 있기 때문에, 자유주의자들이 자신의 입장을 옹호하는 하나의 방향은 사람들이 인생에서 무엇이 소중한지에 대한 판단에서 실수할 가능성을 부인하는 것이다. 자기결정을 옹호하는 사람들은, 사실에 대한 판단과는 달리, 가치에 대한 판단은 우리의 주관적인 선호와 비선호의 표현일 따름이라고 주장할 수도 있다. 궁극적으로 이러한 선택은 합리적인 정당화나 비판이 불가능한 자의적인 것일 뿐이다. 그러한 선택들 모두는 동등하게 합리적이라고 할 수 있기 때문에, 국가가 그것들에 간섭할 아무런 이유가 없다. 많은 완전주의자들은 가치 판단에 대한 이러한 종류의 회의주의(scepticism)가 자유주의의 입장이라고 가정한다. 왜냐하면 우리가 만약 사람들이 실수를 저지를 수도 있음을 인정한다면, 정부는 당연히 올바른 생활방식을 장려하고, 잘못된 방식은 금지하거나 막아야만 하기 때문이다(Unger 1984: 52, 66~67; Jaggar 1983: 194, 174; Sullivan 1982: 38~40).

그러나 자유주의자들은 회의주의를 지지하지 않는다(Nagel 1986: ch.8; Dworkin 2000: ch.6; Rawls 1993a: 62~64; Scanlon, 1993을 보라). 그 이유 중 하나는 회의주의가 사실상 자기결정을 지지하지 않는다는 점에 있다. 만약에 사람들이 자신들의 선택에서 실수를 저지를 수가 없다면, 정부 역시 그러할 것이다. 만약에 모든 생활방식이 동등하게 가치 있다면, 정부가 공동체를 위해서 특정한 생활방식을 선택할 때 그 누구도 불평할 수 없을 것이다. 따라서 회의주의는 이러한 문제를 해결하지 못한 채 남겨둔다.

그렇다면 자유주의자들은 자기결정의 중요성을 어떻게 옹호하는가? 우리는 자기결정이란 개념을 보다 자세히 살펴 볼 필요가 있다. 자기결정은 우리 삶에서 무엇을 해야 할지에 대한 결정과 관계되어 있다. 우리는 그런 결정들을 어떻게 내리는가? 가장 일반적인 수준에서, 우리의 목표는 좋은 삶을 영위하는 것, 즉 좋은 삶이 담지하고 있는 그러한 것들을 향유하는 것이다. 이와 같은 일반적인 수준에서 본다면, 그러한 주장은 그다지 구체적 의미가 없는 것처럼 여겨질 수 있다. 그러나 그것은 중요한 결과들을 포함한다. 왜냐하면, 우리가 제2장에서 살펴봤듯이, 좋은 삶을 산다는 것(leading a good life)은 것은 현재 우리가 좋다고 믿는 삶(the life we currently believe to be good)을 살아가는 것과는 다른 문제이기 때문이다[제2장 제2절 (c)를 보시오]. 우리는 우리의 현재 행위들의 가치에 관해서 실수할 수도 있음을 인정한다. 우리는 우리들이 인생을 허비해 왔으며, 실수로 매우 중요하다고 생각했던 사소한 목표들을 추구하고 있었다는 사실을 알게 될 수도 있다. 이것은 위대한 소설 작품의 소재–믿음의 위기(the crisis of faith)–이기도 하다. 그러나 우리가 인생에서의 중요한 결정에 관해 우리들이 숙고(deliberation)하는 방식이 의미를 갖기 위해서는, 이러한 일이 비극의 영웅 뿐 아니라 우리들 모두에게도 발생할 수 있다는 가정이 필요하다. 우리가 그릇된 결정을 할 수도 있다는 사실을 알고 있기에, 우리는 조심스럽게 숙고한다. 이는 단순히 예측을 잘 못하거나 불확실성을 계산한다는 의미가 아니다. 왜냐하면 우리는 무슨 일이 일어날지를 알고 있으면서도 숙고하고, 따라서 우리는 계획대로 일이 진행되었더라도 우리의 결정에 대해 후회할 수 있다. 내가 세상에서 푸시핀 게임(pushpin)을 가장 잘하는 사람이 되는데 성공했더라도, 푸시핀 게임이 시만큼 가치 있지 않다는 사실을 깨닫고 나서는, 그런 일을 시작했음을 후회하게 될지도 모른다.

숙고는 그래서 단지 의문의 여지없는 특정 가치를 어떠한 행동 방식을 통해 극대화할지를 질문하는 형식만을 취하지는 않는다. 우리는 동시에 그러한 가치가 정말로 추구할만한 것인지의 여부를 질문하고 염려한다. 롤즈는 다음과 같이 말한다.

> 자유로운 인격체로서, 시민들은 서로를 선관(conception of the good)을 형성할 수 있는 도덕적 능력을 가진 존재로 인식한다. 이것은 다음과 같은 것을 의미한다. 시민들이 자신들을 어떤 주어진 시점에서 가지게 되는 특정한 선관은 물론 그 선관의 궁극적 목적의 추구에 불가피하게 구속되어 있는 존재로 간주하지 않는다는 것이다. 그 대신에, 시민으로서의 그들은 일반적으로 합당하며 합리적인 근거에 입각하여 이러한 선관을 수정하고 바꿀 수 있는 존재로 간주된다. 따라서 시민들은 선관과 거리를 유지하고 자신들의 다양한 최종 목적들을 조사하고 평가하는 것이 허용되는 것으로 주장된다(Rawls 1980: 544).

우리는 우리의 현재 목적들로부터 '거리를 유지하거나' 혹은 '물러서 있을' 수 있으며, 그것들의 가치에 의문을 제기할 수 있다. 우리 삶의 특정한 시점에서, 이러한 판단들을 내림에 있어 나타나는 우리의 심려는, 우리가 현재 좋다고 믿는 삶이 아니라 좋은 삶을 사는 것에 우리의 본질적 관심이 있다는 가정하에서만, 그 의미를 지니게 되는 것이다. 우리는 그러한 판단들을 단순히 내리지는 않는다. 그것에 대해 걱정하고, 때로는 번민하기도 한다-우리의 행위들의 가치에 관한 그릇된 믿음에 기반하여 우리의 인생을 영위해 가지 않는다는 것은 우리에게 매우 중요한 일이다(Raz 1986: 300~302).

어떤 일들은 정말 할 만한 가치가 있고 다른 것들은 그렇지 않다는 생각은, 우리의 자기 이해에 매우 깊숙하게 관여되는 문제다.[5] 비록 어떤 것이 할 만한 가치가 있는지 언제나 확신할 수는 없어도, 우리는 할 만한 가치가 있는 행위와 사소한 행위의 구분을 진지하게 받아들인다. 자기결정은, 상당한 정도로, 이처럼 매우 어려운 동시에 잠재적으로는 틀릴 수 있는 판단을 내리는 작업이다. 우리의 정치이론은 이러한 난해성과 오류가능성을 고려해야 한다.

그렇다면 우리는 사람들이 잘못 판단하여 연루하게 되는 사소한 행위들을 억제하는 국가 정책을 지지하는 완전주의자가 되어야 하는가? 반드시 그럴 필요는 없다. 한 예를 들자면, 나 자신의 선을 아는데 있어서 아무도 나보다 더 나은 위치에 있을 수 없기 때문이다(Goodin 1990). 비록 내가 항상 옳지는 않겠지만, 다른 사람보다 옳을 가능성이 많다. 밀은 각각의 개인이 다른 그 누구의 선과도 다른 선을 가진 독특한 인격을 보유하고 있다고 주장하면서 이런 식의 논거를 옹호한다. 따라서 타인의 경험은 내 판단을 뒤집을 아무런 근거도 제공해 주지 않는다. 이것은 마르크스주의적 완전주의와는 정반대다-마르크스 완전주의에서 마르크스주의자들은 각 개인의 선은 다른 모든 인간과 공유하는 능력에 있다고 말한다. 밀은 선이 각 개인이 그 누구와도

5) 드워킨이 주목하듯이, 이것이 우리의 모든 선호나 이익에 적용되지는 않는다. 즉 우리가 초콜릿과 바닐라 중 어떤 것을 더 선호해야 하는지에 대한 물음에 정답이나 오답은 없다. 이는 단지 맹목적인 선호이거나 드워킨이 '의지적 관심'(volitional interests)이라고 부르는 것이다. 드워킨은 이것과 '비판적 관심'(critical interests)이라는 보다 중요한 범주를 구분한다. 바로 이 비판적 관심이라는 범주에서 우리는 무엇이 진실로 가치 있는지에 관하여 오류가능성이 있는 판단(fallible judgments)을 내린다(Dworkin 2000: 242~254).

공유하지 않는 무언가에 선이 있다고 말한다. 그러나 극단적인 양쪽 모두 틀렸다. 우리의 선은 보편적이지도 유일하지도 않지만, 우리들이 공동체 안에서 타인과 공유하는 문화적 관습들과 중요한 방식으로 연결되어 있다. 우리는 우리 주변의 타인들과 다음과 같은 생각을 충분히 공유하고 있다. 선의의 완전주의적 정부(a well-intentioned perfectionist government)가, 타인들의 지혜와 경험을 이용하여, 시민들의 선에 관한 합당한 신념들의 조합(a reasonable set of beliefs)을 이끌어 낼 수 있으리라는 것이다. 물론 우리는 정부가 그와 같은 프로그램을 집행할 수 있는 바른 의도와 능력을 가지고 있는지에 대해 의구심을 가질 수도 있다. 그러나 원리적으로 본다면, 그 어떤 것도 정부가 사람들의 선관에서의 실수를 식별할 수 있다는 가능성을 배제시키지는 못한다.

그렇다면 자유주의자들이 국가 온정주의(state paternalism)에 반대하는 이유는 무엇인가? 왜냐하면, 그들은 개인이 지지하지 않는 가치에 따라 외부로부터 삶이 이끌려진다면, 어떠한 삶도 나아질 수 없다고 주장하고 있기 때문이다. 내 삶은 가치에 대한 내 믿음에 따라 내부로부터 이끌어나갈 때만이 나아진다. 하느님에게 기도하는 것은 가치 있는 행위일 수 있지만, 내가 그것을 할 만한 가치가 있는 일—즉 그것에 가치 있는 의미가 있다고—이라고 믿어야 한다. 우리는 누군가를 교회에 가서 올바른 물리적 행동을 하도록 강제할 수 있지만, 그런 식으로는 그 사람의 삶을 좀 더 낫게 만들 수는 없을 것이다. 강제를 받은 사람이 하느님에게 기도하는 것이 시간 낭비라고 믿는 것이 비록 잘못된 것이라는 점이 인정된다 하더라도, 가치 있는 삶이란 내부로부터 인도되어야 하기 때문에 효과가 없을 것이다.[6] 이러한 형태의(역자: 내면으로부터 가치있는

6) 강제된 종교 숭배의 사례(the case of coerced religious worship)는 로크로부터 롤즈에 이르는 자유주의자들에 의해 선호되어 왔다. 종교적 숭배 문제가 이런 식으로 일반화될 수 있는지는 확실치 않다. 왜냐하면 그러한 일반화에서는 다른 곳에서 항상 존재하지 않는 기도에 대한 인식론적 요건(epistemic requirement)이 존재하기 때문이다. 그러나 나는 '지지 제약'(endorsement constraint)은 인간 행위의 가장 소중하며 중요한 형식들에 적용될 수 있다고 믿는다(Dworkin 1989: 484~487; Raz 1986: 291~293; A. Cohen 1996; cf. Daniels 1975a: 266). 일부 자유주의자들은 지지 제약은 완전주의 입장을 필연적으로 자기파괴적으로 만든다고 주장한다. 그 이유는, 비록 국가가 사람들에게 최고로 가치 있는 생활방식을 추구하도록 강제하거나 장려할 수 있다 해도, 올바른 이유로 사람들이 그것을 추구하도록 할 수는 없기 때문이다. 어떤 사람이 국가의 처벌을 피하거나 국가의 보조금을 받기 위해 자신들의 생활방식을 바꾼다면, 그 사람은 새로운 행위의 진정한 가치에 대한 이해에 의해서 인도 받은 것이 아니다(Waldron 1989: 1145~1146; Lomasky 1987: 253~254). 이는 강압적이며 조작적인 완전주의의 형식들에 반대하는 유효한 논점이다. 그러나 그것이 사람

삶으로 유도할 수 있게 하는) '지지 제약'(endorsement constraint)을 위반하는 완전주의 정책은, 가치에 대한 사람들의 신념을 간과하거나 무시하는 것을 시도하게 됨으로써, 자기파괴적이다(Dworkin 1989: 486~487). 완전주의 정책은 사람들이 가치 있는 행위를 추구하도록 하는데 성공할지도 모르지만, 해당 개인들에게 그러한 행위가 가치를 지니지 못하는 상황 아래에서만 그렇게 (강제)할 뿐이다. 만약 내가 어떤 행위의 의미를 알지 못한다면, 그 행위에서 나는 아무 것도 얻지 못할 것이다. 따라서 온정주의는 온정주의가 예방하려고 했던 바로 그러한 의미 없는 행위를 만들어낼 것이다.

따라서 좋은 삶을 이끌어 가려는 우리의 본질적 이익을 충족시키기 위해서 우리는 두 개의 전제조건을 갖게 된다. 하나는 무엇이 삶에 가치를 부여하는지에 대한 우리의 믿음에 부합하여 우리 삶을 내부로부터 이끌어 내야 한다는 점이다. 다른 하나는 우리 문화가 제공할 수 있는 모든 종류의 정보, 사례, 그리고 주장들에 비추어 그러한 신념들을 검증하기 위해서, 그러한 신념들에 대하여 자유롭게 의문을 제기할 수 있어야 한다는 점이다. 따라서 사람들은 종교적 관습이나 성적 관습이 정통이 아니라는 이유로 처벌 받는 일 없이, 가치에 관한 자신의 신념에 따라 자신의 삶을 영위하는데 필요한 자원들과 자유들을 가져야만 한다. 따라서 전통적인 자유주의자는 시민적이며 개인적인 자유에 관심을 갖는다. 그리고 개인들은 좋은 삶에 관한 상이한 견해들에 대한 인식은 물론 이러한 견해들을 지적으로 바라 볼 수 있는 능력을 획득하는 데 필수적인 문화적 조건을 보유해야만 한다. 따라서 전통적인 자유주의자는 교육, 표현의 자유, 언론의 자유, 예술의 자유 등에 관심을 기울인다. 이 같은 자유들(liberties)은 우리가 인생에서 무엇이 가치 있는지를 판단할 수 있게 해 주는 유일한 방법이다–즉, 우리가 공유하는 문화유산의 상이한 측면을 탐구함으로써 그러한 판단을 할 수 있게 된다.

자기결정의 가치에 대한 이 같은 논거는 롤즈의 자유 원칙(liberty principle)이라는

들에게 가치 있는 생활방식을 소개하려고 고안된 단기간의 국가 개입을 배제하지는 않는다. 사람들이 어떤 것을 올바른 이유(for the right reasons)로 추구하도록 만드는 방법 중 하나는, 올바르지 않은 이유로(for the wrong reasons) 사람들로 하여금 그것을 추구하게 만들고, 그리고 그것의 참된 가치를 알게 되길 바라는 것이다. 이것은 본질적으로 수용할 수 없지는 않으며, 문화시장에서 충분히 자주 일어난다. 따라서 지지 주장(the endorsement argument)만으로는 국가 완전주의의 모든 형태를 배제할 수 없다.

독특한 주장의 기반을 형성한다. 롤즈에 따르면, 선택의 자유(freedom of choice)는 바로 인생에서 무엇이 가치 있는지를 알기 위해서—가치에 관한 우리의 믿음들을 형성하고 시험하며 수정하기 위해—필요하다.[7] 자유(liberty)는 우리가 우리의 선을 알 수 있도록, 노직의 표현을 따르자면, '최선을 따르게'(track bestness) 한다(Nozick 1981: 314, 410~411, 436~440, 498~504; cf. Dworkin 1983: 24~30). 이러한 믿음을 획득하고 그에 따라서 행동하는데 우리의 본질적인 관심이 있기 때문에, 정부는 개인들 각자가 이러한 신념에 따라서 행위하고 이런 신념을 검증하는데 필요한 자유들과 자원들을 공급하는 방식으로 동등한 고려와 존중으로써 사람들을 대한다.

롤즈는 자기결정에 대한 이러한 설명이 '중립 국가'(neutral state)—즉, 좋은 삶에 대한 관점의 본질적 우월성이나 열등성에 기반 하여 국가 행위를 정당화시키지 않으며, 이러한 다양한 관점들의 가치에 대한 사람들의 판단에 영향을 주려는 의도적인 시도를 하지 않는 국가—를 지지하게 만든다고 주장한다.[8] 그는 이러한 국가 중립성의 개념을 어떤 삶의 방식들이 가장 가치 있고 적합한지에 대한 특정 견해 혹은 견해의 범주를 포함하고 있는 완전주의 이론들에 대비시킨다. 완전주의자들은 그와 같은 생활방식의 개발을 장려할 수 있게끔 자원이 배분되어야 한다고 주장한다. 한 사람의 자원의 몫은, 좋은 삶에 대한 이와 같은 선호된 관점을 그 사람이 얼마나 추구할 필요가 있는지, 혹은 그가 그것에 얼마나 기여하는지에 좌우된다. 따라서 사람들은 최소한 사회에 의해 제약 받지 않고서는, 좋은 삶에 대한 자신들의 관념을 자유로이 선택할 수 없다. 사람들은 좋은 삶에 관해 실수를 저지르며, 국가는 그 시민에게 가치 있는 삶에 관해 가르칠 책임이 있다. (완전주의에 의하면) 만약에 국가가 인간의 탁월성(human

---

7) 롤즈는 가장 최근 작업에서, 우리 목적들의 수정 가능성을 중시하지 않고, 거기에 호소하지 않으면서도 자유의 원칙(the liberty principle)을 옹호할 방법을 찾으려고 노력했다. 이제 그는, 우리가 합리적 수정 가능성의 원칙(the principle of rational revisability)을, 우리의 사적인 자기 이해에 대한 정확한 묘사로서 반드시 수용하지 않고서도, 우리의 공적 권리와 책임을 결정하기 위한 목적으로 이 원칙을 수용해야 한다고 말한다. 나는 이 새로운 생각을 제7절에서 논할 것이다. 그러나 여기에서는 나는 롤즈 원래의 견해에 초점을 맞추려고 한다. 왜냐하면 대부분의 공동체주의자들이 대응해 온 것이 바로 이 견해이기 때문이다.

8) 자유주의적 중립성(liberal neutrality)에 대해 언급한 다른 주요 저작으로는, Ackerman 1980: 11, 61; Larmore 1987: 44~47; Dworkin 1978: 127; 1985: 222; Rawls 1993a: 179ff을 보시오.

excellence)에 관한 그릇된 견해를 지니는 인생계획을 재정적으로 지원하거나 아마도 관용하기만 한다해도, 국가는 시민들에 대한 그 책임을 방기하는 것이 된다.

반면, 롤즈가 보기에, 사람들에게 좋은 삶에 대한 특정한 관념을 강제하려는 시도는 우리의 근본 이익들을 위협하기 때문에, 국가는 좋은 삶에 대해서는 중립을 유지해야 한다. '중립성'(neutrality)은 여기서 핵심적인 문제를 묘사하는 데 가장 좋은 단어가 아닐지도 모른다. 무엇보다, 자유적 평등주의(liberal egalitarianism)는 도덕적 중립성(moral neutrality)에 대한 그 어떤 일반적 개념에도 기반하고 있지 않다. 그와는 반대로, 우리가 이 책 전체를 통해서 살펴봤듯이, 자유적 평등주의는 개인들, 인종적 평등과 성적 평등, 공정으로서의 정의, 기회의 평등, 개인의 권리와 책임 등에 고유한 도덕적 가치를 부여하는 근본 원칙들에 근거하는 하나의 심오한 도덕 이론이다. 자유적 평등주의는 이러한 원칙들에 대한 확고한 신념을 지니고 있을 뿐만 아니라, 그것들을 지지하고 강제하기 위하여 국가권력을 사용하기를 바라며, 이러한 원칙들을 위반하는 그 어떤 행위들이나 관습들도 금지한다.

따라서 롤즈와 드워킨이 지지하는 종류의 '중립성'이란 좋은 삶에 관한 상이한 (정의를 존중하는) 관점들의 본질적 장점에만 초점이 맞춰진, 보다 제한적인 것이다. 국가의 역할은 개인들이 자신의 힘으로 상이한 관점의 좋은 삶의 가치를 판단할 수 있는 능력을 보호하는 것이며, 사람들이 자신의 선관을 추구할 수 있도록 권리와 자원을 공평하게 배분해 주는 것이다. 국가는 사람들에게 무엇이 당연히 그들의 것이며, 무엇이 당연히 타인들에 속하는 것인지를 말해 주고, 사람들이 타인들의 정당한 요구들을 존중할 수 있도록 자신의 선관을 조절해야 한다고 주장한다. 그러나 자유주의자들은 만약 좋은 삶에 관한 누군가의 관점이 정의원칙을 존중하고 있다면, 국가는 그 사람의 (정의를 존중하는) 생활방식의 본질적 장점들에 대해 평가하면 안된다고 말한다. 자유주의 국가에서는 상이한 생활방식의 본질적 가치의 공적 서열을 참고로 하여 국가의 행위들을 정당화하지 않는다. 왜냐하면 참고할 만한 공적인 서열이 존재하지 않기 때문이다. 롤즈가 말하듯이, 국가는 '이러한 선관은 모두 평등하다는 것으로 판명된다는 점에 대하여, 합의된 본질적 가치의 척도나 납득할 만한 점이 존재한다는 의미에서가 아니라, 그 어떤 (공적인) 관점으로도 상이한 선관을 평가하지 않는다는 의미에서'

중립적이다(Rawls 1982b: 172).

따라서 자유주의자들이 지지하는 종류의 '중립성'(neutrality)은 그 범위에 있어 (정의를 존중하는) 선관에 국한된다. 게다가, '중립성'이라는 용어는 선관과 관련해서도 여전히 잘못 사용되고 있다. 일상적 용법에서 중립성의 의미는 행위들에 대한 정당화라기보다는 행위들의 결과를 지칭하곤 한다. 그와 같은 일상적 의미에서 '중립적' 정책은, 그것이 아무리 비용이 많이 들고 매력적이지 않다 할지라도, 사회 내에서 모든 선관들이 평등하게 대우받도록 보장해주는 것이 될 것이다. 일부 비판자들은 롤즈가 이러한 일상적 의미에서 중립성을 옹호하는 것으로 이해한다(예컨대 Raz 1986: 117). 그러나 이러한 중립성은, 선택의 자유를 제한하는 동시에 사람들이 자신들의 선택의 비용을 책임 져야 한다는 조건을 위반하기 때문에, 매우 비자유주의적이다. 사람들이 자신의 삶에 충실할 수 있도록 상이한 생활방식들 사이의 경쟁을 허락하고, 사람들이 자신의 선택에 대한 비용을 지불하도록 요구하는 모든 사회는, 사치스러우며 매력적이지 않은 생활방식에 심각한 불이익을 줄 것이다. 자유주의자들은 시민적 자유와 개인의 책임의 이러한 불평등한 결과를 수용하고, 실제로 존중한다. 따라서 자유주의적 중립성은 국가정책을 정당화시키는 의미이지, 그 정책들의 결과에 대한 중립성을 의미하는 것은 아니다. 국가 중립성은 (정의를 존중하는) 상이한 생활방식들의 가치에 대한 공적인 서열이 존재하지 않는다는 개념일 따름이다(Rawls 1988: 260, 265; 1993a: 192~194; Nagel 1991: 116; Kymlica 1989b: 883~886).[9)]

'중립성'이라는 용어에 대한 이러한 잠재적 혼동을 전제한다면, '국가 중립성'보다는 '국가 반완전주의'(state anti-perfectionism)라고 말하는 것이 좀더 나을지도 모르겠다. '국가 반완전주의'라는 용어는 실질적인 쟁점-국가 의사결정 과정에서의 완전주의적

---

9) '중립성'이라는 용어에 대한 잘못된 해석의 가능성을 피하기 위해서, 롤즈는 대신 '선에 대한 정당성의 우선성'(priority of the right over the good)이라는 용어를 사용해 왔다. 그러나 이 용어는 중의적이며 오해가능성이 있다. 그 이유는 롤즈는 이 용어를 완전주의에 대한 중립성의 우선성과, 목적론에 대한 의무론의 우선성 모두를 긍정하는 것을 기술하려고 사용했기 때문이다. 이러한 문제는 구분될 필요가 있으며, 둘 중 어느 것도 그 자체만 보면 '선에 대한 정당성의 우선성'의 사안이라고 부르기에 적합하지 않다. '정당성의 우선성'이라는 롤즈의 용어사용에 대한 비판은 Kymlicka 1988b: 173~190을 보시오. 분명하게 더 나은 대안이 없기 때문에, 나는 계속해서 '중립성'이라는 용어를 사용하려고 한다.

이상의 역할-을 부각시키며, 그 적절한 대안은 일정 형태의 국가완전주의라는 점을 명료히 해준다.

물론 자유주의 국가라고 해도 사람들의 이익이나 복리에 대한 *일부* 가정들(*some* assumptions)을 만들 수밖에 없다. 무엇보다도, 사람들의 특정한 자유나 기회 혹은 자원을 보장하려 할 때, 자유주의 국가는 사람들이 그러한 것들을 가짐으로써 삶이 좀더 나아질 것이라는 가정을 한다. 몇몇 비판가들은 이것이 어떠한 정치이론을 개발하더라도 완전주의에 호소할 수밖에 없다는 불가피성을 보여주는 것이라고 주장한다. 그러나 자유주의자들이 보기에, 어떠한 종류의 *수단*들(*means*)이나 자원들을 사람들이 필요로 하는지를 결정하는 것과 사람들이 그러한 수단들로 어떤 종류의 *목적들*(*ends*)을 추구해야 하는지를 결정하는 것에는 중대한 차이가 있다. 우리가 제3장에서 살펴봤듯이, 롤즈의 이론은, 사람들의 (정의를 존중하는) 선관이 어떤 것으로 판명되든지 간에, 유용하다고 롤즈가 주장하는 특정한 '전목적적 수단들'(all-purpose means)이나 '사회적 기본가치'(social primary goods)의 분배와 관련되어 있다. 롤즈에 따르면, 자신들이 가지고 있는 선관이 무엇인지 아직 알지 못하는 사람들(예컨대 무지의 장막 아래의 원초적 상황에 있는 사람들)은 사실상 물질적 자원이나 개인적 자유처럼 모든 생활방식에서 본질적이며 유용한 것들이 존재한다는 점에 동의할 수 있다는 것이다. 그리고 이들 전목적적 수단들은 개인들이 자신들의 특정 선관을 형성, 수정, 추구하는 것을 돕는데 이용될 것이다(제3장 제3절의 '사회적 기본가치'와 관련한 논의 참조).

롤즈의 '사회적 기본가치'의 목록에 올라 있는 권리들과 자원들이 진정으로 모든 생활방식들에 있어서 유용한지에 대해 의문을 제기할 수도 있다. 예컨대 청빈서약을 한 수도사 같은 사람들이 그러하다. 나는 사실, 수도사 지망생들(would-be monks)도 롤즈가 말하는 사회적 기본가치에 접근할 필요가 있으며, 롤즈의 목록이 최대한으로 가능한 범위의 (정의를 포함하는) 생활방식에 적용될 수 있는 유용한 수단들을 밝혀주는데 아주 훌륭한 일을 수행해 낼 수 있을 것으로 생각한다.[10] 그러나 어쨌든 이것은

10) 개인적 금욕주의에 헌신하고 있는 수도사들은 전형적으로 수도원적 질서에 예속되어 있다. 이 질서는 대규모

국가 중립성에 대한 대부분의 비판에서 본질적 사안은 아니다. 국가 완전주의를 옹호하는 사람들 대부분이 보기에, 평범하지는 않지만 가치 있는 일부 생활방식에 불이익을 준다는데 롤즈의 주장에 문제가 있기보다는, 너무나 많이 공유되고 있으나 가치 없는 생활방식을 관용한다는데 문제가 있다. 완전주의자들은 가능한 넓은 범위의 생활방식을 가능케 하기 위해서 자원을 분배하기보다는 국가가 가치 있다고 보는 특정한 목적에 봉사하도록 자원을 분배하는 국가를 선호할 것이다. 국가 완전주의자들은 전목적적 수단에 자원들을 제공하는데 그치지 않고, 사람들의 목적들을 형성하도록 자원의 분배를 이용하기를 원한다.

그러나 롤즈나 드워킨이 보기에는, 만약에 국가가 분배하는 자원들이 단 하나의 인생 계획에만 유용하다면, 우리는 가치에 관한 우리 믿음에 따라 행동할 수 없게 된다. 우리는 바로 그 선호된 좋은 삶의 선관이 오도된 것이라고 믿게 될 것이다. (그렇지 않으면, 어쨌든 우리는 사회적 이득에서 일부 불리함을 감수하지 않고서는 자신의 신념에 따라 행동할 수는 없게 될 것이다.) 삶은 내부로부터 이끌어 져야 하기 때문에, 누군가가 숙고 끝에 자신에게 가장 소중하다고 느끼는 계획을 사회가 처벌 혹은 차별하려 들면 좋은 삶을 이끌어가는 데 있어서 그 사람의 근본적인 이익은 개선되지 않는다. '선에 대한 얇은 이론'(thin theory of the good) 혹은 드워킨이 '가장 넓은 의미에서의 자원들'(resources in the widest sense)이라고 부르는 것에 따른 자원의 배분은, 사람들이 가치에 관한 자신들의 신념에 따라 행위하고 그것들을 검증해 보는 것을 최고로 가능케 하며, 이것이야말로 좋은 삶을 이끌어 감에 있어 사람들의 본질적 이익을

토지를 소유하고 있는데, 이로부터 얻는 수입은 토지와 건물 및 이들의 공동체를 유지하는데 드는 경비에 사용되며, 나아가 이들의 선행을 증진시키는데 사용된다. 게다가 청빈 서약(the vow of poverty)은, 그들이 정당한 공정의 이론(theory of fairness)의 일부가 되어서는 안된다고 생각하는 사물들의 포기가 아니라, 공정의 이론 하에서 수도사가 누릴 수 있는 정당한 자격들에 대한 포기로 이해된다. 사실상, 공정의 이론 하에서 포기의 영적 가치(the spiritual value of the renunciation)는 그것이 누군가가 자격을 가지고 있는 것을 포기한다는 사실과 결합되어 있다. 좀 더 일반적으로, (예컨대 자연과 공감하는 가운데 살아가는 생태주의적 생활양식이나, '신성한 공간'을 창조하기를 갈망하는 영적 생활방식처럼) 비물질적이라 여겨지는 대부분의 생활방식들조차도, 그것이 성공적으로 추구되려면 자원에 대한 접근-예컨대 토지, 물, 그리고 공기에 대한 통제-을 필요로 한다. 물질적 자원은 그러한 생활방식을 위한 본질적 수단이다. 기본적 가치에 대한 롤즈의 목록이 그러한 생활방식에 대해서 편견적일 수 있다는 주장으로는 Schwartz 1973; Nagel 1973을 보시오. 나는 이러한 반론에 대해 Kymlicka 1989b에서 상세하게 논하고 있다.

증진시키는 가장 적절한 방법이다.

5. 공동체주의와 공동선

공동체주의자들은 중립 국가에 반대한다. 그들은 '공동선의 정치'(politics of common good)를 위해서는 그것이 폐기되어야 한다고 믿는다(Sandel 1984b: 16~17; Taylor 1985b). '중립성의 정치'(politics of neutrality)와 공동체주의의 '공동선의 정치' 사이의 이 같은 대비는 오해를 초래할 수 있다. 자유주의 정치에서도 '공동선'은 존재한다. 왜냐하면 자유주의 국가의 정책도 공동체 구성원들의 이익 증진을 목적으로 하기 때문이다. 정치적 및 경제적 과정에 의해서 개인들의 선호가 사회적 선택 기능(social choice function)으로 결합되는 방식이 공동선을 결정하는 자유주의적 방식이다. 따라서 국가 중립성의 긍정은 공동선이라는 개념을 거부하지 않고, 오히려 공동선에 대한 하나의 해석을 제공해 준다(Holmes 1989: 239~240). 자유주의 사회에서, 공동선이란 선호들을 결합해서 나오는 결과이다. 이 선호들은 (정의원칙에 부합한다면) 모두 평등하게 간주된다. 모든 선호는 평등한 비중을 지닌다. 그 이유는, 국가가 그 선호들이 평등한 본질적 가치를 지닌것으로 판단해서가 아니라, '그 선호들이 전혀 [공적] 관점에서는 평가받지 않기' 때문이다(Rawls 1982b: 172). 앞서 살펴봤듯이, 이와 같은 국가 중립성을 지지하는 반완전주의적 주장은, 사회가 사람들이 자신에게 가장 가치있는 것으로 생각하는 기획들에 대해 차별적으로 대한다면, 좋은 삶을 살아가는데 대한 사람들의 관심은 향상되지 않는다는 믿음을 반영하고 있다. 따라서 자유주의 사회에서 공동선은 개인들이 가지고 있는 선호들과 선관의 패턴에 맞게끔 조정되게 된다.

그렇지만, 공동체주의 사회에서는 공동선은 공동체의 '생활방식'을 규정하는 좋은 삶에 관한 실체적인 관점(a substantive conception of the good life)으로 여겨진다. 이 공동선은 사람들의 선호 양상에 맞게 조절되기보다는, 사람들의 그와 같은 선호들을 평가할 수 있는 기준을 제공한다. 공동체의 생활방식은 선관에 대한 공적 서열의 기반을 형성하며, 개인들의 선호에 부여되는 비중은 공동선에 그 사람이 얼마나 순응하며 기여하는지에 달려 있다. 따라서 공동체의 생활방식을 규정하는 공유된 목적의 공적 추구는 중립성의 요구에 의해 제약받지 않는다. 공유된 목적의 공적인 추구는 개인들이 자신들의 선관을 추구하는데 필요한 자원과 자유에 대한 요구보다 우선한다. 공동체주의 국가는, 사람들이 공동체의 생활방식에 순응하는 선 관념들을 채택하도록 장려할 수 있으며 장려해야 하면서, 동시에 그것과 갈등을 일으키는 선관들은 방지할 수 있으며 방지해야 한다. 따라서 공동체주의 국가는 상이한 생활방식들의 가치에 대한 공적인 서열을 포함하고 있으므로, 완전주의 국가라 하겠다. 그러나 마르크스주의적 완전주의는 인간의 선에 대해 초역사적(trans-historical) 근거에 따라서 생활방식들의 서열을 매기는 반면, 공동체주의는 생활방식이 현존하는 관습들에 얼마나 합치되는지에 따라 순위를 매긴다.

그렇다면 우리가 '공동선의 정치'를 자유주의적 중립성보다 더 선호해야 하는 이유는 무엇인가? 자유주의자들은 사람들의 자기결정을 존중하기 위해서는 국가 중립성이 필요하다고 말한다. 그러나 공동체주의자들은 자기결정이라는 자유주의적 개념은 물론, 자기결정과 중립성 사이에 가정된 연관성에 대해서도 반대한다. 나는 차례로 이 두 가지 반론에 대해 살펴보려 한다.

6. 무연고적 자아(the unencumbered self)

자아(the self)에 대한 자유주의적 입장에서는, 개인들은, 현존하는 사회적 관행에 자신이 참여하는 것에 대해 자유롭게 의문을 제기할 수 있고, 그러한 사회적 관행들이 더 이상 추구할 만한 가치가 없다고 여겨진다면, 그들은 그 실행에 참여하지 않을 수 있는 자유로운 존재로 간주된다. 결과적으로 개인들은, 어떠한 특정 관계에 대해서도 자유롭게 의문을 제기하고 또 거부할 수도 있기 때문에, 어떠한 특정한 경제적, 종교적, 성적, 유희적 관계에서의 구성원(membership)이라고 규정되지 않는다. 롤즈는 이러한 자유주의적 견해를 '자아는 자아에 의해 인정되는 목적들보다 우선한다'(the self is prior to the ends which are affirmed by it)고 요약한다(Rawls 1971: 560). 이는 우리가 언제든지 어떠한 특정 계획으로부터 뒤로 물러서서, 우리가 그 계획을 지속적으로 추구하기를 원하는지에 대해 의문을 제기할 수 있음을 의미한다. 자아가 수정할 수 없는 목적은 존재하지 않는다. 이것은 자아에 대한 '칸트적' 입장('Kantian' view)으로 불리곤 한다. 왜냐하면 칸트는, 자아는 사회적으로 주어진 역할이나 관계보다 우선한다는 견해, 그래서 사회적 상황들의 특징들을 객관적으로 파악하여 이성의 명령(dictates of reason)에 따라서 그것들을 판단할 수 있을 때에만, 자아가 자유롭다는 견해를 강력히 옹호했던 사람중의 한사람이기 때문이다(Taylor 1979: 75~78, 132~133).

공동체주의자들은 이것이 자아에 대한 잘못된 견해라고 생각한다. 그것은 자아가 현존하는 사회적 관습 속에 '각인되어 있다'(embeded)거나 혹은 '놓여져 있다'(situated)는 사실, 즉 우리가 언제나 현존하는 관습에 참여하지 않거나 한 발 물러나 있을 수는 없다는 사실을 무시하고 있다. 우리의 사회적 역할과 관계, 혹은 적어도 그것들 중 일부는 개인적 숙고의 목적(the purposes of personal deliberation)을 위해 주어진 것으로서 받아들여야만 한다. 매킨타이어가 말하듯이, 우리 삶을 어떻게 영위해 갈지를 결정함에 있어, 우리는 '모두 특정한 사회적 정체성의 담지자로서 우리 자신의 환경에 접근하며……따라서 나에게 좋은 것은 이러한 역할들 속에 살아가는 사람에게 좋은 것이 되어야 한다'(MacIntyre 1981: 204~205). 따라서 자기결정은 이러한 사회적 역할들 밖에 있기보다는, 그것들 안에서 실행된다. 그러므로 공동선의 정치가 달성하려는 것처럼, 국가는 우리의 사회적 역할에서 물러나게 하기보다는, 우리의 사회적 역할에 대한 이해와 그것으로의 더 깊은 몰입을 장려하는 방식으로 우리의 자기결정을 존중해야 한다.

공동체주의자들은 자아와 자아의 목적에 대한 자유주의의 설명에 반대하는 여러 가지 주장을 펼친다. 나는 다음의 세 가지로 요약되는 주장을 살펴보려 한다. 자아에 대한 자유주의적 견해는 ① 공허하며(empty), ② 우리의 자기인식(self-perceptions)을 침해하고, ③ 우리가 공동의 관행에 각인되어 있다는 사실(our embeddedness in communal practices)을 망각하고 있다.[11)]

11) 우리의 개인적 판단에 대한 사회적 인정(confirmation)의 필요성과 관련해서 언급할 만한 다른 반론들이

첫째, 공허성 주장(emptiness argument)을 살펴보자. 우리의 모든 사회적 역할에 대해 자유롭게 의문을 제기한다는 것은 자멸적 논리이다. 테일러(Charles Taylor)가 말하는 것처럼, 그 이유는 '완전한 자유는, 그 안에서 아무 것도 행할 가치가 없으며, 아무것도 그 무엇으로도 간주될 만한 것이 없는 공허함이 될 것이기 때문이다. 모든 외부적 장애물과 침해들을 제쳐둠으로써 자유에 도달하게 되는 자아는 특징이 없으며(characterless), 따라서 특정한 목적을 가질 수 없게 된다(Taylor 1979: 157). 테일러는 진정한 자유란 '상황에 처해'(situated) 있을 수밖에 없다고 주장한다. 우리가 처한 사회적 상황의 모든 측면을 우리의 합리적인 자기결정에 복종시키기를 바라는 것은 공허한 일이다. 왜냐하면, 자기결정을 해야 할 필요성이 모호해지기 때문이다. 그것은 '상황 외부에 있는 우리의 행위에 대해서 아무런 내용을 구체화시켜 주지 못한다. 상황이란 우리의 목표들을 설정할 수 있게 해주고, 그래서 합리성에 구체적 모습을 갖추게 하고 창조성을 위한 영감을 공급해준다'(Taylor 1979: 157). 우리는 우리의 상황이 '우리에게 설정해 준' 목표를 받아들여야 한다. 우리가 그렇게 하지 않으면, 자기결정을 위한 모험은 니체적 니힐리즘(Nietzschean Nihilism), 즉 공동체의 모든 가치를 궁극적으로 자의적인 것으로 거부하게 되는 것으로 나아가게 된다. '기독교도와 인본주의자 같은 삶에서의 권위적 지평들(authoritative horizons)은, 하나씩 하나씩, 의지에 대한 속박들로서 차례로 버려져 나가게 된다. 오직 권력에의 의지만이 남는다'(Taylor 1979: 159). 만약 우리들이 공동체적 가치들이 '권위적 지평'(authoritative horizons)이라는 것을 부인한다면, 그것들은 우리 의지에 대한 자의적인 제약으로서 나타나게 되고, 따라서 우리의 자유는 그것들 모두를 거부하도록 요구할 것이다(MacIntyre 1981: ch.9).

그러나 이것은 자유주의적 이론에서 자유(freedom)가 수행하는 역할을 오해하는

있다. 일부 공동체주의자들에 따르면, 개인들이 자신들의 행위의 가치를 내면에서 지지하는 것이 중요하긴 하지만, 다른 사람들이 외부에서 그 판단에 대해 내리는 인정 역시 그것보다 더 중요하지는 않더라도, 마찬가지로 중요하다. 외부의 인정이 없다면, 우리는 우리의 자존감 뿐만 아니라, 우리 판단의 가치에 대한 자신감을 상실하게 된다. 따라서 공동체주의 국가는 공동체주의적인 '사회적 비준'의 제약을 과도하게 위협하는 드워킨의 '개인적인 지지' 제약(Dworkin's 'individual endorsement' constraint)을 제한할 것이다. 나는 이것을 Kymlicka 1988a: 195~197에서 논했다. cf. B. Williams 1985: 169~170; Smith 1985: 188~192; Dworkin 1987: 16~17.

것이다. 테일러에 따르면, 우리의 계획들을 선택할 자유는 본질적으로 가치 있으며, 그러한 자유는 그 자체로 추구되어야 할 가치가 있다는 자유주의자들의 주장이 바로 테일러가 공허하다며 반대하는 주장이다. 대신 그는 추구할 만한 가치가 있는 계획들과 실현할 만한 가치가 있는 과업들이어야만 한다고 말한다. 그러나 자유주의 내에서의 자유에 대한 관심은 이러한 과업과 계획을 다루지는 않는다. 그와는 반대로, 자유에 대한 자유주의의 옹호는 바로 그러한 계획들의 중요성에 기반하고 있다. 자유주의자들은, 자유가 세상에서 가장 가치 있기 때문에, 자유 그 자체를 위해서 우리의 계획들을 선택할 수 있는 자유를 가져야 한다고 말하지는 않는다. 오히려 우리의 계획과 과업들이 우리 인생에서 가장 중요하다고 한다. 그리고 그 이유는 우리의 계획들과 과업들은 너무 중요하기 때문에, 만약 우리가 그것들이 그럴 만한 가치가 없다고 생각하게 된다면, 우리는 마땅히 그것들을 자유롭게 수정할 수 있어야만 한다는 것이다. 우리 삶에서 우리의 계획들이 가장 중요하긴 하지만, 우리의 삶은 가치에 관한 내부로부터의 우리의 신념에 따라 이끌어져야 하므로, 우리의 인생 계획을 형성하고 수정하며 그것에 따라 행동하는데 자유로워야 한다. 선택의 자유는 그 자체를 위해서 추구되는 것이 아니라, 그 자체로서 가치가 있는 그러한 계획들을 추구하기 위한 전제조건으로서 추구되는 것이다.

일부 자유주의자들은 테일러가 공허하다며 올바르게 비판한 입장을 지지했다. 예컨대 벌린(Isaiah Berlin) 같은 자유주의자는 그것을 밀의 탓으로 돌린다(Berlin 1969: 192; cf. Ladenson 1983: 149~153). 선택의 자유가 본래적인 가치가 있다고 주장하는 것은 광범위한 자유주의적 자유들을 옹호하는 효과적인 방법인 것처럼 여겨질 수 있다. 그러나 그 주장에 내재된 함의들은 우리가 우리 인생에서의 가치를 이해하는 방식과 적어도 두 가지 방식으로 충돌하게 된다. ① 선택의 자유가 본래적으로 가치 있다고 주장하는 것은, 우리가 선택의 능력을 행사할수록, 우리는 좀 더 자유로워지며 따라서 우리 삶은 좀 더 가치 있게 된다는 것을 시사한다. 그러나 그것은 잘못되었으며, 사실상 남용된 주장이다. 이는 우리가 매일 아침 일어나 우리가 지향해야 할 인간의 종류를 갱신하는 결정을 내려야 한다는 실존주의적인 견해로 곧장 나아간다. 가치 있는 삶이란 헌신과 관계들로 가득찬 삶이기 때문에, 이러한 견해는 잘못되었다고 하겠다. 이러한 헌신과 관계들은 우리 삶에 깊이와 성격을 부여해 준다. 우리의 삶을 헌신할 만한 것으로 만들어 주는 것은 우리가 매일매일 의문을 제기하는 종류의 것이 절대 아니다. 우리는 20번 결혼하기로 선택한 사람이, 자신의 최초의 선택에 의문을 제기할 이유를 가지지 않는 사람보다, 좀 더 가치 있는 인생을 산다고 생각하지는 않는다. 다른 조건이 같다고 해도(ceteris paribus), 여러 번 결혼하기로 선택한 인생이 그런 선택을 하지 않는 인생에 비해 더 낫지는 않다. ② 선택의 자유가 본래적으로 가치 있다고 말하는 것은, 우리가 우리 행위들 속에서 찾고 있는 가치가 자유일 뿐이지, 행위 자체에 내재하는 가치가 아니라는 점을 시사한다. 굴드(Carol Gould)는 이러한 생각을 지지한다. 우리가 주어진 계획에 내재한 목적들을 위해서 행위하는 것처럼 보이지만, 진정 자유로운 행위는 궁극적 목적으로서의 자유 그 자체를 갖는다고 그녀는 말한다. '따라서 자유는 가치를 창출하는 행위일 뿐만 아니라, 자유 그 자체를 위하여 다른 모든 가치들이 추구되는 것이며, 그렇기 때문에 자유와 관련하여 다른 모든 가치들이 가치있게 되는 것이다'(Gould 1978: 118).

그러나 이러한 생각은 미심쩍다. 우선 테일러가 지적하듯이, 사람들에게 자유롭게 행동하라고 말하는 것은 무슨 특정행위가 할 만한 가치가 있다고 말하는 것은 아니다. 비록 그것이 확정적인 지침을 제공한다 할지라도, 여전히 그것은 우리의 동기에 대해서 그릇된 견해를 나타낸다. 예컨대 내가 책을 쓰고 있다면, 나의 동기는 자유로워지는 것이 아니라 말할 만한 가치가 있는 무언가를 말하는 데 있다. 사실상, 내가 자유로워지는 방법 이외에는 아무것도 정말로 말하고 싶지 않다면, 내가 책을 쓰는 것은 그 목적을 충족시키지 못하게 될 것이다. 내가 무엇을 어떻게 쓴다는 것은 결국 자의적이고 궁극적으로는 불만족스러운 선택의 결과가 될 것이다. 글을 쓰는 일이 본래적으로 가치가 있다면, 나는 내가 무엇을 말하고 있는지에 대해서 관심을 기울여야 하며, 글을 쓰는 일이 그 자체로서 행할 만한 가치가 있다고 믿어야 한다. 우리가 만약 사람들이 자신들의 계획들에서 발견하는 가치를 이해하려 한다면, 그것들의 내부에 있는 목적들을 살펴봐야 한다. 나는 글 쓰는 일을 내 자유 그 자체를 위해서 추구하는 것이 아니다. 이와는 반대로, 나는 글 쓰는 일 그 자체를 위해서 추구한다. 왜냐하면 그것들은 말할 만한 가치가 있기 때문이다. 자유가 가치가 있는 것은 자유가 나로 하여금 가치있는 것들을 말할 수 있도록 해주기 때문이다.

개인적 자유에 대한 최선의 옹호가 반드시 가장 직접적인 옹호 방식일 필요는 없다. 그러나 그것은 사람들이 자신의 삶의 가치를 숙고하여 이해하는 방식과 가장 잘 부합할 수 있는 방식일 것이다. 그리고 우리가 자유의 가치를 이런 식으로 살펴보면, 선택의 자유는 가치 있는 삶에서 핵심적이긴 하지만, 중심적으로 추구되는 가치는 아닌 것으로 여겨진다.

계획들이 우리의 주된 관심사가 되어야 한다는데 모두가 동의한다. 그리고 여기에 대해 어떤 견해 차이를 보이느냐에 따라 자유주의자인지 공동체주의자인지를 구별할 수 있는 것도 아니다. 논쟁의 핵심은 우리가 그와 같은 과업들을 필요로 하는지의 여부에 대해서가 아니라, 그것들을 어떻게 획득하고 그 가치에 대해 어떻게 판단할 것인가에 대한 것이다. 테일러는 공동체적 가치들을 '우리에게 목표를 설정해' 주는 '권위적 지평들'로 간주함으로써만 이러한 과업들을 획득할 수 있다고 믿는 것으로 보인다(Taylor 1979: 157~159). 반면에 자유주의자들은 우리들이 그 어떤 사회적 관습으로부터 우리 자신을 분리시킬 수 있는 능력을 가지고 있다고 주장한다. 어떠한 특정 과업도 사회가 우리에게 설정해 주는 것이 아니며, 그 어떤 관습도 개인의 판단은 물론 앞으로의 가능한 거부를 능가하는 권위를 지니지 않는다. 우리는 문화적 구조에 관한 자유로운 개인적 판단을 통해 우리의 과업들을 획득할 수 있고 또 획득해야만 한다. 문화적 구조란 이전 세대들에 의해 우리에게 전수된 이해양식과 대안들의 구조물이며, 이것은 우리가 수용할 수도 거부할 수도 있는 가능성들을 우리에게 제공해 준다. 그 어떤 것도 '우리에게 설정되어'(set for us) 있지 않으며, 어떤 것도 그것의 가치에 대한 우리의 판단에 우선하는 권위를 갖지 않는다.

물론, 그런 판단을 내림에 있어서, 우리는 무언가를 '주어진' 것으로 받아들여야만 한다—우리는 학교, 직장, 그리고 가정에서 우리에게 주어진 위치를 감안하여, 우리에게 현재 무엇이 좋은 것인지에 대해 질문을 하게 된다. 단지 자유롭고 합리적인 존재만으로는, 우리는 다른 생활방식이 아닌 특정한 생활방식을 선택할 이유를 가지게 될 수 없을 것이다(Sandel 1982: 161~165; Taylor 1979: 157; Crowley 1987: 204~205). 그러나 자유주의자들에 의하면, 우리가 의미 있는 판단을 내리기 위해서 '주어진 것'

(the given)으로 간주하는 것들이, 개인들 간에도 상이할 뿐 아니라 한 개인의 삶 안에서도 바뀔 수도 있다고 한다. 우리가 과거의 어느 시점에 종교적인 삶에 대한 우리의 헌신을 전제로 무엇이 가치 있는지를 선택 했다면, 훗날 우리는 그 헌신에 의문을 제기할 수 있으며, 또한 우리 가족에 대한 우리의 헌신을 전제로 무엇이 가치 있는지에 대해서도 의문을 제기할 수 있다. 그렇다면 문제는 우리가 우리의 행위의 가치를 판단을 할 때, 무언가를 주어진 것으로 받아들여야 하는지의 여부에 관한 것이 아니다. 오히려, 그 문제는 개인들이 무엇이 '주어진 것'에 내재해 있는지에 의문을 제기하고 그것을 다른 것으로 대체하는 것이 가능한지의 여부라든지, 또는 주어진 것이 공동체의 가치들(the community's values)로 우리에게 설정되어야 하는지 여부에 관한 것이다. 테일러는 우리가 공동체적 가치들을 주어진 것으로서 받아들여야만 한다는 것, 즉 그러한 공동체적 가치들이 개인의 평가와 앞으로 가능한 거부에 종속되어야 한다고 말하는 것이 공허하다는 점을 보여주는데 실패한다.

우리들이 공동체에 의해서 설정되지 않은 방식으로 우리들의 목적들을 획득할 수 있다 하더라도, 그럼에도 불구하고 우리는 공동체적 목적들을 권위 있는 것으로 간주해야만 한다고 주장함으로써, 공동체주의의 반론을 약화시킬 수도 있을 것이다. 자유주의적 견해는 자아에 대한 그릇된 설명에 기반하고 있기 때문에, 우리는 그렇게 해야 한다. 우리가 살펴본 자유주의적 견해는, 좋은 삶의 속성에 관해서 우리가 가장 굳건히 믿고 있는 확신일지라도 우리는 그것에 대해 의문을 제기할 권리를 보존해야 한다는 의미에서, '자아는 그것의 목적들에 우선한다'(the self is prior to its ends)는 것이다. 그러나 자아는 그것의 목적들에 우선하지 않으며 오히려 그 목적들에 의해서 구성된다고 샌들은 주장한다−우리는 '나'를 내 '목적들'로부터 구별해낼 수 없다. 최소한 우리의 자아들의 일부는, 우리가 선택하지 않았지만 특정하게 공유된 사회적 맥락 속에 각인된 우리 존재로 인해 우리가 발견하는 목적들로 구성되어 있다(Sandel 1982: 55~59, 152~154). 이러한 구성적인 목적들(constitutive ends)을 갖고 있기 때문에, 우리 삶은, 우리의 계획을 선택하고 수정하는데 필요한 조건을 확보함으로써가 아니라, 이처럼 공유하고 있는 구성적 목적을 자각할 수 있도록 하는데 필요한 조건을 보유함으로써 더 나아진다. 공동선의 정치는, 이러한 공유된 구성적 목적을 표현함으로써, 우리가

'우리 혼자서는 알 수 없는 선을 공동으로 아는 것'(to 'know a good in common that we cannot know alone')을 가능하게 한다(Sandel 1982: 183).

샌들은 이런 주장에 대하여 두 개의 논거를 제시한다. 우리는 이것을 '자아 인식'(self-perception) 논거와 '각인된 자아'(embedded-self) 논거라고 부르려고 한다. 첫번째 논거는 다음과 같이 진행된다. '무연고적 자아'(unencumbered self)로 표현할 수 있는 롤즈의 견해는, 가장 심도 있는 자아 인식이라는 의미에서, 우리의 '가장 심도 있는 자아 이해'(deepest self-understanding)에 부합하지 않는다. 샌들에 따르면, 자아가 자아의 목적에 우선한다면, 자기반성을 할 때 우리는 우리의 특정 목적들을 통해서 무연고적 자아를 볼 수 있어야 한다. 그러나 우리는 우리 자아가 무연고적 존재라고 인식하지 않는다고 샌들은 말한다. 롤즈의 견해에 의하면, 자아는 '행위와 소유의 순수 주체이며, 궁극적으로 희미한(ultimately thin), 즉 그것의 목적에 우선하여 주어진' 것으로 이해되고 있는데, 이것은 "특정한 특성들로 가득 찬"(thick with particular traits) 존재인 우리의 자아라는 좀 더 친숙한 우리가 가진 관념과 근본적으로 반목한다'(Sandel 1982: 94, 100). 롤즈의 입장에서는, '어떤 성격들을 *나의* 목표, 야망, 욕망 등으로 규정하는 것은, 언제나 그것들 너머에서 얼마간의 거리를 두고 서있는 "나"라는 어떤 주체가 있음을 암시한다'(Sandel 1984a: 86). 거기에는 이 자아라고 하는 것이 존재해야 하는데, 이것은 설령 궁극적으로는 희미한 모양이라 할지라도, 우리의 목적들 너머에서 얼마간의 거리를 두고 어떤 모양을 가지고 서 있다. 롤즈의 견해를 받아들이려면, 나는 나 자신을 이런 고유성 없는 것(propertyless thing), 즉 공간에서 형체를 구분할 수 없는 유령적인 대상, 혹은 로티(Richard Rorty)가 말하듯이, 나의 목적들 '너머에'(behind) 놓여 있는 일종의 '토대'(substrate)로 생각해야 한다(Rorty 1985: 217).[12] 샌들은 이와 반대로, 우리의 가장 심도 있는 자아 인식은 언제나 몇몇 동기들을 포함하는데, 이러한 자아 인식은 몇몇 목적들이 자아를 구성한다는 것을 보여준다고 말한다.

그러나 여기에서 제기된 인식의 문제는 핵심을 잘못 짚었다. 자유주의적 견해에서

12) 로이드(Sharon Lloyd)는, 어떤 사람의 목적들에서 '물러선다'(stepping back)는 은유가 잘못 이해되어서 이 같은 반론이 유래할 수도 있다고 말한다. 그녀는 사람들이 어떻게 자신들의 목적을 비판적으로 반성하는지를 묘사하기 위해서 '정신적 곁눈질'(mental squinting)이라는 은유를 선호한다.

핵심은, 우리가 자아를 그것의 목적들에 우선하여 인식할 수 있다는 점이 아니라, 앞으로 있을 수도 있는 재검토에서 제외될 수 있는 목적이나 목표는 없다는 의미에서 우리는 우리 자아를 우리의 목적들에 선행한다고 이해한다는 점이다. 재검토가 의미 있게 되려면, 다른 것에 비해서 어떤 것을 내게 좀 더 가치 있는 것으로서 선택할 이유를 가지기 위하여, 나는 현재 내가 가지고 있는 동기들과는 다른 동기들로 각인된 나 자신을 볼 수 있어야만 한다. 이러한 의미에서 내 자아는 그것의 목적보다 우선한다고 인식된다. 예를 들면, 나는 내 자아를 그것의 *현재의* 목적들(*present* ends)이 없이도 마음속에 그릴 수 있다. 그러나 이것은 결코 어떤 목적들과도 연루되지 않은 자아를 인식할 수 있어야 함을 요구하지는 않는다—실천적 추론의 과정(process of practical reasoning)은 언제나 '얽혀 있는' 어떤 잠재적 자아(potential self)를 '얽혀 있는' 다른 잠재적 자아와 비교하는 과정의 하나이다. 거기에는 우리가 그러한 추론을 할 때 자아와 함께 주어진 어떤 목적들이 항상 존재하는 것이 틀림없지만, 이는 어떠한 특정 목적들이 언제나 자아와 함께 주어진 것으로서 받아들여져야 함을 의미하지는 않는다. 내가 앞에서 말했듯이, 자아에게 주어진 것은 삶의 과정 속에서 계속해서 변화할 수 있다. 따라서 샌들이 세워야 되는 보다 심화된 주장이 있다. 그는 단지 우리가 총체적 무연고적 자아(a totally unencumbered self)를 인식할 수 없을 뿐만 아니라, 상이한 일련의 목적들의 조합에 의해 각인된 우리 자아(our self encumbered by different set of ends)를(역자: 상이한 목적들의 조합에 의해 각인된 변화된 자아의 모습) 인식할 수 없다는 것 또한 보여주어야 한다. 이것은 또 다른 논증을 필요로 한다. 나는 그것을 각인된 자아 논증(the embedded-self argument)이라고 부른다.

이와 같은 세 번째 주장에 의하면, 실천적 추론을 자아 발견(self-discovery)으로 보는 공동체주의의 견해를 실천적 추론을 판단(judgement)으로 보는 자유주의의 견해와 대비시킨다. 자유주의자들이 보기에, 좋은 삶에 관한 질문은, 우리가 현재 또는 앞으로 되고 싶어 하는 종류의 사람이 무엇인지에 관한 판단을 요구한다. 그러나 공동체주의자들이 볼 때, 그 질문은 우리가 이미 어떤 사람이 되었는지를 발견하기를 요구한다. 공동체주의자들이 보기에 적절한 질문은, '내가 무엇이 되어야 하는가, 나는 어떤 종류의 삶으로 나아가야 하는가?'가 아닌, '나는 누구인가?'이다. 자아는, '선택'이 아닌 '발견에 의해서', '이미 주어진 것들을 선택함으로써(이것은 난해하게 될 것이다)가 아닌, 그 자신에 대한 반성과 그것의 구성적인 속성을 조사하고 그것의 법칙들과 명령들을 깨닫고 자아의 목적들을 그 자체로서 인정함으로써,' 자아의 목적을 '획득한다'(Sandel, 1982, 58). 예를 들면, 샌들은 롤즈의 공동체 설명(Rawls's account of community)을 비판한다. 그 이유로 '롤즈가 공동체의 선이 자아의 목적과 가치들과 관계된다는 취지에서 내재적일 수 있다는 점을 인정하기 하지만, 공동체의 선이 동기들을 넘어서 동기들의 주체(the subject of motivations)에까지 도달할 정도로 철저하지 못하다'는 것이다. 샌들은 좀 더 적합한 논거 위에서, 공통체적 가치는 공동체 구성원들에 의해 단순히 수용되는 것이 아니라, 그들의 정체성을 규정한다고 주장한다. 공동체적 목표에 대한 공유된 추구는 '(자발적 결사체에서 그러하듯) 그들이 선택한 관계가 아닌 그들이 발견한 애착이며, 단순히 그들의 정체성의 특성이 아닌 구성요소이다'(Sandel 1982: 150). 그러한 구성원들에게 선은 자기 발견의 과정(a process of self-discovery)—그들이 '발견한' 다양한 애착에 대한 자각과 인식의 달성에 의해서—을 통해 발견된다.

그러나 여기서 우리의 가장 심도 있는 자아 이해(self-understandings)를 위반하는 사람은 바로 샌들임이 확실하다. 왜냐하면 우리는 이런 자기 발견이 우리 삶을 어떻게 이끌어 갈 것인지에 대한 판단을 대신하거나 배제한다고 생각하지 않기 때문이다. 우리는 우리 자신이 현재 우리의 애착에 사로잡혀 있어서, 우리가 물려받았거나 예전에 우리가 스스로 선택했던 목표들의 가치를 판단할 수 없다고 생각하지는 않는다. 우리는 실제로 다양한 관계속에 있는 우리 자신을 발견하지만, 우리가 발견한 것들을 언제나 좋아하지는 않는다. 우리가 발견한 우리의 자아가 아무리 깊숙이 사회적 관습 속에 얽혀있다고 하더라도, 우리는 그 관습이 가치 있는지 여부에 대한 의문—샌들의 설명에서는 의미를 지니지 못했던 의문의 제기—을 제기할 수 있다고 느낀다. (나에게 선은 단지 내가 속해 있는 연루관계에 대한 보다 큰 자각에 이르게 되는 것일진대, 의문제기를 하는 것이 어떻게 가치가 없을 수 있단 말인가?) (우리가 발견한 연루관계의 가치에 대한 판단에 의해서라기보다) 이 같은 자기 발견의 과정에 의해 숙고(deliberation)가 완결된다는 생각은 설득력이 떨어진다.

여러 곳에서, 샌들은 실천적 추론은 그저 자기 발견에 대한 질문이 아니라는 것을 시인한다. 그는 비록 자아의 경계가, 비록 그 자체의 목적들에 의해 구성되긴 하지만, 새로운 목적을 받아들이고 다른 것들을 배제하면서, 유동적이고 다시 그려질 수 있다고 말한다. 그의 표현을 따르면 '주체는 주체의 정체성을 구성하는데 참여함으로써 강화된다'(the subject is empowered to participate in the constitution of its identity). 그의 설명에서는 '자아의 경계는 개방되어 (있으며) 주체의 정체성은 그것의 행위자(agency)의 전제라기보다는 생산물(이다)'(Sandel 1982: 152). 결국, 주체는 '주체의 정체성에 대하여 무차별적으로 영향을 미치는 모든 것, 잠재적인(possible) 목표와 목적들' 중에서 어떤 것을 추구할 것인지 혹은 추구하지 않을 것인지에 관한 판단을 내릴 수 있다(Sandel 1982: 152). 말하자면 자아의 목적에 의해 구성된 자아는 '재구성' 될 수 있으며, 따라서 자기 발견만으로는 충분치 않다. 그러나 이 지점에서 두 가지 관점의 차이가 허물어지지 않았는지의 여부는 확실치 않다.

여기에는 명백한 차이가 존재한다. 롤즈는 자아가 그것의 목적들에 우선하고 그 경계는 선험적으로 고정되어 있다고 말하는 반면, 샌들은 자아가 그것의 목적들에 의해 구성되며, 자아의 경계는 유동적이라고 주장한다. 그러나 이러한 두 가지 차이는 좀 더 본질적인 정체성(a more fundamental identity)을 숨기고 있다. 양자 모두 사람(the person)이 자신의 목적들에 우선한다는 점을 받아들인다. 그들은 자아의 경계를 사람 안 어디에 그려야 할지에 대해서는 의견의 불일치를 보인다. 그러나 만약 이러한 문제 제기가 진정으로 의미 있는 질문이라면, 그것은 정치철학이 아닌 마음의 철학(philosophy of mind)의 문제가 된다. 왜냐하면, 사람이 그의 목적들을 재검토할 수 있다는 점을 인정하는 한–그 목적들이 그 사람의 자아를 구성한다고 해도–, 그는 공동체주의 정치를 정당화하는데 실패하기 때문이다. 그는, 잠재적으로 최상의 삶을 이끌어 나아가는데 불가피한 부분인 그런 재검토에 적합한 조건들이, 개인들에게 주어져선 안 되는 이유를 보여주는 데 실패했다. 그리고 이러한 조건들 중에서도 개인의 독립성에 대한 자유주의의 보장이야 말로 자유로이 결단을 내리는데 있어 필수적이어야 한다. 샌들은 자신이 공동체주의 정치를 옹호하는데 사용한 인간관에 내재한 모호함을 악용한다. (자기 발견이 결단을 대체한다는) 강한 주장은 설득력이 떨어지고, (자아의 목적에 의해 구성된 자아라고 하더라도 재구성될 수 있다는) 약한 주장은, 매력적

이기는 하지만 스스로를 자유주의적 견해와 구별 짓는데 실패한다.[13)]

자유주의는 우리가 우리의 사회적 역할 속에 각인되는 방식을 무시한다고 샌들은 말한다. 그는 우리들이 '자기를 해석하는 존재들'(self-interpreting beings)로서, 이러한 구성적인 연루관계(constitutive attachments)의 의미를 해석할 수 있다고 강조한다(Sandel 1984a: 91). 문제는 만약 우리가 이러한 연루관계들을 사소하거나 저급하다고 간주하게 된다고 해서, 우리가 그 연루관계들을 전적으로 거부할 수 있느냐 하는 것에 있다. 공동체주의의 한 해석에 따르면, 우리는 그렇게 할 수 없으며 그렇게 해서도 안된다. 이러한 견해에서 보면, 우리는 이들 연루관계들을 선택하지도 않으며 거부하지도 않는다. 오히려 우리는 그것들 속에서 우리 자신을 발견한다. 우리의 목표들은 선택이 아닌 자기 발견에 의해서 생겨난다. 일부일처제의 이성애(monogamous heterosexual) 결혼 생활을 하는 기독교도 주부(Christian housewife)는 기독교도가 된다는 것이나 주부가 된다는 것의 의미를 해석할 수 있다—그녀는 이러한 공유된 종교적, 경제적, 성적 관습들의 의미를 해석할 수 있다. 그러나 그녀는 결코 이러한 공유된 종교적, 경제적, 성적 관습들을 떠나서, 자신이 기독교도나 주부가 되는 것을 원치 않는다는 결정을 내릴 수는 없다는 것이다. 나는 나 자신에서 발견한 역할들의 의미를

13) 나는 샌들의 저작들에 초점을 맞춰 왔지만, 자아에 대한 공동체주의 이론들에 내재하는 동일한 모호성은, MacIntyre 1981: 200~206과 Taylor 1979: 157~160에서도 역시 발견된다. 이들 저자들에 대한 논의는 Kymlicka 1989a: 56~57을 보시오. 자아에 대한 롤즈의 견해가 우리의 자기 이해를 방해한다는 샌들의 주장이 호소력을 지니게 되는 상당 부분은 롤즈가 사람들을 본질적으로 형해화된 존재로 간주한다는 추가적 주장과 결부되어 있다. 샌들에 따르면, 사람들이 자신들의 선천적 재능을 사용함으로써 발생하는 보상에 대하여 권리를 부여받았다는 점을 롤즈가 부인하는 이유는, 그가 선천적 재능이 우리의 인격 정체성의 본질적 부분이라는 점을 부인하고, 그것을 자아의 구성 요소가 아니라 단순한 소유물로 보기 때문이다(Sandel 1982: 72~94; Larmore 1987: 127). 그러나 이는 잘못된 해석이다. 사람들이 자신들의 선천적 재능의 행사의 결과물에 대한 자격을 부여받았다는 점을 롤즈가 거부하는 이유는, 그 누구도 천부적 행운을 받을 자격을 갖고 있지 않기 때문이다. 즉, 타인보다 더 많은 선천적 재능을 받을 자격을 가진 사람은 아무도 없다(제3장 제2절). 이러한 입장은 선천적 재능이 자아의 구성 요소라는 주장과 전적으로 일관될 수 있다. 선천적 재능이 자아를 구성한다는 사실이, 곧바로, 재능이 많은 아이가 평범한 아이보다 더 많은 재능을 부여받아 누릴 수 있는 마땅한 이유를 보여주지 않는다. 많은 자유주의자들은 우리의 모든 선천적 특성이 자아의 구성요소라는 점을 받아들이지 않을 것이며(예컨대 Dworkin 1983: 39), 나 자신도 어디에서 이 선을 그려야 할지가 확실치 않다(제4장 제5절). 그러나 우리가 이 선을 어디에 그리든지, 우리가 본질적으로 *신체적으로 구현되는(physically embodied)* 방식들은 우리가 *사회적으로 각인되어 있는(socially embedded)* 방식들에 대한 샌들의 생각을 지지하지 않는다.

해석할 수는 있지만, 그 역할들 자체 혹은 그것의 내부에 있는 목표들이 가치가 없다면서 거부할 수 없다. 이러한 목표들은 한 인간으로서의 나를 구성하므로, 내 인생에서 무엇을 해야 할지를 결정함에 있어 그것들을 주어진 것으로 받아들여야 한다. 내 인생의 선에 대한 의문은 단지 그것들의 의미를 어떻게 하면 가장 잘 해석할 수 있을지에 대한 질문이 될 수 있다. 나에게 그러한 목표들이 아무 가치가 없다고 말하는 것은 이치에 맞지 않는데, 그 이유는 그것들 너머에 '내'가 서 있을 수 없다는 것, 즉 이들 구성적 연루관계에 우선하는 자아란 존재할 수 없기 때문이다.

이러한 견해를 일관되게 고수하는 공동체주의자들이 있는지는 확실치 않다. 우리는 우리가 그 안에서 우리 자신을 발견하는 역할들의 의미에 관한 질문들 뿐만 아니라, 그것들의 가치에 관한 질문들도 이해하려 하며 이해 할 수 있기 때문에, 그러한 견해는 설득력이 떨어진다. 아마도 공동체주의자들은 그것을 부인하려 들지는 않을 것이다. 아마도 우리의 각인됨(our embeddedness)이라는 그들의 생각은, 그렇다면, 우리가 속해 있는 연루관계에 대한 우리들의 거부와 양립할 수 없는 것은 아니다. 그러나 그렇게 되면 자유주의적 견해와 공동체주의적 견해를 의도적으로 대비시키는 것은 기만이 된다. 왜냐하면 공동체주의자들이 우리를 공동의 역할들 속에 각인되어 있다고 본다는 의미는 우리가 그것들로부터 독립적인 존재라고 보는 자유주의적 견해의 의미를 수용하고 있으며, 실천적 추론을 '자기발견' 과정으로 바라보는 공동체주의적 견해의 의미는 실천적 추론을 선택과 결단의 과정으로 보는 자유주의적 의미 또한 수용하게 되기 때문이다. 양자 간의 차이는 단순한 의미론상의(semantic) 차이가 될 것이다. 또한 일단 우리가 개인들이 공동체의 생활방식의 가치에 대해 의문을 제기하고 그것을 거부할 수 있다는 점에 동의하면, '공동선의 정치'를 빌미로 해서 그러한 문제 제기를 방해하는 시도는 사람들의 자기결정에 대한 부당한 제약으로 여겨질 것이다.

7. 자유주의의 첫번째 공동체주의 수용: 정치적 자유주의

따라서 나는 합리적 수정가능성(rational revisability)에 대한 자유주의의 믿음에 가해진 공동체주의의 비판에 대답할 수 있다고 생각한다.[14] 서구 민주주의의 대부분의 시민들에게 공동체주의의 각인된 자아(the embedded self)라는 개념은 설득력 있는 개념이 아니다. 따라서, 많은 자유주의자들이, 적어도 부분적으로는 공동체주의적 관점을 수용하고, 나아가서 공동체주의적인 자아관을 받아들이는 사람들도 역시 (재구성된) 자유주의의 입장을 수용할 수 있다는 것을 보여주려 시도한다는 사실은 놀라울 수도 있다. 나는 아래에서-'정치적 자유주의'(political liberalism)라고 알려진-자유주의의 이러한 개혁에 대해 논하려고 한다.

자유주의자들은 공동체주의자들의 가장 광범위한 형태의 비판을 거부하지만, 많은 자유주의자들이 진지하게 받아들이는 좀 더 국한된 형태의 주장이 있기는 하다. 공동체주의자들은, 이 같이 좀 더 약한 버전에서, 합리적 수정가능성에 대한 자유주의의 입장은, 본래적으로 '공허하다'거나 '일관성이 없다'는 것과는 동떨어져 있고, 실제로 많은 아마도 대부분의 시민들에게는 거부하기 어려우며 매력적일 것이라는 점을 받아들인다. 그러나 그들(약한 형태의 공동체주의자들)은 그것을 모든 시민들이 받아들이지는 않을 것이라고 주장한다. 비록 각인된 자아라는 공동체주의적 개념이 사람들이 그들의 목적들과 어떻게 연결되어 있는지에 대한 일반적 설명으로서는 틀렸다고 하더라도, 그럼에도 불구하고 그것은 일부 사람들이 자신들을 바라보는 방식에 대한 정확한 묘사일지도 모른다.

근본주의적인 종교 집단들이나 고립된 인종문화적 소수자들(ethnocultural minorities)과 같이 강경한 전통주의자 집단들의 구성원들을 떠올려 보자. 그러한 집단들은 자율성에 대한 자유주의의 강조에 의해 자주 위협을 느낀다. 자신의 구성원들이 다른 생활방식을 알게 되고 그것들을 이해하고 평가할 수 있는 인지적 및 감정적 능력을 갖추게 되면, 많은 사람들이 전승된 본래의 생활방식을 거부할 것을 선택해서 그 집단을 약화시키는 일이 일어날까봐 두려워한다. 이러한 상황을 방지하기 위해서, 근본주의적 집단이나 고립된 집단은 합리적 수정가능성을 위한 능력을 개발하고 행사할 기회를 최소화하는 방식으로 자신의 아이들을 양육하고 교육시키기를 바랄 것이다.

---

14) 나는 합리적 수정 가능성이라는 용어를 Buchanan 1975에서 가져왔다.

이러한 집단의 목표는 그 집단의 구성원들이 정말로 그 집단 안에 확실히 '각인 되어', 그로부터 떠나는 것을 생각하거나 떠나는데 성공하지 못하도록 만드는데 있다.

예컨대, 종교적이나 인종적으로 소수자인 일부 집단은 여자 아이들이 받는 교육 수준에 제약을 가하거나, 전통적이지 않은 생활방식에 관해 가르치는 수업으로부터 아이들을 격리시켜 놓기를 바란다. 다른 집단들은 사유재산의 소유를 금지하므로, 그 집단을 떠나는 모든 사람은 완전한 빈곤에 빠지게 된다. 이 같은 조치는 그 집단 내에서 구성원들 개인이 전통적 관습에 의문을 제기하고 수정할 자유를 제약한다. 그것만으로도, 그러한 조치들은 개인의 자유나 자율성에 대한 자유주의의 헌신과 갈등하는 것처럼 보인다.

그래서 우리는 대부분의 사람들이 자신들의 목적들과 관계하는 방식에 대해서가 아니라, 특정한 전통주의적 집단들이 자신들을 어떻게 인식하는지에 대한 설명을 제공해 주는 좀 더 한정된 의미에서의 공동체주의의 비판을 정식화할 수 있다. 이는 공동체주의 입장의 주목할 만한 약화라고 할 수 있다. 왜냐하면 이 입장은 이제 시민들 가운데 단지 일부에만 관련되기 때문이다. 그러나 이것은 수많은 자유주의자들이 여전히 매우 심각하게 간주하는 문제를 제기한다. 자유주의 국가는 자율성을 중시하지 않는 비자유주의적(non-liberal) 소수 집단들을 어떻게 다루어야 하는가? 그러한 비자유주의적 단체들이 숫자상 상대적으로 얼마 안된다고 하더라도, 자유주의자들은 자율성에 관한 '우리의' 신념들을 그들에게 무턱대고 부과할 권리를 가지고 있는가?

만약에 비자유주의적인 소수자가 자신들의 전통주의적 생활방식을 다른 집단들에 강제로 부과하려 든다면, 아마도 대다수의 사람들은 이에 대한 국가간섭이 침범(aggression)에 대항하는 자기방어(self-defence)라는 명분으로 정당화될 수 있다는 점에 동의할 것이다. 그러나 그 집단이 타인들을 지배하는 데 관심이 없으며, 대신에 자신들의 전통적인 비자유주의적 규범들에 합치되게끔 자기 집단을 운영할 수 있도록 홀로 남겨지기를 원할 뿐이라면 어떻게 될까? 이런 경우, 자유주의적 가치들의 부과는 잘못된 것처럼 보일지도 모른다. 이러한 소수자들이 그들의 가치를 타인들에게 부과하려 들지 않는다면, 그들이 자신의 사회를 원하는 대로 조직하도록 허용해서는 안 되는가? 사실, 평화적인 인종적 소수자나 종교적 분파-이들은 그 집단 외부의 그 누구에게도 위협을 가하지 않는다—들로 하여금 자신들의 공동체를 개인의 자유라고 하는 '우리의' 자유주의 원칙들에 따라 재조직하도록 강요하는 것은 본질적으로 *불관용*(*intolerant*)이 아니란 말인가?

이는 어려운 질문들이며, 자유주의자와 비자유주의자들 사이에서 뿐만 아니라 자유주의 내에서도 중요한 쟁론들을 발생시켜 왔다. 왜냐하면 관용 그 자체가 자유주의의 근본 가치이기 때문이다. 그렇지만 개인의 자유라든지 자율성을 증진시키는 것은 비자유주의적(illiberal) 집단들에 대한 불관용을 필연적으로 수반하는 것 같다.

자유주의자들 사이에서도 자율성이나 관용이 자유주의 이론 안에서 근본적 가치인지에 관한 광범위하며 수많은 논쟁들이 존재한다. 이러한 대비는 다양한 방식으로 묘사된다—'포괄적'(comprehensive) 자유주의와 '정치적'(political) 자유주의 사이의 대비(Rawls 1993a; Moon 1993)라든지, '계몽'(Enlightenment) 자유주의와 '개혁'(Reformation) 자유주의 사이의 대비(Galston 1995), 혹은 '칸트적' 자유주의와 '잠정적 합의(modus vivendi)로서의' 자유주의 사이의 대비(Larmore 1987) 등이 그러한 사례이다. 이러한 모든 대비 저변에는 유사한 관심사가 있다—즉, 자유주의적 국가들의 경계 안에는 개인의 자율성을 중시하지 않는 많은 집단이 존재하며, 그 집단들은 자신들의 구성원들이 전통적 관습들에 대해 의문을 제기하고 의견을 달리할 수 있는 능력을 제약한다는 점이 그것이다. 자유주의적 이론의 기반을 자율성에 두게 되면, 이러한 집단들을 소외시키고 자유주의적 제도들에 대한 이들의 충성심을 약화시킬 위험이 있다. 반면에, 관용에 기반한(tolerance-based) 자유주의는 정부의 정당성을 위한 좀더 안전하며 넓은 기반을 제공할 수 있다.

'정치적 자유주의'의 이 같은 새로운 이론들은 '공동체주의적인' 소수 집단들을 포용하려는 성실한 시도를 반영한다. 그러나 나는 그런 이론들이 자유주의 원칙들과 비자유주의적 집단들 사이의 잠재적 갈등들을 제거하거나 해소하기보다는 얼버무려 버린다고 생각한다.

이것을 살펴보기 위해서, 우리는 관용이라는 개념을 검증해 볼 필요가 있다. 실제로 자유주의와 관용은 역사상으로도 개념상으로도 밀접히 연관되어 있다. 종교적 관용의 발전은 자유주의의 역사적 뿌리들 가운데 하나였다. 서구에서의 종교적 관용은 끝없는 종교전쟁으로부터 유래되었다. 즉, 안정적인 헌정질서는 공유된 종교적 신념에 의존할 수 없다는 사실에 대한 신교와 구교 양측 모두의 인정에서 종교적 관용이 발생했다. 롤즈에 따르면, 자유주의자들은 이러한 관용의 원칙을 '인간 삶의 의미, 가치, 그리고 목적'에 관한 다른 논쟁적인 문제들로 확장해 왔다고 한다(Rawls 1987: 4; 1985 249; 1993a: xxviii).

그러나 자유주의가 진실로 종교적 관용의 원칙의 확장이라고 여겨질 수 있으려면, 서구에서의 종교적 관용이 구체적인 형태—즉, 개인의 양심의 자유라는 생각—를 띠고 있었다는 사실을 인정하는 것이 중요하다. 자기 종교를 자유롭게 예배하고 전도하며 변경하거나 전적으로 포기하는 것은, 이제 모두가 하나의 개인의 기본적 권리가 되었다. 개인들이 이러한 자유를 행사하는 것을 제약하는 일은 인권에 대한 근본적인 침해로 여겨진다.

자유주의적이지 않은 종교적 관용의 형태들도 존재한다. 그것들은 비자유주의적 방침을 포함하여, 각각의 종교적 집단이 스스로 적합하다고 여기는 대로 공동체를 자유롭게 조직할 수 있어야 한다는 생각에 기반하고 있다. 예를 들면, 오토만제국의 '밀렛 시스템'(millet system)하에서 이슬람교도들과 기독교도들 그리고 유대인들 모두는 자치 단위(혹은 밀렛)로서 인정되었고, 자신들의 구성원들에게 제약적인 종교법을 부과하는 것이 허락되었다. 14세기부터 15세기까지 중동, 북아프리카, 그리스 그리고 동유럽 대부분을 정복했던 이슬람교도였던 오스만 투르크는, 그렇게 함으로써, 많은 유대교 신민과 기독교 신민들을 얻게 된다. 신학적 및 전략적으로 다양한 이유로 인해서, 오토만은 이러한 소수자들이 자신들의 종교 행사를 행하는 것을 허락했을 뿐만 아니라, 순전히 이들 내부의 문제들에 있어서는 자신들의 법전과 법원을 가지고 자신들을 다스리는 보다 일반적인 자유를 허락했다. 약 5세기 동안, 즉 1456년부터 제1차 세계대전으로 제국이 붕괴될 때까지, 세 개의 비이슬람 소수자들은 자치 공동체—그리스 정교, 아르메니안 정교, 그리고 유대교—로서 공식적인 승인을 받았다. 각각의 자치 공동체는 다양한 지역 행정 단위들로 좀 더 세분화되었으며, 대체로 인종이나 언어에 기반하고 있었다. 각각의 밀렛은 적절한 교회 지도자(우두머리 랍비 그리고 그리스 정교와 아르메니안 정교의 총주교)에 의해 지도를 받았으며, 특히 가족 지위에 관한 문제에 대한 각각의 종교 집단의 법적 전통과 관습은 그 집단의 구성원들이 제국 어디에 거주하더라도 존중되었으며 시행되었다.

기독교도와 유대교의 밀렛들은 자신들의 내적 업무들을 관리함에 있어 자유로웠지만, 지배자인 이슬람교도들과 이들의 관계는 엄하게 규율되었다. 특히 비이슬람교도들은 개종을 할 수 없었다. 그러나 이러한 한계 내에서, 이들은 자신의 법률과 관습들에 따르면서 상당한 자치를 누릴 수 있었다. 교회나 유대 교회의 소유와 함께 예배에 관한 그들의 집단적 자유는 보장 받았으며, 자신들만의 학교를 운영할 수 있었다.

대체로 이 시스템은 집단 간의 차이에 대해 자비로웠고 관용적이었으며 상당히 안정적이었다. 그러나 그것은 어떠한 *개인적* 양심의 자유 원칙(any principle of *individual* freedom of conscience)도 인정하지 않았으므로 자유주의적 사회는 아니었다. 각각의 종교 공동체는 자치적이었으므로, 이러한 자치가, 정통적 종교의 실행을 포함해서, 종교적 원칙(religious principles)에 입각하여 유지되는 데에 있어 외부적 장애는 없었다. 따라서 각각의 종교 공동체 내에서 개인이 반대할 공간과 자기 신념을 바꿀 자유는 거의 혹은 전혀 없었다. 이슬람교도들이 유대인을 탄압하려고 시도하지 않았고 유대인들도 그러했던 반면에, 그들은 자신들의 공동체 내에서 이단자들(heretics)을 탄압했다. (이슬람 교리에 대한 정통의 해석에 의문을 제기하는) 이단(heresy)과 (자신의 종교적 신념을 포기하는) 배교(apostasy)는 이슬람교도 공동체 내에서 처벌되어야 하는 범죄였다. 개인의 양심의 자유에 대한 제약은 유대교 공동체와 기독교 공동체에서도 마찬가지로 존재했다.

밀렛 시스템은 사실상 신정 연방(federation of theocracies)이었다. 그것은 매우 보수적이며 가부장적인 사회였으며, 로크로부터 칸트와 밀에 이르는 자유주의자들이 지지해 왔던 개인적 자유의 이상들에 반(反)하는 사회였다. 개인이 교회의 교리에 대해 의문을 제기하거나 거부할 자유에 대한 상당한 제약들이 존재했다. 오토만은, 지배적인 종교가 다른 종교들과 기꺼이 공존하려 했다는 의미에서, 종교적 관용의 원칙을 받아들였다. 그러나 이러한 의미의 종교적 관용과는 아주 다른 개인적 양심의 자유의 원칙은 받아들이지 않았다.

일부 전통주의적 소수자들은 오늘날 '관용'의 이름으로 밀렛 모델의 변종들을 요구해 왔다. 그러나 이는 자유주의자들이 역사적으로 지지해 왔던 종류의 관용이 아니다. 따라서 자유주의자들이 관용을 믿는다고 말하는 것만으로는 충분치 않다. 어떤 종류의 관용을 믿는지가 문제이다. 자유주의자들은 역사적으로 관용에 대한 구체적인 관념—단순히 집단적인 예배의 자유가 아니라 개인의 양심의 자유를 포함하는—을 믿어 왔다. 자유주의적인 관용은, 국가에 의해서 집단들이 박해받지 않을 권리뿐만이 아니라 개인들이 자신이 속한 집단에 반대할 수 있는 권리도 보호한다. 이러한 관용 개념은, 비자유주의적인 국가권력이 집단적 예배의 자유를 제약하는 것뿐만 아니라, 비자유주의적 집단의 권력이 그 집단의 구성원들의 자유를 제약하는 것 역시 제한한다.

내가 생각하기에, 이것은 자유주의자들이 역사적으로 자율성과 관용을 동전의 양면으로 여겨 왔다는 사실을 보여준다. *자유주의적 관용*(liberal toleration)을 고유하게 만드는 것은 다름 아닌 자율성—즉, 개인들은 그들의 현존 목표들을 합리적으로 평가하고 잠재적으로 수정할 수 있게끔 자유로워야 한다는 생각—에 대한 자유주의의 확고한 신뢰이다(Mendus 1989: 56).

그러나 일부 집단들이 자율성에 가치를 부여하지 않는다면, 자율성에 대한 자유주의의 역사적 확신이 우리의 다원주의적 사회의 정부를 위한 근거로서 받아 들일만 한가? 자유주의자들은 그러한 집단들을 포용할 수 있는 자유주의 이론을 위한 대안적 근거를 찾으려는—즉 비자유주의적 집단들에 대해서 보다 너그러운 관용의 형태를 찾는—노력을 해야 하는가?

많은 자유주의자들이 그러한 대안에 대한 탐색을 시작했다. 롤즈 자신도, 가장 최근의 저술에서, 자신의 목표들이 잠재적으로 수정가능하다고 생각하지 않는 일부 사람들도 있으며, 따라서 이것에 기반해서 자유주의 제도를 옹호하는 것은 '분파적'(sectarian)이라는 근거로, 자율성에 대한 확고한 신뢰로부터 물러서고 있다(1987: 24; 1985: 246).[15] 이런 반론은, 심지어 자신들의 목적들로부터 물러서거나 그것들을 평

15) 롤즈의 새로운 접근방식의 가장 충실한 설명은 『정치적 자유주의』(Political Liberalism)라고 불리는 1993년에 나온 그의 책에 나와 있다. 롤즈는 이 새로운 접근방식이 자유주의에 대한 공동체주의의 비판에 대하여 대응할 필요성 때문에 이루어진 것은 아니라고 하지만, 그것이 사실상 공동체주의의 우려들에 대한 응답으로 자신이 생각하고 있다는 점을 명백히 하고 있다.

가할 수 있다는 생각을 거부하는 사람들에게 조차 호소력이 있도록 자유주의를 재구성하기를 바라는 다른 이론가들에 의해서, 반향을 불러 일으켰다(Larmore, 1987; Galston, 1991; Moon, 1993).

이처럼 재구성된 자유주의는 '정치적 자유주의'(political liberalism)라는 개념으로 주로 알려져 있다. 이는 자율성의 가치에 호소하는 '포괄적 자유주의'(comprehensive liberalism)에 대비되는 개념이다. 롤즈에 따르면, 이러한 재구성이 자신의 원래 이론의 근본적 결론을 변화시키지는 않는다고 한다. 그는 여전히 자신의 두 가지 정의의 원칙을 지지한다. 즉, 그것은 모든 사람에게 평등한 기본적 자유를 최대한 광범위하게 보증하는 자유의 원칙(the liberty principle)과 함께, 불평등이 최소수혜자들의 이득을 위해 작동하는 경우를 제외하고는 자원들을 평등하게 분배할 것을 요구하는 차등원칙(the difference principle)이다(제3장 제1절을 보시오).

롤즈가 변화시킨 것은, 그렇지만, 이러한 두 원칙에 대한 논증, 특히 자유의 원칙에 대한 자신의 논증이다. 좀 더 정확하게 말하자면, 이제 그는 기본적 자유들의 보호(the protection of basic liberties)를 옹호하는 데에는 몇가지 상이한 논증들이 있다는 점을 보여주고자 한다. 즉 일부는 자율성의 가치(the value of autonomy)에 호소하지만, 일부는 그렇지 않다는 것이다. 이러한 상이한 논거들은 사회내의 상이한 집단들에게 호소력을 지니게 될 것이며, 그렇게 해서 최종적으로 이르게 되는 것은, 상이한 근거들에도 불구하고, 기본적 자유들을 지지할 필요성에 대해서 우리 모두는 동의한다는 '중첩적 합의'(overlapping consensus)이다.

이 '중첩적 합의'라는 개념을 설명하기 위해서, 롤즈는 양심의 자유(freedom of conscience)라는 문제를 선택한다. 그는 양심의 자유에 대한 두 가지 중요한 주장을 구별한다. 첫번째 주장에서, 종교적 신념은 '숙고적 이성(deliberative reason)에 부합하여 *수정이 가능한(subject to revision)*것으로 간주된다.' 그리고 '우리의 현재 생활방식의 모든 측면이 우리에게 가장 합리적이라고 확신할 수 없으며, 중요한 수정은 아니라고 해도 최소한 사소한 수정이 필요치 않으리라고 확신할 수 없기' 때문에 우리는 양심의 자유를 필요로 한다(Rawls 1982b: 25~29, 강조-필자). 이는 기본적 자유에 대한 익히 알려져 있는 자유주의적 주장으로서, 합리적 수정가능성의 개념에 그 뿌리를 두고 있다. 이 주장에 따르면, 종교적 자유가 필요한 것은 우리의 신앙관을 합리적으로 평가하고 잠재적으로 수정할 수 있도록 하기 위해서이다. 두 번째 주장에서, 종교적인 신념은 '*주어지고 단단하게 고착된 것*(*given and firmly rooted*)으로 간주되며', 사회는 '각각이 마치 타협불가능할 것 같은 그러한 관념들의 다원성'을 함유하고 있기 때문에 우리는 양심의 자유가 필요하다. 두 번째 주장은 개인에 대한 공동체주의적 견해를 받아들이지만, 우리 모두는 상이하며 서로 경쟁하는 종교적 집단들 속에 연루되어 있으므로, 우리는 양심의 자유라는 형태로 종교적 자유의 원칙을 받아들일 필요가 있다고 말한다.

롤즈는 이러한 두 주장이 '동일한 결론을 지지한다'고 생각한다(1982b, 29)−예를 들면, 선관의 *다원성*(the *plurality* of conceptions of the good)을 인정하는 것은, 각각의 선관이 고정되어 있으며 합리적 수정 가능성 너머에 존재하는 것으로 간주하는 것인데, 각각의 개인들의 선관의 *수정가능성*을 수용하는 것과 마찬가지로 개인적 자유에 대해 동일한 함의를 지닌다는 것이다. 따라서 공동체주의자들과 자유주의자들은 양심의 자유에 대하여 중첩적 합의를 발전시킬 수 있다. 그는 이러한 접근방법이 결사, 언론, 성(sexuality)의 자유들(freedoms)을 포함하는 여타 기본적 자유들(basic liberties)에도 일반화 될 수 있다고 생각한다.

롤즈에게 이 같은 중첩적 합의는 단순한 전략적 화해(strategic compromise)가 아니라 원칙적 합의(principled agreement)가 되어야 한다는 사실을 언급하는 것은 중요하다. 중첩적 합의는 양측 모두가 자신들이 진실로 갈구하거나 믿고 있는 것을 상대에게 강요할 힘이 없기 때문에 받아들이는 '잠정적 합의'(modus vivendi)가 아니다. 자신들의 상이한 자아관에 호소하는 상이한 이유들이 있음에도 불구하고, 양측은 오히려 결과로 얻어지는 (양심의 자유 같은) 원칙들이 도덕적으로 정당하다고 받아들인다. 양측은 그것이 정당하다고 생각하기 때문에 그 합의는 안정적이며, 집단들 간의 힘의 균형의 유지에 의존하지 않는다. 만약에 사회에서 어떤 집단이 더 큰 힘을 얻는다 해도 그 합의를 깨기를 바라지 않을 것이다.

한마디로 말하자면, 그것은 롤즈의 전략이다. 나는 그것이 작동하리라고 생각하지 않는다. 종교적 자유를 위해서 롤즈가 밝혀 낸 두 가지 주장이 일부 사안들에서 동일한 결론을 지지한다는 점은 사실이다. 특히, 자유주의적 주장과 공동체주의적 주장, 양 입장 모두 지배적인 종교 집단이 자신의 신념을 소수의 종교 집단에 강요하는 일이 가능해지면 안된다는 결론을 지지할 것이다. 따라서 양자는 집단들 간의 관용의 원칙을 지지할 것이다. 그러나 두 주장은 개인의 양심의 자유라는 문제–예컨대 *각각의 집단 내에서(within each group)* 개별 구성원들이 자신들이 전수된 믿음에 대해 의문을 제기하거나 거부할 수 있는 자유–에 대하여는 동일한 결론을 지지하지 않는다. 예를 들면, 이단이나 개종 그리고 배교는 개인들로 하여금 합리적 수정가능성에 관여하도록 해주기 때문에 자유주의적 주장에서는 본질적 자유이다. 그러나 그것들은 사람들로 하여금 주어지고 고정된 것으로 간주되어야만 하는 전수된 믿음들에 대해 의문을 제기하도록 부추기기 때문에, 공동체주의적 주장에서는 무익하며 분열적인 방해가 된다.

롤즈의 목표가 중첩적 합의를 확실하게 하는 것이라면, 롤즈가 개종, 이단, 배교를 자유주의 사회에서 보장되는 기본적 자유의 목록에서 제외시키고, 공동체주의적 집단들이 이 같은 행위들을 그 구성원들에게 법적으로 금지시키는 밀렛 시스템과 유사한 체제를 세우는 것을 허용하는 것으로 기대하는 사람이 있을지도 모른다. 자유주의자들과 공동체주의자들은 다원주의 사회에서 국가가 모든 사람에게 단일한 생활방식을 부과하는 것을 금지시킬 필요에 동의할 수 있다. 따라서 각각의 종교 집단들이 자신들의 종교적 의식들과 관습들을 추구할 권리에 대해서도 동의할 수 있다. 그러나 그들은 각각의 집단 내부에서 개인들이 이 같은 의식과 관습들에 의문을 제기하는–예컨대 이단, 배교, 개종 행위와 관여하는 것 같은–자유는 동의하지 않을 수도 있다. 이러한 추가적인 자유들의 가치에 대한 중첩적 합의는 존재하지 않는다.

그러나 롤즈는 전통주의적인 공동체주의 집단들이 밀렛 시스템과 유사한 체제를 세우는 것을 허용하지 않는다. 양심의 자유에 대한 그의 정의는 완전히 자유주의적인 것으로서, 종교적 집단들 사이의 관용뿐만 아니라 개인들이 자신들에게 전승된 종교를 거부할 수 있는 권리 역시 보호한다. 실제로 그는 중첩적 합의의 핵심적 하나의 부분이 시민들이 선관을 '형성, 수정, 추구하는 도덕적 능력'을 가진다는 인식에 대한 동의라고 말한다. 이것은 사실상 정의감(a sense of justice)과 더불어 우리의 두 가지의 기본적인 도덕적 능력(our two basic moral powers)중의 하나이다. 롤즈에 따르면,

사람들은 이러한 두 가지의 도덕적 능력에 관해 동의할 필요가 있다고 한다. 그 이유는 이 두 가지 도덕적 능력이 정의의 두 원칙의 해석에 대한 문제들이 논쟁되고 해결되게 하는 공유된 틀을 제공하기 때문이다. 따라서 두 개의 도덕적 능력에 대한 합의는 중첩적 합의에서 핵심적인 부분이다. 이것은 공동체주의 집단들이 개인들은 선관을 추구할 능력뿐만 아니라 수정할 능력도 갖는다는 점을 수용하리라고 예상된다는 점을 분명하게 한다.

전통주의적 공동체주의 집단들이 개인적 양심의 자유와 함께, 선관을 형성하고 수정하는 우리의 도덕적 능력이 결부된 이상을 왜 받아들일 것인가? 롤즈는 이 질문에 두 개의 답변을 제시한다. 그것은 한편으로는 어떤 긍정적인 이점을 제공한다. 다른 한편으로 그것은 아무런 비용도 포함하지 않는다. 긍정적인 입장에서, 롤즈는 개인의 양심의 자유라는 강력한 권리만이 (공동체주의적인 종교 집단들을 포함하는) 작은 종교 집단들을 좀 더 큰 종교 집단들의 불관용으로부터 보호할 수 있다고 단호히 말한다. 롤즈는 '평등한 양심의 자유'가 없으면, 소수자의 신념들은 지배적 종교 집단들에게 박해를 받게 될 수 있다고 여러 곳에서 말한다(예를 들어 Rawls 1982b: 25~29; 1989: 251). 따라서 공동체주의적 집단의 구성원이 비록 자신들의 종교적 견해를 수정할 수 없는 것으로 생각한다고 해도, 여전히 그들은 타집단들의 박해로부터 자신들을 보호할 수 있는 최선의 혹은 유일한 방법으로써 개인의 양심의 자유를 지지할 것이다. 일단 우리가 종교의 다양성이 근대 다원적 사회들의 불가피한 일부—이것은 롤즈가 '다원주의의 현실'(the fact of pluralism)이라고 부른 것의 일부이다—라는 사실을 인정한다면, 개인의 시민적 자유들은 소수 종교를 보호하는 유일한 방법이다.

그러나 불행히도 이 같은 주장은 맞지 않다. 오토만 제국에서의 밀렛과 같은 사례는 각각의 단체 안에서 개인이 제기하는 이의에 대한 관용을 받아들이지 않고서도 단체들 사이의 관용을 확실하게 할 수 있다는 점을 보여준다. 따라서 공동체주의적인 소수자들은 양심의 자유가 자신들을 다수의 압제로부터 보호하는 하나의 방법이라는 점에 동의할 수도 있겠지만, 그것이 최선의 방법이라든지 유일한 방법이라는 점에 대해서 그들이 반드시 동의하지는 않을 것이다. 그들은 아마도 밀렛 모델을 선호할 것이며, 이것은 각각의 모델과 관련된 비용에 달려있을 것이다.

이것은 롤즈의 두 번째 주장으로 이끄는데, 이것은 좀 더 복잡하다. 롤즈에 따르면, 비록 공동체주의적 집단들이 개인의 양심의 자유에 대해 완전히 자유주의적인 권리를 긍정적으로 평가하지 않더라도, 그들은 그럼에도 불구하고 그것을 받아들일 수 있다. 왜냐하면 그것이 실제로 그들에게 해를 입히거나 그들의 생활방식에 간섭하지 않기 때문이다. 혹은 좀 더 정확하게, 수정가능성이라는 자유주의적 관념을 수용하는 것은, 우리가 만약 이 같은 자유주의적 관점을 제한된 특정한 *정치적* 문제들(certain limited *political* questions)에만 적용키로 분명히 하면, 그들의 생활방식에 간섭하지 않을 것이다. 우리가 우리의 선관을 형성하고 수정할 수 있다는 생각을, 이제 롤즈가 말하길, 우리의 공적 권리와 책임들을 결정하려는 목적에서만 채택된, 엄밀하게 말하면, '정치적 인간관'(a political conception of the person)이라고 한다. 롤즈는 그것이 삶의 모든 영역에 적용될 수 있는 자아와 자아의 목적들 사이의 관계에 대한 보편적 근거나 자아에 대한 우리의 가장 심도 있는 이해에 대한 정확한 초상으로 의도된 것이 아니라고 주장한다. 반대로 사생활에서는, 어떤 사람들의 개인적인 정체성이 합리적 수정을 배제하는 것과 같은 방식으로 특정한 목적들에 구속되리라는 것은 상당한 가능성이 있는 일이다. 공적인 삶에서의 정치적 관념으로서 자유주의를 수용한다고 해서, 그것이 공동체주의자들이 각인된 자아 안에 있는 자신들의 믿음이나 사적인 삶에서의 구성적인 목적들을 포기하기를 요구하지 않는다. 롤즈가 언급한 것처럼,

> 시민들이 자신의 개인적 일이나 그들이 속한 결사체의 내부 생활에서, 정치적 관념이 관여하는 방식과는 매우 다르게 그들의 최종 목적과 애착을 간주한다는 사실을 강조하는 것은 핵심적이다. 주어진 어떤 시점에서, 시민들은 그들의 순수한 합리적 선에 대한 관점으로부터 물러서고 객관적으로 평가하지도 않았을 것이며 실제로 그럴 수도 없으며 그래서도 안된다고 믿는 애정, 헌신, 충성심을 가질 수도 있으며 통상적으로 이러한 것들을 갖는다. 그들은 아마도 자신들을 특정한 종교적, 철학적, 도덕적 확신이나 지속되고 있는 특정한 애착이나 충성심으로부터 분리될 수 있다고 생각하는 것은 불가능하다고 생각할 수도 있다. 이러한 확신과 애착은 우리가 '비공적 정체성'(nonpublic identity)이라고 부를 수 있는 것의 일부이다(Rawls 1985: 241).

따라서 롤즈는 어떤 사람들이 자신들의 사생활에서 자신들의 종교적 헌신이 수정가능하지 않다고(non-revisable) 볼 수 있음을 인정한다. 그는 단지 정치적 맥락에서, 사람들이 그와 같은 '구성적인' 목적들의 잠재적인 존재를 무시하도록 요구한다. *시민들*로서 모든 사람은, 자신들을 선관을 형성하고 수정하는 능력에 대해 '최고 순위의 관심'(highest-order interest)을 가지고 있는 것으로 간주한다. 비록 *사적 개인*들로서 자신이 그런 능력을 가지고 있다거나 중요시한다고 보지 않는 사람이 있다고 해도 그러하다. 롤즈의 자율적 인간 개념은, 그것이 비록 그들의 '비공적 정체성'(non-public identity)을 묘사하지는 못할지라도, 사람들이 그 속에서 시민들로서 자신들의 권리와 책임들을 논의하는 공적인 정당화의 언어(language of public justification)를 제공한다.

따라서 롤즈는 자신의 '정치적 자유주의'를 존 스튜어트 밀의 '포괄적 자유주의'와 구분한다. 밀은 사람들이 정치적 삶에 한정되지 않고 삶의 모든 영역에서 물려받은 사회적 관습들의 가치를 평가할 수 있어야 한다고 강조했었다. 사람들은 사회적 관습이 단지 관습적이라는 이유 때문에 복종해선 안된다. 그것들이 충성할 가치가 있을 때에만 복종해야 한다. 각각의 개인은 이러한 가치가 '그 자신의 환경과 성격에 적절하게 적용가능한지'의 여부에 대해서 스스로 결정할 수 있어야만 한다(Mill 1982: 122). 사회적 관습들에 의문을 제기하고 수정하는 사람들의 권리에 대한 밀의 주장은 정치적 영역에만 한정되지 않는다. 실제로 밀은 사람들이 자신들의 일상적인 개인의 삶에서 맹목적으로 대중적 경향들이나 사회적 관습들을 따르는 것을 가장 염려하고 있었다. 따라서 밀의 자유주의는 인간의 행위에 전반적으로 적용되며 '우리의 사고와 행위를 전체적으로 근거 있게 판단하는 것'을 염두에 둔 합리적 반성의 이상(an ideal of rational reflection)에 기반하고 있다(Rawls 1987: 6).

롤즈는 공동체주의적 집단들의 구성원들이 인간의 사고와 행위를 일반적으로 관장하는 원칙으로서의 자율성에 대한 밀의 생각을 받아들이지 않으리라는 것을 우려한다. 그렇지만, 그에 의하면, 자율성의 이념이 정치적 맥락들에 국한된다면, 그러한 사람들도 자신들의 비공적 정체성을 상당히 다양한 방식으로 자유롭게 간주할 수 있게 허용하기 때문에, 자율성의 이념을 수용할 수 있을 것이라고 한다. 사람들은 '자유주의와 결부된 포괄적인 도덕적 이상들, 예컨대 자율성과 개별성이라는 이상들에 대하여, 그들 인생의 다른 부분들에서는 헌신적 지지를 하지 않고서도' 그의 정치적 개념을 수용할 수 있다고 한다(Rawls 1985: 245).

우리의 비공적 정체성에 대한 롤즈의 설명은 샌들이 옹호하는 공동체주의적 자아관에 가깝다. 그리고 실제로 롤즈의 '정치적 자유주의'를 이해하는 한 가지 방법은, 롤즈에게서는 사람들은 사적인 삶에서는 공동체주의자가, 공적인 삶에서는 자유주의자가 될 수 있다고 말하는 것이다.

이것은 공동체주의적 집단들과 자유주의를 화해시키기 위한 정교한 전략이지만, 나는 그것이 성공적이라고 생각하지 않는다. 정치적 자유주의를 채택해도 공동체주의적 집단들에게는 비용부담이 없을 것이라는 롤즈의 가정은 공과 사의 매우 날카로운 구분에 의존하고 있다. 공적으로는, 공동체주의적 집단들의 구성원은 그들이 자율성을 위한 능력(the capacity for autonomy)을 중요시하는 것처럼 행동해야 하지만, 이런 능력을 사실상 중시하지 않는 사람이라면 사적인 삶에서 그러한 능력을 행사하는 것을 그만둬 버릴 수 있다. 정치적 자유주의가 사람들에게 그들의 목적을 합리적으로 평가하고 수정할 권리를 주기는 하지만, 사람들이 그렇게 하도록 강제하지는 않는다. 자신들의 목적이 수정 가능하지 않다고 보는 이러한 사람들은, 사적인 삶에서 계속해서, 이런 방식으로 생각하고 행동할 수 있다. 누군가의 목적들에 대해 의문을 제기할 수 있는 법률적 권리의 존재 그 자체로는 그러한 권리의 실제적인 행사를 요구하지도 장려하지도 않는다. 따라서 자율성에 대한 이 같은 견해가 종교적 소수자들의 자기 이해와 갈등을 일으킨다 하더라도, 정치적 목적들을 위해서 그러한 견해를 받아들이는 데에는 비용이 들지 않는다. 그것은, 자신들의 전통적 관행과 관습을 수정가능하지 않은 것으로 간주하고, 이러한 관점에 따라 사적 생활에서도 이를 추구하도록 함으로써, 공동체주의적 집단의 능력을 손상시키지 않는다는 것이다.

그러나 비록 수정 가능성을 순수하게 정치적인 개념으로 받아들인다고 해도, 불가피하게 사적인 삶으로 '흘러 넘치는'(spillover) 효과들을 낳으며, 이러한 효과들은 공동체주의적 집단들에 심각한 비용을 부과한다는 점이 문제다(Tomasi 2001). 여기에는 사실상 두 가지 잠재적 문제가 있다. 하나는 시민적 자유와 관련된 것이고 다른 하나는 자원들의 분배와 관련된 것이다. 나는 차례로 이 두 개의 문제점에 대해 살펴보려고 한다.

첫째, 자유주의적 국가가 사람들에게 사적인 삶에서 합리적 수정가능성에 관여할 수 있도록 요구하거나 장려하지 않는다는 것은 사실이지만, 공동체주의적 집단들이 반대할 수도 있는 방식들로 수정가능성을 *가능케*할 수 있다. 내가 앞에서 말했듯이, 일부 공동체주의적 집단들은 배교, 이단, 개종에 대한 법률적 금지를 좋아할 것이라는 지점에서부터 시작해보자. 그들은 배교, 이단 및 개종과 같은 것은 사람들의 구성적 목적을 위태롭게 한다고 생각한다. 롤즈는 이러한 법적 금지를 배제시킨다. 그러나 그는 이러한 자유들에 대한 (법적) 금지가 가능한 선택이 되어서는 안 되는지에 관해서 그러한 집단들에게 그 어떤 이유도 제시하지 못하고 있다. 게다가, 이러한 자유들은 사문화된 법률들(remote laws)의 형태로 쓰인 단순한 형식적 권리들로 남아있지 않다. 자유주의 국가는 이러한 권리들이 사람들에게 실제로 확실히 이용될 수 있도록 다양한 노력들을 한다.

예를 들어, 롤즈 자신이 강조하고 있듯이, 자신들의 목적을 수용하는 것을 포함하여, 이러한 기본적 권리들을 모든 사람에게 알 수 있도록 해주는 것이 자유주의 국가에서는 핵심적인 일이다. 사람들은 배교, 이단, 개종이 범죄가 아니라는 사실을 알아야만 한다. 사람들은, 만약 누군가가 그것들을 막으려고 하면, 어떻게 자신들의 권리들을 강력하게 주장할 수 있는지에 대해서도 알아야 한다—즉, 그들은 경찰이나 법원에 어떻게 접근할지에 대해 알아야만 한다. 배교나 이단을 '생각조차 할 수 없는'(unthinkable) 개념으로 만들려 하는 그러한 전통주의적 소수자들에 대해서 이것은 그 자체로도 커다란 타격이다.

좀 더 중요하게, 자유주의 국가들은 또한 개인들이 실제로도 이러한 권리들을 행사할 수 있는 개인적 능력을 확실하게 가질 수 있도록 하는 조치를 취한다. 예컨대, 자유주의적 국가는 아이들이 다양한 생활방식들을 평가하는데 필요한 인식적 및 상상적 기술들(cognitive and imaginative skills)을 배우고 자신들의 원래 공동체 밖에서 살아남기를 바랄 것이다. 이것은 자유주의 사회에서의 교육의 기본적 목표들 가운데 하나이다. 게다가, 자유주의 국가는 수정가능성이라는 권리를 행사하는데 소요되는 댓가가 (너무 커서) 사실상 금지나 마찬가지가 되지 않게끔 확실히 하는 것 역시 바란다. 예컨대, 자유주의 국가는 공동체주의적인 종교 집단들이 이탈에 대한 과도한 수많은 장애들을 설치하여 사람들을 그 집단내에 사실상 구금시키는 것과 같은 상태에 이르지 못하도록 확실히 보장하기를 바랄 것이다.

캐나다의 호퍼 대 호퍼(Hofer v. Hofer) 판례를 살펴보자. 이 사례는 후터파 교회가(the Hutterite Church) 그 구성원들에게 행사하는 권력들을 다루고 있다. 후터파 신자들은 사유재산이 존재하지 않는, 콜로니(colony)라고 불리는 넓은 농업 공동체 안에서 생활한다. 일생을 그 구성원으로 살아 온 사람 중 두 사람이 후터파 콜로니로부터 배교라는 명목으로 추방되었다. 그들은 콜로니의 자산 중 자신의 몫을 요구했는데, 콜로니의 자산을 만들어내는데 있어 그들은 다 년간의 노동으로 많은 기여를 했다. 콜로니가 그 요구를 거절하자 이 두 명의 추방자들은 법원에 소송을 제기했다. 그들은 자신이 '모든 것들을, 심지어 그들이 입고 있는 옷까지 포기하지 않고서는, 그들 생의 어떤 시점에서도 콜로니를 떠날 권리가 없다'는 사실에 반발했다(Janzen 1990: 67).

후터파 교도들은 그것이 비록 개인의 자유를 제한한다 하더라도, 그들의 종교적 교리에 합치되도록 살아가는 신도들의 능력(congregation's ability)을 보호할 종교의 자유라는 근거로서 이런 관습을 옹호했다. 그러나, 캐나다 연방 대법원의 피전 판사(Justice Pigeon)가 주목했듯이, 종교의 자유에 대한 일반적인 자유주의적 관념에는 '각각의 개인들의 의지에 따라 자신의 종교를 바꿀 수 있는 권리가 포함되어 있다.' 따라서 교회들은 '그들의 구성원들에게서 이 같은 근본적 자유를 박탈하는 효과를 갖는 규율을 만들 수 없다.' 피전 판사는 따라서 종교적 권위의 적절한 범위는 '적절히 이해될 수 있는 종교의 자유(freedom of religion as properly understood)와 합치되는 것으로 제한되는데, 그것은 개인들이 종교를 채택할 뿐만 아니라 마음대로 포기할 수 있는 자유이다'고 주장한다. 피전 판사는 후터파 콜로니에서 살아가는 사람들이 후터파의 종교적 가르침을 거부하는 것은 '거의 불가능하다'고 생각했다. 왜냐하면 그들의 종교를 바꾸는데 엄청난 비용이 소요되기 때문이다. 따라서 그들은 사실상 종교의 자유를 박탈당했다. 그의 입장에서 볼 때, 탈출이 의미 있는 대안이 되려면, 후터교 신자들인 배교자들(apostates)에게 그들의 수년 간의 노동에 대한 보상을 제공해야만 했었다.[16]

16) Hofer v. Hofer et al. (1970) 13 DLR (3d) 1; cf. Janzen 1990: 65~67.

또는 요더 대 위스콘신(*Yoder v. Wisconsin*)의 판례를 살펴보자. 이 사례는 아미쉬(Amish) 공동체가 그 구성원들에게 행사하는 권력을 다루고 있다. 아미쉬는 방식이 다르기는 하지만, 캐나다의 후터교도들과 마찬가지로 구성원들이 집단을 떠나는 것을 어렵게 만들려고 했다. 그들은 자신들의 아이들이 16세가 되기 전에 이들을 학교 교육으로부터 철회하여, 아이들이 바깥 세상에 대해 알거나 집단 밖에서 성공하는데 필요한 기술들을 획득하는 범위를 엄격히 제한하기를 바랐다. 또한 그들 역시 이러한 조치가 아이들의 개인적 자유를 제약한다 할지라도, 종교적 자유는 자신들의 종교적 교리에 따라 생활할 수 있도록 하는 집단의 자유를 보호한다면서 자신들의 조치를 옹호했다. 그들은 자신들의 아이들을 교육시켜서 공동체의 관습들에 의문을 제기하거나 공동체 밖에서 성공하는 것에는 아무런 가치도 존재하지 않는다고 생각했다.

이러한 두 가지 사례에서, 우리는 유사한 갈등을 본다. 공동체주의적 집단은 스스로를 수정 가능성이라는 자유주의적 권리에 취약한 것으로 인식하기 때문에, 공동체주의적 집단은 이러한 자유의 실질적인 행사에 가능한 많은 장애물을 부과하기를 바란다. 자유주의 국가는 누군가가 자신의 목적들을 수정할 권리를 포함하는 일정한 기본적인 법률적 권리들에 확고한 신뢰를 하고 있기 때문에, 자유주의 국가는 개인들이 실질적으로 이러한 권리들을 확실하게 행사할 수 있게 만들기를 바라며, 따라서 그 권리를 무효로 만들려는 집단이 부과한 장애물들을 줄여 나가거나 제거하려고 노력한다. 이것은 법률적 권리들이 사적인 삶으로 흘러 들어가는 불가피한 파급효과라 할 수 있다.[17)]

이러한 사례들은 어려운 문제들을 제기한다. 그리고 사람들은 이러한 문제들에 대한 최선의 해결책이 무엇인지에 대해서는 의견이 일치하지 않을 가능성이 높다. 실제로 캐나다 대법원의 판사들 가운데 다수가 후터교 신자들이 아무런 보상 없이 배교자

---

17) 롤즈는 그러한 파급효과(spillover)의 존재를 인정하고 있다. 그는 '아이들이 이런 방식으로 정치적 관념을 이해하도록 요구한다면, 그것은 의도적이지는 않더라도, 사실상 그들에게 포괄적 자유주의의 관념을 가르치는 것'이라고 말한다(Rawls 1993a: 199). 그러나 그렇다면, 그러한 정치적 관념의 수용은 비자유주의적 집단들에게 많은 비용—이 비용은 불필요하다고 여겨질 것인데, 그들은 개인의 자유들에 대한 보호를 수용하지 않고도 (집단의) 관용을 보장할 수 있기 때문이다—을 수반한다. Cf. Tomasi 2001에서는 롤즈가 이러한 파급 효과의 영향을 너무나 과소평가하고 있다고 주장한다.

들을 추방한 권리를 옹호했었고 (피전 판사는 소수파였다), 미국 연방대법원의 판사들 가운데 다수가 아미쉬가 그들의 자녀들을 16세 이전에 학교 교육으로부터 철회할 권리를 옹호했다.[18)]

우리는 공동체주의적 집단들에 대한 호의 속에서 내려진 이러한 두 결정이 '정치적 자유주의'의 사례라고 생각할 수도 있다. 그러나 사실 두 나라의 대법원이 내린 결정은 정치적 자유주의라는 이상에 호소하지 않는다. 그리고 정치적 자유주의가 이러한 결정들을 지지할 수 있는지는 의문의 여지가 있다. 롤즈는 정치적 주장과 법률적 권리들을 위해서는, 사람들이 자신의 선관을 형성하고 수정하는 자신들의 능력에 기본적인 관심을 가지고 있다고 가정해야 한다고 말한다. 피전 판사가 주장했듯이, 그것은 종교적 공동체의 권력이 자신들의 구성원들에 대해서 개인이 자유롭고 효과적으로 그 능력을 행사할 수 있게끔 되어야 한다는 견해를 따르는 것으로 여겨질 수 있다. 후터교나 아미쉬가 롤즈의 인간관을 받아들인다면, 정치적 논쟁을 위해서라고 한정해도, 그들은 종교의 자유는 법원에 의해 자신의 종교적 신념을 형성하고 수정하는 개인의 능력이라는

18) *Yoder v. Wisconsin*, 406 US 205. 롤즈는 자신의 정치적 자유주의가 밀의 포괄적 자유주의에 비해서 아미쉬의 요구에 대해서 좀 더 동정적이라고 주장한다. 포괄적 자유주의가 '삶의 전체는 아니라고 해도 삶의 많은 부분을 관장하는 이상으로서 자율성과 개성이라는 가치를 증진시키기 위해 고안된 요건들로 연결될 수 있는' 반면, 정치적 자유주의는 '다른 목표를 가지고 있으며 훨씬 적은 요구를 하는데' 그 이유는 후자는 오직 자유주의적 *시민*의 이상(a liberal ideal of *citizenship*)을 증진시키는 데에만 관심이 있기 때문이다['(아이들의) 교육에 대한 국가의 관심은 미래의 시민으로서의 아이들의 역할에 초점이 맞춰져 있다']. 결론적으로 롤즈는 '가능한 자신의 종교가 지시하는 바와 합치되게끔 현대 세계에서 물러나 있기를 바라는 사람들이, 정치적 정의관이라는 원칙들을 숙지하고 개인과 사회에 대한 그것들의 정치적 이상들을 인정하기만 하면, 정치적 자유주의는 그 사람들의 주장들을 존중한다'고 말한다(Rawls 1988: 267~268). 그러나 이는 잘못된 생각이다. 우선 정치적 자유주의와 포괄적 자유주의 사이의 구분이 불안정하다. 그 이유는 정치적 목적들을 위하여 자율성이라는 가치를 수용하는 것은 불가피하게 사생활과 연결되기 때문이다(아래의 각주 20을 보시오). 게다가 수많은 종교 공동체들은 시민권의 이론(a theory of citizenship)으로서의 정치적 자유주의를 그들 자신의 입장에서 반대할 것이다. 롤즈는 교육자들이 아이들에게 시민의 권리와 의무(the rights and duties of citizenship)를 준비시키길 원하는 반면, 종교적 교파들은 '아이들이 자신들의 공동체 안에서의 삶을 준비하도록 만드는 것이 교육의 목적'이라고 생각한다. 그들은 사람들이 정치적 권리들을 행사할 준비를 하는데 관심을 가지고 있지 않으며 '복종의 필요성에 관심을 가지고 있다. 그들은 교육이 개인들의 자기중심적 사고(self-regard)를 재교육시켜야 하며 공동체의 의지에 따르려는 욕구를 길러야 한다'고 주장한다. 따라서 이들 집단들은 롤즈의 '정치적 자유주의'가 주장하는 식의 교육에서 면제되기를 원해 왔다. Janzen 1990: 143, 97; Callan 1996; Spinner-Halev 2000을 보시오.

견지에서 해석되어야만 한다는 견해를 받아들여야만 할 것이다.[19] 두 나라의 대법원은 종교적 교리를 유지할 수 있는 집단의 권리에 개인의 자유를 종속시킴으로써 정반대의 결론에 도달했다. 이것이야말로 공동체주의적 집단들이 바라는 결론이다. 하지만, 이러한 욕구는 롤즈의 정치적 자유주의의 틀 내에서는 옹호될 수도 조리있게 표명될 수도 없다. 롤즈의 정치적 자유주의에 따르면, 정치적 논쟁은 선관을 형성하고 수정할 수 있는 우리의 도덕적 능력의 입장에서 이루어져야 한다.

이는 '정치적 자유주의'라는 롤즈의 전략이 수많은 공동체주의적 집단들을 포용하는데 성공하지 못할 것이라는 점을 말해준다. 그러나 이러한 점은 놀랍지는 않다. 우선 정치적 자유주의가 공동체주의적 집단들에게 제공하는 것은 사실상 거의 없다고 할 수 있다. 그것은 공동체주의적 집단들에게 자유주의적 원칙들과 자유주의적 제도들을 위한 다른 논거를 제공하긴 하지만, 원칙과 제도들 그 자체에서의 의미 있는 어떠한 변화도 제공하지 않는다. 특히 그것은 공동체주의적 집단들로 하여금, 배교나 이단에 관여할 수 있는 개인들의 권리라든지, 자신들이 물려받은 선관에 의문을 제기하고 수정할 개인들의 권리를 포함하는, 자신들의 구성원들의 시민적 자유들을 제약할 수 있는 어떠한 수단도 제공하지 않는다.

공동체주의적 집단들의 반대가 단지 기본적 자유를 옹호하는 특정 주장들에 그치지는 않는다. 공동체주의적 집단들이 두려워하며 싫어하는 것은 바로 자유 그 자체이다. 그리고 포괄적 자유주의와 마찬가지로 정치적 자유주의는 기본적 자유들의 완전한 체계에 대한 확고한 신뢰에 그 기반을 두고 있다. 롤즈는 수정 가능성이라는 자유주의적 관념이 정치적인 목적들을 위해서만 받아들여진다고 말하지만, 공동체주의자들은 이것이 불가피하게 사적인 삶에서의 수정가능성의 행사를 가능하게 한다고 볼 수

---

19) 롤즈는 시민적 권리들을 보호하는 핵심이, 선관을 형성 및 수정하는 능력의 개발과 행사를 *극대화*하는 것(to *maximize*)에 있는 것이 아니라는 점을 강조한다. 그가 올바르게 지적하듯이, '선관에 대한 숙고된 확증의 수'를 극대화하려는 노력은 '어리석은' 일이 될 것이다. 그보다는, '이러한 자유들과 그것의 우선성은, 모든 시민들에게 이러한 능력을 적절하게 발전시키고 완전하면서도 숙고적인 행사를 할 수 있게 하는데 필수적인 사회적 조건들을 평등하게 보장하는데 있다'(1982b: 47~49). 하지만 후터교도들은 '완전하면서도 숙고적인' 자율성(the 'full and informed' exercise of autonomy)을 행사하기 위한 필수적인 사회적 조건들을 제공하지 않는 것이 분명하다고 생각된다.

있다.[20] 정치적 자유주의는 사람들에게 자신들의 목적을 수정하는 어떠한 형식적인 법률적 권리의 부여를 포함할 뿐 아니라, 이러한 권리들에 대한 지식과 그것들을 행사하는데 필요한 교육적 및 법률적 조건들도 제공한다. 이들 가운데 어떤 것도 수많은 공동체주의적 집단들의 관점에서는 바람직하다고 여겨질 수 없다.

이는 정치적 자유주의와 포괄적 자유주의의 전반적인 구분이 과장되었음을 보여준다. 양자 모두 공적 권리들뿐만 아니라 실제로 이러한 권리들을 행사하는데 필요한 사적 삶에서의 조건들을 확실하게 하는 데에도 헌신한다. 달리 말하자면, 양자 모두 자유들에 대한 법률적 인정뿐만 아니라 그것들의 행사를 가능케 해주는 것에까지 확고한 신뢰를 하고 있다. 물론 개인들에게 합리적 수정가능성이라는 자신들의 권리를 실제로 행사하도록 요구하고 압박하며, 사람들이 전통적 삶의 가치에 대해 극도로 회의적으로 되도록 가르치는 것까지 나아가는 포괄적 자유주의의 형태를 상상해 볼 수도 있다. 가끔씩 롤즈는 이러한 종류의 '하이퍼 자유주의'(hyper−liberalism)로 빠지지 않는데 신경을 쓰는 것처럼 보인다. 그것이 공동체주의적 집단들에 절대로 받아들여질 수 없음은 명백하다. 내가 앞서 언급했듯이, 표준적인 자유주의적 견해는, 새로운 환경,

20) 실제로, 정치적인 것과 사적인 것 사이의 연관은 인과적일 뿐만 아니라 개념상의 것이기도 하다. 롤즈는 정치적 영역에서의 자율성 행사가 사생활에서 자율성의 행사를 인과적으로 증진시킬 수도 있음을 받아들인다. 하지만 그는 이것은 우연하며 의도하지 않은 결과이며, 자신의 정치적 인간관은 '시민들이 공무를 수행하기 위해서 그것을 유지하고 사용하려고 노력하는 것처럼 (자율성과 정의감이라는) 도덕적 능력들이 정치적 삶과 기본적 제도들 안에서 행사되는' 방식에만 관심을 가지고 있다고 주장한다(1988: 272n. 28). 하지만 '정치적 삶'에서 자율성의 능력(the capacity for autonomy)을 행사한다는 것은 무슨 의미인가? 롤즈가 그것들(자율성의 능력과 정의감의 능력)을 이 문장 속에서 함께 취급하고 있지만, 이 지점에서 자율성이라는 능력은 정의감의 능력(the capacity for a sense of justice)과 상당히 다르다. 정의감의 능력은 '정의와, 법률과 사회적 정책의 효율성에 대한 평가'를 통해서 행사되며, 따라서 주로 정치적 삶과 관련되어 있으며 그 속에서 행사된다. 반면, 선관을 형성하고 수정하는 능력은, 롤즈가 우리의 '비공적 정체성'(non−public identity)이라고 부르는 공적이기보다는 우리의 포괄적 정체성과 주로 연관되어 있다. 롤즈 자신이 말했듯이, '양심의 자유와 결사의 자유는 우리가 우리의 포괄적 교의에 속해 있는 우리의 선관을 형성, 수정하고, 합리적으로 추구하며, 그것들을 그와 같이 긍정하는 우리의 도덕적 능력을 발전시키고 행사하는 것을 도와준다(1989: 254). 따라서 정의감의 능력은 *공적* 정책과 제도에 대한 평가에 관한 것이다. 반면, 선관을 형성/수정하는 능력은 우리의 *사적* 정체성을 규정하는 포괄적인 종교적 및 도덕적 교의들에 대한 평가에 관한 것이다. 그렇다면 이런 후자의 선관의 능력의 행사가 우리의 사적 정체성에 영향을 미치지 않고 정치적 삶에 제약될 수 있다는 말은 무엇을 의미하는가? 그 능력은 바로 우리의 포괄적 목적들을 형성하고 수정하는 능력을 포함하므로, 어떤 식으로든 그 능력을 행사하는 것은 필연적으로 우리의 사적 정체성과 관계된다고 여겨진다.

경험, 혹은 정보가 사람들이 예전에 헌신하던 것에 관해서 의문을 제기했을 때, 사람들이 자신들의 목적들을 수정하는 것이 바람직하다거나 또는 반드시 수정해야 한다는 것이 아니라, 그렇게 하는 것이 실질적으로 가능하고 법률적으로 자유로워야 할 따름이라는 것이다. 롤즈의 정치적 자유주의는 포괄적 자유주의의 만큼이나 이런 종류의 자율성을 가능케 하는데 확고한 신뢰를 보인다. 그리고 바로 이것이 정치적 자유주의가 공동체주의적 집단들에 제공하는 것이 거의 없다고 말하는 이유이다.

요컨대, 롤즈는 사적 삶에서 공동체주의자인 사람들이 정치적 삶에서 자유주의자가 되어야 하는 이유에 대해서 설명한 적이 없다. 롤즈가 '상황이 요구할 때 다양한 관점들이 함께 결합될 수 있는 한, 상이한 맥락들(different contexts)에서, 모순없이 우리 자신(our person)에 대한 다양한 관점들을 받아들일 수 있다'고 한 점에서는 옳을 수가 있다(Rawls 1980: 545). 하지만 롤즈는 이러한 관점들이 일관적이라는 점을 보여주지는 않았다. 반대로, 그러한 다양한 관점들은 개종, 배교, 이단, 의무 교육과 같은 집단 내 이견의 문제들(issues of intra-group dissent)에 대해서는 명백히 갈등을 일으킨다. 공동체주의적 집단들이 정치적 자유주의를 승인함으로써 감당해야 하는 누수적 여파 비용(the spillover costs)은 물론, 그들이 자신들을 자유주의적이지 않은 밀렛 시스템을 통해서 다수자의 불관용으로부터 자신을 지킬 수 있다는 점을 감안한다면, 그들은 자유주의에 기반한 중첩적 합의(the overlapping consensus on liberalism)의 일부가 되어야 할 어떠한 이유도 가지고 있지 않다.

이는 공동체주의적 자아관과 시민적 권리의 우선성에 대한 자유주의적 확신 사이에 심각한 긴장이 존재한다는 점을 시사한다. 공동체주의자들이 주장하는 것처럼, 사람들의 사적인 정체성이 정말로 어떠한 목적들에 매여 있어서 그들은 그 목적들에 의문을 제기하거나 수정하는데 관심을 갖지도 않으며 그러한 능력을 갖지도 않는다면, 각각의 집단 내에서의 내부 제약을 허용하는 밀렛과 유사한 체제는 종교적 다원주의보다 우월한 응답이 될 수도 있을 것이다. 만약, 개인들이 자신들이 전수받은 종교적인 헌신을 수정할 수 없거나, 개인들의 그런 능력 행사를 방해하는 것이 적절하다면, 밀렛 체제는 그러한 구성적 목적들을 가장 잘 보호하고 증진시킬지도 모른다.

이는 진실로 공동체주의자들이 요구해 왔던 것이다. 그들은 우리가 일단 자율성이 보편적 가치라는—롤즈가 그렇게 가정해 왔다고 여겨지는—가정을 버리면, 종교적 및 문화적 집단들은 특정한 권리들을 제약하는 방식으로 자신들의 구성원들의 구성적인 목적들을 보호할 수 있게끔 허용되어야 한다고 주장한다.[21] 샌들은 양심의 자유를 자기 종교를 합리적으로 수정할 수 있는 자유가 아닌 자기의 구성적인 목적들을 추구할 자유로 이해해야 한다고 주장하면서, 의무 교육을 명하는 법률에서 아미쉬의 권리는 예외로서 존중되어야 한다고 옹호한다(Sandel 1990). 그는 사람들의 종교적 귀의(歸依, religious affiliation)는 매우 심오하게 그들이 누구인가를 구성하므로 그들의 압도적인 관심은 그 정체성을 보호하고 증진시키는데 있으며, 그들은 그 정체성에서 물러서거나 그것의 평가 가능성에 관심을 가지고 있지 않다. 따라서 아미쉬 아이들에게 바깥 세상에 대해서 가르치는 것은 거의 아무런 가치가 없다(어쩌면 오히려 명백한 해가 될 수도 있다)고 한다.

이것은, 우리가 집단의 관용만이 아니라 완전한 개인의 양심의 자유를 옹호하기를 원한다면, 우리는 사람들의 목적이 고정되어 있으며 합리적 수정 너머에 있다는 공동체주의적 생각을 거부해야 한다고 암시한다. 아니면, 역으로 만약 우리가 진실로 공동체주의적 자아관을 수용하기를 원한다면, 우리는 개인적 자유의 엄격한 실행으로부터 일부의 예외를 공동체주의적 집단들에게 제공할 의사가 있어야만 한다. 아무튼, 기본적 자유들에 대한 전통적인 자유주의의 확신과 공동체주의적 자아관을 화해시키려는 롤즈의 시도는 성공적이지 않다고 생각된다.

공동체주의적 집단들을 수용하려는 롤즈의 시도에는 또 다른 문제가 있다. 우리가 우리의 목적들을 평가하고 수정할 수 있다는 가정은 롤즈의 자유 원칙뿐만 아니라 책임에 대한 그의 입장에서도 핵심적이다. 우리가 제3장에서 살펴봤듯이, 자유적 평등주의 정의이론은 사람들이 자신들의 생활방식이 다른 사람들의 생활방식보다 가치 있다는 이유를 근거로 더 많은 기본적 가치의 몫을 요구할 수 있다는 점을 부인한다(제3장 제3절 뒷부분을 보시오). 초기 저작에서, 롤즈는 사치스러운 생활방식에 대한

21) 예를 들어, Kukathas 1992; McDonald 1991b; Karmis 1993; Mason 1993을 보시오. 관련된 논의로는 Exdell 1994를 보시오.

보조금 지급에 반대한다. 그 근거로, 사람들이 정의원칙을 고려하여 자신들의 목표들을 합리적으로 조정하는 능력을 가지며, 따라서 자원의 공정한 분배 몫의 제약 한도내에서(within the constraints of their fair share of resources) 성취될 수 없는 계획을 수정하고 순화할 수 있는 능력이 있다는 것을 들고 있다.[22] 책임에 대한 이 같은 견해는, 내가 보기에는, 합리적 수정가능성의 능력을 전제하고 있다. 우리는 사치스러운 생활방식들에 보조금을 지급해서는 안된다는 견해에 대하여 가장 세밀한 옹호를 제공하는 롤즈의 다음 구절을 살펴보자.

> 사치스런 취향을 가진 사람들을 포용하지 않는다는 것만으로는 [그의 이론에 대한] 반론이 되지 않는다. 덧붙여, 그러한 사람들을 자신의 선호에 대하여 책임을 지게하고 그들이 가능한 한 최대로 책임을 지도록 요구하는 일이, 부정의한 것은 아니라(not unjust) 할 지라도, 합당하지 않다(unreasonable)고 주장할 수 있어야만 한다. 하지만 이렇게 주장하는 것은 우연히 발생하는 성향 혹은 욕구인 시민의 선호가 그들의 통제 너머에 있다고 가정하는 것처럼 보인다.…… 하지만 기본적 가치는 우리의 목적들에 대한 책임을 전제하는 능력에 의존한다. 이런 능력은 선관을 형성, 수정하고 합리적으로 추구하는 도덕적 능력의 일부이다.…… 그렇다면 어떠한 특정 상황에서도, 덜 사치스러운 취향을 가진 사람들은 아마도 살아가는 동안 자신들이 합리적으로 기대할 수 있는 소득이나 부에 따라 자신들의 호불호를 조정해 온 것으로 추정된다. *그리하여 그들이, 타인들의 예측력이나 자기훈련의 부족으로 인한 결과로, 이들 타인들을 구제하기 위해 덜 가져야 한다는 주장은 불공평하다고 여겨진다.* 하지만 시민이 자신의 목적들에 대하여 책임을 져야 한다는 생각은 특정한 가정들 위에서만 설득력이 있다. 우선, *우리는 시민들이 자신의 목적과 선호를 기본적 가치에 대한 자신들의 예상에 비추어 규율하고 수정할 수 있다고 가정해야만 한다.*…… 이러한 생각은 우리가 책임의 사회적 분업(a social division of responsibility)이라고 부를 수 있는 것, 즉 집합체로서의 사회인 시민들은 평등한 기본적 자유들과 공정한 기회의 평등을 유지하며 이러한 틀 안에서 모든 사람에게 평등한 몫의 다른 기본적 가치를 제공할 책임을

---

22) 이것이 바로 공리주의에 대한 롤즈의 주된 반대 가운데 하나였음을 상기하라. 공리주의는, 공정의 원칙에 비추어 사람들은 자신들의 욕망을 조정할 책임이 있다는 입장을 고수하기보다, 아무리 사치스럽고 합당하지 않다고 해도, 모든 사람의 선재하는(pre-existing) 욕구들에 동등한 비중을 부여한다.

> 받아들이는 것을 포함한다. 동시에 (개인으로서) 시민들 및 결사체는 그들이 처한 현재의 상황과 예견할 수 있는 상황에서 자신들이 예상할 수 있는 전목적적 수단들을 고려하여 자신들의 목적들과 열망들을 수정하고 조정할 책임을 받아들인다(Rawls 1982b: 168~169, 강조는-추가되었다; cf. Rawls 1985: 243).

사람들은 자신들의 목표들을 합리적으로 조정할 수 있는 능력을 가지고 있기 때문에, 우리가 이러한 사치스러운 생활방식에 보조금을 지급할 의무가 없다고 롤즈는 주장한다. 정의에 비추어 자신들의 목표를 완화시킬 수 있는 능력을 책임 있게 행사하는 사람들로 하여금, 신중하지 않거나 합당하지 않게 자신들의 사치스러운 목표들을 완화시키는데 실패한 사람들에게 보조금을 지급하도록 기대하는 것은 진실로 불공평하다.

하지만 롤즈의 새로운 견해에 따르면, 우리는 우리의 목적들을 수정하기 위한 이 능력이 실제로 존재한다고 가정할 수 없다고 한다-이 능력은 정치적인 목적들을 위해서 가상적으로 가정될 뿐이다. 그러하다면, 좀 더 사치스러운 목표에 길들여진 사람들에 대한 보조금 지급 거부는 어째서 불공평하지 않은가? 만약에 (롤즈가 지금 말하듯이) 전통주의적 집단들의 구성원이 '자신들이 떨어져 있지도 못하고 객관적으로 평가하지도 않으며 그럴 수도 없고 그래서도 안 되는' 목적들을 가지고 있고, '그것을 특정한 종교적, 철학적, 도덕적 신념들로부터 분리해서 바라보는 것은 생각할 수조차 없다고 간주한다면', 어떤 이유에서 그들은 이러한 수정 불가능한 신념들과 결부된 추가 비용을 부담하는데 동의할 것인가? 어떤 이유에서 그들은 자신들이 조정하거나 완화시킬 수도 없는 비용들에 대한 책임을 받아들여야 하는가?

롤즈는 자신의 새로운 '정치적' 접근방법이 자신들의 목표들을 합리적으로 조정할 수 있는 사람들의 능력에 대한 자신의 예전 주장들을 약화시킨다는 사실을 알고 있다. 따라서 좀 더 최근 작업에서 그는 우리가 어째서 사치스러운 생활방식에 보조금을 지급하지 말아야 하는지에 대한 상이한 논거를 제시한다. 그는 비용이 많이 드는 성지순례를 떠나라는 의무를 부과하는 종교적 신념을 가진 사람들이, 좀 더 완화된 의무들을 부과하는 종교적 신념을 가진 사람들 보다, 더 많은 자원을 받아야만 하느냐고 질문한다. 그는 이것이 진실로 종교적 자유에서 평등을 좀 더 보장하는 듯이 보이지만,

그것은 불화를 일으킨다고 답변한다.

> 분명히, 이러한 종류의 보장은, 시민적 투쟁(civil strife) 보다는 종교적 불화에 대한 처방이지만, 사회적 불화를 일으킬 수 있다. 공적인 정의관이, 시민들의 요구를 사회적 자원에 맞도록 조정하여, 확정된 최종 목적들과 그들의 선관에 속한 충성심에 따라서 어떤 사람들이 다른 사람들보다 더 받게 될 때마다 그와 유사한 결과가 발생할 것이라고 나는 믿는다.……정치적 정의의 문제에 있어서 시민들의 요구의 강도를 평가하기 위해 기본적 가치의 목록(an index of primary goods)을 사용하는 하나의 주된 이유는 바로, 그와 같은 원칙들(우리가 사람들의 요구들을 그들의 목적의 비용에 맞추어 조정하도록 요구하는 원칙)이 발생시키는, 사회적 불화와 화해불가능한 갈등을 제거하기 위해서이다(Rawls 1982a: 44~45).

달리 말하자면, 이 새로운 근거에서는, 사치스러운 생활방식들에 대해 보조금을 지급하는 일은 불공정하기만 할 뿐만 아니라, 오히려 그 자체로서 사회적으로 불화를 일으킨다. 사치스러운 계획들을 가진 사람들이 보조금을 지급 받으면 안 되는 이유는, 그렇게 되면 그들이 타인들의 신중함이나 자기 절제를 불공정하게 이용하게 된다는 데에 있는 것이 아니다. (이러한 새로운 견해에서 보면, 아마도 온건한 계획을 가진 사람들 또한, 자신들의 계획을 정의의 규범에 부합하도록 합리적으로 조정하였다기 보다는, 그러한 계획을 고정되고 수정불가능한 것으로 단순히 전수받았다고 할 수 있다.) 문제는, 오히려, 사람들이 여분의 자원들을 요구하는 시도들에 대해 반대하고 분개해서, 갈등으로 나아간다는 점이다.

사회적 갈등이라는 문제는 중요하다. 그리고 나는 아래에서 이 문제로 되돌아가려고 한다. 하지만 그것은 쟁점이 되고 있는 문제에 적절한 해답을 주지 못하기 때문에, 여기서 다루기에는 적절치 않다. 롤즈의 견해가 (홉스식의 상호이득 이론가들과는 달리) 사람들은 이기적이지 않을 뿐만 아니라 정의감에 의해서 동기를 부여 받는다고 가정했던 것을 떠올려 보라(제4장 제3절 뒷부분을 보시오). 따라서 사람들은 그렇게 하는 것이 정당하지 않다고 생각할 때에만 사치스러운 생활방식을 가진 사람들에게 여분의 자원을 주는 것에 대해서 분개할 것이다. 하지만 이것이 바로 의문시되는 부분이다. 사람들이 만약 자신들의 생활방식에 포함되는 추가적 비용을 통제하지 못한다면, 어째서 공정성은, 우리가 선택하지 않은 선천적 장애나 질병으로 인해서 발생한 추가적 비용에 대해 우리가 보상하는 것과 똑같이, 이 같은 비용들에 대한 보상을 요구하지 않는 것일까?

롤즈는 사실 여기에서 공리주의자들이 저지르곤 하는 바로 그 실수를 저지르고 있다. 내가 제2장에서 언급했듯이, 공리주의자들은 약속을 깨는 것이 그릇된 이유는 그것이 원한을 낳기 때문이라고 말한다. 하지만 이는 앞뒤가 바뀌어 있다. 우리가 약속을 깨는 것이 잘못되었다고 생각하기 때문에 원한을 낳는다. 따라서 사치스러운 생활방식에 대해 보조금을 지급하는 것이 그릇된 이유는 그것이 사회적으로 불화를 일으키기 때문이라는 롤즈의 주장도 마찬가지다. 이러한 주장은 앞뒤가 바뀌어 있다. 사치스런 생활방식에 대해 보조금을 지급하는 것은 우리가 그것이 그릇되었다고 생각하기 때문에 사회적으로 불화를 일으킨다. 그리고 예전에 롤즈 자신이 인정했듯이, 사람들이 자신들의 목표들을 수정하는 능력을 가지고 있다고 생각하기 때문에 우리는 사치스러운 생활에 보조금을 지급하는 것이 그릇되었다고 생각한다.[23] 만약에 사람들이 더 이상 그러한 능력을 갖고 있지 않다고 믿으면, 우리는 그들이 선택하지 않은 추가적 비용에 보조금을 지급하는 것이 그릇되었다거나 불공정하다고 생각할 필요가 없다.

요컨대 합리적 수정 가능성이라는 전제에 의존하는 것을 회피하려는 '정치적 자유주의자들'(political liberals)의 시도는 실패했다. 합리적 수정가능성은 자유주의적 견해에서 적어도 두 가지 측면에서 핵심적이다. 첫째, 왜 자유주의가 (자신들의 전수받은 생활방식을 추구할 권리뿐만 아니라) 자신들의 생활방식을 수정하고 타인들에게 이들의 생활방식을 수정할 것을 권고할 수 있는 개인들의 권리를 보호하고 있는 이유를 설명하는 것이 필요하다. 둘째, 왜 자유주의가 사람들로 하여금 자신의 생활방식에 대한 비용을 책임져야 한다고 주장하는 이유를 설명하는 것이 필요하다. 자유주의는 사람

23) 어떤 경우에도, 그러한 보조금을 거부하는 것은 보조금을 지불하는 것만큼이나 불화의 여지가 있다. 특히 사치스러운 비용을 요하는 사람들이 그것을 불공정하다고 간주하게 되면 더욱 그럴 것이다. 그리고 이들이 사실상 자신들의 목적을 조정할 수 없으면, 보조금 거부를 불공정하다고 생각할 가능성이 매우 높다.

들이 자신의 생활방식을 합리적으로 수정할 권리는 물론, 생활방식이 정의 규범을 위반하는 경우 자신들의 생활방식을 합리적으로 수정할 의무 모두를 부여한다.

롤즈가 일반적 인간 이익으로서의 자율성(autonomy as a general human interest)을 명시적으로 지지하는 것을 주저하는 이유는 무엇인가? 밀의 '포괄적' 자유주의에 무슨 문제가 있단 말인가? 문제는 모든 사람이 이런 자율성이라는 이상을 받아들이지 않으며 따라서 정치적 삶에서 자율성에 호소하면 '분파적'이 된다는 점에 있다고 롤즈는 말한다. 자율성에 근거하여 개인의 권리를 옹호한다면, 그것은 '민주주의적인 사회 안에서 일반적으로……공유되지 않는 이상과 가치들에 호소하게 되며, 따라서 '충분한 합의를 보증할 수 없다.' 자유주의를 자율성과 같은 의견이 분분한 가치 위에서 정초시키는 것은 자유주의가 '또 하나의 분파적 교리가 될 뿐'이라는 사실을 의미한다(Rawls 1987: 6, 24; 1985: 246).

이는 정당한 지적이다. 하지만 롤즈는 그것을 과대평가하고, 그로부터 그릇된 결론을 도출해 낸다. 우리가 물려받은 선관을 평가하고 수정할 수 있게 되는데 관심이 있다는 생각은 서구 민주주의 사회들에서는 광범위하게 공유되고 있다.[24] 일부 토착민 집단들과 종교적 교파(아미쉬와 후터교도들 같은)를 포함하여, 이러한 이상을 거부하는 일부 고립된 소수파들이 존재한다. 이들 집단들은 종종 개인적 시민권과 갈등하게 되는 내부의 제약을 요구할 것이므로, 자유민주주의에 도전한다. 우리는 이러한 요구를 무시할 수 없거나, 적어도 이들이 자율성의 이상을 거부하고 있다는 사실을 간과할 수 없다.

하지만 롤즈의 전략은 자유주의적이지 않은 소수자들의 존재에 의해서 제기된 의문점들에 대한 해결책을 제시하지 못하고 있다. 그의 전략은 개인적 시민권을 강화시키고 사람들로 하여금 자신의 생활방식의 비용에 대한 책임을 지도록 하는 일을 계속

24) Nickel 1990, 214; Coser 1991을 보시오. 밀적인 자율성 개념(Millian conception of autonomy)이 광범위하게 공유되지 않고 있다는 롤즈의 우려는, 이 자율성이라는 개념을 제6절에서 논의된 좀 더 논쟁의 여지가 있는 다른 개념과 융합시키는 것에 의존하고 있다. 밀의 관념은 그것을 삶의 모든 영역에 적용하는데 '일반적'(general)이긴 하지만 '포괄적'(comprehensive)이지는 않다는 사실에 주목하는 것이 중요하다. 그 이유는 밀의 관념은 각각의 개인이 추구해야 할 일련의 최종 목적들이나 본질적 가치들을 규정하지 않기 때문이다. 오히려 그것은 우리가 우리의 최종 목적들을 숙고하고 평가하게 해주는 능력과 관계가 있다.

하는 것이다. 하지만 그것은 '포괄적' 자유주의라기보다는 '정치적' 자유주의의 기반 위에서 그렇게 하려는 것이다. 이것이 자유주의적이지 않은 소수자들의 요구를 충족시키지 못한다는 사실은 분명하다. 그들은 개인의 권리들에 대해 우선권을 지니는 내부적 제약들을 원한다. 또한 그들은 자신들의 목표들을 정의라는 우선적 기준에 맞춰 조정하기 보다는, 자원에 대한 그들의 요구가 이미 존재하는 자신들의 목표들에 맞춰 조정되기를 원한다. 롤즈의 정치적 자유주의는 밀의 포괄적 자유주의만큼이나 이러한 요구들에 대하여 적대적이다. 롤즈의 새로운 이론이 덜 포괄적이라고 해서, 그의 이론이 비자유적 소수파의 요구들에 좀 더 동정적이 될 수 있는 것은 아니다.

그렇다면 내게는, 공동체주의적인 각인된 자아 개념(the communitarian conception of the embedded self)을 수용하려는 자유주의의 첫번째 시도는 성공적이지 않은 것처럼 보인다. 자유주의는 합리적 수정가능성에 깊이 기반하고 있으며, 이 원칙을 거부하는 공동체주의적 집단들은 정치적 자유주의이든 포괄적 자유주의이든 받아들이려 하지 않을 것이다. 우리가 만약 공동체주의를 어떤 목적들은 수정이 불가능하거나 '구성적인' 성격을 가지고 있다고 보는 교리라고 이해하면, 이 교리는 자유주의의 가장 기본적인 몇몇 공약들과 상충하게 된다.

그렇다면, 현대 사회에서 자유주의적 자아관(a liberal conception of the self)에 다수가 찬성하지만, 어떤 전통주의적 인종적 및 종교적 소수자가 공동체주의적 관념에 찬성할 때, 우리는 무엇을 해야 하는가? 나는 제8장에서 다시 이 문제로 돌아가려고 하는데, 이것이 '다문화주의'(multiculturalism)에 대한 최근의 논쟁에서 제기된 주제들 가운데 하나이기 때문이다. 실제로, 우리는 다문화주의에 대한 관심이 자아에 대한 공동체주의적 입장의 자연스러운 진화라고 할 수 있다. 원래부터 공동체주의자들은 자신들의 자아관이 자유주의적 관점보다 우수하며, 따라서 우리의 정치이론에서 그것이 자유주의적 관념을 대체해야 한다고 주장했다. 그러나 공동체주의적 비판의 범위를 자율성을 거부하는 그러한 전통주의적 집단들에 초점이 맞춰지도록 한정한다면, 공동체주의가 하나의 참된 혹은 최선의 자아관을 제시한다는 식의 주장은 더 이상 성립되지 않는다. 그 주장은 오히려 우리가 사회 속의 자아에 대한 다양한 관점들의 존재를 인식하고 수용해야 할 필요성이 있다는 주장이 될 것이다. 특히, 우리는 문화적으로나 종교적으로 독특한 공동체주의적 집단들이 현저하게 자유주의적인 사회와 공존하는 것이 가능케 할 필요가 있다. 자유주의적 자아에 대한 공동체주의의 비판이, 이러한 방식으로 한정된다면, 그것은 문화적 다양성의 포용 즉 다문화주의(multiculturalism)의 문제가 된다.

8. 사회적 명제(the social thesis)

하지만 공동체주의는 자아와 자아의 목적들에 대한 교리라고 단순히 말할 수 없다. 실제로, 수많은 공동체주의자들이 샌들의 구성적인 목적들이라는 생각을 거부하고, 합리적 수정가능성이라는 자유주의적인 믿음을 지지한다. 그들은 자아와 자아의 이익에 대한 자유주의의 설명 때문에 자유주의를 비판하는 것이 아니라, 자유주의가 그러한 이익을 효과적으로 충족시키는데 필요한 사회적 조건을 소홀히 한다는 이유에서 자유주의를 비판한다. 그들의 관심은 수정가능성과 현명한 선택을 할 수 있는 능력에 대해 의문을 제기하려는 데 있지 않고, 오히려 그 능력을 발전시키고 유지하려는 데 있다.

예컨대, 테일러는 많은 자유주의 이론들이 '원자주의'(atomism)에 기반하고 있다고 주장한다. 이들은 '아주 안이한 도덕심리학'(utterly docile moral psychology)에 기반하고 있는데, 이에 따르면 개인들은 사회 바깥에 있는 자족적인 존재로 간주된다. 원자주의적인 이론들에 따르면, 개인들은 자기결정을 위한 자신의 능력을 행사하거나 발전시키기 위해서 어떠한 공동체적 맥락도 필요로 하지 않는다. 대신에 테일러는 '사회적 명제'(the social thesis)를 주장한다. 이에 따르면, 자기결정을 위한 능력은 특정 종류의 사회, 특정 종류의 사회적 환경 안에서만 행사될 수 있다고 한다.[25]

진정으로 이것이 논점이라면, 우리는 공동체주의에 동의해야만 할 것이다. 왜냐면

---

25) Taylor 1985a: 190~191; cf. Jaggar 1983: 42~43; Wolgast 1987: ch.1. 우리 목표들의 수정가능성이라는 개념에 대한 테일러의 수용으로는 Taylor 1985a: 220~221에 있는 '강한 평가'(strong evaluation)라는 그의 유용한 설명을 보시오.

'사회적 명제'는 명백히 옳기 때문이다. 우리가 사회 바깥에서 자기결정을 위한 능력을 행사할 수도 있다는 견해는 말이 되지 않는다. 그러나 롤즈나 드워킨 같은 자유주의자들은 그런 사회적 명제를 부인하지 않는다. 그들은 의미 있는 선택지들을 제공하고 그 중에서 선택할 수 있는 능력의 개발을 도와주는 사회적 환경 바깥에서는 개인의 자율성이 존재할 수 없음을 인정한다. 그들은 자율성을 배양하는데 있어 가족과 학교는 물론 보다 광범위한 문화적 환경의 역할을 인정하고 그것에 대해 논의한다(예컨대, Rawls 1971: 563~564; Dworkin 1985: 230~233).

하지만 테일러는 사회적 명제가 핵심적인 자유주의적 전제들—즉, 자신의 행위들을 선관의 본질적 우월성이나 열등성이라는 기반 위에서 정당화하려 하지 않을 뿐만 아니라, 이러한 다른 관념들의 가치에 대한 사람들의 판단에 영향을 주려는 의도적인 시도를 하지 않는 '중립 국가'라는 관념—을 우리들로 하여금 단념하게끔 만드는 데 필요하다고 믿는다. 테일러에 따르면, 중립 국가는 자기결정에 필요한 사회적 환경을 적절히 보호할 수 없다고 한다.[26] 사회적 명제는 선관을 선택하는 능력이 특정 종류의

26) 테일러는 자신이 '권리의 우선성'(primacy of rights) 교리를 비판하고 있다고 말한다. 권리의 우선성 교리를 그는 개인적 권리들이 개인의 의무들, 공동선, 덕과 같은 다른 도덕적 관념들에 대해 우선성을 가진다는 주장을 의미하는 것으로 말한다. 테일러에 따르면, 이 교리는 홉스, 로크, 노직에서 발견된다고 한다. 나는 이러한 도식이 도움이 되지 않는다는 것을 발견했다. 그 이유는 개인적 권리들을 포함하여 이 같은 도덕적 관념 중 어느 것도 도덕적으로 우선하는 종류의 권리는 없기 때문이다(예컨대, 홉스와 노직 모두 테일러의 도식에서 보면 '권리의 우선성'을 주장한 이론가들임에 주목하라. 하지만 노직은 홉스가 부인했던 것—예컨대 개인들이 본래적인 도덕적 지위를 갖는다는 점—을 긍정하기 때문에, 개인의 권리들에 대한 이 두 사람 사이에 어떠한 합의가 있다면, 그것은 도덕적 우선성의 문제가 아니라 파생적인 것에 불과하다. : 위의 제4장 제3절). 테일러가 고려하기를 원하는 논쟁은, 일반적인 권리가 일반적인 의무에 비해서 우선하는지의 여부를 묻는 방식이 아니라, 자유주의적 이론이나 (테일러가 묘사한 것처럼) '극단적 자유주의적'(ultra-liberal) 이론들에서 적절하게 인식되지 못했던 특정 권리, 의무, 덕 등의 존재 여부를 묻는 방식을 통해서, 가장 잘 추구될 수 있다. 우리가 그 논쟁을 이런 식으로 바라보면, 테일러의 주장 중 하나는 국가 중립성이 개인의 자율성에 필수적인 사회적 조건들을 약화시킬 수 있다는 것임을 알게 된다. 그것이 사실이라면, 그 주장은 자유주의 이론이나 자유지상주의 이론이 '권리의 우선성' 교리를 지지하는지의 여부와 관계없이, 양쪽 이론 모두에게 중요성을 갖는다. 일부 공동체주의자들은 사회적 명제가 자유주의의 도덕적 개인주의를 약화시킴으로써 좀 더 근본적인 방식으로 자유주의를 약화시킬 수 있다고 생각한다. 도덕적 개인주의는 개인들이 도덕적 가치의 기본 단위라고 보는 견해이므로, 여기서는 (공동체 같은) 더 큰 단위에 대한 모든 도덕적 의무는 개인들에 대한 우리의 의무들에서 파생되어야만 한다. 그러나 공동체주의자들은, 우리가 만약 개인들이 자기발원적인 인격(self-originating persons)들이라는 원자주의적 견해를 거부한다면, 우리들이 '타당한 주장의 자기발원적 원천'(self-originating sources of valid claims)이라는 롤즈의 주장 역시 거부해야만 한다고 주장한다(Rawls

공동체 안에서만 존재할 수 있다는 사실을 우리에게 보여준다. 그리고 테일러는 이러한 종류의 공동체가 (중립적이지 않은) '공동선의 정치'(politics of the common good)에 의해서만 유지될 수 있다고 주장한다. 즉, 국가가 공동체의 전통적 혹은 지배적 생활방식을 보호하고 혜택을 줘야만,−자유주의적인 자유의 가치에 기반해 있는 종류의 공동체를 포함하는−생존 가능한 공동체를 유지할 수 있을 것이다. 달리 말해서, 자기결정을 가능케 해주는 사회적 조건들을 보존하기 위해서는 개인의 자기결정에 대한 일부 제약은 필요한 것이다.

테일러의 주장은 많은 쟁점을 제기한다. 실제로, 최근 이십 년 동안의 정치철학의 주요 부분은, 암묵적이든 명시적이든, 자유주의적 자유의 사회적 전제조건(the social preconditions of liberal freedom)을 고안해 내려는 테일러의 도전에 대한 반응으로 볼 수 있다. 거칠게 말하자면, 우리는 논쟁을 크게 두 가지 방향으로 나눠볼 수 있다. 우선, 자율성 능력의 *발전*(the *development* of the capacity for autonomy)을 위한 사회적 조건들에 관한 의문들이 있다. 이것은 주로 아이들의 양육과 교육에 관심을 가지며, 따라서 가족과 학교의 성격 및 역할에 관한 문제들을 포함한다. 나는 제7장(학교 교육)과 제9장(가족)에서 이러한 문제들을 다루려고 한다. 하지만 테일러 본인은 성인들의 자율성 능력의 *행사*(the *exercise* of the capacity for autonomy)에 적합한 사회적 조건들에 좀 더 관심을 가진다. 이것은 주로 한 사회의 문화, 사회적 삶 및공공영역에 관한 문제들을 포함한다. 이러한 것들이 바로 이 장의 나머지 부분에서 논의하고자 하는 쟁점들이다.

자유의 사회적 조건들(the social conditions of freedom)에 대한 이러한 문제들이

1980: 43). 그러나 이는 그릇된 추론이다. 우리가 타당한 주장의 자기발원적 원천이라는 롤즈의 주장은, 우리가 어떻게 발전하는지에 관한 사회학적 주장이 아니다. 그것은 도덕적 가치의 지위에 관한 도덕적인 주장이다. 갈스턴(William Galston)이 말하듯, "사회의 형성적 능력(the formative power of society)은 분명 결정적임에도 불구하고, 형성되고 있는 것은 분명 *개인들*(*individuals* that are being shaped)이다. 나는 모든 것을 타인들과 공유할 수도 있다. 그러나 이 모든 것을 공유하는 것은 바로 나이다. 즉 독립된 의식, 쾌락과 고통의 개별적 위치, 증진되거나 억압되어야 하는 이익들을 지닌 구별된 존재인 나이다."(Galston 1986: 91). 나의 선은 사회적으로 결정되지만, 여전히 그것은 사회적 삶에 의해 영향을 받는 나의 선이다. 설득력 있는 모든 이론은 각각 개인의 이익에 동등한 주의를 기울여야만 한다.

첨예한 논쟁의 대상이 되어온 데에는 이론적인 이유와 실제적인 이유 모두가 존재한다. 이론적으로는, 어떤 정치이론이 이러한 문제들을 다루지 않으면, 그 이론은 불완전할 따름이라는 사실은 점점 더 수긍이 되고 있다. 하지만 좀 더 중요한 점은 이러한 사회적 전제 조건들–그것이 가족이든, 학교든, 시민사회이든 국가이든지 간에–이 소멸되고 있다는 두려움이 점증하고 있다는 사실이다. 대중매체와 정치연설은 '가족의 쇠퇴'나 학교의 쇠퇴, 시민단체들, 공적 공간, 그리고 민주적 제도들의 쇠퇴에 관한 주장들로 가득 차 있다. 달리 말하자면, 이러한 문제들은 정치이론의 주요한 주제가 되어 왔다. 그 이유는 자유민주주의의 현실적인 실천에 실제적이며 점증하는 문제점이 있다고 많은 사람들이 믿기 때문이다.

그렇다면, 이 절에서 나는 자유주의적 중립성이 자율성의 행사를 위한 사회적 조건들을 유지할 수 없다는 테일러의 주장을 다루어 보도록 하겠다. 나는 이러한 주장의 세 가지 형태를 살펴볼 것이다. 첫번째는 의미 있는 선택들을 사람들에게 제공하는 문화적 구조를 유지할 필요에 관한 것이고, 두 번째는 이러한 의미 있는 선택지들을 평가하는 공유된 포럼의 필요성에 관한 것이며, 세 번째는 연대와 정치적 정당성의 전제조건에 관한 것이다. 각각의 경우에, 공동체주의자들은 어떻게 자기결정에 대한 관심이 공동체주의적인 공동선의 정치를 배제하기보다 지지하는지를 보여주기 위해서 사회적 명제에 호소한다.

(a) 문화적 구조를 보호할 의무들

우리의 계획들에 관련된 의미 있는 선택들은 의미 있는 선택지들(meaningful options)을 필요로 한다. 또한 (사회적 명제는 우리에게 다음과 같이 말한다) 이러한 선택지들은 우리의 문화로부터 생겨난다. 하지만 자유주의적 중립성은 그와 같은 선택지들을 제공하는 풍성하며 다양한 문화의 존재를 보장해 주지 못한다. 가능한 생활방식들의 다양성이라는 의미에서 자기결정은 다원주의를 필요로 하지만, 그러나

> 다원주의를 보호하려는 자유주의 국가의 어떠한 집단적 시도도 그 자체로 자유주의적인 정의원칙들을 침해할 것이다. 물론 국가는 각각의 개인들이 그/그녀의 도덕적 능력들을 행사하기 위해서

> 사용할 수 있는 필요한 수단들의 공정한 몫을 가질 수 있도록 보증해 주는 것을 제외하고는 문화시장의 움직임에 간섭할 권한이 없다. 따라서 특정한 선관의 안녕이나 소멸은 물론, 특정 성격의 사회적 연합의 안녕이나 소멸은 국가가 관여할 일이 아니다(Cragg 1986: 47).

자유주의자들은 어떤 특정한 생활방식을 장려하거나 억제하려고 문화시장에 간섭하는 국가는 사람들의 자기결정을 제한한다고 믿는다. 하지만 문화시장이 그 자체로 독립적으로 굴러가게 된다면, 결과적으로 그것은 다원주의를 지지하는 문화적 구조를 침식할 것이다. 라즈(Joseph Raz)가 말하듯이, '가치 있는 삶의 형식을 지지하는 것은 개인의 문제라기보다는 사회적인 문제이다. …… 완전주의적 이상(perfectionist ideals)은 그것들이 실행가능해지기 위한 공적 행위를 요구한다. 현실에서 반완전주의(anti-perfectionism)는 단순히 가치있는 선관의 지지에 대하여 냉담하게 정치적 거리를 유지하는데 그치지 않는다. 그것은 우리 문화의 수많은 소중한 측면들이 살아남을 기회를 근본적으로 훼손한다'(Raz 1986: 162). 따라서 자유주의적 중립성은 자기파괴적이다.

이것은 중요한 반론이다. 놀랍게도 많은 자유주의자들은 '사람들이 상상할 수 있는 큰 다양성을 만드는 본질적인 문화적 행위들이 흔들리기 시작하고(할 수도) 있다'는 가능성에 대해서 침묵한다. 테일러가 말하듯, '그것은 마치 창조적이며 다양한 자유의 조건들이 자연에 의해 주어진 것으로 여기는 것 같다'(Taylor 1985a: 206n.7). 롤즈는 자유로운 조건들 속에서 사람들은 좋은 생활방식의 가치를 인식할 수 있고 그것들을 지지할 것이기 때문에, 좋은 생활방식은 사실상 국가의 도움이 없는 문화시장 속에서 스스로를 유지한다고 주장하는 식으로 그러한 우려에 대해 답변을 시도한다(Rawls 1971: 331~332; cf. Waldron 1989: 1138). 하지만 이것은 불충분하다. 사람들이 좋은 생활방식에서 누리는 이익과 그들이 자발적으로 제공할 지지의 형식들은, 미래 세대를 위해서, 그 좋은 생활방식이 존재하도록 유지하는 것을 반드시 포함하지는 않는다. 예컨대, 가치 있는 사회적 관습에 있어서의 내 이익은, 내가 죽은 뒤에도 그 관습이 살아남기 위하여 필요한 자원들을 고갈시킴으로써, 최상으로 증진될 수도 있다.

유물과 유적들이나 천연 야생 구역들에 대한 보존을 생각해 보자. 국가의 보호가 없으면, 이러한 것들을 매일매일 사용하여 마모되거나 훼손되어 미래 세대들이 그것들을 경험할 기회를 가질 수 없을 것이다. 그래서 비록 현존하는 사람들이 가치 있는 생활방식을 식별할 수 있도록 보증함에 있어서 문화시장을 신뢰할 수 있다 하더라도, 미래의 사람들이 가치 있는 선택지들의 범위를 누릴 수 있도록 보장함에 있어서는 이 문화시장을 신뢰할 수는 없다.

인생에서 자신들의 목표를 아직 형성하지 않은 사람들을 위하여 충분한 범위의 선택지들이 살아남을 수 있도록 보증하려면 국가의 지원이 필요할 수도 있다는 라즈의 주장을 인정해 보자. 그렇게 하려면 왜 중립성을 거부하는 것이 필요한가? 가능한 두 가지 문화 정책들을 고려해 보자. 첫번째 경우, 국가는 자신들의 개인적인 완전주의적 이상들에 따라서 문화지지적(culture-supporting) 공헌을 한 사람들에게 세금 공제 혜택을 줌으로써 충분한 범위의 선택지들을 보증한다. 국가는 충분한 범위의 선택지들이 존재할 수 있도록 보증하는 행동을 하지만, 이러한 선택지들에 대한 평가는 국가 기구 외부의 시민사회에서 행해진다(cf Dworkin 1985: ch.11). 두 번째 경우, 상이한 선관에 대한 평가는 결국 정치적 문제가 됨으로, 정부는 단순히 충분한 범위의 선택지들을 보증하기 위해서만이 아니라 특정한 대안을 증진시키기 위해서 간섭을 한다. 라즈의 논증은 이러한 정책들 중 어떤 것은 이행되어야만 함을 보여주지만, 그는 다른 정책에 비해 어떤 정책을 선호해야 할 이유를 제공해 주지는 않았다.

따라서 문화구조의 보호와 관련한 의무들의 존재는 중립성과 양립될 수 없는 것이 아니다. 사실상, 드워킨은 문화구조가 '타락 또는 쇠퇴'(debasement or decay)하지 않도록 보호해야 할 우리 의무에 대해서 강조한다(Dworkin 1985: 230). 테일러와 마찬가지로, 드워킨은 좋은 삶의 관점들을 상상적으로 생각할 수 있는 능력은, 우리가 직면하게 되는 대안들을 규정하고 분명하게 하려고 시도하는 지식인들 사이의 전문화된 논쟁이나, 현재의 예술 안에 과거의 문화를 다시금 생명력을 불러일으킬 수 있도록 시도하거나, 문화적 혁신에 대한 추진을 유지하는 사람들의 존재를 필요로 하며, 또한 국가가 어떻게 이러한 본질적인 문화적 행위들을 보호할 수 있으며 동시에 어떻게 해야만 하는지에 관한 전문적 토론을 필요로 한다고 한다(Taylor 1985a: 204~206; Dworkin 1985: 229~232). 또한 롤즈는 정의론에서, 문화에 대한 국가의 지원을 포함시키지 않는데, 이는 그가 정의원칙들이 작동하면 다양한 문화의 전제 조건들을 사실상 보호한다고 믿었기 때문이다. 반면에 그런 경우가 아닐 때, 그가 그러한 지원을 거부해야만 하는지에 대한 이유는 없다(Rawls 1971: 331, 441~442, 522~529). 드워킨처럼, 그저 그는 문화 속에서 다양한 선택지들의 상대적인 가치에 순위를 매기는 것은 국가의 일이 아니라고 주장할 것이다.

공동체주의 국가는 공동체의 생활방식의 덜 가치 있는 측면들을 좀 더 가치 있는 측면들로 대체하는 것을 장려함으로써 사람들의 선택지들의 질을 개선시키기를 희망할 수도 있다. 하지만 자유주의적 중립성 역시 사람들의 선택지들의 범위를 향상시키기를 희망한다. 언론의 자유와 결사의 자유는 각각의 집단들이 자신들의 생활방식을 추구하며 홍보하는 것을 허락할 것이며, 하찮은 생활방식들은 동조자들을 모으는 데 어려움을 겪을 것이다. 개인들은 좋은 삶에 대해 경쟁하는 비전들 중에서 선택을 할 수 있는 자유가 있으므로, 자유주의적 중립성은 사상의 시장(a market place of ideas)을 창조하는데, 이 시장에서 어떤 생활방식이 얼마나 좋은지는 말하자면 그것이 잠재적인 동조자들에게 무엇을 제공할 수 있는지에 달려 있다. 따라서 자유롭다는 조건 속에서, 만족스러우며 가치 있는 생활방식들은 그렇지 않은 방식들을 물리치는 경향을 보여 줄 것이다. (혹은 자유주의자들은 그렇다고 낙관적으로 믿는다.) 자유주의자들은 시민적 자유들을 지지한다. 그 이유는 부분적으로, 간략히 말하자면, 그러한 자유들은 '상이한 생활양식들의 가치가 실제로 증명되어야 한다'(Mill 1982: 54)는 것을 가능케 하기 때문이다.

자유주의자들과 공동체주의자들은 모두 개인들이 자신들의 자율적 선택들을 하는 선택지들의 범위의 보장을 목표로 한다. 그들은 완전주의적 이상들이 어디에서 호소되어야 하는지에 대해서 의견의 불일치를 보인다. 좋은 생활방식들은 시민사회의 문화시장(the cultural market place of civil society)내에서 평가될 때 좀 더 큰 가치를 확립하기 쉬운가? 아니면 상이한 생활방식들의 순위가 정치적 옹호와 국가 행위의 작용에 의해서 결정될 때 그러할 것인가? 따라서 이 논쟁은 아마도 완전주의와 중립성 사이의 선택이 아닌 사회적 완전주의(social perfectionism)와 국가 완전주의(state perfectionism) 사이의 선택의 문제로 인식되어야 할 것이다—왜냐하면 국가 중립의 이면은 시민사회 내에서의 완전주의적 이상의 역할에 대한 지지나 다름없기 때문이다.

(b) 중립성과 집단적 심의(Neutrality and collective deliberations)

일부 공동체주의자들에 의하면, 상이한 생활방식들을 평가하는 적절한 장으로서 국가보다 문화시장에 대한 자유주의의 선호는 원자주의적 신념으로부터 유래한다고 한다. 이 원자주의적 신념에 따르면, 선(가치)에 대한 판단은, 그 판단이 사회적 압력으로부터 보호가 되는 고립된 개인들에 의해 수행될 때, 자율적일 수 있다는 것이다. 자유주의자들은 선에 대한 판단이 정치 영역 밖에서 일어날 때 자율성이 증진된다고 생각한다. 하지만 현실에서 개인의 판단들은 경험들의 공유와 집단적 심의의 교환을 필요로 한다. 선에 대한 개인의 판단은 공유된 관행들에 대한 집단적 평가(the collective evaluation of shared practices)에 좌우된다. 만약에 집단적 심의로부터 단절되면, 그것들은 주관적이며 독단적인 변덕이 되어 버린다.

> 자기 성취(self-fulfillment), 그리고 심지어 개인의 정체성 형성(working out of personal identity)과 세상에서의 가치지향 감각(a sense of orientation in world)까지도 공통의 경험에 의존한다. 이 공유된 과정이 시민적 삶이며, 이 시민적 삶의 근원은 타자들과의 연관성에 있다. 이 타자들은 다른 세대 및 다른 종류의 사람들로서 이들의 차이성들은 중요한 의미를 지닌다. 그 이유는 이 차이성들이야 말로, 자아에 대한 우리의 특수한 감각(our particular sense of self)이 의존하고 있는 전체를 형성하는데 기여하고 있기 때문이다. 따라서 상호 의존성은 시민성(citizenship)의 기본적 관념이 된다.……공유된 관행들의 언어 공동체 밖에서는, 논리적인 추상으로서의 생물학인 *호모 사피엔스*(biological *homo sapiens*)는 존재할 수 있지만 인간(human beings)은 존재할 수 없다. 이것이 바로 정치적 공동체가 존재론적으로 개인에 *우선*한다는 그리스와 중세 격언의 의미이다. *폴리스*(*polis*)는 문자 그대로 사람(man)을 최대한 인간(human beings)으로 만드는 것이다(Sullivan 1982: 158, 173).

혹은 크로울리(Brian Crowly)가 말하듯이, 국가 완전주의란,

> 공유된 경험과 언어의 공동체 속에서 사람들이 살아가고 있다는 사실이 바로 개인과 사회가 본질적으로 정치적인 행위인 토론, 비평, 예증, 경쟁 등을 통해서 자신들의 가치를 발견하고 시험할

> 수 있는 유일한 배경이라는 관념에 대한 긍정이다. 사람들이 상호간에 생각들을 제공하고 다른 생각들에 대해여 검증하는 조직화된 공적 공간들의 존재를 통해서…… 인간은 자신이 누구인지를 얼마간 이해하게 된다(Crowly 1987: 282; cf. Beiner 1983: 152).

국가는 선에 대한 우리의 비전을 형성하기에 적합한 장이다. 왜냐면 이러한 비전들은 공유된 탐구를 필요로 하기 때문이다. 고독한 개인들은 이러한 것들은 추구할 수도 없으며 알 수조차 없다.

하지만 이것은 생활방식에 대한 평가가 공적 관심사가 되어서는 안된다는 롤즈의 주장의 의미를 곡해시킨다. 자유주의적 중립성은 개인들이나 집단들의 집단 행위 속에서의 완전주의적 이상의 범위를 제한하지 않는다. 선과 관련된 집단적 행위와 공유된 경험들은, '다양한 이익 공동체들의 자유로운 내적 삶의 중심에 있는데, 이 다양한 공동체 내에서 개인들이나 집단들은, 평등한 자유와 부합하는 사회적 연합의 양식(model of social union) 속에서, 자신들이 이끌려 지게 되는 목적들과 탁월성을 추구한다.' 자유의 우선성에 대한 롤즈의 주장은 이러한 '타인들과의 자유로운 사회적 연합'(Rawls 1971: 543)의 중요성에 기반하고 있다. 그는 '국가의 강제적 기구'(the coercive apparatus)가 그러한 심의들과 경험들을 위한 적절한 광장이라는 점을 간단히 부인해 버린다.

> 공정으로서의 정의는 질서 정연한 사회 속에서 탁월함이라는 가치가 인정되는 것을 허용하지만, 인간적 완전함(human perfections)은 자유로운 결사의 원칙 한계내에서(within the limits of free association) 추구되어야 한다.……(개인들은) 자신의 행위들이 좀 더 본질적인 가치를 지닌다는 논리를 근거로 하여, 자신이 더 많은 자유나 분배 몫을 차지하기 위해 국가의 강제적 기구를 사용해서는 안된다(Rawls 1971: 328~329).

불행히도 공동체주의자들은 집단적 행위와 정치적 행위를 거의 구분하지 않는다. 공유된 언어적 및 문화적 관행에 참여하는 것이 개인들로 하여금 좋은 삶에 대한 현명한 판단을 내릴 수 있게 해준다는 점은 사실이다. 하지만 어째서 그러한 참여가 개인들의 자유로운 결사가 아닌 국가를 통해서 조직되어야만 하는가? 우리는 '사람들로 하여금 그들이 자신들과 세계에 대해 발견한 것들을 표명하고, 그것의 가치들을 타인들에게 납득시킬 기회를 만들어 주어야' 한다는 것은 사실이다(Crowly 1987: 295). 하지만 자유주의적 사회야 말로 사람들이 개인적 숙고의 사회적인 측면들을 표현할 기회를 만든다. 결국, 결사의 자유와 언론의 자유, 그리고 집회의 자유는 근본적인 자유주의적인 권리들이다. 집단적 심의를 위한 기회들은 국가 보다 아래 차원–예를 들면 친구들과 가족뿐만 아니라, 교회, 문화적 결사체, 직능 단체, 노동 조합, 대학, 그리고 대중 매체 집단들과 결사체들–안에서 그리고 그것들 사이에서 일어난다. 선에 대해 현명한 판단을 내리고 타인들에게 내가 '(나의) 선관을 책임지고 고수한다'는 것을 보여주는 데 있어 '개성과 판단의 공개적 표현(public display of character and judgment)과 경험과 직관의 교환'(exchange of experience and insight)이 필요하다는 점을 자유주의자들은 부정하지 않는다(Crowley 1987: 285). 사실 이 같은 요구들은 자유로운 언론과 자유로운 결사의 가치에 대한 많은 자유주의자들의 논의와도 잘 일치한다(예컨대 Scanlon 1983: 141~147). 자유주의자들이 부정하고 있는 것은 *국가에게(to the sate)* 내 자신에 관한 그러한 설명을 해야한다거나, 또는 공적 자원에 대한 요구를 하기 위해 국가에게 나의 생활방식을 정당화 해야만 한다는 점이다.

하버마스의 초기 작업처럼, 국가의 독특한 역할을 고려하는 데 있어서의 그와 유사한 실패는 자유주의적 중립성에 대한 급진적 비판들을 약화시킨다. 하버마스는 상이한 생활양식에 대한 평가가 정치적 문제가 되기를 바랐다. 그러나 공동체주의자들과 달리, 그는 이런 정치적 심의가 현존하는 관행에 각인된 사람들의 입장을 증진시키는 데 기여할 것으로 기대하지는 않았다. 실제로, 그는 정치적 심의가 필요한 이유는, 만약 그것이 없으면, 사람들은 현존하는 관행들을 주어진 것으로 받아들이는 경향을 보일 것이고 따라서 그러한 역사적 관행들에 수반되는 그릇된 필요들과 의식을 영구화할 것이기 때문이라고 생각하였다. 현존하는 생활방식들이 '담론적 의지형성의 대상'(the object of discursive will–information)일 때만이, 선에 대한 사람들의 이해는 미혹으로부터 자유로울 수 있을 것이다. 중립성은 이러한 관행들에 대한 면밀한 검토를 요구하지 않으며, 따라서 그릇된 필요들과 이데올로기적 왜곡들에서 탈출하는 일에

대하여 사람들이 갖고 있는 해방에의 관심을 인식하지 못하게 된다.[27)]

하지만 사람들의 선관에 대한 평가가 정의에 대한 그들의 요구들에 영향을 미쳐야 하는 이유는 무엇이며, 국가가 이러한 평가를 위한 적절한 장인 이유는 무엇인가? 전체 정치사회보다 작은 공동체들, 즉 다양한 크기의 집단들과 결사체들이, 선에 대한 평가가 사람들이 진정으로 필요로 하는 것이 무엇인지를 해석하는 것을 포함하는 그러한 형태의 '담론적 의지 형성'에, 보다 적합한 광장이 될 수도 있다. 하버마스는 선에 관한 정치적 숙고의 기반으로서 현존하는 사회적 관행들의 무비판적인 지지를 하는 공동체주의적 경향을 거부하는 한편, 정치적으로 숙고되지 않은 모든 것은 따라서 합리적 판단이 불가능한 개인의 의지에 남겨진다고 가정하는 공동체주의자들의 경향을 공유한다.

그래서 자유주의적 중립성은 개인들의 의미 있는 선택지들을 위한 공유된 문화나 그러한 대안들에 대하여 개인들이 의미 있는 평가를 하기 위한 공유된 경험의 중요성을 소홀히 하지 않는다. 자유주의적 중립성은 개인적 자율성의 사회적 요건(social requirements of individual autonomy)을 부인하는 것이 아니라, 정치적 과정 보다는 사회적 과정에 의존하는 사회적 요건에 대한 하나의 해석을 제공하고 있는 것이다. 이들 중 어떤 것도 중립성이 지지되어야 함을 입증하지는 않는다. 중립성은 개인적 판단과 문화적 발달을 위한 비국가적 포럼(non-state forum)의 작동과 과정에 특정한 믿음을 필요로 하면서, 선을 평가하기 위한 국가포럼의 작동에 대해 불신을 요구한다. 내가 언급했던 것 중 어떤 것도, 이러한 낙관과 불신이 정당하다고 보여주지는 않는다. 중립성에 대한 비판자들이 정치에 대한 자신들의 믿음을 옹변하는데 실패해 왔으며, 마찬가지로 자유주의자들도 비국가 포럼에 대한 자신들의 믿음을 옹변하는데 실패하여 왔다.

사실상, 중립성 논쟁에 대한 각각의 입장은 다른 진영의 가르침을 배우는 데 실패한 것처럼 여겨진다. 자유주의자들이 수세기에 걸쳐 국가와 사회의 구분이 중요하다고 주장해 왔음에도 불구하고, 여전히 공동체주의자들은 온전히 사회적인 것은 무엇이든

27) 예를 들면, 하버마스는 '우리의 필요에 대한 (폭넓게 외부적으로 통제되며 전통적으로 고정된) 해석들의 담론적 해체(discursive desolidification)'의 필요성이 롤즈와 자신 사이의 불일치의 핵심이라고 주장하곤 한다(Habermas 1979: 198~199). 하지만 그는 이제 사람들의 선관을 정치적으로 평가한다는 생각을 거부한다(Habermas 1985: 214~216; cf. Benhabib 1986: 332~343; Funk 1988: 29~31).

정치적인 것의 범주가 되어야 한다고 가정하는 듯이 보인다. 그들은 국가의 특징을 규정하는 모든 포괄적 권위와 강제 수단들은 국가를, 그들이 갈망하는 종류의 진정한 공유된 심의 및 헌신을 검토하기 위해서는, 특히 부적절한 포럼의 장이 되게끔 만든다는 자유주의자들의 우려에 아직까지 직면해 본 적이 없다. 공동체주의자들이 수세기에 걸쳐 우리 문화의 역사적 취약성을 지적하면서, 자유로운 문화가 스스로를 유지할 수 있는 조건에 대해 고려할 필요성에 대하여 주장해 왔음에도 불구하고, 여전히 자유주의자들은 관용적이며 다양한 문화의 존재가, 마치 자연적으로 생겨나고 스스로를 유지하는 것처럼, 그래서 정의론에서 쉽게 가정되었듯이 지속적으로 존재하는 것처럼, 당연하게 받아들이는 경향이 있다. 공동체주의자들은 자유의 문화가 역사적 성취라고 주장한다는 점에서 옳다. 그리고 자유주의자들은 문화시장이, (공동체주의자들이 우려하듯이) 사람들을 충분한 방식으로 공동체적 관행에 강하게 연결시키는데 실패하거나, 아니면 역으로 (하버마스가 우려하듯이) 사람들을 충분한 방식으로 현존하는 관행 및 이념들의 기대로부터 강하게 분리시키는데에도 실패함으로써, 그러한 역사적 성취인 자유의 문화를 위협하게 되지는 않을 것이라는 이유를 설명할 필요가 있다. 자기결정을 지지하는 문화는 현존하는 관행들에 대한 노출과 그것과의 연관은 물론, 관행들에 대한 반대 및 거리두기 양자의 혼합을 필요로 한다. 자유주의적 중립성은 그러한 혼합물을 제공할 지도 모르지만, 그것이 명백한 참은 아니며, 특정한 시간과 장소에서만 참일 수도 있다. 따라서 양측은 선을 평가하기 위한 국가 및 비국가적 포럼에 내재하는 기회와 위험들에 대하여 좀 더 포괄적인 비교를 우리에게 제공할 필요가 있다.

국가가 선관들을 비교하기 위한 장이라고 호소하기에 앞서, 나는 다른 저서에서 자유주의자들이 매우 높이 평가하는 문화시장으로 사회 내의 모든 집단들이 진정 자유롭고 평등하게 접근할 수 있게끔 보증하기 위해서는, 우리는 우선 비정치화된 토의(non-politicized debate)를 위한 시민사회내의 포럼들을 개선시켜야 한다고 주장해 왔다.[28] 하지만 이런 질문에는 여러 가지 답변이 있을 수 있겠지만, 우리가 그것을 자유

28) Kymlicka 1989b. 내 주장에 관한 비판으로는, Hurka 1993과 Weinstock 1998의 응답을 보시오. 국가 완전주의자-국가 중립성 논쟁에 대한 다른 중요한 문헌들로는, Canney 1991, 1995; Neal 1994; Dyzenhaus 1992; Sher 1997; Hurka 1993; Goodin and Reeve 1989; Wall 1998; Chan 2000 등이 포함된다.

주의적인 '원자주의' 대 공동체주의적인 '사회적 명제' 사이의 논쟁으로 받아들인다면 어디에서도 그것에 대한 답변을 얻기 어려우리라는 점은 명백하다. 공동체주의자들에 따르면, 자유주의자들은 사람들이 본래부터 사회적인 존재라는 사실을 인식하는데 실패했다고 한다. 아마도 자유주의자들은 사회가 인공적인 사회계약에 의존하고 있으며 국가권력은 본래적으로 비사회적인(asocial) 사람들을 사회 안에서 함께 있게 만드는데 필요하다고 생각할 것이다. 그러나 정반대가 참인 측면도 있다. 즉 자유주의자들은 사람들이 본래적으로 선을 이해하며 추구하게 되는 사회적 관계들과 포럼들을 형성하고 거기에 참여한다고 생각하는 것 같다. 국가는 공동체적 맥락(communal context)을 제공하는데 필요하지 않으며, 집단적 심의와 문화적 발전의 정상적 과정들을 왜곡시키기 쉽다. 국가가 적극적으로 선을 함께 평가하고 추구하도록 사람들을 이끌지 않으면, 개인들은 원자적인 고립 속에서 헤매일 것이라고 생각하는 사람들이 다름 아닌 바로 공동체주의자들이다.[29)]

(c) 연대성과 정치적 정당성(Solidarity and political legitimacy)

사회적 명제가 제기한 또 다른 쟁점이 있다. 개인의 선택들은 안전한 문화적 맥락을 필요로 하지만, 다시 문화적 맥락은 안전한 정치적 맥락을 필요로 한다. 문화시장을 보호함에 있어 국가의 적절한 역할이 무엇이든지 간에 공적 제도들이 안정적일 때에만 국가는 그 역할을 충족시킬 수 있으며, 다시 그것은 시민들의 눈에 공적 제도들이 정당성을 지녀야 할 것을 요구한다. 테일러는 중립성의 원칙이 적용되는 정치적 제도들은 정당성을 유지하기 어렵게 될 것이며, 따라서 자기결정을 위해 요구되는 사회적 배경을 유지하기 어렵게 될 것이라고 믿는다.

테일러에 따르면, 중립적 국가는 시민들이 복지국가가 요구하는 희생들을 받아들

29) 비정치적 활동(non-political activity)은 본래 외롭다는 주장은 일군의 공동체주의 저작들에서 암시되고 있다. 예컨대, 샌들은 공동체주의 정치 아래서 '우리는 혼자서는 알 수 없는 선을 공동으로는 알 수 있다'고 주장한다(Sandel 1982: 183). 설리번(Sullivan)은 아무도 '집단적 심의에서 단절되지 않도록' 보장하기 위해서는 국가 완전주의가 필요하다고 주장한다(Sullivan 1982: 158). 자유주의자들은 정반대의 가정을 한다. 즉 개인들이 집단적 결사체 및 심의에 들어가도록 이끄는데 국가는 필요치 않다고 한다(Macedo 1988: 127~128; Feinberg 1988: 105~113).

이는데 필요한 공동선의 공유감(the shared sense of the common good)을 침식시킨다고 한다. 시민들은, '공통적 삶의 형식'(common form of life)이 존재할 때, 국가에 오직 일체감을 느낄 수 있으며, 국가의 요구를 정당한 것으로 받아들일 것이다. 이 공통적 삶의 형식은 '최고로 중요한 가치로 여겨지며, 그렇기에 시민들에게는 이의 지속과 번영은 그 자체로 중요한 문제가 되는 것이다. 이의 지속과 번영의 중요성은 시민 자신의 몇몇 선에 수단적으로 의미를 지니기 때문도 아니며, 또한 이러한 개인적 선들의 총체적 합(the sum total of these individual goods)이기 때문에 의미를 지니는 것도 아니다(Taylor 1985b: 213). 공동선에 대한 이 같은 감각은 줄곧 침식당해 왔다. 그 이유는, 부분적으로, 우리가 이제는 국가중립성의 정치문화(a political culture of state neutrality)를 가지고 있기 때문이다. 국가중립성의 정치문화에서는 사람들은 자유로이 자신의 목표들을 '공통적 삶의 형식'과 무관하게 선택할 수 있으며, 이 공통적 삶의 형식이 사람들의 이러한 권리들을 침해하게 된다면 공동선의 추구를 자유로이 포기할 수 있다. 공동체적 국가는 공통의 삶의 형식에 일체감을 증진시키는 반면에,

> 권리 모델은 좀 더 원자주의적인 의식과 잘 어울린다. 여기에서 나는 내 존엄성을 권리의 개인적 담지자(an individual bearer of rights)의 존엄성으로서 이해한다. 사실상-그리고 따라서 이 둘 사이에 긴장이 부상한다-내가 집단적 결정들을 내리는 공동체로부터 이미 어느 정도의 거리를 두지 않았다면, 나는 개인적 권리의 명분으로 집단적인 결정을 거부할 정도로 충분히 자발적으로 될 수 없다(Taylor 1985b: 211; cf. Sandel 1996: 3~4).

공동체의 공유된 삶의 형식으로부터의 '거리두기'는 우리가 자유주의적 정의의 부담(the burdens of liberal justice)을 짊어지지 않으려 하게 된다는 것을 의미한다. 결과적으로, 자유민주정체들은 일종의 '정당성 위기'(legitimation crisis)를 겪고 있다-즉 시민들은 정의의 이름으로 점점 더 희생을 요구받지만, 자신들 희생의 대상자(수혜자)인 사람들과는 점점 더 공유감을 상실하고 있는 것이다. 거기에는 중립적 국가의 요구(the demands of the neutral state)를 지탱해 줄 수 있는 근원적인 공유된 삶의 형식이 존재하지 않는다.

다른 한편, 롤즈와 드워킨은 시민들이, 비록 자신들과 매우 다른 선관을 가지고 있는 사람들과의 관계 속에서도, 정의의 부담을 받아들일 것이라고 믿는다. 개인은, 그의 선관이 공동체 내의 다른 생활 방식과 아무리 차이가 난다고 하더라도, 정의의 원칙을 위반하지 않는다면, 어떠한 좋은 삶의 관점들을 자유로이 선택할 수 있어야만 한다. 그와 같은 갈등적인 선관들은 관용될 수 있다. 그 이유는 심지어 그러한 갈등에 직면했다 하더라도 정의원칙에 대한 공적 승인으로 충분히 안정성을 보장할 수 있기 때문이다. 롤즈가 언급했듯이, '질서 정연한 사회는 분열되고 다원적이라 하더라도……정치적이고 사회적인 정의 문제에 대한 공적 합의는 시민적 우애의 결합(ties of civic friendship)을 지지하고 결사체의 유대(bond of association)를 확고하게 한다' (Rawls 1980: 540; cf. Rawls 1985: 245). 상이한 선관을 가진 사람들은 서로의 권리들을 존중할 것이다. 그 이유는 그것이 어떤 공유된 생활방식을 증진시키기 때문이 아니라, 각각의 개인이 배려에 대한 평등한 요구권(equal claim to consideration)을 지닌다는 점을 시민들이 인정할 것이기 때문이다. 따라서 국가 정당성의 기반(the basis for state legitimacy)은 공유된 정의감이지, 공유된 선관이 아니다. 자유주의자들은 좋은 삶에 관한 특정한 원칙을 공적으로 채택하는 것을 요구하거나 배제하지 않고도, 정의원칙들의 공적 채택(the public adoption of principles of justice)을 통해 정의로운 사회를 유지하기를 갈구한다.

테일러는 이것이 사회학적으로 보면 순진한 입장이라고 생각한다. 사람들은, 공유된 선관에 의해 구속되어 있지 않다면, 즉 공동선의 정치에 일체감을 느낄 수 없다면, 타인들의 요구들을 존중하지 않을 것이다. 그는 '20세기 후반 생존 가능한 현대 정체(viable modern polity)의 유지 문제에 대한 미궁 속에서 대두되는 두 가지 패키지의 해결책'은 공동체주의적 모델과 자유주의적 모델로 거칠게 대응될 수 있다고 묘사하면서, 장기적 안목에서 자유주의적 모델의 실현가능성에 대하여 '심한 회의'(severe doubts)가 든다고 말한다. 자유주의 국가는 개인의 권리들 및 국가 중립성을 강제함으로써 선에 대한 원칙들의 공적 채택을 배제하지만, '집단적 결정보다는 권리들이 우선한다고 계속해서 강조하다 보면, 결국엔 바로 민주적 질서의 정당성을 근본적으로 침해하게 되지 않겠는가'라고 테일러는 묻는다(Taylor 1985b: 225).

나는 롤즈나 드워킨이 묘사한 자유주의적 모델이 사회학적으로 순진하다고 말한 테일러가 옳다고 생각한다. 사실상 공유된 정치적 원칙들은 정치적 화합을 위한 *필요조건*(a *necessary* condition for political unity)에 불과할 지 모른다–사람들이 정의의 문제에 대해 심각하게 불일치 하는 곳에서는, 결과적으로 내전이 발생할 수도 있을 것이다. 하지만 공유된 정치적 원칙들은 화합을 위해 *충분치* 않다(not *sufficient* for unity). 정의에 대한 유사한 믿음을 사람들이 공유한다는 단순한 사실만으로는, 연대성, 사회적 화합 또는 정치적 정당성을 유지하기에 충분치 않다.

예컨대, 자유주의적 견해는 우리가 누구에 대하여 정의의 의무들을 지는지 혹은 우리가 누구와 함께 민주적 결정들을 내려야 하는지에 대해서는 우리에게 말해 주지는 않는다는 사실에 유의하자. 결국, 롤즈와 드워킨은 단일한 세계정부의 발상(the idea of a single world government)을 지지하지는 않는다. 그들은 자신들이 지지하는 정의원칙들이 경계가 설정된 어떤 정치공동체 내에서 채택되고 이행되어야 한다고 가정하고 있다. 우리가 정의의 우선적 의무들(primary obligation of justice)을 지는 대상은 인류일반(humanity at large)이라기보다 동료 시민들(co–citizens)이다. 롤즈와 드워킨은 우리가 인류 일반에 대하여 어떤 의무들을 진다는 사실을 받아들이지만, 이 같은 외국인들에 대한 '인도적' 의무들('humanitarian' obligations to foreigners)은 우리의 동료시민들에 대한 '평등주의적' 의무('egalitarian obligations to co–citizens)에 비해 약한 의무이다(예를 들면, Rawls 1993b, 1999b).

이런 식으로 경계가 설정된 정치공동체에 국한되지 않는 자유주의의 형태를 상상할 수 있다. 그리고 실제로 일부 평론가들은 자유주의 논리가 적어도 우리의 장기적인 목표로서 단일한 세계국가의 창출을 요구한다고 주장해 왔다. 이 단일 세계정부는 단일한 자유의 체계와 분배정의를 갖추게 되고, 그렇게 하여 세계의 모든 사람들이, 세계의 어디에서 살고 어느 곳으로 이동하든지 간에, 자유롭게 이동하고, 생활을 하고, 집단적인 자치정부에 참여하고, 사회적 혜택을 받을 수 있는 동등한 권리를 가지게 될 것이다.

나는 그러한 '세계시민주의적' 관점의 자유주의('cosmopolitan' conceptions of liberalism)에 대해서 이 장의 후반부(제10절)에서 논하려고 한다. 하지만 이것은 롤즈나 드워킨을 포함한 대부분의 자유주의자들이 지지해 왔던 방식이 아니다. 그들은 우리들이 국가들의 세계(a world of states) 속에서 살아가고 있으며, 각각의 국가는 그 자신의 정의 및 민주적 의사결정의 기제(scheme of justice and democratic decision-making)를 가지고 있을 뿐만 아니라, 정의론의 우선적 목표는 이렇게 구획 지어진 각각의 정치공동체의 시민들이 서로에게 구속되어야 하는 것이 무엇인지를 밝혀 내는 것이라는 점을 당연한 것으로 생각한다.

달리 말하자면, 자유주의는 밀러(David Miller)가 '윤리공동체들'(ethical communities)—이것은 외부인들에게는 의무가 없는 시민들이 각각의 동료 시민에 대하여 특별한 도덕적 의무를 가지는 공동체이다—이라고 부르는 국민국가(nation-state)의 형태를 가정하고 있다(Miller 1995). 혹은 타미르(Yael Tamir)가 언급하듯이, 롤즈의 자유주의적 평등주의는 '공동체의 도덕'(morality of community)이다(Tamir 1993). 자유주의적 정의는 공동체에 대한 감각(a sense of community), 즉 시민들이 단일한 국가에 함께 소속되어 있으며 스스로를 집단적으로 다스려야 하며, 서로를 향하여 연대감을 느껴야 하는 감각을 필요로 한다.

이러한 점은 자유주의 이론 안에서 자주 모호해져 버린다. 자유주의 이론은 보편주의의 언어로 공동체에 대한 자신의 (사전적) 헌신을 은폐하고 있다. 블랙(Samuel Black)이 언급했듯이, 사실상 모든 자유주의 이론에서는 미묘하지만 심오한 용어상의 변동이 일어나고 있다. *인간*의 도덕적 평등(the moral equality of *persons*)에 대한 이론으로서 시작한 것들이 대체로 *시민*의 도덕적 평등(the moral equality of *citizens*)에 대한 이론으로 귀결된다(Black 1999). 자유주의가 개인들에게 부여하는 기본적 권리들은 일부 개인들—국가의 시민인 사람들—을 위해 예약되어 있다는 것이 밝혀진다. 시민들만이 한 국가 내에서 자유롭게 이동하고 삶을 영위하며 집단적인 자치정부에 참여하거나 사회적 혜택을 누릴 권리를 갖는다. 단지 국경에서 5마일 떨어진 곳에서 태어났다고 하더라도, 국가 밖에 있는 사람들은 시민권을 부여받을 자격이 없다. 그 이유는 그들이 '우리' 공동체의 구성원이 아니기 때문이다.

요컨대, 자유주의적 정의는 경계가 설정된 공동체들 안에서 작동하고, 시민들이 이러한 경계들을 도덕적으로 의미 있는 것으로 바라보도록 요구한다. 정의와 권리에의 요구를 위하여 경계들은 '그들'로부터 '우리'를 구별해 내는 역할을 하게 된다. 하지만 이러한 경계가 설정된 '윤리 공동체'의 감각(bounded sense of 'ethical community')을 설명하거나 지탱시켜 주는 근거는 무엇인가? 왜 메인(Main)주에 있는 사람들은, 국경에서 불과 5마일 밖에 떨어져 있지 않은 캐나다의 뉴 브룬즈윅(New Brunswick)의 주민이 아니라, 4,000마일이나 떨어진 텍사스(Texas) 주의 거주자들에게 더 많은 연대감을 느껴야 하는가?

롤즈와 드워킨은 윤리공동체에 대한 이러한 감각을 설명해 주는 것이 자유주의적인 공통의 정의원칙에 대한 공유된 헌신이라고 제시한다. 즉 우리는 우리가 어떤 단일한 윤리공동체에 함께 소속되어 있다고 느끼는데, 그 이유는 우리가 동일한 정의의 원칙을 공유하고 있기 때문이라는 것이다. 하지만 이것은 옳지 않다. 물론 서구 민주주의 국가의 절대 다수 시민들은 동일한 자유민주적인 정치원칙들을 공유하고 있다. 하지만 이것이 바로 문제이다. 이러한 정의의 원칙들은 국가들 *내에서*(*within* states) 공유되고 있을 뿐만 아니라 (서구) 국가들을 *가로질러서도 across* (Western) states 공유되고 있다. 뉴 브룬즈윅에 사는 사람은 메인 주에 사는 사람과 정의에 대한 동일한 견해를 공유할 가능성이 높다. 실제로 최근의 선거결과들이 어떤 의미를 보여준다면, 뉴 브룬즈윅에 사는 사람들은 (보수적인) 텍사스 주에 사는 사람들보다는 메인 주의 평균적인 거주자의 (중도 자유주의적) 견해를 공유할 가능성이 *좀 더* 많다는 징후이다.

동일한 현상이 서구 전반에 존재한다. 스웨덴과 노르웨이의 국경은 정의관의 경계를 나타내는 것이 아니며, 벨기에와 네덜란드의 국경이나, 스페인과 포르투갈의 국경, 혹은 오스트레일리아와 뉴질랜드의 국경 역시 그러하다. 이러한 국가들 각각은 스스로를 독특한 '윤리공동체'라고 생각하여, 시민들은 인접 국가의 '외국인들'보다 '우리' 동료 시민들에 대하여 보다 강한 의무들을 진다고 생각한다. 하지만 이러한 의미에서의 독특한 윤리공동체의 형성은 독특한 정치적 원칙들에 대한 신봉(adherence)에 기반한 것이라고 할 수는 없다. 왜냐하면 인접 국가들도 외국인들도 동일한 범주의 원칙들을 공유하고 있기 때문이다.[30)]

30) 물론 이는 서구 민주주의 국가들에 사는 모든 사람이 실질적으로 동일한 분배정의원칙을 공유한다고 말하는 것이 아니다. 앞장에서 살펴봤듯이, 거의 모든 사람들이 (시민적 자유와 대의 민주주의라는) '헌법적 본질'(constitutional essentials)에 대해 유사한 관념을 가지고 있지만, 기회의 평등에 대한 관념을 포함하여,

사실상, 서구에서 자유민주주의가 거의 보편적으로 수용되었다는 사실을 고려하면, 정치원칙들의 공유는 서구 세계가 어째서 각각의 국민국가들로 나뉘게 되었는지에 대해서나, 어디에서 이들 국가의 경계가 그려졌는지에 대해서 전혀 설명해 줄 수 없으며, 따라서 시민들이 이러한 국경 외부가 아닌 내부에 있는 사람들에 대해 윤리공동체라는 감각을 느끼는 이유에 대해서도 설명해 줄 수 없다(Sandel 1996: 6~17).

롤즈와 드워킨은 자유주의 원칙들에 대한 신봉이 자유민주 국가들 사이의 국경들의 존재와 위치를 설명해 줄 수 없다는 사실을 알고 있다. 그들은 자신들의 자유주의 이론들이 자유민주주의 국가들이 분리된 존재라는 것을 그리고 이들 사이의 국경을 당연한 것으로 간주하였다는 점을 인정하고 있다. 그리고 국가들의 존재와 국경에 관한 모든 분쟁이 예전에 이미 해결되었다고 가정한다.[31] 그들은 현실 세계에서는 이러한 분쟁들 중 다수가 임의적이며 강압적인 방식으로 해결되었다는 사실을 알고 있다. 영토의 특정한 부분이 특정 국가의 일부가 되었다는 것은 주로 역사상의 사건의 문제, 심지어 역사상의 부정의의 문제였다. 하지만 롤즈나 드워킨은 이러한 (임의적인) 경계 속에 있는 시민들이 동일한 정치원칙들을 공유하게 되는 한, 이것은 시민들 사이에서 '윤리공동체'(ethical community)의 감각을 발전시키어서, 연대성, 정당성 및 안전성을 보장하기에 충분할 것으로 희망한다.

달리 말하자면, 롤즈와 드워킨은, 사람들이 만약 동일한 자유민주주의적 원칙들을 공유한다면, 그들은 역사적 경계들과 관할권에 대해서 의문을 제기하지 않을 것이라

좌파와 우파사이에는 선택의 책임성, 불평등한 환경의 교정 등과 같은 분배정의에 대한 뿌리 깊은 의견의 불일치가 존재한다. 그러나 이러한 좌–우 논쟁은 서구 민주주의 국가 어디에나 존재하며, 따라서 정의관들의 범주는 모든 국가를 가로질러서 유사하다. 우리가 (서구 민주주의 국가들을 가로지르며 유사한) 헌법적 본질에 대한 신념들에 초점을 맞추든지, (실제적인 견해들의 범주가 모든 국가를 가로지르며 유사하다 할지라도, 각각의 국가 내에서 논쟁되는) 분배정의에 관한 신념들에 초점을 맞추든, 어느 경우도 국경이 정의에 관한 사람들의 신념에서의 변동을 나타내지 않는다.

31) 예를 들면, 자신의 이론에서, '우리는, 정의와 공정성의 문제들은 특정한 정치집단–한 정치집단의 경계와 구성원 지위는 이미 주어진 것으로 간주된다–내에서 무엇이 정의롭거나 공정한 것인지의 문제로 간주된다는 의미에서, 공동체를 정의와 공정성 보다 우선적인 것으로 간주한다는 드워킨의 주장을 참조하라(Dworkin 1986: 208; cf. Rawls 1993a: 277). 경계와 구성원 자격을 주어진 것으로 받아들이는 자유주의자들의 이러한 경향에 대한 비판으로는 Galloway 1993을 보시오.

고 가정한다. 하지만 이는 명백히 틀린 것이다. 캐나다의 경우를 생각해 보자. 1960년대 이래 퀘벡인 사회의 자유화의 결과로, 지난 삼십 년 동안 영어를 사용하는 캐나다인과 불어를 사용하는 캐나다인 사이에서 정치원칙들에 있어서의 현저한 수렴이 진행되어 왔다(Dion 1991: 301). 만약에 원칙들에 대한 합의가 국경에 대한 합의를 발생시킨다면, 우리는 이 기간 동안 퀘벡 분리운동에 대한 지지의 감소를 목격했어야 하지만 실제로 민족주의적 감정은 꾸준히 증가했다. 캐나다 안에서 영어 사용자와 불어 사용자가 동일한 정의원칙들의 공유가 증가해 왔다는 사실은 분리주의적 감정을 감소시키지 않았다. 그 이유는 퀘백인들이 당연히 자신들의 국민국가도 동일한 원칙들을 존중할 수 있다고 가정하기 때문이다. 분리 결정은 그들로 하여금 자신들의 정의원칙들을 포기하도록 요구하지 않는다. 그 이유는 그들이 자신들의 국가에서 동일한 원칙들을 이행할 수도 있기 때문이다. 분리주의적인 퀘벡인들은 정치공동체들이 자유주의적인 정의 규범들을 고수해야 한다는 것을 받아들인다. 즉, 그들은 자신들만의 분리된 자치적인 자유민주주의적 정치공동체를 형성하기를 원한다. 요컨대, 그들은 자신들의 (자유민주주의적) '윤리공동체'를 형성하기를 원한다.

우리는 동일한 추세를 국가 하부의(substate) 민족주의적 운동을 억누르고 있는 다른 여러 국가들, 예컨대 영국(스코틀랜드인들)이나 스페인(카탈로니아인들)에서 목격하고 있다. 이러한 모든 사례에서, 다수자와 소수자 사이에서 증대되고 있는 자유민주주의적 가치들에 대한 수렴은 소수자 집단들의 자치 정부에 대한 요구나 심지어 점증하는 분리 요구와 나란히 진행되어 왔다. 모든 이들은 정치공동체들이 자신의 결정을 민주적이면서 개인의 권리들에 부합하게끔 내려야 한다는 것에 동의하지만, 그들은 어느 정치공동체(*which* political community)가 이 같은 결정들을 내려야 하는지에 관해서는 의견의 일치를 보이지 않는다. 이민 정책에 관한 결정들을 캐나다 의회(Canadian parliament)가 해야 하는가 아니면 퀘벡 의회(Quebec's National Assembly)가 내려야 하는가? 환경에 관한 결정들을 영국 의회(British parliament)가 내려야 하는가 아니면 스코틀랜드 의회(Scottish Assembly)가 내려야 하는가? 교육에 관한 결정들을 마드리드에 있는 스페인 의회(Spain parliament)에 의해서 내려야 하는가 아니면 바르셀로나에 있는 카탈로니아 의회(Catalan parliament)가 내려야 하는가? 소수자 집단은 자유민주주의적 가치들을 받아들이지만, 그것들을 자신들의 자치적인 정치제도들 안에서 이행하기를 바라며, 따라서 자유주의적인 정의에 기반한 그들 자신의 윤리공동체를 만들거나 유지하기를 바란다. 자유민주주의적 원칙들에 대한 수렴의 증대가 이러한 분쟁들의 중요성을 감소시키거나, 이러한 분쟁들이 많은 서구 국가들의 안정성에 부과한 위협을 감소시키는 데 전혀 기여하지 않았다.[32)]

그렇다면 안정성은 정치공동체들이 이행해야 하는 원칙들에 대한 동의뿐만이 아니라 이러한 정치공동체 자체의 정체성에 대한 동의—예컨대 그것의 크기나 경계들과 같은—또한 필요로 한다. 만약에 국민국가들이 경계가 설정된 윤리공동체들로서 기능하게 되려면, 사람들은 자신의 공동체를 다스리는 원칙뿐만 아니라 그들이 사실상 함께 소속되어 있으며 함께 다스려야 하는 단일한 윤리공동체를 형성한다는 점에 대해서도 합의를 해야만 한다. 만약 공동체에 이러한 의미가 결여되어 있다면—만약에 두 개의 집단들이 하나의 국가 안에 함께 머무르기를 전혀 원치 않는다면—자유주의적 정의에 대한 아무리 많은 동의도 국가를 하나로 유지시킬 수 없을 것이다.

이것은 사회통합이 정치원칙들의 공유보다 훨씬 깊은 차원의 공동체에 대한 감각을 필요로 한다는 것을 암시한다. 시민들은 자신들이 같은 공동체에 속해 있다고 느껴야만 한다. 그들은 자신들만의 분리된 국가를 형성하기를 바라거나 다른 외국에 합병되기를 바라기 보다, 함께 생활하고 통치하며 같은 운명을 공유하기를 지속하려는 욕망을 가지고 있어야만 한다. 요컨대, 사회통합은 시민들이 서로를 동일시하며 자신들의 동료 시민들을 '우리들' 중 하나로 바라보아야 한다. 이 처럼 공유된 소속감과 공유된 일체감은 시민들이 (비록 어떤 특정 결정에 대하여 소수자의 처지라고 하더라도) 민주적인 결정들의 결과들을 수용하는데 요구되는 신뢰 관계와 연대성, 그리고 자유주의적 정의 의무들을 유지하는데 도움을 준다(Miller 1995).

그래서 정치적 정당성과 연대성을 설명하는데 있어서 공유된 정의원칙 이상의 무언가가 필요하다고 생각한다는 점에서 테일러는 확실히 옳다. 그와 같은 공동의 소속감

32) 이 주장의 보다 상세한 발전에 관해서는 Norman 1995를 보시오. 공유된 원칙들이 사회통합을 뒷받침한다는 생각에 대한 비판으로는 Paris 1991을 보시오.

의 기반은 무엇인가? 통합을 유지하기 위해서 공유된 정치원칙들 이상의 무엇이 필요한가? 아니면 다른 무엇이 필요한가? 이는 현대 정치철학에서 아직까지 해결하지 못한 중요한 문제 중 하나다. 지난 수년간 많은 의견들이 제시되었다. 우리는 사회통합과 정치적 안정성의 문제에 대한 세 가지의 포괄적인 접근 방식을 식별할 수 있다. ① 공통의 생활방식(a common way of life), ② 공통의 민족성(common nationhood) 강조 ③ 정치적 참여(political participation) 강조. 우리는 ①을 공동체주의적 접근 방식, ②를 자유주의적 민족주의 접근 방식, ③을 공화주의적 접근 방식이라고 이름 붙일 수 있다. 나는 처음 두 접근 방식은 이 장에서 살펴보고, 세 번째 접근 방식은 다음 장에서 살펴보려 한다.

이러한 분류는 어쩌면 잘못된 것일 수도 있다. 어떤 의미에서, 이러한 세 가지 접근 방식은 모두 윤리공동체에 대한 감각을 발전시키고 유지하기 위하여 자유민주주의의 필요성을 진지하게 받아들인다는 점에서 '공동체주의적'이라고 여겨질 수 있다. 그리고 많은 이론가들은 세 접근 방식 모두로부터 가져온 측면들에 의존하고 있다. 테일러는 자신의 작업에 세 접근 방식의 요소들을 엮어서 자신의 저작에 집어넣는다. 그리고 연구 문헌을 보면, 사회통합의 문제를 풀기 위해서 자유주의, 공화주의, 공동체주의, 민족주의의 측면들을 결합하고 통합하려는 시도를 하는 다른 잡종 이론들로 가득차 있다. 하지만 분석적 목적들을 위해서는 이런 접근 방식들이 어떻게 결합될 수 있는지 혹은 결합될 수 없는지를 살펴보기 전에, 각각의 접근 방식에 대한 독립적인 검증이 가치 있다고 할 수 있다.

그렇다면 사회통합의 기반이 공유된 '생활방식'-예컨대 공동의 선관 같은-이 되어야만 한다는 공동체주의적 생각에서부터 시작해 보자. 만약 어떤 국가에 있는 시민들이 생활방식을 공유하면, 그들은 당연히 단일한 국가 안에서 함께 살아가기를 원할 것이며 따라서 경계들의 정당성을 수용할 것이다. 또한 그들은 당연히 함께 통치하기를 바랄 것이며, 따라서 공동으로 내린 정치적 의사결정의 정당성 또한 받아들일 것이다. 게다가 그들은 동료 시민들을 돕는 가운데 그들의 공유된 생활방식을 강화시킬 것이므로, 덜 풍족한 사람들에게 자원을 재분배하는 그들의 정의의 의무들 역시 좀 더 잘 충족시킬 가능성이 높다. 반대로 자유주의는 우리들로 하여금 상이하면서 심지어는 경쟁적인 생활방식을 가진 사람들을 위해서 희생할 것을 요구한다. 그리스도를 향한 개종을 믿는 복음주의적 기독교도들은 무신론자들을 지원하기 위한 세금을 내도록 요구받는다. 그런데 무신론자들은 그 돈을 종교적 믿음을 공공연히 깎아 내리고 도전하는데 사용할지도 모른다. 하지만 사람들이 생활방식을 공유하면, 그들은 자신들이 복지국가를 통해서 돕고 있는 사람들이 자신들의 선한 삶에 대한 견해를 증진시킬 것이며 최소한 비판하지는 않으리라는 확신을 가질 수 있다.

하지만 연대성이 정의에 관한 공유된 신념에 기반한다고 생각한다는 점에서 자유주의자들이 순진하다면, 이 같은 공동체주의적인 답변은 좀 더 순진한 것이 확실하다. 공동체주의적 답변은 과거 사회에 대한 낭만적 견해에 근거하고 있는데, 과거 사회들에서 정당성은 공유된 목적을 효과적으로 추구하는 것에 기반하고 있었다. 공동체주의자들은, 우리가 만약 공동선의 정치를 수용하고, 모든 사람이 거기에 자유롭게 참여하도록 격려하면, 우리는 과거에 존재했었던 충성심(sense of allegiance)을 회복할 수도 있다고 암시한다. 그 같은 과거 사회들의 일반적 사례는 그리스의 공화주의적 민주주의나 18세기 뉴잉글랜드의 타운 정부(town government)이다.

그러나 이러한 역사적 사례들은 중요한 사실을 간과하고 있다. 초기 뉴잉글랜드의 타운 정부들은 구성원들이 공유하고 있는 목적들을 효과적으로 추구하는 덕분에 그 구성원들 사이에서 엄청난 정당성을 가지고 있었을 수도 있다. 하지만 그것은 여자와 무신론자들, 인디언과 무산자들이 모두 구성원 자격에서 배제되었다는 점에서 어쨌든 부분적으로만 그러하다. 이들에게 구성원 자격이 허락되었다면, 그들은 대체로 인종주의적이며 성차별적인 '공동선'의 추구에 의해서 억압받지 않았을 것이다. 모든 구성원들 사이에서 정당성을 확보하는 방법은 누군가를 구성원 자격으로부터 배제하는 것이었다.

현대 공동체주의자들은 공동체 안에서 '공통의 생활 방식'(common way of life)을 형성하는데 역사적으로 참여하지 못했던 그러한 집단들의 구성원 자격을 부인하는 방식으로 보장되는 정당성을 옹호하지 않는다. 공동체주의자들은 모든 사람이 공동선의 정치를 위한 기반으로 지지할 수 있는 어떤 공통의 관습들이 존재한다고 믿는다. 하지만 무엇이 이러한 관습인가? 공동체주의자들은 다양한 사회적 관습들로부터 특정 집단들을 역사적으로 배제시켰던 것은 임의적이었기 때문에 이제 우리는 그들을 포용할 수 있으며 앞으로 나아갈 수 있는 것처럼 기술한다. 하지만 예컨대 여성에 대한 배제는 임의적이지 않았다. 그것은 어떤 이유 때문에 행해진 것이었다—즉, 추구되고 있는 목적들이 남성이 정의하고 그들의 이익에 봉사하는 성차별주의적인 것이었다. 남성들이 자신들을 위해서 규정해 온 정체성을 여성들에게 받아들이라고 요구하는 것은 여성들의 충성심(sense of allegiance)을 증대시킬 가능성이 높은 방법이 아니다. 우리는 이 같은 문제를, 샌들(Sandel)처럼, 여성의 정체성은 기존의 역할들(existing roles)에 의해서 구성된다고 말하는 식으로 피해갈 수 없다. 그것은 완전히 틀린 방법이다. 여성들은 수많은 방식으로 자신들의 개인적 정체성을 부인하도록 만들었던 그와 같은 역할들을 거부할 수 있으며 또 거부해 왔다. 18세기 뉴잉글랜드의 경우도 마찬가지다. 거기에서는 여성을 구성원 자격에서 배제함으로써 정당성이 보존되었다. 우리는 정체성을 확보할 수 있는 다른 방식을 모색해야만 한다. 그것은 다른 사람들이 대신 만들었던 정체성으로 배제된 집단을 규정하는 것이 더 이상 지속되지 않는 것이어야 한다.

샌들과 테일러는 사회 내의 모든 집단들에게 정당성이 있을 수 있는 공동선의 정치의 근거로 작동할 수 있는 공유된 목적들이 있다고 말한다. 하지만 이들은 그러한 목적들의 사례를 제시하지는 않는다—그리고 사례를 제시하지 않는 부분적 이유는 확실히 그러한 사례가 없기 때문이다. 그들은 이러한 공유된 목적들이 우리의 역사적 관습들 속에서 발견된다고 말한다. 그러나 그들은 그러한 관습들이 사회의 작은 분파—재산이 있는 백인 남성들—가 자신들(재산있는 백인 남성들)의 이익에 유리하도록 규정되었다는 사실을 외면하고 있다. 비록 여성이나 흑인 및 노동자들이 법률적으로는 그 속에 참여하는 것이 허락되었을 경우에서 조차도, 이러한 관습들은 성적, 인종적, 계급적으로 규정되어 있다. 이런 종류의 목적들을 증진시키려는 시도는 정당성을 감소시키고, 더 나아가 주변화된 집단들을 배제시킨다. 실제로 그와 같은 정당성의 상실은, 우파가 기독교적이며 가부장적인 가족에 근거하여 자신들의 의제들을 이행시키려 노력했던 것처럼, 바로 1980년대 미국 사회의 많은 요소들—흑인, 게이, 편모, 비기독교도들—사이에서 발생한 것처럼 보이기도 한다. 많은 공동체주의자들이 공동선에 대한 도덕적 다수의 견해(the moral majority's view)들을 혐오한다는 것은 의심할 바 없지만, 역사에서 주변화된 집단들에 대한 배제의 문제가 공동체주의 기획에 내재해 있는 것으로 여겨진다. 히르쉬(H. N. Hirsch)가 지적하듯이, '공동체 감성에 대한 어떠한 "쇄신"이나 강화도 이러한 집단들(주변화된 집단들)을 위해서 아무것도 이루어줄 수 없을 것이다'. 반대로 우리의 역사적 감성과 전통들은 '해결책의 일부가 아니라, 문제의 일부이다'(Hirsch 1986: 424).

샌들이 제안하는 공동체주의 정치의 얼마 안 되는 구체적 사례들－포르노에 대한 규제 같은－에 대해 생각해 보자. 샌들은 지역 공동체에 의한 이러한 규제는 '포르노가 그 공동체의 생활방식을 해친다는 전제 위에서' 허용될 수 있다고 주장한다(Sandel 1984b: 17). 이 같은 주장이 얼마나 배제적일 수 있는지 생각해보기 위해서, 포르노에 대한 최근의 페미니스트의 논의와 이 주장을 대비시켜보자. 많은 여성 집단들은 전통적인 성 견해(traditional views of sexuality)를 규정하는 과정으로부터 여성들이 배제되어 왔음을 근거로 포르노의 규제를 요구해왔다. 일부 페미니스트들은 포르노가 여성에 대한 폭력을 증대시키는데 핵심적인 역할을 하며, 남성이 규정한 성성 및 사회적 성 역할의 개념(male－defined ideas of sexuality and gender roles)에 여성이 예속되는 것을 영구화시킨다고 주장한다(예컨대 McKinnon 1987: chs.13~14). 이러한 주장은 논쟁의 여지가 있지만, 포르노가 실제로 여성의 복종이라는 면에서 그와 같은 역할을 수행한다면, 그 이유는 그것이 '우리의 생활방식을 공격하기' 때문이 아니라 정확히 그것이 성(sexuality)과 여성의 역할에 관한 우리의 문화적 고정 관념들을 따르고 있기 때문이다. 맥키넌(Catherine Mckinnon)이 지적한 것처럼, 페미니즘의 관점에서는 포르노와 관련한 문제는 그것이 공동체의 기준을 위반하기보다는 오히려 강화시킨다는 점에 있다.

샌들의 주장은 이러한 페미니스트의 주장과 근본적으로 갈등한다. 샌들의 견해와 관련한 문제점은 동성애(homosexuality)에 대한 규제를 생각해 보면 드러날 수 있다. 동성애는 많은 미국인들의 '생활방식에 거스른다'. 실제로, 설득력 있는 어떠한 기준으로 측정해 봐도 포르노보다는 동성애에 의해서 많은 사람들이 거북해 하고 있다. 그렇다면 샌들은 지역 공동체들이 동성애 관계를 범죄화하는 것을 인정할 것인가, 아니면 동성애를 공적으로 수용하는 것을 인정할 것인가? 만약 동성애를 범죄화하는 것을 인정하지 않는다면, 왜 그러한가? 그렇지 않을 것이라면 그 이유는 무엇인가? 샌들의 견해서 두 사례(포르노와 동성애)를 구별해 주는 것은 무엇인가? 자유주의자들에게는, 두 사례의 차이는 동성애가 타인에게 해를 끼치지 않는다는 것이며, 타인들이 동성애에 의해 불쾌감을 느끼게 된다는 사실은 그 어떤 도덕적 비중도 지니지 않는다는 점에 있다. 지역적 (혹은 전국적) 공동체에서 다수자는 주류적인 생활방식의 외부에 있는 그러한 사람들의 관습들에 관해서 자신들의 '외재적 선호들'을 강제할 수 있는 권리를 갖지 않는다[제2장 제5절 (a)를 보시오].[33] 하지만 이것이 바로 샌들이 말할 수 없는 지점이다. 그의 주장에 따르면, 주변화된 집단들의 구성원들은 자신의 인격과 관습을 조절해서 공동체의 지배적인 가치들에 거스르지 않게끔 해야만 한다. 샌들의 주장에는 타인들이 역사적으로 규정해 온 주변화된 집단의 구성원들의 정체성을 거부할 수 있는 능력을 그들에게 부여하는 내용이 전혀 없다.[34]

마찬가지로, 포르노의 경우에서도, 샌들은 여성들이 성(sexuality)에 대한 남성적 견해를 거부하고 그들만의 성(sexuality)을 정의할 능력을 부여하는 것에 대한 중요성을 긍정하고 있지 않다. 이와 반대로, 샌들은 성(sexuality)에 대하여 남성이 규정한 어떤 견해(포르노 작가들의 견해)가 성(sexuality)에 대하여 남성이 정의내린 다른 견해(공동체의 '생활방식')와 갈등하면, 언제든지 포르노는 규제될 수 있다고 말한다. 또한 포르노에 대해 불쾌감을 느끼는 남성들이 다르지만 마찬가지로 여성 성에 대한 억압적 관점(a different but equally oppressive view of female sexuality) (예를 들자면, 여성의 성성 women's sexuality은 엄격하게 억압되어야만 한다)을 가지게 되지 않으리라고

33) Dworkin 1985: 353~372; cf. 앞의 제2장 제5절 a. 좀 더 정확하게 말하면, 동성애는, '공적 이성'의 검증을 통과하지 못하는 논쟁적인 선관에 호소할 때에만, 단지 타인에게 해를 입힌다고 말할 수 있다—제7장 2절을 보시오.

34) 샌들은, 어떤 동성애 관계는 전통적으로 대법원의 보호를 받아온 이성 간의 결혼의 특징으로 규정하는 것과 실질적으로 동일한 실질적 목적들을 추구한다는 근거로, 남색을 금지하는 미국 법률들은 뒤집어져야 한다고 주장한다(Sandel 1989: 344~345). 하지만 동성애자들의 자유가 어떤 이유에서 이성애자들과 같은 목표와 열망의 추구에 의존해야 하는가? 많은 게이 권리 집단들은, 그들이 친밀성과 성(sexuality)에 대해서는 전통적인 이성 간의 혼인의 특징으로 규정하는 것과 동일한 (국한된) 견해를 갖고 있지 않다고 할 것이다. 최근 판례들에서 연방대법원이 동성애를 금지하는 법률을 지지하면서 주장한 것처럼, 게이의 권리가 이성애자 가정의 인지된 존엄성을 침해하면 어떻게 되는가? 아무튼 샌들은, 동성애 금지법이 헌법에 위배된다는 자신의 새로운 새로운 주장이, 지역 공동체가 자신들의 생활방식을 해치는 행위들을 규율할 수 있는 지역 공동체의 자유(the freedom of local communities)에 관한 자신의 예전의 주장과 어떻게 합치되는지를 설명해 주지 않는다.

아무도 보장할 수 없다. 하지만 공동체는, 모든 주변화된 집단과 마찬가지로, 여성들이 자신들의 목표들을 (여성들이 그것을 정의하는데 전혀 혹은 거의 아무런 역할을 하지 않은) 생활방식에 대해 적대적이지 않게끔 조절해야 할 것이라고 결정한다. 이것은 주변화된 집단들의 구성원들 사이에서 정당성의 감정을 발전시킬 수 있는 방법이 아니다.

공동체주의자들은 정치이론이 각각의 문화의 역사에 보다 많은 주의를 기울여야 한다고 말하기를 좋아한다. 하지만 공동체주의자들 자신은 우리 문화에 대하여 그와 같은 검토를 거의 수행하지 않는다는 사실은 주목할 만하다. 그들은 우리의 문화적 전통들의 목적과 관습들을 공동선의 정치를 위한 기반으로 사용하기를 바라지만, 이러한 관습들이 전체 인구 중 일부가 규정한 것이라는 사실과 적절하게 맞부딪치려 하지 않는다. 우리가 우리 사회의 역사를 바라본다면, 분명히 자유주의적 중립성은 그것의 잠재적인 포용성은 물론, 예속적 집단들이 지배적 집단에 의해 규정된 '삶의 방식'에 맞추어야만 한다는 것을 부인한다는 점에서, 상당한 유리점이 있다.[35]

샌들은 정치가 잘 이뤄질 때 '우리 혼자서는 알 수 없었던 선을 공동으로 알 수 있게 된다'(we can know a good in common that we cannot know alone)고 말하면서 자기 책의 결론을 내린다(Sandel 1982: 183). 하지만 현대 사회들의 다양성을 전제한다면, 우리는 그렇게 말하는 대신에 수많은 집단들을 배제하는 데에만 기능하는 '공동선'의 이데올로기를 채택하지 않을 때, 바로 정치가 잘 이뤄진다고 말해야 할 것이다. 국가 정당성의 수준을 높이는 것은 사회의 모든 집단들이 더 많은 시민적 참여를 요구할 수 있다. 그러나, 드워킨이 언급하듯이, 정치에 참여하도록 사람들을 초대하는 것(혹은 사람들이 그 초대를 받아들이게 하는 것)은 그들 모두가 평등한 구성원으로 취급받게 될 때에만 이치에 맞는다(Dworkin 1983: 33). 그리고 이것은 사람들을

35) 공동체주의의 배타적 경향에 대해서는, Gutmann 1985: 318~322; Herzog 1986: 481~490; Hirsch 1986: 435~438; Rosenblum 1987: 178~181; Phillips 1993을 보시오. 다른 곳에서 나는, 이러한 많은 고려 사항들이 문화시장에서 비공동체주의적 형식의 완전주의적 간섭에 반대한다고 주장해 왔다. 비록 공동체의 생활방식을 증진시키는데 신중하게 목적이 맞춰지지는 않았다 할지라도, 국가 완전주의는 생활방식에 대한 자유로운 평가를 왜곡하고 지배적 생활방식들을, 그것들의 본래적 장점에도 불구하고, 경직되게 만들며, 우리 사회 내에서 주변화되고 불리한 처지에 놓인 집단들의 가치와 열망을 부당하게 배제하는 경향이 있다(Kymlicka 1989b: 900~902).

자신들이 만들지도 않았고 지지하지도 않았던 역할들의 견지에서 규정하는 것과 양립할 수 없다. 만약에 정당성이 획득되어야 한다면, 그것은 타인들에 의해서 그리고 이 타인들을 위해서 규정된 공통의 관습을 강화하는 방식으로 획득되지는 않을 것이다. 그것은 억압받는 사람들로 하여금 스스로 자신의 목표들을 규정할 수 있도록 하는 것이 요구될 것이다. 자유주의가 여기에 관해 충분히 할 수 없을지 모른다. 그러나 헤어초크(Herzog)가 말하듯이, 만약에 자유주의가 문제라면 어떻게 공동체주의가 해결책이 될 수 있겠는가?(Herzog 1986: 484)[36]

9. 자유주의의 두 번째 공동체주의 수용: 자유주의적 민족주의

우리는 자유주의 국가 안에서의 사회통합과 정치적 정당성의 기반들에 관한 테일러의 도전에 대해서 만족할 만한 대답을 아직 가지고 있지 않다. 우리는 연대성이 보편적인 정의원칙에 대한 공유된 믿음들에 의해 유지된다는 전통적인 자유주의적 견해와, 연대성은 특수한 선관에 대한 공유된 믿음들에 의해서 유지된다는 공동체주의적 견해에 대해서 살펴보고, 이들 모두를 거부했다. 두 가지 견해 모두 현대적 정치공동체 내의 연대성을 설명하는 데에는 적절하지 않다. 정의에 관한 믿음들은 국가들을 가로질러 너무도 넓게 공유되며, 좋은 삶에 대한 믿음들은 국가들 내에서 공유되고 있는 것은 아니다. 이들 중 어떤 것도 왜 우리가 우리의 동료시민들에 대해 특별한 의미의 의무를

36) 롤즈는 중립성에 반대하기보다는 지지하기 위한 기반으로서 공적 정당성의 필요성을 언급한다. 그는 사람들은 자신이 공유하지 않는 선관에 기초한 국가 정책의 정당성을 인정하려 들지 않을 것이기 때문에, 완전주의는 공적 의견 일치를 위협한다고 주장한다. 롤즈는 갈등하는 선관들로 시민들이 분열된 모든 사회에서는 이 주장이 맞는다고 생각하는 것처럼 보인다. 일반적인 수준에서 말하자면, 롤즈의 주장은 분명히 틀렸다. 라즈가 보여주듯이, 갈등하는 목적들을 가진 사람들이, 그럼에도 불구하고, 상이한 생활방식들의 가치에 대한 공적 서열에 도달하는 절차에 동의하거나, 그들이 동의하지는 않지만 중립성보다는 나은 차선의 선택지라고 생각하는 특정한 공적 순위의 부여를 받아들이는 것은 아마도 가능할 것이다(Raz 1986: 126~132). 중립성과 국가의 정당성 사이에 본래적인 연관성은 존재하지 않는다. 그러나 현대 민주주의에서 갈등하는 목적들의 종류들과 이 갈등하는 목적들 저변에 흐르는 역사를 보면, 공동체주의의 변형인 완전주의(perfectionism of the communitarian variety)가 분명히 국가 정당성에 위협이 된다고 알려준다.

느끼는 지를 설명해 주지 못한다.

이것은 우리가 사회통합에 대하여 다른 근거를 필요로 한다는 사실을 암시한다. 사회통합은 이러한 두 접근 방식 사이의 무언가를 필요로 한다: 그것은 시민들이 자유주의적 원칙들을 공유하는 것 이상을 요구하면서도, 동시에 공유된 좋은 삶의 관념(a shared conception of the good) 이하를 요구한다. 그것은 도대체 무엇인가? 이는 정말로 어려운 이론적 질문이지만, 단순히 이론적 질문에 그치지 않는다. 그것은 많은 자유민주주의 국가들에 있어서 긴급한 현실적인 질문이다. 따라서 서구의 자유민주주의의 실제 관습들을 연구해 보면, 우리는 가능한 해답의 윤곽을 알 수 있을 것이다. 국가들은 *국민성*의 이상(ideals of *nationhood*)에 호소하는 방식으로 연대성을 개발하려고 노력한다. 각각의 국가는 시민들로 하여금 그들이 '국민'(nation)을 형성하며, 따라서 단일한 정치공동체 안에 함께 소속되어 있고 각자가 특별한 의무들을 지니고 있다는 점을 확신시키려 노력한다. 국가를 공유하고 있는 사람들은 단지 동료 시민들일 뿐만 아니라 동료 국민들(co-nationals)이기도 하므로, 자연적 결속으로서의 유대성(a natural bond of solidarity)과 함께, 자치를 행사하려는 자연적 욕구가 존재한다.

동료 시민들이 동료 국민들이라는 생각, 혹은 그래야 한다는 생각은 세계사에서 비교적 최근의 일이라 하겠다. 과거에 국가들의 영토적 경계들은 순수하게 법률적인 의미만을 지니고 있었다. 국경들은 사람들이 어떤 법률에 종속 되어있는지, 그리고 어떤 통치자들과 제도들이 어떤 영토에서 권위를 행사했는지를 우리에게 말해 주었다. 하지만 현대 민주주의에서, 국민국가들의 국경은 그 이상의 기능을 수행한다. 그것은 주권의 담지자라고 여겨지는 시민들의 단체—즉, 정치적 공동체—역시 규정하며, 그들의 의지와 이익은 정치적 정당성의 기준들을 형성한다. 민주주의는 '국민'을 위한 국민의 통치이며, 통상적으로 '국민'은 국가의 영토적 경계 안에서 영구적으로 거주하고 있는 모든 개인들로 정의된다.

이것이 정말로 새로운 개념이라는 사실을 기억하는 것이 중요하다. 유럽 역사의 초기 시대에는, 엘리트들이 자신들을 '평민들'이나 '하층민'과 구분된 존재로 생각하려 하였으며, 자신들의 권력과 특권을 간단히 말해 자신들과 대중들과의 거리를 주장함으로써 정당화하였다. 정치적 경계는 영주의 봉토(fiefdom)의 범위를 지정했지만, 단일한 국민이나 공동체의 경계를 지정하지는 않았다. 봉건시대의 사람들은 농노들과 영주들이 같은 사회에 속해 있다는 생각을 할 수가 없었다. 당시에는 엘리트들은 농부들로부터 물리적으로 분리되었을 뿐만 아니라 다른 언어를 사용하고 있었다. 영주들은 다른 계급으로 비춰졌을 뿐만 아니라, 자신들의 관할하에 있는 농노의 문화하는 아무런 관계가 없는 자신들만의 언어와 문명을 지니고 있어, 일반 사람들과 다르고 우수한 종류의 인민(a different and superior race of people)으로 보였다. 그리고 이것이 그들의 통치권의 기반이었다.

그렇지만, 민족주의의 부상은 '인민'(the people)을 안정화 시켰다. 민족(nations)은 '주권의 담지자, 충성의 중심적 대상, 집단적 연대성의 기반'(Greenfeld 1992: 14)이 된 '인민'(the people)－예컨대 계급이나 직업에 관계없이 어떤 영토에 있는 인구 집단－이라는 견지에서 정의되었다(Greenfeld 1992: 14). 민족 정체성(national identity)은 현대에도 강력하게 남아있다. 그 이유는 부분적으로 민족정체성에서 표현되는 '인민'의 강조는 모든 개인들에게, 이들의 계급적 지위에 관계없이, 존엄성의 원천(a source of dignity)을 제공하기 때문이다.

현대의 정치생활에서 지방 고유어(vernacular)의 사용은 민족정체성을 지향하는 이러한 변화를 반영한다. 인민의 언어를 사용하게 되었다는 것은, 정치공동체가 엘리트가 아닌, 정말로 인민에 속한다는 확인이 된다. 그리고 민족 공동체들은 여전히 주요한 경제적 불평등을 보여주고 있지만, 상이한 경제적 계급들이 더 이상 서로 다른 인종이나 문화를 이루는 것으로 간주되지 않는다. 하층 계급의 어린아이들이 문학과 예술이라는 고급문화에 노출되는 것이 정당하고 타당한 것으로 간주되며(문학과 예술은 이미 지방 고유어로 표현되기에 이르렀다), 마찬가지로 상류 계급의 어린아이들이 대중들의 역사와 민속 문화에 노출되는 것 역시 정당하고 타당하다고 생각된다. 영토 내의 모든 개인은 공통의 민족문화에 노출되고, 사람들 앞에서 같은 민족 언어로 말하고, 공동의 교육제도 및 정치제도들에 참여하는 것으로 여겨진다.

요컨대 민족주의는 영토 안에 있는 모든 계급을 포괄하는 단일한 민족 공동체라는 개념을 창조했다. 그리고 대중들의 읽고 쓰는 능력의 신장과 선거권의 확대라는 두 가지 요소가, 거의 모든 시민이, 불평등하긴 하지만, 지방어로 작동되는 공동의 민족문화와 정치제도에 참여하는 것을 가능케 함에 따라서, 서구 민주주의 국가들에서 이러한 신화는 점차 현실과 가까워졌다.

그리하여 국경은 단순히 법률적 관할권의 경계를 정할 뿐만 아니라 공동의 정치공동체를 형성하며, 공동의 민족 언어와 문화 그리고 정체성을 공유하는 '인민' 혹은 '민족'을 규정한다. 물론 국가의 경계가 민족 정체성과 정확히 일치하는 경우란 거의 없다. 대부분의 국가들은 스스로가 지배적인 민족 공동체의 일부라고 느끼지 않는 사람들을 포함하고 있다. 그 이유는 (독일의 터키계 이주 노동자들 같은 불법 이민자처럼) 그들이 다수자들에 의해 '이방인'으로 인식되어서 공동체에 통합되는 것을 금지 당했기 때문이거나, (캐나다의 프랑스계 퀘벡 사람처럼) 그들이 자신들의 고유한 민족 정체성을 지니고 보존해 와서 통합을 원치 않기 때문이다. 나는 이러한 사례들을 제8장에서 다룰 것이다. 그 이유는 이러한 사례들이 다문화주의(multiculturalism)라는 문제를 제기하기 때문이다.

하지만, 일반적으로 자유민주주의도 자신들의 영토 위에 항구적으로 거주하는 인민들 사이에서 공동의 국민 정체성을 만들어 내기를 열망해 왔다. 게다가 자유민주주의는 이러한 '국민형성'(민족형성 nation-building) 계획에서 놀랄 만큼 효과적이었다.[37] 대혁명 시기까지만 거슬러 올라가도 널리 사용되지 않았던 프랑스어가 프랑스 전체에서 시민들의 국민 정체성의 특성을 규정하게 되리라고 그 누가 예상했겠는가? 영어나 미국의 제도에 대한 아무 지식도 없이 미국 해안에 도착한 전 세계의 이민자들이, 미국의 국민 정체성(an American national identity)을 그토록 빨리 받아들이고 자신들의 삶의 기회가 영어로 작동하는 공동의 국민 제도에의 참여하는 것과 밀접한 관계가 있다는 원칙을 받아들이리라는 것을 그 누가 알았겠는가? 국민형성(민족형성) 시도에서 주목할 만한 이 같은 성공은, 국가가 모든 시민에게 공통의 국민언어와 정체성을 성공적으로 확산시키는 것이 실제로 불가피했거나 적어도 자연스러운 것이라도 되는 것처럼, 근대 국가를 지칭하기 위해서 '국민국가'(민족국가 nation-state)라는 용어

37) 국민형성(nation-building)은 세계의 다른 부분들, 특히 사하라 사막 이남에서는 덜 성공적이었다. Davidson 1993; Laitin 1992; Kymlicka 2002를 보시오.

를 폭 넓게 사용하는 것에 반영되어 있다.

영토와 국민 정체성간의 이와 같은 놀라운 일치의 증가는 두 가지 방식으로 성취되어 왔다. 어떤 경우 그것은 사람들의 이미 존재하는(pre-existing) 민족 정체성에 보다 잘 조화되게끔 새롭게 국경을 설정함으로써 달성되었다. 이는 1906년 스웨덴으로부터 노르웨이의 분리나, 1993년 체코 공화국으로부터 슬로바키아의 분리 같은 경우이다. 하지만 그것의 목적은 인민들의 민족 정체성들을 현존하는 경계에 더 잘 맞게끔 수정하는데 맞춰진 경우가 더 많았다. 이것이 모든 서구 민주주의 국가에 의해서 수행된 고전적인 '국민형성' 프로그램의 목적이었다. 그리고 그러한 프로그램 속에서 공통의 언어로 작동되는 공통의 제도들이 영토 전체에 걸쳐 확립되었다.[38] 서구 국가들은 넓은 범위의 '국민형성' 도구들-의무 교육, 국가 매체, 공식 언어를 규정하는 법률, 귀화 정책, 국경일과 국가적 상징, 병역 의무 등-을 이용하여 이러한 국민성(nationhood)의 감정을 확산시키고 공고하게 만들어 왔다.

미국이나 캐나다 토착민들의 저항처럼, 이러한 국민형성(민족형성) 정책들이 특정 집단들이나 지역들로부터 저항 받은 곳에서, 서구 국가들은 또한 좀 더 과감한 조치들을 취해왔다. 이러한 과감한 조치들에는 정복, 인종청소, 식민통치 및 대규모 식민(정책)들이 포함된다. 그 목적은 국민형성에 좀 더 동조하는 새로운 정착자들로 저항적인 집단을 '압도'(swamp)해 버리기 위해서였다.

서구 국가들이 국민성의 감정(a sense of nationhood)을 증진시키기 위해서 그렇게 많은 투자를 했던 이유들 중 하나는, 다수의 시민들 사이에서 그러한 감정이 고취되면, 사회통합에 대한 롤즈나 드워킨의 설명이 직면했던 문제점들을 극복할 수 있기 때문이다. 우리는 앞에서 공유된 정치원칙들이 국가 안에서의 연대성을 설명해 줄 수 없다는 것을 살펴봤다. 그 이유는 국가 밖에 있는 많은 사람들도 이러한 원칙들을 공유하기 때문이다. 실제로 롤즈와 드워킨은 그러한 경계들이 존재하는 이유는 무엇인지, 혹은 그러한 경계가 어디에 위치하고 있는지에 대해서 설명해 줄 수 없다. 하지만, 만약 우리가 연대성을 공유된 국민성 위에 정초하고 각각의 국가가 그 경계 안에서 분명한

38) 전 세계에 걸친 이 과정의 존재에 대해서는, Gellner 1983; Anderson 1983을 보시오.

국민 정체성을 증진시키는데 성공하면, 경계들은 진정으로 도덕적으로 의미 있게 될 것이다—경계들은 사실상 윤리적 공동체들(ethical communities)의 경계와 일치할 것이다. 이제 경계들의 위치는 역사적 사건이나 부정의의 결과에 불과한 것이 아니라, 사람들의 충성심과 정체성의 실제 변화를 나타낸다. 경계의 저쪽 편에 있는 사람들은 사실상 '우리들 중 하나'(one of us)가 아니다. 그들이 비록 5마일 밖에 떨어져 있지 않고 동일한 정의원칙들을 공유하고 있더라도, 그들은 상이한 국민 정체성으로 상이한 국민문화 속에서 상이한 국민적 영웅과 상징들과 때로는 상이한 국어 속에서 길러질 것이다.

우리는 이것을 사회통합에 대한 '자유주의적 민족주의'(liberal-nationalist) 접근방식이라 부를 수 있다. 그 이유는 그것이 현실 세계에서 대부분의 자유민주주의 국가들이 채택해 온 접근방식이기 때문이다. 하지만 이것이 진정으로 '자유주의적인' 접근방식인가? 특정 언어나 정체성을 증진시키려는 국가의 노력은, 자유주의적인 국가 중립성의 정치라기 보다는, 공동체주의적인 공동선의 정치에 가깝게 보인다. 우리는 아마도 이것을 공동체주의의 한 형태라고 기술해야 하지 않을까?[39]

내가 보기에, 이 질문에 대한 답변은 어떤 종류의 국민 정체성이 어떤 이유로 증진되고 있는지에 달려 있다. 우리가 살펴본 바와 같이, 공동선의 정치에 대한 공동체주의적 설명들은 집단적으로 증진되어야 할 공유된 선관을 전형적으로 전제한다. 그것이 개인 구성원들이 자신들의 목적을 수정하는 능력을 제한한다고 하더라도 그렇다. 물론 이러한 공동체주의적 형태를 취하는 국민형성의 양식들을 생각하는 사람이 분명 있을 수 있다. 예를 들면 그리스에서, 그리스의 공동의 국민 정체성을 증진시키는 것은 그리스 정교의 증진을 포함한다. 정교 신자가 아닌 사람은 진정한 그리스 국민의 구성원이 될 수 없다. 그리스 정교 교회(the Orthodox Church)를 받아들이는 것이 시민권을 얻기 위한 사실상의 기준이며, 다른 종교의 구성원들은 여러 가지 법률적 불이익을 감수하게 된다.

하지만 국민형성이 좋은 삶에 대한 특정한 관념을 증진시키는 형태일 필요는 없다.

39) 사실, 테일러 본인은 특정 언어를 증진시키기 위해서 고안된 국가의 국민형성(nation building) 정책들을 공동체주의 정치의 사례로 인용한다(Taylor 1992). 반대로, 브릭하우스(Harry Brighouse)는 자유주의적 중립성을 침해한다며 국민 만들기를 거부한다(Brighouse 1998).

공통의 국민 정체성의 기반은 공유된 선관이기 보다는, 공통의 영토를 공유하고 공통의 과거를 소유하며 공통의 미래를 공유하는 사회에 대한 보다 얇으면서 넓은 세대 통합적인 소속감이 필요하다. 사실 이것이 근대 서구 민주주의에서 국민 정체성이 작동하는 전형적인 방식이다. 예컨대, 시민들은 종교나 선관을 공유하지 않고도 자신들이 '미국인'이라 생각하고 다른 미국인들과 자신들을 동일시한다. 그들은 타인들의 선관에 대해 전혀 모르는 상태에서도, 다른 미국인들을 '우리들 중 하나'로 자동적으로 생각할 수도 있다. 미국인들은 좋은 삶에 관한 서로의 생각에 의견이 일치하지 않지만 여전히 서로를 미국인으로 인정하고 동일시한다. 그 이유는 그들이 어느 정도 역사적 관련성을 가지고 있는 세대 통합적인 사회에 대한 소속감과 공통의 미래를 공유하고 있기 때문이다. 아마도 그들은 자신들의 과거를 어떻게 해석할 지에 대하여 의견의 불일치를 보이고, 미래에 대해서도 매우 상이한 희망을 가질지도 모르지만, 그들은 서로가 같은 사회에 소속되어 있다고 인정하고, 이러한 공유된 소속감은 그들의 국민 정체성의 기반이 된다.

무엇이 이런 공유된 국민 정체성의 기초가 되는가? 비자유적 국가들에서 공유된 정체성은 대표적으로 공동의 인족적 혈통(ethnic descent), 종교적 신념, 선관 등에 기반하고 있다. 하지만 이러한 것들은 자유주의 국가에서 사회통합의 기반을 제공할 수 없다. 그 이유는 근대적인 다원주의 국가들에서는 그 중 어느 것도 공유되고 있지 않기 때문이다. 그렇다면 자유주의 국가의 시민들이 스스로를 함께 소속되어 있으며 같은 국민 구성원이라고 느끼게 하는 것은 무엇인가? 대표적으로 공유된 역사, 영토, 공통 언어, 그리고 공통의 공적 제도들이 포함된다. 시민들은 특정한 역사적 사회에 대해서 소속감을 갖는데, 그 이유는 그들이 언어와 역사를 공유하고 있기 때문이다. 즉, 그들은 이런 공유된 언어 안에서 작동하며 이런 공유된 역사를 선언하고 영구화하는 공통의 사회적 및 정치적 제도들에 참여하기 때문이며, 자신들의 인생의 선택들이 무한한 미래에까지 사회와 사회제도들의 생존과 긴밀하게 연관되어 있다고 보기 때문이다. 이러한 의미에서 시민들은 국민 정체성을 공유할 수 있지만, 인종, 종교, 혹은 선관이라는 견지에서 보면 공유하는 것은 매우 적게 된다.[40]

40) 이것이 자유주의 국가 내에서의 국민 정체성의 속성, 그리고 정치적 안정과 신뢰와 연대의 관계를 증진시키는

자유주의 국가들은 이러한 종류의 '얇은'(thin) 국민 정체성을 적극적으로 증진시킨다. 그리고 그렇게 하는 이유는, 특정 선관을 증진시키기 위해서가 아니라, 시민들이 자신들의 정의의무를 이행할 가능성을 높이기 위해서이다. 타인들이 '우리들 중 하나'라고 인식되면, 사람들은 타인들을 위해서 보다 기꺼이 희생하려 들 것이다. 그래서 국민적 일체감의 증진은 자유주의적 정의를 유지하는데 필요한 상호 의무감을 강화시켜 준다.

물론 자유주의 국가들은 다른 칭찬받지 못할 목적들—예를 들자면, 무비판적 애국주의나 국가를 위해서 죽을 수도 있다는 의지를 고취시키는 것—을 위해서 국민 정체성을 증진시키기도 했다. 실제로 제2차 세계대전 이전에는, 이러한 것들이 국가가 국민형성 정책을 시행하는 지배적 동기였다고 할 수 있다. 게다가 이런 역사상의 정책들은, 공유된 언어나 공적 제도들뿐만 아니라 특정 종교나 생활방식에 기반한, 상당히 '두터운'(thick) 국민 정체성 관념을 증진시키는 것을 목표로 하곤 했다. 예컨대 20세기 초에 미국에 건너온 이민자들에게는 가혹한 '미국화'(Americanization)가 강요되었고, 이민자들은 지배적인 백인 앵글로색슨 개신교도(WASP) 집단의 관습과 습관들에 순응하도록 억압받았다는 점에서, 이는 사실이다. 하지만 2차대전 후에 서구 민주주의 국가들에서는, 문화적인 동화를 요구하지 않고서도 국민적 연대성을 강조할 수 있도록 국민정체성의 적정한 '얇은 수준화'(a considerable 'thinning' of the national identity)를 지향하는 경향이 전반적으로 존재했다.

시민들이 얇은 정체성을 소유하게 되면 그들이 자신의 정의의 의무들을 좀 더 달성하려 할 것이라는 근거에서 국가가 그와 같은 국민 정체성을 증진시킨다면, 자유주의적 중립성에 대한 어떠한 위반도 발생하지 않는다. 그 국가가 증진시키는 정체성은 특정한 선관에 기반해 있지도 않으며, 그 국가는 상이한 생활방식들의 본질적 가치에 서열을 부과하는데 관여하지 않는다. 자유주의적 민족주의 국가는 반완전주의(anti-perfectionist) 국가로 남아 있고, 그 국가는 서로 경쟁하는 좋은 삶에 대한 관념들의

데 있어서의 국민 정체성의 역할에 대한 간략한 개략이다. 자유주의적 민족주의의 논거들로는 Tamir 1993; Canovan 1996; Spinner 1994: ch.7; Miller 1995, 2000; Kymlicka 1995a를 보시오.

가치 평가를 시민사회 내의 개인들의 선택(그리고 수정)의 문제로 남겨둔다. 좋은 삶에 대한 관념의 합리적 수정가능성에는 제한이 없다. 자유주의적 민족주의 국가는 시민들이 단일한 윤리공동체에 대한 소속감을 발전시키고 유지시키도록 하게 함으로써, 우리가 우리 동료 시민들에 대해서 우리의 정의 의무들을 이행하고 싶은 마음이 좀 더 들게 만들려고 한다.

회의론자들은 자유주의적 민족주의는 언제나 특정 생활방식이나 종교 혹은 전통적 관습들을 특권화 하는 방식으로 국민 정체성의 내용을 '두텁게 하는'(thicken) 경향을 보일 것이라고 주장할지도 모르겠다. 오늘날 우리는 동유럽이나, 좀 더 오래된 관점의 '미국화'에서 이 같은 사례들을 많이 발견할 수 있다. 국민 정체성에 대한 관념을 '두텁게 하는' 이러한 경향은, 국민성이라는 개념을 통해 통합을 이루려 시도하는 모든 체제에서, 영구적인 위협이 된다. 실제로 국민형성이 얼마나 자유주의적인지를 측정하는 방법들 중 하나로, 증진되고 있는 국민 정체성의 두터움의 정도(thickness)와 그것이 사람들에게 특정 선관을 얼마만큼이나 강요하는지를 정확히 측정하는 것을 들 수 있다.[41)]

하지만 자유주의적 민족주의자들은 국민형성이, 공통의 국민 정체성의 증진이 공동의 선관을 증진하는 것을 포함하지 않는 방식을 통해, 약화될 수 있으며 또한 약화되어 왔다고 주장할 것이다. 그렇다면 자유주의적 민족주의와 대부분의 공동체주의의 공동선의 정치관 사이에는 근본적인 차이가 존재하게 된다. 실제로 공동체주의자들은 자유주의적 민족주의가 '공동선의 정치'의 형태로서 적합하지 않다고 강조한다. 샌들이 말했듯이, 미국에서는 강력한 국민성의 감각이 확립되어 왔지만, 그 국민의 개념(the nation)은 '구성적인 의미(constitutive sense)에서……공동체에 필수적이라 할 수 있는 공유된 자기 이해를 장려하기에는 그 크기가 너무 거대하다고 판명되었다'(Sandel 1984a: 93). 매킨타이어(Alasdair MacIntyre)는 국가 차원에서 공동체주의적 목표들을 추구하려는 시도가 불가능 혹은 부적절하다는 것에 대하여 비슷한 지적을 해왔다(MacIntyre 1981: 221; 1994: 302; cf. Miller 1989: 60~67). 동료 국민들은 공통

41) 나는 Kymlicka and Opalski 2001에서 자유주의적인 국민형성 방식과 비자유주의적인 국민형성 방식을 구분하기 위해 좀 더 포괄적인 기준을 개발하려고 시도했다.

언어와 특정 역사적 사회에 대하여 소속감을 공유할지도 모르지만, 삶의 궁극적 목적들에 대해서는 근본적으로 다른 견해를 가지는 경우가 빈번하다. 따라서 공통의 국민 정체성은 공동체주의 정치의 기반이 되기에는 너무도 얇다.[42)]

이런 이유 때문에, 대부분의 공동체주의자들은 진정한 공동체주의 정치는 지역 수준에서 가능하다고 보았다. 지역 수준에서는 좋은 삶에 대한 문제에 대한 합의가 가능하기 때문이다. 샌들과 매킨타이어 입장에서는 유감스럽겠지만, 우리는 국가 수준에서는 정치가 자유주의적임을 피할 수 없지만, 지역 수준에서는 공동체주의적일 가능성이 있으며 또 공동체주의적인 것이 바람직하다고 말할 수 있다.

하지만 자유주의적 관점에서 보면, 국민 정체성을 공동체주의 정치에는 그처럼 부적합하게 만드는 바로 그 사실—즉 그것은 선에 대한 공유된 믿음들에 기반하고 있지 않다는 사실—이 국민 정체성을 자유주의 정치에는 적합한 기반으로 만들어 준다(Tamir 1993: 90). 공통의 국민 정체성은 좋은 삶에 관한 생각들의 심원한 불일치를 포용할 수 있는 신뢰와 연대성의 원천을 제공한다. 그리고 공통의 국민문화와 접하게 되면, 좋은 삶에 대한 특정 관념을 강요하지 않고 특정 가치나 믿음에 대하여 의문을 제기하고 수정할 수 있는 능력을 제한하지 않고서도 사람들에게 선택할 수 있는 범주를 제공한다.

그렇다면, 자유주의적 민족주의야 말로 사회적 통합에 대하여 명백히 자유주의적인 접근 방식인 것처럼 생각될 것이다. 이는 놀라운 주장일 수도 있다. 그 이유는 최근까지 많은 사람들이 '자유주의적 민족주의'라는 생각이야 말로 모순어법(oxymoron)이라고—즉 모든 민족주의는 그것의 정의상 비자유주의적이라고—주장했기 때문이다. 하지만 사람들이 사회통합을 유지하려고 노력하는 자유민주 정체들의 실제적 실천을 검증해 볼수록, 사람들은 국민 정체성과 개인의 자유 사이의 연관성에 대해서 보다 주목했으며, 국민성의 이상들이 정의와 자유라는 자유주의의 이상들을 달성하기 위한 중요한 기반을 제공해 준다는 결론을 내리는 사람들이 많아지게 되었다. 지금까지 국민성은 선관을 형성하고 수정하는 개인의 자유를 제한하는 일 없이 공통의 신뢰와

---

42) 하지만 Bell 1993을 보시오. 그는 국민성이 공동체주의 정치의 실행 가능한 기반이 될 수 있다고 주장한다.

연대성을 증진시키는 최상의 기반을 제공해 왔다.

자유주의적 민족주의가 연대성과 정당성이라는 감각을 계속해서 유지할 수 있을지는 좀 더 어려운 질문이다. 일부 공동체주의자들은 자유주의적 민족주의는 그것이 거둔 역사적 성공과 관계없이 장기적인 맥락에서 연대성을 지탱하는 기반으로서는 너무 얇다고 주장한다. 자유주의적 민족주의는 연대성이 정의에 관한 공유된 믿음들뿐만 아니라 공유된 국민 정체성에도 기반한다고 말한다. 이것은 연대성에 대해서 롤즈와 드워킨이 제공하는 근거보다 더 강력하다. 하지만 이것은 충분히 강력한가? 어쨌든 그것은 인종, 종교, 그리고 생활방식에 있어서 나와 매우 다른 사람들을 위해서 나의 희생을 계속해서 요구한다. 그들이 동료 국민이라는 단순한 사실이 내가 그들을 도와야 하는 동기부여가 되는가? 일부 공동체주의자들의 주장에 의하면, 서구 민주주의 국가들에서 자라나고 있는 무관심과 불만감 그리고 복지국가에 대한 반발은, 바로, 자유주의적 민족주의가 실패하고 있으며 시민과 국가 사이의 유대 (그리고 시민들 사이의 유대)를 더 이상 유지할 수 없음을 보여준다는 것이다(예컨대 Sandel 1996).

비록 공통의 국민성이라는 얇은 유대가 과거에는 강력한 원동력이었을지 몰라도, 다문화주의, 초국가주의(transnationalism), 그리고 세계화의 시대인 오늘날 그것은 활력을 잃고 있다. 정치권력이 (세계은행이나 유럽연합 같은) 초국가적 기구들을 향해서 위쪽으로 이동하고, 또한 지방 정부나 지역 정부를 향해서 아래쪽으로 이동함에 따라서 '국민국가의 종말'(the end of the nation-state)에 대한 논의가 시작되고 있다(Guehenno 1995).

우리가 정말 국민국가의 종말을 목도하고 있는지의 여부는 더 많이 논의되어야 할 질문이므로, 나는 다음 장에서 이 문제로 돌아가도록 하겠다. 그러나 자유주의적 민족주의가 가까운 장래에 그 임무에 적절하지 않다고 판명된다 해도, 공동체주의가 어떻게 그에 대한 해결책이 될 수 있는지를 아는 것은 어려운 일이라는 점을 재차 강조해야 하겠다. 앞서 살펴본 것처럼, 많은 공동체주의자들은 공동선의 정치가 국가 차원에서는 작동될 수 없음을 인정하고, 따라서 권력을 지방 차원으로 분산시킴으로써 국가 차원에서의 연대성과 정당성의 결핍을 치유하려고 시도하는데, 그것은 공동의 선관 추구에 기반한 보다 강력한 형태의 연대성과 정당성을 발전, 유지시킬 수 있을 것으로 기대할 수도 있다. 개인적으로 나는 비록 지역 차원일지라도 그와 같은 공유된 선관이 존재하는지에 대해서 의구심이 든다.[43] 하지만 그렇다고 하더라도, 이러한 입장-국가 수준에서의 취약한 자유주의적 정치와 지역 수준에서의 강력한 공동체주의 정치라는-이 우리의 원초적인 문제들을 해결하는데 실패한다는 점에 유의해야 한다. 결국 테일러가 했던 도전은, 바로, 시민들로 하여금 근대적인 복지국가가 부과하는 정의 의무들에 따라서 살아가도록 동기를 부여하는 것이었다. 공동체주의적인 분권주의 접근방식은 이러한 도전에 대한 답변이 될 수 없다. 만약에 연대성은 공동체주의 정치를 필요로 하고 공동체주의 정치가 지역 수준에서만 작동 가능하다면, 우리는 근대 국가들에서 가장 심각한 부정의의 문제들을 다룰 수 없게 될 것이기 때문이다. 우리는 공동의 선관을 공유하는 지역 공동체나 이웃들 안에서는 재분배를 유지할 수 있을지도 모르지만, 가장 급박한 부정의는 공동체들을 가로지르는 재분배-예컨대 교외의 백인들에서 도심의 흑인 가족들로의, 혹은 부유한 실리콘 밸리에서 가난한 애팔래치아 지역으로의 재분배-를 필요로 한다. 지역에서의 공동체주의 정치는 이 지점에서 우리를 도와 줄 수 없다. 이러한 재분배를 위해서는 지역적이지 않으면서 공유된 선관에 기반 하지 않은 연대성의 원천이 필요하다. 요컨대 그것은 공통의 국민 정체성을 필요로 한다.[44]

10. 민족주의와 세계시민주의

사실, 자유주의적 민족주의의 현실적 결함은 국경 내에서 분배정의를 유지하기 어렵다는 데 있는 것이 아니라 국경을 가로지르는 전지구적(global) 차원의 정의 문제에 무관심하다고 여겨진다는데 있다고 주장하는 사람이 있을 수 있다. 서구적 국민국가들 사이에서도 심각한 불평등이 존재할 수 있지만, 그것은 서구와 제3세계의 개발도

43) 테일러는 지역 수준에서조차 선관의 일치란 존재하지 않을 것임을 알고 있지만, 다른 생활방식을 관용하는 한도 내에서 다수자가 자신들의 공동선 관념을 증진시키는 것은 허용된다고 주장한다(Taylor 1992).

44) 탈집중화에 대한 샌들의 헌신(Sandel's commitment to decentralization)과 재분배에 대한 그의 열망(his desire for redistribution) 사이의 갈등에 대해서는 Orwin 1998: 88을 보시오. 지역주의(localism)로의 후퇴가 세계화의 도전에 대하여 어떤 종류의 대응을 제공할 것인지를 아는 일 역시 어렵다.

상국 사이에서 우리들이 목격하고 있는 종류의 불평등에 비하면 미미한 수준에 지나지 않는다. 이러한 불평등은 그 규모면에서 어마어마할 뿐만 아니라, 롤즈나 드워킨이 교정되어야 하는 것이라고 말했던 '도덕적으로 임의적인'(morally arbitrary) 종류의 불평등의 패러다임인 것 같다. 결국 내가 어느 나라에서 태어났느냐 하는 사실보다 더 한 맹목적인 행운 또는 천부적 행운이 있을 수 있겠는가?(Beitz 1979: 136~142) 카렌스(Joseph Carens)가 언급하듯이, 부자 나라와 가난한 나라 사이에 존재하는 삶의 기회에서의 커다란 격차는 현대판 봉건주의나 마찬가지다. 리오그란데 강의 이쪽 편에서 태어난 사람들은 현대판 귀족으로 태어나는 반면, 그 강에서 몇 마일 떨어진 곳에서 태어난 사람들은 현대판 농노로 태어난다(Carens 1987).

그렇다면, 부당한 불평등을 교정하려는 자유적 평등주의의 근본적 신념을 따른다면, 우리는 그것을 진정으로 전지구적 분배정의나 '세계시민주의적'(cosmopolitan) 분배정의의 개념이라는 방향으로 추진해 나아가야 할 것처럼 여겨질 수 있다. 이것이, 사실상, 롤즈에 대한 많은 논평자들이 해온 주장이다. 이들의 비판에 따르면, 롤즈의 정의이론은 국내에서뿐만 아니라, 전지구적 차원에서도 적용되어야 한다고 한다. '원초적 입장'에 있는 사람들은, 자신들의 운명이 어느 나라에서 출생했는지의 여부와 같은, 도덕적으로 임의적인 사실에 그토록 심하게 좌우되는 것을 바라지 않을 것이다(Pogge 1989: chs.5~6; 1994; Beitz 1979: part3; Barry 1989c; Tan 2000).[45]

이러한 성격의 전지구적 불평등은 두 가지의 상이한 방식으로 감소될 수 있다. 하나는 부유한 나라에 있는 시민들로부터 가난한 나라에 있는 시민들에게로 자원을 재분배하는 것이다. 물론 이런 종류의 국제적 재분배에 필요한 전지구적 제도들은 아직까지 존재하지 않는다. 하지만 롤즈는 우리가 정의로운 제도가 아직 존재하지 않는 곳에 정의로운 제도들을 창조할 '자연적 정의의 의무'(natural duty of justice)를 진다고 주장

45) 롤즈는 이러한 주장에 대해, 그 중에서도 특히 제3세계의 빈곤의 주원인은 자원의 부족이 아니라 나쁜 정부에 있으며, 부유한 나라들은 가난한 나라들이 자신들의 정당한 국내적 분배 기제들을 확립할 수 있도록 도와줄 의무를 지지만, 국경을 가로질러 삶의 기회 평등을 증진시킬 의무는 지지 않는다고 말함으로써 응수하려 한다(Rawls 1993b, 1999a). 정의를 국민국가들에 한정시키는 것에 대한 다른 옹호로는, Miller 2000: ch.10; Walzer 1995a를 보시오. 그에 대한 비판으로는 Pogge 1994; Tan 2000; Beitz 1999를 보시오.

하고 있기 때문에, 이 주장의 함의에 의하면, 우리가 그러한 전지구적 제도의 건설을 위해 일해야 한다는 것이다(Shue 1988). 다른 방안은 새로운 전지구적 제도들을 필요로 하지 않는다. 그것은 부유한 나라들로 하여금 자신의 국경을 가난한 나라의 국민들에게 개방하라고 요구한다. 우리는 자원을 빈곤한 나라의 국민에게 이전할 수도 있으며, 아니면 가난한 나라의 국민들이 자원이 있는 곳으로 가도록 허락할 수도 있다.[46)]

전지구적 차원에서 정의를 옹호하는 사람들은 서구 국가들이 이러한 전략들 중 하나 또는 이것들을 조합한 전략을 채택해야만 한다고 주장한다. 예컨대 서구 국가들이 가난한 나라들로 자원을 이전하는 의무를 따를 때만이, 가난한 나라로부터의 이민을 제한하는 것이 정당화된다고 주장하는 것을 들 수 있다(Goodin 1992b). 이것은 자유적 평등주의 원칙들의 불가피한 결론인 것처럼 보인다.[47)]

그렇지만, 자유주의적 민족주의는 국내의 분배정의 제도들을 유지하는 일에만 관심이 있는 것처럼 보이며, 서구 국민국가들이 불평등한 부를 축적할 권리와 이민자들에 대하여 국경을 폐쇄할 권리를 당연한 것처럼 받아들인다. 일부 비판가들은 전지구적 정의에 대한 이러한 무관심이 자유주의적 민족주의의 주요한 실패 가운데 하나라고 주장한다(Pogge 1998; Lichtenberg 1999; Barry 1999). 그들은 전지구적 정의나 세계시민주의적 정의에 대한 어떠한 관념을 옹호하는 것은 바로 자유주의적 민족주의의 폐기를 요구한다고 가정한다.

그리고 여전히 일부 자유주의적 민족주의자들은, 사실상, 보다 세계시민주의적인

46) 가난한 국가들에게로 자원을 이전해야 한다는 제안들에 대해서는, (자원들의 전지구적 분배를 제안하는) Pogge 1997a와 (전지구적으로 보편적인 기본소득을 제안하는) Van Parijs 1995: 223~228을 보시오. 이러한 제안들이 반드시 빈곤한 국가들의 정부를 대상으로 하지 않고, 시민들에 대한 자원 재분배와 직간접적으로 연관되어 있음을 강조하는 것이 중요하다. 빈곤한 국가의 정부는 자원을 무기구매나 부정부패에 소진해 버릴 수도 있다. 불평등을 줄이는 방법들 중 하나로서 국경을 개방하자는 제안들로는, Carens 1987; Bader 1995; Pogge 1997b를 보시오. 후자의 대안은 국제적 협조를 덜 요구하는 반면, 빈곤한 국가들 내에서 비용을 지불할 여력이 있는 처지가 나은 사람들이 주로 고향을 떠나 부유한 나라로 이동할 수 있다는 점에서 명백히 불충분하다.

47) 국경 폐쇄를 정당화하는 것에 대한 도전은 자유주의적 평등주의의 근거로만 발생하는 것이 아니라는 사실을 강조해야겠다–자유지상주의, 마르크주의, 자연법 등을 포함하여 다양한 윤리적 관점에서 이 문제를 탐구하는 문헌들의 모음집으로는, Barry and Goodin 1992를 보시오. 개방된 국경과 폐쇄된 국경의 윤리학에 대한 다른 논의로는, Cole 2000; Schwartz 1995; Kershnar 2000를 보시오.

정의관을 옹호한다.[48] 이는 분명히 모순처럼 생각될 지도 모른다. 하지만 우리가 민족주의와 전지구적 정의를 갈등 관계로 볼 것인지의 여부는, 부분적으로는, 사람들의 선천적인 도덕적 동정심에 대한 가정 혹은 예측에 의존하고 있는지도 모른다. 자유주의적 민족주의에 대한 세계시민주의적 비판자들은, 세계의 모든 다른 인간에 대해 동정심을 느끼고 그들을 위해 기꺼이 희생하려고 드는 것이 인간의 선천적이며 자연적인 성향인 것처럼, 묘사하곤 한다. 이러한 관점에서 볼 때, 민족주의는 정의를 전지구적으로 이해하고 추구하려는 우리의 자연스러운 성향을 인위적으로 제약한다. 반면에 자유주의적 민족주의자들은, 사람들의 선천적이며 자연적인 동정심은 대개 매우 협소하며, 국민국가의 범위보다도 훨씬 협소하다고 주장한다. 역사적으로 볼 때, 사람들이 자발적으로 받아들였던 종류의 재분배는 대체로 자신들의 동족 집단이나 동료 신자들에게만 한정되어 있었다. 이는 근대 국가에서의 정의의 근거로 충분치 않았는데, 그 이유는 시민들 각각은 인종과 종교 면에서 달랐기 때문이다. 국민형성은 다른 종족적 배경, 종교적 고백, 혹은 삶의 방식을 가지고 있다 하더라도, 모든 동료 시민을 포함하게끔 사람들의 제한된 동정심을 '인위적으로' 연장시키는 방법이었다. 세계시민주의적 비판들이 제안하듯이, 우리가 만약 국민성이라는 도덕적 특성(the moral salience of nationhood)을 부인하면, 우려는, 바로, 이것이 우리의 도덕적 감성이 외국인들까지 포함하게끔 확장하는 방향으로 이끌기 보다는, 역사적 규범(the historic norm)이 그러했듯이, 오히려 우리의 도덕 감성이 되돌아서 (보다 국지적인) 동일 종족과 신앙 고백에 국한되는 방향(the restriction of our moral sentiments back to kin and confession)으로 진전하게 될 것이라는 점에 있다.

따라서 자유주의적 민족주의자들이 보기에, 동료 국민들에 대한 도덕적 관심의 확장은 중요하지만 깨지기 쉬운 역사적 성취였으며, 사람들의 자연적인 동정심이 전지구적 범위까지 미친다는 순진한 기대에 맡겨 놔서는 안 되는 것이었다. 이는 우리가 전지구적 정의에 대한 모든 관심을 거부해야 한다고 말하는 것이라기보다 자유주의적 민족주의의 성취들을 파괴하기보다는 그 위에 세워 나가는 방식으로 전지구적 정의를

48) 예를 들면, Tamir 1993: 161; Tan 2000; Kymlicka 1995a: 224n.18를 보시오

향해 나아가야 한다고 말하는 것이다. 전지구적 의미의 정의를 향해 앞으로 나아감과 동시에, 국민성의 중심을 유지하기란 쉽지 않다. 그리고 자유적 평등주의, 자유주의적 민족주의 그리고 세계시민주의의 관계들을 정리하려면 아직 많은 작업이 이뤄져야 한다.[49)]

11. 공동체주의 정치

앞서 살펴본 바와 같이, 공동체주의는 두 개의 독립된 갈래의 주장을 포함하고 있으며, 각각의 갈래는 어느 정도 다른 정치적 성향을 띠고 있다. 첫번째 갈래의 주장은 자아와 자아의 목적들의 관계에 관심을 갖는다. 합리적 수정가능성이라는 자유주의적 믿음에 대한 대안으로서 제공되는 한, '구성적 목적들'(constitutive ends)과 '각인된 자아'(embedded self)라는 공동체주의의 개념들은, 억압적이고 저속하며, 만족스럽지 않은 부분이 발견되는 전통과 관습에 대하여, 개인들이 의문을 제기하고 거부하는 능력을 제약하는 매우 보수적인 교의이다. 전통주의자나 근본주의적 인종 집단 또는 종교 집단의 지도자들은, 여기에서 매우 매력적인 입장을 발견할지 모르지만, 다수의 공동체주의자들이 이러한 비자유주의적 견해를 정말로 지지할지는 의문시 된다. 또한 자아와 자아의 목적들에 대한 이 논쟁의 많은 부분은 그릇된 반대와 허수아비 주장(straw-man argument)에 기반하고 있다고 여겨진다.

결과적으로 대부분의 공동체주의자들은 개인의 자유를 위한 사회적 맥락의 필요성에 관한 두 번째 갈래의 주장으로 옮겨가게 되었다. 자유주의자들은 '원자주의'(atomism)를 신봉하고 따라서 '사회적 명제'(social thesis)를 거부한다고 말해지면서, 이

49) 연대성의 '확장적 써클'(expanding circles)의 첫째 단계로서 민족주의를 이해할 수도 있다는 견해에 대한 흥미로운 비판으로는, Miscevic 1999를 보시오. 그는 민족주의자들의 감성이 *멀리 떨어진* 이방인들(*distant* strangers)에 대한 관심은 배제하지 않는 반면, *가장 인접한* 이방인들(*proximate* strangers)—예컨대 갈등이나 경쟁, 혹은 불쾌한 비교의 역사가 전형적으로 존재하는 이웃한 국민 집단의 구성원들—과의 연대를 방해한다고 주장한다.

주장 역시 때때로 자주 허수아비 주장의 형태를 띠게 된다. 하지만 앞서 살펴봤듯이, 거기에도 얼마간의 현실적 정치적 쟁점들이 존재한다. 그것들 대부분은, 어떤 형태이든, 통합과 다양성의 관계와 연관된다.

과도하게 단순화시켜서 말하면, 자유주의자들은 근대 사회의 시민들이 점점 그 범위가 증가하는 상이하며 종종 경쟁적인 좋은 삶에 대한 관념들을 채택해 왔다는 사실은 물론, 목적들의 다양성이 문화의 비옥함과 개인의 자율성의 원천이라고 여긴다는 사실을 수용하며 실제로도 반긴다고 우리는 말할 수 있다. 자유주의적 정의 (그리고 아마도 엷은 국민적 정체성)에 대한 신념을 공유하는 한, 사람들은 이러한 목적들의 다양성이 사회적 통합을 해칠 것이라고 두려워하지 않는다.

이와는 대조적으로, 공동체주의자들은 근대 사회에서의 목적들의 다양성이 확산되는 현실과 함께, 이러한 현상이 사회적 통합에 미치는 영향, 그리고 공유된 목표를 다 함께 달성하는 집단들의 능력에 미칠 충격에 대해 보다 불안해한다. 그들은 공유된 정의원칙들(혹은 희박해진 국민 정체성)과 같은 약한 유대에 의해서 사회적 통합이 지탱될 수 있다고 믿지 않으며, 다양성과 통합 사이의 균형이 상실되고 있다고 두려워한다.

이러한 불안이야 말로 현대 공동체주의의 아마도 가장 독특한 성격이라 할 수 있다. 이런 불안은 가족, 이웃의 결사체들, 미디어, 학교, 교회를 가리지 않는 다양한 사회제도들의 '쇠퇴' 혹은 '실패'에 관한 탄식을 수반한다. 실제로 대중적 담론에서, '공동체주의자'라는 용어는 우리의 사회제도들의 현재 상태를 근심하는 사람들을 지칭하는데 사용된다. 대중적 담론에서 '자유주의자들'은 개인들의 시민적 자유와 경제적 자원에 접근하는 것을 보호하는 일에 초점을 맞추는 사람들인 것처럼 비춰지곤 하는 반면에, '공동체주의자들'은 우리의 사회제도들의 운명뿐만 아니라 윤리공동체의 감각을 발생시키는 사회제도들의 역량을 걱정하는 사람들인 것처럼 비춰진다.

다양성과 통합의 관계가 악화되고 있다는 이러한 불안을 공동체주의자들이 공유해도, 어떻게 이 균형을 다시 회복할 것인지에 관해서는 의견을 달리한다. 필립스(Derek Phillips)의 말을 인용하자면, 우리는 공동체주의자들이 '회고적'(looking backward)이거나, 아니면 '미래지향적'(looking forward)이라고 생각할 수 있다 (Phillips, 1993). 그리고 이러한 두 관점은 매우 상이한 정치적 결론을 낳는다. 회고적인 사람들은 전형적으로 공동체의 '쇠퇴'에 대해 회고적 탄식을 늘어 놓는다. 그리고 이런 탄식은 우리의 사회제도들이 '좋았던 옛 시절'에는 잘 기능했는데, 개인 및 집단적 다양성의 공세적 요구들의 증가로 인해 침식되었다고 가정한다. 페미니즘, 게이의 권리, 그리고 다문화주의 운동이－소비주의와 물질주의로의 일반적 추세 외에도－공동체 의식을 침식해 온 것처럼 생각한다. 이들은 우리가 개인의 선택과 문화적 다원성을 수용함에 있어 '너무 멀리 나아갔으며', 실제로 우리의 공동의 책임보다 우리의 개인적 선호를 추구하는 일에 더 큰 관심을 기울이는 '방임적 사회'(permissive society)가 되었다고 말한다. 이러한 회고적 공동체주의자들은 (예컨대 게이의 권리를 제한하거나, 이혼을 제한하고, 학교에서의 기도를 장려하는 것과 같은 방식으로) 공동선의 관념을 '회복하고', 공동의 선관의 토대를 손상시키는 부류의 다양성을 억제하거나 줄여나감으로써, 다양성과 통합의 균형을 회복하기를 갈망한다.

이는 명백히 공동체주의라는 새로운 언어로 포장된 전통적인 보수주의의 언어이며, 자유주의적 가치들과 근본적으로 대립된다. 필립스는 대부분의 공동체주의자들이 이러한 '회고적인' 범주에 빠져들게 된다고 생각한다. 그러나 개인의 선택과 문화적 다양성은 불가피하며 실제로 근대성의 바람직한 특성이라는 사실을 받아들이는 다른 갈래의 공동체주의가 있다. 그것은 전통적 생활방식들에 계속해서 충성할 가치가 있는지의 여부를 구성원들이 혼자 힘으로 결정할 권리를 주장할 수 있는 사회, 즉 다인종, 다종교, 그리고 다문화 사회 속에서 우리가 살아가고 있다는 사실을 인정한다. 미래 지향적 공동체주의는 이러한 사실들을 받아들이긴 하지만, 사회적 통합의 전통적인 원천들이 이런 다양성 전체의 무게를 감당할 수 있을지를 우려한다. 따라서 공동체주의는 새롭고 더욱 강력해진 형태의 다원성을 상쇄시킬 수 있는 새롭고 더욱 강력해진 공통성의 원천을 발견하기를 갈구한다. 공동체주의는 우리의 다양한 선택과 생활방식을 (제약하기보다는) 통합하고 포용하는 공동체의 유대를 건설하는 새로운 방법을 갈구한다. 미국에서 유명한 사례 중 하나가, '국민 봉사'(national service)라고 불리는 새로운 프로그램이다. 그것은 매우 상이한 배경을 가진 젊은 시민들을 어떤 공동 계획에서 함께 일하게 만드는 프로그램이다.

이런 식으로 이해하면, 사회적 통합에 대한 공동체주의의 관심이 비자유주의적 가치나 비자유주의적 가정들에 의존할 필요는 없다. 앞서 언급했듯이, 자유주의적 민족주의는 그 자체가 미래 지향적 공동체주의의 한 형태로 여겨질 수 있다. 그 이유는 그것이 매우 상이한 혈통, 믿음, 그리고 생활방식을 가진 사람들을 다함께 연결해주는 방법으로서 국민성이라는 명백히 근대적인 개념에 기초하기를 추구하기 때문이다. 내가 다음 장에서 논하려는 참여민주주의(participatory democracy) 역시, 우리의 차이에 관한 심의를 실습해 봄으로써, 연대성의 새로운 유대를 만들기를 바라는 미래 지향적 공동체주의의 한 형태로 볼 수도 있다. 다원성과 선택을 존중하면서도 통합을 강화하려는 이러한 다양한 제안들의 효과는 충분하게 검증되지 않은 상태로 남아 있다.

따라서 미래 지향적 공동체주의는 자유주의적 민족주의나 공화주의로 동화된다. 그리고 전통적 관습들에 의문을 제기하고 여성과 소수자들의 독특한 정체성들을 옹호하기 위해서 그들의 권리를 보호하는 일에 몰입해 있는 한, 그것은 페미니즘이나 다문화주의로 동화되기도 한다. 우리가 만약 미래 지향적 공동체주의자들을 개인의 선택과 문화적 다양성의 시대에 윤리공동체의 유대를 유지하는 일에 대해 관심을 가진 사람들이라고 생각한다면, 사실상 오늘날 모든 정치이론가들은 이 호칭의 자격을 가지고 있다 하겠다. 미래 지향적 공동체주의는 그 자신만의 입장이라기보다, 오늘날의 모든 정치이론가들이 직면해야만 하는 질문 혹은 도전이라 하겠다.

미래 지향적 공동체주의와 회고적 공동체주의의 구분은 견고하지도 않으며 고정되어 있지도 않다. 많은 공동체주의자들은 쇠퇴에 대한 향수적 수사(nostalgic rhetoric)와 새로운 연대성의 유대를 구축하려는 몽상적 수사(visionary rhetoric)를 번갈아 사용하며 두 가지 요소 전부를 자신들의 이론 속에 통합시키려 시도한다. 따라서 단순하게 좌파–우파라는 지평 위에 공동체주의의 입장을 표시하기란 어려운 일이다. 대부분의 공동체주의 필자들에게서 보수적 반동과 진보적 개혁의 요소 모두를 찾을 수 있다.

아무튼, 개인적 자유의 사회적 조건에 관해서 공동체주의자들이 제기한 질문들은 중요한 질문이었으며 풍요로운 논쟁이 일어나게끔 해주었다. 하지만 그것은 사회적 명제를 받아들이는 사람과 그렇지 않은 사람들 사이의 논쟁이 아니다. 앞서 살펴봤듯이, 사실 그것은—시민사회, 문화적 구조들, 정치적 정당성, 국가의 경계에 관한—일군의 상이한 논쟁들로서, 각각의 논쟁은 그 자체로 존중되어야 한다.[50)]

50) 그 논쟁을 상이한 경험적 사안들로 나누어 보려는 유용한 시도들로는, Buchanan 1989과 Walzer 1990를 보시오. 공동체주의적 입장에 경험적 지지를 제공하려는 철학적으로 숙고된 시도로는, Bellah et al. 1985를 보시오; 그러나 cf. Macedo 1998; Stout 1986.

심화된 독서를 위한 안내

어떤 의미에서 공동체주의는 정치철학 자체만큼이나 오래되었음에도 불구하고, 공동체주의는 1980년대 초반에 다음의 네 권의 중요 저작들이 출판되면서 갑자기 출현하게 되었다. Michael Sandel, *Liberalism and the Limits of Justice* (Cambridge University Press, 1982); Alasdair MacIntyre, *After Virtue : A Study in Moral Theory* (Duckworth, 1981; 알래스데어 매킨타이어, 이진우 역, 『덕의 상실』, 문예출판사, 1997); Michael Walzer, *Spheres of Justice : A Defence of Pluralism and Equality* (Blackwell, 1983; 마이클 왈쩌, 정원섭 외 역, 『정의와 다원적 평등-정의의 영역들』, 철학과 현실사, 1999); Charles Taylor, *Philosophy and the Human Sciences: Philosophical Papers*, vol. ii (Cambridge University Press, 1985).

돌이켜 보면, 이들 네 사람의 저자들은 상당히 상이한 갈래의 주장을 진술하고 있었다는 사실이 명확해지며, 이들 모두를 '공동체주의자'라고 지칭하는 것은 이 용어가 드러내는 것만큼이나 그 특성을 흐려놓는다. 하지만 이들 저서들은 모두 한 가지 특성을 공유하고 있었다. 그들은 롤즈와 드워킨이 옹호한 자유적 평등주의는 어떤 식으로든 공동체라는 문제에 대해서 둔감하다고 비판했다. 결과적으로, 이러한 저자들에 의해서 촉발된 논쟁은 곧 '자유주의-공동체주의 논쟁' (the liberal-communitarian debate)이라는 이름을 얻게 되었다. 이 논쟁은 자유주의자들이 공동체주의자들의 비판에 대응하고 시도하면서 1980년대 영미 정치철학을 대체로 지배했고, 다른 전통에 서 있는 이론가들은 이 논쟁이 자유민주주의에 대한 자신들의 관심에 어떠한 영향을 미쳤는지 알아내려고 노력했다.

공동체주의 주장의 한 가지 갈래는 자아에 관한 자유주의 이론들, 특히 자유주의 이론의 자율성과 합리적 수정가능성에 대한 강조를 비판했다. 이러한 갈래의 공동체주의적 비판에 대한 자유주의적 대응의 사례로는, 나의 저서인 *Liberalism, Community and Culture* (Oxford University Press, 1989); Ronald Dworkin, 'Liberal Community', *California Law Review*, 77/3 (1989): 479~504; Allan Buchanan, 'Assessing the Communitarian Critique of Liberalism', *Ethics*,

99/4 (1989): 852~882; Joseph Raz, *The Morality of Freedom* (Oxford University Press, 1986)을 보시오. 이들 저자들은 모두 자율성이라는 자유주의적 개념을 합리적 수정가능성으로 옹호하려고 했다. 하지만 다른 자유주의자들은 합리적 수정가능성에 대한 믿음을 약화시킴으로써 공동체주의의 비판에 대응해 왔다. 그들은 대신 '정치적 자유주의'라는 개념으로 옮겨갔다. 이런 생각은, John Rawls, 'Justice as Fairness : Political not Metaphysical', *Philosophy and Public Affairs*, 14/3 (1985) : 223~251에서 소개되고, 그의 *Political Liberalism* (Columbia University Press, 1993; 존 롤즈, 장동진 역, 『정치적 자유주의』, 동명사, 2016)에서 보다 충분히 발전되었다. 정치적 자유주의에 대한 다른 중요 저술로는, Charles Larmore, *Patterns of Moral Complexity* (Cambridge University Press, 1987); Donald Moon, *Constructing Community: Moral Pluralism and Tragic Conflicts* (Princeton University Press, 1993) 등이 포함된다. 정치적 자유주의에 대한 논평으로는, Victoria Davion and Clark Wolf (eds.), *The Idea of a Political Liberalism: Essays on Rawls* (Rawman and Littlefield, 2000)을 보시오.

공동체주의의 주장 중의 다른 갈래는 사회통합에 대한 자유주의 이론들을 비판한다. 많은 자유주의자들은 자유주의적 민족주의라는 새로운 이론을 개발함으로써 이러한 비판에 대응했다. 이런 접근방식은 이 분야에서 지금까지도 독보적인 두 권의 저작인, Yael Tamir, *Liberal Nationalism* (Princeton University Press, 1993)과 David Miller, *On Nationality* (Oxford University Press, 1995)에서 제창되었다. 좀더 최근의 연구로는 Paul Gilbert, *Philosophy of Nationalism* (Westview, 1998); Gilbert, *People, Culture and Nations in Political Philosophy* (Georgetown University Press, 2000); Margaret Canovan, *Nationhood and Political Theory* (Edward Elgar, 1996); Rose Poole, *Nation and Identity* (Routledge, 1999); Charles Blattberg, *From Pluralist to Patriotic Politics: Putting Practices First* (Oxford University Press, 2000); David Miller, *Citizenship and National Identity* (Polity Press, 2000) 등이 포함된다. 자유주의적 민족주의에 대한 논평은, Nenad Miscevic (ed.), *Nationalism and Ethnic Conflict: Philosophical*

Perspectives (Open Court, 2000); Robert McKim and Jeff McMahan (eds.), *The Morality of Nationalism* (Oxford University Press, 1997); Simon Caney, David George, and Peter Jones (eds.), *National Rights, International Obligations* (Westview, 1996); Jocelyne Couture, Kai Nielson and Michael Seymour (eds.) *Rethinking Nationalism* (University of Calgary Press, 1998); Desmond Clarke and Charles Jones (eds.), *The Rights of Nations: Nations and Nationalism in a Changing World* (Palgrave, 1999) 등에서 찾아볼 수 있다. 다수의 핵심 저작들의 인용은 Ronald Beiner (ed.), *Theorizing Nationalism* (State University of New York Press, 1998)에 담겨 있다.

공동체주의자들과 자유주의적 민족주의자들 모두는 응집력 있는 정치공동체의 일부 관념의 중요성을 강조한다. 또한 전형적으로 그들은 정의 규범들이 그처럼 한정된 정치공동체 내에서 적용된다고 가정한다. 결과적으로 두 접근방식 모두 보다 전지구적 정의관이나 '세계시민주의적' 정의관을 옹호하는 사람들에 의해서 도전을 받아 왔다. 특히 Lea Brilmayer and Ian Saphiro (eds,) *Global Justice* (New York University Press, 1999); Kok−Chor Tan, *Toleration, Diversity, and Global Justice* (Pennsylvania State University Press, 2000); Charles Jones, *Global Justice : Defending Cosmopolitanism* (Oxford University Press, 1999); Charles Beitz, *Political Theory and International Relations* (Princeton University Press, 1979); Thomas Pogge, *Realizing Rawls* (Cornell University Press, 1989) 등을 보시오. 분배정의는 전지구적으로 적용되지 않으며 국내에만 적용된다는 자신의 가설에 대한 롤즈의 방어는, *The Law of Peoples* (Harvard University Press, 1999; 존 롤즈, 장동진·김만권·김기호 공역, 『만민법』, 동명사, 2017)를 보시오. 이 논쟁에 대한 비판으로는 Charles Beitz, 'International Liberalism and Distributive Justice : A Survey of Recent Thought', *World Politics*, 51(1999) : 269~296을 보시오.

공동체주의에 대응해야만 한다고 느꼈던 사람들은 자유주의자들만이 아니었다. 예를 들면, 1980년대의 페미니스트나 사회주의자 모두는 공동체주의가 자유주의에 대한 자신들의 비판을 보충해 주는지 아니면, 그것과 모순 되는지의 여부에 관한 질문을 붙잡고 씨름했다. 예를 들어, 공동체주의에 대한 페미니스트들과 사회주의자들의 평가에 대해서는, Elizabeth Frazer and Nicola Lacey, *The Politics of Community: A Feminist Critique of Liberal-Communitarian Debate* (Harvester Wheatsheaf, 1993); Penny Weiss and Marilyn Friedman (eds.), *Feminism and Community* (Temple University Press, 1995); David Miller, 'In What Sense must Socialism be Communitarian?', *Social Philosophy and Policy*, 6/12 (1989): 51~73 등을 보시오.

자유주의에 대한 공동체주의의 비판과 이에 대한 자유주의와 다른 전통에 서있는 이론의 대응 모두의 핵심 저작 다수를 포함하는 선집으로는, Shlomo Avineri and Avner de-Shalit (eds.), *Communitarianism and Individualism* (Oxford University Press, 1992); Edward W. Lehman (ed.), *Autonomy and Order: A Comunitarian Anthology* (Rowman and Littlefield, 2000); Michael Sandel (ed.), *Liberalism and its Critics* (Blackwell, 1984)을 보시오.

자유주의-공동체주의 논쟁에 대한 완전히 상반된 평가로는, 공동체주의자들이 논쟁에서 이겼다고 생각하는 Daniel A. Bell, *Communitarianism and its Critics* (Oxford University Press, 1993)과 자유주의의 편을 드는, Derek Phillips, *Looking Backward : A Critical Appraisal of Communitarian Thought* (Princeton University Press, 1993)을 보시오. 다른 평가로는, 아마도 이 논쟁에 대한 최고의 연구로 남아있다 할 수 있는, Stephen Mulhall and Adam Swift, *Liberals and Communitarians* (Blackwell, 1996; 스테판 뮬홀·애덤 스위프트, 김해성·조영달 역, 『자유주의와 공동체주의』, 한울, 2001)을 보시오. C. F. Delaney (ed.), *The Liberal-Communitarian Debate: Liberty and Community Values* (Roman and Littlefield, 1994); Elizabeth Frazer, *The Problems of Communitarian Politics: Unity and Conflict* (Oxford University Press, 1999); Ellen Frankel Paul, Fred Miller, and Jeffrey Paul (eds.), *The Communitarian Challenging to Liberalism* (Cambridge University Press, 1996)도 보시오.

1980년대 초반에 공동체주의자들이 저술을 계속했다는 사실은 말할 필요도 없다. 사실 네 사람의 주도적인 공동체주의 철학자 모두가 또 한 차례의 비판적 논평들을 불러일으켰던 주요 저작들을 집필했다. 하지만 이러한 공동체주의 저작의 '두 번째 파도'는 자유주의적 자아에 대한 비판으로부터 물러나는 경향을 보였고, 합리성에 관한 좀더 추상적인 형이상학적 논쟁으로 올라가거나, 아니면 자유민주주의의 사회적 배경과 정치적 배경들, 특히 사회통합에 대한 관심을 어떻게 유지할 지에 관한 좀 더 현실적인 문제들로 내려갔다. 형이상학적 논쟁으로 옮겨간 전자의 사례로는, 합리성과 전통의 관련성에 대한 알래스데어 매킨타이어의 신작, 특히 *Whose Justice? Which Rationality*? (University of Notre Dame Press, 1988)이나 도덕 논증과 문화적으로 각인된 '공유된 이해'의 관련성에 대한 마이클 왈쩌의 저작, 특히 *Thick and Thin : Moral Argument at Home and Abroad* (Harvard University Press, 1994)를 보시오. 이러한 저작들에서, 매킨타이어와 왈쩌는 주로 윤리학에서의 보편주의 대 문화 상대주의에 대한 고전적 질문에 관심을 보여주고 있다. 매킨타이어에 대한 비판으로는, John Horton and Susan Mendus (eds.), *After MacIntyre: Critical Perspectives on the Work of Alasdair MacIntyre* (Polity, 1994)를 보시오. 왈쩌의 저작에 대한 평가로는, David Miller and Michael Walzer (eds.), *Pluralism, Justice and Equality* (Oxford University Press, 1995); William Galston, 'Community, Democracy, Philosophy: The Political Thought of Michael Walzer', *Political Theory*, 17/1 (1989): 119~130; Brian Orend, *Michael Walzer on War and Justice* (McGill-Queen's University Press, 2001)를 보시오.

사회통합과 연대성에 관한 논쟁으로 옮겨간 사례로는, Michael Sandel, *Democracy's Discontent: America in Search of a Public Philosophy* (Harvard University Press, 1996)을 보시오. 샌들의 신작에 대한 논평으로는, Anita Allen and Milton Regan (eds.) *Debating Democracy's Discontent: Essays on American Politics, Law and Public Philosophy* (Oxford University Press, 1998)을 보시오. Emilios Christodoulis (ed.), *Communitarianism and Citizenship* (Ashgate, 1998)도 보시오.

찰스 테일러의 신작은 두 가지 경우 모두에 해당된다. 특히 그의 *Sources of*

the Self: The Making of the Modern Identity (Cambridge University Press, 1989)와 *A Catholic Modernity* (Oxford University Press, 1999)를 보시오. 테일러에 대한 비판으로는, James Tully and Daniel Weinstock (eds.), *Philosophy in an Age of Pluralism: The Philosophy of Charles Taylor in Question* (Cambridge University Press, 1994)와 Ruth Abbey, *Charles Taylor* (Princeton University Press, 2001)을 보시오. 테일러와 왈쩌 역시 다문화주의에 관한 중요한 저작을 집필했다—나는 제8장에서 이들 저작을 다루려고 한다.

공동체주의는 사상 학파로 남는 것에 그치지 않았다. 미국인 사회학자인 아미타이 에치오니(Amitai Etzioni)의 지치지 않는 지도력 덕분에, 공식적인 '공동체주의자 네트워크'(Communitarian Network)가 발족하여 원칙들에 대한 공식적 선언을 했으며, 다수의 저명인사들이 그것을 지지했다. 이런 '공동체주의 운동'에 대한 대중적인 진술로는 Amitai Etzioni, *The Spirit of Community: Rights, Responsibilities and the Communitarian Agenda* (Crown Publisher, 1993); Etzioni, *Next: The Road to the Good Society* (Basic Books, 2001)과 Henry Tam, *Communitarianism: A New Agenda for Politics and Citizenship* (New York University Press, 1998)을 보시오.

공동체주의자 네트워크는 *The Responsive Community*라는 자신들의 학술지를 가지고 있다. 그 학술지는 정책에 보다 연관된 자기 옹호적 유인물 뿐만 아니라 공동체주의에 관한 학술적 주장들을 대중화시킨 책들을 출간한다. 이 네트워크는 워싱턴 DC에 있는 조지 워싱턴 대학의 공동체주의 정책 연구소(Institute for Communitarian Policy Studies at George Washington University)에 링크된 자신들의 웹사이트(www.gwu.edu/~ccps/)도 갖고 있다. 이 웹사이트는, 방대한 참고 문헌 목록과, 자신들의 입장을 밝힌 글, 수업 재료와 강의 계획서, 그리고 다른 나라의 공동체주의적 단체들과의 링크 등을 포함하고 있다.

제7장

시민덕성 이론(CITIZENSHIP THEORY)

공동체주의의 자유주의 비판은 현대 영미 정치철학에 극적인 충격을 주었다. 1970년대에는 자유주의자들이 공리주의에 대응해서 일관성 있는 대안을 규정하려는 시도의 일환으로 정의(justice)와 권리(rights)가 중심 개념이 되었다. 1980년대에는 공동체(community)와 멤버십(membership)이 핵심단어가 되었는데, 공동체주의자들은 자유주의적 개인주의가 실현 가능한 어떠한 정치공동체를 위해 필요한 공동체적 정서, 정체성, 경계선을 설명해 주거나 유지시키는 데 얼마나 부적절한지를 보여주려 했다.

아마도 이러한 논쟁의 다음 단계는, 자유주의적 개인주의와 공동체주의 사이에 이러한 대립을 초월해서, 자유주의적 정의와 공동체적 멤버십의 요구들을 통합하려는 시도로 나아가는 것을 피할 수 없을 것이다. 이러한 작업을 수행할 하나의 확실한 후보가 바로 시민덕성(citizenship) 개념이다. 시민덕성은 한편으로는 개인주의적 권리와 자격(entitlements)이라는 자유주의적 개념과 친밀하게 연결되어 있고, 다른 한편으로는 특정한 공동체의 멤버십과 함께 이 공동체에 대한 소속감이라는 공동체주의적 개념들과도 연결되어 있다. 따라서 그것은 자유주의와 공동체주의 사이의 논쟁을 중재할 수 있는 개념을 제공한다.

따라서 정치 이론가들 사이에서 시민덕성 개념에 대한 관심의 폭발이 있었다는 사실은 놀랍지 않다. 1978년에는 '시민덕성 개념은 정치 사상가들 사이에서 잊혀진 유행이 되었다'(van Gusteren 1978: 9)는 확신에 가득 찬 언급을 볼 수 있었다. 1990년에 이르러, 시민덕성은 모든 정치적 스펙트럼 상에 있는 사상가들 사이에 '애용어'(buzzword)가 되었다(Heater 1990: 293; Vogel and Moran 1991: p.x).

시민덕성에 대한 관심은 단지 이러한 이론적 발전에서만 불꽃 튀었던 것이 아니라, 전 세계에 걸친 최근의 많은 정치적 사건과 동향들에서도 발생했다. 즉, 미국에서의 점증하는 유권자들의 무관심과 장기적인 복지의존도, 동유럽에서의 민족주의 운동의 부활, 서유럽에서의 다문화 및 다인종 국민들에 의해 점진적으로 야기되는 긴장들, 대처(Thatcher M.) 집권기 영국에서의 복지국가에 대한 반발, 자발적인 시민의 협조에 의존하는 환경정책의 실패, 세계화에 대한 불만족과 민족 주권의 상실에 대한 인식 등등이 그것이다.

이러한 사건들은 현대 민주주의의 건전성과 안정성이 단지 민주주의의 기본적 제도들의 정의(justice)뿐만 아니라 그 제도에 속한 시민의 자질과 태도에도 의존하고 있음을 확실하게 해 주었다. 그와 같은 자질과 태도들의 구체적으로 예를 들어보면, 그들의 정체 감(sense of identity), 그리고 민족적, 지역적, 인종적, 혹은 종교적 정체성의 경합적 형식을 그들이 바라보고 있는 관점, 그들 자신과는 구별되는 타인들을 관용하고 함께 일할 수 있는 능력, 공공선을 증진시키기고 의존할 만한 정치적 권위를 유지하기 위해서 정치과정에 참여하려고 하는 그들의 욕망, 그들의 경제적 요구와 그들의 건강과 환경에 영향을 미치게 될 개인적 선택에 있어서의 자기절제와 개별적 책임감을 수행하는 것을 보여줄 의지 등이다. 이러한 자질들을 갖춘 시민들 없이는, 민주주의는 운용되기 어렵게 될 것이고, 심지어는 안정적이지 못할 것이다.[1] 하버마스가 언급하듯이, 헌법적 자유의 제도들은 해당 국민이 그 제도들을 만드는 정도 만큼만 가치를 지니게 될 뿐이다.'(Habermas 1992: 7).

많은 고전적 자유주의자들은 견제와 균형을 고안해 냄으로써, 특별한 덕성을 갖춘 시민성이 부재하는 상황에서도 자유민주주의가 효과적으로 작동할 수 있다고 믿었다. 권력분립, 양원제, 연방주의와 같은 제도적이고 절차적인 모든 장치들이 생겨날지도 모르는 억압자를 방지하는데 기능할 수 있을 것이다. 심지어 각각의 개인들

1) 이것이 아마도 정부들 사이에서 시민덕성을 향상시키려 하는 최근의 관심에 대한 설명이 될 수 있을 것이다(예를 들어, Britain's Commission on Citizenship, Encouraging Citizenship, 1990; Senate of Australia, Active Citizenship Revisited, 1991; Senate of Canada, Canadian Citizenship: Sharing the Responsibility, 1993).

이 공동선에 대한 인식 없이 자기 자신의 이익만을 추구한다고 하더라도, 일련의 사적 이익들이 다른 일련의 이익들을 견제할 수 있을 것이다. 예를 들어, 칸트는 좋은 정부를 만드는 문제는 '심지어 악마들의 무리에 적용한다 할지라도 해결될 수 있을 것'(Galston 1991: 215에서 재인용)이라고 믿었다.[2] 그러나 각자의 이익들의 균형을 부여할 절차적-제도적 기제로는 충분하지 않고, 어느 정도 수준의 시민적 덕성과 공적 정신이 필요하다는 것이 점점 확실해지고 있다(Galston 1991: 217, 244; Macedo 1990: 138~139).

공공정책들이 많은 방식으로 책임있는 개인적 생활방식의 결정에 의존하고 있다는 점을 생각해 보자. 건강한 식생활을 유지하고, 정기적으로 운동을 하고, 음주와 흡연의 소비에 한계를 두는 등, 시민들이 책임감을 가지고 스스로의 건강을 존중하려는 행위를 하지 않는다면, 국가는 적절한 보건의료를 제공할 수 없다. 시민들이, 자신의 친족들에게 일종의 보호를 제공함으로써, 어린이, 노인, 장애인들을 보호해야 한다는 책임감을 분담하는데 동의하지 않는다면, 국가는 그들에 대한 필요를 충족시킬 수 없다. 시민들이 자신의 소비 선택에 있어서 소비를 줄이고, 재생하고, 재활용하려 하지 않는다면, 국가는 환경을 보호할 수 없다. 시민들이 과도하게 대출을 하거나, 과도한 월급의 인상을 요구한다면, 정부가 경제를 규제하는 능력은 손상될 수 있다. 시민들이 상습적으로 차이를 불관용하는 등 일반적으로 정의감이 부족하면, 보다 공정한 사회를 만들려는 시도는 난관에 처하게 될 것이다. 이러한 영역에서의 협동과 자기 절제가 없다면, '자유주의 사회가 성공적으로 기능할 수 있는 능력은 점진적으로 감소한다'(Galston 1991: 220).

간단히 말해서, 우리는 '보다 온전하고, 풍부하고 게다가 보다 미묘한 시민덕성에 대한 이해와 이의 실천'이 필요하다. 왜냐하면 '국가가 시민 전체로부터 필요로 하는 것은 강제에 의해서 보장될 수 있는 것이 아니라, 단지 사적 권한의 행사에 있어서의 협동과

---

2) 그러나 로크(John Locke), 밀(J. S. Mill)과 영국 관념론자들과 같은 다른 자유주의자들은 시민적 덕성의 필요를 인식했다(Vincent and Plant 1984: ch.1을 보시오).

자기 절제에 의해서만 보장될 수 있기 때문이다'(Cairns and Williams 1985: 43).

따라서 '시민덕성 이론'에 대한 점진적인 요청이 있어야 한다는 것은 놀라운 일이 아니다. 1970년대와 1980년대의 정치 이론가들은 롤즈가 사회의 '기본 구조'라고 명명했던 것에 일차적인 초점을 맞추었다. 헌정적 권리, 정치적 의사결정 과정, 사회제도 등이 그것이다. 사실 내가 제2장에서 지적했듯이, 롤즈는 이러한 '기본 구조'가 정의론에 있어서 우선적인 주제라고 말했다(Rawls 1971: 7~11). 그렇지만, 정치이론가들은 이러한 제도와 절차들을 운영해 나아가는 시민들의 수준과 성격에 대해서도 그만한 관심을 가져야 한다는 것이, 오늘날, 널리 받아들여지고 있다. 따라서 1990년대의 정치 이론가들은 개별 시민들의 책임감, 충성, 역할을 포함한 그들의 정체성과 행위에 초점을 맞추고 있다.

시민덕성 이론에 대한 이같은 필요는 퍼트남(Robert Putnam)이 이탈리아의 지방 정부를 다루었던 영향력 있는 연구에 의해 극적인 지지를 받게 되었다. 그는 전후에 형성된 이러한 지역 정부들이 거의 유사한 제도를 갖고 있었음에도 불구하고 매우 상이하게 운영되고 있음을 보여주었다. 그리고 그러한 운영의 다양성은 시민들의 수입이나 교육의 차이로부터 가장 적절하게 설명할 수 없고, 오히려 푸트남이 그들의 '사회 자본'(social capital)이라고 명명하는 그들 시민들의 덕성에서 비롯된다고 설명해야 할 것으로 여겨진다. 사회 자본이란 그들의 신뢰의 능력, 참여 의지, 정의감 등이다(Putnam 1993).

퍼트남의 연구의 세밀한 부분에 대해서는 논쟁이 계속되고 있지만(Sabetti 1996), 시민의 덕성과 정체성이 민주주의 운영에 있어서 주요한 독립 요인이라는 그의 연구의 일반적인 요점은 이제는 널리 받아들여졌다. 그리고 그것은 동시에 샌들이 '형성적 기획'(formative project) 혹은 '형성적 정치'(formative politics)라고 명명했던 것을 고려할 필요가 있음을 정치 이론가들에게 인식하게 해 주었다. 즉 적절한 종류의 성격적 자질과 시민적 덕성을 지속적으로 가르치는 정부 정책이다(Sandel 1996: 6, 305). 그리고 이것은 이어서 시민의 덕성과 실천들, 시민적 참여, 시민적 정체성, 시민덕성 교육의 이슈들에 대한 저작들의 거대한 홍수를 불러 일으켰다.[3)]

---

3) 1994년 이전의 논문들로는, Kymlicka and Norman 1994의 참고문헌과 Beiner 1995에 모아 놓은 논문들을 보시오. 보다 최근의 저작들은 Janoski 1998; Dagger 1997; Callan 1997; van Gusteren 1998; Shafir 1998; Hutchings and Dannreuther 1998; Lister 1998; Kymlicka and Norman 2000의 참고문헌을 보시오.

따라서 이제 시민덕성 이론은 광범위하게는 이전의 제도적 정의이론에 대한 필연적인 보완물로 간주되고 있다. 사실, 일부에서는 전자가 후자의 필요성을 철폐하거나 혹은 최소한 느슨하게 한다고 주장한다. 앞 장에서 확실히 했던 것처럼, 분배정의의 규범과 재분배 정책의 적절한 형식에 대해서는 깊고도 지속적인 불일치가 있다. 그것은 현대 민주주의 사회에서 어떤 단일한 정의론도 완전한 합의를 이루어 낼 수 있다고 기대할 수 없음을 의미한다. 따라서 이러한 이론들을 보다 훨씬 정교하게 만드는 것은 상대적으로 거의 의미가 없다. 그대신 우리가 해야 할 일은 보다 나은 민주적 시민덕성 이론들을 발전시키는 것이다. 이것은 능동적이고, 사려있고, 책임감 있는시민들이 어떻게, 제도적 정의이론에 대한 불일치를 포함하여, 자신들의 불일치를 논의하고 해결해 나갈 수 있는지를 밝히는 것이다(Fishkin 1996; Tully 2000: 469).

나는 민주적 시민덕성의 이론이 정의론을 대체할 수 있다는데 대해서는 회의적이다. 우선, 우리가 뒤에서 보게 되겠지만, 우리는 시민적 덕성과 정치적 참여를 어떻게 증진시킬 수 있는가에 대한 불일치를 해결하는 데 도움을 받기 위해서 정의의 원칙에 호소해야 한다. 이것은 정의에 대한 불일치가 시민덕성에 대한 불일치로 침투하게 될 것을 의미한다. 사실, 시민덕성에 대한 '새로운' 논의들은 흔히 정의에 대한 '오래된' 논의들이 새로운 옷을 입은 것에 불과하다. 어떤 경우에도, 나는 시민덕성 이론을 정의론에 대한 대체물로서가 아니라 주요한 보완물로서 논의할 것이다. 시민덕성 이론은 정의론 내에서 변호되고 있는 일종의 제도들과 정책들을 증진하고 유지하기 위해서 필요한 덕성과 실천들을 밝혀내는 것이다.

이 장에서, 나는 시민덕성 이론과 관련되어 있는 주요한 핵심 쟁점들을 검토할 것이다. 나는 우선 민주주의의 시민들에게는 어떤 종류의 덕성 및 실천들이 요구되는가를 명확하게 할 것이다(제1절). 기존의 문헌들에서, '시민적 공화주의자'(civic republican)라는 용어는 시민적 덕성의 필요성을 심각하게 간주하는 사람들을 묘사하는데 종종 사용된다. 그러나 시민적 공화주의(civic republicanism)에는 두 가지의 매우 상이한 형식이 있다. 하나는 정치참여의 내재적 가치를 강조하는 고전적 관점이고, 다른 하나는 그것의 도구적 중요성을 강조하는 자유주의적 관점이다. 나는 이 두 가지 관점을 제2절과 제3절에서 비교할 것이고, 그 이후에 어떻게 자유주의 국가가 실제로 적절한 시민정신의 덕성과 실천들의 형식들을 증진시키려고 노력하는지를 생각해 볼 것이다.

1. 민주적 시민들의 덕성과 실천들

시민덕성에 대한 새로운 작업들을 서술하기 이전에, 전후 정치 이론의 대부분에 내재되어 있던 시민권(citizenship)의 관점을 간단하게 묘사할 필요가 있다. 그것은 대부분 순전히 권리의 소유라는 측면에서 규정되어 왔다. 전후 시기의 권리로서의 시민권(citizenship-as-rights)의 가장 영향력 있는 표현은 1949년에 출간된 마샬(T. H. Marshall)의 『시민권과 사회계급』(Citizenship and Social Class)이다.[4] 마셜에 따르면, 시민권은 근본적으로 모든 사람들을 완전하고 동등한 구성원으로 취급하는 것을 보장하는 문제이다. 그리고 이러한 멤버십의 감각을 보증하는 방식은 국민들에게 시민권리의 종류를 늘려서 부여하는 것이다.

마샬은 시민권에서의 권리를 세 가지 범주로 나누는데, 그는 그 세 범주가 영국의 성공적인 세 시기에 각각의 위치를 차지하고 있는 것으로 간주한다. 시민적 권리(civil rights)는 18세기 발생했다. 정치적 권리(political rights)는 19세기 발생했다. 그리고 사회적 권리(social rights)는-예를 들면, 공적 교육, 보건의료, 고용보험, 노인연금 등-20세기에 들어서 확립되었다(Marshall 1965: 78 이하).[5] 그리고 시민권에서의 권리가 확장되면서, 시민이라는 계급의 확장 또한 발생했다고 그는 지적한다. 재산을 소유한 백인 신교도들에게만 한정되었던 시민적 및 정치적 권리들이 여성, 노동자, 유태인과 구교도, 흑인 그리고 그 이전에 배제되었던 다른 집단들에게로 점진적으로 확장되었다.

마샬에게 있어서, 시민권의 가장 완전한 표현은 자유민주주의 복지국가를 필요로

---

4) Marshall 1965에 재수록. 시민권의 역사에 대한 간명한 소개로는 Heater 1990; Walzer 1992a를 보시오.

5) 이러한 영국의 역사가 얼마나 독특한 것인지가 자주 언급된다. 많은 유럽 국가들에서 이러한 발전의 대부분은 단지 최근 40년간에 일어났을 뿐이고, 대부분은 역순으로 진행되었다. 심지어는 영국에서도, 역사적 증거들은 시민권의 권리에 대해서는 '단선적'(unilinear) 모델보다는 '성쇠 모델'(ebb and flow model)을 지지해 준다(Heater 1990: 271; Parry 1991: 167; Held 1989: 193).

한다. 시민적, 정치적, 그리고 사회적 권리를 모두에게 보장함으로써, 복지국가는 모든 사회의 구성원이 사회에서의 공통의 삶에 참여하고 즐길 수 있는 사회의 완전한 구성원이라고 느끼는 것을 보장해 준다. 이러한 권리들 중 어느 것이라도 허용되지 않거나 침해된다면, 사람들은 주변화되고 참여할 수 없게 된다.

이것은 종종 '수동적' 혹은 '사적' 시민권이라고 불리는데, 그것이 수동적인 권리부여(passive entitlement)를 강조하면서, 공적인 삶에 참여하는 데는 어떤 의무도 부과하지 않기 때문이다. 그것은 여전히 아주 광범위하게 지지되고 있다. 그들에게 시민권이 무엇을 의미하고 있느냐고 질문한다면, 많은 사람들은 책임감이나 참여보다는 아마도 권리에 대해서 이야기하길 원할 것이다. 대부분의 사람들에게 있어서, 시민권은 미국 대법원이 언젠가 지적했던 것처럼, '권리들을 가질 권리이다'(the right to have rights).[6]

사람들이 이러한 권리로서의 시민권(citizenship-as-rights)의 모델을 지지하는 이유는 매우 이해하기 쉽다. 마시도(Stephen Macedo)가 지적하는 것처럼, '사적 시민권의 이득은 간과할 수 없다. 그것은 일종의 기본적 인간적 가치 *basic human goods*(안전, 번영, 자유)를 거의 모두 포착할 수 있는 위치에 가져다 놓는다. 그것은 다름 아닌 환상적인 인간적 성취(a fantastic human achievement)와 같은 것으로 간주된다'(Macedo 1990: 39).

그럼에도 불구하고, 이러한 교조적인 전후 시민권 개념은 최근 십년간 점진적으로 공격을 받게 되었다. 많은 이론가들은 우리가 경제적인 자기 절제, 정치적 참여, 그리고 심지어는 정중성(civility)까지를 포함하는 책임감과 덕성들의 시민정신을 능동적으로 행사하여 시민권에서의 권리를 수동적으로 받아들이는 것을 보완할 (혹은 대체할) 필요가 있다고 주장한다[마셜의 관점 역시 현대 사회의 사회적이고 문화적인 다원주의를 적절하게 인식하고 수용하는데 실패한다고 비판받아 왔다. 나는 다문화주의에 대해 다루는 다음 장에서 이러한 요청들을 보다 '다문화적인'(multicultural) 혹은

6) 트롭 대 덜레스 사건[Trop v. Dulles 356 US 86, 102(1958)]. 비록 영국에서는 사회적 권리(예를 들어 공공교육과 보건의료)를 강조하는 반면 미국에서는 시민적 권리(언론과 종교의 자유)들을 언급하고 있지만, 최근의 연구들은 이러한 시민권과 권리 사이의 연계가 영국과 미국 모두에서 일어나고 있음을 보여준다(King and Waldron 1988, Conover, Crew and Searing 1991: 804).

'집단 차별적인'(group-differentiated) 시민권 모델로서 논의할 것이다].

시민덕성 이론가들의 일차적 과제는 번성하는 민주주의를 위해 요구되는 시민적 덕성의 종류들을 보다 구체적으로 명확히 해주는 것이었다. 갈스턴(William Galston)의 영향력 있는 설명에 따르면, 책임있는 시민권(responsible citizenship)에는 네 가지 유형의 시민적 덕성이 요구된다. ① *일반적* 덕성(general virtues): 용기, 준법정신, 충성, ② *사회적* 덕성(social virtues): 독립심, 열린 마음, ③ *경제적* 덕성(economic virtues): 노동윤리, 자기만족을 지연할 수 있는 능력, 경제적·기술적 변화에 대한 적응력, ④ *정치적* 덕성(political virtues): 타인의 권리를 식별해내고 존중해 줄 수 있는 능력, 지불될 수 있는 것(what can be paid for)만 요구하려는 자발성, 공직자의 업무를 평가할 수 있는 능력, 공적 담론에 참여하려는 의지(Galston 1991: 221~224).[7]

이러한 덕성들 중의 대다수는—특히 일반적 및 경제적 덕성—실질적으로 규모가 크거나 작거나, 농업중심이거나 산업화되었거나, 민주주의이거나 권위주의적이거나, 다원주의적이거나 일원주의적이거나에 상관없이 어떠한 정치 질서에도 필요하다. 이러한 이유로, 시민적 덕성에 대한 관심은, 정치공동체가 훨씬 작았고 보다 단일화되어 있던 시기를 포함하여, 실제로 서양 정치사상사에 있어서 매우 오래된 주제였다. 그러나 시민덕성에 대한 현대 이론가들은 현대 다원주의 사회의 현실에 대해 반응해야 한다. 보다 더 크고, 다원주의적인 현대 사회에 요구되는 시민적 덕성들의 종류들과 그것을 증진시키기 위한 적절한 수단은 단일하고 동질화된 전근대적인 도시국가에서 요구되는 것과는 상이할 것이다.

따라서 최근 논쟁의 많은 부분은 현대의 다원주이적 자유민주정체들에 고유한 덕성들에 초점이 맞추어져 왔는데, 그러한 덕성들은 자유정체의 기본원칙, 그리고 그러한 체제내에 있는 시민들이 담당해야 할 정치적 역할과 관계된다. 이러한 덕성들은 정치적 권위에 문제를 제기할 능력과 의지는 물론, 공공 정책의 문제들에 관한 공

---

7) 갈스턴의 목록에 있는 많은 덕성들은 보다 특정한 배열과 기술들을 통해서 보다 하위 개념들로 나뉘어질 수 있다. 예를 들어, 바버(Benjamin Barber)는 특정화된 정치적 덕성들은 일반성, 숙고, 포용성, 잠정성, 청취, 학습, 횡적 의사소통, 상상력, 역량 같은 것들로 세분화 될 수 있다고 제안한다(Barber 1999: 42~45). 현재 다소 정제가 필요한 그와 같은 많은 목록들이 있다.

적 담론에 참여할 능력과 의지를 포함하고 있다. 이것들은 아마도 자유민주주의 안에서의 시민덕성의 가장 독특한 측면일 것인데, 그것들이 바로 권위주의 체제의 '신민'(subjects)으로부터 민주주의 체제의 '시민'(citizens)을 구별해 주기 때문이다.

권위에 대해 질문을 제기할 필요는 부분적으로는 대의민주주의의 시민들이 자신들의 이름으로 정치를 하는 대표자를 선출하고 있는 현실에서 기인한다. 따라서 시민의 중요한 책임은 그러한 대표자를 감시하는 것이고, 그들의 업무 수행을 판단하는 것이다. 민주주의에서의 정부의 결정은 자유롭고 열린 토론을 통하여 공개적으로 이루어져야 하기 때문에, 공적 담론에 참여해야 할 필요가 생겨났다. 그러나 공적 담론의 덕성은 단지 정치에 참여하려는 의지, 혹은 자신의 관점을 알리려는 것에만 국한되는 것은 아니다. 그것은 대화에 참여하려는 의지를 포함한다. 잘 듣고 잘 말하고, 타인의 말을 이해하려고 노력하고, 타인의 관점을 존중하면서 반응함으로써 대화를 지속시키는 것이다.[8)]

갈스턴이 지적하는 것처럼, 공적 담론에 참여하려는 이와 같은 의지는 복합적인 덕성이다. 그것은 '자유주의 사회의 다양성이 제공하는 광범위한 관점들을 진지하게 들으려는 의지를 포함하고, 그러한 관점들은 이야기를 듣는 사람에게는 매우 기이할 뿐 아니라, 심지어 불쾌함을 포함할 수도 있다. 정치적 담론의 덕성은 조작이나 강제가 아니라 설득의 정치(a politics of persuasion)의 기본으로 자신의 관점을 이해할 수 있게, 그리고 솔직하게 제시할 수 있는 의지 또한 포함한다'(Galston, 1991, 227).

이것은 종종 '공적 합당성'(public reasonableness)이라고 불린다. 자유주의적 시민들은 자신들의 정치적 요구에 단지 선호를 표시하거나 협박을 하는 것이 아니라, 이유를 제시해야 한다. 게다가 그러한 이유들은 상이한 믿음과 문화를 가진 사람들에게도 이해되고 받아들여질 수 있어야 한다는 의미에서 '공적인' 이유여야 한다. 따라서 경전이나 전통에 호소하는 것으로는 충분하지 않다. 자유주의적 시민들은 자신들의 정치적

8) 특히 보먼(James Bohman)은 대화를 유지하기 위해서 단지 타인에게 귀 기울일 뿐 아니라 반응해야 한다는 개념을 강조해왔다. 그는 이것을 '이해력'(uptake) 개념이라고 부른다. Bohman 1996: 58~59, 116~118을 보시오. cf. Bickford 1996.

요구들을 자유롭고 평등한 시민이라는 측면에서 그들의 지위와 동일한 동료 시민들이 이해할 수 있고 받아들일 수 있도록 정당화 시켜야 한다. 그러기 위해서는 사적 신념과 관련이 있는 그러한 믿음들을 공적인 방어가 가능한 믿음으로부터 구별하려는 진지한 노력이 필요하다. 그리고 해당 사안 등이 종교적 헌신과 문화적 배경이 상이한 사람들의 관점에서 어떻게 보일 것인지를 알아보려는 의식적 노력이 요구된다.

우리가 '공적 이성'(public reason)을 적합하도록 하는 것을 어떻게 규명할 수 있는가는 언제나 명확한 것은 아니다—이는 중대한 논의의 주제가 되어 왔다.[9] 그리고 대부분의 관점들에서, 공적 이성이 상이한 종교와 문화적 전통을 고수하는 사람들 간의 논쟁을 언제나 해결할 수 있는 것은 아니라고 보고 있다. 어떤 점에서는, 공적 이성의 논거들은 단순히 다 소진될 수 있으며, 우리는 공적으로는 공유될 수 없는 종교적 혹은 문화적 신념들에 기반한 상충되는 주장들의 상황에 버려져 있게 될 수도 있다. 이러한 상황에서는, 우리는 적응하고 타협하는 것과 관련된 덕성들을 배양해야 할 필요가 있다. 예를 들어, 일부의 이론가들은 공적 이성이 낙태에 대한 논쟁은 전혀 해결할 수 없을 것이므로, 그에 대한 유일하게 합당한 반응은 일종의 타협이라고 제안한다.[10]

그러나 이것은 현대 민주주의 이론에서 또 다른 중요한 전환을 보여준다. 즉, '투표중심'(vote−centric)의 민주주의 이론에서 '대화중심'(talk−centric) 이론으로의 전환이다. 전후의 상당 기간에 있어, 민주주의는 거의 투표의 측면에서만 이해되었다. 시민들은 정치과정에 선행해서 그리고 독립되어 고정되어 있는 일련의 선호도를 가지고 있다고 전제되었다. 투표의 기능은 단지 그와 같이 선행하여 존재하는 선호도들을 누구를 선출할 것인가(일반적 선거) 혹은 어떤 법을 세울 것인가(사안중심의 된 국민투표)에 대한 공적인 결정으로 전환시키는 공정한 의사결정 절차 혹은 선호집적 장치를 제공하는 것으로 이해되었다.

---

9) 최근에는 공적 합당성(public reasonableness)에 대한 방대한 저작들이 있다. 예를 들어, Gutmann and Thompson 1996; d'Agostino 1996; Rawls 1993a; J. Cohen 1996; Benhabib 1996; Macedo 1990, 1999의 논문들을 보시오.

10) 어떤 심의민주주의에 있어서든 이러한 종류의 적응 혹은 타협이 중요하다는 것을 지적한 것으로는, Gutmann and Thompson 1996; Weinstock 2000을 보시오.

그러나 점진적으로 이와 같은 민주주의에 대한 '집적적'(aggregative) 혹은 '투표 중심적' 개념들이 민주적 정당성의 규범들을 달성할 수 없다는 생각이 퍼지게 되었다. 우선적으로, 선호가 정치과정에 독립적으로 혹은 선행적으로 형성된다고 전제하고 있기 때문에, 그것은 시민들이 자신들의 관점의 이점이나 자신들의 요구의 정당성을 타인들에게 설득시키려 노력하는 어떠한 기회도 제공하지 않는다. 그와 유사하게, 그것은 시민들이 사리사욕, 편견, 무지 혹은 일시적 변덕에 기반한 요구들을 정의원칙이나 기본적 필요에 기반한 요구들과 구별할 수 있는 기회 역시 제공하지 않는다. 그 과정에는 공적인 차원이 전혀 존재하지 않는다. 시민들은 물리적으로는 자신의 집에서 투표장으로 가야 하지만, 집적적인 투표 중심 모델은 시민들로 하여금 그들의 요구들의 이유에 대해서 토론하고 논쟁하기 위해 공적인 만남을 갖길 기대하거나 장려하지 않는다. 사실 새로운 기술을 통해서 시민들이 자신의 집을 떠나지 않고서도 인터넷으로 투표를 함으로써 직접적인 민주주의의 형식을 맞이하는 것도 가능하게 되었다.

그런 결과로, 집적 모델(the aggregative model)의 결과는 거의 아무런 정당성도 갖지 못한다. 그것은 승자와 패자를 결정하는 장치를 제공하지만, 합의를 이루거나, 공적인 의견을 형성하거나, 심지어는 명예로운 타협을 할 수 있는 어떠한 장치도 제공하지 않는다. 자신의 요구가 근본적인 정의원칙에 기반하고 있다고 믿지만, 여전히 직접적 민주주의에서는 패배한 시민을 생각해 보자. 그들은 자신들 주장의 기반인 정의가 잘못 생각된 것이었다고 믿을 만한 아무런 근거도 제공받지 않는다. 그들은 자신의 요구를 타인에게 설득할 어떤 기회도 갖지 못했고, 타인으로부터 그들이 틀렸다고 설득 당한 적도 없다. 그들은 단지 수가 적을 뿐이다. 많은 연구들은 시민들이 자신의 의견에 반대되는 집단적 결정의 정당성을 받아들인다는 것을 보여준다. 그러나 그것은 단지 그들의 주장과 이유들이 공정하게 청취되고 타인들이 그들이 하는 말을 심각하게 받아들여준다고 생각할 때에만 그렇다. 그러나 그와 같은 공정한 청취의 공간이 없다면, 사람들은 결정의 정당성에 대해 의문을 갖게 될 것이다. 이것은 특히 주변화된 소수자 집단에 있는 사람들에게 해당될 수 있다. 그들은 사전에 그들이 다수결 투표에서는 이길 가망성이 거의 없다는 사실을 알고 있다. 그들은 사실상 이런 시스템 안에서는 실질적 권력을 행사하는 데에서 영구적으로 배제될 수 있다.

투표 중심적 접근(the vote-centric approach)의 이와 같은 단점을 극복하기 위해서, 민주주의 이론가들은 투표 이전에 행해지는 심의의 과정과 의견 형성의 과정에 점점 더 집중하고 있다. 이론가들은 투표소 안에서 무엇이 진행되고 있는가의 문제로부터 시민사회에서 공적인 숙고 과정에서 무엇이 일어나고 있는가의 문제로 그들의 관심을 전환하고 있다. 이러한 민주주의의 새 모델의 설립자 중 한 명인 드라이첵(John Dryzek)은 이것을 민주주의 이론에서의 '심의적 전환'(deliberative turn)이라고 부르는데, 그는 그 시기를 1990년 전후로 본다-정확히 일치하는 것은 아니지만, 그것은 시민덕성 이론으로의 전환과 같은 시기이다(Dryzek 2000: p.v).[11] 보다 심의적인 민주주의는 개인들은 물론 사회 내의 집단들에게도 광범위하고 다양한 이득을 가져 올 것이라고 기대된다.[12] 사회를 위한 집단적 이득에는 보다 나은 결정 자체도 포함될 것이다. 왜냐하면, 의사결정 과정은 그것이 없었더라면 표명이 될 수 없었던 시민들의 지식과 통찰력들을 끌어낼 것이기 때문이고, 시민들은 공적인 논쟁을 통해서 잘못되었거나 근시안적이거나 방어될 수 없는 가정들이나 믿음들을 검증하고 폐기할 것이기 때문이다.[13] 그것은 동시에 사회를 커다란 통일과 연대로 이끌 것이다. 한마디로, 정치 결정과

---

11) 이와 같은 민주주의의 '집적적' 개념에서 '심의' 개념으로의 전환에 대한 논쟁에 대해서는 Young 2000a: ch.1; Dryzek 1990: ch.1; Christiano 1996: 133~140; J. Cohen 1997a: 143~155; Miller 2000: ch.1; Phillips 2000을 보시오. 이 두 가지 모델을 묘사할 때, 모든 사람들이 '집적적' 그리고 '심의'라는 라벨을 사용하는 것은 아니다. 드라이첵과 영(Iris Marion Young)은 '심의'(deliberative) 민주주의라는 용어에 반대하는데, 그것이 정치적 의사소통의 속성에 대해서 과도하게 이성주의적인 묘사를 주장한다고 생각하기 때문이다. 드라이첵은 '담론적 민주주의"(discursive democracy)라는 용어를 선호하고, 영은 '의사소통적 민주주의'(communicative democracy)라는 용어를 선호한다. 그러나 이들은 '대화 중심적' 민주주의 관점에 신뢰를 보여주는 것은 마찬가지이다. 그 이전의 집적 모델은 한때는, 특히 미국의 정치학에서는, '다원주의적'(pluralist) 모델이라고 알려졌었다-그 용어는 1950년대로 돌아간다. 오늘날 이것은 잠재적으로 잘못된 방향으로 나아가는데, 이것이 언급하는 '다원주의'의 종류는 현대의 '다원주의' 논의의 기조가 되고 있는 정체성 집단의 형태가 아니라, 조직된 이익 단체(organized interest groups)를 의미하기 때문이다. 다원주의의 상이한 의미에 대해서는 Eisenberg 1995를 보시오.

12) 그와 같은 여러 가지 이득의 목록에 대해서는 Elster 1998a: 11을 보시오. cf. Cooke 2000은 다섯 가지 이득을 제시한다.

13) 어떻게 효용 혹은 복리(well-being)를 정의할 수 있는가에 대해서 공리주의 장에서 논의했던 문제와 유사한 문제가 여기에서도 제시된다(제2장 제2절). 우리가 보았듯이, 공리주의자들은 *적정 정보에 근거한* 선호(*informed* preferences)에 대한 만족이 아니라, 단지 그들이 무엇을 선호하든지 간에 이미 존재하는 선호를 만족시키는 것으로 복지를 정의할 필요가 있음을 인식해 왔다. 잘못된(mistaken), 적응된(adaptive), 혹은 적정

정은 보다 정당한 것으로 간주될 수 있을 것이다. 그 이유는 모든 사람이 자신들의 관점이 청취되고 고려될 수 있는 공정한 기회를 가질 수 있기 때문이다. 게다가, 사람들이 공동으로 심의하는 경험을 공유한다는 바로 그 사실이 시민들을 연결하는 확실한 끈을 제공하고 상호 이해와 감정의 공유를 장려할 것이다. 심의민주주의에서, 우리는 조작, 세뇌, 선전, 사기, 위협 등이 아니라 단지 비강제적인 토론을 통해서만 다른 사람의 행위를 변화시키려고 노력할 것이다. 이것은 상호 존중(Dryzek 2000: 2) 혹은 실질적인 시민적 우애(Blattberg 2000)의 표식이다.

심지어 이처럼 우리에게 공유된 심의 과정이 어떤 경우에는 다양하고 중요한 쟁점들에 대한 보다 많은 동의를 만들어 낼 수 있을 것으로 희망할 수도 있을 것이다. 즉, 보기에는 화해할 수 없는 것 같은 불일치들이 몰이해나 불완전한 정보에 기초하고 있다고 밝혀질 것이고, 따라서 우리는 '개인적 필요 및 욕망의 공통적인 순서들(common ordering of individual needs and wants)을 모든 사람들이 공유할 수 있는 단일한 미래에 대한 비전으로' 수렴할 수 있을 것이다(Barber 1984: 224). 그러나 대부분의 심의민주주의자들에게는, 이와 같은 종류의 일치는 기껏해야, 행복한 일이기는 하겠지만 우연적인 심의의 부산물이다—우리들의 차이에 대한 심의는 우리들의 차이들을 제거하는 것과는 다르다.[14)]

정보에 입각하지 않은(uninformed) 선호에 대한 만족은 사실상 해로울 수 있다. 그렇다고 했을 때, 이것은 사람들이 좋은 삶에 대해서 적정 정보에 근거하는 선호의 실질적 발전을 보장하는 사회를 어떻게 조직하는가의 질문을 낳는다. 민주주의 이론에서의 상황도 이와 유사하다. 집적적 민주주의 이론은 개인들이 그들이 무엇을 지지하든지 간에 기존 선호의 공정한 평가와 집적이 희망된 결과라고 규정한다. 그러나 민주적 결정은 사람들의 정치적 요구와 선호가 적정 정보에 근거하여 이루어졌을 때 보다 정당하고 보다 이로울 것이고, 이것은 순차적으로 사람들이 적정한 정보에 입각하여 그들의 요구를 형성하고 수정할 수 있게 하는 정치적 선결조건들에 주목하도록 만든다. 이것이 사실상, 심의민주주의의 목표이다.

14) '의견의 일치'(consensus)가 심의민주주의의 실질적인 목표가 되어야 하는지에 대한 활발한 논쟁이 있다. 일부 심의민주주의 이론가들은 이성적인 심의가 파당적 이익을 진정한 일반적 이익으로 전환시켜, 가장 탁월한 논쟁이 승리하게 되고, 관점들이 수렴하는 곳으로 이끌어 갈 수 있으며 이끌어 가야 한다고 주장한다. 의견의 일치에 대한 이와 같은 요청은 하버마스에게 영향을 받은 심의민주주의 이론가들에게서 자주 발견된다(예를 들면 Benhabib 1992). 다른 이론가들은 보다 설득력 있게, 우리가 애초에 기대했던 것보다 우리들이 훨씬 멀리 떨어져 있고, 우리의 불일치가 심지어는 더욱 깊어서, 심의과정이 때로는 쉬운 해결책이나 경험적 검증에 종속되지 않음을 발견하게 된다고 주장해 왔다(Young 1996: 126; 2000a: 40~44; Frazer and Lacey 1993). 페미아(Joseph Femia)는 심의민주주의가 심의를 통해 '통일된 공공 의지'(unified public will)를 만들

(이는 물론, 심의민주주의가 민주주의의 초기 모델에서 강조되었던 '집적' 과정과 같은 것들을 완전히 제거할 수 없다는 것을 의미한다. 최종적으로는, 논쟁들이 충분히 고려된 이후에는, 여전히 남아있는 불일치를 해결하기 위해서 투표 혹은 선거 과정이 필요하다.)

따라서 '심의민주주의'는 보다 확장된 사회에 이득을 줄 것을 약속한다. 그러나 그것은 소수자들 혹은 주변화된 집단들에게는 특정한 이득을 제공한다. 그러한 집단이 다수결 선거 제도에서 어떤 실질적인 영향도 행사하지 못하고, 그 제도의 정당성을 받아들일 어떤 이유도 없다고 한다면, 다수결 투표에서 승리하는 것 보다는 공적 의견의 형성과정에 참여함으로 이득을 얻을 것이다. 챔버스(Simone Chambers)가 지적하듯이, '투표보다는 목소리가 권력을 부여하는 수단이다'(Chambers 2001). 이것은 최근에 게이와 레즈비언, 청각장애인, 토착민 등 전체 유권자에서 5퍼센트도 안되는 집단들에 의해 성취된 진전들을 보면 분명해진다. 그들의 능력 강화는 그러한 집단에 무엇이 공정하고 올바른지에 대해서 보다 확장된 사회의 구성원들에 의해서 만들어진 기존의 전제들을 변형시키는 공적 논쟁에 참여함으로써 이루어졌다. 만일 민주주의가 이러한 집단들을 '다수의 폭정'(tyranny of the majority, 혹은 다수의 무관심과 나태함)에 종속되도록 방치하지 않고 그들의 정의를 증진시키는데 도움을 주려고 한다면, 민주주의는 보다 심의적이 되어야 할 것이다. 그런 결과로, 광범위한 영역의 이론가들이-자유주의자, 공동체주의자, 비판 이론가, 여성주의자, 다문화주의자-현대 민주주의의 주요한 선결과제 중 하나로 보다 확장된 심의의 필요성을 지적해 왔다.[15)]

이러한 새로운 민주주의의 심의 모델에 대해서는 보다 많은 것들을 말할 수 있을 것이다. 특히, 심의를 위해서 적절한 포럼은 어떤 것인가? 이러한 포럼은 어떤 층위에

어낼 것이라는 순진한 생각에 헌신하고 있다고 주장한다(Femia 1996: 378~381; cf. Ferejohn 2000). 그러나 실상 대부분의 심의민주주의자들은 의견의 일치에 다다를 가능성에 대해서는 그와 마찬가지로 회의적이다(Dryzek 2000: 72; Mouffe 2000: 98~102).

15) 자유주의자들의 경우는 Rawls 1990a: 574; Dworkin 2000: 364~365; Gutmann and Thompson 1996을 보시오. 공동체주의자들의 경우는 Sandel 1996을 보시오. 비판 이론가들의 경우는 Habermas 1996; Chambers 1996을 보시오. 페미니스트들의 경우는 Fraser 1992; Phillips 1995: 145~165를 보시오. 다문화주의자들의 경우는 M. Williams 1998, 2000; Young 2000a를 보시오.

서 존재해야 하는가—지역적, 국가적, 혹은 초국가적? 이러한 포럼에서는 특정한 주제를 다루어야 하는가 일반적 주제를 다루어야 하는가? 모든 집단들과 관점들이 이러한 포럼에서 적절하게 표현되고 있다는 것을 어떻게 보장할 수 있는가? 그것의 목표가 투표, 국민투표, 선거 대표제, 사법적 의사결정과 같이 기존의 장치들을 보다 심의적으로 만드는 것인가, 아니면 '심의 여론조사'(deliberative poll), '시민 배심원'(citizen juries), 민회, 혹은 헌법제정의회 같은 새로운 심의 포럼들을 만드는 것인가? 이론가들은 이제야 심의민주주의의 실현에 있어서의 이와 같은 복잡한 질문들을 던지기 시작했다. 그리고 이러한 질문들에 대한 답변은 최소한 부분적으로는 우리의 정의이론에 의지할 것이라는 점이 점점 명확해지고 있다.[16] 예를 들어 심의민주주의에서 '동등한 목소리'(equal voice)를 위해서 선거운동 예산에 제한을 가해야 하는지에 대한 문제에 있어서 자유지상주의자들과 자유적 평등주의자들의 입장은 달라질 것이다.

어쨌건 우리에게 중요한 점은 민주주의에 대한 보다 심의적인 모델로의 전환이 시민적 덕성이라는 쟁점에 보다 긴박한 관심을 갖도록 만들었다는 점이다. 집적적 모델에서, 시민들은 사적이고 다소간은 자기이익을 중심에 두는 방식으로 행동할 것이라고 가정되었다. 타인과의 어떠한 상호작용도 자신의 이익을 어떻게 하면 최대로 달성할 수 있을지에 대한 전략적 행위로 나타난다고 전제 되었다(예를 들어, 협상 혹은 로그롤링 등). 그러나 심의 모델에서 시민들은 상호 이해라는 목표를 가지고 공적으로 행동하지, 단지 자신의 이득을 위해서 전략적으로 행동하지 않는다고 가정되었다.[17] 이는

16) 심의민주주의에 대한 제안, 실험, 사례연구 등에 대해서는, Fishkin 1991, 1995(심의 투표에 대해서); Elster 1998b[선거인 집회(constituent assembly)에 대해서]; Chambers 1998[헌법제정의회(constitutional conventions)에 대해서]; Pettit 2000['논쟁적' 자문 기구('contestatory' consultative mechanisms)에 대해서]를 보시오. 이러한 심의적 포럼들에서 어떻게 공정한 집단의 대표성을 보장하는가에 대한 논의는 M. Williams 2000; De Greiff 2000을 보시오.

17) 상호 이해를 목표로 하는 '의사소통 행위'(communicative action)와 도구적 성공을 목표로 하는 '전략적 행위'(strategic action) 간의 이와 같은 대조는 거의 대부분 하버마스에 의해서 체계적으로 발전되었다(Habermas 1979. 심의민주주의 이론에 대한 하버마스의 영향은 사실상 대륙적 정치철학 전통이 영미 이론에 강력하게 영향을 미친 몇 안 되는 예이다). 비록 적용하기 쉽지는 않다고 하더라도 의사소통적 행위와 전략적 행위 간의 대조는 매우 중요하다. 결국 사람들은 전략적인 이유로 의사소통적 행위에 참여할 수 있을 것이다. 자기 이해에 기반한 요구에 원칙이 포함된 이유를 제시하는 것은 반대 의견을 물리칠 수 있는 단순한 방법이 될 수도 있다. 왜냐하면 그것은 내가 내 '원칙'에 대해서는 어떠한 타협도 하려하지 않을 것임을 내포하고 있기 때문

분명히 민주적 시민성(democratic citizenship)의 요건에 보다 많은 사항을 요구하는 묘사이다. 민주적 시민은 단지 참여적으로, 권위에 비판적이며, 교조적이지 않게 행동해야 할 뿐 아니라, 협상이나 위협을 통해 자신의 배타적 이득을 추구하기보다는 심의를 통해서 상호 이해를 추구하도록 헌신해야 한다. 이러한 덕성들을 보여주는 시민들이 없다면, 자유민주주의는 그 자신의 정의에 대한 약속을 달성하지 못할 것이며, 사실상 천천히 비민주주의적이거나 비자유주의적인 힘에 압도당하게 될 것이다.

물론, 모든 시민들이 이러한 덕성의 모두를 높은 수준으로 보여주어야 할 필요는 없다. 자유민주주의가 악마들의 사회에서는 가능하지 않을 수 있지만, 그것이 곧 자유민주주의가 천사들로만 구성된 사회를 필요로 한다는 의미는 아니다. 자유주의적 정의는 비판적인 기준점이 필요하다고 말하는 것이 보다 정확할 것이다. 충분한 수준을 위해서는 이와 같은 덕성들을 갖추고 있는 충분한 수의 시민들이 필요하다. 이러한 기준점을 어디에 설정해야 하는가는 분명히 복잡한 문제이며, 추상적으로는 답변될 수가 없다.

그러나 우리가 그 기준점을 어느 곳에 설정하든지 간에, 우리들이 위험하게도 거의 그 기준점 아래로 떨어졌다고 생각하는 많은 사람들이 있다. 게다가, 그러한 경향은 좋아 보이지 않는다. 공적인 참여, 대화에 대한 존중 혹은 정부에 대한 비판적 관심에 대한 사람들의 헌신이 일반적으로 감소하는 것을 목격할 수 있다(Walzer 1992a: 90). 오늘날의 많은 사람들은 정치과정에 소외되어 있거나, 혹은 단지 무관심한 것으로 보인다. 예를 들어 최근의 조사에 의하면, 미국의 십대 중 단지 12%만이 투표가 좋은 시민이 되기 위해서 중요하다고 답변했다. 게다가, 이러한 무관심은 단지 낮은 연령에서만 기능하지 않는다—최근 50년간에 행해진 비슷한 조사들과 비교해 볼 때, '최근의 젊은 층은 최근 50년간 존재했던 어떤 젊은이들 보다도 지도자들과 제도들에 대해서 덜 알고, 덜 고민하고, 덜 투표하고, 덜 비판적'이라는 사실을 알 수 있다(Glendon

---

이다(Elster 1995; Johnson 1998을 보시오). 심의민주주의 이론가들에 해당되는 도전 중의 하나는 어떻게 의사소통적 행위를 장려할 수 있는가에 대해서만 국한되지 않고, 어떻게 전략적 행위들을 줄이고 걸러 낼 수 있는지도 고려해야 하는 문제이다. 엘스터는 사람들이 애초에 전략적 이유만을 갖고 심의 과정으로 들어섰다고 하더라도, 그들이 그 이전에는 단지 입에 발린 말만 했더라도 결과적으로 '합당성'에 대한 요구를 필요로 하게 된다는 사실을 내면화하게 된다는 낙관적인 주장을 한다. 엘스터는 이것을 '위선적 행위를 문명화 하는 힘'(civilizing force of hypocrisy)이라고 부른다(Elster 1998a: 12; cf. Johson 1998: 172).

1991: 129). 영국에서의 증거도 이와 유사하다(Heater 1990: 215).

간단히 말해서, 우리는 시민적 덕성의 중요성이 증가하는 것을 목격할 수 있지만, 이러한 덕성들이 점점 약해지고 있다는 점진적인 공포 역시 존재한다. 우리는 사람들이 공적인 심의에 참여하는 능동적인 시민이 되어야 할 필요성에 대한 강조의 증가를 목격하고 있고, 동시에 엄청난 무관심, 수동성 및 은둔이 가족, 경력, 개인적 계획이라는 사적인 영역으로 잠적하고 있는 양상 또한 목격하고 있다.

2. 시민적 공화주의

그렇다면 우리는 어떻게 이러한 '시민적 개인주의의 신드롬'(syndrome of civic privatism)을 극복하고(Habermas 1996: 78), 시민들로 하여금 민주적 시민덕성에 부응하여 살 수 있도록 권장하고, 나아가서 민주적 시민덕성이 요구하는 구체적인 시민적 덕성들을 수행해 내도록 할 수 있을까? 이것이 바로 '시민적 공화주의'(civic republicanism)라고 알려져 있는 사상의 학파들을 사로잡고 있는 중심 질문이다['공화주의'(republicanism)라는 용어는 물론 미국의 공화당을 준거로 하고 있는 것이 아니다. 그것은 오히려 고전적 아테네와 로마 혹은 르네상스 시기의 피렌체 같은 도시 국가들의 이미지를 불러 일으키려 시도하는데, 그러한 도시 국가들은 적극성과 공공성이 충만한 시민덕성을 성공적으로 북돋아 주었다고 널리 믿어지고 있다].

그러나 시민적 공화주의자들은 어떻게 적극적인 시민덕성을 증진시킬지의 문제에 대해선 매우 다른 방식으로 답을 내리고 있다. 극히 단순화하면, 현대 시민적 공화주의에는 두 개의 진영이 있다고 할 수 있다. 한 진영은 사람들에게 민주적 시민덕성이 사실상 '부담'이 아니라고 설득하면서, 민주적 시민덕성의 부담을 받아들이도록 설득한다. 이러한 관점에서 볼 때, 정치적 참여와 공적인 숙고의 적극성은 복종이나 의무로써 부담 지워졌다고 볼 것이 아니라 오히려 본질적으로는 보상이라고 보아야 한다. 사람들은 민주적 시민덕성의 소명을 행복하게 받아 들여야 하는데, 그 이유는 적극적인 시민으로서의 삶이야말로 우리에게 가능한 삶 중에 가장 고차원적이기 때문이다.

우리는 이것을 공화주의에 대한 '아리스토텔레스적' 해석의 공화주의(the 'Aristotelian' interpretation of republicanism)이라 부른다. 그 이유는 아리스토텔레스가 정치적 참여의 본질적 가치에 대한 이와 같은 관점의 첫번째이자 가장 영향력 있는 제안자이기 때문이다.

두 번째 진영은 정치적 참여의 내재적 가치에 대한 어떠한 요구도 거부하면서, 민주주의적 시민성에 대한 요청이 사실상 많은 사람들에게는 부담으로 느껴질 수도 있다는 사실을 받아들인다. 그러나 그들은 우리의 민주주의 제도들의 기능을 유지하고, 기본적 자유를 보존하기 위해서는 우리가 이러한 부담을 받아들여야 할 강력한 수단적 이유들이 있다고 강조한다.[18)]

이러한 '수단적 해석'의 공화주의('instrumental' interpretation of republicanism)는 다음 절에서 논의할 것이고, 여기서는 아리스토텔레스적 해석에 주목할 것이다. 이 관점의 두드러진 특징은 정치적 참여의 내재적 가치를 참여 그 자체로서 강조하고 있다는 점이다. 그러한 참여는, 올드필드(Adrian Oldfield)의 말로 이야기하면, '인간의 공존에서 대부분의 개인들이 열망할 수 있는 최고의 형식'이다(Oldfield 1990b: 6). 이러한 관점에서, 정치적 삶은 가족, 이웃, 직업에서의 단순한 사적인 즐거움보다 우월하고, 따라서 인간의 삶의 핵심에 자리잡고 있다. 정치참여에서의 실패는 한 인간을 '극도로 불완전하고 성장지체의 존재'로 만든다(Oldfield 1990a: 187; cf. Pocock 1992: 45, 53; Skinner 1992; Beiner 1992).

이것은 분명 앞장에서 논의했던 일종의 '완전주의적' 접근의 또 다른 예로서, 무엇이 삶을 진정 우월하게 혹은 진정으로 인간적으로 만드는 지에 대한 특정한 관점이 전제되어 있다(제6장 제4절). 따라서 자유주의자들은 그것을, 다른 모든 국가 완전주의의 형식들과 마찬가지로, 다른 선관에 비해서 특정한 선관에 불공평하게 특권을 주고 있다고 바라볼 것이다. 아래에서 이 문제로 다시 돌아올 것이다. 어떤 경우에도, 정치적 참여의 가치에 대한 이와 같은 관점은 받아들이기 어렵다. 심지어 그것의 주창자

18) 공화주의의 두 형태에 대한 이와 유사한 구별에 대해서는 Patten 1996: 26; Burtt 1993: 360; Rawls 1988: 272~273을 보시오.

들도 이러한 관점이 현대 사회에서 대부분의 사람들이 좋은 삶을 이해하고 있는 방식과는 현저하게 상이하다고 인정한다. 대부분의 사람들은 그들의 가정적 삶, 직업, 종교 혹은 여가에서 최고의 행복을 찾지, 정치에서 찾지 않는다. 일부의 사람들은 정치적 참여를 통해 성취감과 만족감을 느낄 수 있겠지만, 대부분의 사람들은 그것이 우연적이고, 종종 부담스러운 행위들로 정부가 자신들의 개인적인 직업과 애착을 추구할 수 있는 자유를 존중하고 보장해 줄 필요가 있다고 생각할 것이다. 정치가 기본적으로는 사적인 삶을 위한 수단이라는 이와 같은 전제는 좌파(Ignatieff 1989: 72~73), 우파(Mead 1986: 254), 자유주의자(Rawls 1971: 229~230), 시민사회주의 이론가(Walzer 1989: 215), 페미니스트(Elshtain 1981: 327)를 불문하고 모든 정치적 스펙트럼 상에 있는 대부분의 사람들에게 공유되어 있다.

사실상, 이는 콩스탕(Benjamin Constant)이 고대의 자유(ancient freedom)와 현대의 자유(modern freedom)에 대한 유명한 구별을 통해서 표현했었던 현대적 삶의 결정적인 특성 중의 하나를 반영하고 있다. 콩스탕은 고대의 자유는 개인적인 독립을 평화적으로 만끽하는 것이 아니라 정치권력의 행사에 능동적으로 참여하는 것이라고 주장한다. 아테네인들은 자유로웠는데, 비록 그들이 개인적 독립과 시민적 자유는 부족했지만, 그들이 집단적으로 자치를 누리고 있었고 폴리스를 위해서 자신들의 즐거움을 희생하도록 기대되었기 때문이다. 반면 현대의 자유는 방해받지 않고 자신의 직업과 애착들에서 행복을 추구하는 데에 존재하며, 그것은 정치권력의 행사로부터 자유로워질 것을 요구한다(전형적으로는 헌법적으로 보호 받는 일련의 시민적 권리들과 자유들을 통해서). 고대인들이 정치적 삶을 증진시키기 위해서 사적 자유를 희생하는 반면, 현대인들은 정치를 자신들의 사적인 삶을 보호하는데 필요한 수단(어느 정도는 희생인)으로 바라본다.

사실상 아리스토텔레스적 공화주의자들은 이러한 역사적 변화를 역전시키고, 우리의 선관에 '고대인의 자유'(liberty of ancients)의 우선성을 회복하려고 노력한다. 이 것은 두 가지 방법으로 할 수 있다. 정치참여의 본질적 가치를 찬양하거나, 사적 삶의 가치를 저하시킴으로 가능하다. 대부분의 아리스토텔레스적 공화주의자들은 두 가지 전략을 혼합하여 사용한다.

일부의 사람들은 현대의 '사적' 삶에 대한 강조가 반사회적이고, 우리들의 타고난 사회적 성격을 부정하고 있다고 주장해 왔다. 예를 들어, 마르크스에 따르면, 자유주의자들에 의해 강조된 개인의 권리는 '자기 자신에게로 내버려진 고립된 단자(monad)로써 인간을 다루는' 자유이다. '…… 인간의 자유에 대한 권리는 인간과 인간의 결합에 근거하지 않고 인간으로부터 인간의 분리를 근거로 하고 있다. 그것은 이러한 분리의 권리이다'(Marx 1997b: 53). 이와 유사하게, 아리스토텔레스적 공화주의자들은 자유주의자들이 '사적' 삶에 대해 매긴 가치들이 '원자적'인 형식이라고 비판하고, 정치적 참여는 우리의 사회적 연대와 관계들에 있어서의 타고난 인간적 욕구를 달성하는 방식이라고 변호한다.

그러나 사실상 우리가 앞장에서 살펴 본 것처럼, 정치에 대한 자유주의자들의 불신의 이면은 사회적 삶과 시민사회에 대한 자유주의의 긍정적인 지지를 반영한다. 로젠블룸(Nancy Rosenblum)이 지적하듯이, 사적 자유에 대한 자유주의자들의 관점은 실제적으로는 우리들의 자연적인 사회성을 전제하고 있다.

> 사적 삶은 일종의 전사회적 자연상태 혹은 고립되고 분리된 반사회적 조건이 아니라 시민사회에서의 삶을 의미한다.…… 사적 자유는 공무원들의 감시와 간섭으로부터의 도피처를 제공하고, 사적인 결사와 조합체들의 가능성들을 배가시킨다.…… 무관심을 가져다주는 것이 아니라, 사적 자유는 개인들이 보다 확장된 사회적 맥락 및 정부에 접근할 수 있도록 하는 집단들의 형성과 공적 토론을 장려하는 것으로 여겨진다(Rosenblum 1987: 61).

국가가 사람들의 사적인 생활의 '완전한 독립성'을 허용하는 것은, 그들을 고립된 채 방치하는 것이 아니라, 오히려 그들이 '결사와 조합들'(associations and combinations), 즉 롤즈가 '자유로운 사회적 연합'(free social unions)이라고 부른 것을 자유롭게 형성하고 유지시킬 수 있도록 하려는 것이다. 왜냐하면 우리는 사회적인 동물이기 때문에 개인은 그들의 자유를 타인과 함께 공유된 목적을 추구하기 위해 연합하는데 사용할 것이기 때문이다. 꽁스땅에게 현대적 자유는 사실 '인간과 인간의 연합'(union of man with man)에 기반하고 있지만, 그는 시민사회에서 자유로운 결사체에서 발생한 인간들의 연합이 정치결사체의 강제적 통합 보다 더 순수하고 더 자유로울 것이라고 믿었다. 사적인 삶에 대한 자유주의적 이상은 개인을 사회로부터 보호하는 것이 아니라, 자유로운 사회를 정치적 간섭으로부터 보호하는 것이다. 자유주의를 반사회적으로 보기보다는 '사회에 대한 찬미'(the glorification of society)로 보는 것이 보다 정확하다. 그 이유는 자유주의자들은 '사회적 삶을 인간적 성취의 최고 형식으로 평가하고 도덕성과 이성의 발전에 있어서 결정적인 조건으로 평가'하는 반면, 정치적인 것은 '위계적인 사회적 상호행위를 유지하기 위해 필요한 강제의 가혹한 상징'으로 환원되는 것으로 이해하기 때문이다(Wolin 1960: 291, 363, 369; cf. Holmes 1989: 248; Schwartz 1979: 245).

따라서 아리스토텔레스적 공화주의를 변호하기 위해 개인들이 진정한 인간적 삶을 이끌기 위해서는 사회가 필요하다는 것만 보여주어서는 불충분하다—자유주의자들도 그것을 부정하지 않는다. 아리스토텔레스적 공화주의자들은 이것을 넘어서서 개인들이 정치적으로 능동적이어야 할 필요를 보여주어야 한다. 우리가 제6장(제8절)에서 보았듯이, 이와 같은 사회에의 참여와 정치에의 참여 사이의 구분은 공동체주의자들이 자유주의자들의 '원자주의'(atomism)를 비판하면서 종종 모호해지게 되었다. 그러나 아리스토텔레스가 인간이 정치적 동물(*zoon politikon*)이라고 말했을 때, 그는 인간이 단지 *사회적* 동물(*social* animals)임을 의미하지는 않았다. 그와는 반대로, '인간이라는 종(種)의 자연적이고 단순한 사회적 교제는 생물학적 삶의 필요에 의해 인간에게 부과된 일종의 한계로서 생각되었다. 생물학적 삶은 다른 형태의 동물의 삶이나 동물로서의 인간에게나 동일한 것이다'(Arendt 1959: 24). 반면, 정치적 삶은 우리들의 단순한 사회적 삶과는 상이하고 보다 고차원적인 것이다.

아리스토텔레스적 공화주의자들은 자유주의적인 사회에 대한 찬미에 도전하는 시도를 해왔고, 정치를 보다 고차원적인 삶의 형태로 복권시켰다. 그러나 현대에 들어 자유주의적 관점은 널리 퍼져있다. 고대 그리스인들이 '어떠한 상황에서도 정치는 오로지 사회보존의 수단일 수만은 없다'고 생각했던 반면, 현대 이론가들은, 정치가 봉사해야 하는 사회가 어떤 형태의 사회인지에 대해서는 동의하지 않고 있다고 하더라도, 정치가 사회에 봉사해야 한다고 전제한다. 그것은 아마도 '중세의 신앙의 사회(a society of the faithful), 로크의 소유개인주의의 사회(a society of property−owners), 홉스의 획득의 과정에 매몰되어 있는 사회(a society of relentlessly engaged in a process of acquisition), 마르크스의 생산자의 사회(a society of producers) , 우리시대의 사회처럼 직업을 가진 사회(a society of job−holders), 사회주의와 공산주의의 국가에서의 노동자의 사회(a society of labourers)일 것이다. 이 모든 경우에 정치적 권위의 강제를 필요로 하고 정당화하는 것은 오직 사회의 자유(the freedom of society)이다. 자유는 사회적인 것의 영역 내에 위치하고 강제와 폭력은 정부의 독점권이 된다'(Arendt 1959: 31). 이러한 견해가, 도덕적 평등에 대한 헌신의 경우와 마찬가지로, 자유주의가 역사적 논쟁에서 승리했던 예들 중의 하나이다. 그리고 어떤 의미에서는, 그 뒤를 잇는 모든 논쟁은 기본적 자유주의적 믿음의 영역 내에서 이루어지고 있다고 말할 수 있다.

정치적 참여의 본질적 가치에 대한 현대의 무관심을 설명하기 위해서, 공화주의자들은 종종 오늘날의 정치적 삶이 말하자면 고대 그리스에서의 능동적인 시민정신과 비교해 볼 때 무력화되었다고 주장한다. 정치적 삶은, 그 규모에서 너무 확장되고, 혹은 돈에 의해서 너무 많이 조작되고, 혹은 언론에 의해서 배후 조정되고, 혹은 '전문가'들에 의해 지배되고 있어서, 대부분의 시민들에게 가치가 없어지고 있다. 이러한 관점에서, 우리가 보다 인간적인 규모(고대 아테네 정치에서 직접 대면하던 것처럼)의 포럼을 만들어낼 수 있고, 돈의 강제, 언론의 오락성, 혹은 관료주의적 전문가들에게 그러한 포럼들이 식민지화 되는 것을 방지한다면, 사람들은 지금 그들이 느끼는 것 보다 정치가 훨씬 더 가치 있음을 알게 될 것이다. 그리고 이러한 소규모의 정치 포럼에 대한 공화주의자들의 주장은 심의민주주의자들의 주장과 훌륭하게 들어 맞는다. 심의민주주의자들 역시 그러한 포럼이 정치과정의 핵심에서 '사적인 투표'가 아닌 '공적 대화'를 만들어 내는 가장 좋은 방법이라고 주장한다.

이러한 관점에서, 아리스토텔레스적 공화주의가 직면한 문제는 본질적으로 이행(transition)의 문제이다. 심의민주주의적 포럼이 이미 자리잡고 있다면, 사람들은 그것에 참여하는 것이 가치 있다고 생각할 것이다. 그러나 우리가 여기서 어떻게 그곳으로 갈 것인가? 현재 돈, 전문성, 언론의 지배로부터 이득을 얻는 사람들은 그들의 권력의 지위를 자발적으로 포기하지 않을 것이다. 따라서 필요한 정치개혁은 평균적 시민들이 정치과정에서 자신들의 역할을 강화할 수 있는 개혁에 참여하고 동원될 때만 발생할 것이다. 그러나 기존의 정치제도가 좌절을 안겨 주고 무력화시키기 때문에, 자발적으로 참여할 사람은 매우 드물다.[19]

게다가 내 관점에서는, 심지어 그와 같은 보다 심의적인 포럼들이 만들어진다고 하더라도, 여전히 많은 사람들은 정치적 삶이 희생이라고 생각할 것이다. 아리스토텔레스적 공화주의자들은 사람들이 정치에서 성취감을 느끼지 못하기 때문에 정치적 참여를 거부하고 있다고 가정한다. 내 생각에는, 우리가 사적 삶을 고수하고 있는 원인은, 공적인 삶의 빈곤성에 있다기보다는(혹은 이것이 유일한 원인이 아니라), 사적인 삶의 풍부해짐의 결과이다. 우리는 더 이상 정치에서의 영광을 추구하지 않는다. 그 이유는 우리의 사적이고 사회적인 삶이 고대 그리스인들의 삶보다 훨씬 더 풍요롭기 때문이다.

이러한 역사적 변화에는 많은 이유가 있다. 낭만적 사랑과 핵가족의 발생(그리고 그로 인한 친밀성과 사생활에 대한 강조), 부의 증가(그로 인한 여가와 소비의 보다 풍부한 형태), 노동의 존엄성에 대한 기독교적 헌신(그리스인들은 경멸했던), 그리고 전쟁에 대한 점진적인 혐오(그리스인들은 높이 평가했던) 등이 그 이유들이다. 그리스인들은 사적 영역을 '결여'[privation, 이것이 사실 '사'(private)라는 단어의 어원이다]의 영역으로 간주했고, 그 안에서 가치를 거의 발견하지 못했다(사실 그들은 '사'(private)라는 개념에 상응하는 어떤 개념도 갖고 있지 않았다). 그러나 우리 '현대인'들은 친밀성, 사랑, 여가, 소비와 노동에서 헤아릴 수 없는 즐거움을 발견한다.

아리스토텔레스적 공화주의자들은 정치에서보다 가족과 경력의 즐거움에서 더 큰 기쁨을 찾는 수동적인 시민들이 어느 정도는 잘못 인도되었고 '잘못 성장되었다'(stunted)고 주장한다. 그러나 그러한 주장의 근거는 무엇인가? 나는 아리스토텔레스적 공화주의자들이 자신들의 선관에 대해 설득력 있는 변호를 했다고 생각하지 않는다. 예를 들어, 정치적 삶이 '대부분의 개인들이 열망할 수 있는 인간의 공존에 있어서 최고의 형식'이라고 주장한 뒤에, 올드필드(Oldfield)는 다음과 같이 말한다. '나는

19) 공화주의가 직면하고 있는 중심적 문제가 이러한 이행의 논증이라는 관점에 대해서는 Herzog 1986: 483~490; Burtt 1993: 363을 보시오.

이러한 도덕적 입장을 논증하지 않을 것이다. 그것은 어느 경우로든 시민적 공화주의자들의 저작 더미들 내에서 여러 차례 논증되었다'(1990b: 6). 그러나 내가 방금 지적했듯이, 정치적 삶의 우월성에 대한 이와 같은 역사적인 변호는 사람들이 사적 영역을 결여의 영역으로 간주했던 시기에 생겨난 것이다. 갈스턴(Galston)이 지적하듯이, 사적 삶이 지루하고 자기도취적이라고 폄하하는 아리스토텔레스적 공화주의자들은 실제 공동체에서의 사람들의 어떤 기쁨도 보여주지 않고, 사실상 일상의 삶을 '경멸적'(contemptuous)으로 대한다(Galston 1991: 58~63).[20] (우리가 제9장에서 보게 되겠지만, 이러한 사적 삶에 대한 아리스토텔레스적 공화주의자들의 경멸은 여성에 대한 경멸과도 역사적으로 연결되어 있다—Vogel 1991: 68; Young 1989: 253; Phillips 1991: 49; 2000을 보시오).

아리스토텔레스적 공화주의는 자주 '공동체주의'의 한 형태라고 불려지는데, 실제로 그것은 일종의 이차적 공동체주의(second-order communitarianism)로 간주될 수 있다. 전통적인 공통체주의적 관점인 '공동선의 정치'(politics of the common good)에서는, 사람들은 공유된 믿음이나 전통적인 삶의 방식에 기초해서 *이미 존재하는* 공유된 목표(*already-existing* shared ends)를 증진시키기 위해서 정치로 들어간다. 아리스토텔레스적 공화주의는 그와는 대조적으로, 사람들이 어떤 전정치적인(pre-political) 목표를 공유하고 있다고 전제할 필요가 없다. 그것은 사람들이 그들의 사적 영역에서 공통된 일련의 목표를 공유하지 않고, 공적인 정책에 있어서 적절한 목표가 무엇인지에 대해서 시민들 사이에 합의가 없을 것이라는 사실을 받아들일 수 있다. 그러나 그것은 정치적 참여 그 자체를 공유된 선으로 간주할 수 있다고 전제한다. 정치적 참여를 통해서 증진시켜야 할 '공동선'은 어떤 전정치적인 문화적 실천이나 전통이 아니라 정치 참여 그 자체의 본질적 가치이다.

그러나 좋은 삶에 대한 단일한 가치관에 특권을 부여하는 그와 같은 시도는 현대 사회에서는 실패할 가능성이 많다. 시민들 사이에는 그들의 좋은 삶에 대한 관점에

20) '아주 오래 전부터 시민들에게 도덕적으로 과도한 부담을 지웠던 시민적 공화주의의 에토스와 그것의 덕성에 대한 기대'에 대한 하버마스의 논의 또한 보시오(Habermas 1996: 487).

있어서 심원하고 지속적인 불일치가 존재하기 때문에, 우리는, 사람들이 정치 활동의 본질적 가치에 대해서 혹은 사회적이거나 개인적 영역에서의 다른 활동들과 비교해서, 정치적 활동의 상대적 중요성에 대해서 동의할 것이라고 기대할 수 없다. 사람들은 단지 전정치적인 실천들과 전통들의 가치에 대해서만 동의하지 않는 것이 아니라, 정치적 참여 그 자체의 본질적 가치에 대해서도 동의하지 않는다. '다원주의의 사실'(fact of pluralism)은 단지 전통적 공동체주의만 무너뜨리는 것이 아니라, 아리스토텔레스적 공화주의의 부활 역시 무너뜨린다.[21)]

3. 도구적 덕성

그런 결과로, 자유주의자들은 아리스토텔레스적 공화주의의 교리를 받아들일 수 없다. 이 교리는 단지 국가 완전주의의 강제적 형식을 통해서만 실현될 수 있는데, 그러한 국가에서는 정부가 좋은 삶에 대한 개인들 자신의 판단에 대해 선제권을 가지며 제한한다. 이것은 개인의 자율성과 국가 중립성에 대한 자유주의의 믿음을 침해한다.

그러나 이것이 자유주의자들이 정치적 참여의 질과 양에 무관심할 수 있다는 것을 의미하지는 않는다. 그와는 반대로, 우리가 이미 살펴보았듯이, 자유민주주의와 자유주의적 정의는 능동적이고 책임감 있는 참여라는 중대한 문턱(a critical threshold of active and responsible participation)을 필요로 한다. 그러나 자유주의자들에게 이러한 덕성들은 참여의 본질적인 가치라는 측면에서가 아니라 바로 정의로운 제도들을

---

21) 스키너(Quentin Skinner)는 아리스토텔레스적 공화주의 논쟁에 흥미로운 변형을 제시한다. 그는 많은 사람들에게 정치참여가 본질적 가치를 지니지 않게 될 것이라는 사실을 인정하는 것으로 보인다. 그러나 그는 우리가 사람들로 하여금 정치참여를 마치 그것이 본질적 가치를 갖고 있는 *것처럼(as if)* 바라보도록 만들어야 한다고 주장한다. 그렇게 하지 않으면 다양한 내부적 및 외부적인 위협으로부터 민주주의를 수호하려는 그들의 의무를 달성하지 못하게 될 것이라고 한다(Skinner 1992: 219~221). 다른 말로 하자면, 우리는 민주주의적 제도를 수호하기 위해서, 우리가 알고 있는 좋은 삶이 틀릴 수도 있다는 것을 신중하게 설득해야 한다. 이것은 제2장에서 다루었던 공리주의자들의 '총독부'(Government House)의 개념과 유사하다. 스키너는 모든 시민들이 이러한 '고귀한 거짓말'(noble lie)을 믿게 될 것이라고 제안하는 반면, 총독부 공리주의자들은 엘리트들이 자신들이 대중 사이에 설득하고 있는 거짓말을 인식하고 있어야 한다고 생각한다.

유지하는 도구적 중요성의 측면에서 변호되고 증진된다.

롤즈는 공화주의를 '시민적 인본주의'(civic humanism)와 구별을 한다. 공화주의에 따르면, 특정한 정치적 덕성들은 자유민주주의가 독재 혹은 종교적/민족주의적 광신으로 변질되는 것을 방지하기 위해서 시민들 사이에 증진되어야 한다. 롤즈는 시민적 덕성을 증진하는 데 대한 이와 같은 정당화가 그의 자유주의적 관점과 완전하게 일치한다고 언급한다. 왜냐하면 그러한 덕성들이 자유주의적 정의들의 전제 조건으로 변호되기 때문이다. 이와는 반대로, '시민적 인본주의'에서는(혹은 내가 아리스토텔레스적 공화주의라고 명명했던) 정치적 덕성은, 우리의 '본질적 천성'(essential nature)이 정치적 삶에서 실현되기 때문에, 증진되어야 한다고 주장하고, 정치적 삶이 '좋은 삶의 특권적인 장소'라고 주장한다. 롤즈가 지적하듯이, 자유적 평등주의와 시민적 인본주의 사이에는 '근본적인 대척점'(fundamental opposition)이 있다. 그 이유는 시민적 인본주의는 덕성들을 정의에 근거하지 않고 특정한 선관에 근거해서 변호하기 때문이다.[22)]

따라서 자유주의자들은 시민적 덕성에 대해 상이한, 보다 순화되고 보다 도구적인 설명을 제공할 것이다. 이러한 설명에서, 정치적 참여의 본질적 가치에 대해서 사람마다 다른 관점을 갖고 있고, 따라서 어떤 사람들은 가족, 노동, 예술 혹은 종교와 같은 삶의 다른 영역에서 최고의 즐거움과 계획들을 찾게 될 것이라는 점을 받아들인다. 자유민주주의는 그와 같은 좋은 삶에 대한 다양한 관점들을 가능한 존중해야하고, 사람들에게 정치적 참여를 의미와 만족의 원천으로 특권화 시킨 좋은 삶에 대한 관점을 받아들이도록 강제해서도 안된다.

그래서, 자유주의자들은, 능동적인 시민덕성의 중대한 문턱을 보증하는 것을 고려하면서도, 많은 사람들이 다소간 비정치적이라는 사실을 받아들이고, 나아가서 그러한 좋은 삶에 대한 관점들을 수용하기 위해서는 능동적인 시민덕성에 대한 요구에 한계를 두려고 노력할 것이다. 보다 확실하게 말한다면, 자유주의적 시민들은 정의로운

22) Rawls 1988: 272~273. 공화주의와 자유주의의 사이의 관계에 대한 또 다른 설명들에 대해서는 Dworkin 1989: 499~504; Taylor 1989a: 177~181; Hill 1993: 67~84; Sinopli 1992: 163~171; Patten 1996; Berkowitz 1999; Wallach 2000을 보시오.

제도들이 부재하는 곳에 정의로운 제도를 만들어야 할 의무, 혹은 그러한 제도들이 위협받고 있는 곳에서는 그러한 제도들을 지지해야 할 의무를 인식해야 한다. 그러나 이러한 의무는 많은 사람들에게는 위기의 시기, 헌법의 교체, 혹은 외부적 위협과 같은 시기에만 가장 강력하게 나타나는 삽화적인 일시적 현상(an episodic one)이다.[23] 우리의 사회에 단지 정치적 행위로만 교정될 수 있는 심각한 부정의가 있다면, 시민들은 그러한 부정의에 대항하여 저항할 의무를 인식해야 한다. 무관심, 혹은 권력의 남용이 과도한 수준에 달해서, 우리의 정치제도들이 더 이상 기능하지 않는다면, 시민들은 이렇게 침해되고 있는 그러한 제도들을 보호하기 위한 의무를 갖는다. 부정의가 실현되고 있는 동안, 혹은 민주주의적 제도가 붕괴하고 있는 동안, 다른 사람들이 개입하기를 바라면서 수수방관만 한다면, 그것은 무임승차라고 할 수 있다. 모든 사람들은 정의로운 제도를 세우고 유지하는데 공정한 부담을 져야 한다.

그렇지만, 부정의의 내용 범위와 정치제도들의 건강성은 시대에 따라, 그리고 사회에 따라 다양할 것이다. 어떤 시대와 장소에서는, 그것이 비록 단지 운 좋은 경우일 수는 있겠지만, 정의에 대한 우리의 자연적 의무가 능동인 참여를 요구하지 않을 수도 있다. 사회가 기본적으로 질서정연하고(well-ordered), 제도가 건강한 곳에서는, 개인들이 자신들의 가치관이 설령 정치참여에 거의 혹은 전혀 비중을 두고 있지 않다고 하더라도 그러한 가치관을 자유롭게 추구할 수 있어야 한다.

따라서 최소한의 시민정신(minimal citizenship)이 바로 우리가 요구할 수 있고 또 요구해야만 하는 것이 전부인 시간과 장소가 있을 것이다. 한편으로 이것은 시민적 덕성의 필요성을 감소시킨다. 예를 들어, '공적 합당성'(public reasonableness)의 급박한 요구는 정치적으로 참여하지 않는 사람들에게는 보다 중요하지 않을 것이다. 그러나 다른 측면에서, 좋은 삶을 추구하는 장으로서의 시민사회에 대한 자유주의적인 믿음은 그 자체로 시민적 덕성의 문제를 발생시킨다. 능동적 시민들 사이에 *정치적* 덕성(*political* virtues)의 적정 수준의 문턱 없이는 국가가 적절하게 기능을 할 수 없는 것과 정확히 마찬가지로(공적인 합당성, 권위에 대한 비판적 자세와 같은 것들), 소극적인

23) 심의민주주의가 삽화적인 일시적 현상(episodic)이라는 관점에 대해서는 Ackerman 1991을 보시오.

시민들 사이에 *사회적* 덕성(*social* virtue)의 적정 수준의 문턱 없이는 시민사회 역시 적절하게 기능하지 못한다.

수동적 혹은 최소한의 시민정신의 의무는 종종 순전히 부정적인 관점에서 묘사되었다– 즉, 법을 위반하지 않는, 타인을 해치지 않는 그리고 자신의 권리와 자유를 자제하는 의무처럼. 간단하게 말해서, 최소한의 시민정신은 종종 단순히 타인에 대한 불간섭이 요구된다고 간주되었다(예를 들면, McLaughlin 1992a). 그러나 그것은 자유주의적 시민권의 가장 기본적인 요구 중 하나를 간과하게 되는데, 그것은 '시민성'(civility) 혹은 '정중함'(decency)라는 사회적 덕성이다. 이것은 가장 최소한의 시민이라고 할지라도 배워야 하는 덕성인데, 그것은 단지 정치적 활동 뿐 아니라–실제로는 주로–거리에서, 동네 가게에서 그리고 시민사회의 다양한 제도들과 포럼들과 같은 일상생활의 행위에도 또한 적용되기 때문이다.

시민성은 얼굴을 마주하는 관계에 놓이게 되는 알지* 못하는 사람들을 대하는 방식을 설명한다. 시민성을 이해하기 위해서는, 그것과 관련된 조건인 비차별(non-discrimination)과 비교하는 것이 도움이 된다. 차별에 대한 법적인 금지는 처음부터 단지 정부의 행위에 적용되었다. 인종이나 성별(gender)에 근거해서 사람들을 차별하는 정부의 법률과 정책은 서구 민주주의에서는 점진적으로 철폐되었다. 그 이유는 그것이 기회의 평등에 대한 기본적인 자유주의적 신념을 침해하기 때문이다. 그러나 개인들이 실질적인 기회의 평등을 갖는지의 여부는 단지 정부의 행위뿐 아니라, 시민사회 내에서의 제도들의 행위–조합, 학교, 가게, 지주 등등–에도 의존하고 있다는 것이 점점 명확해지고 있다. 사람들이 편견을 갖고 있는 가게 주인이나 부동산 중개인들에 의해서 차별을 받는다면, 비록 국가 자체는 차별을 하지 않았다고 하더라도, 그들은 평등한 시민권을 거부당한 것이다. 따라서 비차별의 법적 요구는 점진적으로 '사적인' 회사들과 조합들에 적용되어 왔다.

이처럼 정부에서 시민사회로 비차별이 확장되는 것은 단순히 자유주의적 규범의 범위가 변화하는 것이 아니라, 자유주의적 시민권의 의무가 급진적으로 확장되는 것과도 연관되어 있다. 사람들을 동등한 시민으로 대우해야 한다는 의무가 이제는 가장 평범한 개인들의 일상의 결정에 적용되기 때문이다. 사업장에서 흑인을 고용하기를 거부하거나, 흑인 고객을 받기를 거부하거나, 그들의 흑인 직원들 혹은 손님들을 분리시키는 것은 더 이상 허용되지 않는다. 그러나 단지 그것만은 아니다. 비차별의 규범은 또한, 사업자들이 그들의 흑인 고객들을 무시하거나 그들을 무례하게 대하지 못하도록 하는 것을 법적으로 단속하는 것이 언제나 가능하지는 않다 하더라도, 이러한 것들이 허용되지 못하도록 만들었다. 사업자들은 실제로 흑인들이 마치 자신이 백인들처럼 환영받고 있다고 느끼게 만들어야 한다. 간단히 말해서, 흑인들은 시민성으로 대우를 받아야만 하는 것이다. 동일한 것이 학교 혹은 여가 단체, 심지어는 사적인 클럽에서 각각 시민들을 대우하는 방식에 적용된다.

이러한 종류의 시민성은 비차별의 논리적 확장이다. 그 이유는 시민사회 내에서 모든 시민들이 참여할 동등한 기회를 갖는 것을 보장하는 것이 필요하기 때문이다. 그러나 그것은 이제 시민들의 가슴과 정신에까지 확장되어 있다. 자유주의적 시민들은, 자신이 혹시라도 편견을 가지고 있는 사람들과도, 일상 생활에서 동등한 입장으로 상호교류를 하는 방법을 배워야만 하는 것이다.

이러한 시민성의 조건이 법적으로 시행될 수 있는(혹은 시행되어야 하는) 범위는 제한적이다. 사업자들에게는 흑인 고객들을 정중함으로 대하도록 강제하기보다 고용에 있어서 비차별적이 되도록 강제하는 것이 보다 용이하다. 그러나 최근 사회 일반 뿐만 아니라, 학교 및 사업 영역 모두에서, 성적 그리고 인종적 차별에 대한 법률과 규제들의 확장은 시민성의 수준을 보장하려는 시도로 볼 수 있다. 그 이유는 그것들이 육체적 위협은 물론 증오 발언(hate speech)의 형식들 까지도 포함하고 있기 때문이다. 그리고 보다 덜 형식적인 상황에서—예를 들면, 이웃의 공원에서 백인들이 아시아계 가족을 보고 웃음을 지을지 인상을 찡그릴지의 여부—시민들에게 시민성을 강요하는 것은 분명히 불가능하긴 하지만, 그럼에도 불구하고 자유주의적 시민정신에는 이와 같은 종류의 시민성이 요구된다.

이러한 시민성의 요구를 단순한 '좋은 매너'(good manners)로 평범화시키기는 쉽다. 리프(Phillip Rieff)는, 예를 들어, 시민성에 대한 주장을 단순히 타인의 필요에 보다 깊은 무관심을 감추게 되는 피상적인 겉치레(a superficial façade)로 일축해버린다. 그는 다음과 같이 말한다. "우리는 미국 문화에서 '평등'이 무엇을 의미하고 있는지를 오래 전부터 알고 있었다. 그것은……상대방도 나에게 미소지을 것을 요구하는 얼굴에 고정된 미소이다"(Cuddihy 1978: 6에서 재인용). 쿠디히(John Murray Cuddihy)는 시민성을 다른 종교 집단에 대한 프로테스탄트적 (그리고 부르조아) 의미의 '좋은 취향' *a Protestant (and bourgeois) sense of 'good taste'*을 부과하는 것으로 본다. 그는 카톨릭과 유태인들 (그리고 지금의 무슬림들)은 이러한 '정중성의 종교'(religion of civility)에 순응하기 위해, 정말로 자신들 관점의 진정한 신념을 포기하여야만 했는데, 이들의 진정한 신념은 다른 종교에 대해 공개적인 경멸감을 표현할 것을 요구한다고 주장한다.

자유주의 사회에서 시민성의 도덕적 의무가 때때로 '좋은 매너'라는 미학적 개념과 혼동되었다는 것은 사실이다. 예를 들어, 시민성에 대한 기대는 억압받는 집단들이 자신들의 목소리를 내기 위해 필요할 수도 있는 강력한 저항과 같은 것들을 약화시키기 위해서 때때로 이용되었다. 불이익을 받는 집단들이 '소란을 피우는' 것은 종종 '나쁜 취향'으로 간주되었기 때문이다. 이와 같은 종류의 좋은 매너에 대한 과장된 강조는 노예근성을 장려하기 위해서 사용되어 왔다. 진정한 시민성은 마치 억압받는 집단들이 그들의 억압자에게 친절히 대해야 하는 것처럼, 그들이 얼마나 당신에 나쁘게 구는가와 상관없이 그들에게 미소를 짓는 것을 의미하지는 않는다. 오히려, 그것은 그들이 당신에게도 동등한 인정을 해주고 있다는 조건하에서 타인을 평등하게 대하는 것을 의미한다. 시민성(civility)과 보다 일반적인 예의 바름(politeness) 사이에는 다소간 중첩되는 부분이 있기는 하지만, 그럼에도 불구하고 그들은 구별된다—시민성은 시민사회를 포함한 사회의 공적인 삶에서 평등의 규범을 유지하는 것과 관련되어 있고, 따라서 필수적인 자유주의적 가치들을 지지한다.[24)]

---

24) 여기서 나의 논의는 시민성(civility)에 대한 스피너(Jeff Spinner 1994: ch.3)의 설명에 광범위하게 기초하고 있다. 그리고 화이트(Patricia White 1992)의 설명 역시 차용하고 있는데, 그녀는 그것을 '정중성'(decency)이라고 부른다. 나는 그녀의 강조점에 동의하지 못하는 부분이 있다. 그녀는 정체성을 확인할 수 있는 집단들을 겨냥한 정중하지 못함의 명백한 예들을 철폐하려 하기보다는, 사회 내에 전체적인 '정중성'의 수준을 증진시키는 데에 일차적인 관심을 갖고 있다. 예를 들어, 그녀는 캐나다의 카페에서 미소를 짓고 협조적인 웨이터와 폴란드 카페에서 무뚝뚝하고 비협조적인 웨이터를 비교한다(1992: 208). 그리고 그녀는 우리가 어린이들에게 낯선 사람들에게 무뚝뚝하기보다는 친절해야 할 것을 교육해야 한다고 주장한다. 나는 사람들이 이와 같은 종류의 정중성을 보여주는 것이 좋은 것이라는 점에는 동의를 하지만, 그것이 시민 교육에 있어서 근본적인 문제라고는 생각하지 않는다. 내 관점에 의하면, 모든 손님들에게 단지 최소한의 쾌활한 모습을 보여주

4. 시민적 덕성의 온상

그래서 가령 우리가 아리스토텔레스적 공화주의를 거부한다 할지라도, 어떤 이론이 설득력을 지니려면 여전히 시민적 덕성에 관한 도구적 관심(instrumental concern)을 가져야만 한다. 특히, 민주적 정당성과 사회적 정의와 관계된 이론은 정치생활에 있어서 공적 합당성의 덕성(the virtue of public reasonableness)과 그리고 시민사회에서의 시민성의 덕성(the virtue of civility)에 관심을 가져야만 한다. 이 두 가지 덕성은 모두 시민들이 정당한 제도를 창출하고 유지하기 위해 정의에 대한 자신들의 자연적 의무를 충족하는 데 필요한 것들이다. 그러한 덕성들이 없다면, 자유민주주의는 정의나 안정 어느 것도 달성할 수 없을 것이다.

그러나 이러한 수단적 덕성들이 실현될 수 있으리라는 것을 어떻게 우리가 보장할 수 있을까? 베이어(Baier)가 언급했듯이, '생산적 덕성들의 목록들(lists of productive virtues)이 …… 우리가 그러한 덕성들을 어떻게 실현해야 하는지를 말해 주지는 않는다' (Baier 1994: 222). 그리고 우리가 살펴보았듯이, 많은 사람들이 서구 민주주의는, 참여와 시민성의 수준이 떨어짐과 함께, 시민적 덕성 유지를 위한 최소한의 문턱 이하로 몰락하고 있다고 우려를 표명하고 있다. 이러한 추세를 역전시키기 위해 무엇이 행해져야 하는가? 국가가 이러한 덕성들을 증진시키기 위해 어떤 종류의 '형성적 프로젝트'(formative project)를 수행해야 하는가?(Sandel 1996: 6)

하나의 접근 방향은 사람들에게 이러한 덕성들을 수행하도록 법적 의무를 부과하는 것일 수 있다. 예를 들어, 모든 사람들에게 투표를 의무화 하거나 정치적 문제를 논의하기 위해 월례 반상회 모임 같은 것에 참여하는 것을 의무화 하는 법안을 통과시킬 수 있을 것이다. 그러한 법들을 가진 국가들도 몇몇 있다. 호주에는 의무 투표법이,

---

는 웨이터가 일반적으로는 아주 쾌활하지만 흑인 손님들에게는 무뚝뚝한 웨이터보다 도덕적으로 선호된다. 후자는 전체적으로는 보다 많은 정중성을 보여 주지만, 정체성 집단에 대한 그들의 행동은 자유주의적 시민정신의 가장 기본적인 규범을 위협한다. 그러나 나는 시민성의 규범의 문화적 다양성에 대해서 민감한 것이 중요하다는 점에서는 화이트에 동의한다(White 1992: 215; cf. Young 1993). 시민성에 대한 보다 비판적인 논의에 대해서는 Calhoun 2000을 보시오.

한국에는 의무적 반상회법이 있다. 그러나 이러한 것들은 '시민적 사생활 중심주의'(civic privatism)를 극복하기 위한 다소간 압제적인 시도들이다. 그리고 이러한 시도들은 결코 그 자체로 사람들로 하여금 능동적으로 또는 책임감을 지니고 참여하도록 보장해 줄 수는 없다. 사실상, 시민들이 싫어하는 정치적 행위에 참여하도록 강제하는 것은 정치적 과정에서 단순히 이들의 분노를 증대시킬 뿐이다. 어떤 경우에도, 보다 방만해진 시민성이나 공적 책임성의 덕성들을 법적으로 어떻게 규정화 할 수 있는지를 알아보는 것은 쉬운 문제가 아니다.

정치적 참여 행위 그 자체가 사람들에게 책임감과 관용의 정신을 가르쳐 줄 것이라고 희망할 수도 있다. 가령 처음에는 비자발적으로 또는 마지못해서 참여하였다 하더라도, 정치적 참여는 사람들에게 새로운 생각들을 접하게 하고 새로운 동정감과 정체성을 발전시키도록 할 것이다. 이것은 민주이론에서 아주 익숙한 주제이다. 적어도 루소(Jean Jacques Rousseau)나 밀(J.S. Mill)로 거슬러 올라가 보면, 이들은 정치적 참여가 '개인들의 마음을 확장시키고, 개인적 상황과 환경의 긴급성을 벗어나 있는 이익들에 친밀감을 느끼게 하고, 공적 관심이 바로 그들이 주의를 기울이기에 적정한 것이라는 점을 인정하도록 만든다'고 생각했다(Oldfield 1990a: 184).

불행하게도, 참여의 교육적 기능에 대한 이러한 신념은 지나친 낙관으로 생각된다. 참여에 대한 강조 그 자체만으로는 시민들이 책임을 가지고—즉 자기이익 중심적이거나 편파적 방식보다는 공적 정신으로—참여하는 것을 어떻게 보장할지를 설명해 주지는 못 한다(Mulgan 1991: 40~41). 능력 있는 시민들은 자신의 능력을 무책임하게 사용할 수 있다. 예를 들어, 사회가 제공해 주지 못하는 이득과 권리들을 추구하거나, 세금절감에 직접 투표하고 곤궁한 자들에 대한 보조를 삭감하거나, '가난한 자들의 나태함, 인종적 소수파들의 기이성(奇異性)이나 또는 현대 여성들의 오만과 무책임성에서 희생양을 모색함으로써' 이들은 무책임하게 자신의 능력을 행사할 수 있다(Fierlbeck 1991: 592).

성공적 정치참여는 연합(coalitions)을 창출할 수 있는 능력을 필요로 하는 것은 사실이다. 이것은 부분적으로 정의와 공적 합당성의 덕성들을 개발하도록 조장한다. 다른 사람들의 필요와 견해에 귀를 기울이고 수용하려는 노력을 기울이지 않는다면, 아무도 정치생활에 있어 성공할 수가 없다. 그러나 많은 경우에 있어, 승리를 하는 쪽의 연합은 소외된 집단들의 주장을 무시하고 형성될 수 있다. 사실상, 만약 인구의 상당한 부분이 편견에 사로잡혀 있다면, 그러한 주변화 된 소외집단들을 무시하거나 공격하는 것이 정치적 성공의 가장 지름길이 될 수 있을 것이다.

그래서 단순한 정치참여의 강요는 시민적 덕성의 문제에 대한 만족스러운 해답이 될 수 없다. 대신에, 이 문제에 연구를 하고 있는 많은 학자들은 시민적 덕성은 간접적으로 고양이 되어야 한다고 생각하여 왔다. 이러한 간접적 접근은 국가가 부과하는 참여나 시민적 덕성의 의무 보다는 '시민적 덕성의 온상'(seedbeds of civic virtue)을 확립하고 강화하는 노력이 역점이 되어 왔다. 그 목표는 시민적 덕성을 배양하는 사회적 제도와 관행들을 확인하고, 그리고 이러한 제도와 관행들이 어떻게 보호 육성될 수 있는가를 알아보는 것이다.

시민적 덕성의 온상은 무엇인가? 시민적 덕성을 배양하는 것으로 간주될 수 있는 자유 사회의 다양한 측면들이 있다. 예를 들자면, 시장, 시민단체 및 가족이 있다. 이 삼자를 개별적으로 간략히 검토해 보자.

'신 우파'(New Right) 이론가들은 종종 시장을 시민적 덕성의 학교로 찬양한다. 1980년대 대처/레이건의 많은 개혁들은 시장영역의 범위를 개인 생활로까지 확대하고자 하였으며-자유무역, 규제완화, 세금축소, 노조의 약화, 그리고 복지혜택의 축소를 통하여-그 목적은 부분적으로 사람들에게 창의성과 자력의 미덕들을 가르치기 위해서였다. 제4장에서 보았듯이, 복지국가에 대한 최근 우파의 공격의 상당 부분은 간단히 말하자면 시민정신의 입장에서 형성되어진 것이다. 복지국가는 가난한 자들에게 피동성을 조장하여, 의존성의 문화를 창출하고, 시민들을 관료적 보호아래 수동적 의존자로 전락시킨다고 말해진다. 이와 대조하여, 시장은 사람들을 자력적 생활자(self-supporting)로 만드는 데 도움이 된다고 주장한다. 신 우파는 자력적 생활자가 되는 것은 그 자체로 중요한 시민적 덕성일 뿐만 아니라, 또한 사회의 완전한 성원으로 인정되는 전제조건이라고 생각한다. 자력으로 생활하는 책무를 충족시키지 못함으로써, 장기적 실업자들은 자신뿐만 아니라 사회에 대한 수치의 원천(a source of shame for society)이 된다는 것이다(Mead 1986: 240).[25] 공통의 책무를 충족시키지 못하는 것은 동등한 권리뿐만 아니라 사회의 완전한 성원이 되는데 장애가 된다. 이러한 상황에서,

'다른 사람들이 책무를 지고 있는 바를 의존자들에게도 마찬가지로 부과하는 것은 평등에 반대되지 않고 오히려 본질적이다. 효과적인 복지(정책)는 시민들의 공통책무에서 이들을 배제시키기보다는 그 수혜자들을 포함시켜야만 한다'(Mead 1986: 12f).

신 우파에 따르면, 모든 사람들에게 능동적 시민정신(active citizenship)을 함양하기 위해, 우리는 권리나 자격으로서 시민권을 강조하는 마샬의 입장을 넘어서서, 그 대신에 생활을 스스로 영위하는 사람들의 책임에 더 초점을 맞추어야 한다. 복지국가는 이러한 책임감을 좀먹게 하기 때문에, 안정망은 축소되어야만 하며, 그리고 여전히 남아있는 복지혜택들은 이 혜택과 결부된 책무를 부과해야만 한다. 이것은, 예를 들자면, '근로복지'(workfare) 프로그램들을 통해 실천될 수 있다. 이 프로그램은 복지 수혜자들로 하여금 그들이 받는 혜택에 상응하는 노동을 할 것을 요구하여, 시민들이 자력적 생활을 해야만 한다는 발상을 강화하는 데 그 목적을 두고 있다.

그래서 시장은 다양하고 중요한 덕성들을 촉진한다고 간주된다. 그것은 자력정신, 창의성, 그리고 완전한 구성원 의식이다. 나아가 시장은 시민성을 장려한다고 이야기된다. 왜냐하면 흑인을 고용하는 것을 거부하거나 흑인 고객에게 서비스를 제공하려 하지 않는 회사들은 경쟁에서 불리한 입장에 처해질 것이기 때문이다.

그렇지만, 시민적 덕성의 학교로서 시장의 한계들은 명백하다. 시장에 대한 수많은 규제완화는 전례 없는 탐욕과 경제적 무책임의 시대를 가능하게 하였다고 주장된다. 이러한 주장의 증거는 미국에서의 저축과 여신 및 정크 본드 스캔들(the savings-and-loan and junk bond scandals)에서 찾아 볼 수 있다. 시장은 창의성을 가르치긴 하지만, 정의감이나 사회적 책임감을 가르치지는 않는다(Mulgan 1991: 39). 인구의 상당한 부분이 특정 집단들에 대한 편견에 사로잡혀 있는 한, 사업은 그러한 집단을 배제시키는 상품과 서비스를 창출함으로써, 그러한 시장에 맞게 작동하는 경제적 동기를 가지게 될 것이다.[26] 어떤 경우에도, 시장은 정치적 참여와 대화에 고유하게 해당되는 덕성들

---

25) 미국인들이 상호간에 그리고 자신 스스로 갖추어야 할 일련의 사회적 기대들이 있다는 증거, 그리고 이것은 사회의 완전한 성원으로 간주되기 위해서 반드시 충족되어야만 한다는 논의에 관하여 Mead 1986: 243; Shklar 1991: 413; Moon 1988: 34~35; Dworkin 1992: 131을 참조하라.

26) 예를 들어, 부동산 업자는 인종이 격리된 주택제도를 유지하기 위한 경제적인 동기를 가진다. 어떤 경우이든,

을-즉 공적 합당성의 덕성-가르칠 수가 없다.

'시민사회 이론가들'(civil-society theorists)은 건강한 민주주의에 필요한 시민성과 자기절제의 필요성을 강조한다. 그러나 그들은 시장 혹은 정치참여가 이러한 덕성들을 가르치는 데 충분하다고는 인정하지 않는다. 대신, 우리가 상호 책무의 덕성을 배우게 되는 곳은 시민사회의 자발적 조직들-교회, 가족, 노동조합, 인종단체, 협동조합, 환경단체, 이웃 모임, 후원단체, 자선단체-을 통해서라고 한다. 왈쩌(Michael Walzer)가 언급하였듯이, '민주정치를 가능하게 하는 시민성은 시민사회의 결사체적 연결망(associational network)을 통해서 습득될 수 있을 뿐이다'(Walzer 1992a: 104).

이러한 단체들은 자발적이기 때문에, 이들에 따르는 책임을 다하지 못할 경우, 법적 처벌을 받지 않고 단순히 비난에 직면하게 된다. 그렇지만, 이 비난이 가족, 친구, 직장동료 또는 동지들로부터 오기 때문에, 그것은 많은 점에서 비인간적인 국가에 의해 처벌받을 때보다 책임 있는 행동을 해야 할 보다 강력한 동기가 될 수 있다. '시민정신(의 함양)을 위한 인간적 성격, 능력 및 역량의 형성'은 바로 여기에 있다. 그 이유는 개인적 책임감과 상호 책무의 개념을 내면화하고, 자발적인 자기절체를 배우게 되는 것은 바로 여기에 있기 때문이다. 이것이 진정한 시민정신의 본질적인 모습이다(Glendon 1991: 109).

시민사회가 '시민적 덕성의 온상'이라는 주장(Glendon 1991: 109; 1995)은 본질적으로 경험적 주장이지만, 이렇게 저렇게 보아도 견고한 증거를 거의 찾아 볼 수 없는 주장이다. 이 주장은 아주 오래되어서 존중받을 만 하지만, 맞는 주장은 분명히 아니다. 우리는 이웃 정신을 통해서 훌륭한 이웃이 되는 것을 배울 수 있다. 그러나 동시에 이웃의 결사체들이 그 집단의 거주지나 공공 작업장의 위치 선정에 직면하게 되면 사람들에게 '님비'(Not In My Backyard: NIMBY) 원칙에 입각하여 운동을 전개하도록

신 우파 개혁들은 자유적 정의의 요건들을 위반했다고 주장할 수 있다. 비판하는 사람들에 의하면, 복지혜택의 삭감은 불리한 여건에 처한 자들을 자력으로 설 수 있게 하기는커녕, 오히려 밑바닥 계층을 확산시켰다고 주장한다. 계급불평등은 악화되었으며, 가난한 노동계층과 실업자들은 사실상 공민권을 상실한 상태로 전락하였다. 즉 이들은 국가의 사회적 및 정치적 생활에 참여할 수 없는 상태가 되었다고 한다(Fierlbeck 1991: 579). 그래서 설령 시장이 시민적 덕성을 가르친다 하더라도, 방임적 자본주의(laissez-faire capitalism)는 사회의 모든 구성원이 능동적 시민이 될 수 있는 평등한 기회를 가져야 한다는 원칙을 위배하게 된다.

가르친다.[27] 유사한 주장으로, 가족은 종종 여성에 대한 남성의 지배를 가르쳐 주는 '전제주의의 학교'(a school of despotism)로 일컬어진다(Okin 1992: 65). 그리고 교회는 종종 권위에 대한 존중과 다른 신념에 대한 불관용을 가르쳐 준다. 인종 단체들은 종종 다른 인종에 대한 편견을 가르친다. 그 밖에도 많은 예들이 있다.

왈쩌는 '대부분의 사람들이 배우는 "시민성"이 독립적이고 능동적이기 보다는 복종적 경의를 표해야 하는 이러저러한 예속적 관계에 사로잡혀 있음'을 인정한다. 이러한 상황 하에서, '자유와 평등의 새로운 조건들 하에서' 결사체적 연결망(associational network)을 '재건'(reconstruct)해야만 한다고 그는 주장한다. 이와 유사하게, 어떤 단체의 활동들이 '협소하게 고안되고, 편파적이고 특수주의적인'경우에 이 활동들에는 '정치적 교정'(political correction)이 필요하다고 한다. 왈쩌는 자신의 견해를 '비판적 결사체주의'(critical associationalism)라고 부른다. 이것이 의미하는 바는 시민사회의 단체들이 시민정신의 원칙에 입각하여 개혁될 필요성이 있음을 보여준다는 것이다(Walzer 1992a: 106~107).

그러나 다른 방향에서 보면 이 입장은 지나치게 나간 경향이 있다. 이러한 접근은 자발적 결사를 지지해 주기보다는, 의도적이지는 않다고 하더라도, 이들 결사체에 대한 대대적인 개입을 허가해 주는 셈이 될 수 있다. 만약 사람들의 권리가 위협을 받는다면, 집단 내부와 집단 외부에서 사람들의 권리를 보호해 주기 위한 정부의 간섭은 별개의 문제라 할 수 있다. 그러나 우리는 정부가, 예를 들자면, 교회가 내부적으로 보다 민주적이 되고, 또는 이들의 구성원들이 복종적으로 경의를 표하기보다는 비판적이 되도록, 교회를 재건하기를 우리는 원하는가? 그리고, 어떤 경우에도, 교회, 가족 또는 노동조합을 내부적으로 보다 민주적으로 만들기 위해 이들을 재건한다면, 이들의 본질이 되고 있는 비강제성과 자발적 성격을 근본적으로 손상하게 되지 않는가? 비강제성과 자발성이야말로 이들 단체들을 시민적 덕성의 온상으로 간주하게끔 한 이유가 아닌가?

---

27) 주민들이 본질적으로 옳지 않다고 생각하는 무언가를 반대하는 경우에는 아무런 문제가 없다고 할 수 있다. 이 경우 그것이 어디에 설치되느냐 하는 것은 문제가 되지 않는다(예를 들어, 핵발전소에 반대하는 사람들). 그러나 필요한 공공 프로그램과 서비스에 관계된 자신들의 공정한 몫을 회피하기 위해 이웃들이 조직적으로 반대하는 경우에는 문제가 있다. 예를 들자면, 장애자 및 저소득층의 사람들을 위한 주택건설이 있다.

사실상, 교회로 하여금 공적 합당성의 덕성을 가르치게 하는 것 자체가 합당하지 않을 수 있다. 공적 합당성은 정치적 논의에서 본질적이다. 그러나 사적 영역에서는 불필요하고 때로는 바람직하지도 않다. 교회에 나가는 사람들에게 자신들의 교회를 어떻게 운영할 것인가를 결정하는 데 있어 경전에 의존하지 말라고 요구하는 것도 모순일 수 있다.

시민사회 이론가들은 자발적 결사체들에게 너무 많은 것을 요구하고 있다. 즉 자발적 결사체들이 민주적 시민정신 함양을 위한 중심적 학교가 되거나 소단위의 민주적 시민정신의 복제품이 되기를 기대한다는 점에서는 그러하다. 이들 단체들이 시민적 덕성을 가르칠 수는 있지만, 이것이 전형적으로 이들의 존재이유(raison d'etre)는 아니다. 사람들이 교회, 가족 또는 인종집단에 가입하는 근본 이유는 시민적 덕성을 배우기 위한 것이 아니다. 그 이유는 오히려 특정한 가치를 존중하고 특정한 인간적 선을 즐기려는 데 있다. 이러한 동기들은 시민정신의 증진과 아무런 관련이 없을 수도 있다. 부모나 성직자들로 하여금 시민정신을 최대한 증진시키기 위하여 이들 집단의 내적 생활을 조직하도록 기대한다는 것은 왜 이러한 집단들이 애초에 존재하는 지의 이유를 무시하는 것이 된다(보이 스카우트 같은 일부의 단체들은 시민정신을 함양하기 위해 조직된 것이다. 그러나 이러한 단체들은 예외이지 규칙은 아니다).[28]

유사한 쟁점이 '모성적 시민덕성'(maternal citizenship) 이론가들에게도 발생한다. 이들은 가족에 초점을 맞추고 있으며, 특히 모성(mothering)이 책임과 덕성의 학교라고 한다. 엘슈타인(Jean Elshtein)과 루딕(Sarah Ruddick)에 의하면, 모성은 여성들에게 생명을 보존하고 약자를 보호하려는 책임감을 가르치며, 이러한 교훈들은 마찬가지로 정치적 생활의 지침적 원칙들이 되어야만 한다고 주장한다. 예를 들자면, 모성은 '보존'(holding)이라는 '형이상학적 태도'(metaphysical attitude)를 포함한다. 이것은 새로운 이득의 획득 보다는 기존관계의 보호에 우선성을 부여한다(Ruddick 1987: 242). 이것은 전쟁이나 환경에 관한 결정들에 분명한 함의를 지닌다.

---

28) 시민적 덕성을 함양함에 있어 시민적 단체들이 행하는 복합적 역할에 관한 탁월한 분석으로, Rosenblum 1998을 참조하라. 그녀는 자신이 '전달 벨트' 시민단체 이론('transmission belt' theory of civic associations)이라 부르는 것에 대한 강력한 비판을 제공하고 있다. 이 전달 벨트 이론에 의하면, 각각의 단체는 시민들이 정치적 생활을 하는 데 필요한 덕성들을 시민들에게 훈련시킨다는 것이다.

나는 이러한 모성적 시민덕성의 이론들은 물론, 이와 관계된 '배려의 윤리'(the ethics of care)에 관한 설명을 제9장에서 논의하려 한다. 그렇지만, 모성이 민주적 시민덕성과 똑같은 특성이나 덕성들을 함유하고 있는지는 의심의 여지가 있다. 일부 비판자들은 '보존'과 같은 모성적 태도들이 '능동적 시민정신, 자치의 정치, 평등주의 그리고 자유의 행사'와 같은 민주적 가치를 증진시킨다는 주장은 증거가 없다고 한다(Dietz 1985: 30; Nauta 1992: 31; Mouffe 1992a). 디츠(Mary Dietz)가 언급했듯이, '계몽적 전제주의(enlightened despotism), 복지국가, 단일정당 관료제 및 민주적 공화정체는 모두 여성들을 존중하고, 어린이들의 생활을 보호해 주고 약자에 대한 배려를 보여줄 수 있을 것이다'(Dietz 1992: 76). 이러한 방식과 유사하게, 어머니와 자식간의 친밀한 관계에 적합한 덕성들이 어떻게 시민성과 공적 합당성과 같은 시민사회나 정치적 참여와 같은 익명적 배경에서 필요한 덕성들로 전환될 수 있는지를 밝혀내는 것은 어려운 문제이다.

그렇다면 시민적 덕성의 전 범위를 가르치기 위해 시장, 가족, 시민사회의 단체들에 의존할 수 없는 것처럼 여겨진다. 이들 각각은 특정한 중요 덕성들을 가르쳐 준다. 그리고 또한 정치적 영역에서 행사되었을 때는 악이 될 수도 있는 특정한 경향을 가르치는 것도 사실이다. 어떤 경우에도, 사람들은 시민사회의 이들 영역에서는 공적 정당성 및 권위에 대한 회의주의(scepticism of authority)와 같은 특정한 정치적 덕성들을 배우는 것 같지는 않다. 왜냐하면, 이러한 영역들은 종종 사적 담론과 권위에 대한 존중으로 결속되어 있기 때문이다. 일부 공공 의식이 있는 부모나 단체들이 의식적으로 이러한 정치적 덕성들을 고취시키려는 임무를 담당하기도 한다. 그러나 이들이 반드시 그렇게 할 것이라는 보장은 없다. 그리고 정부가 가족이나 교회에 개입하여 이들로 하여금 그렇게 하도록 강요하는 것은 적절하지도 않을 뿐더러 허용되어서도 안된다는 것은 명백한 것 같다.

그렇다면 우리는 어디에서 이러한 덕성들을 배우는가? 최근의 많은 이론가들에 의하면, 교육체제에 그 해답이 있다. 학교는 학생들에게 공적 정당성을 규정하는 비판적 사고와 관점에 어떻게 임해야 하는지를 가르쳐야만 한다. 그리고 사실상, 이러한 종류의 덕성들을 증진시키는 것은 의무교육에 대한 근본적 정당화의 하나이다. 굿만(Amy

Gutmann)이 언급하였듯이, 학교에서 어린이들은 '시민으로서 정치적 주권을 공유한다는 민주적 이상에 따라 살 수 있으려면, 권위에 부응해 행동하기보다는 권위에 대해 비판적으로 생각하는 능력을 배워야만 한다.' '습관과 권위에 의해서만 지배받는 사람들은…… 주권 시민들의 사회를 형성할 능력이 없다'(Gutmann 1987: 51).

물론, 정치적 덕성들을 증진시키는 데 있어, 학교 교육이 가족이나 교회 보다 더 잘 할 수 있도록 보장하는 본질적 성격을 지니고 있는 것은 아니다. 오히려 반대로, 역사적으로 볼 때, 학교는 흔히 존경, 쇼비니즘, 외국인 혐오, 그리고 다른 비자유적 및 비민주적 악습들을 조장하기 위해 이용되어 왔다. 그러나 많은 학자들이 오늘날 학교는 다른 장소에서는 배울 수 없는 시민적 덕성의 실질적 온상으로 (재)조직될 수 있다고 생각한다. 나아가서, 젊은 사람들의 신념과 경향에 영향을 미치는 모든 제도-학교, 대중매체, 가족, 교회-중에서 국가에 의한 학교규제에 대한 반대는 가장 적은 편이다(Weinstock, 2001). 표현의 자유와 언론의 자유는 미디어에 대한 국가의 통제를 제한한다. 즉, 양심의 자유는 교회에 대한 국가의 통제를, 사생활에 대한 권리는 가정에 대한 국가의 통제를 제한한다. 그래서 현재 자유사회에서 학교를 우리의 모든 사회의 폐습적 행태들(예를 들어, 십대들의 임신, 흡연, 비만 등등)의 치유책으로서 간주하는 경향이 거의 팽배해 있다.

그렇지만, 학교가 어린이들에게 정치적 권위에 대한 의심과, 또 공적 담론을 할 때, 자신들의 문화적 전통으로부터 떠나서 생각할 수 있도록 가르쳐야 한다고 생각하는 발상은 논란의 여지가 많다. 전통주의자들은 분명 이에 반대할 것이다. 그 이유는 그렇게 하는 것은 불가피하게 어린이들로 하여금 전통뿐만 아니라 사적 삶에 있어서 부모나 종교적 권위를 의심하게 만들 것이기 때문이다. 그리고 이 주장은 분명 옳다. 굿만이 인정하듯이, 민주적 시민덕성에 대한 교육은 불가피하게 '자신의 부모의 생활방식과 다른 생활방식을 평가할 수 있는 지적 능력들을 어린이에게 준비시키는 것'을 포함한다. 왜냐하면 '좋은 삶을 선택할 수 있는 능력들 중 전부는 아니지만 많은 부분은 또한 훌륭한 사회를 선택하기 위해서 전제적으로 필요'하기 때문이다(Gutmann 1987: 30, 40).

그래서 전통과 권위에 대한 무조건적인 수용에 자신들의 생존을 크게 의존하는 문화 및 종교 단체들은 '자유롭고, 공개적이고, 다원주의적이고 진보적인 태도들에 의해

위축되기 쉽다. 그런데 이러한 태도들은 자유주의적 교육이 권장하는 것들이다(Macedo 1990: 53~54). 이것이 아미쉬(the Amish)와 같은 집단들이 그들의 자녀를 정규 교육체제로부터 격리시키려고 노력해 온 이유이다. 이들은 격리된 종교 학교(religious school) 또는 가정에서의 교육제도 등을 만들려고 하거나, 상기와 같은 자유주의적 덕성들을 배우고 습득하는 교과과정의 특정부분을 면제 받기를 추구해 왔다(예를 들어, 성 교육이나 통합적 체육교육 수업으로부터의 면제).[29]

일부 이론가들은 격리된 종교 학교가 내부 교과과정에 심지어 시민성이나 공적 합당성의 덕성들을 포함하고 있다 하더라도, 이 덕성들에 대한 적절한 교육을 제공할 수 없다는 우려를 표명한다. 왜냐하면 이러한 덕성들은 우선적으로는 명시적 교과과정을 통하여 배우거나 습득될 수 있지만, 더 중요한 것은 오히려 '숨은 교과과정'(hidden curriculum)—즉, 학교의 일반적 환경과 하부구조—을 통해서 배울 수 있기 때문이다(Gutmann 1987: 53). 예를 들어, 일반 학교들은 시민성을 가르칠 때, 시민성의 도덕적 가치를 학생들에게 설명하는 방식뿐만 아니라, 학생들을 서로 다른 인종 및 종교의 학생들과 나란히 앉히고, 학교 프로젝트나 스포츠 팀에서 함께 협력하게 하는 방식으로써 시민성의 덕성을 가르칠 수 있다. 마찬가지로, 일반 학교들은 이 세상에는 다양한 종교적 관점이 존재하고 또 합당한 사람들은 이러한 관점들의 장점에 대해서도 서로 다른 입장을 취할 수 있다고 학생들에게 설명해 줌으로써 공적 합당성을 가르친다. 뿐만 아니라 이들 학교는 이러한 불일치의 합당성을 학생들이 깨달을 수 있는 사회적 환경을 만들어 주기도 한다. 단순히 세상의 대다수 사람들이 내 종교를 공유하지 않는다는 사실을 학생들에게 말해주는 것만으로는 충분하지 않다. 어떤 사람이 자신의 신념을 공유하지 않는 사람들에 의해 둘러싸여 있다면, 이 사람은 자신의 종교를 거부하는 모든 사람들이 어떻든 비논리적이거나 저열하다고 생각하려는 유혹에 여전히 빠지기 쉬울 수 있다. 공적 합당성을 배우기 위해, 학생들은 합당하면서도 상식을 갖춘 인간적인 사람도 자신과 종교를 공유하지 않을 수 있다는 사실을 알고 이해하여

29) 자율성 증진의 자유주의적 교육(autonomy-promoting liberal education)을 회피하는 방법의 일환으로 격리 학교(separate schools)를 모색하는 종교적 집단들에 관한 논의로 McLaughlin 1992b; Halstead 1991; Spinner 2000을 참조하라.

야만 한다. 이러한 방법으로만, 학생들은 개인적 신념이 공적 합당성과 어떻게 다르고, 그 선을 어디에서 그어야 할지를 배울 수 있게 된다. 이러한 방식의 학습은 다양한 인종문화 및 종교적 배경을 지닌 사람들과 함께 하는 수업에의 참여를 필요로 한다.

이러한 것은 자유주의적 교육의 이상이 어느 정도는 고유한 공동체나 문화로부터 학생을 격리시켜야 함은 물론, 동시에 다른 공동체 및 문화를 가진 사람들과의 교류도 필요하다는 점을 시사한다. 레빈슨(Meira Levinson)은 이것을 '자기 문화로부터 초연한 학교'(detached school)의 이상이라고 부른다(Levinson 1999). 이것은 격리학교(separate schooling)나 가정 교육제도의 이상에 대한 완전한 거부를 필요로 하지 않는다. 그러나 보다 통합적인 학교 환경을 위해 교육과정에 있어 적어도 약간의 공간이나 단계를 모색할 필요성은 있을 것이다. 그것은 초기의 단계에서는 격리된 학교교육을 포함할 수 있다. 이후에 중등과정에서 통합교육(integrated education)을 시킬 수도 있을 것이다. 또는 그것은 학생 또는 선생의 교환프로그램을 가질 수도 있을 것이다. 캘런(Eamonn Callan)이 언급한 것처럼, '본질적 요구는 학교교육이 어떤 단계에서는 어린이가 자라난 가족, 종교 또는 인종 집단의 문화와는 판연히 다른 신념과 생활방식에 대한 동정적인 동시에 비판적인 입장을 취할 수 있도록 적절한 관여가 이루어 져야 한다는 것이다'(Callan 1997: 133).[30]

그렇지만, 많은 보수적 종교단체들이 자신의 자녀들이 다른 종교나 삶의 방식에 동정적으로 관여하게 만드는 그러한 시도들에 저항할 것은 명백하다. 아미쉬와 같은 일부 단체들은 다른 신념을 가진 사람들과의 접촉조차 피하려 한다. 다른 일부 단체들은 일반적인 공동교육을 받아들이긴 하지만, 공동교육과정에서 자신의 신념과 충돌되는 삶의 방식에 대한 논의를 수용하려는 시도에는 반대를 한다(예를 들어, 동성애). 다른 생활방식과의 교류에 대한 이러한 거부는 현대국가의 기능에 필요한 특정한 시민적 덕성의

30) '자기 문화로부터 초연한 학교'의 이상에 관한 가장 강력한 옹호에 관해서는, Levinson 1999를 참조하라. 그녀가 언급하듯이, '어린이들이 단순히 자신이 속한 가족과 공동체의 범위 내에서 자율성을 성취한다는 것은 용이한 문제가 아니다—또는 심지어 어린이가 속한 공동체의 사람들에 의해 규범이 설정된 학교의 범위 내에서도 마찬가지이다. 우리가 자율성의 요건들을 심각히 고려한다면, 우리들은 어린이들이 자라난 환경과 분리된 공간이 필요하다는 점을 알게 될 것이다'(Levinson 1999: 58).

개발을 위협할 수 있다. 그러나 이와 같은 (특정 생활방식에 대한 거부가 시민적 덕성 개발을 위협한다는) 주장은 보수적인 종교단체들을 설득할 수 있을 것 같지 않다. 왜냐하면 이들 중 상당한 수의 단체들은 현대의 세속 국가 그 자체를 이 세상의 사악한 수단으로 간주하기 때문이다.

이 점이 자유주의자들에게 딜레마를 불러일으킨다. 많은 자유주의자들은 아미쉬와 같은 평화적이고 준법적인 단체들을 수용하기를 원하기 때문이다. 이 딜레마는 특히 내가 지난 장에서 논의하였던 정치적 자유주의자들에게는 더욱 두드러지게 나타난다. 자유주의적 가치를 거부하는 집단들에게 '우리의' 자유주의적 가치를 부과하는 것은 '종파적'(sectarian)으로 간주된다(제6장 제7절을 참조). 이러한 정치적 자유주의자들은 부모와 종교적 권위에 미칠 영향을 최소화할 수 있도록 시민덕성 교육을 조정하기를 원하고 있다. 예를 들어, 갈스턴은 공적 담론에 참여하는 방법과 정치지도자를 평가하는 방법을 어린이들에게 가르칠 필요성이 있다는 그 자체가, '어린이들이 부모나 지역공동체로부터 습득한 생활방식에 대해 비판적 반성을 할 수 있도록 촉진하기 위해, 국가가 공적 교육을 구조화 해야만 한다(또는 할 수 있다)는 결론을 정당화 시키지는 못한다'고 주장한다(Galston 1991: 253; cf. Rawls 1988: 267~268). 그렇지만, 그는 어린아이가 갖는 부모의 '올바름에 대한 확고부동한 믿음'을 침해하지 않고서는 정치적 권위에 대해 이의를 제기할 수 있는 아이의 적극적 의지 함양이 용이하지 않다는 점을 인정한다.

자유주의 국가는 시민덕성 교육의 명목으로 어느 정도의 통합적 교육을 의무화해야 하는가? 이 문제에 답함에 있어, 일반 교육으로부터 예외를 추구하는 두 가지 종류의 종교집단을 구분할 필요가 있다. 아미쉬와 같은 일부 집단들은 보다 광범위한 사회로부터 자발적으로 고립하고자 하며, 정치나 시민사회의 주류 제도로의 참여를 피하고자 한다. 이들은 투표를 하지 않거나, 피고용인을 고용하지도 않거나 또는 공공정책에 영향을 미치려고도 하지 않는다(제안된 정책이 자신들의 고립을 위협할 가능성이 있는 경우에는 예외이다). 단지 관여 받지 않는 상태로 남기를 원할 뿐이다. 이들은 정치나 시민사회에 참여하지 않기 때문에, 이들이 시민성과 공적 합당성의 덕성들을 배우는 것은 그렇게 긴급한 문제가 아니다. 스피너(Jeff Spinner)는 아미쉬를 '부분적 시민들'(partial citizens)이라고 부른다. 그는 이들은 참여권을 오래도록 포기하여 왔기 때문에, 이들은 또한 참여권에 수반하는 책임들을 면제 받을 수 있다고 주장한다. 이러한 책임들에는 물론 시민성과 공적 합당성을 배우고 실천해야 하는 책임이 포함된다(Spinner 1994: 98). 따라서 그는 아미쉬가, 그들의 자녀가 아마도 보다 광범위한 사회에 관하여 알게 되거나 비아미쉬 어린이들과 교류할 수 있게 되는 나이인 14세에 이르면, 학교교육으로부터 자녀들을 자퇴시킬 권리가 있음을 지지한다. 그러한 집단들이 아주 작고 또 자신들이 설정한 고립을 진지하게 고수한다는 점을 가정해 볼 때, 이들은 일반적으로 사회의 자유적 시민덕성의 실천에 위협이 되지 않는다. 그렇다고 그러한 집단들을 권장할 수도 없다. 그 이유는 이들은 국가의 부정의 및 여러 문제를 해결하기 위해 다른 시민들과 함께 협력할 책임을 받아들이지 않기 때문이다. 어떤 의미에서 본다면, 이들은 무임승차자들이다. 이들은 안정된 자유적 질서로부터 혜택을 누리지만, 이를 유지하는 데 아무 기여를 하지 않는다.[31] 그러나 자유주의적 국가는 그러한 소수의 무임승차자를 수용할 수 있다.[32]

대조하여, 통합교육으로부터 면제되기를 요구하는 다른 종교집단들은 시민사회와 정치 모두에 적극 참여하고, 일반적으로 공공정책에 영향력을 행사하려 한다. 이러한 집단에는 미국에서의 근본주의적 기독교인들이나, 영국에서의 근본주의적 이슬람교들이

31) 이 주장은 아미쉬의 격리된 교육제도가 적정한 시민덕성 교육을 제공한다고 주장함으로써 아미쉬의 예외를 옹호하는 사람들과는 구별되는 상이한 계통의 주장이다. 후자의 입장은 미국 연방 대법원의 견해이다. 미 연방대법원은 아미쉬의 교육제도가 아미쉬 어린이들을 훌륭한 시민이 되도록 준비시켰다고 말한 바 있다. 그 이유는 이들이 아미쉬 공동체의 생산적이고 평화적인 성원이 되었기 때문이다(Wisconsin v. Yoder 406 US 205, 1972). 그렇지만, 앞에서 언급하였듯이, 자유시민교육은 준법과 경제적 자족 이상의 것을 요구한다. 자유주의적 시민덕성 교육은 이외에도 시민성과 공적 합당성을 요구한다. 시민적 책임들에 관한 요더(*Yoder*)의 설명에 대한 비판으로 Arneson and Shapiro 1995를 참조하라.

32) 스피너가 언급하였듯이, 그러한 집단들이 많지는 않을 것이다. 왜냐하면 '부분적 시민권'은 자신을 주류 사회의 기회와 자원으로부터 차단시키는 것을 대가로 하기 때문이다(Spinner 1994: ch.5). 물론, 아미쉬를 위한 이러한 예외들에 대해 반대를 할 수도 있다. 그 반대의 이유는 아미쉬들이 일반적으로 자유시민권을 위협하기 때문이 아니라, 이들이 민주적 시민권에 대한 기회를 포함하여 자신의 자식들의 기회를 부당하게 제한하고 있기 때문이라는 것이다(Gutmann 1980). 스피너는 의무적 학교교육으로부터의 면제를 허용한다 해도, 아미쉬 아이들은 외부세계에 관해 충분히 알고 있으며, 외부세계로의 탈출이 이들에게 가능한 의미 있는 선택이 될 수 있을 거라고 주장한다.

포함된다. 이러한 경우들에서, 이들이 완전한 시민으로서의 권리를 선택하였기 때문에, 이들은 교육과정의 특정 시점에서 다른 삶의 방식과 호의적인 교류를 할 책무를 포함하여, 책임 있는 시민덕성을 고양하는 데 필요한 교육을 받아들여야만 한다고 주장할 수도 있다.

덕성들을 함양하는 학교의 역할에 관련해서는 곤란한 철학적 문제뿐만 아니라 실천적 문제들이 있다. 한편에서 본다면, 학교는 가족이나 사적 단체들에서 배운다고 보장되지 않는 특정한 정치적 덕성들을 가르침으로써 중요한 간격을 메울 수 있다. 그러나 학교는 사실상 보다 큰 단위 사회의 한 부분이다. 만약에 이들의 목표가 다른 사회적 제도들에 의해 뒷받침 되지 않는다면, 이들 학교가 잘 기능하리라고 생각하는 것은 오산이다. 부모와 교회들이 학교에서 제공된 교육이 근본적으로 자신들의 신념과 충돌한다고 생각한다면, 이들은 이러한 학교들을 후원하지 않거나 이 학교 내에서의 자기 자식들의 교육적 성과를 인정하지 않게 될 것이다. 그리고 학교의 전달문을 신통치 않게 생각할 것이다. 진정으로 '초연한' 학교(a truly 'detached' school)라는 것이, 다른 사회적 제도들 보다 위에서 그리고 이와 대립적으로 설정된다면, 효과적으로 작동할 것 같지 않다.

어떤 경우에도, 어떤 유일한 제도 하나에만 배타적인 '시민적 덕성의 온상'으로 의존할 수 없다는 것은 명백한 것 같다. 그리고 시민들은 중첩적 제도들로부터 중첩적인 일련의 덕성들을 배운다는 것 역시 명백한 것 같다. 자유주의적 희망은 이 다소간 우연한 혼합의 영향력들이 시민적 덕성의 출발점을 형성한다는 것에 있다.

시민들이 어디에서 덕성을 습득하는가에 관한 이 모든 논의는 문제의 핵심을 벗어난 것 같이 생각될 수 있다. 결국, 수단적 덕성 이론에 관한 진정한 문제는 사람들이, 덕성이 다른 선호나 목표와 갈등관계일 때, 왜 그러한 덕성들을 행사하기로(exercise) 선택하는가에 있다. 앞에서 강조하였듯이, 이 자유주의적 견해는 이러한 덕성들을 행사하는 것이 본질적으로 가치가 있다고 가정하지는 않는다. 그러나 대신 그것은 희생 또는 부담으로 간주될 수 있다. 그러면 협박, 협상 또는 순전한 술책을 통해 정치적 과정에서 자신들이 원하는 바를 차지할 수 있을 때에도, 시민들은 공적 이성에 개입하기로 선택하게 되는 이유는 무엇인가? 어떤 사람이 소수자에 대한 차별과 편견의 현재 패턴으로부터 이득을 취할 수 있는데도 시민성에 관여하는 이유는 무엇인가?

물론, 만약 너무 많은 사람들이 공적 이성과 시민성을 포기한다면, 그 결과는 민주적 제도의 정통성과 안정성 그 자체를 위협할 수 있다. 그러나 민주적 제도의 안정성에 관심을 가져야 할 각자 이기적인 이유(a self-interested reason)를 우리 모두가 가지고 있는 한, 우리는 또한 사회의 전반적 수준의 덕성 유지를 염두에 두어야 할 이기적 이유를 가지고 있다. 그러나 이것은 오히려 요원하다고 할 수 있는 장기적 이익(a rather remote and long-term interest)이다. 이 요원한 장기적 이익은 왜 내가 지금 여기에서 당장 공적 이성 또는 시민성의 특정행위에 가담해야 하는지를 충분히 설명해 주지 못한다. 나의 개인적 행동은 민주체제의 전체적 건강에 중요한 영향을 미칠 수가 없을 것이다. 왜 나는, 필요하다면 협박 또는 차별을 통해 나의 특정한 가치관을 증진시키는 데 관계된 나의 단기적인 본질적 이익에 우선해서, 시민적 덕성 증진과 관계된 나의 장기적인 수단적 이익에 우선성을 부여해야만 하는가?

이것은 지난 장에서 테일러(Charles Taylor)가 자유주의에 대해 제기한 도전을 또 다시 제기한다. 테일러는 다음과 같이 주장한다. 자유주의는, 동료 시민들이 더 이상 공동의 가치관을 공유하지 않는다고 전제할 때, 시민들이 왜 재분배적 복지정책을 지지하는 투표를 계속하고, 그리고 동료 시민들을 위해 희생을 해야 하는 법적 의무를 받아들여야 하는 지에 대한 설득력 있는 설명을 제공해 주지 못했다고 주장한다. 동료 시민들의 인생 방식이 나와 완전히 다를 뿐만 아니라 심지어는 갈등적일 가능성이 있음에도 불구하고, 왜 이들을 위해 희생을 하는가? 비록 공공정책에 대한 지지보다 개인적 행동의 맥락에서 본다 할지라도 동일한 질문이 제기된다. 왜 시민들은 자신과 완전히 다르고 아마도 상충적일 수 있는 가치관을 지닌 동료 시민들을 받아들이기 위해 자신의 개인적 행동에 있어 공적 이성과 시민성의 부담을 수용하려 하는가?

놀랄 일은 아니지만, 자유주의자들은 지난 장에서 이들이 제공하였던 것과 동일한 두 가지 수준의 응답을 제공한다. 한편의 수준에서, 자유주의자들은 시민들이 정의감을 가지고 있다고 가정하고, 정의원칙들에 대한 이 공유된 지지가 유대감을 제공해서 상이한 가치관을 가진 사람들을 결속시킨다고 강조한다. 또 다른 한편의 수준에서, 자유적 민족주의자(liberal nationalists)들은 정의원칙에 기초하는 사회적 화합은 너무

옮으므로, 사회적 화합은 공통의 언어, 역사 및 공적 제도들을 기초로 공유된 국민의식의 함양을 통해 더 안정화되고 강화되어야 한다고 주장한다.

앞 장에서 내가 언급하였듯이, 많은 자유주의자들은 이 두 번째 차원의 국민형성(nation-building) 입장의 채택은 주저한다. 그리고 능동적이고 책임 있는 시민덕성의 요구를 수용하기 위한 동기로서 전적으로 사람들의 정의감에 의존하는 것을 선호한다. 그러나 사실상, 이러한 종류의 국민형성의 현실적 존속은 모든 심의민주주의 및 시민적 덕성의 이론가들에 의해 사실상 묵시적으로 가정되고 있다. 예를 들어, 공적 합당성에 관한 대부분의 설명은 시민들이 공통의 언어를 공유하고, 그리고 민주적 국가는 '소통의 공동체'(a community of communication)를 형성하고 있다는 점을 매우 당연하게 여긴다.[33] 사실상, 공유된 언어가 없이 어떻게 심의민주주의가 가능한지를 상상하기 어렵다. 그러나 개별 국가 내에서 공유 언어를 확산하는 것은 국민형성의 주요 목표중의 하나이다. 그리고 그러한 공동 언어의 존재를 가정함에 있어, 이론가들은 이미 묵시적으로 국민형성의 적실성을 인정하고 있다. 사실상, 자유적 민족주의자들은 집적적 모델의 민주주의로부터 심의민주주의로의 이행, 그리고 보다 광범위한 시민적 덕성의 필요성에 대한 인정은, 간단히 말해, 공동의 민족정신 의식을 형성하는 것을 지지하는 주장을 강화시켜 준다고 주장한다. 밀러(David Miller)가 말하듯이, 공동의 민족정체성 의식은 '사회적 정의와 심의민주주의와 같은 정치적 목표들을 성취하는 전제조건이다'(Miller 1995: 96, 162; cf. Kymlicka 2001: ch.10).

5. 세계시민주의적 시민권

능동적 시민덕성과 심의민주주의를 자유적 민족주의와 연결시키려는 시도는 분배정의에 대한 자유적 민족주의의 설명과 똑같은 종류의 반론에 직면하게 된다. 즉 그것

---

33) 민주주의 이론에서 이러한 가정의 중심적 위치에 관하여 Wright, 2000을 참조하라. 그녀는 또한 언어적 소수자에 미칠 수 있는 비용을 강조한다—이 문제는 다음의 장에서 논의하려 한다.

은 '세계시민주의적'(cosmopolitan) 또는 초국가적(transnational) 개념의 민주주의에 대한 필요성을 경시한다는 것이다. 자유주의적 국민형성이 과거에는 민족적 차원에서 민주주의를 공고화하고 증진하는 데 기여하여 왔지만, 우리가 지금 필요한 것은 보다 광범위한 전지구적 관점의 민주시민권이다. 이 관점은 유럽연합(EU), 유엔(UN) 또는 세계뱅크(World Bank) 같은 초국가적 또는 국제적 기구들에 초점을 맞춘다.

우리가 그러한 국제기구들을 강화하고자 원하는 하나의 이유는 우리가 전지구적 정의관을 신뢰하고, 그런 이유로 인해 자원을 부유한 국가의 시민들로부터 가난한 국가의 시민들에게 이전할 필요성에 있다. 즉, 우리가 세계시민주의적 정의관을 신뢰하기 때문에 세계시민주의적 정치제도를 원할 수 있다. 그러나 국제적 정치제도를 설립하려는 독립적 이유들이 있다. 우리가 경제적 세계화, 공동의 환경문제 및 국제적 안전보장의 쟁점들에 대처하기 위해서는 그러한 기구들이 필요하다는 인식은 점차 증대되고 있다. 결과로, 우리는 전후시기에 있어 그러한 국제기구의 확산을 진정으로 목격하고 있다.

그렇지만 이러한 제도들은 국민에 기반한 기존의 민주주의 이론들과는 잘 부합되지 않는다. 현재에는, 이러한 초국가적 기구들은 주요한 '민주성의 결핍'(democratic deficit)을 노정하고 있으며, 시민들의 눈으로 본다면 공적 정당성이 별로 없는 것으로 비추어진다. 이들 국제기구들은 기본적으로 정부간 관계를 통하여 조직되며, 개별 시민들로부터 오는 직접적 개입은 거의 없다. 더욱이, 이들 기구들은 임시방편적으로 발전이 되어 왔다. 각 기구는 특수한 필요에 반응하여 발전이 되어, 우리가 원하는 초국가적 기구와 같은 종류에 관한 기초적 이론이나 모델이 없이 발전되었다. 즉, 이들 기구들이 어떻게 통치되고, 이들 상호간이 어떻게 연결되고, 그리고 어떤 종류의 원칙들이 이들의 구조와 행위를 규제해야 되는지에 대한 기본적 이론이나 모델이 결여되어 있다.

간단히 말해, 우리의 삶에 영향력을 점점 더 미치는 초국가적 제도들의 수가 증가일로에 있긴 하지만, 우리는 초국가적 제도들에 관한 정치이론을 가지고 있지 않다. 우리들은 어떤 종류의 정의원칙들이 국민국가(nation-state)의 제도에 의해 시행되어야만 하는 지에 관한 잘 발달된 이론들을 가지고 있다. 뿐만 아니라, 이러한 국민적 제도들에 대해 시민들이 어떤 종류의 정치적 권리들을 가져야만 하는 지에 관한 잘 발달된 이론들은 물론, 이러한 국민적 차원의 제도들에 대해 어떤 종류의 덕성, 충성 및 헌신의 종류들을 시민들이 행사해야 하는 지에 관한 잘 발달된 이론을 지니고 있다. 이와는 대조적으로 어떤 종류의 정의원칙들이나 민주화의 기준들, 덕 또는 충성의 규범들이 초국가적 제도들에 적용되어야만 하는지에 관한 명백한 생각을 지닌 사람은 매우 드물다.[34)]

그러므로, 국민국가를 정치이론의 유일한 또는 지배적 맥락으로 더 이상 간주할 수 없음은 점점 더 명백해진다. 이러한 문제들을 명시적으로 제시해 주는 보다 세계시민주의적 관점의 민주주의와 통치개념이 필요하다. 자유적 민족주의에 대한 가장 일반적인 반대 중의 하나는 이것이 초국가적 민주주의 이론에 대한 이러한 필요를 간과할 뿐만 아니라, 민주주의의 접착제로서 공통의 민족정신을 강조하는 것은 민족 및 언어적 경계를 초월하는 수준에서 민주주의를 이론화하는 것을 불가능하게 만든다는 것이다(예를 들어 D. Held 1995, 1999; Young 2000b).

그렇지만 많은 자유적 민족주의자들은 초국가적 정치제도의 필요성에 동의한다. 문제는 자유적 민족주의의 설명에 나타난 정의에서와 마찬가지로, 우리가 국민국가를 보다 세계시민주의적 관점의 민주주의의 구현에 있어 형성의 구획단위로 간주해야 되는지, 아니면 장애로 간주해야 되는지에 좌우된다. 우리는 세계시민주의적 민주주의를 국민중심적(nation-centered) 민주주의의 구태의연한 모델에 대한 대안으로 간주해야 하는지, 아니면 이에 대한 보완정도로 간주해야 되는가? 아니면 국민중심적 민주주의에 의존적인 것으로 간주해야만 하는가?

예를 들어, 민주적인 초국가적 정치제도를 발전시키려는 몇몇 진지한 시도들 중의 하나인 유럽연합(EU)을 생각해 보자. 유럽연합은 두 개의 주요 의사결정 중심축을 지니고 있다. 하나는 유럽의회(the European Parliament)인데, 그 구성원들은 유럽전역에 걸쳐 시민들에 의한 직접 선거를 통해 선출된다. 다른 의사결정 중심축은 유럽위원회(the European Commision)와 각료회의(Council of Ministers)이다. 그 구성원들은 국민정부들에 의해 지명된다(이 국민 정부는 개별 국가의 특수한 국민선거에 의해 선출

---

34) 그러한 세계시민주의적 시민권의 관점을 개발하기 위한 예비적 시도들에 관하여, D. Held 1995, 1999; Archibugi and Held 1995; Heater 1996; Robbins 1998; Hutchings and Dannreuther 1999; Carter 2001을 참조하라.

된다). 이 두 개의 의사결정 중심축에 부응하여, 유럽연합의 민주적 결함을 치유하고자 하는 두 개의 광범위한 전략이 있다. 하나는(직접 선출된) 유럽의회의 권한을 강화하는 것이다. 이것은(국민국가 단위로 지명된) 유럽위원회와 각료회의 희생을 전제로 한다. 이렇게 함으로써 유럽연합이 범 유럽 선거에서 개별 시민들에게 직접적으로 책임을 지는 정도를 증대시키는 것이다. 다른 대안은 대부분의 권한을 유럽위원회와 각료회의의 수중에 맡겨 버리는 방향이다. 그러나 이것은 이 대표들이 위원회/각료회의에서 어떻게 행동하는가에 대하여, 국민정부들이 각각의 국민단위의 선거를 통하여 책임을 지는 정도를 강화하게 되는 것이다.

많은 세계시민주의적 시민권의 옹호론자들은 첫번째 접근방향을 지지 한다. 이들은 국제기구들이 직접적으로 개별적 시민들에게 책임을 지는 정도가 강화되는 것이 본질적이라고 생각한다. 그러나 대부분의 유럽인들 스스로가 두 번째 접근을 선호하고 있음은 명백한 것 같다. 유럽의회를 강화하기 위한 풀뿌리 차원의 요구는 매우 취약하다. 반대로, 사실상 모든 유럽 국가들에 있어, 대부분의 사람들은 유럽의회의 업무에 큰 관심을 보이지 않으며, 그 권한을 증대하는데 별 열정을 가지고 있지 않다. 대신, 이들이 원하는 것은 자신들의 정부가 국가간 각료회의에서 어떻게 행동하였는지에 관한 자신들의 국민정부(national governments)의 책임성을 강화하는 것에 있다. 즉 각 국가의 시민들은 지신들끼리, 자신들의 고유 언어로, 자신들의 정부가 유럽연합의 쟁점들에 관하여 어떠한 입장을 취하는지에 관하여 논의하기를 원한다. 예를 들어, 덴마크 사람들은, 덴마크 언어로, 덴마크 정부가 유럽에 대해 어떠한 입장을 취해야 하는지를 논의하기를 원한다. 이들 덴마크 사람들은 유럽연합이 무엇을 해야 하는가에 대해(더욱이 영어로?) 유럽 전반적 관점의 논의를 개진하는 데 별 관심이 없다. 이들은 유럽연합에 관해 민주적 토론을 하는데 크나큰 관심을 가지고 있다. 그러나 이들이 원하는 토론은 '유럽인들이 무엇을 해야만 하는가?'에 관하여 다른 유럽인들과 토론을 하는 것에 있지 않다. 오히려, 이들은, 덴마크 언어로, 우리 덴마크 사람들이 무엇을 해야만 하는가에 관하여 서로 토론하기를 원한다.

나아가서, 진정한 민주적 형태의 초국가적 시민권을 창출하기 위한 시도들은 국내적 차원에서의 민주적 시민권에는 부정적 결과를 초래할 수 있다. 예를 들어, 선출된 유럽의회에 보다 '민주적인' 이유로 더 많은 권한을 부여함으로 인해 발생하는 불가피한 결과는 지금 각 국민정부가 대부분의 유럽연합의 결정들에 행사할 수 있는 거부권을 빼앗아갈 수도 있다. 유럽 각료회의의 결정들과는 달리, 유럽의회에 의한 결정은 국민정부의 거부권에 예속되지 않는다. 이것은 유럽연합이 시민들 자신의 국민국가의 입법과정을 통하여 시민들에 책임을 지는 것이 종식될 수도 있다는 점을 의미한다. 잠시 생각해 보자면, 만약 어떤 덴마크 시민이 유럽연합의 결정을 싫어한다면, 이 시민은 다른 덴마크인들을 동원하여 해당 쟁점에 대한 덴마크 정부의 입장을 변경하려는 시도를 할 수 있다. 그러나 만약 유럽연합이 '민주화' 된다면—즉 만약 선출된 유럽의회가 주요 의사결정체로서 지명된 유럽각료회의를 대체한다면—이 덴마크 시민은 모든 다른 유럽국가의 시민들(그들 중 아무도 덴마크 언어를 사용하지 않는)의 의견을 변경시키려는 시도를 해야만 할 것이다. 그리고 명백하고도 이해할만한 이유로, 이러한 종류의 '민주화'를 추구하는 유럽인은 드물 것이다. 왜냐하면 덴마크 시민들이 유럽연합에 대한 덴마크의 입장에 관하여, 덴마크 언어로, 다른 덴마크 사람들과 토론을 하는 것이 익숙하고도 처리하기 수월한 과제이기 때문이다. 그러나 덴마크 시민들이 공동의 유럽입장을 발전시키기 위해 이탈리아인들과 토론을 하는 것은 내키지 않는 프로젝트이다. 어떠한 언어로 그러한 토론이 진행되고, 어떠한 포럼으로 진행되는가? 이 경우 이들은 동일한 언어를 사용하지도 않으며, 동일한 영토를 공유하고 있지도 않다. 뿐만 아니라, 동일한 신문을 읽는 것도 아니며, 동일한 텔레비전 쇼를 보는 것도 아니며, 동일한 정당에 속하는 것도 아니다. 그렇다면 그러한 초유럽적 토론에 필요한 포럼은 어떤 것인가?

범 유럽적 공적 토론에 대한 이러한 장애들을 염두에 둔다면, 덴마크인들이건 이탈리아인이건 간에 유럽연합을 '민주화' 하려는 데 별 열정을 보이지 않을 것이다. 이들은 오히려 자신들의 국가적 입법을 통하여 민주적 책임성을 행사하는 것을 선호할 것이다. 그렇다면, 역설적으로, 선출된 유럽의회를 통한 유럽연합의 직접적 민주적 책임을 강화하는 노력의 순수한 결과는 사실상 민주적 시민권을 약화시킬 수가 있다. 그것은 권한을 국가적 차원으로부터 초국가적 수준으로 이양하는 것을 의미한다. 국가적 차원에서는 공통의 언어로 대중 참여와 활발한 민주적 토론이 가능할 것이다. 그리고 초국가적 차원에서는 민주적 참여와 심의토론이 매우 어려울 것이다. 그림(Dieter Grimm)이 주장하듯이, 이 시점에서 공통적인 유럽의 대중매체가 존재하지 않는다는 점을 전제하고, 또 그러한 유럽의 미디어가 가까운 장래에 창출될 전망이 '거의 절대적으로 존재하지 않는다'면, 각료회의로부터 유럽의회로 급진적으로 권한을 이전하는 것은 민주성 결핍의 '문제를 해결하기 보다는 오히려 악화'시킬 수 있을 것이다(Grimm 1995: 296).

이것은 적어도 예견할 수 있는 장래에는, 국민국가들이 민주적 시민권 행사의 우선적 장소로 남을 것이라는 점을 시사한다. 그렇지만, 이점이 국제 제도의 확립의 중요성, 사실상 필요성을 부인하는 것은 아니다. 물론 국제 제도의 결정들은 일정 형태의 민주적 책임성에 예속되어야 할 것이다. 그러나 초국가적 차원에서 심의민주주의와 대중참여의 의미 있는 형태를 확립하는데 어려움이 있다는 점을 감안한다면, 우리는 아마도 국민국가의 성취에 기반을 둠으로써 세계시민주의적 민주주의를 발전시키려는 시도를 해야만 할 것 같다. 다른 말로, 초국가적 민주주의의 성공은 현재의 국민적 민주주의의 건강성에 좌우될 수 있다: 초국가적 정치제도들은, 만약 그 규칙과 결정들이 국민적 민주포럼 내에서 논의되고 비준이 이루어진다면, 가장 잘 작동될 것이다. 그렇다면, 국민적 민주포럼의 유지에 필요한 덕성, 관행 및 충성에 초점을 맞추는 것이, 처음 그렇게 비추었듯이, 그렇게 근시안적이지 않을 수 있다(Thompson 1999).

6. 시민적 공화주의 정치

대부분의 전후 정치이론에서, 근본적인 규범적 개념은 민주주의(절차평가에 해당되는)와 정의(결과평가에 해당되는)였다. 시민권은, 만약 그것이 논의된 적이 있다고 한다면, 일반적으로는 민주주의와 정의로부터 파생적이라고 간주되었다-즉 시민은 민주적 권리와 정의의 요구를 지니는 사람으로 간주되었다. 그렇지만, 모든 정치적 스펙트럼의 입장으로부터, 시민권이 어떤 설득력 있는 정치이론에서 독립적인 규범적 역할을 해야만 하며, 책임 있는 시민권(시민덕성)의 함양은 공공정책의 긴급한 목표가 되어야 한다는 견해에 대한 지지는 점차 증대되었다. 이러한 시민덕성에 대한 관심은 자유주의자들, 급진주의자들, 자유지상주의자들, 공동체주의자들, 페미니스트들 모두에게서 공통적으로 발견된다.

그렇지만 현재 논의의 두드러진 양상은 저자들이 자신의 시민덕성 이론을 공공 정책의 문제에 적용하고자 하는데 있어 매우 소극성을 띤다는 점이다. 연구 문헌들은 시민덕성을 어떻게 고양할 것인가에 관한 많은 새로운 제안 또는 권고안들을 제시해 주지 못했다. 만약 시민적 덕성이 중요하다면, 많은 유럽 국가들이 하였듯이, 왜 선행법(Good Samaritan laws)을 통과시키지 못하는가? 만약 정치참여가 중요하다면, 오스트레일리아나 벨기에서처럼 의무 투표를 규정하지 않는가? 만약 공적 정신성(public-spiritedness)이 중요하다면, 대부분의 유럽 국가에서 시행하는 것처럼, 의무적 국가봉사의 기간을 규정하지 않는가? 만약 국영 학교가, 상이한 인종과 종교의 어린이들로 하여금 함께 앉아서 서로 존중하는 것을 요구하기 때문에, 책임 있는 시민정신을 가르치는데 기여해야 한다면, 그렇다면 왜 사립학교를 폐지하지 않는가?

이러한 문제들은 정의나 민주주의 그 자체 보다는 오히려 시민덕성의 함양 문제와 구체적으로 결부된 문제들이다. 그렇지만 심지어 이러한 문제들을 깊이 생각하는 저자들은 매우 적다. 대신, 대부분의 시민덕성 이론가들은 시민덕성을 어떻게 고양해야 하는가의 문제에 대해 침묵하거나(Glendon 1991: 138), 아니면 기껏해야, 시민적 덕성들을 고양하기 위한 '조심성 있는' 또는 '점잖고 비교적 눈에 잘 드러나지 않는 방식들'에 초점을 맞춘다(Macedo 1990: 234, 253).[35] 시민덕성 이론가들이 과도하게 권리에 초점을 맞추는 것에 개탄을 하지만, 이들은 이러한 권리들을 제한할 수 있는 정책들을 제시하는 데는 인색한 것으로 여겨진다.

물론 이러한 소극성에 대한 좋은 이유들이 있을 수 있다. 하지만, 그것은 우리가 시민덕성의 위기에 직면해 있고, 그리고 긴급하게 시민덕성의 이론을 필요로 한다는 주장을 하면서 그냥 불안하게 앉아있는 것과 같다. 그러한 결과로, 시민 덕성에 관한 최근의 많은 논의는 아주 속빈 강정 같다. 훌륭한 시민덕성을 함양하거나 강화하는 정당한 방식과 부당한 방법에 관한 일정 정도의 설명이 결여된 현실에서, 시민덕성에

---

35) '겸손한' 시민덕성의 증진(the 'unobtrusive' promotion of citizenship)에 대한 다른 설명들에 관하여 Habermas 1992: 6~7; Hill 1993; Rawls 1993a: 216~220을 참조하라.

관한 많은 연구들은 진부하고 평범한 논의에 머무르고 있다: 말하자면, 사회에 있는 사람들이 보다 친절하고 사려가 깊다면, 그 사회는 훨씬 나아질 것이다.[36)]

사실상, 훌륭한 시민덕성을 함양하는 것이 어느 정도 긴급한지는 분명하지 않다. 시민권에 관한 문헌은 덕성의 쇠퇴에 관하여 암울한 예측들로 가득 차 있다. 그러나 갈스턴이 인정하듯이, '문화적 비관주의는 인간역사에 있어 그리고 거의 모든 세대에 있어 만연되어 있는 주제이다'(Galston 1991: 237). 우리는 1950년대의 정치사회학자들과 1830년대의 토크빌(Alexis de Tocqueville)에서 조차 정치적 무감각에 관한 유사한 염려들을 찾아볼 수 있다. 투표율 하락과 같은 우려적인 징조들이 있다면, 또한 많은 긍정적 추세들도 있다. 오늘날 시민들은 이전의 세대들 보다 더 관용적이고, 다른 사람들의 권리들을 더 존중하며, 민주주의와 입헌주의를 더 지지한다(Macedo 1990: 6~7). 만약 전통적 정당에 기반을 둔 국가 정치에 시민들의 개입이 쇠퇴하고 있다면, 다양한 '대안적 공중들'(counter-publics)의 진정한 폭발이 나타나고 있다-시민들이 새로운 발상과 대안들을 왕성하게 토론하는 새로운 형태의 공적 개입들이 나타나고 있다(Fraser 1997; Phillips 2000: 291~292). 그래서 그러한 (시민적 참여의 쇠퇴) 문제가 어느 정도 심각한지, 또는 그것에 대처하기 위해 어떻게 노력을 기울여야 하는지는 여전히 불분명하다.

시민권의 문제에 관한 현재의 우리의 헌신이 아마도 외양으로 나타나는 것과 꼭 일치하지는 않는다. 명시적 목표는 이전의 정당한 제도들의 이론을 대체할 수 있는 시민권의 이론을 개발하는 것이다. 그러나 많은 경우에서 새로운 언어의 시민권은 사회

---

36) 예를 들어, 무페(Mouffe)는 자유주의가 시민권을 '단순한 법적 위치로 전락시켜, 개인이 국가에 대해 가질 수 있는 권리들을 설정하여 버리게 한다'고 비판한다(1992c: 227).그리고 시민권을 '공화국(res publica)과의 동일화를 통해 형성되는 정치적 정체성(political identity)'의 형태로 이해함으로써, '윤리와 정치의 상실된 관계를 재구축 할 것을 추구한다. 그렇지만, 그녀는 이 공적 정신의 참여를 어떻게 증진하고 강제할지에 관한 아무런 제안들을 제시해 주지 못하고 있다. 그녀는(시민적 공화주의자들에 반대하여) 시민들은 자신들의 정치적 행위에 우선성을 부여하지 않는 선택을 할 자유가 있어야만 한다고 주장한다. 따라서 그녀의 자유주의에 대한 비판은 다음과 같은 주장에 불과하다. 즉, 자유적 관점의 시민권 권리들은 훌륭한 시민이 자신의 권리들을 행사하는 것을 어떻게 선택할 것인가에 대하여 아무런 말을 하고 있지 않다-이것은 자유주의자들이 기꺼이 수긍할 수 있는 주장이다. 자유적 시민권에 대한 많은 비판들은 이와 같은 논의진전에 아무런 도움이 안 되는 주장에 머무르고 있다.

제도의 정당성에 관한 예전의 주장들을 위장하여 사용(또는 오용)되는 것에 불과하다고 나는 생각한다. 1980년대 말까지, 우리는 정의론에 관하여 일종의 막다른 골목에 도달하였다. 자유지상주의자들, 자유적 평등주의자들, 공리주의자들, 그리고 공동체주의자들은 적정한 분배정의원칙들 그리고 적정한 범위의 개인권리들에 관하여 의견의 불일치를 보였다. 이들은 우리가 정의의 책무들을 결정함에 있어 개인 책임의 역할, 선택 및 공동체 구성원의 지위에 관하여 견해를 달리하였다. 어떤 한 이론이 결정적인 지적 승리를 할 전망은 전혀 나타나지 않았다. 따라서 정의에 관한 각 전통의 입장들이 공적 토론 및 공적 여론에 지속적으로 영향력을 행사하리라는 것은 명백했다.

이러한 조건 아래에서, 정의의 입장에서 자신이 선호하는 정책들을 옹호한다는 것은 더 이상 충분하지도 효과적이지도 못했다. 우리의 정의관들 그 자체가 논란의 여지가 많기 때문에, 특정한 정책이 자유적 평등주의적인 정의를 증진할 것이라고 주장하는 것은, 말하자면, 그러한 정의관을 지지하는 사람들에게만 설득력 있게 들릴 뿐이다. 보다 효과적인 접근은 이러한 상이한 지적 전통을 가로 질러서 상이한 정의관을 지닌 사람들에게 호소할 수 있는 이상적 관점에서 정책을 옹호하는 것이라고 할 수 있다.

시민정신의 이상은 이러한 기능을 할 수 있다고 기대되는 가장 명백한 후보였다. 이러한 시민정신에 대한 호소를 효과적으로 사용한 시초는 신 우파였다고 나는 생각한다. 자유지상주의자들이 정의를 근거로 복지국가에 이의를 제기하였을 때―즉 곤궁한 자들을 돕기 위해 세금을 부과하는 것은 사람들의 정당한 권리를 부당하게 착취하는 것이라고 주장함으로써―이들은 별 성공을 거두지 못했다. 국가는 약자를 도와줄 권리나 의무를 지니지 않는다는 자유지상주의적 주장은 너무 삭막한 정의론이어서 대부분의 시민들이 수용하기가 어려웠다. 그러나 신 우파가 시민정신을 근거로 복지국가를 비판하기 시작하였을 때―즉 복지국가는 의존성, 수동성, 그리고 영구적 소외화를 조장했다고 주장함으로써―그것은 훨씬 성공적이었다. 자신의 정의관이 무엇이든지 간에, 아무도 능동적이고 책임 있는 시민정신에 대한 사람들의 잠재성을 근본적으로 해치는 공공정책을 지지할 수가 없었다.

자유적 평등주의자들 역시 유사한 입장에 처하였다. 이들이 정의를 근거로 시장 소득에서의 불평등의 증가에 반대를 하였을 때―즉 이 불평등이 전형적으로 사람들의 상황에서 나타나는 도덕으로 임의적인 차이의 결과일 뿐이라고 주장함으로써—이들은 별 성공을 거두지 못했다. 국가는 상황에서 나타나는 모든 불평등을 치유해야만 한다는 자유주의 좌파의 주장은 많은 사람들에게는 너무 벅찬 정의관이었다. 그러나 자유적 평등주의자들이 불평등이 시민권에 장애가 된다는 점을 근거로 불평등을 비판하기 시작하였을 때—즉 부자들이 선거를 매수할 수 있으며, 가난한 자들은 선거권을 사실상 빼앗길 수 있다고 주장함으로써—이들은 훨씬 더 성공적이었다. 자신의 정의관이 무엇이든지 간에, 민주주의를 금권정치로 전락시키는 공공정책을 받아들일 사람은 아무도 없는 것이다. 더욱이, 이 불평등의 증대는 한 민족으로서 우리들을 함께 '결속시키는 유대'(ties that bind us)를 손상하여 연대감을 침식시킨다고 말해졌다. 우리가 만약 강력한 통합된 국민으로 남아야 한다면, 부자와 가난한 자들이 함께 모여서 평등한 존재로서 공동적 관심사의 문제들을 논의할 수 있는 일종의 공통의 공적 장소가 있어야만 하며, 그리고 교육, 미디어 등등에 대한 평등한 접근이 있어야만 한다. 인생기회를 평등화한다는 입장에서 옹호되던 가난과 소외를 대처하기 위한 프로그램들은 이제는 시민정신의 함양의 입장에서 옹호되고 있다.

마찬가지로, 문화적 보수주의자들(cultural conservatives)은, 여성의 권리, 게이의 권리 또는 다문화주의를 '비자연적'(unnatural) 또는 '불경한'(ungodly) 방식의 삶, 또는 타락적이거나 잘못된 관점의 좋은 삶을 조장하거나 관용한다는 이유로 반대하였다. 그래서 보수주의자들은 대신 시민덕성에 관한 주장으로 옮겨가게 되었다. 전통적 가족은 이제 자연이나 종교의 이름으로가 아니라, '덕성의 온상'으로서 옹호되고 있다.

이 모든 경우에 있어, 시민덕성에 관한 주장은, 사실상, 정의에 관한 이전의 주장들로부터의 일종의 전략적 후퇴라 할 수 있다. 본질적으로 잘못된 것(부정당한 것)으로 거부되었던 것이 이제는 수단적으로 잘못된 것(자유민주 질서를 유지시키는 데 필요한 덕성들을 잠식하는 것)으로서 말해지게 되었다. 이러한 전환은 덕성에 관한 수단적 주장이 논란이 많은 정의론에 호소하는 것보다 더 광범위한 호소력을 지닐 수 있을 것이라는 기대에서 이루어졌다.

덕성에 대한 호소는 훨씬 논란의 여지가 적을 뿐만 아니라, 훨씬 더 고상해 보인다. 좌파들이 가난한 자들의 구매력을 증진시켜서 이들로 하여금 여가 또는 소비재 사용에 있어 보다 큰 평등을 누리게 할 수 있다는 것을 근거로 어떤 정책들을 옹호하는 것은 다소 어설픈 것 같다. 만약 우리가 이러한 정책들이, 가난한 자들의 개인적 소비 보다는 오히려 능동적 시민이 될 수 있는 이들의 공적 자유와 능력을 증진시킨다고 말한다면, 훨씬 더 고무적이라고 생각된다. 사적 소비를 행할 수 있는 사람들의 능력에 관심을 갖는 것은 천박하고 물질주의적이라고 여겨지지만, 반면 정치참여를 위한 사람들의 능력에 관하여 관심을 표명하는 것은 보다 고상하다고 여겨진다.[37] 그래서 좌파와 우파 모두 사적 자원의 공정한 분배에 관한 주장으로부터 능동적 시민덕성의 온상들에 관한 주장으로 옮겨가게 되었다.

이러한 시민덕성에 관한 주장들이 전략적으로 제기되었다고 해서, 물론 이들 주장이 설득력이 없다는 것을 의미하는 것은 아니다. 그러나 그것은 이러한 새로운 시민덕성 이론들이 시민적 덕성의 온상을 모색하는 데는 관심을 기울이지 않는다고 말하기는 어렵다는 점을 시사한다. 좌파 선상에 있는 사람들은 경제적 불평등이 능동적 시민덕성을 잠식하는 방식에 주목하고, 우파 선상에 있는 사람들은 경제적 불평등을 축소하려는 데 목표를 둔 복지정책들이 시민적 덕성을 잠식하는 방식에 주목한다. 여성주의자들, 동성연애자들, 그리고 다문화주의자들은 성역할, 성 및 인종과 같은 전통적 신분위계질서가 능동적 시민덕성을 잠식하는 방식을 규명하는 데 유의한다. 보수주의자들은 여성, 동성애자 및 소수파들을 지원하는 국가정책들이 시민적 덕성을 잠식하는 방식들을 규명하는 데 주의를 기울이고 있다.[38] 사람들이 정의를 근거로 하여서 예전에는 지지하지 않았던 정책을 시민덕성을 근거로 옹호하는 경우를 생각하기는 어렵다. 이런 의미에서, 시민덕성의 관점을 채택하는 것이 진실로 우리가 아주 익숙히

---

37) 이 문제에 대해 우리의 문화에서 깊은 긴장이 존재하는 것은 명백하다. 한편으로는, 내가 앞에서 언급하였듯이, 대부분의 시민들은 정치적 참여에서보다는 오히려 가족, 일 및 종교의 영역에서 우리의 최고의 가치들을 찾을 수 있다는 입장을 지지한다. 그렇지만 분배의 문제에 직면하게 되면, 우리는 사람들이 사적 생활에서 얼마나 많은 자원들을 누리고 있는가는 그렇게 중요하지 않고, 그리고 정말로 문제가 되는 것은 정치적으로 참여하는 능력인 것처럼 말한다.

38) 예를 들어, 여성주의자들은 전통적 형태의 성차별은 시민성과 공적 합당성을 저해한다고 주장하는 반면, 보수주의자들은 여성주의적 '정치적 올바름'(political correctness)의 결과적 형태는 시민성과 공적 합당성을 오히려 해친다고 주장한다.

알고 있는 정의의 관점들과는 전혀 다른 정책적 결론에 도달하는지 여부는 분명하지 않다. 대신에 그것은 옛 술을 새 부대에 담는 격일 수 있다.

심화된 독서를 위한 안내

최근의 '시민덕성 논쟁'에 관한 전반적 개관에 관해서는, Gershon Shafir (ed.), *The Citizenship Debates: A Reader* (University of Minnesota Press, 1998); Ronald Beiner (ed.), *Theorizing Citizenship* (State University of New York Press, 1995); Martin Bulmer and Anthony Rees (eds.), *Citizenship Today: The Contemporary Relevance of T. H. Marshall* (University College London Press, 1996); Derek Heater, *What is Citizenship* (Blackwell, 2000); Engin Isin and Patricia Wood, *Citizenship and Identity* (Sage, 1999); Herman van Gunsteren, *A Theory of Citizenship: Organizing Plurality in Contemporary Democracies* (Westview Press, 1998)을 보시오.

우리가 이 장에서 보았듯이, '시민덕성 논쟁'은 사실 몇몇 상이한 토론들로 이루어져 있다. 즉, 덕성, 민주적 정당성(democratic legitimacy), 시민덕성 교육(citizenship education) 및 시민적 정체성(civic identities)과 같이 서로 본질적으로 다른 쟁점들에 초점을 맞추고 있다. 시민적 덕성의 일반적 이론들에 관하여, Richard Dagger, *Civic Virtues: Rights, Citizenship and Republican Liberalism* (Oxford University Press, 1997); Stephen Macedo, *Liberal Virtues: Citizenship, Virtue and Community* (Oxford University Press, 1990); William Galston, *Liberal Purposes: Goods, Virtues, and Duties in the Liberal State* (Cambridge University Press, 1991)를 참조하라. 이 주제에 대한 모음집들로는, David Batstone and Eduardo Mendieta (eds.), *The Good Citizen* (Routledge, 1999); Robert Hefner (ed.), *Democratic Civility: The History and Cross-cultural Possibility of a Modern Political Ideal* (Transaction Publishers, 1998)를 보시오.

시민적 덕성에 대한 강조는 보다 '심의적' 관점의 민주주의 논의로의 이행과 결부되어 있다. 이 관점은 시민들이 능동적이고 책임 있게 정치생활에 참여할 수 있고 또 그러한 의지를 가질 것을 요구한다. 가장 영향력 있는 이 새로운 관점의 진술은 Amy Gutmann and Dennis Thompson, *Democracy and*

Disagreement (Harvard University Press, 1996)이다. 이 두 사람의 이론에 대한 논평들에 관해, Stephen Macedo (ed.), *Deliberative Politics: Essays on Democracy and Disagreement* (Oxford University Press, 1999)를 참조하라. 심의민주주의에 관한 다른 중요한 논의들은 Joshua Cohen, 'Deliberation and Democratic Legitimacy', in R. Goodin and P. Pettit (eds.), *Contemporary Political Philosophy : An Anthology* (Blackwell, 1997); Jürgen Habermas, *Between Facts and Norms: Contributions to a Discourse Theory of Law and Democracy* (MIT Press, 1996; 위르겐 하버마스, 한상진·박영도 역, 『사실성과 타당성 : 담론적 법이론과 민주주의적 법치국가 이론』, 나남, 2000); James Bohman, *Public Deliberation: Pluralism, Complexity and Democracy* (MIT Press, 1996)이다. 이 주제에 관한 두 권의 중요한 모음집은 James Bohman and William Rehg (eds.), *Deliberative Democracy: Essays on Reason and Politics* (MIT Press, 1997); Jon Elster (ed.), *Deliberative Democracy* (Cambridge University Press, 1998)이다.

일부 이론가들은 이 새로운 모델을 약간 상이한 용어를 사용하여 표현한다. 예를 들어, 챔버스(Simone Chambers)는 '합당한 민주주의'에 관하여 논의한다(*Reasonable Democracy: Jürgen Habermas and the Politics of Discourse*, Cornell University Press, 1996). 영(Iris Marion Young)은 '의사소통적 민주주의'(communicative democracy)에 관하여 이야기한다('Justice and Communicative Democracy', in Roger Gottlieb (ed.), *Radical Philosophy : Tradition, Counter-Tradition, Politics*, Temple University Press, 1993). 드라이첵(John Dryzek)은 '논의적 민주주의'(discursive democracy)에 관하여 이야기 한다(*Discursive Democracy*, Cambridge University Press, 1990). 그리고 페티트(Philip Pettit)는 '논쟁적 민주주의'(contestatory democracy)에 관하여 말한다('Democracy, Electoral and Contestatory', in Ian Shapiro and Stephen Macedo (eds.), *Designing Democratic Institutions: NOMOS* 42, New York University Press, 2000). 이 모든 이론가들은 우리의 민주주의관이 보다 '목소리 중심적'(voice-centered)이며 덜 '투표 중심적'(vote-centered)이 되어야 한다는 생각을 공유하고

있다. 그렇지만 이들은 상이한 형태의 '목소리'를 어떻게 가능하게 만들고 평가할지에 관하여는 의견의 차이를 보인다.

심의민주주의에 관한 유용한 문헌들로는, John Dryzek, *Deliberative Democracy and Beyond : Liberties, Critics, Contestations* (Oxford University Press, 2000); David Kahane, 'Pluralism, Deliberation and Citizen Competence: Recent Developments in Democratic Theory', *Social Theory and Practice*, 26/3 (2000): 509~535; Ricardo Blaug, 'New Theories of Discursive Democracy: A User's Guide', *Philosophy and Social Criticism*, 22/1 (1996): 49~80; James Bohman, 'The Coming of Age of Deliberative Democracy', *Journal of Political Philosophy*, 6/4 (1988): 399~423을 참조하시오.

민주주의 이론에 대하여 최근에 중요한 기여를 한 다른 저서들로 Ian Shapiro, *Democratic Justice* (Yale University Press, 1999), Jeremy Waldron, *Law and Disagreement* (Oxford University Press, 1999)이 있다.

심의민주주의에 관한 문헌의 대부분은 시민들이 지녀야 하는 심의적 능력과 성향의 종류에 관한 기대에 있어서 다소 공상적(utopian) 이라고 생각될 수 있다. 그러나 이 모델의 실현가능성을 시험한 일부의 시도들이 있었다. 민주적 의사결정의 심의적 질을 어떻게 향상시킬 것에 관한 실험으로, James Fishkin, *The Voice of People* (Yale University Press, 1995)을 참조하거나, 피쉬킨의 심의투표 센터(Fishkin's Center for Deliberative Polling)의 웹 사이트를 확인해 보시오(www.la.utexas.edu/research/delpol/index.htmal). 시민들이 필요한 '능력들'을 가지고 있는지 여부에 관한 연구로, Stephen Elkin and Karol Soltan (eds.), *Citizen Competence and Democratic Institutions* (Pennsylvania State University Press, 1999)을 보시오.

일부 이론가들은 이 새로운 시민적 덕성과 심의민주주의 모델을 유지시키기 위한 유일한 또는 최선의 방법은 특정 형태의 공화주의로 회귀하는 것이라고 가정해 왔다. 이 공화주의는 정치참여에 최고의 삶의 형태라는 특권적 위치를 부여한다. 이러한 공화주의적 부흥에 관한 예들로서, Adrian Oldfield, *Citizenship and Community : Civic Republicanism and the Modern World*(Routledge, 1990); Quentin Skinner, *Liberty before Liberalism*(Cambridge University Press, 1998)를 보시오. 시민적 자유의 중심성에 대한 자유주의적 헌신을 공유하는, 아주 다른 형태의 '공화주의'로는 Philip Pettit, *Republicanism* (Oxford University Press, 1997)가 있다. '공화주의의 부흥'에 관한 전반적 개관과 비판으로, Bill Brugger, *Republican Theory in Political Thought: Virtuous or Virtual?*(St Martin's Press, 1999); Alan Patten, 'The Republican Critique of Liberalism', *British Journal of Political Science* 26 (1996): 25~44, *Yale Law Review* 97(1988)에 실린 심포지엄을 참조하라.

시민들 간의 시민적 덕성에 대한 필요는 시민들이 어디에서 이러한 덕성들을 습득하는지에 관한 문제를 제기하였다. 이 문제에 대해 두 가지의 대략적인 대답이 있는 것 같다. 첫번째의 답은 사람들이 자기규율, 협력 및 의무의 개념들을 습득하는 장소인, '덕성의 온상'(seedbed of virtue)으로서 시민사회의 단체와 제도들의 역할을 강조한다. 이러한 개념의 토론들에 대해, Thomas Janoski, *Citizenship and Civil Society: Obligations in Liberal, Traditional and Social Democratic Regimes* (Cambridge University Press, 1998); Robert Fullinwider (ed.), *Civil Society, Democracy and Civic Renewal* (Rowman and Littlefield, 1999); Nancy Rosenblum, *Membership and Morals: The Personal Uses of Pluralism in America* (Princeton University Press, 1998); Mary-Ann Glendon and D. Blankernhorn (eds.), *Seedbeds of Virtue: Sources of Competence, Character and Citizenship in American Society* (Madison Books, 1995); Michael Walzer (ed.), *Toward a Global Civil Society* (Berhahan Books, 1995)를 참조하라.

그 밖의 광범위한 답변들은 우리가 시민사회에서 배우게 될 교훈들을 보충하거나 때로는 교정하기 위한 일정 형태의 공식적 시민덕성 교육의 필요성에 초점을 맞추고 있다. 자유사회를 위한 시민덕성 교육의 중요성에 관한 논의들로, Eamonn Callan, *Creating Citizens : Political Education and Liberal Democracy* (Oxford University Press, 1997); Meira Levinson, *The Demands of Liberal Education* (Oxford University Press, 1999), David Bridges (ed.), *Education, Autonomy and Democratic Citizenship: Philosophy in a Changing World* (Routledge, 1997); Walter Feinberg, *Common Schools/Uncommon Identities : National Unity and Cultural Difference* (Yale University Press, 1998); Stephen Macedo, *Diversity and Distrust: Civic Education in a Multicultural Democracy* (Harvard University Press, 2000); Robert Fullinwinder (ed.), *Public Education in a Multicultural Society* (Cambridge University Press, 1995); Harry Brighouse, *School Choice and Social Justice* (Oxford University Press, 2000)을 보시오. 그리고 두 개의 심포지엄이 있는데, 하나는 *Ethics* 105/3 (1995)에 실린 〈시민권, 민주주의, 그리고 교육〉('Citizenship, Democracy and Education')이고, 다른 하나는 *Journal of Philosophy of Education*, 29/2 (1995)에 게재된 〈다문화 국가에서의 민주주의 교육〉('Democratic Education in a Multicultural State')이다. 이 주제에 관한 가장 강력한 초기의 논의들 중의 하나인, Amy Gutmann의 *Democratic Education*은 1987년에 처음 출판되었는데, 제2판이 재발행되었다(Princeton University Press, 1999; A. 구트만, 민준기 역, 『민주화와 교육: 민주 시민 교육의 이상과 실제』, 을유문화사, 1991).

시민덕성에 관련한 새로운 문헌 중 *여성주의적 견해*에 관해서는, Ruther Lister (ed.), *Citizenship: Feminist Perspectives* (New York University Press, 1998); Maria Christine Bernadetta Voet and Rian Voet, *Feminism and Citizenship* (Sage, 1998), Anne Phillips, 'Feminism and Republicanism : Is This a Plausible Alliance?', *Journal of Political Philosophy*, 8/2 (2000), 279~293, *Feminist Review*, 57 (Autumn, 1997)와 *Hypatia*, 12/4(1997)에 나와 있는 심포지엄들을 참조하라.

초국가적 형태의 민주적 시민권(transnational forms of democratic citizenship)에 대한 필요성을 옹호하는 논의에 관해서는, David Held, *Democracy and the Global Order: From the Modern State to Cosmopolitan Governance* (Polity Press, 1995); Danielle Archibugi and David Held, *Cosmopolitan Democracy:*

An Agenda for a New World Order (Polity Press, 1995); Derek Heater, *World Citizenship and Government: Cosmopolitan Ideas in the History of Western Political Thought* (St Martin's Press, 1996); Bruce Robbins (ed.), *Cosmopolitics: Thinking and Feeling beyond the Nation* (University of Minnesota Press, 1998); Kimberly Hutchings and Ronald Dannreuther (eds.), *Cosmopolitan Citizenship* (St Martin's Press, 1999), *Indiana Journal of Global Legal Studies* 7/2 (2000)에 있는 'Citizenship Denationalized'에 관한 심포지움을 참조하라. 초국가적 민주주의의 주제에 관한 연구의 상당부분은 유럽연합의 발전과 이의 '민주적 결함'(democratic deficit)을 치유하려는 시도들에 의해 고무되어 왔다. Percy Lehning and Albert Weale (eds.), *Citizenship, Democracy and Justice in the New Europe* (Routledge, 1997); Michael Nentwich and Alert Weale (eds.), *Political Theory and the European Union: Legitimacy, Constitutional Choice and Citizenship* (Routledge, 1998); Andrew Linklater, *The Transformation of Political Community: Ethical Foundations of the Post-Westphalian Era* (University of South Carolina Press, 1998)을 참조하라.

시민덕성 함양, 시민덕성 교육, 그리고 시민적 덕성의 문제를 전담하는 많은 웹사이트들이 있다. 미국의 예를 몇 개 들어보면, 시민교육센터(the Center for Civic Education, www.civiced.org)는 민주주의 교육에 초점을 맞추고 있고, 시민실천네트워크(the Civic Practices Network, www.cpn.org)는 공적 문제 해결과 책임 있는 민주적 심의에서 시민의 역할을 증진시키기 위한 새로운 접근방법을 개발하는 데 초점을 맞추고 있으며, 시민적덕성 연구소(the Institute for the Study of Civic Values, www.libertynet.org/~edcivic)가 있다. 보스턴 리뷰 웹사이트(The Boston Review website)는 심의민주주의를 어떻게 증진할 것인가에 초점을 맞추고 있는, 매우 흥미 있는 '신민주주의 포럼'(New Democracy Forum)을 운영하고 있다(www.bostonreview.net/ndf.html). 보다 국제적인 웹사이트에는 유럽시민덕성 교육네트워크(the European Citizenship Education Network, www.publiek-politiek.nl/english)와, 전세계적으로 시민교육과 시민사회 증진에 헌신하고 있는 국제적 NGO인 CIVITAS가 있다(www.civitas.org.uk).

새로운 학술지인 *Citizenship Studies*는 시민덕성 이론의 문제들에 관한 주도적인 포럼으로 신속하게 자리 잡아 가고 있다. 시민적 공화주의는 많은 점에서 사회적 화합에 관한 공동체주의적 관심의 자연스러운 발전으로 간주될 수 있기 때문에, 제6장에서 언급한 바 있는 공동체주의 저널인 *Responsive Community*에도 시민덕성에 관한 수많은 논의들이 수록되어 있다.

제8장

다문화주의(MULTICULTURALISM)

'권리로서의 시민권'(citizenship-as-rights)의 전통적 모델은 두 가지 방향으로부터 도전을 받아왔다. 첫번째는, 앞장에서 검토되었듯이, 시민적 덕성과 적극적 정치참여에 보다 많은 관심을 가짐으로써 권리에만 맞추어졌던 초점을 보충할 필요성을 강조하는 방향이다. 두 번째 도전은, 이번 장에서 다루어질 것인데, 문화적 다원주의(cultural pluralism)와 (집단의 차이를 고려하는) 집단 차별적 권리(group-differentiated rights)에 보다 큰 관심을 기울임으로써 공통의 권리(common rights)에만 맞추어졌던 초점을 보충할 필요성을 강조하는 방향이다.

두 번째 도전은 정치철학뿐만 아니라 현실 정치세계에서 일어나는 광범위한 운동 역시 반영한다. 이러한 운동은 '차이의 정치'(politics of difference), '정체성 정치'(identity politics), '인정의 정치'(politics of recognition)와 같은 다양한 형태의 제목으로 논의되어 왔다. 각각의 용어가 함축하는 의미가 약간 상이하기는 하지만, 기저에 깔려 있는 생각은 유사하다 할 수 있다. 현대사회는 심원한 다양성과 문화적 다원주의를 그 특징으로 하고 있다고 말해진다. 과거에는 이 다양성이 '정상적' 시민('normal' citizen)의 모델에 의해 무시되었거나 억제되었다. 전형적인 정상적 시민모델의 개념은 장애가 없고 이성애자인 백인 남성의 특성에 기초하고 있었다. 이러한 정상성 모델에서 이탈하는 사람은 누구라도 배제, 주변화, 침묵화 또는 동화의 대상이 되었다. 그래서 비백인 집단들은 서구민주주의로의 진입이 거부되는 것이 흔한 일이였으며, 설사 허용되었다 하더라도, 시민이 되기 위해서는 그들에게로의 동화가 기대되었다. 따라서 토착민(indigenous people)들은 자신의 고립된 보호구역으로 회피해 숨어 버리거나, 아니면 자신들의 전통적 삶의 양식을 포기해야만 했다. 또는 이 두 가지 현상이 동시에 일어나기도 했다. 동성애는 종종 범죄시 되었으며, 가령 합법적이라 하더라도, 동성애자들은 공적 생활에서 자신들의 성(sexuality)에 대해 침묵해야만 했었다. 지체가 부자유한 사람들은 제도에서 숨겨져서 안보이게 되었다. 그 밖에도 이와 유사한 일들이 있었다.

오늘날 이전에 소외되었던 집단들은 이들이 단순히 인종, 문화, 성(gender), 능력 또는 성적 취향이 소위 '정상적' 시민과 차이가 난다고 해서, 침묵해야 한다거나, 주변적 존재로 취급되거나, 또는 비정상적 존재로 규정되는 것을 결코 받아들이려 하지 않는다. 이들은 좀 더 포용적인 시민의 개념(a more inclusive conception of citizenship)을 요구하고 나선다. 이 포용적 시민개념은 이들의 정체성을 (비난하기보다는) 인정하고, 이들의 차이를 (배제하기보다는) 수용한다.

이러한 운동의 특징은 이들 운동이 '정체성'에 관한 것이기 때문에 '정체성 정치'(identity politics)의 형태라고 종종 말해진다. 이러한 규정은 그 이전에 계급에 기초한 노동자나 농민의 정치운동과는 다른 것이다. 계급에 근거한 운동은 경제적 이익이 문제가 되었다.[1] 그렇지만, 현실적으로 볼 때, 정치란 언제나 정체성과 이익 양자 모두가 문제가 된다. 문제는 항상 어떤 정체성과 이익이 증진되어야 하는가에 있다.

전통적인 '권리로서의 시민권' 모델의 목표는 시민들 사이에 일종의 공통적인 국민 정체성을 증진시키는 것이었다. 마샬(T. H. Marshall)이 직접 강조했듯이, 시민권은 일련의 권리와 의무로 규정된 단순한 법적 지위만을 의미하지는 않는다. 그것은 또한 정치공동체에서 한 사람의 멤버십을 표현하는 정체성을 의미한다. 그리고 시민권 권리(citizenship rights)의 개념을 확장하여 보건의료와 교육 같은 사회적 권리를 포함할 것을 요구하는 마샬의 주장은, 그렇게 하는 것이 바로 국민의식과 국민적 정체성의 공통감(common sense)을 증진시킬 수 있을 것이라는데 기초한다. 보건의료 및 교육을 사람들에게 보장해 주는 것이 마샬에게는 단순한 인도적 이유, 즉 기본적 필요를 충족시켜 주는 것만은 아니었다. 사회적 권리는 또한 이전에 소외되었던 집단들을 공통의

---

1) 이러한 변화에 대한 고전적인 언급에 대해서는, J. Cohen 1985; cf. Larana, Johnston, and Gusfield 1994을 보시오.

국민문화로 통합하고, 또 그렇게 함으로써 국민적 화합과 충성의 원천을 제공할 수 있으리라고 생각되었다. 그 목표는 '공동의 문화'(common culture)로 사람들을 수용하는 것이었다. 이 공동의 문화는 마땅히 '공동의 소유와 유산'이 된다(Marshall 1965: 101~102). 사회적 권리의 제공은 '공동의 소유라고 할 수 있는 문명(civilization)에 대한 충성'을 보장할 수 있으리라 생각되었다. 그는 특히 영국의 노동계급의 통합에 관심이 있었다. 이들은 교육과 경제적 자원의 부족으로 인해 자신의 국민문화를 향유할 수 있는 기회가 배제되었다. 즉 이들에게는 셰익스피어(Shakespeare), 존 돈(John Donne), 디킨스(Charles Dickens), 킹 제임스 성경(the King James Bible), 크롬웰(Oliver Cromwell), 명예혁명, 크리켓을 알고 즐길 수 있는 기회가 차단되었다.[2)]

마샬은 공동으로 설정된 사회적 권리가 사람들을 하나의 공동의 국민문화로 통합시키리라 생각했다. 그리고 이것은 이전에 소외되었던 집단과 국가 양자의 입장에서 보아도 바람직하다고 생각했다. 마샬은 문화적 통합이 노동계급에게 바람직하다고 생각했다. 이들은 분명 태생적으로는 영국인이기 때문이었다. 즉, 인종, 종교, 언어로 본다면 분명 영국인이기 때문이다. 이들은 마땅히 국민문화의 공동소유자가 되어야 한다. 그 이유는 이것은 바로 이들의 국민문화이기 때문이다. 이들은 자신들 고유의 국민문화를 따로 갖는 다른 국가의 구성원이 아니다. 이들은 영국인이며, 국민역사와 문화를 공유할 수 있는 생득권을 가지고 있다.

그리고 사실상 복지국가의 발전은 서구민주주의의 전체를 통해서 볼 때 노동계급을 국민문화로 통합시키는 데 아주 성공적이었다. 확실히 대중의 민중문화와 부유층의 고급 문화 간에 커다란 계급적 차이는 여전히 존재한다. 부유한 자들은 레슬링보다는 테니스를 더 좋아하고, 혹은 타블로이드보다는 일간신문 읽기를 선호하는 경향이 있다. 그러나 대부분의 영국인들이 친숙하게 느끼는 핵심적인 공동의 국민문화가 존재한다. 예를 들자면 BBC, 셰익스피어, 역사적 사건들(워털루 전쟁)과 역사적 인물들(처칠), 축구, 현대정치인들 등이다.

노동계급을 국민문화로 통합시키려는 이러한 시도가 완전히 이타적 고려로만 이루

2) Barbalet 1988: 93에 있는 시민권의 '통합적 기능'에 대한 논쟁을 참조하라.

어지지는 않았다. 만약 노동계급이 영국문명에 동조하지 않고 충성을 느끼지 못한다면, 이들이 '이질적' 생각 특히 공산주의와 볼셰비즘과 같은 발상을 지지하게 될지도 모른다는 두려움이 있었다.[3] 나아가서, 국가의 입장에서 본다면, 시민들이 공동의 국민언어, 문화, 정체성을 공유하는 사회를 통치하는 것이 훨씬 용이하다. 국가의 모든 주요 기능들—의사소통과 협의, 계획, 투자, 규제, 집행—은 시민들 간에 문화적 공통성이 존재하면, 훨씬 수월하게 작동한다. 제6장에서 언급했듯이, 시민을 공동의 국민문화로 통합하게 되면 또한 상호 이해, 신뢰 및 유대감을 증진할 수 있게 된다.

간단히 말해서, 공통의 사회적인 권리를 포함하는 시민권의 확장은 국민형성(nation-building)의 수단이었다. 즉, 부분적으로는 공동의 국민정체성과 문화의식의 형성 및 공고화를 염두에 두었다. 그리고 이것은 이러한 사회적 권리들이 실제로 어떻게 시행되었는지를 설명해 준다. 예를 들면, 교육의 권리는 아이들이나 부모가 선택할 수 있는 특정 언어에 의한 교육의 권리라기보다는 국민 언어에 의한 교육을 의미하는 것이었다. 왜냐하면 교육의 목표가 단순히 합리성 및 문자의 이해나 지식을 추구하는 추상적 욕구의 충족을 넘어서 사람들을 국민문화로 통합하기 위한 교육을 시키는 데 있었기 때문이다. 이와 유사한 맥락에서, 서구국가들은 의료혜택을 각각의 인종집단에 따라 분리된 병원에서 제공하지 않았다. 심지어 분리된 병원에서 제공하는 것이 의료혜택을 효율적으로 제공해 실시하는 방법일 수 있음에도 불구하고 그렇게 하지 않았다. 그 이유는 그것의 목표가 단순히 추상적 의미에서의 기본적 필요의 충족에 있지 않고, 공동의 시민의식을 창출하는 데 있기 때문이다. 이 공동의 시민의식은 공통의 자격과 이 공통의 자격을 행사하는데 따르는 공통의 경험에 기초하게 된다. 사회적 권리란 일반적으로 공통의 공적 제도를 통해 일종의 공통의 이익을 향유할 수 있는 권리를 의미한다. 통상 공통의 공적 제도는 공통의 국민 언어를 통해 작동된다. 사회적 권리는 이러한 제도를 통해 기본적 필요를 충족시킴과 동시에 공동의 국민정체성을 형성시키려는 목적과 결부된다.

---

3) 이것은 엘리트들이 공적 자금을 자신들의 문화를 유지하는 것에 연결될 수 있도록 하는 데 논리적 근거를 제공하는데, 그 근거로 그 문화가 이제는 '국민' 문화가 되었으며 계급에 상관없이 모든 시민들에게 유용하다는 이유를 든다.

그래서 '공통의 권리로서의 시민권'(citizenship-as-common-rights)의 전통적 모델은 국민통합의 개념과 깊이 결부되었다. 공통의 시민권리와 국민통합의 이러한 연결은 지금에 와서는 비판을 받고 있다.[4] 많은 집단들-흑인, 여성, 토착민, 인종 및 종교적 소수자, 남성 및 여성 동성연애자-은 이러한 공통의 시민권리를 소유하고 있음에도 불구하고, 여전히 소외와 사회적 냉대를 느낀다. 이러한 집단의 많은 구성원들은 이들의 사회경제적 신분 때문이 아니라(또는 신분 때문만이 아니라), 이들의 사회문화적 정체성-즉, 이들의 '차이'(difference)에 의해서도 사회적 소외감을 느낀다. 이들은 공통의 시민권리들(the common rights of citizenship)이 처음부터 이성애자 백인, 장애 없는 남성에 의해서, 그리고 이들을 위해서 규정되었기 때문에, 다른 집단들의 필요를 수용할 수 없다고 주장한다. 그래서 영(Iris Marion Young)이 명명한 '차별적 시민권'(differentiated citizenship)과 같은 어떤 형식(Young 1989)을 요구한다. 이 입장에 의하면, 단순히 개인으로서가 아니라 집단을 통해서 특정 집단의 구성원들이 정치공동체에 병합되는데, 부분적으로 이들의 권리는 이들의 집단구성원의 지위에 의존한다는 것이다. 이들은 이러한 집단적으로 특수화된 형태의 시민권을 주장한다. 이렇게 주장하는 이유는 이들이 단일한 공동의 국민문화가 존재한다는 발상을 거부하기 때문이거나, 아니면 차별적 시민권을 통해서 이러한 집단의 사람들을 공동의 국민문화로 수용하는 것이 최선의 방법이라고 생각하기 때문이다.

일부 집단들은 '공동'의 국민문화로 통합하려는 그러한 발상 자체를 거부한다. 이러한 집단들에는 퀘벡인(Québécois), 카탈로니아인(Catalans), 플랑드르인(Flemish)들이 포함된다. 이들은 자신들이 보다 확장된 국가(larger state)내에서 별개의 '민족'을 형성하고 있다고 생각한다. 그리고 이들은 자신들의 고유한 민족 언어와 문화로 운용되는 자신들만의 공적 제도를 가진 별개의 자치사회를 유지하기 위해 투쟁한다.[5] 이 목표를

---

4) 제4장에서 보았듯이, 사회적 권리와 국민 통합 간의 이 연결 역시 다른 방향에서, 즉 권리로부터, 도전받았다. 자유지상주의자들은 사회적 권리가 극도로 가난한 사람들을 더욱 악화시키는 빈곤의 덫과 의존의 문화를 만들어냄으로써 사실상 국민 통합을 방해하고 있다고 주장한다. 그러나 이 장에서 나는 전통적인 시민권 권리의 모델(the traditional model of common citizenship rights)이 문화적 차이를 조정하는데 실패했다고 하는 주장에 초점을 맞출 것이다.

5) 나는 소수민족(national minorities)이라는 말을 확장된 국가로 통합하기 이전에 자신들의 역사적 고향에서

달성하기 위해, 이들은 일정한 범위의 (집단의 차이를 고려하는) 차별적 권리를 필요로 한다. 즉, 특정 형태의 영토적 자치정부(territorial self-government), 자신들 자치지역 내에서의 공용어의 지위, 자신들 언어로 운용되는 충분한 정도의 공적 제도(법적, 교육적, 정치적)를 설립할 수 있는 권리를 필요로 한다.

유사한 이야기를 수많은 토착민들(indigenous peoples)에 관하여서도 말할 수 있다. 이들 역시, 자신들을 독특한 민족이나 인민으로 유지하려는 명목으로, 통합을 거부한다. 이들은 이 목표를 달성하기 위해, 영토권, 조약권 그리고 자치정부권리를 포함하는 다양한 형태의 (차이를 고려한) 차별적 권리를 주장한다.

일부 다른 집단들은 국민통합의 발상을 받아들이긴 하나, 국민통합을 이루기 위해서는 특정 형태의 (차이를 고려한) 차별적 처우가 필요하다고 생각한다. 예를 들어, 많은 동성애자들은 자신들이 국민문화로부터 부당하게 배제되고 있다고 느낀다. 이러한 배제의 원천은 결코 경제적 불평등에서 오는 것은 아니다(사실상, 동성애자들은 이성애자들 만큼 경제적으로 부유하다고 할 수 있다). 오히려 이들은 이성애가 공식적 상징인 자신들의 국민문화 안에서 냉대를 받고 있다. 서구 사회에서, 우리의 문화 모델이 규정한 '좋은'(good) 또는 '정상적'(normal) 인간은 이성애자이다. 동성애자들을 완전하게 동화시키기 위해서는 이들을 냉대하는 국민문화의 이러한 측면들이 마땅히 도전받게 될 것이다. 동성애자들은 교육 혹은 자원이 부족하기 때문이 아니라, 그들을 비천하고 타락한 존재로 간주하고 그들이 고려와 존중을 받을만하지 않는 존재로 다루는 국민문화의 신분적 위계질서 때문에 국민문화에 충분히 참여할 수가 없게 된다. 이러한 신분 불평등은 차별적 법률(discriminatory laws)에 반영되기도 했다(이들 법의 일부는 아직 미국과 영국의 조문들에 남아 있다). 그러나 그러한 법들을 철폐한 이후에도, 신분 불평등은 여전히 보다 미묘한 방식으로 반영되었다. 예를 들어, 동성애자들은 전국적 대중매체, 학교의 교육 과정, 또는 공공 박물관에서는 보이지 않는 것

완전하고 기능적인 사회를 형성했던 집단을 의미하는 것으로 사용한다. 그와 같은 소수민족의 합병은 전형적으로는 식민지화, 정복 혹은 제국주의적 권력이 다른 곳으로 영토를 확장할 때 비자발적으로 발생하지만, 연방 결성의 결과에서처럼 자발적으로도 발생할 수 있다. 제8장 다문화주의, 제3절 (d) 소수민족(national minorities) 부분을 보시오.

처럼 다루어졌다. 이들은 신체적 공격과 같은 가중된 위험에 노출되기도 했다. 이들은 고도의 사적 차별에 직면하게 된다.[6] 따라서, 동성애자들은 이러한 신분적 위계질서를 타파하는 일정 범위의 권리와 정책을 추구하게 된다. 예를 들자면, 동성애자들의 결혼에 대한 공적 인정, 또는 학교 위원회나 경찰 위원회에서의 대표로의 인정을 추구한다. 많은 종교적 소수자(religious minorities)들에 대해서도 유사한 이야기를 할 수 있다. 종교적 소수자들은 국민문화로부터 냉대와 배제를 느낀다. 이들은 자신들의 독특한 차이를 인정하는 다양한 형태의 조치를 요구한다(즉, 자신들의 종교적 안식일에 대한 공적 인정, 종교적 숭배를 간섭하는 법률 적용에 대한 예외의 인정을 원한다. 후자의 예로, 유태인과 이슬람교도들에게 규정된 의식의 일환으로 행해지는 도축을 금지하는 동물도살관련법이나, 군대나 경찰에서 시크교도들에게 터번의 착용을 금지하는 복장규정을 들 수 있다).

왜 이러한 집단의 사람들이 노동자 계급에 의해 요구되었던 공통의 시민권리 대신에 (또는 이러한 권리에 추가적으로), 일종의 (차이를 고려한) 차별적 시민권을 요구하게 되었는가? 이러한 경우들에서, 왜 공통의 사회적 권리를 통해 모든 시민을 통합하려던 마샬의 전략은 실패하게 되었는가?

일부 비판자들은 이러한 요구들이, 우선적으로는, 집단구성원들의 분개와 불평등의 감정을 조장함으로써, 이들 집단구성원들에 대한 지속적 장악을 정당화하는 동시에 그들의 조직 운영에 필요한 정부 보조금의 수혜를 정당화하려는 이기주의적인 집단지도자들[예를 들어, '인종적 기업가'(ethnic entrepreneurs)]의 결과일 뿐이라고 주장한다. 이 견해에 의하면, 집단 엘리트들은 집단구성원들을 (실제적이든 그렇다고 인식된 것이든) 불리한 위치에 묶어두려는 동기가 있다. 왜냐하면, 만약 집단구성원들이 보다 확장된 사회에서 성공한다면, 이들 지도자들의 추종자들 및 자금조달원이 고갈될 것이기 때문이다(예를 들면 Hardin 1995).

이러한 일부 집단지도자들의 동기에 대한 설명이 어느 정도 진실이라는 점을 의심

---

6) 북미에서 동성애자들의 신분적 불평등의 억압적 측면에 관한 증거에 대해서는, B. Walker 1998; C. Cohen 1997: 582~588를 보시오.

하기는 힘들다. 소수자 집단지도자들 역시 주류사회의 정치엘리트만큼 냉소적이고 이기적인 존재라 할 수 있다. 그러나 이러한 견해는, 그렇다면 왜 비엘리트 집단 구성원들도 종종 차별적 시민권에 대한 요구를 지지해 왔는지를 설명하지 못한다. 비판자들은 집단엘리트들이 집단구성원들의 진정한 기회에 관한 그릇된 정보를 지속적으로 제공함으로써 이들 집단구성원들을 조작해 왔다고 시사한다. 그러나 이러한 설명은 집단구성원들의 부와 교육이 증가하는데도, 차별적 시민권을 요구하는 동원이 줄어들지 않고 늘어가는 경향을 보인다는 사실과는 모순 된다. 서구 전반에 걸쳐서, 심지어 집단의 지도자들이 공적 경쟁과 선거에 대한 책임의 강력한 형식에 종속되어 있고, 그리고 집단구성원들이 상당한 수준의 교육과 지식을 갖춘 가장 민주적인 국가들에서조차 차별적 시민권에 대한 요구가 증대된 것은 사실이다.

이것은 물론 이러한 집단의 모든 구성원들이 동일한 차별적 시민권에 대한 요구를 지지한다고 말하는 것은 아니다. 이러한 집단의 구성원들 대부분은 이질적이며, 보다 확장된 사회와 마찬가지로 정치적 견해와 개인적 삶의 스타일에서 분열성을 전형적으로 보여준다. 이들 구성원들은 흑인 동성애자와 흑인 이성애자, 우파와 좌파의 여성, 종교적 신앙을 가진 퀘벡인과 비종교적인 퀘벡인, 진보적 이민자와 보수적 이민자 등으로 나누어 질 수 있다. 이러한 차이들은 집단 내부에서 어떠한 종류의 요구를 할지에 대한 토론을 반영한다. 나는 이 장의 후반부에서 이러한 내부적 분열의 적실성에 관하여 논하고자 한다.

그러나 이 중 어느 것도 수많은 집단의 구성원들 사이에 특정 형태의 차별적 시민권을 요구하는 명백한 추세가 존재한다는 사실을 변경시킬 수는 없을 것이다. 이러한 요구를 무엇으로 설명할 수 있을까? 과도하게 단순화시켜 말하자면, 모든 서구민주주의에는 두 가지 강력한 위계가 존재한다고 말할 수 있다. 첫째, 경제적 위계(economic hierarchy)가 있다. 마샬이 이론화하는 영국의 경우, 이러한 경제적 위계를 위에서부터 말한다면, 지주 귀족에서부터 시작하여 상인 및 산업 자본 엘리트를 거쳐, 전문직, 정신노동자, 숙련공, 그리고 비숙련 노동자까지의 위계가 존재한다. 이 경제적 위계구조에서 어떤 사람의 위치는 그 사람의 시장 또는 생산수단과의 관계에 의해 결정된다. 이러한 경제적 위계구조에 내재하는 불평등에 대한 투쟁은 재분배의 정치(politics of redistribution)를 배태시키게 된다. 이것은 전통적 형태의 노동계급 동원을 반영한다. 프레이저(Nancy Fraser)는 다음과 같이 묘사한다(Fraser 1998·2000).

▣ 재분배의 정치

- 사회의 경제구조에 뿌리내린 사회경제적 부정의(socioeconomic injustices)에 초점을 맞춘다. 여기에는 착취(타자에 의해 착취된 노동의 결과물), 경제적 주변화(원하지 않는 노동에 국한 혹은 노동시장으로부터의 완전한 배제), 경제적 박탈(생계유지에 필요한 적정한 수준의 물질적 여건의 결여)이 포함된다.
- 이것의 치유는 경제적 재구조화(reconstructing)이다. 즉, 소득 재분배, 노동 분업의 재편성, 또는 투자결정의 규제가 이에 해당된다.
- 공공정책의 대상은 시장이나 생산수단과의 특수한 관계에 의해 경제적으로 결정되는 계급 혹은 계급과 유사한 집단체들이다.
- 집단차이를 축소하는 것이 목표이다(즉, 기회와 문화에 있어 계급적 차이를 축소시키기).

마샬의 시민권 권리 개념은 경제적 불평등에 이와 같은 정치적 투쟁의 의미를 부여하는 데 우선적 의도가 있었다. 그러나 영국사회에는 마샬이 많은 주의를 기울이지 못했던 또 다른 위계구조가 있었다. 이것은 신분 위계구조(status hierarchy)이다. 말하자면, 아일랜드인보다는 영국인이, 구교도보다는 신교도가 되는 것이 더 낫다고 말한다(그리고 유태인이나 이슬람교도보다는 기독교도가 더 낫다). 흑인, 갈색인, 또는 황인보다는 백인이, 여성보다는 남성이, 동성애자보다는 이성애자가, 장애자보다는 정상인이 되는 것이 더 낫다. 이러한 신분 위계구조는 하층 신분집단에 대한 차별적 법률 역사에, 그리고 대중 매체, 학교, 박물관 또는 국가상징물에서 지속되는 그들의 불가시성 혹은 그들에 대한 고정관념으로 반영된다. 이러한 모든 공적 기구는 하층 신분집단을 차별함은 물론, 간단히 무시하고 있다.

우리는 모든 다른 서구민주국가에서 유사한 종류의 신분 위계구조를 찾아볼 수 있다. 이들 국가 역시 기독교인, 이성애자, 비장애 백인 남성에게 우월한 신분을 부과한다. 이러한 신분 위계구조에 대한 투쟁은 '인정의 정치'를 낳게 한다. 인정의 정치는 최근 동성애자, 종교적 소수자, 이민자, 소수민족들이 주도하는 운동 저변에 깔려 있는 정치 형태를 의미한다. 프레이저(Nancy Fraser)는 그 특징을 다음과 같이 묘사한다.

▣ 인정의 정치

- 표현, 해석, 의사소통의 사회적 양식에 뿌리내린 문화적 부정의(cultural injustices)에 초점을 맞춘다. 여기에는 문화적 지배 *cultural dominance* (다른 문화와 결부된 해석의 패턴에 종속되어 있는), 불인정 *nonrecognition* (자신이 속해 있는 문화의 권위주의적 의사소통 관행에서 눈에 보이지 않게 작동하는), 그리고 경멸 *disrespect* (고정관념화된 공적 문화의 표현 또는 일상의 상호관계에서 나타나는 멸시)이 있다.
- 치유방향은 비천하게 여겨진 집단의 손상된 정체성과 문화적 산물들을 상향적으로 재평가할 수 있도록 문화적 또는 상징적 변경을 가하거나, 문화적 다양성에 긍정적 의미를 부여하는 것이다.
- 대상은 신분 집단이다. 이들은 인정의 관계 때문에 다른 집단에 비해 존중, 존경 및 품위에 있어 낮은 대우를 받는다.
- 목표는 집단차이를 인정하는 것이다.

우리가 비록 분석적 목적으로 재분배의 정치와 인정의 정치 간의 차이를 구별할 수 있긴 하지만, 현실세계에서 이 양자는 연결되어 있다. 어떤 집단들은 이 양자의 위계구조 모두에서 최하층 또는 거의 최하층에 근접해 있어서, 재분배와 인정을 위해 운동을 결집해야 할 필요성을 느낄 수 있다. 사실상 많은 사람들—특히 마르크스주의자들—은 두 번째 위계구조는 순수하게 이차적이고 부수적이라고 생각해 왔다. 이 견해에 의하면, 경제적 위계구조에서 차지하는 어떤 사람의 위치가 그 사람의 신분 위계구조에서의 위치를 결정한다—어떤 집단이 문화적으로 낙인찍힌다면, 그러한 문화적 낙인은 그 집단이 오직 경제적으로 불리한 위치에 처해 있기 때문에 발생한다는 것이다. 이 견해를 따르면, 경제적 불평등이 제거된다면 문화적 불평등도 자동적으로 사라져야 한다. 그래서 전통적 마르크스주의자들은 우리의 모든 노력이 재분배의 정치에 투여되어야 한다고 본다. 저변의 경제적 불평등을 거론하지 않고 문화적 낙인의 문제를 해결하려고 하는 시도는 무익할 뿐만 아니라 초점을 놓치는 것이라고 한다. 놀라울 정도의 숫자의 자유주의자들 역시 문화적 불평등의 이차적이고 파생적인 성격에 관한 마르크스주의자들의 이러한 견해를 인정해 왔다.

그렇지만 경험적 증거는 신분위계구조가 경제적 위계구조로 환원될 수 없음을 시사해 준다. 확실히, 여성, 흑인, 원주민과 같은 일부 집단들은 취약한 경제적 위치에 있어서도 불균형적으로 집중되어 있을 뿐만 아니라, 문화적 표현에 있어서도 비천하거나 침묵적 입장에 속해 있다. 그러나 경제적으로는 부유하지만 문화적으로 낙인찍힌 다른 집단들도 존재한다. 예를 들면, 대분의 서구 민주주의 국가에서 동성애자들에게 이것은 사실이다. 이들은 이성애자들과 마찬가지 수준의 수입과 교육을 누리고 있지만, 극단적인 동성혐오로 인해 고초를 겪고 있다. 또한 아랍계 또는 일본계 미국인처럼 일부 부유한 이민자들 혹은 종교집단을 예로 들 수 있는데, 이들은 평균수준 이상의 교육과 수입을 누리고 있지만, 문화적으로는 소외되고 있다. 마찬가지로, 카탈로니아인, 퀘벡인과 같은 소수민족 역시 다수파 민족과 같은 수준의 생활을 향유하고, 어떤 경우에는 사실상 보다 높은 수입의 생활을 하고 있다. 그렇지만 이들의 언어와 문화는 주류의 언어와 문화 보다 열등하다고 간주된다. 이러한 집단들에서는 경제적 평등을 달성했어도 신분 불평등을 해소하지는 못하였다(비록 경제적 평등의 성취가 의심할 바 없이 신분불평등을 완화한 것은 사실이지만). 따라서 경제적 평등의 성취가 인정의 정치를 동원할 필요성을 제거하지는 못했다.

이와는 대조적으로, 신분 위계에서는 특권적 지위를 향유하고 있지만, 경제적으로 불리한 위치에 처한 집단들도 있다. 이것은 대부분의 서방국가들에 있어서 전통적인 남성노동자 계급의 경우라고 할 수 있다. 노동계급은 부정의한 경제적 위계로 인해 고통을 받고 있긴 하지만, 신분 위계에서는 종종 혜택을 누린다. 대부분의 남성 노동계급은 자신들의 남성성별(male gender), 백색 피부, 기독교라는 종교, 이성애적 성향이 그들에게 여성, 흑인, 유태인 또는 동성애자들보다 우월한 지위를 부여하는 규범이라고 규정함으로써 만족을 누릴 수 있게 된다.

복지국가가 도입되기 이전에는 분명히, 남성 노동자 계급은 교육에 대한 접근성, 경제적 기회 및 수입의 결여로 인해 이러한 신분위계구조의 혜택을 누릴 수 없는 경우가 흔했다. 따라서 전통적인 노동 계급의 배제를 치유하기 위한 해결은 우선적으로 사회적 권리를 통한 공통의 시민권을 강화하는 것이었다. 신분 위계구조에 도전할 필요는 없었다. 그리고 사실상 많은(백인, 남성, 기독교, 이성애자인) 노동계급의 구성원은 여성, 동성애자, 종교적 소수자, 또는 이민자들이 신분위계질서에 도전하려는 시도에 저항해 왔다. 상층 신분집단에서 경제적으로 불리한 위치에 있는 구성원들인 전통적 노동계층은 경제적 위계구조에 대한 도전에는 관심이 있었으나, 신분위계질서를 보존하려는 점에서는 이기적인 입장을 취했다.

따라서 경제적 위계와 신분적 위계 간에는 단순한 상관관계가 없다. 그리고 이것은 공통의 사회적 권리를 통한 마샬의 통합전략이 노동 계급에게는 일리가 있었지만 다른 집단들은 왜 만족시키지 못했는가를 설명해 준다. 전통적인 노동 계급의 배제를 해결하려는 치유책은, 인정의 정치 문제에 개입할 필요 없이, 순수한 경제적 재분배의 정치에 근접한 것이었다. 그러나 대부분의 다른 배제된 집단들에게, 평등이란 그 밖의 다른 것 또는 그 이상의 무엇을 요구한다. 즉, 신분 위계구조에 대한 공격을 필요로 한다. 동성애자와 유태인 같은 일부의 경우에 그 목표는 순수한 인정의 정치에 매우 근접한 그 무엇일 수 있다. 그 이유는 이들은 이미 경제적 평등을 이루고 있기 때문이다. 여성 또는 흑인 같은 다른 집단들에게 있어서, 평등은 재분배의 정치와 인정의 정치 양자 모두를 요구한다.[7)]

신분 불평등이 경제적 불평등으로 완전히 환원이 될 수 없거나, 또는 경제적 불평등으로 인해서만 파생되지 않는다는 인식의 증대는 인정의 정치에 대한 관심의 증대를 가져왔다. 그렇지만, (집단의 차이를 고려하는) 차별적 시민권(differentiated citizenship)을 통한 인정의 정치에 대한 이러한 요구는 심각한 논란이 되고 있다. 사실상, 수많은 사람들은 집단차별적 시민권(group-differentiated citizenship)의 발상

7) 프레이저(Fraser)가 주목했듯이, 이처럼 '혼합된'(mixed) 경우에 인정과 재분배 사이의 관계는 대단히 복잡해질 수 있다. 예를 들어, 여성이나 흑인을 위한 적극적 배려(affirmative action)의 프로그램들이 경제적인 시장과 관련된 재분배를 촉진시키는 데에는 효과적인 수단이 될 수 있다. 그러나 이들 집단을 '자신의 일을 자신들 스스로 할 수 없기' 때문에 '특별한' 도움이 필요한 존재로 분류하는 것은 사실상 이들에 대해 찍혀진 낙인을 더욱 악화시킬 수도 있다.

이 모순적인 용법이라고 간주한다. 정통적 견해에 의하면, 시민권이란, 정의상, 모든 사람들을 법 앞에서 동등한 권리를 가진 개인들로 간주하는 문제이다. 이것이 바로 사람들의 정치적 신분을 그들의 종교, 인종 혹은 계급적 멤버십에 의해 결정해 버리는 봉건적 그리고 여타의 전근대적 견해들로부터 민주적 시민권을 구별해 주는 점이다. 따라서 '집단구성원에서부터 파생하는 권리 또는 요구에 기초한 사회 구성은 시민권에 입각한 사회의 개념과는 첨예하게 상치된다'(Porter 1987: 128). 따라서 차별적 시민권 개념은 시민권 이론에서 아주 급진적 발전이라 할 수 있다.

이 책의 마지막 두 장에서의 나의 목표는 인정의 정치에 의해 제기된 쟁점의 일부를 검토해 보는 것이다. 인정의 정치에서는 집단들이 특정 형식의 집단차별적 시민권을 통해 전통적인 신분위계질서에 도전을 추구한다. 그런데 이 집단차별적 시민권은 과거에는 낙인의 대상이 되었던 집단의 차이를 수용하는 것이라 할 수 있다. 이러한 집단차별적 권리에 대한 찬성과 반대 주장의 도덕적 근거는 무엇일까? 특히, 이들 주장들이 개인의 자유, 사회적 평등 및 민주주의 같은 자유민주주의의 근본 원칙들을 어떻게 연결시킬까? 인정과 재분배는 어떻게 연결되는가?

우리가 살펴보았듯이, 인정을 추구하는 운동은 매우 광범위하다. 이러한 문제들에 답하기 위해서는 관련된 집단들의 상이한 종류를 구분해 보는 것이 도움이 될 수 있을 것 같다. 다음 장에, 나는 여성 집단들에 의해 제기되는 주장을 살펴보고, 동성애자와 장애인들이 제기한 요구를 간단히 다루려고 한다. 이 장에서는 이민자, 소수민족, 토착민, 인종 집단 및 인종종교 집단들과 같은 인종문화집단이 제기하는 요구들에 초점을 맞추려 한다. 이것은 바로 매우 이질적인 일련의 집단들을 반영한다. 각각의 집단은 상이한 유형의 요구를 제기하고 있다. 그렇지만, 이들의 주장에는 두 가지의 중요한 공통점이 있다.

① 이들의 주장은, 모든 자유민주국가에서 보호되고 있는 개인적 시민권, 즉 우리가 익숙히 알고 있는 일련의 공통된 시민적 및 정치적 권리의 범위를 넘고 있다.
② 이들의 주장은 인종문화집단의 독특한 정체성과 필요성을 인정하고 그것의 수용을 실현하려는 의도로 채택되고 있다.

나는 '다문화주의'(multiculturalism)라는 용어를 이러한 인종문화집단의 제 요구를 우산처럼 모두 포괄하는 개념으로 사용하려 한다.[8)] [인정을 추구하는 이러한 인종문화 집단들이 대부분 소수자이기 때문에, 아래에서 그 이유를 설명하겠지만, 나는 또한 '소수자 권리'(minority rights)라는 용어로도 사용하려 한다.]

다문화주의와 소수자권리에 관한 철학적 논쟁은 최근 들어 그 범위나 기본 용어에 있어 모두 급진적 변화를 보여주고 있다. 1980년대 중반까지 이 분야를 연구하는 정치철학자나 이론가는 매우 드물었다. 사실상 금세기의 대부분에 걸쳐서, 인종 문제는 정치철학자들에게는 주변적인 문제로 간주되었다(다른 많은 학문분야, 즉 사회학에서부터 지리학 그리고 역사학 분야에서도 마찬가지였다고 할 수 있다).

그렇지만 수십 년간의 상대적인 무관심의 기간을 거친 오늘날에 이르러, 다문화주의 문제는 정치이론의 전면으로 부상했다. 이러한 변화의 이유를 몇 가지로 추적해 볼 수 있다. 가장 명백하게는, 공산주의의 붕괴가 동유럽에서 인종민족주의(ethnic nationalism)의 파도를 불러 일으켰다. 이러한 양상은 민주화 과정에 극적인 영향을 미쳤다. 공산주의의 잿더미로부터 자유민주주의로 수월하게 진전할 것이라고 여겼던 낙관적인 가정은 인종문제와 민족주의 문제로 인해 크게 빗나가게 되었다. 그러나 민주주의가 오랫동안 확립된 국가에서도 인종문제를 돌출시켰던 많은 요소들이 있었다. 예를 들면, 많은 서방국가에서의 이민자와 난민에 대한 기존 주민의 반발, 미국에서의 토착민 권리법안 선언을 이끌어 낸 토착민들의 봉기와 정치적 동원, 캐나다(퀘벡인)에서부터 영국(스코틀랜드인), 벨기에(플랑드르인), 스페인(카탈로니아인)에 이르는 몇몇 서방 국가에서 현재 진행되고 있으며, 심지어 점점 증대하는 분리주의의 위협 등이다.

8) 유용한 유형화로는 Levy 1997을 보시오. '다문화주의'라는 용어는 잠재적으로 혼동을 불러일으킨다. 왜냐하면 몇몇 나라들에서는(캐나다나 오스트레일리아) 이 용어는 전형적으로 오직 이민자(immigrants)들의 적응에 관해서 언급할 때만 사용하고, 토착민(indigenous people)들과 같은 그 외의 인종문화 집단에는 사용하지 않기 때문이다. 거꾸로, 몇몇 다른 나라에서는 (미국과 같은), '다문화주의'는 인종문화 집단만을 포함하는 것이 아니라, 여성, 게이, 레즈비언, 장애자 등과 같은 사람들을 포함하는 '정체성 정치'(identity politics)의 모든 형태를 언급하는데 종종 사용되어 왔다. 그러나 이 장에서는 나는 다문화주의[그리고 '소수자 권리'(minority rights)]를 인종문화 집단들의 주장을 언급하는 것으로 사용하겠다.

이 모든 요소들은 1990년대가 시작될 무렵에 전면으로 부상해는데, 이것은 서구민주국가들이 인종문화적 다양성에 의해 야기된 긴장을 해결하거나 극복하지 못했다는 사실을 명백히 보여주고 있다. 따라서 정치이론가들이 이 문제에 점차적으로 기울이게 된 관심은 결코 놀랍지 않다. 지난 몇 년간 처음으로 분리, 민족주의, 이민, 집단대표, 다문화주의, 토착민 권리 문제와 관련된 규범적인 쟁점들을 다룬 영어로 출간된 첫번째 철학 서적들을 만날 수 있었다.[9] 그러나 이러한 논쟁은 규모에 있어서만 성장한 것에 머무르지 않았다. 사용하는 용어에서도 급진적 변화가 나타났는데, 나는 이러한 점들을 주목하려고 한다. 나는 논쟁의 발전을 3단계로 나누어 보고자 한다.

1. 제1단계: 공동체주의로서 다문화주의

제1단계는 1989년 이전의 논쟁이었다. 1970년대와 1980년대에 이 문제를 제기했던 일부 이론가들은 다문화주의에 대한 논쟁이 본질적으로는 '자유주의자'와 '공동체주의자' 간의 논쟁과 동일하다고 생각했다(또는 '개인주의자'와 '집단주의자' 간의 논쟁). 아직 깊이 연구가 되지 않은 주제에 직면하여, 정치이론가들이 다른 보다 익숙한 주제와 연관지어 유비시키는 것은 자연스러웠고, 자유주의-공동체주의 논쟁(the liberal-communitarian debate)이 가장 적절해 보였다. 결국, 다문화주의는 문화공동체의 구성원으로 스스로를 동원하고, 자신들의 공동체를 인정시키고 보호하기 위해 특정 형태의 '집단 권리'(group rights)를 추구하는 사람들과 관련되어 있는 것처럼 보였다. 이 모든 것은 '공동체주의적' 요소를 함유하고 있다.

9) Bauböck 1994; Buchanan 1991; Canovan 1996; Kymlicka 1995a; Miller 1995; Phillips 1995; Spinner 1994; Tamir 1993; Taylor 1992; Tully 1995; Walzer 1997; Young 1990. 나는 Plamenatz 1960을 제외하고, 1990년 이전에 이러한 주제들에 대해서 철학자들이 쓴 한권 분량의 영어로 쓰인 책을 알지 못한다. 이 주제에 대한 철학적 논문들을 편집한 책들 또한 많이 있다(Baker 1994; Kymlicka 199b; Lehning 1998; Couture, Nielsen and Seymour 1998; Shapiro and Kymlicka 1997; Schwartz 1995; Raikka 1996). 포괄적인 참고도서목록은 Kymlicka and Norman 2000을 보시오.

제6장에서 보았듯이, 자유주의-공동체주의 논쟁의 한 형태는 개인적 자유의 우선성을 중심으로 전개되었다. 자유주의자들은 개인들은 자기 자신의 관점에 입각한 좋은 삶을 스스로 결정할 자유가 보장되어야 하며, 어떤 형태로든 미리 귀속되거나 계승된 신분으로부터 해방되어야 한다고 주장했다. 자유주의적 개인주의자들은 도덕적으로 개인이 사회보다 선행하는 존재라고 주장한다. 따라서 그들에게는 공동체를 구성하는 개인들의 복지에 기여할 때만 공동체가 문제가 된다. 만약 이러한 개인들이 기존의 문화적 관행의 유지가 가치 있다고 생각하지 않는다면, 해당 공동체는 그러한 관행을 보존할 만한 독립적인 이유가 없으며, 개인들이 이를 변경하거나 거부하는 것을 막을 권한은 없다.

공동체주의자들은 이러한 '자율적 개인'(autonomous individuals) 개념에 의문을 제기한다. 이들은 인간을 특정한 사회적 역할과 관계성에 '각인된'(embedded) 존재로 생각한다. 그러한 각인된 자아(embedded selves)는 자신의 선관을 형성하지도 수정하지도 않는다. 대신, 이들은 자신들을 위한 선을 규정해 주는 삶의 방식을 전수받을 따름이다. 공동체주의자들은 집단의 관행(group practices)을 개인 선택의 산물로 간주하지 않고, 오히려 개인을 사회적 관행(social practices)의 산물로 간주한다. 나아가서, 이들은 공동체의 이익을 그 구성원 개인들의 이익으로 환원해 설명할 수 있다는 입장을 종종 거부한다. 따라서 개인 자율성의 특권화는 공동체를 손상시킬 수 있다고 생각한다. 건강한 공동체는 개인의 선택과 공동체적 삶의 방식의 보호 양자간의 적절한 균형을 유지해야 하며, 전자가 후자를 침식할 수 있는 정도를 제한해야 한다고 주장한다.

이와 같은 제1단계 논쟁의 가정에서는, 다문화주의에 관한 어떤 사람의 입장이, 그 사람이 자유주의-공동체주의 논쟁에서 차지하는 위치에 좌우되며, 그로부터 파생된다는 것이다. 만약에 어떤 사람이 개인의 자율성을 중시하는 자유주의자라면, 그 사람은 개인에 대한 적정한 강조로부터 불필요하고 위험한 이탈을 한다는 이유로 다문화주의에 반대할 것이다. 이와는 대조적으로 공동체주의자들은 다문화주의를 개인적 자율성으로 인한 침식적 효과로부터 공동체를 보호하고 공동체의 가치를 수호하는 적절한 방법으로 간주한다. 특히 인종문화적 소수자는 그러한 보호를 받을 필요가 있다. 그렇게 해야 하는 이유는 부분적으로는 이들이 가장 위험에 노출되어 있을 뿐만 아니라, 또한 보호를 받아야만 하는 그러한 공동체적 삶의 방식을 가지고 있기 때문이다. 다수자들과는 달리, 인종문화적 소수자는 자유주의적 개인주의에 아직 예속되지 않았으며, 그래서 이들은 일관성 있는 집단적 삶의 방식을 유지해 왔다.

개인과 집단간의 상대적 우선성과 환원성에 관한 이러한 논쟁은 다원주의에 관한 초기 문헌을 지배하고 있다.[10] 소수자 권리의 옹호자들은 이러한 논쟁들이 도덕적 개인주의와 개인의 자율성에 관한 자유주의의 확고부동한 지지와 부합할 수 없다는 데에 동의하고 있다. 그러나 이것은 자유주의의 본질적 결함을 적절히 지적하고 있다고 주장한다. 그래서 다문화주의의 옹호자들이 처음에는 공동체주의를 소수자 권리 보호를 위한 가능한 철학적 근거로서 의존하게 되었다. 역으로, 제6장에서 보았듯이, 공동체주의 논의는 자연스럽게 특정 형태의 다문화주의의 방향으로 발전되었다. 공동체주의자들의 제1물결에서는 자유주의적 자아관이 소수자는 물론 다수자들에게도 일반적으로 부적절 하다고 주장했던 반면, 제2물결에서는 자율성에 기반한 자유주의(autonomy-based liberalism)가 자유주의적 사회 내에 존재하는 독특한 '공동체적' 집단들에게는 적합하지 않다는 보다 완화된 주장을 했다. 그리고 사실상, 우리가 이미 살펴보았듯이, 샌들(Michael Sandel)과 테일러(Charles Taylor) 모두는 특정한 소수자 권리들을 공동체주의의 실제적인 예들로 인용한다. 그리고 이 소수자 권리들을 다수자 또는 국가적 수준에서는 가능하지 않은 '공동선의 정치'(politics of the common good)의 한 형식을 표명하는 것이라고 인용한다.

간단히 말해, 제1단계의 논쟁에서, 다문화주의의 옹호는 자유주의에 대한 공동체주의 비판의 지지를 포함하고, 동시에 소수자 권리의 보장이 응집적인 공동체적 심성을 가진 소수자 집단을 자유주의적 개인주의의 침투로부터 보호해 준다는 견해를 함유하고 있다.

10) '개인주의자' 진영의 대표적인 저술로는 Narveson 1991; Hartney 1991을 보시오. '공동체주의자' 진영은 Garet 1983; Van Dyke 1977, 1982; Addis 1992; Johnston 1989; McDonald 1991a, 1991b; Svensson 1979; Karmis 1993을 보시오.

2. 제2단계: 자유주의 틀 내에서의 다문화주의

서구 민주주의 국가에서 대부분의 다문화주의의 주장을 개념화한다는 것은 유용한 방법이 아니라는 인식이 점차 증대해 왔다. 자유주의에 대한 공동체주의적 공격과 소수자 권리의 개념 간에 '뚜렷한 유사성'(striking parallel)이 존재한다는 가정에 대한 의문은 점차 증대되어 왔다.[11]

확실하게 해 두자면, 분명히 '공동체주의적'이라고 할 수 있는 일부 집단들이 있다. 이것은 보다 확장된 세계와 스스로 거리를 두려는 고립주의적인 인종종교적인 집단(isolationist ethnoreligious groups)들에게 해당된다. 예를 들자면, 후터교도(the Hutterites), 아미쉬(Amish) 또는 하시디즘파 유태인(Hasidic Jews)들이 있다. 그리고 보다 고립되었거나 전통주의적인 일부의 토착민 공동체들 역시 '공동체주의적' 집단이라는 묘사에 적합하다. 자유주의적 국가들이 그러한 비자유주의적 집단에게 어떻게 반응해야 하는가의 문제는 제6장 제7절에서 종교적 자유에 관하여 이미 거론했으며, 제7장 제4절의 시민교육의 쟁점 내용에서도 다루었다.

그러나 서구 민주주의 국가의 대부분의 인종문화집단들은 자유주의 사회의 근대성의 영향력(forces of modernity)으로부터 보호받기를 원하지 않고 있다. 반대로, 이들은 근대 자유주의 사회의 완전하고 동등한 참여자가 되기를 원한다. 이것은, 예를 들자면, 미국의 흑인들에게 해당된다. 자유주의적 원칙에 대한 이들의 깊은 신뢰는 일반적으로 백인들의 경우와 마찬가지이다. 이것은 또한 대부분의 이민자들에게도 해당된다. 이들은 자유민주사회에서 주류로의 수용됨은 물론 완전한 참여를 추구한다. 이들

---

11) Galenkamp 1993: 20~25. 그러한 '뚜렷한 유사성'(striking parallel)에 대한 믿음은 부분적으로는 언어적 속임수의 결과이다. 왜냐하면 소수자 권리는 집단들에 의해 주장되어지고, 집단을 특수화 하려는 경향이 있으며, 그들은 종종 '집단주의적 권리'(collective rights)로 그려지기 때문이다. 소수자들이 '집단주의적 권리'들을 추구하는데 반해 다수자들은 오직 '개인적'(individual) 권리를 추구한다는 사실은, 소수자들이 다수자보다 다소 더 '집단주의자'(collectivist)라는 증거로 받아들여진다. 이러한 논증의 고리는 다양한 불합리한 추론들을 포함하고 있다. 집단을 특수화하는 소수자 권리가 모두 '집단주의적' 권리는 아니다. 그리고 심지어 그 용어의 하나 혹은 다른 의미에서의 '집단주의적' 권리들이라는 것들이 반드시 '집단주의'(colletivism)의 증거는 아니다. Kymlicka 1995a: ch.3을 보시오.

은 교육, 기술, 문해력, 대중매체 등에 동등한 참여를 추구한다. 그리고 이것은 또한 대부분의 비이민 소수민족에게도 해당된다. 예로 퀘벡인, 플랑드르인, 또는 카탈로니아인이 있다. 이들 구성원 중의 일부는 자유민주사회로부터의 분리 독립을 희망하기도 한다. 그러나 만약 이들이 분리 독립한다면, 비자유적인 공동체적 사회를 건설하기보다는 오히려 자신들만의 근대적 자유민주사회를 건설할 것이다(Newman 1996; Davis 1994; Keating and McGarry 2001). 퀘벡인들은 '자신들 고유의 사회'(distinct society)를 만들기를 원한다. 그러나 그것은 분명히 근대 자유주의 사회라 할 수 있다—즉 도시화되고, 세속적이고, 다원적이며, 산업화되고, 관료화된, 대중 소비문화로 이루어진 사회일 것이다.

사실상, 자유주의 원칙에 반대하기는커녕, 여론조사에서는 오히려 자유주의 원칙을 준수함에 있어 소수민족과 다수파 민족들 사이에서 통계적 차이를 찾아볼 수 없는 경우가 흔하다. 그리고 이민 이주자들 역시 빠른 속도로 기본적인 자유민주적 기조에 대한 합의를 수용하는 것을 볼 수 있다. 심지어 이들 이민자들이 자유민주주의의 경험이 없는 나라에서 왔을 경우에서조차도 그러한 경향을 보인다. 개인적 자율성에 대한 지지는 인종, 언어, 종교적 노선을 넘어 현대사회에서 광범위하고 깊이 자리잡고 있다.[12]

간단히 말해, 다문화주의에 관한 논쟁의 압도적 다수가 자유주의적 다수자와 공동체주의적 소수자들 사이의 논쟁이라기보다는, 자유주의의 의미에 관한 자유주의자들 간의 논쟁이라 할 수 있다. 다문화주의의 대다수의 논쟁은 자유민주적 기본에 대한 합의를 지지하는 개인들과 집단들 양자 간의 논쟁이라 할 수 있다. 그러나 이들 개인과 집단은 다인종 사회에서 이 기본원칙을 일률적으로 통합하는 데 대해서는 서로 이견을 보이고 있다—특히 자유민주사회와 제도 내에서 언어, 민족성, 그리고 인종적 정체성의 적정한 역할에 대하여 의견의 차이를 보인다. 소수자 권리를 요구하는 집단들은 적어도 특정 형태로 언어, 관행 및 정체성의 공적인 인정과 지지가 개인적 자율성의 강조를 포함하는 기본적인 자유민주원칙에 부합할 뿐만 아니라, 이 기본원칙에 의해서

12) 북미에서 자국 태생 시민과 이민자들 간의 정치적 견해의 유사성에 관해서는, Frideres 1997; Harles 1993a: ch.6을 보시오. 캐나다에서 영어 사용자들과 불어 사용자들 간의 정치적 가치의 수렴에 대해서는 Dion 1991을 보시오.

요구되는 사항이라고 주장한다.

따라서 이것은 제2단계의 논쟁으로 연결되어 왔다. 제2단계의 논쟁의 문제는 다음과 같다: 자유주의 이론 내에서 가능한 다문화주의의 수용범위는 어떻게 되는가? 논쟁을 이렇게 설정하면 문제를 해결하지 못한다. 그와는 반대로, 자유주의 이론 내에서 다문화주의의 위치는 여전히 많은 논란의 여지를 남긴다. 그러나 그것은 논쟁의 용어들을 바꾸어 놓는다. 문제의 쟁점은 자유주의로부터 공동체주의적 소수자들을 어떻게 보호할 것이냐가 아니라, 소수자들이 자유주의의 기본 원칙을 똑같이 공유함에도 불구하고 소수자 권리가 필요한가 하는 문제이다. 만약에 집단들이 정말로 자유주의적이라면, 이들 집단의 구성원들이 소수자 권리를 원하는 이유는 무엇인가? 왜 이들은 전통적인 공통의 시민권의 권리에 만족을 하지 못하는가?

이것이 라즈(Joseph Raz)가 그의 최근의 저서에서 답하고자 했던 문제의 한 예이다. 라즈는 개인의 자율성—좋은 삶들 중에서 좋은 선택을 할 수 있는 능력—이 자신의 문화에 대한 접근, 그 문화의 번영과 번성, 그리고 다른 사람들에 의한 이들 문화에 대한 존중의 문제와 긴밀히 연결되어 있다고 주장한다(Raz 1994, 1998; Margalit and Raz 1990). 밀러(David Miller), 타미르(Yael Tamir), 스피너(Jeff Spinner) 같은 다른 자유주의 이론가들도 자유를 추구하는 근대 시민들의 '문화적 멤버십'(cultural membership) 또는 '국민 정체성'(national identity)의 중요성에 관하여 유사한 주장을 했다(Tamir 1993; Miller 1995; Spinner 1994). 나 역시 마찬가지로 이와 같은 주장을 해왔다(Kymlicka 1989a, 1995a). 그 주장의 세부적 내용은 차이가 나지만, 우리들 각자는 각자의 방식으로, 문화와 정체성에 관련된 강력한 이익이 존재하며, 이 문화와 정체성의 문제는 자유와 평등이라는 자유주의 원칙에 완전히 부합하며, 소수자에 대한 특별한 권리 부여를 정당화할 수 있다고 주장했다. 우리는 이것을 '자유주의적 문화주의자'(liberal culturalist) 입장이라고 부른다.

자유주의적 문화주의를 비판하는 사람들은 이러한 류의 주장에 대해 수많은 이의를 제기해 왔다. 일부는 우리가 '문화'(cultures)와 '문화 집단'(cultural groups)을 명확하게 식별하거나 구분해 낼 수 있다는 것을 부정한다. 다른 사람들은 개인들이 문화의 '구성원'이라는 주장이 이해될 수 있다는 것을 부인한다. 그렇지만 또 다른 일부의 사람들은 개인들이 특정한 문화의 구성원이라는 주장의 타당성을 인정할 수 있다 하더라도, 개인의 복리나 자유가 어떤 방식으로든 문화의 융성과 필연적으로 연결되어 있다는 가정을 받아들일 이유가 없다고 주장한다. 사람들은 특별한 언어나 문화에 강한 유대감을 형성하기를 선택할 수도 있을 것이다. 그러나 그것은 그들의 선택일 뿐이며, 그들의 본질적 필요는 아니다. 자유주의적 견해에 의하면, 이들 스스로의 선택에 대한 비용의 책임은 마땅히 해당 당사자가 져야 하며, 다른 사람들이 이 '값비싼 취향'(expensive taste)을 보조하는 것을 기대해서는 안된다는 것이다.[13]

이러한 것들은 중요한 반대이다. 그러나 나는 그러한 반대에 대해서 답변이 가능하다고 생각한다. 일반적으로, 사람들이 자라나는 배경이 되는 언어와 문화는 이들의 자발적 취향이라기보다는 선택하지 않은 환경의 일부분으로 간주해야만 할 것이다. 사실상, 어떤 사람의 언어와 문화에 대한 접근은 흔히 의미 있는 선택을 할 능력에 대한 전제조건이 될 수 있다. 어떤 다른 가치를 위해 어떤 사람의 언어와 문화를 포기하는 것은, 명백히 불가능하지는 않다고 하더라도, 흔히 매우 어렵고 희생이 큰 과정이다. 그리고 다수자들은 그에 상응하는 희생에 직면하지 않으면서, 소수자들만 이러한 부담을 져야 한다고 기대한다는 것은 합당하지 않다.[14]

어떤 경우에도, 이러한 반대들은 자유주의적 문화주의(liberal culturalism)에 대한 갈망을 약화시키는데 아직 성공하지 못했다. 자유주의적 문화주의는 이 분야를 연구하는 자유주의자들 사이에서 의견의 일치를 보이는 입장으로 신속히 발전해 가고 있다.[15] 그렇지만, 자유주의적 문화주의에 동정적인 사람들조차 명백한 문제에 직면한다. 일부의 소수자 권리가 개인의 자율성을 지지해 주기보다는 손상시키게 된다는 점은 명백하다. 예를 들자면, 다음과 같은 소수자 권리의 경우에는 그것이 사실이라고 할 수 있다. 즉, 어떤 집단에게 어린이들에게 제공되는 교육과 보건의료에 대한 거부권을 인정하거나, 여성을 강제적으로 가정에만 묶어두는 것을 가능하게 하는 소수자 권리

13) 이러한 세 가지 반대들에 대한 핵심을 찌르는 진술에 대해서는 Waldron 1995; cf. Jonhson 2000을 보시오.

14) 또는 그래서 Kymlicka 1995a: ch.6에서 논했다.

15) 왜 이 자유주의적 문화주의자들의 견해－명확하게 수십 년간 지배적인 자유주의 견해로부터의 출발한－가 그렇게도 관심을 끌게 되었는가는 흥미로운 질문이다. 이것에 대해서 Kymlicka 2001: ch.2에서 언급했다.

들은 개인적 자율성을 손상시킨다. 서방사회에서 대부분의 인종문화집단들이 다수자와 마찬가지로 자유주의의 기본적 가치들을 동등하게 공유하고 있긴 하지만, 특히 일부 보수주의적 인종종교집단들의 경우는 예외라는 점을 살펴본 바 있다. 이 비자유주의적 집단들은 자신들의 구성원의 (일부의) 자유를 제한할 수 있는 권리를 요구할 수도 있다. 그리고 심지어 소수자 집단이 일반적으로 자유민주적 가치를 수용할 때 조차도 여전히 자유적 평등과 상충되는 오래 지속된 특별한 전통 또는 관습이 존재하는 경우도 있다. 그리고 해당 집단은 이러한 전통과 관습을 포기하려 하지 않을 수 있다. 예를 들자면, 이민자 집단은 중매결혼과 관계된 전통적 관습을 유지하기를 원하거나 이혼과 관계된 전통적 규칙을 유지하기를 원할 수 있다. 이 양자의 관습은 여성에게 매우 불리할 수 있다. 사실상, 이러한 잠재적으로 비자유주의적인 관행 또는 관습은 젠더(gender)와 섹슈얼리티(sexuality)의 문제를 둘러싸고 지속된다. 결과적으로, 많은 페미니스트들은 다문화주의가 전형적으로 해당 집단의 남성들에게 그 집단의 여성을 통제할 수 있는 권한과 전통적 형태의 사회적 성 불평등(gender inequality)을 지속시켜 주는 권한 부여를 의미하는 것에 불과하다는 우려를 사실상 표명해 왔다.[16) 이러한 형태를 취하는 소수자 권리들은 집단 구성원의 개인적 자율성을 향상시키기보다는 손상시키는 것이 사실이다.

따라서 자유주의적 다문화주의 옹호자들이 직면하는 중요한 과제는 개인적 권리의 제한을 포함하는 '나쁜' 소수자 권리('bad' minority rights)와 개인적 권리의 보완으로 간주될 수 있는 '좋은' 소수자 권리('good' minority rights)를 구분해 내는 일이다. 나는 소수자 권리가 주장할 수 있는 이 두 가지 종류의 권리를 구분하자고 제안해 왔다. 첫번째 유형은 자신의 집단구성원들을 대상으로 작동하는 권리를 포함한다. 즉, 이것은 *내부적* 이견(*internal* dissent) (즉 전통적 관행이나 관습을 준수하지 않으려는 구성원들의 결정)의 불안정적 효과로부터 집단을 보호하기 위해 고안되어 있다. 두 번째 유형은 보다 확장된 사회를 대상으로 한 집단의 권리를 포함한다. 이것은 *외부적*

---

16) 다문화주의와 여성의 평등 사이에서의 잠재적인 갈등에 관한 토론으로는 Deveaux 2001; Okin 1999; Shachar 2001을 보시오.

압력(*external* pressures) (즉 보다 확장된 사회의 경제적 또는 정치적 결정)의 영향으로부터 집단을 보호하기 위해 고안된 것이다. 나는 첫번째 유형을 '내부적 제재'(internal restrictions)로, 두 번째 유형을 '외부적 보호'(external protection)로 부르고자 한다.

이 양자는 종종 '집단주의적 권리'(collective rights) 또는 '집단권리'(group rights)로 지칭되곤 한다. 그러나 이것들은 아주 다른 문제를 제기한다. 내부적 제재는 집단 내 관계(intra-group relations)에 해당된다-인종문화 집단이 집단의 유지를 명목으로 국가권력을 빌어 자신의 구성원의 권리를 제한하려고 할 수 있다. 이것은 개인적 억압의 위험을 제기한다. 이러한 의미의 '집단주의적 권리'를 비판하는 사람들은, 이처럼 추정된 집단성이 개인의 권리에 우선하게 될 경우에, 여성들이 억압되고 종교적인 교조주의가 합법적으로 강화될 수 있는 신정정치 또는 가부장정치 문화의 이미지에 호소한다.

명백하게, 집단들은 특정한 신념이나 행동을 사적인 자발적 단체(private, voluntary association)의 조건으로 자유롭게 요구할 수 있다. 가톨릭 단체는 그 구성원이 교회에 다녀야 한다고 요구할 수 있다. 자유주의 사회에서 사람들은 누구나 교회에 다니거나 안 다닐 결정을 할 법적 권리, 또는 종교적 교리를 비판하거나 비판하지 않기로 결정할 수 있는 법적 권리를 지니고 있다. 그러나 만약 어떤 사람이 교회에 다니지 않거나 교회의 교리를 비판하기로 결정한다면, 이런 사람들은 교회의 교인자격 및 해당 자발적 단체의 성원자격을 상실할 수 있다. 간단히 말한다면, 이것은 결사의 자유라는 자유주의적 권리의 일부인 동시에 한 다발이라고 할 수 있다. 이것은 우리의 가장 기본적인 시민적 자유 중 하나이다. 그렇지만 내부적 제재의 문제는 어떤 집단의 구성원들이 교회에 다닐 여부를 결정할 법적 권리를 사실상 가질 수 없거나 전통적 믿음에 의문을 가져서는 안된다고 주장할 때 발생한다. 이것이 바로 제6장에서 논했던 오토만 밀렛 제도(the Ottoman millet system)에서 발생했던 문제이다. 이 제도에서는 사람들이 배교나 이단을 선택할 법적 권리가 인정되지 않았다. 이와 유사하게, 어떤 집단은 그 구성원들이 교육, 결혼 상대자를 선택할 자유, 이혼에서 평등을 요구할 법적 권리를 가져서는 안된다고 주장할 수 있다. 이 모든 것들은 내부적 제재라 할 수 있다.[17)]

17) 제6장에서 보았듯이(제3절), 이러한 내부적 제재는 특정한 시민적 자유를 법적으로 제한하는 형태를 취할 수

이와는 대조적으로, 외부적 보호는 집단 간 관계(inter–group relations)에 해당된다 –즉, 인종적 또는 민족적 집단은 보다 확장된 사회의 결정의 영향을 제한함으로써 자신의 고유한 존재와 정체성을 보호하려 할 수 있다. 이 역시 특정한 위험을 야기할 수 있다–집단 내에서의 개인적 억압의 위험이 아니라 집단간 불공정성의 위험이 야기될 수 있다. 다른 집단의 고유성 유지를 명목으로 어떤 한 집단이 주변화되거나 격리될 수 있다. 이러한 의미의 '집단주의적 권리'(collective rights)를 비판하는 사람들은, 소수자 집단이 보다 확장된 사회로부터의 특별한 보호를 요구했을 때 발생할 수 있는 가능한 예로, 남아프리카공화국의 인종차별정책을 종종 제시한다.

그렇지만, 외부적 보호가 그러한 부정의를 창출할 필요는 없다. 소수자에게 특별한 대표권, 토지요구, 또는 언어권리를 허용한다고 다른 집단을 지배할 필요가 발생하지 않을 뿐만 아니라, 실제로 그렇게 되지도 않는다. 그와는 반대로, 그러한 권리는 다양한 집단들을 보다 더 평등한 위치에 서게 한다고 간주할 수 있다. 그것은 더 작은 집단이 보다 확장된 집단에 취약해질 수 있는 정도를 축소시킬 수 있기 때문이다.

이 두 종류의 주장을 병행해야 할 필요성은 없다. 일부의 인종 또는 민족 집단은 자신의 구성원들에게 법적으로 내부적 제재를 부과하지 않고서도 보다 확장된 사회로부터 외부적 보호를 추구할 수 있다. 다른 집단들은 보다 확장된 공동체로부터 외부적 보호를 요구하지 않지만, 자신의 구성원들의 행동에 대하여 광범위한 권한행사를 추구할 수 있다. 그렇지만 또 다른 일부 집단들은 이 두 요구를 동시에 할 수도 있다. 이러한 차이들은 근본적으로 상이한 관점의 소수자 권리로 연결된다. 그리고 어떤 집단이 어떤 종류의 주장을 할지를 결정하는 것은 매우 중요하다.

개인적 자율성에 대한 확고한 지지를 전제로 한다면, 나는 자유주의자들이 내부적 제재를 요구하는 주장에는 매우 회의적일 것이라고 믿는다. 자유주의적 문화주의는 집단의 문화와 전통의 순수성 또는 진실성을 보존한다는 명목으로 구성원의 기본적인 시민적 또는 정치적 권리의 거부가 정당화될 수 있다는 발상을 부정한다. 그렇지만,

---

있거나, 혹은 개인들이 자신의 (형식적인) 법률상의 권리들을 행사하는 것을 사실상 불가능하게 만들 수 있는 그러한 비용을 부가하는 형태를 취할 수 있다.

자유주의적 다문화주의 관점은 보다 확장된 사회로부터의 보호를 목적으로 집단들에 다양한 권리를 부여할 수 있을 것이다. 그 목적은 다수자의 경제적 또는 정치적 권력에 노출되는 소수자의 취약성을 축소시키는 데 있어야 한다. 그러한 '외부적 보호'는 자유주의 원칙과 부합할 수 있다. 그러나 만약 그러한 것들이 보다 확장된 사회의 권력에 노정되는 소수자의 취약성을 축소시키기는 대신에 소수자들이 다른 집단들에 대해서 경제적 또는 정치적 지배를 행사할 수 있게 해준다면, 이 역시 정당하다고 할 수 없을 것이다.

과도하게 단순화시켜 말한다면, 소수자 권리는 다음과 같은 조건으로 자유주의적 다문화주의와 양립할 수 있다고 주장할 수 있다. 첫째, 소수자 권리가 집단 내 개인의 자유를 보호해야 한다. 둘째, 소수자 권리가 집단 간 평등 관계(비지배)를 증진시켜야 한다(Kymlicka 1995a: ch.3).[18] 아래에서 논의하겠지만, 소수자가 요구하는 특정한 권리가 내부적 제재를 부과하는데 사용될 수 있을지 또는 외부적 보호를 창출하는 데 사용될 수 있는지를 사전에 결정한다는 것이 언제나 쉬운 일은 아니다. 소수자의 어떤 요구는 불가피하게 양자의 요소를 동시에 포함할 수 있다. 이것은 종종 특별한 경우의 세부적 사항에 신중한 주의를 기울일 것을 요구한다. 그러나 나는 우리가 그러한 조사를 실시한다면, 서구민주주의 국가에서 인종문화집단들의 대부분의 경우는 사실상 자신의 구성원들의 기본적 자유를 제한하려 하지 않으며, 또한 자신의 구성원들이 전통적 관행과 관습에 의문을 제기하고 수정하려는 것을 막고 있지 않다는 사실을 발견하게 될 것이다.[19]

예를 들자면, 흑인이나 토착민들이 보다 확장된 사회의 정치제도 내에서 특별한

18) 그러나 다른 자유주의적 문화주의자들은, 그룹의 구성원들이 그 그룹에서부터 탈퇴할 수 있는 효과적인 권리를 갖는 한, 내부적 제재의 몇몇 제한된 양식들은 받아들여질 수 있다고 주장한다. 이것은, 자율성의 가치에 뿌리를 두고 있는 '포괄적' (자유주의) 관점(a 'comprehensive' conception) 보다, '정치적' 자유주의 관점(a 'political' conception of liberalism)을 지지하는 사람들의 견해가 되는 것 같다(예를 들어 Galston 1995; Kukathas 1997—이와 같은 정치적 자유주의자들(political liberals)에 대한 나의 논쟁에 대해서는 Ch.6, s.7을 보시오). 탈퇴에 대한 '효과적인' 권리를 구성하는 것을 결정하는데 있어서의 복잡함에 대한 토의는 Okin 1998; Green 1995를 참조하라.

19) 이러한 경험적인 주장에 대한 더 자세한 답변에 대해서는 Kymlicka 1998: ch.4를 보라.

대표권을 요구했을 때, 그 목표는 보다 확장된 사회에서 결정을 내릴 때 자신들의 이익이 신중하게 고려될 것을 보장하려는 것이지, 자신의 집단 내 구성원의 이견을 제한하는 데 있지 않다.[20] 이와 유사하게, 이민자들이 모국어를 사용하는 언어 프로그램이나 예술 단체에 정부의 경제적 지원을 요구하거나, 종교적 신념과 상충하는 일요일 폐점 법안이나 의상규정으로부터의 예외 인정을 요구할 때, 이들은 다수자의 경제적 또는 정치적 권력으로부터 자신들의 취약성을 축소시키려는 것이지 구성원의 자유를 제한하려는 것은 아니다.[21]

보다 복잡한 경우는 소수민족을 위한 자치권(self-government rights)의 문제이다. 한편으로, 이러한 권리는 권력을 보다 소규모의 정치 단위에 이양함으로써, 소수민족이 그들 문화에 특별한 중요성을 지니는 교육, 이민, 자원개발, 언어 그리고 가족법의 쟁점과 같은 결정들에서, 다수결을 통해 다수자들에게 압도당하거나 매도당하지 않도록 해준다. 그렇기 때문에 외부적 보호라고 할 수 있다. 그러나 이것들 역시 소수민족이 자치권의 행사를 통해 자신의 구성원들의 시민적 또는 정치적 권리를 제한하고, 따라서 잠재적으로는 내부적 제재 부과를 위해 사용될 수 있다는 우려를 제기한다.

자치권이 내부적 제재를 부과하기 위해 사용될 수 있는지는 이러한 자치권의 행사가 보다 확장된 사회의 입법권 행사에 적용되는 동일한 종류의 헌법적 제한에 예속되는지 여부에 크게 좌우된다. 소수자의 자치권이 개인적 시민권과 정치권을 보호하는 헌법적 보장에 예속되는가? 만약 우리가 서구에서 소수민족에 의한 자치의 실제적 사례를 면밀히 검토해 본다면, 우리는 이들이 사실상 보다 확장된 사회와 동일한 종류의 헌법적 제한에 일반적으로 예속되고 있음을 발견하게 된다. 그리고 이러한 헌법적 제

---

20) 물론 그들이 성차별적인 혹은 다른 불평등한 규칙들을 그러한 대표자의 선출의 규칙으로 사용하지 않는다면 말이다. 이는 서구 민주주의 사회에서 집단 대표의 대부분(모든?) 경우에 적용되지는 않는다. 이중의 일부에 대해서는 Phillips 1995에서 논의되었다.

21) 이런 경우 중 많은 경우, 적당한 해결책은 법이나 규칙으로부터 소수자들을 면제한다는 것이 아니라 차라리 법 전체를 포기하는 것이 될 수 있다(Barry 2001: ch.2; Kymlicka 1995a: 114~115, cf. Modood 1994). 예를 들어, 나는 이것이 안식일 엄수주의적 법에 대한 최선의 반응이라 생각한다. 그러나 이것이 소수자들의 주장에 대한 반대는 아닌 것에 주목하라. 이것은 그들 자신의 편의를 위해 법을 통과시키는 다수자들에 대한 반대이다. 그리고 만약 다수자들이 이러한 변화를 만들기를 바라지 않거나, 하지 못한다면, 그때는 소수자들이 면제를 주장할 수 있어야 한다.

한이 살아 있다면, 소수자 자치는 우선적으로 외부적 보호의 문제이지, 내부적 제재를 부과하는 문제가 아니다.

간단히 말해, 서구에서 대부분 형태의 소수자 권리들은 보다 확장된 사회의 경제적 압력과 정치적 결정으로부터 소수자 집단의 취약성을 축소시키는데 기여한다. 그러한 권리들은 보다 확장된 사회가 소수자들로부터 소수자의 생존에 필요한 조건들을 박탈하지 못하도록 하는 것을 보장하려 한다. 이러한 권리들은 소수자 집단 자신의 구성원이 비전통적인 또는 비정통적인 관행에 개입하는 것을 막는 데 그 목적이 있지 않다.

따라서 제2단계의 논쟁에서, 다문화주의의 문제는 자유주의 이론 내부의 하나의 문제로 재정립되고 있다. 그 목적은 일부 (모든 권리는 아니지만) 소수자 권리가 자유주의적 가치를 증진시킬 수 있음을 보여주는 것이다. 나의 의견으로는, 이 2단계 논의는 진정한 발전이라 할 수 있다. 우리는 이제 인종문화 집단들에 의해 제기된 요구들을 보다 정확하게 묘사하고, 이들이 제기한 규범적 쟁점들을 보다 정확하게 이해하게 되었다. 우리는 개인주의와 집단주의에 관한 무용하고 오도된 논쟁을 넘어서게 되었다.

그렇지만, 나는 이 2단계 논의 역시 도전받을 필요가 있다고 생각한다. 이 논의는 대부분의 인종문화 집단의 성격과 이들이 자유주의 국가에 부과하는 요구들을 더 잘 이해하긴 했지만, 여전히 자유주의 국가의 성격과 자유주의 국가가 소수자에 부과하는 요구를 잘못 이해하고 있다.

3. 제3단계: 국민형성에 대한 반응으로서의 다문화주의

설명해 보자. 다음과 같은 가정–다문화주의의 지지자나 비판자들 모두가 일반적으로 공유하는–즉 자유주의 국가가 일상적인 국가 운영에 있어서 인종문화적인 다양성에 대한 '선의의 무관심'(benign neglect)의 원칙을 준수하고 있다는 것이다. 그것은 국가가 시민들의 인종문화적 정체성은 물론 인종문화적인 집단들이 시대에 걸쳐서 그러한 정체성을 재생산하는 능력에 무관심하다는 것이다. 이러한 관점에서 본다면, 자유주의 국가는 종교 문제와 같은 방식으로 문화를 다루고 있다–즉, 그것은 사람들이 사적인 생활에서 자유롭게 추구해야 할 사항이지, (사람들이 다른 사람들의 권리를 존중하는 한) 국가가 관심을 두어야 할 사항은 아니다. 자유주의가 공식종교(official religion)의 설립을 배제하는 것과 정확히 똑같이, 다른 가능한 문화들에 우선해서 특별한 지위를 부여하는 공식적 문화(official culture)는 당연히 있을 수 없다.

이러한 '선의의 무관심' 개념은 제6장 제4절에서 논의되었던 자유주의 중립성(liberal neutrality)의 개념과는 구별되면서 보다 강력한 것이다. 자유주의 중립성의 개념은 국가가 상이한 선관이 지니는 본질적 장점을 평가하여 등급화해서는 안된다고 이야기한다. 그것은 국가가 프랑스어 구사가 영어 구사보다 본질적으로 보다 가치 있다거나, 혹은 무신론자이기보다는 기독교인이 본질적으로 보다 가치 있다고 말하면 안된다는 것을 함의한다. 그럼에도 불구하고 국가가 특정한 언어나 종교를 장려한다고 해도, 그와 같은 정당화가 그것의 본질적 가치에 근거하지 않는 한에서는 자유주의 중립성의 측면에서 일관성이 있다. 예를 들면, 영어가 더 나은 언어이기 때문이 아니라 단지 가장 공통적인 언어가 영어이기 때문에, 의사소통의 가장 효율적인 수단을 위해서 모든 사람들이 영어를 구사해야 한다는 주장은 가능할 수 있다. 이와 유사하게, 국가는 국민 종교(national religion)를 세울 수 있다고 말할 수 있는데, 그것이 진정한 종교이기 때문이 아니라 모든 사람들이 동일한 종교를 믿을 때 사회가 보다 조화로울 수 있기 때문이라고 주장할 수 있다. (이게 루소의 관점이었다.) 혹은 우리가 앞장에서 본 것처럼, 정치적 참여의 장려도, 그것이 추정되는 본질적 가치에 근거하지 않고 정의롭고 안정된 제도를 확립하기 위해 수행된다면, 중립성의 원칙과 양립할 수 있다.

따라서 국가 중립성(state neutrality)은 공공정책에 대한 특정한 종류의 주장과 정당화—말하자면, 선관들의 본질적 장점에 등급을 매김으로써 호소하는 주장들—를 배제하는 데 불과하다. 국가 중립성은 특정한 언어, 문화 혹은 종교를 장려할 때, 그러한 정책들에 대해 '중립적' 이유들이 제공되는 한에서는, 금지하지 않는다.

분명히, 자유주의자들에게 국가 중립성은 정의를 위한 필요조건이기는 하지만 충분조건은 아니다. 공통의 종교를 장려하는 데 대한 중립적 이유가 있다는 사실이 국가가 국민 종교를 장려하고 선언하는 것이 정당하다는 의미는 아니다. 그와는 반대로, 자유주의자들은 국가가 논쟁적인 선관과 관련된 비중립적 이유로 종교를 장려하는 것을 피해야 할 뿐만 아니라, 효율성 또는 사회적 조화라는 중립적인 이유로서도 종교를 장려하는 것도 피해야 한다는 원칙을 단호하게 지지한다. 확고한 '종교와 국가의 분리'(separation of church and state)가 있어야 한다.

다른 말로 하면, 자유주의자들은 종교 영역에서는 국가 중립성의 개념을 단순히 믿는 것이 아니라, 보다 강력한 선의의 무관심 개념을 믿는다. 중립적 정당화와 상관없이, 다른 종교들보다 한 종교에 특권을 부여하는 어떠한 정책도 금지하는 종교와 국가의 확고한 구분이 있어야 한다.

이것이 많은 사람들이 인종문화적 다양성에도 역시 적용되어야 한다고 가정해 왔던 모델이다. 결국 종교에 대한 선의의 무관심은 종교적 다양성을 마련하는데 매우 잘 작동했던 것으로 보인다. 유럽에서 가톨릭과 개신교 사이에 벌어졌던 종교 전쟁 이후에 선의의 무관심 원칙은 상대적인 평화와 고요를 보장하는 데 도움을 주었다. 그렇다면 왜 우리가 인종문화적 다양성에는 이러한 확고한 분리의 모델을 적용하지 않아야 하는가?

예를 들어, 왈쩌(Michael Walzer)는 자유주의가 '국가와 인종성의 분명한 절연'(sharp divorce of state and ethnicity)과 관련되어 있다고 주장한다. 자유주의 국가는 국가 내의 모든 다양한 인종과 민족 집단 위에 서 있으면서, '그들의 삶의 방식을 후원 또는 장려하거나, 그들의 사회적 재생산에 적극적인 관심을 기울이기를 거부한다.' 그 대신 국가는 그러한 집단들의 '언어, 역사, 문학, 역법(曆法)들의 문제에 대해서 중립적이다.' 그는 그와 같은 중립적 자유주의 국가의 보다 명증한 예가 미국이라고 이야기한다. 미국의 인종문화적 다양성에 대한 선의의 무관심은 헌법으로 승인된 어떠한 공식 언어도 없다는 사실에 반영되고 있다(Walzer 1992d: 100~101; cf. Walzer 1992b: 9). 이민자가 미국인이 되는 문제는, 따라서, 단순히 미국의 헌법에 규정된 민주주의와 개인 자유의 원칙에 대한 충성을 확인하는 문제에 불과하다.

사실, 일부의 이론가들은 이것이 정확하게 자유주의적 '시민 국가'(civic nations)와 비자유주의적 '인종 국가'(ethnic nations)를 구별해 준다고 주장한다(Pfaff 1993: 162; Ignatieff 1993). 인종 국가는 특정한 인종민족적 문화와 정체성을 그들의 가장 중요한 목표로서 재생산한다. 이와는 대조적으로, 시민 국가는 그들 시민의 인종문화적 정체성에는 무관심하고, 순수하게 민주주의와 정의 같은 원칙들을 고수하는 방식으로 국가의 구성원을 정의한다. 이러한 관점에서 특수한 권리를 주장하는 소수자들은 전통적인 자유주의 국가의 운영으로부터는 급진적으로 유리되어 있다. 따라서 증명의 부담은 그와 같은 소수자의 권리를 승인할 것을 소망하는 사람들에게 있게 된다.

이것이 바로 자유 및 자기존중의 보장에 있어 문화적 멤버십의 역할을 설명하여 입증하려는 라즈와 같은 자유주의적 문화주의자들(liberal culturalists)이 갖는 증명의 부담이다. 그들은 소수자 권리들이 개인의 자유와 평등을 축소시키기 보다는 보완하고 있음을 보여 줌과 동시에, 인종민족적 중립성만 완고하게 고수하는 국가에서는 충족시키지 못할 필요성들을 충족시키는 데 소수자 권리들이 도움을 줄 수 있다는 점을 보여주려 한다.

두 번째 논쟁에서의 선가정은, 따라서, 다문화주의의 옹호자들이 선의의 무관심의 규범으로부터 벗어나야 하는 강력한 이유를 보여주는 것이 되었다. 그러나 나는 자유민주주의 국가가 (혹은 '시민 국가'가) 인종문화적인 정체성에 무관심하다는 생각은 명백하게 잘못 되었다고 믿는다. 종교 모델은 자유민주주의 국가와 인종문화적 집단들 사이의 관계를 완전히 잘못된 방향으로 이끈다.

미국의 실제 정책들을 생각해 보자. 역사적으로, 주 정부의 경계에 대한 결정과 그들의 연방으로의 편입 시기는 영어를 사용하는 사람들이 미연방의 각각의 오십 개 주에서 다수가 되도록 보장하기 위해 신중하게 고려되었다. 이것은 미국의 전영토에 걸쳐 영어의 지배를 확립하는 데 도움을 주었다. 그에 이어지는 계속되는 영어의 지배는 아직도 진행되는 몇몇 정책들에 의해 보장받았다. 예를 들면, 아이들은 학교에서 영어를 배울 것이 법적으로 요구된다. 또 (50세 이하의) 이민자는 영어의 습득이 미국 시민권을 획득하기 위한 법적 조건이다. 그리고 정부 내의 고용 혹은 정부와의 노동계약에서는 지원자들의 영어 구사가 사실상의(de facto) 조건이다.

이러한 결정들은 선의의 무관심의 특정 규범에 대한 단순히 고립된 예외가 아니다. 그와는 달리, 그것들은 밀접하게 연관되어 있고, 그것들은 모두 미국의 구조 그 자체를 형성해 왔으며, 동시에 국가가 사회를 형성하는 방식이기도 했다.(왜냐하면 대부분의 서구 국가들에서 정부는 GNP의 40~50퍼센트를 담당하기 때문에, 정부에서 사용되는 언어는 경시할 만한 것이 아니다).

이러한 정책들은 모두 내가 '사회적 문화'(societal culture)라고 부르는 것으로 통합을 증진시키려는 의도에 의해 수행되어 왔다. 나는 사회적 문화라는 단어를 통해, 사회제도 전반, 즉 공적인 삶과 사적인 삶 모두(학교, 언론, 법률, 경제, 정부 등)에서 사용되는 공유된 언어를 중심으로 형성된 지역적으로 집중된 문화를 의미하고자한다. 나는 그것을 *사회적* 문화라고 부르는데, 그것이 공통된 종교적 믿음, 가족 풍습 혹은 개인적 삶의 방식 보다는 공통의 언어와 사회적 제도와 관련이 있음을 강조하기 위해서이다. 현대 자유민주주의에서 사회적 문화는 불가피하게 다원주의적인데, 이슬람, 유태인, 무신론자는 물론 기독교도, 게이는 물론 이성애자, 지방의 농부는 물론 도시의 전문가, 사회주의자는 물론 보수주의자도 포함한다. 그러한 다양성은 자유주의 시민에게 보장되는 권리와 자유의 불가피한 결과로서, 특히 인종적으로 다양한 주민과 결합될 때 현저하게 나타난다. 그러나 이러한 다양성은 언어적이고 제도적인 결속(cohesion)을 통해서 균형과 제한을 받는다. 결속은 스스로 나타나는 것이 아니라 오히려 숙고된 국가 정책의 결과로서 나타난다.

미국 정부는 의도적으로 그러한 사회적 문화를 만들어냈고, 시민들을 그 안으로 통합시키려고 노력해 왔다. 정부는 시민들로 하여금 자신들의 삶의 기회가 영어로 운영되는 공통적인 사회제도에의 참여와 밀접하게 연관되어 있는 것으로 간주하도록 조장하면서, 사회적 문화에 속하는 공통 멤버십에 의해 부분적으로 정의되는 국민 정체성을 양육해 왔다. 이러한 측면이 미국에만 독특한 것은 아니다. 제6장에서 이미 논의했듯이, 모든 자유민주주의 국가들은(아마 스위스만 제외하고) 이처럼 공통적인 국민 언어와 문화를 발전시키려는 목표를 채택해 왔다. 이것이 민주주의 국가 내에서 연대성과 정치적 정당성을 보장하는 데 도움을 주는 '자유주의적 민족주의'(liberal-nationalist) 정책의 일부이다.

명백히, 영어를 사용하는 미국인들이 공통적인 '문화'를 공유하고 있다는 생각은 매우 약하다. 그 이유는 그것이 종교, 개인적 가치, 가족 관계 혹은 삶의 방식에 대한 선택의 차이를 미리 배제하지는 못하기 때문이다.[22] 약하기는 하지만 결코 사소하지는

22) 사실 내가 사용하는 '사회적 문화'라는 용어는 대부분의 학문 분야에서 사용되는 문화라는 용어의 용법과는

않다. 그와는 반대로, 내가 아래에서 논의하는 것처럼, 어떤 공통의 사회적 문화에 사람들을 통합하려는 시도는 종종 심각한 저항에 직면하게 된다. 이러한 측면에서 통합은 개인 및 집단적 차이의 공적인 그리고 사적인 표현 모두에 대해 많은 부분의 공간을 남겨주기는 하지만, 그럼에도 불구하고 일부 집단은 자신들의 삶의 기회가 다수자들의 언어에 의해 수행되는 사회제도에 밀접하게 결부되어 있는 것으로 간주해야 한다는 생각을 격렬하게 거부해 왔다.

그러므로 우리는 '선의의 무관심' 개념을 자유민주주의 내에서 국민형성의 중심적 역할을 인식하는 데 보다 정확한 모델로 대체해야 할 필요가 있다. 국가가 곧 국민형성이라고 말하는 것은 정부가 단지 하나의 사회적 문화를 추진할 수 있다는 말이 아니다. 단일한 국가 내에서 두 개 혹은 그 이상의 사회적 문화를 지지하도록 장려하는 정부 정책은 가능하다. 사실, 내가 아래에서 논의하는 것처럼, 그것이 바로 캐나다, 스위스, 벨기에 혹은 스페인 같은 다민족 국가들의 정확한 특징이다.

그렇지만, 역사적으로 보면, 실질적으로 모든 자유민주주의 정체들은 어떤 한 가지 측면에서 혹은 또 다른 측면에서, 그 자신의 모든 영토에 걸쳐서 단일한 사회적 문화를 보급하려고 시도해 왔다.[23] 이것은 순수한 문화 제국주의나 인종주의적 편견으로 볼 수는 없다. 우리가 제6장과 제7장에서 논의했던 것처럼, 이러한 국민형성의 예들은 여러 주요한 목표들, 즉 기회의 평등, 연대, 신뢰 및 심의민주주의를 실현하는데 이바지 한다(Tamir 1993; Miller 1995; Canovan 1996).[24]

충돌을 일으킨다. 일반적으로 문화는, 인종지학적(ethnographic) 측면에서, 특정한 민속 풍습, 습관과 의식 등을 공유하고 있다는 것을 언급하며, 매우 두껍게 정의되어 있다. 현대 자유주의 국가의 시민들은 그처럼 두껍고, 인종지학적인 측면에서의 문화를 공유하지 않는다—사실, 공통적이고 두꺼운 인종지학적 문화가 부족한 것이 자유주의 사회를 바로 정의하는 것의 일부이다. 그러나 시민들이, 매우 다양하고, 보다 얇은 의미에서, 공통적인 언어와 사회적 제도에 초점을 맞추어, 공통의 문화를 공유한다는 것이 바로 현대 자유주의의 정부 형태에 있어서 마찬가지로 본질적이다.

23) 내가 아는 바로는, 스위스가 유일한 예외이다. 스위스는 프랑스어와 이탈리어를 구사하는 소수자들을 독일어를 구사하는 다수자에게 통합하려는 어떤 심각한 압력도 시도하지 않았다. 그 밖의 다른 모든 서구의 다민족 국가들은 한번 혹은 여러 번 그들의 소수자들을 동화시키려는 일치된 노력을 기울여 왔으며, 단지 마지못해서 이러한 이상을 포기했다.

24) 물론 이러한 종류의 국민형성은 비자유주의적 목표를 장려하기 위해서 사용될 수도 있다. 마가렛 캐노번(Margaret Canovan)이 지적하듯이 국민성(nationhood)은 국가를 작동하게 하는 '건전지'와 같다—공통의

그래서 국가들은 이러한 '국민형성'의 과정을 수행해 왔다—즉, 공통의 언어를 장려하는 과정, 그러한 언어로 운용되는 사회적 제도들에 공통적 멤버십의 감정과 평등한 접근을 장려하는 과정, 공식적 언어, 교육에서의 핵심적 커리큘럼, 그리고 시민권을 획득하기 위한 조건들에 대한 결정은 모두가, 특정한 문화를 사회 전반에 걸쳐 확산시키려는 의도와 함께, 그리고 그러한 사회적 문화로의 참여에 기반한 특정한 국민적 정체성을 증진시키려는 의도를 통해 추진되어 왔다.

이러한 국민형성 모델이 현대 자유민주주의 국가들에 대한 보다 정확한 설명을 제공해 준다면, 이것이 다문화주의라는 쟁점에는 어떻게 영향을 미칠까? 나는 이것이 해당 논쟁에 매우 상이한 관점을 제공해 준다고 믿는다. 그 질문은 더 이상 선의의 무관심의 규범으로부터의 벗어남을 어떻게 정당화하는가가 아니다. 그것은 오히려 다수자들의 국민형성의 노력이 소수자에 대한 부정의를 만들어내는가에 대한 질문이다. 그리고 만일 그렇다면 소수자 권리는 이러한 부정의로부터의 보호에 도움이 되는가?

이것은 논쟁을 개념화하는 세 번째 방식이 될 것이다. 나는 이것의 모든 함의에 대해서 논의할 수는 없지만, 이러한 새 모델이 다문화주의에 대한 논의에 어떻게 영향을 줄 수 있는지에 대한 예들을 제시할 것이다.

4. 다문화주의의 다섯 모델

국민형성이 어떻게 소수자들에게 영향을 미치는가? 테일러가 지적하듯이, 국민형성의

국민적 정체성은 시민들이 공통의 정치적 목표를 위해 행동할 동기가 되고 동원을 시킨다—그리고 이러한 목표들은 자유주의적일수도 비자유주의적일 수도 있다(Canovan 1996: 80). 자유주의적 개혁가는 국민성이라는 건전지에 호소하여 시민들을 민주화, 경제 발전과 사회적 정의의 기획 뒤로 동원할 수 있다. 비자유주의적 권위주의자들은 국민성에 호소함으로써 시민들을 국가의 추정적인 적들인 외국의 국가들 혹은 내부적 반대자들을 공격하는 데 동원할 수 있다. 이것이 바로 국민형성이 민주주의는 물론 권위주의 체제에서도 공통적인 바로 그 이유이다. (예를 들어 프랑코 치하 스페인 혹은 군사 독재 아래의 라틴아메리카) 권위주의 체제 역시 복잡한 현대 사회에서 공적인 목표들을 달성하는데 도움을 줄 수 있는 '건전지'가 필요하다. 자유주의 국가와 비자유주의 국가를 구분해주는 것은 국민형성의 존재 혹은 부재가 아니라 차라리 그러한 국민형성을 통해 달성하려는 목표에 있고, 그 목표를 달성하기 위해 사용되는 수단에 있다.

과정이 다수자 문화의 구성원들에게 특권을 주는 것을 피할 수 없다.

> 근대 국가가 '공식' 언어를, 그 용어의 완전한 의미에서, 가지고 있다고 해보자. 즉, 국가가 지원하고, 주입하고, 규정한 언어와 문화 속에서, 경제 및 국가가 기능한다면, 그것은 분명 그러한 언어와 문화를 구사하는 사람들에게 막대하게 유리할 것이다. 다른 언어를 구사하는 사람들은 분명히 불리한 입장에 처하게 될 것이다(Taylor 1997: 34; cf. Wright 2000: 231).

이것은 소수자 문화에 속한 사람들이 선택에 직면해야 함을 의미한다. 모든 공적 제도가 다른 언어로 유지되고 있다면, 소수자들은 사회의 주요한 경제적, 학문적, 정치적 제도들로부터 주변화 될 위험에 직면한다. 이러한 딜레마에 직면해서, 소수자들이 할 수 있는(과도하게 단순화시키면) 기본적 선택은 네 가지가 있다.[25]

① 그들은 집단적으로 이민을 떠날 수 있다. 특히 그들이 자신들을 받아줄 수 있는 부강하고 우호적인 국가가 주변에 있다면 그렇게 할 수 있다. 이것은 서구의 최근사에서는 거의 발생하지 않았지만, 최근에 동유럽에서는 발생했었다(예를 들면, 카자흐스탄에서 독일로 온 독일 인종이나 러시아에서 이스라엘로 온 유태인들이 집단적 이민을 했다).

② 그들은 다수자 문화로의 통합을 받아들일 수 있다. 물론 그들은 통합에 대한 보다 나은 그리고 보다 공정한 조건들을 협상하려고 노력해야 할 것이다.

③ 그들은 자신들의 고유한 사회적 문화를 유지하기 위해 필요한 자치정부에 대한 권리와 권력의 종류들을 추구할 수 있다—예를 들면 그들의 고유한 언어로 자신들의 경제, 정치, 교육 제도들을 만드는 것이다.

④ 그들은 영구한 주변화를 받아들이고 사회의 주변부에 홀로 남겨져 있는 것을 추구할 수 있다.

---

25) 다섯째 선택은 국가를 군사적으로 무너뜨려, 소수자가 운영하는(minority-run) 독재정권을 수립하는 것이다. 이것은 아마 서구에서의 선택은 아닐 것이다. 아프리카(예로는 르완다)나 아시아(예로는 피지)에서 예를 볼 수 있다.

각각은 국가의 국민형성에 직면해서 소수자들이 채택할 수 있는 서로 다른 전략을 반영한다. 성공하기 위해서, 각각의 전략은(이민을 제외하고) 어느 정도는 국가로의 동화를 요구한다. 이것들은 다문화주의 정책, 자치정부나 언어에 대한 권리, 협상권과 토지요구나, 법적 면제 등의 형식을 취할 수 있다. 소수자 권리의 다양한 형식들은 국가의 국민형성 압력에 어떻게 반응하고 한계를 두어야 하는지에 대한 다양한 전략들을 반영한다.

우리는 이러한 각각의 범주에 딱 맞는 일부의 인종문화적 집단들을 (그리고 이들 범주 사이에 존재하는 다른 집단들을) 찾을 수 있다. 예를 들어, 이민자인 어떤 인종종교적 종파는 영구적인 주변화를 선택한다. 예를 들면, 캐나다의 후터교도나 미국의 아미쉬들에는 이것이 사실인 것으로 보인다. 그러나 주변화를 받아들이는 선택은 단지 근대 세계와 모든 관계를 피하라고 요구하는 교리를 지닌 인종종교적 종파들에게만 매력적일 것으로 여겨진다. 후터교도와 아미쉬는 대학이나 입법부로부터의 주변화되는 것에는 관심이 없다. 그 이유는 그들은 그와 같은 '세속적' 기관들을 부패한 것으로 간주하기 때문이다.

그러나 실제적으로는 다른 모든 인종문화적 소수자들은 근대 세계에 참여하기를 원하고, 그렇게 함으로써 동화되거나 그들 자신의 근대적 기구를 만들어내고 유지하는데 필요한 자치 정부를 추구하려 한다. 이러한 선택에 직면하여 인종문화적 집단들은 다양한 방식으로 반응해 왔다. 나는 서구 민주사회에서 발견되는 다섯 가지 형태의 인종문화적 집단에 대해 간략하게 논의하겠다. 즉, 소수민족(national minorities), 이민자(immigrants), 고립주의적 인종종교 집단(isolationist ethnoreligious groups), 메틱(metics), 인종적 카스트 집단(racial caste groups)이다. 각각의 사례에서 나는 그들이 다수자의 국민형성에 영향을 받았는지, 그러한 국민형성에 대응하여 그들이 어떠한 종류의 소수자 권리를 주장했는지, 그리고 그러한 주장들이 기저에 있는 자유민주적 원칙에 어떤 관계가 있는지를 논의할 것이다.

(a) 소수민족

나는 소수민족이라는 용어를 보다 확장된 국가에 통합되기 이전에 역사적인 모국에서 완전한 기능의 사회를 형성한 집단으로 의미한다. 소수민족은 두 가지 범주로 세분할 수 있다. '국가의 일부인 민족'(substate nations)과 '토착민'(indigenous people)이다. 국가의 일부인 민족은 최근에는 국가에서 다수가 아닌 민족이지만, 과거에는 그와 같은 국가를 형성하고 있었거나 그러한 국가를 만들기를 추구했었을 수도 있는 민족을 말한다. 그들은 자신들이 다양한 이유로 다른 민족들과 국가를 공유하고 있음을 알고 있다. 그들은 보다 확장된 국가 혹은 제국에 의해 과거에 정복당했거나 합병되었다. 혹은 왕족의 결혼으로 인해 다른 왕조와 통합되었다. 몇몇의 경우에서는 다민족 국가는 둘 혹은 그보다 많은 민족 집단들에 의해 상호간에 이득을 줄 수 있는 연방으로 다소간 자발적으로 합의를 하게 된다.

토착민들은 그들의 전승된 토지가 이주자들에 의해 침략되어서, 강제적으로 혹은 조약을 통해서 그들이 외국인이라고 간주하는 사람들에 의해 국가에 편입된 사람들이다. 다른 소수민족은 유사한 경제와 사회제도의 성취를 통해서 국민국가와 같은 상태를 꿈꾸지만, 토착민들은 전형적으로 보다 상이한 어떤 것을 추구한다. 즉, 그들은 특정한 전통적 삶과 믿음의 방식을 유지할 능력을 추구하면서도, 그럼에도 불구하고 그들은 근대 세계에는 자신들의 방식으로 참여하려고 한다. 그러한 종류의 기획을 수행하는데 필요한 자율성에 덧붙여서, 토착민들은 또한 전형적으로 그들이 수십 년 혹은 수백 년 동안 2류 시민(혹은 심지어 비시민 혹은 노예)으로서 자신들이 고통 받았던 모욕에 대한 수정을 시작할 수 있게 하는 존경과 인정을 보다 확장된 사회에 요구한다.

토착민들과 국가의 일부인 민족의 대조는 정밀하지 않고, '토착민'의 정의 역시 보편적으로 정의되지 않았다. 서구적 맥락에서 국가의 일부인 민족은 유럽의 국민형성의 진행과정에서 경쟁했지만 패배한 사람들임에 비해, 토착민은 최근까지도 그러한 과정에서 고립되어 있었고, 따라서 지금의 세기에 이르기까지도 여전히 전근대적 삶의 방식을 보유하고 있다는 점이 전자와 후자를 구별하는 한 가지 방법이다. 국가의 일부인 민족은 자신들의 국가를 형성하기를 원했지만 정치적 투쟁에서 패배했던 것에 비해 토착민들은 유럽 국가 체계의 바깥에 위치하고 있다. 그러므로 카탈로니아인, 바스크족, 플랑드르인, 스코트족, 웨일스인, 코르시카인, 푸에르토리코인, 퀘벡인 들은 국가의 일부인 민족인데 반해, 사모스족(Sami), 이누이트족(Inuit), 마오리족(Maori), 미국인디언들은 토착민이다. 북아메리카와 유럽 모두에서 병합 결과는 다른 모든 소수민족들보다 토착민들에게 훨씬 더 파국적이었다.[26)]

그들이 병합되기는 했지만, 소수민족과 토착민들은 전형적으로 국가의 국민형성에 저항했고, 자신들의 문화 속에서 삶과 작업이 가능할 수 있도록 종종 자신들의 언어로 운영되는 자치 기구들을 유지하거나 회복하기 위해서 싸워 왔다. 그들은 자신들의 학교, 법원, 언론, 정치제도 등과 같은 것들을 유지하고 회복하기를 요구한다. 그러한 것들을 달성하기 위해 그들은 전형적으로 어떤 자율성의 형식을 요구한다. 극단적으로는, 그것이 노골적인 분리주의와 연관되어 있을 수 있지만, 보다 일반적으로는 어떤 지역적 자율성(regional autonomy)의 형식과 관련되어 있다. 그리고 그들은 전형적으로 민족주의적 전선을 통해 동원되는데, '민족성'(nationhood)이라는 언어를 사용함으로써 이러한 자치정부에 대한 요구들을 묘사하고 정당화한다. 민족주의 이데올로기는 전형적으로는 완전한 독립을 '정상적인' 혹은 '자연스러운' 목표지점으로 간주해 왔지만, 경제적 혹은 인구학적인 이유들은 일부의 소수민족들이 그것을 수행하는 것을 가능하지 않게 만들 수 있다. 게다가, 자치정부의 실체적 형식은 점점 더 보다 확장된 국가의 경계 내부에서 달성될 수 있음이 분명해지고 있고, 그렇기 때문에 연방주의와 같은 다른 형태의 자치정부에 대한 탐구의 관심이 점점 더 증대되고 있다.

간략하게 말해서, 소수민족은 전형적으로 자신들 고유의 경쟁적 국민형성을 시작하는 데 사용할 수 있는 보다 큰 자율성을 추구함으로써 다수자들의 국민형성에 반응해 왔다. 그렇게 함으로써 자신들의 사회적 문화를 자신들의 전통적 영역 내에서 보호하고 보급하려고 한다. 사실 그들은 종종 다수자들이 그러한 국민형성을 추구하기 위해 사용하는 것과 동일한 도구들을 사용하려고 노력한다. 즉, 그들은 국가 내의 자신들의 지역 안에서 언어와 학교 교과과정, 정부 고용인들의 언어, 이민과 귀화의 조건, 그리고 내부 경계의 구획 등에 대한 지배권을 추구한다. 우리는 이것을 플랑드르인과 퀘벡인의 민족주의의 경우에서 분명하게 발견할 수 있다. 그들은 간단히 말해

26) 토착민과 다른 소수민족들 사이에서의 차이점과 그것의 권리 주장에 대한 연관성에 대해서는 Anaya 1996; Kymlicka 2001: ch.6을 보시오.

이와 같은 국민형성의 권한들을 획득하고 수행하는 것에 관심을 기울여 왔으며, 그렇게 함으로써 그들 자신의 사회적 문화를 유지하고 재건하려고 한다. 그러나 전세계에 걸친 많은 토착민들(indigenous peoples)에게도 이것은 또한 점점 더 사실이 되고 있다. 그들 역시 '민족성'(nationhood)이라는 언어를 채용하고, 나아가서 보다 큰 자치정부의 권한의 행사는 물론, 수많은 새로운 사회제도의 건설을 요구하는 주요한 '국민형성' 운동을 수행하고 있다.[27)]

그러한 소수자 민족주의(minority nationalism)에 대해 자유민주주의는 어떻게 대응해야 하는가? 역사적으로, 자유민주주의는 소수자 민족주의를 억압하려고 노력해 왔고, 그것은 종종 무자비했다. 예를 들면, 18세기와 19세기의 다양한 시점에서, 프랑스는 바스크어와 브리타니어를 학교나 인쇄물에 사용하는 것을 금지했고, 소수자 민족주의를 증진시킬 목적을 가진 어떠한 정치결사체 역시 금지했다. 캐나다의 영국인들은 퀘벡인들의 불어 사용 권한과 제도들을 박탈했고, 정치적 경계를 다시 설정함으로써 퀘벡인들이 어떤 지방에서도 다수를 형성하지 못하도록 만들었다. 캐나다는 또한 토착민들이 자신들의 민족 결사체를 형성해서 자신들의 민족적 요구들을 수행하는 것을 불법화시켰다. 1848년 미국이 멕시코와의 전쟁에서 남서지역을 정복했을 때, 미국은 오랜 기간 거주하고 있었던 히스패닉의 스페인어 사용권과 스페인어로 유지되던 제도들을 박탈했고, 그들이 투표할 때 어려움을 주기 위해서 읽고 쓰는 시험을 부과했으며, 그 지역으로 대규모의 이민을 조장해서 히스패닉들이 소수가 되도록 만들었다.

이러한 모든 조치들은 소수민족의 힘을 약화시키고, 어떠한 의미에서도 별개의 민족 정체성을 소유하게 되는 것을 제거하기 위한 의도를 지니고 있었다. 이것은 소수자들이 스스로를 별개의 '민족'으로 인식해서 불복종할 수 있고, 잠재적으로는 분리주의자가 될 수 있다는 근거에 입각해서 정당화되었다. 그리고 그것은 종종 소수자들－특히 토착민들－이 퇴보적이고 비문명화 되었기 때문에, 보다 문명화되고 진보한 국가로 편입되는 것이(심지어 그것이 그들의 의지에 반한다 하더라도) 그들 자신의 이익에도 부합된다고 주장되었다. 따라서 소수민족은 종종 다수자들의 국민형성 운동의 첫번째

27) 토착민들의 '국민형성'을 위한 필요성(그리고 정당화)에 대해선 RCAP 1996; Alfred 1995를 참조하시오.

표적이 되었다.[28)]

그러나 현세기에 들어서면서 소수자 민족주의자들에 대한 자유민주주의의 태도는 극적으로 변환되었다. 경험적인 그리고 규범적인 이유 모두로 인해, 점진적으로 소수자 민족주의에 대한 억압이 잘못되었다고 인식되었다. 경험적인 증거들을 보면, 소수민족을 억압해서 지배적인 민족 집단에 통합시키는 것이 간단하게 작동하지 않았음을 알 수 있다. 서구 국가들은 소수민족 정체성의 지속성에 대해 대단히 잘못 판단했다. 민족 정체성의 성격-예컨대, 영웅, 신화, 전통 관습 등-은 빠르게 변할 수 있다. 그러나 정체성 그 자체는-고유한 민족이라는 의식과 자신의 민족 문화를 갖는 것-훨씬 더 견고하다. 자유민주주의 정부는 때때로 소수민족들의 분리된 정체성의 의식을 자신들의 의지대로 말살하기 위해 부족적인 관습의 금지에서부터 소수자 언어로 교육하는 학교에 대한 금지를 포함하는 모든 도구를 사용했다. 그러나 수백 년에 걸친 법적 차별 및 사회적 편견과 무관심에도 불구하고, 소수민족들은 자신들의 고유한 민족을 형성하려는 의식과 민족적 자율성에 대한 소망을 유지해 왔다.

그런 결과로, 국가가 소수자들의 고유한 민족성에 대한 의식을 공격하게 되면, 대부분 그 결과로 불복종과 분리주의 운동의 위협이 감소되기보다는 오히려 증진되었다. 사실, 전 세계에 걸친 인종민족주의적 대립에 대한 최근의 연구는 자치정부 협정이 폭력적인 갈등의 가능성을 감소시키는 반면, 자치정부 권리의 거부나 폐지는 갈등의 강도를 상승시키는 경향이 있음을 보여준다(Gurr 1993; 2000; Hannum 1990; Lapidoth 1996). 서구 민주주의의 경험에서, 소수민족들의 충성을 보장하는 가장 좋은 방법은 그들의 고유한 민족성의 의식을 공격하는 것이 아니라 받아들이는 것이다.

게다가, 소수자 민족주의에 대한 억압은 규범적으로도 옹호하기 어렵다. 결국, 다수자들이 정당한 국가건설에 관여할 수 있다면, 특히 비자발적으로 더 큰 국가에 편입되게 된 소수민족들이 그렇게 해서는 안되는 이유는 무엇인가? 확실히, 자유주의

28) 이것은 코너(Walker Connor)의 유명한 논문 제목에 잘 표현되어 있는 질문을 제기한다. 국민국가가 '국민형성을 하는가 국민 파괴를 하는가?'(Connor 1972) 사실, 둘 다이다. 국민국가는, 전형적으로, 소수민족의 입장에서 이미 형성되어 있는 고유한 국민성 의식(pre-existing sense of distinct nationhood)이 무엇이든 파괴함으로써, 공통의 국민성을 세우려고 노력한다.

원칙들은 민족 집단들이 국가건설을 어떻게 수행해 나가는 가에 대한 한계를 설정한다. 자유주의 원칙은 인종청소, 시민권의 박탈, 혹은 인권 침해에 대한 어떠한 시도도 미리 배제한다. 이러한 원칙들은 또한 국민형성의 프로젝트를 수행하는 어떠한 민족 집단도 자신들의 민족 제도를 보호하고 건설하기 위한 사법제도 안에서 다른 민족의 권리를 존중해야 한다고 주장한다. 예를 들면, 퀘벡인들은 나머지 캐나다를 상대로 민족적 권리를 주장할 권리가 있지만, 그들이 퀘벡 전체를 상대로 민족적 권리를 주장하는 퀘벡 내의 토착민들의 권리를 존중할 때만 그러한 권리의 자격이 있는 것이다.

이러한 한계는 중요하지만, 소수자 민족주의의 정당한 형식에 여전히 의미심장한 여지를 남겨두고 있다고 나는 생각한다. 게다가 이러한 한계는 다수민족 그리고 소수민족 모두에게 유사할 것으로 여겨진다. 다른 모든 것들이 동등하다면, 소수민족들은 다수민족과 마찬가지로 그들이 활용가능한 국민형성의 동일한 도구들을 사용하게 될 것이고, 그것은 동일한 자유주의적 한계에 종속되어 있다. 다른 말로 한다면, 우리에게 필요한 것은 자유민주주의 정체 내에서 허용될 수 있는 국민형성 형태에 관한 일관적인 이론이다. 아직까지 정치 이론가들이 그와 같은 이론을 발전시켰다고는 생각하지 않는다. '선의의 무관심'의 지배에서 오는 여러 불행한 부작용 중 하나는 자유주의 이론가들이 이러한 질문에 명백히 맞섰던 적이 없다는 점이다.[29)]

여기서 어떤 특정한 국민형성의 이론을 옹호할 공간은 부족하기 때문에,[30)] 단순히 이것이 우리가 제시하려는 것과 관련된 질문이라고 주장할 것이다. 그 질문은 '소수민족들이 우리로 하여금 선의의 무관심의 규범을 거부할 절실한 이유를 제공해 왔는가?'가 아니라, 오히려 '왜 소수민족이 국민형성에 있어서 다수자들과 동등한 권한을

---

29) 노먼(Wayne Norman)이 주목하듯이, 이러한 국민형성의 도덕성에 대한 의문점은 심지어 민족주의를 연구하는 철학자들에 의해서도 무시되어 왔다. 그들은 국가의 *국민형성의* 도덕성에 대해서가 아니라 민족 국가의 도덕성에 대해서 문제를 제기하려 한다. 다른 말로 하면, 민족주의 철학자들은 전형적으로 민족 국가의 존재를 주어진 것으로 받아들이고, 민족 국가의 세계를 갖는 것이 좋은 것인지 그렇지 않은 것인지에 대해 질문한다. 그들은 그러한 민족국가가 최초에 만들어지는 과정에 대해서는 탐색하지 않는다(예를 들면, 어떠한 국민형성의 방식이 허용될 수 있는가?, Norman 1999: 60).

30) 국민형성에서 자유주의와 비자유주의의 형식을 구분하는 범주를 발전시키기 위한 예비적인 시도들은 Kymlicka and Opalski 2001에서 만든다. 국민형성의 윤리에 관한 최근의 또 다른 토론에 대해서는 Norman 2001을 참조하시오.

갖지 못하는가?'이다. 이것이 바로 소수자 민족주의가 평가되어야 하는 맥락이다. 즉, 그 맥락은 다수자들의 국민형성에 대한 반응으로 국민형성을 위해 동일한 도구를 사용하는 문제이다. 그리고 증명의 부담은 확실히 국민형성에 있어서 민족적 다수가 당연하게 생각하는 것과 동일한 권력을 소수민족들이 보유하는 것을 거부하려는 사람들에게 있다.

(b) 이민자 집단

이민자 집단은 개인 혹은 가족이 자신들의 본래의 고향을 떠나서, 종종 그들의 친구들과 친척들을 뒤에 남겨둔 채 다른 사회로 이민하기로 결정함으로써 형성된 집단을 의미한다. 이러한 결정은 전형적으로는 경제적 이유로 행해지긴 하지만, 가끔은 보다 자유롭고 보다 민주적인 나라로 옮겨 가려는 정치적인 이유에서도 행해진다. 시간이 지남에 따라, 새로운 거주의 국가에서 2세대와 그 뒤를 잇는 세대가 태어나면서, 그들은 내부적 결속과 조직 면에서 다양한 층위를 갖는 인종문화적 공동체를 형성한다.

그러나 곧바로 이민자의 두 가지 범주를 구별하는 것이 핵심적이다. 즉, 시민이 될 수 있는 권리를 가지고 있는 사람과 그렇지 못한 사람의 구분이다. 학문적 저술들은 물론, 보다 광범위한 공적 토론에서의 많은 혼란은 이 두 가지 경우를 뒤섞음으로 인해 발생되었다고 할 수 있다. 나는 '이민자 집단'이라는 용어는 오직 전자의 사례에만 사용할 것이고, 후자의 사례는 내가 '메틱'이라고 부르는 것으로 아래에서 논의할 것이다.

따라서 이민자들은 상대적으로 짧은 기간의 시간이 경과한 후에—말하자면, 3에서 5년—단지 최소한의 조건들을 통과하면(예를 들면, 공식 언어를 배우고, 국가의 역사와 정치제도에 대한 것들을 알고 있다면), 시민이 될 수 있는 권리를 부여하는 이민정책 하에서 이주한 사람들이다. 이것이 주요한 세 개의 '이민 국가'들에서—즉, 미국, 캐나다, 호주—이민자들을 관리하는 전통적 정책이 되어 왔다.

역사적으로 볼 때, 다수자들의 국민형성에 대해서 이민자 집단들은 소수민족과 매우 상이한 반응을 해왔다. 소수민족들과는 달리, 서구 민주사회에서의 이민자 집단들에게는 국민형성 경쟁에 뛰어드는 선택이 바람직하지도, 가능하지도 않았다. 그들은 전형적으로 숫자도 너무 적고, 또한 영토적으로 너무 분산되어 있어서, 이주해온 새로운 국가에서 처음부터 자신의 고유한 사회적 문화를 재창조할 희망을 가질 수가 없었다. 그 대신에, 전형적으로 그들은 자신들이 보다 확장된 사회적 문화로 통합될 것이라는 기대를 받아들여 왔다. 사실, 시민권을 얻기 위한 조건으로 공식 언어를 배워야 한다는 요건, 또는 그들의 자녀들 역시 학교에서 공식 언어를 배워야 한다는 요건에 반대해 온 이민자 집단은 매우 드물다. 그들은 자신들의 삶의 기회가 그리고 심지어는 그들 자녀들의 삶의 기회 역시 더욱 더 다수자들의 언어로 운영되는 주류 제도 속에 참여하는 것과 긴밀히 연관되어 있다는 가정을 받아들여 왔다.

서구 민주주의 국가들은 이제 그런 집단들이 어떻게 통합되어 가는지에 관계된 경험을 200년 이상 해 왔다. 그리고 시민이 될 권리를 가진 합법적인 이민자들이 자유민주주의의 통합이나 안정성에 어떤 식으로든 위협이 될 수 있다는 것에 대한 증거는 거의 없다. 분리주의 운동, 민족주의적 정치정당, 또는 선출된 정부를 전복하려는 혁명적 운동을 지지하기 위해 이민자 집단들이 동원된 예는 (만일 있다면) 거의 없는 것과 마찬가지이다. 그 대신에, 그들은 자신들이 경제적 및 사회적으로 통합되는 것과 아주 마찬가지로, 기존의 정치제도에 통합된다.[31]

따라서 이민자들은 그들을 주류사회에 통합시키려는 다수자들의 국민형성 운동에 저항해 오지 않았다. 그러나 이민자들이 시도했던 것은 통합 조건의 재협상(renegotiate)이다. 사실, 이민 국가들에서 최근의 '다문화주의'에 대한 많은 논쟁들은 바로 통합의 조건을 재협상하는 것에 대한 논쟁이었다. 이민자들은 그들이 다수자들의 언어로 운영되는 일반적 제도에 통합될 때, 자신들의 인종문화적 유산의 다양한 측면의 유지를 허용하거나 지지할 수 있도록, 통합에 있어서 보다 관용적이거나 '다문화주의적'인 접근을 요구하고 있다. 이민자들은 음식, 옷차림, 여가, 종교와 관계된 관습들의 일부를 유지하고, 이러한 관행들을 유지할 수 있도록 집회할 수 있는 자유를 요구한다. 이것이 비애국적이거나 '비미국적'이라고 이해되어서는 안된다. 게다가, 보다 확장된 사회의 제도들은 이러한 인종문화적 정체성에 대한 보다 많은 인정과 편의를 제

31) 주요한 이민 국가들에서, 망명이 허용된 난민이 시민이 될 수 있는 권리를 갖는 이민자의 범주에 든다는 것은 주목할 만한 가치가 있다. 실제로, 난민들의 재정착과 귀화에 대한 정부 정책은 사실상 이민자들에 대한 정책과 동일하다. 그리고 역사적으로 난민들도 보다 자발적인 다른 이민자들과 같은 통합의 양상을 따랐다.

공할 것을 채택해야 한다—예를 들면, 학교와 다른 공공 제도들에서 그들의 종교적 안식일, 복장, 금기 음식 등에 편의를 제공해야 한다고 요구한다.

자유민주주의는 이와 같은 이민자들의 다문화주의 요구에 어떻게 반응해야 할 것인가? 여기서 다시, 자유민주주의는 역사적으로는 이러한 요구들에 저항해 왔다. 1960년대 까지, 주요한 세 이민 국가는 모두 이민자들에 대한 '앵글로 순응'(Anglo-conformity) 모델을 채택했다. 즉, 이민자들은 기존의 문화적 규범들에 동화되기로 기대되었고, 때로는 그들의 대화, 옷차림, 여가 생활, 음식, 가족 규모, 정체성 등과 같은 것들에서 그 나라 태생의 시민들과 구별할 수 없게 될 것으로 기대되었다. 어떤 사람이 공적 행태에 있어서 눈에 보일 정도로 두드러지게 '인종문화적'(ethnic)으로 된다면, 그는 비애국적이라고 간주되었다. 이처럼 강력한 동화정책은 이민자들이 사회의 충성스럽고 생산적인 구성원이 되는 것을 보장하는데 필요한 것으로 간주되었다.

그러나 이러한 동화주의 접근이 필요하지도 않을 뿐더러 정당화될 수도 없다는 것이 점진적으로 받아들여지고 있다. 자신들의 유산을 자랑스러워하는 이민자들이 이들의 새로운 국가의 충성스럽고 생산적인 시민이 되기 힘들 것이라는 아무런 증거가 없기 때문에 그것은 불필요하다. 그리고 그것은 이민자들에게 부당한 비용을 부과하는 것이기 때문에 정당하지 않다. 국가는 이민자들에게 성공하기 위해서는 통합을 요구하는 일정 범위의 법률적인(de jure) 그리고 사실상의(de facto) 조건들을 부과하는데, 이러한 조건들은 종종 이민자들이 충족시키기에는 어렵고 힘들다. 이민자들이 자신들만의 국민형성 프로그램을 채택함으로써 여기에 반응할 수는 없지만, 오히려 그들이 할 수 있는 한 통합되기를 노력해야 하기 때문에, 그 통합은, 국가가 요구하는 그와 같은 통합에 연관된 비용을 국가가 최소화 할 수 있을 때만, 공정하다 할 수 있다.

다른 방식으로 말한다면, 이민자들은 보다 공정한 통합의 조건을 요구할 수 있다. 이러한 요구는 전형적으로 두 가지 기본 요소와 연관되어 있다. 첫째, 우리는 통합이 단번에 일어나는 과정이 아니라 어렵고 긴 시간이 걸리는 과정으로서 세대에 걸쳐 작동한다는 것을 인정할 필요가 있다. 이것은 과도적 과정으로 이민자들이 특수한 편의(예를 들면, 모국어 서비스)를 종종 필요로 한다는 것을 의미한다. 둘째, 우리는 이민자들이 통합해 들어가야만 하는 일반적 제도들이, 전통적으로 다수자 집단들이 누려 왔던 정체성과 실천들에 부여되었던 것과 같은 수준으로, 존중, 인정, 그리고 편의들을 이민자들에게 제공할 것을 보장해 줄 필요가 있다. 이것은 우리의 사회제도들에 대한 체계적인 탐구를 통해서 그것의 규칙과 상징들이 이민자들에게 불이익을 주고 있지 않은지 검토할 것을 요구한다. 예를 들면, 우리는 복장규정, 공휴일, 심지어는 신장과 몸무게 제한 규정이 일부의 이민자 집단들에게는 편견적인지의 여부를 살펴서 검토해 볼 필요가 있다. 우리는 또한 학교의 커리큘럼이나 언론에서 이민자들에 대한 묘사가 고정관념으로 다루어지고 있는지 혹은 국내 역사나 세계 문화에 대한 이민자들의 기여를 인식하는데 실패하고 있지 않은가를 검토할 필요가 있다. 이러한 조치들은 자유주의 국가들이 이민자들에게 통합의 공정한 조건을 제공하고 있는가를 보장하는데 필요하다.

여기서 다시, 나는 이러한 각각의 정책들의 세부적인 공정성에 대해서 논증할 여유는 없다. 공정성에 대한 조건은 언제나 확실한 것은 아니다. 특히 사람들이 어떤 국가로 들어가기를 결정하는 맥락에서는 더욱 그렇기 때문에, 정치 이론가들은 이러한 쟁점을 조명하는데 그렇게 많은 시간을 할애하지 않았다. 그러나 이것이 우리가 제시해야 할 중요한 질문이라는 인식이 점점 확장되고 있다. 문제는 이민자들이 선의의 무관심의 규범으로부터 벗어나야 하는가가 아니라, 이민자들을 통합하려는 압력의 부과를 목표로 하는 국가 정책이 정당한가를 우리가 어떻게 보장할 수 있는가에 있다.

(c) 고립주의적 인종종교 집단

대부분의 이민자들이 보다 확장된 사회에 참여하기를 희망하는 반면, 자발적으로 자신들을 보다 확장된 사회로부터 고립시키고, 정치 혹은 시민사회로의 참여를 거부하는 소수의 이민자 집단들이 있다. 앞에서 지적했듯이, 이러한 자발적인 주변화의 선택은 단지 자신들의 신학이 그들에게 근대 사회와의 모든 접촉을 피하라고 요구하는 인종종교 집단들에게만 매력적일 수 있다. 그러한 집단으로는 후터교도, 아미쉬, 하시디즘파 유태인들이 있다. 그들은 모두 자신들의 종교적 신념 때문에 처형당할 처지로부터 탈출해서 이주한 사람들이다. 그들은 보다 확장된 사회와 정책으로부터 주변화되는 문제에 대해서는 별 신경을 쓰지 않는다. 그 이유는 그들은 그런 '세속적' 제도들이 부패했기 때문에 자신들의 본래 고향에서와 동일하게 전통적으로 고립된 생활양식을 유지할 것을 추구하기 때문이다.

근대 세계와의 접촉을 피하기 위해서, 그리고 자신들의 전통적 삶의 방식을 유지하기 위해서, 이러한 집단들은 다양한 법률로부터 면제되기를 시도한다. 예를 들면, 그들은 군복무의 의무나 배심원이 될 의무로부터 면제받을 것을 요구한다. 그 이유는 그러한 것들이 그들에게 세속적인 정부의 운영에 참여하는 것을 함의하기 때문이다. 그리고 그들은 의무교육법으로부터도 면제되기를 요구하는데, 그들의 자녀들이 부패적 영향에 노출되지 않는 것을 확실히 하기 위해서이다(예를 들면, 그들은 법적인 나이인 16세 이전에 그들의 자녀들을 학교로부터 이탈시킬 권리를 추구하고, 근대 사회의 삶의 방식에 대해 가르치는 핵심 커리큘럼의 특정 부분들로부터 면제받기를 시도한다).

다수자들의 국민형성에 대한 이러한 집단들의 대응은 소수민족이나 이민자 집단들의 그것과는 매우 상이하다. 결국, 국민형성은 공통적인 학문적, 경제적, 정치적 제도들을 통해 시민들을 근대 사회문화에 통합하려는 목표를 갖는데, 이것들이야말로 인종종교적인 종파들이 회피하기를 원하는 것이다. 게다가 이러한 집단들이 면제받기를 시도하는 종류의 법률들은 근대 국민형성의 핵심에 놓여있는 법들이다(예를 들면, 대중 교육).

자유민주주의는 다수자들의 국민형성으로부터 면제되고자 하는 이와 같은 요구에 어떻게 반응하여야 하는가? 아마도 놀라겠지만, 많은 서구 민주주의는 역사적으로 이러한 요구들에 대해서는 매우 수용적이었다. 이것은 매우 놀라운 일이다. 왜냐하면 서구 민주주의가 그들에게 면제를 허용함으로 인해 이러한 집단들은 종종 국가에 대한 어떤 충성심도 갖지 않을 수 있기 때문이다. 게다가 그들은 종종 내부적으로는 비자유주의적인 방식으로 조직되어 있다. 그들은 자신들 집단의 구성원들이 전통적인 관행이나 종교적 권위에 대해 문제를 제기하려는 시도를 금하고 있고(그리고 사실 종종 어린 아이들이 그러한 반성적 사고를 할 능력을 습득하는 것을 금지하려고 노력한다), 여성들은 가사에만 국한시키기도 한다. 그리고 그들이 보다 확장된 사회의 문제를 해결하려는 데에도 아무런 관심이 없다는 측면에서, 그들은 전체로서의 국가에서 시민의 의무를 지지 않는다(예를 들어, 그들은 도시의 빈곤, 오염, 혹은 마약 오용 등의 문제들을

어떻게 해결할지에 대해 아무런 관심이 없다).[32]

제7장에서 지적했듯이, 스피너(Jeff Spinner)는 이러한 집단들을 '부분적 시민'(partial citizens)이라고 부르는데, 그들이 자발적으로 민주주의 시민권의 권리와 책임들을 철회하기 때문이다(Spinner, 1994). 그들은 공직에 대한 투표 및 진출할 권리 (그리고 복지 수혜를 받을 권리)를 행사하지 않으며, 마찬가지로 그들은 국가의 문제들을 극복하는 데 도움이 될 그들의 시민적 책임 역시 피하려고 시도한다. 그러므로 대부분의 소수민족과 이민자 집단과는 다르게 이러한 인종종교 종파는 국가에 대한 충성, 자유주의적 자유, 시민적 책임의 원칙을 거부한다.

그렇다면 왜 이러한 집단들의 요구가 수용되었는가? 최소한 북미의 맥락에서 부분적인 이유로는, 미국과 캐나다 모두가 서부 국경에 정착시킬 이민자들을 필사적으로 찾을 때, 그리고 유용한 농경 기술을 갖고 있는 대단위 이민자 집단들을 획득하기 위해 양보를 할 준비가 되어 있을 때, 마침 그들이 도착했기 때문이다. 오늘날의 자유민주주의가 새롭게 도착한 인종종교적 종파들에게 동일한 양보를 하게 될 것인지에 대해서는 분명하지가 않다.

그리고 사실, 자유민주주의 원칙의 관점에서 본다고 했을 때, 그러한 양보를 하는 것이 적실한지의 여부도 분명하지가 않다. 결국, 이러한 집단들은 자신들의 내부 구성원들의 자유를 거부하고, 나머지 사회에 대한 시민적 복종을 회피한다. 이러한 이유로, 수년간에 걸쳐 다양한 시도들을 통해, 이러한 면제들을 철폐하고, 이러한 집단들로 하여금 자신들의 시민적 의무(예를 들면, 군복무나 배심원의 의무)를 달성시키도록 강제하고, 또한 의무 교육의 일반적인 기간에 표준적인 핵심 커리큘럼을 통해서 그들의 자녀들이 참석하도록 강제함으로써, 그들이 외부세계에 참여할 능력이 있는 경쟁력 있는 민주적 시민들이 되는 것을 배우도록 해왔다.

그러나 일반적으로 대부분의 민주주의 국가들은 이러한 집단들이 집단 내부

32) 그들도 물론 그들 자신의 공동체에서 일어나는 어떤 문제에라도 참여해야 한다는 강한 책임감은 받아들인다. 그러나 정의는 우리가 속한 당장의 환경을 넘어서는 문제들에 대해서, 심지어 우리가 그와 같은 확장된 문제들에 대해 인과적인 책임성의 소재가 없을 때 조차도, 참여할 것을 요구한다. 제7장 각주 31과 그에 이어지는 본문을 보시오.

의 사람들에게 터무니없는 해를 끼치지 않는 한(예를 들면 아이들에 대한 성적 학대), 그리고 그들이 자신들의 관점을 외부인에게 강요하려고 시도하지 않는 한, 그리고 구성원들이 그 집단을 떠나는 것이 법적으로 자유로운 한, 그들을 계속해서 관용하고 있다. 이러한 관용은 전형적으로 공동체주의적 관점의 종교의 자유(communitarian conception of freedom of religion)에 근거하거나, 이러한 집단들이 그들이 국가로 진입할 때 특정한 관용에 대한 약정을 받았다는 근거에 의해서 정당화된다—그것은 다른 이민자들에게는 주어지지 않았던 역사적 약정이다.[33]

이러한 세 가지 유형의 집단들은—소수민족, 이민자, 인종종교적 종파—모두 다수자들의 국민형성 프로그램의 표적이 되어 왔다. 자유주의 국가가 국가의 전체 영토에 걸쳐서 공통의 사회적 문화를 확산시키려는 기획을 수행했을 때, 자유주의 국가들은 그들을 통합하려는 압력을 행사했다.

내가 논의할 나머지 두 집단의 유형은—즉, 메틱과 아프리카계 미국인 같은 인종적 카스트 집단—매우 상이하다. 그들은 단지 다수 문화에 통합될 압력을 받지 않을 뿐 아니라, 사실상 그들은 통합을 금지 당한다. 앞의 세 집단 유형이, 그들이 분리된 채로 남아있기를 원한다고 하더라도, 통합의 압력을 받는 반면, 이 나머지 두 집단은 그들이 통합을 원한다고 하더라도 강제적으로 분리된 채 남아있다. 배제의 역사는 서구 민주주의에 많은 어려움들을 지속적으로 만들어 낸다.

(d) 메틱(Metics)

아미쉬와 같은 분리주의자 집단들이 자발적으로 그들의 시민권을 철회하는 반면, 시민이 될 수 있는 기회를 한번도 부여받지 못한 일부의 이주자들이 있다. 그것은 사실 다양한 사람들의 범주를 포함하는데 *불법 이민*(irregular immigrants, 예를 들면, 불법으로 국내에 들어왔거나 비자 기간이 만료되었기 때문에, 합법적인 거주지가 없는 사람들, 즉 캘리포니아의 수많은 멕시코인들과 이탈리아의 북아프리카인 같은 사람들)과

---

33) 종교의 자유에 대한 자유주의와 공동체주의의 관점을 대조하는 것은 제6장 제7절의 시작부터 다섯 쪽까지 참조하시오.

임시 이주자[temporary migrants, 예를 들면, 임시보호를 원하는 난민들이나 독일의 터키인들 같은 '외국인 노동자'(guest workers) 로 들어온 사람들]들이다. 그들이 입국할 때, 이러한 사람들은 미래의 시민으로 심지어는 장기 거주자로도 생각되지 않는다. 그들이 영구 거주자나 미래의 시민이라고 애초에 간주되지 않기 때문에, 사실상 그들은 입국도 거절당한다. 그러나 공식적 규칙에도 불구하고, 그들은 다소간은 영구적으로 거주한다. 원칙적으로는 그리고 실제에 있어서도 어느 정도는, 그들이 공권력에 의해서 적발되거나 범죄를 저지른다면 추방의 위험에 직면하게 된다. 그러나 그들은 그럼에도 불구하고 어떤 국가의 확실한 공동체를 형성하거나, 불법적이던 합법적이던 어떤 고용의 형식과 연관되어 있고, 결혼을 해서 가정을 이룬 경우도 있다. 예를 들면, 캘리포니아의 멕시코인들과, 독일의 터키인들 혹은 이탈리아나 스페인의 북아프리카인들에게 그것은 사실이다. 고대 그리스의 용어를 빌려와서 마이클 왈쩌는 이러한 집단을 '메틱'(metics)이라고 부른다—즉, 폴리스로부터 배제되었음에도 불구하고 장기로 거주하고 있는 사람들이다(Walzer, 1993). 메틱들은 통합에 대한 막대한 장애물에—법적, 정치적, 경제적, 사회적, 심리적—직면하고 있기 때문에 그들은 보다 확장된 사회에서 주변부로 존재하는 경향이 있다.

일반적으로 말하면, 메틱들의 가장 기본적인 주장은 그들의 지위를 영구 거주자로서 조정해 주고 시민권을 얻을 수 있도록 해달라는 것이다. 그들은 사실상 그들이 애초에는 이민자로서 인정받지 못했지만, 이민자들과 같은 경로로 주류 사회에 통합될 수 있기를 원한다.

자유민주주의는 시민권의 획득에 대한 이러한 요청에 어떻게 반응해야 할까? 역사적으로 볼 때, 서구 민주주의는 이러한 요구들에 대해 상이한 방식으로 대응해 왔다. 어떤 국가들은—특히 전통적 이민 국가들은—이러한 요구들을 마지못해 수용해 왔다. 원래 계약 기간을 넘어서 머무르는 외국인 노동자들은 종종 영주권을 얻을 수 있고, 불법 이민자들에 대해서는 주기적으로 사면이 제공되기도 한다. 그래서 시간이 지나면서 그들은 그들의 법적 지위와 사회적 기회들에 있어서 이민자들의 그것과 유사해진다.

그러나 일부 국가들은—특히 자신들은 이민 국가로 생각하지 않는 국가들—이러한 요구에 저항해 왔다. 그러한 국가들은 이와 같은 특정한 개인들을 이민자로 인정하지 않을 뿐 아니라, 어떤 이민자들도 인정하지 않고, 이민자들을 통합하기 위한 확립된 절차나 토대조차 없는 경우가 많다. 게다가, 이와 같은 많은 메틱들은 입국할 때 법률을 어겼거나(불법 이민), 자신의 원래 국가로 돌아가겠다는 약속을 어겼기 때문에(외국인 노동자), 시민권을 받을 자격이 있다고 간주되지 않는다. 게다가, 새로운 이주자들을 받아들였던 전통이 없던 국가들은 종종 심한 외국인 혐오증을 갖고 있어서, 모든 외국인들을 안전에 대한 잠재적 위협 혹은 잠재적인 불복종, 혹은 단지 확고한 '이방인'으로 간주하는 경향이 있다. 이러한 국가들에서, 가장 잘 알려진 예는 독일, 오스트리아, 스위스인데, 공공 정책은 메틱들을 국내 공동체에 통합시키려 노력하지 않고, 추방 혹은 자발적 귀환의 형식을 통해 국가를 떠나도록 만든다.

우리는 이런 정책이 시민권 획득을 거절당한 이민자들을 위해 발생하게 된 '다문화주의'의 개념에서 반영되고 있음을 알 수 있다—그 개념은 캐나다나 호주 같은 이민자들의 국가들과는 매우 상이하다. 예를 들면, 독일의 일부 주(Länder)에서는 1980년대까지 정부가 독일 아이들의 수업에 터키 아이들이 들어가지 못하게 했고, 그 대신에 터키인들을 위한 분리된 수업을 만들어, 종종 터키로부터 데려온 터키인 선생님들이 가르쳤고, 아이들이 터키에서의 삶을 준비할 수 있는데 초점을 맞춘 커리큘럼으로 수업을 받았다. 이것은 '다문화주의'라고 불리웠는데, 미국, 캐나다, 혹은 호주에서의 이민자들에 대한 다문화주의와는 달리, 그것은 독일의 시민권을 풍부하게 하거나 보충하기 위한 방법으로 이해되지는 않는다. 오히려 그것은 정확하게 이러한 아이들이 독일 시민으로 간주되지 않기 때문에 채택된 것이다. 그것은 이러한 아이들이 실제로 이곳에 속해 있지 않고, 그들의 진정한 '고향'이 터키에 있기 때문이라고 말하는 방식이다. 그것은 그들이 시민이 아니라 외국인이라는 것을 다시 확고히 하는 말이다. 시민권의 제공이 없는 다문화주의는 배제를 위한 처방이나 아니면 배제의 합리화와 거의 차이가 없다.[34)]

간략하게 말해서, 메틱들이 시민권을 거부당한다면, 그들은 국가 안에서 단지 불안

---

34) 이 이전의 모델은 지금에 와서는 폐기되었다. 그리고 독일은 내가 다문화주의의 이민자 모델이라고 부르는 것에 가깝게 가고 있다.

정한 법적 지위만을 갖게 될 것이고, 그들의 진정한 고향이 그들의 본래의 국가이며, 그들이 사회의 구성원이 되길 원하지 않는다는 이야기를 계속해서 듣는다면, 그들이 결국 자신의 고향으로 돌아가게 될 것이라는 것이 그 희망 사항이다.

그러나 메틱에 대한 이러한 접근이 실행가능하지 않으며, 도덕적으로나 경험적으로나 결점을 갖고 있다는 인식이 점진적으로 늘어나고 있다. 경험적으로는, 한 국가 안에서 몇 년 동안 살았던 메틱들이 그들이 단지 불안정한 법적 지위를 갖고 있다고 하더라도 고향으로 돌아가지 않으려 한다는 점이 확실해지고 있다. 이러한 점에서, 그들의 본래 국가가 아니라 새로운 국가가 그들의 '고향'이 되어 가고 있다. 사실, 그것은 메틱의 자녀와 손자들이 알고 있는 유일한 고향일 것이다. 그들이 한번 정착하고, 가정을 이루고, 자녀들을 키우기 시작한다면, 추방 이외에는 그 어느 것도 메틱들을 자신들의 본래 국가로 돌려 보내지 못하게 될 것이다.

따라서 자발적인 귀국의 희망에 기반한 정책은 매우 비현실적이다. 게다가, 그것은 보다 확장된 사회를 위험에 처하게 한다. 그러한 정책에서 기대되는 결과들은 영구적으로 권리가 박탈되고, 소외되고, 인종적으로 규정된 하위 계급을 만들어내는 것이다. 메틱들은 주류 제도가 의심을 갖고 바라보는 대립적 하위문화들을 추구해서 발전시킬 수 있다. 예상 가능한 결과들은, 이민자들 특히 2세대에서 보듯이, 정치적 소외, 범죄 및 종교적 근본주의가 혼합된 특정의 양상을 포함하게 될 것이며, 이것은 다시 사회 전반에 걸친 인종갈등 및 심지어 폭력의 증가로 연결될 것이다.

이러한 것들을 피하기 위해, 서구 민주주의 국가들에서는 심지어 비이민 국가라고 하더라도, 불법 이민자들에 대한 사면 프로그램들을 채택하고, 외국인 노동자들과 그들의 자녀들에게 시민권을 부여하는 것이 점진적인 추세이다. 사실상, 오랫동안 정착한 메틱들은 마치 합법적 이민자들처럼 점차적으로 간주되고 있으며, 통합을 향한 이민자들의 경로를 따르는 것이 허용되고 또 권장되고 있다.

이것은 단지 실질적으로 유용할 뿐만 아니라 도덕적으로 요구되는 것이다. 왜냐하면 시민이 될 권리를 갖지 못한 장기 거주자 집단들을 갖는다는 것은 자유민주주의의 핵심적 개념에 위배된다. 자유민주주의 체계는 정치 권위에 복종하는 사람들이 그 권위를 결정하는 데 참여할 권리를 갖는 체계이다. 국가에 복종하면서 투표할 권리가 없는 영구적 거주자들을 갖는 것은 국가의 민주주의적 신뢰성을 침해하는 일종의 카스트 제도를 만들어내는 것이다(Bauböck 1994; Carens 1989; Walzer 1983; Rubio-Martins 2000).

분명히, 이러한 사람들은 도착하면서 시민이 될 기대를 받지 못하거나 권리를 부여받지 않았고, 사실상 불법적으로 도착한 것이다. 그러나 어떤 점에서는, 그들의 입국 승인의 본래적 조건들이 부적절해지고 있다. 모든 실천적 의도 및 목적들에 비추어, 이것은 이제 메틱들의 고향이고, 그들은 사실상의(de facto) 시민의 권리들이 필요한 사회의 구성원이다.

(e) 아프리카계 미국인

다문화주의에 관한 최근의 미국의 이론화 작업에서 가장 중요하게 여겨졌던 마지막 집단은 17세기와 18세기에 걸쳐서 미국에 끌려온 아프리카 노예들의 후손인 흑인(아프리카계 미국인)들이다. 노예제도 아래에서, 흑인들은 시민으로, 심지어는 '사람'으로도 간주되지 않았고, 단순히 노예주인의 건물이나 가축들 같은 재산으로서 간주되었다. 1860년대에 노예제도는 철폐되었고 흑인들은 시민으로 간주되었지만, 그들은 1950년대와 1960년대까지도 분리된 학교에 다녀야하고, 분리된 군부대에서 복무하고, 열차의 분리된 좌석에 앉아야 하는 등 여전히 분리 법률(segregation laws)에 종속되어 있었다. 이제 그러한 차별적 법률은 사라져 버렸지만, 사실적 증거들은 여전히 흑인들이 고용과 거주에 있어서 광범위한 비공식적 차별에 예속되어 있고, 여전히 하위 계층과 가난한 이웃들에 집중적으로 편향되어 있음을 보여준다.

아프리카계 미국인들은 미국의 국민형성에 독특한 관련을 맺고 있다. 메틱들처럼, 역사적으로 그들은 국가의 구성원이 되는 것으로부터 배제당해 왔다. 그러나 메틱들과는 다르게, 배제의 정당화의 근거는 이들이 돌아가야만 하는 다른 어떤 국가의 시민들이라는 점에 있는 것은 아니었다. 미국의 흑인들은 '외국인'이나 '이방인'으로 간주하기 어려운 측면이 있다. 그 이유는 그들이 백인들만큼이나 미국에 오랫동안 거주해 왔으며, 또한 다른 외국 시민권을 갖고 있지 않기 때문이다. 그 대신에, 그들은 효과적으로 국민성을 박탈당했다—그들은 미국 국민의 구성원이 되기를 거부당했고, 또한 다른 국가에 속해 있는 것으로 간주되지도 않았다.

아프리카계 미국인들은 서구의 다른 인종문화적 집단들과는 다르다. 그들은 자발적인 이민 양식에는 들어맞지 않는다. 왜냐하면 단지 그들이 노예로서 비자발적으로 미국에 끌려왔기 때문만이 아니라, 그들이 다수 문화의 제도들로 통합되는 것을 금지 당했기(권장되었다기보다는) 때문이다(인종분리, 그리고 흑백간의 결혼 및 읽고쓰기 교육을 금지하는 법률들로). 그리고 그들은 소수민족의 양상에도 들어맞지 않는다. 그 이유는 그들은 미국에 자신들의 고유한 공동의 터전(homeland)이 없고, 그들의 역사적인 공통어를 갖고 있지도 않기 때문이다. 그들은 상이한 언어를 지닌 다양한 아프리카 문화에서 왔으며, 이들을 공통적인 인종적 배경으로 통합시키려는 어떠한 시도도 없었다. 반대로, 동일한 문화에서 온 사람들은(심지어는 한 가족에서도) 미국에 오게 되면 분리되는 것이 전형적인 일이었다. 게다가, 노예 해방 이전에는, 그들은 합법적으로 자신들의 문화적 구조를 회복하려는 시도를 금지 당했다(예를 들어, 모든 형태의 흑인 결사체는 교회를 제외하고는 불법이었다). 따라서 아프리카계 미국인들의 상황은 실질적으로 독특했다.

이러한 복잡한 상황과 비극적 역사에 비추어 본다면, 아프리카계 미국인들은 복잡하고, 독특하고, 진화되는 일련의 요구들을 제기해 왔다. 1950년대와 1960년대의 미국에서의 시민권 운동은, 그것을 지지하는 많은 옹호자들에게는, 반차별법(anti-discrimination laws)의 보다 엄격한 시행을 통해서, 흑인들에게 이민자들과 같은 통합의 경로를 따르게 하는 것을 가능하게 만드는 것으로 간주되었다. 그러나 이민자들과 같은 통합의 경로를 따를 가능성에 회의적인 아프리카계 미국인들은, 전자와는 반대로, 흑인을 '민족'(nation)으로 재정의해서, 흑인 민족주의(black nationalism)의 형식을 발전시키려는 전략을 택해 왔다. 최근 아프리카계 미국인들의 정치적 동원의 역사는 대부분 이러한 두 가지의 경합되는 프로젝트 사이에 벌어진 투쟁으로 볼 수 있을 것이다.

그러나 이들 모두는 비현실적이다. 수백 년 동안의 노예제도와 분리정책의 유산은 이민자들은 전혀 직면하지 않는 통합에 대한 장벽을 만들어 왔다. 그러한 결과, 시민권 운동의 법적 승리에도 불구하고, 보다 최근의 (백인이 아닌) 이민자들도 통합되었는데도 불구하고(예를 들면 아시아계 미국인들), 흑인들은 불균형적으로 경제적 사다리의 가장 아래에 머물러 있다. 흑인들이 지역적으로 분산되어 있는 현실도 민족적 분리주의(national separatism)를 비현실적인 대안이 되도록 만들어 버렸다. 그들은 공통적인 흑인의 민족적 정체성을 공유하지 않지만, 공유한다고 하더라도, 미국 내에서 흑인들이 다수를 형성할 수 있는 지역도 존재하지 않는다.

그런 결과로, 아프리카계 미국인들에게 작동할 수 있는 다양한 수단들을 포함하는 독자적(sui generis) 접근법 고안의 필요성에 대한 인식이 점진적으로 증가하고 있다. 이러한 것들은 과거의 부정의에 대한 역사적 화해, 통합에 대한 특수한 보조[예를 들면, 소수자우대정책(affirmative action)], 정치 대표에 대한 보장(흑인이 다수가 되는 지역으로 선거구 재조정), 그리고 다양한 형태의 흑인 자치기구들에 대한 지원(예를 들어 역사적인 흑인 대학과 흑인에 초점을 맞춘 교육에 보조금 지급) 등을 포함할 수 있을 것이다. 이러한 상이한 요구들은 상이한 방향으로 나아갈 것으로 여겨질 수 있다. 그 이유는 일부는 통합을 증진시키는 반면 다른 것들은 분리를 강화하는 것으로 여겨질 수 있기 때문이다. 그러나 이러한 각각은 아프리카계 미국인들이 자기 자신을 발견하게 되는 복잡하고 모순적인 현실의 상이한 부분에 대한 반응이다. 장기적 목표는 아프리카계 미국인들을 미국 국민으로의 통합을 증진시키는 것이지만, 그것은 기존의 흑인 공동체들과 제도들이 강화된 이후에 달성할 수 있는 장기적 과정이라는 점을 인식해야 한다. 어느 정도의 단기적인 분리성과 인종 의식(colour-consciousness)은 장기적으로 통합된 피부색불문(colour-blind)의 사회라는 목표를 달성하는데 필요하다.[35)]

이러한 요구들을 평가하는 데 사용해야 할 원칙이 정확히 어떤 것인지를 명확히 하기는 어렵다. 이 모든 것들은 논쟁적이다. 대부분의 다른 집단들처럼, 고려해야 할 도덕적이고 실리적인 요소들이 있다. 아프리카계 미국인들은 모든 인종문화 집단들 중에서 부정의로 인해 아마도 가장 큰 고통을 받았을 것이다. 그것은 역사적으로 그들이 받은 학대와 현재 처한 곤경이라는 두 가지 관점을 모두 포함한다. 도덕적으로 말할 때, 미국 정부는 이러한 부정의를 치유하기 위한 급박한 의무를 갖고 있다. 게다가 메틱들의

35) 아프리카계 미국인의 지위 및 요구, 그리고 그것의 자유민주주의의 규범과의 연관성에 관한 유용한 논의들로, Spinner 1994; Gutmann and Appiah 1996; Brooks 1996; Cochran 1999; Kymlicka 2001: ch.9를 보시오.

경우에서처럼, 이렇게 진행되는 배제는 분리주의적이고 적대적인 하부문화를 발전시키는 결과를 가져왔다. 이러한 분리주의적이고 적대적인 배제의 문화에서는 "백인들의' 제도속에서 성공을 추구하려는 생각 자체가 바로 많은 흑인들에게는 의심스러운 것으로 간주되었다. 그러한 하위문화를 허용했던 데 대한 대가는 매우 크다. 즉, 흑인들 그 자신에게는 그들이 빈곤하고, 주변화되고, 폭력화된 삶을 살도록 점점 더 운명지워진다는 점에서 물론 그렇고, 전체적인 사회에 있어서도 인간적 잠재성들을 낭비하고, 인종적 갈등을 증폭시킨다는 점에서 그러하다. 이러한 비용을 감안한다면, 그러한 상황을 방지하기 위한 개혁이 무엇이든 채택하는 것이 실리적이면서 또 도덕적인 것으로 여겨진다.

이러한 각각의 집단들, 그리고 전세계에 걸쳐 존재하는 다른 형태의 많은 집단들의 요구들에 대해서는 보다 많은 것이 이야기될 수 있을 것이다. 그러나 특정한 소수자들의 권리요구가 어떻게 국가의 국민형성 정책들과 연관되어 있고, 반응하는지에 대해서는 충분히 말해졌기를 바란다. 이러한 논의의 세 번째 단계에서, 우리는 다수자들의 국민형성이 소수자들에게 부과했거나 혹은 부과할 수 있는 부정의들을 각각의 집단의 요구들이 어떻게 구체적으로 밝혀 주는지, 그리고 다수자들의 국민형성이 더 이상 부정의하지 않을 수 있는 조건이 무엇인지를 찾아낼 수 있을 것이라는 점에 유의할 필요가 있다. 앞에서 살펴보았던 다섯 가지의 사례 모두에서 소수자들이 국민형성 프로그램을 본래 받아들일 수 없는 것으로 말하고 있지 않음을 지적하는 것이 중요하다. 그러나 그들은 그러한 국민형성 프로그램은 어떤 제한과 한계에 종속되어야 한다고 주장한다. 우리가 이와 같은 상이한 요구들을 하나의 보다 광범위한 인종문화적 정의관(a larger conception of ethnocultural justice)으로 결합하려고 한다면, 우리는 자유민주주의에서 다수자들의 국민형성은 다음의 조건들 하에서 정당성을 지닌다고 할 수 있을 것이다.

① 메틱이나 인종적 카스트 집단처럼, 장기 거주를 하는 어떠한 집단도 국가의 구성원이 되는 것으로부터 영구적으로 배제당하지 않는다. 그 영토 안에 살고 있는 모든 사람들은 시민권을 획득할 수 있어야 하고, 그들이 원할 경우에는

국가의 동등한 구성원이 될 수 있어야 한다.

② 이민자들이나 다른 인종문화적 소수자들이 국민으로 통합되도록 압력을 받을 때에는, 국민의 구성원으로서 요구되는 일종의 사회문화적 통합은 '얇은' 의미에서 이해되어야 한다. 주로 제도와 언어의 통합에만 연관되고, 그 밖의 어떤 특정한 관습들, 종교적 믿음 혹은 삶의 방식들에 대한 채택을 의미하지 않는다. 공통의 언어로 운용되는 공통의 제도로의 통합은 개인적 그리고 집단적 상이성을 표현할 최대한의 공간을 남겨놓아야 한다. 그것은 공적인 측면과 사적인 측면 양쪽에서 모두 그래야 하고, 공적 제도들은 인종문화적 소수자들의 정체성과 관행들에 대해서 편의를 제공해주어야 한다. 다른 방식으로 말하자면, 국민적 정체성과 국민통합의 개념은 다원주의적이고 관용적이어야 한다.

③ 소수민족들은 자신들의 독특한 사회문화를 유지하는 것을 가능하게 할 수 있도록 자신들 고유의 민족형성이 허용되어야 한다.

이러한 세 가지 조건은 서구 민주주의에서 역사적으로는 거의 적용되지 않았지만, 우리는 대부분의 민주주의에서는 그것들을 적극적으로 수용하고 있는 추세를 매우 분명하게 볼 수 있다. 이러한 추세는 부분적으로는 경험적 이유들을 반영한다. 메틱들에 대한 배제, 이민자들의 동화, 소수자 민족주의의 억압과 같은 이전 정책들이 그것의 목표를 달성하는데 실패했고, 따라서 새로운 양상의 인종 관계들이 검증되고 있다. 또한 그것은 동시에 이전의 정책들이 도덕적으로 정당화될 수 없다는 인식 역시 반영하고 있다.

이 장에서 논의했던 양상들은 물론 확고한 법칙이라기보다는 일반화에 불과하다. 일부의 메틱들, 이민자 집단들, 그리고 소수민족들은 소수자의 권리를 요구하기 위해 동원된 적은 없었으며, 그들이 요구를 하려고 하더라도 일부의 서구 민주주의는 그러한 요구들에 지속적으로 저항했다.[36] 심지어 미국에서도, 이민자들의 통합에 대한 일반적

36) 특히, 프랑스와 그리스는 이민자 다문화주의 또는 다민족 연방주의에 대해 어떠한 공식적인 인정도 거부하고 있다. 그리고 스위스와 오스트리아는 메틱을 통합하기 위한 어떠한 심각한 조치도 거절하고 있다. 그러나 이러한 국가들은 현재 서방의 규범에 대한 분명한 예외들이다. 그리고 프랑스는 코르시카인들의 자율성과 이민자 다문화주의 양자의 접근 모두를 사실상(de facto) 자유화하고 있다.

경향은 때때로 편향되어 왔는데, 특히 새로운 이주자들이 자신의 본래 국가로 곧 돌아갈 것을 기대할 때는 더욱 그랬었다(마이애미에 있는 쿠바출신 망명자들에서 처럼).

소수민족들이 고유한 사회적 문화를 유지할 수 있었던 정도 또한 매우 다양하다. 일부 국가들에서는, 소수민족들은 거의 완전히 통합되었다(예를 들면, 프랑스의 브리타니인). 심지어 미국에서도, 민족주의적 동원의 정도(및 성공)는 다양하다. 예를 들면, 남서부의 멕시코계들(Chicanos)과 푸에르토리코계들을 비교해 보자. 멕시코계들은 1848년에 비자발적으로 미국에 합병된 이후에는 자신만의 스페인어를 사용하는 사법, 교육 혹은 정치제도들을 보존할 수 없었고, 그들은 그러한 제도들을 회복하기 위한 민족주의적 전선에 따라 동원되지 못했다. 대조적으로, 푸에로토리코계들은 1898년에 미국에 비자발적으로 합병된 이후에도 그들의 스페인어 제도들과 자치권들을 매우 성공적으로 방어하는데 동원되었고, 강력한 민족주의 의식을 지속적으로 표명해 왔다. 민족주의적 동원의 정도는 또한 미국의 다양한 인디언 부족들 사이에서도 차이가 난다.[37)]

그리고 심지어 이러한 요구들이 수용된다고 하더라도, 이 요구들은 종종 논쟁의 대상이 되어, 대중들의 의견이나 정권을 잡은 정당의 변화에 취약했다.[38)] 여전히, 일반적인 경향은 분명하다. 서구 국가들은 오늘날 소수자 권리에 의해서 제약 받는 복잡한 국민형성의 양상을 보여준다. 한편으로, 서구 국가들은 '국민형성' 국가로 남아있다. 모든 서구 국가들이 앞에서 논의했던 것과 같은 종류의 국민형성 정책들을 지속적으로 채택하고 있고, 어떤 서구 국가도 그러한 정책을 채택할 권리를 포기하지 않았다. 다른 한편으로, 이러한 정책들은 위협을 느끼는 소수자들의 요구를 수용하기 위해 점점 더 구체화되고 또 제한을 받고 있다. 소수자들은 국민형성이 메틱들과 인종적 카스트 집

---

37) 미국에서 소수민족들의 주장에 대한 설문으로는, O'Brien 1987을 보시오. 이러한 차이들과 어려운 사례들을 감안하여, 일부 이론가들은 우리는 '이민자'와 '소수민족'의 범주를 없애야 하며, 단순히 인종문화집단을 다양한 수준의 응집력, 동원, 집결, 크기, 역사적 뿌리 등등을 지닌 연속선 상에 위치해 있는 것으로 간주해야 한다고 주장한다. 예를 들어 Young 1997a; Carens 2000: ch.3; Barry 2001: 308~317; Favell 1999을 보시오. 나는 Kymlicka 2001: ch.3의 유형화를 옹호한다.

38) 그러나 사실 어떤 서방의 국가도 이러한 주요한 정책 변화를 뒤집지 않았다는 것—즉, 다문화주의를 받아들였던 어떤 나라도 결과적으로 그것을 거절하지 않았고, 연방화했던 어떤 나라도 결과적으로 다시 중앙집권화하지 않았던 등등의 예가 있다—은 주목할 만한 일이다.

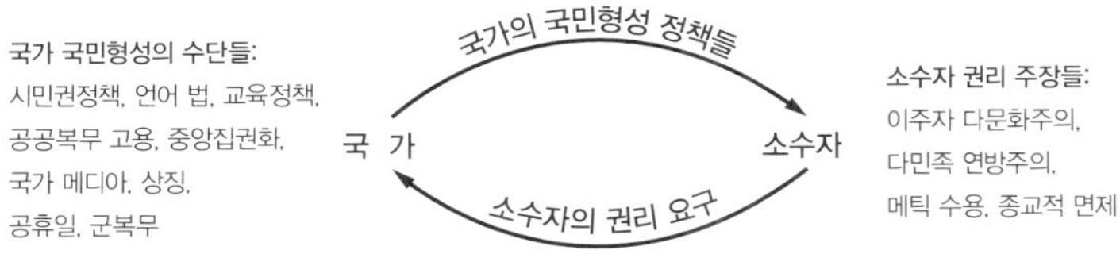

그림 4 국민형성과 소수자 권리의 변증법

단들을 배제하지 않고, 강제적으로 이민자들을 동화시키지 않고, 소수민족의 자치권을 침해하지 않는 것을 확실하게 보장해 줄 수 있는 다양한 권리들에 대해 요구해 왔고 이에 대해 점진적으로 일치해 왔다.

그러므로 우리가 '자유민주정체들의 실제 세계'(real world of liberal democracies)에서 보는 것은 국가의 국민형성(소수자들에 대한 국가의 요구)과 소수자들의 권리(국가에 대한 소수자들의 요구) 양자 간의 복잡한 변증법이다. 우리는 그것을 그림 4처럼 표현할 수 있다.

내 관점에서는, 이 원의 양쪽 절반을 함께 보는 것이 핵심이다. 소수자 권리에 대한 논의에서는 너무나 자주, 사람들은 단지 그림의 아래쪽 반원만을 본고, 왜 강력하고 공격적인 소수자들이 '특정한 지위' 혹은 '특권'을 요구하는지를 질문한다. 무엇이 소수자들로 하여금 국가에 대해 그러한 요구들을 하게 만드는가? 그러나 우리가 그림의 윗부분을 본다면, 소수자의 권리에 대한 요구는 국가의 국민형성의 맥락 속에서 그리고 그에 대한 반응으로 보아야 한다는 점이 분명해진다. 소수자들이 국가에 대해 요구를 내놓을 때, 그것은 국가가 소수자들에 대해 행하는 요구에 대한 반응이다. 게다가, 내가 생각할 때, 이러한 소수자들의 권리 요구의 대부분은 정당하다. 즉, 메틱, 인종 집단, 이민자들과 소수민족들에 의해 요구되는 권리는 실제적 또는 잠재적 부정의로부터 이들을 사실상 보호하는데 기여할 수 있다. 그러한 권리가 보장되지 않는다면, 실제적 및 잠재적 부정의들이 국가의 국민형성 과정으로부터 발생하게 될 것이다.

국가의 국민형성 정책들의 존재가 소수자 권리의 정당화를 돕는다면, 그러한 등식을 돌려서 소수자 권리를 채택하는 것이 오히려 국가의 국민형성을 정당화하는데 도움을 주어 왔다고 말할 수도 있을 것이다. 결국, 우리는 단순하게 자유민주주의 국가가 다수자들의 언어로 운용되는 제도에 소수자들을 통합시키려고 하는 압력의 부여가 정당함을 당연하다고 생각할 수는 없다. 무엇이 국가로 하여금 공통의 국어, 교육 제도, 시민권 시험 등을 주장할 권리를 부여하고, 그러한 것들을 소수자들에게 부과할 권리를 주는가? 제6장과 제7장에서 논의했던 것처럼, 자유주의적 민족주의자들은 이러한 국민형성 정책이 분배정의나 심의민주주의 같은 것처럼 어떤 정당한 목표들을 증진시킨다고 주장하는데, 나는 거기에 동의한다. 그러나 소수자들을 동화, 배제, 혹은 권리 박탈을 통해서, 또는 종종 이미 불이익을 받은 집단들에게 대가와 부담을 부과함으로써 이러한 목표를 추구하는 것은 정당하지 않다. 소수자 권리에 의해서 보충되고 제한받지 않는다면, 국가의 국민형성은 억압적이고 부정의하게 될 가능성이 있다. 다른 한편으로, 이러한 소수자 권리가 적절하게 자리 잡을 때, 국가의 국민형성은 정당하고 중요한 많은 기능들을 수행할 수 있을 것이다.

그렇다고 했을 때, 우리가 서구 민주주의에서 본 것은 건전한 형태의 소수자 권리에 의해 결합되고 제한 받는 건전한 형태의 국민형성의 복합적 패키지이다. 나는 우리가 이러한 방법을, 이제까지 논의되었던 범주에 들어맞지 않는 다른 형태의 인종문화 집단, 말하자면, 슬로바키아의 루마니아인들이나 발틱지역의 러시아 정주자들 같은 집단을 살펴보는 데까지 확장할 수 있을 것이라고 믿는다. 각각의 경우에서, 나는 다문화주의에 대한 그들의 요구를 국민형성 정책으로부터 발생하는 인식된 부정의들에 대한 대응으로 간주하는 것이 가능하다고 생각한다.[39] 각각의 집단들의 요구는 다수자의 국민형성이 그들에게 부과한 특정한 부정의들을 밝혀 주고, 그리고 그것이 더 이상 부정의하지 않을 수 있는 조건들을 확인해 준다고 간주할 수 있다. 자유주의적 다문화주의의 이론이 다루어야 할 주요한 과제는 이러한 인종문화적 정의의 조건을 보다 잘 이해하고 표현하는 것이다.[40]

---

39) 나는 Kymlicka and Opalski 2001에서 이러한 다른 종류의 집단들의 요구들을 논의한다.

40) 정치적 실천과 정치 이론 간의 관계는 흥미롭게도 이 경우에서는, 내가 생각하기에, 우리가 보았던 다른 주제들과 다르다. 대부분의 장에서 정치 이론가들은 현상 유지를 변화시키도록 우리를 인도하기 위한 규범적 이론들을 발전시키고, 아직까지는 존재하지 않는 정의 또는 민주주의의 모델을 제기한다. 이 장에서 많은 이론

5. 다문화주의 전쟁에 있어서의 새로운 전선?

여기까지 나는 최근의 다문화주의 논쟁에 있어서의 중요한 변화에 초점을 맞추었다. 그러나 논쟁의 세 단계 모두에 있어서 공통적인 중요한 가정이 있다. 즉, 그 목표는 소수자들의 주장의 *정의*(justice)를 평가하는 것이다. 정의에 대한 이러한 집중은 다문화주의에 대한 반대가 전통적으로 정의라는 언어 위에 자리잡고 있었다는 사실을 반영한다. 다문화주의의 비판자들은 정의를 위해서는 국가제도가 '피부색 불문'(colour-blind)이 되어야 한다고 오랫동안 주장했다. 멤버십에 근거한 권리를 귀속되는 집단에 돌리는 것은 본질적으로 도덕적으로 임의적이고 차별적이고, 필연적으로 일류, 이류 계급의 시민들을 만들어낸다고 간주되었다.

그러므로 다문화주의의 옹호자들이 직면한 첫번째 작업은 이 가정을 극복하기 위한 시도를 하고, 인종문화적 차이에 편의를 도모하기 위해서 채택된 차이를 불문하는 규칙들(difference-blind rules)로부터의 이탈이 본질적으로 부정의하지 않음을 보여주는 것이다. 우리가 보아온 것처럼, 이것은 주요한 두 가지 방법으로 행해져 왔다.

첫째, 주류 제도가 사람들의 인종문화적 정체성에 무관심하다는 것이 아니라, 오히려 묵시적 또는 명시적으로 다수자 집단의 정체성과 이익에 따라 부여되는 많은 방식들을 밝혀냄으로써, 그리고 둘째, 전형적으로 자유주의적 정의론에 의해 무시되어 왔던 특정한 이익들의 중요성을 강조함으로써 진행되었다–예를 들면 인정, 정체성, 언어, 그리고 문화적 멤버십 등에서의 이익. 만약 우리가 이 강조점 중 하나 혹은 둘 다 받아들인다면, 우리는 다문화주의가 불공정한 특권들 혹은 부당한 차별의 형식들이 아니라, 그와는 반대로 불공정한 불이익에 대한 보상이기 때문에 정의와 양립할 수 있을 뿐 아니라 심지어 정의에 의해 요청되는 것으로 바라볼 수 있다.

내 관점에서 본다면, 이러한 정의(justice)에 대한 논쟁은 잠잠해졌다. 앞에서 지적했던 것처럼, 다문화주의 또는 소수자 권리에 대한 특정한 정의의 형태를 평가하기

가들은 단지 서구 민주주의에 이미 존재하는 다문화주의의 실천으로부터 규범적 감각을 이끌어내려고 노력하지만, 앞선 정치 이론가들에 의해서 무시당하고 있다. 다문화주의 이론들은 때때로 그들에게는 '미네르바의 부엉이'(owl of Minerva)처럼 느껴질 것이다.

위해 수행되어야 할 많은 작업이 남아 있다. 그러나 다문화주의가 본질적으로 정의롭지 못하다는 과거의 주장이 지금에 와서는 광범위한 의심을 받고 있다. 비록 서구 민주주의 전반에 걸쳐서 소수자 권리를 훨씬 더 인정하려는 뚜렷한 추세가 있다고 하더라도, 내가 다문화주의에 대한 옹호자들이 성공적으로 그들의 모든 혹은 대부분의 주장들을 이행시키는데 성공했다는 말을 하는 것은 아니다.[41] 오히려 나는 공적 토론이 다음의 의미 깊은 두 가지 방식으로 재정의 되었다고 말하고 싶다.

① 정의라는 것이 단순히 '차이를 불문하는 규칙 혹은 제도들'로서 정의된다고 여전히 생각하는 사람은 거의 없다. 대신 이제는 '차이를 불문하는 규칙들'(difference-blind rules)이 특정 그룹에 불이익을 초래할 수 있음이 인정된다. 정의가 모든 사람을 위한 공통의 규칙들을 요구하든지 혹은 다양한 그룹에 대한 다른 규칙들을 요구하든지 간에, 특정한 맥락에서 사안별로 평가되어져야 하는 것이지, 미리 추정되어서는 안 될 것이다.

② 그런 결과로 증명의 부담은 바뀌었다. 증명의 부담은 더 이상 단지 자신들의 제안된 개혁이 부정의를 창출하지 않음을 보여주려고 하는 다문화주의의 옹호자들에게만 해당되지 않는다. 증명의 부담은 현 상태의 유지가 소수자 집단에 부정의를 창출해 내지 않음을 보여주려는 '차이를 불문하는 제도'의 옹호자들에게도 공평하게 마찬가지로 해당된다.

그러므로 다문화주의에 대한 맹목적 반대를 위한 정의에 기반한 원래의 근거들은 희미해져 가고 있다. 이 말이 다문화주의에 대한 반대가 사라졌음을 의미하지는 않는다. 그러나 그것은 이제 새로운 모습을 띠고 있다. 비판자들은 그들의 초점을 정의로부터 사회적 통합의 이슈들로 이동시키고 있다. 즉, 그들은 특정한 정책의 정의 혹은 부정의에 그들의 초점을 맞추지 않고, 오히려 다문화주의로 나아가는 일반적 추세가 건

41) 국제적인 수준에서 소수자 권리를 성문화하려는 추세가 있다. Anaya 1996; De Varennes 1996, Kymlicka and Opalski 2001: Part 3을 참고하라.

강한 민주주의를 지탱하는 시민적 덕성, 정체성, 관행들을 침식할 위협이 있음에 초점을 맞추고 있다.

이러한 시민적 덕성과 정치적 안정성에의 초점은 '다문화주의 전쟁'에 있어 제2의 전선을 보여주고 있다. 많은 비판자들은 다문화주의 정책들이 그 자체로 정의롭지 못하기 때문이 아니라, 오랫동안의 정치적 통합과 사회적 안정성을 부식하기 때문에 잘못 인도되고 있다고 주장한다. 왜 그것들은 불안정을 주는 것으로 보이는가? 근저에 놓인 걱정은 다문화주의가 '인종성의 정치화'(politicization of ethnicity)를 수반하는데, 공적 삶에서 인종문화성의 특성을 고양시키는 어떤 조치들도 모두 분열을 조장시킨다는 것이다. 그러한 조치들은 시대에 걸쳐 경쟁, 불신, 적개심의 소용돌이를 민족 집단 간에 일으켜 왔다. 민족 정체성의 특성을 증가시키는 정책들은, '마치 금속을 부식시키는 것처럼, 우리를 국민으로 묶어주는 연결 끈을 갉아먹어 없애 버린다.'(Ward 1991: 598; cf. Schlesinger 1992; Schmidt 1997).

이것은 심각한 문제이다. 내가 제7장에서 말했듯이, 자유민주주의에서 시민들의 공공정신이 기울어져가고 있는 것에 대한 두려움이 있는데, 만약 집단에 기반한 주장들이 공유된 시민적 목표와 연대를 더욱 침식한다면, 그것은 다문화주의 정책들을 받아들이지 말아야 할 강력한 이유가 될 수 있다.

같은 염려에 대한 또 다른 표현으로, '인정의 정치'(politics of recognition)에 대한 지나친 강조는 우리 사회가 '재분배의 정치'(politics of redistribution)를 달성할 능력을 침식할 수 있다는 주장이다. 우리가 우리 문화의 다양성을 강조할수록, 우리는 경제적 불평등에 대한 싸움을 위해 함께 협력할 가능성은 줄어든다. 이러한 관점에서 볼 때, 우리는 신분 위계질서에 대항하는 투쟁과 경제적 위계질서에 대항하는 투쟁 중 하나를 선택할 필요가 있다. 그리고 이러한 주장에 함축된 가정은, 이런 선택에 직면했을 때, 경제적 부정의에 대항하는 투쟁이 반드시 선행되어야 한다는 것이다.[42]

우리가 신분적 불평등보다 경제적 불평등에 대해서 더 관심을 가져야하는가의 여부는 흥미로운 질문이다. 만약 당신이 흑인 부모라면 당신은 당신의 아이가 평균 소득을 벌기를 보장하는 데 더 신경을 쓰겠는가 아니면 아이가 인종으로 모멸적인 언어에 노출되지 않는 것에 더 신경을 쓰겠는가? 만약 당신이 십대 게이의 부모라면, 당신은 아이의 경제적 성공전망을 극대화하는 학교를 선택하겠는가, 아니면 아이에게 조롱과 괴롭힘이 최소화될 수 있는 학교를 선택하겠는가? 물질적 불평등이 사람들의 삶의 성공에 있어서 신분적 불평등보다 중요한지는 전혀 명확하지가 않다.

그러나 실제로 우리는 이 두 목적 간의 선택에 직면하는가? 정말로 다문화주의가 복지국가를 위한 지원과 재분배의 정책들을 침식하는가?[43] 이 질문에 관한 수많은 탁상공론적인 추측이 있어 왔지만, 증거는 정말로 거의 없다. 여기서는 신뢰할 만한 증거가 필요하다. 왜냐하면 누구나 반대되는 것을 설득력 있게 주장할 수 있기 때문이다. 말하자면, 시민적 연대의 결속을 부식시키는 것은 오히려 다문화주의의 *부재*(*absence of multiculturalism*)이다라고 주장할 수 있다. 결국, 우리가 다문화주의 옹호자들이 제기하는 두 가지 중심적인 주장을 받아들인다면—즉, 하나는 주류 제도가 다수자에 이익이 되도록 편향적이라는 것과, 또 하나는 이러한 편향의 결과로 개인적 행위주체 및 정체성과 관련된 중대한 이익에 해를 입힌다는 것—우리는 소수자들이 '차이를 불문하는' 주류 제도로부터 배제되었다고 느끼고, 정치과정으로부터 소외됨으로 인해 그 정치과정을 신뢰하지 못할 것이라고 기대할 수 있다. 그렇다면, 우리는 다문화주의의 인정이, 소수자들로 하여금 진심으로 정치제도들을 수용하게 하는 것을 방해하는 장벽들과 배제들을 제거함으로써, 실질적으로 연대를 강화하고 정치적 안정성을 증진시킬 것이라고 예측할 수 있다. 이 가설은 적어도 다문화주의가 사회통합을 침식한다는 반대 가설보다는 그럴듯하게 들린다.

우리는 이와 같이 경합하는 가설들을 결정적으로 확증하거나 논박할 수 있는 체계적인 증거와 같은 것들은 가지고 있지 않다. 다문화주의가 종종 사회통합을 침식하기보다는 오히려 강화한다는 단편적인 증거가 있다. 예를 들어, 캐나다와 호주로부터의 증거는—공식적으로는 최초로 다문화주의 정책을 채택한 두 나라—이민자 다문화주

---

42) 인정의 정치가 재분배의 정치의 기초를 침식한다고 말하는 (그리고 후자가 우월해야 한다고 추정하는) 저자들로는 Gitlin 1995; Barry 2001; Harvey 1996: ch.12; Wolfe and Lausen 1997이 있다. 인정이 재분배를 보완한다는 반대의견으로, Fraser 1998, 2000; Young 2000a; Phillips 2000; Banting 2000; Tully 2000: 470을 보시오.

43) 배리(Barry)는 재분배에 대한 다문화주의의 부정적 영향력이 다문화주의를 거부하는 주요한 이유라고 말한다(Barry 2001: 321). 그러나 그는 부정적인 영향이 있다는 어떤 증거도 내놓지 않는다.

의가 정치적 무관심, 불안정성 혹은 민족 집단간에 상호 적개심을 증진시킨다는 주장을 강력하게 논박한다. 반면에, 이들 두 나라는 세상의 다른 어떤 나라들보다 이민자들을 공통의 시민적 및 정치적 제도들에 더 잘 통합시켰다. 게다가 두 나라 모두 편견의 수준에 있어서 극적 감소와 함께, 인종간 우정과 인종간 결혼의 수준에 있어서 극적인 증가를 목격했다. 이민자들의 통합에 대한 보다 공정한 조건의 추구가 민주적 안정성을 침식했다는 증거는 없다(Kymlicka 1998: ch.1).

소수민족들의 자치 요구와 관련한 상황은 더 복잡하다. 왜냐하면 이런 주장들은 분리된 제도를 건설하고, 고유한 민족 정체성을 강화함으로 인해 단일 국가 내에서 민족주의들이 경합하는 현상을 만들어내기 때문이다. 이러한 현상을 어떻게 관리하는지를 배우는 것은 분명히 어느 국가에 있어서도 어려운 작업이다. 그러나 심지어 여기에서도 소수민족의 자치정부 협정이 정치적 안정성을 위협하기보다는 도움을 주고 있다는 중요한 증거들이 있다. 전세계에 걸친 인종 갈등에 관한 조사는 '초기의 관대한 정부 이양은 인종적 분리주의를 부추기기는커녕 오히려 그것을 막았다'는 것을 반복적으로 확인하고 있다(Horowitz 1991: 224). 불안정으로 이끌었던 것은, 그들 소수자 권리의 승인이 아니라, 소수민족의 자율성에 대한 인정의 거부, 또는 더욱 심각하게는 이미 존재하고 있는 자율성을 취소하는 결정(코소보에서처럼)이었다(Gurr 1993; Lapidoth 1996; Weinstock 1999).

사회통합과 정치적 안정성에 대한 다문화주의의 영향력에 관련해서는 훨씬 더 많은 작업이 수행되어야 한다. 이러한 관계는 의심할 바 없이 사안별로 다양하고, 따라서 매우 세밀한 경험적 조사가 요구된다. 철학적 고찰이 여기에서 많은 도움이 될지는 불확실하다. 우리는 더 많은 그리고 더 나은 증거들을 기다릴 필요가 있다.[44] 그러나

44) 소수자 권리와 사회통합의 관계에 대한 철학자들의 주장은 종종 이중적으로 추론적이다. 우선 우리는 사회통합의 원천(그것을 '묶어 주는 끈')에 대해 추론하고, 소수자 권리가 얼마나 이러한 끈에 영향을 미칠지에 대해서도 추론적이다. 어떤 종류의 추론도 신뢰할만한 증거에 기초하고 있는 것은 아니다. 예를 들어, 일부 정치철학자들은 첫째, 근대 자유주의 국가에서 사회통합의 끈을 형성하는 것은 공유된 가치이며, 둘째, 이민자 다문화주의 그리고/혹은 다민족 연방주의는 공유된 가치의 수준을 감소시킨다고 주장했다. 이러한 추론 중 어느 하나에 대해서도 훌륭한 증거는 없다. 나는 소수자 권리가 공유된 가치를 감소시켜왔다는 것이 심각하게 의심스럽지만, 나는 동시에 사회를 결합시키는 공유된 가치가 있다는 것도 의심스럽다[앞의 제6장 공동체

정의에 대한 관심에서처럼, 사회통합에 대한 관심이 일반적으로는 다문화주의를 거부하는 어떤 근거도 제공하지 못했음은 분명하다. 다문화주의와 민주적 안정성 사이에 어떤 본질적인 모순이 있다고 사전에 추정할 어떠한 이유도 없다.

6. 다문화주의 정치

공동체주의와 시민적 공화주의와 마찬가지로, 다문화주의는 야누스의 얼굴을 가지고 있다. 그것은 진보적 혹은 개혁적인 면과 함께 퇴영적 혹은 보수적인 면을 동시에 가지고 있다. 다문화주의의 발상은 때때로 자유주의와 개인주의적 자율성이 두터운 문화적 공동체의 전통적 관습 및 관행들을 침식하고, 공동체주의적인 공동선의 정치를 추구하는 공동체의 역량을 침해할 것을 두려워하는 보수주의자들에 의해 호소되어 왔다. 이런 종류의 다문화주의적 수사는, 전통주의적 엘리트들이 자신들의 집단 내에서의 변화를 막고, 보다 확장된 세계로의 확장을 제한하고, 자신들의 '진정한'(authentic) 문화 혹은 전통의 핵심이 된 일부 개념들을 수호하기 위해서 호소되었다. 대부분, 이것은 단지 다문화주의라는 새로운 언어로 갈아입은 구식의 문화적 보수주의에 불과하고, 근대화와 세계화가 수반하는 개방성, 역동성, 다양성에 대한 흔히 볼 수 있는 보수적인 두려움의 표현이다. 보다 확장된 사회 내부에 다양한 집단들이 존재함을 받아들인다는 점에서는 '다문화주의적'이만, 그들은 각각의 집단 내의 어떠한 다양성이나 불일치라는 개념도 거부한다.

그러나 이것이 서구에서의 유일한, 또는 거의 보편적인, 다문화주의 정책들의 형태

주의, 제8절 (c) 연대성과 정치적 정당성 부분 참조]. 다른 철학자들은 국가를 결합시키는 것은 공유된 경험, 공유된 정체성, 공유된 역사, 공유된 기획 또는 공유된 대화라고 주장한다. 우리는 사회적 통합의 원천에 대한 그러한 주장을 지지하는 증거를 거의 가지고 있지 않다(그리고 심지어 소수자 권리가 이러한 요소들에 어떠한 영향을 미치는가에 대한 증거도 거의 없다). 우리는 단순히 어떤 것이 다인종적이며 다민족적인 나라에서 사회의 통합의 근원인지 알지 못한다. 그러므로 소수자 권리가 사회통합의 결속을 침식시킨다는 이유로 소수자 권리를 반대하는 주장은 이중으로 추론적이다. 우리는 사회 통합의 진정한 결속점이 무엇인지 알지 못한다. 그리고 우리는 소수자의 권리가 그것들에 어떠한 영향을 미치는지 알지 못한다.

는 아니다. 다문화주의는, 보다 빈번하게는, 자유주의적 가치를 지지할 뿐만 아니라, 소수자의 구성원들이 그들의 자유주의적 권리와 공정한 자원의 분배를 충분히 향유하지 못하게 하는 배제와 낙인의 관습에 대항해서 싸우기를 원하는 사람들, 즉 진보주의 세력에 의해서 호소되었다. 이러한 형태의 다문화주의자들의 수사는, 전통적 신분계층에 도전하고 그리고 사회 내의 특정한 성, 종교, 피부색, 생활방식, 또는 성적 성향에 기반한 특권적 지위를 공격하고 있는 사람들인 사회의 주류에서 밀려난 집단들에 의해 제기되고 있다. 이런 식으로 봤을 때, 다문화주의는 문화 보수주의의 적이며, 그리고 근대화와 세계화가 수반하는 개방성, 다원주의 그리고 자치(autonomy)를 반영할 뿐만 아니라 포함한다.

다문화주의는 이처럼 입장이 갈라지는 정치적 양식을 띠고 있는데, 근대화는 주류사회에게도 도전일 뿐 아니라 소수자 집단에게도 도전이 되기 때문이다. 다문화주의는 거대한 사회의 체제순응주의나 보수주의를 공격하기 위해서, 또는 새로운 개방과 다원성의 현실들을 사회가 받아들이도록 압력을 가하기 위해 소수자 집단들에 의해 주장될 수 있다. 그러나 소수자 집단의 일부 구성원들은 그들 스스로가 이러한 새로운 개방성에 대해 두려워하기 때문에, 그것이 초래하는 자유와 변화에 대한 억압을 정당화하고자 하는 바로 그 이유 때문에 다문화주의를 논의로 끌어들인다. 결과적으로 다문화주의는 때로는 협소하고 체제순응적인 민족 문화의 개념에 대항하기 위해서 자유주의자들에 의해 호소되기도 하고, 또한 때때로 협소하고 체제순응적인 소수 문화의 개념을 옹호하기 위해서 보수주의자들에 의해 호소되기도 한다.

공동체주의나 시민 공화주의와 같이, 다문화주의의 정치적 함의는 부분적으로, 다문화주의를 주장하는 사람들이 우리의 목적인 수정가능성(revisibility)과 다원성(plurality)에 관한 자유주의적 전제들을 받아들이는가의 여부에 달려 있다. 만약 그들이 받아들인다면, 개인의 자유를 보존하며 신분 불평등에 도전하려는 자유주의적 형태의 다문화주의를 보게 될 것이다. 만약 그렇지 않다면, 자유주의적 원칙들 대신에 공동체주의적인 공동선의 정치(a communitarian politics of the common good)로 대치하는 보수적 형태의 다문화주의를, 적어도 지역적 또는 집단 차원에서 보게 될 것이다.

이 점에 있어서, 다문화주의는 다문화주의가 대응한 민족주의와 같이 정치적 모호성을 낳는다. 민족주의가 두텁고 배제적인 보수적 형태의 민족 정체성 혹은 엷고 포괄적인 자유주의적 형식의 구성 모두에 호소되는 것처럼, 국민형성(nation–building)에 대응하는 다문화주의자 역시 자유주의적 혹은 보수주의적 형태를 취할 수 있다. 실로, 이 두 가지 변형 형태는 거의 연관되어 있다. 자유주의적 형태의 국민형성은 자유주의적 형태의 다문화주의적 반응을 초래하는 경향이 있다. 반면에, 보수주의적 형태의 국민형성은 보수주의적 형태의 다문화주의적 반응을 초래한다. 여기서 또다시, 우리는 다문화주의를 오직 국민형성의 정치와 연관해서 봄으로써 다문화주의 정치를 이해할 수 있다.

심화된 독서를 위한 안내

다문화주의에 관한 몇 가지 좋은 선집들에는 다음과 같은 책들이 있다. Cynthia Willet, *Theorizing Multiculturalism: A Guide to the Current Debate* (Blackwell, 1998); Will Kymlicka (ed.), *The Rights of Minority Cultures* (Oxford University Press, 1995); David Theo Goldberg (ed.), *Multiculturalism: A Critical Reader* (Blackwell, 1995).

이 장에서 논의된 것처럼 '다문화주의'라는 용어는 실제로는 구분시켜 주어야 하는 매우 상이한 논점의 범위를 모두 포함한다. 논쟁의 한 가지 주요한 영역은 *이민*(immigration)과 관련되어 있는데, 이주를 제한하려는 국가의 권리 및 이민자들이 시민이 될 수 있는 조건들을 포함한다. 최근까지 가장 지속되고 있는 논의는 Rainer Bauböck, *Transnational Citizenship: Membership and Rights in International Migration* (Edward Elgar, 1994); Phillip Cole, *Philosophies of Exclusion: Liberal Political Theory and Immigration* (Edinburgh University Press, 2000)에 있다. 이와 관련된 다른 논의들은 다음과 같다. David Jacobson, *Rights across Borders: Immigration and the Decline of Citizenship* (Johns Hopkins University Press, 1996); Veit-Michael Bader (ed.), *Citizenship and Exclusion* (St Martin's Press, 1997); Warren Schwartz (ed.), *Justice in Immigration* (Cambridge University Press, 1995); William Barbieri, *Ethics of Citizenship: Immigrants and Group Rights in Germany* (Duke University Press, 1998); Ruth Rubio-Marin, *Immigration as a Democratic Challenge: Citizenship and Inclusion in Germany and the US* (Cambridge University Press, 2000); Brian Barry and Robert Goodin (eds.), *Free Movement: Ethical Issues in the Transnational Migration of People and of Money* (Pennsylvania State University Press, 1992).

두 번째 일련의 논점들은 *소수자 민족주의*(minority nationalism)의 정당성과 관련되어 있다. 나는 제6장에서 민족주의의 도덕성에 관한 몇 가지 연구를 열거했다. 그것들의 대부분은 소수자 민족주의(minority nationalism)

보다는 오히려 국가 민족주의(state nationalism)의 정당성에 초점을 두었지만 말이다. 소수민족들의 요구에 특별한 관심을 기울이는 서적으로는, Yael Tamir, *Liberal Nationalism* (Princeton University Press, 1993); Nenad Miscevic (ed.), *Nationalism and Ethnic Conflict: Philosophical Perspectives* (Open Court, 2000); Jocelyne Couture, Kai Nielsen and Michael Seymour (eds.), *Rethinking Nationalism* (University of Calgary Press, 1998); Desmond Clarke and Charles Jones (eds.), *The Rights of Nations: Nations and Nationalism in a Changing World* (Palgrave, 1999)를 보시오. 이와 연관된 문제는 소수민족에 의한 분리의 정당성이다. 이 논쟁은 Allen Buchanan, *Secession: The Legitimacy of Political Divorce* (Westview Press, 1991)에 의해 시작되었다. 보다 최근의 연구들은 Percy Lehning (eds.), *Theories of Secession* (Routledge, 1998); Margaret Moore (ed.), *National Self-Determination and Secession* (Oxford University Press, 1998)이다.

논쟁의 셋째 영역은 *인종차별주의*(racism)와 관련 있다. Charles Mills, *The Racial Contract* (Cornell University Press, 1997); Bob Brecher et al. (eds.), *Nationalism and Racism in the Liberal Order* (Ashgate, 1998); David Carroll Cochran, *The Color of Freedom: Race and Contemporary American Liberalism* (State University of New York Press, 1999); Clive J. Christie, *Race and Nation: A Reader* (St Martin's Press, 1998); Susan Babbitt and Sue Campbell (eds.), *Racism and Philosophy* (Cornell University Press, 1999); Les Back and John Solomos (eds.), *Theories of Race and Racism* (Routledge, 2000); Amy Gutmann and K.A. Appiah, *Color Conscious: The Political Morality of Race* (Princeton University Press, 1996)를 보시오. 관련된 쟁점은 역사적인 부정의인데, 노예제와 인종차별을 포함한다. 흥미로운 주장들에 대해서는, Elazar Barkan, *The Guilt of Nations: Restitution and Negotiating Historical Injustices* (Norton, 2000); Roy L. Brooks (ed.), *When Sorry Isn't Enough: The Controversy over Apologies and Reparations for Human Injustice* (New York University, Press, 1999)를 보시오.

넷째 영역은 *토착민*(indigenous peoples)에 관련된 것으로, *Australasian*

Journal of Philosophy, 78/3 (2000)의 '토착민의 권리(Indigenous Rights)'에 대한 특별판; Duncan Ivison, Will Sanders and Paul Patton (eds.), *Political Theory and the Rights of Indigenous Peoples* (Cambridge University Press, 2000); Curtis Cook and Juan Lindau(eds.), *Aboriginal Rights and Self-Government* (McGill–Queen's University Press, 2000)를 보시오.

다섯째 영역은 *집단 대표*(group representation)와 관련이 있다. Anne Phillips, *The Politics of Presence* (Oxford University Press, 1995); Melissa Williams, *Voice, Trust and Memory: Marginalized Groups and the Failings of Liberal Representation* (Princeton University Press, 1998); Iris Marion Young, *Inclusion and Democracy* (Oxford University Press, 2000)을 보시오.

여섯째 영역은 *종교 집단*(religious groups)과 연관이 있다. Robert Audi, *Religious Commitment and Secular Reason* (Cambridge University Press, 2000); Nancy L. Rosenblum (ed.), *Obligations of Citizenship and Demands of Faith: Religious Accommodation in Pluralist Democracies* (Princeton University Press, 2000); Meira Levinson, *The Demands of Liberal Education* (Oxford University Press, 1999); Stephen Macedo, *Diversity and Distrust: Civic Education in a Multicultural Democracy* (Harvard University Press, 2000);Jeff Spinner–Halev, *Surviving Diversity: Religion and Democratic Citizenship* (Johns Hopkins University Press, 2000)을 보시오.

일곱째는 다문화주의와 *성적 평등*(gender equality) 간의 관계와 관련이 있다. Uma Narayan and Sandra Harding (eds.), *Decentering the Center: Philosophy for a Multicultural, Postcolonial, and Feminist World* (Indiana University Press, 2000); Susan Okin, *Is Multiculturalism Bad for Women?* (Princeton University Press, 1999); Aylet Shachar, *Multicultural Jurisdictions: Preserving Cultural Differences and Women's Rights in a Liberal State* (Cambridge University Press, 2001); Nira Yuval–Davis, *Gender and Nation* (Sage, 1997); Lois West (eds.), *Women, Citizenship, and Difference* (Zed Books, 1999); Monique Deveaux,

Cultural Pluralism and Dilemmas of Justice (Cornell University Press, 2001)을 보시오.

다문화주의에 대한 많은 글들이 이러한 주제들 중 하나에 초점을 맞추어 온 반면에 어떤 이들은 몇 가지 또는 이러한 모든 논쟁들을 포괄하는 보다 일반적인 이론을 발전시키기 위해 노력해 왔다. 특히 Joseph Carens, *Culture, Citizenship and Community* (Oxford University Press, 2000); Bhikhu Parekh, *Rethinking Multiculturalism: Cultural Diversity and Political Theory* (Havard University Press, 2000); James Tully, *Strange Multiplicity: Constitutionalism in an Age of Diversity* (Cambridge University Press, 1995); Jeff Spinner, *The Boundaries of Citizenship: Race, Ethnicity and Nationality in the Liberal State* (Johns Hopkins University Press, 1994); Charles Taylor, 'The Politics of Recognition' in Amy Gutmann, *Multiculturalism and the 'Politics of Recognition'* (Princeton University Press, 1992); Michael Walzer, *On Toleration* (Yale University Press, 1997; 마이클 왈쩌, 송재우 역, 『관용에 대하여』, 미토, 2004); Andrew Kernohan, *Liberalism, Equality and Cultural Oppression* (Cambridge University Press, 1998); David Ingram, *Group Rights: Reconciling Equality and Difference* (University Press of Kansas, 2000); Andrea Baumeister, *Liberalism and the Politics of Difference* (Edinburgh University Press, 2000); Paul Gilbert, *Peoples, Cultures, and Nations in Political Philosophy* (Georgetown University Press, 2000)를 보시오. 나는 스스로 *Multicultural Citizenship* (Oxford University Press, 1995), 그리고 *Politics in the Vernacular: Nationalism, Multiculturalism and Citizenship* (Oxford University Press, 2001)에서 이 문제에 대해 논쟁해 왔다. 이 서적들의 대부분은 적어도 다문화주의와 소수자 권리에 대한 검증된 옹호론을 제공한다. 비평서로는 Brian Barry, *Culture and Equality: An Egalitarian Critique of Multiculturalism* (Polity, 2001)이 있다.

이 주제들 중의 몇 가지 혹은 전부를 포괄하는 전집으로는 Judith Baker (ed.), *Group Rights* (University of Toronto Press, 1994); Will Kymlicka and Wayne

Norman (eds.), *Citizenship in Diverse Societies* (Oxford University Press, 2000); Ian Shapiro and Will Kymlicka (eds.), *Ethnicity and Group Rights: NOMOS 39* (New York University Press, 1997); Juha Raikka (ed.), *Do We Need Minority Rights: Conceptual Issues* (Kluwer, 1996); Christian Joppke and Steven Lukes (eds.), *Multicultural Questions* (Oxford University Press, 1999); John Horton and Susan Mendus (eds.), *Toleration, Identity and Difference* (St Martin's Press, 1999)을 보시오.

다문화주의의 논제를 집중적으로 특별하게 다루는 정치학 이론 학술지는 없다. 그러나 다문화주의의 규범적 정치이론에 대한 논쟁을 자주 포함하는 민족관계의 영역을 다루는 학제 간 연구 학술지가 있다. 다음의 저술들이 여기에 속한다. *Ethnicities; International Journal of Minority and Group Rights; Nations and Nationalism; Ethnic and Racial Studies; Journal of Ethnic and Migration Studies.*

웹사이트는 다음과 같다. 서문의 심화된 독서 안내에서 언급된 Lawrence Hinman's Ethics Homepage에는 인종과 인종문화성(Race and Ethnicity), 그리고 다양성과 도덕 이론(Diversity and Moral Theory)에 관한 부분을 포함하여 다문화주의에 관련된 여러 가지 자료들이 있다. 각 부분은 인터넷 자원과 관련된 링크, 최근 논문 요약과 그 주제의 철학적 작품에 대한 간단한 안내를 포함한다(http://ethics.sandiego.edu/index.html).

또한 거(Ted Robert Gurr) 박사가 이끄는 '위험에 처한 소수자' 프로젝트(the Minorities at Risk Project)에 관한 웹사이트 역시 유용하다. 이는 독립적인 대학 중심의 조사 프로젝트로, 세계의 큰 나라들에 있는 268개의 정치적으로 능동적인 공동체적 집단들의 지위와 갈등을 감시하고 분석하는 프로젝트이다. 그것은 공동체적 집단을 포함하는 갈등의 이해와 평화적 조정에 공헌할 표준화된 형식의 정보를 제공하도록 고안되었다. 그 프로젝트에 포함된 268개의 모든 단체와 연관된 자료는 웹사이트에서 이용가능하다. 이용 가능한 정보는 단체의 이름과 추정된 인구, 단체의 특징과 정치적 배경에 대한 배경적인 설명, 초기 또는 1990년부터 1995년까지 단체에 영향을 미친 사건들의 연대기와 가까운 미래에 단체의 지위에서의 변화에 대한 전망의 평가이다(http://www.cidcm.umd.edu/inscr/mar/).

마지막으로 내 웹사이트에 이론가들이 다문화주의에 관련한 사안들을 공부할 때 필요할 만한 몇몇 자료들이 올려져있다. 내가 편집한 '시민권, 민주주의와 인종문화적 다양성'(Citizenship, Democracy and Ethnocultural Diversity)에 관한 전자 뉴스레터의 지난 목록 역시 포함하고 있다. http://www.queensu.ca/cded/democracydiversitylinks.html을 참조하시오.

제9장

페미니즘(FEMINISM)

현대 페미니즘 정치이론은 그 전제와 결론에 있어서 극히 다양하다. 앞에서 살펴본 다른 이론들도 어느 정도는 그렇다고 할 수 있다. 그러나 그러한 상이한 이론 모두가 페미니즘 내에서 표현될 수 있기 때문에, 페미니즘에 이르면 그러한 다양성은 증폭된다. 즉 자유주의적 페미니즘(liberal feminism), 마르크스주의적 페미니즘(Marxist Feminism) 심지어는 자유지상주의적 페미니즘(libertarian feminism)까지 존재한다. 게다가 페미니즘 내에는 영미 주류 정치철학의 경계 밖에 있는 정신분석학 혹은 탈구조주의 이론과 같은 특정 형태의 이론화를 지향하는 의미있는 흐름이 있다. 재거(Alison Jagger)는 여성의 종속을 철폐하려는 노력이 페미니즘 이론의 다양한 경향을 통일시킨다고 이야기한다(Jagger 1983: 5). 그러나 (재거가 지적하듯이) 이러한 공통점은 그러한 종속이 무엇인지, 그리고 그것을 철폐하기 위해 요구되는 수단들이 어떤 것인지에 대한 다양한 급진적 설명 속에서 곧 용해되어 사라져 버린다.

이와 같은 페미니즘 이론의 각각의 경향을 설명하기 위해서는 각각 책 한 권씩 필요할 것이다.[1] 그 대신에 나는 페미니스트들이 비난했던 주류 정치이론들이 여성의 이익과 중요성에 주의를 기울이거나, 혹은 주의를 기울이는 데 실패한, 세 가지 방식에 초점을 맞출 것이다. 앞에서 나는 현대 정치이론이 넓은 의미에서는 공동체의 모든 구성원이 평등하게 취급받아야 한다는 이상을 추구하는 '평등주의적 전제'(egalitarian

1) 그러한 페미니즘 사상의 다양한 흐름에 대한 소개로는 Tong 1998; Jagger 1983; Nye 1988; Charvert 1982를 보시오.

plateau)를 공유한다고 주장했다. 그러나 아주 최근까지도 대부분의 주류 정치철학은 성차별(sexual discrimination)을 옹호했고, 최소한 성차별을 용인했다. 그리고 성차별에 대한 전통적 관점들이 점진적으로 거부되어 가면서, 많은 페미니스트들은 남성의 경험과 이익을 염두에 두고 발달한 원칙들이 내부적으로는 여성들의 필요가 무엇인지 인식하거나 여성들의 경험들을 수용하기에 부적절하다고 믿었다. 나는 다음과 같은 세 가지 논쟁들을 살펴볼 것이다. 첫째, 성차별에 대한 '(사회적) 성 중립적'(gender-neutral) 설명에 초점을 맞출 것이다. 둘째, 공사 구분(public-private distinction)에 초점을 맞출 것이다. 이 두 가지 논증은 자유민주주의 정의관의 중요한 측면들이 남성적 편견에 사로잡혀 있다고 주장한다. 다른 한편으로, 세 번째 논증은 정의에 대한 강조 자체가 남성적 편견의 반영이라고 주장하는데, 배려(care)를 강조하면서 여성의 이익과 경험에 대해 민감하게 반응하는 이론들이 정의에 대한 강조를 대체하게 될 것이라고 주장한다. 이러한 세 가지 논증은 최근의 페미니즘 이론을 조망하는데 있어 단지 제한된 개념만을 제공하지만, 그 논의들은 어떠한 성적 평등(sexual equality)의 설명이라 할지라도 제시해야만 하는 중요한 쟁점들을 제기할 뿐만 아니라, 페미니즘과 주류 정치철학이 가장 훌륭하게 만날 수 있는 세 가지 지점을 표현해 준다.

1. 성적 평등과 차별

현 세기에 이르기까지 모든 정치적 스펙트럼의 지점들에 위치하는 대부분의 남성 이론가들은 여성이 가족에 유폐되어 있는 데에는, 그리고 가정 내에서 '법적으로 그리고 관습적으로 여성이 그들의 남편에게 종속'되어 있는 데에는, '자연적 근거'(a foundation in nature)가 존재한다는 믿음을 수용해 왔다(Okin 1979: 200).[2] 여성은 천성적으로

2) 이처럼 '보다 능력 있고 강한 사람'인 남편의 지배에 대한 '자연적 근거'가 존재한다는 널리 알려진 관점을 받아들이는데 있어(Locke, in Okin 1979: 200), 고전적 자유주의자들은 그들 스스로 심각한 모순을 만들어 냈다. 그들은 동시에 모든 인간은 자연적으로 평등하다고 주장했기 때문에, 그러한 자연은 권리에 대한 불평등의 근거를 제공할 수 없다(제3장 제3절). 로크 자신이 '부분 또는 능력상의 탁월성에서의 차이'가 불평등한

집 밖에서 일어나는 정치적이고 경제적인 활동에 적합하지 않다는 사실이 여성의 시민적 그리고 정치적 권리의 제한을 정당화시킨다고 생각되어 왔다. 현대 이론가들은 여성의 타고난 열등성에 대한 이러한 가정들을 점진적으로 거부하고 있다. 그들은 여성을 남성처럼 자기결정권과 정의감이 있는 '자유롭고 평등한 존재'로 보아야 하고, 그렇기 때문에 공적 영역에 자유롭게 진입할 수 있어야 한다는 사실을 받아들이고 있다. 자유민주주의자들은 여성의 교육, 고용, 정치적 활동에 대한 평등한 접근을 보장하기 위하여 반차별법(anti-discrimination statutes)을 점진적으로 도입하고 있다.

그러나 이러한 반차별법들이 성적 평등을 가져오지는 않는다. 미국과 캐나다에서 최저 임금 직종 내의 직업차별의 범위는 증가하고 있으며, 빈곤의 '여성화'('feminization' of poverty)에 대한 염려가 있다(Weitzman 1985: 350). 가정 내에서 여성은 가사노동의 거의 대부분을 담당하는데, 그들이 전일제 직장에 다니고 있어도 마찬가지이다. 이러한 현상은 여전히 일하는 여성들에게 기대되고 있는 그 유명한 '두 번째 교대'(second shift) 혹은 '이중 노동'(double day)이다(Hochschild 1989). 실제로, 연구들은 심지어 직업이 없는 남성들도 일주일에 40시간 일하는 부인들 보다도 가사일을 적게 하고 있음을 보여준다(Okin 1989b: 153~154). 게다가 가정 내 폭력과 성폭력은 점차 증가하고 있다. 맥키넌(Catherine Makinnon)은 다음과 같은 말로 미국에서의 평등권에 대한 자신의 연구를 요약한다. '성평등법(sex equality law)은 우리가 필요로 하지만, 출생의 조건에 근거해서 사회적으로 갖지 못하게 금지된 것들을 여성에게 제공하는데 심각할 정도로 비효율적이었다. 그러한 문제들은 생산적 삶의 기회에 요구되는 합당한 신체적 안전, 자기표현, 개체화(individuation), 최소한의 존경 및 존엄성

권리를 정당화 시킬 수 없다고 주장하면서, 남자가 '보다 능력 있고 강하다'고 추정되는 사실이 어떻게 여성의 불평등한 권리를 정당화할 수 있는가? 능력의 차이가 권리의 차별을 주장할 수 없다는 근거로 남성의 계급적 평등을 주장하는 사람이, 그와 동시에 여성의 능력이 부족하다는 근거로 계급으로서의 여성을 배제할 수는 없다. 평균적 여성이 평균적 남성보다 능력이 부족하다는 근거로 여성들이 배제되는 것이라면, 평균적 남성보다 능력이 부족한 모든 남성들 역시 배제되어야 한다. 오킨(Susan Okin)이 지적하는 것처럼, '그의 개인주의의 근거가 견고하게 확립되려면, 그는 힘이 약한 남성들이 힘이 강한 남성들에 대해 그런 것처럼, 여성 개인들 역시 남성 개인들과 평등하다고 주장했어야만 한다'(Okin 1979: 199).

같은 것들이다'(Mackinnon 1987: 32).[3)]

왜 그런 것일까? 일반적으로 해석되듯이, 성차별은 이득이나 지위를 얻기 위해 임의적으로 혹은 불합리하게 성별(gender)을 적용하는 것과 관련되어 있다. 이러한 관점에서 본다면, 수행해야 하는 일과 성별(gender) 사이에 아무런 합리적인 연관성이 없음에도 불구하고 여성 고용을 거부하는 것이 가장 노골적인 성차별의 형태다. 맥키넌은 이것을 성차별에 대한 '차별 중심 접근방식'(difference approach)이라고 부른다. 왜냐하면 차별 중심 접근방식은 어떤 성적 차이(sexual difference)에 근거해서 정당화될 수 없는 불평등한 대우를 차별적이라고 간주하기 때문이다.

이러한 종류의 성차별법(sex discrimination law)은 인종차별법이 모델이 되었다. 그렇기 때문에 인종 평등에 대한 법제화가 '피부색 불문'(color-blind)의 사회를 목표로 하는 것과 정확히 동일하게 성평등에 대한 법제화 역시 '성별 불문'(sex-blind)의 사회를 목표로 한다. 이익을 부여하는데 있어, 인종(race) 혹은 성(gender)의 문제가 개입되지 않는다면, 사회는 비차별적이 될 것이라고 한다. 물론, 완전히 피부색을 고려하지 않는 정치적 및 경제적 결정은 생각할 수 있다고 해도, 어떻게 사회가 완벽하게 성별 불문이 될 수 있는지를 알기는 어렵다. 임신에 특권을 준다거나 성별에 따라 구분 된 스포츠가 있다면, 그 사회는 성별을 고려한다고 해도 정의롭지 않게 여겨지지는 않는다. 그리고 인종에 따라 분리된 화장실은 분명히 차별적이지만, 대부분의 사람들이 성별에 따라 구분된 화장실(sex-segregated washrooms) 역시 차별적이라고는 생각하지 않는다. 따라서 '차별 중심 접근방식'은 성별에 따른 차별적 대우에 대한 일부 사례들은 정당하다고 인정한다. 순수한 성별의 차이가 차별적 대우를 설명해 주고 정당화 할 수 있다면, 이러한 것들은 차별이 아니다. 여성의 동등한 권리에 대해 반대하는 사람

3) 이 장에서 나는 서구 민주주의에서의 페미니즘에 초점을 맞출 것이다. 그러나 다른 곳의 여성들의 조건들은 종종 더욱 나쁘다는 사실을 지적해야 한다. 최근의 '여성의 십년'(Decade of Women) 선언에서 UN은 다음과 같이 지적한다.

- 여성은 세계 인구의 반을 구성하고 있으며, 세계 노동시간의 거의 2/3을 수행하고 있지만, 세계 수입의 1/10을 받고 있으며, 세계의 재산의 1/100 이하를 소유하고 있다.

  (Bubeck 1995: 2에서 인용). 비서구적 맥락에서 여성들이 직면한 쟁점들에 대한 철학적인 논증들은 Nussbaum 2000; Okin 1994를 보시오.

들은 종종 성적 평등이 잘못 진행되고 있다는 증거로 성별에 따라 구분되지 않은 스포츠(혹은 화장실)의 망령에 호소한다. 그러나 차별 중심 접근방식의 옹호자들은 정당성 있는 차별은 매우 드문 반면 임의적 차별의 사례들이 보다 일반적이기 때문에, 성별(sex)이 이득이나 지위를 할당하는 설득력 있는 근거라고 주장하는 사람들에게 증명의 부담이 있다고 대응한다.

대부분의 서구 국가들에서 이러한 차별 중심 접근방식은 성평등법 해석의 표준으로서 일정 정도 성공을 거두고 있다. 그것의 '도덕적 취지'(moral thrust)는 '남성이 접근해 왔던 것들에 여성의 접근도 인정' 하자는 것이었고, 그것은 결국 '여성들이 학문적, 직업적, 육체적 노동, 군대, 그리고 명목상으로 운동경기에 참가하는 것 이상을 포함하는 고용과 교육, 공직 종사에 대한 접근을 가능하게 해주었다'(Mackinnon 1987: 33, 35). 차별 중심 접근방식은 기존의 사회적 이익과 지위들에 성 중립적(gender-neutral) 접근과 경쟁을 조성하는데 도움을 주었다.

그러나 그것의 성공은 제한적이었다. 왜냐하면 그것은 이러한 입장의 정의에 바로 내재하는 성적(gender) 불평등을 무시하기 때문이다. 차별 중심 접근방식은 여성이 성 중립적(gender-neutral) 규칙 아래에서 남자들이 정해 놓은 역할들을 차지하도록 경쟁할 능력이 있는가의 관점에서 성적 평등을 바라본다. 그러나 남성이 그들의 이익에 따라 사회제도들을 만드는 것이 허용된다면, 그 제도 내의 여러 역할에 속하기를 원하는 지원자들의 성별(gender)을 무시하게 됨으로써, 평등이 이루어질 수 없다. 문제는, 성 중립적 경쟁(gender-neutral competition)하에서 조차, (직업의) 특정 역할들이 남성 자신들에게 더욱 적합하도록 만들어 놓은 방식으로 정의되는 데 있다.

두 가지 예를 생각해 보자. 첫째는 소방관, 경찰과 군대 같은 직종에 취업하기 위한 최소한의 신장과 체중 제한과 관련되어 있다. 이러한 규칙은 공식적으로는 성 중립적(gender neutral)이지만, 남성이 평균적으로 여성보다 더 신장이 크고 체중이 많이 나가기 때문에, 그 직종에서 여성의 지원을 걸러내는 작용을 하게 된다. 전형적으로 이러한 규칙의 적용은 그와 같은 직종에서 사용되는 기구들을 사용하기 위해선 일정한 신장과 힘이 요구된다는 근거에서 정당화된다. 그러므로 그것은 그 직종에는 타당한 필요조건이라는 것이다. 그러나 우리는 그러한 도구들이 왜 키가 165 cm가 아니라 175 cm인 사람들에 적합하도록 고안되었는 지를 질문해 볼 필요가 있다. 물론 그것은 그러한 도구를 만드는 사람들이 그 도구들을 남성들이 사용할 것으로 간주했기 때문이고, 따라서 그들은 그 도구들을 평균적 남성의 신장과 신체에 맞도록 만들었다고 대답할 것이다. 그것은 필연적이지 않다. 동일한 도구들을 보다 신장이 작고 체중이 덜 나가는 사람들이 사용하기 적합하도록 만드는 것은 명백히 가능하다. 예를 들면, 전통적으로 남성의 키가 서구의 남성보다 매우 작은 일본에서는 군인과 소방관의 도구들이 보다 신장이 작고 체중이 덜 나가는 사람들에게 적합하도록 고안되었다. 그리고 제2차 세계대전을 알고 있는 사람이라면 아무도 그러한 것들이 일본 군대의 효율성을 저하시켰다고 주장할 수 없을 것이다.

여기서의 문제는 낡은 편견 혹은 쇼비니즘이 아니다. 이러한 신장과 체중 제한을 사용하는 고용주는 지원자들의 성별에 대해 전혀 관심을 갖지 않을 것이다. 그는 단지 그러한 직종의 자격제한을 충족시키는 사람들을 원할 뿐이다. 오히려 문제는 그러한 직업들의 제한 조건이 애초에 남성에 의해 고안되었다는 데 있고, 그러한 고안에는 남성이 그 직업에 적합하다는 전제가 있었다는 점이다. 사실 이것은 최근 들어 벌어지고 있는 일이다. 신장과 체중 제한이 있는 많은 직종들이 여성들에게 더 많은 기회들을 제공하기 위해서 다시 기획될 수 있는가가 재검토되고 있다.[4)]

보다 심각한 예는 대부분의 직장이 '그러한 직장에 적합한 사람으로, 취학 이전 아동의 우선적 보호자가 아닌, 성 중립적(gender neutral)인 누군가를 요구한다'는 사실이다(Mackinnon 1987: 37). 우리 사회가 여전히 여성의 육아를 기대하고 있다고 할

---

4) 비슷한 쟁점이 장애인들의 편의시설과 관련하여 제기되었다. 예를 들어, 많은 사무직은 회의에 참석하거나 지원품을 받기 위해서 한 층에서 다른 층으로 이동할 수 있는 능력을 가진 사람을 요구한다. 대부분의 소규모의 사무실 건물이 그렇듯이, 그곳에 엘리베이터나 경사로가 없다면, 휠체어를 탄 사람은 그 직종에서 경쟁할 수 없음을 의미한다. 이러한 불평등은 장애인에 대한 편견의 문제와는 거리가 멀다. 그것은 단지 그 직종에 있어서의 요구사항의 문제일 뿐이다. 그러나 여전히 우리는 왜 그 직종이 각 층 사이를 이동하기를 요구하도록 설정되었는지, 그리고 왜 그 건물이 엘리베이터나 경사로 없이 단지 계단들로만 지어졌는가에 대해 질문해야 한다. 그것에 대한 답변은 그 직종과 건물 모두가 피고용인들이 비장애인일 것이라는 가정아래 비장애인에 의해서 설계되었다는 것이다. 따라서 진정한 평등은 그 건물과 직종의 새로운 설계를 통해 장애인들도 그 업무를 할 수 있도록 해야 한다는 것이다. 그리고 사실 미국과 캐나다에서는 고용주와 공무원들이 이와 같은 종류의 직종과 건물에 대한 재설계를 수행하는 것이 법적인 의무로 되어 있다.

때, 그러한 직장에서 여성과 경쟁하는 남성은 더욱 유리할 것이다. 이것은 여성 지원자가 차별 받기 때문이 아니다. 고용주는 지원자들의 성별(gender)에 대해 그다지 관심을 두고 있지 않거나 사실은 더 많은 여성을 고용하기를 원하고 있을지도 모른다. 문제는 많은 여성이 해당 직업에 적정한 요건-즉 육아의 책임으로터 자유로운 것-을 갖추고 있지 못하다는 데 있다. 고용주가 지원자의 성별(gender)을 고려하지 않는다는 점에서 성 중립성(gender-neutrality)은 충족되지만, 그 직업이 가정에서 아이들을 돌보는 부인이 있는 남성들로 채워질 것이라는 가정 아래 정의되기 때문에 성적 평등(sexual equality)은 존재하지 않는다. 차별 중심 접근방식은 누가 직업을 가질 것인지를 결정하는 데 성별(gender)을 고려하지 않아야 한다고 주장하지만, 그것은, '성별(gender)을 고려하는 바로 그날이, 그 직종의 종사자가 육아의 책임을 지지 않아도 되는 기대를 할 수 있도록 그 직업의 구조가 갖추어져야 하는, 바로 그날'이라는 사실을 간과하고 있다(Mackinnon 1987: 37).

성 중립성(gender-neutrality)이 만들어지는가의 여부는 그 이전에 성별(gender)이 고려되었던 여부 혹은 방식에 의지하고 있다. 리처드(Janet Radcliffe Richards)는 다음과 같이 이야기한다.

> 어떤 집단이 특정 일로부터 충분히 오래 동안 배제되어 있게 되면, 그러한 종류의 활동들은 불가항력적으로 그렇게 배제된 집단에 적합하지 않도록 변해간다. 우리는 확실히 여성들이 많은 종류의 일로부터 배제되어 있었다는 사실을 알고 있다. 그것은 그러한 일들이 그들에게 적합하지 않게 되었을 가능성이 매우 높음을 의미한다. 출산과 양육이 대부분의 직업과 양립할 수 없다는 것이 가장 확실한 예가 될 것이다. 나는 만약 사회를 운영하는 초기부터 여성이 깊게 관여가 되어 있었다면 그들은 일과 아이를 키우는 것이 서로에게 어울릴 수 있도록 조정하는 방법을 발견했을 것을 굳게 믿고 있다. 남성은 그래야만 할 동기가 없었고, 우리는 그것의 결과를 알고 있다(Radcliffe Richards 1980: 113, 114).

아이의 양육과 임금 노동간의 관계에 남성이 만들어낸 이와 같은 양립불가능성은 확실히 여성에게는 불평등한 결과를 가져왔다. 결과는 단지 여성들이 저임금, 파트타임 직종에 불균형적으로 집중되어 있는 반면 사회의 가장 중요한 지위들이 남성들로 채워져 있다는 사실 뿐만 아니라, 많은 여성들이 경제적으로 남성에게 의존적이 되었다는 사실이다. 대부분의 '가계 소득'은 남성의 임금 노동에 기인하는 반면 무임금의 가사 노동을 하는 여성들은 자원에 대한 접근을 남성에게 의존하게 된다. 이러한 의존성의 결과는 증가하는 이혼율로 더욱 확연해진다. 누구에게 소득이 있는지와는 상관없이, 결혼한 부부는 동일한 생활수준을 공유하지만, 미국에서의 이혼의 결과는 비극적인 불평등을 가져온다: 이혼 이후에 남성들의 평균 생활수준은 10% 상승하는 반면, 여성들의 평균 생활수준은 27% 하락하는데, 이것은 40%에 가까운 불균형이다.[5] 그러나 차별 중심 접근방식에 따른다면, 그들이 임의적 차별을 하지는 않기 때문에 아이의 양육과 임금 노동의 양립불가능으로부터 오는 이러한 불평등한 결과들 중 어느 것도 차별적이지 않다. 사실 현존하는 대부분의 흥미로운 직업들을 얻기 위해선 육아의 책임으로부터 자유로워야 하고, 고용주들은 그것을 임의적으로 주장하지 않는다는 것이 사실이다. 그것이 적절한 자격이기 때문에 차별 중심 접근방식은 그러한 주장이 여성들에게 가져다주는 불이익에도 불구하고 차별적이지 않다고 이야기한다. 사실 차별 중심 접근은 양육의 의무와 관련된 것들을 성별(gender)과 같은 부적절한 범주로 바라보는 것이 아니라 성차별(sex discrimination)이 철폐된 증거로 간주한다. 그것은 남성이 역사적으로 그들의 이익에 적합하도록 구조화시킨 양육의 의무 그 자체를 성 불평등의 근원적 원천(a profound source of sexual inequality)으로 간주하지 못한다.

그래서 우리가 성별(gender)을 고려할 것인지의 여부를 결정하기 이전에 우리는 그것이 이미 이전에 어떤 식으로 고려가 되고 있었는지를 아는 것이 필요하다. 그리고 사실은 대부분의 중요한 역할들과 지위들은 모두 성적 편견(gender-biased)에 사로잡혀서 구조화되었다.

---

5) 이혼의 경제적 결과에 대한 정확한 수치는 논쟁의 대상이다. 위츠만(Lenore Weitzman)의 1985년도 책에서는, 그러한 불일치가 더욱 심각하다고 제시한다. 그녀는 캘리포니아주에서 남성들의 삶의 수준이 42% 상승하고, 여성들의 삶의 수준은 73% 하락한다고 계산하였다(Weitzman 1985). 피터슨(Richard Peterson)은 이러한 계산이 잘못되었다고 보여주었고, 나는 이혼과 관련된 성적(gender) 불평등에 대해선 보다 신중한–그러나 여전히 비참한–피터슨의 추정치를 인용했다(Peterson 1996).

> 사실상 남성을 여성으로부터 구분해 주는 모든 특성들은 이 사회에서 적극적으로 보상(affirmatively compensated)이 되고 있다. 남성의 생리학은 대부분의 스포츠를 정의하고, 그들의 필요는 자동차 보험과 건강 보험의 보상범위를 정의하고, 사회적으로 의도된 그들의 인생 기록은 일자리에 대한 기대와 성공적인 경력의 모범들을 정의하고, 그들의 관점과 관심은 학문에서의 질을 정의하고, 그들의 경험과 망상은 공로를 정의하고, 그들의 삶에 대한 구체화는 예술을 정의하고, 그들의 군복무는 시민권을 정의하고, 그들의 존재는 가족을 정의하고, 서로 잘 지내지 못하는 그들의 능력 부족-그들의 전쟁과 통치-은 역사를 정의하고, 그들의 이미지는 신을 정의하고, 그들의 생식기가 성을 정의한다. 여성으로부터 구분되는 그 각각의 차별성들 때문에, 적극적 배려정책(affirmative action) 기획에 상당하는 것이 실제로 작동하는 셈이다. 즉 다른 말로 하자면 이것은 미국 사회의 구조와 가치로 알려져 있다(Mackinnon 1987: 36).

이러한 모든 것은 사회가 가치 있다고 규정한 것을 추구하는 데 있어서 여성들이 임의적으로 배제되지 않는다는 측면에서 '성 중립적'(gender-neutral)이다. 그러나 이처럼 성 중립적(gender-neutral)방식으로 추구되는 것들이 남성의 이익과 가치에 기초해 있기 때문에 성차별적(sexist)이다. 직업을 얻는 데 있어서 쇼비니스트들이 임의적으로 남성을 선호하기 때문이 아니라 전체 사회가 직업 및 업적 등을 규정하는 데 있어서 구조적으로 남성을 선호하기 때문에 여성들은 불이익을 받게 된다.

사실 사회가 성별(gender)이 구분된 방식으로 지위를 규정하면 할수록, 차별 중심 접근방식이 불평등을 간파할 수 있는 능력은 점점 약화된다. 피임이나 낙태는 제한되어 있어서, 임금을 받는 직업들이 그들의 출산과 양육과는 양립될 수 없도록 규정되어 있고, 가사 노동에 대해서는 경제적인 보수를 제공하지 않는 사회를 생각해 보자. 그런 사회에서의 여성은 그들이 아이를 갖지 않도록 보장받을 법적 수단을 가지 못하면서, 아이의 양육과 임금 노동의 종사를 동시에 할 수 없게 된다. 그런 결과로, 계획하지 않은 임신을 하게 되어 아이의 양육과 노동을 동시에 할 수 없게 된 모든 여성은 고정적 수입이 있는 누군가에게(즉, 남성에게) 경제적으로 의존하게 된다. 이렇게 부양 받는 것을 보장받기 위해서, 여성은 남성에게 성적으로 매력적이 되어야 한다. 이러한 것들을 자신들의 숙명 같은 것으로 받아들이면서, 많은 여학생은 임신을 하지 않는 사람들만이 습득할 수 있는 직업 기술을 남학생만큼 열심히 습득하려 하지 않는다. 남학생들은 직업 기술을 증진시킴으로써 개인적 보장을 추구하는 데 반해 여학생들은 남성들에 대한 그들의 매력을 증진시킴으로써 보장을 추구한다. 이것은 또 다시 남성성(masculinity)은 소득획득과 결부되는 반면, 여성성(feminity)은 남성을 위한 성적·가정적 봉사 그리고 아이를 양육하는 견지에서 정의되는 문화적 정체성의 구조로 귀착하게 된다. 그러므로 남성과 여성은 차등적 소득을 획득할 가능성을 가진 채 결혼을 하게 되고, 결혼 생활 동안에 남성은 가치 있는 직장 경험을 하게 됨으로써 이러한 불균형성은 더욱 확장된다. 결혼생활을 벗어나서는 여성은 스스로를 부양하는 데 있어 커다란 어려움에 처하게 되기 때문에 결혼생활을 유지하는데 있어 더욱 의존적이게 되고, 이것은 결혼관계 속에서 남성들이 더욱 큰 주도권을 갖는 것을 허용하게 된다.

그러한 사회에서 집단으로서의 남성은 여성의 일반적인 삶의 기회들을 지배하게 되고(낙태에 대한 정치적 결정 및 직업 획득과 관련된 경제적 결정들을 통해), 개인으로서의 남성은 결혼 생활을 통해 경제적으로 취약한 여성을 지배하게 된다. 여전히 여기에 임의적 차별은 필요하지 않다. 어떤 사람이 피임, 직업 혹은 가사노동 보수의 분배를 담당하는 사람들에 의해 대우받는 방식에 있어서, 그의 성별(gender)이 필연적 영향을 미치는 것은 아니기 때문에, 이러한 모든 것들은 성 중립적(gender-neutral)이다. 그러나 차별 중심 접근방식이 임의적 차별(arbitrary discrimination)의 부재를 성적 불평등(sexual inequality)의 부재의 증거로 간주하는 반면에, 어쩌면 그것은 실제로는 성적 불평등이 널리 퍼져 있다는 증거일 수도 있다. 이 사회에서 여성이 지배당하고 있다는 바로 그 이유 때문에 여성은 차별 받을 필요가 없다. 고용에 있어서의 임의적 차별을 남성의 특권 유지를 위해서 할 필요성이 없을 뿐만 아니라, 발생할 확률도 매우 적다. 그 이유는 대부분의 여성이 애초에 임의적인 차별을 받을 위치에 조차 있지 못하기 때문이다. 아마도 특별한 여성만이 전통적 성역할을 지지하는 사회적 압력들을 극복할 수 있을 것이다. 그러나 지배가 더욱 강해질수록, 여성이 고용에 있어서 경쟁할 수 있는 지위에 다다를 가능성은 적어지게 되고, 그렇기 때문에 임의적 차별의 공간은 더욱 줄어들게 된다. 사회 내에 성적 불평등(sexual inequality)이 증가할수록, 사회제도들이 남성의 이익을 더 많이 반영할수록, 임의적 차별의 존재는 점점 줄어들게 된다.

현대의 어떤 서구 민주주의도 이러한 가부장적 사회(a patriarchal society) 모델에 정확하게 부합하지는 않지만, 그것의 핵심적 특징의 일부는 모두가 공유하고 있다. 그렇기 때문에 우리가 이러한 형식의 부정의와 직면하게 된다면, 우리는 성적 불평등(sexual inequality)을 임의적 차별의 문제가 아니라 지배(domination)의 문제로 재개념화시킬 필요가 있다. 맥키넌이 지적하는 것처럼,

> 표준을 설정한 사람들－사회적으로 이미 다르다고 규정된 사람들－과 동등해지게 만들어달라고 요구하는 것은 명백하게 성적 평등(sex equality)이 절대 달성될 수 없도록 개념적으로 고안되어 있음을 의미한다. 동등한 대우를 가장 필요로 하는 사람들은 표준설정의 기준이 되는 사람들과는 사회적으로 거의 아무런 유사성을 가지지 못한다. 표준의 기준이 되는 자들의 상황에 비추어 사람들이 평등하게 대우받아야 할 자격들이 측정이 되는 것이다. 이론적으로 말한다면, 성적 불평등(sex inequality)의 가장 깊은 문제들은 남성에 대해 여성들이 '유사한 위치에 놓여지지' 않았다는 점이다. 성적 불평등의 실천은 고의적인 차별적 행위들을 요구하는 것과는 거리가 멀다 (Mackinnon 1987: 44; cf. Taub and Schneider 1982: 134).

여성 종속의 문제는 근본적으로 성별(sex)에 기반을 둔 비합리적 차별의 문제가 아니라 성적(gender) 차이가 이익의 분배, 그리고 체계적인 여성의 불리함과 연관되도록 만들어진 상태에서의 남성들의 지배의 문제이다. 이러한 문제를 치유하기 위해서 맥키넌은 성적 평등에 대한 '지배 중심 접근방식'(dominance approach)을 제안한다. 그것은 성적 차이(gender difference)가 불이익의 근거가 되지 않음을 명확히 하는 것을 목표로 한다(MacKinnon 1987: 42; Frye 1983: 38). 차별 중심 접근방식에서는 성적 불평등(sex inequality)이 단지 남성과 여성 사이에 실제적 차이가 존재할 때에만 정당화된다고 이야기하는 반면, 지배 중심 접근 방식은 성차별(sex differences)이 (그것이 실제이든 상상되었든) 절대로 불평등이나 남성 지배의 근거로 사용되거나 그것들을 정당화시켜서는 안된다고 이야기한다.[6]

---

6) 리틀턴(Christine Littleton)이 말하는 것처럼, 평등의 목표는 성차이들(gender differences)을 '사회적으로

지배가 문제가 되기 때문에 차별의 부재뿐 아니라 권력의 존재 또한 해결책이 된다. 평등은 남성이 규정해 놓은 역할들을 추구할 수 있는 동등한 기회뿐 아니라, 여성이 규정한 역할들을 만들 수 있는 동등한 권력을 필요로 한다. 혹은 더 나아가서 남성과 여성이 충원되는 데 동등한 관심을 보이는 비성적 역할들(non-gendered roles)을 만들어낼 수 있는 동등한 권력을 필요로 한다. 그러한 권력의 강화는우리 사회 혹은 현대 성차별 이론들(sex-discrimination theory)에서 선호되는 '남성들의 제도 속에 동등한 편입의 기회를 갖는' 사회와는 확연히 다른 결과를 가져올 수 있을 것이다. 동등한 권력이라는 입장에서는 '남성'의 직업을 '여성'의 직업보다 우월하다고 규정하는 사회적 역할의 구조를 만들어 내지는 못할 것이다. 예를 들어, 남성과 여성 의료 종사자와 같은 역할은 그 분야에 종사하는 여성들의 의지에 반해 남성들에 의해 재규정되었다. 의술이 전문화 되면서 여성들은 산파나 치료사 같은 건강을 돌보는 그들의 전통적 역할에서 밀려나서, 의사의 역할을 보조하는 위치이며 경제적으로 덜 보상을 받는 지위인 간호사의 역할로 내려 앉았다. 그런 재규정은 여성들이 동등한 지위에 있었다면 일어나지 않았을 것이다. 그리고 이제 여성들이 평등을 성취하기 위해서는 그것이 재고되어야 한다.

지배 중심 접근방식의 수용은 성적(gender) 관계에 있어서 많은 변화를 요구하게 될 것이다. 그런데 그것이 우리들의 정의이론들에는 어떤 변화를 요구할 것인가? 앞장에서 논의된 대부분의 이론가들은 함축적으로 혹은 노골적으로 차별 중심 접근방식을 받아들인다. 그러나 그것이 그들의 이론에 결점이 있음을 보여주는 것인가, 아니면 그들의 원칙을 성(gender)과 관련된 이슈에 적용하던 방식에 결점이 있다는 것을 보여주는 것일까? 많은 페미니스트들은 (Mary O'Brien이 명명하는 것처럼) 우익이나 좌익 모두에서의 '남성주류'(malestream) 이론가들이 여성들의 종속을 인식하지 못하는 방식으로 평등을 해석하기 때문에, 그 원칙 자체에 결함이 놓여 있다고 주장한다. 사실 일부 페미니스트들은 성적 종속(sexual subordination)에 대한 투쟁은 평등의 관점에서

비용이 들지 않도록' 만들어야 한다. 여성은 남성과 여성이 다르다는 사실에 '비용을 지불'해서는 안된다. '차이는 그러한 사람들이 살아가는 평등에 있어서 차이를 만드는 것을 허용해서는 안된다'(Littleton 1987: 206; cf. Minow 1991).

정의를 해석하는 바로 그 관념을 우리들로 하여금 포기할 것을 요구한다고 주장한다. 그로스(Elizabeth Gross)는 여성들이 사회적 역할들을 재규정하는 데 있어서 자유로워야 함이 분명하기 때문에, 그들의 목적은 '평등'의 정치라기보다는 '자율성'(autonomy)의 정치로 가장 잘 묘사될 수 있다고 주장한다.

> 자율성은 자신이 선택한 어떤 약정에서나-다른 집단이나 개인들과의 통합이나 동맹을 의미하거나 또는 의미하지 않을 수도 있는-자신을 당사자로 간주하는 권리를 의미한다. 반면에 평등은 주어진 표준에 따른 측정을 의미한다. 평등은 한쪽이 의심할 여지없는 방식으로 규범 혹은 모델을 받아들이는 역할을 하는 둘(혹은 그 이상) 사이에서의 약정의 등가(equivalence)를 의미한다. 대조적으로 자율성은 자기 자신의 규정의 정확성에 따라서 그러한 규범이나 표준들을 받아들이거나 거부할 수 있는 권리를 의미한다. 평등에 대한 투쟁은…… 자신의 기대나 요구에 따라 주어진 표준이나 적합성을 받아들이는 것을 의미한다. 이에 반해서, 자율성에 대한 투쟁은 그러한 표준들을 거부하고 새로운 표준을 만들어내는 권리를 의미한다(Gross 1986: 193).

그로스는 성적 평등(sex equality)은 임의적 차별을 철폐하는 방식으로 해석되어야 한다고 가정한다. 그러나 지배 중심 접근방식 또한 평등에 대한 해석이고, 우리가 그것을 받아들인다면 자율성은 경합하는 가치들에 대한 것이 아니라 성적 평등에 대한 가장 뛰어난 이론 중 일부가 된다. 여성의 자율성을 옹호하는 주장은 도덕적 평등의 중심적 개념과는 충돌하고 있기 보다는 그것에 호소하는데, 그것이 여성들의 이익과 경험이 사회적 삶을 형성하는 데 있어 동등하게 중요하다고 주장하기 때문이다. 아이젠슈타인(Zillah Eisenstein)이 말하는 것처럼, '이와 같은 의미에서의 평등은 개인들이 인간으로서 동등한 가치를 갖는 것을 의미한다. 이러한 관점에서 평등은 오늘날 의미하는 것처럼 남자처럼 되어야 한다는 것 혹은 억압자와 평등하게 된다는 것을 의미하지 않는다'(Eisenstein 1984: 253).

따라서 지배 중심 접근방식은 주류 이론가들과 평등에 대한 헌신을 공유한다. 그러나 그것이 주류 이론가들이 그러한 헌신을 해석하는 것과 일관성을 갖고 있는가? 우리가 앞장에서 검토해 보았던 이론가들이 성적 평등을 위해서 지배 중심 접근방식을 채택하는 것을 방해하는 어떠한 요소가 있는 것인가? 공동체주의와 자유지상주의 모두가 지배 중심 접근방식을 거부할 가능성은 있다. 공동체주의자들은 이러한 접근방식을 거부할 가능성이 있다. 그 이유는 이러한 접근방식은 일부의 공동체주의자들이 부정하거나 동의하지 않는 방식으로 사람들이 자신의 사회적 역할을 문제화 할 수 있는 것을 전제하고 있기 때문이다(제6장 제6절).[7] 그리고 자유지상주의자들은 차별 중심 접근방식의 근저에 놓인 형식적 비차별 원칙마저도 거부하기 때문에 그들이 지배 중심 접근방식을 받아들이는데 까지 나아가기는 무척 힘들다. 자유지상주의자들에게 고용주들은 그들이 적합하다고 생각하는 방식이 어떤 것이든 자신의 직종들을 기획할 자유가 있고, 따라서 사실은 그들이 원한다면 그들은 오래된 방식의 차별도 적용할 수 있다. 고용주가 어떤 여성도 고용하지 않겠다고 이야기 한다면, 그는 자신의 사적 소유권을 정당하게 행사하는 것이다.[8]

자유주의 이론가들은 지배 중심 접근방식을 채택할 수 있을까? 맥키넌은 지배 중심 접근방식이 자유주의의 기본원칙 너머로 우리를 이끌 것이라고 주장한다. 다른 남성 주류 이론가들처럼 자유주의 이론가들도 성적 평등에 대해서는 차별 중심 접근방식을 받아들이기 때문에, 그 결과로 여성의 종속에 대해서는 강력하게 공격하지 못해 왔음은 분명한 사실이다. 그러나 자유주의자들이 차별 중심 접근방식을 채택한다면 자신들의 원칙들을 배반하는 것이라고 주장할 수도 있다.[9] 사실 차별 중심 접근방식과 자유주의

7) 페미니즘과 공동체주의 사이의 긴장에 대한 보다 포괄적인 논쟁에 대해서는 Frazer and Lacey 1993; Frazer 1999; Greschner 1989; Okin 1989b: 41~62; Friedman 1989·1991; Weiss and Friedman 1995; V. Held 1993: 188~191을 보시오.

8) 반차별법에 대한 자유지상주의자의 비판은 Epstein 1995a를 보시오. 자유지상주의와 페미니즘 사이의 대립에 대해서는 Okin 1989b: ch.4를 보시오.

9) 사실 차이가 '비용을 지불하지 않는' 차이가 되어야 한다는 리틀턴의 생각(앞의 각주 6)은 여건을 배제하는 자유주의적 평등주의의 헌신을 다른 방식으로 진술하는 것이다(제3장의 제2~3절을 보시오). 맥키넌은 자유주의가 '실체가 투명한'(transparent of substance) '형식적' 혹은 '추상적' 법률에 목적을 두고 있기 때문에, 지배 중심 접근방식은 자유주의의 범위를 넘어선다고 주장한다. 나는 그녀의 '형식'과 '실체'에 대한 대조를 이해할 수가 없고, 그것이 평등과 자유라는 전통적 자유주의의 원칙들과 어떤 관계를 맺는지 이해할 수가 없다. 맥키넌은 종종 자유주의를 미국식 헌정주의적(constitutional) 해석이라는 특정 흐름과 동일시하는 것으로 보인다. 맥키넌의 관점과 자유주의의 관계에 대해서는 Langton 1990; Schaefer 2001; Nussbaum 1999: ch.2; Bassham 1992를 보시오.

원칙들 사이의 분열은 명확하다. 자율성과 평등한 기회에 대한, 그리고 욕망에 민감하고 여건의 영향을 배제하는 자원 분배(an ambition-sensitive, endowment-insensitive distribution of resources)에 대한 자유주의의 헌신은 전통적 성 역할 구분(traditional gender divisions)을 배제하는 것으로 여겨진다. 롤즈의 원초적 입장의 계약자들이 존재하는 사회적 역할들에 대한 성적 편견(gender bias)을 부정의의 원천으로써 인식하지 못할 이유는 없는 것으로 보인다. 롤즈 자신은 그의 계약자들이 성적 평등을 어떻게 해석할지에 대해서는 아무 말도 하지 않았지만, 다른 사람들은 롤즈의 구성 논리는 -즉, 부당한 불평등의 철폐와 우리들의 목적을 선택하는 자유-급진적 개혁을 요구한다고 주장해 왔다. 예를 들어, 그린(Karen Green)은 평등한 자유에 대한 계약자들의 관심은 가사 노동의 재분배를 요구할 것이라고 주장한다(Green 1986: 31~35). 그리고 오킨(Susan Okin)은 롤즈의 계약자들이 성적 차별화의 구조(the system of gender differentiation)에 대한 보다 완전한 공격을 주장하면서, 가정 내에서의 불평등한 노동의 분배와 성적 객관화(sexual objectification) 모두를 철폐시키라고 요구할 것이라고 주장한다(Okin 1987: 67~68; 1989b: 173~186; cf. Kittay 1995).[10] 이러한 성 역할이 드워킨의 공정성 검증을 통과할 수 있는 지 여부를 물어 본다면, 전통적인 성 역할의

---

10) 오킨은 성적 평등을 달성하기 위해서 두 가지의 확장된 전략을 제시한다. 단기간의 대응으로, '취약성의 보호'(protect of vulnerable)가 되도록 하는 것이다. 결혼 계약은 가족을 위한 무임금 노동을 수행함으로써 자신들의 경력이 종속되어 버리는 사람들을 보호하도록 조정되어야 한다. 이것을 하는 한 가지 방법은 '가정에서 벌어들이는 소득에 대해 부부 모두가 평등한 권리를 갖도록' 보장하는 것이다. 그리고 이혼할 경우에는, '이혼 이후의 부부 모두가 동일한 생활수준을 누릴 수 있도록' 보장하는 것이다(Okin 1989b: 180~183). 장기적 대응으로는, 성차별 없는 사회(a gender-free society)를 만들어내는 것을 목적으로 한다. '정의로운 미래는 성별(gender)이 없는 사회'일 것이다. 그것의 사회적 구조와 실천들에서 한 사람의 성별(sex)은 그 사람의 눈 색깔이나 발가락 길이만큼이나 의미를 지니지 않게 될 것이다. '남성적'이거나 '여성적'인 역할을 만드는 것이 더 이상 전제되지 않을 것이다. 아이의 출산은 육아와 그 밖의 다른 가사의 의무들과는 개념적으로 구분될 것이다. 그렇게 되면, 남성이나 여성이 가정 내 의무에 대해 평등하지 않다고 해도 놀랄 일이 아니며, 아이가 한쪽 부모와 더 많은 시간을 보내려 한다고 해서 문제가 되지 않을 것이다.' 이것은 아버지들이 아이들을 돌보는 데 보다 많은 책임을 가질 것과, 어머니들이 노동 인구로 보다 더 유지될 것과, 질 높은 탁아가 보장될 것, 그리고 아이를 기르는 편의를 위해 작업장과 학교 시간표를 재설정할 것이 요구된다. 최종적 목표는 성구별이 없는 사회이다. 따라서 우리는 '임금 노동과 무임금 노동 혹은 생산 노동과 재생산 노동을 남성과 여성이 평등하게 공유하는 것을 북돋아 주고 매력적으로 만들어야 한다. 우리는 미래에는 모든 사람들이 이러한 삶의 방식을 선택하게 되는 방향으로 일해야 한다'(Okin 1989b: 171). 오킨의 제안에 대한 논쟁은 Kleingeld 1998; Sehon 1996; Russell 1995; Kymlicka 1991; Green 1996을 보시오.

부정의에 관한 유사한 결론들이 도출될 수 있을 것이다(cf. 제3장 제5절 앞부분).

그러나 이것이 이렇게 강력한 성적 평등의 설명을 자유주의자들이 쉽게 수용할 것이라고 이야기하는 것은 아니다. 지배 중심 접근방식은 자유주의자들이 공과 사에 대한, 그리고 정의와 배려에 대한 관계와 관련된 전통적 가정들을 교정하거나 거부할 것을 요청한다. 다음 두 절에서는 이러한 도전을 검토할 것이다.

2. 공과 사

우리가 성 평등(sex equality)에 지배 중심 접근방식을 적용한다면, 가사 노동의 불평등한 분배, 그리고 가정과 직장에서의 책임 사이의 관계가 중심적 쟁점 중 하나가 될 것이다. 그러나 주류 이론가들은 정의의 표준(standards of justice)이라는 견지에서 가족의 관계를 다루고 판단하는 데에는 신중해 왔다. 예를 들어, 고전적 자유주의자들은 (남성주도적인) 가족이 생물학적으로 결정된 단위이고, 정의는 단지 전통적으로 결정된 가족들간의 관계에만 적용할 수 있다고 가정했다(Pateman 1980: 22~24). 따라서 그들이 논의하는 자연적 평등은 가족의 대표자인 아버지의 것이고 그들이 논의하는 사회적 계약은 가족들 간의 관계를 규율한다. 정의는 상호간에 합의된 약정에 따라 성인 남성이 다른 성인 남성을 다루는 '공적' 영역에 적용된다. 반면에 가족 내부의 관계는 '사적'인 것으로 자연적 본능이나 동정심에 의해 규율된다.

현대 이론가들은 남성만이 공적 영역에서 활동할 능력이 있음을 거부한다. 이제 성적 평등이 확고해졌지만, 이러한 평등은 여전히 고전적 자유주의 이론에서처럼 가족 외부의 관계에만 적용되는 것으로 가정된다. 정의이론가들은 가족 내의 관계들을 계속해서 외면하고 있는데, 이 가족은 본질적으로 자연적 영역으로 가정되고 있다. 그리고 여전히, 명시적 또는 묵시적으로 자연적 가족 단위는 전통적인 남성가장의 가족을 의미하는 데, 여기에서 여성은 무보수로 가사 및 재생산 노동을 수행하는 형태를 띤다. 예를 들어, 밀(J. S. Mill)은 여성이 모든 영역의 노력에 있어서 동등한 성취의 능력을 갖고 있다고 강조하지만, 그는 여성들이 계속 가사를 담당해야 한다고 가정하고 있다. 그는 가족 내에서 성적 노동분업(sexual division of labour)이 '법률에 의해서가 아니라 일반적 관습에 의해서 이미 동의가 되었다'라고 말한다. 그리고 그는 그것이 '두 인격체 간의 가장 적합한 노동분업'이라고 옹호한다.

> 남성이 직업을 선택할 때처럼 여성이 결혼을 할 때, 우리는 그녀의 노력에 대한 첫번째 요구로서, 그녀가 가정의 운영 및 가족의 양육을 선택했다고 일반적으로 이해할 수 있다. 그 목적을 위해서 그녀의 삶의 많은 기간이 요구된다. 그리고 그녀는 다른 모든 것과 직업을 포기해야만 하진 않지만, 이러한 가정운영 및 가족양육의 요구와 양립할 수 없는 모든 것을 포기할 것이라고 일반적으로 이해할 수 있다(Mill and Mill 1970: 179; cf. Donner 1993).

밀처럼 노골적인 현대 이론가들은 드물지만, 그들은 암묵적으로 가족 내 여성의 역할에 대한 그의 전제를 공유하고 있다(그들이 그렇지 않다고 해도 그들은 가사 노동이 어떻게 보상받고 분배되어야 하는지에 대해 아무런 말도 하지 않는다). 예를 들어, 롤즈가 가족을 정의론에 의해 평가받아야 하는 사회적 제도 중의 하나라고 이야기했지만, 그는 단순히 전통적 가족이 올바르고, '가장들'(heads of the households)로부터 생기는 '가계 소득'에 따라 올바른 분배를 측정할 수 있다고 하는데, 그것은 가족 내의 정의 문제를 법정 밖으로 밀어내는 것이다.[11] 가족에 대한 무관심은 심지어 '공적 영역과 사적 영역의 구분을 받아들이고, 우선적으로 공적 영역에서 평등을 추구하기로 선택한'(Evans 1979: 19) 자유주의적 페미니즘의 많은 부분에서도 나타난다.

가족에 주목하지 않는 성 평등(sex equality)에 관한 어떤 접근방식에서도 한계는 점점 더 분명해진다. 우리가 이미 보았듯이, 일에서의 여성의 '이중 노동'(double day)은 여성들로 하여금 저임금의 시간제 노동에 불균형적으로 집중되게 하고, 이것은 다시 여성들을 경제적으로 의존적이 되게 만드는 결과를 가져온다. 그러나 이러한 경제적 취약성이 제거된다고 하더라도-예를 들어, 모든 사람에게 연간 수입을 보장함으로써-남성

---

11) Rawls, 1971: 128, 146를 보시오. Okin 1987; Green 1986; English 1977; Kearns 1983에 롤즈의 가족에 대한 설명이 논의된다. 정치학에서 개인을 '가장'으로 취급하는 '아리스토텔레스적 유산'(Aristotelian hangover)은 일반적인 것으로 남아 있다(Stiehm 1983).

들은 직면하지 않는 가정과 직장 사이의 선택이라는 불평등이 여전히 여성들에게는 존재한다.[12] 남성이 직업을 받아들이는 것과 동일하게 여성은 결혼을 전업으로 받아들여야 한다는 밀의 주장은 무척이나 불공정하다. 어쨌든 남성 역시 결혼생활을 하게 되는데, 왜 결혼이 남성과 여성에게 그처럼 상이하고 불평등한 결과를 만들어야만 하는 것인가? 가족의 일원이 되고자 하는 욕망은 한 사람이 인생경력을 쌓아가는 것을 막아서는 안된다. 설사 그것이 인생경력에 대해 피할 수 없는 결과를 낳게 되더라도, 남성과 여성에게 동등하게 나타나야 한다.

게다가 가사 노동이 왜 더욱 많은 공적인 관심을 받지 못했는지에 대한 질문 역시 남아있다. 남성과 여성이 무보수의 가사 노동을 나누어서 한다고 하더라도, '여성들의 일' 혹은 '여성적'인 어떤 일들에 대한 우리 문화의 저평가가 무보수의 이유라고 한다면, 그것은 순수한 성적 평등으로 여길 수 없다. 성차별(sexism)은 가사 노동의 분배에서만 나타나는 것이 아니라, 그것을 평가하는 데에서도 나타난다. 가사노동에 대한 저평가가 넓은 의미에서 여성의 일에 대한 저평가와 연관이 되어 있기 때문에, 여성이 보다 더 존중받기 위한 투쟁의 일 부분은 그들의 가정에 대한 기여도에 대한 존중의 증진과도 관련되어 있을 것이다. 따라서 여성들의 전통적 역할에 고착된 문화적 저평가와 경제적 의존성 모두의 중심에는 가족이 있다. 그것의 예상되는 결과로 남성은 거의 모든 결혼과 일, 여가, 섹스, 소비 등과 관련된 것들을 결정하는 데 있어서 불평등한 권력을 갖고 있을 뿐 아니라, 또한 상당한 일부의 가정에서는 가정 폭력의 행위와 위협이 벌어지고 있다는 것이다(Okin 1989b: 128~130).[13]

12) 반 파리스(Philippe Van Parijs)는 내가 제3장[제4절 (c)의 (b) '기본소득' 부분 참조]에서 논의했던 기본소득 계획(the basic income scheme)의 중심적인 이점 중 하나가 여성의 경제적 종속을 경감시키게 될 것이라는 점을 주장한다(Van Parijs 2000, 2001).

13) 전통적 가족을 옹호하는 사람들은 종종 성별로 구분된(gendered) 가사 노동이 합리적이라고 주장하는데, 그것이 전체적인 가족의 선에 작동을 하고 완전한 합의에 의한 것이기 때문이라고 한다. 그러나 오킨이 지적하는 것처럼, 연구들은 여성이 기존의 가사 노동의 분배를 선호하지 않음을 보여준다. 여성은 그들이 남성보다 (대가를 받든지 안받든지) 더 많은 시간 일하고 있고, 그들의 노동은 본질적으로 (남성, 혹은 여성 중 누가 판단하더라도) 덜 흥미롭다는 것을 알고 있으며, 그들은 자신들이 남성들에게 경제적으로 종속되어 있고, 남성들이 가사 노동을 거의 하지 않는다는 사실에 분개한다(Okin 1989b: 151~154). 따라서 가사 노동의 분할은 합의에 의한 것이 아니다. 오히려, '임노동 여성과 함께 살고 있는 남편들과 다른 이성애자 남성들이 보다 적은

그렇기 때문에 성적 평등(sexual equality)을 위한 투쟁의 가장 중요한 장소는 가족이다. 페미니스트들 사이에서 성적 평등에 대한 싸움은 공적인 차별을 넘어서서 가사노동의 양식과 사적 영역에서의 여성에 대한 저평가에 초점이 맞추어져야 한다는 점진적 합의가 일어나고 있다. 사실 페이트먼(Carol Pateman)은 '공과 사의 이분법은…… 궁극적으로 페미니즘 운동의 관심의 모든 것'이라고 말한다(Pateman 1987: 103).

사적 영역에서의 부정의에 맞서는 것은 가정생활 내부의 실제적 변화를 요구한다. 그러나 그것은 정의이론들에게는 어떠한 변화를 요구하는가? 우리가 살펴보았던 것처럼, 가족 내 성적(gender) 불평등에 대한 대항의 실패는 자율성과 기회의 평등이라는 자유주의 원칙을 배반하는 것으로 간주될 수 있다. 그러나 일부 페미니즘 비판가들에 따르면, 자유주의자들은 자유주의적 자율성과 기회의 평등을 증진시키려고 하더라도 가족을 침해하기를 거부하는데, 그것은 그들이 공-사 구분을 사용하고 있고 가족을 사적 영역의 가장 핵심적인 부분으로 생각하고 있기 때문이다. 따라서 재거(Jagger)는 다음과 같이 주장한다. 사생활에 대한 자유주의적 권리가 '가정, 가족, 결혼, 모성애, 출산과 육아와 같은 개인적 친밀성을 보호하는 데까지 확장되기 때문에', 정의의 이름으로 가족에 개입하려고 하는 어떠한 자유주의적 제안도 '가족을 사적 삶의 중심적인 개념으로 보는 자유주의적 전통에서 분명하게 이탈하는 것을 나타낸다. …… 자유주의적 페미니즘의 정의에 대한 강조가 소위 사적 삶에 대한 자유주의적 존중을 점점 더 무색하게 만들고 있기 때문에, 어떤 사람들에게는 자유주의의 기본적 가치들이 궁극적으로 서로 간에 일관되지 않을 수도 있다는 의문이 일기 시작했다'(Jagger 1983: 199). 다르게 말하면, 자유주의자들은 성적 평등에 대한 그들의 헌신 아니면 그들의 공사 구분에 대한 헌신 중에 하나를 포기해야만 한다.

그러나 '전통적 자유주의의 관점'이 가족을 '사적 삶의 중심'으로 보는지는 분명하지가 않다. 사실 자유주의 내부에서 공과 사를 구분할 때에는 두 가지의 서로 다른 관점이 있다. 첫째는, 로크(John Locke)에서 기인한 것으로 정치적인 것(the political)과

가사일을 하는 가장 큰 이유는 그들이 그렇게 하길 원하지 않고, 많은 부분에 있어서 자신의 의지를 강요할 수 있는 입장에 있기 때문이다'(Okin 1989b: 153).

사회적인 것(the social)을 구분하는 것이다. 두 번째는, 낭만주의에 영향 받은 자유주의자(Romantic-influenced liberals)들로부터 생겨난 것인데, 사회적인 것(the society)과 개인적인 것(the personal)을 구분하는 것이다. 양자 모두는 법적 개혁에서 가족이 면제받을 수 있다고 설명하거나 정당화하지 않는다. 사실 각각의 구분이 가족에 적용되었을 때는, 전통적인 가부장적 가족을 비판하는 근거를 제공한다.

(a) 국가와 시민사회

자유주의에서 공과 사를 구분하는 첫번째 방식은 시민사회와 국가, 혹은 사회적 영역과 정치적 영역의 관계와 관련이 있다. 제7장에서 논의했던 것처럼, 아리스토텔레스를 비롯한 고대 정치사상가들은 '단순한 사회적' 활동에 참여하는 것보다는 정치권력을 행사하는데 적극적으로 참여하는 것이 자유와 좋은 삶(good life)을 구성한다고 전제했다(Arendt 1959: 24). 이와는 대조적으로, 자유주의자들에게 자유와 좋은 삶은 근본적으로 우리들의 개인적 직업과 시민사회에 대한 애착을 추구하는 데서 발견될 수 있고, 정치의 주요한 기능은 시민사회에서 우리의 개인적 자유를 보호하는 것이다.

이것이 자유주의의 공사 구분의 첫번째 형식이다. 우리는 그것을 '국가-사회'(state-society) 구분이라고 부를 수 있다. 그 이유는 공적인 것을 국가와 사적인 것을 시민사회와 동일시하기 때문이다. 자유주의자들이 시민사회의 사적 영역에 특권을 부여하고 있음을 상기하는 것이 중요하다. 자유주의는 '사회에 대한 찬미'(glorification of society)를 수반한다. 자유주의는 시민사회에서 개인들이 자유롭게 형성하고 유지하는 사적(비국가적) 결사체들이 강제된 정치적 결사체의 통일성보다 의미 있고 만족스럽다고 가정하기 때문이다(Wolin 1960: 363). 대조적으로 현대의 아리스토텔레스주의적 시민 공화주의자들은 정치참여를 좋은 삶의 특권적인 위치로 간주하고 사회적인 삶은 단지 정치적 삶을 유지하는 수단으로 바라보는 고전적인 모델로 돌아가려는 경향이 있다.

가족은 이러한 국가-사회 구분에서 어디에 속하게 될까? 가족은 사람들이 자유롭게 형성하는 결사체 중의 하나이기 때문에, 자연스럽게 가족은 시민사회의 사적 영역에 속하게 된다고 생각할 수 있다. 그러나 많은 페미니스트들이 지적하듯이, 사회적 영역에 대한 대부분의 자유주의의 묘사는 마치 그것이 단지 (건강한 몸을 가진) 성인 남성만을 포함하고 있는 것처럼 들리는데, 그러한 참가자들을 기르고 양육하는 데 필요한 노동, 즉 주로 가정 내에서, 주로 여성에 의해서 행해지는 가사 노동에 대해서는 관심을 소홀히 하고 있다. 페이트먼이 지적하는 것처럼 '자유주의는 시민사회를 귀속적인 가정에서의 삶으로부터 추상화해서 개념화했다.' 그리고 난 후에 '후자(가정에서의 삶)'는 이론적 논의에서 "망각되었다." 따라서 공과 사의 분리는 남성들의 세계 내부에서의 구분으로 [나타난다]. 그러한 구분은 단지 공과 사라는 표현뿐 아니라 수많은 다른 방식들로 표현된다. 예를 들면, "사회"와 "국가", "경제"와 "정치", "자유"와 "강제" 혹은 "사회"와 "정치"(Pateman 1987: 107)인데, 이 모든 것들은 '남성들 세계 내부에서'의 구분이다.

다르게 이야기하자면, 가정 내에서의 삶은 국가와 시민사회 모두에서 바깥으로 추방되는 경향을 보여 왔다. 왜 가족이 시민사회로부터 축출되었을까? 그것이 사적 영역에 속하기 때문에 축출되었다고 하는 것은 답이 될 수가 없다. 왜냐하면 여기서의 문제는 바로 가족이 자유주의적 자유의 영역인 사적(사회적) 영역의 한 부분으로 간주되지 *않았다*는 데 있기 때문이다. 어떤 측면에서 볼 때, 이러한 가족의 배제는 놀랄 만한 것이다. 가족은 잠재적으로는 자유주의자들이 다른 나머지의 사회의 영역에서 존중했던 일종의 적절한 협력에 근거하는 전형적인 사회제도이면서, 여전히 전통적으로는 자유주의자들이 봉건제에 대해 혐오하고 있었던 일종의 귀속적인 제한에 얽매여 있는 영역이기 때문이다. 그러나 남성이 사회적 삶에 자유롭게 접근할 수 있는 능력을 보호하는데 관심을 가졌던 자유주의자들은 가정 내에서의 삶이 평등과 동의의 원칙에 따라 구성되어야 한다거나 가정 내의 구조(domestic arrangement)가 여성들이 다른 형태의 사회적 삶에 접근하는 것을 저해하지 않아야 한다는 것을 보장하는 데에는 관심이 없었다.

과학, 종교, 문화, 경제적 영역에서 귀속적인 위계를 거부하는 자유주의자들이 왜 가정의 영역에서 일어나는 같은 일에는 관심을 갖지 않았을까?[14] 그것의 부분적인

---

14) 자유주의자들이 고대인들과 마찬가지로 가정의 영역에 대해서는 경멸적인 태도를 유지해 왔다는 것이 하나의 설명이다. 고대인들이 가정적 영역을 인간이 정치적 삶에 참여하기 위해서 초연해야 할 어떤 영역으로 간주하는 것과 마찬가지로, 자유주의자들도 가정적 삶을 사회적 삶을 위한 자유를 위해 관리되어야 하는 어떤 것으로 간주했다. 이것은 왜 밀과 마르크스가 재생산을 자유와 정의의 영역으로 고려하지 않았는지에 대한 부분

답은, 의심할 바 없이, 남성 철학자들은 그들 스스로가 이익을 얻는 노동의 성적 구분에 대해서 의문을 제기하는 데에는 관심이 없었다는 설명이다. 이것은 가정에서의 역할이 '자연적'이고 생물학적으로 고정되어 있다는 가정을 통해서, 이론적 수준에서 합리화되었다. 이 가정은 여성의 열등성에 대한 주장이나, 아니면 보다 최근의 감성적 가족의 이데올로기에서 근거가 되고 있다. 감성적 가족 이데올로기에 의하면, 어머니와 자식간에 자연적으로 발생하는 감성적 유대는 사회적 혹은 정치적 생활에 필요한 성격적 특질과는 양립할 수 없다고 한다(Okin 1981).

대부분의 자유주의 이론가들이 자유주의적인 시민사회개념에서 가족의 배제를 정당화하기 위해서 역사적으로 이러한 가정들 중 하나 혹은 다른 것에 호소해 왔다. 이를 기반으로, 자유주의자들은 여성들의 가정 영역과 (시민사회와 정치 모두를 포함하는) 남성들의 공적 영역이라는 예리한 구분을 받아들여 왔다. 우리는 이것을 전통적이고 가부장적인 '가정–공공'(domestic–public) 구분이라고 부를 수 있다. 자유주의자들은 그들이 국가와 시민사회 사이의 구분에 대한 설명을 발전시키려고 할 때 이러한 구분을 당연하게 받아들일 것이다. 페이트먼은 정확히 지적하는데, 국가–사회 구분에 대한 자유주의적인 설명은 그것을 '남성들 내부에서의' 구분으로 묘사하고, 여성은 그들이 '자연적으로' 속해 있는 가정 영역인 집 안에서 머무를 것이라고 전제한다.

그러나 여성의 역할과 능력에 대한 이와 같은 가정들이 자유주의자들에 의해 고안되지 않았음을 주목하는 것은 중요하다. 대조적으로, 그것은 자유주의가 발생하기 이전인 수백 년 전, 심지어는 천 년 전까지로 거슬러 올라간다. 그것은 본질적으로는 전자유주의적 관점이고, 그것과 자유주의의 국가–사회 구분의 수용과는 어떠한 논리적 혹은 역사적인 연결점도 없다. 이러한 문제에서 가장 슬픈 사실은, 서구적 전통의 거의 대부분의 정치이론가들이 국가–사회 구분에 대한 그들의 관점이 무엇인지와는 상관없이, 가정적 삶을 다른 나머지 사회로부터 분리시키고 여성들을 가정으로 격하시키는 정당화 논리 중에서 이러저러한 입장을 수용해 왔다는 점이다. 케네디(Ellen

적 설명이 될 수 있는것으로 여겨진다. 그들은 전통적 여성의 역할을 문화적 발전을 할 수 없는, 단순히 '자연적인' 것으로 간주했다(cf. Jagger 1983: ch.4; Okin 1979: ch.9; Donner 1993).

Kennedy)와 멘더스(Susan Mendus)가 지적하는 것처럼, '아담 스미스와 헤겔, 칸트와 밀, 루소와 니체의 이론이 제시하는 것은 거의 모든 측면에서 서로 상이하다. 그러나 그들이 여성을 취급하는 데 있어서는, 그렇지 않았더라면 다양했을 이들 철학자들은 놀랍도록 단결된 전선을 보여준다.' 모든 정치적 스펙트럼 상의 관점에 있는 남성 이론가들은 '여성들의 특수하고, 감성적이고, 비보편적인 성격을 참고로 해서 사적(가정 내의) 영역으로 여성을 유폐시키는 것을 정당화한다. 여성이 단지 사랑과 우애의 유대감만을 알기 때문에, 여성은 정치적인 삶에서는 위험한 사람이 될 수 있으며, 어쩌면 보다 큰 공적 이익을 어떤 개인적 유대나 사적 선호를 위해 희생할 준비가 되어 있다'는 사실을 받아들인다(Kennedy and Mendus 1987: 3~4, 10).

다른 말로 하면, 자유주의자들은 (여성들의) 가정 세계와 (남성들의) 공공 세계 사이의 이러한 예리한 구분을 물려받았고, 자유주의 이전의 비자유주의자들이 승인했던 것과 같은 이유로 그것을 승인했다. 즉, 여성의 자연적인 역할에 대한 가정이다. 자유주의자들이 시민사회의 비정치적 영역의 중요성을 강조한다는 사실은 물론, 그들이 사회에 대한 정치의 특권을 말하는 아리스토텔레스를 거부한다는 사실이 가족에 대한 그들의 관점에 대한 원인이나 설명이 될 수 없다.[15] 사실, 자유주의적 공사구분을

15) 많은 페미니스트들은 가정-공공의 구분이 자유주의의 공적 영역과 사적 영역의 분리와 함께 출현 하였거나, 그것에 반영되어 있다고 말한다(예를 들면, Nicholson 1986: 201; Kennedy and Mendus 1987: 6~7; Coltheart 1986: 112). 그러나 '공적인 공간을 남성에게 그리고 [가정]적 공간을 여성에게 할당하는 것은 서구 역사에 있어서 지속적'(Eisenstein 1981: 22)이기 때문에, 그러한 것은 역사적으로 부정확하다. 자유주의는 이러한 공공-가정의 분리를 만들어내지 않았고 계승받았다. 시민사회내에서의 공과 사의 구분(the distinction between public and private within civil society)을 강조함으로써 자유주의자들이 보다 근본적인 공공과 가정의 구분(the more fundamental distinction between public and domestic)을 애매하게 만든 것은 사실이라고 할 수 있다(Pateman 1987: 109). 그러나 만일 그렇다면, 애매하게 된 것은 자유주의의 이전의 남성과 여성의 영역에 대한 구분이다(Eisenstein 1981: 223; cf. Green 1986: 34; Nicholson 1986: 161).

왜 이러한 사적 영역에 대한 애초의 자유주의적 이해는 상실되고, '현대 미국사회의 맥락에서 사적 세계의 이상에 관해 이야기 하는 것이 가족에 관하여 이야기 하는 것'으로 되었을까?(Elshtain 1981: 332; cf. Benn and Gaus 1983: 54) 그것은 아마도 사람들이 '공'과 '사'는 어떤 공간의 구역을 점하고 있어야 한다고 가정하기 때문일 것이다. 만일 그렇다면, 사적 공간의 가장 설득력 있는 위치는 가족의 내부이다. 그러나 자유주의적 공사 구분은 두 개의 물리적 영역의 구분이 아니다. 왜냐하면 근본적으로 사회와 정체는 동일 연장선 상에 있기 때문이다. 그것은 두 가지 서로 다른 목적과 책임 사이의 구분이다. 공적으로 행동한다는 것은 서로 각자의 이익에 관련되어 공정하게 규정된 공공선을 증진시킬 책임을 받아들이는 것이다. 사적으로 행동할 때는 공정한 행동을 요구받지 않는 반면, 다른 사람들의 권리와 모순되지 않고 공유된 목표를 추구하는데 있어서

거부해온 이론가들은 전통적인 가정–공공 구분을 더욱 가다듬으려 하는 경향이 있었다. 예를 들어, 고대 그리스인들에게는 자유주의자들이 선호하는 자유로운 사회 영역과 같은 종류의 개념이 없었던 반면, 그들에게는 여성을 공적으로 비가시적이 되도록 운명지어 버린 가사 노동과 공적 영역 사이의 날카로운 구분이 있었다(Elshtain 1981: 22; Arendt 1959: 24; Kennedy and Mendus 1987: 6). 가정–공공의 구분을 거부하지 않은 채, '그리스의 정치의식의 뿌리에서 우리는 비교할 수 없이 명확하고 정확하게 이 구분이 사용되고 있음을 발견할 수 있다'(Arendt 1959: 37). 이와 유사하게, 루소(Jean Jacques Rousseau)도 국가보다 사회를 찬미하는 자유주의적 관점에는 반대하지만, 그는 자신의 정치적으로 통합된 사회의 비전을 '사적인 여성들의 가족 구조에 의해 부양받는, 완전한 남성들의 사회이고 사회여만 한다'(Eisenstein 1981: 77; cf. Elshtain 1981: 165; Pateman 1975: 464)고 제시한다. 실제로, 그는 여자들이 결혼을 하면, '그들은 가정을 보살피기 위해 그들 가정의 네 벽에 둘러싸인 채 자신들을 헌신하기 때문에, 그들은 공적 삶에서 사라지게 된다'는 그리스적 관점을 보증했다. '그것이 자연과 이성에 의해 여성들의 삶으로 묘사된 삶의 형식이다'(Rousseau, Eisenstein 1981: 66에서 인용). 그리고 헤겔은 국가와 사회에 대한 자유주의의 '급진적 분리'(liberalism's 'radical separation' between state and society)는 거부하지만, 그의 이론은 '감성적 가족이 여성들의 능력을 규정하기 위한 것은 물론, 그리고 그들의 종속, 교육의 부족, 시장, 시민권, 지성적 삶의 공적 영역에서의 배제를 위해 사용되었던 방식들의 매우 생생한 예를 제공한다'(Elshtain 1981: 176; Okin 1981: 85).

그러므로 자유주의적 국가–사회 구분은 전통적인 가정–공공 구분과는 다르다. 전자를 거부하는 아리스토텔레스적 공화주의 이론가들은 종종 후자는 지지한다. 이와는 대조적으로, 전자의 수용은 후자를 거부함으로써 일관성을 갖는다. 사실 우리가 살펴보았듯이, 자유주의자들이 시민사회에 가치를 부여하는 이유는 귀속적인 위계질

다른 사람들과 함께 하면서 자기 개인의 목적을 추구할 자유가 있다. 이러한 두 가지의 행동은 사회의 어느 곳에서도 일어날 수 있다. 누군가가 공적인 장으로 나온다는 사실은 그가 공명정대하게 행동할 책임이 있고 자신의 행동들에 대해서 설명할 의무가 있음을 의미하는 것은 아니다. 누군가 집에 있다는 사실이 그가 다른 사람들의 권리를 존중할 것을 면제해 주지 않는다.

서보다는 개인적인 자율성에 기반한 가족을 재개념화하고, 그렇게 함으로써 사회적 삶에 대한 보다 광범위한 참여를 방해하기보다는 허용하는 주장을 옹호하기 위한 것으로 여겨진다.

우리가 자유주의적 국가-사회 구분을 전통적인 가정-공공 구분과 구별했을 때, 자유주의적 국가-사회 구분을 거절할 어떤 페미니즘적 근거가 있을까? 많은 현대 페미니스트들은 국가와 사회 사이의 관계에 대한 자유주의적 관점의 핵심적 요소들을 받아들이고, 사회보다는 정치에 특권을 주는 아리스토텔레스적 공화주의적 시도들을 거부한다고 나는 믿는다.[16] 첫째, 정치적인 것에 대한 아리스토텔레스적인 찬미는 우리사회에 있어서 여성에 대한 문화적 저평가의 뿌리가 되었다고 페미니스트들이 주장해 왔던 바로 그런 종류의 자연-문화의 이원성에 근거를 두고 있다. 특히 아이의 출산과 양육에 관련되어 있는 여성들의 일에 대한 저평가의 한 가지 중요한 요소는 그것이 의식적인 의도나 문화적 지식이라기보다는 생물학적 본능과 연관된 완전히 자연적인 것이라는 생각이다(V. Held 1933: 112~137). 따라서 여성들은 가사노동이라는 순전히 동물적 기능과 연결이 되어 있는 반면, 남성들은 '자연적' 기능 혹은 본능의 가정 영역으로부터 가능한 자신을 분리시킴으로써 진정한 인간적 삶과 진정한 자유를 성취하게 된다.

정치가 보다 고차원적인 삶의 형태라는 아리스토텔레스적 주장은 종종 유사한 관점에 의지한다. 즉, 사회적 삶이 가정에서의 삶처럼 단순한 자연적 활동들에 의해 얽매여 있다는 관점이다. 그리스 사상에 의하면, 사회적 삶은 '마치 낮과 밤, 삶과 죽음이 이어지듯이 그렇게 똑같이 행복하고 똑같이 목적 없는 반복인 수고와 휴식, 노동과 소비라는 이미 정해진 자연의 순환운동' 안에 머물러 있다(Arendt 1959: 106).

---

16) 자유주의적 국가-사회 구분을 가부장적인 가정-공공 구분과 구별한다고 해도, 그에 대한 페미니즘적 비판은 존재한다. 예를 들어, 페이트먼은 단지 '공적 삶에서의 정치를 복원하길' 원하는 공화주의자들과는 달리, 페미니즘 비평가들은 '자유주의적 관점에 대한 대안에 공적 삶과 가정적 삶 사이의 관계까지 포함해야 한다고 주장한다'(Pateman 1987: 108). 그러나 그녀는 공공-가정의 구분을 거부하는 페미니스트들이 왜 자유주의적 공사구분까지 관심을 가져야 하는지에 대해서는 설명하지 않는다. 그녀 자신의 설명은 국가와 시민사회의 구분을 무너뜨리는 것이 왜 여성에게 이득이 되는지에 대해 우리가 명확한 개념을 가지고 있지 않다는 점을 시사해 준다(Pateman 1987: 120). 올센(Fran Olsen)은 마르크스의 소외에 대한 해석을 차용해서 국가-사회 구분에 대한 페미니즘적 비평을 한다(Olsen 1983: 1561~1564).

매일 매일의 삶의 이러한 '목적 없는 반복'(porposeless regularity)은 자신이 발생했던 곳으로 돌아가도록 운명 지워진 먼지처럼 궁극적으로는 하찮은 것이다. 단지 정치만이 시민들의 '인생의 허무성 극복에 대한 보증'(guarantee against the futility of life)이 된다(Arendt 1959: 56). 아리스토텔레스적인 정치가 '자연적 순환'을 초월하려고 하기 때문에, '당연한 귀결로, 가정내에서 삶의 필수적인 것을 해결하는 것은 폴리스의 자유(freedom of the polis)를 실현할 수 있는 조건이다. …… 가정 생활은 폴리스에서의 "좋은 삶"(good life)을 위해서 존재한다.'(Arendt 1959: 30~31, 37). 실제로, '생계만을 목적으로 하고 삶의 과정을 유지하는 데 이바지하는 모든 활동은 정치적 영역에 등장할 수 없었다'(Arendt 1959: 37).

여성의 삶을 '닳고 낡아 누더기 같은 가정생활을 보이지 않는 바느질로 누빔으로써 …… 세계보호(world-protection), 세계보전(world-preservation), 세계수선(world-repair)에 대한 여성의 헌신을 설명하는 리치(Adrienne Rich)의 관점에 명확하게 반대되는 공적 삶의 목적과 가치에 대한 관점을 상상하는 것은 어려운 일이다(Rich 1979: 205-6).[17] 사실 필립스(Anne Phillips)가 지적하는 것처럼, '자유를 사적 영역이라기보다는 공적 영역에서 진행되고 있는 무엇이라고 보면서, 가정 영역에서의 가사 활동을 공적 삶에서의 남성적 영웅적 행위의 소모로 보고 있는 그것[공화주의] 보다 더, 페미니즘과 연합하는데 적합하지 않은 전통은 거의 없는 것처럼 보인다'(Phillips 2000: 279).

게다가 사회에 대한 정치의 우월성은 종종 그것이 내세우는 보편성과 공통성에 근거를 두고 있기 때문에, 이런 보편성에 대한 보호는 특수성의 영역으로부터 정치를 분리하도록 요구하고, 그것은 다름아닌 정치를 가정적인 관심사로부터 분리시키는 것을 의미해 왔다. 영(Iris M. Young)은 다음과 같이 지적한다.

---

17) 이와 유사하게, 정치에 대한 아리스토텔레스적인 공화주의적 개념은 배려의 윤리(ethic of care)에 기반하고 있는 페미니즘적 정치 개념과 대비된다. 그것은 다음 절에서 논의할 것이다. 고전적인 공화주의 정치에는 트론토(Joan Tronto)의 배려의 정치 개념이 놓일 공간이 없을 것이다. 그녀는 배려의 정치를 다음과 같이 정의한다. "우리가 우리의 '세계'를 유지하고, 지속시키고, 교정하기 위해 수행하는 모든 것을 포함하는 종적(種的) 행동으로, 그로 인해 우리는 그 안에서 가능한 좋은 삶을 살 수 있다. 그 세계는 우리의 신체, 우리의 자아 및 환경을 포함한다. 이 모든 것들은 복잡한 지속적 삶의 망에서 우리가 함께 엮어 가는 것들이다."(Tronto 1995: 142).

> 보편적인 공공 영역에 참여하는 시민적 덕성에 대한 극찬을 함에 있어, [시민적 공화주의자들]은 성적 차이로부터의 탈출을 표현했다.……독립, 일반성, 감정적이지 않은 이성과 같은 남성적 덕성과 시민성에 대한 공적 영역의 극찬은 가정이라는 사적 영역을 감정, 정서 및 육체적 필요가 국한되어야 하는 장소로 창출하는 것을 수반하게 되었다. 따라서 공적인 것의 일반성은 여성을 배제하는 것에 의존하고 있다(Young 1989: 253~254; cf. Phillips 2000 : 285~286).

정치를 자연과 특수성에 대한 초월로 평가했던 아리스토텔레스적 공화주의자들과는 달리, 페미니스트들과 자유주의자들은 공적 권력이 특수한 이익, 필요, 그리고 사회적 관계를 보호하는 수단이라는 관점에 대한 기본적 신뢰를 공유한다.

이것은 페미니스트들과 자유주자들이 국가와 사회간의 관계에 대한 모든 측면에 동의함을 보여주지는 않는다. 우리가 공적 권력이 시민사회에서 개인적 이익들을 증진시킨다는 관점에서 정당화되어야 한다는 점에 동의한다고 하더라도, 잠재적인 불일치의 영역은 여전히 존재한다. 예를 들어, 제6장에서 지적했던 것처럼[제8절 (a), (b) 부분 참조], 자유주의자들은 시민사회를 안정적이고 자기조정적이라고 간주하려는 경향이 있다. 개인의 권리가 형성되고 결사체들이 적절하게 보호되고 있다면, 우리는 힘차고 활력 있는 시민사회가 존재하게 될 것이라고 안전하게 가정할 수 있다. 그러나 이것이 과도한 낙관주의라고 생각할 수도 있으며, 또한 그러한 개인들은 자신들에게 전해져 온 사회적 관계망을 스스로 유지하지 않을 것이라고도 생각할 수 있다. 그들은 아마도 현기증날 것 같은 속도로 모든 사회적 유대를 맺고 끊으려 하기 때문에, 국가가 적극적으로 사회 집단들을 장려하면서 개입하지 않는다면 사회가 붕괴될 수도 있다. 이러한 염려가 일부의 공동체주의 이론가들에 의해 제기 되었고(제6장 제8절을 보시오), 페미니스트들이 그것을 공유하는 한, 그들은 정부가 가족적 유대를 포함한 특정한 사회적 유대의 유지를 권장하고 그러한 유대로부터 빠져나가기를 더욱 어렵게 만들기를 원할 수도 있다.

이와 연관되어, 페미니스트들은 언론과 출판의 자유가 전통적인 성(gender) 고정관념을 포함한 편견과 고정관념들에 맞설 것이라는 전형적인 자유주의적 믿음을 공유하지 않을 수 있고, 따라서 여성의 가치를 저하하는 이미지들에 맞서 싸우기 위한 보다 강력한 정부 정책을 실행해 달라고 요구할 수 있다. 자유주의자들은 모든 사람이 표현과 결사의 수단에 대해 자유롭고 공정하게 접근할 수 있다면, 정부가 그러한 문화적 발전을 감시하지 않고서도, 진리가 거짓들에 승리하게 되고 편견을 넘어 이해할 수 있을 것이라고 믿는 경향이 있다(제6장 제8절을 보시오). 다른 방식으로 말하자면, 자유주의자들은 시민적 자유와 물질적 평등의 조건 아래에서는 문화적 억압이 살아남을 수 없다고 믿는 경향이 있다. 따라서 여성들이 자신들의 시민적 및 정치적 자유들의 효과적인 보호를 성취하고 평등한 물질적 자원을 획득한다면, 여성들의 가치를 저하시키는 고정관념들과 이미지들은 필연적으로 도전을 받아 사라지게 될 것이라고 한다.

그러나 페미니스트들은 그것을 과도한 낙관주의로 볼 것이다. 그릇되고 유해한 문화적 표현물들이 자유롭고 공정하게 진리와 싸우면서도, 사회적 비평에 흔들리지 않고 살아남고 심지어는 넘쳐나게 될 수도 있다. 포르노와 성차별적인 광고들이 그런 예이다. 전형적으로 자유주의자들은 포르노와 성차별적인 광고가 여성들의 성에 대한 그릇된 표상을 제공한다고 해서, 그것이 법적 제한을 두는 충분한 근거는 되지 못한다고 주장한다. 왜냐하면 그 생각이 무력하기 때문이 아니라, 어떤 생각들을 검증하는 근거로써 시민사회에서의 표현과 결사의 자유가 강제적인 국가 장치보다 훨씬 더 낫다고 생각하기 때문이다. 일부 사람들에게는, 이와 같은 생각이 시민사회에서 문화적 억압을 제거할 수 있는 표현의 자유의 힘에 대한 입증되지 않은 순진함으로 여겨질 것이다. 맥키넌이 지적하는 것처럼, 만약 표현의 자유가 진리를 발견하는데 도움을 준다면, '왜 지금 우리들이-그 이전보다 훨씬 더 포르노가 범람하고-이러한 모든 거짓말들에 매몰되어 있는가?'(Mackinnon 1987: 155) 그녀는 이러한 표현의 자유에 대한 믿음이 '자유주의 도덕이 현실을 *구성하는* 환상을 다룰 수 없다'는 것을 보여준다고 주장한다(Mackinnon 1987: 162).

그런 결과로 '적응된 선호'(adaptive preference)의 문제는 자유주의자들이 가정하는 것보다 훨씬 심각할지도 모른다. 제2장에서 논의했던 것처럼, 사람들은 일반적이라고 혹은 수용가능하다고 규정된 사회적 및 문화적 규범들에 자신의 선호를 적응시킨다는 강력한 증거가 있다[제2장 제2절 (c) 참조]. 기존의 문화적 이미지들이 여성의 역할을 근본적으로 남자에게 봉사하는 것으로 정의한다면, 여성은 자신의 선호를 그러한 이미지에 맞도록 적응시킬 것이다. 이것이 바로 우리가 '만족한 주부' contented wives(혹은 '만족한 노예' contented slaves)의 존재를 부정의가 없다는 증거로 받아들일 수 없는 이유이다. 자유주의자들과 페미니스트들은 공포, 무지, 혹은 편견이 없는 비억압적인 조건 아래에서 사람들이 자신의 선호와 목표들을 형성하는 것이 중요하다는 데에는 동의를 한다. 그러나 자유주의자들은 그러한 비억압적인 조건들이 개인적 권리의 강력한 보호와 분배정의를 통해서 보호될 수 있다고 믿는 경향이 있는 반면에, 일부의 페미니스트들은 학교, 언론, 광고 등에서 여성에 관한 부정적인 고정관념들의 오래된 역사에 도전하고 극복하는데 있어서 적극적인 국가 정책들이 필요하다고 믿는다.[18]

이와 같은 자유주의자들과 페미니스트들 사이의 가능한 논쟁의 영역이 가장 중요한 문제이기는 하지만(그리고 제6장의 결말 부분에서 제기되었던 국가와 문화에 대한 경험적 질문들의 일부분에 연관되어 있는), 이 논쟁 영역은 정치에 대한 사회의 우선성에 대한 공유된 믿음 내에 위치한다.

(b) 개인적인 것과 사회적인 것: 사생활에 대한 권리

자유주의의 공사 구분은, 최근 100년 동안에 국가와 시민사회를 포함하는 '공공'으로부터 개인적이거나 친밀한 영역을 구분하는 방식, 즉 두 번째 구별에 의해 보완되었다. 이러한 두 번째 구분은 본래 자유주의자가 아니라 낭만주의자들 사이에서 발생했고, 실제로는 부분적으로는 사회에 대한 자유주의적 찬미에 대한 반발로 발생했다. 고전적 자유주의자들이 사회를 개인적 자유의 기본영역으로 강조했던 반면 낭만주의자들은 사회적 순응성(conformity)이 개인성에 미치는 영향을 강조했다. 개인성은 단지 정치적 강제에 의해서만이 아니라, 표면상 편재하는 사회적 기대의 압력에 의해서도 위협을 받았다. 낭만주의자들에게 '사적'인 것의 의미는

---

18) 시민사회 내부의 억압적 문화 규범과 표상들에 기인하는 여성들의 적응된 선호의 문제를 자유주의자들이 적절히 다루는데 있어 어떻게 실패하고 있는지에 대한 논의는, Kernohan 1998; Hampton 1997: 191~209; Sunstein 1996, 1999; Okin 1994, 1999; Nussbaum 2000: ch.5를 보시오. 적응된 선호의 문제에 대한 롤즈의 인식에 대해서는, Rawls 1971: 259~260을 보시오.

> 세속적인 존재로부터 절연되어, 자기 발전과 자기표현과 예술적 창조성과 연관되어 있다.……그와는 대조적으로, 고전적 자유주의 사상에서는 '사적인 것'(private)은 개인적 안주(personal retreat)를 의미하는 것이 아니라 바로 사회를 의미했다. 그러한 사회는 표현을 할 수 있는 인가를 받은 곳이라기보다는 자유로운 이성적 활동이 펼쳐지는 장을 의미했다. 자유주의는 이러한 영역을 정부의 권력의 행사를 제한함으로써, 그리고 (정부의 권력에) 대항적인 권력을 열거함으로써 보호한다. 순수한 낭만주의와 전통적 자유주의는 그들의 사적 삶에 대한 개념뿐 아니라 그들이 특권화된 사적 영역을 지정하는 동기에 의해서도 구분된다(Rosenblum 1987: 59).

낭만주의자들은 사회적 삶을 공적 영역에 포함시켰는데, 그것은 시민사회의 결속이 비정치적이라 하더라도 여전히 개인들을 다른 사람들의 판단과 가능한 비난에 예속시키기 때문이다. 타자의 존재는 산란스럽고, 당황스럽고, 혹은 단순히 귀찮을 수 있다. 개인들은 공적 삶으로부터 멀리 떨어져서 숙고하고, 독특한 생각들을 경험하고, 힘을 재생하고, 친밀한 관계들을 무르익게 만들 수 있는 자신을 위한 시간이 필요하다.[19] 이러한 점에서, 사회적 삶은 바로 정치적 삶만큼이나 너무 많은 것을 요구한다. 사실 '친밀한 것을 보호하기 위한 근대적 사생활의 가장 적절한 기능은 정치적 영역이 아니라 사회적 영역에 대한 대립으로 나타나게 되었다'(Arendt 1959: 38; cf. Benn and Gaus 1983: 53). 따라서 낭만주의자들은 '우정이나 사랑 같은 개인적인 관계들을 제외한 다른 사람들과의 모든 형식적인 관계'를 공적인 것으로 보았다(Rosenblum 1987: 67).

이러한 두 번째 공사 구분이 자유주의에 대한 대립으로 발생하긴 했지만, 현대 자유주의자들은 낭만주의적 관점의 많은 부분을 받아들였다. 그리고 사회적 억압에 대한 낭만주의의 강조를 사회적 자유에 대한 고전적 자유주의자들의 강조와 통합하기 위해서 노력해 왔다. 사생활에 대한 낭만주의적 강조는 사실상 직업 단체, 노동조합, 교육 기관 등에서 자신의 구성원들에게 영향을 미치는 강제적인 권력 집단들에 대한 자유주의적 우려와 일치했다. 그리고 사회적 획일성(social uniformity)을 지향하는 보

19) 자기 자신을 사회로부터 때때로 격리시킬 수 있는—자기 자신을 타인으로부터 접근 불가능하게 만드는—자기 발전의 중요성에 대해서는, Hefferman 1995; Allen 1999를 보시오.

다 일반화된 압력에 관한 자유주의적 우려와도 부합했다. 이러한 압력에 대항해서 결사체들의 다원성과 생각들의 시장(the marketplace of ideas)은 개인성에 대한 보호를 적절하게 제공하지 못하게 되었다. 그런 결과로 현대자유주의자들은 단지 사회적 삶에서 개인적 영역을 보호하는 것뿐 아니라 사적 영역 내(within the private sphere)에서 개인들이 '사적 삶'(privacy)을 가질 수 있는 영역을 만들어 내는데 관심을 가지고 있다. 자유주의자들에게 사적 삶이란 이제는, 고전적 자유주의자들이 강조하는 것처럼 시민사회제도에의 능동적 관여, 그리고 낭만주의자들이 강조하는 것처럼 질서정연한 사회적 삶으로부터 물러나 독자적 공간을 갖는 것(retreat) 모두를 의미한다.[20]

자유주의 공사 구분의 이러한 두 번째 형태는 종종 '사생활에 대한 권리'(right to privacy)라는 법적 외관을 띤 채로 논의되었다. 첫번째 공사구분과 마찬가지로, 그것은 페미니즘 비평가들의 표적이 되어 왔다. 미국에서 사생활에 대한 권리에 법적 지위를 부여한 결정인 그리즈월드 대 코네티컷(Griswold v. Connecticut, 381US 479 1965) 사건은, 결혼한 여성에게 피임을 금지하는 법률이 사생활에 대한 권리를 침해한다고 판결 내렸기 때문에, 최초로 여성이 승리한 판례로 간주된다. 그러나 미국 대법원의 해석처럼, 이러한 사생활의 권리는 또한 그 이후에 가정 내에서의 여성에 대한 억압을 개선하는 데 있어서 장애물이 되어 가는 것이 분명해지고 있다. 사생활에 대한 권리는 가정 외부로부터의 어떠한 간섭도 사생활 침해를 의미한다고 해석되어 왔기 때문이다. 그러한 결과로, 그것은 여성들의 이익을 보호하기 위해 고안된 개혁들로부터 가정을 면제시켜 주는 기능을 하게 되었다. 예를 들자면, 학대로부터 여성을 보호할 수 있는 국가의 간섭, 혹은 부양 의무 불이행에 대해 여성들이 고소를 할 수 있게 하는 일, 혹은 가사 노동의 가치에 대한 공식적인 인정과 같은 것들이다(Taub and Schneider

20) 사생활에 대한 이러한 낭만주의적 관점은 현대 자유주의에 깊게 통합되어 있기 때문에, 어떤 사람들은 그것을 고유한 자유주의 개념으로 받아들인다(예컨대 Benn and Gaus 1983: 57~58). 그러나 고전적 자유주의에서 사회로부터의 독자적 공간(retreat)을 찾아볼 수 있기는 하지만 [예를 들면, 로크의『관용에 대한 서한』(Letter of Toleration)], 그것은 근본적으로 하나의 도입된 자유주의적 입장이다. 모든 시민사회에서의 역할로부터 분리된 독자적 공간을 갖는 입장으로 사생활을 이해하는 것은 고유한 자유주의적 입장과는 거리가 멀다. 그것은 '실질적으로는 모든 제도적 설정들로부터 개인적이고 사적인 것들을 분리시킴을 의미한다. 그것의 결과는 정부와 사회의 구분과 같은 전통적 자유주의의 공사 구분의 극적인 붕괴이다'(Rosenblum 1987: 66).

1982: 122; Seigal 1996: 2157~2174; Gavison 1992: 35~37). 맥키넌에 따르면, 사생활에 대한 권리는 '공사 구분을 더욱 강화함으로써……공적인 영역을 넘어서는 사적인 부분에 대한 시정을 가로막으며, 그 안에 종속되어 있는 여성을 탈정치화시킨다'(MacKinnon 1987: 102). 그녀는 실제로 '사생활의 교리는 국가가 여성을 포기하는 것을 승리하게 만들어 왔다'고 말한다(MacKinnon 1991: 1311).

따라서 이러한 두 번째 공사구분은 공적 정의의 검증으로부터 가족관계를 제외시키는 경향을 강화시켜 왔다. 그런데 사생활의 권리에 대한 대법원의 해석에는 특별한 점이 있다. 즉, 가족의 집단적 사생활이라는 관점에서 개인의 사생활을 규정한다는 것이다. 사생활에 대한 권리는 단일체로서의 가족에 귀속되어 있지 각 개인 구성원들에 속해 있지 않다. 그런 결과로 개인은 가족 내에서는 사생활을 요구할 수 없다. 만일 두 사람이 결혼을 하게 되면, 국가가 가정 내에서의 두 사람의 결정에 간섭하지 않음으로써 사생활에 대한 권리는 보장된다. 그러나 결혼 생활이 시작되면서부터 여성의 사생활이 존재하지 않고, 그녀가 그러한 결정을 내릴 권한이 없다면, 이러한 가족의 사생활에 대한 권리는 그녀에게 어떤 개인적 사생활도 제공하지 못할 뿐 아니라, 사실상 그녀의 사생활을 보호하기 위해서 국가가 취할 수 있는 행동을 차단하게 된다.

사실 이러한 가족중심적인 사생활 개념은 두 가지 방식으로 여성을 실망시킨다. 한편으로, 그것은 가학적인 남편이나 아버지로부터 위협받고 있을 때, 사생활에 대한 여성의 소망을 보호하지 못한다. 다른 한편으로, 그것은 여성들의 *비자발적인* 사생활(the *involuntary* privacy)을 허용한다. 즉, 그것은 가정 내의 역할의 억류로부터 공적인 삶에 대한 참여로 탈출하기를 원하는 엄마들과 딸들에게 원하지 않았던 고립, 격리, 혹은 자상함의 강요를 허용한다. 앨런(Anita Allen)이 지적하는 것처럼, 여성의 '사생활 문제'는 '원하지 않는 형식의 사생활의 형식을 제거하는 문제'인 동시에 '그들이 갖고 있지 않은 사생활을 획득'하는 것 모두를 의미한다(Allen 1988: 180~181; cf. Allen 1999: 743~744; McClain 1999a: 770~771). 정당한 사생활을 갖길 원하는 여성들은 가족과 같은 바로 그 집단적 단위가 아니라 개인들에게 사생활의 권리를 적용해 달라고 요구한다.

심지어는 가족 내에서도 법원이 명백하게 여성의 '개인적' 사생활을 보호하려고 했던 몇 가지 판례가 있다. 그러나 그것들은 원칙에 대한 예외로 보인다(Eichbaum 1979). 왜 가족 관계는 개인적 사생활의 검증에 종속되지 않았을까? 가족이 사생활의 중심으로 간주되기 때문이라고 하는 것은 올바른 답이 될 수 없다. 왜냐하면 여기서의 문제는 정확하게 다른 곳에서 적용되는 사생활의 개념이 가족 관계에서는 적용되고 있지 않기 때문이다. 아이히바움(June Eichbaum)이 지적하듯이, 가족에 기초한 사생활 개념은 사생활에 대한 관점의 전반과 모순된다. '개인의 자율성을 희생한 가족이라는 집단적 단일체의 이익을 보호하는 사생활에 대한 권리는 사생활에 대한 인간적 필요성을 무시하는 동시에 필연적으로 사생활의 더욱 더 깊은 의미를 흐리게 만든다'(Eichbaum 1979: 368). 국가 개입으로부터 가족을 보호하는 것은 다른 사람의 존재로부터 혹은 다른 사람들의 기대를 만족시키기 위한 압력으로부터 여성들이(혹은 아이들이) 독자적 공간을 가질 수 있는 개인적 영역을 필연적으로 보장해 주지는 않는다.

대법원은 왜 사생활을 가족에 기반을 두는 것으로 해석했는가? 그 대답은 전통적 가족의 자연성에 관한 전자유주의적 발상(pre-liberal ideas about the naturalness of the traditional family)의 영향이 잔존해 있다는 데에서 찾아볼 수 있다. 가족의 신성함을 옹호하는 오래된 사법적 전통 속에서 그러한 점은 확실하다. '사생활에 대한 권리'는 그러한 사법적 전통의 최근의 형태에 불과하다. 가족에 기반한 사생활의 첫번째 형태의 옹호는 가부장적 교의(the paterfamilias doctrine)였다. 이 교의 하에서는 '가족이라는 가정은 가장의 인격성의 연장(an extension of the personality of the pater familias)으로 간주되었다.' 그래서 '남성의 가정사에 대한 간섭은 그의 개인적인 사적 영역에 대한 침범이었다. ……그것은 본질적으로 그에게 목욕을 더욱 자주 하라고 요구하는 것과 다르지 않다'(Benn and Gaus 1983: 38). 이러한 교의 아래에서 여성은 결혼을 통해 남편의 사유물이 되고, 그렇기 때문에 법적으로는 더 이상 개인으로서 존재하지 않게 된다. 그들의 이익은 그들이 자연적 지위로 받아들인 가족에 의해 규정되고, 그 안에 매몰되어 버린다. 가정 내 다른 구성원의 이익에 대한 인식이 점차 증가함에 따라 가장의 권위에 대한 도전이 이루어졌다. 그러나 1920년에 '가족의 자율성'(family autonomy)이라는 교의를 통해 보수적 법원은 가부장적 가족의 교의에 의해 제공되는 전통적 가족에 대한 정당성을 재공고화 했다. 가정은 가장의 사유물은 아니지만 전통적 가족의 기본 구성은 사법적 개혁에서 면제된 채 남아있게 되었다. 그 이유는 그것이 문명의 마지막 보루이자 사회 안정성의 선제 조건으로 생각되었기 때문이다(예를 들면, Meyer v Nebraska 262 US 390: 1923).

1960년대에 가족에 대한 관점이 변화하면서 가족의 자율성에 대한 교의는 차례로 변화되었고, 법원은 가족을 그대로 내버려두기 위한 새로운 정당화를 필요로 했다. 새롭게 등장하는 사생활에 대한 강조는 구미가 당기는 해결책이였다. 왜냐하면 개인적 친밀함에 대한 자유주의의 관심은 보수주의자들의 가족의 자율성에 대한 관심과 부분적으로 중첩되었기 때문이었다. 그리고 사생활에 대한 강조는 그러한 낡은 정책에 대한 일부 현대적 정당성을 제공해 주었다. 그러나 변화는 실제보다 더욱 피상적이었다. 사생활을 통해 법원이 의미했던 것은 과거에 가부장 가족이나 가족의 자율성을 통해서 의미되었던 것과 현저하게 유사했기 때문이다.[21] 사실, 미국 대법원은 가족에 기반한 사생활에 대한 권리가 기존의 가족의 자율성에 대한 교의의 연속이라는 사실을 부정하지 않았다. 대법원은 '그들의 결정의 기반으로서 결혼에 대한 고전적이고 성스러운 성격'을 강조함으로써 부부간 사생활에 대한 강조를 정당화해 왔다(Grey 1980: 84~85; cf. Eichbaum 1979: 372). 이것을 역으로 적용해서, 대법원은 만일 누군가가 전통적 가족 구조 속에 속해 있지 않다면, 심지어는 개인적 사생활에 대한 자유주의적 관점의 가장 기본적 요소마저 부정한다. 예를 들면, 대법원은 자신들의 집에서 상호 동의를 한 성인들간의 동성애 관계를 범죄시하는 법률을 계속적으로 지지하고, 또한 그 법률이 그 누군가의 사생활에 대한 권리를 침해하고 있다는 것도 부정한다(*Bowers* v *Hardwick* 478 US 186: 1986).

---

21) 가족은 남성의 사유재산이라는 것을 근거로 정당화되었던 정책들이 최근 들어 남성과 여성이 동등한 사생활에 대한 권리를 보유하고 있다는 근거로 어떻게 정당화되고 있는지는 주목할 만하다(예를 들면, Benn and Gaus 1983: 38을 보시오). 타우브(Nadine Taub)와 슈나이더(Elizabeth Schneider)가 지적하는 것처럼, '국가가 가정 영역을 규제하는 데 실패한 것에 대해서 최근에는 종종 법률이 가족 영역과 관련한 감정적 관계들에 대한 개입이 너무 압제적이기 때문에 금지되어야 한다는 근거를 통해 정당화 되었다. …… 이러한 고려의 중요성은, 그렇지만, 동일한 결과가 예전에, 예를 들자면, 결혼을 하면 여성의 시민성이 사라진다(the woman's civil death on marriage)와 같은 법적 허구에 의해 정당화 되었다는 사실에 의해 무너져 버리게 된다(Taub and Schneider 1982: 122, cf. seigal 1996: 214~270).

이렇게 사생활에 대한 낭만주의적 이상은 정상적으로 조직된 가정을 사회의 보루로 간주하는 이성애에 대한 보수적 이상과 결부되어 법률 속에 융합되어 버렸다. 법원이 자유주의적 공사 구분의 언어에 호소를 하고 있지만, 그것은 사실 개인의 개인적 사생활을 가족의 자율성에 종속시켜 버린 비자유주의적인 가정-공공 구분에 호소를 하고 있는 것이다. 맥키넌은 다음과 같이 말한다.

> 페미니즘이 여성의 종속에 중심적이라고 간주하는 것들이-신체라는 바로 그 장소, 이성애라는 바로 그 관계, 성교와 생산이라는 바로 그 활동, 친밀함이라는 바로 그 감정-사생활의 교의에 의해 은폐되고 있는 것들의 핵심을 형성하고 있다는 것은 아마도 우연적인 것이 아니다. 이러한 관점으로부터 사생활에 대한 법적 관념은 구타, 결혼관계에서의 강간, 여성 노동의 착취가 일어나는 장소를 보호할 수 있었고 보호해 왔다. 그리고 그것은 여성들의 정체성, 자율성, 자제와 자기규정을 박탈하는 핵심적 제도들을 제공해 왔다.……이러한 사생활에 대한 권리는 남성들이 언제나 여성들을 억압하는 것을 '방치해 버리는' 권리이다.……그것은 어떤 남성들이 다른 남성들의 침실로 갈 수 없도록 막아주는 것에 불과하다(Mackinnon 1987: 101~102).

사생활에 대한 권리가 가정 영역에서 면제가 되어 온 것이 우연적이지 않은 이유는 자유주의적 사생활이 가정생활의 보호를 수반하지 않았기 때문이 아니라 오히려 가정생활의 보수적 보호자들이 자유주의적 사생활이라는 언어를 차용했기 때문이다.

가족의 자율성에 대한 가부장적 개념으로부터만 분리된다면, 대부분의 페미니스트들은 사생활을 존중하는 자유주의의 기본적 동기들을 공유하게 될 것이라고 나는 생각한다. 그 동기들이란 타자로부터 비롯되는 혼란함과 끊임없는 요구들로부터 자유를 가질 가치, 그리고 독특한 생각들에 대한 경험과 친밀한 관계들을 키울 수 있는 공간(room)을 가질 가치이다[버지니아 울프(Virginia Woolf)가 했던 모든 여성들은 '자기만의 방'을 가져야 한다는 유명한 말을 생각해 보자]. 앨런이 지적하는 것처럼, '사생활에 대한 페미니즘적 비판은 사적 선택이라는 자유주의적 사생활의 개념을 여전히 생생하게 살아 있는 것으로 유지시켜 준다. 개인적 시간과 개인적 의사결정에 대한 열망은 여성의 신체와 삶을 사로잡고 있던 가부장제가 느슨해지고 난 뒤에도 오래 동안 사라지지

않을 수 있는 문제이다'(Allen 1999: 750).[22)]

어떠한 경우에도 사생활에 대한 자유주의적 관점은, 국가−사회 구분과 마찬가지로 전통적인 가정−공공 분리를 옹호해 주지 않는다. 왜냐하면 친밀성은 가족 외부에서도 옹호가 필요하며, 고독은 가족 내부에서도 보호되어야 할 필요가 있기 때문이다. 그러므로 사생활과 사생활이 아닌 것을 가르는 선은 가정−공공 구분을 가로지른다. 우리는 가족이 '사생활과 개인적인 독자적 공간의 영역'을 형성해 주길 희망하고 있긴 하지만, 대다수의 사람들에게 가족은 그 자체로부터도 그들이 사생활을 갖길 원하는 제도이고, 가정의 영역 내에서도 사생활을 보호하고 학대를 방지해야 하는 국가의 행동이 필요한 제도 그 자체이다. 그리고 자유주의의 국가−사회 구분이나 자유주의의 사생활에 대한 권리에 대한 교리 모두는 그러한 행동을 막지 못한다. 롤즈가 지적하듯이, '사적 영역이 정의로부터 면제되는 공간이라고 가정된다면, 그와 같은 것은 없는데,' 왜냐하면 '여성의 평등한 권리와 미래의 시민으로서의 그녀의 자녀들의 기본권은 그들이 어느 곳에 있든지 간에 양도할 수 없고, 또 그들을 보호하기 때문이다' (Rawls 1997: 791).[23)]

성적 불평등의 체계에서 차지하는 가족의 중심성을 전제한다면, 정의이론들이 가족

22) 가부장제 가족 혹은 가족의 자율성에 대한 가부장적 개념으로부터 분리된 이후에, 사생활의 중요성을 변호하는 페미니스트들에 대해서는, Allen 1988, 1997, 1999; McClain 1995, 1999a; Stein 1993을 보시오.

23) 일부 자유주의적 페미니스트들은 전통적 가족에 대한 도전으로 시작해 왔다. 자유주의적 페미니스트들을 공적 영역에 대한 접근에만 관심을 갖는 것으로 특징화하는 것은 '점점 더 문제가 되고 있다. 다른 사람들과 마찬가지로, 자유주의적 페미니스트들도 여성들의 개인적 삶에 점점 더 관심의 초점을 맞추고 있다' (Nicholson 1986: 22~23; Wendell 1987). 역설적이게도, 자유주의자들이 가족 개혁을 지지할 때, 그들은 종종 '사적 영역의 가치를 절하한다고' 비난 받는다(Elshtain 1981: 243; cf. Nicholson 1986: 24). 진 엘슈타인(Jean Elshtain)은 '자유주의의 의무는 사적 영역을 철저하게 정치화 혹은 공공화 하는 것'이라고 주장한다(Elshtain 1981: 248). 아이의 양육을 공적 의무로 만듦으로써 자유주의는 '사적 영역의 주요한 존재 이유(raisons d'ětre)와 인간적 감성과 가치의 핵심적 원천을 노출시키게 될 것이다. 이와 유사하게, 모든 가정 내의 활동들을 외부화시킴으로써 그것들을 공공 활동으로 만든다면, 사적인 영역은 더욱 더 손상될 것이다. "모든 사람들은 가능한 한도까지 공적 인간들로 변화될 것이고, 산업화에 의해 시작된 사회적 삶의 분리는 사적인 것들을 가능한 완벽하게 공적인 것으로 흡수하게 됨으로써 완성될 것이다." 이것이 자유주의적 명제의 완성이다'(Elshtain 1981: 248, 인용은 R.P. Wolff). '가족의 자유주의화'(liberalizing the family)와 관련된 페미니즘 관심에 관한 논의를 살펴보려면(예를 들어, 결혼과 가족에 대한 계약적 사유의 확장), Kymlicka 1991을 보시오.

의 편제가 여성의 삶에 주는 영향에 주목해야 한다는 것은 결정적으로 중요하다. 주류 이론들이 이것을 수행하는 것을 거부하는 것은 가족을 사적 영역으로 분류해 왔다고 말함으로써 종종 설명되었다. 그러나 어떤 측면에서 이것은 문제를 제대로 평가하지 못한 것이다. 가족은 단순히 완전히 무시될 정도로 사적 영역으로 분류되지 않았다.[24] 그리고 정치이론이 가족을 검토할 때 공적으로는 물론 사적인 요소들 모두에서 실패했기 때문에 여성들의 이익이 침해당했다. 왜냐하면 전통적 가족과 연관되어 있는 성역할(gender–roles)들이 평등한 권리와 자원에 대한 공적 이상은 물론이고, 사적 삶의 조건과 가치에 대한 자유주의적 해석과도 또한 충돌하기 때문이다.

3. 배려의 윤리

전통적인 가부장적 공공–가정의 구분과 함께 가정 영역으로 여성이 주저 앉게 된 것의 하나의 결과로서, 남성과 여성이 서로 다른 양식의 생각과 감정에 익숙해 지게 되었다는 점이다. 서양 철학사를 통해서, 정치이론가들이 여성의 가정적 삶에서 필요하다고 이야기되는 직관적이고 감정적이며, 특수주의적 세심한 성향들(the intuitive, emotional, particularistic dispositions)을, 남성의 공적 삶을 위해 필요하다고 이야기되는 합리적, 공평적, 냉정적인 남성의 생각들과 구분하고 있음을 발견할 수 있다. 도덕은

> 성별(gender)의 경계를 따라 '도덕적 노동의 분업'(division of moral labour)으로 파편화되어 있다. …… 통치하고, 사회적 질서를 조절하고, 다른 '공적' 제도를 관리하는 일들은 남성이 특권을 지닌 영역으로 독점되어 왔고, 사적화된 개인적 관계들을 유지하는 일들은 여성들에게 부과되었거나 맡겨져 왔다. 따라서 성별(gender)은 독특하고 특수한 도덕적 기획의 관점에서 이해되었다. 정의와 권리는 남성들의 도덕적 규범, 가치, 덕성을 구성해 왔고, 반면에 배려와 민감성은

---

24) 우리는 이것을 이전 장들에서 반복적으로 살펴보았다: 노직의 자기소유권에 대한 설명에서 재생산과 자녀의 양육이 무시되었던 것(제4장), 마르크스의 노동의 우선성에 대한 설명(제5장), 혹은 좋은 삶에 대한 시민적 공화주의의 설명(제7장).

여성들의 도덕적 규범, 가치 및 덕성을 규정해 왔다(Freedman 1987a: 94).

이러한 두 가지 '도덕적 기획'은 본질적으로 상이하고 심지어는 갈등적이라고 간주되었다. 실제로 여성들의 특수주의적 세심한 성향(particularistic dispositions)이 가족의 삶에서는 역할을 하지만, 공적 삶에서 요구되는 공정한 정의를 파괴한다는 방식으로 이해되었다. 따라서 공적 건전성은 여성의 배제에 의존하고 있는 것으로 이야기 되었다(Okin 1990; Pateman 1980).

이러한 대조가 역사적으로는 가부장제를 정당화하는데 사용되어 왔기 때문에, 올스턴크래프트(Mary Wollstonecraft) 같은 초기 페미니스트들은 여성의 특수주의적 세심한 감정적 성향은 여성이 그들의 이성적 능력을 충분히 발전시킬 기회가 부정되었다는 사실의 단순한 결과라고 주장했다. 여성들이 일반적인 공적 필요를 무시한 채 자신의 주변에 있는 사람들의 필요만 생각하는 것은 그들의 공적 책임의 수용이 강제적으로 금지되었기 때문이다(Pateman 1980). 현대 페미니스트들의 일부는 '남성적인 도덕'과 '여성적인 도덕'을 구분하는 전통 전체가 어떠한 경험적 근거도 없는 문화적 신화(a cultural myth)라고 주장한다. 그러나 여성들의 독특한 도덕성을 진지하게 받아들여야 한다고 주장하는 주목할 만한 현대 페미니즘의 조류가 있다. 그들은, 우리가 여성의 독특한 도덕을, 단순히 직관적 감정이 아닌 도덕적 추론의 양식(a mode of moral reasoning)으로, 그리고 단순히 인위적인 성적 불평등의 결과가 아닌 도덕적 통찰의 근원(a source of moral insight)으로 간주해야만 한다고 말한다. 남성 이론가들이 여성들의 기질이 천성적으로는 직관적이고 그 한계는 사적인데 머문다고 주장하는데 반해, 일부 페미니스트들은 그들이 이성적이며 그 한계는 잠재적으로 공적인 데까지 나아갈 수 있다고 주장한다. 특히 우리가 성적 평등이 공공-가정의 이분법을 타파할 것을 요구한다고 인식한다면, 여성들이 사용하는 특수주의적 세심한 생각은 공적 영역에서 남성들이 사용하는 공정한 생각들보다 훌륭한 도덕이고 최소한 그것을 필연적으로 보완할 수 있는 것이라고 한다.

도덕적 논법의 여성적 방식에 관심을 갖는 혁신적 페미니즘은 길리건(Carol Gilligan)의 여성의 도덕 발전 연구에 대부분 그 뿌리를 두고 있다. 길리건에 따르면, 남성과 여성의 도덕에 대한 감정은 실제로는 서로 다르게 발전하는 경향이 있다. 여성들은 '다른 목소리'(different voice)를 통해 판단하는데, 그녀는 그것을 다음과 같이 요약한다.

> 이러한 관점에서는, 도덕적 문제는 경합하는 권리들로부터가 아니라 상충되는 책임들로부터 발생한다. 그리고 도덕적 문제는 그 해결에 있어서 형식적이고 추상적이기보다는 맥락적이고 서사적인 사고방식을 선호한다. 공정으로서의 도덕성의 관점이 도덕적 발전을 권리와 규칙을 이해하는 것과 결부시키는 것처럼, 배려의 활동(activity of care)과 관련되어 있는 이와 같은 도덕성의 관점은 도덕적 발전을 책임과 관계의 이해를 중심으로 하여 이해한다(Gilligan 1982: 19).

이러한 두 개의 '목소리'는 '배려의 윤리'(ethic of care)와 '정의의 윤리'(ethic of justice)로 규정되어 왔는데, 길리건은 이 양자가 '근본적으로 양립할 수 없다'고 주장한다(Gilligan 1986: 238).

이러한 다른 목소리가 실제로 존재하는지, 만일 그것이 존재한다면 그것이 성별(gender)과 의미 있는 상관관계가 있는지에 대한 논쟁은 일부 존재한다. 어떤 사람들은 배려와 정의라는 구별되는 두 가지의 도덕적 목소리가 있다면, 남성과 여성은 거의 동등한 빈도로 양쪽 모두를 사용하게 될 것이라고 주장한다. 일부 다른 사람들은 남성과 여성이 종종 서로 다른 목소리로 이야기를 하지만, 그렇게 말하는 것은 그 아래 놓여 있는 공통성을 모호하게 흐려버리는 것이라고 주장한다. '성별(gender)의 도덕화는 우리가 실제로 어떻게 추론하고(reason) 있는가의 문제라기 보다는 우리가 추론하고 있는 것을 어떻게 *생각하느냐*(think)의 문제라고 할 수 있다. 우리는 '여성과 남성이 이러한 도덕적 이분법을 드러내기를 *기대하고* 있다.' 그리고 그런 결과로, '남성이 관련된 도덕적 문제가, *어떤 식으로* 범주화되어 있든지 간에, 어림해 평가해 본다면, "정의와 권리"의 문제로 되어 버리는 반면, 여성의 도덕적 관심들은 "배려와 개인적 관계"라는 저평가된 범주의 문제로 설정되고 있다(Friedman 1987a: 96; cf. Baier 1987a: 48; Rooney 1991: 341). 아마도 남성과 여성은 서로 다른 목소리로 이야기를 하는데, 그것은 그들의 실제적 생각이 달라서가 아니라, 남성들은 그들이 정의와 권리를 고려해야 한다고 생각하고 여성들은 사회적 관계를 유지하는 것에 관심을 가져

야만 한다고 느끼기 때문일 것이다.[25)]

성차(gender difference)에 대한 경험적인 발견이 무엇이든지 간에, 정치적 문제들에 대해 배려중심적인 접근(a care-based approach)이 존재하는지, 그런 것이 있다면 그것이 우월한 접근방법인지에 대한 질문은 남아있다. 어떤 사람들은 배려의 윤리가 의미 있는 도덕적 관점이기는 하지만 친구와 가족이라는 '사적' 영역의 밖에서는 적용될 수 없다고 이야기하면서 길리건의 발견에 반응해 왔다. 그것은 우리들이 공적인 구성원으로서 서로 각자에게 빚지고 있는 책무(obligations)라기보다는, 우리가 특정한 사적 관계에 참여하는 덕성을 통해 갖게 되는 책임감(responsibilities)이다(Kohlberg 1984: 358; Nunner-Winkler 1984). 그러나 많은 페미니스트들은 배려의 윤리가 처음에는 사적인 관계의 맥락에서 발전되기는 했지만, 공적인 의미를 갖고 있기 때문에 공적 문제에까지 확장되어야 한다고 주장한다.

배려의 윤리는 어떤 것인가? 길리건의 요약에 확연히 드러나듯이 두 가지의 도덕적 목소리 사이에는 한 가지 이상의 차이가 있다. 차이들은 다음의 세 가지 항목을 통해서 살펴볼 수 있다.[26)]

① 도덕적 능력(moral capacities): 도덕 원칙(moral principles)의 학습(정의) 대 도덕

25) 도덕적 추론에 있어서 성적(gender) 차이가 있는지를 설명하는 것에 대해서는 일부 논쟁이 있다. 제안들은 성 역할의 사회화 문제부터(Meyers 1987: 142~146) 모성의 돌봄을 받는 유아기의 경험의 문제에 이르기까지의(Gilligan 1987: 20) 범위를 다룬다. 또한 보다 약한 성-특화적 설명들(less gender-specific explanations)도 있다. 권력이 없는 집단은 종종 감정이입을 배우는데, 그들이 다른 사람들의 배려에 의지하고 있기 때문이다. 그리고 '남성지배적인 사회에 종속되어서, (여성은) 지배적인 집단을 즐겁게 해주고 그들의 필요를 충족시켜 줄 심리적인 특성을 발전시킬 것이 요구된다'(Okin 1990: 154). 예를 들면, '남성에게 종속적인 여성은 그를 주목하고 돌보는 데 필요한 엄청난 기술들을 발전시킬 것이다. 즉, 그의 행태를 "읽고" 그의 감정을 어떻게 해석해야 할지를 배우고, 그가 요구하기 이전에 그의 욕망들을 만족시켜 주는 것들에 익숙해질 것이다'(Grimshaw 1986: 252). 이것이 바로 억압받는 계급이나 인종의 남성 구성원들 역시 배려 윤리의 일부 양상들을 보여주는 이유를 설명해 줄 수 있을 것이다(Tronto 1987: 649~651; Harding 1987: 307).

26) 차이점에 대한 나의 도식화는 Tronto 1987: 648로부터 차용해 왔다. 다른 도식화들에 대해서는, Sher 1987(다섯 개의 차이를 사용한다); Dancy 1992(열한 개의 차이를 사용한다)를 보시오. 내가 볼 때에는 정확하다고 생각하는데, 부벡(Bubeck)은 이러한 도식화가 그것의 실체적 가치들에서의 차이를 강조하기보다는, 두 가지 윤리의 형식적 특성들에 있어서의 근거없이 추정된 차이들을 너무 많이 강조하려는 경향이 있음을 지적한다.

적 성향(moral dispositions)의 발전(배려)

② 도덕적 추론(moral reasoning): 보편적으로 적용 가능한 원칙을 추구함으로써 문제 해결(정의) 대 특정 사안에 적합한 반응들의 추구(배려)

③ 도덕관(moral concepts): 권리와 공정성(rights and fairness)에 대한 유의(정의) 대 책임감과 관계들(responsibilities and relationships)에 대한 유의(배려)

배려-정의 논쟁(the care-justice debate)의 핵심이라고 생각하는 ③을 다루기 전에 우선 ①과 ②에 대해 간단하게 살펴보겠다.

(a) 도덕적 능력

트론토(Joan Tronto)는 배려의 윤리가 '본질적인 도덕적 질문의 초점을 이동시킨다'고 말한다. 즉, '무엇이 가장 좋은 원칙인가라는 질문으로부터 어떻게 개인들이 도덕적으로 행동하도록 가장 잘 무장될 수 있는가라는 질문으로의 이동이다'(Tronto 1987: 657). 도덕적 인간이 되는 것은 옳은 원칙들을 알아야하는 문제라기보다는 올바른 성향(disposition)을 갖는 문제이다. 예를 들면, 사람들의 요구를 정확하게 인식할 수 있고, 그것을 충족시킬 수 있는 방식에 창의적으로 부응할 수 있는 성향이다.

대부분의 현대 정의이론들이 어떻게 개인들이 '도덕적으로 행동하도록 무장될' 수 있는가를 설명하기보다는 옳은 원칙들을 결정하는데 집중해 온 것은 사실이다. 그러나 후자는 자연스럽게 전자를 이끌어 내는데, 정의의 윤리(the justice ethic)는 또한 이러한 도덕적 성향을 필요로 하기 때문이다. 정의가 옳은 원칙의 적용과 연관되어 있기는 하지만, '그러한 원칙들을 개인적 상황에 결부시키는 것은 당사자의 성격과 감수성의 특질이다. 이러한 성향들은 그 자체로 도덕적이며, 단순히 원칙에 직접 호소하여 개인의 의지와 행위를 그러한 원칙에 부합시키는 단순한 방식을 넘어선다'(Blum 1988: 485). 예를 들어, 과실 사건에서 피고가 '합당한 신중함'(reasonable precautions)을 사용했는지를 결정하거나, 혹은 전통적인 남성과 여성의 직업 간의 임금 차이가 '차별적'인가를 결정해야 하는 배심원에게 요구되는 성향을 생각해 보자. 이러한 상황에서 적절하게 행동하기 위해서는 '원칙들을 생성하고 발견하는 지성적 작업' 만큼이나,

역사적 요인은 물론 현재의 가능성들에 대한 민감성이 그것들을 충족시킬 수 있는 방식에 창의적으로 부응할 수 있는 성향이다(Blum 1988: 486; cf. Stocker 1987: 60). 우리가 앞으로 보게 되겠지만, 정의의 원칙들이 용이하게 해석되고, 그것의 결과도 용이하게 예측될 수 있는 것이 중요한 일부의 상황들이 있다. 그러나 많은 상황들에서, 도덕적 감수성은 정의의 원칙들이 상황과 연관이 되어 있는지, 그리고 그러한 원칙들이 무엇을 요구하는지를 결정하는데 요구된다. 그러므로 정의 이론가들은 '사람들이 추상적 사고능력을 지니고 있다면, 이들의 감수성이나 성격에 관해 염려할 필요가 없다는 가정'(Baier 1987b: 55)에 도전하는 길리건에 동참해야만할 것이다. 정의가 추상적 원칙들의 적용을 수반한다고 하더라도, 사람들이 특정한 상황의 요청에 대한 동정적이고 창의적인 인식을 할 수 있는 능력을 포함하는 넓은 의미에서의 도덕적 능력을 배울 수 있다면, 사람들은 효과적인 '정의감'(sense of justice)을 발전시킬 수 있을 것이다(Nussbaum 1986: 304~306).

왜 정의의 이론가들은 우리의 정의감에 내재하는 감성적 능력을 발전시키는 데 소홀했을까? 아마도 정의감은 가족 안에서 배우는 배려감으로부터 싹트기 때문일 것이다. 아이들이 이미 가족 안에서 '다른 사람들의 목적과 이익에 대한 친절함과 감수성에 대한 것들'을 배우지 않았다면, 아이들에게 공정함을 가르치기는 불가능할 것이다(Flanagan and Jackson 1987: 635; cf. Baier 1987a: 42). 많은 정의 이론가들은 물론 정의감을 발전시키는 데 있어서 가족의 역할을 인식하고 있다. 예를 들어, 롤즈는 정의감이 어떻게 해서 가족의 도덕적 환경으로부터 싹트는지에 대한 긴 논증을 한다(Rawls 1971: 462~479). 그러나 이것은 정의의 전통 내에 모순을 만들어낸다. 오킨이 말하는 것처럼, '정치철학자들의 오래된 전통을 따라' 롤즈는 '가족을 도덕성의 학교로, 올바른 시민의 일차적 사회화의 장소로 간주한다. 동시에 그 전통에 있는 다른 사람들과 마찬가지로, 그는 성별화된(gendered) 가족 그 자체의 정의나 부정의에 대한 문제에 대해서는 소홀했다. 그 결과는 이론 내부에 중심적 긴장을 가져오는데, 그것은 오로지 가족 내의 정의의 문제를 공개함으로써만 해결될 수 있다'(Okin 1989a: 231). 롤즈는 도덕의 발전에 대한 설명을 '주어진 가족 제도들은 정당하다……'라는 말로 시작한다(Rawls 1971: 490). 그러나 이미 우리가 살펴보았듯이, 그는 그것의 정당성을 입증하기 위해 아무것도 하지 않는다. 그리고 '만일 성별화된(gendered) 가족 제도가 정당하지 않고, 그 대신에 역할, 책임, 그리고 자원 분배 방식이 정의의 두 원칙이 아니라, 막대한 사회적 중요성을 띠게 되는 태생적 차이(innate differences)에 따라 이루어지는 계급적이거나 봉건적인 사회의 잔재라고 한다면, 롤즈의 도덕 발전에 대한 전체적 구조는 불확실한 근거 위에 세워진 것으로 보인다'(Okin 1989a: 237; cf. Keans 1983: 34~40). 예를 들어, 무엇이 아이들이 독재 대신에 평등을, 착취보다는 상호성을 배운다고 보장해 주는가? 이런 이유로 가족의 정의를 탐구하는 것은 단지 성적 불평등의 장소로서뿐만 아니라 아이들의 정의감을 가르치는 학교로도 중요하다.

이러한 문제와 맞서는 대신에, 대부분의 정의이론가들은 사람들이 어느 정도는 필수적 능력들을 발전시켜 왔다는 단순한 가정에 만족해 왔다. 그러나 여기에 대해 거의 언급하고 있지는 않지만, 그들은 '많은 의무들이 단지 냉정하고 감정이 없는 도덕적 주체에 의해 수행될 수 없다고 가정한다면, 한 개인의 내면에서 타인을 고려하는 능력을 발달시키는 데 실패한다는 것은 곧 도덕적으로 실패하게 되는 것'이라는 점을 인정하고 있다(Sommers 1987: 78).

(b) 도덕적 추론

따라서 도덕적 주체들에게는 트론토가 논증하는 것처럼, '넓은 의미에서의 도덕적 능력'이 필요하다. 그러나 이러한 능력이 원칙의 자리를 대신할 수 있을까? 트론토에 따르면, 배려의 윤리는 '도덕 원칙을 주장'하기보다는 사람의 '도덕적 상상력, 성격 그리고 행동들이 주어진 상황의 복잡성에 반응해야 한다'(Tronto 1987: 657~658; cf. Baier 1987a: 40). 다르게 말하면, 이러한 넓은 의미의 도덕적 성향은 단지 개인들이 보편적 법칙들을 적용하는데 도움을 주는데 그치지 않고, 그러한 원칙들을 불필요하게 만들 수 있으며, 아마도 그 원칙이 역효과를 만들어 내게 할 수도 있다. 우리는 보편적 원칙을 적용한다는 관점이 아니라 특수한 상황에 주의를 기울인다는 관점에서 도덕을 해석해야만 한다. '개인적 현실에 초점을 맞추는 정의롭고 애정있는 응시의 개념(the idea of just and loving gaze directed upon an individual reality)은…… 도덕적 행위자의 특질이며 독특한 징표이다. 그리고 이런 형식의 '윤리적 배려'(ethical caring)는 '법칙이나

원칙'들에 의존하지 않는다(Iris Murdoch, Grimshaw 1986: 234에서 인용).[27]

그러나 단순히 상황에 주의를 기울인다는 것은 어떤 의미인가? 어쨌든 모든 상황적 특징이 도덕적 판단과 관련되어 있지는 않다. 도덕적 판단을 할 때, 우리는 단순히 상황의 상이한 특징에 주의를 기울일 뿐 아니라 동시에 그것의 상대적 중요성을 판단한다. 그리고 우리는 사람들이 상황의 복잡성에 제대로 주의를 기울이기를 바라는 반면, 동시에 상황의 특징들이 도덕적으로 중요한가를 제대로 판별하기를 바라기도 한다. 그리고 그것은 감수성의 문제라기보다는 원칙의 문제를 제기하는 것으로 보인다: '우리는 맥락에 민감한(context-sensitive) 사람들이 도덕적 특징으로 선정해 낸 상황의 특징들이 무엇인지를, 그리고 그들이 이러한 서로 다른 특징들에 부여한 비중이 어떤 것인지 등에 관해 듣기 전까지는, [배려의 윤리]에 관해 아무것도 들은 바가 없게 된다.…… 우리는 더욱 더 자세한 방식으로, 여성들이 느끼는 책임감이 무엇인지 그리고 누구에게 그러한 책임감을 느끼는지, 그리고 그들이 배려하고 있는 것이 정확히 무엇인지에 대해 단지 더 알 기를 원할 뿐이다'(Flanagan and Adler 1983: 592; Sher 1987: 180).

루딕(Sarah Ruddick)은 우리가 도덕적 상황의 의미있는 특징과 부적절한 특징들을 구별함에도 불구하고, 그러한 구분들은 상황에 주의를 기울이는 바로 그 과정에서부터 비롯되지 외부적 원칙으로부터 오지 않는다고 주장한다. 특정한 상황에 세심하게 주의를 기울이는 사람은 그것이 우리들에게 *요구들*(demands)을 만들어 내는 것을 알 수 있게 된다고 한다. 그러나 일부 도덕적 고려들은 특정한 상황에 대한 동적적 관심의 능력을 발전시킨 사람들에게는 쉽게 관찰이 가능하다 할지라도, 보다 덜 분명한 다른 관련된 고려점들도 존재한다. 예를 들면, 언제 취업 자격이 차별적인가? 우리가 이미 살펴보았듯이, 현존하는 취업 상황은 아이를 양육하는 책임에서 벗어나 있는 사람이나, 일정 정도의 신장 혹은 힘을 가진 사람들을 '요구한다.' 그러한 것들은 실제로는 해당 직업에 해당되는 기준이기 때문에, 오직 더 광범위한 사회적 관점을 통해서만 우

27) 원칙들의 필요를 논박하고 있는 다른 배려 이론가들은 다음과 같다. Ruddick 1984a: 223~224; Noddings 1984: 81~94; Heckman 1995; Deveaux 1995a: 115; 1995b: 87.

리가 그러한 기준들과 연관된 효과들이 어떻게 성적으로 불평등한 체제를 만들어내는지를 알아 볼 수 있다. 이러한 상황에서는, 관련된 기준들이 그럼에도 불구하고 언제 차별적인지, 아니면 역차별이 그럼에도 불구하고 정당한 지를 아는 문제는 특정한 상황에 대한 동정적 주의를 갖는 것 이상의 것을 요구한다. 소수자 우대 할당 정책에 대한 정당화된 도덕적 요구가 언제 존재하는지를 알기 위해서, 우리는 특정한 상황을 더욱 확장된 사회적 및 경제적 평등의 이론 속에 위치시킬 필요가 있다(Tronto 1993: 167~170; Bowden 1996: 163).

게다가 우리가 관련된 모든 요구를 인식하고 있다고 하더라도, 그러한 요구들은 갈등을 일으킬 수도 있고, 너무나 세심한 주의는 고차원의 원칙들을 결여한 채 우유부단함으로 연결될 수 있다. 우리가 최근의 남성 지원자들의 요구와 미래의 여성 세대들의 요구 사이의 갈등에 직면해 본다면, 상황에 대한 끈기 있는 주의는 소수자 우대 할당정책을 둘러싸고 일어나는 갈등이 얼마나 고통스러운지를 밝혀낼 수도 있을 것이다. 헬드(Virginia Held)가 지적하는 것처럼, '우리는 배려에 필요한 제한된 자원(limited resources for caring)을 가지고 있다. 우리는 모든 사람들에 대해 배려하거나 배려적 접근방식이 제시하는 모든 것을 다 해낼 수는 없다. 우리는 우리들의 우선성들에 순위를 부여할 수 있는 도덕적 지침이 필요하다'(Held 1987: 119; Bubeck 1995: 199~214; Grimshaw 1986: 219).

루딕과 길리건은 원칙에 호소하는 것이 상황의 특수성으로부터의 추상화와 관계되는 것처럼 쓰고 있다. 그러나 그림쇼(Jean Grimshaw)가 지적하듯이, 원칙들은 특정한 것들의 검토를 회피하는 지침이 아니고, 차라리 무엇을 모색해야 하는지에 대한 지침을 의미한다. 별다른 숙고의 과정이 없이도 적용될 수 있는 지침으로 고안된 십계명과 같은 '규칙들'(rules)과는 달리 원칙(principle)은 '매우 다르게 작동한다. 그것은 숙고를 차단하기보다는 *불러일으킨다*(invite). 왜냐하면 원칙은 무엇이 해야 할 옳은 일인가를 결정할 경우에 사람들이 참작하는데 있어서 중요한 것으로 생각되는 일반적 고려'이기 때문이다(Grimshaw 1986: 207~208; cf. O'Neill 1993). 모든 도덕 이론은 그러한 일반적인 고려들에 대한 설명이 있어야 하고, 정의 이론가들이 종종 호소하는 고려의 유형들은 특정한 세부사항들에 주의를 기울이는 것과 갈등을 일으키기보다는 오히려

그러한 것을 필수적으로 요구한다(Friedman 1987b: 203).[28)]

일부 배려 이론가들은 갈등에 대한 판단을 내리기 위해서 원칙에 호소하려는 경향은 갈등을 극복할 수 있는 해결책을 고안해내려는 보다 더 가치있는 경향에 우선한다고 주장한다. 예를 들어, 길리건이 정의 혹은 배려의 관점에서 도덕적인 문제들을 구성할 때, 그녀의 주체들은 '갈등하는 주장들을 판결하기 위해서 상황에서 물러나 규칙 혹은 원칙에 호소하거나, 그러한 모든 요구들에 반응하기 위한 방법을 발견하거나 만들어내기 위한 노력의 일환으로 그러한 상황 속으로 들어간다'고 주장한다(Gilligan 1987: 27). 그리고 실제로 그녀는 여자 아이들이 특정한 상황 속에서 모든 요구들에 반응하면서 해결책을 찾아갈 수 있었던 데 비해, 남자 아이들은 원칙에 입각한 갈등 판결 방안을 발견하기 위해 서두르다가 그러한 해결책을 놓치게 되는 많은 사례들을 인용한다. 그러나 갈등하는 요구들을 수용하는 방법이 항상 존재하지는 않을 것이며, 또한 우리가 항상 모든 요구를 수용해야 하는지도 분명하지 않다. 인종 차별주의자나 성차별주의자들의 신사도(codes of honor)의 요구들을 생각해 보자. 이러한 것들은 분명히 '요구들'이지만, 그들 중 대부분에는 정당성이 없다. 백인들이 특별한 방식으로 대우받기를 기대하고 있다는 사실이 그러한 기대들이 수용되어야 할 이유가 될 수는 없다. 심지어 우리가 그 요구들을 수용할 수 있다고 하더라도, 우리는 그러한 요구에 대한 우리의 불승인을 확실히 하기 위해서 갈등을 일으키게 될 것이다. 우리가 그런 요구들에 문제제기를 하려 한다면, '주의는 항상 특정한 상황의 세부사항들과 뉘앙스에 곧바로 초점을 맞추면 안 되고, 오히려 그러한 세부사항들은 보다 더 큰 틀이나 규범적 원칙들 안에 위치시켜야만 한다(Grimshaw 1986: 238; Wilson 1988: 18~19).

(c) 도덕적 개념들

따라서 질문은 우리가 원칙들을 필요로 하는가에 대한 질문이 아니라, 어떤 종류의 원칙들이 필요한가에 대한 질문이어야 한다. 앞에서 지적했듯이, 일부 이론가들은 우

---

28) 부벡은 길리건의 연구에서의 여성들이 원칙에 호소하고 있다고 주장한다. 즉, 그 원칙이 사실은 정의의 원칙으로, 특히 피해를 최소화하는 원칙 그리고 평등의 원칙에 호소하고 있다고 주장한다(Bubeck 1995: ch.5).

리가 '권리들과 공정성'의 원칙들(정의적 접근방식에서)과 '책임감과 관계들'의 원칙(배려적 접근방식)사이에서 기본적 선택을 해야 한다고 주장한다. 이러한 기본적 구분은 적어도 문헌에서는 다음 세가지로 고안되어 나타나고 있다.

① 보편성 대(對) 특수한 관계들에 대한 고려
② 보편적 인간성에 대한 존중 대(對) 특수한 개인성에 대한 존중
③ 권리를 주장하기 대(對) 책임감을 받아들이기

이것들을 차례로 살펴보겠다.

(i) 보편성 대 관계들의 보존

배려와 정의를 구별하는 하나의 일반적 방식은 정의는 보편성과 공정성에 목표를 두는 반면, 배려는 '지속되는 관계들의 망'(web of ongoing relationships)을 유지하는 데 목표를 둔다고 이야기하는 것이다(Blum 1988: 473; Tronto 1987: 660). 길리건은 '정의의 관점에서 볼 때, 도덕의 행위자로서의 자아는 평등 혹은 평등한 존중의 기준(정언명령 the Categorical Imperative, 황금률 the Golden Rule)에 따라서 자아와 다른 사람들의 갈등하는 요구들을 판단하면서, 사회적 관계들의 근거에 대항하는형상으로 나타난다. 배려의 관점에서 본다면, 관계들이 자아와 다른 사람들을 규정하는 형상이 된다. 관계들의 정황 속에서 도덕적 행위자로서의 자아는 필요의 관념에 대해 인식하고 반응한다'고 말한다(Gilligan 1987: 23). 따라서 길리건에게 있어서, '도덕성은 사람들 사이의 구체적 관계에 대한 감각에 기초해 있다. 즉, 무엇이 옳고 그른지에 대한 혹은 어떤 원칙을 받아들여야 하는지에 대한 도덕적 믿음에 선행해서 존재하는 직접적 관계에 대한 감각에 근거해 있다. 도덕적 행위는 특정한 타자들에 대한 그러한 관계들을 표현하고 유지하는 것을 의미한다'(Blum 1988: 476).

'존재하는 관계들의 망'(existing web of relationships)이라는 개념은 다소 모호하다. 어떤 관점에서는, 이것은 특정한 타자들과 역사적으로 정착된 관계들을 의미한다. 그러나 이런 식으로 해석한다면, 배려의 윤리는 그 배려를 가장 필요로 하는 사람

들을 배제하는 위험으로 나아갈 수 있다. 도움을 가장 필요로 하는 사람은 관계들의 망 외부에 있을 가능성이 높기 때문이다. 많은 배려 이론가들은 이러한 위험을 인지하고 있다.[29] 트론토는 '존재하는 관계들을 배려하는 데 초점을 맞추게 되면, 배려의 윤리는 보수적 특성을 갖는다.' 그리고 '관계들의 망이 모든 사람을 포용할 수 있는 범위에까지 충분히 확장되었는가가 중심적 질문으로 남는다. 칸트적 보편주의의 약점이 무엇이든지 간에, 평등한 도덕적 가치와 모든 인간들의 존엄성에 대한 칸트적 보편주의의 전제는 그러한 질문(모든 사람을 포용할 수 있는가)을 피할 수 있게 하기 때문에 매력적이다'(Tronto 1987: 660~661). 그러나 문제는 단순히 *어떻게* '사회제도들이 배려의 경계들에 대한 전통적 이해들을 확장시켜 조정할 수 있는가'를 설명하는 것이 아니라, 우리들이 평등한 도덕적 가치의 보편적 원칙(a universal principle of equal moral worth)을 받아들이지 않는다면, 왜 사회제도들이 재조정되어야 하는가를 설명하는 데 있다. 드보(Monique Deveaux)가 지적하듯이, 배려 이론가들은 '낯선 사람들을 돕기 위해서 우리가 어떻게 혹은 왜 동기를 가져야 할지를 설명하는데 엄청난 어려움을 겪고 있다'(Deveaux 1995b: 94). 트론토의 놀랄 정도로 임시적인 대답은 다음과 같다. '보편적 도덕 법칙에 못 미치긴 하겠지만, 특수한 간청에 대한 필요를 피하는 것이 가능할 수 있다. 그렇게 된다면, 배려의 윤리는 존속할 수 있게 될 것이다'(Ttonto 1987: 661, 660).[30]

그러나 다른 배려 이론가들은 '존재하는 관계들의 망'을 더욱 확장된 방식으로 해석한다. 트론토와 마찬가지로 길리건은 '각각의 사람들은 지속되는 관계들의 망 속에 각인되어 있고, 도덕성은 이러한 관계들 망에 있는 개인들에 대한 관심, 이해 및 감성적 반응들에, 전적이라고 할 수는 없겠지만, 중요하게 존재한다'고 말한다(Blum 1988: 473). 그러나 블럼이 지적하는 것처럼, '길리건은 이러한 관계망을 단지 개인들이 알

29) 멀리 있는 타인을 배려 이론으로 통합해야 할 필요에 대해서는, Hoagland 1991; Card 1990: 102를 보시오. 둘은 모두 배려 윤리가 배려하는 관계의 '친밀성'에 특권을 주고 있다는 노딩스(Nel Noddings)의 주장을 비판하고 있다(Noddings 1984: 7, 86, 152).

30) 그 이후의 저작에서 트론토는 '편협성'(parochialism)의 문제를 피해 가기 위해서, 배려의 윤리에 대한 보완물로써 정의의 원칙들이 필요할 수 있다고 제안한다(Tronto 1993: 170~171).

고 있는 사람들의 동아리에만 국한되는 것이 아니라 인류전체로의 확대를 의미한다'(Blum 1988: 473). 길리건의 연구에 나타난 여성들 중 하나가 말하는 것처럼, 우리는 '그러한 모든 사람 들의 거대한 집합'(that giant collection of everybody)에 대해 책임이 있기 때문에, '이방인도 여전히 그 거대한 단체에 속한 다른 사람이고, 이 거대한 집단은 당신 역시 *또 다른 한 사람이 되는 덕성을 통해*(*by virtue of being another person*) 연결된 사람들인 것이다'(Gilligan, 1982: 57, 강조-저자; cf. Gilligan 1982: 74, 90, 160). 길리건에게 이러한 관계들의 거대한 망 안에 속한 사람들을 연결해 주는 것은 어떠한 직접적 관계가 아니라, 오히려 그들이 공유하는 인간성(a shared humanity)이다. 길리건의 관계들의 망에 대한 관점이 *이미* 모든 사람들을 포함하기 때문에, 관계망 보전에 대한 그녀의 헌신은, 그녀가 주장하는 배려 윤리의 동기가 '모든 사람들이 응대를 받아 포함이 되어, 아무도 홀로 남겨지거나 상처받지 않게 되는 것'(Gilligan 1982: 63)이라는 입장과 상충되기 보다는, 그러한 입장을 필요로 하게 된다.

물론 배려의 이론가들이 사람들 각자는 '또 다른 한 사람이 되는 덕성을 통해' 우리들과 연결되어 있다고 말한다면, 그들 역시 보편성에 대한 법칙에 헌신하는 것처럼 보인다. 배려와 관심이 '특수하고 역사적으로 뿌리내린 관계들의 요구로부터 분리되자마자-단순히 배려와 관심이 해당 당사자의 공통된 인간성에 의해, 혹은 그러한 모든 당사자들이 이익을 가지고 있다거나 모두가 고통 받을 수 있다는 사실에 의해 유도되었다고 이야기되자마자, 우리는 관계의 특수성과 원칙의 보편성 사이의 대조점을 완전히 상실하게 되고 만다. 이처럼 대조점을 잃게 되면, 우리에게는 모든 당사자들에 대한 동정의 동일화를 통해 도덕적 딜레마를 해결하길 노력하는 접근방식만 남은 것으로 보인다'. 그리고 이러한 종류의 보편성은 우리가 칸트와 공리주의 이론에서 발견할 수 있는 '친숙한 공정하고 자애로운 관찰자(impartial and benevolent observer)와 최소한 긴밀하게 연결되어 있다'(Sher 1987: 184). 길리건은 보편성이라는 말을 회피하지만, 그녀의 연구는 '여성들의 배려와 다른 사람에 대한 책임감은 종종 보편화 될 수 있음을 나타낸다'(Okin 1990: 158; cf. Bubeck 1995: 193~194; Broughton 1983: 606; Kohlberg 1984: 356).

그래서 '관계들의 망을 보전'하려는 헌신은 그것이 어떻게 해석되는가에 따라서 보편성에 대한 헌신과 상충될 수도 상충되지 않을 수도 있다. 대부분의 배려의 윤리에 대한 저술들은 타자와 우리의 연관성에 대한 보편주의적 관점과 보다 국지적 관점이 '상충되지만 창조적 긴장관계를 맺고 있다'는데 집중해 왔다(Ruddick 1984b: 239). 한편으로, 보편화를 지향하려는 충동이 있다. 배려 이론가들은 우리가 '배려를 하고 관계를 유지하기 위한 명령의 범위를 확장함으로써……도덕적 진보를 이룬다'고 주장한다(Meyers 1987: 142). 심지어는 이러한 확장이 국지적 환경에 있는 특정한 사람을 배려하는 기존의 관행들을 '변혁'하고 '일반화'하는 것을 요구할 경우에도 도덕적 진보를 이룬다고 한다(Ruddick 1984a: 222, 226). 다른 한편, 보편성의 요구로부터 기존의 관계들을 옹호하려는 충동도 있다. 배려 이론가들은 배려의 관점의 핵심인 책임감이 '현존하는 애착들을 희생하여 공정성을 부과하는 것'을 방지하려 한다는 점을 강조한다(Meyers 1987: 142).

대부분의 배려 이론가들이 보편적 관계들의 망(a universalistic web of relations)에 대한 길리건의 헌신을 받아들이지만, 트론토의 보다 국지적인 관계들의 망(Tronto's more localized web of relations)의 연속성에 대한 강조를 선호하는 것처럼 보인다. 그러나 블럼이 지적하는 것처럼, '이러한 모든 사람에 대한 확장이 어떻게 완성될 것인지는 명확하지가 않다'(Blum 1988: 473).[31] 오킨이 지적하는 것처럼, 길리건의 연구는 '가족의 필요 혹은 이익과 가까운 친구 그리고 보다 먼 타인들의 필요와 이익들 사이의

31) 이 문제에 대한 루딕의 답변은 다음과 같다. '어머니들은 자기 자식들의 선이 모든 아이들의 선과 얽혀 있다는 사실을 깨닫게 될 수 있다'(Ruddick 1984b: 239; cf. Held 1993: 53). 그러나 어떤 아이의 선이 그 관계가 얼마나 먼지와 상관없이 모든 아이들의 선과 연결되어 있는지는 의심스럽다. 그리고 심지어 '얽혀 있는' 경우에도, 그 관련성이 보완적이기보다 경쟁적일 수 있다. 즉 이들 간의 선은 어떤 아이를 위해 사용된 자원들이 다른 아이들에게는 거부될 수밖에 없는 방식으로 얽혀 있을 수 있다. 만약 관계의 망을 확장하기 위한 메커니즘이 어떤 사람의 선과 다른 사람들의 선이 얽혀있는 관계라면, 그것은 매우 제한된 확대만 가능할 것이다. 멀리 있는 타자들에게 관심을 기울이는 것이 현존의 연루관계에 아무 비용을 지불하지 않을 것이라든가, 또는 '불공평(inequity)이 불평등한 관계에 있는 두 당사자에게 역비례적으로 영향을 미칠 것'(inequity adversely affects both parties in an unequal relationship)이라고 말하는 것은 기대할 수 없는 낙관론으로 여겨진다(Gilligan 1982: 174). 루딕과 길리건에 의한 이러한 주장들은 사실상 정의이론들이 해명하고자 하는 문제들이 존재하지 않는다고 말하려는 것과 같다. 그것은 우리가 정의의 상황들을 초월할 수 있다는 마르크스주의적/공동체주의적 주장의 페미니즘적 해석이라고 할 수 있다. 우리가 일단 이러한 순진한 가정을 버린다면, 단지 공정한 관심에 대한 명시적 헌신, 그리고 단순히 기존의 관계들을 보존하는 데 그치지 않는 그러한 헌신이 길리건과 루딕이 바라는 종류의 보편화를 유지시킬 수 있을 것이다(Deveaux 1995b:93).

갈등과 연관된 도덕적 딜레마에 직면했을 때, 여성이 어떻게 생각해야 하는가'(Okin 1990: 158)라는 질문에 직접 맞서지 않기 때문에, 배려의 관점에서 이러한 딜레마가 어떻게 운용될 수 있는지를 판단하기에는 곤란하다.[32]

(ii) 인간애(humanity)에 대한 존중과 개별성(individuality)에 대한 존중

일부 배려 이론가들에 따르면, 정의의 문제점은 정의가 우리들의 공통된 인간애를 공유하는 모든 사람들에 대해서 보편적으로 반응하지 않는다는 점이 아니라, 사람들의 독특한 개별성보다는 단지 사람들의 공통된 인간애에만 반응한다는 점에 있다고 한다. 배려 이론가들은 정의에 기초한 이론가들에게는 '도덕적 관심의 대상으로서의 사람들의 도덕적 중요성은 단지 도덕적으로 중요하긴 하지만 전적으로 일반적이고 반복적인 특질을 지닌 존재'로 이해되고 있다고 주장한다(Blum 1988: 475). 정의는 '일반화된 타자'(generalized other)에 관심을 두고, '구체적 타자'(concrete other)에 대해서는 무관심하다.

> 일반화된 타자에 대한 관점은, 각각의 모든 개인을, 우리들이 우리들 자신에게 귀속시키고자 하는 동일한 권리와 의무를 마땅히 누리는 합리적 존재로 간주하도록 요구한다. 이러한 관점을 취함에 있어, 우리들은 타자의 개인성과 정체성을 통해 추상화한다. 우리는 타인을 우리들과 마찬가지로 구체적 필요, 욕망 및 감정을 가진 존재로 가정한다. 그러나 그 혹은 그녀의 도덕적 존엄성을 구성하는 것은 우리들을 타인으로부터 구별시키는 요소가 아니라 오히려 우리가 말하고 행동하는 이성적 행위자로서 공통으로 가지고 있는 요소에 있다. …… 그와는 대조적으로, 구체성을 가진 타자에 대한 관점은 우리들이 각자를 그리고 모든 이성적 존재들을 구체적

32) 이민 정책이라는 특수한 맥락에서 이와 같은 문제를 파악하고 싶은 사람은 Baier 1996을 보시오. 그녀는 이민자들을 그들이 속해 있는 '이미 위치하고 있는 친밀함의 관계의 네트워크'가 어디인지에 기반해서 받아들이는 배려의 관점과, 필요에 기반해서 이민자들을 받아들이는 자유주의적 관점을 대조시킨다. 그녀의 결론은 후자가 보다 인간적이고 전자는 배제적인 이민 정책을 추진할 위험이 있다는 것이다. 전자는 마치 호주의 '백호주의' 같은데, 호주에서는 그들이 혈통이나 공통의 문화를 갖고 있다고 느끼는 (백인) 지원자들만 받았다. 배려 이론이 국제 관계에서 어떤 이슈들과 관련 있는지를 논의하고 있는 것으로 Hutchings 1999와 Robinson 1999를 보시오.

> 역사와 정체성 그리고 감정적이고 감성적인 성격을 지닌 개인으로서 바라보기를 요구한다. 이러한 관점을 취함에 있어, 우리는 무엇이 우리의 공통성을 구성하는지로부터 추상화한다(we abstract what constitutes our commonality).…… 우정, 사랑, 배려의 규범에 따라 당신을 대할 때, 나는 단지 당신의 *인간애*(humanity)뿐만 아니라 당신의 인간적 *개별성*(individuality)을 확인한다(Benhabib 1987: 87; cf. Bowden 1996: 164~174; Meyers 1987: 146~147; Friedman, 1987a, 105~110).

벤하비브(Seyla Benhabib)가 강조하는 것처럼, 일반화된 타자와 구체적 타자의 관점은 양자 모두 완전히 보편화될 수 있다[사실, 그녀는 그것을 각각 '상호교체적 보편주의'(substitionalist universalism) 그리고 '상호 작용적 보편주의'(interactive universalism)라고 명명한다]. 그러나 배려는 정의와는 달리 우리들의 추상화된 인간애보다는 구체적인 차이점에 반응한다.

그러나 이러한 대조는 양 방향 모두에서 과장된 것처럼 여겨진다. 첫째, 배려의 윤리는 일단 보편화되면 공통적 인간애에도 또한 호소한다. 셰어(George Sher)가 지적하는 것처럼, '배려와 관심이 단순히 영향 받는 집단들에 대한 공통된 인간애에 의해, 혹은 그러한 집단들이 모두 이익들을 가지고 있고 또는 모두가 고통 받을 수 있다는 사실에 의해 도출되었다고 말해지는 순간부터', 그것은 모두 '공유되고 반복되는 특질들에 대한 적절한 반응으로 간주된다'(Sher 1987: 184).

둘째, 정의이론들이 일반화된 타자에 대한 존중에만 국한되어 있다고 할 수 없다. 정책이 사람들의 다양한 선호들을 증진시켜 줄 수 있는지를 알기 위해서 특수성에 주의를 기울여야하는 공리주의의 경우에 그것은 분명하다. 롤즈의 이론에서 그것은 덜 분명한 것으로 보이는데, 당연하게도 많은 페미니스트들은 그의 원초적 입장을 정의적 사고의 패러다임으로 지적한다. 원초적 입장이 개인 자신들의 특수한 자아로부터의 추상화를 요구하기 때문에, 그것이 '도덕적 자아가 각인되지 않고(disembedded) 실체 없는(disembodied) 존재로 간주되는' 전통의 예증이라고 이야기된다(Benhabib 1987: 81). 그러나 이것은 원초적 입장에 대해 부정확하게 이야기하는 것이다. 오킨이 지적하는 것처럼,

> 원초적 입장은, 도덕적인 주체로서, 우리가 정체성들, 목표들 그리고 모든 다른 사람들과의 애착들을, 타자들의 그것이 우리 것과 얼마나 다른지와는 상관없이, 우리의 것과 평등하게 고려하도록 요구한다. 우리가 누구인지 알고 있는 우리들이 원초적 입장 안에 있는 것처럼 생각해야 한다면, 우리는 인간들의 삶이 얼마나 서로 다른지를 다른 사람들과 감정이입을 하고 소통할 수 있는 능력을 상당한 정도로 발전시켜야만 한다. 그러나 이것은 그 자체만으로는 우리가 정의감을 유지하는데 충분하지 않다. 우리가 자신이 누구인지, 우리들의 특정한 이익과 선관이 무엇인지를 알고 있기 때문에 우리는 또한 인정(人情, benevolence)에 대해 커다란 헌신을 할 필요가 있다. 그것은 각자 그리고 모든 타인들을 우리가 자신에게 하는 만큼 그렇게 배려하는 것이다(Okin 1989a: 246).

따라서 '롤즈의 정의론은 그 자체로 타인에게 관심을 가지고 배려를 보여주는 도덕적 인간들의 능력에 중심적으로 의지한다. 특히 우리들 자신과 가장 다른 타인들에 대한 관심과 배려를 할 수 있는 능력에 의존한다'(Okin 1989a: 247). 배려 이론가들은 종종 갈등의 해결책은 '맥락적 및 귀납적 사고(contextual and inductive thinking)를 통해 도달될 수 있는데, 이러한 사고의 특징은 특정한 타자의 역할을 수행해 보는 것이다.'라고 말한다(Harding 1987: 297). 그러나 이것은 정확하게 원초적 입장이 우리들에게 요구하고 있는 바이다.

벤하비브는 '타인의 관점을 취하는 것'이 무지의 장막 뒤에서의 추론과 양립할 수 있는가를 질문한다. 왜냐하면 정의는 '독립적이고 실체 없는 일반화된 타인들의 관점과 동일시되기 때문에…… 문제는 다음과 같이 진술될 수 있다. 콜버그(Lawrence Kohlberg)와 롤즈에 따르면, 도덕적 상호성은 타인의 관점을 차용할 수 있는 능력, 즉 타인의 위치에 상상적으로 자신을 대입시켜 생각하는 능력과 관계된다. 그러나 "무지의 장막"이라는 조건 아래에서 *자아와는 구별되는 타인*(other as different from the self)은 사라진다'(Benhabib 1987: 88~89; cf. Blum 1988: 475; Gilligan 1986: 240; 1987: 31). 그러나 이것은 원초적 입장이 어떻게 작동되는지를 잘못 표현하는 것이다. 사람들이 다른 사람들에 대해 생각할 때, 자신들의 사회적 지위, 선천적 재능, 개인적 선호로부터 (떨어져) 추상화해서 사고해야 한다는 요구가 그들이 타인들의 특수한 선호와 재능과 사회적 지위를 무시해야 함을 의미하지 않는다. 그리고 우리가 살펴봤던 것처럼, 롤즈는 원초적 입장 하에 있는 당사자들이 이러한 것들을 고려해야 한다고 주장한다(제3장 제3절). 벤하비브는 원초적 입장이 계약자들로 하여금 다른 계약자들(무지의 장막 뒤에서 '일반화된 타인'이 된 사람들 모두)의 이익들을 고려하도록 요구함으로써 작용한다고 가정한다. 그러나 사실 무지의 장막의 효과는 '어떤 사람이 어떤 직업을 차지하고 있는지의 여부나, 그 사람의 관심이 무엇인가 하는 것은 원초적 입장의 계약자들에게는 문제가 되지 않는다.' 그에게는 그 사회의 모든 실제의 구성원들의 욕망과 목표가 문제가 되는데, 왜냐하면 '무지의 장막은 그들 자신을 마치 그들 중의 한 사람인 것처럼 사고하도록 강제하기 때문이다'(Hampton 1980: 335). 우리가 살펴보았던 것처럼, 헤어(R.M. Hare)의 이상적 동감자들도 동일한 요건을 부과한다[제2장 제5절 (b)]. 이 두 장치, 즉 공정한 계약자들(impartial contractors)과 이상적 동감자들(ideal sympathizers)들 모두는 사람들에게 구체적 타자를 고려하도록 요구함으로써 작동한다(cf. Broughton 1983: 610; Sher 1987: 184).[33)]

33) 영(Iris Young)은 '공정한 관점'(the impartial point of view)이 차이를 무시한다는 주장을 옹호하는 보다 일반화된 논증을 제시한다. '공정한 이성은, 상호관계와 관련된 개인들의 특수한 관점의 바깥에 있는 관점에서, 특수한 관점들을 전체적이거나 일반의지로 통합할 수 있도록 판단해야만 한다. 그러한 관점들을 전체적이고 일반적 의지로 합할 수 있는 능력을 갖고 판단해야만 한다. ……공정한 주체는 특정한 관점의 주체들이 고려의 대상이 되어야 한다거나, 누구와 토론이 발생할 것인가 하는 문제를 인정할 필요가 없다. ……이러한 공정한 관점에서는 타인을 고려할 필요가 없어지게 된다. 왜냐하면 공정한 관점이라는 것이 이미 모든 가능한 관점들을 고려하고 있기 때문이다'(Young 1987: 62). 그러나 우리가 이미 살펴보았던 것처럼, 롤즈적 공정성은 정확하게 우리가 모든 가능한 관점에 주의를 기울여야 한다는 요건에 의존한다. 영은 도덕적 요구인 공정성의 문제(the moral requirement of impartiality)를 인식론적 요구인 몰개인성 혹은 객관성문제(an epistemological requirement of impersonality or objectivity)와 혼동하고 있는 것으로 보인다. '이성의 한 특성으로서 공정성은 자신의 것은 물론이고 타인들의 요구와 욕망들을 고려하여 공정해지려고 하는 실용적 태도와는 구분이 된다. 공정성은 어떠한 욕망의 이해관계로부터 떠나 있는 이성의 관점을 지칭한다. 편파적이지 않다는 것은 전체를 파악할 수 있음을 의미한다. 즉 주어진 도덕적 상황에 있는 모든 특수한 관점과 이익들이 서로 어떻게 연결되어 있는지를 파악하는 것을 의미한다. 이러한 전체적 파악은 각각의 개별적 관점들은 그 부분적 편파성으로 인해 스스로는 식별할 수 없는 것이다. 그래서 공정한 도덕적 추론자는 해당 상황에 대한 이해관계를 떠나서 그러한 상황의 바깥이나 위에서 사고하거나, 또는 자신이 상황의 바깥이나 위에 있는 것처럼 특정 상황에 대한 태도를 채택하는 것으로 가정된다'(Young 1987: 60). 그러나 원초적 입장의 도덕적 주장을 상황을 초연하는 인식론적 이상을 받아들이지 않고서도 타인들의 고유한 이익을 고려할 수 있는 메커니즘으로서 받아들일 수 있다(역으로 말한다면, 몰개인성의 이상을 거부한다는 것이 사람들이 타인들의 이익에 관심을 가지게 될 것이라는 것을 보장해 주지는 못한다).

(iii) 책임감의 수용과 권리의 주장

두 가지의 윤리가 모두 보편적이고, 개인성은 물론이고 공통성을 존중하고 있기 때문에, 차이는(만약 존재한다면) 다른 곳에 놓여 있다. 길리건이 제시하고 있는 최종적 구별은 정의적 추론은 권리요구를 존중하는 관점에서 타인들과 연관되어 있다고 생각하는 반면, 배려적 추론은 책임감을 수용하는 관점에서 타인들을 고려하고 있다고 생각한다는 것이다. 그렇다면 권리의 존중과 책임감의 수용간의 차이는 무엇인가? 길리건에 따르면, 하나의 중심적 차이는 타인에 대한 책임감의 수용은 그들의 복지에 대한 어떤 적극적 고려들을 요구하는 반면, 권리는 본질적으로 자아보호의 메카니즘(self-protection mechanisms)으로서 단순히 타인들을 간섭하지 않고 내버려 둠으로써 존중될 수 있다. 따라서 그녀는 권리에 대해서 말하는 것을 개인주의 혹은 이기주의와 동등시하고 권리에 기반한 타인에 대한 의무들은 상호적인 불간섭에만 국한된다고 이야기한다(Gilligan 1982: 22, 136·147; cf. Meyers 1987: 146).

그러나 이것은 단지 권리에 대한 자유지상주의적 이론들에만 해당된다. 여기서 검토했던 다른 모든 이론들은 타인들의 복지와 관련된 적극적 의무를 인정한다.[34] 따라서 정의적 틀은 사람들의 권리를 강조하지만, 그러한 권리들이 타인에 대한 책임감을 부과한다고 말하는 것은 가능하다. 그리고 사실 그것은 길리건에 응답하는 사람들의 일부가 자신들의 배려의 윤리를 묘사하는 방식이기도 하다. 예를 들어, 한 여성이 '사람들이 고통받고 있다면, 그것이 이들에게 어떤 권리를 부과하고, 그것이 당신에게 어떤 책임을 부과한다'고 이야기한다(Broughton 1983: 605에서 인용). 일부 여성이 '자신들이 제공해야 할 책임이 있는 것에 대한 것보다, 자신들에게 권리가 있는 것에 대해 덜 생각한다'라고 하는 것도 맞는 말이다. 그러나 그들이 간단히 타인들을 그러한 권리에 대한 자격이 것으로 간주하기 때문에, 자신들은 배려를 제공해야 할 책임이 있다고 여길 수도 있다—'다르게 생각해 본다면, 여성들은 *자신들의* 권리 보호(the protection of *their* rights)에 대해 남성들보다 덜 관심이 있다는 잘 알려진 주장을, 그것

34) 그리고 심지어 자유지상주의 이론가들도 배려에 대한 적극적인 도덕적 의무를 법적으로 보장하는 것은 거부한다 하더라도, 이들이 적극적인 도덕적 의무의 존재를 부인할 필요는 없는 것이다.

과는 완전히 다른 주장인 여성들은 사람들이 *권리*를 가지고 있다(people have *rights*)고 생각하는 경향이 남성보다 적다고 하는 주장(또는 기능적으로 이에 상응하는 견해를 가지는 것)과 뒤섞어 버린 것일 수도 있다'(Sher 1987: 187).

우리가 불간섭으로서의 권리(rights as non-interference)라는 자유지상주의적 해석을 거부한다면, 책임감과 권리에 대한 모든 대조들은 붕괴될 위협을 받는다(Okin 1990: 157). 브로턴(J. Broughton)이 지적하는 것처럼, '길리건과 그녀의 주제들은 "모든 사람들을 인간으로 존중해야할 권리"(the right of all to respect as a person), "동감으로 그리고 동등한 존재로 대우받아야 할 권리"(the right to be treated sympathetically and as equals), 그리고 "타인을 존중하고 해치지 않을 의무"(the duty to respect and not to hurt others)와 같은 것들을 미리 전제하고 있는 것처럼 보인다'. 따라서 '어떻게 보면 그녀가 다소간은 권리들과 의무들을 연관짓거나, 아마도 심지어는 개인적 복지의 "원칙들"과 자애로운 관심("principles" of personal welfare and benevolent concern)을 연관시키는 것을 권장하지 않는다고 보기는 어렵다'(Broughton 1983: 612). 사실, 많은 배려 이론가들은 배려 이론에서 권리가 핵심적 역할을 수행해야 한다는 점을 받아들이고 있다(Tronto 1993: 147~148; Held 1993: 75).

그리고 길리건은 두 가지 윤리가 근본적으로 다르다고 주장하면서도, 그녀 자신은 그들의 관계에 대해 아직 명확한 입장을 취하지 않는 것으로 여겨진다. 그녀는 '두 가지 윤리가 규범적 관점으로는 모두 적절하지만 상호 양립 불가능한 대안이라는 관점, 그것들이 일종의 긴밀한 상호작용으로 연관된 상호보완적이라는 관점, 그리고 상대방이 없다면 불충분하기 때문에 서로 간에 통합되어야 한다는 관점 사이에서 오락가락하고 있다'(Flanagan and Jackson 1987: 628). 내가 앞에서 논증했던 것처럼, 두 가지 윤리를 구별하기 위해 길리건이 사용한 주요한 개념들이 순수한 진정한 대조를 규정

35) 일부의 논평자들에 따르면, 두 윤리들을 조정하는 데 있어서 어려운 것은 개념적인 것이 아니라 발전의 문제이다. 길리건에 따르면 도덕적 발전의 상이한 구성 요인들은 근본적으로 상이한 어린 시절의 경험에 뿌리를 두고 있다. 즉, 어린 시절의 불평등/무력함의 경험은 독립과 평등을 추구하도록 만드는데 비해, 깊은 애착과 친밀성에 대한 경험은 동정심과 사랑을 발생시킨다(Gilligan 1987: 20). 만약 그렇다면, 양육과정에서의 유아기적 경험의 상이성들은 상이한 도덕의 구성물들을 배우는 능력에 영향을 줄 수도 있다(Flanagan and Jackson 1987: 629).

해 주지 못한다면, 이러한 관점 사이에서 오락가락 이동하는 것은 그다지 놀라운 것이 아니다.[35]

권리와 책임감이 대조되는 도덕적 개념이 아니라면, 각각의 윤리가 우리들에게 부과하는 책임감들의 종류에 있어서의 상이성이 있을 수 있다. 하딩(Sandra Harding)에 의하면, 길리건의 연구는 '주관적으로 느끼는 상처(subjectively-felt hurt)는 그것이 공정하든 아니든 간에 여성에게는 비도덕적으로 보이는' 반면, 남성은 '행위가 주관적인 상처를 일으키는가와 상관없이 단지 객관적으로 불공정한 것만 비도덕적으로 평가하려는 경향이 있다'는 점을 보여준다고 한다(Harding 1982: 237~238; 1987: 297). 예를 들면, 남성은 자신의 과실로 발생한 어떤 사람의 주관적인 상처들을 개선하는데 대한 어떠한 도덕적 책무도 인식하지 않으려 하는 경향이 있는데, 그 이유는 그러한 주관적 상처들은 당사자 자신의 잘못이기 때문이다. 거기에는 주관적 상처는 있지만 객관적 불공정은 없고 따라서 남성은 어떠한 도덕적 책무도 인식하려 하지 않는 경향이 있다. 그와는 대조적으로, 여성에게는 주관적 상처에 반응할 도덕적 책무는 객관적 불공정의 존재에 의존하지 않는다.

주관적 상처(subjective hurts) 혹은 객관적 불공정성(objective unfairness)을 도덕적 요구의 근거로서 받아들이는 사이에는 분명한 대비가 있다. 그것이 배려와 정의 사이의 근본적 상이점일까? 대부분의 정의 이론가들이 도덕적 요구들을 주관적 상처보다는 객관적 불공정성과 연관시키고 있는 것은 분명한 사실이다.[36] 우리가 살펴본 것처럼, 이것은 사람들은 자신의 선택에 대한 책임이 있다는 자유주의적 발상에 내재해 있다. 배려의 윤리가 주관적 상처들이 도덕적 요구들의 근거를 형성한다거나, 모든 주관적 상처들 혹은 단지 그런 류의 상처들만이 도덕적 요구들의 근거가 된다고 말하고 있는지는 그다지 분명하지 않다. 누군가를 배려한다는 것이 반드시 그들의 모든 희망들에 주의를 기울여야하는 도덕적 책무를 느끼거나, 모든 주관적 상처나 실망감을 느끼지 않도록 해주어야 한다는 것을 의미하지는 않는다. 실제로 아직까지는 배려 이론가

---

36) 그러나 대부분의 정의 이론가들은 객관적 불공정성과는 상관이 없는 선한 사마리아인의 책무들을 인식하고 있다(앞의 제2장 각주 9).

들이 주관적 상처, 객관적 불공정성, 그리고 도덕적 요구들의 상호 관계성을 어떻게 이해하는지에 관해 많이 이야기하지 않았으며, 상이한 윤리적 배려의 관점들은 상이한 결론에 도달할 것으로 보인다. 따라서 이러한 문제들에 있어서 배려와 정의가 근본적으로 대립되는 관점을 갖고 있다고 가정하는 것은 아직은 성급하다.

그러나 불일치의 정확한 지점이 불분명하다고 해도, 배려 이론가들이 도덕적 요구의 근거로서 객관적 공정성보다는 주관적 상처를 강조하는 경향이 있음은 사실인 것처럼 보인다.[37] 배려 이론가들이 주관적 상처를 강조하고 있는 몇 가지 이유들을 고려하기 전에, 정의 이론가들이 도덕적 요구의 근거로서 객관적 불공정성(objective unfariness)을 선호하고 있는 몇 가지 이유들을 살펴보겠다. 나는 객관적 불공정성에 대한 강조가 처음에는 설득력이 있지만 이후에는 단지 특정한 맥락–말하자면 능력 있는 성인들의 상호관계–속에서만 정당하다고 주장할 것이다. 사실 능력 있는 성인들의 상호관계가 종속적인 사람들과의 상호관계와 철저하게 구분될 때에만 그것은 정당할 수 있다. 만일 그렇다면, 배려와 정의의 사고과정 사이의 논쟁은 가정–공공 구분에 대한 논쟁과 뒤얽혀서 연관되어 있다.

왜 정의 이론가들은 타인에 대한 우리의 책임감을 공정성에 대한 요구로 제한하는 것이 중요하다고 생각하는 것일까? 만일 주관적 상처들이 항상 도덕적 요구들을 발생시킨다면, 윤리적 배려의 측면에서 타인들이 나의 모든 이익에 주의를 기울일 것이라고 정당하게 기대할 수 있다. 그러나 정의 이론가들에게는, 그것은 내가 내 자신의 이익 중 일부에 대해서는 완전한 책임을 져야 한다는 사실을 무시하는 것이다. 정의적 관점에서는, 타인들이 나의 이익의 *일부*에 대해 주의를 기울여야 하는 것이 이들 자신의 선을 추구하는 것을 제약한다 하더라도, 나는 공정성의 문제로서 그것을 정당하게 기대할 수 있다. 그러나 여전히 내 자신의 책임으로 남아있는 어떤 이익들이 있기

37) 길리건의 다음 구절을 생각해 보자. '정의의 관점은 부정의와 억압의 문제에 주의를 기울이고 상호성과 평등한 존중의 이상을 지지한다. 배려의 관점은 분리 또는 방기(放棄)의 문제(problems of detachment or abandonment)에 주의를 기울일 뿐만 아니라, 필요에 대한 관심과 반응의 이상(an ideal of attention and response)을 지지한다. 두 개의 도덕적 명령은–타인을 불공평하게 대하지 않는 것과 곤경에 처한 사람을 외면하지 않는 것–이러한 상이한 관심사를 포괄한다'(Gilligan and Attanuci 1988: 73).

때문에, 사람들이 내 모든 이익들에 주의를 기울일 것이라고는 정당하게 기대할 수 없다. 따라서 타인들이 나의 책임에 속하는 일들에 주의를 기울이기 위해 자신들에게 좋은 것을 보류하게 될 것이라는 기대는 잘못되었다고 할 수 있다.

자신의 친구가 필요로 할 때는 시간과 돈을 할애하지만, 자신의 지출에 대해서는 전혀 신경 쓰지 않는 사람을 생각해 보자. 그 결과로 그는 종종(불필요하게) 도움이 필요할 처지에 놓일 것이고, 그의 경솔함의 결과로 인해서 타인이 그에게 주는 도움에 의지하게 될 것이다. 타인들이 자신을 도울 것이라고 그가 기대할 정당성이 있는가? 즉, 우리가 그의 부주의의 결과를 해결해 주어야 할 도덕적 의무를 느끼는가? 주관적 상처라는 접근방식은 우리가 그의 고통에 대해 주의를 기울이지 않는다면 우리들이 무책임하다고 말한다. 누군가가 주관적인 상처를 느낀다면, 우리는 그 상처가 그 자신의 부주의한 계획이나 무절제에 의한 결과라고 하더라도 그에게 주의를 기울일 것이 요구된다. 그러나 정의의 윤리는 그가 우리로 하여금 그 자신의 고통으로부터 벗어나게 해줄 것이라고 기대한다면, 그가 무책임하다고 말한다. 그의 행위는 그 자신의 책임이고 그의 부주의에 대한 대가를 타인으로 하여금 지불하게 하는 것은 비도덕적이다.

이런 식으로 본다면, 주관적 상처와 객관적 불공정성 사이의 논쟁은 진정한 문제가 된다. 왜냐하면 우리 스스로의 행복에 대한 책임의 문제를 받아들이는 데 있어 상이한 중요한 입장들이 있기 때문이다. 일부의 배려 이론가들에게 있어서, 객관적 불공정성에 대한 강조는 도덕적 책임의 포기를 인정하는 것이 된다. 왜냐하면 그것은 타인들에 대한 우리의 책임을 불공정성의 주장에만 국한하고, 그럼으로써 회피가능한 고통들을 사람들로 하여금 외면할 수 있도록 허용하기 때문이다. 정의이론가들에게 있어서, 주관적 상처에 대한 강조는 도덕적 책임의 포기를 인정하는 것이 된다. 왜냐하면 그것은 경솔한 사람들이 자신의 선택에 대한 비용을 지불해야 하는 것을 부정함으로써 책임감 있게 행동하는 사람들에게 불리함을 주는 반면 무책임한 사람들에게는 보상을 해 주기 때문이다.

그러므로 배려와 정의 사이의 논쟁은 책임과 권리 사이의 논쟁이 아니다. 그와는 반대로, 책임은 정의 윤리에 있어서 핵심적이다. 타인에 대한 나의 요구가 공정성(fairness)에 제한을 받아야 하는 이유는 그들이 권리를 갖고 있기 때문이 아니라 내가 책임이 있기 때문이다. 타인들에 대한 내 책임의 일부는 나 자신의 욕망에 대한 책임을 받아들이는 것이고, 내 선택에 대한 비용을 지불하는 것이다. 롤즈가 지적하듯이, 그의 이론은 '우리들의 목적에 대한 책임을 질 수 있는 능력에 의지한다'(Rawls 1982b: 169). 이와는 대조적으로 객관적 불공정성보다 주관적 상처에 도덕적 의무를 연결시키는 사람들은 우리들이 책임 있는 행위자임을 부정해야 한다. 그들은 '사람들이 자기 선호에 책임을 갖고 그들로 하여금 그들이 할 수 있는 가장 최선의 것을 하도록 해야 한다고 요구하는 것은 부정당한 것(unjust)은 아니라고 하더라도, 합당하지 않다(unreasonable)고 주장해야만 할 것이다'(Rawls 1982b: 168). 롤즈는 우리들이 이러한 책임을 질 능력이 있다고 생각하기 때문에, 그의 이론은 사람들이 자신들의 수단을 통해 스스로의 계획을 그들이 적절하게 기대할 수 있는 소득에 조정하기를 요구한다. 그런 결과로, 부주의하고 방종한 사람들이 자신의 경솔함에 대한 비용을 지불할 더 큰 책임이 있는 사람이 존재한다는 것을 기대할 수 없다. '그러한 사람들이 이제 타인들이 통찰력이나 자기 절제의 부족의 결과들에서 벗어나도록 하기 위해 덜 가져야 한다는 것은 불공정하다고 생각된다'(Rawls 1982b: 169). 만약 우리에게 사람들의 모든 주관적 상처들을 면해 줄 책임이 있다면, 자기 자신의 행복을 위해 책임 있게 주의를 기울이는 사람들은 책임감 없이 부주의하고 방종한 사람들을 원조하기 위해 지속적인 희생을 요구받을 것이고, 그것은 공정하지 않다.[38]

주관적 상처들이 항상 도덕적 요구들을 발생시킨다는 관점은 불공정할 뿐만 아니라, 억압을 은폐할 수도 있다. 주관적 상처는 기대감과 관련이 되어 있고, 부정의

38) 이와 관련된 하나의 문제는 배려 제공자가 어리석거나 경솔한 선택이라고 간주하는 것, 또는 아마도 주관적 상처와 같은 것으로부터 사람들을 구원하기 위한 가부장적 개입을 허가하게 된다는 점이다. 이것은 어린이들의 경우에는 완벽하게 적절하지만, 정상적인 성인들의 관계에 있어서는 곤란하다. 이것을 피하기 위해서, 일부의 배려 이론가들은 타인에 대한 배려가 배려 해당자의 책임 있는 자기 방향의 설정 능력에 대한 인정과 존중을 포함하고 있음을 강조한다. 그러나 만일 그렇다면, 이것은 최소한 정상적인 성인들의 경우에 있어서는 타인에 대한 우리의 의무가 주관적인 상처보다는 객관적인 불공정성 문제라는 관점으로 우리를 후퇴시킨다. 나라얀(Uma Narayan)은 가부장주의에 대한 이와 같은 잠재적 옹호는, 단지 사회에 있어서 개인적 구성원들의 관계의 차원에서뿐만 아니라 전 세계에 걸쳐 있는 전체 인간 집단들의 측면과 관계된 배려 담론에서도 나타나고 있다고 주장한다. 그녀는 아프리카와 아시아에 대한 유럽의 식민화가 전형적으로 후진적 인종들의 복지를 배려하기 위한 백인 남성들의 책임감에 관한 배려 중심의 담론을 통해 정당화 되었다는 점을 시사하고 있다.(Narayan 1995: 133~135).

한 사회에서는 부정의한 기대들을 만들어낸다. 예를 들어, 전통적인 결혼관계를 생각해 보자. 여기에서는 '남성은 여성이 남성에게 봉사하는 만큼 여성에게 봉사하지 않는다'(men do not serve women as women serve men) (Frye 1983: 9, 10; cf. Friedman 1987a: 100~101; Grimshaw 1986: 216~219). 남성은 여성이 자신들의 필요에 주의를 기울일 것이라고 기대하기 때문에, 그들이 가정사의 부담들을 나누어 갖도록 요구받을 때마다 주관적 상처를 받을 수 있다. 사실, '착취적이거나 억압적인 관계들을 변화시키려는 모든 시도에서, 누군가는 무언가를 박탈당하게 된다. 그들은 아마도 그들에게 익숙한 일종의 보살핌과 봉사와 상냥함들을 박탈당하게 될 것이다. 그들은 일종의 곤란과 어려움을 겪게 되고, 이것을 배려의 부족으로 경험할 수도 있다'(Grimshaw 1986: 218). 억압하는 사람들은 어떠한 기득권의 상실에도 예민하게 느낄 것이다. 그와는 대조적으로, 억압받는 사람들은 종종 자신들의 억압 현실에 대해 주관적 상처를 느끼지 못하도록 사회화되어 있다. 그들은 자신들이 획득할 수 없음을 알고 있는 것들을 욕망하지 않는 방식으로 자신들의 선호를 적응시킨다.

이러한 적응된 선호(adaptive preferences)의 과정이 발생하는 곳이라면 어느 곳에서도, 도덕적 요구를 옹호하는 근거로서 주관적 상처에 초점을 맞추어도 억압을 발견하기 힘들게 된다. 다른 한편, 정의적 관점에서는 억압하는 사람의 주관적 상처는 아무런 도덕적 비중도 지니지 않는다. 그 이유는 이들의 주관적 상처가 불공정하고 이기적인 기대로부터 발생하기 때문이다(제2장 제5절 앞부분을 보시오). 정의의 요구들(claims of justice)은, 사람들의 실제적 기대가 아니라, 이들의 정당한 기대에 의해 결정된다. 이것은 정의이론가들이 주관적 상처들은 객관적 불공정성이 부재한 경우에는 도덕적 중요성을 지니지 못할 뿐만 아니라, 다른 한편 객관적 불공정성은, 사람들이 자신의 억압을 받아들이도록 사회화된 경우처럼(역자: 주관적 상처를 느낄 수 없는 상태가 된 상황), 주관적 상처를 수반하지 않는 경우에도 비도덕적이라고 말하는 이유를 설명해 준다(cf. Harding 1987: 297). 이러한 점에서, '도덕적으로 유효한 배려와 공동체의 형태는 정의의 우선적 조건과 판단을 전제한다'(Kohlberg 1984: 305).[39]

---

39) 일부의 비평가들은 길리건이 억압적 관계의 쟁점들을 간과함으로써, '도덕적 본질주의'(moral essentialism)

주관적 상처를 도덕적 요구의 근거로 삼는 데에는 또 다른 문제가 있다. 그것은 우리 자신의 행복에는 너무도 적은 책임을 부과하는 반면, 타인을 위해서는 엄청나게 큰 책임을 부과한다. 주관적 상처가 항상 배려의 책임을 불러일으킨다면, 타인에 대해 주의를 기울여야 하는 우리의 의무들에 아무런 한계도 지워 주지 않는 것처럼 보인다. 우리들이 타인에 대해 할 수 있는 것보다 항상 무언가가 더 있다. 우리가 그들의 욕망에 충분히 주의를 기울인다면, 우리가 그것을 완수하려고 하면 할수록 좌절하고 말 희망들이 항상 있다. 그리고 그것은 자기 강화적(self-reinforcing)인데, 누군가가 우리들이 자신들에게 관심을 기울이고 있음을 알게 된다면, 그들은 관심받기를 기대하게 될 것이고, 따라서 우리의 관심이 철회된다면 훨씬 더 상처를 받게 될 것이다.[40] 그런 결과로, 그 행위 당사자는 항상 그녀 자신의 시간 및 에너지에 대한 도덕적 요구들, 즉 진작 자기 자신의 애착들을 자유롭게 추구할 여지를 남겨 놓지 않는 요구에 직면하게 된다(Dancy 1992).

따라서 주관적 상처가 도덕적 요구를 불러일으킨다는 생각은 공정성과 자율성 모두를 위협한다. 배려 이론가들은 이러한 과부하 문제를 매우 잘 인식하고 있다. 결국, 여성이 항상 그들의 남편과 아이들을 위해 자신의 이익과 계획들을 희생해야 한다는 생각은 남성 지배의 이데올로기의 일부이고, 그것은 오랜 세기 동안 여성의 착취를 정당화하는데 이용되어 왔다. 배려 이론가들은 분명히 그러한 이데올로기, 즉 여성의 착취가 영구화되도록 승인하길 원하지 않을 것이다. 따라서 그들은 자신들의 윤리적 배려 개념이 모든 사람의 이익을 자기 자신의 이익에 우선시키는 성차별적이고 자기희생적인 여성에 대한 전통적인 고정관념과는 많은 차이가 있다는 점을 강조한다. 길리건에

로 치달을 위험이 있다고 주장한다. 그녀는 '배려와 관계의 성격(the qualities of care and connection)을 이것이 지니는 불평등과 억압의 맥락(context of inequality and oppression)으로부터 분리시키고, 배려와 관계를 그 고유한 장점에 의거해서 그 자체가 지니는 좋은 점에 의해 고려되어야 한다고 주장한다'(Houston 1988: 176). 트론토가 지적하는 것처럼, '관계들의 망을 보존하는 것이 배려 윤리의 기초적 전제라고 한다면, 그러한 관계가 좋은지, 건강한지, 배려할 가치가 있는지에 대한 비판적 숙고의 근거는 없어지게 된다'(Tronto 1987: 660; cf. Wilson 1988: 17~18).

40) '이기주의적 왕'(eogist king)의 문제에 대한 부벡의 논증을 보시오. 배려하는 사람들의 공동체에서, 이기주의자는 단지 타인에게 배려를 제공하는 사람들을 통해, 자신이 항상 배려 받을 것이라는 사실을 알면서, 무임승차할 뿐 아니라, 실제로 배려를 제공하는 사람들에 대한 권력을 갖게 될 것이라고 그녀는 지적한다(Bubeck 1995: 176).

따르면, 우리는 여성이 항상 스스로의 이익을 타인에게 종속시키는 '자아 없는'(self-less) 배려 개념을 단지 타인들을 위해서만이 아니라 자기 자신도 배려하는 것을 배우는 '자아를 포함한'(self-inclusive) 배려 개념과 구별할 필요가 있다(예를 들어, Gilligan 1982: 149; Bubeck 1995: 194).

사실 이와 같은 '자아를 포함한' 배려 개념(a 'self-inclusive' conception of caring)으로의 변화는 종종 '여성적' 자기희생의 윤리(a 'feminine' ethic of self-sacrifice)로부터 '페미니스트적' 배려 윤리(a 'feminist' ethic of care)를 구별해 주는 것으로 이야기되었다(West 1997; Gilligan 1995: 122; Tong 1993). 페미니스트적 윤리로서 자격을 얻기 위해서는, 단지 여성의 배려 활동에 가치를 두는 배려 윤리로는 불충분하고, 그러한 행위가 여성의 자유와 평등을 희생하지 않고서 달성될 수 있음을 보증해야 한다. 배려의 윤리는 배려의 행위를 수행함으로 인해 여성이 고립되지 않고, 불이익 받지 않으며, 착취당하지 않을 것을 보장해야 하고, 배려를 제공하는 사람이 됨으로 인해 완전하고 평등한 공적이고 정치적인 삶에 대한 참여를 금지 당하지 않을 것을 보장할 뿐 아니라, 여성도 동등하게 배려가 제공되는 조건과 상황을 여성 스스로가 조정할 수 있도록 보장해야 한다.[41] 전통적인 여성적 자기희생의 윤리에서, 여성은 배려를 제공해야 할 무제한의 책임감을 갖지만, 그것이 제공되거나 보상받는 조건에 대해서는 거의 권한을 갖지 못했다(Sevenhuijsen 1998: 84). 페미니스트적 배려 윤리에서, 배려에 대한 책임은 보다 공정하게 남성들과 공유되는 것이고, 마찬가지로 배려가 제공되는 사회적 조건들을 형성하는 권한도 공유되어야 하는 것이다.

따라서 배려 이론가들은 타인들이 배려 제공자들로부터 정당하게 기대할 수 있는 것이 무엇인지에 대한 한계를 설정해야 할 필요성을 인식한다. 일부 이론가들은 배려 제공자는 자기 자신의 자율성의 필요에 주의를 기울여야 한다고 말하거나, 혹은 진정한 배려는 특정한 종류의 상호성(reciprocity) 혹은 상호부조성(mutuality)을 포함한다고 말한다. 그렇기 때문에 타인들이 우리들에게 보답으로 도움을 주지 않고

41) 배려의 사회적 규범에 의해 여성들이 착취당할 위험성에 대해서는, West 1997; Bubeck 1995: 174~185, 245~249; Card 1990, 1996; Hoagland 1991; Houston 1987, 1990; Bowden 1996: 180을 보시오.

배려를 기대하는 데에는 한계가 있다고 말한다(Ruddick 1984: 238; Gilligan 1982: 149; Noddings 1984: 105). 이러저러한 방식들로, 배려 이론가들은 주관적 상처와 도덕적 요구를 단순하게 등치시키는 것으로부터 스스로 거리를 둔다.[42)]

그러나 우리가 타인들의 주관적 상처를 무책임하게 간과하지 않으면서, 우리 자신들에게 얼마만큼의 자율성을 요구할 수 있고, 타인에게는 얼마만큼의 상호성을 요구할 수 있는가? 그들 자신의 일반적 방법론에 보조를 맞추어서, 배려 이론가들은 자율성과 타인에 대한 책임감 사이의 대립이 맥락에 따라 결정되어야 한다고 말한다. 길리건의 남성 응답자 중 한 사람은 이러한 대립을 '수학 문제'로 취급해야 한다고 말하면서 '1/4은 타인에게 3/4은 자신에게'(one quarter for others, three quarters for me)와 같은 공식에 해법이 놓여 있다고 말한다(Gilligan 1982: 35, 37). 이와는 다르게, 배려 이론가들은 자율성 혹은 상호성에 대한 어떤 요구들의 적합성에 대한 판단은 '당면한 배려관계의 성격에 비추어 배려대상자로부터 무엇을 기대할 수 있는가와 함께, 그러한 개인들로부터 무엇을 기대하는 것이 합당한가를 근거로 이루어져야 한다'고 말한다(Wilson 1988: 20). 배려 이론가들은, 정의이론가들과는 달리, 개인과 그들의 관계의 특수성을 무자비하게 짓밟아 버리는 포괄적인 추상적 법칙의 체계를 발전시키는 방식을 통해서, 그러한 문제들을 해결하려 하지 않는다. 드보(Monique Deveaux)가 지적하듯이, 배려 이론가들에게 이러한 갈등을 해결하기 위해서 공식이나 원칙 같은 것을 만들어 내도록 기대하는 것은 다른 도덕 이론가들과 동일하게 그들이 '거대

---

42) 일부 저자들은 다음과 같은 점을 우려하고 있다. 즉, 모성적 자기 희생의 전통적 교의가 우리의 '배려' 개념들에 너무 깊이 뿌리 내려 있어서, 페미니즘 윤리가 오히려 다른 개념, 즉 '신뢰'('trust', Baier 1986, 1994; Govier 1997, 1999), '감정이입'('empathy', Meyers 1987) 혹은 '취약성'('vulnerability', Mendus 1993)과 같은 개념에 근거하는 것이 더 나을 것이라는 주장에 우려를 표명한다. 그렇지만 이 모든 입장들은 배려의 윤리와 마찬가지로 동일한 출발점을 공유한다–즉, 주류 윤리학과 정치이론이 도덕문제 접근에서 전형적인 '남성'의 방식을 반영하고 있으며, 나아가 여성들이 이러한 도덕문제를 다루는 방식에 유의함으로써 중요한 통찰을 배울 수 있다는 점이다. 그리고 그들 모두는 보다 '관계적인' 인간 개념을, 윤리에서 보다 '맥락적' 접근을, 인간적 의존성에 대한 보다 현실적인 관심을 강조한다. 이러한 이유로, 코엔(Koehn)이 지적하는 것처럼, 이러한 페미니스트 윤리의 대안적 설명은 강점과 동시에 약점도 갖는 경향이 있다. 특히, 그들 모두는 신뢰하고/배려하고/감정이입을 하는 사람들이 오히려 착취당하거나 이용당하지 않도록 보호하는 문제의 어려움에 직면해 있다(Koehn 1998).

이론'(grand theory)을 제공할 것을 가정하는 셈이다. 그런데 페미니즘의 전체 핵심은 그와 같은 거대이론들의 필요 혹은 효용에 대해서 의문을 제기하는 것이다(Deveaux 1995a: 117).[43)]

'1/4은 타인에게, 3/4는 자신에게'와 같은 단순한 공식의 거부는 분명 매우 지혜롭다. 우선, 배려 이론가들이 강조하는 것처럼, 사실상 각각 자신들만의 도덕적 논리를 갖는 다양한 배려의 형태들이 있다. 자신의 자녀에 대한 어머니의 배려는 친구들 사이에 나타나는 배려와는 구별이 되고, 그것은 또한 간호사 혹은 사회 노동자의 윤리적 배려와도 구별이 된다.[44)] 보우덴(Peta Bowden)이 지적하는 것처럼, '상대적으로 비자발적인 관계에서부터 보다 자유롭게 선택된 관계, 비공식적 맥락에서부터 공식적으로 조직된 맥락, 친밀성에서부터 공적 접근성에 걸쳐 나타나는 다양한 변화는, 그것에 따라, 배려의 가능성에 대한 상이한 자유, 책임 및 제한을 가져 오게 된다.(Bowden 1996: 144). '본질주의적'(essentialist) 혹은 '일원론적'(unitary)인 배려 개념이 없기 때문에(Bubeck 1995: 222-236), 배려 윤리 내에서 자율성과 책임감을 어떻게 균형을 유지하는가에 대한 어떠한 추상화된 규칙도 있을 수 없다.

그러나 이것이야말로 추상화된 규칙이 중요한 덕목으로 작용하는 장소 중의 하나이다. 만약 우리의 목표가 배려의 윤리의 요구에 의해 자유로운 자신의 계획추구가 완전히 잠식당하지 않는 것을 보장하는 것이라면, 우리는 단순히 도덕적 책임감에 대한 한계(limits on our moral responsibility)의 필요성뿐만 아니라 *예측 가능한* 한계(predictable limits) 또한 필요하다. 우리가 장기적 계획을 세우기 위해서는 *사전에*

---

43) '자유주의자들은 배려 관점을 도덕의 거대이론으로 취급하고, 그에 따른 비판을 제기한다. 그에 대한 반응으로, 배려의 주창자들은 자신들의 접근이 도덕의 거대이론과는 정반대로, 세계를 맥락, 애착, 실제적인 것, 비가설적인 것, 경험으로 바라보려 한다고 말한다. 그들은 자신들이 개념 대 개념(concept for concept)으로 자유주의에 대응해야 할 필요가 있다는 제안을 거부한다. 그리고 이들은 바로 개념 대 개념으로 맞대응하는 이러한 기대가 페미니스트 배려 이론가들에 의해 제기된 도덕철학과 윤리실천 간의 문제에 대한 광범위한 비판을 모호하게 한다고 주장한다'(Deveaux 1995a: 117).

44) 이와 같은 배려의 세 가지 상이한 형태의 논리에 대한 유용한 탐구에 대해서는, Bowden 1996을 보시오. 많은 배려 이론가들이 모성애(mothering)를 배려 윤리의 패러다임으로 보고 있지만(예를 들어 Noddings 1984; Ruddick 1984a; Held 1993), 프리드만(Marilyn Friedman)은 여성들의 친밀한 우정(intimate friendships)이 페미니스트 윤리에 있어서 보다 유망한 모델이 될 수 있을 것이라고 제안한다(Friedman 1993).

우리가 어디에 의지할 수 있는지 그리고 어디에 책임이 있어야 하는지를 알아야 한다. 그 이전에 그랬던 것처럼, 오늘은 그 누구도 당신의 도덕적 도움이 필요하지 않고, 그래서 도덕적 휴일을 가져도 된다는 이야기를 최후의 순간에 듣는다면, 그것이 그다지 좋은 일은 아닐 것이다. 휴일의 이점은 우리가 그것을 계획할 수 있을 때만 누릴 수 있을 것이다. 그리고 그것을 위해서는 우리는 이후에(later) 어떤 이익들에 대해 책임을 져야할 지를 지금(now) 결정할 것이 필요하다. 그리고 그것은, 역으로 말한다면, 타인을 돌보게 될 책임이 있는 사람이 누구인가를 훗날에 결정하게 되면, 우리가 완전히 맥락에 민감한 결정을 할 수 없게 될 것이다.

예를 들어, 업무가 진행되고 있을 때 휴가가 다가 왔다면 우리는 누가 사무실에서 가장 덜 필요하냐고 질문하지 않는다. 규칙의 체계 속에서 우리는 단지 누가 다음 차례인지만을 질문한다. 그것의 결과로 보다 맥락적인 의사결정과정이 이루어지길 원하는 욕망이 좌절되어 고통 받는 일부의 사람도 생길 수 있다. (사무실의 다른 사람들은 실제로는 그것을 잘 알아차리지 못할 것이다.) 그러나 우리가 우리의 계획에 대한 진정한 헌신이 이루어질 수 있기를 바란다면, 우리의 주장들은 어느 정도는 우리 주변에 있는 사람들의 욕망으로부터 격리되어야 한다. 추상적 규칙들은 타인의 욕망 변화에 직면하여 일종의 보안을 제공한다.

물론, 배려 이론가들이 자율성과 책임감을 조화시키기 위해 어떤 종류의 관계들에는 상이한 기준들이 적용되어야 한다고 주장하는 것은 옳다. 예를 들어, 우리는 자녀들이 어른들과 동일한 자율성과 상호성을 존중할 것이라고 기대할 수 없다. (나는 아래에서 이 문제로 다시 돌아올 것이다.) 그러나 유능한 성인들 간의 상호관계에서, 책임감과 자율성을 조화시키는 한 가지 중요한 방식은 특정한 상황에 대한 끊임없는 평가와 재평가를 통해서 그것을 결정하는 것이라기보다는, 어떤 특정한 상황들이 벌어지기 이전에 우리 책임의 일부를 성문화시키는 것이다.

이와 같은 추상적 규칙에 대한 호소는 정의가 우리들의 '고유한 개별성'(distinct individuality)을 무시한다는 것을 의미하는가? 이러한 맥락에서는, 정의가 '무엇을 바라는 것이 합당한가'(what is reasonable to expect)에 대한 우리의 개념을 우리 주위 사람들의 특정한 필요에 맞출 필요가 없다고 이야기하는 점은 사실이다. 이러한 맥락에서, 우리의 권리와 의무들은, 우리 주위 사람들의 필요에 대한 맥락에 민감한 평가에 의해서가 아니라, 추상적 규칙들에 의해 사전에 결정되어 버린다. 그러나 이것을 그러한 특정한 필요에 대한 무감각의 증거로 볼 수는 없다. 왜냐하면 특수성으로부터의 이러한 추상화의 연쇄적 결과는 특수성을 보다 완전하게 보호하기 위한 것이기 때문이다. 우리의 주장들이 모든 사람의 특수한 욕망에 대해서 맥락에 민감한 계산에 의지하면 할수록, 우리의 개인적 계획들이 타인의 욕망의 변화에 따라 더욱 더 취약하게 된다. 그렇게 되면 우리들이 장기적 헌신을 할 수 있는 가능성은 점점 줄어들게 된다. 의미 있는 자율성은 예측 가능성을 요구하고, 예측 가능성은 맥락에 대한 민감성으로부터의 격리가 필요하다.

이것은 여전히 추상적 규칙들을 적용함으로써 일부 사람들의 강력한 욕망들이 좌절될 가능성을 남겨둔다. 그러나 우리가 이미 보았던 것처럼, 정의 윤리는 공적 기준에 비추어 자신의 목적을 조정할 능력이 있는 유능한 성인들을 전제한다. 규칙들이 공적으로 알려져 있다고 가정하고, 그리고 당분간 우리의 관심을 유능한 성인들에게 국한한다면, 추상적 규칙의 적용으로 인해 고통 받게 되는 사람들은, 낭비 또는 부주의로 인해, 적절하게 할당된 수단 한도 내에서는 충족시킬 수 없는 욕망을 형성한 사람들이라고 할 수 있다. 어떤 특수한 상황에서는 그러한 사람들이 생겨날 수 있다. 그들의 고통은, 특수한 필요에 대한 맥락에 민감한 평가에 호소하는 사회에서보다, 추상적 규칙들에 호소하는 사회에서 주목을 덜 받을 수 있다. 그러나 그것은 그들 자신의 책임이므로, 이들의 무책임으로부터 이들을 구제하기 위해 타인들에게 희생을 요구하는 것은 불공정하다.

배려의 윤리에서 개인적 자율성의 근거를 찾는 어려움은 공리주의자들이 겪었던 것과 유사한 문제를 떠올리게 한다(제2장, 25~26). 두 가지 경우 모두, 도덕적 행위자는 '[타인들]의 기획에 의해 상당한 정도로 형성된 인과적 틀 안에서 가장 바람직한 행동'을 해야 하는 외관상의 '무제한적인 책임'(unlimited responsibility)에 직면하게 된다. 행위자의 결정은 '그가 있는 곳에서부터 그가 영향을 미칠 수 있는 모든 만족들을 충족시키는 기능적 도구가 된다. 그리고 그것은 타인의 계획들이, 무한정한 정도로 광대한 영역까지, 그의 결정을 결정해 버린다는 것을 의미한다.' 이는 그 자신의 욕망 및 신념들을 독립적으로 추구할 여지를 거의 남겨놓지 않는다(Williams 1973: 115).[45)] 이러한 유사성은 그다지 놀랄만하지 않다. 배려 이론가들이 공리주의자들의 최대화에 대한 헌신은 거부하고 있지만, 양쪽의 이론가 모두 도덕적 요청의 근거를 객관적 불공정성에서보다는 주관적인 상처와 행복에서 찾는 경향이 있기 때문이다. 그런 결과로, 양쪽의 이론가 모두는 타인에 대한 관심을 이들 타인들에게 이미 주어져 있는 필요에 대한 반응이라고 해석한다. 그러나 타인에 대한 배려를 단순히 현존하는 선호에 대한 반응의 측면에서가 아니라, 우리의 선호를 형성하는데 들어가는 어떤 것으로 간주한다면, 공정성과 자율성을 보호할 수 있다. 정의로운 분배를 결정하는 데 있어서 사람들의 (이미 주어진) 특수한 목표들을 고려하기보다는, 사람들은 자신의 욕망을 결정하는데 있어서 정의의 원칙을 고려해야 한다. 롤즈가 지적하는 것처럼, 정의의 윤리에서는 '그들이 합당하게 기대하는 것에 비추어서 자신들의 욕망과 야망을' 형성할 책임이 있다. 그렇게 하는데 실패한 사람들은 강력한 욕망의 좌절로 고통 받게 될 것이다. 그러나 사람들은 '자신들의 요구의 비중이 그들의 필요와 욕망의 정도나 강도에 의해 주어지는 것이 아님'을 알게 된다(Rawls 1980: 545). 따라서 우리는 도덕적 요구의 기초를 앞에서 논의한

45) 따라서 공정함이 '너무 많은 것을 요구하는 것'이라는 윌리엄스(Bernard Williams)의 믿음, 또는 '개인적 관점'에 대한 중요성을 강조함으로써 우리가 도덕의 제한성으로부터 개인적 계획들이 자유로워질 수 있다는 윌리엄스의 희망을 길리건이 공유하고 있다고 말하는 것은 매우 잘못된 것이다(반대로 Adler 1987: 226, 205; Kittay and Meyers 1987: 8). 블럼(Lawrence Blum)이 지적하는 것처럼, 개인적 관심(personal concerns)은, 윌리엄스에 의하면, '도덕성(morality)의 관점에서라기 보다는, 보다 광범위한 실천이성(practical reason)의 관점에서 정당한 것'으로 간주되고 있다. 이와는 대조적으로, 길리건은…… 개인적 관계에서 배려와 책임은 도덕성 그 자체의 중요한 요소를 형성하는데, 공정성과는 완전히 구분된다고 주장한다. 길리건에게 있어서, 각각의 사람들은 지속되고 있는 관계들의 망에 각인되어 있고, 도덕성은, 이러한 관계망 속에 있는 개인들에 대한 관심, 이해, 정서적 반응에 전적으로 의존하는 것은 아니라 하더라도, 이에 매우 중요하게 의존한다. …… 네이글(Thomas Nagel)과 윌리엄스의 개인적 영역은 개인적 관계 안에서의 배려와 책임의 현상을 포착하거나 포함하지 않음(비록 네이글과 윌리암스가 때때로 그렇게 의도하고 있는 것으로 시사하긴 하지만)은 물론, 왜 관계에서의 배려와 책임이 도덕적 현상인지에 대해 설명하지도 않는다.'(Blum 1988: 473) 블럼은 윌리엄스의 공정성에 대한 비판과 길리건의 비판은 '매우 다르다'고 결론을 내리지만, 길리건의 비판이 윌리엄의 공정성 비판과 '그렇게 불일치하진 않는다'고 주장한다(Blum 1988: 473). 그러나 이것은 여전히 문제를 평가절하 하는 것이다. 그 이유는 윌리엄스는 분명하게 개인적 계획들의 비도덕적 가치(the non-moral value of personal projects)를 강조하고 있으며, 나아가서 이러한 비도덕 가치들을 보호하게 위하여 도덕성(morality)을 수용하기를 원하기 때문이다. 길리건은 윌리엄스가 비도덕적 중요성을 담지하고 있다고 말하는 바로 그 연루관계(the very attachments)를 도덕화 시키기를 원하고 있다.

주관적인 상처 또는 행복으로부터 객관적 불공정성으로 옮겨 가야 한다.

이제 우리는 앞에서 논의한 배려와 정의 사이에 놓인 두 가지의 대비의 진정한 핵심을 볼 수 있다. 트론토에 따르면, 정의는 도덕적 감수성의 학습보다는 규칙의 학습을 강조하고, 특수한 필요들에 대한 맥락에 민감한 평가를 하기보다는 추상적 원칙의 적용에 강조를 둔다. 우리의 도덕적 능력과 도덕적 추론에 있어서의 추상화와 맥락민감 성에 관한 이와 같은 논쟁(this debate over abstraction and context-sensitivity)은 도덕적 개념으로서의 권리와 책임감에 관한 논쟁(the debate over rights and responsibilities as moral concepts)과 구분되는 것으로 흔히 제시된다. 그것은 종종 인식론적 논쟁으로 간주된다. 즉, 정의 이론가들은 추상적 원칙들이 보다 더 '객관적'이거나 '합리적'이라고 생각하는데 반해, 배려 이론가들은 객관성의 개념이 인식론적으로 근거가 없다고 생각한다(예를 들어 Jagger 1983: 357; Young 1987: 60).[46] 앞에서 나는 이런 대비 전체가 과장되었다고 주장했다. 정의적 추론과 연관된 추상화의 성질은 맥락 민감성과 필연적으로 경쟁적 관계에 있는 것은 아니기 때문이다(예를 들어, 좋은 배심원이 되기 위해서는 도덕적 감수성이 요구된다). 그러나 이제 우리는, 정의가 맥락에 덜 민감한 경우에서 조차도, 그러한 설명은 인식론적이라기 보다는 도덕적(moral not epistemological)이라는 것을 알 수 있다. 정의가 규칙들을 학습하고 적용하는 것을 강조하는 이유는 그것이 공정성과 자율성을 위해 요구되기 때문이다. 우리가 순수한 자율성을 갖아야 한다면, 우리는 사전에 우리의 책임들이 무엇인지 알아야 하고 이러한 책임감의 부과는 어느 정도는 특정한 욕망들에 대한 맥락 민감적 평가로부터는 격리되어야 한다. 그런 결과로, 일부 주관적 상처들은 경시될 수밖에 없다. 그리고 만약 일부 주관적 상처들이 도덕적 요구를 발생시키지 않는다면, 사람들은 사전에 그것들이 어떤 것인가를 알아야 한다. 그렇게 함으로써 그들은 자신들의 목표를 조정할 수 있을 것이다. 이러한 두 가지 이유 때문에, 우리들에게는 보다 더 추상적이고 맥락에 덜 민감한 규칙들이 필요하다.[47] 우리들의 도덕적 능력과 도덕적 추론에

46) 이것은 실질적 가치보다는 형식적인 특성의 입장에서 배려와 정의를 구별하려고 하는 널리 알려진 경향과 연관되어 있다—이러한 경향은 Bubeck 1995: ch.5에 소개되어 있고 비판되고 있다.

47) 공적 기준들에 대한 주장은 동시에 민주주의와 연관되어 있다. 배려 윤리의 주장은 도덕적 문제들이 공적

있어서 맥락 민감성의 중요성과 관련하여 정의이론가들과 배려 이론가들 사이에 존재하는 어떤 차이들이 있다면, 그것은 모두 도덕적 개념으로서의 공정성과 책임감의 중요성(the importance of fairness and responsibility as moral concepts)에 관계된 보다 근본적 차이들로부터 유래되는 것이다. 앞의 두 대비는 세 번째 것의 부산물이다.

따라서 이 세상이 오로지 장애가 없는 성인들로 구성되어 있다면, 자율성과 책임감을 비교평가할 수 있는 공적인 규칙을 지닌, 정의적 접근에 찬성할 강력한 이유가 있을 것이다. 그리고 우리가 이 책을 통해 살펴보았듯이, 많은 정의 이론가들은 세계가 오로지 장애 없는 성인들로 구성되어 있는 것처럼 저술했고, 그러한 성인들이 어떻게 양육되었으며, 의존적인 사람들의 필요가 어떻게 충족될 수 있는가에 대한 문제들을 무시했다.[48] 정의이론가들은 종종 암묵적으로 홉스(Thomas Hobbes)의 제안을 따른다. 즉, 우리의 이론을 발전시킬 때, 우리는 '인간을 심지어 이 지구상으로 불쑥 솟아나와, 버섯처럼 순간에 완전히 성숙해지고, 타인들과도 어떤 종류의 관계도 맺고 있지 않은 존재처럼 생각해야 한다.'[49] 자녀의 양육과 의존이 필요한 사람들에 대한 배려는

규칙이나 원칙에 호소하는 것이 아니라, 도덕적으로 성숙한 행위자들에 의해 도덕적 감수성을 행사함으로써 해결되어야 한다고 주장한다. 이러한 요구는 정치지도자들이 민주주의적 절차에 너무 많이 의지하면 안된다고 하는 보수주의적 주장과 강력한 유사성을 갖고 있다(예를 들면, Okeshott 1984). 현명한 정치지도자는 치밀하기보다는 신뢰할 수 있어야 한다. 왜냐하면 그들의 논리전개는 종종 암묵적이므로 체계적으로 표현되는 것이 불가능하기 때문이다. 정의의 규칙에서와 마찬가지로, 우리는 정치 지도자들이 정당화의 명백한 공적 기준들을 사용하기를 바랄 수 있다. 그것은 공적 기준들이 더 객관적이어서가 아니라 더 민주적이기 때문이다. 모성애적 사고(maternal thinking)가 민주주의와 같은 정치적 가치를 무시하고 있다는 비판으로는 Dietz 1985를 보시오.

48) 이것에 대한 한 가지 설명은, 앞에서 언급했던 것처럼, 남성 철학자들이 그들이 이득을 얻고 있는 성별로(gender) 구분된 분업에 질문을 던지지 않을 자기이익 편의적 이유(self-interested reason)를 갖고 있었다는 것이다. 그러나 베이어(Annete Baier)는 또 다른 이유를 제시해 준다. 그녀는 서구 전통에서의 위대한 도덕이론가들이 '단지 모두 남성이었을 뿐만 아니라, 대부분은 여성과 거의 관계를 맺지 않았던 남성들이었다(따라서 여성에게는 최소한의 영향만을 받았던).' 그들은 대부분 '성직자, 여성 차별주의자, 신교도 독신'들이었다. 그들의 철학은 그들의 성인으로서의 삶이 '다소 자유롭고 평등한 성인 이방인들 사이에 나타나는 초연하게 거리를 둔 관계'를 반영하고 있다(Baier 1986: 247~248). 그녀는 이러한 이론가들 중 다수가 심지어 가부장적 결혼을 해서라도 남편이나 아버지가 되었다면, 가족, 의존 그리고 세대간의 인간 공동체를 유지하는 데 필요한 덕성과 관계들이 어떤 것인지 대해서 보다 많은 관심을 기울였을 것이라고 주장한다.

49) Hobbes, 'Philosophical Rudiments Concerning Government and Society', Pateman 1991: 54에서 재인용. 1989년에 쓴 책에서, 오킨은 공동체주의자, 자유주의자, 자유적 평등주의자들 모두가 어떻게 '성별화된

한편으로는 무시되었고, 한편으로는 어느 정도 가족 안에서 '자연스럽게' 다루어질 것이라고 가정되었다. 그리고 가족은 정의이론의 범위 바깥에 있는 것으로 간주되었다.

성인(成人)들이 버섯처럼 지구 위로 갑자기 솟아 오른 것이라면, 우리가 우리의 목표에 대해 책임이 있다는, 그리고 우리가 객관적 불공정성에만 관심을 가져야 한다는 가정에는 아마도 큰 문제가 없을 것이다. 그러나 우리가 정의의 범위 내에 의존적인 사람들에 대한 배려를 포함시킨다면, 사태는 보다 복잡한 방향으로 나아가게 된다. 롤즈는 주관적 상처가 도덕적 요구들의 기준이라는 관점을 거부한다. 그 근거로 '그러한 주장은 시민들의 선호가, 단순히 발생하는 내적 성향 또는 열망으로서, 시민들이 통제할 수 없는 것으로 미리 가정하고 있기 때문이라고 한다(Rawls 1982b: 168~169). 그러나 이러한 가정은 물론 많은 사람들에게 있어서는 무척이나 진실이다. 롤즈의 도덕적 요구에 대한 근거로서 주관적 상처의 거부는, 공적 생활에서 상호작용하고 있는 (장애가 없고 정신적으로 건강한) 성인들만을 생각하고, 반면 병든 사람, 무력한 사람, 어린이들을 안중에 두지 않을 때에만, 설득력이 있다.[50] 롤즈는 육체적으로 건장한 성인들 사이의 상호관계가 정의의 '근본적 사례'(fundamental case)라고 말한다. 그러나 우리가 공적 영역을 넘어서 바라본다면, '근본적 사례'는

(gendered) 가족'의 존재를 가정하고 있는지, 그리고 그것을 정의이론의 범위 바깥에 있다고 간주하고 있는지를 자세하게 보여주었다. 각각의 경우에 있어서, 이론가들은 '성숙하고 독립적인 인간을 그들이 어떻게 그렇게 되었는지에 대해서는 언급하지 않은 채 자신들의 이론의 주체로 사용한다.' 우리는 물론, 그러한 인간이 상당한 관심과 고된 노력hard work)의 결과로서 발달하고 성장하는 것이며, 이의 상당부분이 여성들에 의해 수행되어진다는 점을 알고 있다. 그러나 정의이론가들이 '작업'(work)에 대해서 말할 때, 그들은 시장에서 임금을 받는 작업의 수행을 의미한다. 그들은 성적으로 구조화된(gender-structured) 가족 내에 있는 여성이 보수를 받지 않는 어린이의 양육과 사회화는 물론 친밀한 관계에 안식처를 제공하는 작업을 지속하고 있다는 사실을 가정해야 한다-그렇게 하지 않는다면, 그들에게는 이론화할 어떠한 도덕적 주체도 없을 것이다. 그러나 이러한 활동들은 분명 그들의 이론의 범위 바깥에서 발생하는 것이다. 전형적으로는, 특정한 정의의 기준을 갖고 조망하고 있는 어떤 이론가도 가족 그 자체를 검토하지 않았다. 그러므로, 오킨은 결론을 내린다. "그들의 이론의 기본적 주체인 '개인'은 매우 전통적인 가정의 가장인 남성이다. ……아직도 상당한 정도로 현대의 정의이론가들은 과거의 이론가들처럼 가정에 부인을 둔 남성들에 관해 이야기한다"(Okin 1989b: 9, 10, 13).

50) 대부분의 자유주의 이론가들이 우리가 의존적인 타인들에게 의무를 갖고 있다는 사실은 인지하고 있긴 하지만[제3장 제4절 (b)], 그들은 이러한 의무들이 공정한 자원의 배분을 어린이들과 연약한 자들에게 할당하는 것을 보장하는 문제인 것처럼 쓰고 있다. 그들은 의존적인 사람들에게 *배려*를 제공해야 하는 의무에 대해서는 논의하고 있지 않다(V. Held 1995b: 130).

이동한다. 그것은 게일린(Willard Gaylin)이 지적하는 것처럼, '우리 모두는 필연적으로 의존의 시작 단계에서부터 최종단계까지 전전하면서 우리 인생을 소비한다. 우리가 만일 운이 좋아서 그 과정에서 권력과 상대적 독립을 달성한다면, 그것은 덧없는 일시적인 영광일 뿐이다'(Zaretsky 1983: 193에서 인용).

다른 한편으로, 주관적 상처들이 도덕적 요구들을 발생시킨다는 가정은 우리가 아이의 육아와 관련된 배려 관계를 일반화시키는 정도까지는 설득력을 가질 수 있다. 어린 아이는 자신의 필요에 대해 아무런 책임도 없고, 부모의 행복에 주의를 기울일 것으로 기대되지 않는다. '어린아이는 상호 간에 동등한 배려를 할 능력이 없다. 그들은 그들에게만 해당되는 사심없는 관심과 주의의 영역을 필요로 한다'(Grimshaw 1986: 251). 그러나 바로 그 이유 때문에, 아이에 대한 배려는 성인들의 상호관계에 좋은 모델이 되지 않는다. 그림쇼가 지적하듯이, 부모의 역할은 '대부분의 성인들 사이의 관계에서 분노의 원인이 되거나 무척이나 견디기 힘든 행동들에 대해 관용하고, 받아들이고, 상처받지 않도록 노력하는 것이 종종 요구된다.…… 여성적 '덕성'들과 선천성을 아이들과의 관계에서 주로 발생하는 것으로 이해한다면, 그것은 쾌활함이 포기와 받아들임이 되고, 주의가 상습적인 걱정이 되고, 배려와 책임감이 만성적인 자기 부정으로 변해가는 방식을 간과하는 경향으로 인도할 수 있다'(Grimshaw 1986: 251, 253).

간단히 말해서, 정의와 배려 모델은 서로 다른 종류의 사례를 염두에 두고 발전되었다. 그리고 양자는 모두 우리의 도덕적 의무의 전 영역을 다루는 데에는 적합하지 않게 보인다. 그렇다면 우리가 배려는 의존적인 사람과의 관계에 적용되는 반면, 정의는 자율적 성인들의 관계에 적용된다고 말해야 하는가?[51] 그렇게 말하는데 따르는 한 가지의 어려움은 배려의 분배(the distribution of care) 그 자체가 정의의 문제라는 것이다. 정의의 이론가들은 어떤 사람들(여성들)은 자신의 인생 계획의 일부로 '선천적으로' 타인을 배려하기를 욕망한다고 가정하는 경향이 있다. 그러므로 의존적인 사람들에 대한 배려의 작업은 모든 사람에 대한 도덕적 의무를 부과하지 않는다고 한다.

---

51) 트론토는 이것을 '봉쇄'(containment) 전략이라고 부른다. 봉쇄전략은 배려 이론의 전통적 정치 이론에 대한 도전을 봉쇄 혹은 제거하기 위해 주류이론가들이 사용했다(Tronto 1993)

그러나 베이어(Annette Baier)가 주장하는 것처럼, 우리는 배려를 모든 인생 계획에 대한 도덕적 제약이 아닌, 단순히 하나의 가능한 인생계획으로 간주할 수는 없다. 왜냐하면 '다른 사람들은 그렇게 하지 않는 데에도 어떤 사람들에게는 (배려하는 성향을) 계발하라고 장려한다면, 그것은 그렇게 하는 사람들에 대한 착취로 쉽게 발전할 수 있기 때문이다. 다른 사람들이 배려의 책임(병자들, 무력한 사람들, 어린아이들을 위한)을 담당하여, 이들 배려를 누리는 사람들이 자기자신의 덜 이타적인 가치를 자유롭게 추구하는 것을 허용하는 것은, 충분히, 대부분의 사회의 일부 사람들에게는 적합하게 맞는다는 점은 분명하다. 그리고 물론, '오랜 기간 인식하지 못했던 도덕적 프롤레타리아는 가정 내의 노동자, 즉 대부분 여자였다'(Baier 1987b: 49~50). 만약 우리가 일부 사람들에 대한 '자유로운 애정'(free affectivity)이, '의존적인 타인들을 배려하는 사람들의 통상적으로 자유롭지 못한 애정(the usually unfree affectivity)에 의존하지' 않고, 동시에 이런 사람들의 애정을 착취하지 않을 것을 보장하고자 한다면, 우리의 정치이론은 '새로운 미래의 사람들에 대한 관심을 그것에 취향이 있는 사람들에게 맡겨버리는 선택적 자선(an optional charity)의 문제로 간주할 수 없다. 정치이론이 지지하는 도덕성이 스스로 지속되려면, 그 도덕성은 자신을 지속시킬 수 있는 사람을 공급해야만 하며, 교묘하게 장려된 모성애를 차용해서는 안된다'(Baier 1987b: 53~54; 1988: 328).

이것은 특정한 배려의 행위와 실천들이 시민권의 의무의 하나로 간주되어야 하고-세금을 내거나 군복무를 하는 것만큼 중요한 의무로-여성뿐 아니라 남성들에게도 적용되어야 한다고 주장한다.[52] 게다가 우리가 보았던 것처럼, 성적 불평등의 제거를

52) 의존적이거나 취약한 사람에 대한 배려를 시민권의 의무사항으로 보아야 한다는 관점에 대해서는, Held 1993; Tronto 1993; Bowden 1996: 154; Bubeck 1995를 보시오. 이것은 시민이 '독립적'이라고, 즉 그가 애초에 배려를 제공하는 사람도 아니며 배려를 필요로 하는 사람도 아니라고 가정하고 있는 전통적인 시민권 개념을 극적으로 수정하고 있는 것이 분명하다(Young 1995b). 보다 강력한 주장은 일반적인 시민권이 관계 혹은 배려의 실천으로 규정되어야 하고, 모성애나 우정과 같은 보다 전통적인 배려의 관계들에서 발견되는 것과 동일한 가치들과 덕성들이 제공되어야 한다는 것이다(예를 들어, Sevenhuijsen 1998: 66; Bowden 1996: ch.4). 이러한 주장은 종종 제7장에서 언급되었던 '모성애적' 시민권 설명('maternalist' accounts of citizenship)과 연관이 된다. 거기서는 모성애가 일반적 시민권의 모델을 제공한다고 주장한다(예를 들어 Nedelsky 2000; Held 1993; Ruddick 1987). 다른 페미니스트들은 시민권이 배려의 의무를 하나의 구성 요

위해서는 단지 가정 내 노동의 재분배뿐 아니라 공적인 것과 가정적인 것의 예리한 구분의 파괴 또한 필요하다. 예를 들면, 우리는 공적 삶과 아이의 양육을 통합할 수 있는 방법을 찾아야 하지, 아이의 양육을 구분된 영역으로 분리해야 하는 것이 아니다. 그러나 공적인 것과 가정적인 것의 이와 같은 통합이 성적 정의를 위해 필요한 것이긴 하지만, 그것은 정의의 전제적 가정을 훼손할 위험이 있다. 정의는 우리가 자율적 성인이라고 전제하고 있음으로 해서, 우리가 *의존적인 사람들을 배려하지 않는*(who are not care-givers for dependents) 성인들이라는 사전적 전제를 미리 하고 있는 것처럼 여겨진다. 사람들이 의존적인 사람들의 (예측할 수 없는) 요구들에 도움을 줄 책임을 가지는 순간, 그들은 더 이상 그들 자신의 예측 가능성을 보장할 수 있는 능력을 상실하게 된다. 아마도 추상적 기준들에 비추어 형성된 계획들을 자유롭게 추구하는 자율성의 전체적 모습은 의존적인 타인들에 대한 배려가 그 밖의 다른 사람들 또는 국가를 통해 위탁될 수 있다고 미리 전제한다. 남성 정의 이론가들이 그토록 장황하게 논의했던—개인적 목표를 설정하고, 개인적 계획들에 헌신하는—자율성 같은 것들에 대해 배려 이론가들이 얼마나 적게 이야기 했는가를 주목해 보는 것은 흥미로운 일이다. 베이어에 따르면, 배려적 관점은 '자율성을 심지어는 이상(an ideal)으로 생각하지도 않는다.……소위 사상과 자유와 같은 종류의 자유는 이상이다. 그러나 "자기 자신의 방식대로 자신의 삶을 사는 것"은 개인들의 목표에 포함될 가능성이 적다'(Baier 1987a: 46). 루딕이 말하는 것처럼 모성적 사고는 그녀가 '보존'(holding)이라고 부르는 '근본적으로 형이상학적인 태도'와 연관되어 있다. 그것은 '취득보다는 보존의 우선성에 의해 지배'(governed by the priority of keeping over acquiring)되는데, 거기에서는 새로운 열망들의 추구보다는 기존의 관계들을 보존하는데 우선성을 둔다(Ruddick 1984a: 217; 1987: 242). 다른 페미니스트들은 우리가 자유주의적 '자율성'(autonomy)을 적절한 목표로서 행위자(agency) 혹은 '융합성'(integrity)으로 대체해야

소로 포함하고 있긴 하지만, 그곳에는 모성애 혹은 다른 배려의 관계들에서 발견되는 것과는 구별되고 심지어는 충돌하고 있는 덕성들과 실천들 역시 포함하고 있다고 주장한다(예를 들어 Dietz 1985, 1992; Nauta 1992; Mendus 1993; Mouffe 1992a).

할 필요가 있다고 주장한다(Card 1996; Abrams 1999; Higgins 1997).[53] 이러한 관점에서 볼 때, 여성의 자유에 대한 헌신은, 특정한 타인들의 유동적인 필요로부터 자유롭게, 개인적 계획추구를 위한 근거 확립에 대한 헌신이 아니다. 그것은 순종적 또는 유순한 방식이라기보다는 용기 있고 창의적인 방식으로 그러한 필요들을 충족시키고자 하는 헌신이다. 자율성에 대한 그 어떤 확장적 개념도 우리들의 책임성을 포기하는 대가를 통해서만이 나타날 수 있다.[54]

우리가 의존적인 타인들에 대한 우리의 책임을, 보다 건전한 자율성을 포기하지 않고, 그리고 보다 건전한 자율성을 가능하게 해주는 책임감과 정의의 개념 없이, 충족할 수 있을까? 그것을 말하기에는 너무 이르다.[55] 정의 이론가들은 전통적인 공정성과 책임의 개념을 엄밀히 함으로써 인상적인 체계를 구성해냈다. 그렇지만 아이의 양육과 의존적 사람들에 대한 배려와 같은 기본적 문제들을 지속적으로 등한시함으로 인해,

53) '행위자'[agency, 혹은 심지어 '부분적 행위자'(partial agency)]의 보다 순화된 개념에 대한 이와 같은 선호는 관계성을 유지할 우리의 책무에 관한 배려에 기반한 사고방식에 뿌리를 두는 동시에, 일관적인 자아 또는 선택적 주체 바로 그 개념에 대한 포스트 모던적 비판에도 근거를 두고 있다. 포스트모더니즘과 배려 이론을 연관시키는 시도에 대해서는, Heckman 1995; Sevenhuijsen 1998; White 1991; Flax 1993을 보시오. 페미니스트들이 (수정된) 자율성의 개념을 고수해야 한다는 관점에 대해서는, Nedelsky 1989; Friedman 1997, 그리고 McKenzie and Stoljar 1999에 있는 논문들을 보시오.

54) 예를 들어, 윌슨(Leslie Wilson)은 '개인의 윤리적 자아에는 어떤 종류의 자율성이 필요한' 이유가 그것이 우리를 '누군가를 순수하게 배려할 수 있는 인간이 될 수 있도록' 만들기 때문이라고 말한다. 그러므로 자율적인 인간은 '그가 더욱 더 배려를 잘하는 개인이 될 수 있는 방식을 결정하려고 노력하면서' 자신의 자율성을 훈련시킨다(Wilson 1988: 21~22). 그와 유사하게, 루딕은 세심한 사랑이 '만성적인 극기'(chronic self0denial) 보다는 '현실적인 자아보존'(realistic self-preservation)을 필요로 하는 이유가 그러한 방식으로 우리가 보다 더 배려를 잘하는 개인이 될 수 있기 때문이라고 말한다(Ruddick 1984b: 238). 이것은 자기 자신을 위하는 것과 관련된 기획들을 자유롭게 추구한다는 고전적 자율성 모습과는 일정한 거리가 있다. 자유로운 기획의 추구는 종종 시간과 노력 때문에 개인의 도덕적 의무와 경쟁한다.

55) 그와 같은 통합이 어떤 것이 되어야 할 것인지에 대한 실험적인 제안으로는, V. Held 1995b: 130~131; Narayan 1995: 138~140; Bubeck 1995; Clement 1996을 보시오. 나라얀이 강조하고 있는 것처럼, 현실 세계의 환경의 많은 부분에서, 정의와 배려는 경합하고 있기보다는 상호 간에 강화시켜 준다. 향상된 배려는 정의의 보다 적절한 형식을'가능하게 해주는 조건'(enabling condition)으로 간주될 수 있다. 보다 확장된 정의는 배려의 보다 적절한 형식을 가능하게 해주는 조건으로 간주될 수 있다. 따라서 그 둘은 '점점 이론적 우선성이나 도덕적이고 정치적인 적합성을 주장하는 경쟁적 입장이라기 보다는, 인간번성에 보다 도움이 될 수 있는 세상을 만들어 가기 위한 우리의 실천적이고 정치적인 노력에 있어서의 협조자이자 동맹체로서' 간주될 수 있다(Narayan 1995: 139~140).

이러한 지적 성취들은 검토되지 않은 채 불안정한 근거에 위험스럽게 의존하고 있다. 성평등(sexual equality)에 대한 적절한 이론이라면 이와 같은 문제들을 다루어야만 할 것이다. 나아가서 성평등 이론은 이러한 문제들을 은폐해 온 차별과 사생활에 대한 전통적 관점들을 적절히 다루어야 한다.

심화된 독서를 위한 안내

현대 페미니즘의 도덕 및 정치 이론들에 대한 유용한 안내로는, Alison Jagger and Iris Marion Young (eds.), *A Companion to Feminist Philosophy* (Blackwell, 1998); Claudia Card (ed.), *On Feminist Ethics and Politics* (University Press of Kansas, 1999); Card (ed.) *Feminist Ethics* (University Press of Kansas, 1991); Alison Jagger, *Feminist Politics and Human Nature* (Rowman and Allanheld, 1983; 앨리슨 재거, 공미혜·이한옥 역, 『여성해방론과 인간본성』, 이론과 실천, 1992); Rosemary Tong, *Feminist Thought: A More Comprehensive Introduction*, 2nd edn. (Westview, 1998; 로즈마리 통, 이소영 역, 『페미니즘 이론: 종합적 접근』, 한신문화사, 2000); Judith Butler and J.W. Scott (eds.), *Feminists Theorize the Political* (Routledge, 1992); Anne Phillips (ed.), *Feminism and Politics* (Oxford University Press, 1998)을 보시오.

정치사상사에 대한 페미니스트적 비판과 재해석에 대해서는, Mary Lyndon Shanley and Uma Narayan (eds.), *Reconstructing Political Theory: Feminist Perspectives* (Pennsylvania State University Press, 1997); Ellen Kennedy and Susan Mendus, *Women in Western Political Philosophy* (Wheatsheaf, 1987); Mary Lydin Shanley and Carole Pateman (eds.), *Feminist Interpretations and Political Theory* (Pennsylvania State University Press, 1991; 캐럴 페이트만·메어리 린든 쉐인리 편저, 이남석·이현애 역, 『페미니즘 정치사상사』, 이후, 2004); Susan Okin, *Women in Western Political Thought* (Princeton University Press, 1979); Arlene Saxonhouse, *Women in the History of Political Thought* (Praeger, 1981); Carole Pateman, *The Sexual Contract* (Polity, 1988; 캐럴 페이트만, 이충훈·유영근 역, 『남과 여, 은폐된 성적 계약』, 이후 2001); Nancy Hirschman and C. DiStefano (eds.) *Revisioning the Political: Feminist Revisions of Traditional Concepts in Western Political Theory* (Westview, 1996); Jean Bethke Elshtain, *Public Man, Private Women : Women in Social and Political Thought* (Princeton

University Press, 1981)을 보시오.

이 장을 쓰기 위해서, 나는 주류 정치철학에 대한 페미니즘의 관심을 세 가지 주제로 구성했다. 첫째는 소위 *평등/차이*(equality/difference) 논쟁으로, 소위 성불문(sex–blind)법률이나 정책들이 여성에게 불이익을 줄 수 있다고 주장되는 방식들에 관한 것이다. 이러한 논쟁에 중요한 기여를 한 것으로는 Catherine MacKinnon, *Feminism Unmodified: Discourses on Life and Law* (Harvard University Press, 1987); Deborah Rhode, *Speaking of Sex: The Denial of Gender Inequality* (Harvard University Press, 1997); Susan Okin, *Justice, Gender, and the Family* (Basic Books, 1989); Eva Feder Kittay, *Equality, Rawls and the Inclusion of Women* (Routledge, 1995); Martha Nussbaum, *Sex and Social Justice* (Oxford University Press, 1999); Anne Phillips (ed.), *Feminism and Equality* (Blackwell, 1987); Deborah Rhode (ed.), *Theoretical Perspective on Sexual Difference* (Yale University Press, 1990)를 보시오.

두 번째 논쟁의 영역은 *공/사* 구분(the *public/private* distinction) 구분과 관련되어 있고, 역사적으로 그 구분이 여성들에게 불이익을 주고 주변화시킨 방법과 관련되어 있다. 논쟁에 대한 유용한 소개로는, Ruth Gaison, 'Feminism and the Public/Private Distinction,' *Stanford Law Review*, 45/1 (1992), 1~45; Susan Okin, 'Gender, the Public and the Private,' in David Held (ed.), *Political Theory Today* (Polity, 1991); Joan Landes (ed.) *Feminism, the Public and the Private* (Oxford University Press, 1998); Susan Boyd (ed.) *Challenging The Public/Private Divide : Feminism, Law and Public Policy* (University of Toronto Press, 1997); Anita Allen, Uneasy Access : *Privacy for Women in a Free Society* (Rowman and Allanheld, 1988); *William and Mary Law Review*, 40/2 (1999)에 실린 심포지엄을 보시오. 공/사 영역에 대한 보다 일반적인 논쟁에 대해서는 Maurizio Passerin and Ursula Vogel (eds.), *Public and Private: Legal, Political and Philosophical Perspectives* (Routledge, 2000); S.I. Benn and G.F. Gaus (eds.), *Public and Private in Social Life* (Croom Held, 1983)을 보시오.

배려의 윤리(the ethic of care)의 쟁점들에 관한 논쟁의 시작점은 Carol Gilligan, *In a Different Voice: Psychological Theory and Women's Development* (Harvard University Press, 1982; 캐롤 길리건, 허난주 역, 『다른 목소리로: 심리이론과 여성의 발달』, 동녘, 1997)와 그에 이어 곧바로 나온 Nel Nodding, Caring : *A Feminine Approach to Ethics and Moral Education* (University of California Press, 1984)이다. 이 책 두 권은 배려의 윤리와 그것의 정의와의 관계를 연구하는 도덕 철학자들 사이에 방대한 논쟁을 불러일으켰다. 이러한 논쟁에 중요한 기여를 한 것으로는 Peta Bowden, *Caring: Gender-Sensitive Ethics* (Routledge, 1996); Daryl Koehn, *Rethinking Feminist Ethics: Care, Trust and Empathy* (Routledge, 1998); Susan Hekman, *Moral Voices, Moral Selves: Carol Gilligan and Feminist Moral Theory* (Polity Press, 1995); Eva Feder Kittay, *Love's Labor: Essays on Women, Equality and Dependency* (Routledge, 1998); Marilyn Friedman, *What Are Friends For? Feminist Perspectives on Personal Relationships and Moral Theory* (Cornell University Press, 1993); Diemut Bubeck, *Care, Gender and Justice* (Oxford University Press, 1995), Grace Clement, *Care, Autonomy and Justice: Feminism and the Ethic of Care*(Westview, 1996) 그리고 *Hyptia* (1990), 511에 실린 노딩스의 책(Nodding's book)에 관련한 심포지엄을 보시오. 이 논쟁에 대한 독서를 위한 선집으로는, Virjinia Held (ed.), *Justice and Care: Essential Readings in Feminist Ethics* (Westview, 1995); Eva Kittay and Diana Meyers (eds.), *Women and Moral Theory* (Rowman and Littlefield, 1987); M.J. Larabe (ed.), *An Ethic of Care : Feminist and Interdisciplinary Perspectives* (Routledge, 1993)를 포함한다. 대부분의 책들은 정치이론보다는 개인적 윤리에 초점을 맞추고 있지만 배려의 윤리의 정치적 함의를 발전시키려는 시도에 대해서는, Selma Sevenhuijsen, *Citizenship and the Ethics of Care: Feminist Considerations on Justice, Morality and Politics* (Routledge, 1998); Joan Tronto, *Moral Boundaries: A Political Argument for an Ethic of Care* (Routledge, 1993); Virginia Held, *Feminist Morality: Transforming Culture, Society and Politics*

(University of Chicago Press, 1993)을 보시오.

페미니즘 이론에 가장 중요한 두 학술지는 *Hypatia*와 *Signs*이다. 유용한 웹사이트로는 ① '페미니즘 이론 웹사이트'(Feminist Theory Website)로 페미니즘 이론에 대한 다양한 하위 분야들, 상이한 국가/인종 집단의 페미니즘, 그리고 각각의 페미니스트들에 대한 전기적 정보들이 담겨 있다(www.cddc.vt.edu/feminism/enin.html). ② '철학에서의 여성 학회'(Society for Women in Philosophy, SWIP) 웹사이트에는 수업계획서와 전기, 그리고 논쟁 기록들이 있다(www.uh.edu/~cfreelan/SWIP/index.html). SWIP의 캐나다 지부 역시 좋은 웹사이트를 갖고 있다(www.sbrennan.philosophy.arts.uwo.ca/cswip).

참고문헌

Abbey, Ruth(2001). *Charles Taylor*(Princeton University Press, Princeton).

Abrams, Kathyrn(1999). 'From Autonomy to Agency: Feminist Perspectives on Self-Direction', *William and Mary Law Review*, 40/3: 805-46.

Ackerman, Bruce(1980). *Social Justice in the Liberal State*(Yale University Press, New Haven).

___ (1991). *We the People: Foundations*(Harvard University Press, Cambridge, Mass.).

___ and Alstott, Anne(1999). *The Stakeholder Society*(Yale University Press, New Haven).

Adams, Robert(1970). 'Motive Utilitarianism', *Journal of Philosophy*, 71: 476-82.

Addis, Adeno(1992). 'Individualism, Communitarianism and the Rights of Ethnic Minorities', *Notre Dame Law Review*, 67/3: 615-76.

Adler, J.(1987). 'Moral Development and the Personal Point of View', in Kittay and Meyers 1987, 205-34.

Alexander, Larry, and Schwarzschild, Maimon(1987). 'Liberalism, Neutrality, and Equality of Welfare vs. Equality of Resources', *Philosophy and Public Affairs*, 16/1: 85-110.

Alfred, Gerald(1995). *Heeding the Voices of our Ancestors: Kahnawake Mohawk Politics and the Rise of Native Nationalism*(Oxford University Press, Oxford).

Allen, Anita(1988). *Uneasy Access: Privacy for Women in a Free Society*(Rowman and Allanheld, Totowa, NJ).

___ (1997). 'The Jurispolitics of Privacy', in Shanley and Narayan 1997, 68-83.

___ (1999). 'Coercing Privacy', *William and Mary Law Review*, 40/3: 723—58.

___ and Regan, Milton(eds.) (1998). *Debating Democracy's Discontent: Essays on American Politics, Law, and Public Philosophy*(Oxford University Press, Oxford).

Allen, D.(1973). "The Utilitarianism of Marx and Engels', *American Philosophical Quarterly*, 10/3:189-99.

Allison, Lincoln(ed.) (1990). *The Utilitarian Response: The Contemporary Viability of Utilitarian Political Philosophy*(Sage, London).

Anaya, S. James(1996). *Indigenous Peoples in International Law*(Oxford University Press, New York).

Anderson, Benedict(1983). *Imagined Communities: Reflections on the Origin and Spread of Nationalism* (New Left Books, London).

Anderson, Elizabeth(1999). 'What is the Point of Equality?, *Ethics,* 99/2: 287-337.

Andrews, Geoff(1991). *Citizenship*(Lawrence and Wishart, London).

Archibugi, Danielle(1995). 'From the United Nations to Cosmopolitan Democracy', in Archibugi and Held 1995,121-62.

___ and Held, David(1995). *Cosmopolitan Democracy: An Agenda for a New World Order*(Polity Press, London).

Arendt, Hannah(1959). *The Human Condition*(Anchor, New York).

Arneson, Richard(1981). 'What's Wrong with Exploitation?, *Ethics*, 91/2: 202-27.

Arneson, Richard(1985). 'Freedom and Desire', *Canadian Journal of Philosophy*, 15/3: 425-48.

Arneson, Richard(1987). 'Meaningful Work and Market Socialism', *Ethics*, 97/3: 517-45.

___ (1989). 'Eq uality and Equal Opportunity for Welfare' *Philosophical Studies*, 56: 77-93.

___ (1990). 'Liberalism, Distributive Subjectivism, and Equal Opportunity for Welfare', *Philosophy and Public Affairs*, 19:159-94.

___ (1991). 'Lockean Self-Ownership: Towards a Demolition', *Political Studies*, 39/1:54.

___ (1993a). 'Market Socialism and Egalitarian Ethics', in Bardhan and Roemer 1993, 218-47.

___ (1993b). 'Equality', in Goodin and Pettit 1993, 489-507.

___ (1997a). 'Egalitarianism and the Undeserving Poor', *Journal of Political Philosophy*, 5/4: 327-50.

___ (1997b). 'Feminism and Family Justice' *Public Affairs Quarterly*, 11/4: 313-30.

___ (2000a). 'Egalitarian Justice versus the Right to Privacy', *Social Philosophy and Policy*, 17/2: 91-119.

___ (2000b). 'Luck Egalitarianism and Prioritarianism', *Ethics*, 110/2: 339-49.

___ and Shapiro, Ian(1996). 'Democracy and Religious Freedom: A Critique of Wisconsin vs. Yoder', in Ian Shapiro and Russell Hardin(eds.), *Political Order: NOMOS 38*(New York University Press, New York), 356-411.

Arnsperger, Christian(1994). 'Envy-Freeness and Distributive Justice', *Journal of Economic Surveys*, 8:155-86.

Arthur, John(1987). 'Resource Acquisition and Harm', *Canadian Journal of Philosophy*, 17/2: 337-47.

Atkinson, Tony(1996). 'The Case for Participation Income', *Political Quarterly*, 67: 67-70.

Audi, Robert(2000). *Religious Commitment and Secular Reason*(Cambridge University Press, Cambridge).

Avineri, Shlomo, and de-Shalit, Avner(eds.) (1992). *Communitarianism and Individualism*(Oxford University Press, Oxford).

Babbitt, Susan, and Campbell, Sue(eds.) (1999). *Racism and Philosophy*(Cornell University Press,

Ithaca, NY).

Back, Les, and Solomos, John(eds.) (2000). *Theories of Race and Racism*(Routledge, London).

Bader, Veit(1995). '*Citizenship and Exclusion*', *Political Theory*, 23/2: 211-46.

___ (ed.) (1997). *Citizenship and Exclusion*(St Martin's Press, New York).

Baier, Annette(1986). 'Trust and Anti-Trust', *Ethics*, 96: 231-60.

___ (1987a). 'Hume, the Women's Moral Theorist?, in Kittay and Meyers 1987, 37-55.

___ (1987b). The Need for More than Justice', *Canadian Journal of Philosophy*, supplementary vol. 13: 41-56.

___ (1988). 'Pilgrim's Progress', *Canadian Journal of Philosophy*, 18/2: 315-30.

___ (1994). *Moral Prejudices*(Harvard University Press, Cambridge, Mass.).

___ (1996). 'A Note on Justice, Care and Immigration', Hypatia, 10/2:150—2.

Bailey, James(1997). *Utilitarianism, Institutions, and Justice*(Oxford University Press, Oxford).

Baker, C. Edwin(1985). 'Sandel on Rawls', *University of Pennsylvania Law Review*, 133/4: 895-928.

Baker, Judith(ed.) (1994). *Group Rights*(University of Toronto Press, Toronto).

Ball, Stephen(1990). 'Uncertainty in Moral Theory: An Epistemic Defense of Rule-Utilitarian Liberties', *Theory and Decision*, 29:133-60.

Banting, Keith(2000). 'Social Citizenship and the Multicultural Welfare State', in Alan Cairns et al. (eds.), *Citizenship, Diversity and Pluralism*(McGill-Queen's University Press, Montreal), 108-36.

Barbalet, J. M.(1988). *Citizenship: Rights, Struggle and Class Inequality*(University of Minnesota Press, Minneapolis).

Barber, Benjamin(1984). *Strong Democracy: Participatory Politics for a New Age*(University of California Press, Berkeley and Los Angeles).

___ (1999). The Discourse of Civility', in Stephen Elkin and Karol Soltan(eds.) *Citizen Competence and Democratic Institutions*(Pennsylvania State University Press, University Park), 39-47.

Barbieri, William(1998). *Ethics of Citizenship: Immigrants and Group Rights in Germany*(Duke University Press, Durham, NC).

Bardhan, Pranab, and Roemer, John(eds.) (1993). *Market Socialism: The Current Debate*(Oxford University Press, New York).

Barkan, Elazar(2000). *The Guilt of Nations: Restitution and Negotiating Historical Injustices*(Norton, New York).

Barker, E.(1960). *Social Contract: Essays by Locke, Hume and Rousseau*(Oxford University Press, London).

Barry, Brian(1973). *The Liberal Theory of Justice*(Oxford University Press, Oxford).

___ (1989a). *Theories of Justice*(University of California Press, Berkeley and Los Angeles).

___ (1989b). 'Utilitarianism and Preference Change', *Utilitas*, 1: 278-82.

___ (1989c). 'Humanity and Justice in Global Perspective', in B. Barry, *Democracy, Power, and Justice*: Essays in Political Theory(Oxford University Press, Oxford).

___ (1994). 'In Defense of Political Liberalism', *Ratio Juris*, 7/3: 325—30.

___ (1995). *Justice as Impartiality*(Oxford University Press, Oxford).

___ (1997). 'Political Theory: Old and New', in Robert Goodin and Hans-Dieter Klingeman (eds.) *A New Handbook of Political Science*(Oxford University Press, Oxford), 531-48.

___ (1999). 'Statism and Nationalism: A Cosmopolitan Critique', in Brilmayer and Shapiro 1999,12-66.

___ (2001). *Culture and Equality: An Egalitarian Critique of Multiculturalism*(Polity,Cambridge).

___and Goodin, Robert(eds.) (1992). *Free Movement: Ethical Issues in the Transnational Migration of People and of Money*(Pennsylvania State University Press, University Park).

Barry, Norman(1986). *On Classical Liberalism and Libertarianism*(Macmillan, London).

___ (1990). 'Markets, Citizenship, and the Welfare State', in Raymond Plant and Norman Barry, *Citizenship and Rights in Thatcher's Britain: Two Views*(IEA Health and Welfare Unit, London).

Barry, Norman(1991). *Libertarianism in Philosophy and Politics*(Cambridge University Press, New York).

Bassham, Gregory(1992). 'Feminist Legal Theory: A Liberal Response', *Notre Dame Journal of Law, Ethics and Public Policy*, 6/2: 293-308.

Batstone, David, and Mendieta, Eduardo(eds.) (1999). *The Good Citizen*(Routledge, London).

Baubock, Rainer(1994). *Transnational Citizenship: Membership and Rights in International Migration* (Edward Elgar, Aldershot).

Baumeister, Andrea(2000). *Liberalism and the Politics of Difference*(Edinburgh University Press, Edinburgh).

BEARS(Brown Electronic Article Review Service) (1999). 'Symposium on Elizabeth Anderson's "What is the Point of Equality?"' (www.brown.edu/Departments/ Philosophy/bears/9904s0be.html).

Beiner, Ronald (1983). *Political Judgment* (Methuen, London).

___ (1989). 'What's the Matter with Liberalism', in Allan Hutchinson and Leslie Green(eds.) *Law and Community*(Carswell, Toronto), 37-56.

___ (1992). 'Citizenship', in R. Beiner, *What's the Matter with Liberalism*(University of California Press, Berkeley and Los Angeles), 98-141.

___ (ed.) (1995). *Theorizing Citizenship*(State University of New York Press, Albany).

___ (ed.) (1999). *Theorizing Nationalism*(State University of New York Press, Albany).

Beitz, Charles(1979). *Political Theory and International Relations*(Princeton University Press, Princeton).

___ (1989). *Political Equality: An Essay in Democratic Theory*(Princeton University Press, Princeton).

___ (1999). 'International Liberalism and Distributive Justice: A Survey of Recent Thought', *World Politics*, 51: 269-96.

Bell, Daniel A.(1993). *Communitarianism and its Critics*(Oxford University Press, Oxford).

___ (2000). *East Meets West*(Princeton University Press, Princeton).

Bellah, Robert, et al.(1985). *Habits of the Heart: Individualism and Commitment in American Life* (University of California Press, Berkeley and Los Angeles).

Benhabib, Seyla(1986). *Critique, Norm, and Utopia*(Columbia University Press, New York).

___ (1987). The Generalized and the Concrete Other: The Kohlberg-Gilligan Controversy and Feminist Theory', in S. Benhabib and D. Cornell(eds.), *Feminism as Critique*(University of Minnesota Press, Minneapolis), 77-95.

___ (1992). *Situating the Self: Gender, Community and Postmodernism in Contemporary Ethics* (Routledge, London).

___ (1996). Toward a Deliberative Model of Democratic Legitimacy5, in S. Benhabib(ed.), *Democracy and Difference: Contesting the Boundaries of the Political*(Princeton University Press, Princeton), 67-94.

Benn, Stanley, and Gaus, Gerald(1983). *Public and Private in Social Life*(Croom Helm, London).

Bentham, Jeremy(1970). *An Introduction to the Principles of Morals and Legislation*, ed. J. H. Burns and H. L. A. Hart(Athlone Press, London; 1st pub. 1823).

Berkowitz, Peter(1999). *Virtue and the Making of Modern Liberalism*(Princeton University Press, Princeton).

Berlin, Isaiah(1969). *Four Essays on Liberty*(Oxford University Press, London).

___ (1981). 'Does Political Philosophy Still Exist?', in H. Hardy(ed.), *Concepts and Categories: Philosophical Essays*(Penguin, Harmondsworth), 143-72.

Bertram, Christopher(1988). 'A Critique of John Roemer's Theory of Exploitation', *Political Studies*, 36/1:123-30.

Bickford, Susan(1996). *The Dissonance of Democracy: Listening, Conflict and Citizenship*(Cornell University Press, Ithaca, NY).

Black, Samuel(1991). 'Individualism at an Impasse', *Canadian Journal of Philosophy*, 21/3: 347-77.

Blattberg, Charles(2000). *From Pluralist to Patriotic Politics: Putting Practices First*(Oxford University Press, Oxford).

Blaug, Ricardo(1996). 'New Theories of Discursive Democracy: A User's Guide', *Philosophy and*

Social Criticism, 22/1: 49-80.

Blum, Lawrence(1988). 'Gilligan and Kohlberg: Implications for Moral Theory', *Ethics*, 98/3: 472-91.

Boaz, David (ed.)(1997). *The Libertarian Reader: Classic and Contemporary Writings from Lao-tzu to Milton Friedman*(Free Press, New York).

Bobbio, Norberto(1995). 'Democracy and the International System', in Archibugi and Held 1995, 17-41.

Bogart, J. H.(1985). 'Lockean Provisos and State of Nature Theories', *Ethics*, 95/4:828-36.

Bohman, James(1996). *Public Deliberation: Pluralism, Complexity and Democracy*(MIT Press, Cambridge, Mass.).

___ (1998a). 'The Coming of Age of Deliberative Democracy *Journal of Political Philosophy*, 6/4: 399-423.

___ (1998b). cThe Globalization of the Public Sphere: Cosmopolitan Publicity and the Problem of Cultural Pluralism', *Philosophy and Social Criticism*, 24: 199-216.

___ and Rehg, William(eds.) (1997). *Deliberative Democracy: Essays on Reason and Politics*(MIT Press, Cambridge, Mass.).

Bosniak, Linda(2000). 'Citizenship Denationalized', *Indiana Journal of Global Legal Studies*, 7/2: 447-509.

Bowden, Peta(1996). *Caring: Gender-Sensitive Ethics*(Routledge, London).

Bowles, Samuel and Gintis, Herbert(1998). 'Is Equality Passe? Homo Reciprocans and the Future of Egalitarian Politics', *Boston Review*, 23/6: 4-10.

___ (1999). *Recasting Egalitarianism: New Rules for Markets, States, and Communities*(Verso, London).

Boyd, Susan(ed.) (1977). *Challenging the Public/Private Divide: Feminism, Law and Public Policy* (University of Toronto Press, Toronto.)

Brandt, R. B. (1959). *Ethical Theory* (Prentice-Hall, Englewood Cliffs, NJ).

___ (1979). *A Theory of the Right and the Good*(Oxford University Press, Oxford).

Braverman, Harry(1974). *Labor and Monopoly Capital*(Monthly Review Press, New York).

Brecher, Bob, et al.(eds.) (1998). *Nationalism and Racism in the Liberal Order*(Ashgate, Aldershot).

Brenkert, George(1981). 'Marx's Critique of Utilitarianism', *Canadian Journal of Philosophy* 7:193-220.

___ (1983). *Marx's Ethics of Freedom*(Routledge and Kegan Paul, London).

Brenkert, George(1998). 'Self-Ownership, Freedom, and Autonomy', *Journal of Ethics*, 2/1: 27-55.

Bridges, David(ed.) (1997). *Education, Autonomy and Democratic Citizenship: Philosophy in a Changing World* (Routledge, London).

Brighouse, Harry(1998). 'Against Nationalism', in Couture, Nielsen, and Seymour 1998,365-406.

___ (2000). *School Choice and Social Justice*(Oxford University Press, Oxford).

Brilmayer, Lea, and Shapiro, Ian(eds.) (1999). *Global Justice*(New York University Press, New York).

Brink, David(1986). 'Utilitarian Morality and the Personal Point of View', *Journal of Philosophy*, 83/8: 417-38.

Brittan, Samuel(1988). *A Restatement of Economic Liberalism*(Macmillan, London).

Bromwich, David(1995). 'Culturalism: The Euthanasia of Liberalism', *Dissent*, Winter: 89-102.

Brooks, Roy(1996). *Separation or Integration: A Strategy for Racial Equality*(Harvard University Press, Cambridge, Mass.).

___ (ed.) (1999). *When Sorry Isn't Enough: The Controversy over Apologies and Reparations for Human Injustice*(New York University Press, New York).

Broome, John(1989). 'Fairness and the Random Distribution of Goods', in Jon Elster(ed.), *Justice and the Lottery*(Cambridge University Press, Cambridge).

___ (1991). *Weighing Goods*(Blackwell, Oxford).

Broughton, J.(1983). 'Women's Rationality and Men's Virtues', *Social Research*, 50/3: 597-642.

Brown, Alan(1986). *Modern Political Philosophy: Theories of the Just Society*(Penguin, Harmondsworth).

Brown, Jonathan (2001). 'Genetic Manipulation in Humans as a Matter of Rawlsian Justice', *Social Theory and Practice*, 27/1: 83-110.

Brugger, Bill(1999). *Republican Theory in Political Thought: Virtuous or Virtual?*(St Martin's Press, New York).

Bubeck, Diemut(1995). *Care, Gender, and Justice*(Oxford University Press, Oxford).

___ (1999). 'A Feminist Approach to Citizenship', in O. Huftan and Y. Jravaritou(eds.) *Gender and the Uses of Time*(Kluwer, Dordrecht).

Buchanan, Allen(1975). 'Revisability and Rational Choice', *Canadian Journal of Philosophy*, 5: 395-408.

___ (1982). *Marx and Justice: The Radical Critique of Liberalism*(Methuen, London).

___ (1989). 'Assessing the Communitarian Critique of Liberalism', *Ethics*, 99/4: 852-82.

___ (1990). 'Justice as Reciprocity versus Subject-Centred Justice', *Philosophy and Public Affairs*, 19/3: 227-52.

___ (1991). *Secession: The Legitimacy of Political Divorce* (Westview Press, Boulder, Colo.).

Buchanan, James(1975). *The Limits of Liberty: Between Anarchy and Leviathan* (University of Chicago Press, Chicago).

Buchanan, James and Congleton, Richard(1998). *Politics by Principle, Not Interest*(Cambridge

University Press, Cambridge).

___ and Tullock, Gordon(1962). *The Calculus of Consent*(University of Michigan Press, Ann Arbor).

Bulmer, Martin, and Rees, Anthony(eds.) (1996). *Citizenship Today: The Contemporary Relevance ofT. H. Marshall*(University College London Press, London).

Burtt, Shelley(1993). 'The Politics of Virtue Today: A Critique and a Proposal', *American Political Science Review*, 87: 360-8.

Butler, Judith, and Scott, Joan W.(eds.) (1992). *Feminists Theorize the Political*(Routledge, London).

Cairns, Alan(1995). 'Aboriginal Canadians, Citizenship, and the Constitution', in A. Cairns, *Reconfigurations: Canadian Citizenship and Constitutional Change*(McClelland and Stewart, Toronto), 238-60.

___ and Williams, Cynthia(1985). *Constitutionalism, Citizenship and Society in Canada*(University of Toronto Press, Toronto).

Calhoun, Cheshire(2000). 'The Virtue of Civility', *Philosophy and Public Affairs*, 29/3: 251-75.

Callan, Eamonn(1994). 'Beyond Sentimental Civic Education', *American Journal of Education*, 102:190-221.

___ (1995). 'Common Schools for Common Education', *Canadian Journal of Education*, 20: 251-71.

___ (1996). 'Political Liberalism and Political Education', *Review of Politics*, 58: 5-33.

___ (1997). *Creating Citizens: Political Education and Liberal Democracy* (Oxford University Press, Oxford).

Campbell, Richmond, and Sowden, Lanning(eds.) (1985). *Paradoxes of Rationality and Cooperation* (UBC Press, Vancouver).

Campbell, Tom(1983). *The Left and Rights: A Conceptual Analysis of the Idea of Socialist Rights* (Routledge and Kegan Paul, London).

___ (1988). *Justice*(Macmillan, Basingstoke).

___ (2000). *Justice*, 2nd edn.(Palgrave, New York).

Caney, Simon(1991). 'Consequentialist Defenses of Liberal Neutrality', *Philosophical Quarterly*, 41/165: 457-77.

___ (1995). 'Anti-perfectionism and Rawlsian Liberalism', *Political Studies*, 43/2: 248-64.

___ George, David, and Jones, Peter(eds.) (1996). *National Rights, International Obligations*(Westview, Boulder, Colo.).

Canovan, Margaret(1996). *Nationhood and Political Theory*(Edward Elgar, Cheltenham).

Card, Claudia(1990). 'Caring and Evil', *Hypatia*, 5/1: 101-8.

___ (1991). *Feminist Ethics*(University Press of Kansas, Lawrence).

___ (1996). *The Unnatural Lottery: Character and Moral Luck*(Temple University Press, Philadelphia).

___ (ed.) (1999). *On Feminist Ethics and Politics*(University of Kansas Press, Lawrence).

Carens, Joseph(1985). 'Compensatory Justice and Social Institutions', *Economics and Philosophy* 1/1: 39-67.

___ (1986). 'Rights and Duties in an Egalitarian Society', *Political Theory*, 14/1: 31-49.

Carens, Joseph(1987). 'Aliens and Citizens: The Case for Open Borders', *Review of Politics*, 49/3: 251-73.

___ (1989). 'Membership and Morality: Admission to Citizenship in Liberal Democratic States', in W. R. Brubaker(ed.), *Immigration and the Politics of Citizenship in Europe and North America*(University Press of America, Lanham, Md.), 31-50.

___ (2000). *Culture, Citizenship, and Community: A Contextual Exploration of Justice as Evenhandedness*(Oxford University Press, Oxford).

Carens, Joseph(ed.) (1995). *Is Quebec Nationalism Just? Perspectives from Anglophone Canada* (McGill-Queen's University Press, Montreal).

Carey, George(1984). *Freedom and Virtue: The Conservative/Libertarian Debate*(University Press of America, Lanham, Md.).

Carter, April(2001). *The Political Theory of Global Citizenship*(Routledge, London).

Carter, Ian(1992). 'The Measurement of Pure Negative Freedom', *Political Studies*, 40/1: 38-50.

___ (1995a). 'Interpersonal Comparisons of Freedom', *Economics and Philosophy*, 11:1-23.

___ (1995b). 'The Independent Value of Freedom', *Ethics*, 105/4: 819-45.

___ (1999). *A Measure of Freedom* (Oxford University Press, Oxford).

Carver, Terrell(ed.) (1991). *The Cambridge Companion to Marx*(Cambridge University Press, Cambridge).

___ and Thomas, Paul(eds.) (1995). *Rational Choice Marxism*(Pennsylvania State University Press, University Park).

Castles, Stephen, and Miller, Mark(1993). *The Age of Migration: International Population Movements in the Modern Age*(Macmillan, Basingstoke).

Cavalieri, Paola, and Singer, Peter(eds.) (1993). *The Great Ape Project: Equality beyond Humanity* (Fourth Estate, London).

Chambers, Simone(1996). *Reasonable Democracy: Jurgen Habermas and the Politics of Discourse* (Cornell University Press, Ithaca, NY).

___ (1998). 'Contract or Conversation? Theoretical Lessons from the Canadian Constitutional Crises', *Politics and Society*, 26/1:143-79*

___ (2001). 'Critical Theory and Civil Society', in Simone Chambers and Will Kymlicka(eds.), *Alternative Conceptions of Civil Society*(Princeton University Press, Princeton).

Chan, Joseph(2000). 'Legitimacy, Unanimity, and Perfectionism', *Philosophy and Public Affairs*, 29/1: 5-42.

Charvet, John(1982). *Feminism*(J. M. Dent and Sons, London).

Child, James(1994). 'Can Libertarianism Sustain a Fraud Standard?', *Ethics*, 104/4: 722-38.

Christiano, Thomas(1996). *The Rule of the Many* (Westview Press, Boulder, Colo.).

Christie, Clive, J.(1998). *Race and Nation: A Reader* (St Martin's Press, New York).

Christman, John(1986). 'Can Ownership be Justified by Natural Rights?', *Philosophy and Public Affairs*, 15/2:156-77.

___ (1991). 'Self-Ownership, Equality and the Structure of Property Rights', *Political Theory*, 19/1: 28-46.

Christodoulis, Emilios(ed.) (1998). *Communitarianism and Citizenship*(Ashgate, Aldershot).

Clark, B., and Gintis, Herbert(1978). 'Rawlsian Justice and Economic Systems', *Philosophy and Public Affairs*, 7/4: 302-25.

Clarke, Desmond, and Jones, Charles(eds.) (1999). *The Rights of Nations: Nations and Nationalism in a Changing World*(Palgrave, New York).

Clarke, Paul Barry(ed.) (1994). *Citizenship* (Pluto Press, London).

Clement, Grace(1996). *Care, Autonomy and Justice: Feminism and the Ethic of Care*(Westview, Boulder, Colo.).

Cochran, David Carroll(1999). *The Color of Freedom: Race and Contemporary American Liberalism* (State University of New York Press, Albany).

Cohen, Andrew(1998). 'A Defense of Strong Voluntarism', *American Philosophical Quarterly*, 35/3: 251-65.

Cohen, Cathy(1997). 'Straight Gay Politics: The Limits of an Ethnic Model of Inclusion', in Shapiro and Kymlicka 1997, 572-616.

Cohen, G. A.(1978). Karl Marx's Theory of History: *A Defense* (Princeton University Press, Princeton).

___ (1979). 'Capitalism, Freedom and the Proletariat', in A. Ryan (ed.), *The Idea of Freedom* (Oxford University Press, Oxford).

___ (1981). 'Illusions about Private Property and Freedom', in J. Mepham and H. Ruben(eds.) *Issues in Marxist Philosophy*, vol. iv(Harvester, Hassocks), 223-39.

___ (1986a). 'Self-Ownership, World-Ownership, and Equality', in F. Lucash(ed.), *Justice and Equality: Here and Now*(Cornell University Press, Ithaca, NY), 108-35.

___ (1986b). 'Self-Ownership, World-Ownership and Equality: Part 2', *Social Philosophy and Policy*, 3/2: 77-96.

___ (1988). *History, Labour, and Freedom: Themes from Marx*(Oxford University Press, Oxford).

___ (1989). 'On the Currency of Egalitarian Justice', *Ethics*, 99/4: 906-44.

___ (1990a). 'Marxism and Contemporary Political Philosophy, or Why Nozick Exercises Some Marxists More Than He Does Any Egalitarian Liberal', *Canadian Journal of Philosophy*, supplementary vol. 16: 363-87.

___ (1990b). 'Self-Ownership, Communism, and Equality', *Proceedings of the Aristotelian Society*, supplementary vol. 64: 25-44.

___ (1992). 'Incentives, Inequality and Community', in G. B. Peterson(ed.), *The Tanner Lectures on Human Values*, vol. xiii(University of Utah Press, Salt Lake City), 261-329.

___ (1993). 'Equality of What? On Welfare, Goods, and Capabilities', in Nussbaum and Sen 1993, 9-29.

___ (1995a). *Self-Ownership, Freedom and Equality*(Cambridge University Press, Cambridge).

___ (1995b). 'The Pareto Argument for Inequality', *Social Philosophy and Policy*, 12/1:160-85.

___ (1997). 'Where the Action Is: On the Site of Distributive Justice', *Philosophy and Public Affairs*, 26/1: 3-30.

___ (1998). 'Once More into the Breach of Self-Ownership', *Journal of Ethics*, 2/1: 57-96.

___ (2000). *If You're an Egalitarian, How Come You're So Rich*?(Harvard University Press, Cambridge, Mass.).

Cohen, Jean(1985). 'Strategy or Identity: New Theoretical Paradigms and Contemporary Social Movements', *Social Research*, 54/4: 663—716.

Cohen, Joshua(1996). 'Procedure and Substance in Deliberative Democracy', in Seyla Benhabib(ed.), *Democracy and Difference: Contesting the Boundaries of the Political*(Princeton University Press, Princeton), 95-119.

___ (1997a). 'Deliberation and Democratic Legitimacy', in Goodin and Pettit 1997,143-55.

Cohen, Joshua(1997b). 'The Arc of the Moral Universe', *Philosophy and Public Affairs*, 26/2: 91-134.

Cohen, Marshal(1985). 'Moral Skepticism and International Relations', in Charles Beitz(ed.), *International Ethics*(Princeton University Press, Princeton), 3–50.

Cole, Eve Browning, and Coultrap-McQuin, Susan,(eds.) (1992). *Explorations in Feminist Ethics: Theory and Practice*(Indiana University Press, Bloomington).

Cole, Phillip(2000). *Philosophies of Exclusion: Liberal Political Theory and Immigration*(Edinburgh University Press, Edinburgh).

Coltheart, D.(1986). 'Desire, Consent and Liberal Theory', in Carole Pateman and Gross(eds.),

Feminist Challenges: Social and Political Theory (Northeastern University Press, Boston), 112-22.

Connolly, William(1984). The Dilemma of Legitimacy', in William Connolly(ed.), *Legitimacy and the State*(Blackwell, Oxford), 222-49.

___ (1991). *I den tity/Difference: Democratic Negotiations of Political Paradox*(Cornell University Press, Ithaca, NY).

___ (1993). *The Terms of Political Discourse*(Princeton University Press, Princeton).

___ (1995). *The Ethos of Pluralization*(University of Minnesota Press, Minneapolis).

Connor, Walker(1972). 'Nation-Building or Nation-Destroying', *World Politics*, 24: 319-55.

___ (1984). *The National Question in Marxist-Leninist Theory and Strategy*(Princeton University Press, Princeton).

___ (1999). 'National Self-Determination and Tomorrow's Political Map', in Alan Cairns et al.(eds.), *Citizenship, Diversity and Pluralism: Canadian and Comparative Perspectives*(McGill-Queen's University Press, Montreal), 163-76.

Conover, Pamela, Crewe, Ivor, and Searing, Donald(1991). 'The Nature of Citizenship in the United States and Great Britain: Empirical Comments on Theoretical Themes', *Journal of Politics*, 53/3: 800-32.

Cook, Curtis, and Lindau, Juan(eds.) (2000). *Aboriginal Rights and Self-Government*(McGill-Queen's University Press, Montreal).

Cooke, Maeve(2000). 'Five Arguments for Deliberative Democracy', *Political Studies*, 48: 947-69.

Copp, David(1991). 'Contractarianism and Moral Skepticism', in Vallentyne 1991, 196-228.

Coser, Rose Lamb(1991). *In Defense of Modernity: Role Complexity and Individual Autonomy*(Stanford University Press, Stanford, Calif.).

Couture, Jocelyne, Nielsen, Kai, and Seymour, Michel (eds.) (1998). *Rethinking Nationalism*(University of Calgary Press, Calgary).

Cragg, Wesley(1986). 'Two Concepts of Community or Moral Theory and Canadian Culture', *Dialogue*, 25/1: 31-52.

Crisp, Roger(ed.) (1997). *Routledge Philosophy Guidebook to Mill on Utilitarianism*(Routledge, London).

Crocker, Lawrence(1977). 'Equality, Solidarity, and Rawls' Maximin', *Philosophy and Public Affairs*, 6/3: 262-6.

Crosland, C. A. R.(1964). *The Future of Socialism*(Cape, London).

Crossley, David(1990). 'Utilitarianism, Rights and Equality', *Utilitas*, 2/1: 40-54.

Crowley, Brian(1987). *The Self, the Individual and the Community: Liberalism in the Political Thought ofF. A. Hayek and Sidney and Beatrice Webb*(Oxford University Press, Oxford).

Cuddihy, John Murray(1978). *No Offense: Civil Religion and Protestant Taste*(Seabury Press, New York).

Cumminsky, David(1990). 'Kantian Consequentalism', *Ethics*, 100: 586-630.

Dagger, Richard(1997). *Civic Virtues: Rights, Citizenship and Republican Liberalism*(Oxford University Press, Oxford).

d'Agostino, Fred(1996). *Free Public Reason: Making it Up as We Go Along*(Oxford University Press, Oxford).

Dancy, Jonathan(1992). 'Caring about Justice', *Philosophy*, 67/262: 447-66.

Daniels, Norman(1975a). 'Equal Liberty and Unequal Worth of Liberty', in Daniels 1975b, 258-81.

___ (ed.) (1975b). *Reading Rawls*(Basic Books, New York).

___ (1979). 'Wide Reflective Equilibrium and Theory Acceptance in Ethics', *Journal of Philosophy* 76: 256-82.

___ (1985). *Just Health Care*(Cambridge University Press, Cambridge).

___ (1990). 'Equality of What? Welfare, Resources, or Capabilities?', *Philosophy and Phenomenological Research*, supplementary vol. 50: 273-96.

Darwall, Stephen(ed.) (1995). *Equal Freedom: Selected Tanner Lectures on Human Values*(University of Michigan Press, Ann Arbor).

___ (1998). *Philosophical Ethics*(Westview, Boulder, Colo.).

Davidson, Basil(1993). *Black Man's Burden: Africa and the Curse of the Nation-State*(Times Books, New York).

Davion, Victoria, and Wolf, Clark(eds.) (2000). *The Idea of a Political Liberalism: Essays on Rawls* (Rowman and Littlefield, Totowa, NJ).

Davis, Bob(1994). 'Global Paradox: Growth of Trade Binds Nations, But It Also Can Spur Separatism', *Wall Street Journal*, 30 June 1994: Ai.

DeGrazia, David(1995). *Taking Animals Seriously: Mental Life and Moral Status*(Cambridge University Press, Cambridge).

De Greiff, Pablo(2000). 'Deliberative Democracy and Group Representation', *Social Theory and Practice*, 26/3: 397-416.

Delaney, C. F.(ed.) (1994). *The Liberal-Communitarian Debate: Liberty and Community Values* (Rowman and Littlefield, Savage, Md.).

Den Uyl, Douglas(1993). 'The Right to Welfare and the Virtue of Charity' in E. F. Paul, D. Miller, and J. Paul(eds.), *Altruism*(Cambridge University Press, Cambridge), 192-224.

De-Shalit, Avner(2000). *The Environment: Between Theory and Practice*(Oxford University Press, Oxford).

de Varennes, Fernand(1996). *Language, Minorities and Human Rights*(Kluwer, The Hague).

Deveaux, Monique(1995a). 'Shifting Paradigms: Theorizing Care and Justice in Political Theory', *Hypatia*, 10/2:115-19.

___ (1995b). 'New Directions in Feminist Ethics', *European Journal of Moral Philosophy*, 3/1: 86-96.

___ (2001). *Cultural Pluralism and Dilemmas of Justice*(Cornell University Press, Ithaca, NY).

Dick, James(1975). 'How to Justify a Distribution of Earnings', *Philosophy and Public Affairs*, 4/3: 248-72.

Dietz, Mary(1985). 'Citizenship with a Feminist Face: The Problem with Maternal Thinking', *Political Theory* 13/1:19-37.

___ (1992). 'Context is All: Feminism and Theories of Citizenship', in Mouffe 1992b, 63-85.

Diggs, B. J.(1981). CA Contractarian View of Respect for Persons', *American Philosophical Quarterly*, 18/4: 273-83.

___ (1982). 'Utilitarianism and Contractarianism' in H. B. Miller and W. H. Williams(eds.), *The Limits of Utilitarianism*(University of Minnesota Press, Minneapolis), 101-14.

Dion, Stéphane(1991). lLe Nationalisme dans la convergence culturelle', in R. Hudon and R. Pelletier (eds.), *L'Engagement intellectuel: mèlanges en Vhonneur de Lèon Dion*(Les Presses de l'Universite Laval, Sainte-Foy), 291-311.

DiQuattro, Arthur(1983). 'Rawls and Left Criticism', *Political Theory*, 11/1: 53-78.

Dobson, Andrew(1990). *Green Political Thought*(Unwin Hyman, London).

___ (1991). *The Green Reader*(Mercury House, San Francisco).

Donner, Wendy(1993). 'John Stuart MilFs Liberal Feminism', *Philosophical Studies*, 69:155-66.

Doppelt, Gerald(1981). 'Rawls5 System of Justice: A Critique from the Left', *Nous*, 15/3: 259-307.

Dryzek, John(1990). *Discursive Democracy*(Cambridge University Press, Cambridge).

___ (2000). *Deliberative Democracy and Beyond: Liberals, Critics, Contestations*(Oxford University Press, Oxford).

Dworkin, Ronald(1977). *Taking Rights Seriously*(Duckworth, London).

___ (1978). 'Liberalism', in S. Hampshire(ed.) *Public and Private Morality*(Cambridge University Press, Cambridge), 113-43.

___ (1981). 'What is Equality? Part I: Equality of Welfare; Part II: Equality of Resources', *Philosophy and Public Affairs*, 10 3/4:185-246, 283-345.

___ (1983). 'In Defense of Equality', *Social Philosophy and Policy*, 1/1: 24-40.

___ (1985). *A Matter of Principle*(Harvard University Press, London).

___ (1986). *Law's Empire*(Harvard University Press, Cambridge, Mass.).

___ (1987). 'What is Equality? Part 3: The Place of Liberty', *Iowa Law Review*, 73/1:1-54.

___ (1988). 'What is Equality? Part 4: Political Equality', *University of San Francisco Law Review*, 22/1:1-30.

___ (1989). 'Liberal Community', *California Law Review*, 77/3: 479-504.

Dworkin, Ronald(1992). 'Deux conceptions de la democratic', in Jacques Lenoble and Nicole Dewandre (eds.), *L'Europe au soir de la siecle: identité et democratie*(Editions Esprit, Paris), 111-35.

___ (1993). 'Justice in the Distribution of Health Care', *McGill Law Journal*, 38/4: 883-98.

___ (2000). *Sovereign Virtue: The Theory and Practice of Equality*(Harvard University Press, Cambridge, Mass.).

Dyzenhaus, David(1992). 'Liberalism, Autonomy and Neutrality', *University of Toronto Law Journal*, 42: 354-75.

Eckersley, Robyn(1992). *Environmentalism and Political Theory*(State University of New York Press, Albany).

Ehrenreich, Barbara, and English, Deirdre(1973) *Witches, Midwives, and Nurses: A History of Women Healers*(Feminist Press, Old Westbury, NY).

Eichbaum, June(1979). 'Towards an Autonomy-Based Theory of Constitutional Privacy: Beyond the Ideology of Familial Privacy', *Harvard Civil Rights-Civil Liberties Law Review*, 14/2: 361-84.

Eisenberg, Avigail(1995). *Reconstructing Political Pluralism*(State University of New York Press, Albany).

Eisenstein, Zillah(1981). *The Radical Future of Liberal Femininsm*(Longman, New York).

___ (1984). *Feminism and Sexual Equality: Crisis in Liberal America*(Monthly Review Press, New York).

Elkin, Stephen, and Soltan, Karol(eds.) (1999). *Citizen Competence and Democratic Institutions* (Pennsylvania State University Press, University Park).

Elshtain, Jean Bethke(1981). *Public Man, Private Woman: Women in Social and Political Thought* (Princeton University Press, Princeton).

Elster, Jon(1982a). 'Roemer vs. Roemer5, *Politics and Society*, 11/3: 363-73.

___ (1982b). 'Utilitarianism and the Genesis of Wants', in Sen and Williams 1982, 219-38.

___ (1983a). 'Exploitation, Freedom, and Justice', in J. R. Pennock and J. W. Chapman(eds.), *Marxism: NOMOS 26*(New York University Press, New York), 277-304.

___ (1983b). *Sour Grapes*(Cambridge University Press, Cambridge).

___ (1985). *Making Sense of Marx*(Cambridge University Press, Cambridge).

___ (1986). 'Self-Realization in Work and Politics: The Marxist Conception of the Good Life', *Social Philosophy and Policy*, 3/2: 97-126.

___ (1987). 'The Possibility of Rational Politics', *Archives europeennes de sociologies* 28:67-103.

___ (1992). *Local Justice*(Russell Sage, New York).

___ (1995)- 'Strategic Uses of Argument', in Kenneth Arrow (ed.), *Barriers to Conflict Resolution* (Norton, New York), 236-57.

___ (1998a). 'Introduction'. in J. Elster(ed.), *Deliberative Democracy*(Cambridge University Press, New York), 1-18.

___ (1998b). 'Deliberation and Constitution Making', in J. Elster(ed.), *Deliberative Democracy* (Cambridge University Press, New York), 97-122.

___ and Roemer, John (eds.) (1991). *Interpersonal Comparisons of Well-Being*(Cambridge University Press, Cambridge).

Engels, Friedrich(1972). *The Origin of the Family, Private Property, and the State*(International Publishers, New York).

English, Jane(1977). 'Justice between Generations', *Philosophical Studies*, 31/2:91-104.

Epstein, Richard(1985). *Takings*(Harvard University Press, Cambridge, Mass.).

___ (1995a). Forbidden Grounds: The Case against Employment Discrimination Laws(Harvard University Press, Cambridge, Mass.).

___ (1995b) *Bargaining with the State*(Princeton University Press, Princeton).

___ (1995c). *Simple Rules for a Complex World*(Harvard University Press, Cambridge, Mass.).

___ (1998). '*The Right Set of Simple Rules*', Critical Review, 12/3: 305-18.

Estlund, David(1998). 'Liberalism, Equality and Fraternity in Cohen's Critique of Rawls', *Journal of Political Philosophy*, 6/1: 99-112.

Etzioni, Amitai(1993). *The Spirit of Community: Rights, Responsibilities and the Communitarian Agenda*(Crown Publishers, New York).

___ (1999). 'The Good Society', *Journal of Political Philosophy*, 7/1: 88-103.

___ (2001). *Next: The Road to the Good Society*(Basic Books, New York).

Evans, Sara(1979). *Personal Politics: The Roots of Women s Liberation in the Civil Rights Movement and the New Left*(Knopf, New York).

Exdell, John(1977). 'Distributive Justice: Nozick on Property Rights', Ethics, 87/2:142-9.

___ (1994). 'Feminism, Fundamentalism, and Liberal Legitimacy', *Canadian Journal of Philosophy*, 24/3: 441-64.

Favell, Adrian(1999). 'Applied Political Philosophy at the Rubicon', *Ethical Theory and Moral Practice*, 1/2: 255-78.

Feallsanach, Am(1998). 'Locke and Libertarian Property Rights', *Critical Review*, 12/3: 319-23.

Feinberg, Joel(1980). *Rights, Justice, and the Bounds of Liberty*(Princeton University Press,

Princeton).

___ (1988). *Harmless Wrongdoing: The Moral Limits of the Criminal Law*, vol. iv(Oxford University Press, Oxford).

Feinberg, Walter(1998). *Common Schools/Uncommon Identities: National Unity and Cultural Difference*(Yale University Press, New Haven).

Femia, Joseph(1996). 'Complexity and Deliberative Democracy', *Inquiry*, 39: 359-97.

Ferejohn, John(2000). 'Instituting Deliberative Democracy', in Ian Shapiro and Stephen Macedo(eds.), *Designing Democratic Institutions: NOMOS 42*(New York University Press, New York), 75-104.

Fierlbeck, Katherine(1991). 'Redefining Responsibilities: The Politics of Citizenship in the United Kingdom', *Canadian Journal of Political Science*, 24/3: 575-83.

Finnis, John(1981). Natural Law and Natural Rights(Oxford University Press, Oxford).

___ (1983). *Fundamentals of Ethics*(Oxford University Press, Oxford).

Fishkin, James(1983). *Justice, Equal Opportunity and the Family*(Yale University Press, New Haven).

___ (1991). *Democracy and Deliberation: New Directions for Democratic Reform*(Yale University Press, New Haven).

___ (1995). *The Voice of the People*(Yale University Press, New Haven).

Fishkin, James(1996). *The Dialogue of Justice: Toward a Self-Reflective Society*(Yale University Press, New Haven).

Flanagan, Owen, and Adler, Jonathan(1983). 'Impartiality and Particularity', *Social Research*, 50/3: 576-96.

___ and Jackson, Kathryn(1987). 'Justice, Care, and Gender: The Kohlberg-Gilligan Debate Revisited', *Ethics*, 97/3: 622-37.

Flax, Jane(1993). *Disputed Subjects: Essays on Psychoanalysis, Politics and Philosophy*(Routledge, New York).

Fleurbaey, Marc(1994). 'L'Absence d'envie dans une problematique post-welfariste', *Recherches economiques de Louvain*, 60: 9-42.

Flew, Anthony(1979). *A Dictionary of Philosophy*(Fontana, London).

___ (1989). *Equality in Liberty and Justice*(Routledge, London).

Fox-Decent, Evan(1998). '*Why Self-Ownership is Prescriptively Impotent*', *Journal of Value Inquiry*, 32/4: 489-506.

Franck, Thomas(1997). '*Tribe, Nation, World: Self-Identification in the Evolving International* System', *Ethics and International Affairs*, 11:151-69.

Franklin, Jane(ed.) (1997). Equality(Institute for Public Policy Research, London).

Fraser, Nancy(1989). 'Talking about Needs: Interpretive Contests as Political Conflicts in Welfare State Societies', *Ethics*, 99: 291-313.

___ (1992). 'Rethinking the Public Sphere: A Contribution to the Critique of Actually Existing Democracy', in Craig Calhoun(ed.), *Habermas and the Public Sphere*(MIT Press, Cambridge, Mass.), 109-42.

___ (1995). 'From Redistribution to Recognition? Dilemmas of Justice in a 'Post-Socialist' Age', *New Left Review*, 212: 68-93.

___ (1996). 'Multiculturalism and Gender Equity: The U.S. "Difference" Debates Revisited', *Constellations*, 3/1: 61-72.

___ (1997). *Justice Interruptus: Critical Reflections on the 'Post-Socialist' Condition*(Routledge, New York).

___ (1998). 'Social Justice in the Age of Identity Politics: Redistribution, Recognition and Participation', in Grethe Peterson(ed.) *The Tanner Lectures on Human Values*, vol. xix(University of Utah Press, Salt Lake City), 1-67.

___ (2000). 'Rethinking Recognition', *New Left Review* 3:107-20.

Frazer, Elizabeth(1999). *The Problems of Communitarian Politics: Unity and Conflict*(Oxford University Press, Oxford).

___ and Lacey, Nicola(1993). The Politics of Community: A Feminist Critique of the Liberal-Communitarian Debate(Harvester Wheatsheaf, London).

Freeman, Samuel(1994). 'Utilitarianism, Deontology and the Priority of Right', *Philosophy and Public Affairs*, 23/4: 313-49.

Frey, Raymond(ed.) (1984). *Utility and Rights*(University of Minnesota Press, Minneapolis).

Frideres, James(1997). 'Edging into the Mainstream: Immigrant Adults and their Children', in Wsevolod Isajiw(ed.), *Comparative Perspectives on Interethnic Relations and Social Incorporation in Europe and North America*(Canadian Scholar's Press, Toronto), 537-62.

Fried, Charles(1978). *Right and Wrong*(Harvard University Press, Cambridge, Mass.).

Fried, Charles(1983). 'Distributive Justice' Social Philosophy and Policy, 1/1: 45-59.

Friedman, Marilyn(1987a). 'Beyond Caring: The De-moralization of Gender', Canadian Journal of Philosophy, supplementary vol. 13: 87-110.

___ (1987b). 'Care and Context in Moral Reasoning',in Kittay and Meyers 1987, 190-204.

___ (1989). 'Feminism and Modern Friendship: Dislocating the Community', *Ethics*, 99/2: 275-90.

___ (1991). 'The Social Self and the Partiality Debates',in Card 1991, 161-79.

___ (1993). *What Are Friends For? Feminist Perspectives on Personal Relationships and Moral*

Theory(Cornell University Press, Ithaca, NY).

___ (1997). 'Autonomy and Social Relationships: Rethinking the Feminist Critique', in Meyers 1997, 40-61.

Frolich, Norman, and Oppenheimer, Joe(1992). *Choosing Justice: An Experimental Approach to Ethical Theory*(University of California Press, Berkeley and Los Angeles).

Frye, Marilyn(1983). *The Politics of Reality: Essays in Feminist Theory*(Crossing Press, Trumansburg, NY).

Fullinwider, Robert(ed.) (1995). *Public Education in a Multicultural Society*(Cambridge University Press, Cambridge).

___ (ed.) (1999). *Civil Society, Democracy and Civic Renewal*(Rowman and Littlefield, Savage, Md.).

Funk, Nanette(1988). 'Habermas and the Social Goods', *Social Text*, 18:19-37.

Galenkamp, Marlies(1993). *Individualism and Collectivism: The Concept of Collective Rights* (Rotterdamse Filosofische Studies, Rotterdam).

Galloway, Donald(1993). 'Liberalism, Globalism and Immigration', *Queen s Law Journal*, 18: 266—305.

Galston, William(1980). *Justice and the Human Good*(University of Chicago Press, Chicago).

___ (1986). 'Equality of Opportunity and Liberal Theory',in F. Lucash(ed.), *Justice and Equality Here and Now*(Cornell University Press, Ithaca, NY), 89-107.

___ (1989). 'Community, Democracy, Philosophy: The Political Thought of Michael Walzer', *Political Theory*, 17/1:119-30.

___ (1991). *Liberal Purposes: Goods, Virtues, and Duties in the Liberal State*(Cambridge University Press, Cambridge).

___ (1993a). 'Cosmopolitan Altruism', *Social Philosophy and Policy*, 10:118-34.

___ (1993b). 'Political Theory in the 1980s', in Ada Finifter (ed.), *Political Science: The State of the Discipline 2*(American Political Science Association, Washington), 27-53.

___ (1995). 'Two Concepts of Liberalism', *Ethics*, 105/3: 516-34.

Gans, Chaim(1998). 'Nationalism and Immigration', *Ethical Theory and Moral Practice*, 1/2:159-80.

Garet, Ronald(1983). 'Communality and Existence: The Rights of Groups', *Southern California Law Review*, 56/5:1001-75.

Gauthier, David(1986). Morals by Agreement(Oxford University Press, Oxford).

___ (1991). 'Why Contractarianism?', in Vallentyne 1991, 15-30.

Gavison, Ruth(1992). 'Feminism and the Public/Private Distinction', *Stanford Law Review*, 45/1:1-45.

Gellner, Ernest(1983). *Nations and Nationalism*(Blackwell, Oxford).

George, Robert(1993). *Making Men Moral: Civil Liberties and Public Morality*(Oxford University

Press, Oxford).

Geras, Norman(1989). 'The Controversy about Marx and Justice', in A. Callinicos(ed.), *Marxist Theory* (Oxford University Press, Oxford), 211-67.

___ (1993). 'Bringing Marx to Justice: An Addendum and Rejoinder', *New Left Review*, 195: 37-69.

Gibbard, Allan(1985). 'What's Morally Special about Free Exchange?', *Social Philosophy and Policy*, 2/2: 20-8.

Giddens, Anthony(1998). *The Third Way*(Polity, Oxford).

Gilbert, Alan(1980). *Marx's Politics: Communists and Citizens*(Rutgers University Press, New Brunswick, NJ).

___ (1991). 'Political Philosophy: Marx and Radical Democracy',in Carver 1991, 168—95.

Gilbert, Paul(1998). *Philosophy of Nationalism*(Westview, Boulder, Colo.).

___ (2000). *Peoples, Cultures, and Nations in Political Philosophy*(Georgetown University Press, Washington).

Gilens, Martin(1996). "Race Coding', and White Opposition to Welfare', *American Political Science Review*, 90: 593-604.

___ (1999). *Why Americans Hate Welfare*(University of Chicago Press, Chicago).

Gilligan, Carol(1982). *In a Different Voice: Psychological Theory and Women's Development*(Harvard University Press, Cambridge, Mass.).

___ (1986). 'Remapping the Moral Domain',in Thomas Heller and Morton Sosna(eds.), *Reconstructing Individualism: Autonomy, Individuality, and the Self in Western Thought*(Stanford University Press, Stanford, Calif.), 237-50.

___ (1987). 'Moral Orientation and Moral Development',in Kittay and Meyers 1987, 19-36.

___ (1995). 'Hearing the Difference: Theorizing Connection',Hypatia, 10/2:120—7.

___ and Attanuci, J.(1988). 'Two Moral Orientations', in C. Gilligan, J. Ward, and J. Taylor(eds.), *Mapping The Moral Domain: A Contribution of Women s Thinking to Psychology and Education*(Harvard University Graduate School of Education, Cambridge, Mass.), 73-86.

Gitlin, Todd(1995). *The Twilight of Common Dreams: Why America is Wracked by Culture Wars*(Henry Holt, New York).

Glazer, Nathan(1983). *Ethnic Dilemmas: 1964-1982*(Harvard University Press, Cambridge, Mass.).

___ (1988). *The Limits of Social Policy*(Harvard University Press, Cambridge, Mass.).

___ (1997). *We Are All Multiculturalists Now*(Harvard University Press, Cambridge, Mass.).

Glendon, Mary-Ann(1991). *Rights Talk: The Impoverishment of Political Discourse*(Free Press, New York).

___ and Blankenhorn, David(eds.) (1995). *Seedbeds of Virtue: Sources of Competence, Character and Citizenship in American Society*(Madison Books, Lanham, Md.).

Glover, Jonathan(ed.) (1990). *Utilitarianism and its Critics*(Macmillan, New York).

Goldberg, David Theo(ed.) (1995). *Multiculturalism: A Critical Reader*(Blackwell, Oxford).

Goodin, Robert(1982). *Political Theory and Public Policy*(University of Chicago Press, Chicago).

___ (1988). *Reasons for Welfare*(Princeton University Press, Princeton).

__ (1990). 'International Ethics and the Environmental Crisis', *Ethics and International Affairs*, 4: 91-105.

___ (1990). 'Liberalism and the Best-Judge Principle', *Political Studies*, 38:181-5.

___ (1992a). Green Political Theory(Polity, Oxford).

___ (1992b). 'If People Were Money' in Barry and Goodin 1992, 6-22.

___ (1995). Utilitarianism as a Public Philosophy(Cambridge University Press, Cambridge).

___ (1998). 'Public Service Utilitarianism as a Role Responsibility', *Utilitasy* 10/3: 320-36.

___ and Pettit, Philip(eds.) (1993). *A Companion to Contemporary Political Philosophy*(Blackwell, Oxford).

___ ___ (eds.) (1997). *Contemporary Political Philosophy: An Anthology*(Blackwell, Oxford).

___ and Reeve, Andrew(eds.) (1989). *Liberal Neutrality*(Routledge, London).

Gordon, Scott(1980). *Welfare, Justice, and Freedom*(Columbia University Press, New York).

Gorr, Michael(1995). 'Justice, Self-Ownership, and Natural Assets', *Social Philosophy and Policy*, 12/2: 267-91.

Gough, J. W.(1957). *The Social Contract, 2nd edn.*(Oxford University Press, London).

Gould, Carol(1978). *Marx's Social Ontology*(MIT Press, Cambridge, Mass.).

Govier, Trudy(1997). *Social Trust and Human Communities*(McGill-Queen's University Press, Montreal).

___ (1999). *Dilemmas of Trust*(McGill-Queen, s University Press, Montreal).

Graham, Keith(1990). 'Self-Ownership, Communism and Equality II', *Proceedings of the Aristotelian Society*, supplementary vol. 64: 45-61.

Grant, George(1974). *English-Speaking Justice*(Mount Allison University Press, Sackville).

Gray, John(1986a). *Liberalism*(University of Minnesota Press, Minneapolis).

___ (1986b). 'Marxian Freedom, Individual Liberty, and the End of Alienation', *Social Philosophy and Policy*, 3/2:160-87.

___ (1989). *Liberalism: Essays in Political Philosophy*(Routledge, London).

Green, Karen(1986). 'Rawls, Women and the Priority of Liberty', *Australasian Journal of Philosophy*, supplementary vol. 64: 26-36.

Green, Leslie(1995). 'Internal Minorities and Their Rights', in Kymlicka 1995b: 256-72

Greene, Stephen(1996). 'Rethinking Kymlicka's Critique of Humanist Liberalism', *International Journal of Applied Philosophy*, 10/2: 51-7.

Greenfeld, Liah(1992). *Nationalism: Five Roads to Modernity*(Harvard University Press, Cambridge, Mass.).

Greschner, Donna(1989). 'Feminist Concerns with the New Communitarians',in A. Hutchinson and L. Green(eds.), *Law and the Community*(Carswell, Toronto), 119-50.

Grey, Thomas(1980). 'Eros, Civilization, and the Burger Court', *Law and Contemporary Problems*, 43/3: 83-100.

Grice, Geoffrey(1967). *The Grounds of Moral Judgement*(Cambridge University Press, Cambridge).

Griffin, James(1986). *Well-Being: Its Meaning, Measurement, and Moral Importance*(Oxford University Press, Oxford).

Grimm, Dieter(1995). 'Does Europe Need a Constitution?', *European Law Journal*, 1/3: 282-302.

Grimshaw, Jean(1986). *Philosophy and Feminist Thinking*(University of Minnesota Press, Minneapolis).

Groot, Loek, and van der Veen, Robert Jan(eds.) (2000). *Basic Income on the Agenda: Policy Objectives and Political Chances*(University of Amsterdam Press, Amsterdam).

Gross, Elizabeth(1986). 'What is Feminist Theory?',in Carole Pateman and E. Gross(eds.), *Feminist Challenges: Social and Political Theory*(Northeastern University Press, Boston), 125-43.

Guehenno, Jean-Marie(1995). *The End of the Nation-State*(University of Minnesota Press, Minneapolis).

Gurr, Ted (1993). *Minorities at Risk: A Global View of Ethnopolitical Conflict*(Institute of Peace Press, Washington).

___ (2000). 'Ethnic Warfare on the Wane', *Foreign Affairs*, 79/3: 52-64.

Gutmann, Amy(1980). *Liberal Equality*(Cambridge University Press, Cambridge).

___ (1985). 'Communitarian Critics of Liberalism', *Philosophy and Public Affairs*, 14/3: 308-22.

___ (1987). *Democratic Education*(Princeton University Press, Princeton).

___ (1993). The Challenge of Multiculturalism to Political Ethics', *Philosophy and Public Affairs* 22/3:171-206.

___ and Appiah, Kwame Anthony(1996). *Color Conscious: The Political Morality of Race*(Princeton University Press, Princeton).

___ and Thompson, Dennis(1996). *Democracy and Disagreement*(Harvard University Press, Cambridge, Mass.).

Habermas, Jurgen(1979). *Communication and the Evolution of Society*, trans. T. McCarthy(Beacon,

Boston).

___ (1985). 'Questions and Counter Questions',in R. Bernstein (ed.), *Habermas and Modernity*(MIT Press, Cambridge, Mass.), 192-216.

___ (1992). 'Citizenship and National Identity: Some Reflections on the Future of Europe', *Praxis International,* 12/1:1-19.

___ (1996). *Between Facts and Norms: Contributions to a Discourse Theory of Law and Democracy*(MIT Press, Cambridge, Mass.).

Halstead, Mark(1990). 'Muslim Schools and the Ideal of Autonomy', *Ethics in Education*, 9/4: 4-6.

___ (1991). 'Radical Feminism, Islam and the Single-Sex School Debate', *Gender and Education*, 3/1: 263-78.

Hamilton, Alexander, Madison, James, and Jay, John(1982). *The Federalist Papers*(Bantam, New York).

Hampton, Jean(1980). 'Contracts and Choices: Does Rawls Have a Social Contract Theory?', *Journal of Philosophy*, 77/6: 315-38.

___ (1986). *Hobbes and the Social Contract Tradition*(Cambridge University Press, Cambridge).

___ (1997). *Political Philosophy*(Westview Press, Boulder, Colo.).

Hannum, Hurst(1990). *Autonomy, Sovereignty, and Self-Determination*: The Adjudication of Conflicting Rights (University of Pennsylvania Press, Philadelphia).

Hanser, Matthew(1990). 'Harming Future People', *Philosophy and Public Affairs*, 19/1: 47-70.

Hardimon, Michael(1992). 'The Project of Reconciliation: Hegel's Social Philosophy', *Philosophy and Public Affairs*, 23/2:165-95.

___ (1994). *Hegel's Social Philosophy: The Project of Reconciliation*(Cambridge University Press, Cambridge).

Hardin, Garrett(1968). 'The Tragedy of the Commons', *Science*, 162:1243-8.

Hardin, Russell(1988). *Morality within the Limits of Reason*(University of Chicago Press, Chicago).

___ (1995). *One for All: The Logic of Group Conflict*(Princeton University Press, Princeton).

Harding, Sandra(1982). 'Is Gender a Variable in Conceptions of Rationality? A Survey of Issues', *Dialecticay* 36/2: 225-42.

___ (1987). 'The Curious Coincidence of Feminine and African Moralities', in Kittay and Meyers 1987, 296-316.

Hardwig, John(1990). 'Should Women Think in Terms of Rights?',in Cass Sunstein(ed.), *Feminism and Political Theory*(University of Chicago Press, Chicago), 53-67.

Hare, R. M.(1963). *Freedom and Reason*(Oxford University Press, London).

___ (1971). *Essays on Philosophical Method*(Macmillan, London).

___ (1975). 'Rawls, Theory of Justice',in Daniels 1975b, 81-107.

___ (1978). 'Justice and Equality', in J. Arthur and W. Shaw(eds.), *Justice and Economic Distribution*(Prentice-Hall, Englewood Cliffs, NJ), 118-32.

___ (1981). *Moral Thinking* (Oxford University Press, Oxford).

___ (1982). 'Ethical Theory and Utilitarianism', in Sen and Williams 1982, 23-38.

___ (1984). 'Rights, Utility, and Universalization: Reply to]. L. Mackie',in Frey 1984, 106-21.

Harles, John(1993). *Politics in the Lifeboat: Immigrants and the American Democratic Order*(Westview Press, Boulder, Colo.).

Harman, Gilbert(1983). 'Human Flourishing, Ethics, and Liberty', *Philosophy and Public Affairs*, 12/4: 307-22.

Harris, John(1975). 'The Survival Lottery', *Philosophy*, 50: 81-7.

Harrison, Ross(ed.) (1999). *Bentham*(Routledge, London).

Harsanyi, John(1976). *Essays on Ethics, Social Behavior and Scientific Explanation*(Reidel, Dordrecht).

___ (1977a). *Rational Behavior and Bargaining Equilibrium in Games and Social Situations*(Cambridge University Press, Cambridge).

___ (1977b). 'Rule Utilitarianism and Decision Theory', *Erkenntnis*, 11: 25-53.

___ (1985). 'Rule Utilitarianism, Equality, and Justice', *Social Philosophy and Policy*, 2/2:115-27.

Hart, H. L. A.(1975). 'Rawls on Liberty and its Priority5, in Daniels 1975b, 230-52.

___ (1979). 'Between Utility and Rights',in Alan Ryan(ed.), *The Idea of Freedom*(Oxford University Press, Oxford), 77-98.

Hartney, Michael(1991). 'Some Confusions Concerning Collective Rights', *Canadian Journal of Law and Jurisprudence*, 4/2: 293-314.

Harvey, David(1996). *Justice, Nature and the Geography of Difference*(Blackwell, Oxford).

Haslett, D. W.(1987). *Equal Consideration: A Theory of Moral Justification*(University of Delaware, Newark).

Haveman, Robert(1988). *Starting Even*(Simon and Schuster, New York).

Haworth, Alan(1994). *Anti-libertarianism: Markets, Philosophy and Myth*(Routledge, London).

Hayek, Friedrich(1944). *The Road to Serfdom*(University of Chicago Press, Chicago).

___ (1960). *The Constitution of Liberty*(Routledge and Kegan Paul, London).

Heater, Derek(1990). *Citizenship: The Civic Ideal in World History, Politics and Education*(Longman, London).

___ (1996). *World Citizenship and Government: Cosmopolitan Ideas in the History of Western*

Political Thought(St Martin's Press, New York).

___ (2000). *What is Citizenship*(Blackwell, Oxford).

Hefferman, William (1995). 'Privacy Rights', *Suffolk University Law Review*, 29: 737-808.

Hefner, Robert(ed.)(1998). *Democratic Civility: The History and Cross-cultural Possibility of a Modern Political Ideal*(Transaction Publishers, New Brunswick, NJ).

Hegel, G. W. F.(1949). *Philosophy of Right*, trans. T. M. Knox(Oxford University Press, London).

Herman, Susan(1995). Moral Voices, Moral Selves: Carol Gilligan and Feminist Moral Theory(Polity Press, Cambridge).

Held, David (1989). 'Citizenship and Autonomy',in Political Theory and the Modern State(Stanford University Press, Stanford, Calif.), 189-213.

___ (1995). *Democracy and the Global Order: From the Modern State to Cosmopolitan Governance*(Polity Press, London).

___ (1999). 'The Transformation in Political Community: Rethinking Democracy in the Context of Globalization', in Ian Shapiro and Casiano Hacker-Cordon(eds.), *Democracy's Edges*(Cambridge University Press, Cambridge), 84-111.

Held, Virginia(1987). 'Feminism and Moral Theory', in Kittay and Meyers 1987, 111-28.

___ (1988). 'The Non-contractual Society, , in M. Hanen and K. Nielsen(eds.), *Science, Morality and Feminist Theory*(University of Calgary Press, Calgary), 111-37.

___ (1993). *Feminist Morality: Transforming Culture, Society, and Politics*(University of Chicago Press, Chicago).

___ (ed.) (1995a). *Justice and Care: Essential Readings in Feminist Ethics*(Westview, Boulder, Colo.).

___ (1995b). The Meshing of Care and Justice',Hypatia, 10/2:128-32.

Herzog, Don (1986). 'Some Questions for Republicans', *Political Theory*, 14/3: 473—93.

Hill, Greg(1993). 'Citizenship and Ontology in the Liberal State', *Review of Politics*, 55: 67-84.

Higgins, Tracy(1997). 'Democracy and Feminism', *Harvard Law Review*, 110:1657-703.

Hirsch, H. N.(1986). 'The Threnody of Liberalism: Constitutional Liberty and the Renewal of Community', *Political Theory* 14/3: 423-49.

Hirschmann, Nancy(1999). 'Difference as an Occasion for Rights: A Feminist Rethinking of Rights, Liberalism and Difference', *Critical Review of International Social and Political Philosophy*, 2/1: 27-55.

___ and DiStefano, Christine(eds.) (1996). *Revisioning the Political: Feminist Revisions of Traditional Concepts in Western Political Theory*(Westview, Boulder, Colo.).

Hirst, Paul(1994). *Associative Democracy: New Forms of Economic and Social Governance*(Polity,

Cambridge).

Hoagland, Sarah(1991). 'Some Thoughts About "Caring"', in Card 1991, 246-86.

Hobsbawm, Eric J.(1990). Nations and Nationalism since 1780: *Programme, Myth and Reality*(Cambridge University Press, Cambridge).

Hochschild, Arlie(1989). *The Second Shift: Working Parents and the Revolution at Home*(Viking, New York).

Hollinger, David(1995). *Postethnic America: Beyond Multiculturalism*(Basic Books, New York).

Holmes, Stephen(1989). The Permanent Structure of Antiliberal Thought', in N. Rosenblum(ed.) *Liberalism and the Moral Life*(Harvard University Press, Cambridge, Mass.), 227-53.

Holmstrom, Nancy(1977). 'Exploitation', *Canadian Journal of Philosophy*, 7/2: 353-69.

Hooker, Brad(1993). 'Political Philosophy',in Leemon McHenry and Frederick Adams(eds.), *Reflection on Philosophy*(St Martin's Press, London), 87-102.

Horowitz, Donald(1985). *Ethnic Groups in Conflict*(University of California Press, Berkeley and Los Angeles).

___ (1991). *A Democratic South Africa: Constitutional Engineering in a Divided Society*(University of California Press, Berkeley and Los Angeles).

___ (1997). 'Self-Determination: Politics, Philosophy and Law', in Shapiro and Kymlicka 1997, 421-63.

Horton, John, and Mendus, Susan(eds.) (1994). *After MacIntyre: Critical Perspectives on the Work of Alisdair MacIntyre*(Polity, Cambridge).

___ ___ (eds.) (1999). *Toleration, Identity and Difference*(St Martin's Press, New York).

Hospers, John(1961). *Human Conduct: An Introduction to the Problems of Ethics*(Harcourt, Brace and World, New York).

Houston, Barbara(1987). 'Rescuing Womanly Virtues: Some Dangers of Moral Reclamation', *Canadian Journal of Philosophy*, supplementary vol. 13: 237-62.

___ (1988). 'Gilligan and the Politics of a Distinctive Women's Morality', in L. Code, S. Mullett, and C. Overall(eds.), *Feminist Perspectives: Philosophical Essays on Method and Morals*(University of Toronto Press, Toronto), 168-89.

___ (1990). 'Caring and Exploitation', *Hypatia*, 5/1:115-19.

Hurka, Thomas(1993). *Perfectionism*(Oxford University Press, Oxford).

___ (1995). 'Indirect Perfectionism: Kymlicka on Liberal Neutrality', *Journal of Political Philosophy*, 3/1: 36-57.

Hurley, Susan(2001). 'Luck and Equality',Proceedings of the Aristotelian Society.

Hutchings, Kimberly(1999). 'Feminism, Universalism and the Ethics of International Politics', in

Vivienne Jabri and Eleanor O'Gorman(eds.) *Women, Culture and International Relations*(Lynne Rienner, Boulder, Colo.), 17-38.

___ and Dannreuther, Ronald(eds.) (1999). *Cosmopolitan Citizenship*(St Martin's Press, New York).

Ignatieff, Michael(1989). 'Citizenship and Moral Narcissism', *Political Quarterly*, 60:63-74.

___ (1993). *Blood and Belonging: Journeys into the New Nationalism*(Farrar, Straus and Giroux, New York).

___ (2000). *The Rights Revolution*(Anansi Press, Toronto).

Ingram, Attracta(1993). 'Self-Ownership and Worldly Resources', *International Journal of Moral and Social Studies*, 8/1: 3-20.

Ingram, David(2000). *Group Rights: Reconciling Equality and Difference*(University Press of Kansas, Lawrence).

Isin, Engin, and Wood, Patricia(1999). *Citizenship and Identity*(Sage, Beverly Hills, Calif.).

Ivison, Duncan, Sanders, Will, and Patton, Paul(eds.) (2000). *Political Theory and the Rights of Indigenous Peoples*(Cambridge University Press, Cambridge).

Jackson, Frank(1991). 'Decision-Theoretic Consequentialism and the Nearest and Dearest Objection', *Ethics*, 101: 462-83.

Jacobs, Lesley(1996). The Second Wave of Analytical Marxism', *Philosophy of Social Sciences*, 26/2: 279-92.

___ (1997). *An Introduction to Modern Political Philosophy: The Democratic Vision of Politics*(Prentice-Hall, Upper Saddle River, NJ).

Jacobson, David(1996). *Rights across Borders: Immigration and the Decline of Citizenship*(Johns Hopkins University Press, Baltimore).

Jaggar, Alison(1983). *Feminist Politics and Human Nature*(Rowman and Allanheld, Totowa, NJ).

___ and Young, Iris Marion(eds.) (1998). *A Companion to Feminist Philosophy*(Blackwell, Cambridge).

Janoski, Thomas(1998). *Citizenship and Civil Society: Obligations in Liberal, Traditional and Social Democratic Regimes*(Cambridge University Press, Cambridge).

Janzen, William(1990). *Limits of Liberty: The Experiences of Mennonitey Hutterite and Doukhobour Communities in Canada*(University of Toronto Press, Toronto).

Jeske, Diane(1996). 'Libertarianism, Self-Ownership, and Motherhood', *Social Theory and Practice*, 22/2:137-60.

Johnson, James(1998). 'Arguing for Deliberation: Some Skeptical Considerations',in Jon Elster(ed.), *Deliberative Democracy*(Cambridge University Press, Cambridge), 161-84.

___ (2000). 'Why Respect Culture?', *American Journal of Political Science*, 44/3: 405-18.

Johnston, Darlene(1989). 'Native Rights as Collective Rights: A Question of Group Self-Preservation', *Canadian Journal of Law and Jurisprudence*, 2/1:19-34.

Jones, Charles(1999). *Global Justice: Defending Cosmopolitanism*(Oxford University Press, Oxford).

Jones, Peter(1982). 'Freedom and the Redistribution of Resources', *Journal of Social Policy*, 11/2: 217-38.

Joppke, Christian, and Lukes, Steven(eds.) (1999). *Multicultural Questions*(Oxford University Press, Oxford).

Kagan, Shelley(1989). *The Limits of Morality*(Oxford University Press, Oxford).

___ (1994). The Argument from Liberty', in J. Coleman and A. Buchanan(eds.), *In Harm's Way*(Cambridge University Press, Cambridge), 16—41.

Kahane, David (2000). 'Pluralism, Deliberation and Citizen Competence: Recent Developments in Democratic Theory', *Social Theory and Practice*, 26/3: 509-35.

Kahneman, Daniel, et al.(1986). 'Fairness as a Constraint on Profit-Seeking', *American Economic Review*, 76/4: 728-41.

Kamenka, Eugene(ed.) (1982). *Community as a Social Ideal*(Edward Arnold, London).

Karmis, Dimitrios(1993). 'Cultures Autochtones et libéralisme au Canada: les vertus médiatrices du communautarisme libéral de Charles Taylor', *Canadian Journal of Political Science*, 26/1: 69-96.

Katz, Leo(1999). 'Responsibility and Consent: The Libertarian's Problems with Freedom of Contract', *Social Philosophy and Policy*, 16/2: 94-117.

Kaus, Mickey(1992). *The End of Equality*(Basic Books, New York).

Kavka, Gregory(1986). *Hobbesian Moral and Political Theory*(Princeton University Press, Princeton).

Kearns, D.(1983). 'A Theory of Justice-and Love: Rawls on the Family', *Politics*, 18/2: 36-42.

Keat, Russell(1982). 'Liberal Rights and Socialism', in Keith Graham(ed.), *Contemporary Political Philosophy: Radical Perspectives*(Cambridge University Press, Cambridge), 59-82.

Keating, Michael, and McGarry, John(eds.) (2001) Minority Nationalism and the Changing International Order(Oxford University Press, Oxford.)

Kennedy, Ellen, and Mendus, Susan(1987). *Women in Western Political Philosophy*(Wheatsheaf Books, Brighton).

Kernohan, Andrew(1988). 'Capitalism and Self-Ownership', *Social Philosophy and Policy*, 6/1: 60-76.

___ (1990). 'Rawls and the Collective Ownership of Natural Abilities', *Canadian Journal of Philosophy*, 20/1:19-28.

___ (1993). 'Desert and Self-Ownership', *Journal of Value Inquiry*, 27/2:197-202.

___ (1998). *Liberalism, Equality and Cultural Oppression*(Cambridge University Press, Cambridge).

Kershnar, Stephen(2000). 'There is No Moral Right to Immigrate to the United States', *Public Affairs Quarterly*, 14/2:141-58.

King, Desmond(1999). *In the Name of Liberalism: Illiberal Social Policy in the U.S. and Britain*(Oxford University Press, Oxford).

___ and Waldron, Jeremy(1988). 'Citizenship, Social Citizenship and the Defence of the Welfare State', *British Journal of Political Science*, 18: 415-43.

Kittay, Eva Feder(1995). *Equality, Rawls and the Inclusion of Women*(Routledge, New York).

___ (1998). *Love's Labor: Essays on Women, Equality and Dependency*(Routledge, New York).

Kittay, Eva Feder and Meyers, Diana(eds.) (1987). *Women and Moral Theory*(Rowman and Littlefield, Savage, Md.).

Kleingeld, Pauline(1998). 'Just Love: Marriage and the Question of Justice', *Social Theory and Practice*, 24/2: 261-81.

Kley, Roland(1994). *Hayek's Social and Political Thought*(Oxford University Press, Oxford).

Kloss, Heinz(1977). *The American Bilingual Tradition*(Newbury House, Rowley, Mass.).

Knight, Kelvin(ed.) (1998). *The MacIntyre Reader*(University of Notre Dame Press, Notre Dame, Ind.).

Knowles, Dudley(2001). *Political Philosophy*(McGill-Queen, s University Press, Montreal).

Koehn, Daryl(1998). *Rethinking Feminist Ethics: Care, Trust and Empathy*(Routledge, London).

Kohlberg, Lawrence(1984). *Essays on Moral Development*, vol. ii(Harper and Row, San Francisco).

Korsgaard, Christine(1993). 'Commentary on Cohen and Sen', in Nussbaum and Sen 1993, 54-61.

Kristjansson, Kristjan(1992a). 'For a Concept of Negative Liberty~But Which Conception?', *Journal of Applied Philosophy*, 9/2: 221-32.

___ (1992b). 'What is Wrong with Positive Liberty', *Social Theory and Practice*, 18/3: 289-310.

___ (1992c). 'Social Freedom and the Test of Moral Responsibility', *Ethics*, 103: 104-16.

Krouse, Richard, and McPherson, Michael(1988). 'Capitalism, "Property-Owning Democracy", and the Welfare State', in Amy Gutmann(ed.), *Democracy and the Welfare State*(Princeton University Press, Princeton), 79-106.

Kukathas, Chandran(1989). *Hayek and Modern Liberalism*(Oxford University Press, Oxford).

___ (1992). 'Are There any Cultural Rights', *Political Theory*, 20/1: 105-39.

___ (1997). 'Cultural Toleration', in Shapiro and Kymlicka 1997, 69-104.

___ and Pettit, Philip(1990). *Rawls: A Theory of Justice and its Critics*(Polity, Oxford).

Kymlicka, Will(1988a). 'Liberalism and Communitarianism', *Canadian Journal of Philosophy*, 18/2: 181-203.

___ (1988/7). 'Rawls on Teleology and Deontology', *Philosophy and Public Affairs*, 17/3: 173-90.

___ (1989a). *Liberalism, Community, and Culture*(Oxford University Press, Oxford).

___ (1989b). liberal Individualism and Liberal Neutrality', *Ethics*, 99/4: 883-905.

___ (1990). 'Two Theories of Justice', *Inquiry*, 33/1: 99-119.

___ (1991). 'Rethinking the Family', *Philosophy and Public Affairs*, 20/1: 77-97.

___ (ed.) (1992). *Justice in Political Philosophy*(Edward Elgar, Aldershot).

___ (1995a). *Multicultural Citizenship: A Liberal Theory of Minority Rights*(Oxford University Press, Oxford).

___ (ed.) (1995b). *The Rights of Minority Cultures*(Oxford University Press, Oxford).

___ (1998). *Finding our Way: Rethinking Ethnocultural Relations in Canada*(Oxford University Press, Toronto).

Kymlicka, Will(2001). *Politics in the Vernacular: Nationalism, Multiculturalism and Citizenship*(Oxford University Press, Oxford).

___ (2002). 'Nation-Building and Minority Rights: Comparing Africa and the West', in Bruce Berman, Dickson Eyoh, and Will Kymlicka(eds.), *Ethnicity and Democracy in Africa*(James Currey, Oxford).

___ and Norman, Wayne(1994). 'Return of the Citizen', *Ethics*, 104/2: 352-81.

___ ___ (eds.) (2000). *Citizenship in Diverse Societies*(Oxford University Press, Oxford).

___ and Opalski, Magda(eds.) (2001). *Can Liberal Pluralism be Exported? Western Political Theory and Ethnic Relations in Eastern Europe*(Oxford University Press, Oxford).

Ladenson, Robert(1983). *A Philosophy of Free Expression and its Constitutional Applications*(Rowman and Littlefield, Totowa, NJ).

Laitin, David(1992). *Language Repertoires and State Construction in Africa*(Cambridge University Press, Cambridge).

Lamont, Julian(1997). 'Incentive Income, Deserved Income and Economic Rents', *Journal of Political Philosophy*, 5/1: 26-46.

Landes, Joan(1988). *Women and the Public Sphere in the Age of the French Revolution*(Cornell University Press, Ithaca, NY).

___ (ed.) (1998). *Feminism, the Public and the Private*(Oxford University Press, Oxford).

Langton, Rae(1990). 'Whose Right? Ronald Dworkin, Women and Pornography', *Philosophy and Public Policy*, 19/4: 311-59.

Lapidoth, Ruth(1996). *Autonomy: Flexible Solutions to Ethnic Conflict*(Institute for Peace Press, Washington).

Larabee, Mary Jean(ed.) (1993). *An Ethic of Care: Feminist and Interdisciplinary Perspectives*(Routledge, London).

Larana, Enrique, Johnston, Hank, and Gusfield, Joseph(eds.) (1994). *New Social Movements: From Ideology to Identity*(Temple University Press, Philadelphia).

Larmore, Charles(1987). *Patterns of Moral Complexity*(Cambridge University Press, Cambridge).

LeGrand, Julian, and Estrin, Saul(eds.) (1989). *Market Socialism*(Oxford University Press, Oxford).

Lehman, Edward W.(ed.) (2000). *Autonomy and Order: A Communitarian Anthology*(Rowman and Littlefield, Savage, Md.).

Lehning, Percy(ed.) (1998). *Theories of Secession*(Routledge, London).

___ and Weale, Albert(eds.) (1997). *Citizenship, Democracy and Justice in the New Europe*(Routledge, London).

Lessnoff, Michael(1986). *Social Contract*(Macmillan, London).

Levine, Andrew(1988). 'Capitalist Persons', *Social Philosophy and Policy*, 6/1: 39-59.

___ (1989). 'What is a Marxist Today?',Canadian Journal of Philosophy, supplementary vol. 15: 29-58.

___ (1998). *Rethinking Liberal Equality from a 'Utopian Point of View*(Cornell University Press, Ithaca, NY).

___ (1999). 'Rewarding Effort', *Journal of Political Philosophy*, 7/4: 404-18.

Levinson, Meira (1999). *The Demands of Liberal Education*(Oxford University Press, Oxford),

Levy, Jacob (1997). 'Classifying Cultural Rights',in Shapiro and Kymlicka 1997, 22-66.

___ (2000). *The Multiculturalism of Fear*(Oxford University Press, Oxford).

Lichtenberg, Judith(1999). 'How Liberal Can Nationalism Be?, in Beiner 1999. 167-88.

Lindblom, Charles(1977). *Politics and Markets*(Basic Books, New York).

Linklater, Andrew(1998). *The Transformation of Political Community: Ethical Foundations of the Post- Westphalian Era*(University of South Carolina Press, Columbia).

Lippert-Rasmussen, Kasper(1999). 'Arneson on Equality of Opportunity', *Journal of Political Philosophy*, 7/4: 478-87.

Lister, Ruth(ed.) (1998). *Citizenship: Feminist Perspectives*(New York University Press, New York).

Littleton, Christine(1987). 'Reconstructing Sexual Equality', *California Law Review*, 75: 201-59.

Lloyd, Sharon(1992). 'Stepping Back', *Analyse & Kritik*, 14/1: 72-85.

___ (1994). 'Family Justice and Social Justice', *Pacific Philosophical Quarterly*, 755: 353-71.

Lloyd Thomas, David(1988). *In Defense of Liberalism*(Blackwell, Oxford).

Loevinsohn, Ernest(1977). 'Liberty and the Redistribution of Property', *Philosophy and Public Affairs*, 6/3: 226-39.

Lomasky, Loren(1987). Persons, Rights, and the Moral Community(Oxford University Press, Oxford).

___ (1998). 'Libertarianism as if (the Other 99 Percent of) People Mattered',Social Philosophy and Policy, 15/2: 350-71.

Lukes, Steven(1985). Marxism and Morality(Oxford University Press, Oxford).

___ (1995). 'Marxism, Liberalism and the Left'(paper presented at Universidad Internacional Menendez y Pelayo, Santander, 1995).

Lyons, David(1965). Forms and Limits of Utilitarianism(Oxford University Press, London).

___ (1981). The New Indian Claims and Original Rights to Land', *in Paul* 1981, 355-79.

___ (ed.) (1997). *Mill's Utilitarianism: Critical Essays*(Rowman and Littlefield, Savage, McL).

MacCallum, Gerald(1967). 'Negative and Positive Freedom', *Philosophical Review*, 76/3: 312-34.

McCabe, David(1996). 'New Journals in Political Philosophy and Related Fields', *Ethics*, 106/4: 800-16.

McClain, Linda(1994). 'Rights and Irresponsibility', *Duke Law Journal*, 43: 989-1088.

___ (1995). "Inviolability and Privacy: The Castle, the Sanctuary, and the Body', *Yale Journal of Law and the Humanities*, 7/1:195-242.

___ (1999a). 'Reconstructive Tasks for a Liberal Feminist Conception of Privacy', *William and Mary Law Review*, 40/2: 759-94.

___ (1999b). 'The Liberal Future of Relational Feminism: Robin West's Caring for Justice', *Law and Social Inquiry*, 24/2: 477-516.

McDonald, Michael(1991a). 'Questions about Collective Rights',in D. Schneiderman(ed.), *Language and the State: The Law and Politics of Identity*(Les Editions Yvon Blais, Cowansville), 3-25.

McDonald, Michael(1991b). 'Should Communities Have Rights? Reflections on Liberal Individualism', *Canadian Journal of Law and Jurisprudence*, 4/2: 217-37.

Macedo, Stephen(1988). 'Capitalism, Citizenship and Community', *Social Philosophy and Policy*, 6/1:113-39.

___ (1990). Liberal Virtues: Citizenship, *Virtue and Community*(Oxford University Press, Oxford).

___ (1995). 'Liberal Civic Education and Religious Fundamentalism', *Ethics*, 105/3: 468-96.

___ (ed) (1999). *Deliberative Politics: Essays on Democracy and Disagreement*(Oxford University Press, Oxford).

___ (2000). *Diversity and Distrust: Civic Education in a Multicultural Democracy*(Harvard

University Press, Cambridge, Mass.).

Machan, Tibor, and Rasmussen, Douglas(eds.) (1995). *Liberty for the Twenty-First Century: Contemporary Libertarian Thought*(Rowman and Littlefield, Lanham, Md.).

MacIntyre, Alisdair (1981). *After Virtue: A Study in Moral Theory*(Duckworth, London).

___ (1988). *Whose Justice? Which Rationality?*(University of Notre Dame Press, Notre Dame, Ind.).

___ (1994). 'A Partial Response to my Critics', in Horton and Mendus 1994, 283-304.

MacIntyre, Alisdair(1999). *Dependent Rational Beings: Why Human Beings Need the Virtues*(Open Court Publishing, La Salle, 111.).

Mack, Eric(1990). 'Self-Ownership and the Right of Property',Monist, 73/4: 519-43.

___ (1995). 'The Self-Ownership Proviso: A New and Improved Lockean Proviso', in Ellen Frankel Paul(ed.), *Contemporary Political and Social Philosophy*(Needham Heights, Cambridge), 186-216.

Mackenzie, Catriona, and Stoljar, Natalie(eds.) (1999). *Relational Autonomy in Context: Feminist Perspectives on Autonomy, Agency and the Social Self*(Oxford University Press, New York).

McKerlie, Dennis(1994). 'Equality and Priority', *Utilitas*, 6/1: 25-42.

___ (1996). 'Equality', *Ethics*, 106/2: 274-96.

Mackie, J. L.(1984). 'Rights, Utility, and Universalization', in Frey 1984, 86-105.

McKim, Robert, and McMahan, Jeff(eds.) (1997). *The Morality of Nationalism*(Oxford University Press, Oxford).

MacKinnon, Catherine(1987). *Feminism Unmodified: Discourses on Life and Law*(Harvard University Press, Cambridge, Mass.).

___ (1991). 'Reflections on Sex Equality under the Law', *Yale Law Journal* 100: 1281-328.

McLaughlin, T. H. (1992a). 'Citizenship, Diversity and Education', *Journal of Moral Education*, 21/3: 235-50.

___ (1992b). The Ethics of Separate Schools', in Mai Leicester and Monica Taylor(eds.): *Ethics, Ethnicity and Education*(Kogan Page, London), 114-36.

Macleod, Colin(1998). *Liberalism, Justice and Markets: A Critique of Liberal Equality*(Oxford University Press, Oxford).

Macpherson, C. B.(1973). *Democratic Theory: Essays in Retrieval*(Oxford University Press, Oxford).

Mallon, Ron(1999). 'Political Liberalism, Cultural Membership and the Family', *Social Theory and Practice*, 25/2: 271-97.

Manent, Pierre(2000). 'The Return of Political Philosophy', *First Things*, 103: 15-22.

Mapel, David(1989). *Social Justice Reconsidered*(University of Illinois Press, Urbana).

Margalit, Avishai(1996). *The Decent Society*(Harvard University Press, Cambridge, Mass.).

___ and Raz, Joseph(1990). 'National Self-Determination', *Journal of Philosophy*, 87/9: 439-61.

Marshall, T. H.(1965). *Class, Citizenship and Social Development*(Anchor, New York).

Martin, Rex(1985). *Rawls and Rights*(University Press of Kansas, Lawrence).

Marx, Karl(1973). *Grundrisse*, ed. M. Nicolaus(Penguin, Harmondsworth).

___ (1977a). *Economic and Philosophic Manuscripts of 1844*(Lawrence and Wishart, London).

___ (1977b). *Karl Marx: Selected Writings, ed.* D. McLellan(Oxford University Press, Oxford).

___ (1977c). *Capital: A Critique of Political Economy*, vol. i(Penguin, Harmondsworth).

___ (1981). *Capital: A Critique of Political Economy*, vol. iii(Penguin, Harmondsworth).

___ and Engels, Friedrich(1968). *Marx/Engels: Selected Works in One Volume*(Lawrence and Wishart, London).

___ (1970). *The German Ideology*(Lawrence and Wishart, London).

Mason, Andrew(1993). 'Liberalism and the Value of Commimity', *Canadian Journal of Philosophy*, 23/2: 215-40.

Mead, Lawrence(1986). *Beyond Entitlement: The Social Obligations of Citizenship*(Free Press, New York).

Mendus, Susan(1989). *Toleration and the Limits of Liberalism*(Humanities Press, Atlantic Highlands, NJ).

___ (1993). 'Eve and the Poisoned Chalice: Feminist Morality and the Claims of Politics',in M. Briigmann (ed.), *Who's Afraid of Femininity? Questions of Identity*(Rodopi, Amsterdam), 95-104.

Meyer, Michael(1997). 'When Not to Claim Your Rights: The Abuse and the Virtuous Use of Rights', *Journal of Political Philosophy*, 5/2: 149-62.

Meyers, Diana (1987). The Socialized Individual and Individual Autonomy', in Kittay and Meyers 1987, 139-53.

___ (1994). *Subjection and Subjectivity: Psychoanalytic Feminism and Moral Theory*(Routledge, London).

___ (ed.) (1997). *Feminists Rethink the Self*(Westview, Boulder, Colo.).

Michael, Mark(1997). 'Redistributive Taxation, Self-Ownership and the Fruit of Labour', *Journal of Applied Philosophy*, 14/2: 137-46.

Michelman, Frank(1975). 'Constitutional Welfare Rights and *A Theory of Justice*', in Daniels 1975b, 319-46.

___ (1996). 'Socio-Political Functions of Constitutional Protections of Private Property Holdings in Liberal Political Thought', in G. E. van Maanen(ed.) *Property Law on the Threshold of the 21st Century*(Maklv, Apeldorn).

Midgley, Mary(1978). *Beast and Man: The Roots of Human Nature*(New American Library, New York).

Milde, Michael(1999). 'Unreasonable Foundations: David Gauthier on Property Rights, Rationality and the Social Contract', *Social Theory and Practice*, 25/1: 93-125.

Mill, J. S.(1962). *Mill on Bentham and Coleridge*, ed. F. Leavis(Chatto and Windus, London).

___ (1965). 'Principles of Political Economy', in *Collected Works*, vol. iii(University of Toronto Press, Toronto)

___ (1967). 'Chapters on Socialism', in *Collected Works*, vol. v(University of Toronto Press, Toronto).

___ (1968). *Utilitarianism, Liberty, Representative Government*, ed. A. D. Lindsay(J. M. Dent and Sons, London).

___ (1982). *On Liberty*, ed. G. Himmelfarb(Penguin, Harmondsworth).

___ and Mill, H. T. (1970). *Essays on Sex Equality*, ed. A. Rossi(University of Chicago Press, Chicago).

Miller, David (1976). *Social Justice*(Oxford University Press, Oxford).

___ (1989). 'In What Sense must Socialism be Communitarian?', *Social Philosophy and Policy*, 6/2: 51-73.

___ (1992). 'Distributive Justice: What the People Think', *Ethics*, 102/3: 555-93.

___ (1993). 'Equality and Market Socialism',in Bardhan and Roemer 1993, 298-314.

Miller, David(1995). *On Nationality*(Oxford University Press, Oxford).

___ (1997). 'What Kind of Equality Should the Left Pursue', in Franklin 1997, 83-100.

___ (1998). 'Secession and the Principle of Nationality',in Couture, Nielsen, and Seymour 1998, 261-82.

___ (1999). *Principles of Social Justice*(Harvard University Press, Cambridge, Mass.).

___ (2000). *Citizenship and National Identity*(Polity Press, Cambridge).

___ and Walzer, Michael(eds.) (1995). *Pluralism, Justice and Equality*(Oxford University Press, Oxford).

___ et al. (1996). 'Symposium on David Miller's On Nationality', *Nations and Nationalism*, 2/3: 407-51.

Miller, Ricard(1984). *Analyzing Marx*(Princeton University Press, Princeton).

Mills, Charles(1997). *The Racial Contract*(Cornell University Press, Ithaca, NY).

Minow, Martha(1990). *Making all the Difference: Inclusion, Exclusion and American Law*(Cornell University Press, Ithaca, NY).

___ (1991). 'Equalities', *Journal of Philosophy*, 88/11: 633-44.

Miscevic, Nenad(1999). 'Close Strangers: Nationalism, Proximity and Cosmopolitanism', *Studies in East European Thought*, 51:109-25.

___ (ed.) (2000). *Nationalism and Ethnic Conflict: Philosophical Perspectives*(Open Court, La Salle, 111.).

Modood, Tariq(1994). 'Establishment, Multiculturalism, and British Citizenship', *Political Quarterly*, 65/1: 53-73.

Moon, Donald(1988). The Moral Basis of the Democratic Welfare State', in Amy Gutmann(ed.), *Democracy and the Welfare State*(Princeton University Press, Princeton), 27-52.

Moon, Donald(1993). *Constructing Community: Moral Pluralism and Tragic Conflicts*(Princeton University Press, Princeton).

Moore, G. E.(1912). *Ethics*(Oxford University Press, London).

Moore, Margaret(ed.) (1998). *National Self-Determination and Secession*(Oxford University Press, Oxford).

Morris, Christopher(1988). 'The Relation between Self-Interest and Justice in Contractarian Ethics', *Social Philosophy and Policy*, 5/2: 119-53.

___ (ed.) (1999). *The Social Contract Theorists*(Rowman and Littlefield, Lanham, Md.).

Mouffe, Chantal (1992a). 'Feminism, Citizenship and Radical Democratic Politics', in Butler and Scott 1992, 369-84.

___ (ed.) (1992b). *Dimensions of Radical Democracy: Pluralism, Citizenship and Community*(Routledge, London).

___ (1992c). 'Democratic Citizenship and the Political Community', in Mouffe 1992b 225-39.

___ (2000). *The Democratic Paradox*(Verso, London).

Mulgan, Geoff(1991). 'Citizens and Responsibilities', in Andrews 1991, 37-49.

Mulhall, Stephen, and Swift, Adam(1996). *Liberals and Communitarians, 2nd edn.*(Blackwell, Oxford).

Murphy, Jeffrie(1973). 'Marxism and Retribution', *Philosophy and Public Affairs*, 2/3: 214-41.

Murphy, Liam(1999). 'Institutions and the Demands of Justice', *Philosophy and Public Affairs*, 27/4: 251-91.

Nagel, Thomas(1973). 'Rawls on Justice', *Philosophical Review*, 82: 220-34.

___ (1979). *Mortal Questions*(Cambridge University Press, Cambridge).

___ (1980). The Limits of Objectivity', in S. McMurrin(ed.), *The Tanner Lectures on Human Values*, vol. i (University of Utah Press, Salt Lake City), 75-140.

___ (1981). 'Libertarianism without Foundations', in Paul 1981, 191-205.

___ (1986). *The View from Nowhere*(Oxford University Press, New York).

___ (1991). *Equality and Partiality*(Oxford University Press, New York).

Narayan, Uma (1995). 'Colonialism and its Others: Considerations on Rights and Care Discourses', *Hypatia*, 10/2: 133-40.

___ and Harding, Sandra(eds.) (2000). *Decentering the Center: Philosophy for a Multicultural, Postcolonial, and Feminist World*(Indiana University Press, Bloomington).

Narveson, Jan(1983). 'On Dworkinian Equality', *Social Philosophy and Policy*, 1/1: 1-23.

___ (1988). *The Libertarian Idea*(Temple University Press, Philadelphia).

___ (1991). 'Collective Rights?', *Canadian Journal of Law and Jurisprudence*, 4/2: 329-45.

___ (1995). 'Contracting for Liberty', in Machan and Rasmussen 1995, 19-40.

___ (1998). 'Libertarianism versus Marxism: Reflections on G. A. Cohen's *Self-Ownership, Freedom and Equality, Journal of Ethics*, 2/1: 1-26.

Nauta, Lolle(1992). 'Changing Conceptions of Citizenship', *Praxis International* 12/1: 20-34.

Neal, Patrick(1994). 'Perfectionism with a Liberal Face? Nervous Liberals and Raz's Political Theory', *Social Theory and Practice*, 20/1: 25-58.

Nedelsky, Jennifer(1989). 'Reconceiving Autonomy: Sources, Thoughts, and Possibilities', in Allan Hutchinson and Leslie Green(eds.), *Law and the Community: The End of Individualism*?(Carswell, Toronto), 219-52.

Nedelsky, Jennifer(1993).cReconceiving Rights as Relationship', *Review of Constitutional Studies*, 1/1: 1-26.

___ (2000). 'Citizenship and Relational Feminism', in Ronald Beiner and Wayne Norman(eds.), *Canadian Political Philosophy: Contemporary Reflections*(Oxford University Press, Toronto), 131-46.

Nentwich, Michael, and Weale, Albert(eds.) (1998). *Political Theory and the European Union: Legitimacy, Constitutional Choice and Citizenship*(Routledge, London).

Newman, Saul(1996). *Ethnoregional Conflicts in Democracies: Mostly Ballots, Rarely Bullets*(Greenwood, London).

Nicholson, Linda(1986). *Gender and History: The Limits of Social Theory in the Age of the Family* (Columbia University Press, New York).

Nickel, James(1990). 'Rawls on Political Community and Principles of Justice', *Law and Philosophy*, 9: 205-16.

___ (1995). cThe Value of Cultural Belonging', *Dialogue*, 33/4: 635-42.

Nielsen, Kai(1978). 'Class and Justice',in J. Arthur and W. Shaw(eds.), *Justice and Economic Distributions* (Prentice-Hall, Englewood Cliffs, NJ).

___ (1985). *Equality and Liberty: A Defense of Radical Egalitarianism*(Rowman and Allanheld, Totowa, NJ).

___ (1987). 'Rejecting Egalitarianism: On Miller's Nonegalitarian Marx', *Political Theory*, 15/3: 411-23.

___ (1989). *Marxism and the Moral Point of View*(Westview Press, Boulder, Colo.).

___ (1993). 'Relativism and Wide Reflective Equilibrium', *Monist*, 76/3: 316-32.

Noddings, Nel(1984). *Caring: A Feminine Approach to Ethics and Moral Education*(University of California Press, Berkeley and Los Angeles).

Norman, Richard(1981). 'Liberty, Equality, Property', *Proceedings of the Aristotelian Society, supplementary* vol. 55: 192-209.

___ (1987). *Free and Equal*(Oxford University Press, Oxford).

___ (1989). 'What is Living and What is Dead in Marxism?', *Canadian Journal of Philosophy, supplementary* vol. 15: 59-80.

Norman, Wayne(1991a). *Taking Freedom Too Seriously? An Essay on Analytic and Post-analytic Political Philosophy*(Garland, New York).

___ (1991b). 'Taking "Free Action" Too Seriously', *Ethics*, 101/3: 505-20.

___ (1994). 'Towards a Normative Theory of Federalism', in Baker 1994, 79-100.

___ (1995). 'The Ideology of Shared Values', in Carens 1995, 137-59.

___ (1996). 'Prelude to a Liberal Morality of Nationalism', in S. Brennan, T. Isaacs, and M. Milde (eds.), *A Question of Values*(Rodopi Press, Amsterdam), 189-208.

___ (1998). 'Inevitable and Unacceptable? Methodological Rawlsianism in Contemporary Anglo-American Political Philosophy', *Political Studies*, 46/2: 276-94.

___ (1999). Theorizing Nationalism (Normatively): The First Steps', in Beiner 1999, 51-66.

___ (2001). 'Ética y la construcción de la nación', in R. M. Suárez and J. M. Rivera Otero(eds.), *Europa Mundi: democracia, globalizacion y europeización*(Prensa de la Universidad de Santiago de Compostela, Santiago).

Nove, Alec(1983). *The Economics of Feasible Socialism*(George Allen and Unwin, London).

Nozick, Robert(1974). *Anarchy, State, and Utopia*(Basic Books, New York).

___ (1981). *Philosophical Explanations*(Harvard University Press, Cambridge, Mass.).

Nunner-Winkler, Gertrud(1984). 'Two Moralities?', in W. Kurtines and J. Gewirtz(eds.), *Morality, Moral Behavior and Moral Development*(John Wiley, New York), 348-61.

Nussbaum, Martha(1986). *The Fragility of Goodness*(Cambridge University Press, Cambridge).

___ (1999). *Sex and Social Justice*(Oxford University Press, New York).

___ (2000). *Women and Human Development: The Capabilities Approach*(Cambridge University Press, Cambridge).

___ and Sen, Amartya(eds.) (1993). *The Quality of Life*(Oxford University Press, Oxford).

Nye, Andrea(1988). *Feminist Theory and the Philosophies of Man*(Croom Helm, London).

Oakeshott, Michael(1984). 'Political Education',in Michael Sandel(ed.), *Liberalism and its Critics* (Blackwell, Oxford), 219-38.

O'Brien, Mary(1981). *The Politics of Reproduction*(Routledge and Kegan Paul, London).

O'Brien, Sharon(1987). 'Cultural Rights in the United States: A Conflict of Values', *Law and Inequality Journal*, 5: 267-358.

Okin, Susan(1979). Women in Western Political Thought(Princeton University Press, Princeton).

___ (1981). 'Women and the Making of the Sentimental Family', *Philosophy and Public Affairs* 11/1: 65-88.

___ (1987). 'Justice and Gender', *Philosophy and Public Affairs*, 16/1: 42-72.

___ (1989a). 'Reason and Feeling in Thinking about Justice', *Ethics*, 99/2: 229-49.

___ (1989b). *Justice, Gender, and the Family*(Basic Books, New York).

___ (1990). 'Thinking Like a Woman', in Rhode 1990, 145-59.

___ (1991). 'Gender, the Public and the Private', in David Held(ed.), *Political Theory Today*(Polity, Cambridge), 67-90.

___ (1992). 'Women, Equality and Citizenship', *Queen's Quarterly*, 99/1: 56-71.

___ (1994). 'Gender Inequality and Cultural Differences', *Political Theory*, 22/1: 5-24.

___ (1998). 'Mistresses of their Own Destiny? Group Rights, Gender, and Realistic Rights of Exit' (presented at the American Political Science Association annual meeting, Sept.).

___ (1999). *Is Multiculturalism Bad for Women*?(Princeton University Press, Princeton).

Oldfield, Adrian (1990a). 'Citizenship: An Unnatural Practice?', *Political Quarterly*, 61:177-87.

___ (1990b). *Citizenship and Community: Civic Republicanism and the Modern World*(Routledge, London).

Ollman, Bertell(ed.) (1998). *Market Socialism: The Debate among Socialists*(Routledge, London).

Olsen, Frances(1983). The Family and the Market: A Study of Ideology and Legal Reform', *Harvard Law Review*, 96/7: 1497-578.

O'Neill, Onora(1980). 'The Most Extensive Liberty', *Proceedings of the Aristotelian Society*, 85: 45-59.

O'Neill, Onora(1993). 'Justice, Gender and Interational Relations', in Nussbaum and Sen 1993.

___ (1996). *Toward Justice and Virtue*(Cambridge University Press, Cambridge), 303-23.

Orend, Brian(2001). *Michael Walzer on War and Justice*(McGill-Queen's University Press, Montreal).

Orwin, Clifford(1998). The Encumbered American Self', in Allen and Kegan 1988: 86-91.

Otsuka, Michael(1998a). 'Making the Unjust Provide for the Least Well Off', *Journal of Ethics*, 2/3: 247-59.

___ (1998b). 'Self-Ownership and Equality: A Lockean Reconciliation', *Philosophy and Public Affairs*, 27/1: 65-92.

Palmer, Tom G.(1998). 'G. A. Cohen on Self-Ownership, Property, and Equality', *Critical Review*, 12/3: 225-51.

Parekh, Bhikhu(1982). *Contemporary Political Thinkers*(Martin Robertson, Oxford).

___ (1994). 'Decolonizing Liberalism', in Alexsandras Shiromas(ed.), *The End of 'Isms'? Reflections on the Fate of Ideological Politics after Communism's Collapse*(Blackwell, Oxford), 85-103.

___ (1997). 'Political Theory: Traditions in Political Philosophy', in Robert Goodin and Hans-Dieter Klingeman(eds.), *A New Handbook of Political Science*(Oxford University Press, Oxford), 503-18.

___ (2000). *Rethinking Multiculturalism: Cultural Diversity and Political Theory*(Harvard University Press, Cambridge, Mass.).

Parfit, Derek(1984). *Reasons and Persons*(Oxford University Press, Oxford).

___ (1998). 'Equality and Priority', in Andrew Mason(ed.), *Ideals of Equality*(Blackwell, Oxford), 1-20.

Paris, David(1991). 'Moral Education and the "Tie that Binds" in Liberal Political Theory', *American Political Science Review*, 85/3: 875-901.

Parry, Geraint(1991). 'Paths to Citizenship', in Vogel and Moran 1991, 167-96.

Passerin, Maurizio, and Vogel, Ursula(eds.) (2000). *Public and Private: Legal, Political and Philosophical Perspectives*(Routledge, London).

Pateman, Carole(1975). 'Sublimation and Reification: Locke, Wolin and the Liberal Democratic Conception of the Political', *Politics and Society*, 5/4: 441-67.

___ (1980). '"The Disorder of Women": Women, Love and the Sense of Justice', *Ethics*, 91/1: 20-34.

___ (1987). 'Feminist Critiques of the Public/Private Dichotomy', in A. Phillips(ed.), *Feminism and Equality*(Blackwell, Oxford), 103-26.

___ (1988). *The Sexual Contract*(Polity Press, Oxford).

___ (1989). *The Disorder of Women: Democracy, Feminism and Political Theory*(Stanford University Press, Stanford, Calif.).

___ (1991). "God Hath Ordained to Man a Helper',: Hobbes, Patriarchy and Conjugal Right', in Shanley and Pateman 1991, 53-73.

Patten, Alan(1996). 'The Republican Critique of Liberalism', *British Journal of Political Science*, 26: 25-44.

Paul, Ellen Frankel, Miller, Fred, and Paul, Jeffrey(eds.) (1996). *The Communitarian Challenge to Liberalism*(Cambridge University Press, Cambridge).

Paul, Jeffrey(ed.) (1981). *Reading Nozick*(Rowman and Littlefield, Totowa, NJ).

Peffer, Rodney(1990). *Marx, Morality and Social Justice*(Princeton University Press, Princeton).

Peterson, Richard(1996). 'A Re-evaluation of the Economic Consequences of Divorce', *American Sociological Review*, 61: 528-36.

Pettit, Philip(1980). *Judging Justice: An Introduction to Contemporary Political Philosophy*(Routledge and Kegan Paul, London).

___ (1989). 'The Freedom of the City: A Republican Ideal', in A. Hamlin and P. Pettit(eds.), *The Good Polit*(Blackwell, Oxford).

___ (1997). *Republicanism*(Oxford University Press, Oxford).

___ (2000). 'Democracy, Electoral and Contestatory', in Ian Shapiro and Stephen Macedo(eds.), *Designing Democratic Institutions: NOMOS 42*(New York University Press, New York), 105-44.

Pfaff, William (1993). *The Wrath of Nations: Civilization and the Furies of Nationalism*(Simon and Schuster, New York).

Phillips, Anne (1991). *Engendering Democracy*(Pennsylvania State University Press, University Park).

___ (1995). *The Politics of Presence*(Oxford University Press, Oxford).

___ (ed.) (1998). *Feminism and Politics*(Oxford University Press, Oxford).

___ (1999). *Which Equalities Matter?*(Polity Press, Cambridge).

___ (2000). 'Feminism and Republicanism: Is This a Plausible Alliance', *Journal of Political Philosophy*, 8/2: 279-93.

Phillips, David (1999). 'Contractualism and Moral Status', *Social Theory and Practice*, 24/2: 183-204.

Phillips, Derek(1993). *Looking Backward: A Critical Appraisal of Communitarian Thought*(Princeton University Press, Princeton).

Plamenatz, John(1960). *On Alien Rule and Self-Government*(Longman, London).

Plant, Raymond(1974). *Community and Ideology*(Routledge and Kegan Paul, London).

___ (1991). *Modern Political Thought*(Blackwell, Cambridge).

Pluhar, Evelyn(1995). *Beyond Prejudice: The Moral Significance of Human and Nonhuman Animals*(Duke University Press, Durham, NC).

Pocock, J. G. A(1992). The Ideal of Citizenship since Classical Times', *Queen s Quarterly*, 99/1: 33-55.

Pogge, Thomas(1989). *Realizing Rawls*(Cornell University Press, Ithaca, NY).

___ (1994). 'An Egalitarian Law of Peoples', *Philosophy and Public Affairs*, 23/3: 195-224.

___ (1995). 'How Should Human Rights Be Conceived', *Jahrbuch fUr Recht und Ethik*, 3: 103-20.

___ (1997a). 'A Global Resources Dividend', in David Crocker and Toby Linden (eds.), *Ethics of Consumption: The Good Life, Justice, and Global Stewardship*(Rowman and Littlefield, Lanham, Md.), 501-36.

___ (1997b). 'Migration and Poverty', in Bader 1997, 12-27.

___ (1998). 'The Bounds of Nationalism', in Couture, Nielsen, and Seymour 1998, 463-504.

___ (2000). 'On the Site of Distributive Justice: Reflections on Cohen and Murphy', *Philosophy and Public Affairs*, 29/2:138-69.

Poole, Ross(1999). *Nation and Identity*(Routledge, London).

Porter, John(1987). *The Measure of Canadian Society*(Carleton University Press, Ottawa).

Posner, Richard(1983). *The Economics of Justice*(Harvard University Press, Cambridge, Mass.).

___ (1996). *Overcoming Law*(Harvard University Press, Cambridge, Mass.).

Putnam, Robert(1993). *Making Democracy Work: Civic Traditions in Modern Italy*(Princeton University Press, Princeton).

Quinn, Michael(1993). 'Liberal Egalitarianism, Utility and Social Justice', *Utilitas*, 5/2: 311-16.

Radcliffe-Richards, Janet(1980). *The Sceptical Feminist: A Philosophical Enquiry*(Routledge and Kegan Paul, London).

Raikka, Juha(ed.) (1996). *Do We Need Minority Rights*?(Kluwer, Dordrecht).

___ (1998). 'The Feasibility Condition in Political Theory', *Journal of Political Philosophy*, 6/1: 27-40.

Railton, Peter(1984). 'Alienation, Consequentialism, and the Demands of Morality', *Philosophy and Public Affairs*, 13/2:134-71.

Rakowski, Eric(1993). *Equal Justice* (Oxford University Press, Oxford).

___ (2000). 'Can Wealth Taxes Be Justified?', *Tax Law Review*, 53/3: 263-375.

Raphael, D. D.(1970). *Problems of Political Philosophy*(Pall Mall, London).

___ (1981). *Moral Philosoph*(Oxford University Press, Oxford).

Rawls, John(1971) *A Theory of Justice*(Oxford University Press, London).

___ (1974). 'Reply to Alexander Sc Musgrave', *Quarterly Journal of Economics*, 88: 633-55.

___ (1975). 'Fairness to Goodness', *Philosophical Review*, 84: 536-54.

Rawls, John(1978). 'The Basic Structure as Subject', in A. Goldman and J. Kim(eds.), *Values and Morals* (Reidel, Dordrecht), 47-61.

___ (1979). 'A Well-Ordered Society', in P. Laslett and J. Fishkin(eds.), *Philosophy, Politics, and*

Society (Yale University Press, New Haven), 6-20.

___ (1980). 'Kantian Constructivism in Moral Theory', *Journal of Philosophy*, 77/9: 515-72.

___ (1982a). The Basic Liberties and their Priority',in S. McMurrin (ed.), *The Tanner Lectures on Human Values*, vol. iii(University of Utah Press, Salt Lake City), 1-89.

___ (1982b). 'Social Unity and Primary Goods', in Sen and Williams 1982,159-86.

___ (1985). 'Justice as Fairness: Political not Metaphysical', *Philosophy and Public Affairs*, 14/3: 223-51.

___ (1987). 'The Idea of an Overlapping Consensus', *Oxford Journal of Legal Studies*, 7/1: 1-25.

___ (1988). 'The Priority of Right and Ideas of the Good', Philosophy and Public Affairs, 17/4: 251-76.

___ (1989). 'The Domain of the Political and Overlapping Consensus', *New York University Law Review*, 64/2: 233-55.

___ (1993a). *Political Liberalism*(Columbia University Press, New York).

___ (1993b). 'The Law of Peoples', in S. Shute and S. Hurley(eds.), *On Human Rights: The Oxford Amnesty Lectures 1993*(Oxford University Press, Oxford), 41-82.

___ (1997). 'The Idea of Public Reason Revisited5, *University of Chicago Law Review*, 64: 765-807.

Rawls, John(1999a). *Collected Papers, ed.* Samuel Freeman(Harvard University Press, Cambridge, Mass.).

___ (1999a). *The Law of Peoples*(Harvard University Press, Cambridge, Mass.).

Raz, Joseph(1986). *The Morality of Freedom*(Oxford University Press, Oxford).

___ (1994). 'Multiculturalism: A Liberal Perspective', *Dissent*, Winter: 67-79.

___ (1998). 'Multiculturalism', *Ratio Juris*, 11/3: 193-205.

RCAP(1996). *Report of the Royal Commission on Aboriginal Peoples,* ii: *Restructuring the Relationship* (Ottawa).

Reaume, Denise(1991). 'The Constitutional Protection of Language: Security or Survival?', in D. Schneiderman(ed.), *Language and the State: The Law and Politics of Identity*(Les Editions Yvon Blais, Cowansville), 37-57.

___ (1995). 'Justice between Cultures: Autonomy and the Protection of Cultural Affiliation', *UBC Law Review* 29/1: 117-41.

Regan, Tom(2001). *Defending Animal Rights*(University of Illinois Press, Champaign).

Reiman, Jeffrey(1981). 'The Possibility of a Marxian Theory of Justice', *Canadian Journal of Philosophy*, supplementary vol. 7: 307-22.

___ (1983). 'The Labor Theory of the Difference Principle', *Philosophy and Public Affairs*, 12/2:133-59.

___ (1987). 'Exploitation, Force, and the Moral Assessment of Capitalism: Thoughts on Roemer and Cohen', *Philosophy and Public Affairs*, 16/1: 3-41.

___ (1989). 'An Alternative to "Distributive" Marxism: Further Thoughts on Roemer, Cohen, and Exploitation', *Canadian Journal of Philosophy, supplementary* vol. 15: 299-331.

___ (1991). 'Moral Philosophy: The Critique of Capitalism and the Problem of Ideology', in Carver 1991, 143-67.

Reinders, Hans(2000). *The Future of the Disabled in Liberal Society*(University of Notre Dame Press, Notre Dame, Ind.).

Rescher, N.(1966). *Distributive Justice: A Constructive Critique of the Utilitarian Theory of Distribution* (Bobbs-Merrill, Indianapolis).

Rhode, Deborah(ed.) (1990). *Theoretical Perspectives on Sexual Difference*(Yale University Press, New Haven).

___ (1997). *Speaking of Sex: The Denial of Gender Inequality*(Harvard University Press, Cambridge, Mass.).

Rich, Adrienne(1979). *On Lies, Secrets and Silence: Selected Prose, 1966-1978*(Norton, New York).

Richardson, Henry, and Weithman, Paul(eds.) (1999). *The Philosophy of Rawls*(Garland, New York).

Rieber, Steven(1996). 'Freedom and Redistributive Taxation', *Public Affairs Quarterly*, 10/1: 63-74.

Riley, Patrick(1982). *Will and Political Legitimacy: A Critical Exposition of Social Contract Theory in Hobbes, Locke, Rousseau, Kant, and Hegel*(Harvard University Press, Cambridge, Mass.).

Ripstein, Arthur(1987). 'Foundationalism in Political Theory', *Philosophy and Public Affairs*, 16: 114-37.

___ (1989). 'Gauthier's Liberal Individual', *Dialogue*, 28: 63-76.

Ripstein, Arthur(1994). 'Equality, Luck and Responsibility', Philosophy and Public Affairs, 23/1: 3-23.

Robbins, Bruce(ed.) (1998). *Cosmopolitics: Thinking and Feeling beyond the Nation*(University of Minnesota Press, Minneapolis).

Roberts, Marcus(1996). *Analytical Marxism: A Critique*(Verso, London).

___ (1997). 'Analytical Marxism: An Ex-Paradigm? The Odyssey of G. A. Cohen', *Radical Philosophy*, 82:17-28.

Robinson, Fiona(1999). *Globalizing Care: Ethics, Feminist Theory and International Relations*(Westview, Boulder, Colo.).

Roemer, John(1982a). *A General Theory of Exploitation and Class*(Harvard University Press,

Cambridge, Mass.).

___ (1982b). 'Property Relations vs. Surplus Value in Marxian Exploitation', *Philosophy and Public Affairs*, 11/4: 281-313.

___ (1982c). 'New Directions in the Marxian Theory of Exploitation and Class', *Politics and Society*, 11/3: 253-87.

___ (1985a). 'Equality of Talent', *Economics and Philosophy*, 1/2: 151-87.

___ (1985b) 'Should Marxists Be Interested in Exploitation?', *Philosophy and Public Affairs*, 14/1: 30-65.

___ (1986a). 'The Mismarriage of Bargaining Theory and Distributive Justice', *Ethics*, 97/1: 88-110.

___ (ed.) (1986b). *Analytical Marxism*(Cambridge University Press, Cambridge).

___ (1988). *Free to Lose: An Introduction to Marxist Economic Philosophy*(Harvard University Press, Cambridge, Mass.).

Roemer, John(1989). 'Second Thoughts on Property Relations and Exploitation', *Canadian Journal of Philosophy*, supplementary vol. 15: 257-66.

___ (1993a). 'A Pragmatic Theory of Responsibility for the Egalitarian Planner', *Philosophy and Public Affairs*, 22:146-66.

___ (1993b). 'Can There be Socialism after Communism?', in Bardhan and Roemer 1993, 89-107.

___ (1994). *A Future for Socialism*(Verso, London).

___ (1995). 'Equality and Responsibility', *Boston Review*, 20/2: 3-7.

___ (1996). *Theories of Distributive Justice*(Harvard University Press, Cambridge, Mass.).

___ (1999). 'Egalitarian Strategies',Dissent, 64-74.

Rooney, Phyllis(1991). 'A Different Different Voice: On the Feminist Challenge in Moral Theory', *Philosophical Forum*, 22/4: 335-61.

Rorty, Richard(1985). 'Postmodernist Bourgeois Liberalism',in R. Hollinger(ed.), *Hermeneutics and Praxis* (University of Notre Dame Press, Notre Dame, Ind.), 214-21.

Rosenblum, Nancy(1987). *Another Liberalism: Romanticism and the Reconstruction of Liberal Thought* (Harvard University Press, Cambridge, Mass.).

___ (1998). *Membership and Morals: The Personal Uses of Pluralism in America*(Princeton University Press, Princeton).

___ (2000). *Obligations of Citizenship and Demands of Faith: Religious Accommodation in Pluralist Democracies*(Princeton University Press, Princeton).

Ross, W. D.(1930). *The Right and the Good*(Oxford University Press, London).

Rothbard, Murray(1982). *The Ethics of Liberty*(Humanities Press, Atlantic Highlands, NJ).

Rothstein, Bo(1992). 'Social Justice and State Capacity', *Politics and Society*, 20/1: 101-26.

___ (1998). *Just Institutions Matter: The Moral and Political Logic of the Universal Welfare State* (Cambridge University Press, Cambridge).

Rubio-Marin, Ruth(2000). *Immigration as a Democratic Challenge: Citizenship and Inclusion in Germany and the US*(Cambridge University Press, Cambridge).

Ruddick, Sarah(1984a). 'Maternal Thinking',in J. Trebilcot(ed.), Mothering: Essays in Feminist Theory (Rowman and Allanheld, Totowa, NJ), 213-30.

___ (1984b). 'Preservative Love and Military Destruction',in J. Trebilcot(ed.), *Mothering: Essays in Feminist Theory*(Rowman and Allanheld, Totowa, NJ), 231-62.

___ (1987). 'Remarks on the Sexual Politics of Reason', in Kittay and Meyers 1987, 237-60.

Russell, J. S.(1995). 'Okin's Rawlsian Feminism', *Social Theory and Practice*, 21/3: 397-426.

Ryan, Alan(1994). 'Self-Ownership, Autonomy, and Property Rights', *Social Philosophy and Policy*, 11/2: 241-58.

Sabetti, F.(1996). 'Path Dependency and Civic Culture: Some Lessons from Italy about Interpreting Social Experiments', *Politics and Society*, 24/1:19-44.

Sandel, Michael(1982). *Liberalism and the Limits of Justice*(Cambridge University Press, Cambridge).

___ (1984a). 'The Procedural Republic and the Unencumbered Self', *Political Theory*, 12/1: 81-96.

___ (1984b). 'Morality and the Liberal Ideal', *New Republic*, 190: 15-17.

___ (ed.) (1984c). *Liberalism and its Critics*(Blackwell, Oxford).

___ (1989). 'Moral Argument and Liberal Toleration: Abortion and Homosexuality', *California Law Review*, 77/3: 521-38.

___ (1990). 'Freedom of Conscience or Freedom of Choice?', in James Hunter and O. Guinness(eds.), *Articles of Faith, Articles of Peace*(Brookings Institute, Washington), 74-92.

___ (1996). *Democracy's Discontent: America in Search of a Public Philosophy*(Harvard University Press, Cambridge, Mass.).

___ (1998). 'Reply to critics', in Allen and Regan 1988: 319-35.

Sanders, John(1987). 'Justice and the Initial Acquisition of Property', *Harvard Journal of Law and Public Policy,* 10: 369-87.

Sartorius, Rolf(1969). 'Utilitarianism and Obligation', *Journal of Philosophy*, 66/3: 67-81.

Saxonhouse, Arlene(1981). *Women in the History of Political Thought*(Praeger, Westport, Conn.).

Sayre-McCord, Geoffrey(1994). 'On Why Hume's "General Point of View" Isn't Ideal—and Shouldn't Be', *Social Philosophy and Policy*, 11: 202-28.

Scales, Ann(1993). 'The Emergence of Feminist Jurisprudence', in Patricia Smith(ed.) *Feminist Jurisprudence*(Oxford University Press, Oxford), 94-109.

Scanlon, Thomas (1982). 'Contractualism and Utilitarianism', in Sen and Williams 1982, 103-28.

___ (1983). 'Freedom of Expression and Categories of Expression', in D. Copp and S. Wendell (eds.), *Pornography and Censorship*(Prometheus, Buffalo), 139-66.

Scanlon, Thomas(1988). The Significance of Choice', in S. McMurrin(ed.), *The Tanner Lectures on Human Value*, vol. viii(University of Utah Press, Salt Lake City), 151-216.

___ (1991). 'The Moral Basis of Interpersonal Comparisons', in Elster and Roemer 1991, 17-44.

___ (1993). 'Value, Desire and Quality of Life',in Nussbaum and Sen 1993: 187-207.

___ (1998). *What We Owe to Each Other*(Harvard University Press, Cambridge, Mass.).

Scarre, Geoffrey(1996). *Utilitarianism*(Routledge, London).

Schaefer, Denise(2001). 'Feminism and Liberalism Reconsidered: The Case of Catherine MacKinnon', *American Political Science Review*, 95/3.

Schaller, Walter(1997). 'Expensive Preferences and the Priority of Right: A Critique of Welfare Egalitarianism', *Journal of Political Philosophy*, 5/3: 254-73.

Schlereth, Thomas(1977). *The Cosmopolitan Ideal in Enlightenment Thought*(University of Notre Dame Press, Notre Dame, Ind,).

Schlesinger, Arthur(1992). *The Disuniting of America*(Norton, New York).

Schmidt, Alvin(1997). *The Menace of Multiculturalism: Trojan Horse in America*(Praeger, Westport, Conn.).

Schmidtz, David(1990a). 'When is Original Appropriation Required?', *Monist*, 73/4: 504-18.

___ (1990b). 'Justifying the State', *Ethics*, 101/1: 89-102.

___ (1994). 'The Institution of Property', *Social Philosophy and Policy*, 11/1: 42-62.

Schultz, Bart(ed.) (1992). *Essays on Sidgwick*(Cambridge University Press, Cambridge).

Schwartz, Adina(1973). 'Moral Neutrality and Primary Goods', *Ethics*, 83: 294-307.

___ (1982). "Meaningful Work', *Ethics*, 92/4: 634-46.

Schwartz, Justin(1992). 'From Libertarianism to Egalitarianism', *Social Theory and Practice*, 18/3: 259-88.

Schwartz, Nancy(1979). 'Distinction between Public and Private Life: Marx on the Zoon Politikon', *Political Theory*, 7/2: 245-66.

Schwartz, Warren(ed.) (1995). *Justice in Immigration*(Cambridge University Press, Cambridge).

Schweickart, David(1978). 'Should Rawls Be a Socialist?', *Social Theory and Practice*, 5/1: 1-27.

Sehon, Scott(1996). 'Okin on Feminism and Rawls', *Philosophical Forum*, 27/4: 321-32.

Seigal, Reva(1996) "The Rule of Love": Wife Beating as Prerogative and Privacy', *Yale Law Journal* 105/8: 2117-208.

Sen, Amartya(1980). 'Equality of What?', in S. McMurrin(ed.), *The Tanner Lectures on Human Values*, vol. i(University of Utah Press, Salt Lake City), 353-69.

___ (1985). 'Rights and Capabilities',in T. Honderich(ed.), *Morality and Objectivity*(Routledge and Kegan Paul, London), 130-48.

___ (1990a). 'Justice: Means versus Freedom', *Philosophy and Public Affairs*, 19/2: 111-21.

___ (1990b).4Welfare, Freedom and Social Choice', *Recherches economiques de Louvain*, 56/3: 451-86.

___ (1991). 'Welfare, Preference and Freedom', *Journal of Econometrics*, 50: 15-29.

___ and Williams, Bernard(eds.) (1982). *Utilitarianism and Beyond*(Cambridge University Press, Cambridge).

Sevenhuijsen, Selma(1998). *Citizenship and the Ethics of Care: Feminist Considerations on Justice, Morality and Politics*(Routledge, London).

Shachar, Ayelet (1998). 'Group Identity and Women's Rights: The Perils of Multicultural Accommodation', *Journal of Political Philosophy*, 6: 285-305.

___ (1999). The Paradox of Multicultural Vulnerability', in Joppke and Lukes 1999, 87-111.

___ (2001). Multicultural Jurisdictions: Preserving Cultural Differences and Women's Rights in a Liberal State(Cambridge University Press, Cambridge).

Shafir, Gershon(ed.) (1998). *The Citizenship Debates: A Reader*(University of Minnesota Press, Minneapolis).

Shanley, Mary Lyndon, and Narayan, Uma(eds.) (1997). *Reconstructing Political Theory: Feminist Perspectives*(Pennsylvania University Press, Philadelphia).

___ and Pateman, Carole(eds.) (1991). *Feminist Interpretations and Political Theory*(Pennsylvania State University Press, University Park).

Shapiro, Daniel (1993). 'Liberal Egalitarianism, Basic Rights, and Free Market Capitalism', Reason Papers 18: 169-88.

___ (1997). 'Can Old-Age Social Insurance be Justified?', *Social Philosophy and Policy*, 14/2: 116-44.

___ (1998). 'Why Even Egalitarians Should Favour Market Health Insurance', *Social Philosophy and Policy*, 15/2: 84-132.

Shapiro, Ian(1991). 'Resources, Capacities, and Ownership: The Workmanship Ideal and Distributive Justice', *Political Theory*, 19/1: 47-72.

___ (1999). Democratic Justice(Yale University Press, New Haven).

___ and Kymlicka, Will(eds.) (1997). *Ethnicity and Group Rights*(New York University Press, New York).

Shaw, William(1998). *Contemporary Ethics: Taking Account of Utilitarianism*(Blackwell, Oxford).

Sher, George(1975). 'Justifying Reverse Discrimination in Employment', *Philosophy and Public Affairs*, 4/2: 159-70.

___ (1987). 'Other Voices, Other Rooms? Women's Psychology and Moral Theory', in Kittay and Meyers 1987, 178-89.

___ (1997). *Beyond Neutrality: Perfectionism and Politics*(Cambridge University Press, Cambridge).

___ and Brody, Baruch(eds.) (1999). *Social and Political Philosophy: Contemporary Readings*(Harcourt Brace, New York).

Shklar, Judith(1991). 'American Citizenship: The Quest for Inclusion', in *The Tanner Lectures on Human Values*, vol. x(University of Utah Press, Salt Lake City), 386-439.

Shrage, Laurie(1998). 'Equal Opportunity', in Jaggar and Young 1998, 559-68.

Shue, Henry(1988). 'Mediating Duties', *Ethics*, 98/4: 687-704.

Sidgwick, Henry(1981). *The Methods of Ethics*(Hackett, Indianapolis; 1st pub. 1874).

Silvers, Anita, Wasserman, David, and Mahowald, Mary(1998). *Disability, Difference, Discrimination: Perspectives on Justice in Bioethics and Public Policy*(Rowman and Littlefield, Lanham, Md.).

Singer, Peter(1977). 'Utility and the Survival Lottery', *Philosophy*, 52: 218-22.

___ (ed.) (1991). *A Companion to Ethics*(Blackwell, Oxford).

Singer, Peter(1993). Practical Ethics (Cambridge University Press, Cambridge).

Sinopli, Richard(1992). *The Foundations of American Citizenship: Liberalism, the Constitution and Civic Virtue* (Oxford University Press, New York).

Skinner, Quentin(1990). The Republican Ideal of Political Liberty',in Gisela Bock et al.(eds.) *Machiavelli and Republicanism*(Cambridge University Press, Cambridge), 293-309.

___ (1992). 'On Justice, the Common Good and the Priority of Liberty', in Mouffe 1992b, 211-24.

___ (1998). *Liberty before Liberalism*(Cambridge University Press, Cambridge).

Skitka, L. J., and Tetlock, P. E.(1993). cOf Ants and Grasshoppers: The Political Psychology of Allocating Public Assistance', in B. A. Mellers and J. Baron(eds.), *Psychological Perspectives on Justice: Theory and Applications*(Cambridge University Press, New York), 205-33.

Smart, J. J. C.(1973). 'An Outline of a System of Utilitarian Ethics', in J. J. C. Smart and B. Williams(eds.), *Utilitarianism: For and Against*(Cambridge University Press, Cambridge), 1-75.

Smith, Michael(1988). 'Consequentialism and Moral Character'(unpublished manuscript, Philosophy Department at Monash University).

Smith, Paul(1998). 'Incentives and Justice: G. A. Cohen's Egalitarian Critique of Rawls', *Social Theory and Practice*, 24/2: 205-35.

Smith, Rogers(1985). *Liberalism and American Constitutional Law*(Harvard University Press, Cambridge, Mass.).

___ (1997). *Civic Ideals: Conflicting Visions of Citizenship in American History*(Yale University Press, New Haven).

Smith, Steven(1989). *Hegel's Critique of Liberalism: Rights in Context*(University of Chicago Press, Chicago).

Sommers, Christina(1987). 'Filial Morality', in Kittay and Meyers 1987, 69-84.

Spinner, Jeff(1994). *The Boundaries of Citizenship: Race, Ethnicity and Nationality in the Liberal State* (Johns Hopkins University Press, Baltimore).

___ (2000). *Surviving Diversity: Religion and Democratic Citizenship*(Johns Hopkins University Press, Baltimore).

Spragens, Thomas(1999). *Civic Liberalism: Reflections on our Democratic Ideals*(Rowman and Littlefield, Lanham, Md.).

Stein, Laura(1993). 'Living with the Risk of Backfire: A Response to the Feminist Critiques of Privacy and Equality', *Minnesota Law Review*, 77/5: 1153-92.

Steiner, Hillel(1977). The Natural Right to the Means of Production', *Philosophical Quarterly*, 27/106: 41-9.

___ (1981). 'Liberty and Equality', *Political Studies*, 29/4: 555-69.

___ (1983). 'How Free? Computing Personal Liberty', in A. P. Griffiths (ed.), *On Liberty*(Cambridge University Press, Cambridge), 73-89.

___ (1994). *An Essay on Rights*(Blackwell, Oxford).

___ (1998). 'Choice and Circumstance',in Andrew Mason(ed.), *Ideals of Equality*(Blackwell, Oxford), 95-112.

Sterba, James(1988). *How to Make People Just: A Practical Reconciliation of Alternative Conceptions of Justice*(Rowman and Littlefield, Totowa, NJ).

Sterba, James(2000). 'Fom Liberty to Welfare: An Update', *Social Theory and Practice*, 26/3: 465-78.

Stiehm, Judith(1983). 'The Unit of Political Analysis: Our Aristotelian Hangover', in S. Harding and M. Hintikka(eds.), *Discovering Reality*(Reidel, Dordrecht), 31-44.

Stocker, Michael(1987). 'Duty and Friendship: Toward a Synthesis of Gilligan's Contrastive Moral Concepts', in Kittay and Meyers 1987, 56-68.

Stout, Jeffrey(1986). 'Liberal Society and the Languages of Morals', *Soundings*, 69/1: 32-59.

Strike, Kenneth(1994). 'On the Construction of Public Speech: Pluralism and Public Reason', *Educational Theory*, 44/1: 1-26.

Sullivan, William(1982). *Reconstructing Public Philosophy*(University of California Press,

Berkeley and Los Angeles).

Sumner, L. W.(1987). *The Moral Foundation of Rights*(Oxford University Press, Oxford).

Sunstein, Cass(1986). 'Legal Interference with Private Preferences', *University of Chicago Law Review*, 53/4: 1129-74.

___ (1991). 'Preferences and Politics', *Philosophy and Public Affairs*, 20/1: 3-34.

___ (1996). 'Social Roles and Social Norms', *Columbia Law Review*, 96: 903-68.

___ (1997). *Free Markets and Social Justice*(Oxford University Press, Oxford).

___ (1999). 'Should Sex Equality Law Apply to Religious Institutions', in Okin 1999, 85-94.

Svensson, Frances(1979). 'Liberal Democracy and Group Rights: The Legacy of Individualism and its Impact on American Indian Tribes', *Political Studies*, 27/3: 421-39.

Swift, Adam, Marshall, Gordon, Burgoyne, Carole, and Routh, David(1995). 'Distributive Justice: Does it Matter What the People Think', in J. R. Kluegel, D. S. Mason and B. Wegener(eds.), *Social Justice and Political Change: Public Opinion in Capitalist and Post-communist States*(Aldine de Gruyter, New York), 15-47.

Talisse, Robert(2000). *On Rawls*(Wadsworth, Belmont, Calif.).

Tam, Henry(1998). *Communitarianism: A New Agenda for Politics and Citizenship*(New York University Press, New York).

Tamir, Yael(1993). *Liberal Nationalism*(Princeton University Press, Princeton).

Tan, Kok-Chor(2000). *Toleration, Diversity, and Global Justice*(Pennsylvania State University Press, University Park).

Taub, Nadine, and Schneider, Elizabeth(1982). 'Perspectives on Women's Subordination and the Role of Law', in D. Kairys(ed.) *The Politics of Law*(Pantheon, New York), 152-76.

Tawney, R. H.(1964). *Equality*, 4th edn.(Allen and Unwin, London).

Taylor, Charles(1979). *Hegel and Modern Society*(Cambridge University Press, Cambridge).

___ (1985a). *Philosophy and the Human Sciences: Philosophical Papers*, vol. ii(Cambridge University Press, Cambridge).

___ (1985b). 'Alternative Futures: Legitimacy, Identity and Alienation in Late Twentieth Century Canada', in Cairns and Williams 1985, 183-229.

___ (1989a). 'Cross-Purposes: The Liberal-Communitarian Debate', in Nancy Rosenblum(ed.) *Liberalism and the Moral Life*(Harvard University Press, Cambridge, Mass.), 159-82.

___ (1989b). *Sources of the Self: The Making of the Modern Identity*(Cambridge University Press, Cambridge).

Taylor Charles(1991). 'Shared and Divergent Values', in Ronald Watts and D. Brown(eds.), *Options for a New Canada*(University of Toronto Press, Toronto), 53-76.

___ (1992). The Politics of Recognition',in Amy Gutmann(ed.), Multiculturalism and the(Politics of Recognition (Princeton University Press, Princeton), 25-73.

___ (1997). 'Nationalism and Modernity', in McKim and McMahan 1997, 31-55.

___ (1999). *A Catholic Modernity*(Oxford University Press, Oxford).

Temkin, Larry(1993). *Inequality*(Oxford University Press, New York).

Thompson, Dennis(1999). 'Democratic Theory and Global Society', *Journal of Political Philosophy*, 7/2: 111-25.

Tilman, Rick(2001). *Ideology and Utopia in the Social Philosophy of the Libertarian Economists* (Greenwood, New York).

Tomasi, John(1991). 'Individual Rights, and Community Virtues', *Ethics*, 101/3: 521-36.

___ (2001). *Liberalism beyond Justice: Citizens, Society, and the Boundaries of Political Theory*(Princeton University Press, Princeton).

Tong, Rosemary(1993). *Feminine and Feminist Ethics*(Wadsworth, Belmont, Calif.).

___ (1998). *Feminist Thought: A More Comprehensive Introduction*, 2nd edn.(Westview, Boulder, Colo.).

Tremain, Shelley(1996). 'Dworkin on Disablement and Resources', *Canadian Journal of Law and Jurisprudence*, 9/2: 343-59.

Tronto, Joan(1987). 'Beyond Gender Difference to a Theory of Care', *Signs*, 12/4: 644-63.

___ (1993). *Moral Boundaries: A Political Argument for an Ethic of Care*(Routledge, New York).

___ (1995). 'Care as a Basis for Radical Political Judgements', *Hypatia*, 10/2: 141-9.

Tully, James(1995). *Strange Multiplicity: Constitutionalism in an Age of Diversity*(Cambridge University Press, Cambridge).

___ (2000). 'Struggles over Recognition and Distribution', *Constellations*, 7/4: 469-82.

___ and Weinstock, Daniel(eds.) (1994). *Philosophy in an Age of Pluralism: The Philosophy of Charles Taylor in Question*(Cambridge University Press, Cambridge)

Tyler, Tom, et al.(1997). *Social Justice in a Diverse Society*(Westview, Boulder, Colo.).

Unger, Roberto(1984). *Knowledge and Politics*(Macmillan, New York).

Vallentyne, Peter(ed.) (1991). *Contractarianism and Rational Choice: Essays on Gauthier*(Cambridge University Press, New York).

___ (1997). 'Self-Ownership and Equality: Brute Luck, Gifts, Universal Dominance, and Leximin', *Ethics*, 107/2: 321-43.

___ (1998). 'Critical Notice of G. A Cohen *Self-Ownership, Freedom, and Equality, Canadian Journal of Philosophy*, 28/4: 609-26.

___ and Steiner, Hillel(eds.) (2000a). *The Origins of Left-Libertarianism: An Anthology of*

Historical Writings(Palgrave, London).

___ ___ (eds.) (2000b). *Left-Libertarianism and its Critics: The Contemporary Debate*(Palgrave, London).

Valls, Andrew(1999). 'The Libertarian Case for Affirmative Action', *Social Theory and Practice*, 25/2: 299-323.

Van der Veen, Robert, and Van Parijs, Philippe(1985). 'Entitlement Theories of Justice', *Economics and Philosophy*, 1/1: 69-81.

Van Dyke, Vernon(1975). 'Justice as Fairness: For Groups?', *American Political Science Review* 69: 607-14.

Van Dyke, Vernon(1977). 'The Individual, the State, and Ethnic Communities in Political Theory', *World Politics*, 29/3: 343-69.

___ (1982). 'Collective Rights and Moral Rights: Problems in Liberal-Democratic Thought', *Journal of Politics*, 44: 21-40.

___ (1985). *Human Rights, Ethnicity and Discrimination*(Greenwood, Westport, Conn.)

Van Gunsteren, Herman(1978). 'Notes towards a Theory of Citizenship',in P. Birnbaum et al.(eds.), *Democracy, Consensus and Social Contract*(Sage, London), 9-35

___ (1998). *A Theory of Citizenship: Organizing Plurality in Contemporary Democracies*(Westview, Boulder, Colo.).

Van Parijs, Philippe(1991). 'Why Surfers Should Be Fed: The Liberal Case for an Unconditional Basic Income', *Philosophy and Public Affairs*, 20/2: 101-31.

___ (ed) (1992). *Arguing for Basic Income*(Verso, London).

___ (1993). *Marxism Recycled*(Cambridge University Press, Cambridge).

___ (1995). *Real Freedom for All*(Oxford University Press, Oxford).

___ (2000). 'A Basic Income for All', *Boston Review*, 25/5, 4-8.

___ (2001). *What's Wrong with a Free Lunch: A New Democracy Forum on Universal Basic Income*(Beacon Press, Boston).

Varian, Hal(1985). 'Dworkin on Equality of Resources', *Economics and Philosophy*, 1/1: 110-25.

Vincent, Andrew, and Plant, Raymond(1984). *Philosophy, Politics and Citizenship: The Life and Thought of the British Idealists*(Blackwell, Oxford).

Voet, Maria Christine Bernadetta, and Voet, Rian(1998). *Feminism and Citizenship*(Sage, London).

Vogel, Ursula(1988). 'When the Earth Belonged to All: The Land Question in Eighteenth-Century Justifications of Private Property', *Political Studies*, 36/1: 102-22.

___ (1991). 'Is Citizenship Gender-Specific?', in Vogel and Moran 1991, 58-85.

___ and Moran, Michael(1991). *The Frontiers of Citizenship*(St Martin's Press, New York).

Voice, Paul (1993). 'What Do Children Deserve?', *South African Journal of Philosophy*, 12/4: 122-5.

Waldron, Jeremy(1986). 'Welfare and the Images of Charity', *Philosophical Quarterly*, 36/145: 463-82.

___ (1987). Theoretical Foundations of Liberalism', *Philosophical Quarterly*, 37/147: 127-50.

___ (1989). 'Autonomy and Perfectionism in Raz's Morality of Freedom', *Southern California Law Review*, 62/3: 1097-152.

___ (1991). *The Right to Private Property*(Oxford University Press, Oxford)

___ (1992). 'Superseding Historic Injustice', *Ethics*, 103/1: 4-28.

___ (1993). *Liberal Rights: Collected Papers 1981-1991*(Cambridge University Press, Cambridge).

___ (1995). 'Minority Cultures and the Cosmopolitan Alternative', in Kymlicka 1995b, 93-121.

___ (1999). *Law and Disagreement*(Oxford University Press, Oxford).

Walker, Brian(1998). 'Social Movements as Nationalisms', in Couture, Nielsen, and Seymour 1998, 505-47.

Walker, Samuel(1998). *The Rights Revolution: Rights and Community in Modern America*(Oxford University Press, New York).

Wall, Steven(1998). *Liberalism, Perfectionism and Restraint*(Cambridge University Press, Cambridge).

Wallach, John(2000). 'Can Liberalism be Virtuous?', *Polity*, 33/1: 163-74.

Walzer, Michael(1981). 'Liberalism and the Art of Separation', *Political Theory*, 12: 315-30.

___ (1983). *Spheres of Justice: A Defence of Pluralism and Equality*(Blackwell, Oxford).

___ (1989). 'Citizenship', in T. Ball and J. Farr(eds.), *Political Innovation and Conceptual Change* (Cambridge University Press, Cambridge), 211-19.

___ (1990). The Communitarian Critique of Liberalism', *Political Theory*, 18/1: 6-23.

___ (1992a) 'The Civil Society Argument', in Mouffe 1992b, 89-107.

___ (1992b). *What it Means to be an American*(Marsilio, New York).

___ (1992c). 'The New Tribalism', *Dissent*, Spring: 164-71.

___ (1992d). 'Comment', in Amy Gutmann(ed.), *Multiculturalism and the 'Politics of Recognition'*(Princeton University Press, Princeton), 99-103.

___ (1994). *Thick and Thin: Moral Argument at Home and Abroad*(Harvard University Press, Cambridge, Mass.).

___ (1995a). 'Pluralism in Political Perspective', in Kymlicka 1995b, 139-54.

___ (1995b). 'Response', in Miller and Walzer 1995, 281-98.

___ (ed.) (1995c). *Toward a Global Civil Society*(Berhahn Books, Oxford).

___ (1997). *On Toleration*(Yale University Press, New Haven).

Ward, Cynthia(1991). The Limits of "Liberal Republicanism": Why Group-Based Remedies and Republican Citizenship Don't Mix', *Columbia Law Review*, 91/3: 581-607.

Ware, Robert(1989). 'How Marxism is Analyzed: An Introduction', *Canadian Journal of Philosophy*, supplementary vol. 15: 1-26.

Warren, Mark(ed.) (1999). *Democracy and Trust*(Cambridge University Press, Cambridge).

Warren, Paul(1994). 'Self-Ownership, Reciprocity, and Exploitation, or Why Marxists Shouldn't Be Afraid of Robert Nozick', *Canadian Journal of Philosophy*, 24/1: 33-56.

___ (1997). 'Should Marxists be Liberal Egalitarians?', *Journal of Political Philosophy*, 5/1: 47-68.

Weale, Albert(1982). *Political Theory and Social Policy*(Macmillan, London).

Weinberg, Justin(1997). 'Freedom, Self-Ownership, and Libertarian Philosophical Diaspora', *Critical Review*, 11/3: 323-44.

___ (1998). 'Self- and World-Ownership: Rejoinder to Epstein, Palmer, and Feallsanach', *Critical Review*, 12/3: 325-36.

Weinstock, Daniel(1998). 'Neutralizing Perfection: Hurka on Liberal Neutrality', *Dialogue*, 38/1: 45-62.

___ (1999). 'Building Trust in Divided Societies', *Journal of Political Philosophy*, 7/3: 287-307.

___ (2000). 'Saving Democracy from Deliberation', in Ronald Beiner and Wayne Norman(eds.), *Canadian Political Philosophy: Contemporary Reflections*(Oxford University Press, Toronto), 78-91.

Weinstock, Daniel(2001). 'Citizenship and Pluralism', forthcoming in Robert L. Simon(ed.), *Blackwell Guide to Social and Political Philosophy*(Blackwell, Oxford).

Weiss, Penny, and Friedman, Marilyn(eds.) (1995). *Feminism and Community*(Temple University Press, Philadelphia).

Weitzman, Lenore(1985). *The Divorce Revolution: The Unexpected Social and Economic Consequences for Women and Children in America*(Free Press, New York).

Wenar, Leif(1998). 'Original Acquisition of Private Property', *Mind*, 107: 799-819.

Wendell, Susan(1987). 'A(Qualified) Defense of Liberal Feminism', *Hypatia*, 2/2:65-93.

West, Lois(ed.) (1997). *Feminist Nationalism*(Routledge, London).

West, Robin(1997). *Caring for Justice*(New York University Press, New York).

Whewell, William(1845) *The Elements of Morality*(Harper and Brothers, New York).

White, Patricia(1992). 'Decency and Education for Citizenship', *Journal of Moral Education*, 21/3: 207-16.

White, Steven(1991). *Political Theory and Postmodernism*(Cambridge University Press, Cambridge).

White, Stuart(1998). 'Interpreting the "Third Way" ', *Renewal*, 6/2:17-30.

___ (2000). 'Review Article: Social Rights and the Social Contract—Political Theory and the New Welfare Politics', *British Journal of Political Science*, 30: 507-32.

Willet, Cynthia(1998). *Theorizing Multiculturalism: A Guide to the Current Debate*(Blackwell, Oxford).

Williams, Andrew(1998). 'Incentives, Inequality, and Publicity', *Philosophy and Public Affairs*, 27/3: 225-47.

Williams, Bernard(1971). The Idea of Equality, , in H. Bedau(ed.), *Justice and Equality*(Prentice-Hall, Englewood Cliffs, NJ), 116-37.

___ (1972). *Morality: An Introduction to Ethics*(Harper and Row, New York).

___ (1973). 'A Critique of Utilitarianism', in J. J. C. Smart and B. Williams(eds.) *Utilitarianism: For and Against*(Cambridge University Press, Cambridge), 75-150.

___ (1981). *Moral Luck*(Cambridge University Press, Cambridge).

___ (1985). *Ethics and the Limits of Philosophy*(Fontana Press, London).

___ and Sen, Amartya(1982). introduction' in Sen and Williams(eds.), *Utilitarianism and Beyond* (Cambridge University Press, Cambridge), 1-21.

Williams, Melissa(1998). *Voice, Trust and Memory: Marginalized Groups and the Failings of Liberal Representation*(Princeton University Press, Princeton).

___ (2000). The Uneasy Alliance of Group Representation and Deliberative Democracy', in Kymlicka and Norman 2000, 124-52.

Wilson, Lois(1988). 'Is a "Feminine" Ethic Enough?', *Atlantis*, 13/2: 15-23.

Wolfe, Alan, and Lausen, Jyette(1997). 'Identity Politics and the Welfare State', *Social Philosophy and Politics*, 14/2: 231-55.

Wolff, Jonathan(1991). Robert Nozick: Property, Justice, and the Minimal State(Stanford University Press, Stanford, Calif.).

___ (1992). 'Not Bargaining for the Welfare State', *Analysis*, 52/2:118-25.

___ (1996a). *An Introduction to Political Philosophy*(Oxford University Press, Oxford).

___ (1996b). 'Rational, Fair, and Reasonable', *Utilitas*, 8/3: 263-71.

___ (1998). 'Fairness, Respect, and the Egalitarian Ethos', *Philosophy and Public Affairs*, 27/2: 97-122.

Wolff, Robert P.(1977). *Understanding Rawls*(Princeton University Press, Princeton).

Wolgast, Elizabeth(1987). *The Grammar of Justice*(Cornell University Press, Ithaca, NY).

Wolin, Sheldon(1960). *Politics and Vision*(Little Brown, Boston).

Wood, Allen(1972). cThe Marxian Critique of Justice', *Philosophy and Public Affairs*, 1/3: 244-82.

___ (1979). 'Marx on Right and Justice', *Philosophy and Public Affairs*, 8/3: 267-95.

___ (1981). 'Marx and Equality',in J. Mepham and D. H. Ruben (eds.), *Issues in Marxist Philosophy*, vol. iv(Harvester Press, Brighton), 195-220.

___ (1984). 'Justice and Class Interests', *Philosophica*, 33/1: 9-32.

Wright, Sue(2000). *Community and Communication*(Multilingual Matters, Clevedon).

Young, Iris Marion(1981). Toward a Critical Theory of Justice', *Social Theory and Practice*, 7/3: 279-302.

___ (1987). 'Impartiality and the Civic Public', in S. Benhabib and D. Cornell(eds.) *Feminism as Critique*(University of Minnesota Press, Minneapolis), 56-77.

___ (1989). 'Polity and Group Difference: A Critique of the Ideal of Universal Citizenship', *Ethics*, 99/2: 250-74.

___ (1990). *Justice and the Politics of Difference*(Princeton University Press, Princeton).

___ (1993). 'Justice and Communicative Democracy', in Roger Gottlieb(ed.), *Radical Philosophy: Tradition, Counter-Tradition, Politics*(Temple University Press, Philadelphia), 123-43.

___ (1995a). 'Together in Difference: Transforming the Logic of Group Political Conflict', in Kymlicka 1995b, 55-76.

___ (1995b). 'Mothers, Citizenship and Independence: A Critique of Pure Family Values', *Ethics*, 105/3: 535-56.

___ (1996). ' Communication and the Other: Beyond Deliberative Democracy', in Seyla Benhabib(ed.), *Democracy and Difference: Contesting the Boundaries of the Political*(Princeton University Press, Princeton), 120-35.

Young, Iris Marion(1997a). 'A Multicultural Continuum: A Critique of Will Kymlicka's Ethnic-Nation Dichotomy', *Constellations*, 4/1: 48-53.

___ (1997b). 'Political Theory: An Overview', in Robert Goodin and Hans-Dieter Klingeman(eds.), *A New Handbook of Political Science*(Oxford University Press, Oxford), 479-502.

___ (2000a). *Inclusion and Democracy*(Oxford University Press, Oxford).

___ (2000b). 'Self-Determination and Global Democracy: A Critique of Liberal Nationalism', in Ian Shapiro and Stephen Macedo(eds.), *Designing Democratic Institutions*(New York University Press, New York), 147-83.

Yuval-Davis, Nira(1997). *Gender and Nation*(Sage, London).

___ and Werbner, P.(eds.) (1999). *Women, Citizenship, and Difference*(Zed Books, London).

Zaretsky, Eli(1982). 'The Place of the Family in the Origins of the Welfare State', in Thorne and M. Yalom (eds.), *Rethinking the Family: Some Feminist Questions*(Longman, New York), 184-224.

Zimmerman, Michael(ed.) (1993). *Environmental Philosophy: From Animal Rights to Radical Ecology* (Prentice-Hall, Englewood Cliffs, NJ).

역자 서문(2006년 번역본)

정치는 현실성과 규범성을 동시에 지닌다. 그리고 이 양자는 분리된 것이 아니라 불가분리의 관계로 결부되어 있다. 정치의 현실성은 주로 권력관계의 측면에서 이해되고, 규범성은 정당성의 측면에서 논해진다. 이 양자를 연결시키면 정치는 정당한 권력관계 또는 권력관계의 정당성으로 설명될 수 있다. 흔히 정치의 현실성을 강조하는 사람들은 정치의 규범성은 비현실적이거나 무용하다고 간주한다. 그러나 이러한 인식과는 달리 정치의 규범성은 정치의 현실성 속에 깊이 자리잡고 있다. 역사적으로 정치의 규범성은 끊임없이 현실정치의 제도와 행태에 영향을 미쳐서 오늘날 세계의 대부분의 국가가 채택하고 있는 민주주의 정치의 확립에까지 이르렀다.

정치의 규범성에 관한 논의는 정치철학 또는 정치사상을 통해 이루어지고 있다. 사실 정치의 규범성 논의는 동서양 모두에서 고금에 걸쳐서 이루어져 왔다. 우리가 익숙히 알고 있는 공자, 맹자, 주자 등의 이론가에 의해 발전된 유교는 동양 사회를 대표하는 규범적 정치이론이다. 한편 서양에서 플라톤, 아리스토텔레스, 마키아벨리, 홉스, 로크, 루소, 칸트, 헤겔, 현대의 롤즈와 하버마스 등은 서양적 전통을 대표한다. 이러한 논의는 인간이 보다 나은 사회, 구체적으로 보다 나은 권력관계, 보다 적극적으로 이상적인 사회를 원하는 인간의 갈망에 부응하는 것이라고 할 수 있다. 이러한 논의는 정당성 및 정당한 사회에 대한 논의로 주로 정의(justice) 논쟁으로 집약된다.

정의 또는 정당한 사회를 모색하기 위한 비판적이고 설득적인 논의의 과정을 거칠게 말한다면 정치철학이라 할 수 있다. 그렇지만, 사실 정치철학이 보다 구체적으로 무엇을 의미하는지, 그리고 정치철학적 작업의 성격이 무엇인지, 그리고 이러한 논의의 이론적 중요성과 실천적 함의를 알기 쉽게 설명한다는 것은 전문가들에게조차도 매우 어려운 일이다. 이러한 고민을 해결해 주는 것이 바로 킴리카(Will Kymlicka)의 『현대 정치철학의 이해』(Contemporary Political Philosophy: An Introduction)이다. 킴리카 자신이 이 책을 저술한 고민과 의도도 바로 이러한 동기에서 시작되었다고 서론에서 밝히고 있다. 이 책은 현대 정치철학의 논의와 쟁점들을 거의 망라하여 체계적으로 이론적 구조와 실천적 함의를 분석해 낸다. 기본적으로 이 책은 정치철학을 위한 안내를 목적으로 쓰여졌지만, 논의 분석의 심도와 폭은 저자만이 표현해 낼 수 있는 통찰과 이해가 반영되어 있는 수준 높은 전문성을 지니고 있다. 그럼에도 불구하고 비전문가들이 쉽게 이해하고 접근할 수 있도록 쓰여졌다는 것은 경탄을 금할 수 없다.

킴리카의 『현대 정치철학의 이해』는 정의 또는 정의사회에 관한 현대적 쟁점과 논의를 분석, 소개하고 있다. 이 책에서 다루고 있는 주요 주제는 공리주의(utilitarianism), 자유적 평등주의(liberal equality), 자유지상주의(libertarianism), 마르크시즘(marxism), 공동체주의(communitarianism), 시민덕성이론(citizenship theory), 다문화주의(multiculturalism), 페미니즘(feminism)이다. 이러한 이론적 입장들을 통하여 현대 정치철학의 주요 쟁점들과 상호 이론적 연관성, 그리고 각 이론적 입장의 논리적 구조와 실천적 함의를 분석해내고 있다. 보다 구체적으로 각 장을 통하여 저자가 소개하고 있는 현대정치철학의 이론적 입장들에 대한 핵심적 논의들을 정리하면 다음과 같다.

제2장은 정치도덕(political morality)으로서의 공리주의를 다룬다. 여기에서 저자는 공리주의에 대한 두 가지 해석을 소개한다. 하나는 공리주의를 개개인의 복지에 대한 평등한 고려를 도모하는 이론으로 보는 것이고, 다른 하나는 그것을 사회전체 효용의 극대화를 도모하는 목적론적 이론으로 보는 것이다. 하지만 후자로 해석할 경우에는 개개인을 단지 사회 전체의 효용에 대한 잠재적인 생산자 내지는 소비자로 간주해 버린다는 점에서 도덕에 대한 우리들의 핵심적인 직관을 위배한다. 그렇기 때문에 킴리카는 공리주의를 설득력 있는 정치도덕으로 간주하고자 한다면, 그것을 전자의 평등한 고려에 관한 이론으로 해석해야만 한다고 주장한다. 즉, 효용을 극대화시켜야 한

다는 요구사항은 전적으로 사람들을 동등한 존엄성을 지니는 평등한 존재로 고려해야 된다는 사전의 요구사항으로부터 파생된다. 따라서 공리주의를 평가하는 데 있어 근본적인 쟁점은 그것이 평등한 고려에 대한 이상을 잘 담아내고 있는지의 여부에 초점이 맞춰진다. 킴리카는 공리주의가 비록 사람을 평등한 존재로 대하는 것을 목적으로 삼는다 하더라도, 외재적 선호나 이기적 선호와 같이 정당하지 않은 개인의 선호에도 동등한 비중을 부여한다는 점에서 사람을 평등하게 대하는 것이 진정으로 무엇을 의미하는지에 대한 우리의 직관을 많은 경우에 위반한다고 비판한다. 왜냐하면 정당하지 않은 선호도 평등하게 고려했을 경우, 어떤 사람이 다른 사람의 목적에 대한 수단으로 전락하는 것을 방치하는 경우가 이론적으로 허용되기 때문이다. 이는 공리주의가 정치도덕에 대한 다소 급진적인 단순화를 시도한 나머지 평등한 사람들의 선호에 대해서 내용에 상관없이 동등한 고려만을 이야기 할 뿐, 공정한 고려는 하지 못한다는 데 있다고 킴리카는 설명한다.

제3장에서는 공리주의에 대한 비판의 이론으로 등장했던 자유적 평등주의에 대해 논하고 있다. 킴리카는 개인이 다른 사람들의 이익을 위해 정당하게 희생되는 데에는 한계가 있기 때문에 효용을 계산하기 이전에 평등한 사람들의 공정한 몫(fair share)을 주장하기 위한 다른 이론이 필요하다고 주장한다. 존 롤즈(John Rawls)의 『정의론』(A Theory of Justice)에 의해 제기된 자유적 평등주의는 이러한 요구에 부응하는 이론이라 할 수 있다. 그 목적은 평등과 자유 혹은 평등과 효율 사이에서 균형점을 모색하는 체계적인 정치이론을 제시하는 데 있다. 이를 위해 롤즈는 시민적, 정치적 권리 등 기본적 자유에 우선성을 부여하는 가운데, 기회평등의 이상과 사회계약론에 입각해서 분배정의를 추구한다. 기회평등에 대한 기존의 관점이 사회적 환경에 있어서의 차이만을 인지하고 선천적 재능과 같이 도덕적으로 임의적인 요인들에서의 차이를 무시하고 있다면, 롤즈의 기회평등은 자연적, 사회적 여건을 모두 포괄하는 공정성의 이상을 제시한다. 또한 사회계약론에 입각한 합의의 장치들—가령, 원초적 입장(original position)이나 무지의 장막(veil of ignorance)과 같은—은 현재 사회의 역사적 기원이나 정부와 개인이 지니는 역사적 의무를 도출해내기 위한 것이 아니라, 개인의 도덕적

평등이라는 관념의 모형을 만들기 위한 공정성에 대한 직관적인 시험(intuitive test of fairness)으로 제시된다. 이처럼 자유적 평등주의가 추구하는 두 가지 이상은 개인의 선택에는 민감하면서, 선택에 의하지 않은 나머지 여건은 배제하는 것이라고 할 수 있다. 이 두 가지는 현대 자유주의가 열망하는 궁극적 이상이라는 점에서 동등하게 중요하지만, 서로 충돌한다는 점에서 적정지점에서 조화시키는 것이 요구된다. 킴리카는 자유적 평등주의가 이론적으로는 이 두 가지 이상을 잘 조화시키고 있다는 점에서 현대 자유주의가 나아가야 할 방향성을 제시한다고 평가한다. 하지만 그 기저에 깔려 있는 평등주의적 전제는 전통적인 자유주의의 제도에서 수용할 수 없을 정도의 급진적 함의를 지닌다는 점에서, 현실에 적용하기 위해서는 자유적 평등주의자들이 예상했던 것 이상의 광범위한 개혁이 요구될 것이고, 이에 미치지 못했을 때 이론과 실천의 괴리가 발생한다고 비판한다.

제4장에서는 자기소유권 논거와, 상호이득 논거, 자유 이론 논거라는 세 가지 방식으로 절대적 소유권과 자본주의를 옹호하는 자유지상주의를 분석하고 있다. 자유지상주의의 대표적인 이론가인 노직(Robert Nozick)은 인간의 도덕적 평등을 주장하는 칸트적 원칙으로부터 자연스럽게 요청되는 권리인 자기소유권(self-ownership) 개념을 이용해서 절대적 소유권과 자본주의의 필연성을 도출하고자 한다. 하지만 킴리카는 형식적 자기소유권 그 자체만으로 절대적 소유권을 도출해낼 수 있다고 믿는 것은 오류이며, 실질적인 의미로 확장시켜 검증하더라도, 노직의 자기소유권이 반드시 자유지상주의를 옹호한다고 보기에는 무리가 있으며, 사실상 롤즈적 소유권도 포함하는 다양한 체제와 양립할 수 있음을 보여주고 있다. 요컨대 사람들을 평등한 존재로서, 혹은 그 자체로 목적으로 대우한다는 생각으로부터 자기소유권이나 재산소유권을 도출해내는 데 있어 노직이 실패했다는 것이 저자의 분석이다.

칸트의 평등주의적 원칙의 구체화가 아니라, 사회 구성원 서로에게 이득이 되는 협약들을 강제하는 일종의 상호이득(mutual advantage) 이론으로서 자유지상주의를 옹호하려는 고티에(David Gauthier)의 시도에 대해서도 저자는 비판하고 있다. 특정 협약을 따르는 것이 이득이 되는지의 여부는 사람들의 선호와 그들이 가진 힘에 달려 있는데, 상호이득의 이론으로서의 자유지상주의는 계약에서의 협상력의 현실적인 차이를 무시해 버리거나 용인해 버리는 결과를 낳는다는 것이다. 협상력의 차이를 없애기 위해서가 아니라, 협상력의 차이를 반영하기 위해서 계약이라는 기제를 이용하기 때문에, 상호이득의 이론으로서의 자유지상주의는 사회 구성원 간의 착취를 정당화시킨다는 점에서 정당화될 수 없다는 것이 저자의 생각이다.

자유지상주의는 자유(liberty)를 증가시켜 주기 때문에 옹호되어야 한다고 주장하는 사람들에 대해서도 저자는 비판적인 시각을 견지한다. 저자는 목적론적 자유 개념, 중립적 자유 개념, 목적지향적 자유 개념 중 어느 것을 택해서 분석하더라도 자유지상주의가 자유를 증가시켜 준다는 견해를 지지해 주지 못한다고 보고 있다. 일종의 자유의 이론으로서 자유지상주의를 옹호하려는 시도는, 추상적이며 일반적인 권리로서의 자유라는 개념 그 자체와 그것의 많고 적음에만 집착하여, 원래의 의도와는 달리 자유적 평등주의의 결론과 별다른 차이를 보여주지 못하며, 구체적인 자유들을 중요하게 만드는 이익들에 대한 평등한 고려라는 요구사항을 충족시키지 못한다는 문제점을 안고 있다는 것이 저자의 주장이다. 특히 저자는 1980~1990년대의 서구 국가들에서 두드러진 우파의 득세 역시, 전후 비대화된 복지국가가 보여준 경직성과 비효율성, 그리고 복지국가의 능력에 대한 시민들의 불신의 결과라고 보는 것이 적절하다고 보고 있다. 시민들이 불평등 시정과 취약계층에 대한 국가의 보호 의무를 부인하는 자유지상주의를 지지했기 때문에 이러한 현상이 발생했다고 해석하는 것은 자유지상주의의 인기나 정치적 영향력을 지나치게 과장하는 것이라며 저자는 경계한다.

제5장에서 킴리카는 자유주의의 가장 오래된 대항자인 마르크스주의를 살펴본다. 킴리카는 흔히 마르크스주의가 자유주의보다 더 평등지향적이라는 일반적인 시각에 대해서 반대하며 오히려 현대 자유적 평등주의자들의 분배가 마르크스주의자들의 평등주의보다 더욱 구체적이며 많은 현대 사회의 문제들에 대한 답을 해줄 수 있다고 주장하고, 최소한 두 이론들은 비슷한 지점으로 수렴해 가고 있음을 지적한다. 킴리카가 소개하는 마르크스주의는 사실 마르크스의 이론 그 자체 혹은 서구에서의 네오 마르크스주의가 아니라 영미에서 마르크스주의의 도덕적 측면을 강조하던 분석적 마르크

스주의(analytic Marxism)이다. 자유주의적 정의에 대한 비판과 대안을 제시하기 위해 등장했던 분석적 마르크스주의에는 크게 두 가지 흐름이 있다. 하나는 자유주의에서 제시하는 정의의 개념을 거부하는 입장이다. 즉, 공산주의로 나아가는 체제의 변화과정 속에서 정의라는 덕목은 단지 결점이 많은 자본주의 사회의 문제점들을 해결하기 위한 치유적 덕목(remedial virtue)일 뿐이고, 공산주의 체제가 등장하게 되면 정의와 같은 덕목은 더 이상 필요하지 않을 것이라는 입장이다. 이와 같은 입장의 마르크스주의가 정의를 내세우는 자유주의에 대한 비판의 논거는 두 가지이다. 하나는 정의라는 권리 중심적인 개념은 결국 사회에서 서로 유대를 갖고 있는 사람들의 인간적인 결속을 파괴하게 되는 갈등적이라는 것이며, 마르크스가 예견한 공산주의 사회의 풍요로움(abundance)이 달성된다면 그와 같은 정의 및 권리를 요구할 수 있는 상황이 끝나게 된다는 것이다. 이에 대해 킴리카는 우선 공산주의가 예견하는 풍요로움이 비록 달성된다고 하더라도 그 이후의 분배 및 소비의 패턴에 대해서는 사회적인 합의가 필요하고 그러한 합의에는 정의가 기준이 되어야 함을 강조한다. 그리고 마르크스주의자들이 염려하는 것처럼 권리 중심적인 정의를 주장한다는 것이 바로 사회 내의 적대를 만들어 내지 않고 오히려 정의와 사랑 혹은 다른 사람에 대한 배려는 양립할 수 있을 뿐 아니라 정의라는 덕목 자체가 타인에 대한 중요한 한 형태이기도 하다고 강조한다. 정의가 동기로서 불필요할지라도 여전히 기준으로서의 정의가 필요할 것이며 개인 그 자체를 목적으로 간주하는 도덕적인 역할을 수행한다고 주장한다.

분석적 마르크스주의의 또 다른 유파는 자유주의의 정의 개념에 대한 강조는 공유하지만 생산수단의 사적 소유를 철폐함으로써 정의를 이루려는 입장이다. 이러한 입장에는 착취에 기반을 두고 사적 소유를 비판하는 입장과 소외에 기반을 두고 사적 소유를 비판하는 입장이 있다. 자유적 평등주의와 마르크스주의의 이론적 목표가 점점 수렴해 가고는 있지만, 그럼에도 불구하고 여전히 확연한 차이를 보이는 부분은 소유권 문제이다. 즉, 롤즈를 포함한 자유적 평등주의자들은 사유재산의 평등한 형식에 관심을 갖는 반면에 마르크스주의자들이 철폐하고자 하는 것은 바로 사유재산 그 자체이다. 킴리카는 우선 노동가치론에 문제를 제기함으로써 착취에 기반을 둔 사적 소유의 비판에 문제를 제기하고, 더 나아가 오히려 사유재산의 철폐를 통한 생산수단의 사회화가 착취일 수 있다고 주장한다. 노동가치론의 문제는 노동가치론 자체가 완전한 자유지상주의적 전제 안에서만 작동할 수 있다는 점이다. 마르크스주의의 중요한 원칙 중의 하나는 각자의 필요에 따라서 자원을 사용하는 것이지만, 이와 같은 자유지상주의적 가정 아래에서는 사회에서 가장 도움이 필요한 사람들에게 정부가 세금을 통해 지원을 해 주는 것 역시 착취의 범주에 들어갈 것이다. 게다가 착취의 논리는 단지 노동자와 고용주의 관계만을 주목하기 때문에 일자리를 갖지 못하는 실업자나 여성, 장애인 등 사회에서 가장 도움을 필요로 하는 사람들은 자본주의 생산관계의 착취 구조 바깥에 있는 것으로 생각하기가 쉽게 된다. 특히 착취의 문제가 필요의 문제와 결부될 때 마르크스주의는 드워킨이 지적하는 것과 같은 사치스러운 취향의 문제들을 해결하기가 어렵다. 정의를 강조하는 또 다른 입장은 룩스(Steven Lukes)가 마르크스주의의 완전주의적 입장이라고 명명한 것으로 소외에 기반하여 사적 소유권을 철폐하자는 입장이다. 저자는 노동이라는 가치를 특수한 인간적 탁월성으로 전제하는 이와 같은 입장은 사람들의 선호라는 요소를 무시하고 있음을 지적한다. 그리고 최근의 자유적 평등주의의 분배 기획에 있어서도 단지 사후적 분배뿐 아니라 애초에 생산요소에 대한 사회적 접근성의 분배 역시 중요하기 때문에 마르크스주의가 주장하는 독특한 정의의 내용이 매우 모호함을 지적한다.

제6장에서는 공동체주의를 다룬다. 공동체주의자들은 자유주의 정의이론들이나 자유주의 사회의 공공 문화 속에서 공동체의 가치가 충분히 인정받고 있지 않다고 생각한다. 이들은 정치철학이 사회 내에서 공유된 관습과 협약들에 더 많은 관심을 기울여야 한다고 생각한다. 공동체주의자들은 자유주의자들이 개인의 자유나 복리는 공동체 안에서만 가능하다는 점을 도외시하고 있다고 주장한다. 이들은 우리가 사회에 의존하고 있다는 사실을 인식하게 되면, 개인적 자유에 대한 우리의 권리와 마찬가지로 사회의 공동선을 유지할 의무 역시 중요하다는 것을 알 수 있게 된다고 한다. 따라서 자유주의적인 '권리의 정치'는 폐기되든지 적어도 '공공선의 정치'에 의해 보완되어야 한다고 주장한다.

킴리카는 개인은 자신이 선택한 선관을 언제든지 합리적으로 수정할 수 있다는 자유주의적 믿음에 대한 공동체주의의 비판을 수용한 것을 '정치적 자유주의'(political liberalism)라고 보고 있다. 그는 정치적 자유주의가 공동체주의적인 소수 집단들을 포용하려는 자유주의의 성실한 시도이지만, 그것이 실제로 작동할 수 있을지에 대해서는 회의적인 시각을 보여준다. 저자는, 정치적 자유주의가 포괄적 자유주의와 명확하게 구분이 되지 않기 때문에, 실제로 비자유주의적인 공동체주의적 소수 집단들의 요구에 대한 해결을 제시하는 것이 어렵다고 보고 있다.

저자는 공동체주의자들이 정치 이론이 각 문화의 역사나 관습에 좀더 관심을 기울여야 한다고 말하면서도, 이러한 관습들이 전체 시민 중의 일부분에 의해서 정의되었다는 사실과 대면하려 들지 않는다는 점 또한 지적한다. 이러한 우리 사회의 역사를 들여다본다면, 자유적 중립성(liberal neutrality)은 분명, 그 자체가 하나의 포괄적인 교의로서 작동할 가능성에도 불구하고, 그것이 가진 잠재적인 포용성과 종속된 집단들이 지배적 집단들이 규정해 온 '삶의 방식'에 맞춰야만 한다는 것을 거부한다는 점에서 그 장점을 찾을 수 있다는 것이 저자의 분석이다.

킴리카는 국가 내부의 연대성이 공유된 정의원칙의 경계와 반드시 일치하지 않는다는 일부 공동체주의자들의 비판을 수용한 것이 '자유주의적 민족주의'(liberal nationalism)라고 보고 있다. 특정 언어의 사용의 증진이나 민족 만들기를 통해, 특정한 선관을 공유하지 않고도 자유주의적 정의원칙의 작동을 가능하게 해주는 사회적 단결을 유지할 수 있다는 것이다. 저자는 자유주의적 민족주의가 연대성과 정당성을 오랫동안 유지할 수 있을 만큼 충분히 강한지에 대해서는 분명하게 예견하기 어렵다고 말한다. 자유주의적 민족주의의 대안으로 지방 차원에서의 공동체주의 정치가 적합한지에 대해서도, 저자는 지역적 차원에서라도 공유된 선관이 존재한다고 보기 어렵다며 회의적인 시각을 보인다. 저자는 전지구적 차원의 불평등에 대해서 자유주의적 민족주의가 적절한 분배정의를 제공하기 어렵다는 지적 또한 빼놓고 있지 않다. 마지막으로 킴리카는 자유주의 국가의 다양성이 사회의 단합을 해친다고 불안한 눈으로 바라보는 '회고적' 공동체주의를 전통적 보수주의와 다르지 않다고 평가한다. 나아가서 개인의 선택과 문화적 다양성이 불가피하며 근대성의 바람직한 특성이라는 사실을 받아들이면서도 연대성의 새로운 유대를 만들기를 바라는 '진취적' 공동체주의야말로 오늘날 모든 정치이론가가 맞서야 할 도전이자 질문이라고 보고 있다.

제7장과 제8장은 2002년에 킴리카가 이 책의 2판을 내면서 추가한 장이다. 따라서 이 두 장은 1990년대 이후 현대 정치철학에서 가장 활발하게 논의되고 있는 두 가지 주제인 시민권 이론과 다문화주의에 대해 다루고 있다. 시민권은 citizenship의 번역어인데, citizenship이라는 말은 한국어로 번역하기가 매우 어려운 단어이다. 제7장의 도입부에서도 설명이 되고 있지만 1990년대 등장한 시민권에 대한 관심은 자유주의-공동체주의 논쟁의 발전 속에서 시작되었다. 즉, 자유주의에 가장 핵심적인 정의와 권리라는 개념은 물론 공동체주의에 가장 핵심적인 공동체와 멤버십 개념 모두를 포괄하고 있는 것이 citizenship이라는 개념이다. 즉, citizenship은 한편으로는 시민의 '권리'를 포괄하는 '시민권'인 동시에 한 공동체의 일원으로서 가져야 하는 정체성과 시민적 헌신을 포함하는 '시민정신', '시민의식'이기도 하다. 1950년대 시작된 시민권의 논의에서는 권리 중심적인 시민 개념에만 집중하였지만 시민권 이론은 점차 현대의 다원주의 사회에 알맞은 시민적 덕성을 어떻게 배양할 수 있는지에 대한 문제로 관심사가 이동해 왔다. 그러한 관심사의 이동은 민주주의에 대한 시각의 이동과 결부되어 있다. 즉, 민주주의의 핵심이 투표와 그것의 과정과 결과라는 시각에서 실질적인 민주주의에는 보다 많은 대화와 합의의 과정이 필요하다는 시각으로의 전환이고, 1990년대 들어서 그와 같은 관점의 이동은 심의민주주의(deliberative democracy)가 정치철학의 핵심적 쟁점으로 드러나는 데 일조했다.

그러나 무엇보다 시민권 이론의 발전의 가장 중요한 바탕이 되었던 것은 현대 사회에 있어 드러나는 정치에 대한 무관심과 개인주의화라는 문제에 맞서기 위해 특정한 종류의 시민적 덕성이 필요하다고 믿었던 시민적 공화주의(civic republicanism)이다. 킴리카는 시민적 공화주의에도 크게 두 가지 입장이 있다고 지적하는데, 하나는 아리스토텔레스의 전통을 따라 정치참여 그 자체의 내재적 가치를 강조하는 고전적 입장이고, 다른 하나는 정치참여 그 자체의 내재적 가치보다는 그것이 민주주의 제도를 유지하고 기본적 자유를 보존하기 위해서 도구적으로 사용되어야 한다는 자유주의적 입장이다. 킴리카는 시민적 덕성에 대한 자유주의의 도구적 관심은 자유주의의 유지 발전을 위해 꼭 필요하지만, 아리스토텔레스적인 고전적인 입장에는 동의하지 않는다.

한편으로는 공동체주의적인 공공선의 정치에 대한 거부이며, 다른 한편으로 이미 '다원주의의 사실'이 확립된 현대에는 오히려 시민들 사이에 좋은 삶에 대한 지속적인 불일치가 존재하기 때문에 정치적 삶에 대한 최우선적 가치 부여를 받아들일 수 없다는 입장이다.

제8장 다문화주의는 현대의 심원한 다원주의 사회에서는 '정상성'의 시민 모델(models of the 'normal' citizen)에 가려 소외받았던 인종적, 문화적, 성적 소수자들도 동등한 시민으로 자격을 누리고 차이를 수용해 달라는 '인정의 정치'(politics of recognition)의 한 형태이다. 권리를 중심으로 하는 시민적 권리의 확장에서 공통의 사회적 권리를 포함하는 시민권의 확장은 근대 국가의 국민 만들기의 수단이었다. 다문화주의는 특히 다인종국가들에서 국민 만들기의 과정에서 소외되었던 소수자들-특히 문화적, 종교적, 인종적, 언어적, 민족적으로-이 국민 만들기의 과정 속에 사회의 주류와는 다른 그들만의 독특한 문화적, 종교적, 인종적, 언어적, 민족적인 정체성을 포함시키려는 시도의 일환이다.

이와 같은 국민 만들기의 과정으로서의 다문화주의는 마치 롤즈의 사회계약에서 고려되어야 하는 사회경제적인 불이익처럼 인종문화적인 불이익 역시 사회제도의 디자인에 고려의 대상으로 포함되어야 한다고 주장한다. 그래서 서구 자유주의 국가들에서 최근까지는 '선의의 무관심'(benign neglect)을 내세워 그러한 인종·문화적 차이점을 국가가 정책에 고려하지 않겠다는 중립적 국가관이 주류를 이루어 왔지만, 이제는 오히려 그와 같은 인종 문화적 다양성과 차이점을 적극적으로 고려해서 정책에 반영해야 한다는 것이 다문화주의자들의 주장이다. 그런 의미에서 킴리카는 공적인 삶과 사적인 삶 모두에 지역적으로 집중되고, 사회제도의 넓은 범위에 걸쳐 사용되는 공유된 언어에 집중된 '사회적 문화'(societal culture)가 중요하다고 지적한다. 국민 만들기의 과정 속에서 공통된 언어와 사회적 문화에 바탕 하는 제도가 문제가 되기 때문이다. 미국이나 캐나다 같은 다인종 국가에서의 문제의식이 바탕이 된 다문화주의 이론은 단일한 민족으로 구성되어 있다고 많은 사람들이 생각하는 한국 사회의 경우에는 그다지 관심을 가질 만한 내용이 없는 것처럼 보이기도 하지만, 실제로 다문화주의 논리들은 세계화시대의 자유민주주의 국가에서는 적극적으로 검토해야 할 부분이 많다. 특히 킴리카는 다문화주의를 소수민족, 이민자, 고립주의적 인종종교집단, 메틱(metics), 아프리카계 미국인의 다섯 가지 모델로 나누는데, 해외 이주 노동자들의 급속한 증가와 중국 및 구소련 지역은 물론 탈북자도 점점 증가하고 있는 현 시점에서 다문화주의 이론은 앞으로 그와 같은 현상이 더욱 급속하게 진행될 한국 사회가 어떠한 시민권의 모델을 만들어야 하는지에 대한 문제들을 고민할 수 있게 해준다는 점에서 매우 중요하다.

이 책의 마지막 장은 페미니즘에 대한 분석이다. 킴리카는 페미니즘의 논의를 크게 세 가지 흐름으로 구분한다. 하나는 성차별에 대한 성 중립적(gender-neutral) 설명 방식으로 크게 차별 중심 접근(the difference approach)과 지배 중심 접근(the dominance approach)으로 구별될 수 있다. 차별 중심 접근은 우리에게 가장 친숙한 성차별에 대한 설명 방식으로 사회 내에 존재하는 모든 임의적인 성차별 기준을 철폐하자는 주장이다. 그러나 겉으로는 아무런 임의적 차별이 존재하지 않는 것처럼 보이거나, 성적인 기준과는 아무런 관련이 없는 기준을 내세운다고 하더라도 궁극적으로 그것이 성차별적일 수 있는데, 사회 구조 자체가 남성 지배 구조로 되어 있기 때문에 많은 제도들이 남성에게 적합하게 되어 있고, 그런 이유로 명시적인 성적 차별규정이 존재하지 않더라도 궁극적으로 차별적일 수 있다는 것이 지배 중심 접근의 설명 방식이다.

페미니즘의 두 번째 입장은 서구 사상의 전통적인 공-사 구분에 도전함으로써 자유민주주의의 중요한 정의관이 남성적 편견에 사로잡혀 있다고 주장하는 입장이다. 경제적인 문제와 가정 내에서의 문제들은 사적인 영역에 속하는 것이고, 정치와 같은 공적인 영역이 보다 우월하다는 그리스부터 이어져 내려오는 서구의 공사 개념의 구분 자체가 여성의 사회적 역할을 정당하게 평가하지 못하며 전통적으로 남성들이 해오던 일들에 보다 많은 사회적 가치를 부여하는 차별적인 시각이라는 주장이다. 따라서 페미니스트들은 정의를 주장하는 현대의 자유주의자들조차 그와 같은 공사 구분에 사로잡혀서 남성 가장이 주도하는 가정의 단위를 정의가 실현되어야 하는 단위로 보고, 실질적인 사회적 불평등의 온상인 가정 내 가사노동의 분배와 가정 내 권력관계의 불평등에 대해서는 대부분의 학자들이 침묵하고 있었음을 지적한다.

페미니즘의 세 번째 경향은 오히려 서구의 전통적인 공-사 구분을 통해서 지금까지는 열등하다고 평가받아 오던 여성적 가치들을 사회의 중심가치로 부상시키려는 시도이다. 현대의 자유주의 이론의 핵심적인 개념이 권리와 정의라고 한다면, 이러한 입장을 가진 페미니스트들은 여성적 가치인 배려와 책임을 중요한 개념이라고 생각한다. 이러한 입장을 가진 사람들을 '배려의 윤리'(ethic of care) 이론가들이라고 보통 부른다. 배려의 윤리에 대한 킴리카의 반대 논리는 그가 마르크스주의의 주장에 반박하던 논리와 유사하다. 즉, 배려와 책임이라는 개념들이 현대 사회에 있어서 주류 자유주의 이론가들이 간과했던 많은 부분들을 다시 생각할 수 있게 해 주기는 하지만, 사실상 현대 자유적 평등주의 이론가들의 논리와 배려의 윤리가 상충되는 것이 아니며, 여전히 평등한 고려를 통한 사회적 제도를 만드는데 있어서는 정의가 중요한 기준으로서 작동해야 한다고 말한다.

이와 같이 방대한 논의를 담고 있는 킴리카의 『현대 정치철학의 이해』는 현대의 대부분의 이론적 입장과 쟁점을 체계적으로 다루고 있다. 현대의 다양한 관점의 정치철학적 작업들을 소개하고 있지만, 이 책의 기조가 되는 것은 자유주의라고 할 수 있다. 이 입장은 저자 자신의 기본적인 이론적 입장이기도 하다. 그리고 이러한 자유주의 입장에서 롤즈의 자유주의 정치관을 비중 있게 다루면서 현대 논의의 쟁점들과 이론적 입장들 간의 연관성을 설명해 주고 있다. 특히 저자의 자유주의적 입장의 기반에는 평등과 인간존중의 사상이 깊이 자리잡고 있다. 이러한 관점을 통해 현대 정치철학의 쟁점과 이론적 입장들을 일관되게 해석해내고 있다. 이 책에서 중심적으로 거론되는 것은 인간, 자유, 권리, 개인, 사회, 공동체, 여성, 문화, 민족 등의 개념이다. 어쩌면 이러한 개념 상호간의 관계를 설정하여 하나의 바람직한 사회상을 제시하는 것이 정치철학적 작업의 전형적 형태일 것이다.

정치철학을 전공하고 직업으로 정치철학 분야의 강의와 글을 쓰고 있는 나 자신의 고민 역시 어떻게 하면 정치철학을 좀더 쉽고 그렇지만 전문성 있게 학생과 비전공

분야의 사람들에게 설명할 수 있느냐 하는 것이었다. 킴리카의 저서는 나의 이러한 고민을 해결해 주고, 바로 내가 하고 싶었던 그러나 할 수가 없었던 작업을 대신해 주고 있다.

이 책은 1990년 판본으로 내가 1990년대 중반부터 대학원 강의의 교재로 사용하여 왔다. 이 책의 논의의 수준과 심도가 너무 감탄스러워 번역을 하여 학생, 전문가 및 일반인들에게 소개하고 싶은 마음이 간절하였다. 나는 그 당시 이러한 거의 본능적 갈망과 욕구를 느꼈지만, 시작에 착수할 수가 없었다. 당시 나는 롤즈의 『정치적 자유주의』(Political Liberalism, 1993)를 거의 똑같은 이유와 갈망으로 번역을 하고자 하였던 것으로 기억된다. 『정치적 자유주의』의 번역은 1998년에 마무리 되어 출판되었다. 나는 당시 이 책을 번역하면서 많은 시간과 에너지를 소모하였을 뿐만 아니라, 번역 작업 특히 정치철학적 논의를 생각과 문화와 역사적 배경이 상이한 다른 언어로 번역한다는 것에 능력의 한계를 절감한 바 있었다. 또한 이 번역은 나로 하여금 내 자신의 생각을 정리하는 대신 다른 사람의 글을 전달하기 위한 작업에 소모한 시간에 대한 회의 역시 심각하게 느끼게 만들었다. 그러나 이후 어떤 우연한 계기로 인해, 나는 롤즈가 국제정의 문제를 다룬 『만민법』(The Law of Peoples, 1999)을 나의 제자였던 두 공동 번역자와 함께 번역하여 2000년에 출판하였다. 나의 이 두 번역은 많은 결함에도 불구하고 학생들, 전문가 및 일반인들에게 정치철학 특히 자유주의에 대한 이해에 크게 기여하였을 것이라는 위안을 해 본다. 그렇지만, 이 두 번째 작업 역시 번역에 대한 어려움과 동시에 나 자신의 생각을 정리할 필요성을 다시 한번 절감하게 만들었다.

그러나 나는 이후 킴리카의 이 책의 번역을 누군가는 해야 되는데 하는 생각을 정치철학을 하는 동료들, 그리고 대학원생들에게 여러 차례 말한 바 있다. 번역의 까다로움과 어려움, 시간의 소모 때문에 나는 이러한 학문적으로 절박한 필요성을 외면하고 있었다. 그런데 내가 이 책을 번역하기로 다시 용기를 낸 것은 바로 나의 방에서 정치철학적 논의를 지속하여 왔던 대학원생들의 제안 때문이었다. 그것이 2002년 가을, 즉 3년 전이었던 것으로 기억한다. 당시에는 여러 명이 분담을 하여 초안을 번역하고 이 초안을 내가 검토하여 확인한다면 약 6개월의 집중적 노력이면 번역이 완료될 것으로 생각하였다. 당시에 나는 이러한 시간의 사용이라면 나 자신의 작업에 큰 영향을 미치지 않으리라 생각하여 시작하였다. 그러나 이 번역은 6개월을 지나 근 3년에 이르렀다. 그간 출판 계약을 여러 차례 갱신, 연장한 것은 말할 필요도 없다. 또한 이 번역을 진행함에 있어서 번역자 각자 자신의 업무와 연구가 있으므로 인해 집중적으로 번역에만 매달린다는 것은 불가능한 일이었다. 어쨌든, 이러한 긴 시간의 과정을 거쳐 번역 초고가 2005년 2월경에 완성되었다. 이 완성된 초고를 검토하기 시작하여 2005년 4월 18일에 1차 교정을 마칠 수가 있었다. 번역 초고를 집중적으로 검토함에 있어, 2005년 봄 학기에는 유난히도 강의, 다른 원고 마감 및 발표, 학회활동, 교내 연구소 행사 등이 중첩적으로 발생하여 특히 매우 힘들었다고 느꼈었다. 이후 여름 방학과 가을 학기 중반에 걸쳐, 두 차례 더 번역 초고를 검토하여, 총 세 차례의 교정을 거쳤다. 이번의 번역 작업 역시 번역에 대한 어려움을 또 한번 나에게 절감시켰다. 그렇지만, 이러한 작업들은 전문가 및 비전문가들에게 훌륭한 정치철학적 화두를 제공하리라 생각하며 동시에 앞으로의 나 자신의 이론적 작업에 풍부한 밑거름이 되리라 생각한다.

특히 무모하리만치 아주 과감하게 이 책의 번역에 도전할 것을 제안하였던 공동번역자, 장휘(연세대 정치학과 박사과정), 우정렬(한국정신문화원 박사과정), 백성욱(메릴랜드 주립대학 박사과정)에게 특히 감사한다. 이들의 초고 번역은 거의 완벽하리만치 잘 되어서 내가 문장 하나하나를 본문과 대조하여 번역을 완결하는 데 많은 시간을 줄여 주었다. 장휘 군은 이 책의 제5장 마르크시즘(Marxism), 제7장 시민권 이론(Citizenship Theory), 제8장 다문화주의(Multiculturalism), 제9장 페미니즘(Feminism); 우정렬 군은 제4장 자유지상주의(Libertarianism), 제6장 공동체주의(Communitarianism); 그리고 백성욱 군은 제1장 서론(Introduction), 제2장 공리주의(Utilitarianism), 제3장 자유적 평등주의(Liberal Equality)의 초고 번역을 담당하였다. 특히 장휘의 수월한 어휘 구사력과 표현의 원활성, 우정렬의 재치 있는 언어전환, 백성욱의 완벽에 가까울 정도의 정확한 초고 번역에 감사한다. 특히 내가 초고를 검토하여 수정한 표현들에 대하여 다시 한번 작업을 하여 최종 번역을 마무리한 장휘 군의 노력, 열정, 에너지에 찬사를 보낸다. 그리고 이 초고 번역의 약간의 일부, 그리고 참고문헌(bibliography)의 정리, 그리고 귀찮은 행정적 일에 시간을 할애해 준 유인태(연세대 정치학과 석사과정)에게 또한 감사를 표한다.

이처럼 긴 시간과 세 차례의 검토 교정으로 에너지를 소모하였음에도 불구하고, 미진한번역 및 잘못된 번역에 대하여는 전문가 및 독자들의 관대한 이해와 질책을 바란다. 이 책이 전문가, 학생 및 일반인들에게 널리 읽혀져서 한국 사회에서의 자유주의를 비롯한 제 이론적 입장을 포함하는 정치철학에 대한 이해의 수준이 높아졌으면 한다. 한 개인은 물론이고 사회나 국가의 질적 수준은 그 사회의 정치철학적 이해와 작업의 수준에 좌우된다고 생각한다. 훌륭한 철학과 사상이 없으면 훌륭한 사회와 국가를 이룰 수 없음은 우리가 인간의 역사를 되돌려 생각해 보면 쉽게 내릴 수 있는 결론이다.

내가 이 책을 번역하는 데 배경적 지식을 형성할 수 있도록 직·간접으로 도와 준 많은 사람들에게 감사를 표한다. 내가 직접으로 배운 스승들, 또 함께 토론을 유지하여 왔던 정치철학 분야의 동료들, 그리고 생존해 있음에도 불구하고 직접 만날 수 없었던 한국 및 외국의 이론가들에게 무언의 감사를 느낀다. 특히 내가 토론을 통해 많은 새로운 생각은 물론 지적 자극을 받았던 한국정치사상학회, 그리고 논명회 회원들께도 깊은 감사와 우애를 느낀다. 나의 대학원 및 학부 수업 시간에 질문 및 토론을 통해 좋은 생각의 실마리를 던져 주었던 학생들 또한 나의 정치철학적 사유에 도움을 주었다. 이들에게 역시 감사를 표하고 싶다. 생각은 교환함으로써 확인 발전되는 것 같다. 끝으로 이 책이 번역될 수 있도록 협조해 주신 동명사의 사장님, 상무님 및 편집진에게 감사를 드린다.

2005년 10월 5일

연세대 연희관 연구실에서

책임번역자

인명색인

ㅂ

ㅅ

ㅇ

ㅈ

ㅊ

ㅋ

ㅌ

ㅍ

ㅎ

용어색인

ㄴ

ㄷ

ㄹ

ㅁ

ㅂ

ㅇ

ㅊ

ㅋ

ㅌ

ㅍ

ㅎ